U0492655

新供给：迈向高质量发展

贾康◎主编

中国财经出版传媒集团
经济科学出版社
Economic Science Press

图书在版编目（CIP）数据

新供给：迈向高质量发展/贾康主编．—北京：经济科学出版社，2019.3

ISBN 978－7－5218－0375－4

Ⅰ.①新… Ⅱ.①贾… Ⅲ.①中国经济－经济改革－文集 Ⅳ.①F121－53

中国版本图书馆 CIP 数据核字（2019）第 049446 号

责任编辑：孙丽丽 何 宁
责任校对：杨晓莹
责任印制：李 鹏

新供给：迈向高质量发展
贾 康 主 编
经济科学出版社出版、发行 新华书店经销
社址：北京市海淀区阜成路甲 28 号 邮编：100142
总编部电话：010－88191217 发行部电话：010－88191522
网址：www.esp.com.cn
电子邮件：esp@esp.com.cn
天猫网店：经济科学出版社旗舰店
网址：http://jjkxcbs.tmall.com
北京季蜂印刷有限公司印装
787×1092 16 开 41.75 印张 850000 字
2019 年 5 月第 1 版 2019 年 5 月第 1 次印刷
ISBN 978－7－5218－0375－4 定价：138.00 元
（图书出现印装问题，本社负责调换。电话：010－88191510）

代　序

建设新时代的现代化经济体系*

——从我国社会主要矛盾的转化看以供给侧结构性改革为主线

中国共产党第十九次全国代表大会上，习近平同志代表第十八届中央委员会向大会所作的报告中，深刻指出中国特色社会主义进入新时代，科学标定了我们所处的历史定位和时代坐标，提出我国社会主义主要矛盾已经转化为人民日益增长的美好生活需要和不平衡、不充分的发展之间的矛盾。这些重要论断，成为以深化供给侧结构性改革为主线推进现代化宏伟事业的战略性认识依据和设计指导方略的关键性原点。

“新时代”：与时俱进中的历史方位新判断、新指南

报告明确指出，“经过长期努力，中国特色社会主义进入了新时代，这是我国发展新的历史方位”。这个新时代的显著标志，是历经中国共产党领导人民近百年的奋斗，终于使近代以来久经磨难的中华民族，迎来了从站起来（以 1949 年中华人民共和国成立为标志）、富起来（以改革开放新时期的发展成果为支撑），到强起来（在中国共产党成立一百年前后实现全面小康，并将乘势在 2035 年前后基本实现中国的社会主义现代化）这一历史飞跃。我们比任何时候都更接近、更有信心和能力实现中华民族伟大复兴的现代化“中国梦”目标。

这一关于新时代、新的历史方位与历史起点的新判断，也对应着习近平新时代中国特色社会主义思想的确立及其基本方略的系统化设计。这一马克思主义中国化的最新成果和党与人民实践经验和集体智慧的结晶，将成为全党全国人民为实现中华民族伟大复兴而奋斗的行动指南。

---

* 本文原发表于《人民论坛 · 学术前沿》2018 年第 5 期。

“不平衡”：关于我国社会矛盾的新判断、新分析

改革开放新时期拨乱反正而确立实事求是的思想路线后，改正“阶级斗争为纲”的错误，以1981年十一届六中全会的表述为标志，对我国社会主要矛盾的认识，回归了党的八大认识框架，表述为“人民日益增长的物质文化需要同落后的社会生产之间的矛盾”，至今已36年。基于进入“新时代”的历史方位新判断，党的十九大报告明确提出了“我国社会主要矛盾已经转化为人民日益增长的美好生活需要和不平衡、不充分的发展之间的矛盾”的新判断。这一重要判断，意义重大，对于我们在新时代继续推进社会主义现代化事业，具有统领和指导全局的理论支柱作用。

从基础理论层面分析，社会主义的生产目的是为了最大限度地满足人民群众不断增长的物质文化生活需要，即以解放生产力形成有效供给来不断满足社会需求。原在十一届六中全会形成的社会主要矛盾的认识，抓住了这个供需的“对立统一”关系，指引我们坚定地以经济建设为中心推进“三步走”现代化战略。而党的十九大形成的关于社会主义矛盾的新判断，在延续原来需求与供给间对立统一认识框架的基础上，顺应新时代，明确地把原来的定义表述，转化为需求侧更综合、更具概括性的“人民日益增长的美好生活需要”，同时把供给侧回应需求所存在的问题，表述为发展的“不平衡不充分”。可进一步具体分析：“充分”与否，是动态变化中更偏于总量描述的概念，而“平衡”与否，是动态变化中直指结构状态的更偏于质量描述的概念。原来的表述中关于不充分的问题，已由“落后的社会生产”指明，而新的表述中，是把这一不充分问题，放在了从属于不平衡的位置上，在“不平衡不充分”的问题中，最为关键的是“不平衡”，这是新时代我们必须追求的“质量第一、效益优先”发展中必须牢牢把握的“矛盾的主要方面”。关于新表述可展开的这方面新的分析认识，其政策含义是十分清晰的：其逻辑指向是与最高决策层业已反复强调、党的十九大报告称为“建设现代化经济体系”之“主线”的供给侧结构性改革战略方针一脉相承的。

“供给侧结构性改革”：着力化解社会主要矛盾的主线

既然新时代社会主要矛盾的内涵，清晰地聚焦于发展的“不平衡”这一关键性问题，那么总体上把握的现代化战略方针的主线，就必须顺

理成章地紧扣以优化结构化来解矛盾的“供给侧结构性改革”。

我国经过改革开放后四十年的超常规发展，在取得一系列成就的同时，也面临矛盾累积隐患叠加的复杂局面，集中体现为种种结构失衡问题。为进一步大踏步跟上时代，突破“行百里者半九十”的现代化瓶颈期即关键的冲关期，必须在“目标定向”与“问题导向”下，着力以供给侧性改革和供给体系质量和效率的提高，化解“社会矛盾和问题交织叠加”的潜在威胁，在制度结构、产业结构、区域结构、收入分配结构、人文与生态结构等方面，有效地克服“不平衡”的问题。

以往的宏观“需求管理”，更多地侧重的是总量问题，而现在必须强调的“供给管理”，更多地侧重的是结构优化问题。依“主线”而推进的供给侧结构性改革，实为以改革为核心、以现代化为主轴攻坚克难的制度供给创新，以及以制度创新打开科技创新、管理创新巨大潜力空间、形成动力体系和供给体系转型升级的系统工程式创新，它将以“全要素生产率”支撑我国的现代化进程在追赶—赶超路径上，继续实现超常规发展，这样才能于化解社会主要矛盾的动态过程中，实现在2020年全面小康，之后更进一步对接2035年前后基本实现社会主义现代化和2050年达到中华民族伟大复兴的战略目标。总之，深化供给侧改革，就是我们着力化解社会主要矛盾而为现代化“中国梦”奋斗的主线。

变化中的不变：对我国基本国情和国际地位保持清醒头脑

党的十九大报告强调：“必须认识到，我国社会主要矛盾的变化，没有改变我们对我国社会主义所处历史阶段的判断，我国仍处于并将长期处于社会主义初级阶段的基本国情没有变，我国是世界最大发展中国家的国际地位没有变。”这一强调意味深长。在新时代面对以“不平衡”为关键特征的社会主要矛盾，我们在创新与奋斗中，必须保持清醒的头脑，牢牢把握关于基本国情和我国国际地位的正确认识，这也就是要牢牢立足“几代、十几代、甚至几十代人”才能走完的“社会主义初级阶段这个最大实际”，并“牢牢坚持党的基本路线这个党和国家的生命线、人民的幸福线”，把供给侧结构性改革的主线，紧紧结合于生命线、幸福线，在中国特色社会主义道路上坚持不懈的长期奋斗中，保持我们“无比强大的前进定力”。

共产党人的远大理想，是实现共产主义，关于这一未来“自由人的联合体”的美好社会何时实现，目前还无法以算命先生式的预测在时间表上来量化，但马克思历史唯物主义原理揭示的“两个必然”和“两个决不会”，却在对这个理想彼岸逐步到达的“前进定力”问题上，给予了我们最基本的指导。在揭示资本主义必然灭亡、社会主义必然胜利的历史大潮流与长远趋势的同时，马克思于1859年1月在《〈政治经济学批判〉序言》中清楚地指出：“无论哪一个社会形态，在它所能容纳的全部生产力发挥出来以前，是决不会灭亡的；而新的更高的生产关系，在它的物质条件在旧社会的胎胞里成熟以前，是决不会出现的”。马克思主义诞生以来，人类社会文明发展的进程中，中国特色社会主义的伟大实践，既表明了社会主义初级阶段业已形成的蓬勃生命力，也表明了社会主义初级阶段上难以避免的种种不成熟。如果把我们必须充分认识的党的十九大报告重申和强调的“两个没有变”结合起来认识，“两个决不会”的马克思主义基本原理，就是在时时提醒我们：中国现代化的新长征与共产主义远大理想的理性对接，只能在遵循社会发展基本规律而长期不懈的奋斗中形成，我们当下所处的新时代，又是基本国情和国际定位尚未发生根本变化的时代，紧紧扭住党的基本路线实现可持续发展“一百年不动摇”。这是我们在学习领会党的十九大指导精神推进现代化事业时所必须稳稳站定的马克思主义原则立场和共产党人的党性立场。

贾　康

目　录

第一篇　基础理论研讨

中国供给侧改革及相关基本学理的认识框架
——迎接改革开放 40 周年
…………………………………………………………… 贾　康（3）
我国供给侧改革的大纵深、理论模型与实施路径
…………………………………………………… 冯俏彬　贾　康（15）
我国改革开放 40 年辉煌成就的经济学原理分析及启示
…………………………………………………………… 黄剑辉（30）
新供给经济增长理论
——中国改革开放经济表现的解读与展望
…………………………………………………………… 金海年（75）
于思想解放中认识股份制对私有制的扬弃
…………………………………………………………… 贾　康（88）

第二篇　改 革 创 新

经济困境中诞生　改革开放中壮大　新时代开启高质量发展
——改革开放 40 年以来中国民营企业发展历程回顾与展望
…………………………………………………………… 洪　崎（97）
围绕基本实现现代化目标　加快完善现代金融体系
…………………………………………………………… 徐　林（135）
国有经济、国有资产及相关问题的认识与改革探讨
…………………………………………………………… 贾　康（142）
基于中国自身发展历程及多维度国际经验借鉴的国有企业改革战略研究
…………………………………………………………… 黄剑辉（162）

弘扬企业家精神：以制度创新打开科技创新空间
…………………………………………………… 贾　康　程　瑜（192）
刍议科研创新的规律与科研生态的构建
……………………………………………………………… 贾　康（198）
我国改革开放40年产业结构演进历程与新时代现代化产业体系构建研究
……………………………………………………………… 黄剑辉（208）
我国改革开放40年银行业民间资本准入发展历程暨民营银行发展报告
……………………………………………………………… 黄剑辉（247）
农村改革40年：影响中国经济社会发展的五大事件
…………………………………………… 马晓河　刘振中　钟　钰（275）
以制度改革为重点推进深度城市化
……………………………………………………………… 徐　林（293）
计划单列体制的改革属性、区域经济增长效应及改革突破方向
…………………………………………………… 王振宇　郭艳娇（307）
建设智慧城市也是供给侧结构性改革
……………………………………………………………… 徐　林（327）
改革开放40年以来各省级区域经济社会发展对比启示及政策建议
……………………………………………………………… 黄剑辉（331）
改革开放40年中国各省级区域产业结构对比分析
……………………………………………………………… 黄剑辉（378）
国际贸易规则约束下的中国产业政策转型
……………………………………………………………… 徐　林（408）
关于转变发展方式的成绩、问题与建议
……………………………………………………………… 贾　康（420）

第三篇　深化财税改革

中国财政40年：从生产建设型财政、公共财政到现代财政之路
……………………………………………………………… 冯俏彬（431）
中国政府预算改革40年：从“国家预算”到“预算国家”的探索
…………………………………………………… 马蔡琛　苗　珊（440）
党的十九大后的财税改革
……………………………………………………………… 贾　康（458）

中央地方财力分配关系的体制逻辑与表象辨析
——客观存在的地区间“横向不均衡”，需要合理的中央、
地方间“纵向不均衡”机制加以调节
…………………………………………………… 贾　康　梁　季（460）
增供与收税
——房地产领域的改革思考
………………………………………………………… 贾　康（478）
从治标到治本：房地产业政策调控与房产税制度创新
………………………………………………………… 贾　康（492）
新时代包容性房地产经济制度构建研究
…………………………………………………… 贾　康　郭建华（501）
破解住房市场调控困境与地方财税制度创新
………………………………………………………… 贾　康（516）

第四篇　投融资等重大现实问题

权益性金融：穿越长周期、创生新实体
………………………………………………………… 王广宇（531）
国际大宗商品冲击与国内货币政策选择
——基于全球流动性紧缩背景下的分析
……………………………………… 姚余栋　刘津宇　刘维特（539）
中国工业化的下半程怎么走
………………………………………………………… 贾　康（547）
从中美贸易战看中国“后来居上”现代化战略
………………………………………………………… 贾　康（550）
关于 PPP 的规范化发展
………………………………………………………… 贾　康（560）
PPP 模式财政风险识别与防范
………………………………………………………… 刘　薇（567）
关于 PPP 创新中一些重要认识的辨析与探讨
………………………………………………………… 贾　康（579）

第五篇　优化收入分配

中国收入分配格局基本认知和代表性问题分析
………………………………………………………… 贾　康（589）

优化收入分配的激励—约束认知框架、基本思路、原则与建议
…………………………………………………… 贾　康　程　瑜　于长革（617）
收入分配差距：理论与实际结合的考察及对中国的启示
………………………………………………………………… 贾　康　苏京春（636）
中国全面配套改革中的直接税改革与收入调节优化
…………………………………………………………………………… 贾　康（648）
探讨经济高质量发展直面的问题
…………………………………………………………………………… 贾　康（653）

第一篇　基础理论研讨

中国供给侧改革及相关基本学理的认识框架*

——迎接改革开放40周年

贾　康

中国波澜壮阔的改革开放已走入其第40个年头。在改革的深水区和新的历史起点上，供给侧结构性改革是落实当代中国“四个全面战略布局（全面小康、全面改革、全面依法治国、全面从严治党）”的指导性战略方针。我和一些有共识的研究者，在世界金融危机发生之后的反思中，意识到学术研究的创新方向一定要抓住供给侧。在做出相关研究努力的过程中，于基础理论层面提出了新供给经济学框架。近年看到决策层明确提出关于供给侧结构性改革的表述之后，我们进一步感受到鼓舞和鞭策，需要进一步深入领会中央精神和努力深化相关研究。在迎接改革开放40周年之际，试以本文对供给侧结构性改革及相关基本学理，作出框架性勾画认识。

供给侧结构性改革的背景、基本思路与要领

决策层提出供给侧改革的背景，总体来说可由两条线索来认识：一是在党的十八大以后，大政方针逐步清晰化，二是我们的经济运行出现了阶段转换，必须认识、适应和引领新常态。

中央大政方针的一步步清晰化，我认为可把握为党的十八届三中、四中、五中全会推进“四个全面”过程中最关键的几个基本概念、关键词的链接：从党的十八届三中全会所要求的“现代国家治理”“现代市场体系”“现代财政制度”，对接关于市场在资源配置中发挥决定性作用的认识突破，实际上解决的是以这种明显有别于“管理”的“治理”新思维、新概念，来推动实现制度安排的创新，政府总体来说在资源配置中充其量是起辅助性作用，但是要更好发挥作用。这种认识再对接到党的十八届四中全会的“全面依法治国”即现代政治文明，以及党的十八届五中全会所强调的创新发展作为第一动力引领协调发展、绿色发展、开放发展，最后落到归宿的共享发展的“现代发展理念”，再匹配党的十八届六中全会的“全

* 本文原发表于《经济与管理研究》2018年第1期。

面从严治党”——这些实际上都可以再浓缩和融汇到“四个全面战略布局”里。

这样的大政方针之下，我们要认识、适应和引领新常态，完成中国于2010年进入中等收入阶段以后合乎逻辑必然要处理的增长速度下台阶、而增长质量必须上台阶这样一个挑战性的、带有历史性转换意义的任务。

在上述两条线索的背景之下，我们可以进而领会党的十八届五中全会之后，中央财经领导小组十一次会议上习近平总书记特别强调的“供给侧结构性改革”战略方针。在此之前，已口风迭出（大家已经意识到中央越来越强调供给侧），以后又有很多展开的论述，但是第十一次会议上总书记的五句话，我觉得已经比较完整、精练地表明了决策层关于这个战略方针的基本认识和里面内含的逻辑关系：“要在适度扩大总需求的同时，着力加强供给侧结构性改革，着力提高供给体系质量和效率，增强经济持续增长动力，推动我国社会生产力水平实现整体跃升。”

第一句话，“要在适度扩大总需求的同时”，实际上告诉我们，供给侧的被重视、被强调并不否定需求侧的意义和作用，还要继续做好需求管理。但是话锋一转，第二句、第三句是鲜明体现习近平总书记所说的我们现在认定矛盾的主要方面是和需求对应的另外一侧，就是供给侧——在供给侧的着力，首先落在改革上，“着力加强供给侧结构性改革”所说的这个改革指什么？就是邓小平当年确立的改革开放大政方针所说的那个“生产关系的自我革命”，就是要解决供给侧的“有效制度供给”的问题，即通过这样的改革，以有效制度供给来进一步解放生产力。

为什么现在把三个词合在一起表述？有人说有点文绉绉的，老百姓念起来也拗口，但我的体会是，显然这体现着最高决策层特别强调的我们现在的科学决策、政策优化一定要有中国特色社会主义政治经济学的学理支撑。讲改革，现在说全了便是“供给侧结构性改革”，首先其新意表现在供给侧，就是认定要在改革深水区攻坚克难来解决有效制度供给的问题——讲改革必然要讲到的是制度供给，这完全是顺理成章的表述；同时，又带出另外一个特征，即结构性，因为从制度供给来看，首先涉及的就是制度结构、利益格局，隐含着总书记说了多次的要“冲破利益固化的藩篱”这个“啃硬骨头”的改革任务。“供给侧”和“结构性”合在一起，落到改革上，三个要素组合而成的表述，学理上是非常严谨的，而且也意味着我们的决策层现在充分注重以政治经济学学理基础与科学决策、政策优化密切结合在一起，推进我们的现代化过程。这个供给侧结构性改革概念，有时候被简称为“供给侧改革”，总书记说这样也是可以的，中文的表达习惯是可以简称，供给侧改革讲的就是供给侧结构性改革，但后者有了表达的简化，只是不要忘了结构性的含义是内在的。

有的学者认为供给侧改革“淡化”“排斥”了体制改革和深化改革，又说承认有供给侧改革的必要，但是供给侧改革要“从属”于体制改革。我们不同意这种不当的、混乱的看法。现在我们从学理上来做分析认识，就是改革即是作为解放生产力的“生产关系的自我革命”，这个改革发生在供给侧，解决的正是有效制度供给问题，也就是一定要解决制度结构优化的问题、冲破利益固化藩篱的问题。供给侧结构性改革是浑然一体、与体制改革完全一致的一个强化了学理色彩的概念。

接着要说，改革这个概念只是讲了供给侧的一个制度要素，还要把供给侧其他要素合在一起成为一个体系，就是第三句话，要“着力提高供给体系的质量和效率”。关于这个供给体系，我们已经给出了一个理论模型——千差万别的供给侧各种要素、实际生活中指标不可通约的这些要素，可以抽象为五大要素，就是劳动力、土地（和由其代表的自然资源）、资本、技术创新，以及制度与管理。寻求供给侧整个体系质量和效率的提高，需要强调，在不同发展阶段上，五大要素各领风骚，各有贡献，但是在发展阶段转换进入中等收入经济体和出现新常态之后，它们之间的组合却必须推陈出新，必须实现动力体系的转型和升级。前面第二、第三句话所说着力来加强的改革和整个供给体系的问题，显然是个系统工程，这也就表明，并不是像有人简单地所说的中国人搬用了美国里根经济学和供给学派减税为主的主张——对以往有益的东西我们当然要借鉴吸收，但是美国的供给学派还只是有一个较窄的视界，过去学术界的评价就是供给学派的体系性不足，它强调了减税，里面有值得我们看重的思想与启发，但它哪里能像中国现在这样，以供给侧改革处理的是全局和长远的一个系统工程，所以跟它“不是一回事儿”——这是总书记的原话。我理解当然不能说“不是一回事儿”就完全否定供给学派，完全不借鉴了，但我们并不能简单认同美国供给学派隐含的新自由主义的学理逻辑，我们是要把政府的作用和市场的作用达到一个合理的结合（以有效市场加上有为、有限的政府），这些显然与美国供给学派的哲理是有明显区别的。

第四句话“增强经济持续增长动力”这句话表达的含义，首先是供给侧改革所要形成的效益和结果，是要解决经济社会发展可持续性的问题，这也不是横空出世全新的命题，在胡锦涛任总书记期间，我们已经把邓小平简洁而正确表述的“发展是硬道理”升华为“全面、协调、可持续的科学发展是硬道理”的科学发展观，而现在是在科学发展观这个思路之下，把可持续性问题的解决，直接结合到动力体系的转型和升级上。所以，新意是直接把动力问题标示上去了，这个动力体系是要改造原来已显得很有局限性的需求侧“三驾马车”的动力认知，而要把“三驾马车”的结构化逻辑进一步推展到供给侧，形成对整个动力体系的完整认知和把握（这当然也值得再做学理层面的展开分析）。把动力的转型升级这个问题处理好，内在体现了现在所抓的解决可持续性问题，是把聚焦点更清晰地放在对冲下行因素必须找到新的动力源，实现动力体系新旧转换这个基本认识上。

最后一句话，总结了供给侧改革追求的是什么——是促进我们国家“社会生产力水平实现整体跃升”。所谓整体跃升，在学术上表达的，就是发展曲线并不是一个简单的上扬曲线，它是一个“阶跃式”上升的曲线，波动中一个一个台阶往上走，整体跃升式的发展，实际上就是追求一种超常规发展。邓小平说的现代化“三步走”，以及他南方谈话所说的发展是在波动中一个一个阶段抓住机遇往上提升，每一波中总要争取再上一个台阶，这是符合经济社会客观规律的。整体跃升式的发展，内含的其实也就是这些年中国政府体系中各级都认同的、到了地方发展战略设计中是直截了当写上去的“超常规发展”“跨越式发展”“弯道超车式”的发展。关于这种发展诉求体现为超常规发展战略，也有不同的认识，如林毅夫教授所强调的新结构经济学里面蕴含的基本原理，是要把握好资源禀赋，然后用比较优势这个原理来解释整个发展，以及新结构经济学的思路。我认为其局限性也就在这个地方：光讲资源禀赋基础上的比较优势，并不解决超常规发展的问题。中国以常规发展不会连通中国梦，因为我们是在工业革命之后落伍了，必须通过追赶完成赶超，后来居上，才能完成伟大民族复兴。这样一种愿景并不是凭空而来的，世界各个经济体的发展在这方面早有丰富的实证案例，表明不会是齐头并进的发展，必然是你追我赶的发展——过去英国在发展中赶超了荷兰，后来美国在发展中赶超了英国，为什么现在不能设想中国在发展中赶超美国代表的发达经济体第一阵营呢？这个方面学理上的分析也可援引西方学者的一些成果，如“蛙跳模型”等，不是凭空想象。当然，这里面也有一种危险性：处理不好它会落入“大跃进”式的背离经济规律的误区。

这就像产业政策的情况。产业政策在前一段的讨论中，张维迎教授完全否定产业政策，但这种认识在实际生活中得不到任何国家案例上的回应，属于学者把认识推到极端的一种说法。当然，他的说法虽极端，对于政府可能走偏的分析认识确实是很有启发性的。林毅夫教授的说法强调了产业政策有必要性，讲了怎么样设计产业政策的问题，但我认为除了怎么设计之外，最关键的是产业政策怎么贯彻执行的机制问题，光讲“有为政府”不够，还得讲“有限政府”，还得把政策倾斜机制通盘合理化，避免在供给侧结构管理方面出现非常容易发生的政府失误，这些也都还需要展开分析和做深入的研讨。

回到这个跃升发展命题上，我们要追求超常规发展，必须坚定不移。邓小平设计的三步走，前两步已经提前实现，是超常规的，最后这一步横跨 50 年，中央又规划了一个中间节点目标，是 2020 年全面小康。实现全面小康，现在看只要在“十三五”托住 6.5% 以上的年均增长速度，再加上社会政策托底，如 7 000 万人脱贫等，就能够交代出来，但最大的考验是 2020 年是否能取得中央要求的配套改革决定性成果。现在供给侧结构性改革，就是要在改革的关键时期攻坚克难，以求能够继续实现整体跃升式的超常规发展。这样的一个超常规现代化发展战略，我认为是中国必须把握好、在学理层面继续对它深化认识的一个非常重要的思维线索。应特别强调的，就是不能只停留于比较优势战略的认识——比较优势战略在它的天花板上，就是走在前面的经济体必然由于利益考量，使你花多少钱也买不来你认为他应该给你的那个他手上以比较优势表现的高科技产品核心技术。在比较优势战略旁边，还必须匹配上我们要尽可能控制风险而力求出奇制胜的赶超战略。

很显然，这五句话包括了非常丰富的内容。接着，我们可从学理上简要勾画一下往下应做的基础性认识层面的相关基本概念和关于动力体系的分析。

经济发展动力体系的完整认知

在基本概念上，应当承认，供需是经济生活中一对相反相成的概念，需求是原生动力，供给对需求的响应构成经济循环与经济生活，而政府需要介入其中时，过去首先认识到要从总量上去促进总供需的动态平衡。技术路线上其实概念也有一对，就是需求管理和供给管理。但过去比较成套路的、认为经验较丰富、认识较成熟的是需求管理，即反周期的总量型宏观调控，但是世界金融危机发生之后，发现它的局限性非常明显，成熟程度是不高的。于是，从经济学的成果评价来说，就必须承认我们过去主流经济学总体成果的不对称性，必须得到校正，必须将供给管理的认识加以深化。我们在这方面的探讨，就是在承认需求是经济生活中的原生动力之后，要特别强调供给侧对于需求侧的响应机制和它的特征，才是划分经济发展不同阶段和不同时代最关键的因素。这一理论上的分析认识可表现为一个阶跃曲线的表达，如图 1 所示。

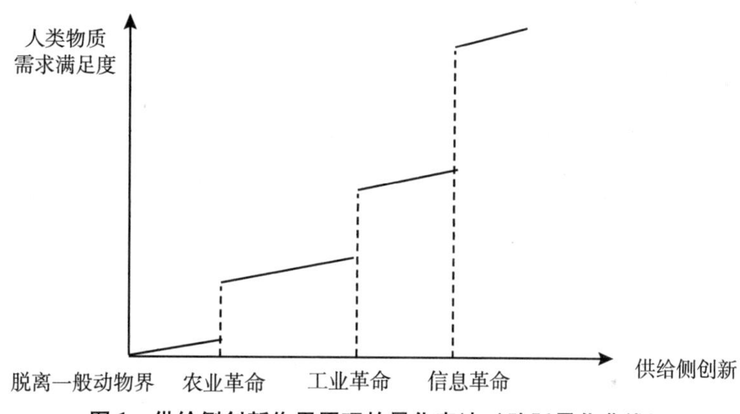

图 1　供给侧创新作用原理的量化表达（阶跃量化曲线）

为进一步展开说明，可进一步把人类发展过程简单列出来，如表 1 所示。

表 1　　供给侧视角的人类社会发展概况

时代特征	供给侧特征与突破（人与物，生产力）	制度特征与进展（人与人，生产关系）
旧石器时代（Paleolithic Period）	以使用打制石器为标志	在洞或巢中混居、群居（生成分工合作的采集、狩猎的组织）
新石器时代（Neolithic Period）	以使用磨制石器为标志（发明了陶器，出现了原始农业、畜牧业和手工业，酝酿产生农业革命）	氏族公社（组织功能扩展至农耕等）

续表

时代特征	供给侧特征与突破（人与物，生产力）	制度特征与进展（人与人，生产关系）
青铜器时代（Bronze Age）	以青铜采冶业为标志（犁铧，兵器）	国家出现与奴隶制
铁器时代（Iron Age）	以铁制工具和武器的应用为标志	奴隶制社会加速瓦解，封建社会在欧洲成为主流，皇权、农奴与佃农；亚洲有中国或“东方专制主义社会”
蒸汽时代（机器时代，the Age of Machines）	以机器的广泛应用（机械化）为标志 （机器代替了手工劳动，工厂代替了手工工厂）	工业革命与资本主义社会 （资本主义战胜封建主义；工业化和城市化进程明显加快；资本主义国家社会关系发生重大变化，工业资产阶级和无产阶级成为两大对立阶级；自由经营、自由竞争、自由贸易为主要内涵的自由主义经济思潮兴起；资本主义国家加快殖民扩张和掠夺；世界市场初步形成；两千年帝制在中国被推翻）
电气时代（the Age of Electricity）	以电力的广泛应用（电气化）为标志 （电力、钢铁、化工、汽车、飞机等工业迅速发展，石油开始成为最重要的能源之一）	社会主义实验，资本主义调整
信息时代（the Age of Information）	以计算机技术的广泛应用为标志，计算机技术的发展经历了数字处理阶段、微机阶段、网络化阶段、大数据阶段，并正在走向人工智能阶段 （半导体、互联网、移动互联、万物互联、“智能化”“共享经济”……）	社会主义实验中的改革转轨，资本主义调整（“和平与发展”特点） 全球化 + 新技术革命 （信息时代下，对内：制度和治理结构不断发生变化；对外：全球化程度和世界格局不断发生变化） “命运共同体”的共赢发展

注：该表由作者创建；表中资料参见：［美］斯塔夫里阿诺斯著，吴象婴等译：《全球通史：从史前史到21世纪》，北京大学出版社2006年版。

表1中第一列是关于各个时代可以认定的质的变化，勾画一个一个台阶往上发展的特征，从旧石器时代开始一直到现在的信息时代；第二列是在供给侧观察的生产力（人和物关系）这方面一个一个台阶往上的发展；第三列是生产关系（人和人的关系）方面，标明社会形态、制度特征方面一个一个台阶向上的发展。这三者之间有它的对应性。最粗线条地说，人类社会最开始脱离动物界，是以社会成员从事分工与合作中的采集和狩猎这种供给机制，来满足社会成员最基本的“活下来”的生存需求，这便是当时对于原生动力需求的供给侧响应机制。生产力发展

过程中，后来推进到出现农耕文明、农业革命，这就上了一个大台阶。农业革命带来的是社会成员可以相对稳定地在预期中和结果上，经过季节的更迭，取得不仅满足他们生存需求的有效供给。而且其中的一部分人还可以得到他们满足发展需求和享受需求层面的有效供给，按照历史唯物论来解释，到了这个阶段上，剩余产品的形成有这样的可能性以后，使供给侧有这样上了台阶的新支撑力以后，人类社会就必然摆脱、告别原始共产主义的氏族部落与公社的社会形态，而转入阶级国家的社会形态。再往后，生产力这一系列的变化推进到又一重大事件，即终于走到了工业革命，而且是在地理大发现之后伴随着全球化展开的。工业革命时代，又具体可以区分为蒸汽时代、电气时代、自动化机械时代和我们现在面临的信息时代。一个一个台阶往上走，现在生产力可以支撑的我们经济生活中最前沿的新概念是什么呢？就是从20个世纪五六十年代大家知道有半导体以后，已延伸到现在的信息技术革命，这个信息技术突破性的标志是互联网，迅速发展到现在的移动互联网，移动互联又匹配上大数据、云计算等科技的创新，进而推进到现在的智能化概念。在匹配上所有这些技术创新条件的情况下，我们现在遇上的最前沿的概念就是“共享经济”。原来认为是排他性的经济资源配置，现在可以共享了。例如，前些年大家知道的分时度假酒店，那是信息可以充分沟通的情况下已能够便利实现的。到了现在，出行的网约车、顺风车，信息已可以便捷处理和解决它的衔接与支付问题。再推进是什么？已为人们日趋了解的电动汽车，往前看，若干年内就可能出现这样一种最前沿的新状态：就是电动车晚上停在停车位，接上充电桩，这时候给它充的电是电网里最便宜的电力供应，因为夜间整个社会用电量降下来了，此时电最便宜。充电后到了白天，你不用车的时候，随身携带的智能手机上会跳出一个提示：你可以卖出多少电，而且卖一个好价钱。这样，过去纯粹是一个消费单位、利益排他的私用车，现在变成了一个生产单位，整个社会可以共享这些生产的能力，这里面全是赢家，没有输家——这种共享的能力就是依靠信息网络、移动互联、大数据、云计算、分布式能源、智能化电网等这些供给侧创新形成的，最便捷地使整个资源配置效率空前地提高了。

这种共享经济在生产力支撑之下，对应而提供出的社会形态方面最前沿的概念是什么？就是“包容性发展”，就是我们现在说的“治理”概念之下政府和非政府的多元主体充分互动而调动一切潜力和活力的发展，就是现在习近平总书记说了多次的中国的发展是在和平发展中和其他经济体共赢的“人类命运共同体”式的发展，要“摒弃你输我赢的旧思维”。这绝对不是空话，在这里稍微展开一些相关分析：这个“人类命运共同体”显然是在全世界范围之内支撑中国和平崛起、和平发展的一个极其重要的基本哲理概念，它前面的逻辑源头在哪里？当年邓小平得到历史机遇可以对全局提出他的指导意见之后，20世纪80年代在宦乡等学者研究基础之上，他明确提出，我们时代的主题是和平与发展。当时这个话说出来似乎并没有太大的冲击力，但是我作为研究者，几十年间反复回想，邓小平这样一个判断的意义非同小可，是最基础的战略判断。这一判断与极左时期的判断完全不同。两个战略判断所引出的后面的整个发展思路也是极为不同的。邓小平认为，和平与发展已经成为时代的基本特征与主题，这自然就引出他所说的再也不可错失战略机遇的战略思维，就一定要强调抓住经济建设为中心，扭住这个基本路线一百年不动摇，通过三步走实现中国的现代化伟大民族复兴的现实。学者的分析认为，到了供给侧的供给能力所推进到的核威慑时代，简而言之，第三次世界大战发生的可能性成为极小概率事件（这就是邓小平说的历史机遇），虽然局部的摩擦和局部战争还不可避免，但是国际上综合评价的核毁灭威胁的烈度是降低的，世界上每年发生的战争的综合烈度总体而言也逐渐降低。现在当然还有很多的不确定因素，不敢说“黑天鹅”事件就不再出现，但是人类社会希望之所在，就是依靠现在供给侧的核威慑，倒逼和推进到在一起寻求“命运共同体”式发展。宏大的命题其实回到学理上的分析，就是一句话：生产力的特征和根本上由生产力决定的生产关系的特征，都是发生在供给侧，这是所应特别强调的基本原理。

需求侧也在变化，但是需求侧的变化我们可称为“永新而无新”——人的需求如果从广义来说，它永远不会得到满足，人性如此，贬义的说法叫“贪得无厌”，如大家都知道的渔夫与金鱼的寓言。可设想一下，把一个乞丐一路抬高到国王的高位，他还想再多活500年呢。这种漫无边际的无限需求，经济学无法讨论，经济学讨论中必须给它一个定义，就是有货币支付能力的有效需求，这就好讨论了。随着经济社会发展，社会公众收入在提高，钱包鼓起来以后他们拥有消费者主权来决定这个钱怎么用，有效需求的实现必须得到供给侧的回应与引领。需求者的变化特点，是总要不断提升他的用户体验，使自己的满意度不断往上走，但他自己并说不清楚什么东西能使这个满意度真正得到。一定是供给侧成功的创新，让处于需求方的社会公众眼前一亮，欣然把自己钱包里的钱拿出来去参与交易，这就是供需互动中有效供给所引领形成的经济循环。这个循环做得顺畅，就是经济生活中间发展的动力强劲，具有繁荣的特征，而且使社会能享受可持续的繁荣；如果没有这样一个很好的供给侧动力即有效供给不断创新的支撑，发展动力就不足，会使我们感觉到经济低迷，升级换代遇阻，甚至是落入危机境况。这也就是经济动力体系的简要原理。

所以，从苹果产品案例来看，我们要承认乔布斯作为创新者，超出一般人的想象，实现了一个智能手机时代代表性的供给侧成功创新，而引领全球消费潮流。这样一个成功的供给创新——苹果智能手机，当然不能说它以后就长盛不衰，但至少从乔布斯那时候的iPhone 4开始，曾经在引领全球发展过程中风靡天下，不是一呼百应了，是一呼万应、一呼亿应的效果，很清晰地体现了以成功的创新引领和创造需求，释放市场潜力，提升景气水平，促进经济繁荣和人民福祉这样的贡献。

另外一个案例，我们可以分析它里面的问题之所在。同样是“用户体验”的升级换代中，中国老百姓已经进入了家庭卫生洁具要以坐便器来升级的发展阶段。

这种社会生活中需求的升级，理应得到供给的回应，但在中国本土市场上没有形成一个良性循环，中国本土有坐便器卖，但就是没有看到大家一起出手去热购它。然而中日关系有所缓和以后，大量的中国旅游者到日本去，不约而同一起买“马桶盖”回国。这种热购怎么解释？一开始认为中国本土上我们的技术水平和制造工艺不过关，有这种供给能力的落差。后来发现不对，买回来的马桶盖是中国杭州附近本土厂家按照那边的订单生产的，说明我们的供给侧在本土上不缺少这种技术和工艺的供给能力。那么缺的是什么呢？缺的是我们国内市场制度环境的有效供给。国内的家电市场，我说“鱼龙混杂”，董明珠说“大家都在处关系”，处关系的结果就是“鱼龙混杂”，应该被淘汰出局的迟迟不出去，优胜劣汰机制无法形成大家认为可以形成稳定预期的那个有公信力的购买目标，对于假冒伪劣心有余悸的情况下，公众几乎谁都不敢出手去买。而到了日本，一下情况变了，口口相传的公信力就是有全套的质量保证，有全套的政府监管，你买了放心，回来使用不会有任何烦恼。就是这个区别告诉我们，现在我们要解决的供给侧的这个动力体系的问题，往往是应首先看到以中国转轨过程中制度供给为龙头才能解决的问题。供给侧的要素里，西方在比较成熟的市场经济情况下往往不强调制度，但还是合乎逻辑地形成了制度经济学这样一个新兴学科框架，中国人更要看重这个视角。

从这些角度看下来，可以简要勾画一下可认知的动力体系。动力体系原来所讲的，是在需求管理视野之下的“三驾马车”，即投资需求、消费需求和净出口需求——这样一个认识，有它的进步意义，是对过去作为一个总量的需求概念，不得已要做出结构性的处理，分成三块。但是这个结构化的逻辑并没有走完，应把这个逻辑传导、转移到供给侧，进一步展开其结构状况，才能形成对整个动力体系的完整认知与把握。到了供给侧，一个重要的认识提升是要把原来的完全竞争假设替代为不完全竞争假设。原来学者们不是不知道还有供给侧分析，但是供给侧的分析面对的结构问题太复杂，学者难以建模和量化分析，很难发表出论文，令人望而生畏，同时又有可以一句话打发掉的认识：即到了供给侧，复杂的结构问题可以通过各个厂商在竞争中间实现要素自主流动的配置，达到市场出清状态，该卖的全卖出去了，那时候的结构就是个合理结构。所以，学者一方面意识到供给侧这方面太复杂，建模建不起来，另外一方面似乎可以无须建模，自然地以“完全竞争中达到市场出清”一句话就打发掉结构问题。现在不行，我们所说的经济学创新突破，就是必须在看到很有启发意义的完全竞争假设这个前提之下，认识到这个假设的不足，必须把这个假设提升到2.0版的非完全竞争，因为这不论在中国，还是美国，都是现实世界中的真实图景。到了非完全竞争假设下，政府的调控就不应仅仅是需求管理的反周期了，一定还要有政府作为主体促进优化结构的政策供给，如产业政策（当然它是“双刃剑”，政府处理不好也会形成新的失误）；另外，政府必须做好制度供给，即致力于使市场形成有效的制度环境来优胜劣汰。这就是关于动力体系要说清楚的：需把“三驾马车”结构特征传递、转移到供给侧，把所有供给侧的要素的结构问题及其机制放在不完全竞争假设条件之下，来形成一个关于经济发展动力体系的完整认识和把握。

供给侧五大要素组合的优化，要聚焦全要素生产率

按这样的理解，就需要再进一步展开分析一下供给侧的五大要素。千差万别的各种要素，可提炼为劳动力、土地及其代表的自然资源、资本、科技成果应用以及制度和管理五项。前文所讲已内含的认识是讲到供给侧，首先强调制度供给是龙头，是中国转轨过程中要抓的一个纲举目张的关键，但是后面跟着的所有相关要素也都有必要讨论。如果按照供给侧五大要素这个理论模型来看，可以首先引出一个基本认识，就是各个经济体在发展到中等收入阶段之前的那个阶段上，前面三个要素对于增长的贡献比较容易被人们所认知，会比较清晰地体现出来。这时候后两个要素也在发挥作用，但是相比之下，前面三个是一望而知的，相当直观。

例如，中国改革开放之后大家都注意到劳动力一旦可以流动——所谓“农民工”流动起来不叫“盲流”了，所带来的中国农村区域几乎无限供给的低廉劳动力这个比较优势，就形成中国在国际合作与竞争环境里超常规发展的支撑力，低廉劳动成本的比较优势支持着我们一路走到“世界工厂”，总量走到全球老二。土地和自然资源改革开放之后，从深圳开始要靠竞争取得土地使用权、资源开发权，跟在后面的是市场经济物质利益驱动之下多元主体竞争中间一波一波生龙活虎的超常规发展。资本方面，我们一开始本土资本匮乏，但是只要有开放，外商都非常清晰地知道中国有利可图，所以外资迅速流入，跟着的不仅带来了资金，而且带来了技术和管理，实际上就催生、培育、也在竞争中倒逼了中国本土的资本原始积累过程，走到现在已经可以说中国本土上的民间资本、社会资金已经相当雄厚。但这三样在这些年恰恰是在支撑力上滑坡：我们 2010 年以后，整个经济一路下滑，与此是直接相关的。劳动力方面，首先从珠三角开始，现在演变成全国性的招工难、用工贵、民工荒，说“招工难”，反过来说就是“就业容易”。所以，这些年就业的情况还相当不错，而且就业里低端劳动力，粗工、壮工、农民工，包括家政服务的保姆，他们的工资增长超过平均增长水平，使我国 0. 49 高位的基尼系数（官方数据），现在已经逐年缓慢回落至 0. 46。正面讲这是到了一定发展阶段，到了这个火候，劳动者共享改革发展成果，特别是低端劳动者受益，薪酬要价能力上升；负面讲这就是“无可奈何花落去”，我们原来一个很有支撑力的比较优势现在正在迅速撤空，于是从珠三角开始必须“腾笼换鸟”，原来的传统产业要往外迁至越南、柬埔寨、老挝、孟加拉国、缅甸等地方去，跟当年这些产能往我们这里流动，是一个道理。到了这个阶段，腾了笼换不来鸟，怎么办？怎么才能换来？这就是要解决的问题，就是要升级换代。不能成功地实现“换鸟”，那就将像温州案例，痛失好局，表面上开始是“跑路事件”暴露它资金链的严重问题，然后是实质性的产业

空心化表现出来了。那么多的民间资本，可以去炒楼、炒大蒜、炒绿豆，就是不能支持实体经济升级换代，这就把进一步地发展憋住了。如果温州这样的不良案例又发生在东莞，更多地发生在两个三角（这里只是假设），那中国的前途一定是落入中等收入陷阱。这就是一个从劳动力这方面我们已可看到的新挑战。合乎发展一般规律的是，原作为比较优势的低廉劳动成本的支撑力滑坡，劳动力本身解决不了这个问题，要找到其他能对冲这一下行因素的新发展动力源。

土地和自然资源方面的潜力仍然在，国家统计局公布的中国2016年的真实城镇化水平（户籍人口的城镇化率）才41%，未来一路走到70%左右的高位，才会转入低平发展阶段——这是国际经验可佐证的。现在户籍人口城镇化率41%后面的这约30个点的发展空间，一年上1个点也要走30年，本来是我们的“引擎和动力源”，弥合二元经济过程中会不断释放出巨量需求，伴随一轮一轮基础设施升级换代和建成区扩大，一轮一轮产业互动，一轮一轮人力资本培育——吸引各种要素投入的时候，是可以得到全球有效供给对我们的支持的，这就是和平发展、和平崛起，与全球做生意就解决了问题。但是现在如果不在机制上另辟蹊径，我们就会被憋住，因为现在城乡接合部一轮一轮扩大建成区的征地拆迁补偿，每一轮的钉子户都可以把综合成本迅速抬高，而且不断生出一些极端的恶性案件。如大家知道在网上不少长时间余波未平的案件，都是征地拆迁补偿问题上出人命，社会上种种的不满，都可能被这个作为导火索一下子点燃。必须另辟蹊径，要像重庆地票制度、土地收储制度那样，使有效市场+有为有限政府，一定要找到新的机制。

还有资本，现在一边是大量手上有钱的主体找不到合适的投资对象，另一边是“三农”、小微企业苦苦得不到应有的融资支持，大家都在大声疾呼普惠金融、草根金融、绿色金融，说了这么多为何总是两头对不上？这就是表明我们现在常规投资的边际收益递减在中国市场上已经大量普遍发生，破解之道就是要创新，另辟蹊径，守正出奇——这就延伸到已讨论多年的如下认识框架：政策性金融支持体系必须与商业性金融在中国较长期地双轨运行，这里面的风险是非常明显的，处理不好双轨运行就是涉租寻租、乌烟瘴气，处理得好就是出奇制胜，就是超常规发展、阶跃式发展去赶超，这正是我们现在面临的考验。

总体来说，在前三项要素支撑力下滑的同时，后两项要素便必须更多地加以注重。后两项一个是科技，称为“第一生产力”；另一个是制度和管理，叫作“最大红利”——领导人所说的改革是现代化关键一招，也正是此意。“第一”和“关键”这两者的关系怎么理解？我认为吴敬琏老师的一句话很重要，在中国转轨过程中一定意义上讲，“制度高于技术”。科技是第一生产力，邓小平已说得非常简洁、非常正确，这个第一生产力不是在生产力传统要素劳动力、劳动对象、劳动工具上做加法，而是做乘法，不是多出个第四要素，是在前面三个要素上来个乘数和放大，所以，它是第一。马克思、恩格斯的认识，是科技在人类历史上表现为一种革命性的力量，即形成了“颠覆性创新”的推动力，但这个第一生产力要真正能够形成，必须遵循科技规律，必须对不确定性极大的科技创新给出所需的相关制度环境，特别是其内含的人文关怀，要有法治与制度保证。大量的科研创新活动里，产学研结合的一线人员，所面临的是巨大的不确定性风险，怎么能让他们专心致志、心无旁骛的去做这种事情，没有人文关怀的制度环境是不可能在这方面真正一路往前推进创新的。

这个制度环境在中国就是一个非常引人注目的问题，前面大半年，中国的高校、科研机构出了什么问题？创新环境严重扭曲。李克强总理多次批评繁文缛节，国务院办公厅专门发出优化学术环境的文件，习近平总书记讲话强调要给这些知识分子创新人才获得感和幸福感，再往后中共中央办公厅、国务院办公厅联合发文，直接指向怎样“增加知识价值为导向的分配政策”和改善科研经费管理制度。其后社科基金等和地方层面开始动了，也还有待有关部门把全套实施细则提出和落实。这个纠偏，针对着什么？中国实际生活里动不动煞有介事来执行的一套东西，冠冕堂皇、振振有词是加强管理，但完全是依照官本位、行政化加强管理的逻辑，违背科研规律，打击科研人员积极性。“第一生产力”按照这样的一个逻辑，是不可能顺利发挥出来的。

这样的一个观察，如果对照美国硅谷，很能说明问题。硅谷看起来政府很开明，也并没有什么特别多的支持，但是它确实是有政策的：园区得到政府开明的待遇，包括一些税收的优惠，等等，更关键的是在硅谷，没有人能够想象政府公权在手的管理环节上的人员，会以官本位行政化的方式去约束这些科研人员怎么用他的科研经费，包括自愿参加、承包性质的横向课题经费。而我们这里通行的做法是按行政级别来决定研究人员的待遇，这是典型的“官本位”思想，会沉重打击科研人员的积极性。

所以，应特别强调现在中央所说的全要素生产率，聚焦的就是后面两项，而且首先要讲的是有效制度供给。由制度和科技形成的全要素生产率，是在西方学者提出的“索洛余值”基础上须作更清晰刻画的升级版：索洛强调的是科技，我们则要把制度和科技放在一起，而且实际上在转轨过程中，要把中国的制度变革摆在全要素生产率的关键。聚焦于此，我们才有出路，才能对冲下行压力，打造升级版。对策思路上，主题就是完善供给侧环境和机制，激发微观主体潜力和活力，在引领新常态过程中打造新的动力体系去追求长远发展，跨越中等收入陷阱。

参考文献：

1. 贾康、苏京春：《新供给经济学》，山西经济出版社 2015 年版。

2. 贾康、苏京春：《供给侧改革：新供给简明读本》，中信出版集团 2016 年版。

3. 贾康：《供给侧改革十讲》，中国出版集团东方出版中心 2016 年版。

4. 贾康、苏京春：《论供给侧改革》，载于《管理世界》2016 年第 3 期。

5. 彭鹏、贾康：《从新供给视角重新梳理和解读全要素生产率》，载于《财政科学》2016 年第 8 期。

6. 贾康等：《新供给：创新发展攻坚突破》，企业管理出版社 2017 年版。

我国供给侧改革的大纵深、理论模型与实施路径*

冯俏彬　贾　康**

摘要：“万物流变”，近年来国际形势正在发生剧烈的变化。本文认为，当前人类正处于工业革命以来第五波长周期的下行期，而这正是我国供给侧结构性改革所处的世界政治、经济的大纵深背景。从供给侧出发，作者认为经济增长的主要动力机制是劳动力、资本、土地与自然资源、科技创新、制度这五大要素的不同组合形式以及由此所产生的综合效率。基于这五大要素及其运动规律考察视角，本文构建出与供给侧结构性改革相关的供给要素及其运动规律的理论模型，并以此为基础廓清政府、企业的各自定位。进一步地，基于长周期视野与理论模型，本文指出供给侧要素潜力释放和新技术革命为核心的“新经济”的发育及我国经济结构的通盘优化，是我国供给侧结构性改革促进经济社会升级发展的主要动力机制，并提出中国供给侧结构性改革要立足当下，放眼长远，实施“三步走”战略。

关键词：新供给　结构性改革　长周期　要素运动　新经济

以往关于新供给经济学的研究已经经强调：供给侧结构性改革是以“攻坚克难”为核心内涵，即通过深化改革来解决有效制度供给问题，以进一步解放生产力、支持中国的现代化进程的时代选择。我们始终力求从理论密切联系实际的视角，形成条理化、系统化的新供给经济学认识框架。此文的意图，是进一步阐释我国供给侧结构性改革所处的大纵深历史背景，并基于要素及其运动规律，构建出我国供给侧要素组合及其结构性改革的理论模型，进而廓清政府、企业在供给体系与供给

---

* 本文为新供给经济学的连续研究成果之一。关于新供给经济学，有兴趣者可参见贾康教授及其合作者的相关著作，或者访问华夏新供给经济学研究院网站，http：//www. newsupplyecon. org/；本文原发表于《经济学动态》2017 年第 7 期，英文版发表于 *International Journal of Economics*，*Finance and Management* Sciences，2018（6）.

** 冯俏彬，国家行政学院经济学部教授，北京市海淀区长春桥路 6 号（100089），电话 010－68922470，18618153072，电邮 qbfeng666@ 163. com；

贾康，华夏新供给经济学研究院首任院长、首席经济学家，中国财政科学研究院研究员，北京市海淀区阜成路甲 28 号新知大厦（100142），电话 010－88191035，13501171961，电邮 mofjk@ icloud. com。

侧改革中的各自定位，并描绘出我国供给侧结构性改革的实施路径与目标方向。

一、长周期：我国推进供给侧结构性改革的大纵深时代背景

诸多迹象表明，长周期正在按其大致的节奏来临与演化。在经济学说史上，俄国经济学家、统计学家尼古拉·康德拉季耶夫曾在1925年所著的《经济生活中的长期波动》一文中，运用英国、法国、美国和德国等主要工业化国家的价格、利率、进口额、出口额、煤炭和生铁产量等时间序列统计资料，总结出经济发展存在着长度为50~60年的长期波动，其中前20年左右是繁荣期，经济发展一派兴旺；其后将经历一个10年左右的衰退期；接着步入10年左右的萧条期，最后迎来10年左右的回升期。在其所研究的1780~1920年这140年中，资本主义经济已经历了两个半长周期的波动[①]。这就是著名的"康波周期"，亦即生产力发展周期理论。

约瑟夫·熊彼特和其他许多经济学家也认为，资本主义经济运行中的确存在着"繁荣""衰退""萧条""复苏"四个阶段及其相互循环，但熊彼特重点指出技术创新是推动经济呈现周期性变化的主要影响因素，在他看来，在相当大的程度上，经济增长的周期也就等于技术革命的周期。据此，他把资本主义经济发展分为三个长周期：一是从18世纪80年代至1840年，纺织工业的创新在其中起了重要作用；二是从1840年至1897年，创新进入蒸汽和钢铁时代；三是从1897年至20世纪50年代，是电气、化学和汽车工业创新引领的时代。[②] 以此扩展开来，可以进一步看到，从20世纪50~90年代，也经历了一个由半导体技术创新肇始的电子信息时代，时间长度也约为50年。在此之后直至当下，技术革命的浪潮正一路推进到互联网、移动互联和人工智能时代，大数据、云计算等重大技术进步伴随信息化、全球化进程，正引领世界在"和平与发展"主题下展开新一轮的创新大潮，"数字经济"迅速兴起，"共享经济"方兴未艾。

正如生物进化中存在"蹦移"[③]，技术进步特别是新旧交替之际也往往伴随着某种间断与回退。2008年发生的世界金融危机打断了此前高歌猛进的全球化进程。从那时到现在，时间已过去整整8年，整个世界仍然处于危机后的阵痛时期与高不确定性时期。其主要表现是：美国经济温和复苏但不稳固；欧洲经济持续低迷，欧盟在英国"脱欧"公投之后前景未卜，多国右翼势力抬头；日本长期处于几乎零

---

① 具体为：（1）1789~1849年，上升部分为25年，下降部分35年，共60年；（2）1849~1896年，上升为24年，下降为23年，共47年；（3）从1896年起，上升24年，1920年以后是下降趋势。到他著书之时，第三次长波的衰落期仍在继续。

② 约瑟夫·熊彼特：《经济发展理论》（中译本），商务印书馆1990年版。

③ 又称间断平衡论，1972年由美国古生物学家N. 埃尔德雷奇和S. J. 古尔德提出。基本意思是指物种进化是跳跃与停滞相间的过程，不存在匀速、平滑、渐变的变化，但新物种一旦形成就会有一个很长的时期处于相对稳定和平衡的状态。转引自凯文·凯利：《失控——全人类的最终命运与结局》，新星出版社2010年版，第129页。

增长的停滞中；新兴经济体和发展中国家同样也面临较大困难。为了刺激经济，欧盟、日本等多个国家央行开启了“负利率”时代，而在国际关系层面，则是民族主义、贸易保护主义和逆全球化思潮明显抬头……在相当大程度上说，当今世界正在发生的令人瞠目结舌的变化，正是这一轮长周期变化的具体表现——我们可在熊彼特周期理论的基础之上，继续刻画出第四波长周期的图形和第五波的前半部分，如表1所示。直言之，当今世界经济正处于第五波长周期中的衰退期。

表1　工业革命之后的四个长周期

	繁荣	衰退	萧条	回升	标志技术及产品
第一波	1782～1802年	1815～1825年	1825～1836年	1838～1845年	纺织机、蒸汽机
第二波	1845～1866年	1866～1873年	1873～1883年	1883～1892年	钢铁、铁路
第三波	1892～1913年	1920～1929年	1929～1937年	1937～1948年	电气、化学、汽车
第四波	1948～1966年	1966～1973年	1973～1982年	1982～1991年	汽车、计算机
第五波	1991～2007年	（2007～2017年）	（2017～2025年）	（2025～2035年）	信息技术

资料来源：周金涛、郑联盛：2010年关于康波周期的相关研究以及作者个人观点；表中数据为周期起始和结束年份，括号内年份为作者估计。

长周期理论的重大启示在于：既往两百多年中，经济增长与繁荣主要源自那些改变世界历史的重大技术突破所引爆的产业革命以及随之而来的经济结构“跃升”。反过来说，经济衰退与萧条也主要是因为技术红利的消退，即新技术这棵大树上“低垂的果实”被享用殆尽所致的产业和经济结构老化。但纵观整个历史，人类的发明与创新精神永不止步。假以时日，新的技术革命必将来临，而经济也将重归增长与繁荣，人类也因此进入下一个高速发展期。

长周期理论有利于明确我国供给侧结构性改革的历史定位。它清楚地表明，2008年金融危机之后的世界经济恢复尚需时日，全世界可能还需要10年以上的时间耐心等待。与之相适应，已进入新常态的中国经济，要迎来下一次繁荣与快速增长，同样也需要一个较长的时间。它也清楚地表明，唯有技术层面发生的重大突破，方能引领世界经济彻底走出衰退与下行的泥淖，发展新经济势所必然。长周期理论还提示我们，在各个阶段转化之际，往往新旧交织、结构性矛盾频现，这与近年来我国在“黄金发展期”特征仍存之时却进入了“矛盾累积”“隐患叠加”的风险期的现实情况也基本一致。结合中国实际来看，长周期理论所揭示的“第五波”，在时间段上基本上与邓小平同志提出的我国实现现代化“三步走”战略中的“第三步”（2000～2050年）重叠，也与本届政府最为关注的跨越“中等收入陷阱”、实现中华民族伟大复兴的“中国梦”的时间段完全一致。因此充分认识这一背景，不仅有利于加深对推进供给侧结构性改革的历史纵深与时代背景的相关认识，而且能从理论上进一步明晰新技术、新经济的发展对中国经济转型升级的极端重要性，更加深刻地认识并合乎逻辑地推演出我国供给侧结构性改革的方向与实施路径，意义十分重大。

二、供给侧结构性改革的理论模型——诸要素及其运动规律

（一）影响经济长期增长的决定性因素是供给侧的五大要素

基于经济增长理论和新供给经济学等方面的已有成果，我们在肯定需求的原生动力意义、又明确供给对需求的响应机制是生产力水平阶跃式发展的关键性动力贡献基础之上，从供给侧把经济增长的要素抽象为劳动力、土地与自然资源、资本、科技创新、制度（含管理）这五大方面。笼统而言，这五大要素都不可缺少，对经济增长都有其贡献，但在经济发展的不同阶段，它们的相对贡献有所不同，且不同要素相互之间的组合情况在极大程度上影响乃至决定经济增长态势及其综合效益。所以，适应经济增长的阶段转换、在五大要素的结合方面“推陈出新”、顺应规律创新发展就十分必要。

五大要素形成经济增长的一组函数，其理论模型可用表示如公式（1）所示。

$$G = TIF(L, R, C) \tag{1}$$

其中，G 代表经济增长，L 代表劳动力，R 代表土地与自然资源，C 代表资本，T 代表科技创新，I 代表制度与管理，F 代表函数关系（冯俏彬，2016；贾康，2016）。经济学意义上的要素，是指所有经济主体在从事生产经营活动时，都会涉及的主要投入。但在不同发展阶段和不同时期，各要素的作用力度和影响效应，则各有不同。一般而言，在经济增长的早期，劳动力、土地、资本是最明显、最主要的要素。在经济体进入中等收入阶段后，科技创新、制度这两大要素一般会表现出巨大的潜力，通过乘数作用发挥出“引爆”前三项因素组合效率的神奇作用，或者对冲基本要素组合效率的滑坡的重要价值，甚至成为全要素生产率（TFP）的主要贡献因素（贾康，2015；彭鹏、贾康，2016）。放眼未来，从技术变革的角度看，五大要素中还可考虑加入“数据”或“信息”这个新兴要素。

以上五大要素还可以做两个层次的划分：一是流动性、竞争性较强的要素，主要包括劳动力、土地与自然资源（使用权、开发权层面）、资本、科技创新；二是非流动、非竞争性要素，主要是指制度。制度安排以及由此生成的制度环境虽然也始终处于变迁之中，但总体而言属于慢变量，属于由生产力发展所决定的生产关系范畴，要经由诱致、压力等综合作用而不断发生演变、进化，最后才形成特定历史条件下正式或非正式的制度供给体系。简而言之，制度供给是对经济社会生活中已经存在的制度需求所做出的相对滞后、相对稳定但又具有显著能动性作用的响应①，其所提供的有利于或不利于竞争性要素充分流动、顺畅重组的环境与条件，

---

① 参见贾康、冯俏彬：《制度供给的滞后性与能动性》，载于《财贸经济》2004 年第 2 期，第 79 页。

也就总和而成为有利于或不利于“解放生产力”的生产关系、社会形态。

（二）要素始终处于循环往复、相互继起的运动过程之中

从“经济人假设”出发，人类的经济活动过程就是为满足人的利益而发生的供给与需求互动的无限循环过程，亦即社会再生产过程。在供给侧，劳动力、土地及自然资源、资本、科技创新等诸种竞争性的要素始终处于不停息的运动过程之中，其运动的方向是以效率最大化为目标，在一系列的竞争中最终落实于“用户体验”最大化所形成的市场占有率与回报水平。简而言之，效率与收益是引导要素流动的直接驱动力，而用户体验的提升是收益驱动带来的社会检验机制与运行的客观结果，也是最根本的支持力量。进一步说，促成要素流动的基本机制是竞争中社会平均利润率的形成过程，即凡是回报低于社会平均利润率的行业或部门，要素将会流出，且回报率越低，要素流出的驱动力越大；凡是回报等于社会平均利润率的行业或部门，要素会处于相对稳定状态；而凡是回报大于社会平均利润率的行业或部门，要素将会流入，且流入的数量与速度，与该行业的实际利润率高出平均利润率的程度成正比。就一个行业而言，随着要素的流出或流入，其收益将逐渐向社会平均利润率收敛，直至等于社会平均利润率，此时要素运动便在此行业归于相对稳定。如公式（2）所示。①

$$K_i = \Delta P V_i^{\Delta P} t^{\frac{1}{\Delta P}} \tag{2}$$

其中，K_i 为第 i 行业资源流入量；P_i 为第 i 行业的利润率；P_a 为社会平均利润率；$\Delta P = P_i - P_a$，V_i 为第 i 行业单位时间资源流入量；t_i 为第 i 行业资源流入时间。

从动态的角度看，当 $\Delta P_1 > \Delta P_2 > 0$ 时，$V_i^{\Delta P_1} t^{\frac{1}{\Delta P_1}} > V_i^{\Delta P_2} t^{\frac{1}{\Delta P_2}}$，要素加快流入；当 $\Delta P_1 < \Delta P_2 < 0$ 时，$V_i^{\Delta P_1} t^{\frac{1}{\Delta P_1}} > V_i^{\Delta P_2} t^{\frac{1}{\Delta P_2}}$，要素流出；当令 $P_i = P_a$ 时，$K_i = 0$，要素处于均衡状态，既不流出，也不流入。

从全社会视角观察，在任何时点上，要素都处于三种不同而又紧密相连的运动状态之中：

1. 向外释放

基于资本逐利的驱动，与其伴随的竞争性要素永远在寻找既定条件下的收益最大化，那些不能达到社会平均利润率的领域，将失去要素的青睐，要素会从这些领域流出。这种要素释放过程越是便捷顺畅，便越是有利于社会生产力中潜力的发掘和经济运行总绩效的提升。

2. 向内吸引

从低效领域释放出的要素所进入的流动过程，是以寻找收益更高的领域为方向。越是收益高的部门或领域，越能吸附要素前来集聚。在这种吸附机制发挥作用

---

① 感谢西南财经大学陈建东教授所提供的帮助与支持。

时，要素能否流动，以及在何种便捷程度上能够自由流动，是关键性的影响条件。

3. 重组

各种要素的流动形成重组过程。一旦要素找到更高的收益机会，将如铁屑被磁石吸附一样集聚，进而还会产生一系列“化学反应”，在互动中有机结合，逐渐形成特定的结构特征，并最终体现为某种产业部门结构和经济结构。整体而言，要素始终在或紧或松、或快或慢地实行重组，由此生成的经济结构也就在不停息的过程中动态演化。越是便捷灵活的释放、吸引运行机制，要素的重组越有效率和质量，相关的结构状态也越具有效率上的合意性。

这种关系与过程，可以用图1来表示。

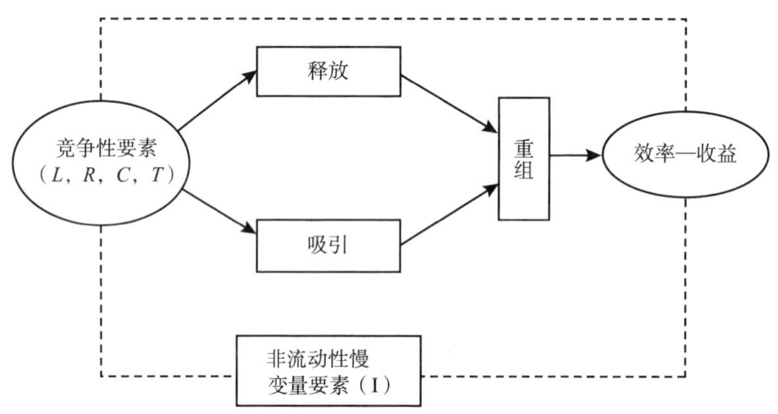

图1　经济社会中的要素运动

当然也要指出，以上三个前后相继的要素运动过程主要是一种理论抽象，就某一具体的时间地点而言，要素永远同时处于三个状态之中。由于经济发展中整个体系自身的异质性，以及“破坏性创新”在不同领域中发生的非均衡性、突发性、间断性，因而总有一些领域利润率高而有另一些领域利润率低，总有一些人能发现与把握更多更好的盈利机会而另一些人则不能，所以各竞争性要素始终会处于不停息的运动过程之中。正是这种寻求更高回报与利润的内在驱动机制，经由供给回应需求，形成经济增长澎湃不息的动力。所以经济增长的过程，也就是要素不断寻求得到更高回报的过程，反过来，要使经济不断增长，就必须为要素在流动中去寻求最大回报创造更加自由、灵活的条件，提供更为丰富的机会。

那么，要素的释放与吸引机制是否灵活、便捷，要素重组与结构动态优化过程是否顺畅，主要由什么决定呢？这是由供给侧五大要素中的非流动、非竞争性要素——制度供给起决定性作用的。如前所示，制度安排与“制度环境”当然也是处于变迁之中的，但总体上属于慢变量，是由生产力发展所决定的生产关系范畴，它由经济社会发展的种种因素所诱致、推动，经由渐进的自然演变和主动设计，最终形成正式和非正式的制度供给。但制度一旦形成，就在一个较长时期内处于相对稳定状态，影响并塑造着一个社会中所有主体的激励机制与行为方式。对于中国这样的转轨经济体，从计划经济到市场经济这一伟大制度变迁以及社会主义市场经济制度的发展与不断完善，过去是、现在也是实现我国现代化战略目标最具根本性的决定因素。

三、正确理解供给侧结构性改革中的政府与企业定位

供给侧结构性改革的主战场是要素市场建设。基于上述理论模型表达的要素运动理论，可以比较清楚地回答一个各方高度关注的问题：在供给侧结构性改革中，政府与市场主体（企业）各自应如何定位？在要素流动、互动所实现的资源配置中，应怎样分工合作？

落实到与经济增长相关的各个不同主体上，五大要素可以进一步细分成以下三个层面：

（一）微观层面

一般厂商或企业在从事生产经营活动时，涉及的要素主要有三个：劳动力、土地和自然资源、资本，可简称为“人”“地”“钱”。不同的企业家，运用自己独特的眼光与才能，把这三个要素组合而成特定的生产或者服务供给能力。在一个经济体中，大部分的企业是在这个层面发挥其市场主体作用。

（二）微观与中、宏观结合层面

大企业集团、跨国公司、行业龙头企业等在从事生产经营活动时，除了以上三个要素之外，还会特别注重“科技创新”这一要素。这是因为：一方面，对于大企业而言，科技创新能力决定着其核心竞争力的高低和“百年老店”式长寿生存发展的能力，事关大企业是否能保持行业中的龙头地位以及能否获得超额利润；另一方面，由于科技创新所具有的巨大的不确定性，往往耗费巨大，一般只有大企业才有实力进行长期、巨额的投入。另外，在工业化中后期的发展中，一大批在战略性新兴产业领域寻求创新发展的中小企业，在与“新经济”同向而行的风投、创投、天使投资基金支持下，也把科技创新作为关键性的发展支撑条件和成长突破口，力求形成自己的核心竞争力，并成功地以“硅谷经验”而引领了新潮流。再往上一些，无论是大企业集团、还是科技型中小企业，都可将自己的科技创新活动与政府在中观、宏观层面提供的产业政策、技术政策和财税金融政策等相结合，追求科技这一“第一生产力”与经济社会结合所产生的巨大乘数效应。另外，地方、中央政府从中观、宏观层面所必须牵头编制与实施的国土开发顶层规划①亦成为与

---

① 参见贾康、苏京春：《供给侧改革：新供给简明读本》，中信出版集团 2016 年版，第 234 ~ 234 页。

企业在微观层面自主选择的要素组合紧密相关、甚至成为其前置式条件的重要方面。这正是因为人们从世界产业发展史中深刻地认识到，科技创新和实现重大技术突破毫无疑问是“阶跃式”经济发展的直接动能源泉和主要支撑力量，政府必须注重从支持基础教育、基础科研入手，培育创新与创新能力，同时积极以产业政策、技术经济政策和财税政策等助力科技创新的达成。

（三）宏观层面

这一层面属于政府的主要作为空间，对应的是作为慢变量的制度要素供给。制度经济学已经充分证明，制度对于推动一国经济实现增长和繁荣具有极端重要性，而政府是社会中唯一的、垄断性的正式制度供给者（同时也是非正式制度强有力的影响、引领者），所有其他的主体——企业、家庭、个人等——都是在政府以公权力维系的制度规则的“天花板”下面行动。例如，以政府为主体的国土开发顶层规划，是所有市场主体进行各色各样要素组合的综合性前提（贾康和苏京春2016），与“自然垄断”有关的通盘不动产和网状系统的空间配置，也必须纳入政府为主体的规划这一制度供给之中。进一步地，政府还要从宏观上统筹设计运行与收入再分配相关的制度体系，如税收、福利、抚恤救济等，以求正确地权衡、处理经济生活中一向存在的“公平（均平）”与“效率”的矛盾关系[①]。总之，由政府主导所形成的有效制度供给这一要素，对于经济增长的重要性无与伦比。已有研究表明，无论是工业革命发祥地英国、市场经济高度发达的世界头号强国美国，还是20世纪后半期崛起的“亚洲四小龙”、改革开放中迅速发展的中国都提供出了“制度变革促进经济增长”的绝佳案例，而在撒哈拉以南、中东一些国家所见到的普遍贫穷与战乱，与它们缺乏一个强有力的政府以及有效的制度供给密不可分。当然也要看到，政府发挥作用的“有力”“有为”内在的需要与其职能、作用范围的“有限”之间形成合理匹配，政府主导下的有效制度供给应当形成“包容性”的机制特征，才能契合人类文明发展的主导潮流和适应微观主体在要素流动中发挥潜力、活力的客观需要。

因此，依以上认识来把握供给侧结构性改革的内在逻辑，认识政府与企业关系在这一框架中的各自功能与作用定位，可简要归结为四点：

第一，在供给侧结构性改革中，企业（由企业家主导）的作为空间，是积极改进以劳动力、土地与自然资源、资本、科技创新为主要内容的要素组合状况，提高所供给的商品或服务的质量和效益，在优胜劣汰中形成和提升核心竞争力。

第二，在供给侧结构性改革中，政府（由决策官员主导）的作为空间主要是改革、是改进制度供给与推进制度创新，特别是在“生产关系的自我革命”中攻坚克难、改变那些不适应生产力发展要求的经济社会管理规则、方式与机制，为企

① 参见贾康等：《收入分配与政策优化、制度变革》，经济科学出版社2012年版，第188页。

业从事生产经营活动创造更好的“高标准法治化”包容性环境和条件，释放出经济社会的一切发展潜力与活力。

第三，在推进供给侧结构性改革中，政府不能也不应当下到企业层面，下到要素具体组织层面，过多介入产业调整与企业重组等具体事项。应当特别注意尽量不用、慎用行政性手段去组织实施所谓“达标”，而应当力求供给与施行那些能有效引导出市场主体合意行为的相关制度。

第四，在推进供给侧结构性改革中，政府与企业要找准合作领域，优化合作机制。政府与企业合作的领域主要在科技创新，无论是大企业还是科技型中小企业，都可与地方政府乃至中央政府所提供的产业政策、技术经济政策和财税、资金政策等相结合，以形成和发挥科技作为“第一生产力”的引领作用和乘数效应。另外还要创新政府与企业的合作机制，近几十年愈益得到重视和长足发展的PPP（公私合作伙伴机制，我国官方文件用语为“政府与社会资本合作”）不仅提供了在公共工程、基础设施、产业园区与新城连片开发等方面的政企合作新机制，而且也为各类要素的组合创新提供广阔舞台。

此处关于政府与企业定位的考察，实际上已从“完全竞争”假设出发考察“必然”，又扩展至加入“非完全竞争”考量的“应然”认知框架，如图2所示。

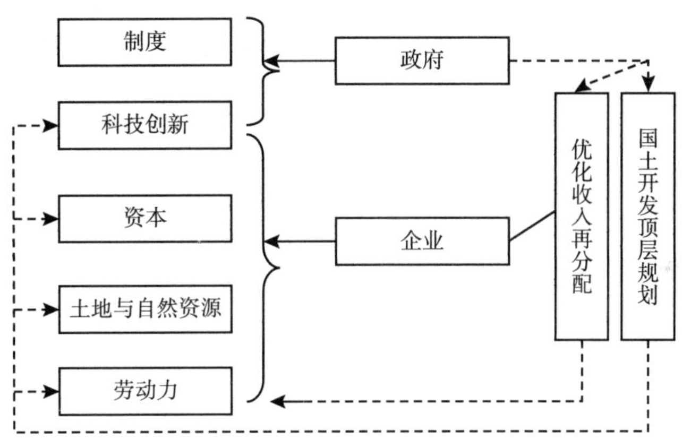

图2 要素视角下的供给侧结构性改革中政府与企业的定位

四、供给侧结构性改革的实施路径

当前，我国以“三去一降一补”为切入点的供给侧结构性改革，已经在各地展开，不少人形成了一个偏于简单、狭隘的认识，即供给侧结构性改革就是完成这五大任务。对此，有必要从理论与实践相结合的角度做出进一步的分析以扩展相关认识。

基于要素“释放—吸附—重组”的运动规律和长周期理论所指示出的技术方向，可以看出，我国供给侧结构改革要考虑一个既有先后顺序、又紧密相连的

"三步走"战略：第一，从低效、过剩领域中释放要素，体现为完成"三去一降一补"这五大任务；第二，深化结构性改革，系统性地优化制度要素的有效供给，促进竞争性要素的自由流动；第三，积极抓抢新技术革命的机遇，大力发展新经济并基于"互联网＋"战略推动传统产业升级换代，以形成要素优化配置的"升级版"，为迎来新一轮经济增长与繁荣夯实基础。

（一）从低效、过剩领域中释放要素：以五大重点任务为切入点

2015年中央经济工作会议指出的"去产能、去库存、去杠杆、降成本、补短板"这五大任务，主要针对的是过去刺激政策留下的"后遗症"，目的是推动市场出清，提高供给体系的质量和效率。一是积极稳妥"去产能"，优化供给结构。目前重点针对的是钢铁、煤炭、水泥、造船、电解铝这五大产能严重过剩行业，通过提高产品、质量、环保等标准，治理"僵尸企业"，淘汰落后产能、释放宝贵的要素资源。当前，需要特别注意防止在去产能过程中过于夸大行政力量的作用。对于为数不多的成规模的大型企业，如能认定是不可救药的"落后产能"的组成部分，固然可以便捷地使用"关停并转"行政性手段来加以迅速处理，然而面对我国总量已达七八千万的全部市场主体，政府没有能力去一一甄别占绝大多数的中小微企业中谁是落后产能的代表，真正的有效机制是促进公平竞争中市场充分起作用的"优胜劣汰"。甚至所谓"过剩产能"，其划分界限实际上也是飘移不定的，"有效投资"的创新机制如PPP，可以在一夜之间把一部分过剩的产能，转变为非过剩的有效产能，所以"去产能"的真谛是形成正确的激励约束机制，以市场竞争"优胜劣汰"地淘汰落后产能，而不是依靠政府去严格划定过剩产能而后关停之。二是"去库存"，消化房地产供给侧的冗余存量。目前，我国三、四线城市房地产库存严重，已成为拖累经济的重要因素。今后一个时期，要以多种政策手段与经济杠杆的合理组合，来积极化解这部分房地产库存，促进房地产业健康发展。三是防范风险"去杠杆"，确保经济安全。近年来，我国杠杆率上升较快，其中既包括宏观上的广义货币供应量指标偏高，又包括非金融企业的负债率指标偏高，需要具体设计合理可行的风险控制方案，防范化解风险因素。四是多举并重"降成本"。目前我国各类制度性交易成本过高，特别是税外的"五险一金"、行政性收费与其他各类隐性成本等，造成企业综合负担很重，需要从财税、金融、社保、流通、能源、廉政建设等多个领域发力，以配套改革打好降低企业成本的"组合拳"。五是雪中送炭"补短板"，扩大有效供给，即补足经济社会发展中明显形成短板、瓶颈的方面，如精准扶贫、优质教育、普惠医疗、多种形式养老、城乡基础设施升级、科技创新重大事项、"三农"发展等，为经济社会发展营造更好的条件。

（二）破解阻碍要素自由流动的壁垒和障碍：深化重大关键领域的改革

供给侧结构性改革的本质属性是改革的"攻坚克难"。从供给侧角度看，目前

在我国要素流动方面，存在着明显的不当约束与抑制，种种制度壁垒和过度垄断的存在对此难脱干系，亟须通过深化改革，降低准入、消除壁垒，为要素自由流动创造良好条件和环境。

1. 国有企业改革

由于历史原因，当前正在进行中的去产能、去杠杆、去库存等工作，在相当大程度上都指向国有企业，因此国有企业改革在供给侧结构性改革中首当其冲。改革的方向应坚持政企分开、明晰产权、顺应市场规律，建立现代企业制度与治理机制，实施混合所有制战略重组，将国有企业的改革与民营企业的发展纳入共赢的轨道。

2. 行政审批制度改革

这一改革的目的是规范政府的行权方式，管住管好政府这只“看得见的手”，把简政放权做到位。一方面政府应从对大量经济社会事务的具体管理中脱身出来；另一方面积极加强宏观调控、市场监管、公共服务和社会管理等方面的职能，按“大部制”和“扁平化”原则对整个政府机构进行系统化改造，以优化市场环境、释放经济社会活力。

3. 金融与投融资制度改革

金融是现代经济的核心，资金是市场经济运行的血液。投资这一重大经济支持因素，需匹配融资的杠杆力量并有效地防范风险。针对我国金融体系长期存在的结构性失衡、金融产品的多样化严重不足和金融风险因素频发等问题，今后应积极引入多元金融和投融资主体，发展多层次资本市场，加强金融宏观审慎监管和促进互联网、PPP 等“新金融”和新型投融资机制建设，配套深化改革。

4. 财税改革

财政是国家治理的基础与重要支柱，是政府与企业、中央与地方、公权体系与公民间财力分配体系与基本经济关系的枢纽性机制。需要坚持分税制改革大方向，按照扁平化取向构建中央、省、市县三级架构，以“一级政权，配有一级事权、一级财权、一级税基、一级预算、一级产权、一级举债权”为体制原则，再配之以中央、省两级自上而下转移支付的现代分税分级财政制度，形成优化处理中央与地方财政体制设计方案，推动税收制度由间接税为主转向直接税为主、并合理形成地方收入体系，深化预算制度改革等，形成良好的经济社会利益分配与调节机制。

5. 科技制度改革

创新对于今日之中国，其重要性无论怎么强调都不过分。当务之急是基于教育改革破解人才培养的“钱学森之问”，以科技改革打造符合科研规律的创新体系，长效支持基础科研，大力推进科技创新与产业经济的融合，在高端“买不来的技术”特定领域要靠原始、自主创新艰难前行，在中高端则依靠全面开放和“拿来主义”、将“引进、消化吸收再创新”与“集成创新”相结合，最终建成“创新型国家”。

6. 土地与不动产制度改革

土地制度和不动产制度是国家的基础性制度，关系到国计民生方面重大利益格局的优化，需要政府在配套改革中长远谋划、审慎把握、积极推进。土地制度改革的难点主要集中在农村集体经营性用地、农民承包地和宅基地等的流转机制、城乡接合部征地、拆迁、补偿等方面。应积极总结重庆“地票”、土地收储制度和深圳化解原住民土地与不动产历史遗留问题的实践经验，结合国家已推出并有明确时间表要求的不动产登记，以及《中华人民共和国物权法》规定的用益物权自动续期、党的十八届三中全会要求的加快立法、适时推进的房地产税改革等事项，攻坚克难，化解多种矛盾，打开通向长治久安的新路。

7. 优化人口政策与劳动力市场改革

人力资本是经济增长最根本的支持因素。随着我国人口红利的逐渐消失和老龄化社会压力的逼近，必须在“放开二孩”后继续优化调整我国人口政策，将以计划生育为核心的人口控制模式，果断过渡到以优生和提高人口质量为核心、更加鼓励生育的人口战略。同时，要大力完善与人口流动密切相关的户籍制度改革、社会保障制度改革等，以真正形成城乡一体化、全国统一的劳动力市场。

（三）优化要素配置：大力促进实体经济升级和积极发展新经济

从低效过剩领域释放要素和通过结构性改革促进要素自由流动，是要引出要素按市场规律形成资源优化配置这一各方期待的结果，提升供给侧经济体系的质量和效益，解放生产力。结合前文关于长周期的有关理论认识、当前世界产业结构在新技术革命大潮中的变化以及我国经济增长中认识、适应和引领新常态的新要求等，我们可以做出一个重要判断，即以优化资源配置为目标的要素运动，必将流向实体经济转型升级和大力发展新经济这两个方面。换言之，在经济增长新阶段上，为跨越“中等收入陷阱”所必需的实现实体经济升级和新经济的发展，将是衡量我国供给侧结构性改革是否取得成功的主要标志。

供给侧改革的根本目标之一是振兴实体经济。要以制度、科技为抓手，聚焦全要素生产率，支持我国实体经济向上冲破“天花板”，实现产业的转型升级。从历史角度来看，我国珠三角、长三角等原增长极区域实行的“腾笼换鸟”式的经济结构调整，反映了原来支撑我国一路走到“世界工厂”“总量全球第二”的低廉劳动成本、土地开发潜力等比较优势在进入中等收入阶段后正在逐渐消退而必须进行新一轮的产业转型升级。“腾笼”就是要把相当大一部分传统制造业产能转移到国内欠发达地区或周边经济体，这和改革开放初期这类产能由外部向我国转移是一个道理。“换鸟”就是要实现产业、产品的升级换代。但如腾了笼而换不来鸟，冲不破向上跃升的“天花板”，那就将被憋住而痛失好局。温州所代表的挫折局面，已为我们敲响了警钟。促进实体经济转型升级势在必行。

供给侧改革的根本目标之二是大力发展新经济。新经济主要是指基于互联网为基础的经济创新发展成分，主要包括两个方面，一方面是以互联网为基础设施所产生出的新产业、新业态和新商业模式；另一方面是传统产业在“触网”（“互联网+”）后所打开的新空间、新领域，涉及全部一、二、三产业，既有“三产”中的电子商务等新兴产业和业态，也包括“二产”中的智能制造、基于社会化大生产的新型定制化生产等，还涉及“一产”中有利于推进适度规模经营的“订单农业”、家庭农场、“产超直通”以及农业与二、三产业的融合发展，等等。当前，我国已经成为互联网第一大国。根据《中国互联网络发展状况统计报告（2015）》，截至2015年12月，我国网民规模达6.88亿人，比整个欧盟的人口数量还要多，互联网普及率为50.3%；手机网民规模达6.2亿人，无线网络覆盖明显提升，网民Wi－Fi使用率达到91.8%。与之相适应，我国的互联网经济举世瞩目。目前世界上十大互联网企业中，我国占了四家。以阿里巴巴集团为例，其2015～2016财年的总交易额达3万亿元人民币，已超越沃尔玛成为全世界最大零售平台，被业界视为零售业务由线下全面转向线上的标志性事件。据国家统计局的数据，2015年全国网上零售额38 773亿元，比上年增长33.3%。其中，实物商品网上零售额32 424亿元，增长31.6%；非实物商品网上零售额6 349亿元，增长42.4%。有国际组织预测，到2020年我国零售市场的线上渗透率将攀升至22%，市场规模总计达10万亿元。再以当下仍处于“成长的烦恼”阶段的分享经济为例，其发展势头更是令人啧啧称奇。根据《中国分享经济报告》的结论，2015年，我国分享经济市场规模已达19 560亿元，主要集中在金融、生活服务、交通出行、生产能力、知识技能、房屋短租等六大领域。分享经济领域参与提供服务者达5 000万人左右（其中平台型企业员工数约500万人），约占劳动人口总数的5.5%。保守估计，参与分享经济活动总人数已经超过5亿人。展望未来，预计未来五年分享经济年均增长速度在40%左右，到2020年分享经济规模占GDP比重将达10%以上。新经济展示出的不可思议的潜力与空间，为陷于经济下行泥淖的我国经济乃至世界经济带来了希望的曙光，也代表着我国供给侧结构性改革和经济加快转型升级的前沿与大方向。放眼全球，当前世界正处于第三次产业革命的“入口”上，我国有望与美国等发达国家站在争抢新经济制高点的同一起跑线上，能否抓住这一历史机遇，是中华民族能否实现伟大复兴、重回世界之巅的关键，迫切需要在继续争取运用好发展中经济体的“后发优势”的同时，有效形成供给侧发力“守正出奇”的结构性改革“先发优势”。

五、结论

简短概括，本文的主要结论有以下三个方面：

第一，理解中国实施供给侧结构改革的背景，不应仅限于国内经济转型升级中所遇到的具体困难，而更应放到2008年以来国际政治、经济、国家竞争等层面所发生的“百年未有之大变局”之中。简而言之，当前人类正处于工业革命以来第五波长周期的下行期，而这正是我国供给侧结构性改革所处的世界政治、经济、社会演变综合而成的大纵深背景。

第二，经济增长的主要动力机制是供给侧劳动力、资本、土地与自然资源、科技创新、制度与管理这五大要素的不同组合形式以及由此所产生的综合效率。基于这五大要素及其运动规律，作者构建出与经济发展中供给侧结构性改革相关的供给侧要素及其运行规律的理论模型，即基于要素在效率导向下的“对外释放”“对内吸引”“重组”的三类运行过程，指出所谓经济增长的过程，也就是要素不断寻求得到更高回报的运动过程。这种过程是否顺畅，是由五大要素中的制度要素的供给起决定性作用的，即为使经济不断增长，就必须为要素在流动中去寻求最大回报创造更加自由、灵活的条件，提供更为丰富的机会，因而这就直接指向了中国经济改革最具挑战性的部分——要素市场化改革的制度建设，以及与之密切相关、在中国至关重要的命题——如何处理好供给侧结构性改革中的政府与企业关系。

第三，基于与供给侧结构性改革相关的理论认识模型，本文指出中国供给侧结构性改革要立足当下，放眼长远，实施“三步走”战略。一是从低效、过剩领域中释放要素，重点是完成“去产能、去库存、去杠杆、降成本、补短板”这五大任务。二是为破解阻碍要素自由流动的壁垒和障碍，深化劳动力、土地与自然资源、金融、财政税收、科技教育等重大关键领域的改革。三是优化要素配置，大力促进实体经济转型升级并积极发展新兴的数字经济。

总之，中国推进供给侧结构性改革具有鲜明的时代背景、大纵深视野与十分突出的现实意义，并可通过理论模型给出通盘考察，进而准确把握优化、提升供给侧诸要素结合而成的经济运行质量与效益的基本要领。一言以蔽之，供给侧所涉及的竞争性要素能否顺利释放、流动、重组，并形成从低效率部门向高效率部门的顺畅转移，是决定中国经济能否长期可持续增长的本源性动力机制和关键性制度安排。综观全局，我国供给侧结构性改革正是意在“问题导向”之下，准确抓住阻碍增长的关键因素，以有效制度供给为龙头，解决在新的历史起点上继续大踏步跟上时代的迫切问题，向着“全面建成小康”“跨越中等收入陷阱”和中华民族伟大复兴的“中国梦”现代化目标挺进。为抓住历史机遇达此目的，迫切需要在继续争取运用好发展中经济体“后发优势”的同时，有效形成供给侧结构性改革“守正出奇”的先发优势。

参考文献：

1. 国家行政学院经济学教研部：《中国供给侧结构性改革》，人民出版社 2016 年版。

2. 国家信息中心信息化研究部、中国互联网协会分享经济研究部：《中国分享经济发展报告2016》。

3. 冯俏彬：《供给侧改革：核心是制度创新与制度供给》，载于《政策瞭望》2016 年第 5 期。

4. 冯俏彬：《发展新经济关键要改进政府监管“旧”模式》，载于《中国经济时报》2016年10月31日。

5. 王俊秀：《新经济》，电子工业出版社2016年版。

6. 华夏新供给经济学研究院课题组：《改善供给侧环境与机制、激发微观主体活力，创构发展新动力》，载于贾康主编：《新供给、创构新动力》，经济科学出版社2016年版。

7. 贾康：《贾康自选集》，人民出版社2015年版。

8. 贾康、苏京春：《论供给侧改革》，载于《管理世界》2016年第3期。

9. 贾康、冯俏彬：《十三五时期的供给侧改革》，载于《国家行政学院学报》2015年第6期。

10. 贾康、冯俏彬：《制度供给的滞后性与能动性》，载于《财贸经济》2004年第2期。

11. 贾康主编：《收入分配与政策优化、制度变革》，经济科学出版社2012年版。

12. 贾康、苏京春：《新供给经济学》，山西经济出版社2015年版。

13. 贾康、苏京春：《供给侧改革：新供给简明读本》，中信出版集团2016年版。

14. 贾康、苏京春：《中国的坎：如何跨越中等收入陷阱》，中信出版集团2016年版。

15. 贾康：《供给侧改革十讲》，中国出版集团上海东方出版中心。

16. 贾康、苏京春：《论顶层规划与供给体系的优化提效》，载于《全球化》2016年第8期。

17. 彭鹏、贾康：《从新供给视角重新梳理和解读全要素生产率》，载于《财政科学》2016年第8期。

18. 周金涛、郑联盛：《结构主义的薪火：周期波动、结构演进与制度变革》，载于《资本市场》2010年第11期。

我国改革开放40年辉煌成就的经济学原理分析及启示

黄剑辉*

根据著名经济史学家麦迪森的研究，中国的人均GDP在过去一千年里几乎水平不变，而从1978年起GDP近乎垂直提升，中国经济总量也从此步入了年均近10%的增长快车道。众所周知，1978年是中国改革开放的起点。党的十一届三中全会以来，经过40年波澜壮阔的不平凡历程，我国已成为世界第二大经济体，并步入中等偏上收入国家行列。40年来，中国在哪些方面实现了跨越式发展？改革开放经历了怎样的曲折历程？经济学原理如何阐释和解读这一历程？改革开放对未来的启示何在？本报告拟就这些问题进行分析，并提出政策建议。

一、改革开放40年我国取得的成就与世界各国对比

（一）生产力水平：经济保持快速增长，综合国力大幅提升

1. 经济总量连上新台阶

改革开放以来，我国经济飞速发展，经济总量连上新台阶。2017年我国GDP达12.25万亿美元，是1978年GDP的81.9倍，年均GDP增量高达3 103亿美元，接近以色列2017年的GDP总量。其中，从1978年的1 495亿美元至1998年首次突破1万亿美元用了20年时间，到2009年突破5万亿美元用了11年时间，再到2014年突破10万亿美元仅用了5年时间。从我国GDP占世界总量的比重来看，1978年仅为1.8%，到2011年首次超过10%，2017年已达15%左右，比第三名的日本高8.5个百分点。

从全球来看，我国经济总量居世界位次稳步提升，目前已连续8年位居世界第二大经济体。1978年，我国经济总量仅位居世界第11位；2008年超过德国位居第3位；2010年则超过日本成为世界第二大经济体。2016年我国GDP总量约占美国

* 黄剑辉，现任中国民生银行研究院院长，原国家开发银行研究院副院长（副局长）。中国新供给经济学50人论坛主要发起人、副秘书长；中国银行业协会行业发展研究委员会副主任；全国工商联智库委员会委员。

的60.1%，是世界第三大经济体日本的2.3倍，远超过排名4～6位的德国、英国和法国。而“金砖国家”中，印度、巴西、俄罗斯分别位列第7、第9、第11位；南非GDP列世界第35位，GDP约为中国的2.6%，如图1、图2所示。

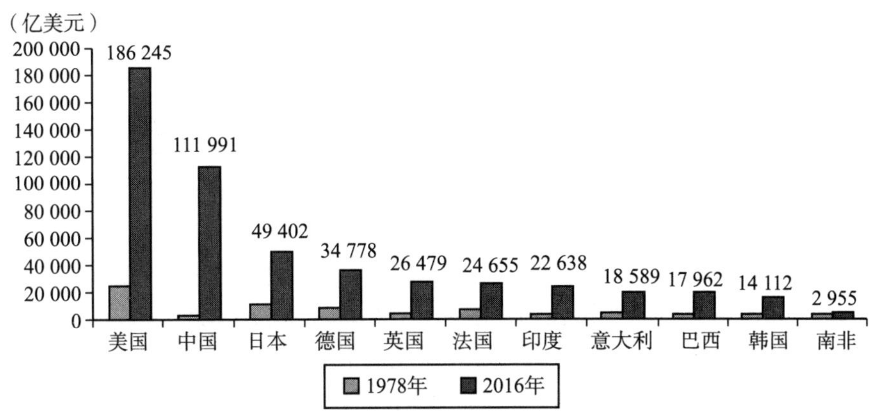

图1　世界主要国家1978年与2016年GDP规模

资料来源：世界银行WDI。

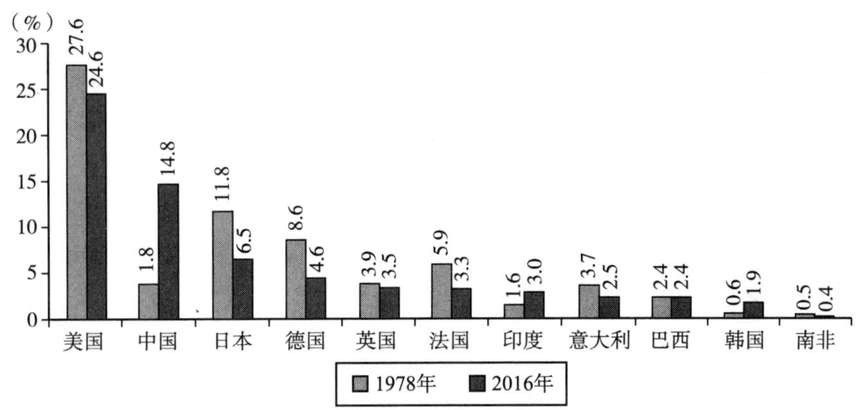

图2　世界主要国家1978年与2016年GDP占世界总量的比重

资料来源：世界银行WDI。

2. 对世界经济增长的贡献率跃居世界第一

改革开放以来，我国经济保持高速增长，1978～2016年年均经济增速高达9.7%，比世界年均增速快6.8个百分点。2016年，中国以6.7%的增速仅次于印度位列主要经济体第2位，高于世界平均经济增速5.2个百分点，比中高等收入国家平均增速高3个百分点，如图3所示。

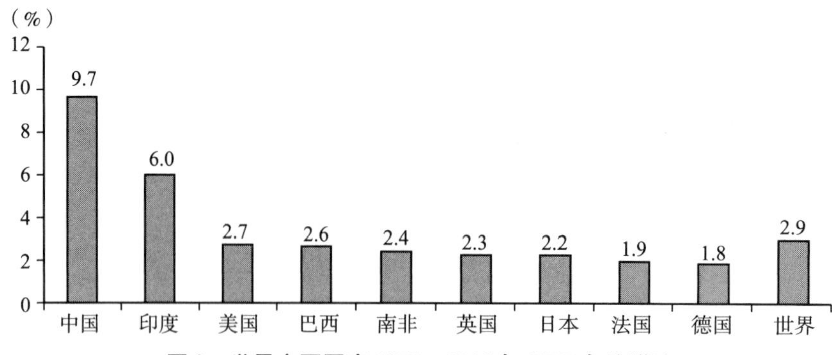

图 3　世界主要国家 1978～2016 年 GDP 年均增速

资料来源：世界银行 WDI。

2016 年我国对全球经济增长的贡献率达 32.4%，位居世界第一，比 1978 年的 3.1% 高出 29.3 个百分点，比排名第 2 位、第 3 位的美国和印度分别高 17.8 个和 23.5 个百分点。同期，排名第 4～7 位的德国、日本、印度尼西亚、英国的贡献率仅在 2.5%～3.8%之间，而俄罗斯、巴西对世界经济增长仍为负贡献①。

3. 人均 GDP 不断提升

随着经济总量高速增长，我国人均 GDP 水平也不断提高，已从 1978 年的 156 美元增长至 2016 年的 8 123 美元，增长了约 51 倍，比中高收入国家的平均水平高 129 美元，按照世界银行的划分标准，已经位于中高收入国家行列，如图 4 所示。

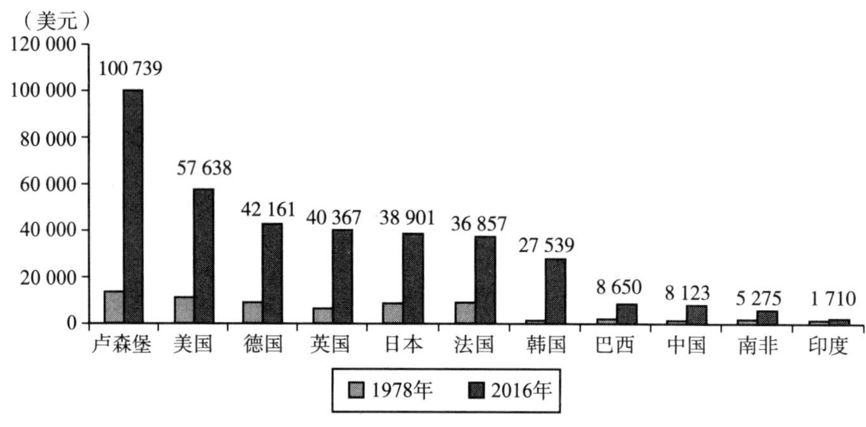

图 4　世界主要国家 1978 年与 2016 年人均 GDP

资料来源：世界银行 WDI。

但与发达国家相比，我国人均 GDP 水平仍有很大差距。2016 年，我国人均

① 资料来源：根据世界银行 WDI 数据计算。计算方法：2016 年 GDP（不变值）与 2015 年 GDP（不变值）的差额占全球总差额的比重。

GDP 位列世界第 73 位，相当于世界平均水平的 80%。而世界第一位的卢森堡人均 GDP 已经突破 10 万美元，第二位的瑞士接近 80 000 美元，是中国的 10 倍左右。美国、英国、德国、法国、日本等发达国家人均 GDP 也在 30 000～60 000 美元之间的水平。“金砖国家”中，我国人均 GDP 排名第 3 位，低于巴西和俄罗斯，高于南非与印度，处于中游①。

（二）经济结构：服务业占比提升，城镇化高速发展

1. 三次产业：农业占比显著下降，服务业占比大幅提升

改革开放以来，随着我国经济的快速发展，经济结构也显著优化。从三次产业来看，1978 年第一（农林渔牧业）、第二（工业与建筑业）、第三产业（服务业）占 GDP 的比重分别为 27.7%、47.7% 和 24.6%，到 2017 年，我国三次产业占 GDP 比重已变化为 7.9%、40.5% 和 51.6%。近 40 年来第一产业占 GDP 比重下降了近 20 个百分点，第二产业占比下降了 7.2 个百分点，第三产业占比则上升了 27 个百分点，产业升级带来了生产力的飞速提升。

与主要国家相比，我国在产业升级中最大的特点是第二产业始终保持较高的比重。从全球来看，40 年来世界主要国家产业结构普遍出现了第一产业下降和第三产业上升，美国、法国等发达国家第一产业占比进一步下降，而第二产业占比降幅更大，第三产业占比均显著上升。与我国同为发展中国家的印度第一产业占比尽管下降但仍然较高，2016 年达到 17.4%，第二产业占比保持稳定但显著小于我国。主要国家中，仅韩国第二产业占比 40 年来有所扩大，如图 5 所示。

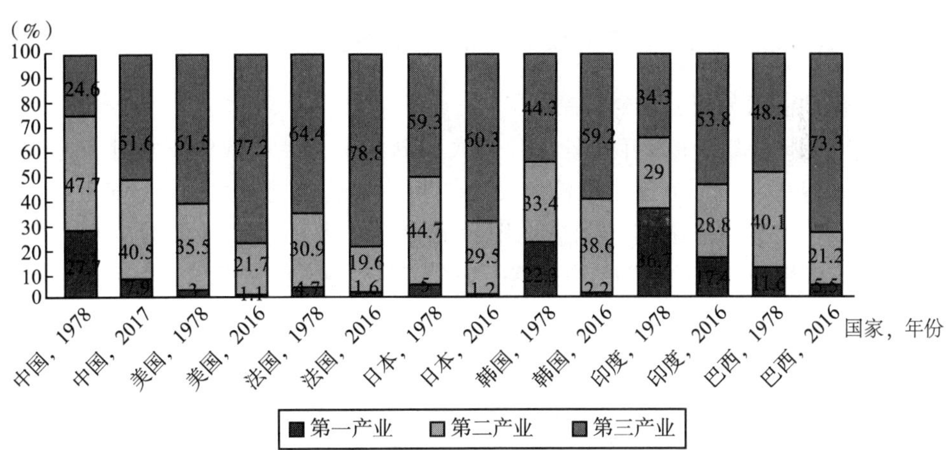

图 5 世界主要国家 1978 年与 2016 年三次产业占比

资料来源：世界银行 WDI，部分数据来自 WDI；部分国家数据来自其统计局。

---

① 资料来源：世界银行 WDI 数据。

2. 城镇化率显著提升

城镇化为我国经济提供了强大驱动力。改革开放以来，我国城镇化率由1978年的17.9%上升至2017年的58.5%，近40年来上升40.6个百分点，在世界上绝无仅有。同期世界城镇化率由38.5%提升至54.3%，升幅为15.8个百分点。

近40年来主要发达国家城镇化率虽有所提高，但幅度并不大，其中日本、韩国分别上升17.8个和29.3个百分点，已属于城镇化较快的国家。发展中国家也普遍经历了城镇化过程，但显著慢于我国。如印度1978年22.4%的城镇化率甚至高于我国，但2016年仅为33.1%，如图6所示。

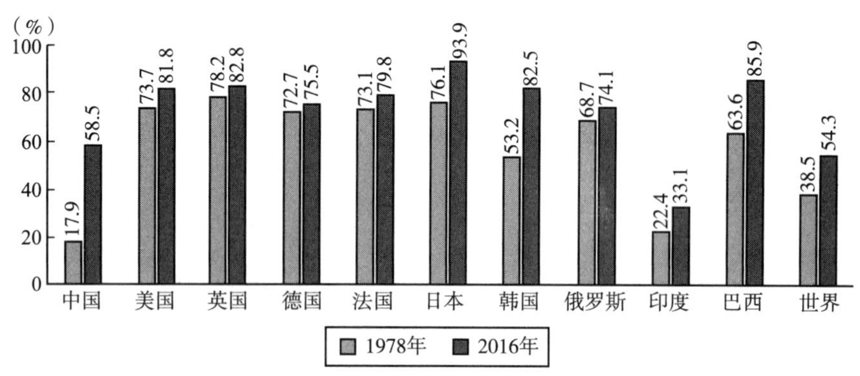

图6 世界主要国家1978年和2016年城镇化率

资料来源：世界银行WDI，其中中国数据为2017年。

（三）宏观经济稳定：赤字和债务长期保持较高稳定性

1. 财政赤字状况处于安全可控水平

改革开放以来，除个别年份外，我国大部分年份公共财政收支均处于赤字状态，尤其在1998年以后赤字率增长加快，在2007年曾出现短暂盈余，随后又转为多年赤字。近年来，我国实施积极的财政政策，扩大重点领域财政支出，通过"营改增"、减税降费、简政放权等一系列改革举措扶持实体经济，导致赤字率不断扩大。

2016年，我国财政赤字占GDP的比重（不考虑预算稳定调节基金和政府结转结余资金）达3.8%，在世界主要经济体中处于中高水平，不仅高于法国、美国、日本、英国、德国等发达经济体，也高于巴西、俄罗斯等新兴经济体，但仍低于南非和印度。整体看，虽然我国财政赤字率高于国际公认的3%警戒线，但主要源于落实积极的财政政策，财政赤字仍处在可控范围，如图7所示。

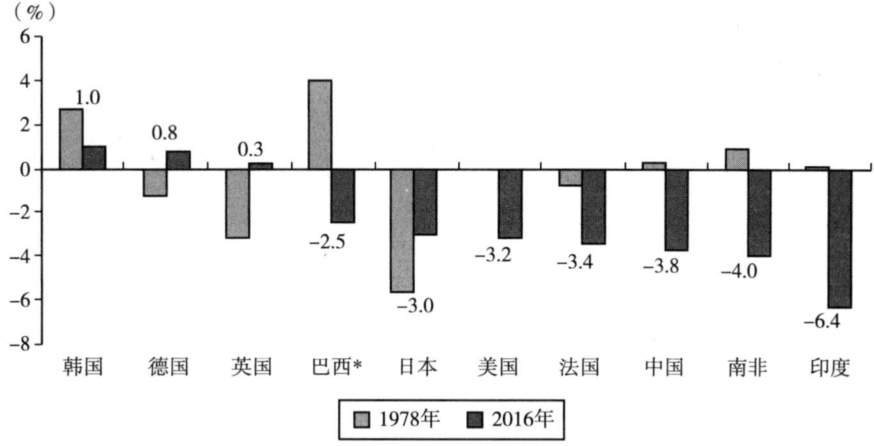

图7　世界主要国家1978年与2016年财政盈余/赤字占GDP的比重

资料来源：世界银行 WDI，各国财政部、统计局。

注：巴西数据为1980年和2016年，各国赤字率均为实际收支差额与GDP的比值，不考虑预算稳定调节基金和政府结转结余资金等因素。

2. 公共债务占GDP的比重总体平稳可控

公共部门债务余额是宏观经济稳定性的重要衡量指标。自2008年金融危机以来，由于经济刺激政策影响，我国公共债务占GDP比重整体呈增长态势。但随着地方政府债务监管加强，目前债务水平已平稳可控。截至2017年末，我国中央政府债务余额约为13.5万亿元人民币，地方政府债务余额约为16.5万亿元人民币，两者占GDP的比重为36.2%（不包括有担保责任的债务与或有债务），已连续两年下降。

与世界主要经济体相比，我国公共债务占GDP的比重处于较低水平，低于日本、美国、法国、英国等主要发达国家，也低于印度、南非、巴西等新兴市场国家，债务风险总体可控，如图8所示。

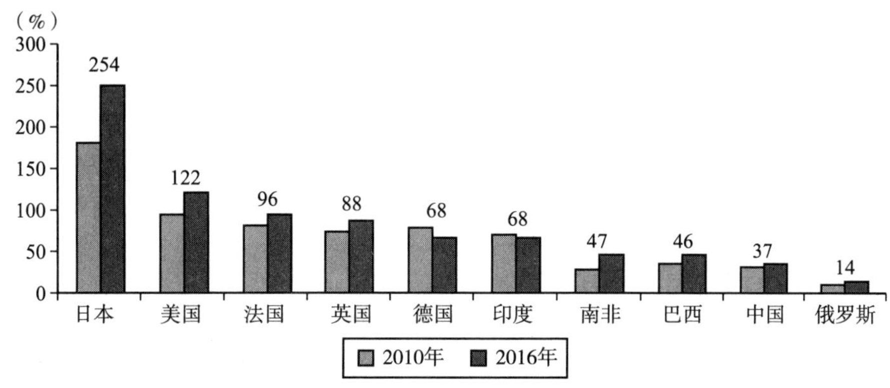

图8　世界主要国家2010年和2016年公共债务占GDP的比重

资料来源：中国为财政部与审计署，其他国家为WDI及各国财政部、统计局。

（四）金融市场：金融业已成为拉动经济增长的重要力量

1. 金融业占 GDP 的比重不断提高

金融业与整体经济的相对规模在一定程度上能够反映金融业的发达程度。改革开放以来，我国金融业占 GDP 的比重由 1978 年的 2.1% 上升至 2017 年的 8.0%，已成长为国民经济的重要支柱产业，如图 9 所示。从全球来看，我国 2016 年金融业占 GDP 的比重位列世界主要经济体的第二位，仅低于占比 9.6% 的南非，已于 2015 年首次超过英国，2016 年首次超过美国，也高于日本、法国、德国等发达经济体和印度、巴西、俄罗斯等新兴经济体，如图 10 所示。

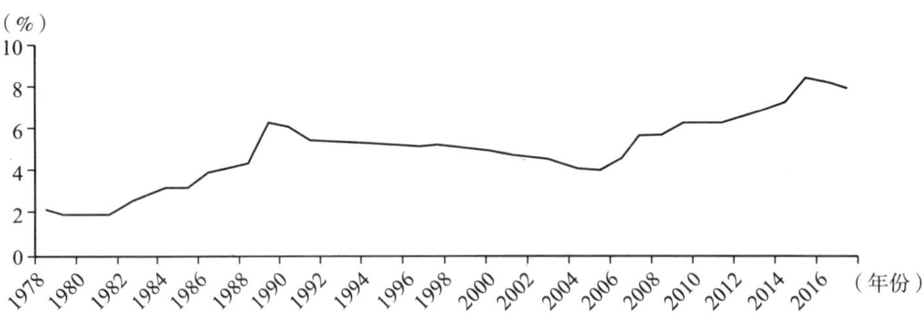

图 9　1978～2017 年中国金融业占 GDP 的比重

资料来源：国家统计局。

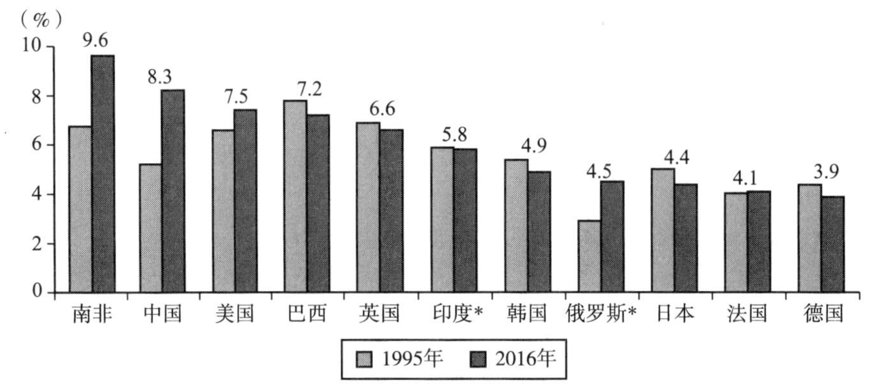

图 10　世界主要国家 1995 年与 2016 年金融业占 GDP 的比重

注：1995 年数据中，印度数据为 2012 年，俄罗斯数据为 2002 年。

资料来源：各国官方统计部门。

2. 银行业信贷发放量占 GDP 的比重已超过高收入国家水平

银行信贷发放量占 GDP 的比重可以反映一个国家间接融资的水平。改革开放以来，中国国内信贷占 GDP 的比重不断提高，1978 年仅为 38%，随后逐渐攀升，于 1993 年首次突破 100%，达到第一个高点，在短暂回落后又逐渐提高至 2003 年的 150%，经历了 5 年下滑，直到 2008 年金融危机爆发，在 2009 年大规模信贷刺激政策的带动下再度上升，尤其是 2011 年以来信贷扩张速度加快，目前国内信贷占GDP的比重已超过200%，2016年达215%。

从全球来看，我国2016年国内信贷占GDP比重首次超过高收入国家，仅次于美国、日本的水平，高于法国、德国、英国等发达国家，同时远高于印度、俄罗斯、巴西等新兴市场国家，如图11所示。

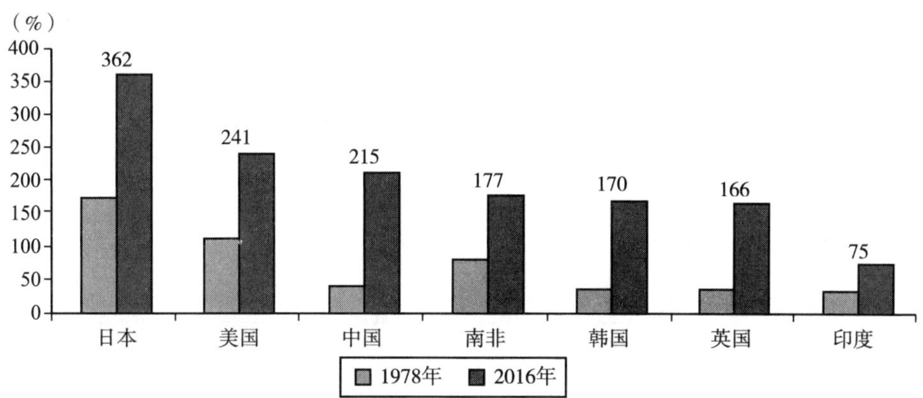

图11　世界主要国家1978年与2016年国内信贷发放量占GDP的比重

资料来源：世界银行WDI。

（五）基础设施建设不断完善

1. 人均电力消费大幅增加

改革开放以来，我国基础设施建设取得了举世瞩目的成绩。其中能源基础设施尤为突出，以电力为例，1978年我国人均年用电量仅为247千瓦时，而当时世界平均水平达1 523千瓦时，美国更是达9 561千瓦时。随着我国电力基础设施的大发展，至2016年我国年人均用电量已达4 280千瓦时，是1978年的17倍多，并已超越世界平均水平（3 128千瓦时）。

从其他国家来看，尽管人均用电量在40年中也大幅增加，但增幅远低于我国，除我国外增幅最大的韩国，由1978年的人均780千瓦时增加至2016年的9 699千瓦时，是40年前的12倍多。主要发达国家由于40年前基础已相当完备，加上节能减排的成效，增幅相对较小，如图12所示。

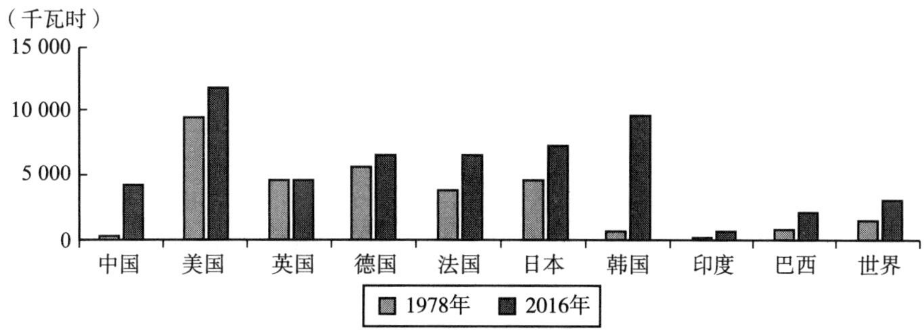

图12　世界主要国家1978年和2016年人均电力消费

资料来源：世界银行WDI，德国、日本、法国、印度为2015年数据，世界为2014年数据。

2. 交通基础设施发展迅速，铁路里程大幅增加

改革开放以来，我国交通基础设施建设发展迅速，以铁路为例，1978 年我国铁路运营里程仅为 5 万公里左右，至 2017 年末已达 12.2 万公里，铁路网密度由 1978 年的 0.53 公里/百平方公里增加至 1.30 公里/百平方公里，增幅达 144.3%，如图 13 所示。此外，我国铁路电气化程度大大提升，高铁运营里程超过 2 万公里，列世界第一，近年来高铁建设还在不断加快，有媒体已将高铁列为我国的“新四大发明”之一。

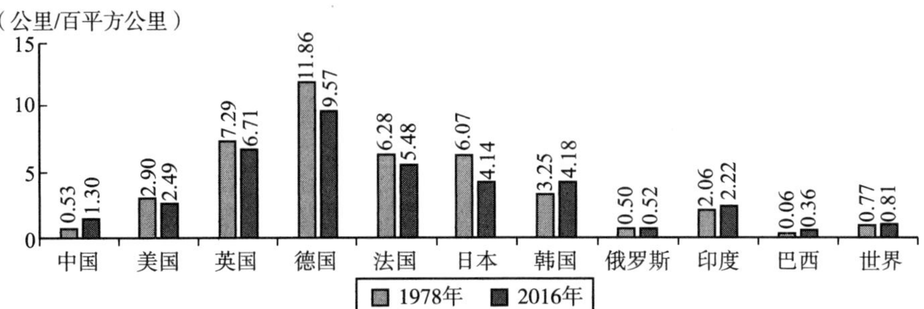

图 13 世界主要国家 1978 年和 2016 年铁路网密度

资料来源：世界银行 WDI，中国早期数据为 1978 年；巴西、法国、美国最新数据为 2014 年；印度、英国为 2015 年；德国早期数据为 1994 年。

从主要国家来看，发达国家由于公路、航空等对铁路的替代原因，近 40 年来铁路网密度出现了下降，不过仍显著高于我国，新兴市场国家铁路网密度则保持上升。受英国殖民统治较长时期的印度，在 1980 年就拥有 6.1 万公里的铁路，高于我国，但到 2015 年铁路运营里程仅增长至 6.6 万公里。不过由于印度国土面积较小，且平原与可耕地占比高于我国，铁路网密度比我国要高。

3. 航空业进步巨大，但仍有较大空间

在航空领域，我国尽管发展迅速，不过与发达国家相比，仍存在不小差距，未来发展空间巨大。以人均年飞行次数（年航空客运总人次/总人口）衡量，1978 年我国航空总客运量为 154 万人次，人均年飞行次数仅为 0.0016 次，相当于 1 年中每 625 人才有 1 人乘坐 1 次飞机。到 2016 年，我国航空总客运量为 4.88 亿人次，总量位于美国之后列世界第二，人均年飞行次数达到 0.35 次，如图 14 所示。

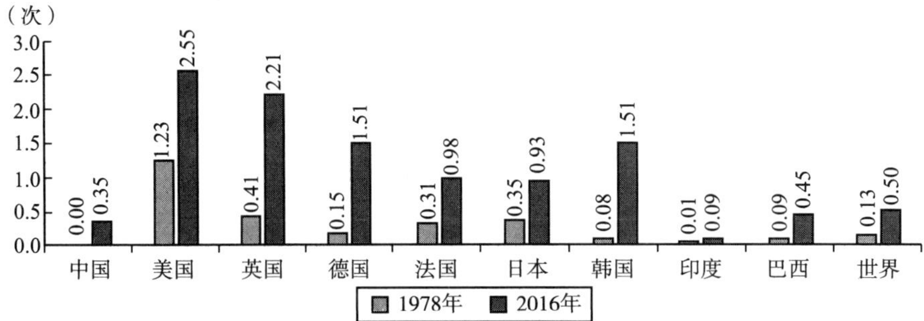

图 14 世界主要国家 1978 年和 2016 年人均年飞行次数

资料来源：世界银行 WDI。

与其他国家相比，尽管经过改革开放40年的快速发展，差距有所缩小，但目前我国人均年飞行次数仍低于世界平均水平（0.5次），较美国（2.55次）的差距更大。由此可见，未来我国航空基础设施发展空间仍然巨大。

（六）医疗与基础教育水平大幅提升

1. 人均预期寿命大幅提升

改革开放以来，随着我国医疗水平的不断提升，死亡率逐年下降，人均预期寿命大幅提升。1978年我国根据当时各年龄段死亡率推算的当年出生人口预期寿命仅为65.8岁，经过近40年的医疗发展，到2015年已升至76.1岁，寿命增加了10.3岁。

从全球来看，我国预期寿命的增速要快于全球水平，同期全球预期寿命由1978年的62.2岁上升至2015年的71.9岁，升幅为9.7年。从主要国家来看，同期升幅最大的是韩国和印度，分别达17.2和15.5岁，如图15所示。

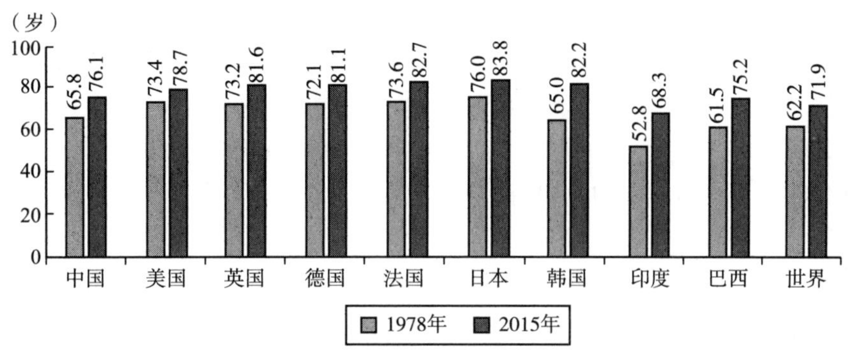

图15 世界主要国家1978年与2015年人均预期寿命

资料来源：世界银行WDI。

2. 每万人专业医师数量大幅增加

改革开放以来，我国专业医师数量大幅增加，表明我国在基础医疗领域进步较大，1978年我国每万人专业医师数量仅为10.8人，到2015年，我国每万人医师数量已增加至23.1人，较1978年增长超过1倍。

从全球来看，同期各国医疗水平也普遍获得了较大提升，且发达国家与发展中国家提升幅度较为接近。进步最快的是韩国，每万人医师数量从1981年的5人上升至2014年的22.3人，这与韩国人均寿命提升幅度在各国中最大相一致。此外，印度也由1975年的2人提升至2014年的7.3人，其人均寿命提升幅度也较大。俄罗斯是各主要国家中，每万人医师数量出现减少的国家，如图16所示。

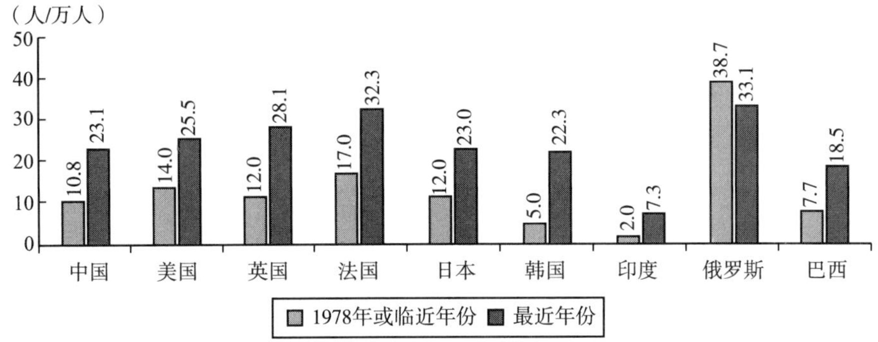

图 16　世界主要国家 1978 年或相近年份与最近年份每万人医师数量

资料来源：世界银行 WDI。

3. 识字率大幅提升

识字率反映一个国家的基础教育水平。改革开放以来我国基础教育水平提高明显，1982 年我国识字率仅为 65.5%，到了 2016 年已上升至 97.4%，接近发达国家普遍 99% 以上的水平。

从主要新兴市场国家来看，印度识字率提升幅度也较大，但由于基础较弱，目前仍有近 30% 的人口不识字，巴西识字率也有所提升，但幅度小于我国。1978 年世界平均的识字率水平为 69.4%，至 2015 年则为 86.0%。可以说，我国在基础教育领域的进步是全球领先的，如图 17 所示。

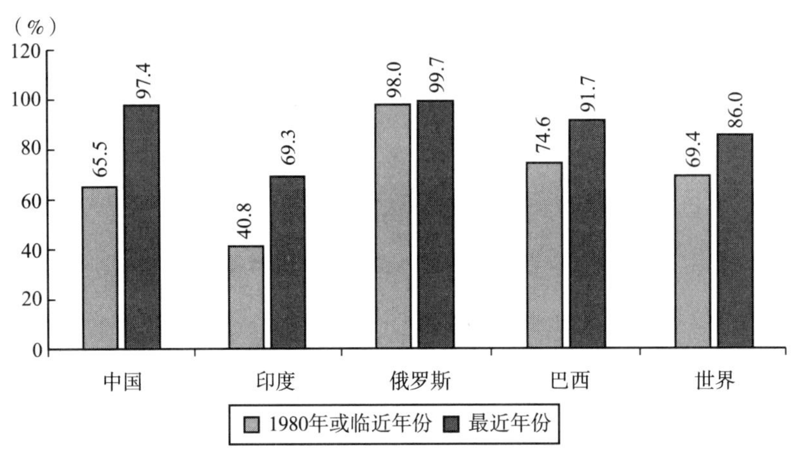

图 17　主要新兴市场国家 1980 年或相近年份与最近年份识字率

资料来源：世界银行 WDI。

（七）高等教育：发展规模不断扩大，质量与水平整体提升

1. 高等教育学历人口比重不断上升

改革开放以来，我国高等教育领域取得了长足进步。从相对指标来看，高等教

育学历人口比重不断上升，24岁以上高等教育人口比重从1980年的1%上升至2000年的6%，此后随着高等院校扩招学生开始毕业，又从2005年的8%加速上升至2016年的20%（见图18）。不过，与世界主要经济体相比，我国高等教育学历人口比重与日本、韩国、美国、英国、法国等发达国家还有一定差距，也低于经济合作与发展组织（OECD）国家和20国集团（G20）国家的平均水平。

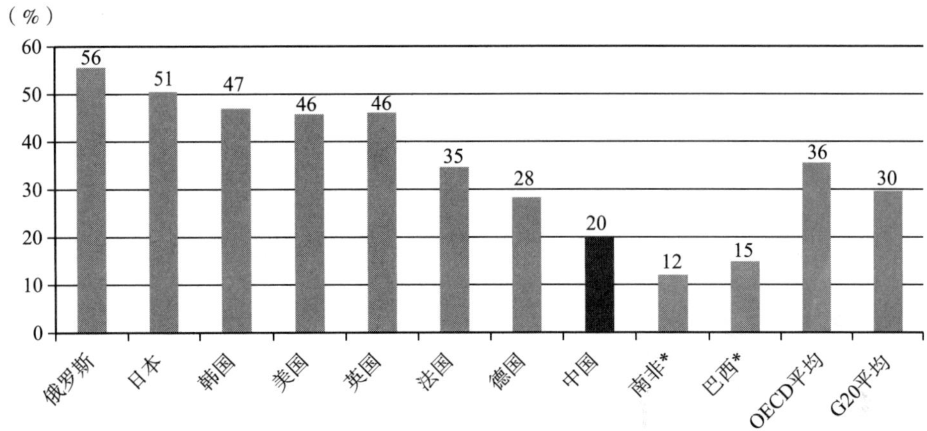

图18 世界主要国家2016年25~64岁人口中受高等教育人口比重

注：标*的国家数据为2015年。

资料来源：《Education at a Glance 2017，OECD indicators》，中国数据来源为国家统计局人口抽样调查数据中大专及以上学历人口除以24~65岁人口。

从绝对指标来看，我国已是世界高等教育第一大国，2016年高等教育在学总规模达3 699万人，比2012年增长11.2%，占世界高等教育总规模的比例为20%，如图19所示。

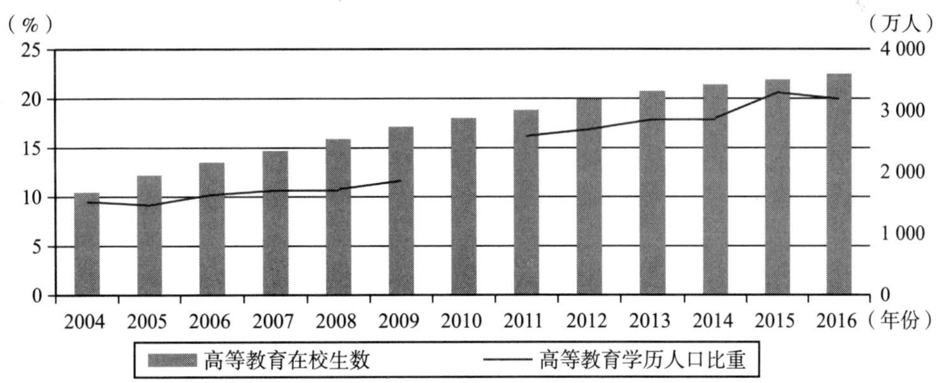

图19 中国2004~2016年高等教育学历人口比重和高等教育在校生数

注：高等教育在校生数为研究生在校生数、普通高等学校在校学生数、在职人员攻读硕士学位在校学生数和网络本专科生在校学生数合计。

资料来源：国家统计局、中华人民共和国教育部。

2. 高等教育毛入学率已超过世界平均水平

高等教育毛入学率是指“高等教育在校学生数与 18～22 岁年龄段人口数之比”，反映的是适龄人口中能接受到高等教育的人口的百分比。改革开放以来，我国高等教育毛入学率快速提升，1978 年仅为 0.7%，1980 年上升至 1.2%，随着近年来高等院校的扩招，2015 年毛入学率已达 43.4%，较 1978 年大幅提升了 42.7 个百分点。

从全球来看，我国高等教育毛入学率已于 2014 年首次超过世界平均水平，但与发达国家差距仍相当大。我国 2015 年高等教育毛入学率高于世界平均水平 7.7 个百分点，但比美国低 42.4 个百分点，比韩国低 49.8 个百分点；同时，低于巴西 7.2 个百分点，但比印度高 16.5 个百分点，比南非高 24 个百分点，如图 20 所示。

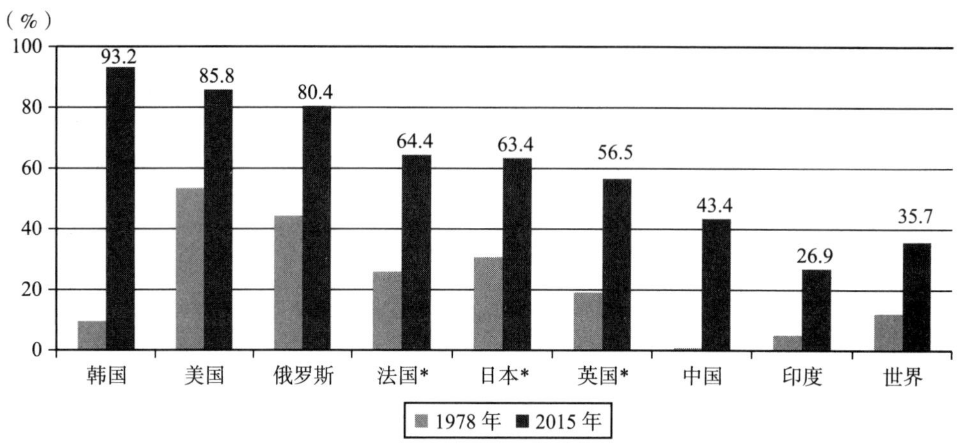

图 20 世界主要国家 1978 年与 2015 年高等教育毛入学率

注：标＊国家数据时间为 2014 年。由于巴西、南非 1978 年数据缺失，故未在图中画出巴西、南非。
资料来源：世界银行 WDI。

（八）可持续发展：单位 GDP 产出的碳排放与能耗大幅降低

1. 单位 GDP 产出的碳排放大幅降低

改革开放以来，我国单位 GDP 产出所排放的二氧化碳量出现了明显下降，一方面源于我国在工业领域大力推行节能减排措施；另一方面我国的经济结构也有所改善，服务业在 GDP 中的占比逐步提升。1978 年我国每产出 1 美元（以 2010 年美元计价），需要排放 4.97 千克的二氧化碳，为当时世界平均值的 7 倍，是印度的 5 倍。到 2014 年，我国单位 GDP 的碳排放已下降至 1.24 千克/美元，尽管仍然高于世界平均水平，但已较 1978 年下降了 75%，降幅在世界主要国家中最大。当然，未来我国的单位 GDP 碳排放仍有巨大的下降空间。

从全球来看，1978 年以来各国单位 GDP 碳排放量均有一定程度的下降，全球平均下降了 30%。除中国外，降幅比较大的还有法国（下降 69%）和英国（下降

68%）。当然也有例外，如印度单位 GDP 碳排放并未出现下降，而巴西还出现了上升，如图 21 所示。

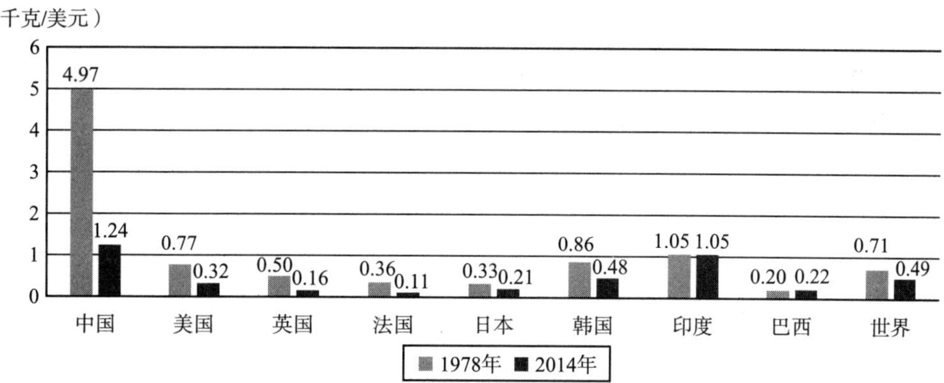

图 21　主要国家 1978 年与 2014 年单位 GDP 碳排放

注：以 2010 年美元计价。
资料来源：世界银行 WDI。

2. 单位 GDP 产出的能耗量大幅降低

改革开放以来，与单位 GDP 碳排放相同，我国单位 GDP 产出所消耗的能源也出现了明显下降。1978 年我国每产出 1 美元（以 2010 年美元计价），需要消耗 2.01 千克标准油，为当时世界平均值的 8.3 倍，是印度的 2.9 倍。到 2014 年，我国单位 GDP 的能耗已下降至 0.37 千克标准油/美元，尽管仍然高于世界平均水平，但已较 1978 年下降了 82%，降幅在世界主要国家中最大。与碳排放一样，未来我国的单位 GDP 能耗也仍有巨大的下降空间。

从全球来看，1978 年以来各国单位 GDP 能耗均有较大程度的下降，全球平均下降了 21%。除中国外，降幅比较大的还有英国（下降 60%）和德国（下降 54%）。当然也有例外，巴西的单位 GDP 能耗较 1978 年还增加了 75%，如图 22 所示。

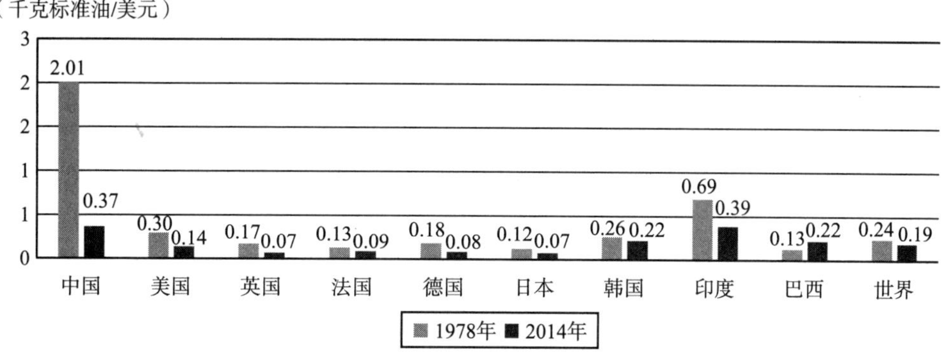

图 22　主要国家 1978 年与 2014 年单位 GDP 能耗

注：以 2010 年美元计价。
资料来源：世界银行 WDI。

（九）就业与劳动力市场：失业率维持低位，薪资稳步增长

1. 失业率水平长期保持低位

高速经济增长与稳定的社会发展使得中国多年来始终得以保持较低的失业率。除改革开放初期失业率水平曾超过5%外，此后1981～2001年，失业率水平都处在低于4%的较低水平，近年来则维持在4%左右。2017年我国失业率为3.9%，已连续3年下降，低于世界平均水平与主要发达国家，也低于“金砖国家”中的南非和巴西。如图23、图24所示。

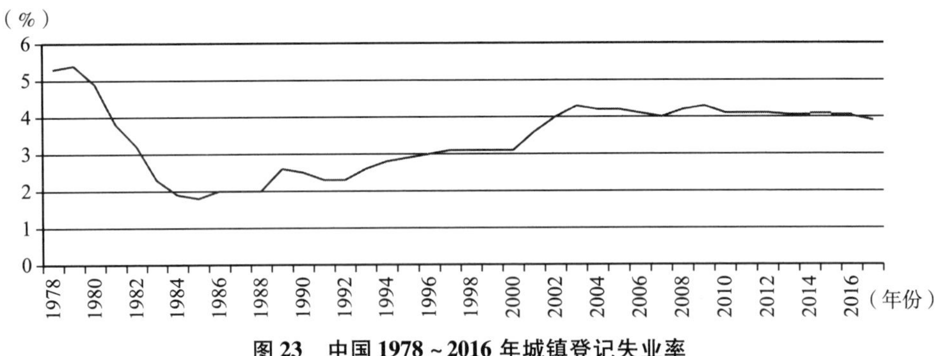

图23 中国1978～2016年城镇登记失业率

资料来源：国家统计局。

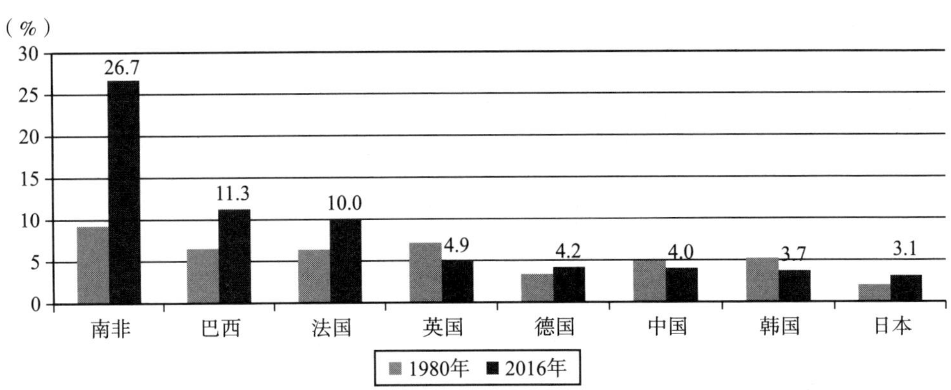

图24 世界主要国家1980年和2016年失业率

资料来源：印度为WDI，其余国家为IMF。

2. 城镇就业人员平均工资水平已突破1万美元

1978～2016年，我国城镇非私营单位就业人员平均工资由615元增长至67 569元，年均名义增长率高达13.3%，是世界上工资水平增速最快的国家之一。2016年，我国城镇非私营单位就业人员名义工资增长率为8.9%，实际工资增长率为6.7%，后者在“金砖国家”中是最高水平。

从全球来看，我国 2016 年城镇就业人员税前平均年收入约合 10 173 美元，已突破 1 万美元，仍然远低于发达国家水平，约为美国的 1/6，法国、英国、日本的 1/4；在“金砖国家”中低于南非水平，高于巴西、俄罗斯和印度水平，如图 25、图 26 所示。

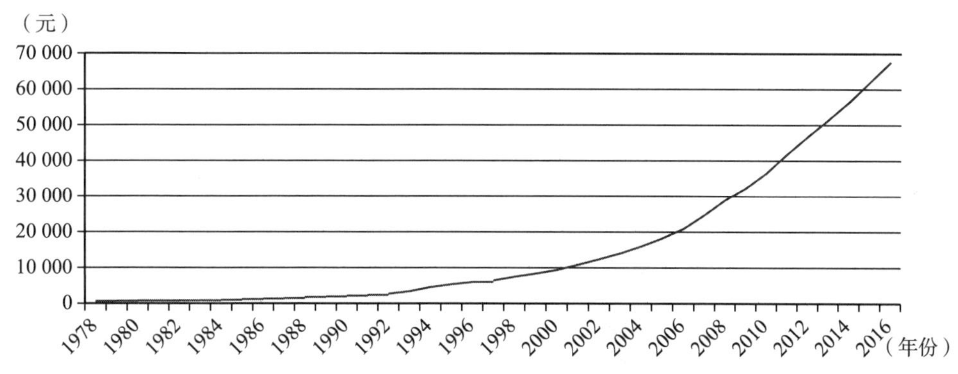

图 25　1978 ~ 2016 年中国城镇非私营单位就业人员平均工资

注：因南非、巴西、俄罗斯、印度缺失 1990 年数据，无法与现状对比，故未在图中画出，但其 2016 年数据有，故在文中进行了对比。

资料来源：国家统计局。

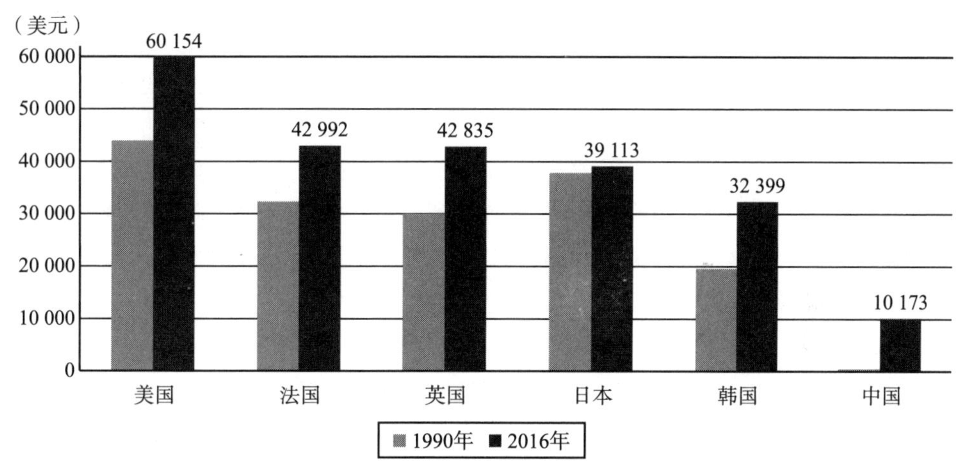

图 26　世界主要国家 1990 与 2016 年雇员平均年工资收入

资料来源：OECD 国家来源为 OECD 统计，中国为国家统计局。

（十）知识经济与创新

1. 研发投入快速增长

改革开放以来，随着我国经济不断增长，研发投入迅速增加，同时，研发投入占 GDP 的比重也显著上升。根据联合国教科文组织统计的数据，1996 年我国研发（R&D）投入占 GDP 的比重仅为 0. 56%，到 2015 年已上升至 2. 07%。近 20 年来上升了 1. 5 个百分点。

与主要国家相比，仅有韩国的比重升幅大于我国，其由 1996 年的 2.24% 上升至 2015 年的 4.23%，不仅升幅高达 1.99 个百分点，也使其处于主要国家研发投入占比之首。横向比较来看，目前我国研发投入占 GDP 比重已经接近欧美发达国家水平，但与世界领先的韩国、以色列相比仍有上升空间，如图 27 所示。

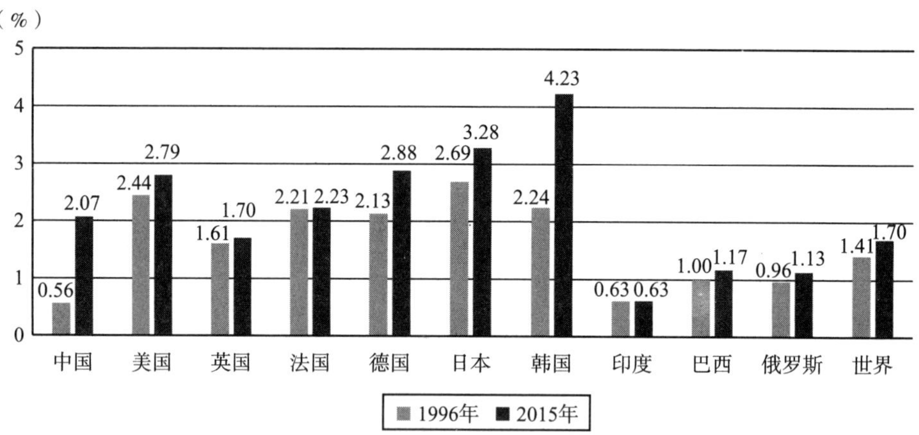

图 27 主要国家 1996 年与 2015 年研发投入占 GDP 比重

注：巴西数据的时间点为 2000 年和 2014 年。
资料来源：联合国教科文组织。

如果考虑人均研发投入，我国的增长更加显著。1996 年我国人均研发投入仅为 5.4 美元，到 2015 年增长至 166.7 美元，近 20 年来增长了约 30 倍。主要国家中排在第二、第三位的分别为俄罗斯和韩国，分别增长了约 5.2 倍和 3.3 倍。不过从绝对值看，由于我国人均 GDP 偏低，人均研发投入较发达国家仍存在不少差距，也略低于世界（人均 172.3 美元）水平。排名首位的美国人均研发投入达 1 577.7 美元，是我国的近 10 倍，如图 28 所示。

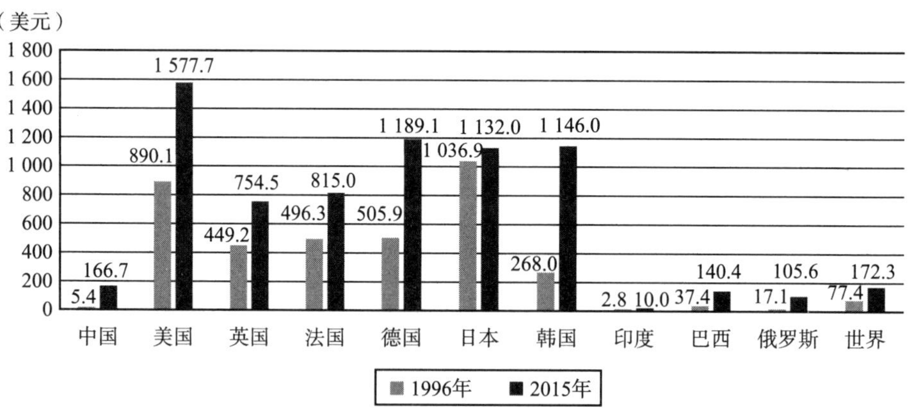

图 28 主要国家 1996 年与 2015 年人均研发投入

注：巴西数据的时间点为 2000 年和 2014 年。
资料来源：联合国教科文组织。

2. 发明专利授权量保持世界第一

改革开放以来，我国对科技研发和知识产权的重视程度不断提升，发明专利授权量飞速增长。根据世界知识产权组织数据计算，1997～2016年间，我国发明专利授权量（以来源地计算）的平均年增长速度达33.7%，有17个年份的增长率超过10%。我国发明专利授权量于2015年首次超过日本和美国，2016年达322 461件，占世界发明专利授权量的比重为23%，比第二位的日本高2.5个百分点，已连续两年位居世界第一，持续的大幅增长有力带动了全球发明专利授权量的整体攀升，如图29所示。

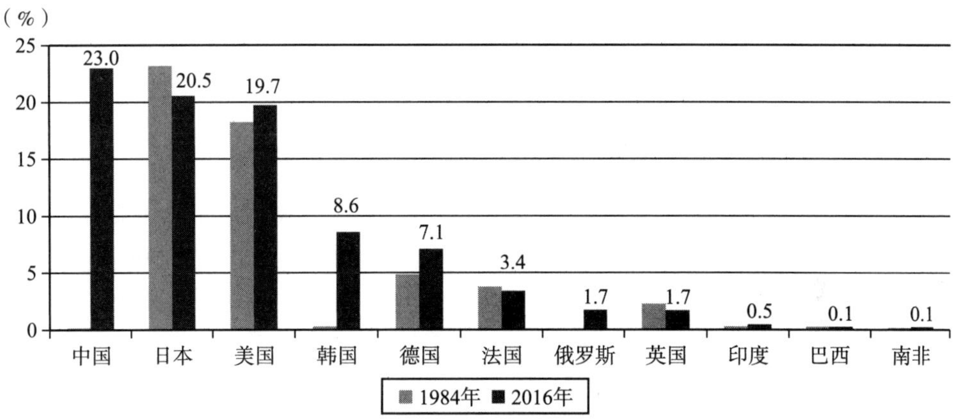

图29　世界主要国家1984年与2016年发明专利授权量占世界总量的比重

注：按照专利来源国家划分。
资料来源：世界知识产权组织（WIPO）。

我国万人发明专利授权量自改革开放以来也显著增长，2016年达2.34件，高于世界平均水平，也高于俄罗斯、南非、巴西、印度等新兴经济体，但仍落后于韩国、日本、德国、美国、法国等世界领先国家，尚有巨大的增长潜力，如图30所示。

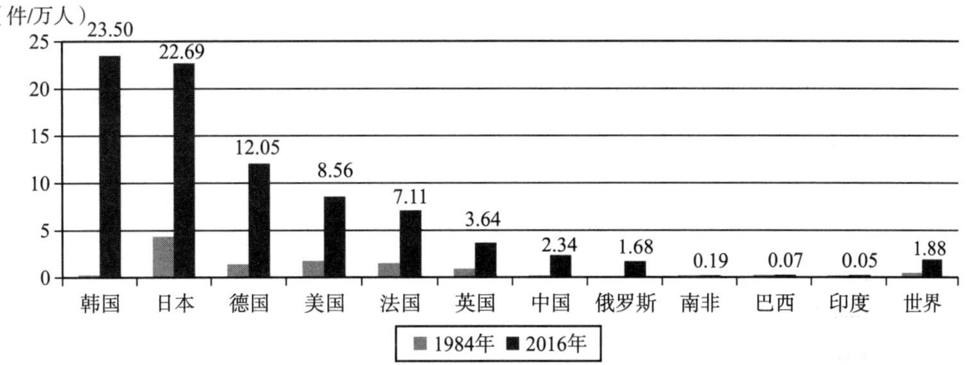

图30　世界主要国家1984年与2016年万人发明专利授权量

注：按照专利来源国家划分。
资料来源：世界知识产权组织（WIPO）、WDI。

二、改革开放40年的艰难探索及不平凡历程

改革开放是党的十一届三中全会以来进行社会主义现代化建设的总方针、总政策，是党和国家发展进步的活力源泉。改革开放40年来，通过不断的探索和推进，我国逐步开辟了一条适合中国国情的发展道路——中国特色社会主义道路，实现了从高度集中的计划经济体制向充满活力的社会主义市场经济体制的根本性转变，实现了从封闭半封闭向全面开放的转变，实现了人民生活从温饱转向基本小康的转变，综合国力极大提升。根据改革开放的基本内容和特点，其历程大体可分为四个阶段，即目标探索阶段（1978~1991年）、框架构建阶段（1992~2002年）、逐步推进阶段（2003~2012年）和全面深化阶段（2013年至今）。

（一）目标探索阶段（1978~1991年）

从1978年12月党的十一届三中全会召开至1992年初邓小平同志发表南方谈话前，是我国改革开放的目标探索阶段。这一阶段的改革开放以农村经济体制改革为突破口，城市经济体制改革和对外开放相继进行，其间既有成功的经验，也有失误的教训，为下一步总体框架的构建奠定了基础。

1. 理论指导

提出改革开放的基本思想。1978年12月召开的党的十一届三中全会提出要终止“以阶段斗争为纲”的路线、把全党工作重点转移到社会主义现代化建设上来，对过分集中的经济管理体制和农村进行改革，拉开了改革开放的序幕。随着改革在农村取得突破和初步成功，城市经济体制改革开始提上日程。1984年10月，党的十二届三中全会提出要进一步贯彻执行对内搞活经济、对外实行开放的方针，加快以城市为重点的整个经济体制改革的步伐。实行对外开放必须对原有的经济体制特别是涉外经济体制进行改革，因此经济体制改革与对外开放是一个问题的两个方面，二者相辅相成。

提出建设有中国特色的社会主义理论。1982年9月，党的十二大报告第一次明确提出了建设有中国特色的社会主义理论，提出了“计划经济为主，市场调节为辅”的原则。明确社会主义经济是公有制基础上的有计划的商品经济。由于改革的实践使市场调节的作用实际上已突破了“为辅”的框框，因此1984年10月召开的党的十二届三中全会指出，“要突破把计划同市场对立起来的传统观念，明确认识社会主义计划经济必须自觉依据和运用价值规律，是在公有制基础上的有计划的商品经济。商品经济的充分发展，是社会主义经济发展的不可逾越的阶段，是实现我国经济现代化的必要条件”。社会主义初级阶段理论。1987年10月，党的十三大提出了社会主义初级阶段理论，提出要以经济建设为中心、以四项基本原则为立国之本、以改革开放为强国之路，并制定了到21世纪中叶分三步走、实现现

代化的发展战略。

2. 重要实践

农村经济体制改革。由于改革开始前农村经济发展落后，农民生活水平低下，亟须改革，且农村改革涉及的利益主体单一，相对简单，因此党中央将农村经济体制改革作为我国改革的突破口，将市场机制引入农村，包括实行家庭联产承包责任制、实行乡镇管理制度、大力发展乡镇企业、鼓励农民搞多种经营等，农村经济迅速发展，农民生活水平显著提高，但到1985年以后，总体速度开始放缓。.

城市经济体制改革。这一时期的城市经济体制改革以国企改革为中心进行。主要分为三个阶段：第一阶段，向国有企业"放权让利"，通过打破高度集权的国有国营体制，赋予企业一定的自主权，由于改革只涉及企业的管理体制，而没有涉及产权制度，企业只对国家计划负责，而不对市场的供求关系负责，难以真正实现企业的自负盈亏。第二阶段，沿着所有权和经营权分离的原则逐步推进政企分开，在保持国家所有权的前提下，使企业成为独立经营、自负盈亏的商品生产者和经营者。第三阶段，允许试行股份制，小型国有企业的产权可以有偿转让给集体或个人。这一时期，我国还相继出台了《中外合资经营企业法》《中外合作经营企业法》《外资企业法》《城乡个体工商户管理暂行条例》《中华人民共和国私营企业暂行条例》等法律法规，为非国有经济的发展提供法律保障。但受制于计划经济前提，国企改革难以深入。

政策性的对外开放。这一时期我国对外开放大体经历了四个阶段：一是试办经济特区。1979年7月和1980年5月党中央、国务院先后决定在广东省的深圳市、珠海市、汕头市和福建省厦门市创办经济特区，1988年4月批准海南岛建省办经济特区；二是开放沿海城市。1984年5月，党中央、国务院在总结经济特区经验的基础上，决定进一步开放14个沿海港口城市，并建立了经济技术开发区；三是进一步扩大沿海开放区域。1985年2月，党中央先后决定将长江三角洲、珠江三角洲、闽南三角洲地区和环渤海地区开辟为沿海经济开放区；四是开发开放上海浦东新区。1990年6月党中央、国务院决定进一步开放和开发浦东新区，在浦东地区实行经济技术开发区和某些特区的政策。

3. 改革成效

经济增长迅速，但质量不高。这一时期我国经济实现快速增长，平均年增长率达9.3%，较改革开放前1953~1978年平均每年增长6.7%的速度加快了2.6个百分点。除1981年、1989年和1990年因国家实行经济调整和进行治理整顿增速有所放缓外，其他年份的经济增长速度都很高。但由于结构性供给矛盾突出，过热增长或过快抑制时常引发经济总量失控、结构失调，迫使中央政府不断进行调整、干预，发展质量整体不高。

投资、消费、进出口规模迅速扩张，净出口对经济增长贡献率有所提升。1978~1991年，我国最终消费支出、资本形成总额、进出口总额分别增长了6.1倍、5.6

倍和6.6倍，年均增长率分别高达14.9%、14.0%、15.6%，消费、投资、出口交替主导经济增长。对外贸易对GDP增长贡献率震荡提升，但基本处于增长性逆差阶段，且出口产品结构水平低、流向地过于集中，如图31、图32所示。

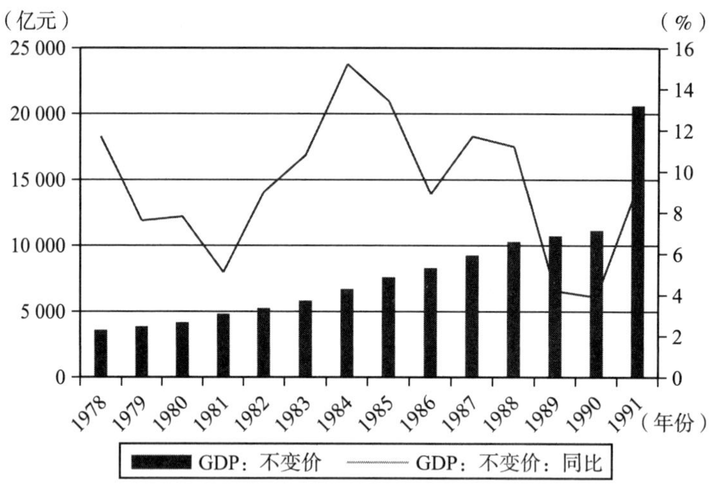

图31 1978～1991年GDP及其增速

资料来源：国家统计局。

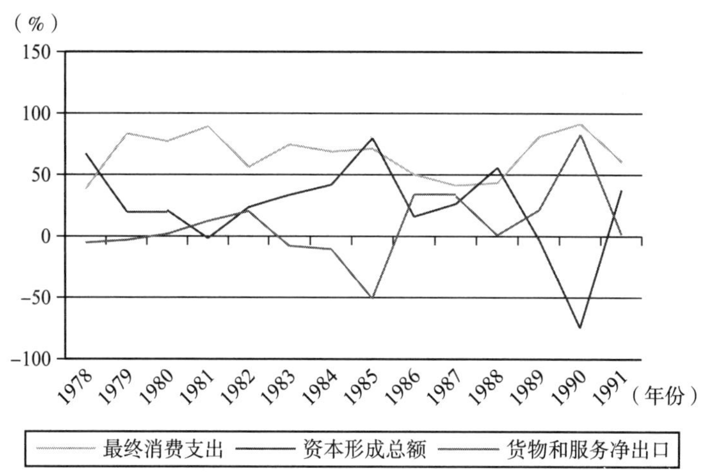

图32 1978～1991年三大需求GDP增长贡献率

资料来源：国家统计局。

物价剧烈波动。这一时期我国的物价波动大体可分为三个周期：一是1978～1983年。此轮物价周期峰值出现在1980年为7.5%，物价大幅上涨的主要原因在于我国出现明显的过热增长，加之国家调整不合理的价格体系，促进了生产者特别是农民的生产积极性，在一定程度上推高了物价。对此，国家相继出台了一系列政策措施，如严格控制监管价格、收缩信贷等，1981年物价开始出现回落，1983年达到低点，峰谷落差为5.5%。二是1984～1986年。随着我国价格改革进入第二阶段，以国家定价为主的僵化价格体制逐渐转变为比较灵活的多种定价机制并存的价格体制，从而有效活跃了市场，也使隐蔽的供给短缺和受抑制的需求进一步公开化，加之经济过热、经济发展不协调，导致物价全面上涨。1985年物价涨幅达9.3%，峰谷落差为2.8%。三是1987～1990年。此次物价波动峰值出现在1988年为18.8%，峰谷落差高达15.7%，与之相对应，经济增长也出现了大起大落的"硬着陆"，究其原因是经济运行中多年积累的深层次问题日益凸显和1988年的"价格闯关"进一步助长了价格上涨趋势。与前两次物价波动不同的是，本轮物价波动中居民产生通货膨胀预期，全国性或者局部发生多次抢购商品风潮，对推动通货膨胀的进一步发展起了很大作用。

（二）框架构建阶段（1992～2002年）

从1992年初邓小平同志发表南方谈话至2002年11月党的十六大召开前，是我国改革开放目标模式确立和基本框架的构建阶段。这一阶段，国家按照建立社会主义市场经济体制的要求，大步推进了财政、税收、金融、外汇、计划、投资、价格、流通、住房和社会保障等体制改革，市场在资源配置中的基础性作用明显增强，宏观调控体系的框架建立并完善；以公有制为主体、多种经济成分共同发展的格局逐步展开；分配结构和分配方式进一步完善；农村经济体制改革继续深化；对外开放进入新阶段。

1. 理论指导

继续坚持改革开放。1993年11月，十四届三中全会指出，"改革开放是党和人民在认真总结历史经验的基础上，做出的符合社会经济发展规律的战略决策，是我国实现现代化的必由之路"，有必要继续坚持。构建市场经济体制改革基本框架。党的十四届三中全会审议通过了《中共中央关于建立社会主义市场经济体制若干问题的决定》，制定了继续深化改革的总体蓝图，将改革的目标和基本原则具体化、系统化，构建出了社会主义市场经济体制的基本框架，是这一阶段我国经济体制改革的纲领性文件，使我国改革进入了全局性整体推进的新阶段。进一步扩大对外开放。1992年10月，党的十四大提出要进一步扩大对外开放，更多更好地利用国外资金、资源、技术和管理经验，对外开放的地域要扩大、利用外资的领域要拓宽、积极开拓国际市场。1997年9月，党的十五大强调对外开放是一项长期的基本国策，要以提高效益为中心努力扩大商品和服务的对外贸易、积极合理有效地利用外资、进一步办好经济特区、上海浦东新区。

形成社会主义市场经济理论体系。1992年初邓小平南方谈话从根本上解除了把计划与市场看作属于社会基本经济制度范畴的束缚。1993年3月，全国人大通过的《中华人民共和国宪法修正案》中明确规定："国家实行社会主义市场经济。"

社会主义市场经济的基本特征主要体现在所有制结构、分配制度和宏观调控三个方面。宏观调控方面，1992 年 10 月，党的十四大第一次明确提出了中国经济体制改革的目标是建立社会主义市场经济体制，使市场在国家宏观调控下对资源配置起基础性作用。所有制结构方面，1997 年 9 月，党的十五大提出并论述了党在社会主义初级阶段的基本纲领，并第一次提出非公有制经济是社会主义市场经济的重要组成部分。1999 年 3 月的《中华人民共和国宪法修正案》，明确非公有制经济是中国社会主义市场经济的重要组成部分。分配制度方面，党的十四届三中全会提出建立以按劳分配为主体，效率优先、兼顾公平的收入分配制度，鼓励一部分地区一部分人先富起来，走共同富裕的道路。党的十五大提出要把按劳分配与按生产要素分配结合起来。

2. 重要实践

按照建立社会主义市场经济体制的要求，积极推进各项配套改革，充分发挥市场机制作用，健全宏观调控体系。从 1993 年开始，我国在财政、税收、金融、外贸、外汇、计划、投资、价格、流通、住房和社会保障等方面的配套改革相继取得重大突破，其中四项改革具有基础性作用：一是建立了现代意义上的财税体制，政府首次有能力对经济活动征以足够支持政府活动的财税收入；二是以公司法改革为核心，政府允许民间社会拥有更多的经济自由；三是以《中华人民共和国商业银行法》通过为标志，建立了现代意义上的金融货币体制；四是以汇率并轨和加入 WTO 为核心，出口导向型道路得以确立。

调整和完善所有制结构。促进公有制为主体、多种所有制经济共同发展。一方面，加快推进国有企业改革，建立现代企业制度。从 1994 年开始，中央和地方共选择了 2 500 多家企业，按照现代企业制度的要求进行公司制改革试点。从战略上调整国有经济的布局，使国有资本逐渐集中到关系国民经济命脉的重要行业和关键领域。另一方面，鼓励、引导个体、私营等非公有制经济健康发展，以满足人们多样化的需要，增加就业。

深化农村经济体制改革。经过十多年的改革，农村社会经济面貌发生了巨大变化，为整个国民经济的改革和发展奠定了基础，但同时也面临着一些亟待解决的新问题，主要是农业特别是粮棉生产的比较效益下降，工农业产品价格剪刀差扩大，农民收入增长缓慢。为此，党中央、国务院积极采取措施深化农村改革：一是完善以家庭联产承包为主的责任制和统分结合的双层经营体制；二是发展农村社会化服务体系，促进农业专业化、商品化、社会化；三是进一步增强乡镇企业的活力，促进生产要素跨社区流动和组合，形成更合理的企业布局。

努力提高对外开放水平。一是全面开放沿边、沿江及内陆省会城市。国家先后批准开放了 13 个沿边城市、6 个长江沿岸城市、18 个内陆省会城市，先后批准了 32 个国家级的经济技术开发区、52 个高新技术开发区、13 个保税区，开放了 34 个口岸，形成了沿海、沿江、沿边和内陆地区多层次、全方位的开放新格局。二是拓展对外开放领域，降低、取消部分关税，促进对外贸易发展。三是加入世贸组织。经过15年的艰苦努力，2001年11月11日，中国正式成为世贸组织新成员，标志着中国的对外开放进入了一个新阶段，从政策性开放向制度性开放转变，即由过去有限范围和有限领域的市场开放转变为全方位的市场开放，由过去单方面为主的自我开放转变为中国与WTO成员之间双向的相互开放，由过去以试点为主的政策性开放转变为在法律框架下的可预见的开放。

3. 改革成效

经济保持平稳快速发展，增长的质量和效益有所提高。这一时期我国经济继续保持平稳快速发展，GDP平均年增长率高达10.2%。由于受到东南亚金融危机影响，1998年左右经济增速有所放缓，之后通过扩大内需、深化改革、调整结构，经济自主增长的基础开始形成。随着社会主义市场经济体制和全面对外开放格局的初步形成，我国社会生产力极大发展，供给短缺现象消失，增长的质量和效益有所提高，如图33所示。

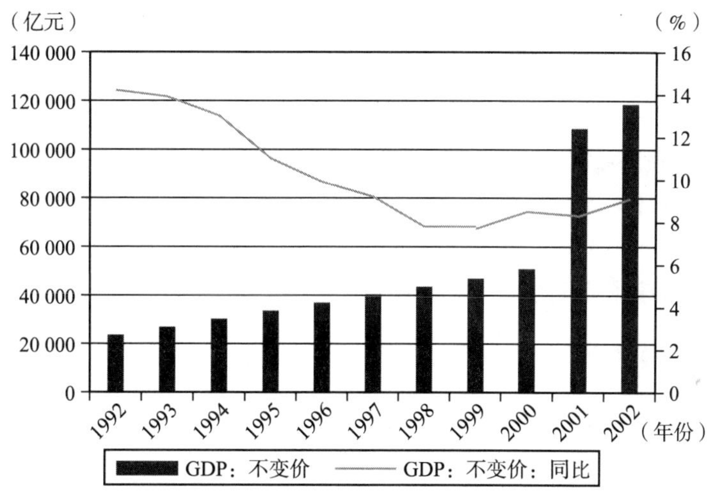

图33　1992～2002年GDP及其增速

资料来源：国家统计局。

消费需求对经济增长拉动作用减弱，对外贸易成为拉动经济增长的重要因素。1992～2002年，最终消费支出对经济增长的平均年贡献率为57.6%，较上一阶段降低8.6个百分点，资本形成对经济增长的平均年贡献率为37.8%，较上一阶段提升13.3个百分点；2002年，进出口总额为6 207.7亿美元，较1992年增长了3.8倍，经济对外依存度为48.9%，较1992年上升了14.7个百分点，如图34所示。

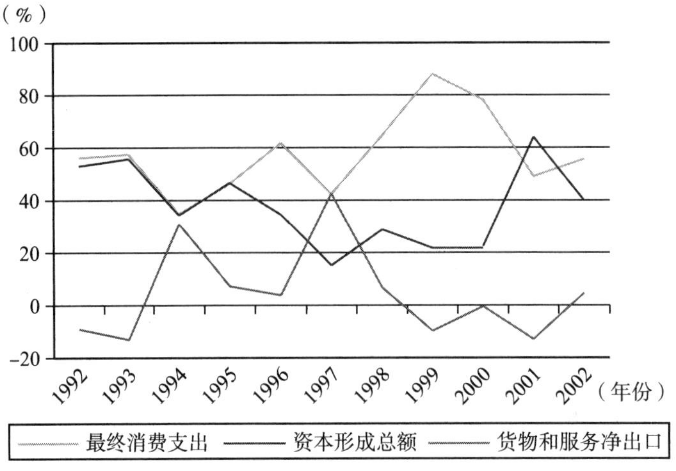

图 34　1992～2002 年三大需求 GDP 增长贡献率

资料来源：国家统计局。

物价先升后降，波幅为历年最大。1992～2002 年，我国经历了改革开放以来持续时间最长、波幅最大的一次物价周期，峰值出现在 1994 年为 24.1%，峰谷落差达到 25.5%。其中，1992 年是通货膨胀的积聚阶段，1993～1994 年是通货膨胀的释放阶段，1995～2002 年是通货膨胀的收缩阶段。货币因素是导致此轮物价波动的主要原因，1992 年我国流通中的货币量同比增长 36.4%，1993 年同比增长 35.3%，两年的增长率均高于经济增长与物价上涨幅度之和，最终导致物价的上涨。此外，政策频繁变动也是重要影响因素之一。

（三）逐步推进阶段（2003～2012 年）

从 2002 年 11 月党的十六大召开至 2012 年 11 月党的十八大召开前，是我国改革开放的逐步推进阶段。这一阶段，党中央、国务院在社会主义市场经济体制初步建立的基础上，坚持改革方向不变，坚持“引进来”和“走出去”相结合，以进一步解放和发展生产力，为经济发展和社会全面进步注入强大动力：一是逐步深化农村综合改革，取消农业税、牧业税、特产税，不断加强支农惠农政策；二是巩固和发展公有制经济，鼓励、支持和引导非公有制经济发展；三是不断健全现代市场体系和宏观调控体系，稳步推进财税、金融、投资、社会领域、就业和分配体制等改革；四是拓展对外开放的广度和深度，提高开放型经济水平。

1. 理论指导

坚持改革开放不动摇。党的十六大报告明确指出，必须坚定不移地推进各方面改革，不断提高对外开放水平，这是发展中国特色社会主义、实现中华民族伟大复兴的必由之路。2003 年 10 月，党的十六届三中全会通过了《中共中央关于完善社会主义市场经济体制若干问题的决定》，指出改革开放中要坚持社会主义市场经济的改革方向，注重制度建设和体制创新，对进一步完善社会市场经济体制提出了明确的目标和任务。党的十七大强调，改革开放符合党心民心、顺应时代潮流，方向和道路是完全正确的，成效和功绩不容否定，停顿和倒退没有出路。

中国特色社会主义理论取得重大进展。党的十六大立足于中国已经解决温饱、人民生活总体达到小康水平的基础，进一步提出了全面建设小康社会的构想，并把“三个代表”重要思想作为党的指导思想写入了党章，强调要不断完善社会主义市场经济体制。2003 年 7 月，胡锦涛在讲话时提出科学发展观。2007 年 10 月，党的十七大将科学发展观写进党章。至此，中国特色社会主义理论体系囊括了邓小平理论、“三个代表”重要思想和科学发展观等重大战略思想，进一步发展完善。党的十七大还提出了从制度上更好地发挥市场在资源配置中的基础性作用，形成有利于科学发展的宏观调控体系的要求。

2. 重要实践

农村综合改革逐步深化。一是完善农村土地制度。完善以家庭承包经营为基础、统分结合的双层经营体制，完善土地流转办法，实行最严格的耕地保护制度，改革征地制度。二是健全农业社会化服务、农产品市场和对农业的支持保护体系。三是深化农村税费改革。完善农村税费改革试点的各项政策，取消农业税、牧业税、特产税，切实减轻农民负担。四是改善农村富余劳动力转移就业的环境。为农民创造更多就业机会，逐步统一城乡劳动力市场，深化户籍制度改革，加快城镇化进程。

巩固和发展公有制经济，鼓励、支持和引导非公有制经济发展。一方面，坚持公有制的主体地位，发挥国有经济的主导作用，完善国有资产管理体制，深化国有企业改革。2003 年，国务院国有资产监督管理委员会成立，国企改革进入新阶段。积极推行股份制、发展混合所有制经济，按照现代企业制度的要求，国有大中型企业继续实行规范的公司制改革、规范的董事会建设、完善法人治理结构。另一方面，大力发展和积极引导个体、私营等非公有制经济。清理和修订限制非公有制经济发展的法律法规和政策，放宽市场准入，非公有制企业在投融资、税收、土地使用和对外贸易等方面与其他企业享受同等待遇，支持非公有制中小企业的发展，改进对非公有制企业的服务和监管。

现代市场体系和宏观调控体系不断健全，财税、金融、投资、社会领域、就业和分配体制改革等稳步推进。一是完善市场体系，规范市场秩序。加快建设全国统一市场，大力发展资本和其他要素市场，建立健全社会信用体系，维护和健全市场秩序。二是继续改善宏观调控，加快转变政府职能。三是深化财税、金融和投资等体制改革，以解决产业结构趋同、增长方式粗放、低水平扩张的问题。四是深化社会领域改革，推进科学、教育、文化、卫生等体制改革。五是推进就业和分配体制改革。把扩大就业放在经济社会发展更加突出的位置，实施积极的就业政策，努力改善创业和就业环境。推进收入分配制度改革，完善按劳分配为主体、多种分配方式并存的分配制度，坚持效率优先、兼顾公平，逐步扭转收入分配差距扩大趋势。

拓展对外开放广度和深度，提高开放型经济水平。一是坚持对外开放的基本国策，把“引进来”和“走出去”更好结合起来，扩大开放领域，优化开放结构，提高开放质量，完善内外联动、互利共赢、安全高效的开放型经济体系，形成经济全球化条件下参与国际经济合作和竞争新优势；二是深化沿海开放，加快内地开放，提升沿边开放，实现对内对外开放相互促进；三是加快转变外贸增长方式，立足以质取胜，调整进出口结构，促进加工贸易转型升级，大力发展服务贸易；四是创新利用外资方式，优化利用外资结构，发挥利用外资在推动自主创新、产业升级、区域协调发展等方面的积极作用；五是创新对外投资和合作方式，支持企业在研发、生产、销售等方面开展国际化经营，加快培育我国的跨国公司和国际知名品牌；六是积极开展国际能源资源互利合作；七是实施自由贸易区战略，加强双边多边经贸合作；八是采取综合措施促进国际收支基本平衡，注重防范国际经济风险。

3. 改革成效

经济保持快速增长，质量效益明显提高。这一时期，我国经济总量稳步攀升，2009 年超过日本成为世界第二大经济体；GDP 平均年增长率为 10.6%，远超世界平均水平，2008 ~2009 年，受国际金融危机的影响，世界主要发达国家和地区经济深度衰退，中国经济在受到较大冲击的情况下，仍保持了 9% 以上的增长率，有力地带动了世界经济复苏；国家财政收入和企业利润均呈现出快速增长的态势，经济效益明显改善，与此同时，随着科学发展观的全面贯彻落实，节能减排取得了积极进展，经济运行质量不断提高，如图 35 所示。

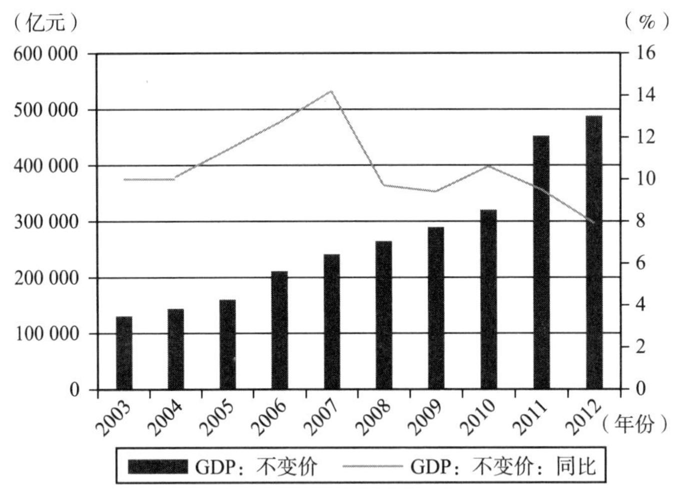

图 35 2003 ~2012 年 GDP 及其增速

资料来源：国家统计局。

投资是经济增长的主要动力，对外经济快速发展。2003 ~2012 年，资本形成对经济增长的平均年贡献率为54.7%，高于最终消费支出6.6个百分点，经济增长主要靠投资拉动，且投资需求增长对政府投资仍有一定的依赖性；对外经济快速发展，对外开放的深度和广度得到进一步拓展，利用两个市场和两种资源的水平进一步提高。2009年，在国际金融危机冲击下，尽管我国货物进出口受到一定影响，但占国际市场份额持续扩大，2012年我国进出口贸易总额首次超过美国，跃居全球第一，如图36所示。

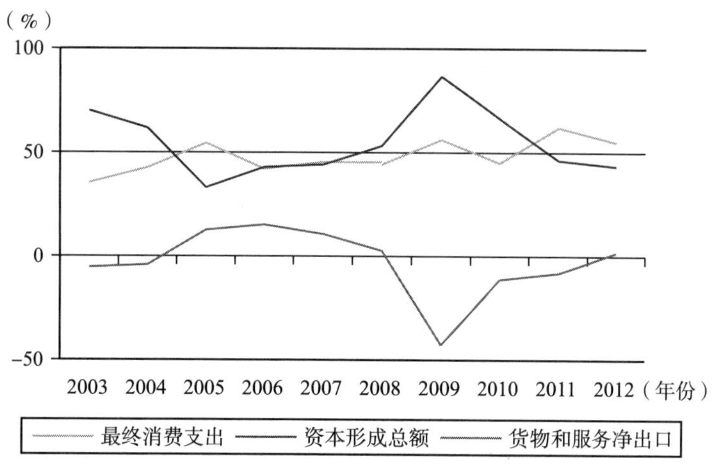

图36　2003~2012年三大需求GDP增长贡献率

资料来源：国家统计局。

物价波动性变化。这一时期，在国内货币供应量、经济增长状况以及国外经济环境变化等因素的影响下，我国物价波动加大，大体上可分为2003~2006年、2007~2009年、2010~2012年三个周期：第一个周期峰值出现在2004年为3.9%，峰谷落差为2.7%。第二个周期峰值出现在2008年为5.9%，峰谷落差为6.6%。第三个周期峰值出现在2011年为5.4%，峰谷落差为2.8%。

（四）全面深化阶段（2013年至今）

从2012年11月党的十八大召开至今，是我国全面深化改革开放阶段。这一时期，围绕全面建成小康社会，进而建成富强民主文明的社会主义现代化国家、实现中华民族伟大复兴的新任务，我国改革全面发力、多点突破、纵深推进，改革系统性、整体性、协同性不断增强，改革广度和深度进一步拓展，推出1 500多项改革举措，重要领域和关键环节改革取得突破性进展，主要领域改革主体框架基本确立，开放型经济水平全面提高。

1. 理论指导

全面深化改革开放。2013年11月，党的十八届三中全会审议通过了《中共中央关于全面深化改革若干重大问题的决定》，强调改革开放永无止境，必须在新的历史起点上全面深化改革，总目标是完善和发展中国特色社会主义制度，推进国家治理体系和治理能力现代化。2017 年 10 月，党的十九大会议指出，只有社会主义才能救中国，只有改革开放才能发展中国、发展社会主义、发展马克思主义，必须要坚持全面深化改革开放。这一时期，习近平总书记围绕全面深化改革开放发表了一系列重要讲话，提出了许多新理念、新思想、新战略，极大地丰富和发展了中国改革开放理论：

一是协调推进“四个全面”战略布局。“四个全面”战略布局的提出，完整的展现了中央领导集体治国理政总体框架，使党和国家各项工作关键环节、重点领域、主攻方向更加清晰，内在逻辑更加严密，为推动改革开放和社会主义现代化建设迈上新台阶提供了强力保障。二是提出和贯彻新发展理念。习近平总书记强调要实现创新发展、协调发展、绿色发展、开放发展、共享发展，创造性地回答了新形势下要实现什么样的发展、如何实现发展的重大问题。三是把握经济发展新常态。习近平总书记根据对世界经济增长周期和我国发展阶段性特征的科学分析，提出了我国经济进入新常态的重大战略判断，深化了对经济发展规律的认识，为把握经济形势、制定改革开放政策提供了科学指导。四是推进供给侧结构性改革。习近平总书记指出，当前我国经济矛盾运动的主要方面在供给侧，应着力加强供给侧结构性改革，着力提高供给体系质量和效率，增强经济持续增长动力，推动我国社会生产力水平实现整体跃升。五是实施创新驱动发展战略。习近平总书记指出，创新是引领发展的第一动力，实施创新驱动发展战略有利于增强科技进步对经济增长的贡献度，形成改革开放新的动力源，推动经济持续健康发展。

坚定不移走中国特色社会主义道路。党的十八大高举中国特色社会主义伟大旗帜，全面回顾了党开创发展中国特色社会主义的奋斗历程，深刻揭示了坚持中国特色社会主义的重大意义，系统论述了中国特色社会主义的科学内涵，着重阐述了中国特色社会主义的基本要求，进一步增强了中国特色社会主义的道路自信、理论自信、制度自信，对中国特色社会主义道路的认识达到了一个新的高度。使市场在资源配置中起决定性作用。2013 年 11 月，十八届三中全会把市场在资源配置中的“基础性作用”修改为“决定性作用”，体现了党对中国特色社会主义建设规律认识的一个新突破，标志着社会主义市场经济发展进入了一个新阶段。

2. 重要实践

坚持和完善基本经济制度。继续深化国企改革。党中央、国务院坚持问题导向，坚持试点先行，国有企业改革呈现出全面推进、重点突破、成效显现的崭新局面，走出了一条中国特色的改革发展道路。一是基本完成了国企改革的顶层设计，出台了“1 + N”政策，形成了顶层设计和四梁八柱的大框架；二是改革重点任务不断落实落地，重点难点问题不断取得新突破，包括深入推进“十项改革试点”、稳步推进混合所有制改革、国有资产监管体制机制不断优化等。大力支持民营企业发展。中央及地方政府在财税、投融资体制、市场准入、信贷政策、支持中小企业及小微企业、产权保护等多方面出台政策，优化、改善营商环境，鼓励民营企业发展。完善产权保护制度。产权是所有制的核心，通过健全归属清晰、权责明确、保护严格、流转顺畅的现代产权制度，保护各种所有制经济产权和合法利益，保证各种所有制经济依法平等使用生产要素、公开、公平、公正参与市场竞争、同等受到法律保护，依法监管各种所有制经济。

健全现代市场体系。建设统一开放、竞争有序的市场体系是使市场在资源配置中起决定性作用的基础。一是建立公平开放透明的市场规则。二是完善主要由市场决定价格的机制。三是建立城乡统一的建设用地市场。四是完善金融市场体系。扩大金融业对内对外开放，推进政策性金融机构改革，健全多层次资本市场体系，发展普惠金融，鼓励金融创新，完善人民币汇率市场化形成机制，推动资本市场双向开放。五是深化科技体制改革。

加快转变政府职能。深化行政体制改革，创新行政管理方式，增强政府公信力和执行力，建设法治政府和服务型政府。一是健全宏观调控体系。健全以国家发展战略和规划为导向、以财政政策和货币政策为主要手段的宏观调控体系，推进宏观调控目标制定和政策手段运用机制化，加强财政政策、货币政策与产业、价格等政策手段协调配合，提高相机抉择水平，增强宏观调控前瞻性、针对性、协同性。形成参与国际宏观经济政策协调的机制，推动国际经济治理结构完善。二是深化投资体制改革，确立企业投资主体地位。三是全面正确履行政府职能，优化政府组织结构。进一步简政放权，深化行政审批制度改革，最大限度地减少中央政府对微观事务的管理。优化政府机构设置、职能配置、工作流程，完善决策权、执行权、监督权既相互制约又相互协调的行政运行机制。

深化财税体制改革。通过完善立法、明确事权、改革税制、稳定税负、透明预算、提高效率，建立现代财政制度，发挥中央和地方两个积极性。一是改进预算管理制度。二是深化税收制度改革。完善地方税体系，逐步提高直接税比重。推进增值税改革，适当简化税率。加快房地产税立法并适时推进改革，加快资源税改革，推动环境保护费改税。三是建立事权和支出责任相适应的制度，保持现有中央和地方财力格局总体稳定。

健全城乡发展一体化体制机制。破除城乡二元结构，形成以工促农、以城带乡、工农互惠、城乡一体的新型工农城乡关系，让广大农民平等参与现代化进程、共同分享现代化成果。一是加快构建新型农业经营体系。坚持家庭经营在农业中的基础性地位，坚持农村土地集体所有权，稳定农村土地承包关系并保持长久不变，鼓励发展多种形式规模承包经营，鼓励农村发展合作经济。二是赋予农民更多财产权利。三是推进城乡要素平等交换和公共资源均衡配置。四是完善城镇化健康发展体制机制。坚持走中国特色新型城镇化道路，促进城镇化和新农村建设协调推进。推进城市建设管理创新，建立和完善跨区域城市发展协调机制。推进农业转移人口市民化，逐步把符合条件的农业转移人口转为城镇居民。

推进社会领域改革。实现发展成果更多更公平惠及全体人民，解决好人民最关心最直接最现实的利益问题，努力为社会提供多样化服务，更好满足人民需求。一是深化教育领域综合改革。二是健全促进就业创业体制机制。三是形成合理有序的收入分配格局。着重保护劳动所得，努力实现劳动报酬增长和劳动生产率提高同步，提高劳动报酬在初次分配中的比重。四是建立更加公平可持续的社会保障制度。五是深化医药卫生体制改革。

全面提高开放型经济水平。推动对内对外开放相互促进、“引进来”和“走出去”更好结合，促进国际国内要素有序自由流动、资源高效配置、市场深度融合，加快培育参与和引领国际经济合作竞争新优势，以开放促改革。一是推进“一带一路”国际合作。坚持共商、共建、共享的原则，进一步促进“一带一路”相关合作。二是促进外商投资稳定增长。进一步拓展开放的范围和层次，优化区域开放布局和力度，进一步营造国际优良营商环境，不断提升我国利用外资的规模、质量和水平。三是加快自由贸易区建设。改革市场准入、海关监管、检验检疫等管理体制，加快环境保护、投资保护、政府采购、电子商务等新议题谈判，形成面向全球的高标准自由贸易区网络。

3. 改革成效

经济由高速增长阶段转向高质量发展阶段。2013～2017 年，GDP 平均年增长率为 7.1%，经济韧性增强，保持较快增长；2017 年，我国国内生产总值 12.25 万亿美元，占世界经济的比重为 15% 左右，较 5 年前提高 3 个百分点以上，稳居世界第二位，对世界经济增长贡献率在 30% 左右，为全球经济增长的主要推动力；通过以供给侧结构性改革为主线，深入推进“三去一降一补”，我国经济运行质量效益明显好转，可持续发展能力增强，已由高速增长阶段转向高质量发展阶段，如图 37 所示。

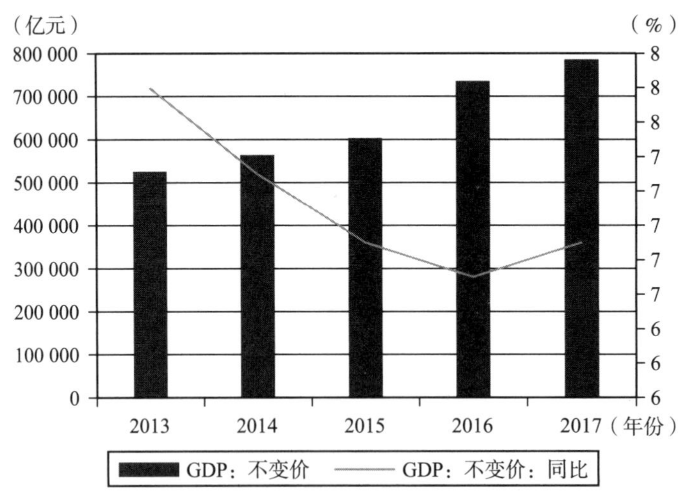

图 37　2013～2017 年 GDP 及其增速

资料来源：国家统计局。

消费成为经济增长主要驱动力，进出口结构不断优化。2013～2017年，最终消费对经济增长的平均年贡献率为55.8%，高于资本形成贡献率12.2个百分点，经济增长主要靠内需拉动，消费和投资比例关系趋于合理；一般贸易占进出口金额的比重由2013年的52.8%上升至2016年的55.3%，加工贸易占进出口金额的比重则由2013年的32.7%下降至2016年的30.2%，外贸结构不断优化，如图38所示。

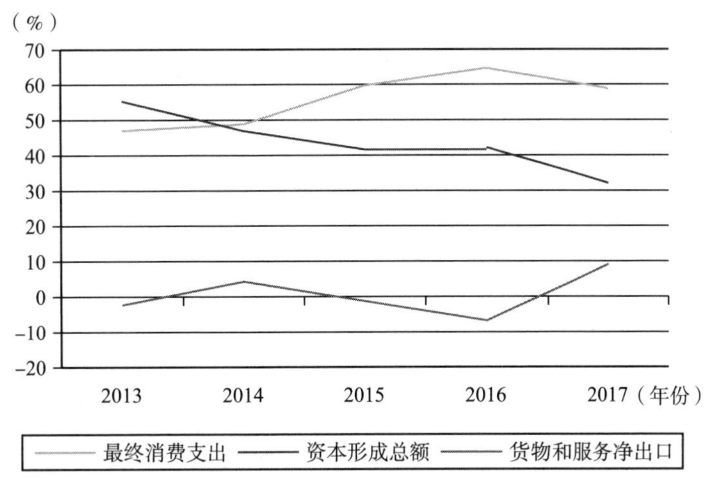

图38　2013～2017年三大需求GDP增长贡献率

资料来源：国家统计局。

物价水平较为稳定。这一时期，我国物价水平低速运行，变动温和，保持在一个合理的区间。2013～2017年居民消费价格分别上涨2.6%、2.0%、1.4%、2.0%、1.6%，5年间居民消费价格年度间变动不超过0.6个百分点。

三、国内外著名学者关于改革开放进程的经济学原理解释

习近平主席在博鳌亚洲论坛2018年年会开幕式主旨演讲中将中国改革开放取得成功的经验总结为“中国人民坚持立足国情、放眼世界，既强调独立自主、自力更生又注重对外开放、合作共赢，既坚持社会主义制度又坚持社会主义市场经济改革方向，既‘摸着石头过河’又加强顶层设计，不断研究新情况、解决新问题、总结新经验，成功开辟出一条中国特色社会主义道路”。总的来说，中国过去40年成功发展的关键，是始终坚持从本国的国情出发，从实际出发，解放思想，积极进取，遵循了经济发展的客观规律，而“改革开放”是决定当代中国命运的关键一招，也是未来发展的必由之路。基于中国改革的独特历程，不同的经济学理论和流派也提出了各自不同的解释。

（一）新制度经济学的解释

某种程度上说，我国的改革开放实际上就是一场制度变革，而这场制度变革与新制度经济学的产生及传播过程相重合，这也使新制度经济学成为对中国改革开放进程影响最大的一门经济学科。

1. 科斯教授提出的产权理论

根据科斯第二定理，在交易费用大于零的情况下，初始产权的界定非常重要，不同的产权界定将导致不同的经济效率，因此产权制度的初始设置是优化资源配置的基础。而从中国改革的实践可以看到，农村中农民承包农地期限的延长、农民承包地经营权的流转，城市中国有企业产权改革、“抓大放小”等，无不有着产权理论的深深印记，我国的改革正是向着明晰产权、保护产权的方向推进的。周其仁教授认为，通过重新界定产权，制度成本显著下降，经济活动的绩效明显提高。

2. 威廉姆斯教授等提出的交易费用理论

交易费用是新制度经济学的核心概念。交易的效率就是经济运行的效率，交易费用越低则经济活动的效率就越高，因此，交易费用最小的制度就是最有效的制度。我国的一系列改革又有着降低交易费用的目的。微观层面，企业内部逐步建立和完善法人治理机制，就是为了降低内部组织成本和外部监督成本等。宏观层面，政府对经济社会管理的改革，包括放管服、商事制度改革、推出负面清单等，也都以节约交易成本为目的。

3. 诺思教授等提出的制度变迁理论

诺思教授根据主体不同将制度变迁划分为两种类型：诱致性制度变迁和强制性制度变迁。前者是一种自下而上引发的变革，后者则是一种自上而下的变革。科斯教授认为，中国改革之所以能取得举世瞩目的成功，原因就在于存在着两种不同路径的改革：自上而下由政府推动的改革（顶层设计）和自下而上诱发的边缘革命（底层创新），两者之间相辅相成。在具体的改革实践中，先试点后推广、先局部后全国，先农村后城市、先沿海后内地，从而形成了一种诱致性制度变迁和强制性制度变迁相结合的渐进式改革模式。

4. 张五常教授等提出的县际竞争理论

张五常教授认为，县际竞争是20世纪90年代中国在经济困境中出现奇迹的主要原因，是21世纪初中国经济发展取得重大成就的一个重要因素。他认为，各个县好像是一个个企业，县际之间的竞争就像公司间的激烈竞争，县际竞争使得工业类聚的集中发展非常显著、国有企业的私有化受到压力加速，同时也协助了减少贪污，正是这样的竞争造就了中国的经济奇迹。实际上，县际竞争也可扩展至各级地方政府之间的经济竞争。刘鹤副总理指出，中国每个成功的省，甚至各个成功的地区都有自己独特的发展模式，其独特之处在于激励经济发展的不同变量做出了极不相同的贡献，但在本质上又有相似之处。

5. 刘鹤副总理等主张的文化因素论

刘鹤副总理认为，经济增长表面的决定因素是资本、劳动力、技术和地理优势，但是最终起作用的是文化和习惯的遗传，按照循序渐进的传统和中庸文化特点摸索改革路径。朱天教授也认为，高储蓄和较高的公民教育水平的确是推动中国经济高速增长的原动力，而这主要来自重视储蓄和教育的中国文化。

（二）发展经济学的解释

1. 钱纳里教授提出的对外开放理论

根据钱纳里的两缺口模型，对外开放、引进外资对于后发国家实现经济起飞有重要作用。从我国改革开放进程来看，开放的作用丝毫不亚于改革。刘鹤副总理指出，开放使中国及时利用了人类社会发展经济最好的实践成果，享受到全球分工的巨大利益，对外开放也对旧的计划体制起到冲击、震撼和瓦解的重要作用。通过采取外向型经济政策、设立经济特区、人民币大幅贬值、加入世贸组织等一系列日益深化的改革措施，中国得以建立起与国际经济的紧密联系，并充分享受到全球化红利，进而将整个经济体系嵌入全球分工链条，依托低劳动成本等综合比较优势，以最快的速度提升自己的技术水平并改进经济流程，催生了庞大的工业化浪潮。

2. 格申克龙教授等提出的后发优势论

从这一理论来看，中国在1978年之后的迅速发展得益于后发优势。发展中国家既可以发明新产业新技术，也可以从高收入国家借鉴比自己现在用的技术好的成熟技术，进入比自己现在的产业附加值高的成熟产业。这种技术和产业借鉴大大降低了技术创新和产业升级的成本与风险，从而可以获得更快发展。不过，杨小凯教授认为还应关注后发劣势，后发国家模仿技术比较容易，但模仿制度比较困难，因为改革制度会触犯既得利益。其结果是，后发国家虽然可以在短期内取得快速发展，但是会给长期的发展留下许多隐患，甚至可能导致失败。

3. 刘易斯教授提出的二元经济发展模型

中国改革开放过程中的特殊之处，就是充分利用了人口红利。一方面，改革期间劳动密集型产业扩张迅速，得以大规模吸纳就业，农村劳动力实现了前所未有的转移，从而把人口年龄结构优势转化为中国经济的比较优势；另一方面，经济活动人口比例高且就业率较高，使得社会储蓄总量大，经济活动中的剩余总量也大。这帮助中国在这一期间达到了很高的储蓄率。人口优势蕴含的高储蓄率的实现，还有赖于市场化改革为储蓄和投资创造的逐渐改善的环境和机制。

4. 波特和施瓦布教授提出的经济发展三阶段论

根据波特教授和施瓦布先生的《全球竞争力报告》，经济发展可分为三个阶段，即要素驱动阶段（人均GDP小于2 000美元）、效率驱动阶段（人均GDP在3 000 ~9 000美元）和创新驱动阶段（人均GDP大于17 000美元）。改革开放之初，通过改革，内外部劳动力、资本和土地等要素充分流动起来，推动了经济的快速发展，中国顺利由要素驱动阶段过渡到效率驱动阶段。不过，由于市场在资源配置中的基础性作用没有得到充分发挥，“重政府轻市场”的现象仍然突出，效率驱动仍有上升空间。一些大城市和富裕省份目前已经进入创新驱动阶段，企业成熟度和技术水平接近发达国家水平，这也是未来中国经济的发展方向。

（三）转轨/过渡经济学的解释

在中国由计划经济向市场经济的转轨过程中，存在着樊纲教授等提出的“改革成本”问题。相对激进改革，渐进改革实施成本偏大，但摩擦成本较小，因此总成本相对更小，在权衡改革收益和改革成本之后，我国选择了渐进改革的路径，这使得改革进程中始终贯穿着利益诱导、利益补偿、利益替代的主线。

1. 由易到难推进

先选择阻力最小和风险最低的领域作为改革的起步环节，积累改革经验，取得改革成就。我国改革首先从成本最低、阻力最小、容易形成激励机制的农村部门启动，在农村见效之后，再启动城市改革。这也是科斯教授所言的“边缘革命”。

2. 通过利益补偿化解改革阻力

中国改革之初选择的是一条“帕累托改进”的路线，即在放开非计划系统束缚的同时，对计划系统给予适当的“利益补偿”。例如，对农产品提价，相应给城市居民增加副食品补贴，允许与农产品相关的工业品相应提价等。后来又采取了“利益替代”策略，在旧体制外围培育效率较高的新体制（非国有经济），从而有效缓解了旧体制内部的利益冲突。

3. 通过“价格双轨制”来演绎市场关系

价格双轨制是中国经济改革的最大特色之一。通过双轨制，在体制之外创造出市场关系，为市场替代计划打下了坚实基础。除了价格双轨制之外，还包括汇率双轨制、工资双轨制、房价双轨制以及社会保险制度改革等，进而还成功运用了双轨制思路，通过“一国两制”解决了政治及主权问题。

4. 通过分权来转移改革成本

改革之前，中央权力高度集中，地方政府自主权有限。为有效推进改革，中央政府采取给地方政府适当分权的办法，承认地方利益，调动地方积极性，并在地方政府之间形成了一种竞争关系，使地方政府成为改革的有利推动者。

5. 由局部制度创新带动全局制度创新

与渐进式改革模式相适应，改革一开始就采取了先推试点、以点带面的做法。最典型的就是经济特区的设立。这种做法有利于积累经验，降低改革风险，同时，局部制度创新的示范效应又可带动制度创新扩张，从而大大降低了改革的实施成本。

（四）新古典经济学的解释

许小年教授按照新古典经济学的分析框架，认为改革开放实际上走了两条道路。第一条道路是通过提高资源利用效率来驱动经济增长，可称为“斯密模式”。第二条道路是通过增加资源投入来驱动经济增长，可称为“凯恩斯模式”。

他认为，改革开放前半段长约20年的时间里，中国经济的高速增长靠的不是政策性的投资拉动，而是市场机制和民间的活力，不靠资源投入数量的增加，而靠资源配置效率和使用效率的提高。从20世纪90年代中期开始，转向了政府干预经济的“凯恩斯模式”。凯恩斯主义政策刺激了短期的需求，但在长期无法实现可持续的增长，而且养成了对刺激的依赖。由于政府资源投入能力是有限的，不可能无止境地借债，也不可能无限度地发钞票，同时加之“资本边际收益递减规律”发生作用，因此依靠政策性投入推动经济增长不可持续。

在克鲁格曼教授等新古典经济学家看来，中国的改革开放的成功主要在于政府有针对性地选择了新古典的“药方”，并采取了渐进的实施方式。以汇率制度为例。计划经济时代，人民币被严重高估，成为中国“外汇饥渴症”的主要原因。改革开放之后，政府开始采取双轨制汇率，官方汇率仍然高估人民币，主要用于控制进口、节省进口资本品的费用；市场汇率基本随行就市，用于鼓励出口。这是典型的重商主义政策，是对新古典经济学原理的灵活应用。1994年之后，两种汇率实现并轨，人民币兑美元的价格被固定在8.25元上，直至2005年；之后，人民币进入一个有管理的浮动汇率时代，但仍然以保持汇率的稳定为基本目标。固定汇率制度极大地推动了中国的出口，加速了中国的工业化进程，代价是牺牲了工人工资的上涨。其他例子包括价格双轨制、国企改制、产业政策，等等。这种选择性地应用新古典经济学的“药方”并非中国所独有，而是东亚成功经济体的共性。

（五）新结构经济学的解释

林毅夫教授等认为，发展战略的转变是解释中国改革开放前后不同经济表现的钥匙。他们区分了两类发展战略，即赶超战略和比较优势战略，前者指的是政府发展超越本国比较优势的产业，后者指的是政府发展与本国比较优势相符的产业。进而，他们认为，计划经济之所以没有成功，是因为中国采取了赶超战略，而改革开放之所以取得成功，是因为中国放弃了赶超战略，代之以比较优势战略。

由于在很长时间里，中国的比较优势在于劳动力，因而，林毅夫等所指的比较优势战略就是发展劳动密集型产业。在后续著述中，林毅夫教授进一步强调产业随一国的资本——劳动要素禀赋的提高而实现升级的重要性，并认为这符合动态比较优势。同时，他也强调政府在选择产业过程中的重要作用。

（六）政治经济学的解释

政治经济学从政府和经济之间的关系出发，认为改革开放的过程中，政府在三个方面发挥了极其重要的作用：

1. 姚洋教授等提出的中性中央政府论

中性的中央政府可制定有利于长期发展的制度和政策。改革启动之初，中央政府摈弃了“阶级斗争为纲”的错误思想，转而实施“以经济建设为中心”，并通过一系列中央会议和五年计划，制定了有利于经济增长的制度和政策。刘鹤副总理指出，政府重视发挥国家发展战略的导向作用和维护宏观经济的稳定，重视发挥中国政治制度集中力量办大事的优势，是改革开放成功的最大经验之一。

2. 张维迎教授等提出的分权理论

给予地方政府收入权是中国财政分权的重要特征，也是中国财政分权取得成功的原因之一。张维迎教授认为，地方分权调动了地方官员发展经济的积极性，地区间竞争推动了整个经济的市场化转变，成为推动中国改革与发展的最重要力量之一。李稻葵教授认为，通过行政分权以及市场经济的推进，地方政府与新兴企业家阶层的积极性如雨后春笋般涌现出来，形成了星星之火可以燎原的趋势，整体上推进了中国经济社会发展。

3. 巴里·诺顿教授等提出的官员选拔体制

诺顿教授指出，“领导们竞相将自己的拥护者提拔到关键的位子上，以便在重要的时候获得关键一票。一个领导提拔手下的能力，以及阻碍对手提拔手下的能力，对于建立和巩固他自己的权力至关重要”。这种双向负责制度引发了激烈的升迁竞争，官员特别是地方政府官员展开了包括 GDP 在内的一系列竞赛，从而极大地激发了增长潜能。

四、新供给经济学关于中国改革开放进程的解释及政策主张

近几年来，新供给经济学应运而生，不断深化。以洪崎、贾康、徐林、王庆、姚余栋、黄剑辉等为代表的一批中国经济学人，坚持“求真务实融汇古今、开放包容贯通中西”的基本理念，以战略性、法制性、国际性、实践性思维，对中国改革开放予以理论阐释并提出积极建言，并在《新供给：经济学理论的中国创新》一书中，提出了新供给经济学的理论框架和“八双五并重”的政策主张。

（一）新供给经济学对改革开放进程的解释

中国经济 40 年的辉煌成就不仅来自全面开放、利用人口红利参与全球分工和竞争，更重要的是依靠改革调动了相关经济资源的积极潜力。新供给经济学认为，应把供给端的重要主体——公权体系和供给形式中的重要内容——制度供给，更充分地纳入理论框架，并在这个框架下探讨“顶层设计”和“系统改革”，主张把政治经济学、新制度经济学、转轨经济学等融为一炉，以形成中国特色的新供给经济学。

1. 立论基础

新供给经济学的立论基础包括四个方面：一是将邓小平理论关于解放和发展生产力的原理与中国国情的紧密结合；二是将中国特色社会主义理论体系基本原理与不断发展的实践动态需求的紧密结合；三是将中国传统经济思想和文化的精华与当代文明先进认识成果的紧密结合；四是将经济学已有成果的去粗取精、去伪存真与经济学势在必行的创新突破紧密结合。

2. 分析框架

新供给经济学初步形成了"基于生产力及竞争力、服务中国梦及世界梦的宏观经济分析框架模型"。如图39所示。

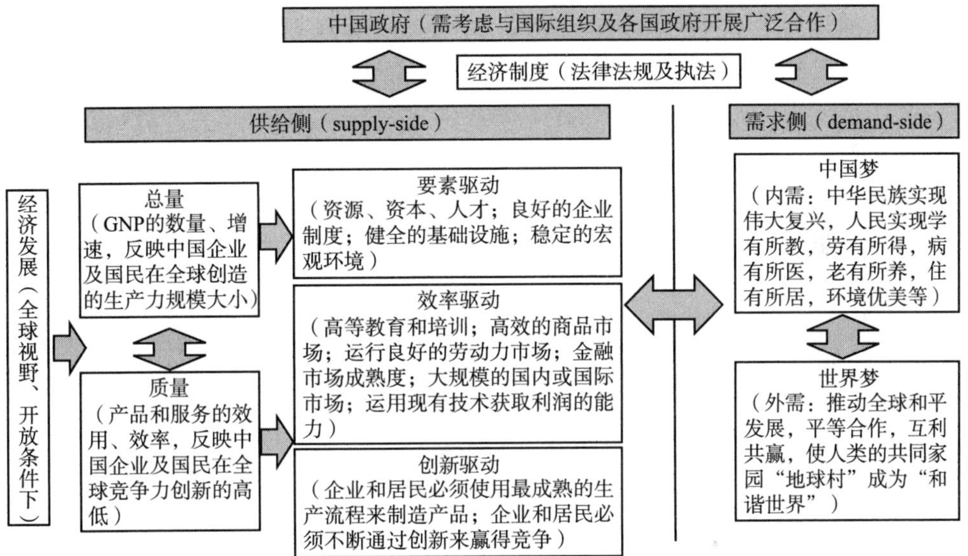

图39 基于生产力及竞争力、服务中国梦及世界梦的宏观经济分析框架模型

3. 核心观点

新供给经济学基于"求真务实融汇古今、开放包容贯通中西"的基本理念，从19个方面对我国改革开放的进程与辉煌成就进行了解释。

一是深厚的历史底蕴。在迄今约5000年的历史时期中，中国不仅经济总量在多数年份居全球首位，且在其间的1000多年中占全球的30%以上，最高时甚至超过了50%。在明朝中期之前，中国在政府治理、经济发展以及科技教育等方面都长期保持世界领先水平，因此，我国当前和未来发展均能够"以史为鉴"。

二是丰富的文化优势。中华文明是世界诸多文明中唯一没有中断过的文明，也因此产生了丰富、多元、深邃的思想，如"苟日新，日日新，又日新"的创新改革精神，"和而不同"的文明多元共生理论，"天人合一"的人与自然、社会与生态的和谐精神，儒家倡导的"入世"、务实理念，以及"修身，齐家，治国，平天下”的人文情怀等。此外，中华文明历来倡导勤俭，重视储蓄和教育，同时具有“强政府”传统。这些思想和文化不仅在海内外产生过深远影响，对我国改革开放也产生了强大的助推作用。

三是中国特色社会主义理论的形成及指导。改革开放以来，中央发起了思想解放运动，志在破除教条主义的意识形态束缚，加快推进改革开放，进而解放和发展生产力。在此过程中，我国通过学习和借鉴西方经验，结合自身国情特征和具体实践，形成了有中国特色的社会主义理论，为改革开放进程提供了正确的指导。随着我国政局的稳定、人民生活的改善、生产力的持续发展和整体实力的不断提升，“中国特色社会主义理论”也成为世界瞩目的经济政治现象。

四是有利的地理位置。中国大部分面积位于北纬20～60度的温带，气候适宜，且位于亚洲东部与太平洋西岸相结合的亚太核心区域，形成了C型的地理环境，海陆兼具，成为亚太各地区间物质和精神文明交流的纽带。特别是在改革开放之后，依托地理位置优势，中国接受了来自日本和东亚四小龙的产业转移，迅速融入世界经济体系。

五是“一五”计划奠定了基础。1955～1957年实行的“一五”计划是1953～1980年我国5个五年计划中增长最快、效益最好的时期。它不仅实现了国民经济的快速增长，而且为后续的工业化奠定了初步基础。

六是以建立和完善社会主义市场经济体制持续提供新制度供给。党的十一届三中全会后，我国大力推进农村、政府、投资、物价、国企、财税等全方位改革，由“政府配置资源”过渡到“市场决定”，不断完善社会主义市场经济体制，通过新制度供给大大提升了要素供给效率和组合效率。

七是以开放市场提供新要素供给。20世纪80年代初期，我国将东部沿海地区作为改革开放的前沿阵地，90年代以来，我国通过汇率并轨和扩大开放抓住全球产业大转移和全球化的历史性机遇，2001年以后，我国利用加入世贸组织（WTO）契机，构建开放型经济新体制的步伐不断加快。目前，中国已成为全球第一大货物贸易出口国和第二大进口国、吸引外资最多的发展中国家以及重要对外投资国，充分利用了“两种资源，两个市场”。

八是明确的战略规划。我国改革开放的各个历史时期都提出了明确且具有感召力的发展战略目标，既包括长期的“三步走”战略，也包括短期的五年规划，有效地凝聚了人心、团结了最广大的人民群众力量，确保了改革进程的顺利推进。

九是营造有利的国际发展环境。1979年，我国与美国建交，同时获得最惠国待遇；20世纪80年代，与苏联关系逐步缓和，并向正常化过渡。在此过程中，我国从欧美、日本等国家和我国香港、台湾地区以及世界银行和亚洲开发银行等国家多边开发性金融机构获得了宝贵的资金和技术支持，同时向这些国家和地区派出大批留学生，进一步增进了交流合作。

十是营造有利的国内发展环境。改革开放以来，我国社会环境一方面人心思定，强调“稳定压倒一切”，不争论、不折腾，为改革开放营造了稳定的发展环境；另一方面，通过拨乱反正、纠正冤假错案，以及解放思想、畅通言路，为改革和发展提供了有活力的空间和土壤。

十一是建设强有力的各级政府。改革开放后，我国中央政府在“放权”的同时，也推动形成了有利于激发地方活力和积极性的财税管理体制。同时，由职业“政治家”及专业化公务员组成的各级地方政府，不仅治理能力较强，而且构建了有效的宏观调控机制，各级地方政府之间的良性竞争，对经济发展起到了正向促进作用。

十二是高度重视基础设施建设。中国改革开放40年来，“要想富，先修路”这一理念深入人心，不仅形成了有利于生产要素流动、商品贸易便利化的高质量铁路、公路、机场、供电、电信等基础设施，同时也有效降低了“工业化”、服务业发展所必需的人流、物流成本。基础设施建设成为经济可持续发展的前提和社会可持续发展的基础。

十三是人口总量和基础教育带来人口红利。20世纪50年代末~70年代初，我国人口的高出生率使得人口结构中青壮年总量大、占总人口比率高。同时，良好的基础教育体系为劳动力素质提供了保证，不仅能够满足工业化的需求，而且形成了高储蓄率，进而为城市化所需的高投资提供了支持。

十四是农村改革及城镇化、工业化。一方面，20世纪80年代的“家庭联产承包改革”及乡镇企业发展，有力地促进了我国乡村发展；另一方面，不断深化的城镇化、工业化进程，不仅有效带动了就业，而且大幅提升了劳动生产率。

十五是形成混合所有制格局。在改革开放的进程中，我国在保持公有制主体地位的同时，不断鼓励个体、民营和外企等非公有制经济发展，实现了所有制的多元性和多样性，使资源配置效率明显改观，经济活力明显提升。

十六是具备超大的国内市场规模。作为国土面积大、人口高达13亿的大国，我国每个省的规模都类似国际上一个“中小国家”，整个国家的供给和需求端均具备超大的国内市场规模。一体化的交通、物流和信息网络有效降低了交易成本，进而形成了规模优势。

十七是初步建立了现代金融体系及金融市场。金融是现代经济的核心。20世纪80年代以来，经过持续改革，我国以“一行三会”为代表的监管体系不断完善，并形成了银行、保险、证券、信托、租赁等机构组成的现代金融体系，建立了上海证交所、深圳证交所等世界级的金融市场。现代金融体系为改革开放的发展做出了积极贡献。

十八是提出并实施了科教兴国战略。20世纪80年代初，邓小平同志明确提出“科学技术是第一生产力”，并召开全国科学大会，全国基础教育及高等教育随即得到跨越式发展。1995年，国务院首次提出在全国实施科教兴国的战略。科技发展和人才储备成为经济发展和产业升级的重要支撑。

十九是形成了数量可观的企业家团队。20世纪80年代在我国改革开放中涌现出的一批乡镇企业以及“个体户”，为当今我国社会生产和发展奠定了企业家团队的文化和基础。在1992年邓小平同志南方谈话后出现的“下海潮”中，又催生了一批具有创新开拓精神和现代经营管理能力的企业家，成为推动我国改革开放的中流砥柱和中坚力量。

（二）新供给经济学的政策主张

新供给经济学主张通过改革开放不断发展和解放生产力，消除抑制中长期发展的深层矛盾，并打破抑制供给的制度瓶颈。强调以改革为核心，从供给侧入手推动新一轮制度变革创新。从中短期来说，应从供给端入手推进实现“双创、双化、双减、双扩、双转、双进、双到位、双配套”；从长期来看，可概括为“五个并重”。

1. 促进今后5~10年经济改革发展的“八双”政策主张

“双创”——走创新型国家之路和大力支持创业。

“双化”——推进新型城镇化和促进产业优化（人的城镇化或农民工市民化是新型城镇化的核心，需要服务业大发展来创造就业机会）。

“双减”——加快实施以结构性减税为重点的税费改革和大幅度地减少行政审批。

“双扩”——在对外开放格局和新的国际竞争局面之下，扩大中国对亚非拉的开放，并适度扩大国内基于质量和效益的投资规模。

“双转”——尽快向放开“一胎化”的政策转变，并积极促进国有资产收益和存量向社保与公共服务领域转置。

“双进”——国有、非国有经济应发挥各自优势协调发展，共同进步，摒弃两者之间非此即彼、截然互斥的思维

“双到位”——政府、市场发挥各自应有作用，良性互动、互补。

“双配套”——尽快实施新一轮“价、税、财”配套改革，积极推进金融配套改革创新。

2. 推动第二个“一百年”目标实现的“五个并重”政策主张

一是“五年规划”与“四十年规划”并重，研究制订基于全球视野的国家中长期发展战略。

二是“法治经济”与“文化经济”并重。

三是“海上丝绸之路”与“陆上丝绸之路”并重，有效应对全球政治经济格局演变。

四是柔性参与跨太平洋伙伴关系协定（TPP）与独立开展经济合作区谈判并重，主动参与国际贸易和投资规则的制订。

五是高调推动国际货币体系改革，低调推进人民币国际化。

五、从供给侧入手持续推进改革开放是中华民族实现伟大复兴的必由之路、永恒主题

我国改革开放40年历程中，特别是为了应对1998年东亚金融危机和2008年全球金融危机，政策制定一度比较强调需求侧，而忽视了供给侧，虽然发挥了积极作用，但也导致经济出现了一系列问题，包括潜在增长率下滑、收入差距扩大、环境污染严重、经济结构失衡等。“需求侧管理”思维只能短期内“治标”，而不能解决中国经济转型升级和提质增效的“治本”问题，更不能替代中国体制改革问题。改革开放40年的源流回溯给我们的最大启示，就是应该从供给侧入手持续推进改革开放进程，这是实现中华民族伟大复兴的必由之路和永恒主题。

（一）加快改革进程

1. 鼓励人口生育，打破户籍刚性

放松计划生育管制虽然短期内对于经济增长的作用不会很显著，但为了避免国家落入“人口陷阱”，得“日本病”，中国必须当机立断，尽快全面改革计划生育的基本国策和相关体制，慢慢改善已经全面恶化的人口结构；并对户籍管理制度进行改革，提高劳动参与率。

2. 深化国资国企改革

国有企业的混合所有制改革重点需要从母公司层面的公司制、股份制以及国有股减持（或稀释）开始，其间涉及国有资本授权体制改革、行政垄断体制改革、国有资产监管体制改革等内容。一是成立国有资本投资或运营公司。二是进行国企“混改”中的国有股减持。三是破除各种形式的行政垄断。四是形成全口径、全覆盖的国资监管框架。

3. 推进知识产权、科学研发等创新体制改革

一是推进知识产权体制改革，加强知识产权保护。既要解决好知识产权运用中的科技成果转化和科技人员职务发明的激励机制，也要解决好知识产权保护不利的问题。二是大幅度改革科学技术体制。既要加强基础研究和共性技术研究开发，也要改革科研经费管理体制。三是形成一大批具有创新能力的创新型企业。要加大国有企业改革力度，通过破除行政垄断来斩断国有企业和政府之间输送营养的“脐带”，让企业成为真正的市场主体，并通过政府引导、市场竞争倒逼等综合力量使企业成长为创新型企业。

4. 稳妥推进市场化、多元化、国际化的金融改革

金融是中国经济体系的真正命脉和短板，中国要成为一个经济强国，金融体系必须被改造成为一个市场化、多元化、国际化且具有国际竞争力的体系。未来中国需要在保障金融体系不发生系统性金融风险的同时从以下几方面加强金融改革：一

是健全金融安全的“防火网”。二是加大金融对外开放力度。根据习总书记在2018年博鳌论坛的主旨发言，大幅放宽市场准入。三是推进国有大银行的混合所有制改革，完善公司治理结构。四是大力发展中小银行和民营银行。五是大力发展多层次资本市场。

5. 推进财政税收体制改革

财税体制事关国家运行的根本，既是经济体制改革，也是政治体制改革，因为“深化财税体制改革涉及中央和地方、政府和企业以及部门间权利调整，是一场牵一发动全身的硬仗”。深化财税体制改革不是政策上修修补补，而是在原来的基础上立足全局、着眼长远，进行制度创新和系统性重构，建立与现代国家治理体系和治理能力相适应的现代财政制度。一是实施政府收支的“全口径预算”。二是解决好“土地财政”问题。三是推进收税法制化，改变部门立法的痼疾，将立法权归还人大。四是控制政府收入在GDP中的比重，控制党政工务及行政事业开支比例，为普惠性减税腾出空间。

6. 深化行政管理和政府机构改革

党的十九大后，新一届中央政府在行政体制改革和服务型政府建设上着墨颇多，特别是不断向公众和各级政府传播“让政府法无授权不可为，让市场法无禁止皆可为”的现代国家治理理念，着重要求制定“权力清单、负面清单、责任清单”作为政府和市场关系处理原则，以破除各级政府和公众长期形成的思想桎梏，激发经济体内蕴藏的创造力和活力。未来，中国在行政体制改革和服务型政府上应继续沿着这一正确的大方向继续努力。一是确立“有限政府”“有效政府”理念和原则。二是改革地方官员政绩考核指标体系，推进公务员制度改革。三是减少政府层级，提高政府效率。按照“一级政权、一级事权、一级财权、一级税基、一级预算、一级产权、一级举债权”的原则，经过改革，构造和最终形成中央、省、市县三级政权和财政体制。四是继续推进并完成大部门制改革。

7. 优化收入分配、社会保障与福利体系

公平分配是社会和谐发展的基础，社会保障体系是调节收入分配的重要工具，社会福利体系则是调节分配的机制，因此对收入分配、社会保障与福利体系的优化至关重要。一是构建公平的初次分配和再分配体系；二是建立和健全覆盖全面的保障体系；三是建设现代福利体系。

8. 推进土地制度改革

未来，我国土地体制改革的总体思路应是：所有权不变，但国有土地使用权和农村集体土地承包经营权“坐实”（可以占有、使用、收益、处置），延长土地使用年期，废除非公共利益目的征地，改革政府寡头卖地机制，实现城乡土地平等入市，以税代金。一是延长土地使用年期，形成有保障的土地物权。二是构建开放和包容的城乡统一的土地市场。三是开征房地产交易增值税和房地产税。

9. 打破区域壁垒，建立全国统一市场

我国实行改革开放40年，市场机制的作用已经深入人心。然而，区域壁垒严重阻碍着市场化改革的步伐，亟须建立建设统一开放、竞争有序的市场体系。一是反对地方保护，反对垄断和不正当竞争。二是加强区域间合作，在区域大战略下从竞争走向竞合。

（二）构建开放型经济体

1. 参与"一带一路"倡议下中国周边国家基础设施建设

一是加强民间外交、心灵沟通和软实力建设。改变"官方外交为主，民间外交为辅"的观念，树立"官方外交只是国家间交往的一部分"的观念，发挥中国民众对外交往和联系、中国企业对外交往、中国媒体对外交往的能力和优势，改善中国的"对外宣传"思维和方式方法。二是对"一带一路"基础设施建设提供的开发性金融支持。在亚洲基础设施投资银行、丝路基金、金砖银行等双边或多边新型金融机构的基础上，继续扩大人民币的跨境使用和跨境支付系统建设，推动银行卡清算机构开展跨境清算业务，加快人民币离岸市场建设，扩大人民币的境外循环。

2. 推进汇率市场化和人民币国际化

货币的国际化是大国崛起的必然现象和重要标志，更是大国崛起的必要条件和组成部分。中国经济要实现经济转型升级，人民币的相对价格必然要从汇率管制转向汇率市场化和国际化。未来，我国要增强人民币汇率的双向波动的弹性，实现资本账户可兑换，扩大人民币跨境使用范围，基本实现人民币国际化。

3. 加快国内自由贸易区建设

中国和发达国家建设自由贸易区的重大区别在于，中国作为一个转型经济体，国内经济体制改革、营商环境优化、政府职能转变等仍然与现代国家治理模式有很大的差距，中国需要让自由贸易区（FTZ）建设来承担经济转型升级和政府职能转变的功能，推广成功经验，提高境内自贸区标准，要加快国内自由贸易区建设，形成"遍地开花"的全方位对开放格局。

4. 推进中国企业国际化、全球化进程

我国企业要走全球化之路，就必须打破长时期在我国特色的制度环境和文化环境中生存和发展的习惯，掌握世界各国普遍通行的价值观念和市场规则，进而突破目前的全球化困境。包括加强产业链企业的联合，抱团"走出去"，并注重提高企业软实力，依法合规经营，承担社会责任。

5. 提高经济文化软实力

经济硬实力能让我们有机会参与经济全球化，经济软实力才能支持我们参与和主导全球经济金融规则的修改和制定工作。经济软实力主要来源于三个方面，即诚信商业文化、良好的品牌以及发达的中介服务，我国需从这三方面努力有所提高。

6. 积极参与全球治理，增强中国在现有国际经济金融组织中的话语权

为维护国家发展的利益，我国应积极参与全球治理，增强我国在现有国际经济金融组织中的话语权。一是推进全球经济治理体系改革；二是积极参与和主导世界银行的全方位改革；三是推动亚投行成为全球性金融机构。

7. 构建成熟的新型大国关系和稳定的周边关系

建设开放型经济，需要良好的国际关系做保障。为参与国际规则的制定，进而成为全球另一个超级大国，我国外交的重点是与目前国际经济金融体制、军事安全体系的主导国，也是全球唯一的超级大国美国处理好关系；同时提升与周边国家的关系，继续让我国拥有一个和平发展的外部环境。

参考文献：

1. 科斯、王宁：《变革中国：市场经济的中国之路》，中信出版社 2010 年版。

2. 巴里·诺顿：《中国经济：转型与增长》，上海人民出版社 2010 年版。

3. 贾康、黄剑辉：《战略与路径：迈向 2049 年的中国》，经济管理出版社 2018 年版。

4. 贾康：《新供给经济学理论的中国创新》，中国经济出版社 2013 年版。

5. 林毅夫：《解读中国经济》，北京大学出版社 2014 年版。

6. 刘鹤：《中国经济未来的趋势和三个长期课题》，第一财经，2016 年 10 月 6 日。

7. 吴敬琏：《中国经济 50 人看三十年》，中国经济出版社 2008 年版。

8. 高尚全：《新时期改革逻辑论》，人民出版社 2015 年版。

9. 许小年：《回荡的钟摆》，中国计划出版社 2017 年版。

10. 张维迎：《改革》，上海人民出版社 2010 年版。

11. 周其仁：《改革的逻辑》，中信出版社 2013 年版。

12. 林毅夫：《新结构经济学：反思经济发展与政策的理论框架》，北京大学出版社 2014 年版。

13. 刘海影：《中国巨债：经济奇迹的根源与未来》，中信出版社 2014 年版。

14. 朱天：《中国增长之谜》，中信出版社 2016 年版。

15. 贾康：《新供给经济学的破与立》，载于《上海商学院学报》2017 年第 2 期。

16. 姚洋：《中国经济成就的政治经济学原因》，载于《经济与管理研究》2018 年第 1 期。

17. 李稻葵：《论改革和中国经济崛起对经济学的贡献》，载于《经济学动态》2011 年第 2 期。

18. 刘伟、方敏：《中国经济改革历史进程的政治经济学分析》，载于《政治经济学评论》2016 年第 3 期。

19. 蔡昉：《新古典经济学思维与中国现实的差距》，载于《经济学动态》2010 年第 2 期。

20. 杨德才、郭婷婷、唐悦：《新制度经济学与中国改革的推进》，载于《华东经济管理》2014 年第 3 期。

新供给经济增长理论

——中国改革开放经济表现的解读与展望*

金海年**

摘要：现实情况下，潜在经济增长率由恢复性增长因素、学习性增长因素和领先性增长因素混合构成。潜在增长率的实际实现率由软性制度、强制制度和契约制度三层制度因素决定。改革开放的目标就是通过适当的制度变迁和制度供给，提高潜在经济增长率和提高潜在增长率的实际实现率。本文提出新供给的经济增长理论，认为长期增长的决定性因素在于侧重供给侧的制度供给，从供给侧研究供求均衡问题是推动经济增长的关键，并以此测算了中国经济未来的潜在增长率。中国改革开放的成功正是因为实施了解放供给约束、推动供给创新的制度变迁。如果未来中国的改革开放能够进一步释放以企业为主体的供给侧活力，以制度供给进一步创造制度红利，将人口红利升级为智力红利，中国的经济就能从学习型进一步提升到领先型进步，就能为人类文明与科技进步继续做出贡献，实现中华民族的伟大复兴。

关键词：新供给经济学　经济增长　改革开放

从面向更长历史尺度、更宽国际视野的更一般的经济规律出发，研究符合现实情况，尤其是符合中国当前情况的经济增长理论，是推动中国经济的发展方式转变、产业结构调整、早日达到高收入水平的必要基础工作。

一、现实的经济增长模型——三因素模型

1. 基本定义与前提假设

本文研究的经济增长指人均国民收入的增长。

潜在人均收入：指有参照可实现的人均国民收入水平。如当时最发达国家的人均国民收入水平，或历史上曾经达到过的最高人均国民收入水平。

---

* 本文仅代表个人观点，与作者所在单位无关。

** 金海年，经济学博士，新供给经济学 50 人论坛成员。

潜在增长率：在无约束条件下可以达到的最高经济增长率。

潜在增长转化率：在现实情况下，实际经济增长率与潜在增长率的比值。

本文基于以下两条假设：

假设1：在制度因素不变的情况下，实际增长率与人均国民收入水平和潜在人均国民收入水平的差距正相关；

假设2：制度是决定潜在增长转化率的关键因素。

2. 基本增长模型

在孤立经济体情况，暂时忽略制度因素，根据假设1，实际人均国民收入增长与潜在人均收入水平的关系如图1所示。

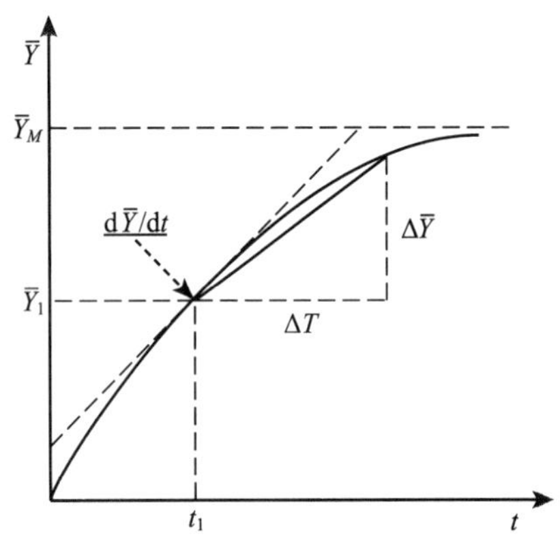

图1 实际人均国民收入增长与潜在人均收入水平

注：$\bar{Y}$ 表示实际人均国民收入；$\bar{Y}_M$ 表示潜在人均收入；t 轴为时间。

对人均收入增长率进行推导：

$$\frac{\mathrm{d}\bar{Y}}{\mathrm{d}t}=\alpha\times(\bar{Y}_M-\bar{Y})+\beta\times\frac{\mathrm{d}\bar{Y}_M}{\mathrm{d}t} \tag{1}$$

其中：

α 为实际增长率与潜在人均收入差的经济增长转化系数；

β 为潜在人均收入提升的经济增长转化系数。

记周期 T 的增长率为 G_T，则：

$$G_T\equiv\frac{\Delta\bar{Y}/\Delta T}{\bar{Y}}=\alpha\times\frac{(\bar{Y}_M-\bar{Y})}{\bar{Y}}+\beta\times\frac{\Delta\bar{Y}_M/\Delta T}{\bar{Y}} \tag{2}$$

以1年为时间单位计算经济增长，即 $\Delta T=1$，得到年增长率为：

$$G\equiv\frac{\Delta\bar{Y}}{\bar{Y}}=\alpha\times\frac{(\bar{Y}_M-\bar{Y})}{\bar{Y}}+\beta\times\frac{\Delta\bar{Y}_M}{\bar{Y}} \tag{3}$$

3. 现实开放经济体增长模型

考虑开放经济体，用 $\bar{Y}_{M,Global}$ 表示国际最高人均收入水平，用 $\bar{Y}_{M,History}$ 表示本经济体历史最高人均收入水平，年增长率公式可变为：

$$G=\alpha\times\frac{(\bar{Y}_{M,History}-\bar{Y})}{\bar{Y}}+\alpha\times\frac{(\bar{Y}_{M,Global}-\bar{Y}_{M,History})}{\bar{Y}}+\beta\times\frac{\Delta\bar{Y}_M}{\bar{Y}} \tag{4}$$

为方便表达现实意义，采用数学处理将公式变为：

$$G=\mu\times\sigma_r\times\alpha_r\times\frac{(\bar{Y}_{M,History}-\bar{Y})}{\bar{Y}}+\sigma_l\times\alpha_l\times\frac{(\bar{Y}_{M,Global}-\bar{Y})}{\bar{Y}}+\beta_i\times\frac{\Delta\bar{Y}_M}{\bar{Y}} \tag{5}$$

其中：

当前收入 $\bar{Y}<\bar{Y}_{M,History}$ 时 μ 为 1，$\bar{Y}\geqslant\bar{Y}_{M,History}$ 时 μ 为 0；

σ_r，σ_l 为相应的经济总量权重，且 σ_r 和 σ_l 都在［0，1］区间；

α_r，α_l 为相应项的增长率转化系数；

为方便分析，将原 β 改为 β_i。

并记：

$g_r=\mu\times\sigma_r\times\alpha_r\times\frac{(\bar{Y}_{M,History}-\bar{Y})}{\bar{Y}}$，是恢复性增长因素（Growth by Recovery）；

$g_l=\sigma_l\times\alpha_l\times\frac{(\bar{Y}_{M,Global}-\bar{Y})}{\bar{Y}}$，是学习性增长因素（Growth by Learning）；

$g_i=\beta_i\times\frac{\Delta\bar{Y}_M}{\bar{Y}}$，是领先性增长因素（Growth by Innovation）。

则，开放经济体的潜在增长率公式可简化表示为：

$$G_P=g_r+g_l+g_i \tag{6}$$

在现实情况下，根据假设 2，考虑制度的约束因素（即制度的交易成本），用 λ 表示制度的经济增长约束与转化系数，可以得到现实情况的增长率公式：

$$G=\lambda_r\times g_r+\lambda_l\times g_l+\lambda_i\times g_i \tag{7}$$

由此证明，在现实情况下，开放经济体的经济增长率由恢复性增长因素、学习性增长因素和领先性增长因素这三种因素构成，它们与制度约束共同决定了经济增长率。

二、三因素经济增长模型的经济意义分析

1. 大国模型与小国模型

我们发现，经济学经典理论模型与现实经常存在两类差异：一是理论中孤立经济体与现实中开放经济体的差异，由于经济的全球开放性，即使理论中考虑了经济体的开放性，但仍然存在对大国（或规模较大的经济体）与小国经济表现截然不同的理论解释，甚至缺乏基础理论支持；二是制度对经济系统性的影响往往被解释为孤立的内生变量或外生定性因素，与其他诸如投资、技术、人力等方面的因素分

别对经济产生作用，而现实中制度的影响并非和其他因素是并列的，而是通过对企业在投资、人力需求等方面的行为以及个人在人力供给等方面的行为间接、系统的发挥决定性作用，技术创新只是制度对企业及个人作用的过程与结果，并非经济增长的根本原因。

我们希望本文后面进一步的分析能将现实情况一致地反映在统一的三因素模型中。

我们发现在现实情况中，主要由人口和地域面积两方面[①]决定了大小国或经济体的划分。大国经济与小国经济表现不同主要体现在以下两个方面：

一是大国由于人口多、市场潜力大，一般产业行业构成相对完整，对进出口可依赖潜力显著低于小国。现代经济全球化趋势不断发展，决定了各个经济体必然无法长期相互孤立，其间的相互联系一般通过进出口贸易和全球产业分工实现。经济体的规模不同，决定了其对进出口贸易和国际产业行业分工的可依赖程度存在明显差异。如日本、德国、瑞士、挪威以及亚洲四小龙等较小的经济体，完全可以依托于进出口或国际产业分工实现经济腾飞，其内部的产业结构也可以其自身优势而有较大偏重，无须非常完整，其潜在增长率将更多依赖于国际水平。而美国、中国这样的大国，很难将经济的增长长期过多地依赖进出口，随着国民收入水平的提升，大国庞大的人口市场需求难以通过全球贸易满足，必须基于本国自身的供给能力，其内部的各产业与行业分工逐渐愈加完整，最终发展的动力必然更多取决于自身的潜在增长率的提升，即更多取决于学习性增长因素。

二是大国地域广阔，更易产生区域发展差异。当今交通愈加发达，大大降低了各生产要素流动的成本与时间，小国地域面积小，不易存在区域发展水平差异。而像中国这样的大国，东部与中部和西部由于生产要素流动的成本与效率，必然存在更大的差异，导致存在多个地区各自不同的学习性增长因素带来的增长。

关于大国与小国经济特点的差异，也反映在现实经济体增长率公式的不同演变。

2. 恢复性增长因素

关于恢复性增长因素，发生于当前经济水平低于历史最高水平的情况，是或有因素，即由于战争、灾害、经济危机或衰退等破坏性原因，导致经济水平的退步，使得在恢复重建阶段，必然会有很大速度的恢复性增长潜力。

不过这种增长不是实质性的增长或进步式的增长。

3. 学习性增长因素

关于学习性的增长，即是来自经济体与其他先进经济体水平的差异，可以比自身研发原创更加容易地获取先进的技术、管理以及人才和资本，虽然也需付出金钱等方面的代价，但从时间上远比自己研发以及引进源头的研发时间要快，因此会体

① 关于划分经济体大小规模标准的理论与模型，需要在本文之外做进一步深入研究。

现为更高速的增长。

在小国经济，其增长率就是简单的 $\lambda_l \times g_l$。

而在大国情况下，不同区域 n 存在不同的 $\lambda_{l,n} \times g_{l,n}$，其学习性增长率就会变为 $\sum_n (\lambda_{l,n} \times g_{l,n})$，$g_{l,n}$ 公式就相应变为 $g_{l,n} = \sigma_{l,n} \times \alpha_{l,n} \times \frac{(\bar{Y}_{M,Global} - \bar{Y}_n)}{\bar{Y}_n}$，其中 $\sigma_{l,n}$ 就是该区域经济总量占总经济总量的比重系数，$\alpha_{l,n}$ 就是该区域的学习性增长率的转化系数。

这个 $\lambda_{l,n}$ 的含义就是开放对经济增长的贡献，我们可以称为制度的开放贡献，应该是衡量开放措施对经济增长贡献的分数。

4. 领先性增长因素

在领先性增长因素中，值得研究的是 $\frac{\Delta\bar{Y}_M}{\bar{Y}}$ 和 λ_i 这两项。应该说，$\frac{\Delta\bar{Y}_M}{\bar{Y}}$ 表达了该经济的创新对增长的贡献潜力，λ_i 是制度对这种潜力的释放与激发程度，可以称为制度的创新贡献，是衡量制度对创新推动经济增长的促进作用的量化指标，也是衡量改革对自主经济增长贡献的指标，是我们进行经济改革的根本目标。

本文认为，创新的增长贡献潜力由人口基数、劳动力比重、平均智商决定，即 $\frac{\Delta\bar{Y}_M}{\bar{Y}} = \rho \times \text{Population} \times \text{Labor\%} \times \overline{IQ}$，其中 ρ 是创新系数；而制度创新贡献主要由社会智力资源总量的供给流向和智力资源个体的创新投向两大方面决定，具体包含就业与价值导向、权利界定、竞争存在度、竞争秩序、竞争的创新导向、外部性补充、劳动力教育程度七个子因素，这些因素形成了社会智力资源的行为动机和行为能力，最终决定了创新的成果产出。

详细的制度作用机理将在本文后部分进行阐述。

三、从三因素模型到新供给经济增长理论

以上建立了现实情况下开放经济体的增长模型，尚未找到需求侧的影子，我们认为这恰恰证明了供给与需求对经济增长的影响具有非对称性①。

第一，在总体上看，在经济增长中，供给是主动的，需求是被动的。经济增长包含量的增长和质的增长，这两方面都是在供给侧完成的，都是供给侧根据供求均衡的机制采取的主动行为。经济增长的核心源头是创新与发明，无论是蒸汽机、电报电话和电灯等近代工业革命，还是汽车、飞机、电脑、互联网、手机等现代、当代的新经济浪潮，都是企业作为供给主体推动的，体现了供给对经济增长的决定性

---

① 作者在 2014 年 2 月《论供给和需求对经济增长作用的非对称性——新供给经济学的理论解读》（待发表）一文中最早进行了相关论述，在此进行摘录引用。

作用。例如，我国当前正在经历的经济结构调整和发展方式转变，也正是供给侧的变革行为。

第二，供给的主体以企业为主，往往是有组织的、有自觉意志的，而需求的主体主要是消费人群，是分散的、自发性的。而且，制定相应的经济政策，对企业的影响较之于消费者更易预测。

第三，在经济增长的不同阶段，供给与需求的相对作用也会发生变化。在人均收入较低的阶段，食品等刚性需求处于总需求的主导地位，需求比供给的作用就更重要些，是需求引导供给；而当经济进一步发展，人均收入不断提高，刚性需求已不再是需求的主导成分时①，人们在高水平高质量生活的潜在欲望激发了供给端的创造力，就进入了供给创造需求的阶段。因此，在经济发展的高级阶段，创新成为经济的第一推动力，生产力成为第一生产力，供给侧相对需求侧对于经济的增长与发展更为重要。

第四，经济增长的供给因素是长期性的，需求问题往往是临时性的。无论是经济增长的产品创新，抑或是技术或分工等创新带来的生产率提升，还是资本、资源以及劳动力加大投入带来的产量增长，主体都是供给侧，可以说经济增长的长期因素在供给一侧，而因为收入分配差距、结构失衡导致的需求不足往往是发生在某些危机时期。及时临时应对危机而从需求入手采取措施，也是为了解决供给一侧的问题，为经济复苏提供供给恢复的催化剂。

第五，特别地，针对经济的制度供给是人们可以采取行动措施的主要一侧，是决定生产供给乃至经济增长的核心因素。“纵观古今中外，西方资产阶级革命开创了世界经济爆炸增长的时代，明治维新将日本带入世界强国行列，新中国的建立开启了中国现代经济发展的大门，中国特色社会主义市场经济拉开了中国当代经济腾飞的序幕，无不说明，制度供给始终是推动经济增长与发展的决定性因素”②。

继而，本文提出新供给经济学的增长理论，认为从供给侧看待问题，更容易解决当前中国面临的诸多挑战。面对凯恩斯主义，我们将政府投资看作制度供给的投入，就可以解决政府投资挤占过多社会资本和资金资源的矛盾；我们将居民从消费者转成生产者，人口将不再是负担，而是更多的财富生产和价值创造者，就能充分发挥人口红利，而人口红利仅在人均收入水平或经济水平落后于国际水平时才是存在的，而当经济发展水平接近或达到高收入国家时，人口早已不是红利，因此必须尽早将人口红利转化成智力红利、创新红利。多从供给侧看增长和发展问题，更容易将问题转化成积极的因素，将风险和威胁转化为机会。

新供给经济学倡导解除供给约束、释放供给活力、激发供给动力、促进供给创新，以此推动实现经济长期持续、良性高效的增长与发展。而这些，归根结底是依

---

① 体现为恩格尔系数的下降。

② 摘自金海年：《制度影响经济增长的分析框架》，中共中央党校博士论文，2013 年。

赖于制度供给，制度建设和制度的创新与变迁决定了经济体的增长。

四、经济增长的制度供给

1. 制度的供给角度分类

作者在2013年已就制度对经济增长的影响进行过系统性的研究①，首次根据制度供给者角色的不同将制度在经济学意义上分为软性制度、强制制度和契约制度三大类。

软性制度包括文化、价值观、社会风俗习惯，没有明确的供给者，其供给过程是整个社会、国家和民族共同作用进行的，其执行保障往往也是软性的，软性制度影响人类行为的内在动机，作为社会属性与人的自然属性共同构成了个体和企业、政府等组织的动机内因。

强制制度包括法律法规、政策规定等，供给者是国家行政与立法机构，其执行是通过暴力机构保障的，强制制度一般不会从内在影响人的动机，而是对人类行为形成了外在约束，构成了个体与组织的行为成本，而且强制制度的设计一般都会服从软性制度的价值与习惯取向，是受软性制度影响的。

契约制度是人类行为个体之间的约定，供给者就是行为双方或各方，往往受到软性制度影响和强制制度制约，但可能成为强制制度甚至软性制度创新变迁的重要来源。

相应地，我们可以根据以上制度的划分将三因素增长模型中的制度转化系统进行分解，以分别表示对经济行为动机、交易成本等方面的影响。由于分析经济增长模型的目的就是寻找促进经济增长的措施，细分制度因素将有助于我们设计制度供给与变迁的建议方案。

2. 制度供给对经济增长的作用

作者在之前的研究中提出②，人类行为由行为动机和行为能力两方面构成。软性制度影响行为动机，强制制度影响行为成本、改变动机次序判断，智力的知识水平决定了行为能力，契约制度实现了管理创新，最终协同影响经济的增长。经济增长的根本源泉是创新，创新源于智力资源投入，而智力资源投入由社会智力资源总量投向和个体智力投入方向两个维度决定，这两个维度受软性制度决定的社会价值导向和强制制度决定的投入产出成本影响。

西方近代工业革命带来的经济历史性发展，根本源于文化复兴的软性制度变迁和资产阶级革命的强制制度变迁，后来发生的工业革命、创新发明、技术革命都是制度变迁的过程结果，是伴随经济增长的指标表现，而非根本原因。同样地，包括资本、技术、人力等方面的全要素生产率解读的经济增长模型，也是统计效应，而

①② 详见金海年：《制度影响经济增长的分析框架》，中共中央党校博士论文，2013年。

非经济增长的决定性因素，是制度影响了个体动机与行为，影响了企业的动机与行为，影响了行为成本，改变了收益判断。

因此，制度供给是推动经济增长的主动性因素，是我们可以采取的行动措施。而制度的供给与变迁，必须遵循软性制度决定强制制度和行为动机、强制制度决定行为成本的规律，如果不顾软性制度的差异而仅进行强制制度变迁，就会出现水土不服的文化冲突，这也是全盘西化在中国无法施行的科学理论原因。

3. 建立社会、政府与市场相协调的制度体系

根据上述分析，一个能够有效推动经济增长的制度体系，应包含相互协调的软性制度、强制制度和契约制度，其协调性应与该经济体的经济水平相适应。

在社会软性制度层面，应建立契约精神和诚信价值观；在强制制度层面，应建立面向规则的法治体系；在契约制度层面，应解除对创新发明的束缚。

具体地，作为强制制度体系的供给者，政府应承担五大职能：

一是提供安全秩序保障，包括对外的军队保障和对内的警察保障；

二是进行权利界定，划分私有和公有财产与权利的界限，使行为主体进行投入产出判断成为稳定的可能；

三是保持公平竞争，制定公平的竞争规则并防止垄断以保持均衡的竞争力量博弈，可以激发与保持提高效率和创新的压力与动力；

四是提供市场无法解决的人性救助和外部性的基础领域与公共服务，例如，基础教育、基础科研、社会保障、生态环境与资源保护等；

五是应对危机、灾害等临时职能，但需制定启动与退出的规则机制。

相应地，由于市场真正的作用价值不只在资源配置环节，经济活动包括资源配置、价值创造、价值交换和价值分配四个环节，而且核心是价值与财富的创造。归纳下来，应使市场发挥其三大核心职能：

第一，价格机制。具体包括不可分离的两个部分，首先是价格反映供求关系的信号机制；其次是价格信号反馈形成对供求的调节机制，尤其是对供给的调节机制，主要体现为量的调节。

第二，优胜劣汰机制，尤其是淘汰机制。对于低效的供给主体或落后的行业产业予以淘汰，是经济结构调整和发展方式转变的根本动力，是供给的结构调节机制。

第三，竞争机制。市场通过竞争刺激和促进供给主体的创新与增效，是推动经济良性增长的必要机制，是供给的质效增长的促进机制。

五、中国改革开放经济表现的解读与展望

现在可以将上述的理论分析应用到中国经济的改革开放实践。

1. 中国改革开放的进程解读

中国改革开放的成功之处正是侧重在供给一侧。可以说，邓小平是新供给思想

的第一人。

首先，中国在社会主义初级阶段的社会主要矛盾是人们日益增长的物质文化需要和落后的生产力的矛盾，这正是对供给不足的清晰阐释。

其次，明确改革开放的任务就是解放生产力和发展生产力，就是提出解放供给约束、释放供给活力、促进供给增长的核心目标。

最后，改革开放以包产到户、家庭联产承包责任制为具体标志启动，之后建立以价格机制为核心的商品经济，以及后来的国企改革，直至建设社会主义市场经济制度，都是偏重于供给侧的政策措施。

图 2 展示了以几次重大改革会议不断推动的中国经济腾飞的进程：

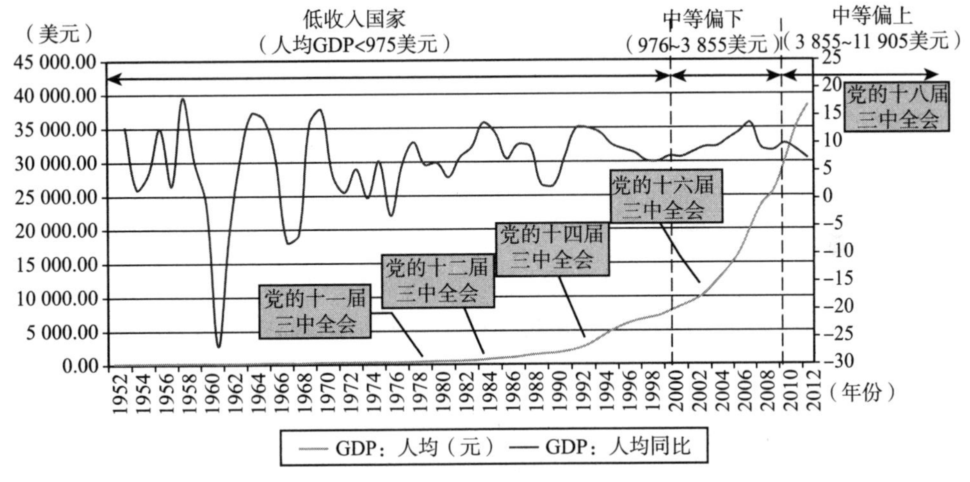

图 2　中国经济的腾飞进程

1978 年，党的十一届三中全会：重心转为经济建设，彻底消除了约束供给的政治制度成本；1984 年，党的十二届三中全会：社会主义商品经济，初步实现了价格促进供给解放的制度突破；1993 年，党的十四届三中全会：社会主义市场经济，从理论上系统启动了市场的价格调节与竞争推动的价值与财富创造的制度环境体系的建设；2003 年，党的十六届三中全会：全面完善市场经济，形成了国有经济与私有经济并重发展的新局面；2013 年，党的十八届三中全会：全面深化体制改革，让市场发挥决定性作用，希望能够将市场的价格调节、竞争推动和淘汰调整发挥系统作用，实现经济高速到高效、增长到发展的质的飞跃。

这些系列化的制度变迁带来了经济增长的瞩目效果：2010 年，中国 GDP 超过日本，成为世界第二大经济体；2011 年，中国迈入中等偏上收入国家行列；2012 年，中国贸易总额超过美国，成为世界第一大贸易国；2013 年，中国人均 GDP 超过 6 000 美元。

总体上，中国的改革开放就是以解放供给约束、激发供给创新为核心目标，以创新和变迁的制度供给为措施手段，最终要创造有利于供给侧不断创新的制度环境，改革红利就是制度红利。

2. 中国当前挑战的新供给分析

当前，中国经济增速从保持了30多年的超高速逐步放缓，总体上面临五大方面的挑战：

一是经济增长动力不足的问题。中国GDP增速已从多年的8%～10%逐渐降至2012年的7.8%和2013年的7.7%，预计2014年将进一步下降至7.5%。中国的经济既存在后发优势，也有后发劣势。一方面，中国能够借鉴发达国家先进的技术和管理，具有学习性增长因素，可以少走弯路，节省研发周期，以更快的速度实现供给能力与经济水平的提升；另一方面，发达国家也具有先发优势，首先在产业链、价值链和知识产权创新上占据有利位置，其次在资源消费等方面享受低成本、高储量的早期优势，最后由于经济规模的巨大，其小比例增长的绝对数量仍然很大，为后发者造成更大的追赶差距。这点可以从中日在20世纪50～70年代的经济增长对比得到具体的例证①，在1950年，中日人均GDP差别很小，都是100～120美元，而通过20多年的高速增长，日本在人均GDP方面已跻身发达国家行列，而中国由于历史的原因，高速增长在20世纪80年代才开始，经过30多年的发展，却刚刚迈入中等偏上的国家行列，仍未达到世界平均水平。在2008年金融危机后，我国原有正在缓慢推进的经济产业结构优化受到应对危机临时措施的影响，至今效果仍然不佳，甚至有面临“中等收入陷阱”的风险。不过根据三因素增长模型，我们与发达国家经济水平的巨大差距仍然具备高速增长的潜力。

二是二元结构的问题。我国经济水平差距很重要的根源就在于目前仍然存在的城乡二元结构的问题。由于历史的原因，我国的城乡户籍制度成为现在人力资源这个核心生产要素流动实现优化配置的障碍，城市的现代产业发展与劳动力吸纳能力逐渐减弱，农村地区收入水平与城镇现代产业仍存在显著差距，人均土地资源和人均农业产出是制约农业现代化和城镇化以化解二元经济结构问题的重要挑战。

三是“增长的极限”的问题。由于后发劣势，我国在尚未解决二元结构问题的情况下却先遇到了环境污染、生态破坏、资源约束以及人口老龄化问题，在以前发达国家经过上百年甚至几百年实现的产业重心从第一产业向第二产业的工业化阶段，再到第二产业向第三产业转移的信息革命与第三次浪潮，在我国却成为几十年甚至十几年的紧迫挑战。应对这一挑战，仅靠强有力的政府是无法承担主角任务的，必须发挥以企业这一供给主体为核心的市场的力量。例如，对待由于机动车尾气排放导致的城市空气污染问题，解决就不应在限行、限购等抑制需求一侧，因为人人都有享受现代科技文明的权利，我们参考洛杉矶的成功经验，他们当时遇到尾气污染，解决是从供给侧入手，要求汽车厂商对发动机进行尾气处理改造，还要求

① 详见金海年：《制度影响经济增长的分析框架》，中共中央党校博士论文，2013年。

燃油提供商对其中的硫等污染成分进行去除，最终大家既能享受现代成果，又避免了污染，圆满解决了城市“毒气”难题。

四是公共服务与外部性问题。由于大量以劳动力职业流向为中心的人口涌入城市尤其是大城市、超大城市，住房、教育、医疗、养老等社会保障体系供给能力的不足以及不均衡等滞后问题也同时凸显在眼前，如何提高公共服务等市场无法独立解决的外部性供给问题，也是中国经济兴起阶段必须解决的问题。与第三个问题同理，公共服务的问题也不能抑制需求，不可以限制人们居住好的房子、接受好的教育、接受好的医疗以及享受可靠的养老保障，必须增加和改善供给，这才是解决问题的积极途径。

五是收入差距问题。共同富裕是社会主义优越性的体现，也是改革的终极目标。虽然近些年中国没有公布正式的基尼系数数据，但收入分配差距问题的存在是内外共识的。而且，中国当前的收入差距是系统性的，体现在城乡差距、区域差距、行业差距、不同层级人员差距以及国家、企业与个人分配不均衡五个方面。收入分配的总体格局是在第一次分配时确定的，再分配只是对能力缺失进行人性救助而已，并不能改变收入分配的大格局，靠再分配调节不可能形成中产阶级。归纳下来，这五方面的收入分配问题是由于市场与政府分工不明、产业区域间要素流动不畅和企业与个人谈判力量不对等这三方面原因导致的。因此，收入分配问题虽然影响的是需求，但问题的缘由和解决都应在供给一侧，在如何增加可分配“蛋糕”这一积极途径上，这也是帕累托优化原则的体现。

因此，解决以上五大挑战问题的方案就是建立供给侧分析的思路，按照人类行为的基本规律，将企业作为财富创造、价值实现的供给主体来看待，明确市场与政府的职能分工，发挥市场的决定性作用和政府的保障性作用，在软性制度层面推动建立契约精神与诚信体系，在强制制度层面推动建立有利于价值与财富创造的市场要素流动、有利于优胜劣汰、有利于创新竞争的秩序体系，从而系统建立社会、政府与市场相协调的制度体系，实现解放供给约束、释放供给活力、激发供给动力、促进供给创新的改革目标，充分发挥中国经济未来巨大的长期增长潜力。

3. 中国未来经济增长潜力的测算

至此，我们已经建立了现实情况下开放经济体的增长模型，而且对小国模式和大国模式皆适用。最后，我们将此模型应用于未来中国潜在增长率的测算。由于当前中国经济增速放缓，既有唱空的声音，也有乐观的估计，本文的测算将是从理性科学角度的尝试。

根据前述分析，中国未来主要增长动力仍包括两个方面：

一是学习性增长因素。中国当前二元结构分化仍然明显，总体经济水平仍然明显落后，学习性增长因素仍将发挥长期和重要的作用，由于学习性增长带来的潜在增长率一般具有较高的水平，所以中国仍有潜力在相当长的时期内继续保持高速增长。

这里以发达国家三个产业的经济比例以及人口与劳动力比例为目标，计算中国劳动力转移以及产业结构调整的时间，预计需要 20 年左右的时间接近高收入国家的相应比例，这方面的增长因素处于 6% 左右的水平。

并且中国属于大国经济，东部、中部和西部各区域发展不平衡，差异明显，因此学习性增长因素需要根据东中西三大区域各自经济总量权重分别计算。

我们将东中西部人均 GDP 与国际发达国家水平的差异分别乘以其各自的经济总量比重，如此的差异仍可延续 8% ~10% 的增长速度，直至大致接近高收入国家水平，大约需要 10 年的时间。

不过，中国当前的产业结构中第二产业等资源消耗性经济仍占很大比重，其增长空间由于其巨大规模的消耗量必然受到资源约束，这是对潜在增长率不利的一面。如果产业结构能够及时有节奏的转型，适时适量增大智力密集型产业比重，就能摆脱“增长的极限”。

二是领先性增长因素。中国人口超过 13 亿人，陆地面积约 960 万平方公里，拥有约五千年的光辉历史，曾经超过千年处于世界最先进的文明行列，造纸术、指南针、印刷术和火药对整个人类历史进步具有关键性的推动作用。针对中国长期居于人类文明的领先地位却没有发展出近代科技文明，英国科技史学家李约瑟提出了这个著名的问题。中国人民的智慧勤劳在世界上亦是首屈一指，然而在 16 世纪以后却逐渐落后，直至近代落至谷底。新中国的成立，尤其是改革开放重新开始唤醒沉睡的巨人，中国经济重新焕发活力。但是尽管近 36 年的高速发展，中国的人均 GDP 仍刚刚超过世界平均水平的一半，仅是美国的 1/7，日本的 1/6，更需警醒的是，当代科技成果中，从电气、汽车、飞机，到冰箱、空调、彩电、计算机、互联网、手机等，没有一项中国原创发明，中国不但需要经济表现来提高中国人民的生活水平，更需对当代和未来的人类科技文明再做出新的贡献，方能称得上是民族复兴，方能配得上五千年不断的文明。

中国人口多、智商高，说到根本优势只有一个：拥有世界上最大的智力资源。人口红利不是真正的红利，因为低人力成本同时意味着低收入和低生活水平，只有将人口红利化作智力红利，中国经济才会获得不竭的动力和活力，而智力红利的打造将受制于制度供给的红利。制度红利将引导和优化社会智力资源总量到财富与价值创造领域的流向比例，将促进个体智力对发明创新与管理创新的投入，一方面提高生产力，另一方面创造新产品和新产业，以企业为行为主体，整合智力、资本与自然资源。由此考虑中国的人口基数、智商水平、劳动力比例、受教育程度以及努力习惯（人均工作时间），中国自我创新的潜在增长率大约可达 3% ~4% 。

不考虑灾害危机影响，将上述两方面数据带入潜在增长率公式，可测算出中国未来 10 年的潜在增长率空间大约为 6. 7% ~7. 8% 。而这时最重要的影响因素就是制度转化系数，即潜在增长率的实现程度取决于制度变迁供给的适当性和及时性。

因此，改革决定了中国潜在增长率的兑现情况，改革的早晚也决定了后发劣势的影响大小。我们希望中国能够及时继续打造制度红利，以此将人口红利转化为智力红利，形成真正持久的中国优势，推动民族的伟大复兴，承担人类进步的历史责任。

参考文献：

金海年：《制度影响经济增长的分析框架》，中共中央党校博士论文，2013 年。

于思想解放中认识股份制对私有制的扬弃*

贾　康

2018 年是改革开放 40 年，习近平总书记说要好好纪念一下。我从继续深化推进改革这个角度，在此探讨一个解放思想方面与混合所有制改革以及资本市场功能认识相关联的题目。

关于解放思想，最高决策层有明确的表述，在 2018 年 1 月 23 日，习总书记主持召开的中央全面深化改革领导小组第二次会议上，形成的主题是强调“思想再解放，改革再深入，工作再抓实，推动全面深化改革在新的起点上实现新的突破”。中央对于思想再解放的强调，我觉得是意味深长、非常有必要的。现在舆情也可注意到，一些地方的领导人，也在强调解放思想了。

前一段时间，中国国际经济交流中心主办的《全球化》杂志约稿，希望我提供一篇关于纪念改革开放 40 周年的文章。在那里面我讨论了解放思想问题，强调了几个维度，一是解放思想必须正视已经形成的利益固化的藩篱来求其破解；二是需要正视已经出现的极端化的思维和观点交锋中的暴戾之气的氛围来加以矫治；三是要重视中国官场和社会仍然流行的一些落后于时代发展的思维定势而力求摒弃；四是要将中央决策层已经明确表述的供给侧结构性改革战略方针正确地把握为改革开放在新的发展阶段和攻坚克难中的承前启后继往开来，澄清思想迷雾，力求决战决胜。文章篇幅挺长的，其中有回顾、有分析、有关于改革的一些重点方面的观点的提炼和推进建议，引起了一些方面的关注，有些刊物跟我联系，希望浓缩以后还要往上面反映。最近一段时间，我觉得在原来提的四条思想解放要点之上，还有两条非常值得探讨，借这个机会也请大家来批评指正。

第一条是：再次强调思想解放，就必须进一步强调和贯彻落实党的实事求是思想路线，来牢牢把握我国处于并将长期处于社会主义初级阶段这个基本国情与最大实际。显然，我们必须基于把握人类社会发展基本规律，来牢记现在宣传上非常强调的共产主义远大理想。这个远大理想其实联系着现在各媒体反复说的“不忘初心”。这个初心是什么呢？媒体上一般都没有跟着说出来——我还真没见到标准的

---

* 本文原发表于《第一财经报》2018 年 6 月 3 日。

说法。不忘初心这个初心是什么，我在我们财科院讲课时也问过研究生，我说你们认为初心是什么？很多人就憋住了。后来有人说，那应该是“为人民服务”吧。我说为人民服务没有错，但我觉得全球公权在手的主体，没有一个会否定为人民服务，实际上共产党人的初心应该比这个认识层次更高，就是我们要洞悉科学社会主义揭示的发展规律，从这个发展规律上引出我们的信仰，这个信仰不是迷信，是科学的、对真理的追求，形成远大的奋斗目标。所以，关于这个初心的表述，我觉得还是要从我们所纪念的《共产党宣言》里去提炼出关于它的核心概念，这个核心概念其实就是《共产党宣言》中说的未来理想社会应该是“自由人的联合体”，而且给出了一个非常明确的定义：那个社会里每个人的自由发展是一切人自由发展的前提条件——体现着“解放全人类”的情怀。未来的美好社会，是这样由马克思主义创始人所勾画的。其实在中国革命过程中间，这个“自由”，是和民主、富强、老百姓过好日子的憧憬紧紧联系在一起的，延安时期，根据地最吸引人的魅力之所在，是“自由之神在纵情歌唱”。但是我在一些媒体朋友开的内部研讨会上，也说了这样的话：如果把这个确立为我们为之奋斗的共产主义远大目标，那么咱们要看一看，现阶段实际生活中间虽然把“自由”写入了社会主义核心价值观的24个字，但各位媒体朋友你们哪个媒体组织过关于自由的讨论？实际生活中间的宣传里，谁会注重去讨论关于自由的问题？其实大家有意无意地在回避它。我也看到网上有人说了个段子：这个核心价值观的“自由”写在牌子上插在公园里，这是正能量，但你把这个牌子拔下来到街上走一圈，就变成了负能量。这便是中国现今的一种矛盾交织的现实，得承认反映着社会主义初级阶段它的不成熟。讲自由，这些搞研究的人心里还真得打打鼓：是不是马上就会有人说你这个思想倾向是自由化，然后前面还可能加上标识：“资产阶级自由化”，还有咱们经济理论上说的“新自由主义”，这都不是好词儿。对这个事情怎么认识？我觉得十分需要在解放思想过程中间，引导一些严肃地讨论、深刻的分析。在解放思想这个概念之下，我觉得应当摆脱屡屡兴风作浪的“左”倾教条主义的影响和干扰，这样才能在思想认识和实际行动中确有把握防止讲远大理想而重现“跑步进入共产主义”这种为害甚烈的错误。党的十九大之后不是很快就有了令人困惑的问题吗：著名高校资深教授登高一呼，“消灭私有制”，结果人心惶惶。中央那边还正在讲保护产权呢，大家都掂量着中央说过的要增加老百姓的财产性收入呢，怎么一下子非常冠冕堂皇地用《共产党宣言》的话来说消灭私有制的问题了，而且说这话的人还非常有安全感。如果现在超越阶段直接搬用消灭私有制的共产主义远景目标，来指导现实，虽然听起来冠冕堂皇，但一定会损毁实事求是拨乱反正形成的多种经济成分并存、公有制与非公有制经济都构成中国特色社会主义重要组成部分的这个基本格局，必然无法确有公信力地保护产权和鼓励民营经济蓬勃发展，将导致我们丧失在实现“中国梦”道路上应该具有的前进定力，毁坏在社会主义初级阶段以数十年改革开放带来的生产力解放的大好局面。

党的十九大的报告中有非常重要的论断——“两个没有变”：首先是社会主义初级阶段这个基本国情没有变，而且总书记强调说，这是中国的最大实际，认识这个最大实际而牢牢掌握党的基本路线，是党和国家的生命线，人民的幸福线。这个话我觉得已经说得十分到位，它是非常切中时弊的。这种应高度重视的“没有变”的第一条，面对实际生活，我认为就是要警惕猛唱高调的“左”倾冒进的言语和错误倾向。这个时候我也觉得非常有必要重温邓小平南方谈话中的警句：“要警惕‘右’，但主要是防止‘左’”。实话实说，几十年做研究接触了这么多的历史材料，还有自己毕竟也是从“文革”那种实际生活中间这么走过来的，深知我们党在历史上被极“左”害得太苦了，国家和人民在历史上也是被极“左”害得太苦了：如果现在又以“左”倾幼稚病来试图超越阶段，实际上必将是在客观规律面前碰个头破血流，这种沉痛历史教训的般般场景，我们是不应该忘记的。所以，我觉得有必要讨论在思想解放的旗帜下，坚定不移地贯彻实事求是解放思想、经济建设为中心党的基本路线，就必须紧密结合着党的十九大报告总书记所强调的这个“初级阶段的初级阶段”——这是基本国情，是最大实际。联想到当年关于这个认识经历全党全国反复讨论以后，邓小平同志有一个概括性的说法，就是这句“初级阶段的初级阶段”——共产主义的初级阶段是社会主义，而我们现在进入的又只是社会主义的初级阶段。这个初级阶段多长呢？领导人说要准备做出几代人、十几代人、甚至几十代人的努力。这样一个认识，其实是我们整个现代化战略的一个务实基础。在党的十九大之前，实话实说我曾经看到一个信号，也不清楚它后面的背景：一本重要的内刊登出一篇文章，说中国已经走过了社会主义初级阶段而进入了社会主义中级阶段，当时我看了以后，就觉得这个判断可非同小可，但不知道它什么来头？如此认识成立，党和国家的一系列大政方针就都得改变。好在党的十九大报告否定了这种认识——因而现在可以明确思想解放在这方面就是应该坚持实事求是，坚定地认识到我们是处在社会主义初级阶段上面，这样才能把握最大实际，也才能真正继续在现代化战略的贯彻过程中保持我们的战略耐心和战略定力。

接着还应该强调顺理成章的第二个角度，就是强调解放思想，就应该坚持和发展充满生机活力的马克思主义。其实对于合格的马克思主义者而言，这是应有的作为。我们如果研究马克思的思想和理论的发展，也可以知道他在有生之年也是在不断地探索，在不断丰富和发展他的思想体系。现在十分需要强调：不能停留于生吞活剥地背诵马克思主义经典作家的某句原话。如前面已提及《共产党宣言》，里面确实有消灭私有制这样一个表述，但是紧跟着又说明共产主义并不剥夺任何人占有社会产品的权力，而只剥夺利用这种占有去奴役他人劳动的权力。这样就说清楚了个人占有和社会产品的关系——当然我们还应该进一步扩展到理解马克思的其他论述：在《资本论》里，马克思还有这样一个明确的表述，就是应该在资本主义时代成就的基础上，在协作和生产资料共同占有的基础上，“重新建立个人所有制”。过去理论界对这段话所体现的思想曾经有过反复讨论。我的基本认识是这样的：所谓消灭私有制，应该指的是生产资料所有制上的私有制概念，这应该是个十分明确的概念。重建的是什么呢？如果说重建的是生活资料的个人占有，那么实际生活里生活资料天然它就是归个人所有、占有的，包括工人阶级的必要生活资料里那个V的部分，天然也是工人要占有的，该吃的吃进去，该穿的穿起来，他才能作为劳动力发挥功能。这种个人对于生活资料产品的占有，无所谓重建的问题。我体会马克思的视野中间，已经有生产资料所有制层面对于股份制的观察，因而相关的重要见解隐含着对于资本市场作用升级的一种肯定——虽然学术界对这些概念讨论起来还有见仁见智的不同看法，但是我觉得我们是不是可以说：这个认识结合着《资本论》中马克思已经指出的股份制对于生产资料私有制的"扬弃"，其发展则再结合着当代实际生活中间股份制的发展使之成为"公有制的主要实现形式"——这是中央的论断，写入了最高层级的中央文件，以及对接着党的十八大以后关于混合所有制更为强调，十八届三中全会的权威性指导文件"60条"，把混合所有制表述为我国"基本经济制度的重要实现形式"。以我的理解，混合所有制是在标准的现代企业制度即股份制的基础之上，在一个一个企业内部产权结构里面，把公的股、非公的股，国的股、非国的股，以及贫工的股、自然人的股，充分地混起来。这种混合所有制，中央认为是社会主义基本经济制度的重要实现形式——对这样的看法，都应该结合马克思主义是在发展中的原理和马克思关于"扬弃"的概念，来进一步深化认识。在马克思当时的认识基础之上，我们现在需要进一步就此来做更多的讨论。

"扬弃"在马克思的德文文献里，是"autheben"，如果译成英文，应该是"sublate"，据研究者考证说，它的起源是个哲学名词，指的是事物在新陈代谢的过程中发扬它体内的积极因素，而抛弃它体内的消极因素，有点像我们中文过去所说的"留取精华，去除糟粕"这个意思——不是颠覆性地否定原来，而是在去粗取精的意义上来发展升级。马克思在讨论股份制、指出股份制的扬弃作用的时候，确实也有一种区分，认为股份制带来的，在一般企业的私有制下是消极扬弃，而在工人的合作工厂那里，就成为积极扬弃。我理解他所说的工人的合作工厂，无非就是股份制形式下工人持股形成的这种联合、合作的经济主体。按照一个消极、一个积极的区分，消极的应指比较形式意义的变化，积极的就是已经不仅是形式上的变化，而且带有实质内容。但无论怎么说这一区分，马克思认识上相关的基本逻辑，对于股份制的认识，已经指向了至少有形式上和过渡方向上的肯定，实际上自然而然也就延伸到了和股份制概念不可区分的资本市场运行上。在形式上和过渡方向上的肯定，也留下了一个在发展的过程中怎么样使形式和内容进一步实质性结合这样一个发展升级过程的考察问题。

任何理论观点的提出，都带有时代特征和客观局限，马克思在一百多年前提出了对股份制的重要认识，但在他有生之年可能没有得到更多的机会再进一步观察和对思想作出进一步的发展。然而他已经说到了扬弃，当时的社会制度和经济发展背景之下，股份制具有的哪怕是消极扬弃意味的这个资本社会化特征，在他的思维灵感里，给出了对我们而言非常重要的进一步理论联系实际去发展这一认识的巨大的空间。如果是接着考察这一百多年历史进程，我们作为有出息的马克思主义者，结合着实事求是、与时俱进的原则，我们完全可以也应该沿着马克思这个思维逻辑来深化认识。一百多年以来，股份制下的市场主体即股份公司，已经发生了更为非凡的变化。除了早已经比较普遍地存在着本企业员工——产业工人持股和社会上普通劳动者、公共机构在股份制企业中间持股之外，国家特定层级上的政府，也可以持股，并且酌情做增持减持的操作。较近时期非常典型的，一是亚洲金融危机之后的“港元保卫战”中，中国香港特别行政区政府动用公共基金入市，再以后根据需要，在稳定了局面以后又以盈富基金模式逐渐减持。二是在美国，它自己的金融创新走过了头，引发金融海啸、然后形成冲击全世界的金融危机以后，最关键的供给侧管理举措（需要我们很好总结借鉴的）是动用公共资源给花旗银行、两房融资公司、贝尔斯通银行等金融企业注资，一直到给实体经济层面的跨国公司通用汽车注资。这都是在股份制的框架之下对应于其包容性而有的特定的一些操作。在这些操作的当时，就有人惊呼社会主义救了资本主义。资中筠老师马上就有一个评价：希望不要贴这种标签。它是在股份制的这样一个调节机制里自然可以有的相机抉择的股权结构的变化，不应把这个股权占比升一点降一点，直接跟“姓社姓资”结合在一起。我非常赞成这个认识角度。我们现在的具体考察，使我回想当年好不容易得到机会恢复高考后上大学，就听到老师吞吞吐吐说了一句，在 20 世纪 60 年代、70 年代以后大家可以注意，典型的所谓资本主义世界里的大企业、跨国公司，已经不像过去的洛克菲勒、摩根、梅隆财团等，已没法这样命名属于哪个家族了——通用电气、通用汽车，等等，它们的股权高度分散，大量的产业工人、普通劳动者、蓝领人士都在里面持股，股票在资本市场上不断做各种交易，这里面你说谁是资本家的代表？我们近年也查了一下，在美国政府给通用注资这一轮操作之前，通用汽车、通用电器第一大股东所占的股份比重，只有几个百分点，前十大股东合在一起比重，也就是 10% ~20%，股权高度分散特征是非常明显的。那时候老师说了一句，有人评价为这叫“人民资本主义”，然后他就不敢再多说了。现在我觉得没有必要贴这种到底是人民还是非人民、资本主义还是社会主义的标签，我们就要客观地认识为什么在生产力解放的过程中，只要能够有效保护产权，社会化大生产背景之下传统的私有制可以在股份制里面适应社会化大生产的需要，来升级式地发展生产力。现在西方标准的股份制公司上市的时候，人家表述叫什么？叫“go public”，绝对不是“私”的概念，它是更为“公”的概念了，上市成为一个公众公司以后，企业必须认真承诺自己的社会责任，必须把自身信息按照相关规则充分地披露，必须对所有股东和利益相关者负责——以这种机制，能够较好地适应社会化大生产之下解放生产力的要求。

从这个角度来认识，我觉得非常有必要积极探讨：中央已经说到的股份制、混合所有制，从马克思的认识指向、他的逻辑，到现在现实生活中怎么样理解“重新建立个人所有制”，如果从这个角度联系起来观察，传统的私有制在社会化大生产形成以后升级发展的过程中，所谓重新建立个人所有制，可认为绝不是简单停留于生活资料层面，它就是可以将一股股所谓虚拟资本和后面实际运行的实体资本，形成一个规范化的市场连接机制，而社会成员在这里面可以根据自己的意愿来参与投资，适应社会化大生产的需要，形成股市交易带出的要素流动，同时在这里面又可以内洽地有一种“个人所有制”，把这种资本社会化机制融合于其中——我个人认为，这就是我们需要探讨的从消极扬弃到积极扬弃的升级。

我们现在由共产主义这个远景引导之下的社会主义实践里，从不成熟走向成熟，当然就要利用这种社会化大生产背景下已经有的一系列的资本社会化发展机制，作与时俱进的创新。在这方面实话实说，要探讨这个问题，又有一个过去有过的，说起来有点压力的说法：那么你这套分析听起来是不是“趋同论”，不讲“姓社姓资”，就讲资本市场股份制标准化了以后，有这么大的包容性，成了一种趋同？我个人认为，不要把趋同论弄成一个政治帽子，如从社会发展的过程来说，文明越发展越有某些趋同特征，现在我们从全球化背景来看，习总书记已经提出的“人类命运共同体”的趋向，这里面不就是承认这种文明上升过程中有趋同的共性吗？这里面的趋同，绝对不应成为不能讨论的问题。所以，这个所谓第二个角度的解放思想，我认为就是一定要清醒地认识，马克思主义本质上是在与时俱进的科学探索中动态发展的思想体系。党中央所重视和强调的“马克思主义的中国化”，也就是要在中国的实践中间坚持和发展马克思主义，而且今后还要不断发展。如果我们不能与时俱进地坚持和发展马克思主义科学真理，那我们是不配称作“合格的马克思主义者”的。

第二篇　改革创新

经济困境中诞生　改革开放中壮大
新时代开启高质量发展

——改革开放40年以来中国民营企业发展历程回顾与展望

洪　崎

1978年，党的十一届三中全会胜利召开，改革开放政策一扫过去30年的阴霾，如春风般吹过中华大地的每一个角落，全国上下只争朝夕，奋力进取的热情和干劲儿瞬间爆发，濒临崩溃的经济焕发出勃勃生机。在此背景下，民营企业顺势而生。改革开放40年来，从被打击、默许、承认到被鼓励，民营企业经历了从无到有、从小到大、从弱到强，从国内到全球的成长过程，在国民经济中的地位日益增强。党的十九大报告指出，中国特色社会主义进入了新时代，并重申“两个毫不动摇”，为民营经济持续健康发展指明了方向，标志着中国民营经济进入新的历史阶段。站在新的历史起点上，民营企业应强练内功补短板致力于成为百年老店，主动融入国家发展战略抢抓发展机遇，政府部门应进一步改善制度供给并优化营商环境降低民营企业生产经营成本，金融部门需加快探索破解融资难、融资贵的解决方案。

一、回顾过去：中国民营企业历经40年曲折发展道路

（一）在经济困境中诞生，在探索中前行（1978～1991年）

新中国成立后，在较短的时间内消灭了私有制，建立了公有制经济，中国经济社会先后经历“大跃进”“三年自然灾害”“文化大革命”等巨大变动，经过30年艰苦的社会主义探索，中国经济走到了濒临崩溃的边缘。一方面是国有经济覆盖着人民生活的方方面面；另一方面又是物资极其短缺，经济缺乏活力，社会环境沉闷。刚刚从十年浩劫中摆脱出来的中国，亟须寻找一个突破口。以个体工商户、私营企业为代表的民营企业就在这样的时代背景下走上了历史舞台。

1. 民营企业应运而生：党的十一届三中全会开启中国民营经济时代

（1）经济社会面临的现实困境，为民营企业破壳而出提供了条件。1958～1978年长达20年时间内，由于各种原因，中国经济长期处于停滞和徘徊状态，国

家经济和人民生活没有得到多大发展和提高。随着十年浩劫的结束，在城市地区，全国有 1 000 多万知识青年陆续返城，加之每年几百万毕业生也不能充分就业，由于政府机关、国有企事业单位岗位有限，就业安置成为首要的社会问题。为解决城镇就业压力，国家允许一部分有正式城镇户口的闲散劳动力从事修理、服务等手工业个体劳动，迫于生计，返城知识青年只能依靠摆地摊解决温饱问题。在农村地区，安徽小岗村的十几位村民冒着巨大的风险开始探索以包产到户解决粮食产量进而解决吃饭问题。政府在态度上默认了这些现象的存在，在处理方式上采取了较为温和的方式，并未对其进行禁止，而这正为中国民营企业的萌发提供了机会。

（2）改革开放政策的大幕拉开，为民营企业生根发芽提供了土壤。1978 年，党的十一届三中全会胜利召开，拉开了中国改革开放的序幕。国家开始承认私有经济的合法性，开启了中国民营经济发展时代。民营企业开始在夹缝中生存，在国有经济的缝隙中寻找机会。在城市地区，1979 年 2 月，中共中央、国务院批转了第一个关于发展个体经济的报告，允许“各地可根据市场需要，在取得有关业务主管部门同意后，批准一些有正式户口的闲散劳动力从事修理、服务和手工业等个体劳动”，城市地区的个体工商户应运而生。而在农村地区，1978 年后，家庭联产承包责任制在全国广泛推广，大大激发了农民的生产积极性，农业产量大幅提升，农民收入和储蓄开始增加。农村富余劳动力从农业中分离出来，开始从事个体生产和经营，主要是农副产品加工和城镇小手工业，管理比较粗放，以家庭小作坊生产为主，农村地区的私营经济开始以个体户的形式出现，并催生了大量乡镇企业的崛起。1980 年前后，第一批个体工商户合法获得营业执照，1981 年 7 月，国家首次承认个体创业者存在的合法性，今天我们很多知名民营企业家就是从中脱颖而出的。

2. 民营企业规模解锁：打破雇工数量限制推动民营企业历史性发展

（1）受制于理论认识上的不足，民营企业雇工规模难以突破。起初，民营企业的雇工人数一直是个颇具争议的严肃问题，因为在《资本论》中，马克思认为“雇工到了八个人就不是普通的个体经济，而是资本主义经济，是剥削”。马克思仅是举个例子而已，但却被一些教条的马克思主义者奉为金科玉律。在中国当时的历史环境下，雇工是否超过 7 个人是判断一个企业是否具有剥削性质的重要标准。在民营企业（个体工商户）兴起之时，我国社会各界均对其数量规模产生较大争议。由于历史局限性和认识上的不足，大多数个体工商户规模较小，相对分散，雇工人数也受到限制，一般在 7 人以下。20 世纪 80 年代后，随着个体经济的发展，不断地突破国家规定的雇工人数的限额，超过雇工 7 个人的个体工商大户即私营企业也日渐增多，部分国有企业中的“能人”开始通过承包国有企业积累资产，逐渐发展成为私营企业。

（2）受益于官方冷静对待态度，民营企业发展规模的限制逐步解除。1982 年党的十二大提出“坚持国有经济为主导和发展多种经济形式”。同年，我国进行了改革开放后第一次宪法修改，《中华人民共和国宪法》第十一条明确提出“在法律规定范围内的城乡劳动者个体经济，是社会主义公有制经济的补充。国家保护个体经济的合法的权利和利益。国家通过行政管理，指导、帮助和监督个体经济”。官方开始放松对民营企业的严格管制。民营企业开始从地下转向地上，且数量快速增加。

1983 年 1 月 2 日，党中央在印发《当前农村经济政策的若干问题》的通知（以下简称 1983 年中央 1 号文件）中指出：“农村个体工商户和种养业的能手，请帮手、带徒弟，可参照《国务院关于城镇非农业个体经济若干政策性规定》执行。对超过上述规定雇请较多帮工的，不宜提倡，不要公开宣传，也不要急于取缔（‘三不原则’），而应因势利导，使之向不同形式的合作经济发展。农村个体商业和各种服务业，经营灵活，方便群众，应适当加以发展，并给予必要的扶持。农民个人或合伙人进行长途贩运，也应当允许”。邓小平对雇工的态度是：看一看，不要动他们，允许一部分人先富起来。1983 年 1 月 12 日，邓小平在谈话中说：“有个别雇工超过了国务院的规定，这冲击不了社会主义。只要方向正确，头脑清醒，这个问题容易解决，十年、八年以后解决也来得及，没什么危险。”① “三不原则”和邓小平的这一态度为民营企业，即当时的私营企业发展留下了一线生机，从而推动了民营企业的历史性发展。

1984 年 1 月 1 日，中共中央发布《关于 1984 年农村工作的通知》，该文件指出，对当前雇请工人超过法定人数的企业，可以不按照资本主义的雇工经营看待。这实质是对雇工经营的肯定，同时是为私营企业扩大规模创造了政策环境。但对于雇工数量的争论并未就此的销声匿迹，直到 1987 年中央五号文件发布，去掉了对雇工数量的限制，官方的态度使得这一争论得以休止。该文件将 1983 年提出的对待私营企业的“三不”原则调整为十六字方针，即允许存在，加强管理，兴利抑弊，逐步引导，并明确指出：“在社会主义初级阶段，在商品经济发展中，在一个较长时期内，个体经济和少量私人企业的存在是不可避免的。”1987 年，党的十三大提出要在公有制为主体的前提下，继续发展多种所有制经济，强调私营经济是公有制经济必要的、有益的补充，民营企业得到了官方的鼓励。1988 年 6 月，国务院颁布了《私营企业暂行条例》，对私营企业的性质做了规定：“私营企业是指企业资产属于私人所有、雇工在八人以上的营利性经济组织。”1988 年 4 月，全国人大七届一次会议通过宪法修正案，宪法第十一条增加规定：“国家允许私营经济在法律规定的范围内存在和发展。私营经济是社会主义公有制经济的补充。国家保护私营经济的合法的权利和利益，对私营经济实行引导、监督和管理”，从法律上确立了民营企业的地位。

但在接下来的 1989～1991 年中，由于政治等因素，个体工商户、私营企业等

① 《邓小平文选》（第三卷），人民出版社 1993 年版，第 252 页。

民营企业发展迅速降温，增长较为缓慢。有数据显示，1989 年中国共有 90 581 户私营企业登记注册，164 万从业人员，户均 18 人；1991 年底，中国共有私营企业为 10.8 万户，183.94 万从业人员万人，户均为 17 人。①

（二）在市场浪潮中成长，在改制中壮大（1992～2002 年）

经过 14 年的探索，实践证明，民营企业的发展不仅没有破坏社会主义市场秩序，而且在弥补国有企业不足、丰富市场产品、提高市场活力等方面发挥了重要作用。党的十四大确立了社会主义市场经济道路，党的十五大将“以公有制为主体，多种所有制经济成分共同发展”作为一项基本经济制度确立下来，民营企业的地位得以确立，以惊人的速度快速发展。可以说，这十年是民营企业的黄金十年。

1. 市场经济制度确立，“下海潮”促民营企业蓬勃发展

（1）邓小平南方谈话，民营企业发展进入新的阶段。1992 年，邓小平针对全国大量出现的个体工商户、私营企业等民营企业姓“资”姓“社”问题，明确提出三个有利于标准，即是否有利于发展社会主义的生产力；是否有利于增强社会主义国家的综合国力；是否有利于提高人民的生活水平，确立了我国市场经济的目标模式，给私营企业家和个体户吃了一颗“定心丸”，推动民营企业进入新的发展阶段。

（2）市场经济制度确立，民营企业的作用获官方肯定。1992 年，党的十四大召开，确立了走社会主义市场经济道路，确定了“以公有制为主体，个体经济、私营经济、外资经济为补充，多种经济成分长期共同发展”的方针。1997 年党的十五大第一次明确提出将“以公有制为主体，多种所有制经济成分共同发展”作为社会主义初级阶段的一项基本经济制度确立下来，并提出非公有制经济是社会主义市场经济的重要组成部分，对满足人们多样化的需要，增加就业，促进国民经济的发展有重要作用。民营企业的作用再次受到官方的肯定，民营企业发展的政治环境变得更加宽松，政策环境、舆论环境等也开始更加积极有作为，个体工商户、私营企业等中国民营企业抓住了这一良好发展窗口期，异军突起，快速发展。

（3）全国创业激情高涨，“下海潮”促民营企业蓬勃发展。在改革开放和市场经济的大浪潮下，全国上下创业激情高涨，迅速掀起一股“下海潮”，大量机关干部（公务员）、科研人员、国有企业员工、海归等跳出体制，纷纷“下海”辞职创办企业，形成我国改革开放后的新一轮创业潮。人力资源和社会保障部曾做过统计，1992 年辞职“下海”者超过 12 万人，投身商海（停薪留职、兼职）的人超过 1 000 万人。许多体制内的人“下海”创业，许多大学生也把创业作为自己毕业后的梦想。创业成为 20 世纪 90 年代的鲜明烙印，由此也大大推动了民营企业的蓬勃发展。许多民营企业大佬就诞生于这个阶段，并成为今天引领行业发展、名扬全

---

① 张厚义、明立志：《中国私营企业发展报告（1999）》，社会科学文献出版社 2000 年版。

球的大型民营企业集团，为中国经济发展做出了重要贡献，也为民营经济发展创新提供了现实素材。

2. 国企改革拉开帷幕，助力民营企业迅速发展壮大

（1）国企大面积亏损，抓大放小为民营企业提供了历史机遇。20 世纪 90 年代中后期，中国已摆脱短缺经济，由于市场经济建设热情高涨和现代企业经营自主权扩大，全国掀起了投资扩产高潮，导致出现严重的产能过剩，国有企业出现大面积亏损，适逢 1997 年亚洲金融危机的冲击，国有企业发展到了举步维艰的地步。1997 年，党的十五大对国有经济提出“抓大放小”“从战略上调整国有经济布局”的方针。1998 年，中央政府明确提出了“从战略上调整国有经济布局和改组国有企业”“有进有退”“抓大放小”等政策措施。国有企业从一般竞争性领域退出并集中在能源、电信、铁路等垄断行业。接下来的三年中，大量国有企业改制，产权开始流转，国有企业中的管理者、技术骨干力量开始接手企业运营，国退民进使得私营企业迎来历史性发展大机遇。1999 年 3 月，全国人大九届二次会议通过宪法修正案，《中华人民共和国宪法》第六条提出，国家在社会主义初级阶段，坚持公有制为主体、多种所有制经济共同发展的基本经济制度，坚持按劳分配为主体、多种分配方式并存的分配制度。第十一条修改为：“在法律规定范围内的个体经济、私营经济等非公有制经济，是社会主义市场经济的重要组成部分。”“国家保护个体经济、私营经济的合法的权利和利益。国家对个体经济、私营经济实行引导、监督和管理。”

（2）国企数量减四成，民营企业在各行各业中崭露头角。据统计，在 1998 ~ 2000 年 3 年中，国有企业数目减少了 42%，下岗分流人数高达 3 000 多万人，催生了大量民营企业。房地产、钢铁、水泥、化工、装饰材料等行业中出现了众多民营企业的身影。据 2002 年一份《中国私营企业调查报告》显示，在过去的 4 年里，有 25.7% 的被调查私营企业是由国有和集体“改制”而来；“改制”前是国有企业的占 25.3%，是乡镇集体企业的占 74.7%；有 60.6% 的企业主是原来企业的负责人。1991 ~ 2001 年，私营企业由 10.8 万户增至 202.85 万户，年均增长 19.205 万户，年均增速 34.08%。同期，注册资金大幅增长，其总额由 123.17 万元增至 18 212 万元，户均资本金由 11.4 万元增至 89.78 万元，分别增长 147.86 倍和 7.88 倍，年均增速分别为 64.81% 和 22.93%。私营企业的税收年均增长 80.33%，成为各种经济成分中最具活力、发展最快的部分。①

此阶段民营企业开始从轻工业向重工业进军，主要特征是追求规模效应，大中型民营企业出现，企业集团开始形成，企业的质量意识、品牌意识逐步增强。

3. 互联网经济悄来袭，一批世界级民营企业显身影

20 世纪 90 年代中后期，发端于美国的互联网开始在中国广泛应用。1994 ~

① 单爱玲：《浅析政府对策视角中的民营企业发展问题》，载于《内蒙古科技与经济》2017 年第 1 期。

2000 年中国掀起第一次互联网创业发展大潮，互联网经济快速走进经济社会的方方面面，并成为创业的热门领域，雅虎、网易、搜狐、新浪、百度、阿里巴巴等一批民营企业诞生，2000 年 4 月 13 日，新浪网宣布首次公开发行股票，第一只真正来自中国大陆的网络股登上纳斯达克。经过近 20 年的发展，这些公司成长为引领中国甚至全球互联网经济发展的龙头，孕育了一批以阿里巴巴为代表的世界级独角兽民营企业，越来越多的人投入互联网的创业之中，互联网经济的飞速发展为中国经济弯道超车奠定了基础。

（三）在全球化中拼搏，在竞争中强壮（2002～2012 年）

2002 年，党的十六大充分肯定了民营企业家对社会主义事业的贡献，认为个体户、私营企业主等社会阶层，都是中国特色社会主义事业的建设者。适逢中国加入 WTO 的历史机遇，中国融入全球化的进程加快，国家支持民营企业发展的政策大幅度放宽，民营企业进行对外投资、贸易的不平等待遇逐步取消，民营企业开始在国际舞台上大显身手，积极融入全球产业链，参与国际竞争，综合实力在竞争中大大增强。

1. 政策环境大幅度宽松，民营企业实现大发展

（1）“毫不动摇”首次现身党报告，民营企业地位再次变牢固。2002 年党的十六大首次提出“毫不动摇地鼓励、支持和引导非公有制经济发展”，进一步巩固了民营企业的地位，民营企业家党代表首次亮相十六大，民营企业家的政治地位获得社会各界认可。2003 年党的十六届三中全会审议通过了《中共中央关于完善社会主义市场经济体制若干问题的决定》。2004 年，全国人大通过宪法修正案，《宪法》第十一条修改为：“国家保护个体经济、私营经济等非公有制经济的合法的权利和利益。国家鼓励、支持和引导非公有制经济的发展，并对非公有制经济依法实行监督和管理。”2007 年 3 月，全国人大通过了《中华人民共和国物权法》，提出平等保护国家、集体和私人的物权，让民营企业发展成果有了法律保障。

（2）新旧“36 条”相继出台促发展，民营企业发展环境大幅宽松。2005 年、2010 年，国务院相继发布《关于鼓励支持和引导个体私营等非公有制经济发展的若干意见》（简称“非公经济 36 条”或“旧 36 条”）和《关于鼓励和引导民间投资健康发展的若干意见》（简称“民间投资 36 条”或“新 36 条”），阻碍民营企业发展的法律法规和政策得到清理和修订，市场准入条件放宽，基础设施等 18 个行业向民营企业开放，公平竞争、平等进入的市场环境得到较大改善，民营企业投融资、税收、土地使用等政策陆续提出。2004 年、2006 年、2009 年分别成立中小企业板、新三板、创业板，民营企业融资渠道进一步拓宽。

这一系列重大政策和事件推动了民营企业大发展，并促使中国成为“世界工厂”。2002～2012 年，私营企业数量继续快速增长，由 263.83 万户增至 1 085.72 万户，年均增长 82.19 万户。注册资本金总额由 2.48 万亿元增至 31.1 万亿元，户

均资本金由 94 万元增至 286.45 万元，分别增长 12.54 倍和 3.05 倍，年均增速分别为 28.77% 和 11.79%。与上个十年相比，民营企业增速明显放缓。

2. 积极融入全球化进程，民营企业竞争力大增

加入 WTO 使得中国更加快速地融入全球化进程，为中国民营企业参与全球化进程、参与国际竞争，在国际竞争中发展壮大提供了机会。2002 年党的十六大以后，中国企业"走出去"的进程加快，与此同时，民营企业经济实力大大增强，大型民营企业、企业集团数量大幅增加，在境内外上市的数量增多，并且开始注重利用国际国内"两个市场、两种资源"，从国内向国际发展，国际化程度大大提高，"走出去"投资、并购的行为日益增多。以 2010 年数据为例，《2011 中国对外贸易 500 强企业研究报告》的统计数据显示，2001 年，500 家进出口额最大的企业当中，民营企业只有 5 家，到 2010 年就增加至 44 家。贸易额方面，2010 年进出口企业 500 强中民营企业的进出口总额为 560.57 亿美元，占 500 强进出口总额的 4.93%，比 2001 年增加量 4.07 个百分点。全国工商联数据显示，2010 年，民营企业 500 强中累计共有 137 家企业开展了海外投资，投资企业和项目 592 个，海外投资额达 61.77 亿美元，比 2009 年增长 174%，2010 年民营企业 500 强兼并收购海外企业的事件明显增多。系列数据充分说明中国民营企业不仅在规模上不断增大，且在竞争力上也不断增强。

3. 遭全球金融危机冲击，民营企业艰难寻突围

2008 年全球金融危机的影响还未完全消退，中央 4 万亿资金的强力投入，使中国经济与世界经济下行的现象产生背离，呈现出"风景这边独好"的局面，但 4 万亿大部分流向了国有企业，民营企业则难以分得一杯羹。由于外部出口需求锐减，国内需求萎靡，人民币汇率快速升值，受到金融危机冲击的民营企业，特别是外向型民营企业经营举步维艰，广东、浙江等省大量靠外贸加工发家的劳动密集型民营企业大量倒闭，民营企业家跑路事件频繁发生。根据国家发展和改革委员会公布的信息，仅 2008 年上半年，中国有 6.7 万家中小企业倒闭，其中多数为劳动密集型出口加工企业。在社会质疑声中，民营企业开始寻求转型升级，通过增加研发投入，增强自主创新能力，从劳动密集型向技术密集型转变，提高市场竞争力。

（四）在新常态中谋变，在涅槃中重生（2013～2017 年）

2012 年，后金融危机时代，适逢中国经济进入新常态，GDP 增速开始回落，告别过去 30 多年均速 10% 的高速增长，转为中高速增长，中国经济增长从要素驱动、投资驱动转向创新驱动。在此背景下，党的十八大召开，党的十八大、十八届三中全会均提出要"毫不动摇鼓励、支持、引导非公有制经济发展"，史无前例地用"重要支柱""根基""重要组成部分""重要基础"等词汇强调非公有制经济的作用。民营企业在国民经济中的地位更加巩固，增强了发展信心。民营企业在经济新常态背景下积极谋变，进一步深入转型升级，向产业链高端迈进。

1. 党的政策再放“定心丸”，民营企业发展信心大大增强

如果说1978年党的十一届三中全会为民营企业生存打开了一小扇窗，那么35年后党的十八大则为民营企业发展敞开了一大扇门。如果说1992年党的十四大确立走市场经济道路为民营企业吃了一颗“定心丸”，那么20年后党的十八届三中全会全面深化改革的决定则又为民营企业吃了一颗“定心丸”，消除了民营企业发展的忧虑和后顾之忧。2012年党的十八大提出要“毫不动摇鼓励、支持、引导非公有制经济发展”。2013年党的十八届三中全会审议通过的《中共中央关于全面深化改革若干重大问题的决定》指出，公有制主体、多种所有制经济共同发展的基本制度是中国特色社会主义制度的重要支柱，也是社会主义市场经济体制的根基。公有制经济和非公有制经济都是社会主义市场经济的重要组成部分，都是我国经济社会发展的重要基础。必须毫不动摇鼓励、支持、引导非公有制经济发展，激发非公有制经济活力和创造力。党的十八届三中全会还特别强调“公有制经济财产权不可侵犯，非公有制经济财产权同样不可侵犯”，并进一步指出保证各种所有制经济依法平等使用生产要素，公开、公平、公正地参与市场竞争，同等受到法律保护。民营企业在国民经济中的地位更加巩固，民营企业及民营企业家的私有财产更有保障，大大增强了发展信心。

2. 全方位改革号角吹响，民营企业发展环境不断改善

党的十八届三中全会拉开了全面深化改革的序幕，中国进入以经济体制改革为重点的全方位改革时代，民营企业发展外部环境史无前例受到国家重视，中央及地方政府在财税、投融资体制、市场准入、信贷政策、支持中小企业及小微企业、产权保护等多方面出台政策，优化、改善营商环境，鼓励民营企业发展。

2014年国务院提出“大众创业　万众创新”，推出“简政放权”“放管服”等行政审批制度改革；“证照分离”“三证合一”[①]“五证合一”[②]等商事制度改革；2015年以来国务院、中央全面深化改革领导小组先后8次召开会议，讨论优化营商环境问题；2016年3月，习近平总书记提出要构建新型政商关系，即亲清政商关系；2016年7月，中共中央、国务院发布《关于深化投融资体制改革的意见》，12月，在2013年和2014年连续两年修订《政府核准的投资项目目录》的基础上，国务院发布新版投资项目目录，放宽民营企业相关领域准入；放开民营资本进入金融领域的限制，先后审批成立17家民营银行，着力解决民营企业融资难、融资贵问题；各地成立政策性担保公司，为民营企业提供担保，中央及地方政府层面，设立专项基金支持民营企业发展；全面推行“营改增”，降低企业税费，提高小微企业应纳所得税额；实行统一的市场准入制度，消除隐性壁垒，打破“玻璃门”“弹簧门”“旋转门”，制定市场准入负面清单；推进混合所有制改革，鼓励民营企业

① “三证合一”指工商营业执照、组织机构代码证和税务登记证合为一证。

② “五证合一”指营业执照、组织机构代码证、税务登记证、社会保险登记证和统计登记证合为一证。

参股国有企业；2017 年 9 月 1 日，修订通过《中华人民共和国中小企业促进法》进一步明确了对中小企业在财税、融资、权益保护等方面的法律规定。

在上述政策的鼓励下，民营企业的投资领域进一步放宽，享受的优惠政策逐渐增多，平等待遇逐步落实，在“创业创新”、行政审批改革、商事制度改革等的直接刺激下，民间投资热情和创业热情大量释放，民营企业数量急剧增加，极大地丰富了市场主体的多元性。

3. 供给侧改革中谋升级，民营企业涅槃中重生又一春

（1）民营企业生存压力不断加大，转型升级迫在眉睫。中国民营企业大多集中在传统产业，处于产业链的中低端，受到 2008 年国际金融危机和国内经济下行压力影响，民营企业，特别是民营中小企业普遍面临劳动力成本上升、原材料价格上涨、融资成本上升、盈利水平下降等问题，生存与发展的压力不断加大。2010～2016 年民营企业盈利能力持续下降，销售净利率、资产净利率、净资产收益率等均连续下滑。数据显示，2012 年民营企业 500 强的净利润增长率为 -3.39%。转型升级成为民营企业生存发展的必由之路。2012 年，中国进入经济新常态，面对国内外严峻复杂的经济形势，2015 年中央经济工作会议提出今后一段时间要以供给侧结构性改革为主线，民营企业通过加强技术创新、管理创新、产品创新、商业模式创新、品牌建设等提高全要素生产率，加快了转型升级步伐，呈现出从产业链中低端向高端迈进，从传统产业向新兴产业调整的趋势。

（2）民营企业大量进入新兴产业，多元布局步伐加快。2012～2017 年，节能环保产业、新材料、新能源产业、新一代信息技术产业、高端装备制造业、生物产业、新能源汽车产业成为民营企业投资的重点领域，民营企业进入数量大幅增长。民营企业加大了在现代物流业、金融服务业、融资租赁、电子商务等新兴生产性服务业方面的布局，如京东集团在第三方物流配送、金融等方面持续发力，腾讯、阿里巴巴在第三方支付占据市场主导地位并向金融其他产业进军，小米公司、京东集团、新希望集团等联合成立新网银行。2015 年以来，民营企业进入银行业的步伐加快，两年来，共有 17 家民营银行开业运营。全国工商联调查数据显示，2016 年有 46.8% 的民营 500 强主动转型升级化解过剩产能；有 71.8% 的民营企业 500 强的库存规模保持合理水平；有 66.2% 的民营企业 500 强企业主动采取措施降低企业杠杆率或使杠杆率保持合理水平。金融租赁、新能源、通信设备制造等新兴经济领域的民营企业市场竞争力不断增强，已经成为最有活力的经济类型。

（3）民营企业创新能力渐提升，涅槃重生又逢一春。通过转型升级，民营企业自主创新意识大大增强，自主创新能力逐渐提高，民营企业正在新一轮转型升级中涅槃重生。以民营企业 500 强为例，2013～2016 年，民营企业研发投入力度持续加强，研发人员占比超过 3% 的企业数量由 267 家上升至 313 家，占企业比由 53.40% 上升至 62.60%，每年平均增长 3 个百分点左右；研发强度超过 1% 的企业占比在 35% 左右；关键技术来源于自主开发与研究的民营企业占比由 2013 年的 76.20% 提升至

2016 年的 78.80%；2016 年国内专利申请数量较 2013 年增长 55.65%，国际专利申请数量较 2013 年增长 80.56%。2016 年 3.4 万户年纳税 1 000 万元以上的重点税源制造业企业中的民营制造企业研发费用占制造业研发费用总额的比重达 43.50%，同比提高 5.8 个百分点，为民营制造业持续快速发展提供了强劲动力，如表 1 所示。在欧盟委员会发布的"2016 全球企业研发投入排行榜"中，华为超过苹果公司，以 83.58 亿欧元的研发费用高居第八位，中国的百度、联想、腾讯和美的等企业都榜上有名。

表 1　2013～2016 年中国民营企业 500 强研发人员占比及研发强度情况

占比结构	研发人员占比				研发强度			
	2013 年企业数	2014 年企业数	2015 年企业数	2016 年企业数	2013 年企业数	2014 年企业数	2015 年企业数	2016 年企业数
≥10%	144	142	163	177	5	3	2	4
[3%，10%)	123	125	136	136	52	59	61	70
[1% -3%)	55	46	61	67	109	103	115	96
(1%，0]	20	21	50	24	206	215	221	224
合计	342	334	410	404	372	380	399	394

资料来源：《中国民营企业 500 强调研分析报告》（2016 年、2017 年），中国民生银行研究院。

二、笑看今朝：中国民营企业风雨兼程 40 年成就辉煌

改革开放 40 年来，中国民营企业经历了从无到有、从小到大、从弱到强、从国内到全球的成长过程。40 年来，中国涌现了一批实力雄厚、竞争力强的民营企业，培育了一批具有企业家精神的民营企业家。民营企业在吸纳就业、创造税收、对外投资贸易、促进经济发展等方面发挥着重要作用。民营企业已成为市场经济中最富活力、最具潜力、最具创造力的市场主体，是中国经济发展的重要支柱和根基。

（一）民营企业已成为中国市场主体生力军，经济实力大幅增强

1. 四次创业潮催生大量民营企业

改革开放 40 年来，中国经历了四次创业潮，即 20 世纪 80 年代中期改革开放创业潮、20 世纪 90 年代初期"下海"创业潮、21 世纪初期互联网创业潮、2014 年以来创新创业潮，每次创业潮均催生了大量民营企业。民营企业从改革开放初期的 10 万家左右发展至私营企业 2 607.29 万家（截至 2017 年 9 月底），个体工商户 6 579.4 万户（截至 2017 年底），民营企业数量占市场主体数量的比重在 95%，占企业数量的 89.7%（截至 2017 年 9 月底）。

特别是党的十八大以来，民营企业发展迅速，2014 年中国开启商事制度改革，在全国全面推行注册资本登记制度改革，多证合一、一照一码改革、证照分离、企

业注册全程电子化，企业登记门槛大幅降低，企业注册便利化程度大幅提高。2015年中国大力打造“大众创业，万众创新”为经济发展新引擎，在创新体制机制、优化财税政策、产权制度等领域出台了多项政策措施，民营企业得到快速发展。据国家市场监督管理总局统计，2014 年全国平均每天新登记企业 1.06 万家，2015 年全国平均每天新登记企业 1.20 万家，2016 年全国平均每天新登记企业 1.51 万家，2017 年这一数据达 1.66 万家，民营企业数量每年以 20% 以上的增速增长，在新登记的企业中，96% 以上属于民营企业。据统计，我国 A 股上市民营企业数量占比已接近 60%，创业板 90% 是民营企业，中小板 80% 是民营企业，如图 1 ~ 图 4 所示。

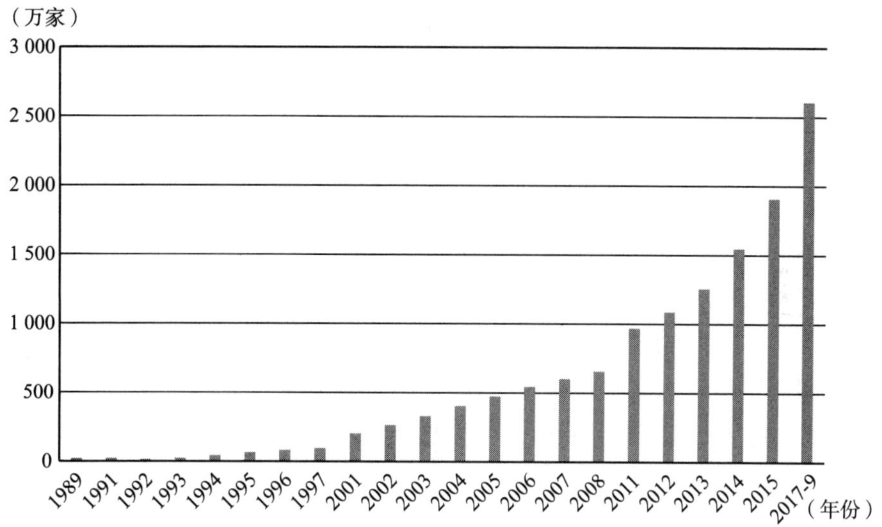

图 1　私营企业注册数量

资料来源：Wind，国家市场监督管理总局，相关年份经济年鉴，中国民生银行研究院。

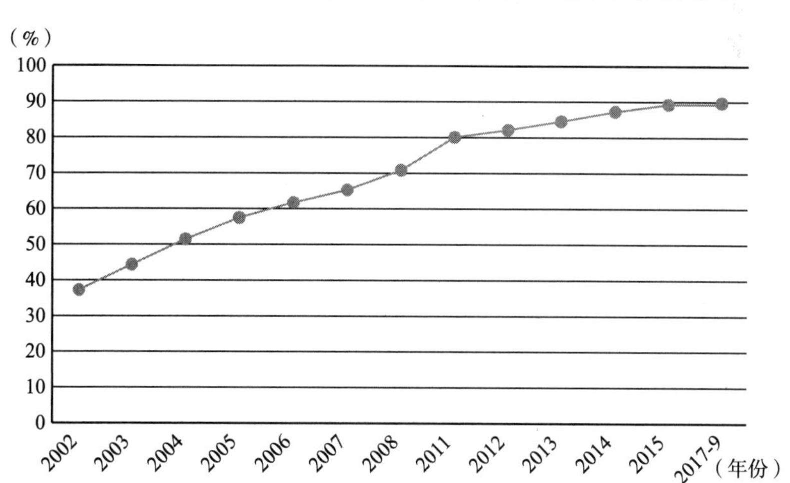

图 2　私营企业占内资企业数量比例

资料来源：Wind，国家市场监督管理总局，中国民生银行研究院。

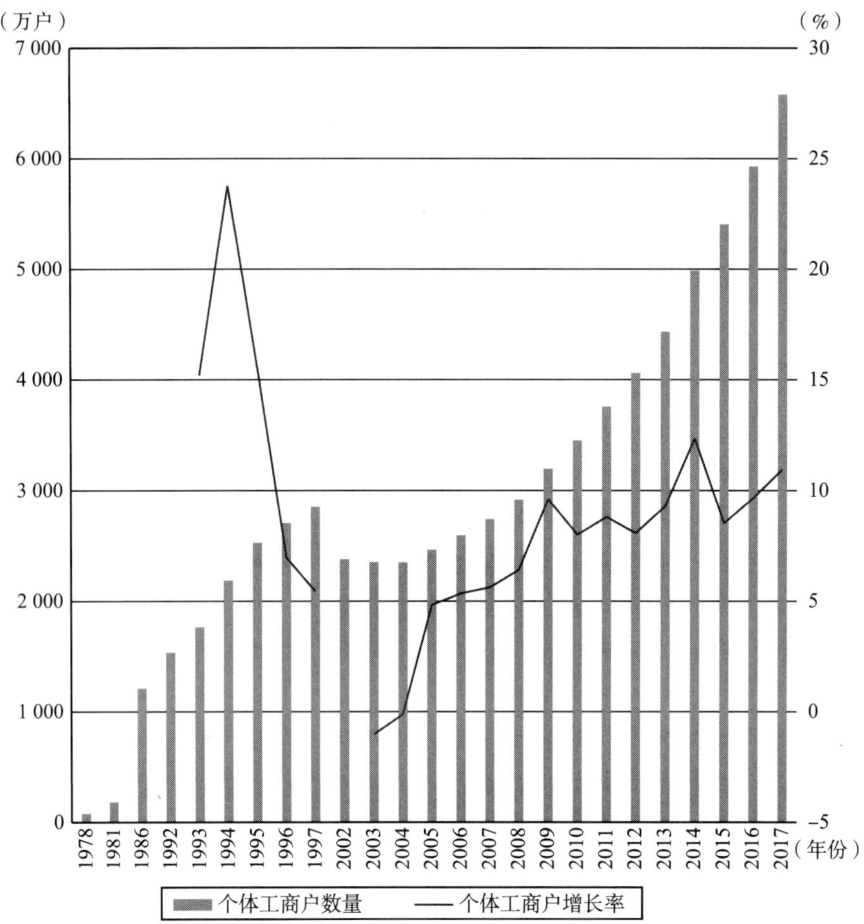

图 3　个体工商户数量及增长率

资料来源：Wind，国家市场监督管理总局，中国民生银行研究院。

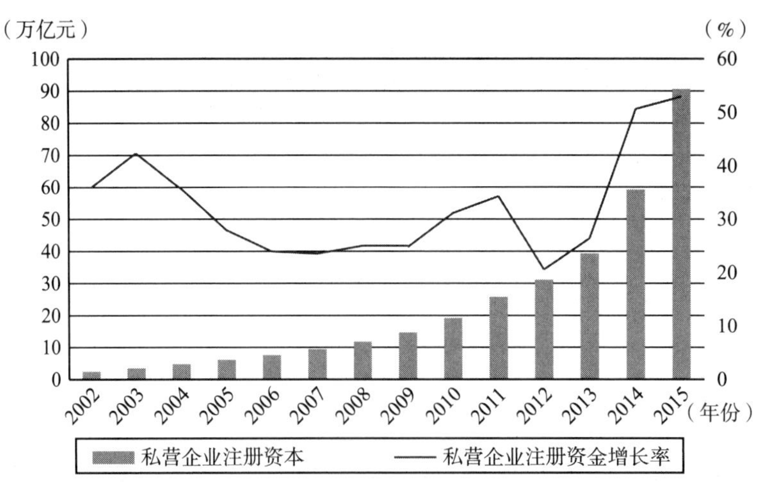

图 4　私营企业注册资本额、年增长率及户均注册资本

资料来源：Wind，中国民生银行研究院。

2. 民营企业注册资本大幅度提高

私营企业注册资金（资本）从 2002 年的 2.48 万亿元增长至 2015 年的 90.55 万亿元，增长了 35.51 倍。2012 年后，私营企业注册资金增长率快速升高，特别是 2014 年，在“大众创新，万众创业”及商事制度改革的刺激下，私营企业的注册资金增长率高达 50.62%。户均注册资金从 2002 年的 94.00 万元增长至 2015 年的 474.52 万元，增长了 4 倍左右，且始终保持上升态势。个体企业资金总额从 0.38 万亿元增长至 2015 年的 3.70 万亿元，增长了 8.73 倍，户均资金额由 2002 年的 1.60 万元，增长至 2015 年的 6.84 万元，增长了 3.3 倍，如图 5 ~ 图 7、表 2 所示。

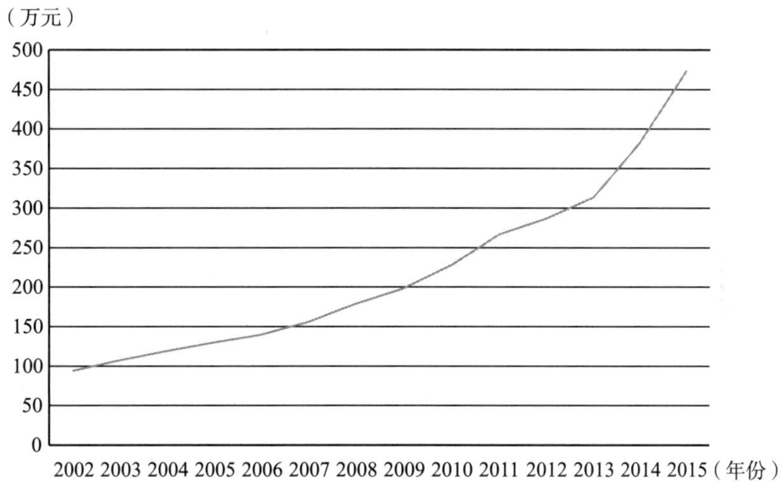

图 5 私营企业户均注册资本额

资料来源：Wind，中国民生银行研究院。

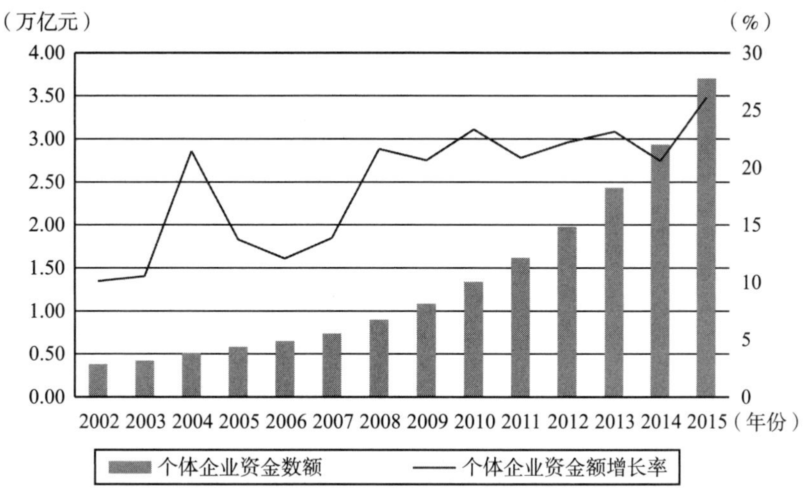

图 6 个体工商户资金额、年增长率

资料来源：Wind，中国民生银行研究院。

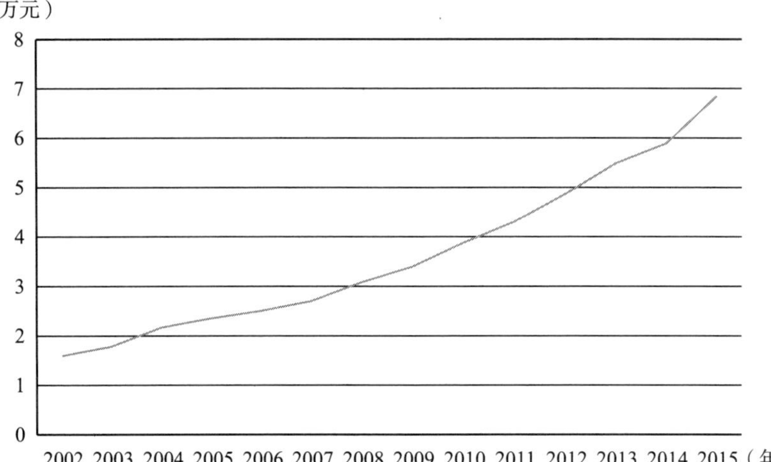

图7　个体工商户户均资金额

资料来源：Wind，中国民生银行研究院。

表2　中国民营企业注册资本（资金）情况

年份	私营企业				个体企业			
	户数（万户）	注册资金（万亿元）	户均注册资金（万元）	注册资金增长率（%）	户数（万户）	资金数额（万亿元）	户均资金（万元）	资金额增长率（%）
2002	263.83	2.48	94.00	35.9	2 377.5	0.38	1.60	10.10
2003	328.72	3.53	107.39	42.34	2 353.2	0.42	1.78	10.53
2004	402.41	4.79	119.03	35.69	2 350.5	0.51	2.17	21.43
2005	471.95	6.13	129.89	27.97	2 463.9	0.58	2.35	13.73
2006	544.14	7.60	139.67	23.98	2 595.6	0.65	2.50	12.07
2007	603.05	9.39	155.71	23.55	2 741.5	0.74	2.70	13.85
2008	657.42	11.74	178.58	25.03	2 917.3	0.90	3.09	21.62
2009	740.15	14.65	197.93	24.79	3 197.4	1.09	3.40	20.63
2010	845.52	19.21	227.20	31.13	3 452.89	1.34	3.88	23.31
2011	967.68	25.79	266.51	34.25	3 756.47	1.62	4.31	20.84
2012	1 085.72	31.10	286.45	20.59	4 059.27	1.98	4.87	22.19
2013	1 253.86	39.31	313.51	26.40	4 436.29	2.43	5.49	23.12
2014	1 546.37	59.21	382.90	50.62	4 984.06	2.93	5.89	20.57
2015	1 908.23	90.55	474.52	52.93	5 407.92	3.70	6.84	26.09

注："户数"单位为万户，"注册资金""资金数额"单位为亿元，"户均注册资金""户均资金额"单位为万元。

资料来源：Wind，中国民生银行研究院。

（二）民营企业已成为国民经济的重要支柱，支撑作用日益牢固

改革开放 40 年来，民营企业在吸纳就业、创造税收、对外投资贸易、促进经济发展等方面发挥着重要作用。经过 40 年的快速发展，民营企业已成为国民经济的重要支柱。数据显示，民营企业对我国 GDP 贡献率高达 60% 以上，提供了 80% 的城镇就业岗位，吸纳了 70% 以上的农村转移劳动力，新增就业 90% 在民营企业，来自民营企业的税收占比超过 50%。[①]

1. 民营企业在经济增长中已占半壁江山

改革开放 40 年来，中国对民营企业的支持力度不断加大，党的十四大以来，包括民营企业在内的非公有制经济的发展步入快车道，民营企业创造的社会财富迅猛发展，民营经济创造的 GDP 占比已从改革开放初期的 1% 迅速发展为 60%，河南、浙江、辽宁、河北、福建等省份的民营经济产值超过 60%，甚至高达 70% 以上，民营企业对 GDP 增长的贡献率在 60% 左右，如表 3 所示。

表 3　部分地区民营经济占 GDP 比重及对 GDP 贡献率

省、市（自治区）、直辖市	民营经济 GDP（亿元）	占 GDP 比重（%）	对 GDP 贡献率（%）	备注
江苏	41 999.58	55.20	57.20	2016 年
广东	42 578.76	53.60	55.50	2016 年
贵州	7 176.64	53.00	70.00	2017 年
浙江	30 215.25	65.00	—	2016 年
辽宁	20 033.00	68.00	—	2015 年
黑龙江	7 564.70	53.10	66.00	2016 年*
吉林	7 651.52	51.40	—	2016 年
山东	34 258.60	51.10	45.90	2016 年
天津	8 579.87	48.00	58.90	2016 年
河北	21 583.10	67.80	71.50	2016 年
河南	26 300.00	64.90	66.40	2016 年
福建	19 192.65	67.30	73.20	2016 年
湖北	17 680.00	54.70	55.34	2016 年
安徽	13 907.50	57.70	61.80	2016 年
上海	7 314.65	25.90	20.19	2016 年

① 庄聪生：《十九大标志中国民营经济迎来新历史机遇进入新发展阶段》，载于《中国中小企业》2017 年第 11 期。

续表

省、市（自治区）、直辖市	民营经济 GDP（亿元）	占 GDP 比重（%）	对 GDP 贡献率（%）	备注
重庆	8 760.50	49.9	59.2	2016 年
湖南	18 739.90	60.0	65.6	2016 年*
四川	18 252.38	55.9	58.2	2016 年
江西	5 305.75	59.2	—	2017 年**
陕西	10 310.09	53.85	56.7	2016 年*
山西	6 231.10	48.2	93.2	2016 年
云南	6 967.80	46.9	52.9	2016 年
甘肃	3 372.46	47.6	71.3	2016 年
宁夏	1 392.58	47.8	68	2015 年
新疆	3 020.00	31.4	55.3	2016 年

注：* 表示非公有制经济数据；** 表示 2017 年上半年非公有制经济数据。
资料来源：各相关省、市（自治区）、直辖市统计局等政府部门网站，中国民生银行研究院。

2. 民营企业已经成为中国税收主要来源

从税收角度看，来自民营企业的税收占全国税收的 50% 以上（保守估计，有研究者认为在 60% 以上），超过来自国有企业的税收，成为中国主要的税收主体来源。部分民营经济发达的地区这一比重更高，接近 70%。如 2016 年天津市民营经济国税税收收入 721.8 亿元，增幅 44.3%，超出整体税收增幅 33 个百分点，大幅领先涉外、国有经济收入增幅，成为增长最快的经济类型。税收规模占全市税收收入的 40.1%，拉动全市税收增长 13.7 个百分点；山东省 2016 年来自民营企业的税收比重持续攀升，占全省税收的 68.3%。河北省民营企业税收占比 60.96%；2016 年，江西民营企业数量占国税管辖企业的 93%，民营经济税收占国税收入总额超六成，民营经济已经成为全省国税收入最重要的支柱；2016 年，湖南省非公有制经济实缴税金占全省实缴税金的 53.6%；2015 年江苏民营企业税收占全省税收比重接近 60%，安徽民营企业税收占全省税收比重为 68.2%，广东民营企业税收占全省税收的 47.3%。

国家税务总局数据显示，2016 年中国民营经济税收增长 5.5%，增速快于全国税收增长 0.7 个百分点。全国纳税 500 强企业中，民营企业税收增长幅度远超其他所有制类型的企业，说明民营企业正在成为经济转型发展的重要引擎，如表 4、表 5 所示。

表 4　　不同口径民营企业税收占比

计算口径	民营企业税收占比（%）	备注
广义民营企业	68.30	除国有及国有控股企业之外的企业
内资民营企业	50.10	除国有及国有控股企业、外资企业外的企业
狭义民营企业	51.00	私营企业、私营控股企业、个体工商户

资料来源：国家税务总局，中国民生银行研究院。

表 5　　部分省份民营企业税收占比

省市	民营企业税收占比（%）	备注
山东	68.30	2016 年
安徽	68.20	2015 年
河北	60.96	2016 年
江苏	60.00	2015 年
浙江	60.00	2015 年
广东	47.30	2015 年
天津	40.10	2016 年
河南	60.00	2016 年
江西	60.00	2016 年
湖南	53.60	2016 年

资料来源：相关省市统计数据，中国民生银行研究院。

3. 民营企业成为吸纳就业的重要蓄水池

民营企业从业人员大幅增长，成为就业的主要承载主体。党的十八大以来，随着党中央、国务院鼓励非公有制经济、民营经济发展的系列政策措施出台，到民营企业就业的人员大幅度增加，民营企业提供了 80% 的城镇就业岗位，吸纳了 70% 以上的农村转移劳动力，容纳了 90% 的新增就业。在当前中国经济下行背景下，在民营企业的就业人数不但未出现不降，反而连年增加，为社会稳定做出了突出贡献。

Wind 数据显示，截至 2016 年底，全国民营企业从业人员实有 3.0759 亿人，是 1978 年的 2 050 倍，1990 年的 13.5 倍，比 2010 年增加近 1.5 亿人，接近翻番。第三产业民营企业从业人员最多，达 2.3 亿人，达 74.2%，其次为第二产业。2014 年中国深入推进工商企业登记注册等商事制度改革，截至 2016 年底，个体工商户从业人员由 1978 年的 15 万人增长至 12 862 万人，增长 856.47 倍；私营企业从业人员由 1990 年的 170 万人增长 17 897 万人，增长 104.28 倍。50% 以上的大学毕业生进入民营企业工作。

据国家市场监督管理总局调查，2014 年商事制度改革后一年内改革一年来新设企业带动增加 1 890.70 万个就业岗位。改革前一年新设企业带动增加 1 699.76 万个就业岗位，改革后一年比改革前一年多提供 190.94 万个，增长 11.23%。小微企业成为带动就业的主力军。调查结果表明，改革一年来新登记企业中，从业人员在 20 人以下的企业数量占比达到 88.26%，其中 10 人以下的企业占比高达 69.64%，改革后对从业人员较少、规模较小的小微企业有较大的促进作用，如图 8、图 9 所示。

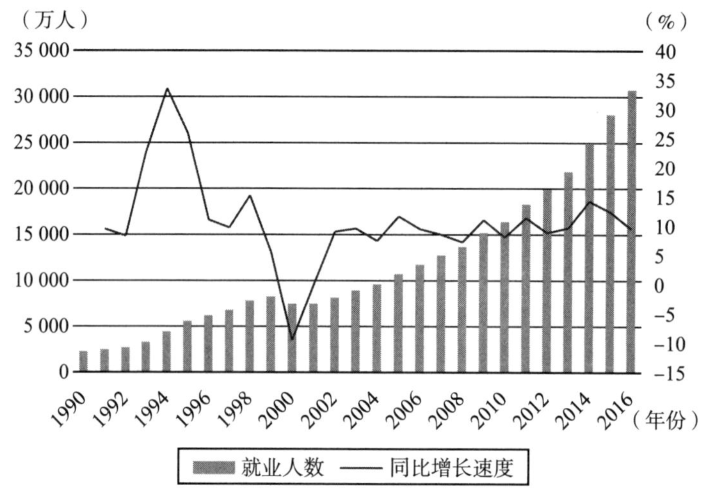

图 8　2010 ~ 2016 年民营企业就业情况

资料来源：Wind，国家市场监督管理总局，中国民生银行研究院。

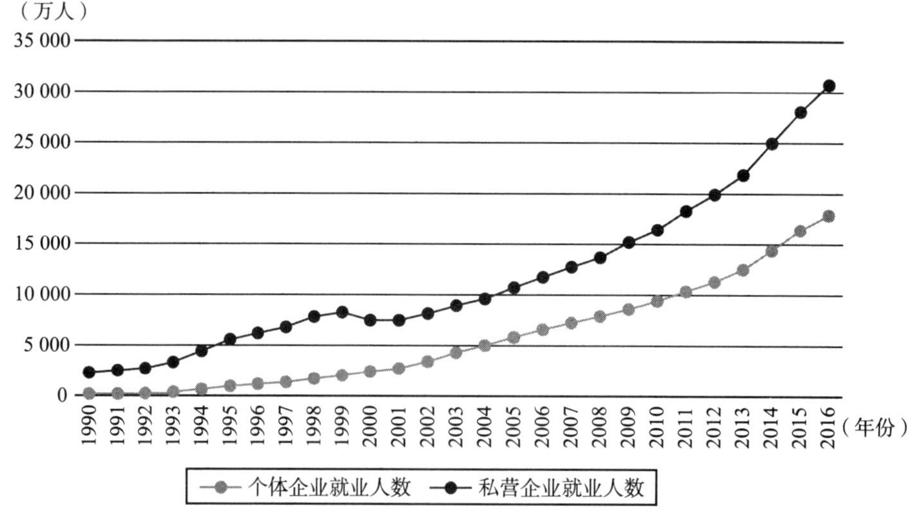

图 9　2010 ~ 2016 年私营企业、个体工商户就业情况

资料来源：Wind，中国民生银行研究院。

4. 民间投资成为中国经济增长的压舱石

改革开放 40 年来，民间投资不断发展壮大，对中国全社会投资增长的贡献逐步提高。从增速看，2014 年以前，全国固定资产投资完成额同比增速在 20% 以上，均值在 25% 以上，个别年份在 30% 以上，国有及国有控股企业固定资产投资绝大部分年份保持在 20% 以下，在 15% 上下波动。而民间固定资产投资完成额增速、民营企业固定资产投资完成额增速分别在 25% ~90% 和 28% ~60%，2006 ~2013 年间，两者增速是国有及国有控股企业固定资产投资增速的 1.5 ~3 倍，2005 年则高达 7 倍和 6 倍以上，且 2006 年下半年之后，民营企业固定资产投资增速远高于民间固定资产投资增速。随着中国经济进入新常态，2014 年下半年以来，在国家供给侧结构性改革及经济下行背景下，在经营风险加大、投资回报率下降、行业准入限制、融资渠道不畅、国际形势复杂等多重因素影响下，民间投资、民营企业投资增速从 25% 以上的高位迅速下滑，特别是 2016 年下滑至个位数，但民营企业投资较民间投资增速高 6 个百分点左右。而与此同时，国有及国有控股企业投资增速则从 10% 以上快速攀升至 20% 以上的增速，呈现“国进民退”的现象。不过在 2016 年和 2017 年连续两年中央政府鼓励政策支持下，民间投资及民营企业投资增速正逐月回升企稳至 6% 和 10% 以上。

从占比看，在全社会固定资产投资完成额中，民间固定资产投资完成额累计比重由 2004 年的 20%，快速增长至 60% 以上，并在 2012 年后稳定在该水平上，其中 2015 年比重达 65%。民营企业投资占比则从 13% 攀升至 30% 以上，国有及国有控股企业投资比重从 50% 持续下降至 30% 左右；城镇固定资产投资完成额中民间投资占比由 2004 年的 30% 左右上升至目前的 60% 以上。上述数据表明，民间投资已成为中国投资的主导力量，成为中国经济稳定增长的压舱石，民间投资、民营企业投资增速的快慢已成为判断经济冷暖的重要风向标之一，如图 10、图 11 所示。

5. 民营企业成为中国对外贸易的主力军

民营企业进出口贸易在中国对外贸易中的地位越发重要。近年来，民营企业出口呈现不断上升的趋势，而外商投资企业和国有企业占比持续下降，由 2011 年的 33.5% 提高至 2017 年的 46.5%，提高 13 个百分点，显示中国民营企业出口竞争力不断提升。2015 年民营企业在出口中的比重首次超过外资企业，此后 2016 年、2017 年，民营企业一直保持出口份额居首的地位。中华人民共和国海关总署 2018 年 2 月发布的数据显示，2017 年，中国民营企业进出口 10.7 万亿元，同比增长 15.3%，占中国进出口总值的 38.5%，比 2016 年提升 0.4 个百分点。其中，出口 7.13 万亿元，增长 12.3%，占出口总值的 46.5%，继续保持出口份额居首的地位，比重提升 0.6 个百分点；进口 3.57 万亿元，增长 22%，如表 6 所示。

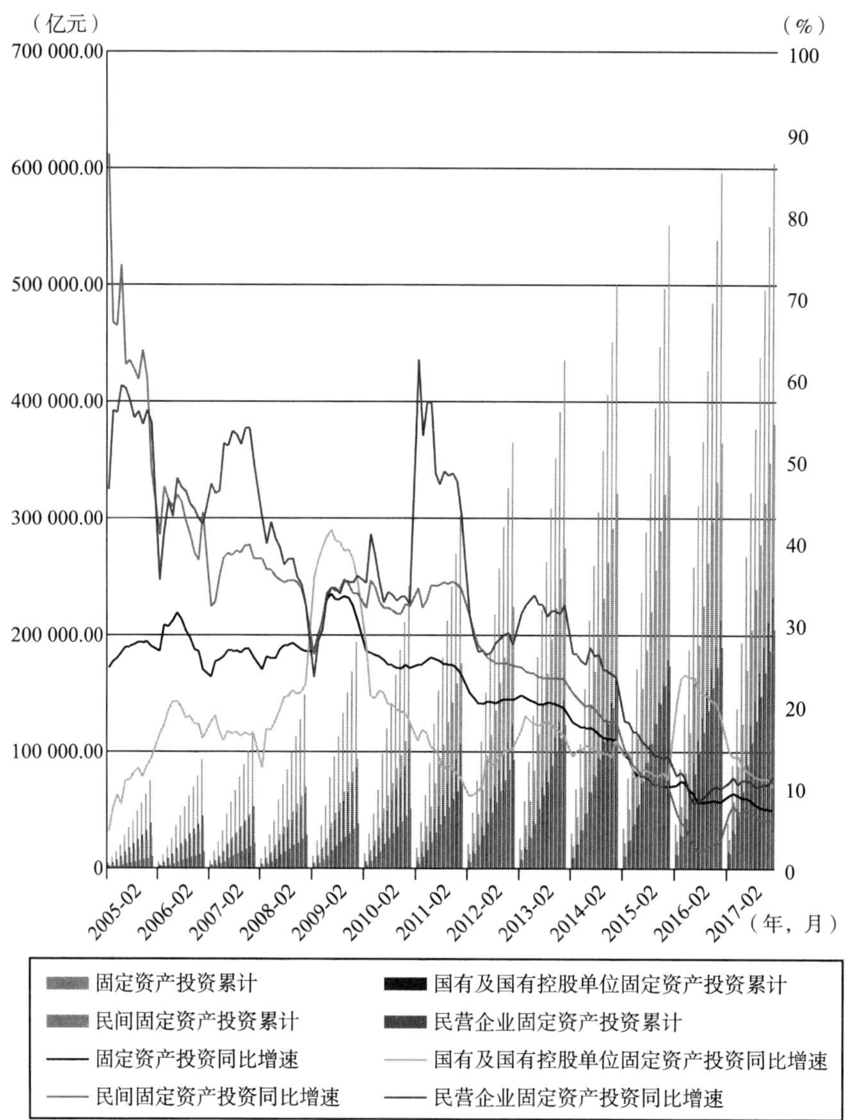

图 10　全国固定资产投资、国有及国有控股单位固定资产投资、民间固定资产投资、民营企业固定资产投资增速对比

资料来源：Wind，中国民生银行研究院。

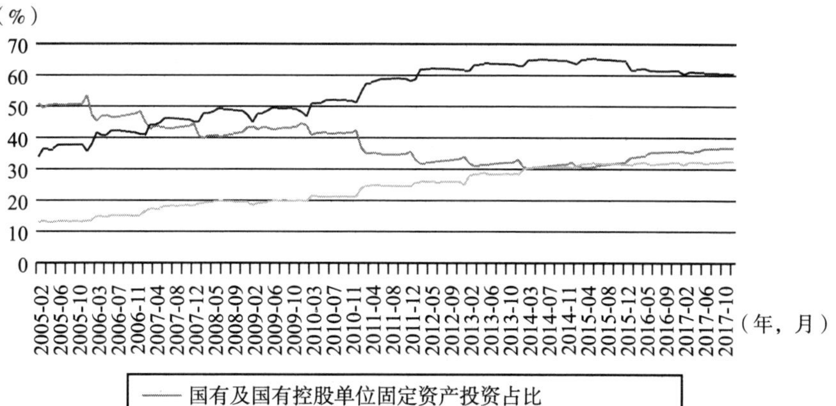

图 11 国有及国有控股单位固定资产投资、民间固定资产投资、民营企业固定资产投资比重对比

资料来源：Wind，国家统计局，中国民生银行研究院。

表 6　2011～2017 年中国各类企业对外贸易比较

年份	企业类型	出口			进口		
		金额（亿元）	同比（%）	占比（%）	金额（亿元）	同比（%）	占比（%）
2011	国有企业	2 672.9	14.1	14.1	4 936.7	27.2	29.1
	外资企业	9 954.7	15.5	52.4	8 648.9	17.1	51.1
	民营企业	6 352.9	32.1	33.5	3 345.9	34.0	19.8
2012	国有企业	2 562.8	-4.1	12.5	4 954.3	0.3	27.3
	外资企业	10 227.5	2.8	49.9	8 712.5	0.8	47.9
	民营企业	7 699.1	21.1	37.6	4 511.5	17.2	24.8
2013	国有企业	2 489.9	-2.8	11.3	4 989.9	0.6	25.6
	外资企业	10 442.6	2.1	47.3	8 748.2	0.4	44.9
	民营企业	9 167.7	19.1	41.5	5 764.8	27.8	29.6
2014	国有企业	2 564.9	3.1	10.9	4 910.5	-1.9	25.0
	外资企业	10 747.3	3.0	45.9	9 093.1	3.9	46.4
	民营企业	10 115.2	10.4	43.1	5 599.3	-2.9	28.5
2015	国有企业	2 423.9	-5.5	10.7	4 078.4	-16.9	24.2
	外资企业	10 047.3	-6.5	44.2	8 298.9	-8.7	49.3
	民营企业	10 278.3	1.6	45.2	4 442.2	-20.5	26.4
2016	民营企业	—	2.2	45.9	—	8.1	27.9
2017	民营企业	—	12.3	46.5	—	22	28.7

资料来源：中华人民共和国商务部、中华人民共和国海关总署、中国民生银行研究院。

而在 2016 年，国有企业出口占比已下降至 10% 左右，进口占比 20% 左右，远远落后于民营企业。

面对国外竞争激烈的市场环境，民营进出口企业主动转型调整，在技术研发、品牌建设、质量管理等方面加大投入。从出口看，出口商品的技术含量和附加值进一步提升，机电产品和高新技术产品已成为民营企业出口的主要商品，占比分别达57%以上，占全国同类商品出口的比重在50%以上，与此同时，传统劳动密集型产品出口增幅开始下降。从进口来看，民营企业进口增速远高于出口，机电和高新技术产品进口占绝对比重。

（三）民营企业在国内外的竞争力不断增强，竞争地位快速提高

1. 大型民营企业数量越来越多，竞争力在不断增强

经过40年的快速发展，特别是进入21世纪以来，出现大量大型民营企业，在国内国际的竞争力不断增强，营业收入千亿元的民营企业不断出现。2010年，在中国民营企业500强中仅有3家营业收入超过千亿元，而在2017年全国工商联发布的榜单中，有6家民营企业2016年营业收入突破3 000亿元大关，即华为投资控股有限公司、苏宁控股集团、山东魏桥创业集团有限公司、海航集团有限公司、正威国际集团有限公司、联想控股股份有限公司，其中华为投资控股有限公司营业收入突破5 000亿元。美国《财富》杂志发布的世界500强数据显示，2014年中国内地首家民营企业登上世界500强榜单，2017年入围的民营企业数量增至24家，占中国上榜企业数量达20%。中国企业联合会发布的中国企业500强中，民营企业的数量在2010～2017年8年间不断增加，从172家增加至226家，占比由34.4%提高至45.2%。全国工商联每年发布的中国民营企业500强榜单入围门槛不断提高，2015年民营企业500强入围门槛为营业收入101.75亿元，首次跨过百亿元大关，2017年这一门槛则上升至120.52亿元，如图12、图13所示。

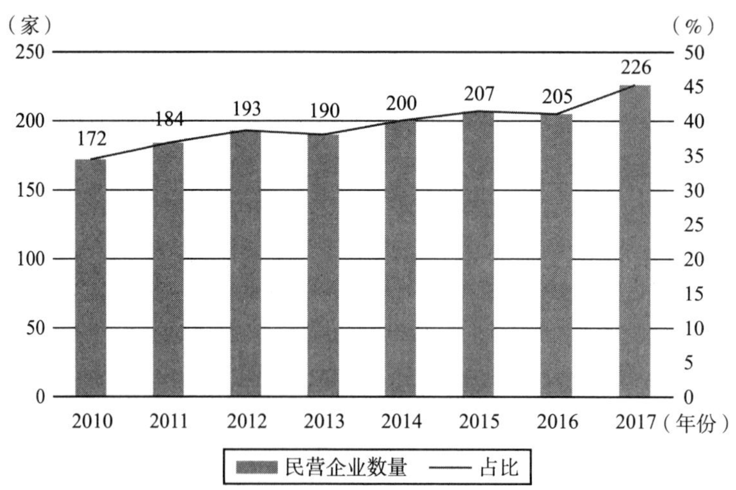

图12 中国企业500强中民营企业数量及占比

资料来源：中国企业500强相关报告，中国民生银行研究院。

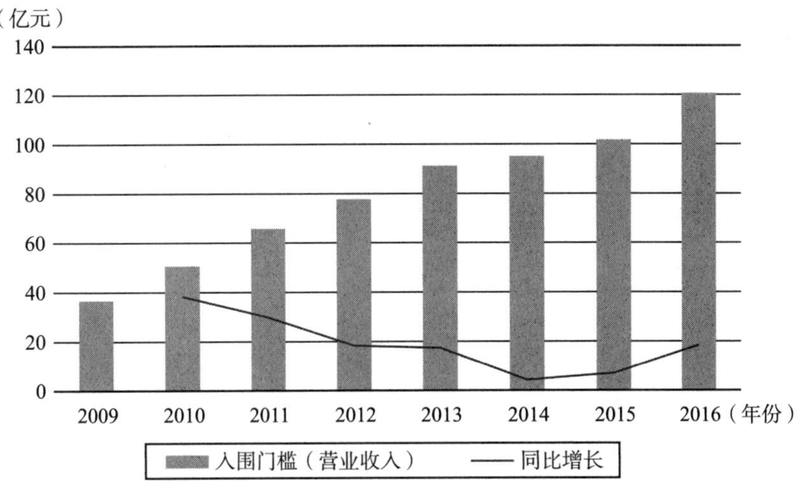

图 13　中国民营企业 500 强入围门槛

资料来源：中国民营企业 500 强报告，中国民生银行研究院。

2. 民营企业对外投资保持强劲，竞争地位不断提高

2001 年实施“走出去”战略写入《国民经济和社会发展第十个五年计划纲要》，“走出去”战略正式启动，党的十六大把实施“走出去”战略上升为国家战略。中国对外开放从注重“引进来”发展为“引进来”与“走出去”并重的双轮驱动。随着中国企业赴海外投资的步伐加快，中国民营企业也加入了对外投资的行列，特别是随着“一带一路”倡议的深入推进，国际产能合作组建深入，“走出去”政策体系不断完善，民营企业对外投资屡创新高，已超过国有企业，主动融入经济全球化的进程加快，成为对外投资的主力军。“走出去”典型的民营企业如表 7 所示。

表 7　中国八家“走出去”典型民营企业

序号	企业名称	“走出去”业绩
1	联想集团	联想 2004 年以 12.5 亿美元的价格购入 IBM PC 业务。位于全球 PC 市场排名第九位的联想一跃升至第三位，位于戴尔和惠普之后。2008 年 7 月，美国《财富》杂志评出 2008 年度世界 500 强企业，联想集团成为进入 500 强的首家来自充分竞争领域的中国民营企业
2	海尔集团	海尔在全球建立了 29 个制造基地，8 个综合研发中心，19 个海外贸易公司，员工总数超过 6 万人。海尔“走出去”的成功，与其长期把开发国际市场作为市场营销的战略组成部分，跟踪国际技术和产品信息变化，坚持高质量，以创造世界名牌为导向，根据各国用户的不同需求不断开发新技术、新产品，进行技术创新、产品重新，致力于推行本土化战略等，密不可分

续表

序号	企业名称	“走出去”业绩
3	万达集团	2015 年 8 月，万达集团以 6.5 亿美元的价格并购美国世界铁人公司 100% 股权，这是万达集团收购瑞士盈方体育传媒集团、马德里竞技俱乐部之后在体育产业的又一重大投资。此并购使中国首次拥有了一项国际顶级赛事产权，这是中国体育产业发展的标志性事件，并购后万达体育也成为全球规模的最大的体育经营公司。自 2012 年万达并购美国最大院线 AMC 影院公司以来，数次收购海外地标建筑，积极布局海外文化产业链，这些海外投资活动不仅加速了万达集团从中国企业向跨国企业迈进的步伐，而且大大推动了万达品牌的国际影响力
4	阿里巴巴	自 2010 年以来阿里巴巴深入推进海外并购。先后投资叫车应用 Lyft、移动引用搜索引擎 Quixey、重度移动游戏厂商 Kabam 等初创公司及高端奢侈品网站 1stDibs、体育用品网站 Fanatics 等物流和在线网站。而 2014 年 9 月阿里巴巴在纽约证券交易所募集高达 250.2 亿美元，超越 VISA 成为美国市场上有史以来规模最大的首次公开募股（IPO）交易，将为新一轮的海外投资提供有力的资金支持
5	华为公司	华为的业务遍布全球，其海外投资扩展的速度较快，2015 年 2 月，华为公司投资近 2.29 亿元人民币用于建设匈牙利宽带网络。此前华为先后投资英国科技公司和法国芯片研发中心，使其在欧洲的研发机构总数增加至 17 个，分别分布于德国、比利时、法国、芬兰、意大利、爱尔兰、瑞典和英国 8 个国家。华为公司作为中国信息技术领军企业之一，积极布局海外技术研发和建设，逐渐占据全球产业价值链的高端，成为民营企业海外投资的领航者
6	万兴科技	万兴科技在温哥华、日本、中国香港设立品牌及区域市场分公司，用户遍布全球 200 多个国家和地区
7	复星集团	复星集团“以中国动力嫁接全球资源”为投资模式积极推进跨国投资和并购，通过聚焦海外保险业提供综合金融能力。如 2014 年，复星收购葡萄牙 3 家国有保险公司 80% 的股权，之后收购东京天王洲花旗银行中心及美国 Meadow-brook 保险集团。尤其在 2015 年，以 4.64 亿美元战略投资特殊商业财产和意外伤害险服务商 Iron shore 20% 的股份及并购以色列凤凰保险公司
8	吉利集团	吉利汽车集团在海外建有近 200 个销售服务网点，吉利汽车在成功实施以自主创新为主的名牌战略之后，开始了以海外收购为主的品牌战略。2009 年 4 月，吉利汽车收购了全球第二大自动变速器制造企业澳大利亚 DSI 公司，使其核心竞争力大大增强。2010 年 3 月 28 日，吉利汽车与美国福特汽车公司在瑞典哥德堡正式签署收购沃尔沃汽车公司的协议

资料来源：中国网，中国民生银行研究院。

中华人民共和国商务部数据显示，2015 年起，中国对外直接投资额超过同期实际利用外资额，成为资本净输出国。2017 年 9 月，商务部发布的《2016 年度中国对外直接投资统计公报》数据显示，自 2002 年起，中国对外直接投资连续 14 年保持快速增长，占全球流量由 0.5% 提升至 13.5%，2016 年流量是 2002 年的 72.6 倍，年均增长速度高达 35.8%，如图 14 所示。

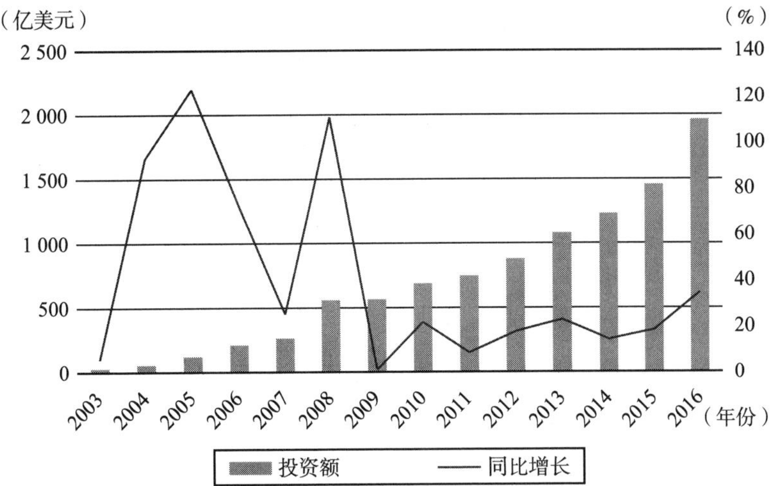

图 14　2002～2016 年中国对外直接投资流量情况

资料来源：中国对外直接投资统计公报，中国民生银行研究院。

中国对外直接投资由国企为主转变为民企为主。2016 年中国对外非金融类投资流量中，非公有经济控股的境内投资者对外投资占比达 68%。截至 2016 年，民营企业对外直接投资存量占中国对外直接投资存量的 38.7%。2016 年末，中国对外直接投资者已达 2.44 万家，国有企业数量已从 2007 年的 19.7% 下降至 5.2%，民营企业数量占比从 74% 上升至 86.8%，如图 15、图 16 所示。

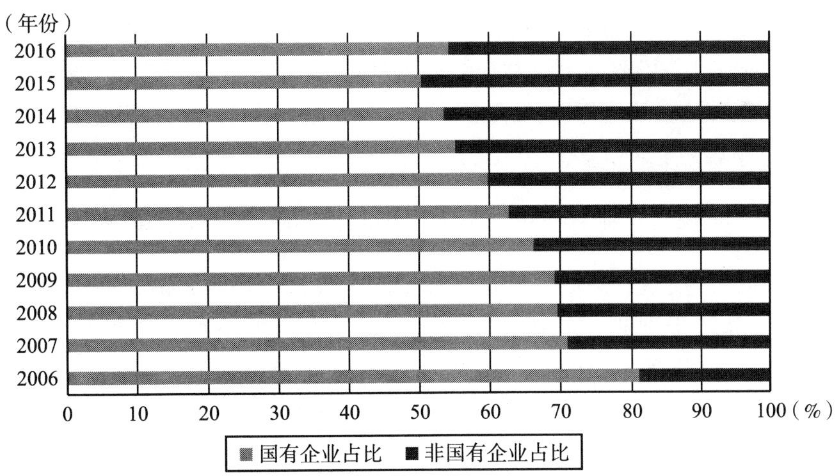

图 15　2006～2016 年国企和非国企对外直接投资存量占比

注：非国有企业包括民营企业、外资企业。

资料来源：中国对外直接投资统计公报，中国民生银行研究院。

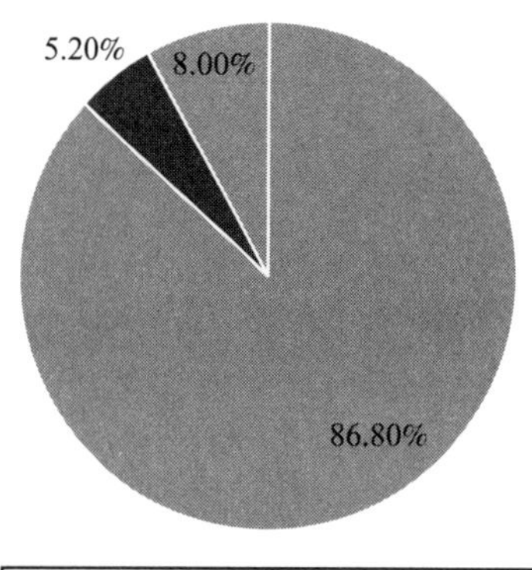

图16　截至2016年末中国对外直接投资者构成

注：此处民营企业为广义概念，指除国有企业、外资（含港、澳、台地区）企业之外的企业。

资料来源：中国对外直接投资统计公报，中国民生银行研究院。

3. 民营企业海外并购案例增多，跨境并购中唱主角

Wind统计数据则显示，2010年以来，中国企业出境并购高达1 800笔，总金额超过4.6万亿元人民币。2016年是中国企业海外投资并购交易跨越式增长的一年。普华永道统计的数据显示，2016年中国大陆企业海外并购交易金额达2 210亿美元，超过前四年中企海外并购交易金额总和。2012～2016年5年中，中国企业海外并购数量年均增幅达33%，而2015年民营企业境外并购金额占当年境外并购金额的75.6%，在数量和金额上均首次超过了国有企业，成为海外并购的主角。2016年，民营企业海外并购交易数达2015年的3倍，交易额超过2015年数据的两倍，交易金额（1 079亿美元）与交易数量（612宗）都超过国有企业，处于领先地位，交易金额上有51笔交易超过10亿美元。数据显示，2017年前三季度的海外并购交易中由民营企业参与发起的并购数量达359宗，在总共572宗交易中占63%。民营企业已成为中国企业海外并购市场的主导力量，中国八家“走出去”典型民营企业情况如表7所示。

（四）一大批民营企业家在市场浪潮中崛起，挑起民族脊梁重任

在经济学中，技术、劳动力、资本和企业家被认为是四大稀缺性资源。企业家精神就是崇尚和敢于创业、创新、冒险、担当和奉献的精神。改革开放40年来，中国在非公有制经济理论上的不断突破创新，培养造就了一大批吃苦耐劳、不畏艰难、敢于拼搏、坚韧不拔的企业家队伍，也因此催生了中国新阶层出现，即企业家群体。20世纪80年代，鲁冠球、柳传志、张瑞敏、刘永好、吴仁宝、宗庆后、任正非、年广久等第一代民营企业家脱颖而出；20世纪90年代初“下海”潮培育了陈东升、毛振华、冯仑、潘石屹、王石、俞敏洪、李宁、史玉柱等第二代民营企业家，有人将他们称为“92派企业家”；2000年前后，随着互联网兴起，一批拥有高学历、高技术、年轻化的具有国际视野和创新精神的第三代民营企业家诞生，如马化腾、李彦宏、张朝阳、马云、周鸿祎、刘强东、丁磊等互联网企业大咖；2014

年后国家大力推进“大众创业，万众创新”，新生代民营企业家走上历史舞台，如滴滴创始人程维、摩拜单车创始人胡玮炜、ofo 创始人戴威等。

三、静思不足：中国民营企业前行之路仍需多方清障

（一）民营企业自身短板仍然突出

1. 公司治理结构不健全

科学规范的公司治理结构和管理制度是企业可持续发展的保障，经过 30 多年的发展，随着民营企业的发展壮大，部分民营企业按照《中华人民共和国公司法》的要求，建立起了相应的公司治理结构。据统计，大型民营企业中 96% 以上的企业建立了现代企业制度，但中小民营企业仍未建立现代企业制度，公司治理结构不健全。突出表现在：一是家族式治理模式较多。民营企业的典型组织架构是以企业创始人为集权核心治理结构，家族成员在企业中担任主要管理者角色。企业的所有权、经营权、决策权、执行权、监督权均由家族内部成员控制，缺乏来自内外有效的监控、反馈和制约，导致民营企业战略决策的正确性和准确性大打折扣，甚至造成重大失误，导致企业破产倒闭。家族式治理模式使得企业短期投机行为严重，独裁和集权化倾向严重。二是企业运行大多靠亲情。许多民营企业内部职能的运作很大程度上依靠家族成员之间形成的一系列非正式制度、行为，“人治”色彩浓厚，以人情代替制度，缺乏科学有效的治理机制，易造成经济损失，甚至因家族成员间分配不公而使企业运行低效，内部交易成本上升。

2. 整体创新能力待提升

经过 40 年的发展，中国已形成一批国内甚至世界知名民营企业，如华为、美的、吉利等，但从整体上看，90% 以上的民营企业是中小企业甚至微型企业，大多数从事传统制造业、服务业等一般竞争性行业，且处于产业链低端，特别是中小民营企业长期依靠低成本、低层次模仿、低层次加工在市场上竞争，产品技术含量低，创新较少，缺乏核心竞争力，缺乏关键核心技术和自主品牌，产品附加值低、能耗高、投入产出低、竞争力弱，制造业总体上还处于“微笑曲线”底端。而研发投入不足、创新能力有限是导致市场竞争力不强的主要原因之一。

国际企业界的实践经验表明，研发强度在 5% 以上时，企业的竞争力可以充分发挥；比重为 2% 时，仅能够基本维持；比重低于 1%，那企业则难以生存。整体而言，中国民营企业本身实力有限，不具备自主创新所需要的资金、人才、技术、设备等物质基础，同时受传统观念和经营环境的影响，大多数民营企业对自主创新的重要性和必要性认识不足，自主创新意识较为缺乏。调查显示，中国民营企业目前的研发费用占销售额的比重平均水平仅为 0.4%。民营企业 500 强中研发强度小于 1% 的企业占比高达 65%，中小型民营企业研发强度则更低，甚至没有研发投

入。研发投入不足，严重阻碍了企业进行技术改进和创新，削弱了企业的核心竞争力，制约了民营企业可持续发展。

3. 诚信精神有待再提高

随着经济实力的提高，民营企业在促进经济增长、解决就业等方面的贡献有目共睹，得到了社会的认可，同时民营企业持续在品牌建设，文化宣传和社会责任等方面加强投入，民营企业在公众中的整体形象逐步不断变佳，但由于部分民营企业的趋利性强、责任意识淡薄，环境污染、不遵守劳动法、劳动强度大、拖欠工资、公司“跑路”、山寨产品、虚假宣传、医疗事故、诚信度低等负面形象一度使民营企业的公众形象受损。

近年来，由于经济下行，企业经营困难，民营企业信用违约、跑路现象频发。2011～2014 年，中小民营企业老板跑路案件时常见诸媒体报道，互联网金融领域、产能过剩领域以及美容卡、健身卡、教育卡等预付卡产业领域成为重灾区，浙江、广东等民营经济发达的地区，民营企业老板跑路现象更为严重。

2014～2017 年 4 年中，首次违约的债券发行人主体中，民营企业占比高达 70% 以上，不论公募债行政违约主体还是发生兑付风险的信用事件，均昭示着民营企业成了债券市场的风险高发主体。据不完全统计数据显示，2016 年，仅温州、杭州两市因企业失信而上“黑名单”的企业数量暴增 40 多万家，郑州市暴增 26 万多家，比此前十多年失信企业的累计数量高出数倍。就全国范围来讲，2015～2016 年新增的失信“黑名单”企业已逾 3 000 万，由此卷入企业主、股东及连带责任人录入失信“黑名单”或超过 1 亿人以上。

4. 寿命短难以发展壮大

公司治理结构不健全、研发投入不足、创新能力差、人才流动大、经营管理理念落后、运作方式不规范等使民营企业可持续发展能力受到严重挑战，造成企业寿命较短，难以发展壮大，难逃“富不过三代”的魔咒，第一代创始人退出、身故后，企业常常陷入股权重新分配、争夺继承权、管理权等混战之中，致使企业分裂甚至破产倒闭。

据统计，中国民营企业的平均寿命只有 3 年左右。北京中关村“电子一条街”5 000 家民营企业，生存时间超过 5 年的只有 430 家，其余 91.4% 的企业已不复存在，生存期超过 8 年的企业仅占 3% 左右。[①] 根据对浙江省 1988 年注册的 1 035 余家企业生存周期的调查结果显示，浙江省民营企业的平均寿命为 3.44 年。生命年限短于 5 年的企业比例超过 77.7%，其中寿命在 1 年以下的占比 15.28%，1～3 年的企业比重最大，占 32.7%；3～5 年生命周期的企业比例为 29.72%，5 年以上的企业数目较少，占 22.3%。而国外民营企业平均生命周期为 12.5 年，其中有不少跨国企业已有超过百年的成长史。

---

① 《中国民营企业的“生命”不到 3 年》，比特网，2000 年 11 月 7 日。

（二）外部营商环境仍需大力优化

1. 平等待遇仍停留在文件层面

2005 年、2010 年国务院两次出台文件（即“非公 36 条”“新 36 条”）在制度、政策等源头上消除了所有制歧视。党的十八大以来，党中央、国务院高度重视营商环境问题，在简政放权、商事制度改革、行政审批改革、鼓励民间投资等方面出台多项举措，但在实际操作过程中，政策并未落实到位，民营企业仍然受到不平等待遇，大量隐性壁垒存在，仍面临“玻璃门”“弹簧门”和“旋转门”问题。政府部门“门好进、脸好看、事不办”的现象仍然存在，审批烦琐依然突出，民营企业频碰壁，平等待遇难以落实。在获取资源方面，民营企业难以获得与国有企业一视同仁的待遇。例如，2017 年国家发展和改革委员会、中华全国工商业联合会在联合开展东北 13 个民营经济发展改革示范城市营商环境评估过程中发现，33.1% 的被调查企业认为当地民营企业与国有企业存在不平等现象，认为民营企业进入某一领域仍有隐形限制。

2. 市场准入门槛仍存隐性障碍

尽管近年来已持续不断降低民间投资准入门槛，但在诸多领域，民间投资仍存在市场准入的隐性障碍，相关配套措施不完善，政策落实不到位，导致民营企业难以公平参与竞争。如在招标方面，虽然表面上向民营企业开放，但在资质条件、相关业绩、专业要求等方面要求过高，有的要求企业具有 30 年工程领域经验，对民营企业而言门槛较高，大量民营企业被排除在外；在企业评级方面，同等条件下，民营企业评级要比国有企业差。

3. 新型政商关系尚未完全建立

党的十八大以来，全面从严治党取得明显成效，促进了政商关系向健康、积极、和谐方面发展。2016 年，习近平总书记提出要构建“亲”“清”新型政商关系，但在实践过程中，民营企业仍然在政府部门“遇冷”，政商关系“清而不亲”、舍“亲”保“清”的情况较为普遍，通过“红顶中介”变相准入、变相收费、明放暗不放等问题仍然存在。工作人员不接近民营企业，对民营企业“敬而远之”，对民营企业的发展需求不了解。政府部门不作为、乱作为、慢作为、懒政怠政等现象仍然存在，门好进、脸好看，但是办事难、不办事。“亲”“清”新型政商关系尚未完全建立，民营企业发展面临的软环境亟须进一步加大力度改善。

（三）运营成本居高不下负担较重

有关调查数据显示，在各种成本中，人力成本、税费负担、融资成本三大成本是影响民营企业发展的最主要成本因素。尽管近年来减税降费政策在陆续出台，但不少民营企业对税费减负感受与政策有温差，税费减负感受不强，仍反映负担较重，不合理收费现象时有发生，制约了民营企业投资积极性。

1. 民营企业税负感强烈

根据李炜光（2016）调研显示，目前87%的企业家认为税收负担很重或较重，认为可以接受的仅占8%，认为很轻或较轻的仅占1%，其中民营企业痛感更强。从宏观税负水平来讲，按照国际货币基金组织（IMF）统计口径和经济合作与发展组织（OECD）统计口径测算的中国宏观税负水平均低于大多数国家，并不算高，但广大企业却税费痛感强烈。而在2012年，民营企业500强出现了净利润低于总税负的情况。

（1）宏观税负增长速度较快。改革开放40年来，1978～1996年，中国小、中、大三种口径宏观税负均呈现下降趋势，1996年是中国宏观税负的分水岭，1996～2012年，三种口径宏观税负均呈现上升趋势，分别由9.62%、10.31%、10.31%上升至18.62%、21.70%、34.46%，增幅分别为93.56%、110.48%、234.24%。2012年以来，一系列减税降负措施的陆续出台，营改增全面推开，企业税负有所减轻，小口径宏观税负一直稳中有降，中口径宏观税负自2016年开始下降（由于非税收入自2016年开始下降所致），但大口径宏观税负一直处于上升趋势，2017年达36.32%，如图17、图18所示。

（2）非税收入负担越来越重。目前中国民营企业的非税负担过重，各种明目的收费繁多，制度性交易成本较高。近两年来，国家出台了一系列减费措施，民营企业非税负担有所减轻，但对一些中小民营企业来说，因其规模小、承受力弱，对非税负担敏感性强，因此感觉难以承受。据统计，自1990年起，非税收入占GDP比重一直处于上升通道，由0.61%增至2015年的3.97%。2016年，随着政府减费政策推出，该比重减至2017年的3.41%，较2015年减少了0.56个百分点，如图19所示。

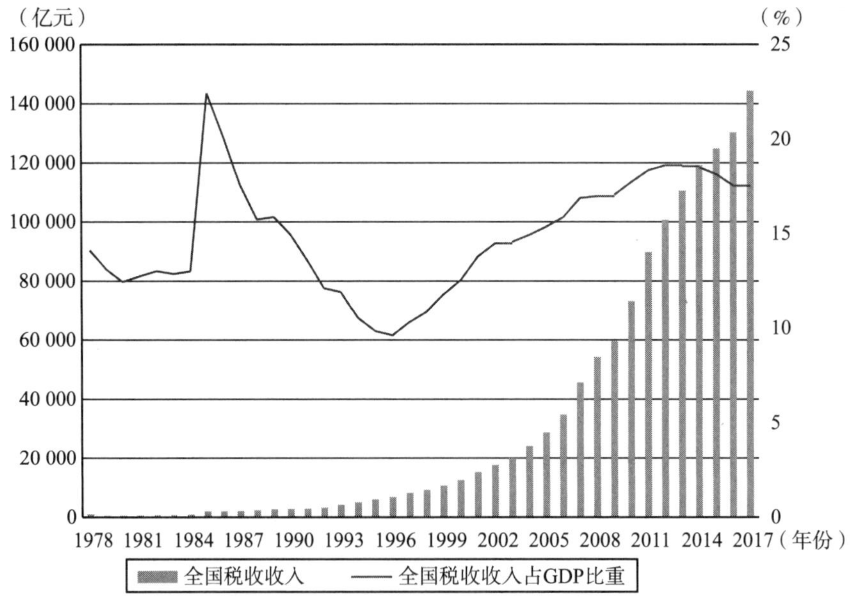

图17　1978～2017年中国小口径宏观税负

资料来源：Wind、中华人民共和国财政部、中国民生银行研究院。

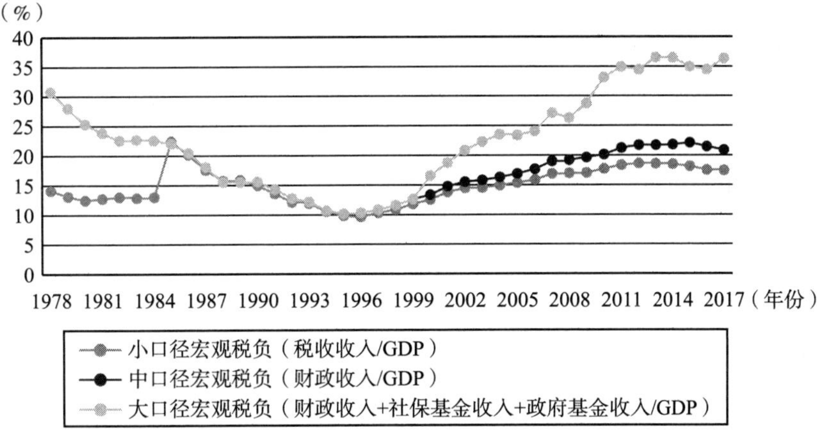

图18 1978～2017年中国三种口径宏观税负比较

注：小口径宏观税负＝税收收入/GDP，中口径宏观税负＝财政收入/GDP，大口径宏观税负＝（财政收入＋社保基金收入＋政府性基金收入）/GDP。其中全国社保基金收入数据为2003～2017年，1978～2002年数据缺失，默认为0。政府性基金收入数据为2010～2017年，2000～2009年数据以土地出让金代替，1978～1999年数据缺失，默认为0。

资料来源：Wind、中华人民共和国财政部，国家统计局、全国社保基金理事会、中国民生银行研究院。

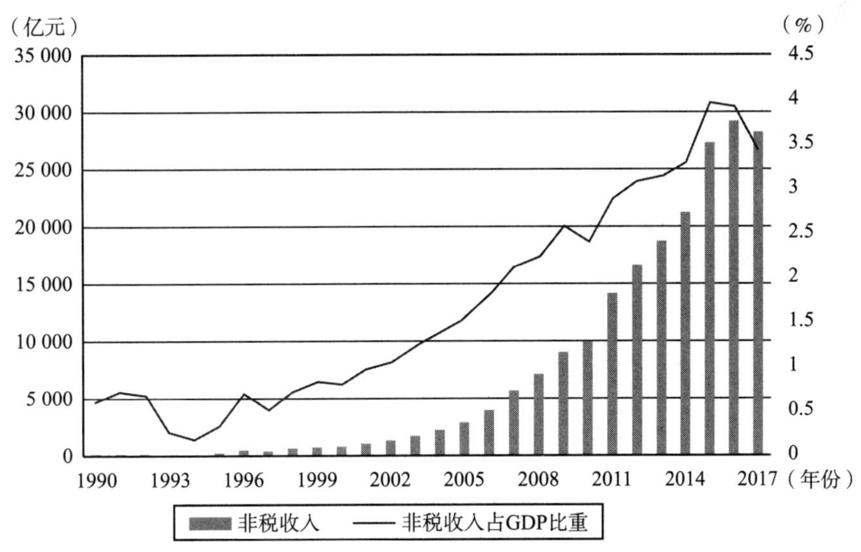

图19 1990～2017年非税收入占GDP比重

资料来源：Wind、中华人民共和国财政部、国家统计局、中国民生银行研究院。

（3）社保缴费占利润比重高。中国社保缴费几乎全部由企业承担，该部分费用占商业利润的比重高达48%以上，这是导致中国总税率过高的主要原因之一。而一些高福利的发达国家，如美国，只有一半的社保缴费由企业承担，此项费用占商业利润的比重仅为10%左右。

（4）税费负担结构失衡严重。首先，企业间税负差距较大，其中，小企业税负较之大企业更重，民营企业较之国有企业更重。虽然小企业和大中企业在增值税方面比例大致相当，但在所得税方面，小企业的税收负担是大中型企业的 1 倍左右，而民营企业的税收负担率则普遍高于普通国有企业 1 个百分点以上。其次，行业之间税负不均，总体来看，传统行业特别是工业企业税负重，金融、零售、批发等行业税负水平超出第三产业平均水平。最后，中国长期存在着地区间税负结构失衡问题，按税负水平从高到低排名依次为京、津、沪地区、东部地区（除京、津、沪）、西部地区和中部地区，中部和西部甚至出现了税负增长超出经济增长的现象。

（5）民营企业税负难以转嫁。中国主要征收间接税，且宏观税负中大多数税负是由企业承担，在不考虑税负转嫁的情况下，企业纳税额占税收收入的 90% 以上。国有企业大多集中在产业链的上游，其产品价格是行政垄断定价，从而可以把税负顺利转嫁给中下游的企业和消费者。同国有企业相比，民营企业的税负则难以转嫁，这主要是因为中国民营企业多处于竞争性行业，且正在发展时期，其产品竞争激烈、需求弹性大，为取得竞争优势，不得不压低价格，再加上生产要素成本的持续上涨，获利空间越来越小。

2. 人力成本在节节攀升

有关数据显示，人力成本是制约民营企业发展的最大成本负担。受中国进入老龄化社会、最低工资标准逐年提高等因素影响，中国适龄劳动力不足，工资水平不断上升，企业的用工成本连年上涨。Wind 数据显示，2008 年中国外出农民工人均月收入 1 340 元，2017 年已增至每月 3 485 元。民营企业就业人员年平均工资从 2008 年的 17 071 元上涨至 2016 年的 42 833 元，涨幅 150.91%。从 2005～2017 年各地发布的最低工资标准来看，劳动力工资呈上升态势。其中 13 年间，涨幅在 150%～200% 的有 4 个；涨幅在 200%～250% 的有 14 个；涨幅在 250%～300% 的有 5 个；涨幅在 300%～350% 的有 6 个；涨幅在 350%～400% 的有 2 个，如图 20～图 22、表 8 所示。

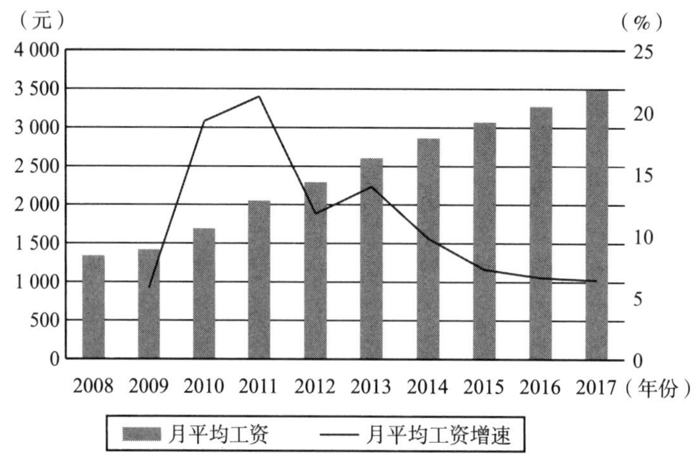

图 20　2008～2017 年中国农民工月平均工资及增速

资料来源：Wind、中国民生银行研究院。

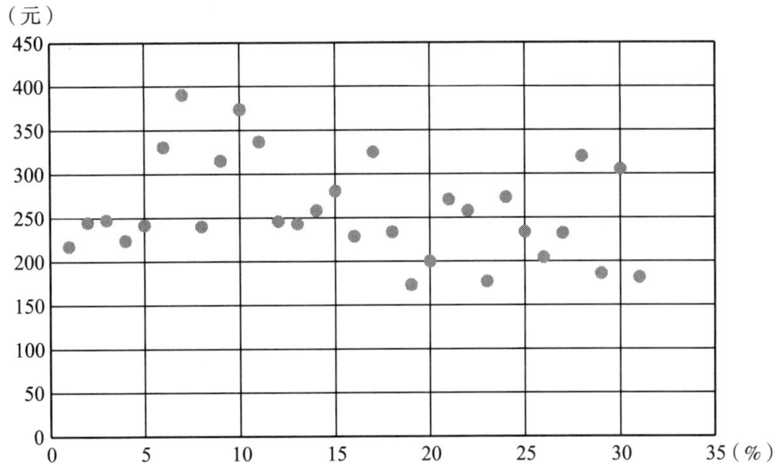

图 21　2005～2017 年中国各省份最低工资标准增长幅度分布图

资料来源：Wind、中国民生银行研究院。

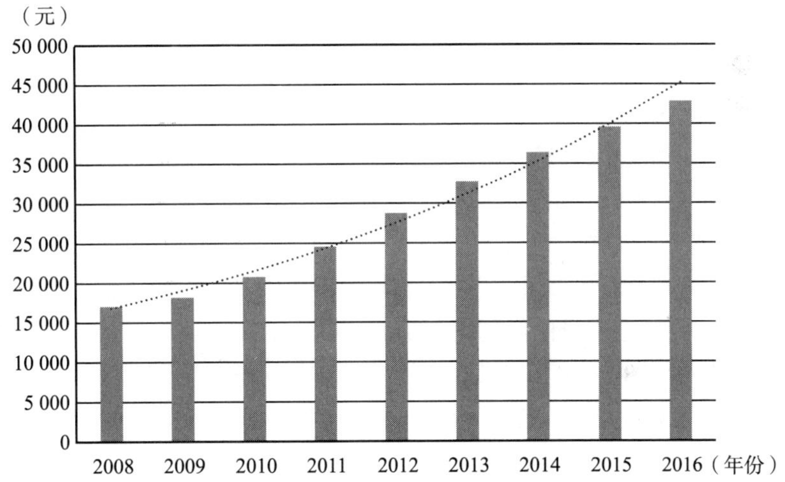

图 22　2008～2016 年中国民营企业就业人员年平均工资

资料来源：Wind、中国民生银行研究院。

表 8　　2005～2017 年中国各省份最低工资标准增长幅度分布区间

增长幅度区间	地区及增长幅度
150%～200%	江苏省 173.12%，广东省 177.05%，西藏自治区 181.69%，海南省 186.00%
200%～250%	浙江省 200.00%，广西壮族自治区 204.35%，河北省 217.31%，北京市 244.83%，天津市 247.46%，山西省 223.81%，云南省 231.92%，山东省 241.51%，辽宁省 240.00%，新疆维吾尔自治区 245.76%，陕西省 242.86%，湖南省 228.48%，上海市 233.33%，四川省 233.33%
250%～300%	河南省 258.33%，257.89%，湖北省 280.43%，安徽省 270.73%，重庆市 273.13%

续表

增长幅度区间	地区及增长幅度
300% ~350%	青海省 305. 51，黑龙江省 330. 77%，内蒙古自治区 315. 09%，贵州省 320. 00%，宁夏回族自治区 336. 84%，江西省 325. 00%
350% ~400%	甘肃省 373. 68%，吉林省 390. 36%

资料来源：Wind、中国民生银行研究院。

3. 融资问题仍有待破解

多年以来，融资难、融资贵仍是民营企业反映较为普遍的问题，特别是中小民营企业融资问题更为突出。

（1）融资获得程度不高。中国民营企业资金来源依然依靠内源融资，以自有资金为主，通过银行贷款、债券以及股票等资本市场融资的占比较低。在外源融资中，由于资本市场不发达，民营企业以间接融资为主，直接融资占比较小。大中型民营企业（民营企业 500 强）85% 以上依靠自有资金投资；在外源融资中，70% 以银行信贷方式解决资金需求，30% 通过资本市场融资。80% 以上的小微企业依靠自有资金，且自有资金占比超过 80%，超过一半的小微企业自有资金占比在 85% 以上，25% 左右小微企业自有资金占比在 90% 以上。银行贷款、民间借贷、小贷公司是小微企业最主要的外源融资渠道，在中国约 5 600 万家小微企业中，需要银行贷款的比例达 25. 8%，在有银行信贷需求的小微企业中，能获得贷款的比例仅为 46. 2%。即实际获得贷款的小微企业为 667. 5 万家，占总数的 10% 左右。2014 年以来，由于经济下行，许多民营企业遭到银行抽贷、限贷、压贷，面临资金链断裂的风险，民营企业融资难的问题更加突出。据中国人民银行统计，银行贷款中有相当大一部分贷给了生产效率相对不高的国有企业，而大量运营高效、更具创新能力和创新欲望的民营企业则无法获得足够贷款，不少民营企业缺少流动资金和技改资金，有时通过高利率的民间借贷来维持正常运营。

（2）融资成本居高不下。尽管近年来政府一直在采取措施降低民营企业融资成本，但据对民营企业抽样调查显示，民营企业融资成本居高不下，贷款利率偏高，商业银行拥有定价权，均会在基准贷款利率基础上上浮，而商业银行对国有企业的贷款则会在基准利率贷款基础上下浮。从调研材料看，民营企业贷款利率达 13% 左右，甚至更高，除贷款利息外，融资成本还包括政府行政部门、中介机构收取的审计费、评估费、担保费、登记费、公证费等各种费用，实际融资成本高达 17% ~20%。民间借贷利率在 16% 以上。2013 年，经中国银监会辽宁银监局测算，民营小微企业银行融资成本率年化为 12. 75%，其中利息成本占单位融资成本的 63%，第三方收取的各项费用占单位融资成本的 37%。同时，民营企业从银行获得贷款的流程长复杂、周期长，提高了贷款成本。此外，以民营企业为主的创业板、中小企业板申请条件相对较高，申请流程复杂，直接融资的制度成本较高。

2010 年 2 月～2018 年 1 月，民营企业发行的信用债利差一直明显高于中央企业、地方国有企业发行的信用债利差。2013～2016 年该民营企业信用债利差与中央企业、地方国有企业信用利差的差值分别由 100BP 和 50BP 左右拉升至 250BP 和 180BP 左右，目前下降至 150BP 和 100BP 左右，一定程度上表明民营企业在资本市场的融资成本高于国有企业，如图 23、图 24 所示。

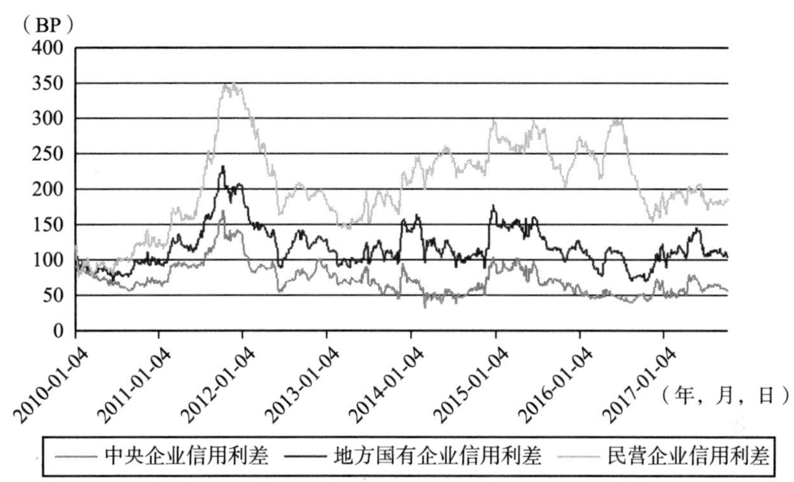

图 23　2010～2018 年产业债不同企业性质信用利差比较

资料来源：Wind、中国民生银行研究院。

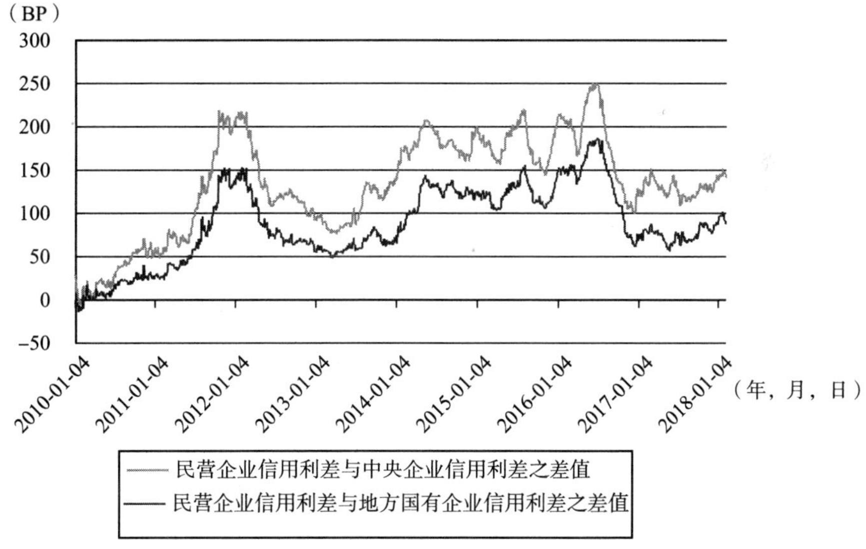

图 24　2010～2018 年产业债民营企业信用利差与中央企业、地方国有企业信用利差之差值

资料来源：Wind、中国民生银行研究院。

四、放眼未来：中国民营企业进入高质量发展新时代

（一）党的十九大为民营企业健康持续发展指明了方向

党的十九大报告指出，中国特色社会主义进入新时代。报告提出了一系列新的重大理论，对非公有制经济做出新的重大论述，重申“必须坚持和完善中国社会主义基本经济制度和分配制度，毫不动摇巩固和发展公有制经济，毫不动摇鼓励、支持、引导非公有制经济发展”，首次在党的报告中提出“要支持民营企业发展，激发各类市场主体活力”，并在市场准入制度、产权制度、商事制度等方面作出了一系列重大部署，充分表明了党对待非公有制经济的态度不变，为民营经济持续健康发展指明了方向，坚定了民营企业的发展信心，标志着中国民营经济进入新的历史阶段，制约民营企业发展的体制机制障碍、市场准入门槛、现实存在的“玻璃门”“弹簧门”“旋转门”等将被一一破除，民营企业的活力、创造力将得到充分释放。

（二）民营企业应苦练内功补短板致力于成为百年老店

一是建立完善、科学、合理的现代企业制度。完善公司治理结构，使公司治理规范化、制度化，建立有效的公司内部制约机制，提高决策的科学性。二是增强创新能力。加大研发投入，摆脱长期依靠低成本、低层次模仿、低层次加工的局面，从产业链低端向中高端迈进。三是提高经营管理水平。特别是中小民营企业应积极抓住信息化、“互联网 +”的发展机遇，引入先进管理手段，探索创新商业模式，适应时代发展的需要。四是自觉培育企业诚信经营意识。树立契约意识，自觉诚信守法、以信立业，依法依规开展生产经营。五是培育企业家精神。发扬敢于冒险、创新的企业家精神，树立打造百年老店的信心和决心。

（三）民营企业应主动融入国家发展战略抢抓发展机遇

党的十八大以来，党中央围绕“两个一百年”奋斗目标提出了系列国家发展战略，民营企业应积极主动融入国家发展战略和主流经济，在“一带一路”倡议和京津冀协同发展、长江经济带发展、雄安新区建设、乡村振兴战略等区域协调发展战略中寻找发展机遇，在战略性新兴产业、现代服务业、军民融合产业等产业发展战略中找准自身定位，在供给侧结构性改革中提升供给质量，积极把握先进制造业、新兴产业、中国制造 2025，互联网、大数据、人工智能与实体经济深度融合，中高端消费、创新引领、绿色低碳、共享经济、现代供应链建设等领域的投资机会。

（四）改善制度供给并优化营商环境支持民营企业发展

一是发挥市场的决定性作用。进一步清晰政府和市场的角色定位，按照“更少干预、更多支持”的原则，维护民营企业合法权益，营造鼓励民企生存发展的良好环境，促进民营企业可持续发展。

二是坚持服务型政府理念。政府应进一步强化主动服务理念，完善制度供给，从政策支持转向制度保障；在健全市场体系、创造平等政策环境和完善制度服务体系等方面，为民营企业发展创造良好条件和制度环境。

三是大力优化营商环境。进一步深化行政审批制度、商事制度改革，继续推进政府的“放、管、服”改革，降低制度性交易成本。着力构建、营造“亲”“清”新型政商关系，创新政企互动机制，完善民营企业家正向激励机制，进一步完善、落实民营企业产权保护制度，依法切实保护民营企业及民营企业家的财产权，增强民营企业家创新活力、创业动力。政策制定要精准，政策要落地，坚定民营企业家信心，稳定民营企业家预期，营造法治、透明、公平的营商环境。

四是放宽市场准入门槛。全面实施市场准入负面清单制度，除特殊领域外，全面放开投资领域，鼓励民间投资进入，保障民营企业依法平等进入负面清单以外的行业、领域和业务，清理废除妨碍统一市场公平竞争的各种规定和做法。

五是加快推进混合所有制改革。在新一轮国有企业改革中，鼓励民营企业通过出资入股、收购股权、认购可转债、股权置换等多种方式，参与国有企业混合所有制改革，提高民营企业在相关行业的话语权和参与度。

（五）加快税费制度改革降低民营企业的生产经营成本

一是减税、减费。通过财政手段降低税率，可适当降低我国企业增值税、所得税率的名义税率，全面实现税收法定，正税清费，渐进式推进行政零收费，减轻中小民营企业的税负水平，增加民营企业的获利空间。合并或撤销重复征收的税费，全面落实营改增。完善涉企收费、监督检查等清单制度，清理涉企收费，最大限度减轻企业负担。完善研究开发和设计支出的所得税加计扣除政策；减少政府定价的涉企经营性收费，建立有效的涉企收费维权机制。降低“五险一金”缴费比例。监督各项减税降费政策的实施效果，确保政策落到实处。

二是在中短期实行减税、减费的同时，加快中长期税费制度改革，以解决税负在不同企业、不同行业和不同地区间的结构性失衡问题，实现税收的横向与纵向公平。

三是切实落实国家各项面向中小企业的税收优惠政策。通过有明确导向的财税政策，鼓励民营企业更加积极地开展研发创新和技术升级，支持民营企业积极参与国家科技计划、重大科技项目。

（六）金融部门加快探索破解融资难融资贵的解决方案

打破金融供给抑制，优化金融供给结构，以多元化金融供给匹配金融需求。

一是提高直接融资比例，加快推进多层次资本市场建设。大力发展中小板、创业板、新三板，适当降低准入门槛；鼓励区域性股权交易中心建设；丰富债券市场品种和层次，降低企业（特别是中小企业）发行债券的门槛；探索发展并购投资基金，鼓励私募股权投资基金、风险投资基金产品创新，引导社会资金更多关注高新技术产业和现代服务领域的民营中小企业。

二是改善面向民营企业的间接融资服务。推动各银行业金融机构信贷资金向中小微企业倾斜，完善中小企业授信制度，推广股权质押融资、保单质押融资、供应链金融、投贷联动等融资方式，逐步扩大中小微企业贷款规模。建立中小微企业贷款风险补偿资金，鼓励设立小额贷款公司和村镇银行，鼓励保险机构开展中小微企业贷款保证保险等业务，鼓励融资租赁、典当等融资方式在中小微企业融资中发挥积极作用。

三是深化金融体制改革，放宽民营资本准入，积极推进金融机构股权多元化。当前，我国国有银行占比较高，民营银行占比低，银行偏好服务国有企业，民营企业获得金融支持较困难。应加快民营银行设立步伐，推动国有大型商业银行混改，积极推进金融机构股权多元化，鼓励混合所有制改革和员工持股，构建多层次、多元化的银行体系，匹配多层次的实体经济融资需求。

四是完善民营中小企业融资担保体系。以多种方式组建中小企业融资担保基金和担保机构。鼓励中小企业自愿建立互保联保机制，规范商业性融资担保机构，扩大融资担保业务的受益面；为中小企业和担保机构开展抵押物和出质的登记、确权、转让等提供优质服务；加快中小企业信用服务平台试点，不断完善中小企业信用信息数据库建设。

围绕基本实现现代化目标
加快完善现代金融体系

徐　林

中国共产党第十九次全国代表大会开启了中国迈向社会主义现代化强国建设的新征程。围绕实现新征程的新目标，党的十九大报告提出了一系列新的战略任务和新举措，实施这些新任务和新举措，需要现代金融提供全方位服务和支撑。

一、构建现代化经济体系离不开高效的金融服务

按照党的十九大报告的阐述，构建现代化经济体系是经济发展转型的迫切任务，主要包括以下基本要求：一是以质量第一、效益优先为总要求；二是以供给侧结构性改革为主线，推动质量变革、效率变革、动力变革，提高全要素生产率；三是建设实体经济、科技创新、现代金融、人力资源协同发展的产业体系；四是构建市场机制有效、微观主体有活力、宏观调控有度的经济体制，最终目的是增强我国经济的创新力和竞争力。党的十九大报告第一次明确将现代金融作为产业体系的重要组成部分，特别强调现代金融与实体经济、科技创新协同发展在现代产业体系建设中的重要地位，无论是实体经济发展还是实体经济与科技创新的深度融合，都离不开现代金融的服务和支持。首先，金融机构都应该明白实体兴则金融兴、实体强则金融强的道理。实体经济发展是金融服务的基本对象，金融体系需要根据实体经济发展的多样化融资需要，有针对性地提供贷款融资、债券融资、股权融资、创业投资融资、企业并购融资，设备租赁融资、出口信贷融资、债贷组合、股债组合、股贷组合等多样化的融资服务，特别是要为科技创新与实体经济的深入融合所产生的各类创业活动，以及新产业、新产品、新模式、新业态等的发展，提供不同类企业需要的包括天使投资、创业投资、知识产权抵押、中小微企业融资担保等在内的融资服务。其次，实体经济与金融是彼此依存的关系，金融服务好了，对实体经济的输血顺畅了，有利于增强实体经济的发展活力和发展动力，实体经济好了，金融机构的资产配置收益和安全性，才能得到根本的保障，金融资源所有者收益的持续提高，才能得到根本性支撑，是一荣俱荣、一损俱损的唇齿关系。

二、深化供给侧结构性改革需要金融改进融资服务方式

建设现代化经济体系要以供给侧结构性改革为主线，推进供给侧结构性改革要以实体经济为着力点，注重加快发展先进制造业和现代服务业，推动互联网、大数据、人工智能与实体经济深度融合，在高端消费、创新引领、绿色低碳、共享经济、现代供应链、人力资本服务等领域培育新动能，支持传统产业优化升级，继续推进“三去一降一补”，推进基础设施网络建设。金融要更好地服务于上述重点任务和举措，应做到以下几点：一是要围绕实体经济发展着力点，特别是先进制造业和现代服务业发展，提高更加高效便捷、成本合理的融资服务，包括先进制造业需要的创新融资服务、新产品推广融资服务、符合现代服务业资产和业态特征的融资服务、制造业和服务业跨界融合所需要的融资服务等。二是要为互联网、大数据、人工智能与实体经济融合产生的新经济、新业态、新创业发展提供更好的风险和创业融资服务，为中小微创新型企业提供更加普惠的金融服务。政府针对创投和股权投资机构普遍存在的避险倾向，可以通过设立创业投资引导基金，带动引导风险和创业投资机构更多投资于需要股权融资支持的风险较大的创业型早期企业，还可以对此类投资行为给予一定时期的减免税激励，以弥补市场投资机构因风险厌恶导致的对早期创业企业投资不足的市场失灵。三是为了促进传统产业优化升级，应该为传统产业企业的技术改造和设备更新提供更便利高效的融资服务，包括必要的政策性金融服务、融资租赁服务，并根据传统产业企业出于瘦身、成本、技术、产品和服务改进需要而发生的并购行为，提供更好的并购融资服务；对少数具有战略意义的企业，政府也可以通过设立的产业投资引导基金，提供必要的并购股权融资服务支持，以控制企业扩张和兼并重组过程中的债务杠杆比例。四是为去杠杆提供更好的股权融资服务，我国经济的整体杠杆率尚未下降，除了要进一步通过去产能和去库存继续降低企业负债水平外，金融系统需要保持合理的市场流动性，更好发挥多层次资本市场特别是股票市场的融资功能，提高企业直接融资特别是股权融资的比例。五是为铁路、公路、城轨、管道、网络、港口、机场、现代物流等基础设施网络建设提供成本更加合理、期限更加匹配的中长期融资服务，以适应基础设施适度超前规划建设、项目具有外部性收益且回收期长等特点，更好发挥基础设施网络对实体经济转型升级的支撑作用。我国总体上缺乏适合基础设施特点的长期融资工具，短债长用的现象十分普遍，给基础设施项目偿债带来了较大的流动性风险，这一状况需要通过金融服务创新来予以扭转。

三、更好发挥金融服务对加快完善社会主义市场经济体制的积极作用

金融体系改革本身就是完善社会主义市场经济体制的重要内容，涉及健全金融

监管体制、强化货币政策调控、完善资本市场功能、提高直接融资比重、促进利率汇率市场化等举措。对于党的十九大报告提出的以完善产权制度和要素市场化配置为重点，实现产权有效激励、要素自由流动、价格反应灵活，竞争公平有序、企业优胜劣汰，现代金融同样可以发挥积极促进作用。完善产权制度不仅是明确界定产权、依法严格保护产权，还要为产权的价值实现和交易流转提供服务，一个更加健全的多层次资本市场和产权交易体系，有利于为产权的市场化定价、流转交易、高效配置提供体制机制保障。针对国有资本做强、做优、做大，加大国有资本运营和混合所有制改革的要求，资本市场和金融服务所提供的资产管理和配置服务，能够有助于提高国有资本配置效率和效益，通过提高国有资本增值能力和资产配置交易范围、改进资产配置方式等，不断扩大国有资本的影响力和控制力，并为未来划拨国有资产补充社会保障基金拓展国有资本资源。

四、完善金融服务实施乡村振兴战略的体制机制

党的十九大报告提出要实施乡村振兴战略，按照产业兴旺、生态宜居、乡风文明、治理有效、生活富裕的总要求，推进农业农村现代化。我国是在城镇化进程尚未完成、城镇化速度较快的背景下实施乡村振兴战略的，由于农业劳动生产率只有非农产业的1/4，城镇居民人均收入是农村居民人均收入的2.7倍，总体上处于乡村生产要素被城镇和非农产业吸纳的阶段，这是由市场和经济规律决定的。金融资源的配置总体上追求高收益和高效益，面向农业和农村的金融服务成本高收益低，往往容易被金融服务所忽视，但乡村振兴又离不开金融服务的支持。解开这个扣，必须在城镇化过程中，进行城乡要素配置体制的改革，一方面通过城市化进一步减少农业富余劳动力和农村人口，提高农民的人均生产资料占有或使用规模，为农业规模化经营创造更好条件；另一方面要通过农村土地制度改革和完善，为城市资本、技术、人才等现代化要素与农村的农业生产要素，特别是土地资源的高效组合，提供体制机制保障。要通过盘活农村建设用地资源，在产权得到充分保护基础上，扩大农村集体经济组织的融资抵押资源，提高农村土地资源的交易收益；要通过农村土地资源的优化组合，培育更多能够实现农民土地财产权益和规模化经营收益的新型经营主体，以及能够符合金融机构融资条件的经营主体，通过提高农村的金融服务对象集中度来降低金融服务成本并提高收益，为持续提高农业劳动生产率和农民收入服务。按照党的十九大报告提出的构建城乡融合发展的体制机制和政策体系的要求，要通过改革构建城乡要素双向流动配置的体制机制，更多引导城市现代要素流特别是资本和技术进入农村和农业从事经营和开发。在完善政策体系方面，要支持建立更加普惠的面向乡村的金融服务体系，更加注重运用金融科技手段降低单位融资成本，特别是要更加注重向农业产业链拓展经营主体提供金融服务，创新服务方式，提高普惠服务水平。考虑到农业部门不少产品生产具有生产周期较

长、市场波动大、风险较高的特点，为了进一步减轻农民因自然灾害、病虫害等导致的经营风险，应该进一步扩大农业保险的品种覆盖范围，对于风险高、赔付率高且商业保险主体不愿意提供保险服务，但农业发展又很需要的农产品保险业务，政府应该合理提供保险补贴，以更好激励农民投保、保险公司承保，强化对农民因不可预见等外力因素导致的生产经营风险补偿。

五、用全球视野强化金融服务于全面开放新格局的能力

党的十九大报告提出，我国对外开放的大门不仅不会关闭，还会越开越大，这展示了我国坚定推进对外开放进程的坚定信心和决心。在这一进程中，我国将继续捍卫并完善全球多边自由贸易体制，推进贸易投资自由化便利化，实现由贸易大国向贸易强国转变，扩大服务业对外开放，实施国民待遇加负面清单的外资准入管理模式，探索建设自由贸易港，形成面向全球的贸易投融资和生产服务网络。新时代对外开放不同于以往的重要特征，可能是“引进来”和“走出去”并重的双向开放格局，这不仅要求金融业稳步实施对外开放，进一步提高证券、资产管理、商业银行、商业保险等部门的对外开放度，更重要的是，金融部门需要为稳健推进“一带一路”框架下的国际合作、国内企业和居民以全球化视野配置资产，促进国内重大装备出口和国际产能合作等，提供更好的投融资服务。在国内投资边际收益持续走低的背景下，作为全球最大的高储蓄率国家，用全球视野配置我国的储蓄资源，可能是提高投资收益的不二选择。针对这一新的开放特征，必须强化面向全球的金融服务网络建设，以及海外支付、结算和清算等服务，改变目前企业和居民海外经营等活动主要依靠外国金融机构提供服务的状况，稳步推进资本市场对外开放和资本项下的自由兑换，促进人民币国际化，使我国资本市场逐渐成为国际金融要素配置资产的开放场所，形成与我国经济规模、国际化程度和国际影响力相适应的资本市场影响力。中国金融机构的国际化经营能力和水平必须适应形成对外开放新格局的新要求，海外服务网络和服务模式要更加健全。除了更好发挥亚洲基础设施投资银行、金砖国家新开发银行、丝路基金等金融机构的作用外，中国还需要在全球金融治理结构中，扮演更加积极的角色，承担与自身实力相应的责任。

六、完善绿色金融发展机制，全面推进绿色发展

党的十九大报告高度重视生态文明建设，明确提出要构建包含生产、生活、技术、融资等在内的绿色发展系统。这是党的文件第一次提出绿色发展系统的概念，第一次把融资作为绿色发展系统的重要组成部分，充分表明金融服务对推进绿色发展的重要作用。按照绿色发展系统建设的需要，金融毫无疑问必须为绿色生产、绿色技术开发和在生产生活中的运用，提供更加便利的绿色金融服务。要健全绿色评

价体系和标准，为开展绿色金融提供衡量基准。要创新绿色资产定价机制，可交易的形成绿色资产价值，并以此作为提供绿色金融服务的资产价值基础，增强绿色发展项目和企业的融资能力。要按照建立市场化、多元化生态补偿机制的要求，强化生态资产的产权界定和保护，使更多具有稀缺性的生态空间划入产权界定的范围，以便在市场交易基础上形成产权定价，从而使生态保护和建设形成的生态空间、日益改善的生态空间，具有市场价值实现机制的保障。在此基础上，创新绿色金融工具，通过绿色信贷、绿色基金、绿色债券、绿色资产证券化等不同金融产品，为生态资产的增加和增值、转让和交易，提供更多样化的绿色金融服务，最终在生态空间建设、生态环境保护、生态价值升值和绿色金融服务之间，形成良性循环的互促互利关系。

七、改革完善金融监管体系，有效防范金融风险

强化金融服务和控制金融风险是一枚硬币的两面，不能顾此失彼，否则可能导致整个金融体系的系统性风险。一般认为，金融从业者具有较强的动物性，容易产生非理性繁荣并导致金融危机，所以金融监管是一个值得高度重视并不断改进的过程。在这个过程中，金融创新与金融监管之间一直存在“道高一尺魔高一丈”的关系，监管者与从业者之间斗智斗勇，推动了金融业创新发展和金融监管日益完善的不断螺旋式上升。金融的本质是在有效控制风险的前提下寻找市场套利机会进行资产配置并实现最大收益，其中最简单的套利就是贷款利率与存款利率之间的差额，当然还要捕捉不同市场和不同产品甚至不同规则之间的套利机会，这使得金融运营变得十分复杂，也相应增加了监管难度。党的十九大报告强调，金融要在更好服务实体经济的基础上实现自身的收益和发展。所以，我们理解金融的功能，一方面要看到金融对实体经济具有输血功能的一面，是现代经济的核心；另一方面也要看到金融机构管理配置的金融资产，大多是老百姓的储蓄或是出资人的储蓄积累，金融机构承担着为储蓄人保值增值的责任，需要严格控制运营风险和损失。为了有效防范金融风险，政府和金融监管部门需要认真把握以下几个重点。

1. 减少政府对金融机构配置资产的不当干预和引导

历史事实和经验证明，政府对商业性金融机构资金配置的不当干预和引导，往往是商业金融机构出现资产配置损失的重要原因之一。商业金融机构的资产配置应该坚持商业标准和风险控制标准，而不是一味服从于政府的产业政策导向或其他指引性干预。服务于政府政策目的的金融资源配置，应该由政策性金融机构来承担，或由政府提供政策性金融资源，有商业金融机构竞争性获得并按要求为政策支持对象提供服务，真正做到商业性金融与政策性金融分开。政府极少明确拿出政策性金融资源配置给政策性金融机构，导致政策性金融机构既利用其监管约束较少的优势从事竞争性商业金融，又按职能要求从事政策性金融业务，相对于商业性金融机构

处于更加有利的市场地位，对市场竞争秩序产生了扭曲性影响，这一状况应该彻底改变。在我国国有企业和地方政府普遍存在预算软约束的环境下，商业性金融和政策性金融不分，极易导致过高的债务杠杆和持续积累的违约风险。

2. 强化金融监管协统一，减少制度性套利空间风险

我国金融监管是以机构监管为主的分业监管体制，央行承担金融稳定职责并在出现金融风险时承担最后贷款人的角色，财政部对国有金融机构承担国有金融资产持有人代表的角色，并对国有金融机构的相关财务问题进行监管，国家发展和改革委员会也对企业债券发行、产业投资基金设立、创业投资等进行监管。这一分业监管的体制与日益普遍的金融混业和综合经营趋势之间，确实存在不适应之处。为此，如何进一步对现有金融监管体制进行改革，一直是业界讨论的热点话题。目前的改革做法是机构合并，负面作用是涉及范围较大的人员调整和职权重组，不利于稳定专业监管队伍。按照功能监管和行为监管的要求，只要将同类金融业务的监管标准统一，消除不同机构之间对同一业务的监管差异，以及因监管差异导致的套利空间，实际上也是值得探索的监管体制出路。不同部门对同一个业务或产品按统一的监管标准进行管理，被监管机构可以在涉及相同业务的不同监管部门之间进行选择，监管部门之间存在一定的监管服务竞争关系，可以促进监管部门改进监管和服务。我国企业债券市场过去实行的就是由国家发展和改革委员会、人民银行、中国证监会共同进行发行监管的体制，这一体制是由国家发展和改革委员会独家垄断企业债券发行监管权演变过来的，改变了过去国家发展和改革委员会独家垄断发行监管、行政效率过低，制约企业债券市场发展的局面。这一变化使得我国企业债券年发行量在不到10年的时间，由每年发行不足1 000亿元迅速扩大为每年数万亿元的规模，也促进了债券品种的创新，迅速改变了我国股票市场和债券市场一条腿长一条腿短的格局。金融监管协调的关键是如何进一步统一监管标准、提高监管深度和精度，减少监管差异和监管竞争形成的套利空间。金融监管部门还要逐渐退出其不应该承担的发展导向和政策导向功能，实行真正按标准监管。

3. 加强金融监管协调，防范各自不当干预导致的叠加振荡效应

我国的干部升迁和管理制度决定了部门之间更多是竞争关系而不是协调关系。由于业绩突出、出彩更多的部门首长会具有更多的升迁机会，没有哪个部门首长会满足于从属地位配合别的主导部门开展工作，往往倾向于各自为政对市场进行干预，部门之间的协调难度较大。围绕统一要求和目标，各自为政、背靠背采取行动导致的结果，是监管部门同时对某个市场现象出手进行干预，或在短期内密集出台一系列监管措施，形成对市场叠加性的同步振荡影响，使市场波动远远超出预期，反而不利于市场的稳定。所以，在我国现有体制下，真正完成部门间的协调，有必要由一个更高级别、权力更大的部门来实现，目前的金融稳定委员会试图扮演这样的角色。但这一体制架构的效率如何，还需要通过实战演练来加以证明，毕竟多层管理决策机制的官僚性与金融市场的瞬间多变性和复杂性之间能否取得平衡，官僚

体系内部精英与市场精英之间斗智斗勇能力如何，工作机制的有效性如何等，还有待检验并不断完善。此外，面对金融科技创新带来的新金融业态发展，以及新业态发展对原有金融市场结构和利益结构的冲击和调整、如何更好保护消费者利益等监管难题，也需要监管部门携手进行更细致耐心的观察和把握，既要防止因过度监管导致对金融创新的抑制，又要防范金融创新导致的风险和市场动荡。

4. 打破刚性兑付，强化市场风险约束机制

为了防范金融产品违约导致的社会动荡，过去各级政府在处理违约事件时，大多采取了由地方政府动用行政权力自扫门前雪的方式，以刚性兑付的办法予以化解。但这一做法的负面结果是难以建立金融市场特别是金融产品投资者的市场风险约束机制和风险意识。这样做还特别容易形成金融产品发行政府审批过滤风险、市场机构产生依赖、下级政府依赖上级的错误关系。要强化金融市场的风险意识和约束机制，必须彻底打破刚性兑付，让机构投资者和个人投资者为自己的投资失误买单，才能形成足够的风险意识，才能形成产品发行和投资者购买之间正常的市场风险约束关系。这样的约束关系一旦形成，今后的金融产品发行只要不涉及公开发行，大多无须政府审批，政府只需要加大对市场承销中介机构作假行为的监管和处罚力度，就会提高市场承销机构的服务和产品质量，强化投资者对所投产品的风险意识和风险识别能力，使市场风险约束机制真正发挥作用，并使得违约风险的处置，能够真正回到法治的轨道。

5. 尊重金融监管的专业性，赋予更大的独立性

货币政策和金融市场的复杂性和专业性，使得金融比较发达的国家在制度上都高度尊重货币当局和金融监管当局的专业性，并赋予较大的独立性，以更好维护货币和金融的稳定。党的十九大报告第一次提出健全货币政策和宏观审慎政策双支柱调控框架的概念，赋予了货币当局在宏观调控中更重要的地位。从新时代金融创新发展的需要看，从更好服务实体经济和维护金融健康稳定的平衡需要看，还要在完善金融监管机构和职能设置基础上，进一步赋予货币当局和金融监管部门在制定货币政策和实施金融监管方面的独立性，这一独立性必须建立在对专业性的足够尊重基础上，从而减少上级领导、不同政府部门、地方政府等对金融领域的不当干预，这可能也是未来维护金融市场稳定和健康发展的必要条件。维护金融监管部门的独立性，需要货币当局和金融监管部门不断强化各自的专业能力，减少各自的利益关联，让各自所属的有可能影响公正、专业执法的下属利益机构脱钩，以保持监管部门的公正性和公允性，这样才能真正得到社会和市场的专业尊重，使独立性得到更好的专业性保障。

国有经济、国有资产及相关问题的认识与改革探讨*

贾 康

摘要：我国国有经济改革历经多个阶段，但仍存在一些问题。目前对“国进民退”与“国退民进”讨论激烈，但简单贴标签的思路不可取，应将“股份制”作为企业做大做强的重要线索，混合经济是企业产权结构和企业治理结构最具代表性的形式。中国改革应注重三大突出问题：正视民营企业发展中存在“不规范”的“原罪”问题；警惕以“股份制改造”为名对国有资产的巧取豪夺；关注大型国有企业的既得利益、“自我满足”惰性和“不透明”“不规范”“不讲理”等问题。在企业经营性国有资产方面，应落实分层界定中央的资产、省的资产、市县的资产，中央、地方分级行使出资人职责，三个层级上都相应地设立专门管理机构。

关键词：国有经济改革　混合经济　国有资产　股份制　国有企业改革

一、国有经济发展、国有企业改革基调

经过40年改革开放，中国的发展取得一系列令世人瞩目的成就，被称为世界上最大的发展中经济体。但是在出现连续30年的时间段里年均高达9.8% GDP增长率的“中国奇迹”之后，我们显然又面临着非常严峻的挑战。这个挑战直接与我们的“黄金发展期”所伴随的“矛盾凸显期”相联系。

当前的突出矛盾有两大方面：“物”的角度是资源环境制约。我国最主要的基础能源品之一——原油，现在差不多60%要依靠进口。我们自己本土提供的能源主要是煤，而煤从开发、使用到煤矿完成生产全周期以后直至资源枯竭将带来的一系列社会问题，例如，相关人员生产生活出路的问题、环境修复和种种外部性问题，现在看起来都是相当棘手，已经累积形成资源环境制约的重大因素。这种资源和环境的制约，已经使一些过去看来引起某一地方辖区内政府和当地民众一起欢呼

* 本文原发表于《华中师范大学学报》2013年第5期，《新华文摘》曾转载，2018年微信公众号“贾康学术平台”重发时略有修改。

雀跃的项目，实际上现在变成了政府仍然有积极性而民众高度不认可之事，甚至成为 2012 年先后几处地方群体性事件的直接肇因。另外是人际关系制约，涉及收入分配、财产配置以及政府与社会成员、公共权力机构与公民、作为管理主体的调控当局与纳税人之间的关系处理上的矛盾，这些也在凸显。

在当代整体国际竞争环境之下，要想中国政府比较从容、一般化地提供基本公共服务，然后整个市场力量就能够在竞争中间如愿地形成中国人所追求的后来居上的赶超，可能性不大。因为现在想走让市场机制通过平均利润率调节机制优化结构、使经济成长起来、成熟起来然后就实现现代化这条路，国际竞争环境实际上已经不允许了。走在前面的经济体说起来都是非常公正的，有一大套规则，如现在 WTO 规则是最典型的经济方面的国际规则，但对后发展的国家有不公平之处。例如，我们现在最有相对优势的竞争要素是廉价劳动力优势。但 WTO 在劳务输出方面已经有种种限制。在限制劳务、人力要素不准自由流动的同时，WTO 规则对资本自由流动这种强势的、先进国家手里面已经有相对优势的生产要素及其辐射效应，却在要求和鼓励自由流动里使之效用最大化。世界金融危机之后，在贸易竞争中又有一个很奇特的现象：这些天天要我们破除贸易保护主义壁垒的先进经济体的人士，却在很多具体场合主张贸易保护主义。面对这些现实，回到党的十八大报告更好地发挥政府作用的命题来说，对于处理好政府与市场关系这一核心要领的复杂性、挑战的艰巨性，要充分认识。关于国有资产管理体系、国有经济作用方面的很多认识，都可以和这件事情联系在一起。

党的十八大报告指出要“毫不动摇地巩固和发展公有制经济”，“推行公有制多种实现形式，推动国有资本更多投向关系国家安全和国民经济命脉的重要行业和关键领域”。“使股份制成为公有制的主要实现形式”，“不断增强国有经济活力、控制力、影响力”，与此同时，“毫不动摇地鼓励、引导非公有制经济发展，保证各种经济依法平等使用生产要素、公平参与市场竞争、同等受到法律保护、健全现代市场体系”。

二、我国国有经济的战略性改组

（一）国有经济的改革历程

1983 ~ 1984 年的“利改税”成为国有企业改革的重头戏。两步“利改税”解决了把国有企业推到和其他市场经济主体一样的纳税人的地位，希望通过“利改税”使国有企业和其他企业一样，在市场经济大盘里面通过公平竞争来发展。

两步“利改税”之后，决策层在 1985 ~ 1986 年认为需要进一步考虑怎么样让“活力”得到释放。总是感觉没有达到原来心目中所追求的像农村改革那样一下子局面打开、活力涌现的状态。在城市改革方面能不能也找到一个可以推进整个改革乘势向上、迅速见到经济效益的技术路线？从管理部门到研究机构，一起研究了一个“价、税、财”联动方案，但到东北做了国有大型企业的调研之后发现这个“价、税、财”研究是想依靠市场中的规范化机制，用经济手段调节，但是这种规范手段在当下中国调节效果很差，“利改税”后出现了国有企业连续二十几个月的效益滑坡。1986 年底，思路转道，从 1987 年开始，推行国有企业方面的承包。运行没两年，就意识到这个社会化大生产领域的承包和农民“农户式”小生产的承包，运行起来的逻辑大相径庭。在城市改革概念之下，在已经有规模效应的现代化大生产的企业里推行承包，很难避免短期行为，更关键的是，承包中的甲乙双方实际上不是平等的主体，必然带来政府管理主体对市场主体变相的过多干预、过多关照、“包而不干”“包盈不包亏”式非规范、非平衡发展的紊乱状态。

种种弊病很快使我们的探索在国有企业改革的路径上把两步“利改税”以后一度认为可以不再提到的“利润”这一轨的机制，再重新加入回来，就是确立“税利分流”概念，使国有企业按照公平竞争的市场法人地位，既要依法上缴国家规定的各种税，包括所得税；同时又要明确国有资产实际使用者、运营者的特定地位，应该对资产运营中间所产生的资产收益承担上缴义务。这就有了“税利分流”改革试点，有关管理部门给予肯定，但是要让它成气候，必须纳入一个更全面的改革框架。这个改革框架是到了 1993 年前后才趋于清晰化的。在 1994 年改革之后，分税分级财政体制和多层次复合税制的配套改革，解决了在中国搞市场经济必须构建的间接调控体系基本框架问题。货币政策、财政政策两大经济手段在这个框架之下，开始有越来越充分地发挥作用的空间。政府对所有的企业不再按照行政隶属关系组织财政收入，而是不讲大小、不分行政级别、不论隶属关系，不看经济性质，税法面前一律平等，该缴国税的缴国税，该缴地方税的缴地方税，税后可分配的部分按照产权规范和政策环境由企业自主分配。可以说这时候才真正在从宏观体制到市场运行机制的联通上面，画出了所谓让各种企业公平竞争的“一条起跑线”。

1994 年以后，企业方面包括国有企业的厂长、经理、管理者等行政级别，自然而然就跟着在淡化。甚至在国有企业的独资形式下，厂长、经理、高管都可以通过人才市场的竞争来遴选。这些人的官员身份不能说已消失了，但是已经明显得到了淡化。企业跨隶属关系、跨所有制、跨行政辖区的兼并重组，就是在 1994 年改革以后才可以较公正地、基本无壁垒地、无行政硬性阻碍地展开实际过程。正因为国家财政分配系统有了这样一个机制性改变，中国的分权改革终于从原来的行政性分权，进入一个新的经济性分权的境界。

在这个基础上，1994 年终止所有承包的同时，作为渐进改革中的妥协，在“税利分流”框架下做了一个阶段性的特殊处理：理论上讲，税和利各行其道，但是在 1994 年以后的一段时间里面，暂不提国企利润上缴这件事情，这是当时对相关方面做了妥协以后形成的一个具体安排。当时国有企业普遍还比较困难，“利润上缴”不提，对应于资产收益的这一部分，可以全部留在企业用于扩大再生产，实际上也支持了企业改善职工的福利待遇。但是到了2000年后，“三年脱困”这个目标基本实现，国有企业在效益指标上有了新境界，方方面面开始注意到资产收益上缴问题。

简而言之，20世纪80年代经历了国有企业普遍的困难，后期开始组建国有资产管理机构，到了90年代不得不推出“抓大放小”，提出“三年脱困”和“战略性改组”，2000年进入新千年新阶段以后，国有企业在“瘦身”后财务指标方面普遍向好，自然而然地使社会注意力放到了资产收益上面。资产收益的上缴实际的突破是在“石油特别收益金”上开始，也有人称之为实际上是一种石油企业“暴利税”或资产收益特别上缴制度，到2008年，在中央级开始正式编制国有资本经营预算，随着这一预算的编制，国有企业资产收益上缴比过去而言有了一个更清晰的章法。除了部分国企仍然是不上缴，其他国企有的按5%，有的是按10%缴纳，再往后又增加了15%这一档（烟草已升为20%）。

（二）国有经济领域的问题认知

在中央级层面上，归国务院国有资产监督管理委员会管的开始有200多家、现在为100多家大型和特大型企业，已纳入了国有资本经营预算的管理框架，其内有相对清晰的资产收益上缴机制，是改革开放40年以来一步一步摸索和发展到现在形成的基本格局。这种进步对于整个国民经济的贡献当然是十分重大的。但是在取得了一系列进展和进步之后、国有经济继续发挥非常重要的贡献的同时，在这个领域里也还存在着一些明显的问题。

一是过度垄断问题，存在明显的不同观点：国有企业有无不当的过度垄断？应当与不当的界限是什么？还都见仁见智。二是定位和规则问题。关于国有经济为什么存在的种种解释、理论争论背后，涉及相关规则的不同设计路线。应该是有激励就有约束。国有经济、国有企业的激励与约束、“权、责、利”机制应当有一套什么样的规则？这个问题也还存在明显的争论。三是国有资产管理体系的问题。我们经历了一系列探索，有很多进展，现在实体经济中至少在中央级已看得相对清晰，国资委这么多年管理摸索出一些相对成形的经验。地方在省和市县一级也有进展，但应该讲，国有资产管理体系今后到底应怎样健全并如何进一步优化，仍然存在很多不同意见。笔者不认同现在中国国有资产管理体系已经达到了一个基本成形、可以相对稳定状态的判断，显然还有一系列的改革和探索任务。四是公有经济的实现形式问题。这是一个理论色彩很浓厚、现实生活里影响巨大的问题，它直接关系到我们多少年延续下来、现在仍然没有办法下定论的“公有制是‘为主体’还是‘为主导’”，如何探索认识“混合经济”的概念、国有制和国有企业是否是共产党的“执政基础”等问题。国际上特别有影响的萨缪尔森经济教科书中，作者作为非常有影响的新古典综合派的代表人物，对合理的、主导的所有制的基本看法就是“混合经济”。笔者认为，“混合经济”概念对我们以后在中国务实地处理深化改革、践行市场经济制度建设来说，是一个很重要的概念。“为主体”或“为主导”都有阶段性和层次性。可能在从传统体制走向新的市场经济体制的过程中间，在一开始的阶段上无法一下走到“为主导”的表述，一定要强调“为主体”，这可以避免很多激烈的观念冲突，把一些该做的实事抓住往前推。但到了另一个阶段上，很多人就不满足于“为主体”了，认为这会机械地理解为50%以上的股权才是“主体”——在某些行业、某些领域、某些地方、某个阶段上如果低于这50%，是不是就是丧失了“为主体”？是不是就是一个重大的方向性错误？在这种争议中，不少人也倾向于“为主导”了。“主导”更强调的是辐射力、影响力、控制力。但是也有人不同意。在内部讨论里，现在仍然会有一些同志说：“如果一下退到‘为主导’，会不会是整个社会主义都成了问题？”这也是一个看问题一下子就会上纲上线的、在决策方面也会很有冲击力的考虑视角。有的同志把公有制等同于国有制，不认同或不明确股份制也是公有制的重要实现形式，那么观点上可能就更为对立了。笔者不赞成拘泥于“为主体”或“为主导”的这种争议，应淡化这种争论。

（三）重大配套改革的紧迫性：以“从煤到电”为例

中国现在总体资源配置如果从一般商品来看，价格形成机制已是相对充分市场化的，但中国的基础品领域，在所谓国民经济命脉层面上看，却严重抑制了市场化。中国资源禀赋方面最丰富、最典型性的基础能源产品是煤，而煤开发出来以后大部分就是要拿去发电的，即“火电”。整个中国电力供应里面，3/4左右是火电。中国的铁路系统平常运输力量一半以上运输的是煤，运送出来的煤则主要是用来发电，特殊季节会达到60%、70%甚至更高的比例。显然，这是国民经济、社会再生产得以维系的、命脉层面的、最基本的资源配置问题。从现状来看，从煤的开发为始点直至运到发电环节把电发出来，这个再生产怎样能够得以周而复始地运行下去？现在这样一个流程，可以说已经是紊乱不堪、乌烟瘴气、“无处不打点”。在国家的明规则体系里，我们从法律到部门的规章，到红头文件，都找不到“打点”的任何依据，但实际生活靠“潜规则”强制替代“明规则”。发电用的煤有合同煤和非合同煤。合同煤的占比越降越低，谁也按不住煤价了，煤炭的价格形成机制只能让它越来越市场化。市场化以后的煤的去向上，越来越没有内在的经济动力去解决发电的需求问题，因煤价随行就市抬高，而后边发电的价格却是被我们用行政管制手段摁住的。于是开始寄希望于“合同煤”的形式，而合同煤的比重被种种方式挤压得越降越低，可里面还实际分出合同煤1号、2号到合同煤N号，最新的动态是说，这种合同煤和非合同煤的双轨制已经难以维系，必须考虑适应市场的力量让所有的煤的比价关系和价格形成机制在市场资源配置基础运行机制之上并轨。而现在说到的电力再生产流程，是五花八门的合同煤1号、2号等若干的号，再加上非合同煤，合在一起才能满足我国总体的发电需要。

这个流程是怎么把它维系下来的？笔者专门问过国家发展和改革委员会及业界

的朋友。业界的典型说法是：这中间有大大小小、各种各样的“平台”把整个流程连起来。有各种各样“八仙过海、各显其能”的经纪人公司，解决所有环节的连接问题。例如，煤产出来之后非常关键的是往外运，必须要找到车皮，而铁路系统的车皮能拿多少、怎么拿，今天一个样，明天可能就是另外一个样，这里面许多关系总要协调，车皮拿到手以后的运行过程中间，各个环节上可能还都要求利益均沾、无处不打点；到了某个环节之后又有种种变动因素，如让不让在这卸货、在这连接，各种各样的因素错综复杂，这些问题最后都必须有办法解决，事情才能延续下来。诸如此类的事情非常复杂。总之，所谓打点，就是非市场的、非规范的潜规则——设租、寻租、拉关系、挂关系。现实生活中，往往是这样一些紊乱的利益输送机制，扰乱了中国整个再生产命脉层面的基础能源配置。这跟我们所追求的一个健康市场经济相差何止十万八千里?

如果年年这样，到一定时候，矛盾积累到某种程度，这个系统是要整个败坏和积重难返的。如果把这个事情稍展开一点分析，是碰到了什么问题呢? 煤炭的价格形成机制市场化如果是无法逆转的、我们必须接受的基本事实的话，那么只能从这个源头接着往下考虑，怎样把“从煤到电”整个再生产流程理顺。如果煤炭价格势必并轨，要让它尊重社会主义初级阶段市场开放背景下的基础机制的话，那么“从煤到电”就要解决在电力领域里面配套改革何去何从的问题。

电力方面的改革，十年前就有四句话的原则。前面“厂网分开，主辅分离”这两句话都做了；后面是非常关键的、实质性的“竞价入网、输配分开”，却寸步未动。整个电力的供应方面被拆分成五大集团、多种主体。后续效应应该是让这些主体之间通过“竞价上网”产生新的一种让电力产品回归商品属性的新机制、产生新活力，但很遗憾，原应指望的正面效应都没有体现出来。本来的逻辑也应该让电网回归自然垄断（不属于过度垄断），但就是实施不动。现在电网实际上非常强势，虽说把电网拆分成一个主要的国家电网和一个南方电网，这有点像咱们要在中国移动旁边先打造出一个中国联通，然后让它们发展竞争关系——电网只能在特许权管理下、增加业绩考核概念下的竞争压力。但是电网并未与发电侧（前端）、配电侧（后端）撇开关系，电力成为商品和配电服务也市场化竞争这两条决定性的改革意图并未达到，后面所有的正面效应也就没有达到。

相关联的事情可作些观察：中国大力发展光伏产能之后，现在却出现了这个行业的危机。原来叫得响的若干光伏电池生产厂家，现在几乎都要破产，有些地方政府不得不出手去救它们。根据统计数据，这些年中国所生产出来、可以产生清洁能源（利用太阳能这种可再生能源产生电力供应）的光伏电池板，98%以上只有出口一条道，国内用不上。我们生产这些光伏电池消耗自己的能源、形成污染因素——多少是要污染环境的——而到了产生清洁能源的成品这个环节上，却要卖给比我国更清洁的外国人，自己用不上。因为这些光伏电池如要能够在国内使用，必须解决光电怎么入网的问题。现在有关方面发出的声音是说：不行，它入不了网。

这里面会有些技术原因，但是笔者观察，技术原因其实不是主要的，而多是借口。无非就是智能电网、分布式微电网，因为光伏电、风能电这些电生产中的稳定性是较弱的，需有很多新的调控技术上的配备。智能电网是不是中国人就制造不出来？不对。我们到江苏省，知道中国生产的智能电网出口到保加利亚了。如果还是不能达到中国这样巨大电网的需要的话，我们可以组织攻关尽快解决技术上的问题。因此，现在的实质问题，主要是在制度上，就是有既得利益背景的制度性的阻碍。我们自己的光伏电池都不能入网，它应该产生的正面效应没有一个竞价入网机制来配合，那么说了那么多的“科学发展观”，还只是浮在半空中的空中楼阁。设想一下，像太阳能、风能，它们和火电一起竞价入网复杂吗？除了那些技术上的应有配置外，在机制上笔者觉得不复杂，就是财政采用透明的方式规定好，如“一度太阳能电、一度风能电，入网之后给补贴多少钱”就解决这个问题了。不是搞了太阳能、搞了风能就注定能入网，还是要通过竞争，能取得市场份额就继续发展，拿不到就被人吃掉或者干脆淘汰出局。这种机制在原来的电力改革十六字方针想象空间里面，实际上已经包含了，在现实生活中却迟迟到不了位。

但是后来，至少有一个非常重要的契机：中国资源税的改革已在推行。2010年中央讨论解决新疆问题的工作会议，决定给新疆维吾尔自治区一个政策大礼包，其中就包括资源税在新疆原油、天然气两项上先行先动，原来已经无关痛痒的“从量征收”变成“从价征收”，就有关痛痒了。这样原油、天然气的价格形成机制加入了一个依法的、透明的、可预期的税收因子。这个因子加入进来以后，无论产品价位怎样在市场经济波动中随行就市，它的一定比例是从价的一个税负，这就使原来体现远远不充分的该项资源产品的稀缺性显著凸显。另外，它也是一个经济压力，会在整个产业链条里从开发资源的上游环节，一直向产业的中游、下游传导下去，影响整个产业链上所有经济体的行为。那么，我们设想一下：对于原油、天然气我国有特殊情况（有“两桶油”或“三桶油”），总体来说的一个寡头垄断格局，似可以在这个系统里面对价格传导做更多的吸收和处理；但一旦到了煤——笔者认为这是无可回避的——一旦把这样一个从价机制推到煤，那我们想想是什么局面？一定会逼着人们考虑把“从煤到电”整个再生产流程理顺的配套改革，要出方案、要来真的，即要解决电力改革十六个字指导方针中另外关键的八个字十年来寸步未动的问题。当然，这还要看党的十八大以后各种各样的因素，天时、地利、人和能不能凑到一起。但是已可以看得很清楚：这种重大的配套改革无可回避，它关系到我们整个国民经济和市场经济建设的命脉层面。我们过去常说的所谓关系国计民生，这还是一个模糊概念，但是现在说这种基础能源的一套事情，是与国计民生相关最主要的领域，一点儿也不含糊。“从煤到电”理顺关系、优化比价关系与价格形成机制，直接的、技术层面的效应是使我们整个产业链从上游、中游到下游所有的市场主体开始更好地体会到这种资源的稀缺性，认识这种资源的金贵性质，并出于经济利益，大家都争着节能降耗——这是由于经济原因驱使的、属于“内生的”节能降耗——并使大家都千方百计地开发有利于节能降耗的工艺、技术、项目和产品。不这么做，市场份额就会让给别人，谁在这方面做得好，谁就可能扩大市场份额。节能降耗在这种内在经济利益驱使之下来实现，就是在真正贯彻落实科学发展观、追求可持续，就是在依靠市场竞争淘汰所谓落后、过剩的产能，就是在缓解我们所说的资源环境制约。

与此同时，它还一定要影响到消除电力行业“过度垄断”的机制创新和制度改进。真正的竞价入网在前端如果形成了机制，后端的输配分离在零售环节引入更多的服务外包和改善服务水平的竞争，也可理顺成章地推出。这个改变发生之后，竞争机制还会改变原来人们议论的、存在于垄断行业里的收入分配现状。前几年，网上热议的“抄表工年薪十万元”这个事情使很多人愤愤不平。其实只要是电力行业的正式职工，无论是抄表工，还是门卫或是其他，月收入不会低于一万块钱。这还是讲一般情况下，此外还有年底的奖励、大家集资、入股分红等，变相提高待遇水平。这靠什么？是靠特别努力地工作？是靠特别好的技术创新？实话实说，不能说这种因素一点没有，努力工作确实有，电力行业的具体管理部门、工作环节上不少的人员非常努力、非常有创新意识，但整个框架上来说，必须承认，就是因为现在把电网和其他一些事情混在一起，很多本来使电网回归自然垄断属性而以特许权规范管理下不可能拿到的这种账面上的高收益，却轻易拿到了，拿到后除了扩大再生产、改善自己的办公条件之外，也自然而然倾向于给员工多发钱，调动大家积极性。只是一个局部的积极性，就已经使社会上人们感受“跷跷板”明显倾斜。这和收入分配有关系，和前面所说的矛盾凸显中人际关系矛盾的制约也有关系。中央层面和党的十八大把收入分配问题看作一个非常重要的问题，就是面对现在新阶段的挑战，要特别注重老百姓在提高实际生活水平以后，怎样使公平感、满意度、幸福感也得到应有提升。这种机制问题一定会和收入分配里面的公正性、合理性联系在一起。

这样，从前面说的节能降耗这种消减资源环境制约的问题，实际上已经推演到了优化人际关系、分配关系，以及分配关系后面跟着的财产配置关系的问题。要处理好矛盾凸显里面这类最敏感、在某些场合最具有“火药味”的分配关系。这样的连接是从我们所说的矛盾凸显基本制约的“物”的角度，自然而然地联系到“人际关系”的角度。要把相关的配套改革做出来，是相当复杂的，但不是说是不可想象与不可操作的，也是不可拖延的。现在强调的顶层规划，就是要从煤炭价格怎么样进一步并轨，到资源税改革推动的从煤到电理顺关系，再到制造业、服务业这样的整个社会再生产流程理顺体制，对相关所有问题作出通盘考虑与改革谋划设计，进而必然要推进在电力改革概念之下，使电力产能、电网以及输配一直到最后零售环节全套合理化的举措，其中也包括要改造发改委抓在手里不放而笔者认为是一定要改掉的电价的过度管制机制。现在管到什么程度？了解情况的同志说起来都觉得非常荒唐：一个电厂1号、2号、3号机组，不同时间建成的，每个机组的入网价格是国家发展和改革委员会先后批出来的，都不一样，实质上无客观依据和合理性。这就回到了财政多少年以前所说的用产品税来调节各种各样产品配置的类似案例，结果几千个具体的、谁也记不住的产品税率方面区别对待的规定，到头来是在做邓小平同志所说的政府“管不了、管不好、不该管”的事。现在电价的这种管制形式是典型的“管不了、管不好、不该这样管”。

当然在这种现实机制里面就必然产生很多弊病。有很多东西，如比价关系，在老百姓的生活里，是不用讲什么经济学道理而直接感受的。举个例子，北京大白菜和电价可直接对比一下。改革开放初期，大白菜在秋冬之交上市的时候，好的一两分钱一斤，差的可以不到一分钱一斤。那时候民用电的一度电是多少钱呢？一角六分几。现在，大家都知道大白菜是要一块钱上下甚至更贵了，粗粗地说，翻了差不多一百倍。那么电价是多少呢？民用电现在是四毛八分几，增长两倍（同期平均工资增长也至少有几十倍）。在老百姓的感受上，你说什么东西金贵、什么东西不金贵？他们自然认为白菜呀、西红柿呀这些东西越来越金贵，要精打细算，但是用电可不觉得那么关乎痛痒和需要精打细算。我们家庭中、单位中的照明，会场里面这种满天星的装修，是普遍现象——20 世纪 80 年代的时候就从香港、澳门特别行政区那边学过来了。满天星的每个碗灯里面还大都拧一个度数挺高的白炽灯泡。这种事情真正引起谁注意或真正想要改变了吗？基本没有。有人注意的时候也无力改变。笔者在全国人大预算工委开座谈会的时候，面对我们财政部过去的老部长曾说道：“咱们这个会场一看也是一百多个灯在天花板上面。谁也不觉得这是个事。”老部长反应很快，说：“我们这可都是节能灯泡啊！”笔者说：“您这里是节能灯泡没有普遍性，外面很多地方不安装节能灯炮，都是用的普通灯泡。”部长马上也应对了一句：“是啊，他们觉得不合算。”笔者说：“这句话说到根本上了。”老百姓感受什么金贵、什么不金贵，就是合算不合算。我们现在有了 30 多年的发展以后，比价关系演变到现在，谁也不把电看作是金贵的，谁也不觉得节约电啊、随手关灯啊是个什么大事，就到了这个局面。人们在文件上天天讲节能降耗、可持续、两型社会建设、低碳化发展、绿色发展，等等，现实生活中却没有这样的经济杠杆促使大家发自内心地、从经济利益上感受到地、付诸实际行动地节能降耗。在这种情况下，国家发展和改革委员会还把控制电价的事情看作是关系国计民生，不审批好像这个国计民生就会出问题。恰恰相反。按照这种方式延续下去，我们的国计民生就真的要出问题了！资源配置里面的稀缺性、金贵性不足以体现，比价关系、价格形成机制不足以优化，还出现了“从煤到电”为代表的那么多乌烟瘴气的利益输送机制，实际上就是老百姓所说的贪腐问题、权钱交易问题。没有章法，大家都靠“八仙过海、各显其能”拉关系的方式去寻求一定的利益。从生产到生活，整个国民经济里面很多东西都跟这个现状有关，就构成了矛盾的积累和凸显。

三、对“国—民”进退关系的认识

（一）民企的基本取向

如果从中央文件的书面依据来说，市场取向改革当然需要进一步地落实有关民营经济发展的新老“36条”，在“降低准入、公平竞争”方面有一系列的原则要求。但是在民间，国有经济之外很多人士仍然愤愤不平。他们说碰到的有什么呢？一是“玻璃门”：你看着这条路可以往前走的，但往前一走却撞得鼻青脸肿，它是个玻璃门，看得见前面但走不过去；二是“弹簧门”：挨上去以后一下子就把你弹回来，看着是个门但还是过不去；三是“旋转门”：走过去时，好像是真走过去了，但是一转就转回来了，实际境况并没有得到改变。反正总体就是说要落实新老“36条”，还有一些具体的麻烦和困难。但取向上来说，“降低准入、公平竞争”的原则是对的，需要坚持和贯彻。在这个意义上说，民间资本、民营经济的发展壮大是要进一步给出空间、推崇公平原则的。但就这八个字的表述看，“民进”的意思并未与“国退”相伴随，还看不出两者就一定是此消彼长的关系。

（二）国企的总体定位

定位问题，实质是如何公正、中肯地给国有经济部门的必要性做出表述。中国特色社会主义市场经济对国有部门赋予了并不简单等同于发达经济体国有部门的经济职责。别的发达经济体讲国有经济部门，就是弥补市场缺陷，所以说越少越好。像美国，国有经济部门是很有限的。美国比较早时期的航空公司走过国有这条路，后来股份化，政府只是控制空中指挥权，航空公司是在竞争中的非国有市场主体。不少地方兴建机场也引入公私合作伙伴关系（PPP），硬件、服务设施的配套等按市场竞争方式来招投标，运作过程中提高效率，并接受政府的规划管理。在那些地方，可能有寡头垄断的特点：一个机场里面就那么几家餐饮业店铺，但如果大家合谋把价格往上抬也不行，价格上有些管理。但总体来说，是民间资本来解决供给问题了。笔者1988~1989年在美国做访问学者的时候，去考察过称为国有经济的美国邮政。中国现在也讨论邮政里面哪些应该是基本公共服务（是特定的公益性的，就是带有准公共产品性质的），哪些是应更多地引向市场竞争的。美国那时候就已经在邮政领域中的快递和包裹项目上引入了民间竞争，但是平信仍然通过国家邮政系统。有一个特定的测算：平均每个邮件贴多少钱的邮票，可以使这个系统不亏损。要加上通货膨胀因素和其他各种因素的变化，隔几年根据情况调整一下平信应贴邮票的面值。总体来说是越调越高。每次调了以后，开始出现一段时间的账面盈利，然后盈利越来越薄，最后变成亏损，亏损到一定程度，再次调价。总体来说账面上从相对长的周期来看，能够自负盈亏，如此而已。其他事情被认为不用管。

我们在中国，恐怕还不能像美国这么简单地考虑国有经济功能和总体定位问题。除了处理一些自然垄断的问题需要国有经济的特定作用之外，还要通过国有经济能动作用追求特定战略目标、贯彻国家意志、实施后来居上的现代化赶超。这个后来居上绝不是简单地做我们过去吃过苦头的“大跃进”那种脱离实际的蠢事，是认识到在处理得好的情况下，我们可以有后发优势，邓小平“三步走”战略构想就是一个把后发优势潜力调动出来而后来居上的过程。在改革开放起点上，20世纪80年代初，我们远远落后于美国这种最强大的发达经济体，也明显落后于第二次世界大战后迅速崛起的日本经济，落后于我们这里搞“文革”时人家却大大加快发展的亚洲“四小龙”等。但是“三步走”走到未来，到2050年前后，至少要达到在世界上发达经济体第一阵营里面我们有一席之地，而总量上要独占鳌头。现在我们在总量上已经位居第二了。邓小平同志当年所说的“2050年前后主要人均指标达到当时中等发达国家水平”，确实非常含蓄、非常有艺术性，说起来一点也没有咄咄逼人的印象，但是当我们在世界上排到总量老二了，人均GDP指标还排在九十八位。一旦我们的主要人均指标能够达到中等发达国家的水平，总量绝对是在跟美国这样的头号强国一比高下而后来居上的地位。这样一种后来居上的赶超，特别要求国有经济部门在贯彻国家意志、遵循经济规律同时，要在守正出奇的特定追求的这些方面，发挥不可替代的作用。有一些战略支点，有一些使我们后发优势一步一步成气候、最后让外部势力不得不接受我们后来居上的过程条件，国有经济在这里面需要发挥特别重要的作用。

另外，我们还要在应对突发事件和压力方面借助国有经济部门、国有企业。像这次利比亚撤侨，大家都意识到了，我国动作相当迅速、有效。那就是动用我们现在的国有经济和国有控股的一些大企业的力量。首先，这种事情带有国家意志特征、带有政治性，谁也不能先让非国有经济力量去核算一下这个投资有没有回报，合算不合算。对不起，这种事情十万火急，当时就要在应对突发事件方面顶到一线上去，顶住了再说，事后再算经济账。这种事情笔者觉得不能简单地套用教科书，得实事求是地承认，很多东西在我们的发展过程来看，多少还是类似于20世纪50年代末60年代初，中国在那么困难的情况下，拼命也要拿下大油田这种特定精神引导下的大干、苦干的事情。在现代管理理论框架之下，西方是很难简单接受这些概念的。在中国的经济生活里面，却不能完全排除这些概念，但是又不能把它推到极端，就是在这方面要如实地承认有这种相伴随的、在一般所言的科学管理旁边，国有经济、国有企业要有特别不同于一般企业的这种素质、这种应变能力、这种“准军事化”的遇见突发情况顶上去、顶到一线上在关键时刻支撑全局的能力。那么当然也是在社会责任方面有更多的担当。社会责任这个概念普遍在提，但实际上大多是泛泛而谈，好像讲社会责任就是企业要学雷锋、要做慈善事业。促进落实社会责任的比较全面的体系，首先还是要从对资产负责、对股东负责、对企业尽可能地提高其综合效益负责，从这个角度来说，再扩展到更带有文化特点的、所谓社会责任更宽泛的视角上，它还应该要在国有企业“特别能战斗”取向上的特定追求过程中，也和民间资本、和所谓第三部门——志愿者部门、慈善部门、非营利组织（西方把它们称之为第三部门）——形成积极互动的关系，促进公私合作伙伴关系（PPP）机制在中国的成长。人们感觉PPP概念说起来是个很前沿的、西方才有资格谈论的一个事情，实际上不对：在中国现实生活里对这种公私合作伙伴机制有强烈的需求，而且已经有不少的实践探索和案例。国有企业在这里面要起到非常重要的引领和促进作用。这是在定位方面它的特殊性与包容性以及辐射力和影响力。

（三）表象的“边界”可变动

在改革没有完成攻坚任务、需促进战略性改组的概念之下，应特别注意到需要进一步地调整国有企业和民营、非国有企业各自的侧重点和结构。其实严格地从咬文嚼字的角度说，“国有”不等于“国营”。我们见到有一种具体的企业形态叫作“国有民营”，即产权是国有的，但是可以采用承包的方式，变成国有民营。把这个例子放回顶层框架里，我们便可以知道人们把非国有企业称为“民营企业”的这个概念，也不是一个规范的概念。“国企”“非国企”不是天然对立、非此即彼的关系，通过股份占比才可以把产权标准化。股份制是一种标准化而股权成分可以量化混合的“混合经济”的具体实现形式。这个实现形式，在所谓“控股”这个概念上，边界是可以调、可以变的。从这种表象来看，“国”与“民”的股权在某一企业资产结构中的边界是可移动的。如果简单从量变为质的角度来说，一下就把它贴上一个根本性质的标签，变成一个姓“资”姓“社”的问题，那就会把这方面的认识带入误区。

我们看看具体例证。在世界金融危机由美国人自己的次贷危机作为导火索引发之后，全世界风雨飘摇。开始一段时间先表现为美国人自己吃紧，在金融危机压力之下，不得不由政府方面屡屡出手救企业，包括后来救到实体经济层面的通用汽车公司。救通用汽车公司的时候，就是动用国家可能动用的资金给通用注资。这不是“国进民退”吗？是给通用注入国家持有的资本金。当时就有资中筠老师针对某些议论专门做了一个评价：这并不代表着美国要实行我们所说的社会主义；有的人说社会主义救了美国，就是指给企业注资，由国家来控股，其实不是这么回事。它只是当时在应对危机的时候采用的一种特殊的阶段性处理。没有救雷曼兄弟公司，美国人总觉得吃了教训，综合而言的负面影响太强大，到了通用不能自救的这个时候，权衡之下决定要给通用注资。注资以后，风波过去，最大的可能性还是会减持国有股。没有什么更多的贴意识形态标签的必要，不必一下说成姓“资”姓“社”的问题。

中国香港特别行政区也早有这种例子。1997年亚洲金融危机发生了，以索罗斯为代表的国际金融大鳄要比照着前面在泰国、印度尼西亚屡屡得手的套路发动阻击战，对港币来一场大攻击。他们在股市、汇市、衍生工具市场同时做好了“埋伏”，设计好以后突然发动。在紧急的情况下，香港特别行政区的决策层也来了一个中国式智慧里面的“特事特办”，他们过去称作“积极的不干预”。什么叫积极呢？潜台词是：该干预的时候还得干预。当时是怎么干预的？面对“惊心动魄的港元保卫战”，香港特别行政区政府决定一下子把隔夜拆借利率（就是头寸的资金价格）提高 300%，同时还动用特别行政区政府掌握的土地基金、外汇基金入市买股票，把股市托到一定水平上。这样一来，索罗斯他们种种手段综合在一起、认为设计得非常完美的方案，最后跟香港方面的抗衡力量打了个平手，在香港基本没赚到钱。那次惊心动魄的“港元保卫战”就这么过去了，政府靠这种特定操作，抵抗了这一轮攻击。索罗斯过去标榜的是，所有的操作在国际上的经营规范里面都是站得住脚的、无可指责的，是在守法的情况下做的资本运营，但是那次在香港没有得手，而且正是因为香港这个风波，出现了索罗斯没有预料到的市场动荡迅速向俄罗斯市场和其他市场的蔓延。他在那边准备不足，结果在这个年度里面出现了过去没有过的大规模亏损，这是索罗斯走下坡路的开始。后来我们看到香港特区政府入市以后买的这些股票怎么办呢？风波过去后，它通过“盈富基金”的模式减持，减持还赚了一笔钱。赚了钱也是透明的，进入公共预算作为公共资源，通过预算程序决定怎么用。按股权结构来说，这里既有“国进民退”，也有“国退民进”。

美国和中国香港的案例都表明我们如果实事求是地讲，这种股份占比的操作不应该认为直接带有资本主义或社会主义的标签、烙印。中国内地以后还会越来越多地接受股份制的形式，在处理宏观调控问题的时候也可能要借鉴这种模式。不能说注资的时候就是“国进民退”，减持的时候就是“国退民进”，成了不同的、相互对立性质的路线取向。

（四）混合经济

中国内地某些特定的概念已经在潜移默化地发生变化。内部讨论时，部分高管层已经不接受“国有银行”的概念。中国工商银行、中国农业银行、中国银行、中国建设银行以前是国家的银行，也可以叫国有银行，但现在的概念里标准的说法，是国家持有多少股份的商业银行而不叫国有银行。可能在某些阶段的限制上来说，我们是绝对控股的，也不排除以后发展到某阶段可能会出现相对控股，也不排除这个持股比重高高低低地变化。所以在这一方面笔者的基本看法是：要回到中央文件所说的“股份制是公有制的重要实现形式”这个主要表述上。股份制是可以在法理上清晰地混合各式各样的资本金来源。有人特别怕被批“趋同”。笔者可以直率地说，不带其他标签色彩地讲，这就是一种人类社会发展过程中间，在最基本的企业产权结构、组织形式方面的趋同。股份制谁都可以用：过去贴着资本主义标签的经济体可以用；贴着社会主义标签的经济体也可以用。我国国有经济的战略性改组就是以股份制改组为非常重要的一条主导式路线。股份制这条技术路线，在任何时候，在市场经济的交易过程中间、资源交易配置过程中间，它都是边界清晰的，“一股一股”非常清晰地标准化。而这个持股占比，在交易过程中间、在某一个经济主体内的比重变化，即“进”和“退”，不要看作是多么了不得的事情，不是姓“资”姓“社”、改革或不改革的事情。

多少年前我们就知道西方有个“人民资本主义”之说。什么意思呢？就是指像通用这样的大型企业，很难说它的老板、最主要的股东是谁，股权非常分散。在过去的一般情况下，最高持股比重的股东占比为5%～10%，许多工人也有其中的股权。这么分散的一个股权结构，被称为“人民资本主义”。如果客观地讲，这是一种混合经济。如果说在以后人类社会需要磨合各种各样不同经济体里面原来要靠冲突、靠不可避免的矛盾升级方式而寻求解决问题的话，我们在经济生活方面，在中国全面开放、义无反顾加入WTO框架，用经济手段和全世界方方面面做交易来支撑我们弥合二元经济现代化成长过程而和平崛起这样一个历史阶段中，混合经济是必须融入的一种企业产权结构和企业治理结构的最具代表性的形式。股份制里面具体股权比例结构的演变，是随着多种要素的影响变动不居的。但是在这样一个框架之下，中央文件的说法“股份制是公有制的主要实现形式”，实际上已经把我们的认识和思维境界提到一个更高的水准。西方社会现在讲到一个企业的股份制改造——上市，叫“Go Public”，直译是“走向公共”。最典型的例子是上市公司的信息要透明地向公众披露，接受整个社会的监督，尽社会责任。在这个意义上讲，这个混合经济，它与公有制的实现形式在表象上有天然的连接。马克思早已敏锐地看到这是对私有制的“扬弃”——虽然附加了一个“消极”的前置词。这么多年过去了，我们对公有制的理解，一定要跟整个世界的经济社会发展和总体的工业化、城镇化、市场化、国际化和高科技化合在一起的历史潮流所形成的新的具体形态能够对接。在全球框架之下，我国还存在着降低准入、消除过度垄断、带有“国退民进”特征的改革任务，但是我们不宜把所有具体的股份比重变化都贴上“国退民进”或者“国进民退”的标签。我们应发展地看到股份制所带来的“积极扬弃”作用，应把股份制作为一条企业做大做强的主要线索，作为实现公有制的一个看起来已最可能发挥依托功能的基本的、通用的形式。

四、中国改革中的突出问题

（一）对民营企业“原罪”的理解

民营企业在发展过程中间的毛病、问题是有目共睹的。现在民营经济、民间资本已经有相当程度的成长可以说它们的规模实力也很雄厚、今非昔比了，但它在发展过程中显露的不规范的特征不可避免。如“长三角”，最典型的就是温州，大家知道想按照改革开放新时期外部环境提供的可能性创业发展，一开始绝大多数民营企业的选择自然而然地是首先选择戴一个“红帽子”。实际上是个体、私营企业，但是一定要找一个国企的或集体的挂靠单位。到后来一定时候看来看去真的是没有多少政治风险了，它就不用戴这个“红帽子”了。但是在这之后又有一个要提升规模的客观需要，就开始搞股份合作。“非驴非马”的股份制合作是什么？实际上它内部合作的规则是紊乱的——“股份制”是一股一票，“合作制”是“一人一票”。企业决策到底是按什么规则来？这两个规则是不可能兼容的。但是股份合作概念模糊处理了这样的决策权的问题。它使原来戴“红帽子”的这些企业不戴“红帽子”以后，在规避政治因素压力的“外衣”下开始走向更大规模的资本金提升，来支持升级换代。股份合作制走到一定程度，外部环境更宽松了，对“政治风险”的顾虑基本消除了，便走向了规范的股份制企业。现在在“长三角”的温州、台州等这些民营企业发展得好的地方，都走到了其实不少企业已并不是严格的“民营企业”阶段，而是股份制企业了。这种股份制企业与我们的国有经济改造以后形成的股份制企业，形态上有什么区别？看不出有什么实质区别，就是持股的结构可能会有所区别。国家也可能参股、公有制主体也可能在里面参股，而这个结构还可能还是变动不居的。这样一个过程会把原来不规范的特性淡化，越来越进入规范状态。

在这个具体发展过程中间，初期的一二十年里面，以民间主体为“勇敢分子”的、体制内力量后来也加入里面的走私、“军倒”“官倒”、假冒伪劣、偷税漏税、走后门、权钱交易，等等，是现实生活里客观发生的问题。如果我们看到这些问题，就在这方面只一味强调管控，其实不是一个被实践证实值得称道的思路。值得称道的思路，还是在发展中来逐步规范。像邓小平那时候对“傻子瓜子”三次批示：不能动，动了以后老百姓会说我们共产党的政策变了。不动，其实就是容忍这样一些混沌的东西让它继续在那里存在甚至有所发酵，但是我们应引导的企业和市场力量要在里面成长起来，到后来就越来越规范了。这样观察，一些民营企业实际上存在着的“原罪”可认为是基本事实，毋庸讳言。但是总讲它原来的那些不规范而否认现在的发展，这不是一个科学的态度，不是一个转轨中实事求是的态度。温州市过去除纽扣批发市场外，还有低压电器市场等，假冒伪劣曾经非常著名。但是经过这么多年发展，早已成为一群具有影响的、较规范的厂商。假冒伪劣现在我们还是在继续打击和控制。发展中间存在的不规范是一个对于民营企业“原罪”来说应该正面认识、以发展眼光讨论的问题。

（二）应当注意以“股份制改造”为名对国有资产的巧取豪夺

另外一个角度，是就股份制改造里面的问题，笔者认为必须指出在中国的所谓企业改革和股份制改造过程中间，以种种名目确实存在着对国有资产的巧取豪夺。

多少年前，笔者就已经注意到，所谓“管理者收购”这一西方概念，实际上在中国大多是“无本收购”，可以说是“空手套白狼”。原来是一些当地的能人和政府体制内人士，例如，说某些县乡企业的领导人原是官员梯次里的低层官员，他们以管理者身份来收购所工作的企业。收购用的是什么钱呢？借企业的钱收购企业，这是“无本收购”。那借这个钱到还的时候怎么结算呢？算活期利息。在企业经营轨迹为上升曲线、有充分的现金流来“划账借给”管理者的情况下，这个企业实际上摇身一变就成为私人拥有的企业，原来的“管家”白手变身为“老板”。某些中小企业的这种“化公为私”的“改革”可能确有复杂的背景、“靓女先嫁”的理由和其他当事人的无奈，其后的客观效果也不可一概否定，但就其性质本身而言，应可叫作“化公为私”了。

在现实生活里面，这种例子大量存在。最近又有一个特别过分、大家看到之后愤愤不平的山西案例。几年内山西矿难不断，不得不在原来一些煤矿的股份制改造以后，把已经非国有的矿山又收归国有。有个三年前在非国有化环节评估为 37 万元的矿山，私人低价买到手之后又以 2.7 亿元卖回给国家，十分荒唐。在那期间，还不声不响把里面的职工股都以极低的价格退掉了，然后让少数的几个人坐享 2.7 亿元的“大蛋糕”。从各种相关信息看得出来，当时那个 37 万元的资产评估就是少数人在裙带关系操作之下走了一个形式，似乎是做了资产评估，实际上就是操作之下先把它以 37 万元低价落入手中，然后再卖个大大的好价钱，让国家用 2.7 亿元来接盘。

若干年前，宁夏回族自治区有一个老板连续在企业并购方面打了十几场官司，全都胜诉，判决以后得到非常丰厚的物质收益。后来当地的一批人民代表实在看不下去了，把这个事情申诉到全国人大常委会，引起高端重视以后，重新把这些事查了一遍，查一个翻一个案，才发现原来全都是简单有利于私人那方面的不公判决，就是对国有资产巧取豪夺。通过本应该秉持社会公平正义的公检法系统的操作，以判决的方式实现了个人非分的利益。在这个背景之下，还有前几年的“郎顾之争”，据说郎对顾等的指责并不准确，但其客观效果之一，是具有一种社会不满情绪“减压阀”的作用，使很多人可以公开地评说怎样在国有企业改制中间出现种种巧取豪夺的事情。大家出来骂，那么社会反而可在这些骂声中间安定一点，大家至少出出气，而且，引起有关部门的相应警惕。管理者收购自此以后就开始有了一套新的、规范的要求，等等。

某单位原来的一个工人身份的职工，开始承包车辆，后来承包一个 20 世纪 80 年代当时很多机关都有的劳动服务公司，然后他自己偷偷操作注册私人产权实体，该单位一无所知，因为整个框架就是明明白白的承包框架。后来，财政部监督检查局接到群众举报说他有财务问题，让该单位做财务上的专项审计。这个时候他说该单位无权查他，因已是私人企业了。他的意思是他已在暗中做成了产权方面很清晰的改制操作。单位领导跟他讲，承包框架下赚多少钱也只是一个兑现承包利益的问题，怎么可能通过承包把中华人民共和国财政部直属单位的一个法人实体变成一个私人企业呢？不可能的。但是该职工振振有词，搬出依据一大堆。单位领导不得已请到各种专家，包括江平这样的法律权威。江平教授有一句话特别深刻：带有这种

“中华人民共和国”“国务院”等名头字样后面的实体，不存在戴“红帽子”之说，如果注入了私人资产，只是对之做清退的问题，不存在改变企业所有权性质的问题，但是有人就真觉得可以暗度陈仓。一旦他的利益受到侵害以后，他可是要拼命的，因为他本来看着唾手可得的这么大的一块肥肉要纳入囊中的时候，你来挡道，那他是无所不用其极，比如说威胁生命安全，甚至威胁家人的生命安全。可想而知，在现实生活里，中国这种改制过程中，有多少人碰到这种威胁。你要想真正出于公心保护国有资产权益、维护公共利益，在很多场合，这个权、责、利是高度不对称的。有多少人可以真正牺牲身家性命去在明枪暗箭下保护国有资产权益而不被毁灭呢？这是一种现实问题。

于是我们可回到一个理论框架上来说，中国要想能够相对顺利地走向现代化国家，解决好这样一个深刻的经济转轨问题，这种跟产权相关联的股份制改造中间的公正，难度非常大。但是大致上必须掌握住，不能在不公正的错误方向上一味地这么放大下去。有人主张要尽可能地使产权私有化，这叫“右”；有人认为应当维护公有制的权益，让国有制占主体，这叫“左”。不要把国有或非国有简单地贴“左”和“右”，实际上更要关注产权演变这个过程中间是不是公正，股份制改造要做到公正，找到基本上能够对抗对国有资产巧取豪夺的私利驱动力量的相关机制。这方面的事情我们并没有解决得很好。

（三）大型国有企业存在的问题

国有企业从其特点、特定使命来看，“抓大放小”是必要的。但我们从另外一个角度也得承认，大型国有企业在这些年看起来已经脱困、发展得比较顺利的同时，既得利益、“自我满足”惰性、不透明、不规范、不讲理的问题都存在。我们的国有企业，包括大型、特大型企业，它们也具有相对独立的商品生产经营者利益形成机制，有法人注册的独立经营机构身份。另外，在信息披露方面还没有完备的制度规定——其实大家都尽可能地形成心照不宣的共识：少披露为妙。有些东西披露出来就感觉会有麻烦，一不小心就可能损害自己可能已经拿到的好处。我们财政部的一位老领导退下来以后，参加全国政协的金融巡视组。他跟我说，做了金融系统视察之后才知道，保险业中我们国有控股的企业高管，实际上就是中共中央组织部派的干部，他给自己发 700 多万元的年薪，听起来简直不可想象。但是查来查去，这就是管理空白的领域，也不能说他有什么违法乱纪。信息不透明，便往往没有更多的规范可讲。后来我们看到对金融行业的国有控股银行、保险机构等，有了高管薪酬封顶之说。这是巡视之后才推出的一些新的适当限制。这个“适当”的程度，笔者也不敢说有多高，只能说比原来那种情况好一点。你是中共中央组织部派的干部，并不是市场上竞争冲杀出来的企业家，凭什么给你自己发年薪 700 多万元？但这些事情要说起来又没有什么特别的可丁可卯的界限，它就是高管还未真正由企业家市场竞争产生时的一种模糊问题。模糊了，就自然倾向于“自我满足”

的最大化。

我们有些事情，其实如果信息透明，可以做得更有可持续性。中国在基础设施发展过程中间，我们的国有主体在架桥修路以后通过收费还贷机制加快建设过程，是有特定积极作用的，但这些主体倾向于信息披露越少越好。北京首都国际机场建高速路后的收费口，大家看到了简直就是印钞机，从早到晚排队在那交费。后来知道多少年前早就还清贷款了，还在收。于是大家愤愤不平。到现在，1 号、2 号航站楼那边已变成单向收费，而且标准从 10 块钱降到了 5 块钱。但是其实这个事情有一个更好的解决方式：如果能够非常清晰地披露所有的财务信息，说明白这是我们的一个可用的机制，每辆车交点过路费、过桥费，用这个机制我们加快滚动式的基础设施建设，何乐而不为。北京要建第二机场，与第二个机场对接的高速路建设需要资金吧？如果能够有公信力地通过审计、通过公众监督把这些东西都透明地说出来说明白，笔者觉得完全可以设想，继续收这个钱，而这个钱主要用于建第二机场高速路的配套，可以加快我们的建设过程。可惜这个事情做起来却非常难。只好是这样公众压力逼到哪里，就往回缩一缩——缩成单向收费，缩成 5 块钱。这其实不是一个最好的方案。

另外，也有我们需承认的、动不动在媒体上引起轩然大波的一些“不规范”之事，如说国有企业怎样大批量地购进高价酒、怎样豪华装修（一个大厅里的什么大灯就是 200 多万元，等等）。后来做了说明，说不是 200 多万元，而是 100 多万元，这听起来也还是邪乎了点。这种事情上的缺少规范肯定是要承认的。还有高额的职务消费，原来我们电力系统的一个领导，他中午休息时要好几万元定下一个总统套房，没人约束他。这种高额职务消费等确实存在着不好的例子。

还有“不讲理”。我们国有企业内部的分配确实存在着不合理——如“抄表工”的问题，另外还有一些人说，别光看国有企业高管拿得多，我们一线的当了多少年的临时工，工资少得可怜（有个更规范的名称，叫这些人为国企雇的“劳务派遣工”）。国有企业体内这种实际上悬殊的收入分配，是亟须注重加以矫正的。我们接触到的有些事情，作横向对比，在国有企业高管收入上也客观存在着“组织上让我富我就富、组织上让我穷我就穷”的人为因素。我们在河南省调查时，遇到一位同志，原是财政系统的副局长，组织上觉得这个人可用，调到当地的银行里面当了领导，过了几年又把他调回来当财政局的局长。他跟我说，他是亲身体会到了：刚到银行里面一看工资单，比原来高了好多倍，组织上这是要让他富起来；但现在你得服从组织啊，如今调回来做财政局局长，虽成了“一把手”，但工资一下又跌到在银行工作时的几十分之一了。他的体会就是：“组织上让我富我就富、让我穷我就穷。”这里面却没太多合理性。对这些事情，我们若指望一下子就把认识和对策说得比较到位，还做不到。众说纷纭，确实还无力迅速解决。但是如果不正视这些，不通盘认识去对症下药，恐怕不是长久之计，需要在制度建设方面作为问题，来考虑如何优化解决。

五、国有资产管理体系探讨

从总体来说，在建设中国特色社会主义市场经济的全局中，应该把经营型、公益型和自然资源型的资产分类。经营型、公益型都是自然资源型资产开发以后形成的，资源一旦开发，必然进入这两者中的某一个形态。例如，一块地皮，没用的时候说不上是经营型还是公益型，但一旦开发出来，如果建立一个战略性新兴产业的工业园，是经营型的；如果开发了作为公共绿地，是公益型的。两者之间还存在着转化的可能，有的时候原来是经营型，后来“退二进三”，企业调到郊区去了，这块地变成绿地了，这是从经济型转成公益型。一般并不存在绝对不可能转换的情况。

在认识相关地位和必要性之后，谈谈企业的经营型国有资产。党的十六大对于这种经营型资产已给出非常明确的说法——“中央、地方分级行使出资人职责”，这一点很关键。也就是说，过去笼统所说的全民所有的国有资产，必须分层地界定为中央的资产、省的资产、市县的资产，三个层级上都必须人格化地设立专门的管理机构。先别讲什么政策目标、社会目标，先讲出资人的资产管理资格由谁代表？就是国有资产管理局、国有资产管理办公室，也有地方叫国有资产管理委员会。这样一来，根据行使出资人职责的要求，解决的就是我们过去所说的笼统而言全民所有制资产实际上产权虚置、产权悬空的问题。出了负面的事大家都说“交学费”，实际上很多事情都觉得无关痛痒，感觉有关痛痒也往往无可奈何，没办法改变产权虚置、无人负责的具体现实。只有把国有产权具体人格化到各个层级、各个环节上，才可能有效地解决产权虚置、悬空问题，从而把过去的弊病革除。

那么中央级资产管理体系在实体经济层面已经有明显进展，2008 年后正式编制国务院国有资产监督管理委员会下管企业的国有资本经营预算，成为需对公众交代的公共财政预算体系里面相对独立又可统筹协调的部分。它和其他的公共收支预算、社会保障预算、政府基金预算配合协调在一起，形成一个公共财政预算体系。公共资源配置中解决政府“钱从哪里来、用到哪里去”最标准的现代化形式，就是完整、透明的预算、决算，并使公众意愿在里面尽可能充分地表达出来。于事前决定，在中华人民共和国全国人民代表大会即最高权力机关、立法机构审批以后，形成一个具有法律效力的执行文件来严格执行，进而可以推进绩效考评和推行问责制。这种现代意义的预算管理，最后要落在一个非常清晰的、老百姓看得见摸得着的运行体系里面。这个资本经营预算在中央层、在国务院国有资产监督管理委员会那里，原来是覆盖 200 多家，现在已经收缩到了 100 多家，未来有希望能够收缩到几十家。越来越收缩符合股份制改组基本的取向。收缩到几十家以后，就有可能对某些类别或某些单独的国有企业，探索一类或者一家企业配上一个对应性的法案的体制模式，这方面有国际经验，这个法案就是要以法律形式说清楚，设立这家国有企业或这类国有企业，它的依据是什么？追求什么特定的目标？除了我们所说到的弥补市场缺陷、提供准公共产品之外，也可以非常清晰地表述我们关于某些战略增长点、特定辐射力的追求。这都可以在目标里表述出来。已经涉及的自然垄断，如电网——很难设想，在同一个政府辖区里面，可以有几个相互竞争的网来解决输电的问题——使之回归自然垄断地位，是各种方式选择下来以后成本最低、最可持续的方式。那么让它回归自然垄断，就必须施加一个特许权管理，这种特定自然垄断领域具体的运营主体仍然可以是定位为企业，但是它确实是一种特殊企业。那么，特许权的问题以及与特许权相关的资产收益上缴的问题，都应该在相关法案里面给出原则性交代和规定。进而就是引导这个机制怎么样构建，形成有法可依局面。法也是一个动态优化过程。这便是我心目中在经营型国有资产管理上应该一步一步去追求的前景。

这里面还有很多要讨论的事情。上面是国务院国有资产监督管理委员会，下面是具体的企业，有没有可能在中间构建一个资本运营层面，可叫资本运营公司。在某些地方、在某些行业里面也不排除有些是国务院国有资产监督管理委员会直接管，有些是国资委交给运营公司，由运营公司管。这些都可以探讨。

在这个框架之下，实际上又回到了从依法治国，依法建立健全健康的市场经济出发，要尊重资源配置的市场基础机制，要承认市场经济里面国有经济、国有部门特殊的不可替代性，合理把握国有经济特别的定位、特别的规则，来把依法治国落到国资管理体系与运行机制层面上。

如果说在经营型国有资产方面需要逐步努力完善管理体制，那么此外我们还得处理金融资产、行政事业资产以及资源型资产等相关的一些问题。对金融资产曾经议论过有没有可能形成“金融国资委”？行政事业资产（主体上属公益型）中，文化方面在财政部下面已专门成立了司局级管理机构。这些方面如何进一步地在管理体制上健全，也必然要经历一个探索过程。至于资源型资产，应该与大部制下自然资源部这样的专门机构的职能打通，再加上方方面面的配合，来处理好管理事项。

基于中国自身发展历程及多维度国际经验借鉴的国有企业改革战略研究

黄剑辉

深化国有企业改革是推动供给侧结构性改革的关键，也是社会各界高度关注的重大问题。经过改革开放40年的不断探索和实践，我国国有企业改革已取得重大进展，但仍面临诸多深层次的理论和实践难题，深化国有企业改革任重道远。本文在分析党的十九大开启的新时代深化国有企业改革重大意义的基础上，以“长焦距+全景式+量化分析”作为研究框架，回顾了中国国有经济、国有企业从春秋战国时期以来2000多年的起源和历程，梳理了苏联及东欧国家的国有企业改革、西欧主要国家及美国的国有企业改革、日本、韩国、新加坡等东亚主要国家和地区的国企改革，提出了新时代推进国有企业改革的总体战略，主要包括：认清基本逻辑，确立战略布局，厘清政企关系，着力加快推进国有企业混合所有制改革，分类设计运营机制，构建收益全民共享机制，完善社会保障制度，加快发展资本市场，以形成更加符合新时代要求的国有资产管理体制、现代企业制度和市场化经营机制，持续增强国有企业的活力和竞争力。

一、党的十九大开启的新时代深化国有企业改革意义重大

（一）研究背景

党的十八大以来，党中央作出一系列重大决策部署，扎实推动国企改革不断向纵深发展：一是现代企业制度持续完善，混合所有制改革稳妥推进。截至2016年底，全国超过90%的国有及国有控股企业（不含金融类企业）完成了公司制股份制改革，中央企业集团及下属企业中混合所有制企业占比达68.9%，涉及电力、天然气、石油、民航、铁路、军工、电信等多个重点行业。二是国有资本布局不断优化。通过横向合并和纵向联合，推动国有资本向关系国家安全、国民经济命脉和国计民生的重要行业和关键领域、重点基础设施集中，不断强化国有企业的规模效应，实现优势互补，减少重复建设，优化资源配置。截至2017年底，共有34家中央企业重组，总数从117家降至98家。三是结构调整成效显著。去产能方面，

2016 年，国有企业退出钢铁产能 5 249 万吨，约占全国退出产能的 80%，退出煤炭产能 20 629 万吨，约占全国退出产能的 70%。清退“僵尸企业”方面，2016 年，国有企业共清理退出“僵尸企业”4 977 户，分流安置职工 30.7 万人。压缩管理层级方面，截至 2017 年 11 月底，中央企业累计减少法人户数 7 656 户，减少比例达 14.67%。四是创新驱动发展能力不断提升，突破性的创新工程不断涌现。通过增加研发投入、搭建各类“双创”平台，聚集社会创新资源和人才资源，从而有效带动了创新与就业。五是国有资本监管体制进一步完善。通过健全制度体系、构建监督闭环、盯紧重点环节、强化责任追究，提高监管的针对性、有效性、系统性，防止国有资本流失。六是国际化经营水平有所提高。国有企业积极参与“一带一路”建设和国际产能合作，境外业务覆盖区域及领域不断扩大，全球资源配置能力和风险管控能力不断增强。七是充分发挥党组织把方向、管大局、保落实的作用。截至 2017 年底，已有 98 家中央企业全部将完成党建要求写进章程，全部实现党委书记和董事长“一肩挑”，党对国有企业的领导力不断加强。

随着国企改革“1 + N”（1 即《关于深化国有企业改革的指导意见》，N 即相关配套文件）文件顶层设计构建完成，“十项改革试点”深入推进，重大改革举措落地见效，改革系统性整体性协同性得到增强，国有企业改革红利逐渐释放，国有资产的运行配置效率、影响力、带动力和控制力不断提升，国民经济重要支柱作用充分显现。截至 2016 年底，全国国有企业（不含金融、文化国有企业）资产总额达 154.9 万亿元，比 2012 年底增长了 73.1%，进入《财富》世界 500 强的国有企业达 82 家，在高速铁路、商用飞机、载人航天、探月工程、移动通信、特高压输变电、深海探测等领域取得了一批具有世界先进水平、标志性的重大科技创新成果，承担了一批重大基础设施、公共服务工程和许多国防科技工业重大项目。

当前我国经济稳中有进，结构不断优化，市场主体活力不断提升，开放型经济新体制逐步健全，已由高速增长阶段向高质量发展阶段转变，为深化国企改革创造了难得的机遇。

党的十九大报告明确指出，“要完善各类国有资产管理体制，改革国有资本授权经营体制，加快国有经济布局优化、结构调整、战略性重组，促进国有资产保值增值，推动国有资本做强做优做大，有效防止国有资产流失；深化国有企业改革，发展混合所有制经济，培育具有全球竞争力的世界一流企业”，为今后国企改革指明了方向。

2017 年 12 月召开的中央经济工作会议再次强调，“要推动国有资本做强做优做大，完善国企国资改革方案，围绕管资本为主加快转变国有资产监管机构职能，改革国有资本授权经营体制；加强国有企业党的领导和党的建设，推动国有企业完善现代企业制度，健全公司法人治理结构”，争取在国资监管体制机制、混合所有制改革领域迈出实质性步伐，更好发挥国企改革牵引作用，提升国有企业活力。

2017 年 12 月 13 日，国务院常务会议对下一步国有企业改革进行了部署，内容主要涉及三个方面：一是坚持增强活力与强化监管相结合。在加快建立有效制衡的公司法人治理结构和灵活高效的市场化经营机制、依法落实国企法人财产权和经营自主权的同时，继续加强制度建设，保障国有资产保值增值，防止国有资产流失。二是继续推进混合所有制改革。有效探索重点领域混合所有制改革；大力推动国有企业改制上市；在取得经验基础上稳妥有序开展国有控股混合所有制企业员工持股；鼓励包括民营企业在内的非国有资本投资主体通过多种方式参与国有企业改制重组，鼓励国有资本以多种方式入股非国有企业。三是持续推动降杠杆、减负债。目前我国国有企业总体负债率仍处于高位，降杠杆工作需要进一步推进，以降低国有企业的经营风险和财务风险。

（二）深化国有企业改革的必要性

虽然我国国有企业改革已经取得了初步的成果，但仍面临许多深层次的矛盾和问题，布局结构、体制机制有待完善，竞争力、活力有待增强，降杠杆工作需要进一步推进等，深化国有企业改革任重道远。

1. 资产规模快速扩大，但吸纳就业能力持续降低

自 2013 年深化国有企业改革启动以来，我国国有企业数量整体来看已有所减少。据《中国国有资产监督管理年鉴》统计，全国非金融类国有及国有控股企业数量从 2003 年的 15.0 万户增加至 2013 年的 15.9 万户，而 2015 年已降至 12.5 万户。理论上，国有企业数量与市场化水平总体呈现反比例关系，当市场化水平较低时，国有企业数量较高（改革开放初期），随着市场化进程的推进，国有企业数量应当降低。因此，从我国国有企业数量的变化看，党的十八大以来的深化国有企业改革成效明显，如图 1 和图 2 所示。

2003 年以来，国有企业资产总额及国有资产总额总体上呈现稳步增加的态势。其中，全国国有企业资产总额从 2003 年的 19.7 万亿元连续增长至 2015 年的 120.0 万亿元，增长了约 6 倍；国务院国有资产监督管理委员会（以下简称“国资委”）监管企业和全国 37 个省级机构（含省、自治区、直辖市、计划单列市、新疆生产建设兵团）所属的国资委系统监管企业资产国有资产总额由 2003 年末的 7.1 万亿元增至 2015 年末的 64.3 万亿元，增长了约 9 倍。

随着国有企业资产规模不断扩大，吸纳就业人数则日趋减少。2003 年，国有企业就业人员为 4 228.5 万人，至 2015 年，已减少至 3 094.6 万人，减少了 26.8%。2005 ~ 2015 年，国有企业就业人员数占全部就业人数的比重不断下降，从 2005 年的 5.3% 下降至 2015 年的 4.0%，下降了 1.3 个百分点；与此同时，私营企业就业人数占比则不断上升，从 2005 年的 7.8% 升至 2015 年的 21.2%，上升了 13.4 个百分点。

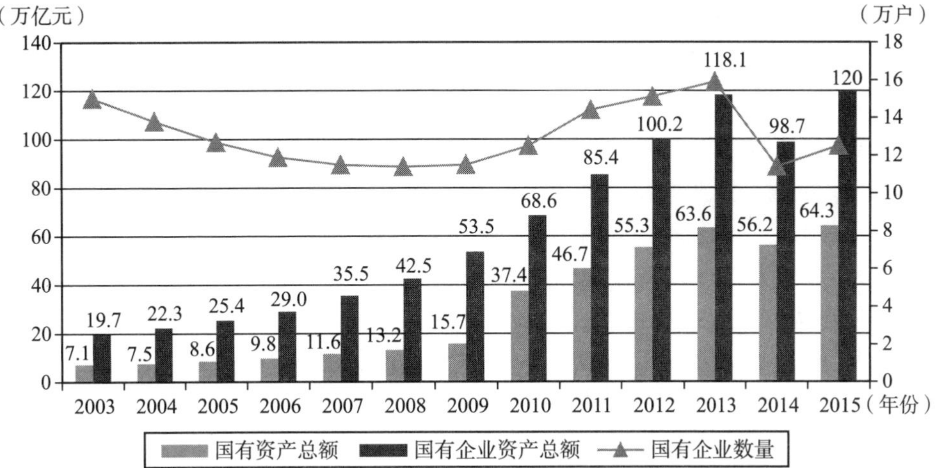

图 1　2003～2015 年国有资产规模、国有企业资产规模及国有企业数量

注：国有企业资产总额包括中央企业和 36 个省（自治区、直辖市、计划单列市）的地方国有及国有控股企业资产，不含国有金融类企业资产，具体为：河北、山西、辽宁、吉林、黑龙江、浙江、江苏、安徽、福建、江西、山东、河南、湖北、湖南、广东、海南、贵州、四川、云南、陕西、甘肃、青海、内蒙古、广西、宁夏、新疆、西藏、北京、天津、上海、重庆、深圳、宁波、青岛、大连、厦门。国有资产总额包括国资委监管企业和全国 37 个省（自治区、直辖市、计划单列市、新疆生产建设兵团）所属的国资委系统监管企业资产，具体为：河北、山西、辽宁、吉林、黑龙江、浙江、江苏、安徽、福建、江西、山东、河南、湖北、湖南、广东、海南、贵州、四川、云南、陕西、甘肃、青海、内蒙古、广西、宁夏、新疆、西藏、北京、天津、上海、重庆、深圳、宁波、青岛、大连、厦门、新疆建设兵团。

资料来源：各年份《国有资产监督管理年鉴》，国务院国有资产监督管理委员会网站。

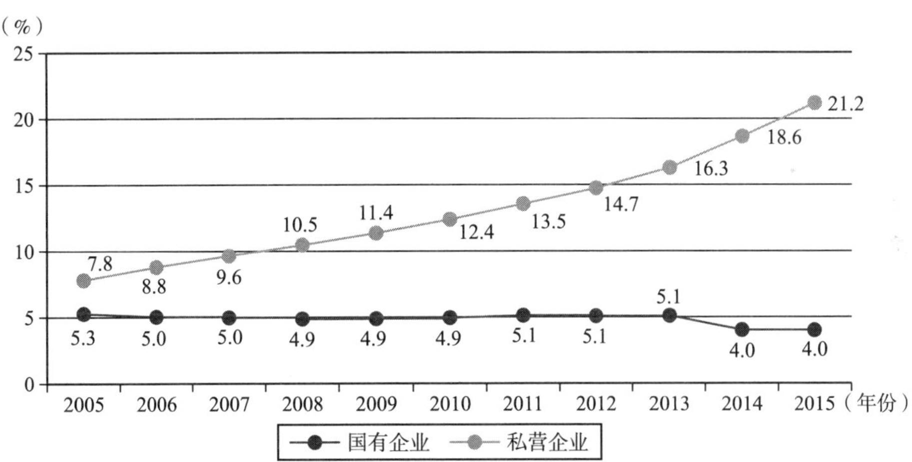

图 2　2005～2015 年国有及私营企业吸纳就业人员占比

注：国有企业包括国务院国有资产监督管理委员会监管企业和全国 37 个省（自治区、直辖市、计划单列市、新疆生产建设兵团）所属的国务院国有资产监督管理委员会系统监管企业资产。

资料来源：《2016 年国有资产监督管理年鉴》，国家统计局网站。

2. 国有企业布局结构有待进一步优化

据《2016 年国有资产监督管理年鉴》统计，截至 2015 年底，我国国有及国有控股企业达 12.5 万户（不含金融类企业）。

从国有企业数量来看，小微企业占比较高。2015 年，国有小型和微型企业分别为 4.2 万户和 5.0 万户，合计占比 73.2%；大型和中型企业分别为 0.8 万户和 2.5 万户，合计占比 26.8%。

从各省市国有企业的数量占比看（国有企业数量占企业法人单位数的比重），西部地区占比过高。其中西藏自治区的国有企业数量占比高达 9.9%，新疆维吾尔自治区为 6.1%，青海省、甘肃省、海南省、山西省、黑龙江省、吉林省的国有企业数量占比也均在 4% 以上；内蒙古自治区、陕西省、四川省、贵州省、江西省的国有企业数量占比均在 3% ~4%；中部地区的占比多在 2% ~3%；东部地区的占比则大多低至 2% 以下，其中浙江省和江苏省的占比最低，分别为 1% 和 1.3%。西部地区经济欠发达，国有企业数量占比较东部地区高一些是合理的，但从具体的比重看，西部地区的国有企业数量占比过高，未来需要逐渐降低西部地区国有企业数量，促进市场化水平的提升。

从国有资产的地域分布看，东部地区过度集中。2015 年，地方国有资产监督管理委员会监管企业中，国有资产规模超过 1 万亿元的地区有上海市、广东省、重庆市和江苏省，国有资产规模高于 5 000 亿元低于 1 万亿元的地区有北京市、天津市、浙江省、安徽省、江西省、福建省、山东省、湖北省、广西壮族自治区、四川省。

从国有资产的行业分布看，主要集中在工业、社会服务业及交通运输业领域，其国有资产规模分别达 23.48 万、14.12 万和 6.24 万亿元。从国有企业数量的行业分布看，工业以及批发零售、餐饮业的国有企业数量最多，分别达 3.68 万户和 1.91 万户，如图 3 所示。

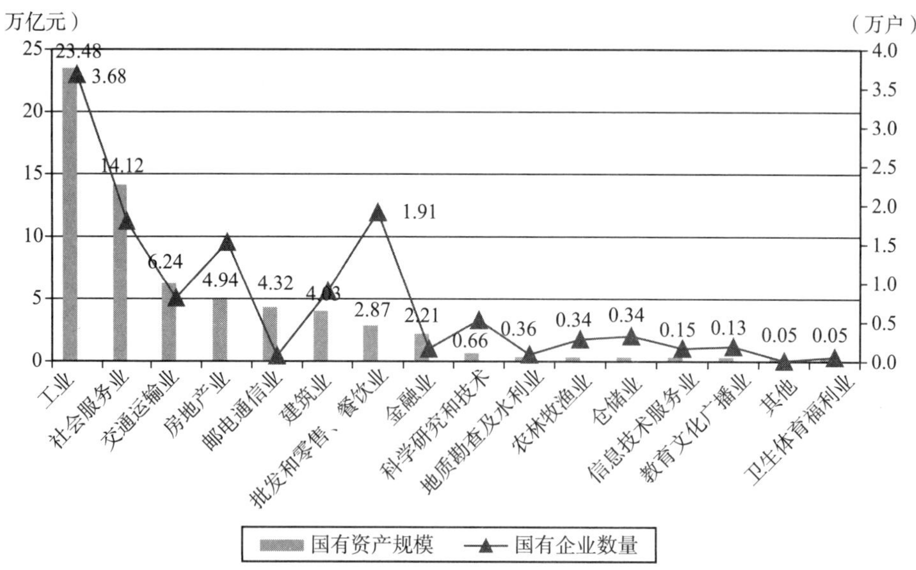

图 3 2015 年各行业国有资产规模及国有企业数量

资料来源：《2016 年国有资产监督管理年鉴》。

3. 与非国有企业相比，国有企业债务风险更高、绩效明显偏低

据《中国统计年鉴》，2005～2015年，国有及国有控股工业企业的资产负债率水平一直处于56%以上，2013年达到最高为62.28%，之后连续两年递减，截至2015年底，国有及国有控股工业企业的资产负债率为61.94%。而同一时期，私营工业企业的资产负债率呈逐年降低态势。2005年底，私营工业企业资产负债率为59.48%，高于同期国有工业企业2.82个百分点。2008年金融危机之后，私营工业企业的资产负债率明显低于国有工业企业，截至2015年底，私营工业企业资产负债率为51.81%，较国有工业企业低10.13个百分点，如图4所示。

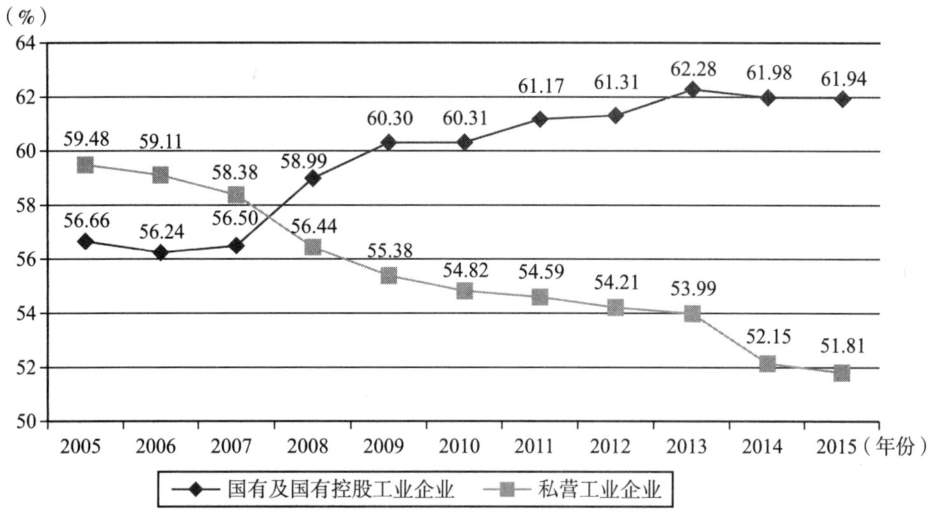

图4 2005～2015年国有及私营工业企业资产负债率

资料来源：各年份《中国统计年鉴》。

近年来，私营工业企业总资产回报率明显高于国有及国有控股工业企业。2015年国有及国有控股工业企业资产回报率仅为2.87%，较私营工业企业低了7.72个百分点，如图5所示。

4. 国有资产监管机构职能亟须调整转变

党的十八大以来，国资委认真按照党中央、国务院关于深化国有企业改革的决策部署，准确把握依法履行出资人职责的定位，不断探索完善国有资产监管体制机制，在实现国有资产保值增值、防止国有资产流失方面成效显著。但与此同时，国有资产监管过程中还存在越位、缺位、错位以及政企不分、政资不分、监管无效等问题。随着公司制股份制成为国有企业的主要组织形式，有必要按照公司治理规则，以管资本为主明确国有资产监管机构职责定位，调整、精简、优化国资委监管职能，改进监管方式手段。

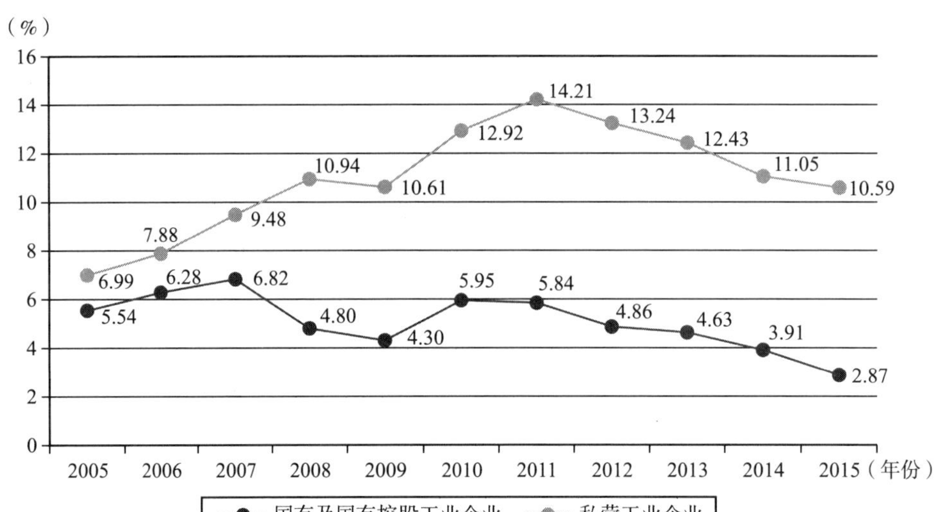

图 5　2005～2015 年国有及私营工业企业总资产回报率

资料来源：各年份《中国统计年鉴》。

5. 深化国有企业改革是推动高质量发展的着力点

党的十九大报告指出，我国经济已由高速增长阶段转向高质量发展阶段，必须坚持质量第一、效益优先。在 2017 年 12 月召开的中央经济工作会议上，明确提出要围绕推动高质量发展，做好八项重点工作，其中之一就是激发各类市场主体活力，而推进国有企业改革是重要的着力点。通过深化国有企业改革，助力国有企业成为依法自主经营、自负盈亏、自担风险、自我约束、自我发展的独立市场主体，从而激发国企内生活力，推动国有资本做强做优做大，形成一批具有全球竞争力的世界一流企业。

（三）研究框架

面对多重改革压力，我国迫切需要运用新的视角分析国有企业的合理存在范围、作用方式和空间，探索其有效管控模式。

本文以“长焦距”和“全景式”的框架分析国企改革战略。“长焦距”是指从春秋战国时期国有企业的起源出发，梳理国有企业的发展及改革历程。“全景式”是指对全球三大类国有企业改革路径进行梳理，分别是原社会主义国家国企改革的路径，代表国家为苏联及俄国、波兰、匈牙利、捷克；欧美市场经济国家国有企业改革的定位和路径，代表国家为英国、法国、意大利、德国；东亚儒家文化国家和地区的国企改革路径，代表国家和地区为日本、新加坡、韩国、中国台湾。

本文在定量分析与定性分析相结合的基础上，通过归纳总结三大类国家和地区的国有企业改革启示，推导出未来国有企业改革的总体战略：在明确国有企业基本定位的基础上，确立战略布局，厘清政企关系，并以混合所有制改革的方式来提升保留国有企业的公司治理水平，分类设计不同类型的运营机制，最终落实到国有企业收益的全民共享上。

二、中国国有企业的起源及发展历程①

（一）国有经济的起源及发展史

1. 洋务运动之前的国有专营经济

国有经济并不是我国成为公有制国家之后的产物，从管仲变法开始，国有经济就已出现，迄今已有千年历史。春秋时期齐国的管仲在经济政策上是“最早国企发明者”，他创办了国营盐场和国营铁厂。商鞅变法时期，国家控制粮食买卖，将矿山收归国有，国家控制了最大宗商品的定价权和交易权。之后的历代变法也大多在盐铁领域实行国营垄断化，而明清两代的工商业则变为官商经济。

总体来看，洋务运动之前的国有专营经济主要针对盐和铁的产销，这主要是因为盐和铁在农耕时期是民众不可或缺的生活必需品，是经济发展的支柱性产业，而且其生产原料均为天然资源，具有垄断的优势。政府通过控制盐铁的资源所有权和价格制定权间接地向民众征税，极大地增加了政府收入。与此同时，国有专营经济在抑制民间经济发展的同时，削弱了地方收入来源，减少了地方势力对中央集权的威胁。

国有专营经济在短期内能够迅速提高国家的生产力，提高财政收入，从而保证国家有足够的财力维持统治，但长期来看，国营化削弱了民间经济的发展，使得经济创新不足，最终造成国力衰落。

2. 洋务运动时期的官督商办企业与民国时期的国有经济

清朝洋务运动时期，由于资源缺乏，政府鼓励民间资本和人才参与到洋务运动中，采取官督商办的形式创办企业，政府掌握经营的主导权。十多年的时间里，从造船业、采矿业、纺织业到航运业、保险业等，出现了许多新兴企业。随着民间经济的发展，民间资本提出放松管制的市场化要求，官商矛盾出现。此后，民间资本对洋务运动的积极性减退。

南京国民政府时期，政府主张发展国有经济、节制民间资本，挤压和剥夺自由商人群体，优先发展国有企业，国有资本逐渐在轻工业及金融领域占据主导地位。第二次世界大战之后，政府继续坚持战前的统制经济立场，将各沦陷区等待接收的大量日伪产业收归国有，一大批以“中国”为名号的国营垄断企业纷纷挂牌

① 洋务运动之前以及洋务运动至民国期间的国有专营经济情况主要参考吴晓波：《历代经济变革得失》，浙江大学出版社 2013 年版。

诞生。①

对自由商人的剥削以及敌产国营化使国民党政府彻底失去了私营企业家的支持。敌产国营化还导致国营事业效率低下、工业萧条，并最终导致失业人口大增，罢工事件频发。

（二）计划经济时期的国有企业

新中国成立初期，为了迅速确立社会主义制度的经济基础，改变长期贫困落后的状况，国家集中人力、物力和财力，建设和发展了一大批国有重点企业。国家既进行投资结构、投资规模等宏观决策，又承担项目决策管理任务。

在资源匮乏的计划经济初期，国有企业在国民经济发展中发挥了较大作用。第一个五年计划时期，我国完成基本建设投资总额588.47亿元，新增固定资产相当于1949年接收时的4倍，工农业总产值平均增长10.9%，GDP平均增长率达到9.2%。②

但是国有企业也逐渐暴露出很多弊端。国有企业的生产不能及时适应市场需求，造成商品严重短缺的现象；员工缺乏生产积极性，形成了普遍的“企业吃国家的大锅饭，职工吃企业的大锅饭”现象。

（三）改革开放以来的国有企业改革历程

中国改革开放后，特别是邓小平同志南方谈话后，改革国有企业、发展私营经济、建立市场经济体系成为经济改革的方向和目标。回顾40年的改革历程，国有企业改革大致经历了五个阶段。

1. 从国有国营到放权让利（1978～1984年）

此阶段首要的任务是打破高度集权的国有国营体制，赋予企业一定的自主权，以放权让利为重点。国有企业普遍实行了扩大经营自主权的改革，调动了企业生产经营的积极性。

2. 政企分开与两权分离阶段（1985～1992年）

此阶段改革的基本思路是沿着所有权和经营权分离的原则逐步推进政企分开，使企业成为独立经营、自负盈亏的商品生产者和经营者。在保持国家所有权的前提下，可以将企业的经营权下放给企业，开始探索多种形式的经营责任制。

3. 建立现代企业制度与抓大放小阶段（1993～2002年）

1994年出台了《中华人民共和国公司法》这部重要的商法典。从1994年开

---

① 如中国盐业公司、中国蚕丝公司、中国植物油料公司、中国造纸公司、中国纺织建设公司、中国石油有限公司、中华烟草公司等。据当时的统计，从产量上计，到1946年6月，国家资本控制了全国100%的石油和有色金属，90%的钢铁、67%的电力、60%的织布机、45%的水泥、37%的纱锭、33%的煤，而铁路和银行也早已被政府完全掌握。

② 吴晓波：《历代经济变革得失》，浙江大学出版社2013年版，第180页。

始，国务院选择了 100 家企业进行建立现代企业制度试点，加上各地方选择试点的企业，中央和地方共选择了 2 500 多家企业，按照现代企业制度的要求进行公司制改革试点。

4. 国有资产管理体制与股份制改革阶段（2003～2012 年）

2003 年，国务院国有资产监督管理委员会成立，确立了建立中央政府和地方政府分别代表国家履行出资人职责，享有所有者权益、权利、义务和责任相统一，管资产和管人、管事相结合的国有资产管理体制。积极推行股份制、发展混合所有制经济，按照现代企业制度的要求，国有大中型企业继续实行规范的公司制改革、规范的董事会建设、完善法人治理结构。

5. 深化改革阶段（2013 年至今）

这一阶段，党中央、国务院坚持问题导向，坚持试点先行，国有企业改革呈现出全面推进、重点突破、成效显现的崭新局面，走出了一条中国特色的改革发展道路。一方面，基本完成了国有企业改革的顶层设计，出台了“1 + N”政策，形成了顶层设计和四梁八柱的大的框架；另一方面，改革重点任务不断落实落地，重点难点问题不断取得新突破，包括深入推进“十项改革试点”、稳步推进混合所有制改革、国资监管体制机制不断优化等。

（四）启示

1. 从我国历代经济变革可以发现国有企业是经济发展的必然产物，它的存在有其必然性和必要性

从“管仲变法”到“王安石变法”，均是历代治国者在经济集权政策下的国有专营政策的大试验，国有企业在保证国家财政收入充足、满足军队开支、解决地方割据现象方面发挥了重要作用。在新中国成立之初，经济基础薄弱，大量国有企业的建立使我国快速实现了资本积累以及工业化的推进，为我国经济起飞奠定了基础。2008 年全球金融危机以后，国有企业作为国家政策工具，在稳定经济、拉动增长、解决就业等方面发挥了重要作用，是帮助我国度过金融危机的中流砥柱。由此可见，国有企业对经济的发展起到了不可替代的支撑作用。

2. 历代经济变革的经验也揭示了国有企业自身存在低效率、低激励、权贵经济等弊端

管仲至王安石的各次变法，极大地限制了民间商人的经商途径，削弱了民间商人的积极性，导致民间经济萧条。同时，过度的国有专营制度导致了严重的权贵经济，产生了巨大的寻租空间。洋务运动时期的官督商办形式及南京国民政府时期对民间商人的剥削使民间商人参与经济变革的积极性逐渐减退，敌产国营化后国营事业效率低下、工业萧条，并最终导致失业人口大增，罢工事件频发。而新中国成立之初广泛建立的国有企业也暴露出生产不能适应市场需求、商品匮乏、员工工作积极性低等弊端。总体来看，虽然国有企业为推动发展、改善民生、提升国家综合实

力作出了重大贡献，但其自身存在的弊端也是不能忽视的。

3. 各个阶段的经济变革都表明国有企业的合理存在范围及其发挥的作用与一国所处的发展阶段有关，不是一成不变的

从我国历代经济变革可以发现，政府通过国有专营制度间接地向民众征税，因而在不激发民愤的情况下，极大地增加了政府收入，保证国家统治。与此同时，国有专营经济在抑制民间经济发展的同时，削弱了地方收入来源，减少了地方势力对中央集权的威胁。但过度的国营化则削弱了民间经济的发展，使得经济创新不足，最终造成国力衰落。

在新中国经济发展初期，资本短缺，市场没有发育，需要大量的国有资本来弥补私人资本的不足，推进工业化进程。但随着市场的发育、发展、成熟，国有企业的作用逐渐弱化，同时弊端更加显现，需要国有企业发挥作用的领域也逐渐减少。由此可见，国有企业的存在范围及其发挥的作用应根据一国的经济发展情况进行适时调整。

4. 1978 年以来，历经 40 年的国有企业改革取得了非常重要的成效，但国有企业仍然存在诸多问题，改革须进一步深化

经过多年的改革，国有经济布局结构不断优化，市场竞争力明显增强，一些大型骨干企业也逐步在国际竞争中崭露头角，但近年来，随着国有企业规模扩大，吸纳就业人数不升反降，且地域分布也不均衡，经营效益与私营企业相比存在巨大差距。此外，国有资本的出资方式、监管模式亦存在诸多问题，仍然需要进一步的深入研究。

三、国有企业改革的国际经验借鉴与启示

过去几十年中，国际上掀起了数轮自由化、市场化、私有化浪潮，无论是转轨国家、欧美成熟市场经济国家还是东亚儒家经济体，都开始推行国企改革，并形成了不同的路径和特色，可为我国的国有企业改革提供借鉴和启示。

（一）苏联的经济结构调整及东欧主要国家的大规模私有化

1. 苏联时期对“斯大林模式”的改革及俄罗斯的“休克疗法”

（1）苏联时期对“斯大林模式”的改革。斯大林时期苏联逐渐走向以高度集中的政治经济体制为特点的“斯大林模式”。其特征包括工商企业全部国有化，农村实行以集体公社和国营农场为中心的集中管理，优先发展重工业，尤其是军事工业。在粗放型经济发展背景下，高度集中的政治经济体制使苏联迅速实现了社会主义工业化，成为当时欧洲政治和军事强国。由于“斯大林”模式过分偏重重工业，忽视轻工业及消费品的生产，同时在生产中片面追求数量和产值，不顾品种和质量，造成苏联轻重工业比例严重失调，消费品市场凋敝，产品在国际市场缺乏竞争力。同时，高度集中的政治经济制度还造成农民缺乏生产积极性、资源的大量浪费

和政府内部腐败滋生。

针对这些问题，自赫鲁晓夫开始，历任苏联领导人都对“斯大林模式”进行了改革。几任领导人的改革措施主要包括将企业的隶属关系在中央与地方之间进行调换，缩减国家机关下达给企业的指标数，用利润、奖金等手段增强企业生产积极性和主动性，推广家庭承包制，使企业成为独立的商品生产者以及实行两权分离。然而，不论采取何种措施，历任领导人改革的重点仍然是发展重工业，导致经济结构更加失衡，消费品更加短缺。至 1990 年，苏联经济已经完全“失控”，80% 的人进入贫困线①。

（2）俄罗斯的“休克疗法”及重新国有化。1991 年 12 月 25 日苏联解体，俄罗斯的国有企业改革在苏联国有企业改革的基础上继续进行。为了在短期内形成市场经济体制模式、实现经济转轨和稳定宏观经济，叶利钦时期开始实行激进的“休克疗法”，其中最重要和最核心的部分是对国有企业进行快速和大规模的私有化。具体做法是以企业职工人数和 1992 年 1 月 1 日的固定资产账面净值为基础，将国有企业划分为小、中、大三类企业②，分别采取不同的私有化方式。

小企业主要通过赎买租赁、竞争性招标和公开拍卖等方式，直接变为私人所有，这一方式被称为“小私有化”。大型企业通过股份制改造为股份公司，然后使股份公司的股票进入资本市场，这一方式被称为“大私有化”。中型企业则既可以招标拍卖，也可以实行股份制。

其中，“大私有化”根据不同的实施阶段又分为“证券私有化”“货币私有化”和“个案私有化”三个阶段。其中，证券私有化期间，俄罗斯政府通过发放私有化证券无偿转让国有资产；货币私有化期间，则主要实行“贷款换股计划”，即政府以企业中的国有股份为担保向银行贷款，以拍卖投标的方式选取贷款银行。

普京执政期间（2000 ~ 2008 年，以及 2012 年至今），对国企改革的原则和方法进行了调整和深化，从国家发展的战略角度，使国有化与私有化同时并存。一方面，强力打击寡头，将能源、军工、银行等领域具有战略性质的大企业重新国有化，并限制外资对战略性行业的进入，扶持国有企业发展壮大；另一方面，继续推行中小国有企业的私有化，私有化的重点是非战略性的国有中小企业，主要为经营效果较差的国有独资企业和政府持股低于 25% 的股份制企业。

（3）改革成效。叶利钦时期的大规模私有化使俄罗斯的所有制结构和产权结构发生了重大转变，在最短的时间内确立了市场经济制度。绝大多数私有化收入进入各级政府预算，在一定程度上弥补了财政缺口。

大规模私有化在帮助俄罗斯快速实现市场经济制度的同时，也带来了很多负面效果。一是国有资产大量流失。据俄罗斯杜马听证会公布资料，按照 1995 年价格

① 陈国平、欧阳向英、刘秀莲：《俄罗斯国有企业改革》，中国社会科学出版社 2014 年版。

② 职工人数在 200 人以下、固定资产账面净值在 100 万卢布的企业为小企业；职工人数在 1 000 人以上、固定资产账面净值在 5 000 万卢布以上的为大型企业。

计算，1992 ~ 1996 年，大规模私有化给俄罗斯造成了 9 500 万亿卢布的损失；二是一些具有战略性质的大企业落入少数财阀手中，形成了寡头企业，严重损害了国家和人民的利益；三是快速的大规模私有化伴随着商品价格的骤然放开，导致了商品价格的飞涨。1992 年，俄罗斯全年的通胀率高达 2 508. 8%，1993 ~ 1995 年，通货膨胀率依然保持在三位数的高水平①。而 1992 ~ 1998 年，俄罗斯经济除在 1997 年出现微弱增长外，其他年份均为负增长。

普京就任后的改革措施使经济止跌回升。1999 ~ 2006 年，俄罗斯 GDP 年均增长速度约 6%。有计划的分期分批进行的私有化也大幅提高了私有化收益水平。2005 ~ 2007 年，私有化收益由 1. 65 亿美元增长至 289 亿美元②。

2. 东欧主要国家的“大私有化”与“小私有化”

（1）改革背景。第二次世界大战之后，波兰、匈牙利、捷克仿照苏联模式，实行中央集权的计划经济体制和以重工业为主的经济结构，国有企业成为这些国家的国民经济支柱。集权性的经济管理体制虽然有利于战后经济的快速恢复，但也产生了很多问题：一是国有企业按照政府的指令性计划安排生产，导致生产滞后，产品质量低下，人民生活水平差；二是由于片面追求重工业发展，导致经济结构畸形，消费品供求矛盾尖锐。随着计划经济体制弊端的显露，波兰、匈牙利、捷克开始推行国有企业私有化。

（2）波兰、匈牙利、捷克的国有企业私有化及改革成效。波兰、匈牙利、捷克从 1990 年起开始对国有企业实行私有化改革。三个国家的私有化均分为两部分：一是对小企业的“小私有化”，即通过资产评估后将其公开拍卖给国内外投资者；二是对大企业的“大私有化”，政府普遍将这类企业变为股份公司，然后上市交易，或把公司股票部分有偿、大部分无偿地分配给国内人民。

①波兰的私有化历程及改革成效。波兰政府从 1990 年起开始对国有企业进行私有化，其私有化过程可以分为两个阶段：逐个私有化阶段（1990 ~ 1993 年中期）对国有企业逐个进行拍卖出售，或逐个实施股份制改造，然后进入资本市场出售股票；大众私有化阶段（1993 中期至今），通过设立国民投资基金及发放股权证的方式实现了全民持股。在富余人员安置方面，波兰政府使用一部分私有化的收入和企业缴纳的社会保险费建立社会保险基金，向破产企业的员工发放失业救济金或一次性的劳动安置费。改革成效。私有化使波兰实现了所有制的根本转变。波兰国库部部长卡尔平斯基于 2015 年 4 月表示，1989 年尚在运营的 8 500 家波兰国有企业中，仅 3% 未私有化。私有化改变了波兰的就业市场结构，目前，就业人群的 88% 受雇于私人企业，12% 是国有企业员工。③ 私有化增加了波兰的财政收入。1990 ~ 2000

---

① 祖尧：《“休克”给俄罗斯带来了什么——访问俄罗斯见闻》，载于《中国经济时报》2001 年 3 月 30 日。

② 世界银行 Privatization Database。

③ 中华人民共和国商务部网站。

年，波兰私有化的总收益占 GDP 的比重为 15%。[①] 至 2015 年，波兰私有化的总收益达到 1 526 亿兹罗提（约 481 亿美元）。[②] 私有化收益使得波兰政府有财力进行相应的基础设施建设和配套制度的完善。

②匈牙利的私有化历程及改革成效。匈牙利的私有化采取了“渐进式”模式，改革历程可以划分为两个阶段：初始私有化阶段（1990～1994 年）私有化对象以商业零售、饮食业和服务部门的小型国有企业为主，部分针对大企业的大私有化也在同时进行；深化大私有化阶段（1995～1998 年），私有化的范围扩大到了重要的国民经济部门和大型、特大型企业。改革成效，私有化改变了所有制结构。到 20 世纪 90 年代末，匈牙利的私有化任务基本完成，私有经济成分在 GDP 中的比重已占 85%[③]。改革期间，失业率大幅上升。1990 年的失业率为 1.9%，1991 年及 1992 年骤增至 7.8% 和 13.2%，至 1998 年私有化结束时降至 8.7%，但依然处于较高水平。[④] 通过私有化，匈牙利银行资产中外资所占比例显著增加。据国际货币基金组织（IMF）统计，外国所有权在 50% 以上的银行资产占匈牙利银行总资产的比重由 1994 年的 19.8% 升至 1999 年的 56.6%。[⑤]

③捷克的私有化历程及改革成效。捷克的国有企业私有化主要发生在 1990～1996 年，以联邦解体的时间为界限，捷克的私有化历程可以分为两个阶段：小私有化和大私有化阶段（1990～1996 年），大私有化的核心措施是“大众私有化”，即通过以较低的价格向公民发放投资券，实现全体公民对国有企业的持股，从而实现大众私有化；资产优化重组阶段（1996 年至今），由于大众私有化使大多数企业的股权极度分散，国家控制的基金公司仅凭很小的股份便仍然握有控制权，在资产优化重组阶段，捷克鼓励中小股东出售股票给新的投资者（包括外国投资者），使分散的股份集中起来，为企业注入新的资金与活力。改革成效，实现了所有制结构的转变。1995 年末，捷克加入经济合作与发展组织，总资产中大约 75% 已经私有化[⑥]。2004 年 5 月，捷克成为欧盟正式成员国。私有化并没有使捷克实现经济的持久增长。在改革的初始阶段，私有化促进了捷克经济的快速增长，出现了“捷克奇迹”。这一时期国内生产总值共增长 10.8%，私人消费共增长 37.2%，固定资产投资增长 55.1%，失业率由 1991 年的 4.1% 降至 1995 年的 2.9%。但从 1997 年起，捷克经济陷入停滞，宏观经济指标有所恶化。

---

① “Information on Participation of Foreign Investors in the Privatisation Process of the Polish Economy in the Years 1990－2002” The Ministry of the Treasury.

② 中华人民共和国商务部网站。

③ “Recent Privatisation Trends in OECD Countries 1999”，经济合作与发展组织网站。

④ 科勒德克：《从休克到治疗——后社会主义转轨的政治经济》，上海远东出版社 2000 年版，第 492～494 页。

⑤ 李俊江、史本叶、侯蕾：《外国国有企业改革研究》，经济科学出版社 2010 年版，第155 页。

⑥ McMaster Irene，“Privatization in Central and Easter Europe：What made the Czech Republic so distinctive?”，Regional and Industrial Policy Research Paper，2001（49）：11.

3. 启示

一是大规模私有化并不必然促进经济改善，政府仍需对战略领域的国有企业保留控制权，从而保证对经济的战略指导作用。在市场环境恶劣的改革背景下，叶利钦时期对私有化企业采取无为而治的态度，导致寡头垄断企业的出现，以及大量私有化企业陷入无序状态后破产。普京执政以后，对战略性企业的重新国有化增强了政府的调节作用，使得俄罗斯经济逐渐走出危机，步入复苏增长期。由此可见，国有企业改革不应完全放弃国家对市场的干预，政府仍需保留具有战略意义的国有企业的控制权，从而发挥政府对经济的战略指导作用。

二是国有企业的产权改革应以发展成熟的资本市场以及充足的私人资本为前提，否则容易造成股份集中或垄断在极少数人手中或外资控股关键经济领域的现象。俄罗斯、波兰、捷克在实行大众私有化时均未建立成熟的资本市场，绝大多数公民对市场经济的运行机制不熟悉，对股票、股市的概念更为生疏，不少公民并不了解发给自己的股票的价值。很多公民的股权证或股票被投机者以低价收购，难以避免地出现被私有化企业的股权过分集中或垄断在极少数人手中的现象。另外，俄罗斯及东欧主要国家在私有化之初，均缺乏充足的国内资本积累，因而无论是采用公开拍卖的方式还是大众私有化的方式，都无法逃脱被国际资本收购的命运，最终导致关键经济领域被国外资本控制。因而，国有企业产权改革须以发展成熟的资本市场及充足的私人资本为前提，发展中国家不应盲目跟随私有化潮流，而应首先促进本国资本市场的发展及私人资本的积累。

三是由小私有化到大私有化的先易后难的策略有益于私有化进程的顺利推进。东欧主要国家的国有企业改革在短时间之内顺利完成的一个主要原因是它们都采取了先易后难的改革策略。一方面，先对小企业实行小私有化，即通过资产评估后将其公开拍卖给国内外投资者；对国有大中型企业，先将其改造为股份公司，然后把公司股票部分有偿、大部分无偿地分配给国内公民；另一方面，在对国有大中型企业进行私有化的过程中，先选择生产和经营效率高、业绩良好的企业实施私有化。由于小企业资产较少，小型国有企业的私有化对资本要求较低，即使由个人收购也不会造成行业垄断，而经营效率较好的国有大中型企业也更容易寻求到私有资本的购买，因而先易后难的策略有益于私有化进程的顺利推进。

四是要用有力的社会保障来减小国企改革的阻力。在私有化过程中，捷克的失业率不升反降，主要得益于捷克有力的社会保障体系，包括失业保障、医疗和养老保险、对特殊群体给予社会救助等，为市场经济改革奠定了坚实的政治和社会基础。另外，2002 年起，波兰政府将预期私有化收益的较大份额用于资助社会保障基金、增加工资和对老弱病残补贴的法律补偿也促进了私有化的顺利进行。因此，在产权改革的同时，应配套建立完善的社会保障体系，解决好国有企业员工的再就业，从而减小国企改革的阻力。

（二）西欧主要国家及美国的国有企业改革

1. 西欧主要国家的国有企业私有化

（1）改革背景。第二次世界大战给西欧各国的经济造成了严重破坏，为了迅速重建基础设施以及解决大量失业问题，西欧主要国家（除西德外）对铁路、电力、钢铁和煤炭工业实行了国有化。

西欧主要国家对国有企业实行私有化的主要原因有两点：一是国有企业严重亏损造成政府的公共支出规模扩大，超出政府财力负荷，导致巨额财政赤字；二是20世纪80年代以来，欧盟大力推进经济一体化和市场自由化进程要求各国政府减少对经济的直接干预，减少以致取消对企业的补贴，放松对基础设施产业的管制。

（2）英、法、意、德的国有企业私有化及改革成效。1979年，英国开始私有化运动，法国、意大利和德国的私有化运动自20世纪90年代开始。英、法、意、德的私有化均按照先竞争性部门和盈利企业，后垄断性部门和亏损企业的顺序进行。

①英国的私有化历程及改革成效。英国的私有化历程分为三个阶段：第一阶段（1979～1983年），对竞争性部门和盈利国有企业进行私有化，在这一阶段，英国完成了石油部门的私有化，并出售了海运领域及航空领域的部分国有企业；第二阶段（1984～1993年），开始对垄断性部门和亏损国有企业进行私有化，先后出售了JAGAR汽车公司、英国钢铁公司、英国电信等国有企业，并完成了对航空部门以及公用事业领域的私有化；第三阶段（1994～1997年）是英国私有化的收尾阶段，完成了煤炭部门、核能部门及铁路部门的私有化。英国国有企业私有化主要以公开招标的方式将国有企业整个卖给某一私人企业为主，本企业经理人员、雇员收购以及在股票市场上公开出售也是私有化的主要方式。英国私有化过程中，有90%的员工成为本企业的股东。这主要是由于英国政府采取奖励本企业员工购买股票的政策来缓解员工对私有化的反对。英国政府规定员工认购股票时，按认购数的一定比例另外给予免费股。改革成效，所有制结构得到了根本改变。1978年，英国国有企业产值占GDP比重在16%以上。① 国有经济在军事和航天工业、公共服务业、基础设施产业占比将近100%，在基础工业的占比为75%，制造业占比8%。② 而目前，英国国有经济占比已降至2%以下。③ 减轻了政府财政负担。英国政府将1979～1997年的私有化收入（约1 125亿美元）作为普通财政收入使用，改善了英国的财政状况。1975～1987年，英国中央政府财政连年赤字，赤字总额约为420亿英镑。随着私有化的推进，英国政府财政赤字开始逐渐改善，至1989年，财政

---

① Judith Clifton，Francisco Comin，Danniel Diaz Fuentes，“Privatization in the European Union，Kluwer Academic Publishers，2003：110.

② 王金存：《世界国有企业比较研究》，华东师范大学出版社1999年版，第65页。

③ 李俊江、史本叶、侯蕾：《外国国有企业改革研究》，经济科学出版社2010年版，第71页。

收支为盈余118亿英镑。1997年私有化运动结束后的3年财政盈余总额达585亿英镑。[①] 失业率先升后降。1979年私有化初期，英国失业率在5.5%以下，而私有化开始后，失业率持续上升，1984年的失业率高达12%左右，之后有所下降，至1997年，失业率为7%。但私有化之后，失业率继续下降，1998年至金融危机前，英国失业率维持在5%左右。[②]

②法国的私有化历程及改革成效。法国的私有化历程大致分为三个阶段：第一阶段（1993～1996年），国有经济从金融部门退出，其次对化学制药行业、冶金行业、汽车制造业的国有企业进行了私有化。第二阶段（1997～2001年），在继续对工业制造业进行私有化的同时，开始出售电信、航空领域等垄断性行业的国有企业资产。第三阶段（2002年至今）是法国私有化运动的收尾阶段，继续减少竞争性领域和垄断行业的部分国有企业的国有股份。法国在对一些经营较差的国有企业进行私有化之前，大多采取企业重组的方式，并重新注入资本，将出售、转让企业股权的收益投入负债沉重、长期亏损的企业，待其生产经营状况开始好转后再上市。改革成效，私有化之后，法国的国有企业数量大大减少，国有企业已经基本退出了竞争性领域（金融业和一般制造业）。至2005年底，国有企业数量仅为1 134家。[③] 保留下来的国有企业主要集中在电力、铁路、邮政等基础经济部门中。国有企业的私有化一方面使法国甩掉了国有企业的亏损和财政补贴包袱，减少了国家在此方面的支出；另一方面私有化收入增强了国家的财政实力，改善了法国的财政状况，增强了政府的宏观调控能力。1986～2001年，法国政府出售国有企业资产共获收入658亿欧元，其中，14%的收入用于减少公共债务；2%用于增加社会养老金；7%用于补贴政府正常开支；77%用于国企再投资等。[④] 由于国有企业私有化造成大量员工失业，在1993～2001年法国私有化主要时期，失业率一直处在10%以上的高位[⑤]。

③意大利的私有化历程及改革成效。意大利从1993年开始大规模地收缩国有经济规模和部门分布，其私有化历程大体上分为两个阶段：第一阶段（1993～1995年），对竞争性领域的国有企业进行私有化，包括金融、钢铁、冶金、食品、机械制造、石油化工、玻璃、水泥、纺织行业，至1995年，国有经济从这些行业基本退出完毕。第二阶段（1996～2002年），开始对电信、能源、军工、机场、高速公路、地方公用事业等垄断性行业的国有企业进行私有化。为了防止战略性企业被外资控制，意大利政府在对战略性企业私有化时，保留了金股。意大利的私有化改革取得了一定的成效。意大利国有企业产值占GDP的比重由1979年的24%降至2000年的9%，国有经济从制造业和金融业基本退出，但在军工航天、能源、公用

---

① National Account 2004 EDN.

②⑤ Wind。

③ 中国驻法兰西共和国大使馆经济商务参赞处。

④ 李俊江、史本叶、侯蕾：《外国国有企业改革研究》，经济科学出版社2010年版，第93页。

事业领域，政府仍然保持独资或控股地位。① 1985～1999 年，制造业、金融服务业和公用事业领域的国有企业员工的就业比重显著下降。在制造业，国有企业员工就业比重从 1985 年的 11% 降至 1999 年的 2%；在金融部门，该比重从 12% 降至 4%；公用事业领域，该比重由 83% 降至 41%。② 私有化减轻了意大利公共债务负担。1994～2001 年，出售国有企业资产的巨额收入（1 150 亿美元）全部用于偿还公共债务。2001 年意大利公共债务占 GDP 比重为 104%，较 1991 年之前的 123% 下降了 19 个百分点。③

④德国的私有化历程及改革成效。德国的私有化运动主要分为两个阶段。第一阶段（1990～1994 年），对竞争性工业企业进行了私有化。1990 年东西德合并后，东德留下了大约 8 000 家国有企业和 400 万名国企员工。至 1994 年，东德留下的国有企业中 98% 的企业被私有化，其中 8% 被外资企业购买。与此同时，德国政府对原西德的钢铁、煤炭、造船行业的 12 个国有企业进行了私有化。第二阶段（1995～2001 年），开始对垄断性行业的国有企业进行私有化。这一阶段德国国有经济首先退出了民航业，出售了机场的部分股份，然后减持了电信、国有银行、邮政、信息产业等行业的国有企业的部分股份。另外，地方政府出售了地方供电、供水、供气等公用事业企业的部分股份。德国私有化改革也取得了一定的成效。由于德国国有经济在 GDP 中的比重较小，私有化之后变化并不大。20 世纪 80 年代，德国国有企业产值占 GDP 比重为 12%，至 2001 年底，该比重降至 10%。④ 从部门分布上看，只有制造业、基础工业（钢、煤）以及航空运输业的国有经济完全退出，在电信、机场、公用事业部门，德国仅出售了国有企业的部分资产和股份，政府仍然保持控股地位。私有化改革后，德国国有企业职工就业比重在大多数领域仍然维持在较高水平。至 1999 年，在金融服务业、交通运输业和公用事业领域的国有企业职工就业比重分别高达 28%、47% 和 51%，只有制造业领域的该比重降至 2% 的低水平。⑤从私有化收入的总量上看，德国私有化的规模很小，私有化收入主要用于减少公共债务。截至 2001 年，英国、法国、意大利三国出售国有企业资产总额分别为 1 150 亿美元、950 亿美元、1 125 亿美元，而德国同期仅为 250 亿美元。⑥

2. 美国的国有企业私有化及放松管制

（1）改革背景。美国现行法律制度和行政管理制度中没有“国有企业”的概念和统一定义，目前，联邦仅有 20 多家类似“中央国有企业”的机构或公司，分别称为联邦政府公司（Federal Government Corporation）和政府资助企业（Govern-

① Andrea Goldstein, “Priatisation in Italy 1993 – 2002”, CESifo Working Paper, No. 912, 2003.

②⑤ Judith Clifton, Francisco Comin, Danniel Diaz Fuentes, “Privatisation in the European Union”, Kluwer Academic Publishers, 2003: 124.

③ 李俊江、史本叶、侯蕾：《外国国有企业改革研究》，经济科学出版社 2010 年版，第 93 页。

④ 李俊江、史本叶、侯蕾：《外国国有企业改革研究》，经济科学出版社 2010 年版，第 77 页。

⑥ 李俊江、史本叶、侯蕾：《外国国有企业改革研究》，经济科学出版社 2010 年版，第 76 页。

ment - Sponsored Enterprises）。[①] 本文中所指的美国国有企业即是联邦政府公司和政府资助企业。

美国国有企业的发展主要是20世纪30年代的大危机时期和第二次世界大战期间。1929年经济危机开始以后，为解决国计民生的紧迫问题，美国建立了一些国有企业，包括财政公司、信贷公司、进出口银行、农作物保险公司、联邦保险公司等。第二次世界大战期间，美国出于战争和经济需要的考虑，在军工领域建立了一大批国有企业。

美国的国有企业主要分布在基础设施、基础产业、战略产业、高科技产业和社会公益性产业等领域，非竞争领域和自然垄断行业。第二次世界大战后至20世纪70年代初期，美国国有企业产值在国民收入中所占比重仅为1.2%～1.3%。美国国有企业的私有化并不是因为国有企业经营亏损拖累了政府财政，而是为了促进市场经济的发展。

（2）美国国有企业的私有化及放松管制。美国国有企业的私有化浪潮较短，美国同时采取了放松管制的措施来促使国有企业转换经营机制。

美国的第一波私有化浪潮是第二次世界大战结束后对军工企业的出售。第二次世界大战结束后，美国政府立即着手处理战时建立的国有企业。在很短的时间内，美国一大批工业企业如有色金属冶炼厂、合成橡胶厂和造船厂等以低价卖给了私人企业。第二波私有化浪潮是里根总统执政期间（1981～1988年）。里根政府将联邦政府的5个电力机构、2个石油仓库、1个铁路货运公司、5个卫星遥感站出售给了私人经营。之后美国的国有企业私有化减少。

20世纪初至70年代，美国开始了放松管制改革，在电力、天然气、铁路、航空、公路、电信、金融等领域放开价格，并允许私人企业进入原来由国有企业垄断的行业和领域，以营造公平竞争的格局，促使国有企业转换经营机制。

（3）改革成效。截至目前，美国的国有企业还有17家联邦政府公司及5家政府资助企业。其中比较著名的有铁路行业的美国铁路客运公司、电力行业的田纳西河管理局，以及邮政行业的美国邮政署。在航空、机场、高速公路、海港以及水利工程等基础设施领域，美国还保留负责行业规制的政府机构，如监督和管理民用航空事业的美国联邦航空局，负责水利工程的规划、设计、施工管理及运用维护的美国陆军工程兵团。大部分美国机场和港口属于州政府所有。

放松管制领域的产品或服务价格水平大幅度下降，在多数进行放松管制的行业，产品或服务价格下降范围在30%～75%。[②] 放松管制领域的产业范围不断扩大。例如，商业银行吸收了多数存款和贷款业务，并涉及证券承销等投资银行业

---

① 二者最显著的差别在于：联邦政府公司是政府的一部分，员工属于联邦雇员，这类公司包括美国邮政署、进出口银行等17家机构；而政府资助企业为私有企业，雇员工资由企业支出，这类公司包括房利美和房地美等5家公司。

② Regulatory Reform in the United States，OECD Review of Regulatory Reform by OECD，1999：23.

务；语音通信开始扩展为数据和信号通信，以及信息服务；各行业的地域经营限制在很大程度上被取消，银行的经营活动扩展至州际、国际。燃气管道、航空业的地域经营限制也被取消。[①]

3. 启示

一是即使是在市场经济十分发达的国家，国有企业也是政府进行宏观调控、弥补市场失灵的有效媒介。由于市场在公共产品供给领域的局限性，以及市场失灵的存在，国家需要对宏观经济进行适时的调控，而国有企业是辅助政府宏观调控的有效媒介。即使是在国有企业占比很小的西欧国家及美国，政府仍然保留了对能源、公用事业等领域的国有企业的控股地位。另外，在金融危机期间，英国政府、美国政府均对本国的银行系统实施了救助，将一些银行国有化，发挥了宏观调控、弥补市场失灵的作用。

二是员工持股是减少国有企业内部改革阻力的有效措施。英国政府在私有化过程中采取了奖励本企业员工购买股票的政策，规定员工认购股票时，按认购数的一定比例另外给予免费股，这在很大程度上减少了来自企业内部对私有化的阻力。因此，政府在减持国有股份的过程中，可以通过鼓励员工持股的方式减少国企员工对未来损失的担忧，从而缓解矛盾，加速改革进程。

三是由竞争性领域到垄断性行业的“先易后难”方式有利于私有化的顺利推进。欧洲主要国家私有化改革的顺利进行得益于其采取的“先易后难”的私有化顺序，既先出售竞争性领域和经营较好的企业，如制造业和金融业的国有企业，然后再改制垄断性行业和效益较差的企业，如基础设施产业中的电信、铁路等行业。“先易后难”的推进顺序有益于提高潜在投资者和社会公众的信心，并积累操作经验。

四是国有企业的私有化与企业重组相结合是促进私有化顺利实施、提高私有化成效的有效措施。即使是在需要私有化的领域，有些国有企业也并不适合直接进行私有化。如经营不善或者亏损的国有企业，其私有化可能很难找到合适的私人购买者。法国在对这类企业进行私有化之前，大多采取企业重组的方式，待其生产经营状况开始好转后再上市。对这类企业私有化之前先进行企业重组，更能加快私有化进程。

五是国有资产布局应与一国的经济发展状况相适应，在市场发育成熟、私人资本实力雄厚的情况下，公共产品的供给可采取国有企业与私营部门合作的非所有权转让方式。美国政府将大部分国有企业出租或委托私人资本经营，有效地降低了生产成本，提高了经营效率，但其他国家的国有企业很少采用这种经营方式。美国之所以采取这一措施一方面是因为美国的市场发展成熟，且私人资本实力雄厚；另一方面是因为美国较少的国有资本集中在非竞争领域和公共产品领域，完全的私有化会导致垄断经营和公众福利损失。因此，国有资产布局应与一国的经济发展状况相

① Vietor, “Contrived Competition”, Cambridge, Mass.: Harvard University Press, 1994: 319.

适应，随着市场发展的不断成熟以及私人资本的壮大，国有资本与私人资本可逐渐加强合作，尤其是在公共产品供给领域。

（三）东亚主要国家和地区的国有企业改革

1. 新加坡政联企业的部分私有化及监管机制

（1）改革背景。新加坡的国有企业被称为政联企业（Government - Linked Companies）。1965年新加坡被迫独立时，私人资本还处于原始积累的初级阶段，不足以建立大型工业企业，于是，政府介入私人经济活动领域，政联企业逐渐在房屋建设、交通运输业、造船业等基础性产业领域占据主导地位。

新加坡政联企业改革的直接原因是20世纪80年代中期世界性的经济衰退和贸易保护主义抬头，导致出口导向的新加坡经济陷入衰退，而政联企业的业绩下降尤为严重。这使政府意识到政联企业在经济结构调整和与国际市场接轨方面不如私有企业灵活。在此背景下，新加坡政府提出了政联企业私有化的设想。

（2）新加坡政联企业的产权改革。新加坡政联企业的私有化改革时间比较短，主要集中在1985～1994年，被私有化的企业比较少。1985～1993年，共有38家政联公司进行了私有化，1994年将一些大型政联企业的部分资产有计划地拍卖或上市。

按照新加坡法律规定，新加坡政府对私有化的政联企业至少要控制其股本的30%。新政府还做出规定，不准许任何个人拥有5%以上的公司股权；外国投资者入股不得超过公司资产总值的15%。

新加坡的政联企业私有化伴随着部门结构的调整，新加坡政府在出售一些政联企业股份的同时，又成立或者购进了其他公司的股份。但是其投资方向有所调整，逐渐向高科技方向倾斜，实现了政联企业部门结构的调整。因此，政联企业在其经济中的作用并没有因私有化而减弱。

（3）新加坡政联企业的监管体制——淡马锡控股有限公司①。新加坡政联企业管理体制的成立。淡马锡控股有限公司（简称“淡马锡”）由新加坡财政部投资司于1974年6月注册成立，新加坡财政部对其拥有100%的股权。淡马锡成立之初，新加坡发展银行等36家政联企业的股权（总额达3.45亿新元）被授权由淡马锡公司负责经营。目前，淡马锡掌控了包括新加坡电信、航空、地铁、电力等几乎所有新加坡最重要的大企业。淡马锡共有9名董事，其中7名为独立董事、1名为股东董事、1名为执行董事。股东董事来自财政部的出资人代表和政府的高级官员，由新加坡政府委派，代表了出资者的利益。独立董事由商业经验丰富的民间企业或跨国公司的优秀企业家担任，确保资本运作和各种战略投资的有效性和准确性。执行董事来自淡马锡的管理层或淡联企业的领导层，也称为内部董事，负责执行公司

① 莫少昆、余继业：《问道淡马锡》，中国经济出版社2015年版。

的发展战略，淡马锡目前的执行董事（何晶）同时兼任首席执行官。淡马锡完全通过自身运作投资、盈利，向“股东”政府提供回报。淡马锡每年从赚取的利润中派发股息，由董事会建议并在年度股东大会上提交财政部考虑，这部分股息构成了新加坡政府的投资收益。

新加坡政府对淡马锡的监督机制。新加坡政府对淡马锡的监管有三种方式：一是委派官员进入董事会来影响和监督公司的重大决策。淡马锡董事成员的政府官员董事的薪酬由政府支付，政府会根据公司的经营状况，对委派的董事实行奖惩。二是通过财务报告和项目审批制度，对公司重大决策进行监管。淡马锡必须定期将财务报表上报新加坡财政部，且上报之前必须经过国际权威审计公司评审。凡涉及公司及公司下辖子公司的重大投资决策和经营事项，如公开上市、改变经营范围或到海外投资等，均须上报财政部审批和备案。三是不定期派人到公司或其子公司调查了解情况，并鼓励新闻媒体对侵吞国家财产和贪赃枉法的行为进行公开曝光。由于淡马锡旗下很多公司的经营业务都与普通百姓生活息息相关，公司的重大举措是媒体聚焦的对象，因而，社会公共监督非常有效。

（4）改革成效。新加坡政联企业的私有化只是部分私有化，政府仍然保留了对绝大多数政联企业的控制权，国有股份在退出一些领域的同时，进入一些高新技术领域。因此，新加坡政联企业对国民经济的影响并没有减弱。1985 年新加坡政联企业的数量是 449 家，1988 年降至 374 家，至 1991 年时，增加至 433 家。①

虽然新加坡政联企业的私有化只是部分私有化，但淡马锡的有效监督模式提高了政联企业的经营绩效，提高了政联企业对国民经济的贡献。淡马锡在 1974 年成立之初，其总资产仅有 3.5 亿新加坡元，而到 2014 年时，其资产规模已攀升至 2 230 亿新加坡元，增长了 637 倍。按市值计算，淡马锡最近 10 年（包括 2008 年金融危机）的股东回报率为 13%，40 年来的复合股东回报率为 16%。②

2. 日本“三公社”的部分私有化

（1）改革背景。第二次世界大战后至 20 世纪 70 年代，日本的国有企业为其经济发展提供了必不可少的基础设施建设和廉价服务，对经济迅速恢复和高速发展发挥了重大促进作用。随着国内经济环境的变化，国有企业自身存在的问题开始暴露出来，加上 20 世纪 80 年代在欧美各国掀起的国有企业私有化浪潮的影响，日本开始进行国有企业产权改革。

（2）日本国有企业的产权改革。日本主要对“三公社”（电信电话公社、专卖公社、国有铁道公社）进行了产权改革。1981 年，日本成立了临时行政调查会（简称“临调”）对“三公社”经营情况进行深入细致的调查研究，并详细分析了其经营情况不理想的原因，进而给出改革建议。

① Linda Low, “The Political Economy of Privatization in Singapore: Analysis, Interpretation and Evaluation”, Singapore: McGraw – Hill Book Co., 1991: 85 – 102.

② 莫少昆、余继业：《问道淡马锡》，中国经济出版社 2015 年版，第 8 ~ 9 页。

日本电信电话公社的产权改革。1985年，日本政府将电信电话公社被改组为电信电话股份公司（Nippon Telegraph and Telephone，NTT），同时，允许其他企业进入电信市场。1987年2月，NTT股票上市，但政府仍保留控股权。目前，政府仍然持有NTT公司约45%的股份，同时限制外资对NTT持股比例不得高于33%。

日本专卖公社的产权改革。1985年4月日本专卖公社被改组为政府全额出资的日本烟草产业股份公司（Japan Tobacco Inc.，JT）。另外，日本政府取消了烟草关税，但是同时规定日本专卖公社是日本国内唯一合法的烟草制造商。至2004年6月，日本政府对JT的控股权减少至50%。

日本国有铁道公社的产权改革。日本国有铁道公社的私有化体现在股份有限公司的分离、旧债务的处理以及原职工的雇佣和安置三个方面。

为了打破垄断，形成竞争机制，1987年4月1日，日本国有铁道公社被分割为6家客运公司和1家货运公司：北海道客运铁路股份公司、东日本客运铁路股份公司、东海客运铁路股份公司、西日本客运铁路股份公司、四国客运铁路股份公司、九洲客运铁路股份公司和日本货物铁路股份公司。

在旧债务处理方面，日本政府设立了国有铁道清算事业团，继承国有铁道公社的长期债务、将来的退休金债务和一部分包括土地在内的资产。清算事业团负责出售原国铁旅游、休闲地资产以及发行、出售客运股份公司的股票等，以偿还原国有铁道公司的部分长期债务。另一部分旧债务则由营运条件较好的东日本、西日本、东海客运铁路股份公司及日本货物铁路股份公司4家公司承担。估计会出现赤字的另外3家客运铁路股份公司不承担债务，并获得一定的经营补贴。旧债务无法偿还的部分最终用税收来偿还。

对原职工的雇佣和安置方面，7家公司重新雇用了50%以上的原国有铁道公司员工。对于未被雇用的员工通过鼓励提前退休和自愿离职或作为临时措施转给清算事业团。然后由清算事业团进行再培训和推荐就业，经过3年时间的努力，几乎所有人员都得到了再就业。

（3）改革成效。日本电信电话公社改革后取得了多方面的积极效果。一是NTT经营效率有了明显提高，1989年营业额比1984年增长了50%；二是NTT在决定职工工资方面有了自主权，形成了多劳多得的激励机制，职工积极性有了明显增强；三是收费标准大幅降低，用户享受到了更多实惠，与1985年相比，1998年日本国内长途电话和国际电话收费降低了70%。[①] 但是，电信电话公社的改革在改变竞争机制方面并没有取得良好效果。日本政府虽然允许民营企业进入电信领域，但由于NTT公司的庞大，竞争机制未能充分发挥作用。

日本专卖公社改革后，日本政府作为绝对控股的股东，只参与公司的重大决策，公司开始享有一定程度的自主权。但是改革虽然废除了烟叶包销制度，却仍然

---

① 李俊江、史本叶、侯蕾：《外国国有企业改革研究》，经济科学出版社2010年版，第40~41页。

维持了烟叶全部收购义务，实际上是包销制度的继续。另外，香烟零售的特许制、固定零售价格制度及新公司对香烟生产的垄断并没有取消。因此，日本专卖公社改革前后并没有发生实质性的变化。日本国有铁路公社的改革取得了良好效果。从日本国有铁路公社分割出的 7 家公司在改革后均取得了良好的经营成绩，运输量大幅度增加，经营状况明显改善，政府财政负担大幅减轻，服务质量极大提高。

3. 韩国国有企业的私有化改革

（1）改革背景。韩国国有企业在 20 世纪 60 年代发展最快。1961 年的韩国政府为了发展经济，实行经济发展五年计划。由于当时的民间资本不足，民营企业无法起到主导经济的作用，因此韩国政府通过兴办一系列国有企业的方式来推动计划的进行。1963 年公共企业占韩国国民经济的 6.98%，至 20 世纪 70 年代，该比例维持在 9%左右，1989 年则上升为 11.9%。

随着经济的发展和经营条件的变化，和其他国家的国有企业一样，韩国的国有企业也逐渐暴露出体制上的弊端，出现了效益低下、亏损严重等问题。针对国有企业的弊端，韩国政府对国有企业进行了私有化改革。

（2）韩国国有企业私有化改革历程。韩国的私有化改革并不是连续进行的，其私有化进程包含五次私有化。

第一次私有化（1968 年）。韩国于 1968 年首先选取了 6 家效益较高的重工业企业进行私有化，将这 6 家企业的大部分资产转移给了私营企业集团。私有化后的 6 家企业中有 3 家的盈利和资本收益率出现了增长。

第二次私有化（1980 年）。这一时期，韩国政府计划对 4 家国有银行的股份以公开招标的方式转让给私营企业和个人，但由于各种政治原因并没有推行下去。

第三次私有化（1987 ~ 1989 年）。韩国政府于 1987 年决定出售 14 家支柱产业的国有企业的部分股份。但由于当时国内很多人反对私有化支柱产业，很多企业的股份出售中断。

第四次私有化（1993 年）。1993 年，政府提出到 1994 年完成 49 家国有企业的私有化，至 1998 年把国民银行等 61 家国有企业实行私有化。然而，至 1996 年时，只完成了几个企业的私有化，而且，经营权完全移交的只有 5 家企业。

第五次私有化（1998 年至今）。亚洲金融危机之后，韩国政府于 1998 年 2 月提出一项国有企业改革方案，宣布将韩国通信公司、韩国重工业公司等大型国有企业列为私有化对象，并规定不能由韩国的大企业财团收购这些企业，建议出售给外国投资者，以便尽快筹集必要的外汇资金和提高国有企业的经营效率。但此次私有化的国企经营效率改善甚微。2008 年，韩国政府计划在 3 年内对国有的韩国开发银行实行私有化，并计划缩减韩国原有的 319 家国有企业至 250 家。受 2008 年金融危机影响，第五次私有化的进程并没有完成。

（3）改革成效。总体来看，韩国国有企业的私有化并不连贯，各次私有化效果也不理想。韩国出台的 5 次国有企业私有化政策均显得目标不十分明确，造成个别国有企业改革推进速度迟缓，相关政策不能得到有力的贯彻执行。此外，在选定私有化对象企业时，没有一个具体统一的标准，从而加大了执行政策的难度。

尽管韩国民营经济逐渐进入国民经济各行业，但韩国国有经济在国民经济中的作用并没有减少，只是其作用重心开始转移。韩国国有企业逐渐局限于公益性强的事业部门，如铁路、钢铁、电力、通信、银行、石油、煤气等产业。其作用主要是负责国民经济中风险较大的产业，引导垄断产业的良好发展，负责社会基础设施的建设等。

4. 启示。一是国有企业改革是一个系统工程，需要政府部门制订切实可行的方案，并以资本市场的成熟发展作为支撑。日本在对三公社改革之前，成立了直属内阁总理大臣的临时行政调查会，对三公社经营情况恶化的原因进行了深入细致的分析，并提交了改革设想，对改革政策起到了指导作用。日本政府在临时行政调查会提交的改革方案的基础上，经过广泛征求意见，拿出了具体详细、切实可行的改革方案，并依法有序地推进，整个改革过程比较顺利。而韩国的国有企业私有化虽然事先确定了私有化的国有企业名单，但是很多企业未能如期完成私有化计划，有些是由于未能拿出切实可行的出让股份方案，有些则是由于企业经营情况不佳，难以寻求到合适的购买者，而管理层却执意在这种情形下进行私有化改革，并没有全面考证私有化方式的可行性，导致其私有化结果并不理想。另外，韩国资本市场发展不够成熟也是其私有化进展不顺利的原因之一。因此，私有化既需要各部门协调合作制定国有企业改革的切实可行的方案，又需要发展成熟的资本市场作为国有企业产权改革的支撑。

二是明确的政企分开以及有效的监督机制可以克服国有企业弊端，增强其竞争力。新加坡政联企业经营绩效良好的主要原因是政府与国有企业之间明确且彻底的政企分开，明确的国有资本所有权代表者——国有资本控股公司（主要是淡马锡控股有限公司），以及政府对国有资本控股公司的有效监督模式。新加坡政联企业的成功经验证明政府保持对经济的控制与市场化并无矛盾。在市场经济条件下，只要采取市场化的经营方式以及有效的监管模式，国有企业同样具有竞争力，甚至可以继续主导一个国家的经济。

三是国有企业的改革并不意味着一律私有化，国有资本应“有进有退”，实现动态调整。新加坡的国有企业私有化并不代表政府从经济生活中全面退出，而是“有退有进”。新加坡国有资本一方面退出那些私人资本能够承担且国有性质并不能带来更高效益的领域和部门；另一方面国有资本也同时进入另外一些私人资本不愿意或不能进入的领域，通过这种战略性的国有资本转移，国有经济的地位和控制力得以保持。由此可见，国有企业的改革并不意味着一律私有化，国有资本应“有进有退”，实现动态调整。

四是国有企业市场化的运作需要健全的社会保障制度配合。新加坡政联企业的市场化运作离不开成熟的社会保障制度的配合。新加坡较早地建立了社会保障制度，包括住房、医疗、养老、教育在内的全面的社会保障体系，为公民提供了充分的社会保障，不需要国有企业承担社会福利责任，从而保证了国有企业可以真正实现完全的商业化运作，与私人企业平等竞争。因此，健全的社会保障制度是实现国有企业市场化运作的前提。

五是国有企业改革需妥善安置好剩余人员、慎重处理好企业债务问题。妥善安置剩余人员以及慎重处理好企业债务问题是国有企业改革顺利进行的保证，否则必然引起社会秩序的混乱。日本在这方面做得比较成功，在安置剩余员工方面，日本政府首先采取奖励提前退休、转行等各种措施，对于那些不愿意提前退休和转行的剩余人员由政府组织培训和推荐就业，使绝大多数剩余人员得到了妥善安置和再就业；在处理企业债务方面，日本在将国有铁道公社分割为 7 家公司时，由新成立的日本国有铁道清算事业团来承担长期债务的 2/3，并让具有丰厚利润前景的 4 家分割出来的公司承担了剩余的 1/3 债务，经营较差的另外 3 家分割出来的公司不但不承担债务，政府还分别拨给数额不等的“经营稳定基金”，让这 3 家公司与另外 4 家公司在相对公平的起点上参与竞争。这些措施保证了改革的顺利进行，并使得 7 家公司均取得了良好的经营成绩。

四、推进国有企业改革的总体战略

（一）认清基本逻辑

纵观中国历代国有经济变迁史，横向比较苏联及东欧、西欧及美国，以及东亚地区的国有企业改革，我们发现，国有企业改革的本质并不是国有企业该不该存在的简单选择，而是国有企业在哪些领域以何种方式存在（国有企业的战略布局），以及国有企业应与政府保持多远距离的问题（政企关系）。这既需要考虑市场对资源配置效率的要求，又要考虑国家政治制度和历史的延续，因此，国有企业改革并不存在一个标准且统一适用的模式。

结合中国国情以及世界各国的国有企业改革经验，我们归纳出国有企业改革的基本逻辑应是：首先确立国有企业的战略布局，其次厘清政企关系，通过着力加快推进“混改”实现战略布局，对国有企业进行分类设计运营机制提高经营效率，构建国有资本收益共享机制，最后通过修改必要法规，完善社会保障制度、加快发展完善资本市场，为国企改革创造有利的制度保障。

（二）确立战略布局

1. 国有企业在国民经济中应发挥战略作用

所谓战略作用是指调控宏观经济、防止恶性竞争、弥补私人资本不足的作用。国有经济、国有企业具有依托或隐含国家信用、能够整合各方资源、规模经济、资本实力强、管理相对规范、社会责任感较强等优势，为政府调控经济、维护国家经济安全，保障社会公平公正提供了重要调控手段和政策工具，特别是在某些从国家中长期战略看很需要但暂时面临市场缺损或发育不足的领域，其作用更显重要。因此，国有企业是辅助政府进行宏观调控的有效媒介，同时在市场失灵的领域和时期，国有企业可发挥防止恶性竞争、弥补私人资本不足的作用。

2. 保留战略性行业的控股地位，逐步退出竞争性行业

自然垄断、公益性行业、关系国家安全的行业领域属于战略性领域，应明确以国有资本为主导的生产经营模式。国有企业要在资源垄断、国家安全、军队国防领域和保障人民生活必需的水、电、气供应，环境保护，义务教育和公共卫生等公益性行业肩负起社会责任。这些领域的国有企业往往需要财政拨款补助，即使民营企业进入，也要有一些外部条件的约束，如准入标准、承包指标、业绩指标或由政府持有“金股”，具有一票否决权等相关管理措施和手段。

在竞争性领域，国有资本应逐步退出竞争性领域，充分发挥民营经济力量。退出顺序应以先易后难为指导原则，先从规模较小、经营较好的国有企业开始，采取整体出售或上市的方式私有化；对于规模较大、私人资本很难购买的企业，推行混合所有制改革，国有资本逐步退出；对于经营状况较好的企业采取整体改组、直接上市的办法，彻底进行股份制改造；对负债和亏损严重的企业通过转让股权的办法来换取国外大公司的注资，或者通过“债转股”为核心的“去杠杆”债务重组方案和“去产能”为核心的企业重组方案改善企业的经营情况后再进行股份制改造。

3. 动态调整国有企业控股领域

国企的比例及其所发挥的具体作用，与一国所处发展阶段有关，不是一成不变的。未来，随着我国民营经济的壮大，社会保障体系的健全，以及法制体系的完善，国有资本可在公益性行业与私人资本合作提供公共产品。另外，国有资本在退出那些私人资本能够承担且国有性质并不能带来更高效益的领域和部门的同时，可率先进入那些资本投入高、私人部门不愿意或不能够进入的高新技术领域，提高国家科技创新能力。

（三）厘清政企关系

国有企业改革是否成功不是简单的国有企业改革范围和控制权比例是否保留的问题，更关键是国有企业的监管应做到政企分开、政事分开，让市场在资源配置中起到决定性作用。

1. 将出资职责与监管职责分开，国资委履行监督职责，国有资本投资、运营公司履行出资人职责

2015 年 9 月，中共中央、国务院出台的《关于深化国有企业改革的指导意见》（以下简称《意见》），提出了完善国有资产管理体系，实现国有资产管理从“管资产”向“管资本”转变，明确了国有企业改革下一步的方向，是新时期指导和推

进国有企业改革的纲领性文件。2015 年 11 月国务院印发《关于改革和完善国有资产管理体制的若干意见》，进一步指出将通过改组组建国有资本投资、运营公司行使国有资本所有者职责，并将改进国有资产监管方式和手段，建立监管权力清单和责任清单。从职能上看，这一系列政策旨在将出资人职能从国资委剥离，由国有资本投资、运营公司承担国有资本保值增值职责，国资委将专注于国有资产监督。

2. 在国有资本投资、运营公司建立有效的董事会、监事会，并实行多角度监督机制

通过在国有资本投资、运营公司组建包含代表国有资本所有者的政府官员（股东董事）、成功的民营企业家（独立董事），以及国有企业管理层（执行董事）的董事会，有效履行国有资本所有者权益，按照市场规则选聘国有企业管理者，制定专业准确的经营策略。对国有企业的监督采取监事会、国资委、审计部门和社会公众共同监督的机制，组建包含行业专家的监事会来监督国有企业是否依法经营、是否按规定目标经营以及是否有效经营；国有资本投资、运营公司定期向国资委上报财务报表，且上报之前必须经过国内外权威审计公司评审，凡涉及公司及其下辖子公司的重大投资决策和经营事项，如公开上市、改变经营范围或到海外投资等，须上报国资委审批和备案；国资委可通过向国有企业派驻稽查员的方式，随机调查国有企业的经营状况；审计部门则通过严格审核国有企业的财务资料，监督其经营的规范性和有效性；鼓励社会公众对国有企业管理者腐败行为进行监督。

3. 国有资本应实现统一监管

由于国有资本的出资人无法落实到自然人，其出资人代表统一为一家才能更好地实现国有资本监管职能。目前，金融类国有企业、各部委直属国有企业以及文化类国有企业实行各自独立监管，造成国有资本的“多头监管”局面。这种模式容易导致政府过多干预企业经营管理、监管部门利用行政权力控制资源的问题，阻碍市场经济的发展。因此，未来应实行国资委统一监管国有资本，对国有资本的布局规划、管理制度规范以及人事任免等重大事项进行统一监督与管理。

（四）着力加快推进“混改”

1. 进一步完善保障民营资本权益的制度建设，调动民营资本参与“混改”的积极性

虽然近期国家出台了多项政策鼓励发展混合所有制经济，但目前民营资本参与国有企业改革的热情并不高，主要问题不是民营资本不足的问题，而是保障民营资本权益的制度建设还需进一步完善，从而增强民营企业参与国有企业改革在政治上的安全感。因此，推进混合所有制改革需要制定更加公平的政策，保证民营企业和国有企业在市场竞争中规则平等；保障民营资本参股国有企业的合法权益及决策权；按照市场规则确定国有资产价格以及民营资本参与的比例，避免将“国有资产流失”盲目归于民营资本。

2. 探索实行混合所有制企业员工持股机制，坚持试点先行

竞争性领域实行员工持股是加速混合所有制改革、健全公司治理机制的有效措施，也是激发员工工作积极性的长效激励机制，但员工持股实施的有效性需要健全的法律法规作为制度保障，实施过程需要严格的监督。国资委强调了“存量不碰，增量为主”的员工持股原则，其目的是避免以员工持股的方式将存量国有资产“奖励”给员工，导致国有资产的流失。此外，员工持股不宜搞平均持股和大规模持股，而是鼓励科技人员、经营管理人员和业务骨干持股，这也将有利于企业激励机制的发挥，同时防止可能存在的利益输送。采取先试点、后完善、再推广的策略可以确保员工持股的稳步推进，进一步带动混合所有制经济的整体发展。

（五）分类设计运营机制

由于自然垄断类和公益类国有企业与竞争类国有企业的经营目标不同，应分类设计运营机制。

1. 竞争性国有企业增加市场化招聘，实行与绩效挂钩的激励薪酬制度

对于尚未退出竞争性领域的国有企业应增加按照市场化方式选聘企业管理者的比例。由董事会向市场选聘的职业经理人，包括总经理在内可以获得市场化的薪水，实行与企业经营绩效挂钩的激励薪酬制度，但不应高于同领域的民营企业员工的收入水平。但是，组织任命的出资人代表，包括董事会、监事会成员，有相应的行政级别，应该给予政府规定的报酬。

2. 自然垄断类和公益类国有企业实行“准公务员”制

自然垄断类和公益类国有企业实行国有控股的目的是最大化社会福利，这类企业经营不以营利为目的，其收入分配机制不应与绩效挂钩。自然垄断行业具有规模报酬递增的特征，为了既最大限度地提高社会福利，又保证企业不至于亏损，该类企业应采用平均成本定价，通过收支平衡来保证实现社会福利的最大化。公益性国有企业的绩效衡量标准应是社会或公共绩效，即向公众提供高质量的公共产品和公共服务是对其进行评价的依据。因此，这两类战略性国有企业的收入分配机制不应与绩效挂钩，而应实行“准公务员”收入分配管理制度，即从领导层到一般员工，均应参照国家公务员的管理模式，实行“行政级别制”和“专业人员职务聘任制”。

（六）构建收益全民共享机制

1. 划转部分国有资本充实社会保障基金，同时提高国有资本收益上缴公共财政比例

国有企业的所有者是全体人民，国有经济应是公平分配的基础，社会公正的平衡器。将一些收益比较稳定的大型中央企业、垄断性国有企业的股权划拨一部分到社会保障基金，从而使得社会保障基金根据所持的这部分产权，通过年度分红或利

润划转获得持续收益；国有企业在除去必要的发展再投入后的剩余利润应部分纳入公共财政，让百姓受益。党的十八届五中全会提出2020年提高国有资本收益上缴公共财政比例至30%，更多用于保障和改善民生。虽然国有资本收益上缴公共财政的比例呈逐年提高态势，但目前大部分中央企业的上缴比例在20%以下或免缴。国有资本收益上缴公共财政比例仍需进一步提高。

另外，需要逐步退出的国有企业的股份出售所得收益也应纳入公共财政；同时，地方国有企业的退出产生的资金收益可以部分用于降低地方政府债务，从而破解制约经济发展的问题，同时降低银行不良资产，促进资本市场健康发展。

2. 国有资本收益上缴应实现全覆盖

目前，纳入国有资本经营预算实施范围的中央企业并没有实现全覆盖，尤其是收益较高的金融类国有企业没有在覆盖范围内。这不仅影响国有资本收益上缴的规模，对其他国有企业来说也存在不公平。

3. 动态调整国有资本收益上缴比例

根据我国社会经济运行和各产业国有企业经营情况，合理确定国有资本收益上缴比例，建立动态调整机制。当公共财政收支缺口较大时，可适当调高上缴比例。反之，可以适当调低上缴比例，将更多的收益用于国有企业扩大再生产，做大做强国有资本的控制力。

（七）完善社会保障制度

国有企业改革是一个系统工程，改革过程需要完善的社会保障和成熟的资本市场作为制度保障。只有建立起完善的社会保障制度，为公民提供医疗保健、养老、教育在内的全面的保障体系，才能从根本上减少国有企业承担的社会福利责任，与私人企业平等竞争。同时，完善的社会保障制度也是妥善安置国有企业剩余人员，减少改革过程中出现社会秩序混乱现象的有力保证。

（八）加快发展资本市场

成熟的资本市场是吸引民间资本参与国企改革，实现要素的合理配置，保证国有资产布局加快调整的重要渠道。因此，国有企业改革的过程中应注重加快发展资本市场，包括建立信用体系，完善信息披露制度、加强资本市场的规范管理等。

弘扬企业家精神：以制度创新打开科技创新空间*

贾 康 程 瑜

2017 年 9 月 25 日，中共中央、国务院发布《关于营造企业家健康成长环境弘扬优秀企业家精神更好发挥企业家作用的意见》，（以下简称《意见》）。这是中国官方第一次以“中共中央、国务院”联合发文的最高规格来强调企业家作用，点赞与弘扬“企业家精神”。随后，有新华社撰文《让企业家在复兴伟业中发挥更大作用》，还有各方好评如潮、欢欣感奋的热烈反响。2017 年 10 月 18 日，党的十九大报告进一步指出，激发和保护企业家精神，鼓励更多社会主体投身创新创业；建设知识型、技能型、创新型劳动者大军，弘扬劳模精神和工匠精神。把“企业家精神”和“工匠精神”放在重要地位加以强调，将在企业界催生更加巨大的正能量，鼓舞和动员广大企业家和市场人士积极投身决胜全面建成小康社会进程，形成新时代中国特色社会主义实现“强起来”的历史飞跃和中华民族伟大复兴中国梦的强大动力。

一、企业家精神溯源与弘扬

企业家一词的英文为“entrepreneur”，是从法语中借来的词汇，其原意是指“冒险事业的经营者或组织者”。当经济学界最初使用“企业家”这个术语时，并没有专指某一类企业的管理人，而是泛指有创新、创业精神的从事企业活动的能人。按美国经济学家熊彼特的说法，企业家就是开拓者、创新者，特别是把科学技术发明引入经济生活之中，把经济推向前进的人。其实一般的企业经理并不能被称为企业家，汉语语境中，只有那些敢于创新、勇于坚守、心系社会、业绩卓著的企业领导者，才能称得上是企业家。“企业家精神”则是企业家特殊技能（包括心智和才华、技能）的集合。或者说，“企业家精神”是指企业家在市场经济激烈竞争环境中组织建立和经营管理企业的综合才能的表述方式，它是一种重要而特殊的无形生产要素，十分稀缺，非常宝贵。特别杰出的企业家发挥他的企业家作用，体现

* 本文原发表于《经济参考报》2018 年 1 月 29 日。

他的企业家精神，甚至称得上是可遇而不可求，哪怕组织部门专门做多少场企业家培训，希望在里面能产生出什么出类拔萃的人物，未必行。市场竞争中谁能冲出来，真正在前面领跑，往往在我们的预测上是很难做出准确判断的。

熊彼特关于企业家是从事“创造性破坏（creative destruction）”的创新者观点，凸显了企业家精神的实质和特征。彼得·德鲁克承继并发扬了熊彼特的观点，强调企业家精神中最主要的是创新。坎迪隆和奈特两位经济学家，将企业家精神与风险（risk）或不确定性（uncertainty）联系在一起，认为“没有甘冒风险和承担风险的魄力，就不可能成为企业家”。艾伯特·赫希曼则认为“企业家在重大决策中实行集体行为而非个人行为”。马克斯·韦伯认为“这种需要人们不停地工作的事业，成为他们生活中不可或缺的组成部分。一个人是为了他的事业才生存，而不是为了他的生存才经营事业。”弗利曼指出：“企业家只有一个责任，就是在符合游戏规则下，运用生产资源从事利润的活动。亦即须从事公开和自由的竞争，不能有欺瞒和诈欺。”以上学者所言，基本概括出了“企业家精神”的实质，即创新、冒险、合作、敬业、诚信。

我国古代的传统是一直实行重农抑商的政策，商人要为自己的财产甚至人身安全担忧，加之政权之多变伴随着社会的动荡与经济的破坏，严重压抑了企业家的行动力和创造力，久之便有了“富不过三代”的说法。20 世纪中叶进入计划经济时期，由于制度本身否定个人和企业的自主性，企业家的作用和创新活动仍受到压抑。在改革开放以后，随着经济体制转变，企业家精神开始受到注重，得以发扬，解除了桎梏并得到了迅猛的发展和传播。大批“冒险家”“弄潮儿”不断涌现，在市场初创的混沌之中力求把握方向，应对挑战，在竞争激流中顽强生存，勇敢创新，经受重重艰难险阻的考验，在为数众多的思想活跃、个性鲜明、敢做敢闯、追求卓越的企业家带领下，走出了一批又一批企业的辉煌成功之路。

然而，也必须看到，我国社会主义市场经济体制环境还有待完善，在产权平等并全面依法加以保护、构建统一市场开展公平竞争等方面，距离法治、透明、公平正义的要求还有差距，一些官员和企业领导者也还存在诚信缺失和破坏“亲”“清”新型政商关系的违法乱纪行为，加之企业面对的市场需求结构、生产条件、资源环境发生着很大变化，部分企业领导者实业精神和创新创业意愿减弱，企业家精神亦有所失落，或受到了不利条件的钳制与压抑。所有这些，既制约企业转型升级，也不利于整个国民经济的创新驱动发展，亟须针对这些突出问题，兼顾短期、有效的治标之策和中长期带有治本意义的制度建设，回应企业家关切，引导企业家预期，规范企业家行为，激励企业家创新。一句话，需要进一步保护、激励与弘扬企业家精神。

二、保护与弘扬企业家精神的重大现实意义

党的十八大以来，习近平总书记多次提出要尊重企业家、爱护企业家，对企业

家寄予了殷切的希望，要求不断完善向企业家提供的制度环境。在 2014 年亚洲太平洋经济合作组织（APEC）工商领导人峰会上，习总书记指出，全面深化改革就是要激发市场蕴藏的活力，市场活力来自人，特别是来自企业家，来自企业家精神。2016 年中央经济工作会议上，总书记强调，要着力营造法治、透明、公平的体制政策环境和社会舆论环境，保护企业家精神，支持企业家专心创新创业。2017 年，李克强总理所作的《政府工作报告》提出，要激发和保护企业家精神，使企业家安心经营、放心投资。习近平总书记在 2017 年 4 月召开的中央全面深化改革领导小组第三十四次会议所指出："我们全面深化改革，就要激发市场蕴藏的活力。市场活力来自人，特别是来自企业家，来自企业家精神。"在此基础上，2017 年 9 月，中共中央国务院发布《意见》，开宗明义强调"企业家是经济活动的重要主体"，并从改革发展全局的高度提出"三个营造""三个弘扬""三个加强"，抓住企业家精神这个中国经济驱动转型的重要关键因素，明确了激发和保护企业家精神的总体要求和主要任务。针对企业家尤其是民营企业家关心的政商关系、产权、公平竞争、资源分配、舆论导向等核心问题，国有企业家关心的创新容错等问题，《意见》均给出了明确的指导意见。可以说，《意见》的出台，结合了目标导向和问题导向，恰逢其时，意味深长。《意见》中提出的核心要素在党的十九大报告中又进一步得到了强化，要求激发和保护企业家精神，鼓励更多社会主体投身创新创业，具有重大的现实意义。

第一，这是推动经济转向高质量增长的内在要求。党的十九大报告提出，我国经济已由高速增长阶段转向高质量发展阶段。与其他曾处于该阶段的发展中国家一样，以往支撑经济高速增长的人口红利、环境红利、廉价土地和资本的要素红利，均已出现了支撑力的下滑，很可能带来经济发展与升级的瓶颈。在转变发展方式、优化经济结构、转换增长动力的攻关期，在建设现代化经济体系的关键点，面对当前阶段经济增长内生动力不足的局面，除了应保持有形的要素资源投入外，更需要激发企业家精神这种十分稀缺而潜力巨大的无形资源要素，提升创新的活力与动能，优化要素资源配置的总体效率，开创提高全要素生产率、引领"新常态"的新局面。

第二，这是解决社会发展不平衡不充分矛盾的重要推手。党的十九大报告提出，我国社会的主要矛盾已转变为人民日益增长的美好生活需要和不平衡不充分的发展之间的矛盾。在解决这一关键制约因素上，企业和企业家可充分发挥自己的积极作用，当仁不让地成为建设"人民美好生活"的生力军，不断地深度开发有价值的能够更多满足人民美好生活需要的新产品和新服务，从具体的产品和服务精微处入手，创造条件以消除"不平衡不充分的发展"。对企业和企业家而言，这既是基本责任，也是重大机遇。

第三，这是推进与深化供给侧结构性改革的重要支撑。当前阶段，世界经济正经历深度调整，中国经济发展步入新常态过程中，把创新驱动作为第一动力，供给侧结构性改革成为重中之重和指导全局的战略方针。供给侧结构性改革，不是单纯的结构调整问题，而是以体制改革为治本之策，通过体制的改革，实现科技创新、管理创新、营销创新。这一进程中，正需要企业家们充分弘扬企业家精神发挥创新能力，焕发企业活力，进而激活整个经济，推进供给侧结构性改革。亟须激励企业家们面对不确定性与种种风险，勇于担当、敢于开拓，善于识别和捕捉市场机会，在供给侧高效组织配置资源要素，在创新中努力提供适应市场需求变化的产品和服务，经受优胜劣汰的考验，从而以有效供给优化结构，从根本上解决供需错配矛盾。结构性改革

第四，这是消除旧体制束缚与惰性、实施创新发展战略的重要举措。中国已进入改革的深水区，尚未得到根本改造的旧体制惯性与弊端，产生对于创新发展的种种阻碍与妨害。而企业家是创新活动的参与者，更是引领者，通过建立新企业、创造新模式、运用新技术、制造新产品、开拓新市场，在不断提升企业的核心竞争力的同时，也推动着全社会新技术、新产业、新业态蓬勃发展，并应成为冲决旧体制束缚、克服利益固化藩篱、贯彻落实创新发展战略的生力军。

三、积极落实党的十九大报告和《意见》精神，塑造与弘扬企业家精神

当前我国全面配套改革正在向纵深攻坚克难地发展，迫切需要凝聚改革动能，对外开放面临扩展全球合作、推进“一带一路”建设等重大任务，亟待改造提升传统产业、培育发展新兴产业；引领新常态促进经济社会可持续发展，面临着“矛盾累积隐患迭加”的制约与考验，使发展升级急切地要求得到企业家独特而宝贵的贡献。企业家作为现代市场经济中弥足珍惜的一种特殊要素资源，作为微观经济层面“创新者”群体中的领头者，具有创新发展不可或缺的引领作用。近些年，客观存在的在培育企业家成长、激发和保护企业家精神方面的问题和不足，已影响了部分企业家的预期和信心。为此，党的十九大报告和《意见》旨在给富有创新精神的企业家提供最合适的创业创新社会条件，着力完善激发和保护企业家精神的法治化环境，让优秀的企业家更好地成为改革创新、推动经济增长的重要的、不可替代的力量。党的十九大闭幕不久，中央经济工作会议又强调了“支持民营企业发展，落实保护产权政策，依法纠正社会反映强烈的产权纠纷案件”。为贯彻落实党的十九大报告、中央经济工作会议和《意见》的精神，我们应特别注重以下四大方面合成的“充分必要条件”：

第一，宽容的社会环境是塑造企业家精神的“保护伞”。营造鼓励创新、宽容失败的文化和社会氛围，对企业家合法经营中出现的失误失败给予更多理解、宽容、帮助。《意见》指出，“对国有企业家以增强国有经济活力和竞争力等为目标、在企业发展中大胆探索、锐意改革所出现的失误，只要不属于有令不行、有禁不止、不当谋利、主观故意、独断专行等情形者，要予以容错”。这种良善的社会容

错氛围，是使企业家精神生生不息、代代传承的重要条件。为担当者担当、为负责者负责、对干事者撑腰，对试错者理解宽容，这有利于形成崇尚干事、鼓励开拓、支持创新、保护人才的环境，维护企业家的创新创业热情。例如，对于现在全中国都认可离不开的微信，在2017年6月的国务院常务会议上，李克强总理曾举例指出："几年前微信刚出现的时候，相关方面不赞成的声音也很大，但我们还是顶住了这种声音，决定先'看一看'再规范。如果仍沿用老办法去管制，就可能没有今天的微信了！"在整个经济社会生活发展过程中，要有允许企业家去冒险探索的弹性空间，应营造直面困难勇于担当、推动改革敢于突破的氛围，形成支持改革、鼓励创新、允许试错、宽容失败的环境，这将有利于形成社会性的"保护伞"来最大限度调动企业家的积极性、主动性、创造性。

第二，健全的制度保障是塑造和弘扬企业家精神的"安全阀"。企业的发展、社会经济的进步，必须鼓励企业家创新精神的发挥，而创新作为人的自由思想和独特行为的结果，客观上需要得到制度性的关照与保护。一个富有生命力的社会，在制度建设上必须保障公民自由思考的权利和创业选择的自由，而承认与个人利益密切相关的"恒产"也会为每个人自由思想和探索提供最大的激励。《意见》把对企业家的财产权保护，当成激发企业家精神、更好发挥企业家作用的固本之道，切实保护企业家的正当财富和合法财产，给予作为财富创造者的企业家以获得感、成就感（而非剥夺感、幻灭感），激励企业家做出更大的成绩。这是依法保护企业家创新权益重要的治本之策。2017年12月召开的中央经济工作会议也对此进行了强调："要加强产权保护制度建设，抓紧编纂民法典，加强对各种所有制组织和自然人财产权的保护。坚持有错必纠，甄别纠正一批侵害企业产权的错案冤案。保护企业家精神，支持企业家专心创新创业。"具体而言，这种产权保护，也应积极呼应探索在法律法规框架下以知识产权的市场价值为参照确定损害赔偿额度，完善诉讼证据规则；证据披露以及证据妨碍排除规则。探索建立非诉行政强制执行绿色通道；研究制定商业模式、文化创意等创新成果的知识产权保护办法，等等，以及要及时纠正侵犯企业产权的错案冤案。《意见》中这种以法治化基础性制度建设为塑造与弘扬企业家精神提供"安全阀"的权威性指导，将产生深刻、长远和巨大的正面社会效应。

第三，良性的市场公平竞争是弘扬企业家精神的"催化器"。企业的发展离不开公开、公平、公正的市场环境，只有在健康的市场环境中，企业才可以营造诚信经营、有序竞争的经营模式。《意见》提出"理清政府和市场的边界，让市场在资源配置中起决定性作用，同时更好发挥政府作用"。对此，一是政府应进一步加大简政放权力度，减少对微观经济的干预，营造各类企业和企业家"权利平等、机会平等、规则平等"的市场环境，废除对非公有制经济各种形式的不合理规定，消除各种隐性壁垒，保证各种所有制经济依法平等使用生产要素、公平参与市场竞争、同等受到法律保护、共同履行社会责任。二是构建"亲""清"新型政商关系，让企业家增强信心、稳定预期。政府官员同企业和企业家之间要公私分明，不能以权谋私或者搞权钱交易；同时又要加强与企业家特别是民营企业家的交流和沟通，在深入推进简政放权的同时，为企业和企业家提供优质、高效、务实的服务，切实帮助企业解决实际困难。三是政府为实体经济减负要与增强企业自身创新能力相结合。企业家作用的更好发挥，内在于企业的创新发展，而过高的成本负担会极大地影响企业在创新领域的投入。一段时间以来，国家已特别强调在给实体经济减负方面下大力气，李克强总理明确提出要让政府部门过紧日子换企业过好日子，营改增中要确保所有行业税负都“只减不增”。对于企业而言，主要是降微观层面的运行成本，不断增强自身的创新能力和盈利能力，提高成本转化率和附加值。对于政府而言，则主要是降宏观层面的制度成本，通过短期政策措施的出台和长期体制机制的优化，为市场机制的有效运行营造良好的环境，以实现整个国民经济中各行业企业成本的合理化和最优化，提高整个经济社会的运行效率，这种公平竞争的可预期、可维护，将成为企业家精神培育与弘扬的良好的催化器。

第四，有效的政策支持是弘扬企业家精神的“稳定剂”。党的十九大报告中10余次提到科技，50余次强调创新。中央经济工作会议也提出，要推进中国制造向中国创造转变，中国速度向中国质量转变，制造大国向制造强国转变。而企业的创新和提质增效，本质还是要通过高技术来实现。因此，需要在让市场发挥决定性作用的同时更好发挥政府作用，即需要有效的财税、金融、科技、产业等领域的政策支持。一是科学运用财政激励、税收优惠等政策，支持企业和企业家创新创业。二是引导金融机构为企业家创新创业提供资金支持，探索建立创业保险、担保和风险分担制度。三是深化科技体制改革，建立以企业为主体、市场为导向、产学研深度融合的技术创新体系，加强对中小企业创新的支持，促进科技成果转化。四是吸收更多企业家参与科技创新政策、规划、计划、标准制定和立项评估等工作，向企业开放专利信息资源和科研基地。五是健全企业家参与涉企政策制定机制。建立政府重大经济决策主动向企业家问计求策的程序性规范，保持涉企政策稳定性和连续性，基于公共利益确需调整的，严格调整程序，合理设立过渡期。

刍议科研创新的规律与科研生态的构建*

贾　康

摘要：基于科研的重要性，本文分析研讨科研创新可总结的五个方面的规律性特点，即其革命性作用、巨大的不确定性、共性规律外的个性规律、创新人才的关键意义，以及科研突破与“少数服从多数”和官场行政规则的不相容，进而提出了合理构建科研生态的五条基本要领。

关键词：科研创新规律　科研生态

一、关于科研创新的可总结规律

怎样看待科研创新基本规律，是一个很宏大的题目，而探讨它的意义是不言自明的：认识相关规律有利于搞好科研，服务社会。我认为，至少可以从科研实践经验中提炼以下几个称得上和科研创新有关的规律性特点。

第一，科研创新一旦成功，会产生重大的经济社会发展的推动作用。这涉及认识科学技术本身的意义。恩格斯《在马克思墓前的讲话》中说明：“在马克思看来，科学是一种在历史上起推动作用的、革命的力量”。① 这个表述，我的理解与邓小平后来所强调的“科学技术是第一生产力”②，和现在很多企业家所推崇的“颠覆性创新”，其实讲的是一个意思。邓小平在“文革”中间复出以后，曾经向毛主席说到，在马克思主义经典作家那里有一个基本认识，科学技术是生产力。毛主席的回应却是说我怎么没有这个印象？现在文献里没有看到这两位领袖人物有继续的讨论，我的解读是显然他们思维的方向和重点不一样，邓小平特别希望能够务实地把国民经济搞上去，而他意识到要把国民经济搞上去，科技的作用是摆在最前列重要位置的，而毛主席思维的框架中是特别强调“无产阶级专政下继续革命”，生怕出现所谓“唯生产力论”，更愿意坚持那个阶级斗争年年讲月月讲天天讲，与人奋斗其乐无穷的取向。这两个领袖人物基本思路上的区别对于整个经济社会的影

* 本文原发表于《全球化》2018 年第 5 期。

① 《马克思恩格斯选集》（第三卷），人民出版社 1995 年版。

② 《1988 年 9 月 5 日，邓小平提出“科学技术是第一生产力”》，科普中国，2015 年 9 月 5 日。

响，我们已有目共睹。到了20世纪80年代，邓小平多次强调科学技术的生产力属性，并在1988年9月明确提出了“科学技术是第一生产力”的论述。

回到学理上来说，邓小平的这个认识是不是可以确立？理论联系实际地说，它既有马克思主义经典作家学说原理层面的支撑，更有大量的反复发生的实际生活现实的印证。依学术上的解说，什么叫第一生产力呢？不是在生产力传统的三要素——劳动力、劳动对象、劳动工具上做加法，加一个第四是科技，不对，传统三要素的框架上这个科技施加上去，是个乘数，是做乘法，是放大。西方经济学者提出而被普通接受的全要素生产率和“索洛余值”，是强调比较容易量化的其他要素贡献测算以后，多出来的那一块虽然难以量化，但它里面一定是科技的作用在主导。① 这个主导作用是革命性的，是影响整个发展潮流、影响全局的。所以，它是第一的。经济学上还有个概念，就是科技一旦成为影响社会的推动力量之后，它有“正的外部性”。一个科技成果的应用，在实际生活里如果从商业利益的角度来说，需要有一定的专利保护期，这种保护期是有利于以物质利益鼓励创新的，同时它又有限度，一般来说50年是最高限度，50年以后就变成无偿使用，即纯粹的公共产品。而在此之前，虽然有专利的保护期，其实也不能否定它还有外溢性，带来了在创新者得到收益的同时，很多方面的经济和社会生活会受到它的助推，发展得更好，使经济更繁荣，社会更能够适合人们对于美好幸福生活的追求。这是首先对科研创新要提到的与它的重要性、意义相关的规律性认识，从而成为我们重视科研的学理依据。

第二，从科研创新实际面对的问题来看，面临着巨大的不确定性。这是说到它的难度了。科研创新要成功，既需要物质条件的支持，又需要人文环境的“润物细无声”式的养护。这种巨大的不确定性可先从基础理论层面说起。我前些年就注意到有一位中国科学界还是很有成就的老科学家所说的一段话：他说他过去在科学界的贡献全世界都承认的，是在古地质学领域论证地中海在远古的时候曾经被蒸干，后来重新蓄上了水。这套论证全球的科学界都接受了，但是他困惑的是这样一个研究结果，和现实生活有什么关系？这一个成果出来了以后，能够说出来对人类社会的贡献在什么地方吗？他接着说：“我还问过丁肇中，你这么多年孜孜以求去在那个高能物理学方面追求科研创新（当然丁肇中很有活动能力，他游说各方以后以天文数字的资源，在多少年前就形成了欧洲高能物理粒子加速器的实验中心），你丁肇中这些年努力形成的结果，包括得了诺贝尔奖这样的研究成果，一两句话就可以概括出来了（是他的那个关于物理学基础理论层面的认识表述），你的这个认识和研究成果对人类社会的作用怎么体现？”丁肇中回答说：“我不知道。”一个像样的科研成果能不能出来是不确定的，能够得出之后这样的一个科研成果它到底怎么样造福于社会公众，也是不确定的——现在没有人说得清楚丁肇中的发现

① 彭鹏、贾康：《从新供给视角重新梳理和解读全要素生产率》，载于《财政科学》2016年第3期。

到底以后会以什么样的机制来造福于人类。但是我们已经看到了，一开始说几乎全球只有十个左右的人能看懂的爱因斯坦的公式，它造成的对人类社会的影响已世所公认，这个相对论具体的专业上的表述，我只能是按照自己看到的概念照抄，有狭义的和广义的。狭义相对论直接引出了人类社会的核能时代，而多少年以后，广义相对论，原来认为是更虚无缥缈的一种理论探索，现在却跟引力波，等等的天文观察验证连在一起，越来越成为基础理论研究的热点、重点，等等。这种不确定性在实际生活中从基础理论层面我们已经感受到了：可能有很多基础理论的发现到现在还默默无闻，还不知道对人类会产生什么样的推动作用。

另一个层面，从与互联网创新相关的开发性、应用性成果来看，我们大家都知道现在的电商已被称为“风口上的猪”，没有翅膀也一飞冲天了，这方面科学技术成果的研发应用，在中国本土已经产生了百度、阿里巴巴、腾讯（BAT）三巨头又加上京东，但这种“风口上的猪”，成功的旁边还有很多的失败者。这些失败者在我的印象里，要比这些成功者数量大不知道多少倍。20 世纪 90 年代初期，我知道北京公主坟环岛周围的写字楼里，就有一大批市场一线的企业人士，在努力地跟着互联网做创新，是直接对市场的，但是那种创新的不确定性，就表现在那时就流行的一句话：这些公司在烧钱，在比着谁能烧出最后一个成功的结果来。我当时去看过，那些场地里，有的公司已经租了很大的营业面积，是比较标准的一个个的工位，很多员工在里面工作，在那里“烧钱”。当时互联网这个概念之下，创新最领头的企业叫“瀛海威”，现如今可能很少有人还想得起这个企业的名字了，它的领头人是一位女性企业家，虽然后来这个瀛海威公司没有多么成功，换句话说它在创业之路上与阿里巴巴比显然是失败者，但是这位企业带头人在业界里现在仍然很受尊重。大量的失败者是在马云等成功者的旁边默默无闻的，他们面对的，就是这个“不确定性”最后的归结不是成功，而是失败。当然，这里面就有一个人文环境方面对他们怎么养护的问题，涉及的有人格尊严问题，以及社会上普遍的、带有文化特征的氛围问题——就是应如何能够容忍失败，理解失败者。不要光是天天称赞马云这样的成功者一飞冲天，那些在前面试错、开辟道路的失败者如果能够得到比较足够的人格尊重，得到容忍失败的相关的机制，从而有可能从头再来，或争取史玉柱式的东山再起，对于整个社会的意义可能更大，这是应考虑的第二个角度的规律性特征。

第三，科研创新在共性规律之外存在明显的个性规律。科研虽然存在一些共性的规律，如前面说的两条都可算共性，但是在不同层面、不同阶段，显然还有明显不同的个性或者叫作特殊性概念下的规律性内容。基础理论研究、应用性研究、成果产业化的研发，各个层面上的规律是有个性的，于是就不能一概而论，在打造总体的支持性的科研生态概念之下，那就因此有了进一步的挑战性任务。现在决策上特别看重的供给侧的供给体系质量和效率的提高，前面的概念是供给侧改革，是解决制度环境、制度创新给出科技创新和管理创新空间的问题，跟着的具体实施中间，要设计以形成针对性的（定制化的）内容合成的有效供给体系和机制。这样一种系统工程式的任务中，需要把各种各样的个性规律充分考虑，体现在应匹配的政策体系中。显然，这从原来所讨论的“宏观调控”概念框架来说，简直是令人望而生畏的任务。宏观调控概念下，过去被人们所推崇的是总量型的需求管理，是一个很简洁的认识框架：经济生活总体而言热度偏高了，要收缩流动性来向下降温，反之如果它的状态表现为低迷了，景气需要抬升，那么就要实行刺激政策往上升温。总量型的调控概括成一句话就是反周期，非常简洁易懂。但到现在强调供给侧结构性改革的时候，光讲需求管理总量调控已经不够的时候，一系列的挑战性的问题就来了。[①] 相关结构问题如此复杂，指标不可通约，怎么掌握好促使结构合理化的机制，政府和市场在这里面到底怎么样发挥各自应起到的作用，怎么优化结合，便非常复杂。原来大家都已认同的政府和市场各行其道，井水不犯河水，“让凯撒的归凯撒，上帝的归上帝”，即让政府的归政府，市场的归市场，终于普遍接受了，但现在为什么要把政府和市场主体又放到一起，以伙伴关系实行合作的机制来从事公共工程、基础设施、产业新城建设和运营、国土连片开发，并作为一个创新重点呢？这在认识上是个螺旋式上升，又走到不是简单划清边界、井水不犯河水了，要一起在法治化的条件下找到一个可持续的伙伴合作运行机制，提高资源配置绩效。这是供给侧制度创新、管理创新、融资模式的创新，当然又还伴随种种技术创新，合在一起成为特定的系统化的供给体系和机制问题。与此类似，科研创新方面从政府为主支持的纯基础理论研究，到更多依靠非政府主体的应用性研究，再到直接面对市场的企业为主的成果产业化研发，要细分的话，还有更多的一些定制化地形成认识与政策设计的必要，这也是一个我们必须认同的要顺应复杂规律寻求解决方案的挑战性问题。

第四，寻求科研创新成功，最可宝贵的关键性的资源是创新人才，而这种人才的培养需要友好的科研、教育生态。冯小刚导演的电影《天下无贼》里有一句名言，21 世纪最宝贵的是什么？是人才。大家现在都认同，真正可求得科研创新成功的，是“关键的少数人”，特别是知识价值创造型的领军人才。往往在他们实现某一领域、某一课题、某一关键技术的成功突破之前，在相关的讨论场合、科研活动、创新团队中，是“少数派”，甚至是相当孤立的状态、很难“合群”的状态，不受重视也罢，还可能是遭排斥、受打击的对象。这种最宝贵的“人力资本”，在突破性的科研领域可遇不可求。而且可观察到的就是，这类重大的突破，它的不确定性落在什么因素上呢？落在有可能在这方面实现突破的特别的人才身上时，要依靠他们的好奇心、灵感和执着，再加上一定的偶然性（就是他们所说的运气），生成具有突破性的小概率事件。这个概率之小，可能是越来越收缩，相对容易突破的，前人做得差不多了，现在很难设想还有像爱迪生那样一生可以有几千项专利这

① 贾康：《供给侧改革十讲》，东方出版中心 2016 年版。

样的创新型的人才——当然他主要还是应用层面。要到了基础理论层面，一生能有一个突破，那就是伟大的科学家。这样的人才怎么能得到培育和重视，当然就是一个非常重要的、很现实的问题。中国人现在不断讨论的“钱学森之问”不就是讲的这个事情吗？真正可领军的可遇不可求的创新型人才，还有后面各个层次上也都非常重要的、在某一个局部、某一个行业这种创新型的骨干人员，这些最宝贵的人力资本，到底怎么样能够培养出来、生长起来？人才的重要性及其产生机制，是与科研相关的一个非常明显的规律性问题的组成部分。能够为创新突破领军的大师级人才，让其涌现出来，就要具备适应这种极小概率事件的所谓科研生态——这个概念是一个挺形象化的说法。有了这样的一种适宜的科研生态，未必就能够确定地说，在多长时间之内就产生大师，但反过来讲，不具备基本的科研生态，就一定没有产生或者找到能够“为我所用”的这种领军人才的可能性。所谓启发式的教育，思想的自由，环境的包容，都是必要的前提条件。从一个社会讲，不论它的绝对规模大还是小，对这个科研生态肯定是可以大体上来做一个评价的：在中国古代有为人们所称道的四大发明之后，必须承认到了工业革命这个阶段上，我们是在科研创新方面落在了工业革命成功国家的后面，而且甩下来相当大的距离——我们是明显落伍了。这里面落伍的原因又对应于“李约瑟之谜”，众说纷纭，但和我们过去这个所谓“东方专制主义”的国度里对于创新型人才不能够提供适宜的科研生态，是不是有关？我的回答是肯定的，肯定与此是有内在关联的。科举制度，可以说它有正面的一些东西，但它主要是对应现在所说的文科，在社会也必须匹配的理工科方面，它基本没有什么像样的环境和机制，整个社会“学而优则仕”，主要就是走八股文、科举之路来“优则仕”，来实行上升通道上的激励。再加上其他各种各样不适合创新人才创新发展的因素，导致近现代中国科技创新的明显落后。延续至1949年后的阶段，传统体制之下我们不能说没有改进，但改进有限，新中国成立初的院系合并绝非成功，后来还有荒唐地取消高考。到改革开放开始前，恢复高考是某种意义上的巨大进步，但是这个高考轨道上，从第一次恢复高考时以5%不到的成功率上大学，到现在已经达75%即3/4的人参加高考以后就能够上大学，提升到了这种程度，同时却已更多地面对着高考负面的问题。被人们普遍指责的应试教育——从幼儿园开始就准备应试，一直到上大学，学习者思想上的那些创造性潜力已经在前面的过程中间磨掉了，在某种意义上讲，更痛惜一点儿的说法，他们的潜能已经被毁掉了，然而整个中国社会面对于此，还无可奈何，十分纠结。这些情况都很现实地摆在我们面前。

第五，科研突破和“少数服从多数”、和官场行政规则，是水火不相容的，但是科研主体相对于后者的气场和力量，一定是很弱势的。个别的领域里，在非常恶劣的条件下也有创新成就，如“文革”刚要开始之前陈景润就有了他的那个数学上的“1+1”，是后来徐迟的《哥德巴赫猜想》专门描写过并产生了全社会轰动效应的一个数学上的认识突破。当时是很偶然地它有了一个“文革”风暴骤起前文字上的发表，结果国外知道了，到了邓小平复出以后，邓小平特别肯定这是世界上有影响的贡献，但是当时陈景润已经到了什么状态了呢？在科学院宿舍的一个小拐角厕所内蜗居着，如果没有邓小平和胡耀邦等的干预，他可能活不了两年了，身体已经一塌糊涂，他在种种压力下还曾经出过一些极端的行为（依我看到材料，当时他还曾经要寻短见，等等），当年从概率上来说这种人再要冒尖几乎就是不可能的了，如没有高层干预，其他的一些配待遇的事情更不用说。到了这些年，我们科研的环境已经大大改善了，已经有了这么多进步，但是实话实说，这几年一线科研创新人员碰到的苦恼是什么？李克强总理为什么反复批评，要求一定消除科研领域里的繁文缛节？那当然是有所指的。在党的十八大以后出了八项规定，2014 年，政协俞正声主席就明确地说，不要把八项规定里用来约束官员的这样一些规则，简单地套用到知识分子头上去，却不幸而言中，2015 年之后依照官本位、行政化规则的这种套用，曾经大行其道，几乎一夜之间调动起公权管理环节上的力量，对知识分子和产学研结合的科研活动，开始“加强管理”。实际生活中这些规定可是大行其道的——是按照行政规则，你如果没有行政上的司局级待遇，哪怕是用自己承包性质的横向课题的经费，出去坐高铁就只能坐二等座，一等座是不许坐的，所有的国内活动你如果不是副部级待遇，飞机就是经济舱，休想坐公务舱。过去几年没有这么严格规定的时候，一些横向课题里面的票据已经报销了，怎么办呢？要往回追溯，原来坐的那些一等座、公务舱，高过规定等级的那块已经报销的费用，让你退赔，要退出来，做得非常严格。作为当时这样一种运动式的限时完成的任务，还有很多细化的东西：高校里盛行的是把横向课题报销单据往前翻，每一张报销的餐票上，要让课题负责人一一注明这是和谁吃的饭，张三、李四，那意思就是可以去对质的，然后以人均 50 元封顶，超过 50 元的要退回，市内交通费一天 80 元封顶，从市内打个车到首都机场 100 元，80 元以上部分已经报销的，要退出来。高校系主任以上，科研事业单位副处级以上，所有这些人员担任独立董事拿到的薪酬，要全部吐出来。清华经管学院一位著名的海归学者，他前几年担任独立董事拿的薪酬可能不在少数，二话不说要退出，那些不那么著名的人士也一样啊，据说限时完成退款逼得高校一些人只有卖房才能退得上了。在这种压力之下可想而知，中央现阶段重申的传统体制下就讲科研人员应该有 5/6 以上的时间专心用于做科研，怎么可能做得到？当时高校里很多的课题负责人要派自己的研究生、学生在教务处的楼道里彻夜排队，去处理报销问题，要写很多的思想认识汇报，要检查自己的错误，做各种各样的表态，要接受各种各样的压力，哪还有一点党的知识分子政策的人文关怀的氛围？就是要让这些人好好地接受管理。大家也可设想一下，海外科研人才中有潜在的可能走回国效力之路的人士，如听到清华著名教授的这种情况，会做何感想？以我的知识面，不提焚书坑儒和政治上的文字狱，中国历朝历代对于知识分子在经济上怕是没有这样刻薄过。

李克强总理有了这方面的察觉之后，在 2016 年的上半年，由国务院办公厅专门发出的《关于优化学术环境指导意见》的文件，非常明确地要求不能拿官本位行政化这一套东西去套科研人员和知识分子，但下文后谁都不动。后来看到社科界网站、新华网等网站上，又再次全文重发这个文件，再往后跟着的就是前面提到的北大、清华座谈上总理直截了当地质问这都是什么规定。把这种官场行政规则套到科研领域，它一定是严重打击科研人员积极性的。在 2016 年普遍的说法，就是这些学术带头人讲能不做的课题我就不做了，包括横向课题也不沾了，惹那些麻烦干吗呢？这里面不光是物质层面的问题，它更有一个知识分子自己感受到的人格尊严的问题，等等。社科院一位著名的教授已白发苍苍，参加政协活动坐飞机不能坐公务舱，他说我自己出钱升舱可以了吧，回答是机票要经过政府采购程序，自己出钱也不可以，他生气地说："是不是我干脆不去了？"知识分子所受到的刻薄待遇，可见一斑。

到了 2016 年的下半年，除了国务院的文件外，大家最值得看重的是中共中央办公厅、国务院办公厅又联合发出《关于实行以增加知识价值为导向分配政策的若干意见》，就是要纠偏，要为这些科研创新一线的人员解决他们所苦恼的问题，而且明确地要求这个文件下发以后，在 2016 年底，有关部门要推出相关的实施细则。很遗憾，现在已经 2018 年下半年了，细则还没出来。在中国现时的条件下，关键的一点在于，这个问题要得到真正解决，必须有审计和纪检部门的认定。这就是中国现实的特定制约。

二、关于"科研生态"合理构建基本要领的探讨

如果从正面考虑"科研生态"构建的基本要领，可以强调这样几条。

第一，鼓励、支持创新主体（这里是讲的自然人）以好奇心和科研情结、奋斗精神去面对巨大的不确定性。前面已提到一些例子，面对不确定性这方面，要给予科研创新者以理解和鼓励。这里还可提一下屠呦呦的例子，她的突破还是在"文革"期间，就是依据古代文献里那么一条线索，结果经过几百次实验，终于把青蒿素的有效成分萃取成功。几十年以后，美国人通过全面调查，认定与这个挽救千百万人生命的成果相关的最关键的贡献应该归于她——大家知道中国的科学界还很难适应这样的说法，集体努力的结果，怎么大奖就归了她一个人了？但最后也顺应了这样一个国际上的认定规则，得到诺贝尔奖，后来国内她也有了国家最高级的科研大奖。这种对于自然人的关怀和鼓励，对于成功者给予这样的奖励，是树立标杆和导向，但在成功的前面，一定要特别理解、关照他们那种跟一般人不同的好奇心和科研情结、奋斗精神结合在一起的努力。这是科研生态中的一个非常重要的特点。特别是对于那些不成功者，也要给予他们作为探路者、试路者的必要肯定与人文关怀，尤其是在基础理论研究领域和新技术成果应用的开拓领域，应形成充分宽容失败的社会氛围，政府做"不动声色""润物细无声"的引导与扶助。

第二，政府主体方面的关键性支持作用，应该处理为以包含人文关怀和物质支持的制度和政策，来分类地支持不同的科研创新活动。如对基础理论研究怎么支持？多年前业务管理部门已认识到基础理论研究领域，很多东西没法拿出一个像模像样的成功成果认定，那么应匹配上什么样的激励？国家的资金有限，到底支持什么项目、不支持什么项目，就都得摸索，而这个摸索中的要领，确实很难一两句话说得清楚，即使依靠现有比较靠前沿的科学家们的问卷打分，那也可能出现这些人的思想跟不上少数人创新点的情况，问卷打分的结果是把真正有潜力创新的项目支持否定掉了——但这方面可能没有更好办法，这个领域里总得制定可操作的经费支持和使用的规则。到了成果转化推广应用里面，相对而言怎么支持，那个机制就好做一些，现在已经有事前、事中、事后政府支持规则的较多探讨和值得肯定的一些进展。

如仅从“事后”看，除早就有了比较成熟经验的知识产权保护、专利制度之外，还有股权激励，等等，现在中央已经全面认可，包括现在科研单位人员怎样可以在保持自己单位正式身份的同时，去参加创业创新的市场活动，都有权威的文件指导。这里面当然要匹配上到了成果转化、市场化应用环节上的专利这种“天才之火浇上利益之油”的经验，中国主要就是怎么样依法使之贯彻落实、有效执行的问题了。再往后端，政府要以财政贴息、政策性信用担保、研发投入的所得税抵扣优惠、产业引导基金等这些机制去支持成果转化应用环节上的创新发展。

第三，从企业这个角度上，应鼓励企业家们充分发挥与科技创新相关的冒险精神，敢于大胆试大胆闯，还要有相适应的机制。对这样的胆识和独特的企业文化，社会各方应当给予理解。应该讲企业家也注定是带有明显不同于常人特点的一类人，其实他们如果从某个阶段上已经取得的财富来说，完全没有必要再费那么多心思、再做那么多的努力——被人们所肯定的企业家，一定是走到一定阶段以后，他已经完全不再考虑现在拿到的这些财富可以养我多少辈子了，他是有更升级的追求的，而这里面的冒险精神、闯劲儿、大胆去实验的事情，在前面说到的互联网创新等方面的例子中，是与之一致的，都在“烧钱”，但是其中可能由于有些运气因素或有些特定的技术路线上的不同，一个一飞冲天，一个归于失败。需要有相关的管理方面的一些机制，使这种试、闯的空间更开阔些。例如，现在全中国大家都认可离不开的微信，李克强总理在说“鼓励创新就要审慎包容”时，专门提到几年前讨论微信的时候，有一派意见就说它的弊病明显，会出这样那样的毛病和漏洞，但克强总理的态度，是不能把这个微信一下掐死，要给出一定的空间在让他发展之中再观察。到了现在，谁敢说微信就十全十美？它可能还给某些方面带来一些挑战和困扰，但是没有人敢说现在可以把微信否定掉了。对于整个经济社会生活发展过程中，要有允许企业家去冒险探索的弹性空间，其重要性在微信等事例上可以体会。同时，确实也有机制上的差别。据了解，微信这个技术最早是中国移动掌握的“飞信”，但是作为国有企业它没有运行机制中间那个“烧钱”的多大可能性。体制内的办法是你动一动都要层层审批，“烧钱”如不成功责任谁来负？顾虑重重，很难批准，但它没有这个烧钱机制就做不大。另外一个现在风生水起的快递业，顺丰也是一飞冲天，但是最早在这个领域里捷足先登的，可是体制内中国邮政的那个EMS特快专递，但是它也没能做得很大。至于说风投、创投、天使投，为什么不适合由政府做？就是机制问题。风投、创投、天使投是内在于硅谷经验的，它的有限责任和它的比较优势，实话实说，是国有企业体制内这套制约之下学不来的。在对于企业家、对于创新者的宽容方面，其实有些事情很简单，硅谷表面上看不到政府有多少作用，很难设想能有国内前两年出现的这样一种公权在手、说一不二的力量去管知识分子横向课题经费怎么报销的那么多细节，但这就是它的人文关怀的一种大格局，就是它符合科研规律方面我们必须注重的经验。没必要贴什么标签，就是一个和科研规律是不是能对接的环境问题。当然后面涉及全社会，要以文化和舆论的包容性，来宽容、理解、消化失败冲击，使试错可持续和比较积极。

第四，社会上的科研生态建设除了应形成宽容失败的氛围与“有限责任”等规则之外，公益性基金会的多样化支持十分值得重视和发展起来。许多不适合或难以做到由政府直接支持的基础性研究、风险型开发研究项目，多样化的公益性基金会却有可能提供支持资金来源。这个政府、企业之外的第三部门，在美国早就做得相当大了，在中国亟应重视和培育，促其健康发展起来。

国际上可给我们启发的另外一些案例在此不拟更多展开，如工业革命，应注重瓦特发明蒸汽机引出的成功可是有一系列各种各样的社会配套条件的，包括这项发明以后怎么样能得到规模化的应用，没有当时的产权保护制度和法律规范的配套条件，没有制度环境这种适宜的“科研生态”，是不可能演变成为工业革命的成功的（可参阅贾康、苏京春：《中国的坎——跨越中等收入陷阱》一书①）。“硅谷的故事”前面已说到，高下之分其实是在润物细无声这样的比较之下，我们才能够理解。

最后可作为第五条的，是我愿再次强调：改革的攻坚克难对于构建好的科研生态至关重要。前面所说制度创新在打开可能的技术创新、管理创新潜力空间这方面要起龙头作用，以制度创新为龙头，调动一切潜力和活力，解放生产力，使中央所说的作为第一动力的创新发展，真正能够引领后面的协调发展、绿色发展、开放发展，落到人本主义立场上的人民群众对美好生活的向往变成大地上现实的共享发展，这里面的逻辑，应该讲是相当清楚的：这样的科技创新在第一生产力意义上，在中国条件下，强调就是经济社会转轨过程中在某种意义上讲，光说科技不解决问题了。吴敬琏老师多年前就讲到在转轨的意义上，要强调“制度高于技术”②，如果意识到改革任务的重要性来说，这句话的积极作用就非常明显。

---

① 贾康、苏京春：《中国的坎——如何跨越中等收入陷阱》，中信出版集团2016年版。

② 吴敬琏：《制度高于技术——论发展我国高新科技产业》，载于《决策咨询》1999年第4期。

科研事业单位体制改革，一个很难做的要点是去行政化的问题，谈了多少年，这一轮科技改革又在谈，目前出台各种各样的政策，但改来改去，行政化的东西不是少了，感觉更多了。直率地讲，是一个比较简明的事情，就是科研单位怎么样符合原来所提事业单位改革的大方向？这个改革推进过程中间，落入了“说一套做一套”的状态。当年有非常明确的文件下达，要求体制内科研单位、事业单位，以三年为期要完成改革，基本原则就是去行政化，要一直走到取消行政级别，与社会需要接轨，人员可进可出可上可下。但后来呢？文件要求的这一套完全没有兑现，一直到现在，是越来越严格地按照官僚机构来管理体制内的科研单位了。既然说一套做一套，就没有什么可讨论的空间了。

所以，我们现在寄希望于在党的十九大之后能够把党的十八届三中全会关于配套改革里所有值得肯定的顶层设计作为基础，进一步给出实质性冲破现在的既得利益阻力、深化改革这方面的全盘指导，实质性地搞好科研事业单位和高校的改革，使科研人员真正能够得到好的科研生态环境去实现他们的人生价值，贡献于中国的现代化和人类社会进步。

参考文献：

［1］《马克思恩格斯选集》第三卷，人民出版社 1995 年版。

［2］《1988 年 9 月 5 日，邓小平提出“科学技术是第一生产力”》，科普中国 2015 年 9 月 5 日。

［3］彭鹏、贾康：《从新供给视角重新梳理和解读全要素生产率》，载于《财政科学》2016 年第 3 期。

［4］贾康：《供给侧改革十讲》，东方出版中心 2016 年版。

［5］贾康、苏京春：《中国的坎——如何跨越中等收入陷阱》，中信出版集团 2016 年版。

［6］吴敬琏：《制度高于技术——论发展我国高新科技产业》，载于《决策咨询》1999 年第 4 期。

我国改革开放40年产业结构演进历程与新时代现代化产业体系构建研究

黄剑辉

改革开放40年来，伴随着经济社会各领域的深刻变革，我国三次产业发展取得了巨大成就，产业结构总体改善，产业现代化水平与国际竞争力不断增强。但同时，产业发展水平仍与发达经济体存在较大差距，劳动生产率偏低、产能利用率不高、资源生态约束严峻，产业结构转型升级任务依然艰巨。当前，中国特色社会主义进入新时代，我国经济已由高速增长阶段转向高质量发展阶段，建设现代化经济体系成为我国发展的重要战略目标。作为现代化经济体系的重要组成部分，党的十九大报告提出，要着力加快建设实体经济、科技创新、现代金融、人力资源协同发展的产业体系，为我国产业结构的优化调整指明了方向。

本文通过纵向历史回顾与横向国际对比两个维度的分析，全景式地梳理我国产业结构演进历程与成效，剖析存在的问题与不足，并据此提出新时代背景下高质量现代化产业体系的建设路径，以及通过深化新一轮改革开放促进产业结构优化升级的对策建议。

一、改革开放以来我国产业结构演进历程与取得成效

1978年以来，受益于改革开放释放的强大红利，尤其是在产业政策的支持引导下，我国三次产业充分发挥自身禀赋优势，把握全球技术变革以及产业链分工机遇，实现了长足发展，产业结构发生了持续、全面、影响深远的变化。三次产业之间以及各产业内部细分产业之间的结构不断优化，劳动生产率较快提升，新的产业模式与组织形态不断涌现，产业空间布局合理优化，优势产业集群逐渐发展壮大，为经济的持续增长以及新旧动能的转换提供了重要支撑。

（一）产业结构总体呈现高级化演进趋势，第三产业逐渐成长为国民经济主导产业

1. 第一、第三产业GDP占比此消彼长，第二产业占比窄幅波动

改革开放以来，我国三次产业在GDP中的比例关系发生较大变化，产业结构总体呈现由“二一三”向“二三一”，再向“三二一”的演变趋势，第一产业与

第三产业呈现“剪刀式”对称消长态势，第三产业逐渐取代了第二产业在国民经济中的主导地位。

第一产业占比总体下降，具体分为三个阶段。第一阶段为1978～1982年的短暂上升阶段。以1978年末安徽凤阳小岗村“包产到户”为起点的家庭联产承包责任制改革赋予了农民在集体经济中的经营自主权，极大调动了农民生产积极性，显著提高了农业生产水平，刺激了第一产业增长。根据Wind数据库的数据，1982年，第一产业占GDP的比重达32.79%，为改革开放40年来的历史峰值。第二阶段为1983～2007年的快速下降阶段。其间，土地经营体制改革释放的制度红利基本消化完毕，在第三产业的强势崛起下，第一产业占GDP的比重日益降低，由32.57%下降至10.28%，占比年均下降0.93%。第三阶段为2008年至今的平稳下降阶段。第一产业占GDP的比重由10.25%降至7.92%。①

第二产业占比总体变化幅度较小，基本在40%～50%的区间内震荡，也表现为三个阶段特征。第一阶段为1978～1990年的下行阶段。受农业快速发展以及解决农轻重比例失调的政策导向影响，第二产业占比由47.71%逐渐下降至41.03%。第二阶段为1991～2006年的上升阶段。我国产业发展再次呈现重工业化趋势，工业也成为外商直接投资最为集中的领域，同时，1984年启动的国有企业放权让利改革在工业领域也取得了较好成效。2006年，第二产业占比已回升至47.56%，与1978年的占比水平相差无几。第三阶段为2007～2017年的再次下行阶段。受服务业的加速发展影响，第二产业占比在这一阶段的下降与第一阶段相比幅度更大、速度更快，2016年即降至39.88%，达到历史最低水平，2017年有小幅回升。

第三产业占比总体呈现持续上升态势，经历了三次较快的上行周期。1978～1983年，第三产业总体规模较小、结构单一，综合实力以及受关注程度均处于相对弱势，在GDP中的比重变化较小，基本稳定在22%左右。1985年党的十二届四中全会明确提出，要“加快发展为生产和生活服务的第三产业，逐步改变第三产业同第一、第二产业比例不相协调的状况”。同年，第三产业在GDP中的比重超越第一产业。1992年，国务院发布《关于加快发展第三产业的决定》，要求第三产业增长速度要高于第一、第二产业。1997～2002年，第三产业占比进入第二轮快速上升期，2002年达42.25%，与第二产业占比仅相差两个百分点。2007年，国务院颁布《关于加快服务业发展若干问题的意见》，提出科学调整服务业发展布局、优化服务业结构、完善服务业功能、深化服务业体制改革、提高服务业对内对外开放水平和加大服务业投入等目标。2005～2017年，第三产业进入第三轮快速上升通道，并于2012年超越第二产业成为国民经济的支柱产业，如图1所示。

---

① 马晓河、赵淑芳：《中国改革开放30年来产业结构转换、政策演进及其评价》，载于《改革》2008年第6期。

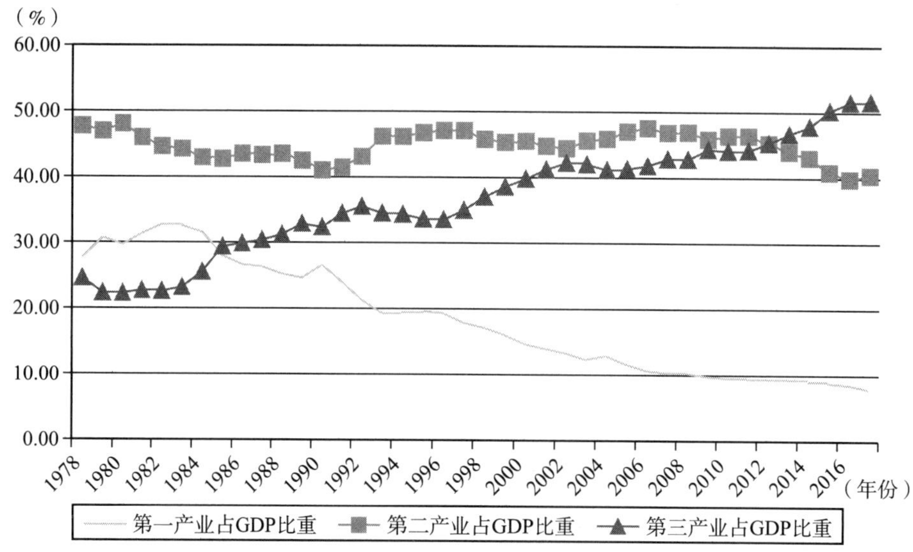

图1　1978～2017年三次产业产出结构变化趋势

资料来源：《中国统计年鉴（2017）》、Wind资讯，中国民生银行研究院整理。

2. 劳动力逐渐由第一产业向第二、第三产业转移，第三产业成为吸纳就业的绝对主力

纵观40年来的发展演变，我国劳动人口逐渐由第一产业向第二、第三产业尤其是第三产业转移，一、二、三产业就业人员在全体就业人员中的占比变化趋势与产出占比变化趋势在方向上有较强相似性，也从侧面反映了我国产业结构由资源和劳动密集型向资本和技术密集型演进的过程。

第一产业就业人员占比持续较快下降，从1978年的79.5%降至2016年的27.7%；第二产业就业人员占比小幅波动上升，由1978年的17.3%升至2016年的28.8%；第三产业就业人员占比上升速度较快，由1978年的12.2%升至2016年的43.5%。具体可以划分为四个阶段。第一阶段为1978～1993年，受三次产业的规模以及劳动密集程度影响，第一产业吸纳了最多的就业人员，第二产业次之，第三产业就业人员最少。第二阶段为1994～2010年，其间第一产业仍是吸纳社会就业的主要产业，但占比持续下降，与快速上升的第三产业占比逐渐接近；1994年第三产业就业人员占比首次超过第二产业，此后与第二产业占比的差距有所拉大，表明随着农业相对规模的缩减以及劳动效率的提升，农村富余劳动力大量进入技术门槛相对较低的传统服务业。第三阶段为2011～2013年，2011年第三产业就业人员占比超过第一产业，成为我国劳动人口的最主要流向。第四阶段为2014年至今，2014年第二产业就业人员占比超过第一产业，自此，三次产业就业贡献与产出占比的位序实现了一致，呈现“三二一”的结构，如图2所示。

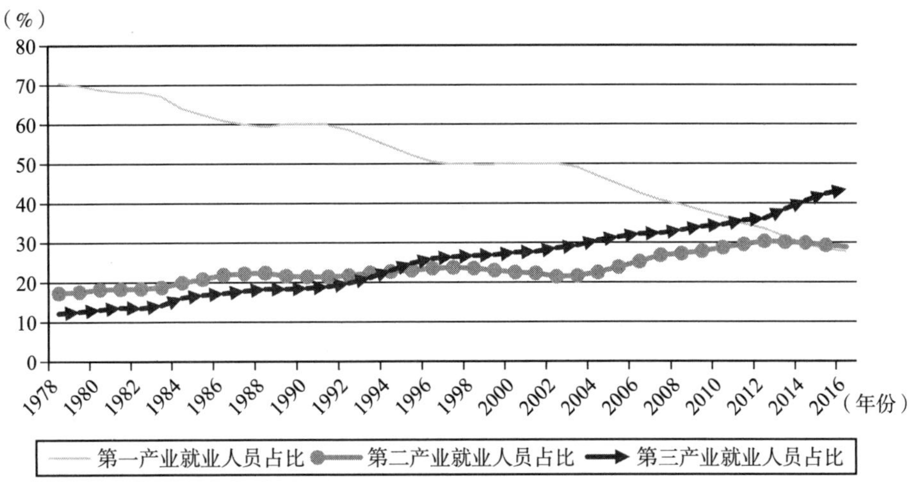

图2 1978~2016年三次产业就业结构变化趋势

资料来源：《中国统计年鉴（2017）》、Wind资讯，中国民生银行研究院整理。

值得注意的是，三次产业就业贡献与三次产业的产出占比存在较大差异。2010年以前，第一产业吸引了最多的就业人员，但其1985年以来的产出远低于其他产业；第二产业的就业贡献长期有所上升，但总体仍低于其产出占比20个百分点左右；第三产业就业人员占比与产业占比差距相对较小，基本保持在10%左右。

3. 三次产业劳动生产率①均有不同程度提升，第二产业劳动生产率最高

改革开放以来，我国三次产业劳动生产率不断提升，且差距呈扩大趋势。2014年，三次产业劳动生产率分别达1978年的4.87倍、11.32倍和4.93倍，第二产业劳动生产率提升最为显著。1978年，三次产业劳动生产率比值为1∶2.73∶4.11。2014年，三次产业劳动生产率比值为1∶5.74∶4.15。第二、第三产业劳动生产率显著高于第一产业。

20世纪90年代以前，三次产业劳动生产率均处于较低水平，上升幅度也较小。1978~1990年，三次产业劳动生产率分别增长52.39%、50.41%和49%。20世纪90年代以来，信息技术革命席卷世界，经济全球化提速，跨国公司迅速成长壮大，现代企业管理理论得到快速发展和推广。在此背景下，我国三次产业劳动生产率也进入快速上升期。1995~2014年20年间，三次产业劳动生产率分别增长3.07倍、6.76倍和3.03倍，年均增长速度分别为16.16%、35.58%和15.95%。其中，第二产业劳动生产率于1995年超越第三产业，与第一、第三产业劳动生产率的差距不断扩大；第一产业劳动生产率虽然在进入21世纪以来增速有所提升，但因基数过低，与其他产业的差距不断拉大，如图3所示。

① 劳动生产率指国内生产总值与全部就业人员的比率。

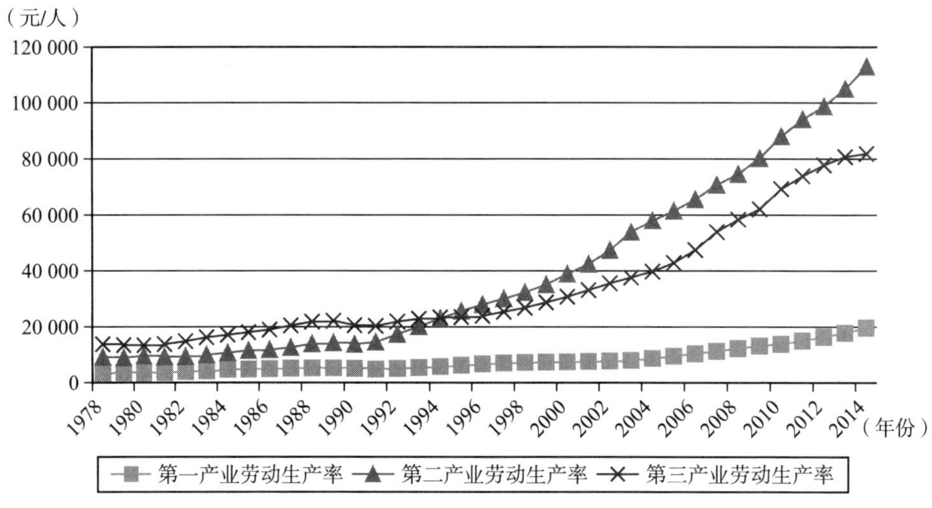

图3　1978～2014 年三次产业劳动生产率变化趋势

资料来源：Wind 资讯（数据已于 2015 年停止发布），中国民生银行研究院整理。

4. 第一、第二产业对经济增长的带动总体走弱，第三产业“压舱石”作用日益凸显

三次产业经济增长贡献率[①]、拉动率[②]在变化趋势上与产出结构具有一致性，但波动相对更大。绝大多数年份，第二产业对经济增长做出了最大贡献，第三产业次之，第一产业对经济增长的贡献率最低。20 世纪 80 年代前中期，第一产业经济增长贡献率由 1981 年的峰值逐渐回落，从 40% 降至 10% 以下，第二产业贡献率逐渐恢复，从 20% 升至 60%，第三产业贡献率基本稳定在 30% ～40%。80 年代末，国内出现了较为严重的通货膨胀，第二、第三产业贡献率迅速降低，第一产业成为支撑经济增长的重要力量。20 世纪 90 年代以来，第一产业贡献率始终在低位徘徊，大多数年份甚至低于 5%，第二产业贡献率先升后降，第三产业贡献率波动上升，并于 2015 年取代第二产业成为经济增长最主要的贡献力量，如图 4 所示。

经济增长拉动率方面，第一产业拉动率在 20 世纪 80 年代前期的短暂升高后迅速回落，20 世纪 90 年代以来对经济增长的拉动率始终不足 1 个百分点，2013 年以来稳定在 0. 3 个百分点水平。1998 年亚洲金融危机爆发后至 2008 年国际金融危机爆发前，第二、第三产业经历了一轮快速发展，拉动率较快提高。国际金融危机爆发后，第二、第三产业拉动率当年均迅速回落，此后走势出现明显分化：第二产业拉动率由 2010 年的 6. 1% 降至 2017 年的 2. 5%，第三产业则基本保持在 4% 左右，成为经济增长的重要稳定器，如图 5 所示。

---

① 产业部门贡献率指在经济增长率中各产业部门的贡献所占的份额，即某产业部门对 GDP 增长率的贡献率 = 该产业部门增加值增量/GDP 增量。

② 产业部门拉动率 = 贡献率 × GDP 增速。

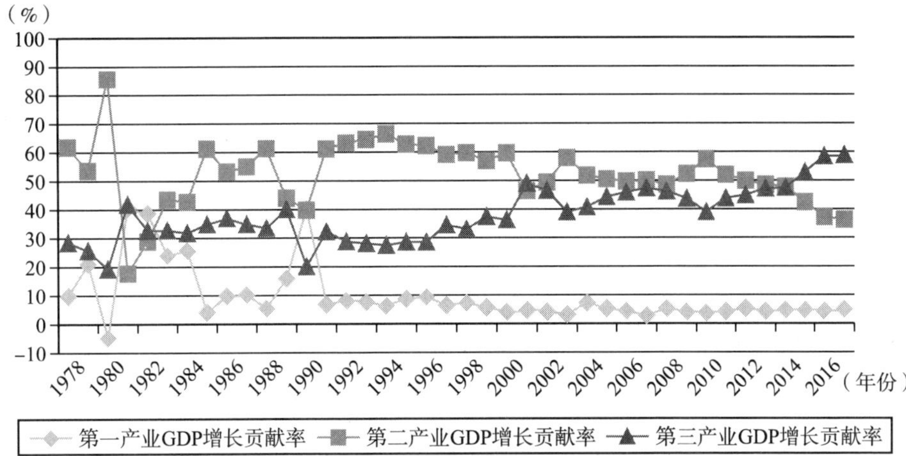

图4　1978～2017年三次产业经济增长贡献率变化趋势

资料来源：Wind资讯，中国民生银行研究院整理。

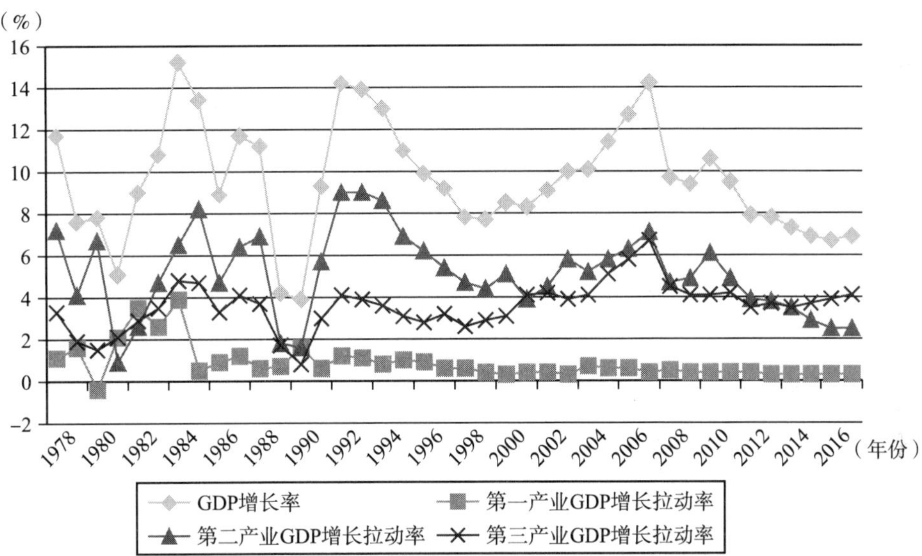

图5　1978～2017年三次产业经济增长拉动率变化趋势

资料来源：Wind资讯，中国民生银行研究院整理。

(二)三次产业内部结构趋于优化，新产业、新动能不断涌现

1. 传统农业在第一产业中的占比下降，牧业、渔业发展较快

改革开放以来至21世纪初，农业在第一产业中的占比不断下降，由80%下降至50%左右，近年来趋于稳定并小幅回升，显示农业的基础地位有所稳固。得益于居民收入水平的提升，居民饮食需求的升级，肉、蛋、奶、水产品的国内外市场需求不断增加，牧业、渔业得到快速发展。牧业占比由15%左右升至30%左右。

两次金融危机期间，牧业受冲击较小，一定程度上弥补了农业的快速下滑，2008年牧业占比35.49%，达40年来的历史最高点。1978年至20世纪90年代中后期，渔业呈现较快增长态势，由不足2%升至10%左右。20世纪90年代末以来，渔业占比变化趋于平缓，基本稳定在10%左右。林业占比相对稳定，保持在3%～5%区间内，如图6所示。

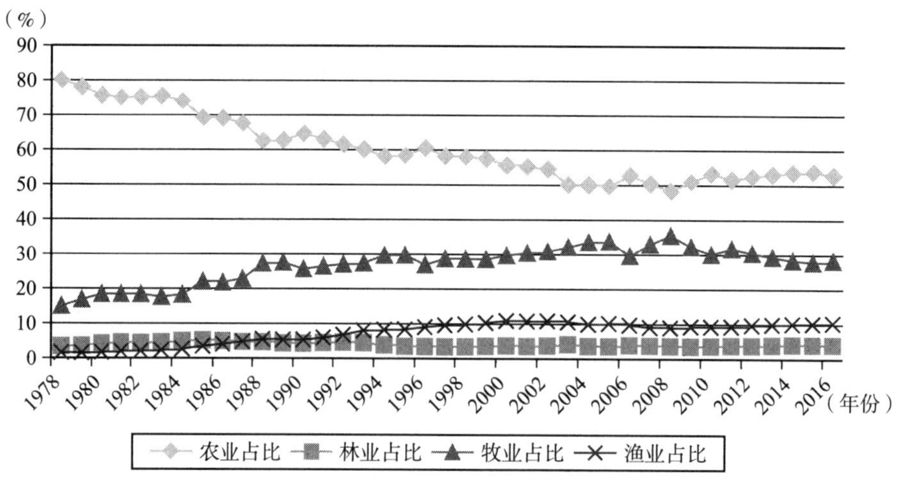

图6 1978～2016年第一产业内部结构变化趋势

资料来源：Wind资讯，中国民生银行研究院整理。

1978年，农、林、牧、渔在第一产业中的比例关系大致为80∶3∶15∶2。2016年，这一比例已变为53∶4∶28∶10，四类产业的占比差距逐渐缩小，林业与渔业的位序发生了互换。

2. 工业在第二产业中占比稳中趋降，制造业支柱地位不断巩固

长期以来，工业是第二产业的主体产业，建筑业占比较小。改革开放至今，工业在第二产业中的占比虽有缓慢下降趋势，但总体仍保持在80%以上的高位，与之对应的是，在城镇化建设与房地产行业的发展过程中，建筑业的市场需求增加，在第二产业中的占比趋于上升。40年来，工业与建筑业的比例关系由9∶1左右演变为8∶2左右，如图7所示。

改革开放前10年以及2008年金融危机以来的两个时期，工业在第二产业中的占比有所降低，建筑业占比提高。20世纪90年代末至金融危机前的较长时间内，工业占比保持在87%～89%左右水平，始终在我国产业体系中居于重要地位。

按照行业划分，我国工业主要由制造业、采矿业、电力燃气及水的生产和供应业三类产业组成，其中，制造业是工业的主要构成，占比80%左右，采矿业、电力燃气及水的生产和供应业占比接近，二者合计占工业增加值的20%，如图8所示。

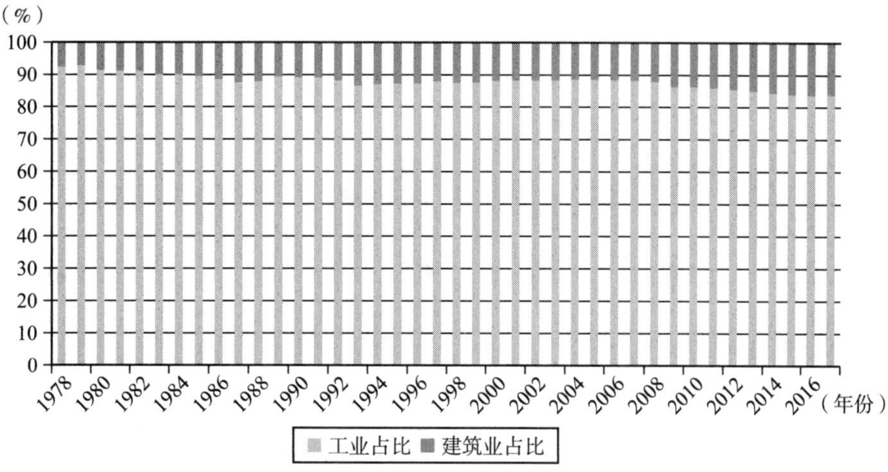

图7　1978～2017年第二产业内部结构变化趋势

资料来源：Wind资讯，中国民生银行研究院整理。

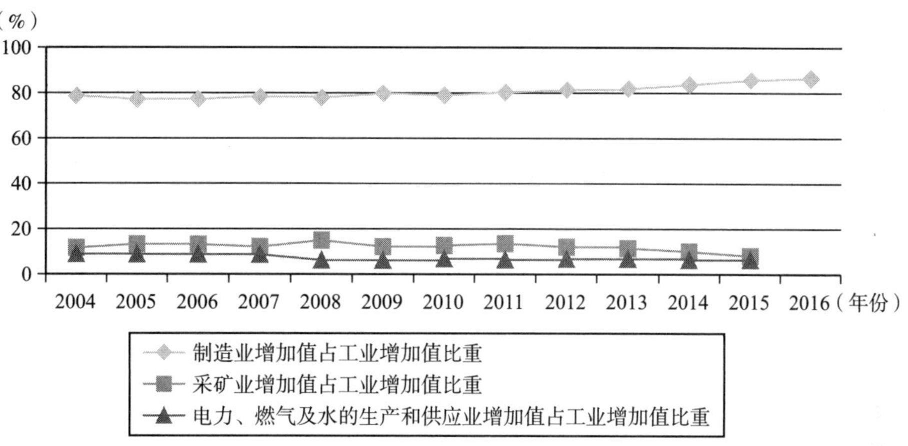

图8　2004～2016年工业内部结构变化趋势

注：2004年度之前的相关统计数据缺失。

资料来源：Wind资讯，中国民生银行研究院整理。

制造业在工业中的占比平稳上升。改革开放初期，我国凭借劳动与资源优势，以电子、轻工产品为代表的制造业快速崛起。随着我国逐渐融入全球产业链分工，尤其是加入WTO之后，IT产品加工、玩具、服装、制鞋等劳动密集型制造产业辐射全球。2010年，我国制造业占全球总量的18.9%，一举超越美国成为世界第一制造业大国。近年来，随着制造业分工格局的悄然变化，以及我国制造业转型升级的内在需要，我国启动实施“中国制造2025”战略，制造业正在由产业链下游向中上游转移，制造业内部结构由传统的劳动密集型向高端装备制造、信息通信设备、智能制造等资本技术密集型调整，如图9所示。

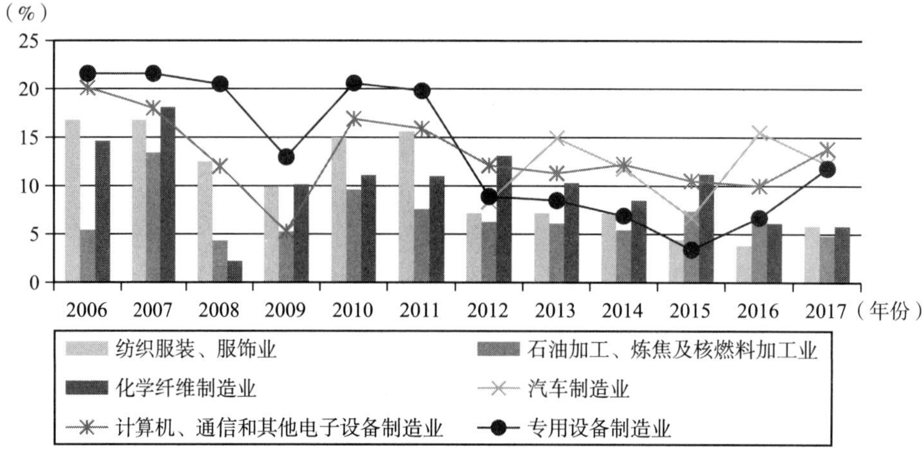

图 9 2006～2017 年部分制造业增加值同比增速变化趋势

资料来源：Wind 资讯，中国民生银行研究院整理。

3. 批发零售、交通运输等传统服务业占比下降，金融、房地产业快速崛起，软件和信息技术等新兴服务业占比上升

通过几个关键时间节点分析我国第三产业的结构变化发现，改革开放以来，第三产业中的主导产业发生了较大变化，总体呈现由传统服务业为主向现代服务业为主的趋势。1978 年，在第三产业（不含其他服务业）中排名前三位的子行业分别为批发和零售业；交通运输、仓储及邮政业；房地产业；至 2017 年，金融业取代交通运输、仓储及邮政业在第三产业构成中居于第二位，房地产业占比与金融业相差不到 3 个百分点，仍处于第三位，如表 1 和图 10 所示。

表 1 第三产业增加值构成 单位：%

年份	1978	1988	1998	2008	2017
第三产业合计	100.00	100.00	100.00	100.00	100.00
批发和零售业	26.77	31.28	21.91	19.14	18.21
交通运输、仓储及邮政业	20.11	14.46	14.77	11.96	8.62
住宿和餐饮业	4.93	5.09	5.66	4.84	3.42
金融业	8.45	13.89	13.67	13.39	15.40
房地产业	8.83	9.99	10.88	10.77	12.61
信息传输、软件和信息技术服务业	—	—	—	5.75	6.43
租赁和商务服务业	—	—	—	4.10	5.19
其他	29.33	24.17	32.13	38.79	29.29

资料来源：Wind 资讯，中国民生银行研究院整理。

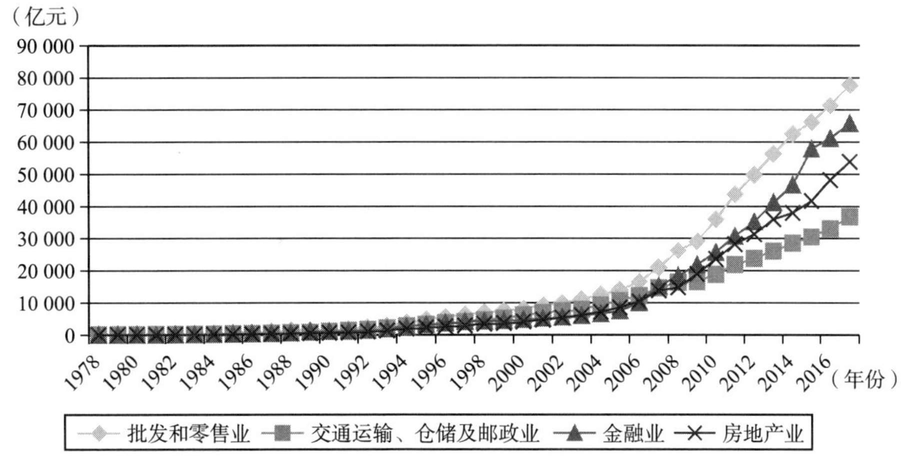

图10 1978～2017年第三产业内主要产业增加值变化趋势

资料来源：Wind资讯，中国民生银行研究院整理。

批发和零售业、住宿和餐饮业占比均先升后降，2017年两类行业占比分别较1978年下降8.56个和1.51个百分点。交通运输、仓储及邮政业占比下降较快，由1978年的20.11%降至2017年的8.62%。

20世纪90年代以来，随着1993年启动的金融体系整顿、银行业的商业化改革，以及1998年住房体制改革等一系列重大改革措施的实施，金融业、房地产业快速崛起。2006年以来，两大产业发展显著提速，占比快速上升，金融业占比由1978年的8.45%升至15.40%，增幅近1倍，房地产业占比由8.83%升至12.61%。

信息传输、软件和信息技术服务业，租赁和商务服务业等新兴产业近十年的占比提高，目前均超过传统的住宿和餐饮业。此外，值得注意的是，“其他服务业”在第三产业中的占比较高，且经历了较快增长，2008年占比接近40%，虽然近十年占比有所回落，但仍超过金融业与房地产业的总和①，一定程度上显示了大基建、科教文卫及居民服务等行业在过去40年间取得的长足发展。

4. 科技进步与经济发展理念的转变催生了产业内部结构演变的新趋势、新形态

40年来，信息技术尤其是互联网的兴起，以及近年来的大数据、云计算、人工智能等新兴科技的出现对产业结构的演变产生了重要影响，“互联网+产业”既是产业转型升级的实现手段也是发展方向之一，产业智能化成为重要发

① 按照国家统计局相关划分，“其他服务业”包括九个门类，主要是由基建投资长期覆盖的水利、环境和公共设施管理业；涉及技术供应与人力资本再生的科教文卫事业及居民服务行业，即科学研究、技术服务和地质勘察业，教育、卫生、社会保障和社会福利业，文化、体育和娱乐业，居民服务和其他服务业；公共管理和社会组织等。

展趋势。同时，经济发展模式转变背景下，共享经济、数字经济、战略性新兴产业等蓬勃发展，传统三次产业内部结构的划分也被不断打破。2015 年，党的十八届五中全会提出“创新、协调、绿色、开放、共享”五大发展理念，新的产业动能加速崛起，高铁、移动支付、共享单车和网购被称为中国的“新四大发明”。

共享经济快速兴起。2010 年前后，以 Uber、Airbnb 等实物共享平台为代表的共享经济模式在国外出现。其后，相关模式被引入中国，广泛渗透到交通、住宿、金融、餐饮、物流、教育、医疗等多个领域，共享出行、共享工厂、众筹等新形态层出不穷。《2017 中国数字经济发展报告》显示，2017 年我国共享经济市场规模约 4.9 万亿元，同比增长 42.7%。其中，非金融共享领域交易额为 20 941 亿元，较上年增长 66.8%。金融共享领域市场交易额约为 28 264 亿元，较上年增长 35.5%。2017 年制造业产能共享市场交易额约为 4 210 亿元，较上年增长 25%，平台上提供服务的企业数量超过 20 万家。

数字经济加快成长。云计算、大数据、人工智能等新兴技术迅速发展，并与农业、工业、服务业等传统产业加速融合，打通了不同层级与不同行业间的数据壁垒，数字经济强势崛起，提高了相关行业的运行效率。《中国数字经济发展白皮书》显示，2016 年，我国数字经济规模达 22.6 万亿元，同比增长 18.9%，占 GDP 比重达 30.3%。

战略性新兴产业持续较快发展。2010 年，国务院决定加快培育和发展节能环保、新一代信息技术、生物、高端装备制造、新能源、新材料和新能源汽车七大以重大技术突破、重大发展需求为基础的战略性新兴产业，着力培育新的先导产业和支柱产业。截至 2016 年末，战略性新兴产业产值占国内生产总值比重超过 8%，成为引领产业升级的重要力量。装备制造业和高技术制造业占工业比重逐年上升，2016 年分别为 32.9% 和 12.4%，比 2012 年明显提高。

产业间的相互渗透与融合发展趋势提速。农业呈现机械化、信息化、服务化趋势，工业化与信息化融合发展、制造业服务化与生产性服务业等模糊了传统产业的严格界限，对三次产业之间以及产业内部结构的演变产生了深远影响。

（三）受区域发展政策影响，产业空间布局呈现明显的阶段性特征

1. 东部沿海地区外向型经济率先启动阶段（1978～1991 年）

改革开放初期，包括农村家庭联产承包责任制在内的对内改革措施均在全国范围内全面推广，鲜有差别化的区域改革政策。而在东部沿海地区率先实施的对外开放政策以及在政策刺激下的外向型经济发展对相关产业的空间布局产生了较大影响。

20 世纪 80 年代初，东部省市率先对外开放，陆续成立国家级经济技术开发区、高新技术开发区、出口加工区和保税区等，成为承接国际产业转移到平台以及

高新技术产业化的基地。1988年，邓小平同志提出“两个大局”① 战略构想，东部沿海地区加快对外开放。与此同时，中西部地区则重点发展能源、原材料工业，以及铁路、水运等交通基础设施，重大项目优先向东部沿海地区倾斜，资源要素快速集中，带来东部沿海地区各个产业尤其是外向型经济相关产业的迅速崛起。

2. 区域协调发展战略启动下的产业分工与转移阶段（1992～1998年）

20世纪80年代非均衡发展战略的实施，带来了东部经济的高速增长，但区域发展不均衡加剧，区域发展差距日益扩大，区域经济不协调发展的矛盾影响了整体的经济持续发展。1992年，党的十四大报告提出，应在国家统一指导下，按照因地制宜、合理分工、优势互补、共同发展的原则，促进地区经济的合理布局和健康发展。1995年，党的十四届五中全会通过了《关于国民经济和社会发展“九五”计划和2010年远景目标建议》，明确提出要“坚持区域经济协调发展，逐步缩小地区发展差距”。

在此背景下，产业布局政策开始由早期的效率优先，逐渐向效率优先、兼顾公平的发展策略转变，强调各区域应按照合理分工、优势互补、协调发展基本原则扶持重点产业。引导产业向沿海、沿江、沿路、沿边地区集中，以交通枢纽城市为中心，辐射周边区域经济发展，形成点、线、面的区域经济带动模式。分区域来看，推动东部地区对外开放进程，优先发展高附加值、高技术含量、低能耗的产业；发挥中西部地区的自然资源优势，充分利用沿边地区对外开放的地理优势，培育特色优势产业，加大资源性产业和基础设施的建设力度，在投资、贷款、项目布局、外资等相关政策的倾斜方面，逐渐将倾斜地区转变成倾斜产业，更大力度的支持对中西部地区开发建设、乡镇企业等领域的建设，鼓励沿海较为发达的省区根据具体情况对中西部欠发达地区展开联合开发、技术合作、对口支援和人才交流等互动措施。

3. 区域协调加快推进下的产业比较优势集群形成阶段（1999年至今）

进入21世纪后，我国区域差距问题仍然突出，东部大城市迅速膨胀，而东北老工业基地呈现衰退迹象，中西部地区仍较为落后，区域经济不协调不均衡发展影响了国民经济的良性运行。在此背景下，1999年党中央和国务院提出西部大开发战略，2000年“十五”纲要提出“实施西部大开发战略，促进区域协调发展”。2003年党中央和国务院颁发了《关于实施东北地区等老工业基地振兴战略的若干意见》，2006年颁发了《关于促进中部地区崛起的若干意见》，党的十八大以来，党中央国务院先后提出了推进“一带一路”建设、京津冀协同发展和长江经济带发展“三大战略”，着眼于一体联动和重点突破相统一。党的十九大强调实施区域协调发展战略，提出加大力度支持革命老区、民族地区、边疆地区、贫困地区加快

① 一个大局，是沿海地区加快对外开放，较快地先发展起来，中西部地区要顾全这个大局；另一个大局，是当沿海地区发展到一定时期，要拿出更多的力量帮助中西部地区加快发展，东部沿海地区也要服从这个大局。

发展，强化举措推进西部大开发形成新格局，深化改革加快东北等老工业基地振兴，发挥优势推动中部地区崛起，创新引领率先实现东部地区优化发展，建立更加有效的区域协调发展新机制。

西部大开发战略、东北振兴战略和中部崛起战略构成的区域经济总体发展战略，以及主体功能区战略共同构成产业布局政策的战略导向，主要体现在：四大区域板块根据各自比较优势和产业基础进行合理化的产业布局。具体来看，西部地区加强基础设施建设力度，大力发展资源类产业集群区，培育特色农业、旅游等优势产业，加强生态环境的保护与地质灾害的防治。东北地区主要发挥产业和科技基础优势，推动装备制造、原材料、汽车、农产品加工等传统优势产业改造升级，发展金融、物流、软件等现代服务业，建设国家粮食战略基地。中部地区重点发挥区位优势，发展壮大优势产业，有效承接东部和国际产业转移。东部地区提升全球产业价值链分工体系的地位，鼓励科技创新，培养产业竞争优势，加快发展战略性新兴产业，现代服务业和先进制造业。实施城市群一体化战略，引导地方因地制宜地进行产业布局。

从近 10 余年的三次产业空间转移情况看，2005 ~ 2016 年间，第一产业呈现从东部、中部向西部和东北部转移的趋势；第二产业和第三产业则减少了在东部和东北部的分布，增加了在中部和西部的比重。从各地区三次产业占比看，东部、中部地区第一、第二产业的比重降低，第三产业比重增加，东部地区 2016 年第三产业占比超过 50%；西部地区第一产业占比降低，二、三产业比重增加；东北地区第一产业占比基本保持稳定，第三产业得到较大发展，第二产业不断收缩，如表 2 ~ 表 4 所示。

表 2　　2005 年三次产业的地区分布和各地区三次产业的比重　　单位：%

	东部	中部	西部	东北	地区合计
	三次产业的地区分布				
第一产业	37	27	26	9	100
第二产业	58	18	15	9	100
第三产业	57	17	17	8	100
	各地区三次产业占比				
第一产业	8	17	18	12	11
第二产业	52	47	43	50	49
第三产业	41	36	40	38	39
地区生产总值	100	100	100	100	100

资料来源：中国区域金融运行报告，中国民生银行研究院整理。

表3　　2010年三次产业的地区分布和各地区三次产业的比重　　单位：%

	东部	中部	西部	东北	地区合计
	三次产业的地区分布				
第一产业	36.1	27.7	26.4	9.8	100
第二产业	52.1	20.6	18.5	8.9	100
第三产业	58.1	16.8	17.1	7.9	100
	各地区三次产业占比				
第一产业	6.4	13.2	13.2	10.7	9.4
第二产业	49.8	52.7	50.1	52.3	50.6
第三产业	43.9	34.1	36.7	37	40
地区生产总值	100	100	100	100	100

资料来源：中国区域金融运行报告，中国民生银行研究院整理。

表4　　2016年三次产业的地区分布和各地区三次产业的比重　　单位：%

	东部	中部	西部	东北	地区合计
	三次产业的地区分布				
第一产业	34.6	26.2	29.3	10	100
第二产业	51.4	21.9	20.6	6.1	100
第三产业	56.1	18.6	18.5	6.8	100
	各地区三次产业占比				
第一产业	5.4	10.4	11.9	12.1	8.6
第二产业	42.1	45.4	43.5	38.4	39.8
第三产业	52.5	44.2	44.7	49.5	51.6
地区生产总值	100	100	100	100	100

资料来源：中国区域金融运行报告，中国民生银行研究院整理。

二、我国与世界主要经济体产业结构的对比分析

为更好地分析我国产业结构的演化进程，本报告选取美国、德国、日本、韩国等代表性国家作为参照，将我国的产业结构演进置于国际视角下进行对比审视，进而剖析我国产业结构存在的问题与瓶颈，分析发达经济体产业结构升级调整对我国的启示与借鉴意义。

（一）我国与主要经济体产业结构演变的总体趋势具有较强一致性，符合产业结构演变的一般规律

一般认为，一国产业结构演进趋势可以划分为三个阶段：第一阶段为以农业为主的经济社会，劳动生产率低，人均收入少。随着经济发展进入第二阶段，制造业比重迅速提高，由于制造业的劳动生产率高，导致人均收入提高，引起劳动力从农业向制造业转移。随着经济的进一步发展进入第三阶段，商业和服务业得到迅速发展，人均国民收入水平大大提高。通过世界银行发布的可比数据观察中美国、德国、日本、韩国四国三次产业产值结构①发现，尽管各国资源禀赋、产业基础、科技水平、人文环境等方面有很大差异，但各国产业结构演进具有较强一致性。

1. 第一产业占比下降，第三产业占比上升是各国产业结构演变的共性特征

20 世纪 70 年代以来，美国、德国、日本、韩国四国第一产业占比从不同起点下降，目前较为接近，基本维持在 2% 以下水平，与我国相差 7 个百分点左右。中国、美国、德国、日本、韩国五国第三产业占比则一致表现为持续上升态势，在产业结构中占据绝对主导地位。发达经济体的第三产业占比普遍在 70% 以上，比我国高 20 个百分点左右。以美国为例，对比美国 1947 年与 2016 年各行业增加值占 GDP 比重显示，美国农业、林业、渔业和狩猎业占比由 8% 降至 1%；服务业占比大幅上升，其中金融、保险、房地产及租赁业占比由 11% 提高至 21%，专业和商业服务业占比从 3% 提高至 12%，教育服务、卫生保健和社会救助业占比从 2% 提高至 9%，如图 11 所示。

2. 发达国家普遍经历了“去工业化”到“再工业化”的发展历程，先进制造业成为国际竞争角力的焦点

20 世纪 80 年代后，自由贸易的拓展使得发展中国家的低成本优势不断强化。发达国家在内需饱和、国际竞争加剧的背景下，为获取更高利润、创造更多就业岗位、满足国内环保诉求，纷纷淘汰或向外转移传统工业，大力发展以创新和高附加值为特征的服务业，实现产业“服务化”转型。其中，一些发达国家过度侧重金融和房地产业发展，出现了产业“虚拟化、空心化”问题，主要表现为服务业脱离制造业发展的基础，进入自我扩张和自我循环的非良性发展轨道，导致经济结构失衡。1970 年至 21 世纪初，美国、德国、日本三国第二产业 GDP 占比降低了 10～20 个百分点。

① 为便于比较，本报告美国、德国、日本、韩国三次产业占比数据取自 Wind 系统中世界银行发布的各国农业增加值、工业增加值与服务业增加值占 GDP 比重。

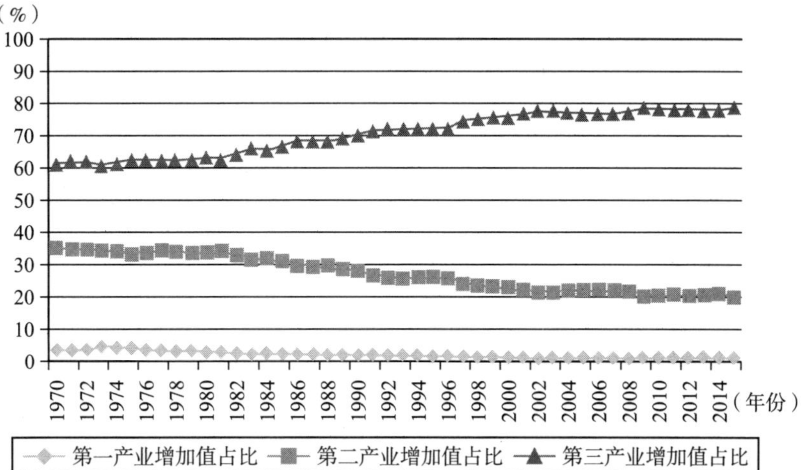
(%)
100
90
80
70
60
50
40
30
20
10
0
1970 1972 1974 1976 1978 1980 1982 1984 1986 1988 1990 1992 1994 1996 1998 2000 2002 2004 2006 2008 2010 2012 2014 (年份)
第一产业增加值占比
第二产业增加值占比
第三产业增加值占比

（a）美国

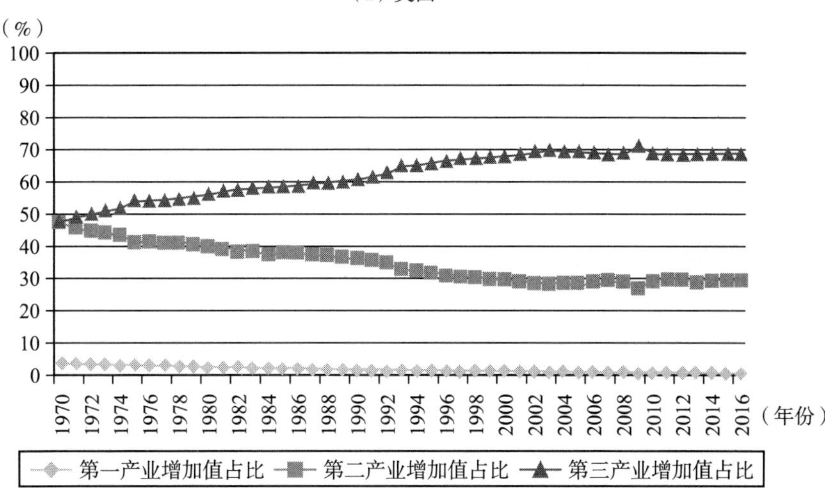
(%)
100
90
80
70
60
50
40
30
20
10
0
1970 1972 1974 1976 1978 1980 1982 1984 1986 1988 1990 1992 1994 1996 1998 2000 2002 2004 2006 2008 2010 2012 2014 2016 (年份)
第一产业增加值占比
第二产业增加值占比
第三产业增加值占比

（b）德国

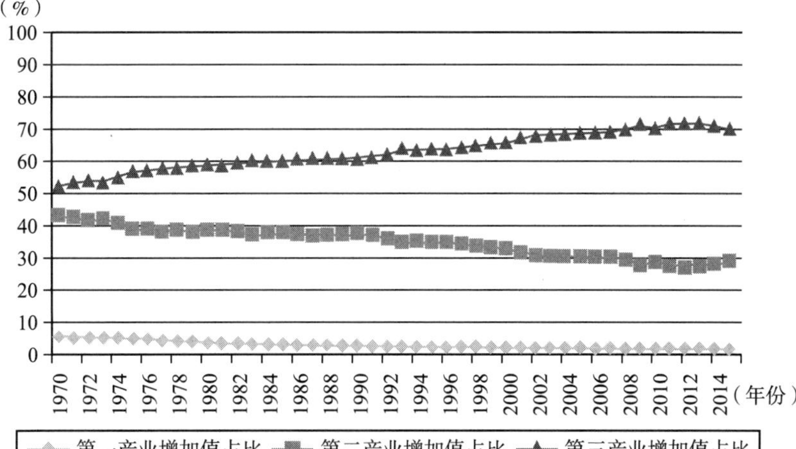
(%)
100
90
80
70
60
50
40
30
20
10
0
1970 1972 1974 1976 1978 1980 1982 1984 1986 1988 1990 1992 1994 1996 1998 2000 2002 2004 2006 2008 2010 2012 2014 (年份)
第一产业增加值占比
第二产业增加值占比
第三产业增加值占比

（c）日本

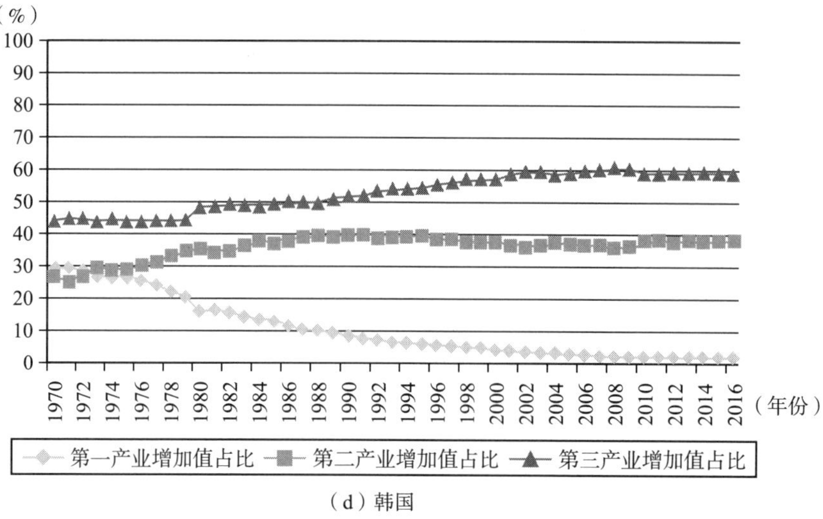

（d）韩国

图 11　美国、德国、日本、韩国三次产业增加值占 GDP 比重变化趋势

资料来源：世界银行、Wind 资讯，中国民生银行研究院整理。

金融危机爆发后，发达国家普遍意识到实体经济尤其是制造业在创造就业、拉动增长等方面的重要作用。因此，纷纷推进“再工业化”战略，通过财政补贴、税收优惠、金融支持、贸易保护、加大科研投入等多种措施，全方位提升本国工业竞争力。如美国提出“制造业回归”口号，实施“国家制造业创新网络”（NNMI）计划，通过《振兴美国制造业和创新法案》，旨在使“流向海外的制造业就业机会重新带回美国本土”。德国颁布《保障德国制造业的未来：关于实施“工业 4.0”战略的建议》，旨在综合利用第一次和第二次工业革命创造的“物理系统”和第三次工业革命带来的日益完备的“信息系统”，通过两者间的融合，实现智能化生产。日本发布《制造白皮书》，强调制造业的“智能化”，将智能产业、再生能源、高性能材料等作为未来产业发展的重要方向。

随着“再工业化”战略的实施，美国、德国、日本三国第二产业占比基本停止下降趋势，进入平稳发展阶段。目前，德国与日本、中国与韩国的第二产业占比较为接近，美国第二产业保持在 20% 左右，而德国和日本的第二产业的产值占比则在 30% 左右的水平，韩国第二产业在 20 世纪 70 年代和 80 年代初经历了较快增长，随后基本稳定在 40% 左右。值得注意的是，本轮“再工业化”浪潮的重点并非传统工业的回归，而是致力于发展以智能制造、3D 打印、新能源汽车、新材料、海洋工程装备、轨道交通装备、民用航空航天装备等为代表的先进制造业，带动制造业整体转型升级。

3. 各国大力发展战略性新兴产业，积极培育经济发展新动能

结合工业革命发展趋势选择并大力培育战略性新兴产业是各国产业结构调整的重要特征，也是各国争夺未来国际产业竞争制高点的关键举措。以 21 世纪为例，

2006年，欧盟发布《创造一个创新型欧洲》报告，提出通过创新产品的市场刺激来激励新产业发展。2011年，经济合作与发展组织（OECD）发布《需求侧创新政策》报告，将需求侧创新政策分为六类：政府采购、法规、标准、消费者政策、用户导向性创新计划和领先市场行动计划。据统计，2012年，75%的欧盟成员国已经制定了具有面向创新科技和创新产品的需求侧政策。[①] 韩国启动实施《新增长动力规划及发展战略》，确定绿色技术产业、高科技融合产业和高附加值服务产业三大领域的17个产业作为重点发展的新增长动力；出台《未来增长动力落实计划》，旨在发展“13个未来增长动力产业”，形成支撑韩国经济增长的动力源。近年来，美国大力发展新能源、节能环保、新一代信息与网络技术、生物技术、航空航天、海洋等新兴产业，成立了清洁技术基金，每年投资近百亿美元推进清洁技术产业化，每年在军事研究预算中拿出一定资金，作为高新技术民用化的基金，从事信息经济、生物科技等产业市场化开发，制定了总额250亿美元的“高科技车辆制造激励计划”，为福特、日产和特斯拉等先进汽车制造商提供低息贷款，以强化在新能源汽车领域的比较优势[②]。2010年，中国从国情和科技、产业基础出发，现阶段选择节能环保、新一代信息技术、生物、高端装备制造、新能源、新材料和新能源汽车七个产业。2016年，国务院印发《“十三五”国家战略性新兴产业发展规划》，把战略性新兴产业摆在经济社会发展更加突出的位置，大力构建现代产业新体系。

（二）我国产业结构现代化水平与发达经济体还存在较大差距，优化升级面临困难和瓶颈

单纯从三次产业的产出占比来看，我国产业结构的演进基本符合全球工业化进程的一般规律，服务业取代工业成为国民经济的主导产业成为我国产业结构现代化的重要标志。但从更深层次的质量和效益角度出发，工业占比下降、服务业占比上升，不必然意味着产业结构的优化升级，仅将第三产业GDP占比作为产业结构现代化、高级化的核心判定依据过于简单化，可能有失偏颇。

据中国民生银行研究院采用产业结构演变系数DCIS[③] 作为评价指标的测算，

---

①② 张晓欢、杨晓东：《国外战略性新兴产业发展的经验与启示》，载于《中国经济时报》2017年8月25日。

③ 根据有关文献，产业结构演变系数可用公式表示为：$DCIS = \sum\left(\frac{A}{I}, \frac{I}{I}, \frac{S}{I}\right)$。$A$ 代表第一产业产出在经济体总产出中所占有的比例；I 代表第二产业产出在经济体总产出中所占的比例；S 代表第三产业产出在经济体总产出中所占有的比例。产业结构演变系数的取值范围为（1，∞），当指标取值无限接近于1时，代表此时该经济体的第一产业和第三产业的占比与第二产业占比相比较可以忽略不计，此时该经济体正处于绝对的工业化过程中。当指标值接近∞时，代表该经济体产业结构中第二产业产值相对于第一产业和第三产业来说完全可以忽略不计。根据栾晏（2015）的研究认为，当 $DCIS$ 的取值在（1，3）之间时，代表一国产业结构中第二产业的产值比重大于第一产业和第三产业所占比重，国民经济处于工业化发展阶段，并且由此研究得出一国的产业结构演变系数曲线应该符合“U”型形态，在“U”型左侧最高点为农业经济发展阶段；在最低点为工业发展中的重化工业发展阶段；而在“U”型右侧的最高点则为后工业发展阶段。

中国、美国、德国、日本、韩国五国工业化发展进程水平从高至低依次为韩国、美国、日本、德国和中国。在工业化发展速度方面，在可选数据范围内，以产业结构演变系数上升 1 个单位来衡量，日本需用时 31 年，美国、韩国均需用时 11 年，德国需用时 18 年，而我国因尚处于工业化发展中后期，产业结构演变系数尚未出现一单位的变动，慢于其他国家。采用第三产业和第二产业的比重来衡量产业结构的高级化指标显示，产业结构高级化程度由高到低分别是美国、韩国、日本、德国和中国，韩国和美国这两个传统的资本主义强国正处于一般意义上的后工业化时期，二者的产业结构高级化水平明显高于其他三国。

具体地，我国产业结构存在如下四方面突出问题。

1. 产业体系现代化程度不高，结构性失衡问题亟待解决

首先，第一产业基础仍然相对薄弱。21 世纪以来，中央一号文件连续 15 年关注“三农”问题，但农业生产方式与产品结构仍存在诸多问题。作为传统农业大国，与发达国家相比，我国农业设施相对落后，高端农机装备以及现代化耕种手段普及率不高，加之受到农村土地制度制约，农业规模化、节约化、机械化生产方式尚未有效普及，土地产出效率较低；农产品品种相对单一、精深加工不足、食品安全难以保障，优质农产品占比较低，难以满足居民消费升级趋势下对高质量、多样化农产品的现实需求。

其次，第二产业“大而不强”局面未得到根本扭转。从国际产业竞争格局方面看，改革开放以来，我国凭借资源、劳动力成本等比较优势，借助经济全球化契机，迅速崛起成为“世界制造工厂”。但随着国际竞争强度加剧、竞争领域升级，我国第二产业尤其是工业竞争力有所削弱。在钢铁、煤炭、纺织、化工等传统工业领域，我国技术水平相对较低，基础薄弱，转型升级进展不顺畅。受欧美“再工业化”与东南亚、非洲等低成本国家的双重夹击，生存空间被进一步挤压。关键装备、核心零部件和基础软件等存在较为严重的进口依赖。在智能制造等新型工业领域，我国在制度、技术、人才以及成果转化等方面总体上仍处于劣势。加之发达经济体以知识产权保护、国家安全为由实行技术封锁，拉大了国家之间的“数字鸿沟”。我国工业和信息化部部长苗圩指出，在全球制造业的四级梯队中，中国处于第三梯队，而且这种格局在短时间内难有根本性改变。中国工程院研究也显示，中国制造强国指数处于美国、德国、日本之后，保持在第四位。

从经济效益和内部结构看，工业企业整体利润增势不容乐观，轻重工业结构失衡问题依然存在。21 世纪以来，全国国有及规模以上非国有工业企业利润呈现增长态势，但同比增速逐渐收敛、趋缓，尤其是 2011 年以来增速显著回落。其中，重工业企业利润无论是绝对水平还是平均增长速度均显著超过轻工业企业。轻工业品的相对匮乏与我国消费升级趋势下的居民需求矛盾愈发凸显，如图 12 所示。

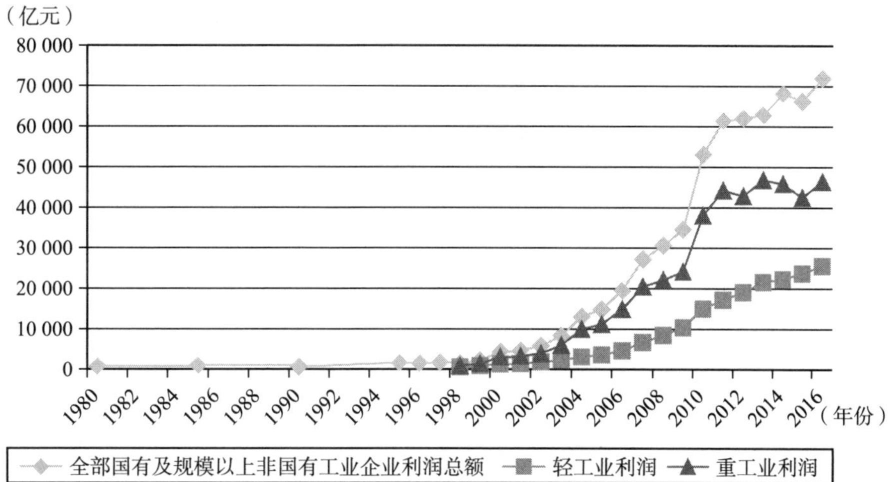

图12 工业企业利润总额

资料来源：Wind资讯，中国民生银行研究院整理。

最后，第三产业内部优化升级步伐缓慢。改革开放以来，我国第三产业总量迅速增长，但从内部结构看，批发零售、交运仓储等传统、基础性服务业占比较高，现代服务业发展相对缓慢，信息传输、软件和信息技术服务业，以及租赁和商务服务业等知识与技术密集型产业占比较低。同时，金融业"脱实向虚"、金融系统自我循环问题凸显，脱离实体经济需要的金融业务规模膨胀过快；房地产业长期形成的非理性高速扩张模式对实体经济发展形成挤出效应，住房投资、投机性金融属性较强，居住属性体现不够充分，一定程度上损害了经济创新活力。

当前中国经济发展面临实体经济结构性供需失衡、金融和实体经济失衡、房地产和实体经济失衡，这些问题均与第三产业息息相关。2017年中央经济工作会议明确提出，要促进形成金融和实体经济、金融和房地产、金融体系内部的良性循环。在近年来的政策导向下，上述问题已经不同程度地得到释放和缓解，但问题形成因素多、积聚时间长、覆盖范围广、外部影响大，且金融与房地产两大行业的上下游关联性行业众多，调控、转型过程中的潜在风险不容忽视。

2. 劳动生产率较为落后，产业创新驱动力仍需加强

改革开放以来，尤其是20世纪90年代以来，我国劳动生产率进入快速上升期，年均增速远高于世界平均水平，特别是第二、第三产业劳动生产率增速明显。但从绝对水平看，美国、日本和欧元区等发达经济体单位劳动产出水平仍大大高于我国。2015年，我国单位劳动产出仅为世界平均水平的39.58%，不及美国、日本和欧元区的10%，表明我国劳动者整体素质、劳动组织效率存在较大提升空间，高生产效率的新兴行业在产业体系中的比重有待提高，科研投入转化为创新应用的效率不高，产业发展的创新驱动力不够强劲，如表5所示。

表 5　　世界及部分经济体单位劳动产出　　单位：美元/人

年份	世界	美国	日本	欧元区	印度	中国
1996	14 453	73 880	65 648	54 768	1 340	1 535
1997	14 792	75 782	66 174	56 470	1 372	1 652
1998	14 946	77 219	65 019	57 809	1 425	1 772
1999	15 180	79 411	65 700	59 144	1 524	1 885
2000	15 606	81 720	67 568	60 767	1 555	2 018
2001	15 601	82 459	67 759	61 469	1 574	2 172
2002	15 707	84 392	68 897	62 105	1 599	2 347
2003	15 864	86 318	70 124	62 885	1 669	2 561
2004	16 241	88 776	71 556	64 444	1 751	2 801
2005	16 497	90 072	72 209	64 992	1 872	3 088
2006	16 906	90 542	73 183	66 391	2 039	3 459
2007	17 310	91 773	74 157	68 007	2 218	3 912
2008	17 359	91 242	73 637	67 745	2 314	4 290
2009	16 963	92 560	70 477	64 946	2 503	4 674
2010	17 449	95 069	73 631	66 586	2 731	5 146
2011	17 711	95 724	74 108	67 559	2 909	5 586
2012	17 883	96 062	75 510	67 083	3 024	5 990
2013	18 107	97 748	75 958	67 164	3 189	6 423
2014	18 285	98 116	75 376	67 867	3 370	6 866
2015	18 487	98 990	76 068	68 631	3 559	7 318

注：以 2005 年为基准进行了不变价调整。
资料来源：国家统计局网站，中国民生银行研究院整理。

首先，从全球产业价值链分工格局看，我国仍处于“微笑曲线”的相对低端位置。有研究显示，目前中国制造业平均全球价值链参与程度为 0.276，主要通过进口外国中间品参与国际分工，参与全球价值链程度的前三位行业为焦炭炼油与核燃料制造业、电子和光学设备制造业、金属制品与合金制造业，大多数为资源型行业。总体来说中国制造业平均显示性的比较优势指数是 1.439，说明中国制造业具有一定比较优势。分行业来看，中国具有比较优势的纺织品行业，还是典型的劳动密集型产业①。

其次，从科研投入与产出情况看，我国科研创新产出效率仍然较低。近年来，我国研发经费投入总量与投入强度（研发经费与国内生产总值之比）持续提升。2017 年，我国研发经费投入总量为 17 500 亿元，超过欧盟 15 国，仅次于美国，居世

① 《中国制造业在全球价值链分工地位依然较低》，凤凰财经，2016 年 12 月 3 日。

界第二位。2014年中国研发经费投入强度达2.02%，首次突破2%，2017年已升至2.12%。但国内发明专利申请量和授权量占全部专利的比重不到40%和20%；每百万人中研究人员数1 000人左右，远低于高收入国家4 000人左右的水平；拥有自主知识产权核心技术的企业不多，技术创新仍主要依赖引进、模仿国际先进同业。① 此外，企业的研发创新能力显著分化，绝大多数企业研发创新能力较弱。《中国企业创新能力百千万排行榜（2017）》显示，在8万多家高新技术企业中，高达97.3%的企业的有效专利数不足100件，有效专利数超过1 000件的企业占比仅为0.1%。

3. 产能利用率总体偏低，轻中度产能过剩问题仍待化解

国际经验一般认为，产能利用率低于30%为极度产能过剩；30%～70%为严重产能过剩；70%～75%之间为中度产能过剩；75%～80%之间的产能利用率为轻度产能过剩；80%～85%为基本适度；高于85%则视为产能不足。观察40年的工业产能利用率发现，我国在20世纪80年代末90年代初、2008年国际金融危机前后，以及2013～2016年期间先后三次出现偏中度的工业产能过剩。2017年以来，虽然在供给侧结构性改革尤其是“去产能”政策作用下，2017年我国工业整体产能利用率有所提高，尤其是钢铁、煤炭、水泥等传统产能过剩行业触底回升，产能利用率取得较大改善，但仍处于历史上的较低水平，与美国接近，低于欧盟、日本、韩国，如图13所示。

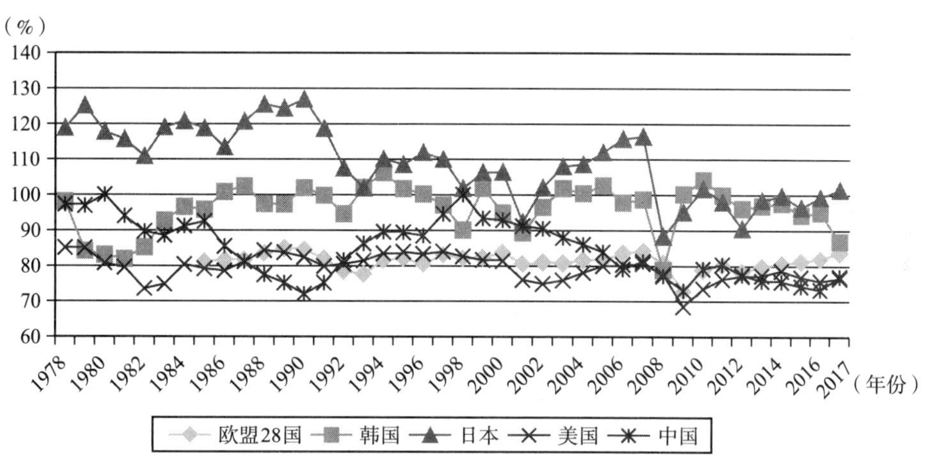

图13 1978～2017年部分经济体工业产能利用率

注：鉴于各国相关数据统计口径（日本采用产能利用率指数，欧盟与韩国采用制造业产能利用率指数，美国、中国采用工业产能利用率）与发布频率不一，为便于分析，部分产能利用率年度数据以当年12月份或四季度数据代替。

资料来源：Wind资讯，国家统计局网站，我国2006年以来年度工业产能利用率数据来自国家统计局网站，1978～2005年工业产能利用率数据采用学者测算结果，袁捷敏：《工业产能利用率估算方法实证研究》，载于《商业时代》2012年第1期。中国民生银行研究院整理。

① 《如何读懂2.12%背后的含义——我国研发经费投入强度创新高》，载于《光明日报》2018年2月14日。

2017 年，我国工业产能利用率为 77%。其中，煤炭开采和洗选业产能过剩较为严重；采矿业、电力热力燃气及水生产和供应业、非金属矿物制品业存在中度产能过剩；黑色金属冶炼及压延加工业、食品制造业、化学原料及化学制品制造业、医药制造业、通用设备制造业、专用设备制造业、电气机械和器材制造业均存在轻度产能过剩问题。即使排除经济周期性原因，我国工业产能过剩问题仍然值得关注。加之细分领域存在的低端产品供给过剩、高质量产品供给不足的结构性产能过剩问题，均在一定程度上表明我国产业结构仍有待优化，供给侧结构性改革任重道远，如图 14 所示。

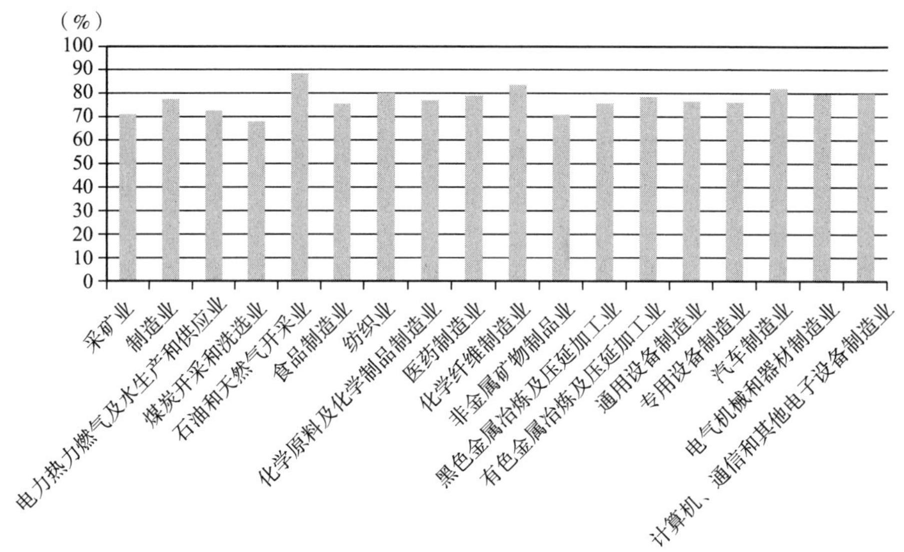

图 14　2017 年我国工业产能利用率

资料来源：Wind 资讯，中国民生银行研究院整理。

4. 资源、生态约束依然严峻，产业发展的可持续性亟待增强

首先，高能耗问题有所缓解，但仍远高于世界主要经济体。改革开放以来，我国产业发展成就举世瞩目，但高投入、高产出、高能耗、高污染的增长模式极大制约了发展的可持续性。我国能源消费总量与能源消费弹性系数（能源消费增长率与 GDP 增长率之比）走势基本同步。改革开放初期至 20 世纪 90 年代末，二者均呈波动下行趋势；亚洲金融危机爆发后的 1999～2004 年，能源消费量快速飙升，能源消费弹性系数最高达 1.67，能源消费增速远超过 GDP 增速；2005～2008 年，产业向循环、绿色化转型取得积极成效，能源消费不断下降；2009～2011 年，为应对国际金融危机冲击，高能耗产业大举扩张导致能源消费加速；2012～2016 年，我国重新加大产业结构优化调整力度，能源消费进入下行通道，如图 15 所示。

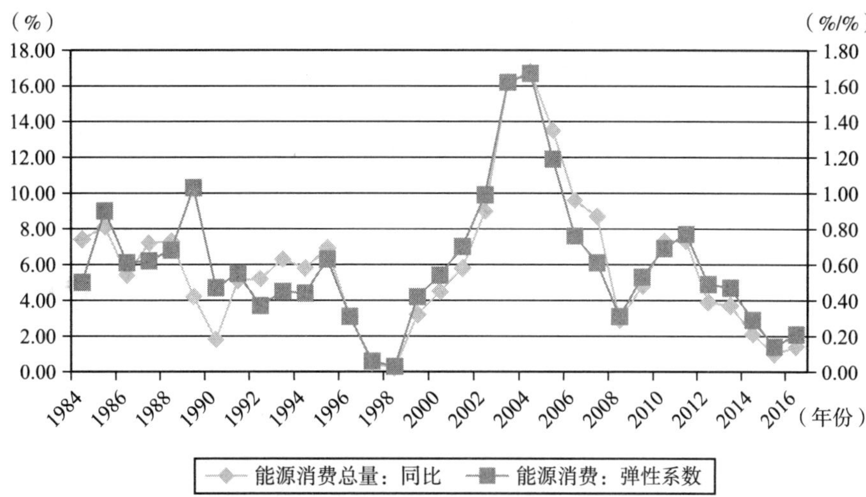

图15 我国能源消费变化趋势

资料来源：Wind资讯，中国民生银行研究院整理。

尽管我国在降低经济增长对能源的依赖方面取得了突出成果，但与国际横向对比仍然难言乐观。世界银行数据表明，20世纪90年代以来，我国单位GDP能耗显著下降，但仍远高于世界主要经济体。2014年，我国单位GDP能耗分别是美国的1.31倍、英国的2.41倍、法国的1.8倍、德国的2.02倍、日本的1.89倍、印度的1.48倍，如图16所示。

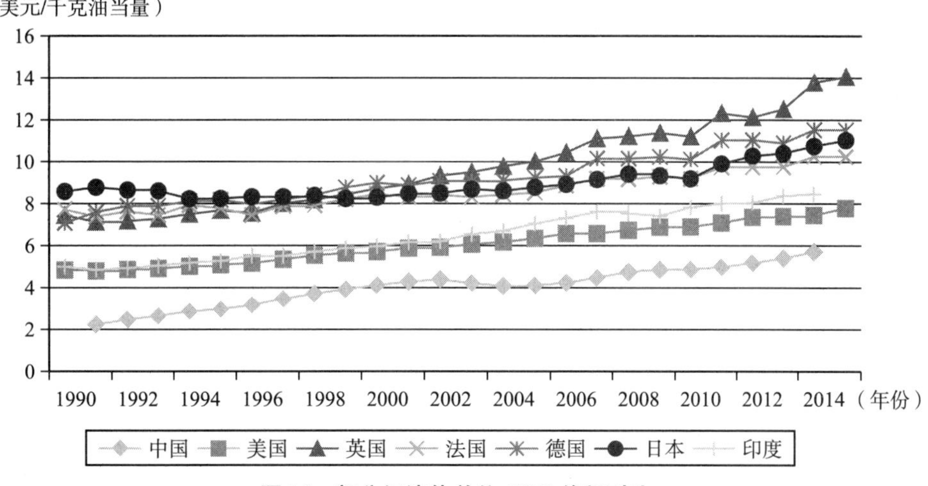

图16 部分经济体单位GDP能耗对比

注：以购买力平价法2011年不变价计算。

资料来源：世界银行、Wind资讯，中国民生银行研究院整理。

其次，重工业是能源消费的主要产业。分行业来看，以2015年为例，我国能源消费的主要产业为工业，占能源消费总量的67.99%，其次为生活消费、交通运输仓储和邮政业，占比分别为11.65%和8.91%。其中，黑色金属冶炼及压延加工业（21.88%）、化学原料及化学制品制造业（16.77%）、非金属矿物制品业（11.8%）、电力、煤气及水生产和供应业（9.61%）、石油加工、炼焦及核燃料加工业（7.93%）、有色金属冶炼及压延加工业（7.08%）、采掘业（6.59%）七大行业的能源消费合计占工业能源消费的八成以上，如图17所示。

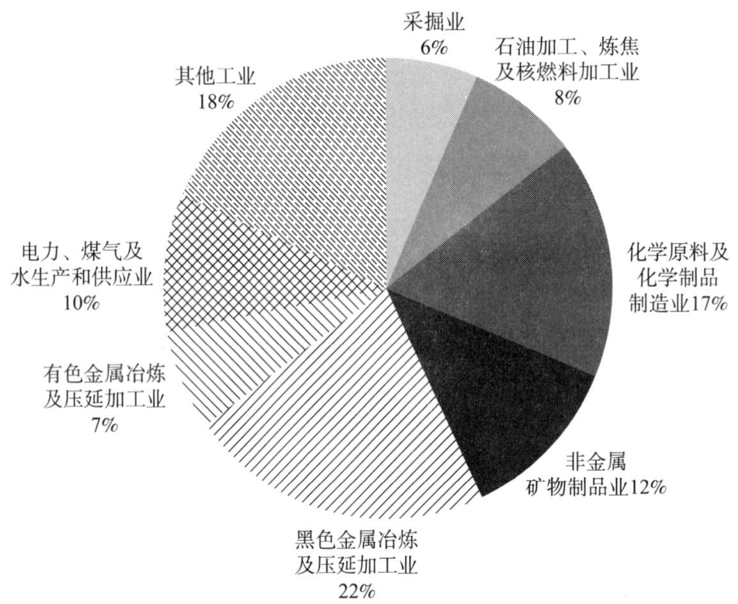

图17　2015年我国能源消费主要产业分布

资料来源：Wind资讯，中国民生银行研究院整理。

最后，粗放的产业发展模式带来严重的环境污染问题。二氧化硫、废水、烟尘等污染物的大量排放导致生态环境不断恶化。进入21世纪以来，我国人均二氧化碳排放量快速增长，已远高于全球和中等收入国家的平均水平。2017年中华人民共和国环境保护部公布的《2016中国环境状况公报》显示，2016年，全国338个地级及以上城市中，有84个城市环境空气质量达标，仅占全部城市数的24.9%；254个城市环境空气质量超标，占75.1%。全国地表水1 940个评价、考核、排名断面中，Ⅳ类、Ⅴ类和劣Ⅴ类①水质断面合计占比32.3%，如图18、图19所示。

① 地表水环境质量标准中Ⅰ类主要适用于源头水、国家自然保护区，未受污染；Ⅱ类主要适用于集中式生活饮用水地表水源地一级保护区、珍稀水生生物栖息地、鱼虾类产卵场、仔稚幼鱼的索饵场等，基本未受污染；Ⅲ类主要适用于集中式生活饮用水地表水源地二级保护区、鱼虾类越冬场、洄游通道、水产养殖区等渔业水域及游泳区，轻度污染；Ⅳ类主要适用于一般工业用水区及人体非直接接触的娱乐用水区，中度污染；Ⅴ类主要适用于农业用水区及一般景观要求水域，重污染；劣Ⅴ类基本失去使用功能，极重污染。

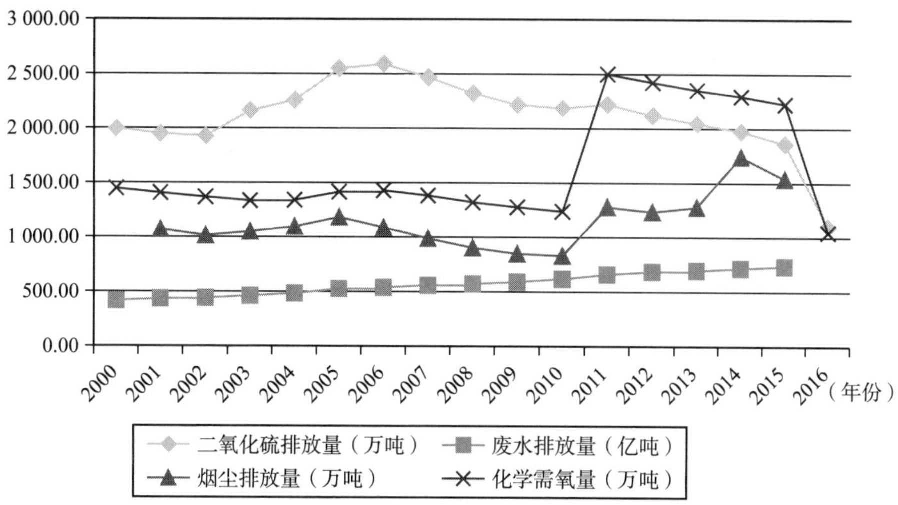

图18　我国部分污染物排放情况

资料来源：Wind资讯，中国民生银行研究院整理。

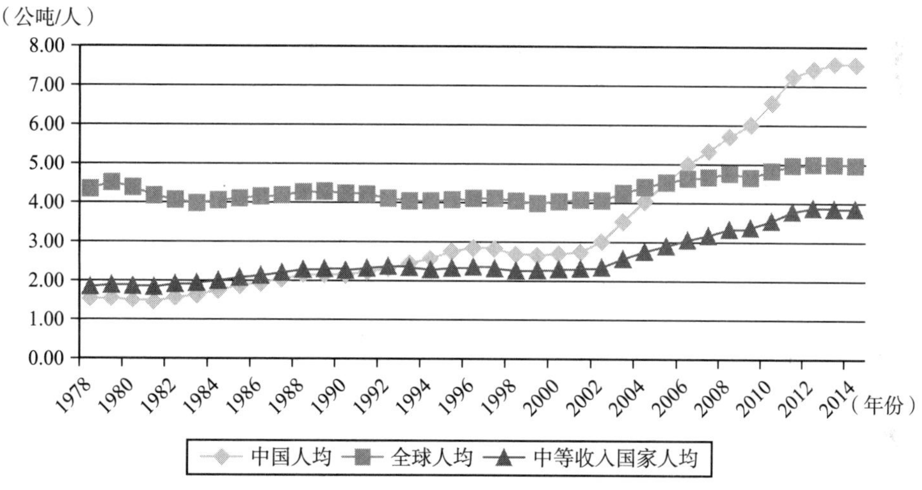

图19　人均二氧化碳排放量变化趋势

资料来源：世界银行、Wind资讯，中国民生银行研究院整理。

尽管各国发展的历史显示，环境污染程度与经济发展阶段具有较大相关性，工业化初期进程的污染物排放增加有一定客观必然性，但脆弱的生态环境已难以承载旧有模式下的产业高速发展，且环境的破坏具有很大不可逆性，修复成本极高，因此，构建环境友好型的产业结构势在必行，阵痛难以避免。

（三）发达经济体产业结构的升级调整经验及对我国的启示借鉴

1. 产业结构调整是促进产业竞争力提升和经济发展的重要手段

在产业结构调整过程中，经济微观主体优胜劣汰，有活力的经济得到新生，经济活力得到再生。产业结构调整既是经济自然演化的客观结果，也与一国的主观能动密切相关。对国家而言，产业结构调整的目标就是要形成一批具有国际竞争力的产业群和企业群，并使经济发展始终处于良性循环的轨道之中。20 世纪，美国在 80 年代前后，日本在 90 年代后期，英国从 80 年代开始，韩国在亚洲金融危机以后，都通过结构调整来重振经济和提升竞争力。当前，我国处于提升产业国际竞争力的重要时间窗口，推进从"国际加工"向"国际制造"再向"国际创造"转变应当紧抓结构调整这一根本手段，促进产业竞争力提升和经济可持续发展。

2. 准确把握科技进步和世界经济发展趋势，选准主导产业，对一国经济发展的成败和国家经济安全至关重要

产业结构调整是一个持续永恒的动态过程，既有确定性，又有难以把握的特点，这就要求政府与市场必须有效互动，追随经济发展、技术进步、国际环境的新变化而不断进行调整。需要以长远眼光和全球视野进行产业结构调整，抓住全球新一轮结构调整和国际产业转移的新机遇，选择合理的主导产业、支柱产业和新兴产业，加快发展如知识密集型服务业等"短板"产业，形成独特和完整的产业结构体系、技术分工体系、产品结构体系。一般而言，主导产业的演变通常呈现出劳动密集型—资本密集型—资本技术密集型—知识技术密集型的趋势，同时，也与一国的资源禀赋、产业基础、历史背景等高度相关。

这方面，美国、英国、德国等国的成功经验，日本的经验教训，韩国和新加坡的做法，都值得分析借鉴。以德国为例，第二次世界大战后，以大规模内需为主导的恢复性建设使得德国能源工业、钢铁工业、建筑业、机械工业、化学工业和汽车工业成为德国当时的支柱产业。到 20 世纪 80 年代末 90 年代初，受新科技革命影响，德国重点发展了以生物技术、海洋开发及新能源、新材料等为标志的新兴产业。20 世纪 90 年代中期以后，德国加大对计算机和信息技术的投入力度，使德国的互联网及电子商务发展在欧洲遥遥领先。进入 21 世纪后，随着全球经济变暖加剧、极端天气及自然灾害频发，德国工业又开始走向绿色发展之路，将重点放在新能源发展领域和可再生能源领域。

3. 行之有效的产业政策是推动科研成果产业化的必要保障

产业政策的通行做法包括运用国际贸易保护政策和国内生产扶持政策扶持幼稚产业，运用竞争性产业政策扶持中小企业发展，调整和援助衰退产业等。如 20 世纪 50 年代前期，日本政府为保护本国汽车产业，对进口汽车征收高达 40% 的关税；德国政府 20 世纪 70 年代通过提供研发补贴、融资担保、汇率波动补贴等方式来支持空中客车等产业的发展；美国通过产出限制和分类定价对国内农产品市场秩序管制，为部分国内缺乏竞争力的产业设置国际贸易壁垒等。

发达国家的产业政策经验与教训表明，产业结构调整是一项长期、艰巨和复杂的过程，政府既不能无所作为，也不能主动取代市场和企业做出强制性安排。这是目前各国政府所得出比较一致的经验。企业需要公平、公正、高效的市场环境，政

府在通过目标、规划、政策和服务引导产业升级时，应避免各种政策效应互相抵消、部门或地方利益造成产业政策“中梗阻”的现象。政府职能要有合理定位，重点是为产业结构调整营造一致、宽松、灵活的体制与政策环境。政府的政策引导更多是政策激励，把政策激励和市场竞争机制有机结合起来。

同时，在促进产业结构调整过程，政府不能急于求成，或过于自信，否则可能产生严重违背市场原则和经济规律的冒进行动，导致结构调整陷入困境。在资源配置上，成功的经济增长方式转变主要依靠市场的引导，而不是政府的计划推动。其中，衡量的指标可以是资本成本，如利率和汇率变动对引导资本流动和重组的导向作用或利润对微观主体的影响。

4. 技术创新是一国产业结构升级调整的强大支撑

发达国家普遍重视对基础研究的大力投入，积极引导民间投资进入科技创新领域，培育科技型中小企业，并充分运用科技产业化政策培育和推动高新技术发展，建立适宜高科技产业发展的运行机制。以美国硅谷和华尔街为代表，政府制定了一系列包括研究开发、政府采购、中小企业、风险投资、税收优惠、专利申报等政策，形成了有利于企业创新的强大制度优势。同时，发达国家注重运用高新技术对传统产业进行升级改造，形成了以德国为代表的自主型技术改造模式、以韩国为代表的“移植式”改造模式、以美国为代表的“嫁接式”改造模式，以及以日本为代表的产业、科研机构、高等院校之间合作互利型技术改造模型等。

经验表明，知识经济的生命和源泉在于创新。企业应当不断引进新技术，重视技术的再创新，提高自主创新能力。政府应当努力推动创新体系建设，构建起包括技术创新、知识创新和知识传播、知识应用在内的完整创新体系和新的创新机制，建立健全高新技术的风险投资体制，尽快形成有利于技术创新的机制和环境，重视与新兴产业发展关联度大的基础研究，不断培育新的科技源头。

对当今中国而言，高新技术产业尤其是信息及相关产业已具有相当规模，形成了多个产业集群区域，但这些高技术产业大多为外商投资，产品附加值低。因此，最紧迫的任务是推动企业进行技术开发和创新，增加创新活动，提高创新的主动性和能力，把国内的高新技术产业从规模化扩张引向内涵提升，不断提升创新的规模和质量，形成真正的高新技术产业发展群。

三、新时代现代化产业体系框架与可行性分析

新时代背景下，立足我国改革开放40年来产业结构变迁的成功经验和面临的主要问题，借鉴国际代表性经济体产业结构演变的一般经验与启示，加快构建现代化产业体系是我国产业结构优化升级的未来方向和现实路径。

（一）现代化产业体系的总体框架

产业体系的现代化是一个不断发展的动态过程，在不同国家、同一国家的不同

阶段有不同的含义和表现。党的十九大报告提出，“我国经济已由高速增长阶段转向高质量发展阶段”，要“着力加快建设实体经济、科技创新、现代金融、人力资源协同发展的产业体系”，为我国新时代背景下的现代化产业体系构建提出了总体指引。

1. 现代化产业体系的政策蓝图日益清晰

党的十九大以来，政策层面关于产业体系构建、重点产业布局的表述日益系统、清晰。

第一，现代化产业体系应符合高质量发展需要。2018 年中央经济工作会议指出，推动高质量发展是当前和今后一个时期确定发展思路、制定经济政策、实施宏观调控的根本要求。因此，产业体系的构建、产业结构的优化升级无疑也将围绕这一主题展开，打造体现创新、协调、绿色、开放、共享发展理念的高质量产业体系。同时，新时代我国社会主要矛盾转换为人民日益增长的美好生活需要和不平衡不充分的发展之间的矛盾，打造高质量的产业体系应聚焦破解产业发展中存在的不平衡不充分问题，以适应人民日益增长的美好生活需要背景下的消费升级趋势。

第二，构建现代化产业体系应以深化供给侧结构性改革为主线。破除无效产业供给方面，把处置“僵尸企业”作为重要抓手，推动化解过剩产能，钢铁、煤炭等产能过剩行业的发展空间将进一步压降；增加有效产业供给方面，将加大对传统产业的改造升级力度，做大做强战略性新兴产业集群，培育经济发展新动能；制度供给方面，深化“放管服”改革，加大减税降负力度将继续作为政策的着力点和突破口。

第三，构建现代化产业体系更加注重创新引领与政策协同。围绕建设创新引领、协同发展的产业体系，实现实体经济、科技创新、现代金融、人力资源协同发展这一目标，需要有效增强我国的科技创新能力，加快创新成果的转化应用；继续深化金融体制改革，引导金融业回归本源，不断增强金融服务实体经济的能力和水平；进一步优化人才培养机制，发挥人力人才资源优势，为产业发展提供人力、智力保障。同时，政策协同还体现在产业政策与区域政策、财税政策等方面的协同配合，也体现在产业体系内部的政策协同，如促进新型工业化、信息化、城镇化、农业现代化的同步发展等。

2. 现代化产业体系的框架设想

首先，第一产业比重继续下降，现代农业的基础性作用不断增强。2018 年中央一号文件提出，现代农业必须坚持质量兴农、绿色兴农，以农业供给侧结构性改革为主线，加快构建现代农业产业体系、生产体系、经营体系，提高农业创新力、竞争力和全要素生产率，加快实现由农业大国向农业强国转变。具体地，农业发展将呈现四大趋势：

一是机械化、规模化。粮食作物向全程机械化延伸；全面机械化由粮食作物的机械化向经济作物、畜禽养殖等生产机械化拓展；机械化水平向精准化方向提升，将带来农机具的更新换代需求；推进农机装备产业转型升级，提高大宗农作物机械国产化水平。

二是特色化、品牌化。打造特色农产品优势区，建设现代农业产业园、农业科技园；培育农产品品牌；打造农业全产业链，促进农业向休闲功能拓展，农产品向加工产品增值，提高农业附加值；特色优势农产品出口提升，高附加值农产品出口不断扩大。

三是高端化、创新化。发展现代农作物、畜禽、水产、林木种业，提升自主创新能力；建设知识型、技能型、创新型农业经营者队伍。发展数字农业，实施智慧农业林业水利工程，推进物联网试验示范和遥感技术应用；建设现代化农产品冷链仓储物流体系，建设具有广泛性的促进农村电子商务发展的基础设施，鼓励支持基于互联网的新型农业产业模式，发展乡村共享经济、创意农业、特色文化产业。

四是绿色化、生态化。加强林业、海洋渔业的资源开发与生态保护；加强农业绿色生态、提质增效技术研发应用；实施食品安全战略，完善农产品质量和食品安全标准体系，加强农业投入品和农产品质量安全追溯体系建设。

其次，第二产业比重稳中趋降，工业竞争力大幅提升。强大的工业体系是一国经济赖以健康发展的核心支柱。我国工业化进程尚未完成，工业体系总体大而不强，工业化阶段不可逾越。

先进工业方面，以“中国制造2025”战略为重心推进制造强国建设，加快发展先进制造业，搭建完善工业互联网平台，创建“中国制造2025”示范区，培育若干世界级先进制造业集群。新一代信息技术产业、高档数控机床和机器人、航空航天装备、海洋工程装备及高技术船舶、先进轨道交通装备、节能与新能源汽车、电力装备、农机装备、新材料、生物医药及高性能医疗器械十个重点领域将得到重点发展，培育一批具有全球影响力和主导地位的创新型领军企业，成为推动我国经济持续健康发展的主导力量。与此同时，借鉴欧美国家制造业转型趋势，加快发展服务型制造业，也有利于提升我国制造业的全流程核心竞争力。

传统工业方面，重点仍在于通过“三去一降一补”优化传统工业的供给结构以及通过现代化手段对其进行改造升级。传统制造业积极拥抱“互联网+”，信息化、智能化成为制造业的发展方向。新一代信息技术与传统制造业的融合发展将进一步提速。对比国际一般规律，我国城镇化率仍有20%左右的增长空间，城镇化进程必然带来大量的基础原材料需求，为相关产业发展提供支撑。水利、铁路、公路、水运、航空、管道、电网、信息、物流等基础设施网络建设将进一步完善。

最后，第三产业比重继续提高，现代服务业①成为主要支柱。一方面，在移动互联网、新一代信息通信等现代技术支持下，商贸、住宿、餐饮、仓储、交通运输

① 按照科技部2012年的划分，现代服务业指以现代科学技术特别是信息网络技术为主要支撑，建立在新的商业模式、服务方式和管理方法基础上的服务产业。它既包括随着技术发展而产生的新兴服务业态，也包括运用现代技术对传统服务业的改造和提升。它有别于商贸、住宿、餐饮、仓储、交通运输等传统服务业，以金融保险业、信息传输和计算机软件业、租赁和商务服务业、科研技术服务和地质勘查业、文化体育和娱乐业、房地产业及居民社区服务业等为代表。

等传统服务业的改造升级将进一步加速，共享经济、平台经济模式在住、行领域的成功经验有望在更广范围得到复制推广；另一方面，以金融保险业、信息传输和计算机软件业、租赁和商务服务业、科研技术服务和地质勘查业、文化体育和娱乐业、房地产业及居民社区服务业等为代表的智力要素密集度高、产出附加值高、资源消耗少、环境污染少的服务业将继续发展壮大。

以五大幸福产业为主的生活性服务业发展空间广阔。随着国民收入水平提升，居民消费将从“吃、穿、住、用、行”等基本消费逐步转向发展型消费，从物质型消费转向服务型消费。据测算，我国消费市场的总规模将从2014年的26.2万亿元提高至2020年的45万亿～50万亿元，服务型消费占比将从2014年的近40%提高至2020年的45%。旅游、文化、体育、健康、养老“五大幸福产业”快速发展，既有助于拉动消费增长，也有利于促进消费升级。房地产业有望保持平稳健康发展趋势，多主体供应、多渠道保障、租购并举的住房制度逐渐建立健全，房屋回归居住属性，过度的附加价值被合理剥离，住房的金融投资属性弱化。

以研发设计、物流等为代表的生产性服务业发展潜力巨大。一般认为，从制造业内部分离、独立发展起来的新兴生产性服务业，有利于深化制造业分工、降低产业链成本和提高运营效率，对于支撑和促进制造业优化升级具有重要意义，被誉为产业转型的“中场发动机”。从国际经验来看，发达国家信息、设计、研发、物流等生产性服务业占服务业的比重普遍在60%～70%之间，占GDP比重大多在40%左右。改革开放以来，我国生产性服务业呈快速上升趋势，但占比仍有提升空间，且结构有待优化，商务服务、科学研究和技术服务业占比偏低。预计未来，研发设计、第三方物流、融资租赁、信息技术服务、节能环保服务、检验检测认证、电子商务、商务咨询、服务外包、售后服务、人力资源服务和品牌建设等符合政策导向的生产性服务业将获得较快发展。金融服务业将更加趋于理性化、规范化，在生产性服务业中的占比有所下降。

以卫生、教育、水利和公共管理组织等为代表的公益性服务业也应得到越来越多的关注和支持，不断加强民生保障，提升民众的获得感、幸福感、安全感。

（二）我国具备构建现代化产业体系的坚实基础

1. 体制机制不断完善

改革开放以来，我国不断推进政治经济相关体制机制改革，建立了具有中国特色的社会主义市场经济体制，政府与市场的关系不断改善，市场在资源配置中的作用显著增强，改革红利的释放为我国经济长期高速发展提供了重要源动力。当前，随着供给侧结构性改革的深入推进，以及“放、管、服”等一系列政策措施的落地，我国经济的韧性与活力将进一步增强，为产业转型升级提供了重要支撑。

2. 资源禀赋总体良好

首先，我国劳动力总量与平均素质仍有较强的比较优势。尽管近年来我国人口老龄化进程加快，劳动力成本上升，传统制造业尤其是劳动密集型产业受到较大冲击，比较优势削弱。但总体而言，我国仍然具有庞大的劳动力总量，新型城镇化建设以及科技的进步将进一步释放农村富余劳动人口。同时，我国劳动者的综合素质不断提高，人口红利正在向人才红利加速转变。据国家统计局数据显示，目前，我国各类知识和技能人才超过1.5亿人，为建设现代化经济体系、培育经济发展新高地奠定了深厚的智力基础和支撑。

其次，我国资本与技术实力取得长足进步。改革开放以来，我国资本形成总额实现了长期中高速增长，资本形成率（投资率，资本形成总额占GDP的比重）波动上升。多层次资本市场体系建设加快推进，资本市场服务实体经济的能力不断增强，股票融资规模、并购重组金额均居全球前列。国有企业、国资企业改革取得重要成果，国有资本日益壮大，截至2017年6月末，全国国有企业总资产143万亿元，所有者权益49万亿元。政府和社会资本合作（PPP）模式经历了爆发式增长后进入规范发展阶段，社会资本尤其是民间资本的投资积极性将有所提升，2002年~2017年末，全国PPP综合信息平台累计入库项目14 059个，规模17.74万亿元，我国已成为全球最大的PPP市场。我国科技创新水平正在加速迈进国际第一方阵，科技部资料显示，我国国际论文总量和被引用量居世界第二位，研发人员全时当量①人数居世界第一位，科技进步贡献率从2012年的52.2%升至57.5%。国家创新能力排名从2012年的世界第20位升至第17位，如图20所示。

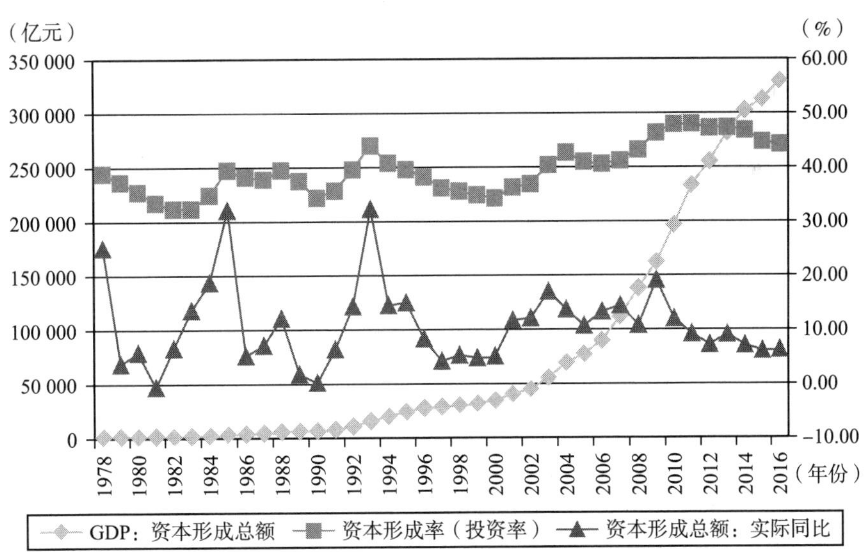

图20 1978~2016年我国资本形成变化趋势

资料来源：国家统计局、Wind资讯，中国民生银行研究院整理。

---

① 全时当量指全时人员数加非全时人员数按工作量折算为全时人员数的总和。

最后，我国地域辽阔、文化交融，市场需求总量巨大、种类多样、层次丰富，有利于新型产业模式与产业形态快速形成规模经济，在较短时间实现跨越式发展，取得在国际上的竞争优势。近年来互联网金融、共享经济等在我国的迅速兴起即是有力的例证。

3. 产业体系健全完备

经过40年的改革开放，我国已经形成完备的产业体系，在众多领域进入世界前列。

农业方面，我国谷物、肉类、花生、茶叶等生产能力稳居世界第一位，原油和棉花、大豆、菜籽油、甘蔗等产量位居世界前列[①]。工业方面，据公开资料显示，我国拥有39个工业大类、191个中类、525个小类，是全世界唯一拥有联合国产业分类中的全部工业门类的国家，数千种工业产品产量居世界首位；制造业增加值连续多年位居世界首位，高铁和轨道交通技术、船舶制造技术、移动支付等在全球处于领跑地位，“天宫、蛟龙、天眼、悟空、墨子、大飞机”等重大科技成果相继问世，能源、信息、材料、空间、海洋、生命与健康、资源生态环境和基础前沿交叉等重大创新领域有望实现快速赶超[②]，创新型国家建设成果丰硕。

4. 政策运用趋于成熟

改革开放以来三次产业总量发展、结构优化的巨大成果离不开产业政策的成功引导。自1978年《中共中央关于加快工业发展若干问题的决定》颁布实施以来，产业政策的理论与实践在探索中不断走向成熟，产业政策的理念、重心、方式伴随着产业结构的演进不断调整和优化。

总体而言，我国的产业政策演进经历了四个阶段：一是1978～1989年，为解决农、轻、重比例严重失调阶段的行政干预型政策阶段；二是1989～1999年，为促进经济增长方式由粗放型向集约型转变，提升产业结构合理化水平，以行政干预型政策为主，间接引导型政策不断探索阶段；三是2000～2012年，为进一步优化产业结构，以市场经济为基础的产业政策体系逐步建立阶段[③]，其间，国际金融危机爆发后的特定阶段，以十大产业振兴规划为主的产业政策手段运用较为频繁；四是2013年至今，为“使市场在资源配置中起决定性作用和更好发挥政府作用”，产业政策向更多依靠市场方式的加快转型阶段。

经过40年的理论与实践探索，我国产业政策的市场化、精准化、体系化水平显著提升，形成了供给管理与需求管理并行的系统性政策体系，产业政策的理念逐渐成熟，手段日益丰富，产业政策与财税政策、收入政策、区域政策、金融政策、

---

① 潘小刚：《为什么说我国社会的主要矛盾已经转化为“人民日益增长的美好生活需要和不平衡不充分的发展之间的矛盾”》，载于《湖南日报》2017年11月23日。

② 白春礼：《2018年有望再出一批重大成果》，新华网2018年3月18日。

③ 马晓河、赵淑芳：《中国改革开放30年来产业结构转换、政策演进及其评价》，载于《改革》2008年第6期。

环保政策等方面的协调配合不断加强，成为推进国家重大发展战略的重要组成部分。2018年3月，我国启动新一轮党和国家机构改革，随着改革的逐渐落地，国家治理体系和治理能力现代化水平将进一步提升，为现代化经济体系、产业体系的构建提供了坚强的领导和组织保障。

（三）我国构建现代化产业体系面临良好的外部机遇

1. 国际产业分工格局经历新一轮调整，为我国更好地参与全球价值链分工提供了历史契机

首先，2008年国际金融危机爆发后，全球经济再平衡与全球治理体系的优化与变革加快推进。我国发挥发展中大国的作用，积极参与相关政策、规则和标准的制定，有效促进了政策协同，提升了国际话语权，为我国产业发展创造了有利的国际环境。其次，国际产业转移以及产业链分工趋于精细化、专业化，发展中国家面临新的承接国际产业转移、壮大传统产业的契机。最后，新型产品的技术研发、加工生产、运输销售等环节越来越分散，生产工序越来越精细化，有利于我国利用自身比较优势参与多个细分领域，从而获得更多的国际合作机会，不断提升在全球价值链中的地位。

2. 第四次工业革命方兴未艾，为我国实现弯道超车提供技术可行性

纵观世界工业化、现代化历史，我国错过了第一次工业革命开启的“蒸汽时代”，以及第二次工业革命开创的“电气时代”，在第三次工业革命开启的“信息时代”中逐渐缩小了与世界主要经济体的发展差距。近年来，以人工智能、量子通信、生物技术、虚拟现实等为代表的智能化、绿色化前沿技术的兴起已经拉开第四次工业革命的序幕，我国与发达经济体站在同一起跑线，并已经在无人机、互联网、云计算、生物医药、共享经济等领域取得了领先世界的成果。通过“中国制造2025”“互联网+”、网络强国、数字中国等重大战略的落地实施，我国有望在新一轮工业革命中占取先机，实现跨越式发展。

3. “一带一路”建设加快推进，为我国优化调整产业结构带来重要机遇

自2013年提出以来，“一带一路”倡议从理念变为行动、从愿景变为现实，政策沟通不断深化、设施联通不断提升、资金融通逐步扩大，“共商、共建、共享”的原则得到越来越多沿线国家和地区的认可。2017年，我国与沿线国家贸易额7.4万亿元人民币，同比增长17.8%，增速高于全国外贸增速3.6个百分点；东非铁路网、中老铁路、中国—白俄罗斯工业园、埃及苏伊士经贸合作区等重大项目扎实推进。实施“一带一路”倡议，不仅能够解决沿线国家和地区面临的全球价值链“中低端锁定”风险，也能够有效发挥沿线国家和地区的资源禀赋和产业结构差异化优势，通过实施产能合作、自贸协定等，带动我国铁路、电力和通信等优势行业的相关技术和标准“走出去”，促进我国基础设施产业链发展，提升国内企业的全球资源配置能力，推动产业跨境转移与优化升级，如图21所示。

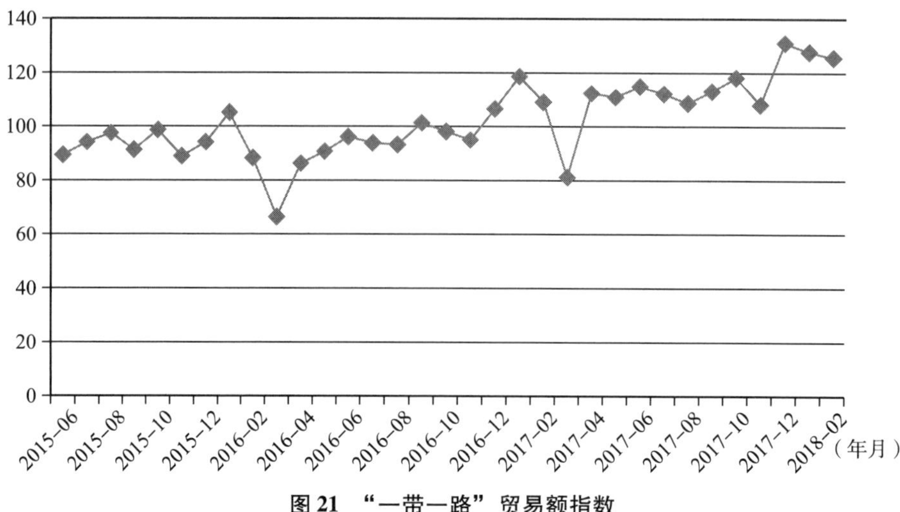

图 21 “一带一路”贸易额指数

资料来源：Wind 资讯，中国民生银行研究院整理。

四、对策建议

40 年来的实践表明，改革开放是我国产业快速发展、结构不断优化的根本动力。新时代背景下，贯彻落实党的十九大精神，构建符合高质量发展需要的现代化产业体系，同样需要政府、企业、金融机构等市场参与主体共同努力，自上而下与自下而上相结合，吸收借鉴国际经验，加快新一轮改革开放进程。

（一）政府应在行为边界内有效发挥职能作用，加大改革开放力度，营造良好营商环境，为产业结构转型升级提供优质的服务保障

1. 不断深化供给侧结构性改革

以市场化方式推进“三去一降一补”，对标国际先进水平，提升产业体系的整体供给质量。

一是促进新旧产能衔接转换。遵循市场导向，严格执行环保、科技标准，淘汰落后、过剩产能，清理、重组“僵尸企业”；引导符合消费升级趋势的传统产业丰富产品种类，提升技术工艺，降低能耗与污染，改善售后服务，推行品牌战略；扶持战略性新兴产业，发展绿色经济。

二是优化劳动力供给结构。大力发展高等教育、职业教育与专业技能培训，加强工业领域高端人才引进，优化社会保障服务，增强人才稳定性；推广数字化、信息化教学，抓好基础教育阶段的科技知识普及，打造实践教育基地，提升劳动者专业技能。

三是提升企业市场竞争力。推动减税、降息以及税外减负，加快构建现代物流体系，推进煤、电、气等能源价格改革，降低企业生产经营成本；推进国有企业混

合所有制改革，激发国有、大型企业市场活力，增强龙头企业辐射带动作用，促进大中小企业融合发展。

2. 积极推进产业政策功能化转型

除全局性、战略性产业外，逐渐减少通过财税、金融、价格甚至行政干预等手段倾斜性地扶持或抑制某些特定产业发展的选择性产业政策（或称歧视性产业政策），逐步建立起以旨在完善市场资源配置功能的产业政策为主、以选择性产业政策为辅的产业政策体系。

一是维护公平有序的市场竞争秩序。着力完善行业标准，实施“负面清单”管理，打击行业垄断行为，消除产业发展中的信息不对称，合理引导市场主体预期，逐渐消除行业准入的非市场性壁垒，促进生产要素的自由流动，保障社会资本尤其是民营资本的合理权益，为市场发挥在资源配置中的决定性作用保驾护航。

二是营造良好的创新创业氛围。加大在基础研究、基础设施领域以及产业升级共性薄弱环节的公共投入，建立面向所有产业企业的开放式成果共享平台及综合服务平台，加大知识产权保护力度，营造有利于创新创业的制度环境，培育、激励、保护企业家精神。

三是健全完善政策制定与实施机制。注重自下而上的创新试验与信息反馈，提升政策制定过程的民主性与透明度。继续推进实质性简政放权，减少行政审批事项，逐渐缩减“负面清单”，充分运用现代信息技术手段，实行“一站式”“网络化”管理，提高行政效率。健全产业政策与区域、财税、金融、人力资源、收入分配等相关政策的协调机制，发挥政策协同效应，保持政策的一致性、连续性、稳定性。

3. 积极拓展国际市场，融入国际竞争

积极维护全球自由贸易体制，对贸易保护主义采取必要而有力的反制措施。“引进来”与“走出去”相结合，继续扩大双向对外开放，提升我国产业的国际市场竞争力。

一是积极把握“一带一路”倡议下的国际产能合作机遇。推进基础设施互联互通，为沿线国家提供产能、技术和设备支持，鼓励国内企业与沿线国家开展PPP项目合作；落实《二十国集团新工业革命行动计划》，从政府、企业界、学术界、民间智库等多个层面加强交流合作；通过与沿线国家和地区共建工业园区、互促企业入驻、人才合作培养、市场互惠开放等方式，促进“中国制造2025”战略与欧美“再工业化”战略的合作对接。

二是大力推进自贸试验区、自贸港建设。扩大现有自贸试验区的改革自主权，加大改革创新力度，在更广范围内积极复制推行自贸区“负面清单”管理制度，以及投资、贸易、海关、金融管理等方面的成功经验。借鉴中国香港特区、新加坡、德国、巴拿马、迪拜等地经验，探索实施符合国际通行做法的金融、外汇、投资、出入境管理制度与风控体系，高水平启动自由贸易港建设，打造对外开放新高地。

三是稳步扩大以服务业为主的产业对外开放。遵循对等、双向原则，按照战略重要程度与产业成熟程度，逐渐扩大电信、医疗、教育、养老、新能源汽车等产业开放领域，循序渐进放开金融保险业外资准入限制。同时，不断提升贸易投资便利化水平，稳步推广人民币跨境使用，鼓励企业积极拓展国际市场，融入国际竞争，帮助企业熟悉、运用国际贸易规则和争端解决机制，支持企业积极参与案件应诉，维护自身正当权益，积极应对贸易保护主义导致的逆全球化风险。

（二）企业应充分把握国家重大战略发展机遇，着力增强内生发展动力，提升自身核心竞争力

1. 积极对接国家战略，把握市场机遇

党的十九大、中央经济工作会议以及2018年“两会”明确了乡村振兴、新型城镇化、区域协调发展、健康中国、制造强国等重大战略部署，提出了“一带一路”建设重点任务，为企业未来发展指明了方向。

一是积极拓展在重点产业发展战略中的业务机会。对接乡村振兴战略、新型城镇化战略中的基础设施建设、现代农业、房地产、产城融合、消费升级、公共服务等相关业务机会。找准自身在“中国制造2025”“五大幸福产业”、战略性新兴产业发展中的细分定位，用足用好政策优势。

二是准确把握区域协调发展中的产业转移与投资机会。密切关注与西部开发、东北振兴、中部崛起、东部率先发展等相关产业项目和改革创新举措，寻找业务机会。在业务空间布局方面，注重与京津冀协同发展、长江经济带、粤港澳大湾区、“19+2”重点城市群、雄安新区建设等重点区域发展规划的同步对接。

三是主动融入“一带一路”倡议。挖掘企业自身比较优势，通过PPP等形式，积极参与沿线国家、地区高铁、电信、电网建设运营、能源资源开发等项目。充分借助“一带一路”平台拓展国际贸易，深化国际产能合作，利用好国内外两种资源、两个市场。同时，应遵循量力而行的原则，合理把握“走出去”的步伐和节奏，密切关注地缘政治、经济、法律、人文等差异化的国别风险，做好风险的防范与应对。

2. 增强研发创新能力，提升品牌形象与发展可持续性

以市场需求为导向，通过研发创新提升产品与服务的客户满意度，树立良好的品牌形象，推进企业从产业链低端向中高端迈进。

一是加大研发投入力度。与政府、高校、同业、智库等方面加强合作创新，实现资源共享与优势互补，建立研发创新收益与风险共担机制。积极开展自主创新，加快掌握核心技术，形成自主知识产权，提高产品服务的自主化、智能化水平，走出低成本、低层次模仿的路径依赖。优势企业充分发挥自身资本、技术优势，积极

开展兼并重组，增强市场竞争力。

二是实施品牌战略。结合我国产业结构演变和重点产业发展趋势，加强市场调研，确立独特、清晰的市场定位。深耕细作，大力弘扬工匠精神，打造质量过硬、符合时代进步和客户需要的优质产品。注重品牌管理，加大品牌传播、推广、维护力度，形成具有差异化文化特质的特色品牌，获得消费者的价值认同。

三是借助现代技术手段加快转型升级。充分利用信息化手段，引入先进管理方式，探索创新商业模式。如运用电子商务技术对传统农业、制造业、服务业企业进行互联网化改造，拓展移动营销渠道，优化业务流程，加强产品质量管控，提升售后服务效率。运用区块链技术建立新型信任机制，降低交易成本，打造透明可信的质量追溯体系，带动供应链的优化升级。运用人工智能、大数据、云计算、物联网等技术，提高企业运营与管理效率，加快数字化转型。

四是规范公司治理，增强发展可持续性。建立完善、科学、合理的现代企业制度，建立有效的公司内部制约机制，提高决策的科学性。加快国有企业混合所有制改革。构建有利于创新的组织架构，培育创新文化，建立创新人才培养机制。增强财务信息的规范性、连续性，提升外源融资能力。增强诚信经营意识，坚守契约精神，依法依规开展生产经营。

（三）金融机构应积极把握产业结构转型升级中的业务机会，“以客户为中心”优化产品与服务体系，实现服务实体经济与促进自身发展的双赢

1. 加强前瞻谋划与布局，主动对接现代化产业体系构建中的市场机会

加强对产业结构转型升级趋势的关注和研判，提前做好业务布局，掌握市场竞争主动权。

一是对接融入国家重大发展战略。制定适应产业转型升级趋势的中长期发展战略，积极支持乡村振兴、新型城镇化、“中国制造2025”、军民融合、创新型国家建设等重大战略部署，积极参与民生工程建设。落实供给侧结构性改革要求，逐渐退出产能过剩行业，积极应对企业尤其是结构化去杠杆进程。关注“一带一路”建设、长江经济带、京津冀协同发展、雄安新区建设，以及区域协调发展战略对产业空间分布的影响，加强与中央、地方政府部门的沟通联络，积极参与相关产业规划的论证实施，及时了解重大产业项目投资安排等信息，支持相关产业发展。

二是合理优化金融业务的行业布局。积极参与铁路、机场、港口、桥梁、通讯、水利及城市供排水、供气、供电设施等基础设施建设；支持农机装备制造、农产品加工、休闲农业等现代农业发展；积极布局节能环保、新一代信息技术、生物、高端装备制造、新能源、新材料和新能源汽车等战略性新兴产业；关注旅游、文化、体育、健康、养老“五大幸福产业”；加强在住房租赁、保障性住房建设以及养老地产、物流地产、旅游地产等新兴房地产领域的资源配置，适当降低房地产行业贷款集中度。

2. 完善金融产品与服务体系，不断提升服务实体经济的能力和水平

切实树立“以客户为中心”的经营理念，整合线上线下产品资源与服务手段，全面提升客户服务体验。

一是深耕供应链金融，完善特色行业的标准化、场景式服务方案。围绕重点行业龙头企业，运用互联网金融的理念和技术，掌握核心企业和产业链上下游中小企业的现金流信息，在产品生产加工、运输、仓储、销售等多个环节寻找业务切入点，形成产业链融资现金流的闭环流动，打造商流、物流、信息流、资金流“四流合一”的金融生态圈，降低交易成本和经营风险。加强商业银行、金融租赁、基金公司等金融同业的协调联动，为客户提供全流程的金融服务。同时，积极探索建立适应供应链金融发展需要的风险管理体系，提升风险管理能力。

二是提升资源整合与业务协同能力，探索综合化经营道路。加强金融机构内部各板块、各类型金融机构之间的合作联动，建立“商行 + 投行”“境内 + 境外”“融资 + 融智”相结合的综合化金融服务模式。支持优势企业利用短期融资券、中期票据、中小企业集合票据等银行间市场非金融企业债务融资工具拓展直接融资渠道；加强平台资源整合，形成投行业务核心优势，为优质企业提供财务咨询、并购重组、上市、风险投资、结构性融资等多元金融服务，支持企业做大做强。

三是适应引领金融科技新趋势，加快数字化、智能化转型。将金融科技转型提升到战略高度，加强对金融科技发展趋势的前瞻性研判，通过完善组织架构、与科技企业合作、组建科技子公司等方式，积极应对区块链、大数据、云计算、人工智能等技术变革冲击，推进金融机构运营理念、工作流程、业务渠道、产品服务体系等方面的全方位改造，更好地对接实体经济金融服务需求。同时，积极运用金融科技手段，提升自身风险防控能力。

四是积极拓展国际业务，支持企业“走出去”。采取客户跟随战略，重点围绕“一带一路”倡议下的国际产能合作机遇，支持企业的全球化布局。一方面，加强商业性金融机构、国际开发性金融机构、政策性金融机构之间的业务合作，为企业提供信贷授信、项目融资、贸易融资、汇兑结算、保险、担保、保理、票据、并购、资金管理等多样化的跨境金融服务；另一方面，联合国际化智库平台，为企业“走出去”提供决策咨询、外部沟通联络等融智服务。

五是坚持合规审慎经营，有效防控产业结构调整背景下的业务风险。合理把握产业发展新旧动能接续转换的趋势和节奏，关注产业结构转型中的政策风险、市场风险、产能过剩风险、技术风险等；积极顺应金融监管形势与监管规则的新变化，建立与实体经济直接对接的产品与服务体系，减少金融体系内部杠杆与层层嵌套，完善授信评审模型，体现宏观审慎、功能监管、行为监管的政策导向；完善风险识别与管控体系，通过资产证券化、市场化债转股等方式积极推进产能过剩等行业的存量不良资产化解。

我国改革开放 40 年银行业民间资本准入发展历程暨民营银行发展报告

黄剑辉

摘要：改革开放 40 年来，中国在经济发展方面取得的巨大成就，离不开对市场化改革方向的坚持，其中发展民营经济最能体现增量改革和体制外改革的特点。民营经济在 40 年间从无到有、从小到大，在吸纳就业、创造税收、促进经济发展等方面发挥着日益重要的作用。然而一直以来，融资难、融资贵和市场准入限制始终制约民营经济发展，这也成为进一步深化改革的重点领域之一。党的十九大报告指出，要支持民营企业发展，激发各类市场主体活力。其后中央经济工作会议、政府工作报告均再次强调要支持民营企业发展，足见决策层对民营经济的重视。发展民营银行可成为有效破除掣肘、激发民营经济活力的主要抓手：一方面可以弥补金融供给的结构性不足，增强银行体系对民营企业的支持力度；另一方面也可进一步拓宽民间资本进入金融服务业的路径，有利于提高民间资本的投资效率；更重要的是，民营银行能够实现产业资本和金融资本的有效融合，有利于形成金融与实体经济之间的良性循环。可以说，民营银行常态化设立的实现，标志着我国银行业乃至金融业的发展进入了一个新的阶段，更高质量地发展民营银行，无论是对于促进民营经济发展还是对于银行业供给侧改革均具有重大现实意义。

本文首先对改革开放 40 年来银行业民间资本准入发展历程进行全面的回溯，并在此基础上尤其对民营银行不同于传统商业银行的特点以及其特色经营情况进行详细的分析。同时，在中国特色社会主义进入新时代的背景下，结合对民营银行机遇与挑战的梳理，对于民营银行未来的发展战略进行了初步的探讨，并提出了促进民营银行进一步健康发展的政策建议。

一、发展民营银行对我国银行业改革意义重大

改革开放 40 年来，民营经济从无到有、从小到大，在吸纳就业、创造税收、促进经济发展等方面发挥着日益重要的作用。然而一直以来，融资难、融资贵和市场准入限制始终制约民营经济发展。发展民营银行可成为有效破除掣肘、激发民营

经济活力的主要抓手：一方面可以弥补金融供给的结构性不足，增强银行体系对民营企业的支持力度；另一方面也可进一步拓宽民间资本进入金融服务业的路径，有利于提高民间资本的投资效率；更重要的是，民营银行能够实现产业资本和金融资本的有效融合，有利于形成金融与实体经济之间的良性循环。

与此同时，对于我国银行业改革而言，发展民营银行同样意义重大。长期以来，我国银行业的高速增长更多是依靠外延式的规模扩张，而不是内涵式的效率提升，这不仅造成银行业自身发展的不平衡不充分，也使其与实体经济之间总是存在某种程度的不相适应，大而不强、国际竞争力不足的问题凸显。随着我国经济已由高速增长阶段转向高质量发展阶段，打造高质量金融迫在眉睫，发展民营银行则有助于促使银行业在优化金融供给结构、提高服务效率、完善公司治理、探索差异化发展等方面深化改革。

一是优化金融供给结构，增强金融普惠性。我国银行业长期存在结构性失衡，大部分信贷资金被国有、大型企业所占据，而有强烈资金渴求的大量民营企业、中小企业或小微企业以及居民消费领域却普遍存在融资难、融资贵问题。新设民营银行是从“供给端”做文章，用供给侧改革的思路来解决融资难、融资贵表象下的体制、机制问题，旨在纠正银行业结构的失衡。民营银行的引入有助于完善银行业的布局，更合理地配置市场资源、满足普惠金融发展的需要，也有利于降低由民间借贷所引发的金融风险。民营银行与传统银行的优势互补有利于整个银行业更加均衡，进而促进中国国民经济的健康、平稳发展。

二是提高服务效率，应对外资银行挑战。发展民营银行是将“市场在资源配置中起决定性作用”的原则落实到银行领域，将有助于带动全行业竞争更加充分，从而提升银行体系活力，改善各家银行金融服务的效率。同时，通过发展民营银行，也有助于培养一批真正的银行家。在银行业对外开放进程加速的背景下，传统银行由于受限于体制机制原因，竞争力尚不足以与国际性的大银行相抗衡。而在外资银行大举进军中国市场之前，通过引入民营银行来产生积极的“鲶鱼效应”，倒逼传统商业银行进行机制、产品和服务创新，则有助于提升中资银行整体的国际竞争力。

三是在公司治理方面为银行业开辟新道路。完善公司治理结构是当前银行业深化改革的重点，而民营银行则可在此有所创新，或许可以为中国银行业开辟出新的道路。传统商业银行特别是国有银行普遍存在内部人控制和行政控制现象，长期来看将不利于银行业的可持续发展。民营资本进入银行业金融机构则有助于优化股东素质，完善公司治理，提高银行的执行力。而在真正意义上的民营银行中，股东则更能有效介入银行治理，按照自身意愿选择管理者，并遵循市场化的激励机制，可以在更大程度上缓解委托代理问题。同时民营银行在公司治理方面的探索也可为传统银行完善公司治理提供经验借鉴。

四是有助于银行业差异化、特色化发展。随着民营银行的进入，银行业资本结构将更加多元化，并由此形成不同的经营模式和竞争力。民营银行的发展，一方面将促进现有银行体系在客户层次和业务结构方面进一步细分，金融服务理念的转型和金融工具的创新则会在其中扮演重要角色。尤其是民营银行能够更有效实现产业和金融资本融合，这意味着其未来必然会呈现多样化的业务模式；另一方面，近些年直接融资市场发展、利率自由化推进和互联网金融的多重变革，已在迫使传统商业银行推进业务转型，而民营银行的引入则会加速各银行转型的步伐，传统银行之间也会加速分化。

二、改革开放40年来银行业在民间资本准入方面逐步深化

改革开放40年来，我国银行业向民间资本开放是一个渐进的过程，与市场化改革的进程以及民营经济的发展壮大具有同步性，但由于金融服务业受到较强监管，准入门槛较高，使得这些发展进程又不完全同步。在改革初期，鼓励民间资本开设信用社而造成了较大的风险隐患和棘手的历史遗留问题，其后决策者对于民营资本独立发起设立银行持极为审慎的态度，直到党的十八大以后民营银行创设才得以真正破冰。此后，民营银行实现常态化设立，标志着我国银行业乃至金融业的发展进入了一个新的阶段，如表1所示。

表1　银行业向民间资本开放的历程

时间	对所有制认识的深化	民营经济的发展	银行业向民间资本的开放
1978～1992年	私营经济是公有制经济必要的、有益的补充	个体工商户、乡镇企业起步并快速发展	允许民间资本办信用社
1993～2002年	非公有制经济是我国社会主义市场经济的重要组成部分	民营企业规模和实力不断壮大，大中型民营企业、企业集团开始形成	第一家民营银行中国民生银行诞生，民间资本借城信社改制之机入股城商行
2003～2012年	毫不动摇地鼓励、支持和引导非公有制经济发展	大型民营企业、企业集团数量大幅增加，产生了一批具有世界影响力的企业	鼓励和引导民间资本以参与商业银行首次公开募股（IPO）、增资扩股、农村信用社改制、发起设立村镇银行等多种形式进入金融服务领域
2013年至今	国家保护各种所有制经济产权和合法利益，坚持权利平等、机会平等、规则平等，废除对非公有制经济各种形式的不合理规定，消除各种隐性壁垒，激发非公有制经济活力和创造力	民营经济已在吸纳就业、创造税收、促进经济发展等多方面发挥重要作用，已成为我国经济社会发展的重要基础	民营银行正式破冰并进而实现常态化设立

资料来源：中国民生银行研究院整理。

（一）1978～1992 年：尝试允许民间资本办信用社

起源于农村地区的家庭联产承包责任制，大大激发了农民的生产积极性，农村富余劳动力得以从农业中分离出来，促进了乡镇企业的崛起。在城市中，依托于机关事业单位、国有企业的城市集体企业迅速发展，同时也产生了大量城镇个体工商户。1982 年党的十二大提出“坚持国有经济为主导和发展多种经济形式”，民营企业开始从地下转向地上。1987 年，党的十三大强调私营经济是公有制经济必要的、有益的补充，民营企业得到了官方的鼓励。面对数量快速增加的集体企业和个体工商户以及日益活跃的城乡市场经济活动，刚刚从“大一统”的单一银行体制转变而来的专业银行体系对其服务的覆盖明显不足，放开民间资本开办信用社，成为我国第一次金融自由化改革的尝试。

1. 民间资本大量申办城信社

20 世纪 70 年代末，随着我国经济体制改革的逐步开展，一些地区出现了少量城市信用社。1986 年中国人民银行下发《城市信用合作社管理暂行规定》，对城市信用社的性质、服务范围、设立条件等做了规定，城市信用社设立速度开始加快。尽管从 1989 年上半年开始，中国人民银行开始对城市信用社清理整顿，然而由于经济进入高速发展期，各行各业申办城市信用社的需求依然非常强烈。至 1993 年底，城市信用社数量近 4 800 家，总资产为 1 878 亿元。1993 年下半年开始，中国人民银行责令各省分行一律停止审批新的城市信用社，此后绝大多数地方都不再审批新的城市信用社。

2. 农信社恢复为合作金融组织

1984 年，国务院提出要把农村信用社办成真正的合作金融组织，恢复信用社组织上的群众性、管理上的民主性和经营上的灵活性。农村信用社体制改革不断深化，各项业务迅速发展。至 1988 年末，农信社机构、网点近 40 万个，建立县联社 2 200 多个，各项存款余额达 1 400 亿元，贷款余额 912 亿元。1989 年，农信社进入治理整顿阶段，通过清股、扩股，密切了信用社与社员的经济联系，经营管理体制有所改善。

3. 民间资本兴办信用社造成历史遗留问题

允许民间资本大量开办农信社、城信社，弥补了原有金融服务不足，满足了新兴的集体企业、个体工商户的融资、结算需求，为我国改革开放后的经济腾飞做出了不可磨灭的贡献。然而市场准入过低造成机构数量过于膨胀，同时经营管理、风险意识、监管能力等也未跟上，使得许多信用社在面临不良资产高企的情况陷入困境。解决由此带来的历史遗留问题在很长一段时间里是监管部门的重点任务之一，这在一定程度上造成后来政策制定者对于民营银行持有审慎的态度。

（二）1993～2002 年：第一家民营银行诞生，民间资本入股城商行

1992 年，党的十四大确定了“以公有制为主体，多种经济成分共同发展”的方针。1997 年党的十五大进一步将“以公有制为主体，多种所有制经济共同发展”

作为社会主义初级阶段的一项基本经济制度确立下来。一方面，在摆脱了姓“资”姓“社”问题的困扰后，民营经济发展环境变得更加宽松，民营企业抓住了这一良好发展窗口期，异军突起，规模和实力不断壮大，大中型民营企业、企业集团开始形成，民营企业进军银行业的能力和意愿都在增强；另一方面，1993年底，国务院发布《关于金融体制改革的决定》，明确了商业化、市场化改革方向，使得这一阶段的银行业在向民间资本开放方面取得了突破性进展。

1. 中国民生银行诞生

1993年12月30日，时任全国工商联主席经叔平提议，“由全国工商联牵头，办一家以民营企业投资为主的股份制商业银行”。两天后得到时任国务院副总理朱镕基的批示：“请人民银行予以考虑，是否可以试一家”。1995年5月6日，国务院发文批复中国人民银行，同意设立一家民营商业银行。1996年1月12日，中国民生银行开业。① 然而由于当时中国银行业并没有真正意义上对民间资本开放，因此民生银行更像是“公私合营”或“官督商办”企业。②

中国民生银行成立初期将为民营经济和中小企业、高科技企业服务作为主要发展战略，但大量向民营企业发放的贷款到期却收不回来。为此，中国民生银行以生存为第一要务，市场定位开始转向国有企业、优势行业和大客户。尽管长期来看，审时度势的战略转型为民生银行的高速发展以及后期向民营、中小企业的战略转型奠定了基础，但在当时针对民营银行的论战过程中，这却使得“支持民营、中小企业”似乎难以作为放开民营银行的理由。

2. 部分城信社改制为民间资本控股城市商业银行

这一阶段全国城信社大规模整合重组也为民间资本第一次较大规模进入银行业创造了机会。从1995年开始，为化解城市信用社形成的风险，城市合作银行获准组建。在股权结构设置方面，除地方财政投资入股30%，原城市信用社的股东和股份转为城市合作银行的股东和股份，其余股份向社会招募。1997年1月，城市合作银行开始更名为城市商业银行。截至2002年末，全国共成立城市商业银行111家，包商银行、泰安银行、营口沿海银行、宁波东海银行等均是在此背景下通过改制增资的方式实现了民间资本控股。

除中国民生银行以及部分城市商业银行外，深圳发展银行、浦发银行、招商银行等陆续上市也为公众持有银行股份开辟了一条新渠道。2002年，民间资本在股份制银行和城市商业银行总股本中占比分别为11%和19%。

3. 学界呼吁筹建民营银行

随着包括所有制改革在内的经济体制改革不断深化、民营经济不断发展壮大以及民间资本在银行业中所占比重不断提升，开放民营银行的呼声在舆论中逐渐被推

---

① 尹洪东：《民生十五章——中国首家民营全国性商业银行的探索与实践》，中国金融出版社2011年版。

② 仲继银：《安邦强入室：民生银行治理走向何方》，载于《董事会》2015年第Z1期。

向高潮。2000年，徐滇庆、吴敬琏等50多位经济学家组建长城金融研究所，着手研究在中国筹建民营银行的可行性方案，并由此引发了一场针对民营银行的大讨论，并在2003年达到第一次舆论关注的顶峰。彼时民营银行似乎已渐行渐近，相关信息网络搜索结果如图1所示。

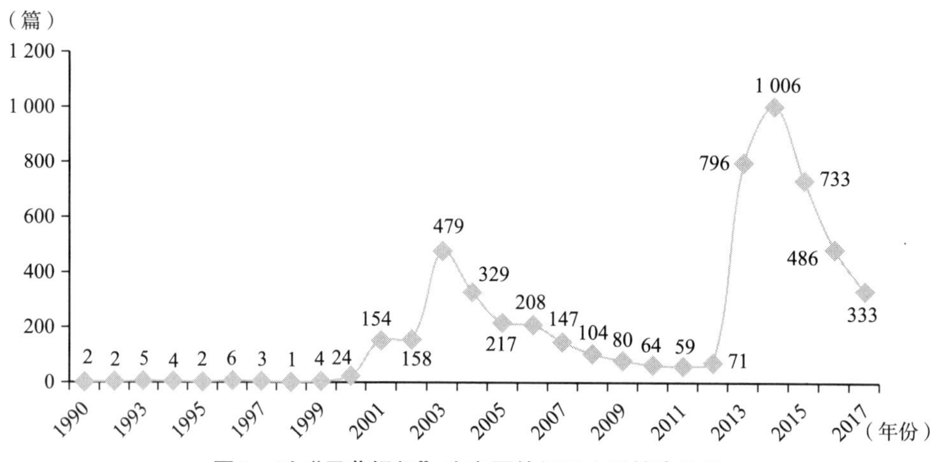

图1　以“民营银行”为主题的知网文献搜索结果

资料来源：中国知网，中国民生银行研究院整理。

（三）2003～2012年：民营开放遇波折，民间资本开放加速推进

2002年党的十六大提出“毫不动摇地鼓励、支持和引导非公有制经济发展”，进一步确立了民营企业的地位。2005年、2010年，国务院相继发布“非公经济36条”和“新36条”，公平竞争、平等进入的市场环境得到较大改善，促进了民营企业快速发展。民营企业经济实力大大增强，大型民营企业、企业集团数量大幅增加，产生了一批具有世界影响力的民营企业。不过在银行领域，向民营银行开放的进程却并未如预期般顺利。

1. 民营银行申办遇挫折

2003年中国银行业监督管理委员会（以下简称“银监会”）成立之初，曾表示挑选一两家作为民营银行试点。2003年7月，由长城金融研究所推动的5家试点银行在京接受了国务院发展研究中心、银行界和学术界60位顶级专家的“三堂会审”，不过其普遍存在的暴利心态并没有得到与会专家的认可。此后，志高集团试图继续申请设立“广东南华银行”，但无疾而终。2004年，泰力实业等发起筹建的“建华民营银行”也因政策限制最终夭折。民营银行破冰之路由此进入停滞阶段，舆论上的呼声也逐渐平息。

2. 民营资本通过多种形式进入银行业

然而，银监会却一直鼓励和引导民间资本以参与商业银行IPO、增资扩股、农村信用社改制、发起设立村镇银行等多种形式进入金融服务领域。哈尔滨银行、辽

阳银行、烟台银行等城市商业银行，沈阳农村商业银行、成都农商行等农村商业银行均是在这一阶段实现民间资本控股。不过尽管这些银行的民间资本所占比例较高，但银行的经营管理仍然在很大程度上受到政府部门的干涉和控制。截至2012年底，股份制商业银行和城市商业银行总股本中，民间资本占比分别为41%和54%。农村中小金融机构股本中，民间资本占比超过90%，其中，村镇银行股本中，民间资本占比为73.3%。部分民间资本控股的商业银行如表2所示。

表2　　部分民间资本控股商业银行

名称	成立时间	控股方	前身或曾用名	民间资本控股时间及主要方式
泰隆银行	1993.6.28	职工持股会	台州市泰隆城市信用社	1993年，职工持股
包商银行	1998.12.16	明天控股	包头市商业银行	1998年12月，改制发起设立
泰安银行	2001.7.25	明天控股	泰安市城市信用社	2001年6月，增资扩股
青岛银行	1996.11.15	海尔集团	青岛市城市信用合作社	2001年，增资扩股
平安银行	1987.12.22	中国平安	深圳发展银行	2006年，中国平安收购深圳市商业银行，并将其更名为平安银行，2012年，中国平安收购深圳发展银行，深圳发展银行吸收合并平安银行，平安银行注销，深圳发展银行更名为平安银行
哈尔滨银行	1997.7.25	明天控股	哈尔滨城市合作银行	2006年12月，增资扩股
潍坊银行	1997.7.25	明天控股	潍坊市信用社	2006年12月，增资扩股
辽阳银行	1997.3.25	忠旺集团	辽阳市商业银行	2009年，增资扩股
营口沿海银行	2010.12.20	海航集团	盖州市城市信用合作社	2010年，改制发起设立
广东兴华银行	1997.3.18	明天控股	汕头市商业银行	2011年，增资扩股
沈阳农商行	2011.12.15	明天控股	沈阳市农村信用社	2011年，改制增资扩股
成都农商行	2009.12.31	安邦集团	成都市农村信用合作社	2011年，增资扩股
烟台银行	1997.11.12	南山集团	烟台市城市信用合作社	2012年，受让+增资扩股
宁波东海银行	1993.11.10	中国远大	象山县绿叶城信社	2012年，改制发起设立
盛京银行	1997.9.10	恒大地产	沈阳市商业银行	2016年4月，受让

资料来源：《新财富》杂志，中国民生银行研究院整理。

3. 中国民生银行将发展重点转向民营企业

中国民生银行依靠其体制机制方面的优势，在这一阶段实现了快速的增长。截至2012年底，中国民生银行资产总额为32 120亿元，是2002年的13倍，在全球1 000家大银行排行榜中位列第62位。在自身实力显著增强后，中国民生银行在发展的巅峰期再一次历史性地调整市场定位，重新回到自己真正的使命中。2007年中国民生银行明确提出将发展的重点指向民营和中小企业金融服务，2009 年则进一步明确了“做民营企业的银行、小微企业的银行和高端客户的银行”的市场定位。截至 2012 年底，中国民生银行民营企业一般贷款余额达 5 375.05 亿元，有余额民营企业贷款客户数量达 13 680 户；小微企业贷款达 3 175 亿元，小微企业贷款占个人贷款和垫款占比达 68.19%，小微客户总数达 99.23 万户，如图 2、图 3 所示。

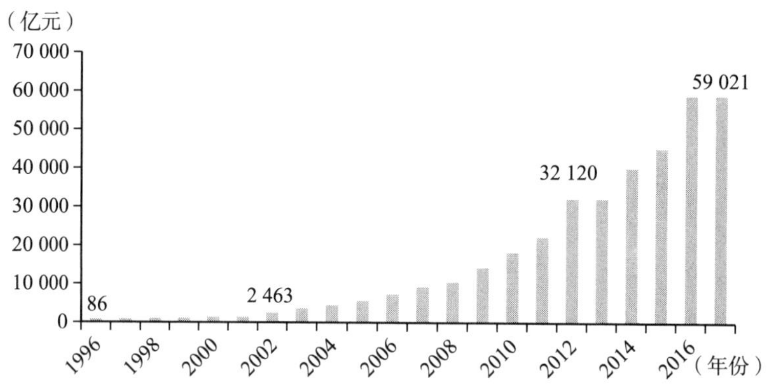

图 2　中国民生银行资产总额变化

资料来源：中国民生银行研究院。

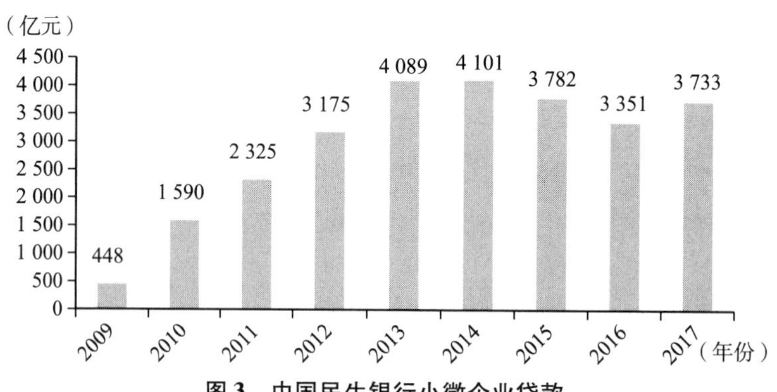

图 3　中国民生银行小微企业贷款

资料来源：中国民生银行研究院。

专栏 1：村镇银行——民间资本进入银行业的主要渠道之一①

为解决我国农村地区银行业金融机构网点覆盖率低、金融供给不足、竞争不充分问题，在前期充分研究论证的基础上，2006 年 12 月，银监会调整放宽了农村地区银行业金融机构的准入政策，开始试点探索设立以村镇银行为主体的新型农村金融机构，在解决广大农村地区“贷款难、贷款贵、贷款不方便”问题上迈出了实

① 数据来源于银监会 2017 年 3 月 2 日的新闻发布会。

质性步伐。2007年3月，全国第一家村镇银行——四川仪陇惠民村镇银行在革命前辈朱德同志老家四川省仪陇县挂牌成立。截至2016年末，全国已组建村镇银行1 519家，中西部共组建村镇银行980家，占村镇银行总数的64.5%。资产规模已突破万亿，达12 377亿元；各项贷款余额7 021亿元，农户及小微企业贷款合计6 526亿元，占各项贷款余额的93%，500万元以下贷款占比80%，户均贷款41万元，支农支小特色显著；主要监管指标持续符合监管要求，风险总体可控。

村镇银行是由民间资本与主发起银行共同发起设立，在县（区）域及以下地区设立的主要为“三农”和小微企业提供金融服务的银行业金融机构。其剩余风险主要由主发起银行承担，经营管理也受制于主发起银行。尽管如此，对于民间资本来说，村镇银行的设立依然成为其投资银行业的重要渠道之一。10多年来，银监会坚持村镇银行股权民营化和股东本土化原则，鼓励包括民间资本在内的各类资本投资设立村镇银行，同时允许持续营业3年以上的小额贷款公司在满足要求的情况下改制为村镇银行。截至2016年底，村镇银行引进民间资本815亿元，占资本总额的72%。另外，不少商业银行将发起设立村镇银行作为其实现综合化经营的一部分。例如，中国民生银行从2008～2014年陆续发起设立了29家村镇银行，此后随着村镇银行系统的上线，不仅有效提升了村镇银行运营效率，而且实现了母行对村镇银行的数字化管理的重大突破。

在政策引导、严格监管和相关各方的积极支持配合下，村镇银行从无到有、从小到大，在服务县域经济过程中实现了稳健发展。其整体发展质量良好，已成为扎根县域、支农支小的新生力量，在激活农村金融市场、健全农村金融体系、发展普惠金融和支持农村社会经济发展等方面发挥了重要作用。

（四）2013年至今：民营银行终破冰，进入常态化设立阶段

经历40年的发展，以民营经济为代表的非公经济已然成为社会主义市场经济的重要组成部分，也成为我国经济社会发展的重要基础。在金融领域，2012年以来，新兴的互联网金融巨头凭借货币市场基金、网络小贷、移动支付等创新产品，变相地冲击着传统银行业务，也间接地证明了民营企业也能做好金融；还有一些民营资本则在悄悄布局，构建庞大的隐形金融集团。2013年7月，《国务院办公厅关于金融支持经济结构调整和转型升级的指导意见》提出“尝试由民间资本发起设立自担风险的民营银行”；随后《关于全面深化改革若干重大问题的决定》提出“在加强监管的前提下，允许具备条件的民间资本依法发起设立中小型银行等金融机构”，这标志着从国家层面上开放民营银行已无制度障碍。

1. 民营银行实现常态化设立

党的十八届三中全会后，银监会、人民银行等相关部门落实中央和国务院政策精神，于2014年初启动民营银行试点（相关政策如表3所示）。2014年3月，银

监会批准首批 5 家民营银行试点方案。2014 年底，首家试点民营银行——前海微众银行正式开业运营，至 2015 年 5 月，第一批 5 家试点民营银行全部如期开业。2016 年，第二批 14 家民营银行完成论证，重庆富民银行、四川新网银行等 12 家民营银行获批筹建，并于 2017 年底前全部开业。

表 3　　民营银行主要相关政策一览

时间	政策名称	发布机构	核心内容及意义
2013 年 8 月	《国务院办公厅关于金融支持小微企业发展的实施意见》	国务院办公厅	推动尝试由民间资本发起设立自担风险的民营银行、金融租赁公司和消费金融公司等金融机构
2013 年 11 月	《关于全面深化改革若干重大问题的决定》	党中央	在加强监管的前提下，允许具备条件的民间资本依法发起设立中小型银行等金融机构
2015 年 6 月	《关于促进民营银行发展的指导意见》	国务院办公厅转发	从指导思想、基本原则、准入条件、许可程序、促进发展、加强监管和营造环境七个方面加强顶层制度设计，民营银行试点改革步入常态化发展
2015 年 8 月	《中国银监会市场准入工作实施细则》	银监会	对民营银行市场准入条件及审核要求做出具体规定
2016 年 2 月	《关于银行业进一步做好服务实体经济发展工作的指导意见》	银监会	通过民营银行常态化申设等途径提高信贷资金供给和配置效率
2016 年 3 月	《关于 2016 年深化经济体制改革重点工作的意见》	国家发展和改革委员会	深化金融机构改革，进一步扩大民间资本进入银行业，发展民营银行
2016 年 10 月	《促进民间投资健康发展若干政策措施》	国家发展和改革委员会	要求依法依规加快民营银行审批，成熟一家，设立一家，防止一哄而起
2016 年 12 月	《关于民营银行监管的指导意见》	银监会	确立民营银行监管制度框架，民营银行正式进入依法依规常态化设立的新阶段

资料来源：根据公开资料整理，中国民生银行研究院。

2. 银监会继续支持民间资本进入银行业

除放开民营银行外，2012 年以来，银监会贯彻和执行《关于鼓励和引导民间资本进入银行业的实施意见》，继续支持民间资本参与城市商业银行存量改造和历史风险化解，支持和鼓励民间资本投资入股农村中小金融机构。截至 2016 年底，民间资本在农村中小金融机构股权占比为 86.3%，其中在农村商业银行股权占比为 88.3%，在村镇银行股权占比 71.9%。而按照《新财富》杂志的统计，2016 年全国股份制银行及城市商业银行十大股东中，民营股东数量总计为 762 家，资产份额总计为 11 万亿元。然而，在防范金融风险、整顿金融秩序的大背景下，2017 年以来，国家加大了对于民营资本违规构建的金融集团的整治力度，同时针对股权乱象，监管层也着力从制度层面弥补漏洞。

三、民营银行特色鲜明，经营良好

（一）民营银行是有限牌照银行，优劣势均较为突出

1. 民营银行是有限牌照银行

民营银行由民间资本发起，与有着中央或地方政府股东背景的传统商业银行在业务类型、服务对象、门店设立等方面均受到不同的监管。一方面，民营银行面临的监管更为严格，如股东需满足最近 3 个会计年度连续盈利，年终分配后净资产达到总资产 30% 以上等条件，门店设立遵循“一行一店”的原则；另一方面，民营银行的业务及受众群体与传统银行要求形成差异化，民营银行的客户群体主要为中小微企业等，经营方式可以借助大数据体系等科技手段。总的来看，在防范化解金融风险的大背景下，目前的民营银行只是有限牌照的银行，批设民营银行在相当程度上是着眼于弥补现有银行体系存在的一些结构性的空白，特别是缓解针对民营经济金融服务不足的问题，如表 4 所示。

表 4　　民营银行与传统银行设立对比

时间	政策名称	发布机构	核心内容及意义
2013 年 8 月	《国务院办公厅关于金融支持小微企业发展的实施意见》	国务院办公厅	推动尝试由民间资本发起设立自担风险的民营银行、金融租赁公司和消费金融公司等金融机构
2013 年 11 月	《关于全面深化改革若干重大问题的决定》	党中央	在加强监管的前提下，允许具备条件的民间资本依法发起设立中小型银行等金融机构
2015 年 6 月	《关于促进民营银行发展的指导意见》	国务院办公厅转发	从指导思想、基本原则、准入条件、许可程序、促进发展、加强监管和营造环境七个方面加强顶层制度设计，民营银行试点改革步入常态化发展
2015 年 8 月	《中国银监会市场准入工作实施细则》	银监会	对民营银行市场准入条件及审核要求做出具体规定
2016 年 2 月	《关于银行业进一步做好服务实体经济发展工作的指导意见》	银监会	通过民营银行常态化申设等途径提高信贷资金供给和配置效率
2016 年 3 月	《关于 2016 年深化经济体制改革重点工作的意见》	国家发展和改革委员会	深化金融机构改革，进一步扩大民间资本进入银行业，发展民营银行
2016 年 10 月	《促进民间投资健康发展若干政策措施》	国家发展和改革委员会	要求依法依规加快民营银行审批，成熟一家，设立一家，防止一哄而起
2016 年 12 月	《关于民营银行监管的指导意见》	银监会	确立民营银行监管制度框架，民营银行正式进入依法依规常态化设立的新阶段

资料来源：兴业研究公司，中国民生银行研究院。

2. 民营银行在股东资源、公司治理、运营效率方面有优势

一是可充分利用股东资源开展业务。由于民营银行股东大多是具备较强实力的民营企业，其业务开展较容易从相应细分行业及供应链融资切入；同时由于股东大多是来自当地的民营企业，在当地市场具有先天的信息优势，特别是对当地中小微民营企业的经营情况、贷款需求更为熟悉，因此民营银行较容易实现与传统商业银行的错位竞争。在这其中，几家互联网银行则更是可以依托互联网企业股东的技术、场景和流量优势，来打造自己的拳头产品。例如，微众银行的拳头产品"微粒贷"，依托微信和QQ为场景进行流量导入，提供个人小额信用循环贷款，如图4所示。

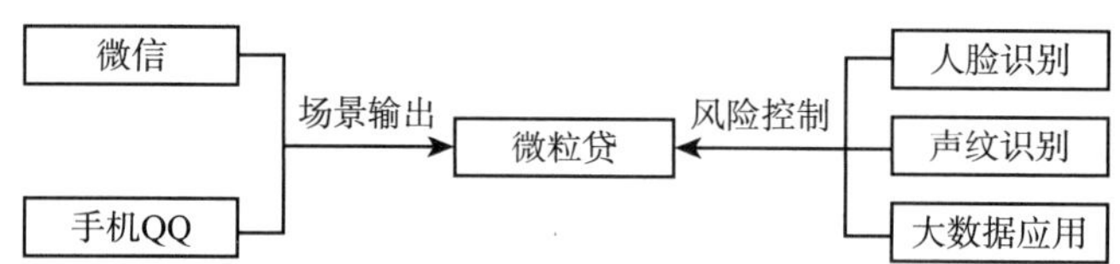

图4 微粒贷充分利用股东腾讯的互联网场景和技术资源

资料来源：兴业研究公司，中国民生银行研究院。

二是在公司治理方面具有优势。民营银行由于完全由民间资本发起设立并独立经营，因此与带有国资背景的商业银行相比，其经营目标更加明确，且不存在"所有者缺位"现象，公司治理的制度安排可以更有效地得到落实，同时产权明确意味着其对外部压力更加敏感，信息披露也会更充分。更为重要的是，民营银行在激励机制方面也会更加灵活，可以采取行政激励、经济激励和心理激励等多种手段，经济激励方面也可综合运用效益工资、奖金以及期权激励等多种形式，再加上民营银行本身处于成长期，与公司成长挂钩的激励机制更有利于其吸引银行业的中高端人才。

三是没有历史包袱，运营效率较高。相对于传统银行，民营银行是开创者而非转型者，其核心优势来自基因的创造而非再造。传统商业银行的文化过于关注风险及流程，而民营银行则可根据市场情况创造其认为可行的风控模式；传统商业银行受制于原有的软硬件系统，改造成本较高，而民营银行则可以根据当前和未来需要来设计IT系统及数据体系。此外，民营银行受监管政策的限制，目前只能设立一个物理网点，没有其他分支机构，但与传统银行的分级机构设置相比，这又恰使其审批流程大大缩短，客观上有利于提高决策效率。

3. 民营银行在政策限制、业务资格、抗险能力方面有劣势

一是受远程开户和单一网点限制较大。由于不能开设分支机构，民营银行很难通过线下扩大服务半径，触及更多的客户。在受制于线下网点缺乏的情况下，民营银行大多将自身定位为线上发展模式，17家民营银行中有8家银行甚至明确打出"互联网银行"的招牌。然而在通过线上展业时，个人账户I类账户的远程开户并

未放开，线上流量优势也较难转化成真正的用户。这造成民营银行普遍存在揽储困难，现阶段负债只能依赖股东和同业，资金来源过于集中。此外在资产端，“一行一店”限制也造成贷款投放过慢、营销成本过高、管理半径过大等一系列问题，如图5所示。

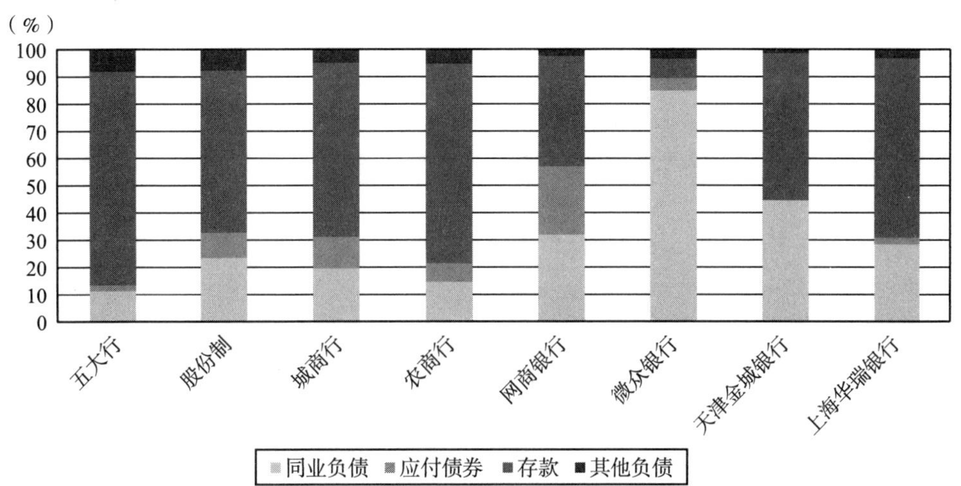

图5　民营银行的负债更依赖于同业

资料来源：中国民生银行研究院，2016年数据。

二是诸多业务资格受限。由于成立时间较短、资产规模有限等因素，民营银行在申请其他金融许可牌照、开展合作等方面也受到诸多限制。例如，根据《全国银行间同业拆借市场业务操作细则》的规定，民营银行成立两年之内无法进入同业拆借市场开展流动性管理；根据《全国银行间债券市场金融债发行管理办法》的规定，民营银行至少在成立三年内难以通过发行金融债解决负债资金来源；由于不是全国性市场利率定价自律机制正式成员，现阶段许多民营银行也没有资格发行大额存单吸揽存款。此外，民营银行在备付金资质、理财资质、基金代销业务等方面也面临较大困难。

三是风险较高，抗风险能力较弱。由于民营银行在客户选择上多面向传统银行覆盖不到的群体，如大学生、青年、农户、小微企业等群体，这种客户定位的下沉使得违约风险较高。此外，尽管监管规则对股东的关联交易有所约束，但关联企业贷款风险在现实中可能仍无法根本上杜绝。与此同时，与传统商业银行相比，民营银行在应对经济周期的风险管理方面经验十分欠缺，同时又缺乏国家层面的信用背书，这使得其抵御周期波动的能力较弱，一旦经济形势出现恶化，广大储户对于缺乏品牌基础和国家背书的民营银行可能也会缺乏信任，将会对其经营带来更大挑战。

专栏2：中国民生银行在公司治理方面带给传统商业银行的启示

中国民生银行是中国第一家民营银行，在成立之时是第一家按现代企业制度设立的新机制之下的新银行。随后20多年中，民生银行逐步建立了灵活的管理和经营模式，这与其民间资本占主体的公司治理架构有着密切的联系。尽管中国民生银行距离真正做到以董事会为中心的公司治理模式还有较大差距，但在我国传统商业银行之中已属差距最小之列。中国民生银行在公司治理方面的经验也为传统商业银行所借鉴。

一是建立科学的法人治理结构。通过完善股东大会、董事会、监事会、高级管理层的议事制度和基本流程，明确股东、董事、监事和高级管理人员的责任、权利、义务。充分发挥以监事会为核心的监督机制，并完善信息报告、反馈和披露制度。建立完备的风险预警、防控与处理机制；建立合理的薪酬制度、强化激励约束机制。

二是强化战略和风险管理。关键是让董事会真正承担起银行经营和管理的最终责任。民生银行通过风险政策指导、风险管理基本制度的制定、风险评估以及督导完善内控框架和风险管理体系等方式，履行风险管理和控制职能，发挥在风险管理中的核心作用。

三是做实做强专业委员会。为切实发挥董事会各专业委员会在公司治理方面的作用，民生银行通过做实做强董事会各专门委员会，提高专门委员会的专业水平，真正实现董事会在银行经营发展中的决策权和监督权。除战略发展委员会主席由董事长兼任外，更多的由独立董事担任各专业委员会主席，保证运作独立性。

四是发挥独立董事的作用。中国民生银行的经验是要提高独立董事在董事会成员中占比。例如，为强化董事会工作的有效性，试行独立董事上班制度，让独立董事充分履职尽责。在年度股东大会上，每名独立董事要作出述职报告，要求独立董事应对董事会讨论事项发表客观、公正的独立意见。

五是加强监事会的监督职能。中国民生银行保证监事长由专职人员担任，具备财务、审计、金融、法律等某一方面的专业知识和工作经验，并重点做好对董事会和高级管理层的监督工作，并且检查、监督商业银行的财务活动，对商业银行的经营决策、风险管理和内部控制等进行审计并指导商业银行内部稽核部门的工作。

（二）民营银行经营特色显著

目前按监管口径统计的17家民营银行大体可分为两类：一类是互联网银行，以互联网技术、信息通信技术作为账户开立、风险管理、业务流程构建等关键方面的主导因素，在线为客户提供存款、贷款、支付、结算、资产管理等多种金融服务；另一类则与传统银行类似，虽然也依托互联网开展银行业务，但更多是以细分行业下的供应链金融为切入口，开展对公信贷业务。

鉴于第二批民营银行从批准设立至今两年有余，许多银行开业尚不足两年，仍处于早期建设时期，我们主要聚焦于第一批5家银行来探讨其特色化经营情况。

1. 深圳前海微众银行

深圳前海微众银行依托大股东腾讯在互联网技术、科技平台、用户基础、数据获取和分析能力上的优势，迄今没有设立任何实体网点，而是将互联网作为唯一的服务渠道，并以此为依托实现产品设计、精准营销和客户服务。业务实践中践行平台战略，将自身定位为“持有银行的互联网平台”：向目标客户普罗大众和微小企业提供金融产品，向其他银行和非银行金融机构提供经过数据模型筛选过的客户，以此实现“一手托两家”，如图6所示。

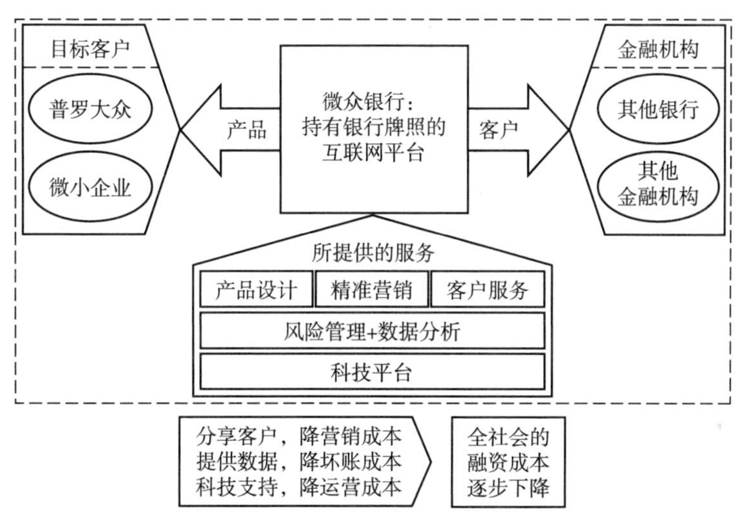

图6 深圳前海微众银行业务模式

资料来源：王刚（2017），中国民生银行研究院。

2015年深圳前海微众银行推出首款互联网小额个人信贷产品“微粒贷”，成为其拳头产品。微粒贷额度从500元~30万元不等，具有“无担保、无抵押，随借随还、按日计息”等特点，最快能实现1分钟到账。截至2017年5月15日，“微粒贷”上线两周年，累计放贷3 600亿元。从客户来源上看，“微粒贷”依托腾讯公司的强大用户资源，向微信、手机QQ用户定向发放个人小额信贷。同时微粒贷采取白名单邀请制度，只有符合模型算法的客户的微信界面才会出现“微粒贷”产品入口，以此锁定腾讯社交场景下的优质客群。从贷款资金来源上看，微众银行除自设资金以外，还采取“联合贷款”模式，与其他银行建立联合贷款平台。截至2017年7月末，平台已有36家合作金融机构，大多数为中小型商业银行，80%

的贷款资金由上述合作金融机构提供。从风险控制上看，“微粒贷”产品充分利用大股东腾讯公司的数据和技术资源，将生物识别技术和视频身份验证运用到客户身份识别和反欺诈场景中，并结合传统信贷经验和互联网大数据的应用，建立风险识别、实时侦测、计量和报告的能力，满足风险监测报告、风险计量模型、贷后预警、反欺诈和黑名单识别等风险管理工作需要。优质客群加大数据风控为其资产质量提供了保障，2016 年末深圳前海微众银行不良率仅为 0.32%。

除“微粒贷”之外，深圳前海微众银行在成立两年多的时间里还推出了“微路贷”“微车贷”“微装贷”等产品，并涉足财富管理业务。总体而言，在业务发展节奏上重点抓少数拳头产品，以此满足长尾客户的核心需求，解决客户主要痛点，成为深圳前海微众银行落实普惠金融定位的现实选择。通过聚焦少数简单的“拳头”产品，一方面可逐步积累客户信用信息；另一方面还有利于提升自动化交易、远程销售、线上服务能力，夯实结构性成本优势。

由于主推产品是面向自有现金流较紧张的个人，沉淀资金较少，同时银行获取存款渠道狭窄，因此深圳前海微众银行主要依赖同业负债。2016 年末，其客户存款占负债比重仅为 7.28%，而同业负债占比高达 85%。不过，深圳前海微众银行资产收益整体高于目前银行信用贷产品。以“微粒贷”的计息规则为例，在日利率为 0.05%、还款方式为等额本金的条件下，产品年化收益率约在 9.75%，随借随还条件下约 18%。这使得深圳前海微众银行净息差水平保持高位，2016 年为 6.10%。[①]

2. 天津金城银行

天津金城银行立足于天津自贸区，并辐射京津冀、环渤海以开展“公存公贷”业务，其对接京津冀协同发展战略，积极发展对公供应链业务，并确立财政、旅游、汽车、物流、医疗卫生、节能环保、航空航天、电子商务八个细分市场，建立事业部体制，深化细分领域专业度，客户多为产业链条上下游优质中小客户。截至 2016 年底，符合八大细分行业市场的资产类业务余额 50 亿元，余额占资产总额的 30%。

同时，天津金城银行将“一主两翼”作为主要发展战略目标，“一主”为传统业务，“两翼”为创新业务和互联网金融，着力打造资产驱动、主动负债型的轻资产银行。天津金城银行研发推出了金城“政购通”项下系列产品体系，依托财政金融领域，专注于服务中小微企业，目前上线的产品有政采贷、退税贷和凭证贷。其中“政采贷”业务拓展财政战略市场的拳头展品，为参与政府采购的中小企业提供备货、备料流动性资金支持，具有金城特色，成为该行核心竞争力的组成部分之一。截至 2016 年底，天津金城银行不良率为 0.01%。对公贷款保持“零不良”局面，如图 7 所示。

---

① 王刚：《中国民营银行发展与监管研究》，经济管理出版社 2017 年版。

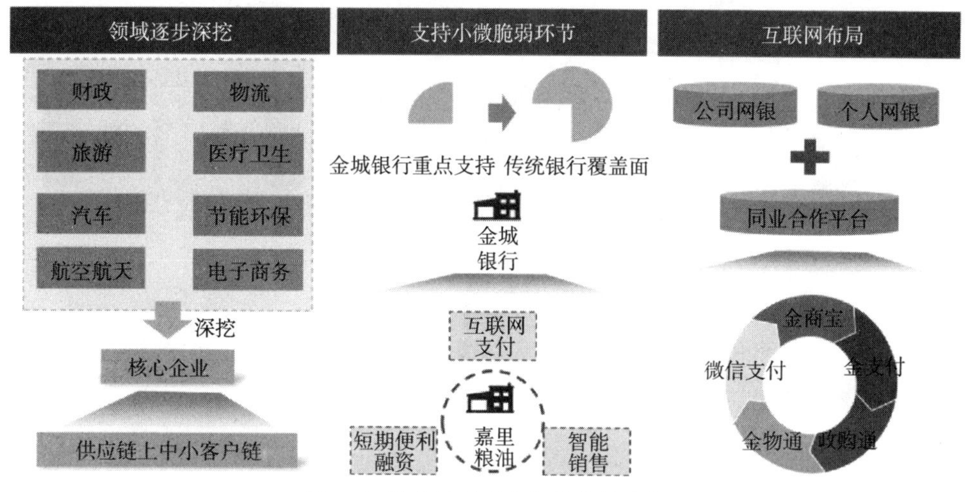

图7 天津金城银行业务特点及优势

资料来源：华泰证券，中国民生银行研究院。

3. 温州民商银行

温州民商银行立足温州，以服务温商为主，充分发挥地头熟和人头熟的优势，13 家股东单位拥有上万家上下游企业。针对温州市小微企业占比高、分布面广的特点，该行改进传统的营销方式，利用股东产业链优势，着力推进“一带一群、一带一圈、一带一链”的批量营销模式，通过与当地产业圈合作，为小微创业园、商圈、供应链内的成批小微企业提供批量化金融服务；同时做深、做透群圈链贷款市场，为客户量身定做专属信贷产品，陆续开发了“益商贷”“税贷通”“惠医贷”“惠学贷”等产品，提高了客户认知度。截至 2016 年末，温州民商银行发放小微企业贷款 18 890 万元，占全部贷款的 81.85%，有力地支持了当地小微企业发展。

此外，温州民商银行确立了“家庭稳固、经营稳定、投资稳健”的客户准入标准，采用“问人品、问流量、问用途”的信贷调查模式，强化信贷业务管理。截至 2016 年末，温州民商银行不良贷款率为零，如图 8 所示。

4. 浙江网商银行

浙江网商银行主要发展电商平台下的小微企业贷款，为电商平台上的小微企业构建供应链金融生态圈。浙江网商银行背靠阿里电商平台，获取客户资源和交易场景，并加入物流数据等实时信息，构建较完整的交易数据网络。相比与传统银行的客户，浙江网商银行主要针对阿里巴巴、天猫及淘宝用户发展小额信贷业务。

“网商贷”“旺农贷”等产品是浙江网商银行面向阿里巴巴旗下电商体系内的卖家、农户等推出的特色信贷产品。其中，“网商贷”的客户渠道依托支付宝、淘宝、天猫等电商平台；“旺农贷”则依托阿里巴巴集团“千县万村”计划和村淘平台。截至 2016 年末；“网商贷”累计向小微企业发放贷款 879 亿元，服务小微企业客户数 277 万户，户均贷款余额约为 1.5 万元；“旺农贷”覆盖全国 2.5 万个村庄，

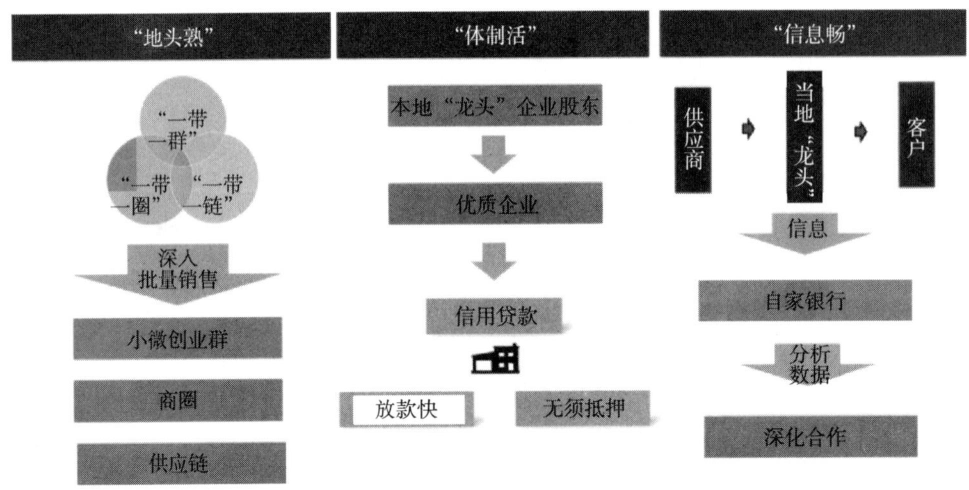

图 8　温州民商银行业务特点及优势

资料来源：华泰证券，中国民生银行研究院。

涉农贷款余额为 37.6 亿元，占贷款余额的 11% 左右。除此以外，浙江网商银行还与"饿了么""滴滴""运满满"等线上平台展开合作，并针对线下小企业推出"多收多贷"服务，以覆盖更多行业的小微企业和创业客户，截至 2017 年 11 月底已有超过 155 万家线下小微企业获得贷款。

在融资类产品之外，浙江网商银行还推出了类融资性质的供应链赊销产品"信任付"，属于短期账期金融服务，其实质就是企业端的"花呗"：欠账企业使用"信任付"后可以享受最长 90 天的延期付款时间。"信任付"试运行仅一个多月，申请商户就突破 5 万家。

从负债端看，浙江网商银行融资途径较为丰富，但计息负债成本率较高。其发行同业存单占比 25%，同时注重开发高收益的存款类产品，如可随时支取的定期存款产品"定活宝"，还有企业版余额宝"余利宝"等。不过由于资产端收益较高，浙江网商银行 2016 年净息差依然达 5.39%。

从大数据和风险控制来看，目前浙江网商银行 300 余人的员工队伍中，大概有 80 多人纯粹做数据分析挖掘、建模以及数据共享。从客户营销，到客户风险识别、贷款，到贷后监控以及催收，整个链条都由大数据驱动，没有人力。具体而言，浙江网商银行在开展小微企业融资领域的风控手段主要依据基于互联网和大数据的"水文"模型。在基于小微企业类目、级别等统计的阿里系商户的"水文数据"库，阿里系统在考虑为客户授信时，会结合"水文"模型，基于该商铺自身数据的变化，以及同类目下可比商铺数据的变化，综合评估客户未来商铺经营情况的变化，预测其融资需求，判断其还款能力。在开展个人信贷方面，浙江网商银行主要依据芝麻信用评分体系。作为国内第一个个人信用评分产品，芝麻信用分从个人用户的履约能力、信用历史、身份特质、行为偏好、人脉关系五个维度对其信用水平进行综合评价，如图9所示。

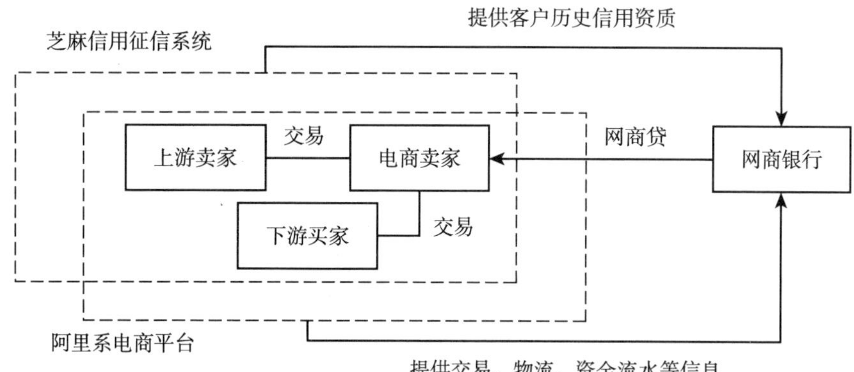

图9 浙江网商银行依托股东获取客户资源和交易场景

资料来源：华泰证券，中国民生银行研究院。

5. 上海华瑞银行

上海华瑞银行将其自身定位为“服务自贸改革、小微大众和科技创新”，并成立自贸金融、互联网金融和科创金融三大事业部（如表5所示）。作为首家注册于上海自贸试验区的法人银行，上海华瑞银行突出定位于上海自贸区的全面金融服务，加快自由贸易（FT）账户服务体系建设，强化跨境金融专业服务能力。上海华瑞银行的融资围绕自贸区贸易项下的供应链，包括为进出口业务提供支付结算、跨境融资等服务，客户以大型民营企业和上市民营企业，和传统银行的目标客户有所重合。这使得其贷款集中度较高，2016年前三大行业占比为68.50%。

表5 上海华瑞银行三大事业部业务特点

项目	自贸金融事业部	互联网金融事业部	科创金融事业部
业务聚焦	新型投资银行、同业金融市场及传统信贷业务	把银行开到别人家的APP里（B2B2C）	投贷联动，以认股期权作为贷款风险抵补
业务模式	供应链金融；与融资租赁、消费金融、汽车金融等进行联合贷及助贷；服务大企业下游客户；跨境项下业务（如跨境拆VIE结构红筹回归）等	搭建“开放平台”，把标准化、模块化的金融产品上到平台，供合作伙伴调用、放到别人的APP上，甚至贴牌成别人APP上的产品名 “极限SDK”，集成多个API功能接口，串联API接口之间的业务逻辑，提供一套多功能、即插即用、菜单选择的对外服务软件包/插件，快速植入各个企业APP中	与市场排名前100位的VC机构谈合作，VC先做前置风险把关，其中与40家正式签署战略合作协议 通过掌握客户核心经营数据，沿着既有客户的商业链、供应链、资金链进一步深挖客户，把金融服务带给既有客户的客户，形成金融生态 开发“跟单融资系统”，根据授信对象前一天的营业情况、资金回笼情况，每天放款，进行实时或高频的监测与调整

续表

项目	自贸金融事业部	互联网金融事业部	科创金融事业部
业务规划	2018 年自贸金融贷款余额达 105 亿元、137 亿元，内部考核收入占比达到 70% 左右	计划互联网业务收入在 3 ~ 5 年的全行贡献率达到 30% ~ 35%	2018 年科创金融营业收入达 1.9 亿元，与 PE/VC 募资合作项目达 100 个，跟单融资交易额达 100 亿元

资料来源：中国民生银行研究院整理。

针对小微企业和个人消费者客户，上海华瑞银行主要也是聚焦于上海自贸区，同时积极与上海市工商联、浦东新区知识产权局、上汽通用汽车金融公司、齐家网、中国金电和北京旷视等企业批量建立战略合作关系，以求短期内建立品牌效应。从业务模式上看，则是坚持“银行开到别人家的 APP 里”的思路，搭建“开放平台”。

科技金融也是上海华瑞银行的主攻方向之一，以纳入投贷联动试点为契机，开发科创金融业务。上海华瑞银行与股东均瑶集团通力合作，实现利息加投资增值的双收益模式，积极打造交易服务型银行。在将整体不良率目标定为 1% 左右的情况下，上海华瑞银行对科创金融客户不良率则设定为 3.2% 左右。

（三）民营银行经营绩效优于传统商业银行

中国银保监会数据显示，截至 2017 年末，民营银行总资产 3 381.4 亿元，同比增长 85.22%，其中各项贷款余额 1 444.17 亿元，增长 76.38%。2017 年民营银行总计实现净利润 19.67 亿元，是上年同期的 2.09 倍，资本利润率和资产利润率分别为 5.06%、0.76%，同比分别提高 0.30 个和 0.04 个百分点。

截至 2017 年末，民营银行不良贷款率 0.53%，低于商业银行平均水平 1.22 个百分点；资本充足率 24.25%，流动性比例 98.17%，远远高于“大于等于 25% 的监管标准值”，如表 6 所示。

表 6　2017 年民营银行主要监管指标情况　单位：%

依据	分类	不良贷款比例	资产利润率	拨备覆盖率	资本充足率	流动性比例	净息差
时间序列数据	2017Q1	0.64	0.88	474.81	21.54	79.23	4.95
	2017Q2	0.70	1.09	466.46	23.38	99.56	4.86
	2017Q3	0.60	0.90	555.93	24.98	106.98	4.39
	2017Q4	0.53	0.76	697.58	24.25	98.17	4.52
横向对比分析 2017Q4	大型商业银行	1.53	1.02	180.45	14.65	48.10	2.07
	股份行	1.71	0.83	179.98	12.26	50.78	1.83
	城商行	1.52	0.83	214.48	12.75	51.48	1.95
	农商行	3.16	0.90	164.31	13.30	53.14	2.95
	外资银行	0.70	0.48	296.88	17.83	66.80	1.71

资料来源：Wind，中国民生银行研究院整理。

其中互联网银行发展尤为迅速，2017 年底，深圳前海微众银行和浙江网商银行资产规模已达约 700 亿元，四川新网银行客户数突破 1 000 万，而北京中关村银行则在开业首年即实现盈利，如表 7 所示。

表 7　　部分互联网银行经营情况

项目	深圳前海微众银行	浙江网商银行	四川新网银行	北京中关村银行
客户	3 800 万	小微客户 350 万	1 000 万（1 周年时）	
资产规模	约 700 亿元	700 亿 ~ 800 亿元		90 亿元
管理资产余额	300 亿元			
累计发放贷款	6 000 亿元	879 亿元		50 亿 ~ 60 亿元
笔均贷款	0.81 万元			
户均贷款	户均余额 1.2 万元	约 1.7 万元	户均借款 0.33 万元	
笔均借款周期	75 天			
批贷时间	2.4 秒		7 ~ 40 秒	
特色服务	服务听障客户 3 000 户	网商贷、旺农贷	万能连接器：500 家银行同业及互联网平台	投贷联动
盈利年份	第二个完整年度	第二个完整年度		开业首年

注：数据为 2017 年末。
资料来源：中国民生银行研究院整理。

四、新时代民营银行的发展战略

（一）新时代民营银行的机遇与挑战

1. 新时代将带来银行业发展环境的转变

当前我国经济已由高速增长阶段转向高质量发展阶段，而这也必然意味着银行业发展环境的转变。归纳起来，银行业发展环境的转变主要包括以下五个方面：一是经济发展进入新常态。新常态表现为经济的增速下降、结构优化和动力转换，这对顺周期性的银行业来说，必然带来前所未有的困难和挑战。二是稳货币和强监管的政策组合将会持续。在防范和化解金融风险的大背景下，货币供应趋紧的状况将长期延续，同时随着监管机构改革逐步落地，金融监管也将进一步升级。三是利率市场化对银行经营带来挑战。尽管名义上利率上下限已基本取消，但利率形成机制仍需逐渐完善，这对商业银行利率定价能力将是一种考验。四是扩大对外开放将加大行业竞争。2017 年以来，我国不断释放出进一步扩大银行业对外开放的信号，进一步对外开放势必将加剧行业竞争。五是金融科技带来银行业的变革。以互联网、大数据、云计算为代表的金融科技创新正引领银行业朝着网络渠道移动化、跨界融合常态化、产品服务精细化等方向发展。上述发展环境的转变对于刚起步的民营银行来说，既蕴含着机遇，也充满了挑战，如表 8 和表 9 所示。

表 8　银行业发展环境转变对民营银行来说既是机遇也是挑战

机遇	挑战
1. 传统银行面临转型压力 2. 更容易抓住利率市场化的机遇 3. 在互联网金融方面有先天优势	1. 强监管对业务创新带来挑战 2. 新进入者的潜在竞争威胁增大 3. 传统商业银行转型加速

资料来源：中国民生银行研究院整理。

表 9　2017 年以来银行业数字化进程明显提速

渠道体系	以移动端渠道为重点，持续优化手机银行、微信银行功能 努力打造集交易、营销、服务为一体的综合型网上银行 大力推进网点智能升级，提升自助银行客户体验，并将网点与电子银行、移动金融等有机结合，构建线上线下（O2O）的营销网络和服务平台
产品体系	公司金融方面，产品创新普遍聚焦于网络小微信贷、跨境电商综合金融服务以及线上供应链金融等领域 零售金融方面，产品创新主要聚焦于移动支付、个人消费贷、智能投顾等 加强场景营销
技术研发	加大云计算、大数据、区块链、人工智能等新技术的研发和应用 积极利用新技术探索新的服务模式，力求提供更加高效、便捷的金融服务
外部合作	与互联网公司开展常态化合作，从底层技术搭建，到金融科技实验室共建，再到场景、客群共享以及发布联名卡等，双方合作已经深入各个层面

资料来源：中国民生银行研究院整理。

2. 传统银行的困境恰是民营银行的机遇

一是经济下行使得传统银行面临转型压力。传统银行业正在经历高速增长后的盈利能力下行阶段，截至 2017 年 4 季度末，商业银行平均资产利润率（ROA）为 0.92%，平均资本利润率（ROE）为 12.56%，双双呈现下降趋势；而不良贷款率虽已稳定在 1.74%，但相比 2011 年时的低点有很大的抬升。传统银行业务模式转型和资产质量承压的双重压力，一定程度上给予民营银行打开局面的机遇，民营银行可吸纳传统银行经营的经验教训，在无不良包袱的情况下，走出一条新型的银行发展道路，如图 10 和图 11 所示。

二是更容易抓住利率市场化的机遇。从国际经验中可以看到，20 世纪 80 年代后期美国利率市场化之后出现了许多社区银行，通过相对较高存贷款利率吸引客户，深耕于社区客户，著名的 ING 等银行就是发展壮大于那个时期。传统银行在利率市场化刚开始时对于客户的存贷款利率调整不会那么迅速，而是采取随行就市的观望态度，而此时对于民营银行通过利率战略吸引客户是一个很好的时间窗口，有可能形成先发优势抢占市场。

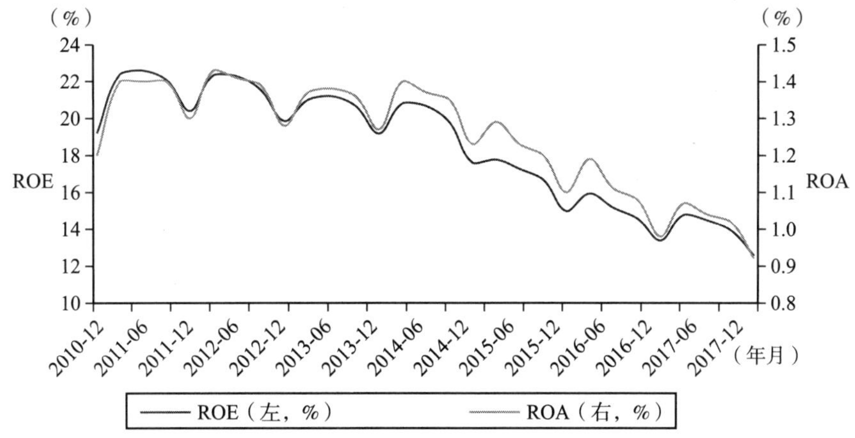

图10　商业银行ROE、ROA双双走低

资料来源：Wind，中国民生银行研究院。

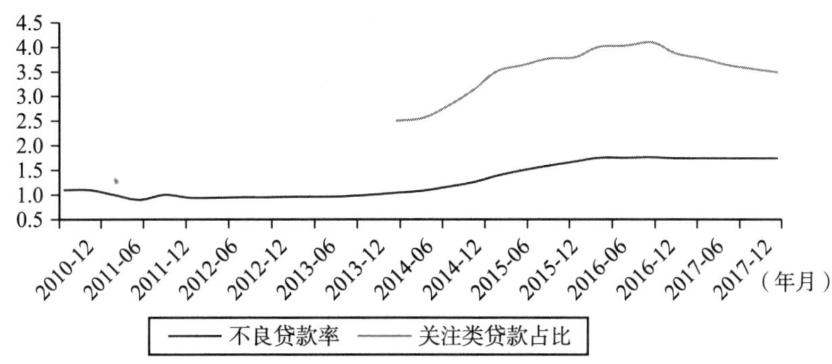

图11　商业银行不良贷款率处于高位

资料来源：Wind，中国民生银行研究院。

三是在互联网金融方面有优势。随着商业模式逐渐转向电子商务和移动商务，商业银行的服务模式必然也将加速向网络金融和移动金融转变。传统银行受制于固有的软、硬件系统以及僵化的体制机制，无论是技术还是思维，短期内都难以适应互联网及移动互联网时代的发展要求。而民营银行则没有这种历史包袱，可以从一开始便以迎合时代需求为出发点来设计产品、流程和组织架构。特别是一些互联网银行，更是可以依托股东背景，加速抢占互联网及移动端市场。

3. 强监管对民营银行创新带来挑战

一是强监管对业务创新带来挑战。对于金融机构来说，在防范金融风险、整顿金融秩序的大背景下，合规比创新更重要。这种监管环境总体而言并不利于仍处于探索阶段的民营银行。尤其是“一行一店”的限制使得民营银行不得不大力发展线上业务，但监管层针对网络小贷及其他互联网金融相关业务的审慎态度，将使得民营银行的业务拓展遇到较大的困难。

二是新进入者的潜在竞争威胁增大。银保监会对于消费金融、金融租赁等持牌机构放开民间资本准入，同时在城商行中积极发展投贷联动等创新型业务，各省金融办也在积极引导当地小贷业发展来为三农、小微提供支持。这些具有相似客群的机构将是民营银行发展初期的主要竞争对手。此外，未来随着外资金融机构大举进入中国，许多民营银行相比于传统国内银行存在的体制机制、科技水平等方面的优势或将不复存在，相反规模、品牌、经验等方面的差距则会更加凸显。

三是传统商业银行转型加速。在经营压力和监管政策引导双重作用下，传统银行业正在加速转型。一方面传统银行在着力进行客户下沉，加强对小微企业、“三农”和偏远地区的金融服务，这意味着民营银行的业务空间将会被压缩，或者需要与传统银行正面较量；另一方面，无论是在体制机制方面，还是在科技应用方面，传统银行也在加速转型，特别是随着整个银行业的数字化进程不断加快，民营银行在互联网等技术领域的先发优势将会变得越来越小。

（二）民营银行应坚持错位竞争发展战略，扬长避短

民营银行优势劣势均十分鲜明，未来民营银行要想在众多银行中发展壮大，则需充分发挥优势、扬长避短，从战略角度看则需重点关注以下几方面：

1. 坚持差异化、特色化经营

从市场角度看，重点关注中小微型企业和个人消费领域，努力探索民营企业“融资难、融资慢、融资贵”化解之道，找准传统银行的不足之处作为突破点实施错位竞争。经营模式上也不必拘泥于传统银行的固有套路，而是针对自身的客户定位和产品体系，构建切实有效的组织架构和流程体系，力求做到分工明确、监督有力、扁平下沉、高效精简。

2. 充分利用股东资源

针对具有互联网基因的股东，可以充分依托其流量平台开展存贷业务、扩大中间业务收入，并可采用互联网技术、整合股东的大数据体系强化风控。而针对无互联网基因的股东，则可充分挖掘区域及股东产业链上下游的小微企业的深层次金融需求。更重要的是，要充分发挥股东与民营企业、地方经济的连带关系，努力培育核心客群，将自身打造成为它们的“知己银行”。

3. 可采取模仿赶超策略

民营银行应充分利用自身的后发优势，充分吸收传统银行的成功经验和失败教训。特别是近年来，传统银行普遍力求往轻型化、综合化、数字化方向转型，民营银行应对其战略有足够的认识和借鉴，并依托自身灵活的体制以及无历史包袱的优势，从起步便围绕着轻型化、综合化、数字化战略搭建整个业务体系，追求效益导向型发展。

4. 加强与传统银行及其他机构的合作

由于受远程开户和单一网点的限制，民营银行通过同现有银行合作，开展业务

会更加有力，同时也有助于其实现轻型化经营。特别是互联网银行，其本身就具有开放共享的互联网基因。除传统银行外，民营银行还应在培育核心竞争力的基础上，积极与投行、保险资管、股权投资、担保基金、融资租赁及互联网金融机构等各类机构合作，从而打造更大的业务生态圈。

五、促进民营银行健康发展的政策建议

民间资本发起设立民营银行是金融领域供给侧结构性改革的重要内容，未来应结合新时代银行业及民营经济发展的特征和趋势，与时俱进，从事前、事中、事后三个方面完善法律制度和政策框架，创造更加公平、更有效率的市场竞争环境。

（一）扩大准入、放宽限制

一是推进远程开户，放开“一行一店”限制。在坚持技术可靠、风险与行业银行可控、实名认证、交叉复核的前提下，适时推进包括新设民营银行在内的银行业金融机构远程开立全功能Ⅰ类账户试点，为互联网银行模式的落地奠定基础。针对发展较为成熟的民营银行，可考虑适时取消“一行一店”的歧视性限制规定。

二是取消不必要的限制，特别是资金来源限制。修订现行《同业拆借管理办法》和《全国银行间债券市场金融债发行管理办法》，为新设民营银行进入同业拆借市场开展流动性管理和通过发行金融债获得资金来源提供便利，逐步缓解民营银行负债来源单一的问题。此外在其他业务方面也酌情考虑与传统商业银行享有同样待遇。

三是把握批设节奏，防范道德风险。应吸取20世纪80年代放开民间资本设立信用社导致无序扩张、违规经营乃至引发倒闭风潮的教训，在批设民营银行时注意把握好节奏。为有效防范道德风险，避免民营银行“风险自担”原则落空，应明确新设民营银行加入存款保险的条件，并根据实际风险程度缴纳存款保险。

（二）细化事中监管

一是加强对民营银行公司治理的监督。注重对民营银行股权结构的指导，推动形成适度集中的股权结构，统一主要股东“风险自担”的范围与内涵。加强股东行为监管，适时评估承诺履行情况，强化股东约束。按照各治理主体独立运作、有效制衡、相互合作、协调运作的原则，推动健全民营银行公司治理机制。

二是完善审慎监管工具，探索分级管理制度。针对民营银行资本充足率、流动性、杠杆率、拨备覆盖率、拨贷比等关键监管指标，可设置更加审慎的监管指标要求和风险应对措施。同时可依据主要经营指标或监管指标制定分类管理制度，若相应指标持续符合上限标准，则可向上申领高等级牌照，若持续不达下限标准，则考虑惩罚性措施。

三是明确监管资源配置。督促各民营银行注册地监管部门配合充足合理的监管资源，以此确保差异化监管框架落地，真正实现民营银行有人管、管得住。可考虑以主监管员为核心形成专门的监管团队，定期跟踪民营银行运营情况，严格落实相应监管要求，适时开展现场检查，加强与银行负责人的交流与沟通，提升监管针对性。

（三）充实退出法律法规制度

一是完善相关法规，明确退出路径。加快推进银行业金融机构市场退出制度立法，建立健全撤销、并购、重组、破产等风险处置机制，明确存款保险制度下民营银行退出市场的条件和路径选择。在其中应坚持市场导向原则，明确民营银行风险自担原则的落实方式，真正实现银行业有进有出、优胜劣汰。同时，应建立“识别—接管—处置—退出”的市场有序退出机制，防范系统性金融风险。

二是完善监管部门职责。落实《关于促进民营银行发展的指导意见》和《关于民营银行监管的指导意见》相关要求，厘清中央监管部门和地方政府在民营银行市场退出过程中的职责边界，结合我国金融监管架构的调整与完善，明确民营银行市场退出的主导者。

附录：

已开业17家民营银行基本情况

银行名称	批筹时间	注册资本（亿元）	主发起人（持股比例）	发起人主业
深圳前海微众银行	2014年7月24日	40	腾讯网域计算机网络公司（30%）	互联网
			深圳百业源投资有限公司（20%）	实业投资
			深圳立业集团公司（20%）	产业投资
天津金城银行	2014年7月24日	30	华北集团有限公司（20%）	铜产业
			麦购天津集团有限公司（18%）	商业物流
温州民商银行	2014年7月25日	20	正泰集团股份公司（29%）	电器制造
			华峰氨纶股份公司（20%）	氨纶纤维
上海华瑞银行	2014年9月26日	30	上海均瑶集团有限公司（30%）	航空运输
			美特斯邦威服饰股份公司（15%）	服装
浙江网商银行	2014年9月26日	40	蚂蚁小微金融服务集团公司（30%）	金融
			上海复兴工业技术发展公司（25%）	机械制造
			万向三农集团公司（18%）	“三农”
			宁波金润资产经营公司（16%）	产业投资
重庆富民银行	2016年5月3日	30	瀚华金控股份公司（30%）	金融
			宗申产业集团公司（28%）	机械制造
			福安药业集团股份公司（16%）	医药
			重庆瀚江压铸公司（13%）	机械制造
四川新网银行	2016年6月7日	30	新希望集团有限公司（30%）	农业
			四川银米科技有限公司（29.5%）	互联网
			成都红旗连锁股份有限公司（15%）	批发零售
湖南三湘银行	2016年7月26日	30	三一集团公司（18%）	机械制造
			湖南汉森制药股份公司（15%）	医药
			湖南三一智能控制设备公司（12%）	科技服务
			湖南邵东县新仁铝业有限公司（12%）	铝制造
安徽新安银行	2016年11月7日	20	安徽省南翔贸易集团公司（30%）	商贸物流
			合肥华泰集团股份公司（26%）	食品、房地产
			安徽金彩牛实业集团公司（20%）	房地产
			安徽中辰投资控股公司（15%）	房地产、水务

续表

银行名称	批筹时间	注册资本（亿元）	主发起人（持股比例）	发起人主业
福建华通银行	2016年11月23日	24	永辉超市股份公司（27.5%）	批发零售业
			阳光控股有限公司（26.25%）	产业投资
武汉众邦银行	2016年12月5日	20	卓尔控股有限公司（30%）	企业供应链
			武汉当代科技产业集团股份公司（20%）	产业投资
			壹网通科技有限公司（20%）	计算机
			钰龙集团有限公司（10%）	房地产
			奥山投资有限公司（10%）	产业投资
			武汉法斯克能源科技公司（10%）	建筑节能
江苏苏宁银行	2016年12月16日	40	苏宁云商集团股份公司（30%）	电子商务
			日出东方太阳能股份公司（23.6%）	光伏太阳能
威海蓝海银行	2016年12月16日	20	威高集团有限公司（30%）	生物医药
			赤山集团有限公司（22.5%）	海洋捕捞
			迪尚集团有限公司（12.5%）	纺织服装
吉林亿联银行	2016年12月16日	20	中发金控投资管理有限公司（30%）	投资
			吉林三块科技有限公司（28.5%）	互联网
辽宁振兴银行	2016年12月16日	20	沈阳荣盛中天实业有限公司（30%）	房地产
			沈阳天新浩科技有限公司（28%）	科技服务
			沈阳启源工业泵研究有限公司（22.5%）	技术服务
北京中关村银行	2016年12月19日	40	用友网络科技股份公司（29.8%）	计算机
			北京碧水源科技股份公司（27%）	环保
梅州客商银行	2016年12月29日	20	广东宝丽华新能源股份公司（30%）	新能源
			广东塔牌集团股份公司（20%）	水泥、建筑材料
			广东喜之郎集团有限公司（19.9%）	食品
			广东超华科技股份公司（17.6%）	食品
			广东温氏食品集团股份公司（12.5%）	科技

资料来源：王刚（2017），中国民生银行研究院。

农村改革40年：影响中国经济社会发展的五大事件

马晓河　刘振中　钟　钰*

摘要： 40年来，农村有五大事件对中国经济社会发展带来重大深远影响。土地制度改革，从体制根子上解决了农产品供给激励机制缺乏问题，给中国在40年里利用人口红利获取高速增长提供了难得的条件；以市场化为目标的农产品购销体制改革，为国民经济市场化改革提供了可借鉴经验；乡镇企业的迅猛发展推进了我国经济结构的战略转型；农村税费改革催生了城乡公共服务均等化；精准扶贫脱贫为建立以中等收入群体为主的橄榄型社会新格局积累了条件。今后，全面建成社会主义现代化强国，"三农"问题仍不可忽视，必须重塑城乡关系，加快农业农村优先发展。

关键词： 农业农村　改革发展　五大事件　重大影响

1978年以来，农村发生了五大事件与改革开放密切相关，分别是实行土地制度改革、农产品购销体制改革、鼓励农民发展乡镇企业、改革农村税费制度、推行精准扶贫脱贫战略，这些事件对后来的经济社会发展带来了持续深远、意义重大的影响。

一、土地制度改革拉开了中国改革开放的序幕

粉碎"四人帮"后，我国经济社会发展面临的困局亟须破解，长期实行计划经济体制，并持续推行重化工业优先发展战略，使得社会必需品全面短缺，十年"文化大革命"浩劫，又将国民经济推向崩溃的边缘。广大农民和工人要求有饭吃，知识精英们要求有改变身份的通道，整个社会蕴藏着巨大变革压力。在此背景下，中国走上了改革开放之路。中国改革最早发端于农村，农村改革开始于农业，

* 马晓河，管理学博士，中国宏观经济研究院，研究员、博士生导师；刘振中，管理学博士，中国宏观经济研究院产业经济与技术经济研究所，副研究员；钟钰，管理学博士，中国农业科学院农业经济研究所，研究员。

农业改革是从土地承包拉开序幕的。

土地由谁掌握、由谁支配使用，对农业、农民以及经济社会发展的影响是不一样的。在党的十一届三中全会召开前夕，中国发生了值得历史记载的两个重要事件：一件是1978年12月13日，邓小平在党中央工作会议上作了《解放思想，实事求是，团结一致向前看》的重要报告。他指出，在经济计划、财政和外贸等方面应给地方更多自主权，最迫切的是要扩大厂矿企业和生产队的自主权；在政策上允许一部分地区、一部分企业、一部分工人农民，由于辛勤努力成绩大而收入先多一些，生活先好起来，由此产生极大的示范力量。① 讲话精神实际上成为即将召开的党的十一届三中全会的主要基调。另一件是发生在1978年12月16日，安徽省凤阳县小岗村18户农民为摆脱贫困，冒着“坐牢”的风险，自发在一张合约上按下了21个手印，偷偷摸摸将集体耕地包干到户。自此，中国农村开始了以家庭联产承包责任制为主的经营体制改革。②

1978年12月18日至22日，党的十一届三中全会在北京召开，大会决定将全党的工作重点转移到社会主义现代化建设上，会议通过了《中共中央关于加快农业发展若干问题的决定（草案）》，总结了20多年农业发展经验教训，提出了发展农业的二十五项政策和措施，③ 这个会议的召开为农村经济体制改革创造了政治条件。

率先实行包干到户的小岗村，1979年春，将全队517亩耕地按人、耕牛，按户分包到户，交售国家的任务、留给集体的积累等按人包干到户，剩余部分全归自己。结果当年农业大丰收。小岗村的成功，产生了强烈的示范效应。当年秋种时节，安徽许多地方农村采取了“瞒上不瞒下”的办法，纷纷搞起了包干到户。④

在安徽省农村发起包干到户的同时，全国各地农村也相继实行了各种形式的联系农产品产量的责任制形式。有包工到组，田头估产，评定奖惩；有田间管理责任到人，联系产量，评定奖惩；也有当年包工包产到组等。进入1980年，中共中央开始支持并推动以包产到户为主要形式的家庭联产承包责任制。1980年5月31日，邓小平同志与中央负责同志谈到农村政策问题时指出：“农村政策放宽后，一些适宜搞包产到户的地方搞了包产到户，效果很好，变化很大。安徽省肥西县大多数生产队搞了包产到户，增产幅度很大。‘凤阳花鼓’中唱的那个凤阳县，绝大多数生产队搞了大包干，也是一年翻身，改变面貌。有的同志担心，这样搞会不会影响集体经济。我看这种担心是不必要的。”⑤

1980年9月14日至22日，中央召开省市自治区党委第一书记座谈会，会后

① 郑韶：《中国经济体制改革二十年大事记》，上海辞书出版社1998年版，第1页。

② 马晓河：《转型与发展——如何迈向高收入国家》，人民出版社2017年版，第102页。

③ 马晓河：《结构转换与农业发展》，商务印书馆2004年版，第111页。

④ 王耕今：《乡村三十年》（下），农村读物出版社1989年版。

⑤ 郑韶：《中国经济体制改革20年大事记（1978～1998）》，上海辞书出版社1998年版，第24～25页。

印发了《关于进一步加强和完善农业生产责任制的几个问题》，中央首次以文件形式，明确肯定党的十一届三中全会以来农民群众创造的，以包产到户为代表的生产责任制新形式。① 文件受到广大农民的热烈欢迎，长期套在人们头上的意识形态紧箍咒随之消除了。包产到户在安徽、浙江、江西、江苏、山东、内蒙古、四川、贵州等省、自治区农村迅速扩展开来。1980 年 11 月初，全国农村实行包产到户的生产队比重占到 15%，1982 年 6 月末该比重上升至 67%。

1982 年 9 月，党的十二大对以包产到户为主要形式的农业生产责任制改革再次给予肯定。1983 年 1 月 2 日，党中央颁发了《当前农村经济政策若干问题》的文件，高度评价了以包产到户为主的家庭联产承包责任制。在党中央的领导和支持下，在成功示范效应带动下，包产到户从南到北、从东到西进一步发展。至 1983 年末，全国已有 1.75 亿农户实行了包产到户，包产到户在所有责任制中的比重达 97.8%；1984 年末进一步上升至 98.9%。

随着包产到户的兴起和迅速发展，为传统计划经济体制配套的人民公社制度弊端日益凸显出来。为此，改革政社合一的人民公社体制、建立乡镇政府便成为历史必然。同时，以“交够国家的，留足集体的，剩下全是自己的”为特征的包干到户，还迫使国家改革农产品流通体制，推进了农产品购销的市场化进程。

进入 20 世纪 80 年代中期以来，土地制度改革还在进行。1984 年中央 1 号文件首次提出，土地承包期限一般应在 15 年以上，允许土地转包，但不允许买卖、出租。1986 年中央 1 号文件首次提出“统一经营与分散经营相结合的双层经营体制”。1993 年《中共中央、国务院关于当前农业和农村经济发展的若干政策措施》提出，在原定耕地承包期到期之后，再延长 30 年不变；在坚持土地集体所有和不改变土地用途前提下，经发包方同意，允许土地的使用权依法有偿转让。2001 年的中发 18 号文件明确提出，“在承包期内，农户对承包的土地有自主的使用权、收益权和流转权”。2007 年颁布的《中华人民共和国物权法》从法律层面把土地承包经营权上升为一种用益物权，包括占有、使用、收益的权利。2008 年党的十七届三中全会首次提出，“现有土地承包关系要保持稳定并长久不变”。2017 年中央 1 号文件提出农村土地实行集体所有权、承包权、经营权三权分置。党的十九大报告中提出，农村第二轮土地承包到期后，将再延长 30 年。由此可以看出，土地制度改革的趋势是，坚持土地集体所有权不变，稳定和扩大土地承包权，完善和放活土地经营权。

土地制度改革给我国经济社会发展带来了重大而深刻影响，首先以包干到户为主要形式的家庭联产承包责任制，从制度根子上解决了农产品供给激励机制缺乏问题。把土地经营权交给了农民，在新的制度安排下，他们可以根据市场需求变化自

① 中共中央文献研究室、国务院发展研究中心：《新时期农业和农村工作重要文献选编》，中央文献出版社 1992 年版，第 60 ~ 61 页。

主调整生产，自由地安排自己的劳动时间，自由支配自己的劳动成果。这大大调动了农民生产积极性，提高了农业劳动生产率和土地生产率，农产品供给长期短缺的矛盾从根子上解决了。农民自身吃饭问题不再受体制制约，城镇食品需求、农产品加工业发展都迈向市场通道。

其次，农民收入大幅度增长后，除了改善生活还出现了农业剩余。在获得了农业剩余产品后，农民通过市场将其变成现金收入，去购买非农产品，用于扩大农业再生产和改善生活。1978～1985 年，农民纯收入增长了 1.69 倍，消费增长了 1.73 倍，同时，农民手中开始有了剩余资金，农村储蓄也开始快速增长，1978 年农村居民储蓄存款余额 55.7 元，1985 增至 564.8 亿元，1990 年又进一步 1 841.6 亿元，12 年间农村储蓄增长了 32 倍。面对手中出现的剩余资金，农民需要寻找新的投资空间。①

最后，土地制度改革的最大收获是农民获得身份自由，这给中国 40 年经济发展和结构转型创造了最基本条件。实行土地承包以后，农民有权利自由安排自己的劳动时间，在自己承包的土地上实干加苦干，由此农业劳动效率提高了，务农的用工量大幅度减少了。根据统计资料测算，同 1981 年相比，1990 年五类农产品生产所需劳动力实际减少了 4 909 万个（如表 1 所示）。因此，过去由计划经济掩盖的农村劳动力剩余从隐性转为显性。农村地区出现的劳动力剩余带来的潜在人口红利，给中国经济结构转型创造了难得的条件。②

表 1　　主要农产品用工量变化

品种	1981 年			1990 年			节约劳动量（万日）
	亩用工（日）	播种面积（万亩）	总用工量（万日）	亩用工（日）	播种面积（万亩）	总用工量（万日）	
粮食	22.27	172 437	3 840 172	14.7	170 199	2 501 925	1 288 406.7
油料	22.1	13 701	302 792	18.1	16 350	295 935	65 400
棉花	54.2	7 777.5	421 541	44.26	8 382	370 987	83 317.4
糖料	43.6	1 480.5	64 550	34.7	2 518.5	87 392	22 414.6
烟叶	73.2	880.5	64 453	54.42	2 013	109 548	37 803.6
合计		196 276.5	4 693 508		199 462.5	3 365 787	1 497 342.3

资料来源：马晓河：《结构转换与农业发展》商务印书馆 2004 年版，第 129 页。

事实证明，在后来的 40 年发展中，我国选择的投资打头、出口导向、以劳动

① 马晓河：《转型与发展——如何迈向高收入国家》，人民出版社 2017 年版，第 107 页。
② 马晓河：《转型与发展——如何迈向高收入国家》，人民出版社 2017 年版，第 106～107 页。

密集型产业为主导的发展模式，正是利用了土地制度改革带来的机会和条件，将潜在人口红利转化为真实经济增长动力。

二、农产品购销体制改革推动了市场化进程

家庭联产承包责任制普遍推行之后，农业生产力有了质的飞跃，农产品供给大幅增加，粮食总产量从1978年的3亿吨猛增至1984年的4亿吨，粮食总量增长速度超过历史上任何时期，如图1所示。但是，面对僵化、低价、低效的统购统销制度，农民只愿意完成国家下达的交售任务，并不愿意将余粮卖给国营机构。因此农业丰收呼唤农产品购销体制改革。

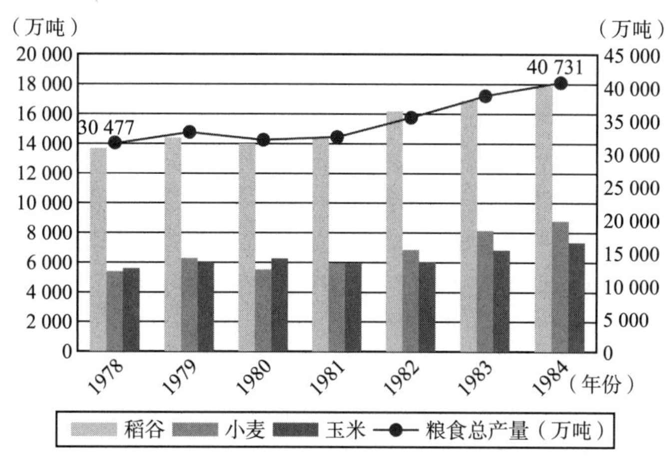

图1　1978～1984年主要粮食作物产品产量

资料来源：《中国统计年鉴》（1987），中国统计出版社1987年版。

农产品购销体制改革的重点从粮食开始，改革路径主要围绕推动以粮食为主的农产品市场化和保障粮食安全两个目标展开，共经历了五个阶段：

第一阶段：用合同定购取代粮食统购。1985年1月1日，中共中央、国务院在《关于进一步活跃农村经济十项政策》中宣布："从今年起，除个别品种外，国家不再向农民下达农产品统购统派任务，按照不同情况，分别实行合同订购和市场收购。"这一文件的出台标志着我国农产品购销体制开始从统购统销走向"双轨制"①。1999年，国家统购粮食占粮食流通总量由1984年的87.3%下降至37.1%，市场调节粮食占流通总量由1984年的12.7%上升至62.9%。

第二阶段：实行粮食市场自由购销。1992年10月，党的十四大正式提出了

① 双轨制，即政府通过一定的行政手段直接控制一部分粮食购销；另一部分粮食购销由生产者、消费者、经营者自主进行，实行完全的商品交换，由市场机制调节。

建立社会主义市场经济体制的目标，并推出了多项改革举措，直接冲击了粮食购销“双轨制”。在粮食购销价格倒挂问题日益严重，财政补贴负担不断加重的压力下，1993 年 2 月，国务院发出《关于加强粮食流通体制改革的通知》，要求按照统一政策、分散决策、分类指导、逐步推进的原则，争取在两三年内全部放开粮食价格。此后，粮食购销开始走出“双轨制”，走向国家宏观调控下的市场自由购销体制，初步实现了运用市场机制来调节粮食供求和生产资源的配置①。

第三阶段：初步推动粮食市场化改革。1998 年 5 月，国务院下发了《关于进一步深化粮食流通体制改革的决定》，提出了“三项政策、一项改革”，即实现按保护价敞开收购农民余粮、顺价销售、资金封闭运行，加快国有粮食企业改革。2004 年中央 1 号文件进一步要求全面放开粮食收购和销售市场，实现购销多渠道经营。同时，为了支持主产区农民种粮积极性和应对加入 WTO 后国际农产品的冲击，国家陆续出台粮食直接补贴、良种补贴、农机具购置补贴、农资综合补贴，并不断拓宽补贴领域和范围，逐步形成了以粮食生产、农民增收和生态环境保护为目标，综合补贴和专项补贴相结合的农业支持政策体系②。

第四阶段：全面推动粮食市场化改革。2006 年，国务院发布了《关于完善粮食流通体制改革政策措施的意见》，指出粮食流通体制的改革要“从推进国有粮食购销企业改革，转换企业经营机制入手，积极培育和规范粮食市场，加快建立全国统一开放、竞争有序的粮食市场体系”。粮食购销市场进入了全面市场化时期。2004 年，国家开始实施粮食最低收购价政策③，托市收购的品种从稻谷逐步覆盖到小麦。2008 年，中储粮开始对主产区玉米、大豆、油菜籽实行临时收储措施。一系列政策的出台减少了政府对农产品市场的直接干预，逐步实现了由市场价格信号引导农业资源配置和农业生产决策④。

第五阶段：深入推进农产品市场化改革。2014 年中共 1 号文件强调完善粮食等重要农产品价格形成机制，要求继续坚持市场定价原则，探索推进农产品价格形成机制与政府补贴脱钩的改革，逐步建立农产品目标价格制度⑤。并开始启动大豆、棉花目标价格补贴改革试点，探索粮食、生猪等农产品目标价格保险试点，继

---

① 韩俊：《中国经济改革 30 年：农村经济卷（1978～2008 年）》，重庆大学出版社 2008 年版，第 74～85 页。

② 谭智心、周振：《农业补贴制度的历史轨迹与农民种粮积极性的关联度》，载于《改革》2014 年第 1 期。

③ 按照规定，国家每年在粮食播种前公布水稻、小麦等最低收购价政策，当市场价低于最低价时，由国家指定的粮食企业——中国储备粮管理总公司（下文简称“中储粮”）以最低价进行收购，以此稳定市场价格，维护农民利益。

④ 黄季焜：《六十年中国农业的发展和三十年改革奇迹——制度创新、技术进步和市场改革》，载于《农业技术经济》2010 年第 1 期。

⑤ 目标价格制度，即在市场价格过高时补贴低收入消费者，在市场价格低于目标价格时按差价补贴生产者，切实保证农民收益。

续执行稻谷、小麦最低收购价政策和玉米、油菜籽、食糖临时收储政策。随着粮食最低收购价和临时收储价不断提高，国外农产品开始挤占国内市场，出现了产量、进口量、库存量"三量齐增"的问题，2016 年中央 1 号文件提出率先对玉米的价格形成机制和补贴制度进行改革，取消玉米临储政策，实行"价补分离"。从当前来看，大豆、棉花、玉米购销体制改革取得了良好的效果。此项改革还在继续推进，下一步改革覆盖范围将进一步扩大，农产品市场化程度将进一步提高，如图 2 所示。

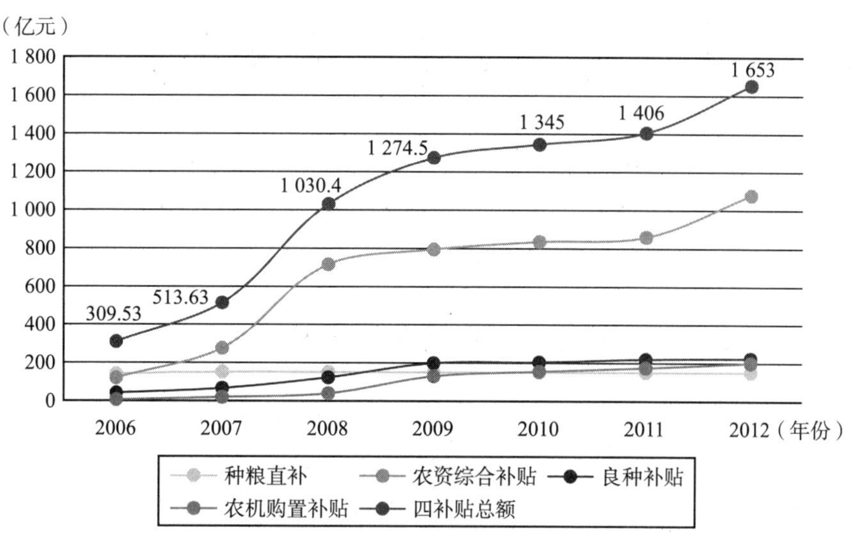

图 2　2006～2012 年农业补贴增长情况

资料来源：中华人民共和国农业农村部网站。

农产品市场化改革遵循了"找准方向—初步改革—全面改革—深化改革"的逻辑路径，给农业农村带来了翻天覆地的变化，也为推动我国经济社会发展贡献了巨大能量：第一，农产品购销体制改革早于其他领域的市场化改革，为市场经济改革的孕育和启动，探索了路径，提供了示范。第二，对于农产品购销体制改革，我国一直在摸索用"无形之手"与"有形之手"协调农产品供求关系的有效方式，这为国民经济其他行业在宏观调控下推进市场化改革提供了可借鉴的经验。第三，坚持在发展市场经济过程中保护农民利益，农民人均纯收入逐年提高，2014 年开始突破万元，为我国迈向高收入国家打下了坚实基础。此外，随着农产品购销体制改革不断深入，农民务农积极性不断提高，农产品种类更加丰富，粮食生产出现了十三连增（如图 3 所示），有力保障了国家粮食安全。

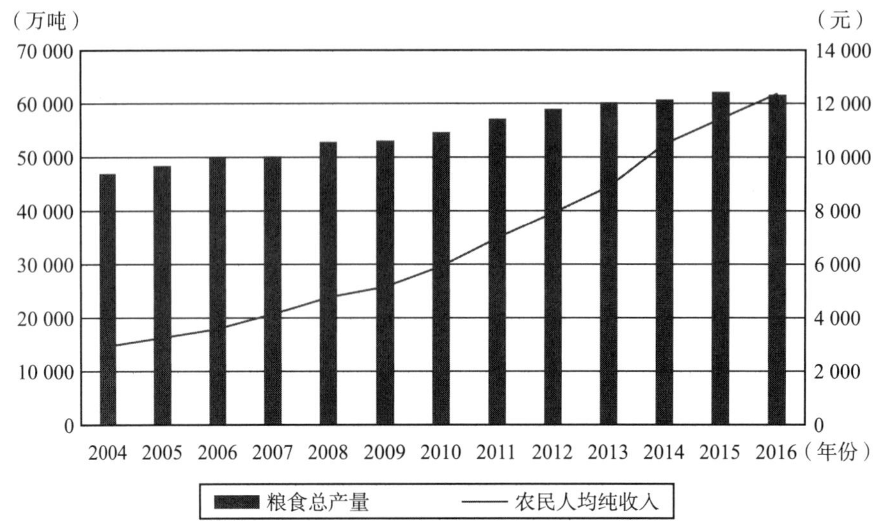

图3　2004～2016年粮食总产量和农民人均纯收入变化

资料来源：2005～2017年全国年度统计公报。

三、乡镇企业发展推进了工业化战略转型

在农村实行家庭联产承包责任制的同时，国家还推出了两大战略性调整：一是从1979年开始，国家调整了重化工业优先发展战略，实行轻工业“六优先”政策。[①] 二是1985年1月国家发布了《关于进一步活跃农村经济十项政策》文件，号召农民调整产业结构，大力发展乡镇企业，对乡镇企业实行信贷、税收优惠，鼓励和支持农民发展农产品加工业。在上述大背景下，受非农产业利润较高的诱惑，大量农民利用刚刚获得的身份自由，携带着农业剩余资金，抬起双腿迈出农业门槛，瞄准市场需求最短缺的领域，轰轰烈烈搞起了乡镇企业。由表2可看出，在1980～1990年间，乡镇企业数增长了12.2倍，固定资产原值增长了5.8倍，就业人数增加了2.1倍，创造的非农产业产值也增长了4.4倍。

表2　乡镇企业发展情况

项目	1980年	1985年	1990年
企业数量（万个）	142.5	1 222.5	1 873.5
乡村办企业（万个）	142.5	156.9	144.4
村以下办企业（万个）	Na	1 066.0	1 728.0

① 从1979年开始，国家对轻工业的发展实行“六个优先”的原则，即原材料、燃料、电力供应优先，挖潜、革新、改造措施优先，基本建设优先，银行贷款优先，外汇和技术引进优先，交通运输优先。

续表

项目	1980年	1985年	1990年
企业固定资产原值（亿元）	326.3	750.4	2 202.0
劳动就业数量（万人）	2 999.7	Na	9 262.0
农村非农产业产值（亿元）	869.5	2 720.5	8 957.1
农村工业产值（亿元）	544.0	1 750.1	6 719.7

注：Na表示数据不可得。
资料来源：马晓河：《转型与发展》，人民出版社2017年版，第132页。

进入20世纪90年代中后期，乡镇企业发展出现了一个新变化，就是乡镇企业改制。改制形式是多种多样的，有股份制和股份合作制改造，有租赁、承包、兼并、拍卖、转让等，但最终大多乡镇企业都转变为民营企业或股份制企业。改制后的乡镇企业出现了两个发展趋势。一个是向城镇集中发展。随着国家工业化战略转型，以及后来的国有企业改革，使得乡镇企业的产业选择方向与城市企业的方向越来越趋同，农村工业化与城市工业化开始出现了融合和一体化倾向。另一个是向农村进一步延伸，与农业、农民生产生活发生了深度融合，由此产生了一批新业态、新模式。

乡镇企业的勃勃兴起，打破了传统体制下城市搞工业和农村搞农业的二元经济结构。由此，我国在地域上形成了城市工业化与农村工业化并存的双重工业化。同城市工业化相比，农村工业化有着鲜明特点。第一，农村工业化以市场经济为基础，依靠农民自发力量兴办。这些企业从诞生之日起，就依靠市场“找米下锅”、资金筹措、原料配置、劳动力招聘、能源供应、产品销售等，都要靠自己到市场上去拼搏，由此它们锻造出了较强的市场竞争力。第二，农村工业是典型的劳动密集型产业，采取的是分散型、本地化路线，距离农业比较近，对农村剩余劳动力转移的拉动作用大。通过对全国工业结构和农村乡村工业结构分析发现，1985年全国工业产值结构中与农业有关的所占比重为39.8%，而乡村工业同类指标为52.9%；1990年全国工业产值结构中与农业有关的比重占36.2%，而乡村工业同类指标为52.25%。第三，20世纪80年代中期至20世纪末，乡镇企业是中国经济持续快速增长的最大贡献者。从城乡产业产出结构上看（如图4所示），1980年，在国内生产总值中，扣除由农业提供的部分之外，其余国内生产总值中只有4.8%是由乡镇企业提供的，1990年这一指标提高至18.3%，1995年进一步上升至31%，2000年高达45.7%。

乡镇企业的快速发展，不仅改变了农民和农村面貌，还无形中推动了经济结构的转型，打破了计划经济主导下由国有企业为主的重化工业优先发展模式。一是乡镇企业是一种混合型制度安排，它既有集体所有制，也有个人所有制和合伙制，同时还有股份制和股份合作制，等等，在国有体制之外，发育和成长出一批非国有企

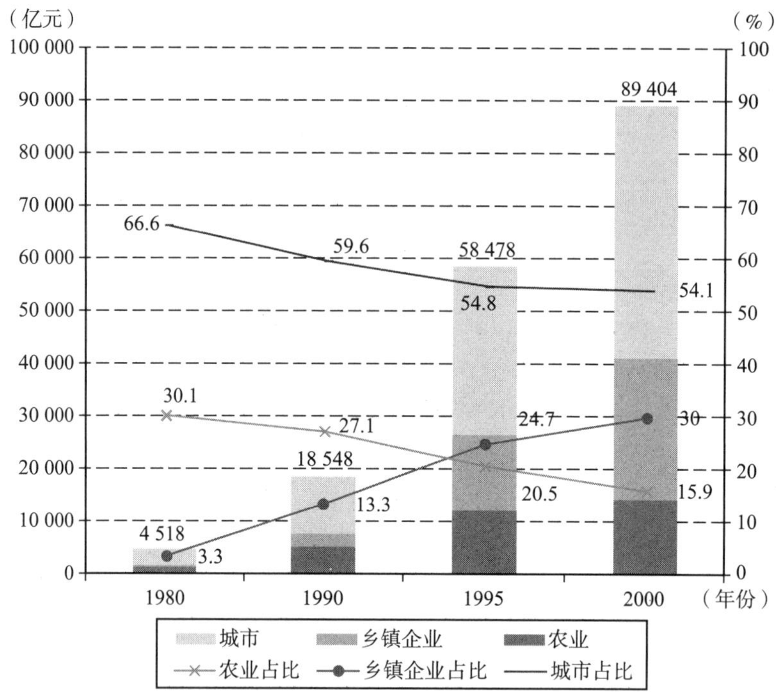

图 4　城乡间国内生产总值产出结构

资料来源：马晓河：《结构转换与农业发展》，商务印书馆 2004 年版，第 134～135 页。

业，由此我国所有制结构由单一制转向多元化。二是在国有经济主导的重化工业优先发展的路线之外，农村发育和成长出一批以劳动密集型产业为主的轻工业，生产了大量轻纺日用消费品，既满足了国内市场需求，为告别“短缺经济”做出卓越贡献，又形成了向外出口的能力，为我国消除“双缺口”贡献了力量，这使得我国经济结构过早过度的重型化倾向得到矫正。需要强调是，在农村发育起来的企业和成长起来的产业，在加入 WTO 之前已经进入了国际市场，它们练就了一身创国际市场的能力经验，后来借助加入 WTO 后机会，进一步发展壮大自己，成为占领世界劳动密集型产品市场的主力军。三是乡镇企业还是催生城镇化的新生力量。在计划经济条件下，我国大中城市得到支持和发展，离农民较近的小城镇难以发展。乡镇企业异军突起后，改变了这种格局，乡镇企业在小城镇开办纺织、服装、食品加工、农机具加工修理、矿产品加工业、农业农村服务业等，由此吸引了大量农村剩余劳动力向小城镇集聚，社会资本和技术也向这里汇集，于是全国各地的小城镇也迅速发展了起来，中国的城市化变成了真正的城镇化。

四、农村税费改革催生了城乡公共服务均等化

大办乡镇企业，农民获得了实实在在的好处，因此，许多农民的产业“兴奋

点”由农业转向了乡镇企业。另外，20 世纪 90 年代初期的财税体制改革，使得财权和事权之间产生了严重的结构性失衡，出现了越是基层政府财权越小事权越大的矛盾。在此背景下，地方政府便向农民转嫁支出。由此“乱集资、乱收费、乱摊派”现象越来越严重，农民负担日益加重。1990 ~2000 年农民税费负担总额从 469 亿元增长至 1 359 亿元，增长了 2. 9 倍，农民人均负担增长了 3 倍①。

税费负担过重带来的最大损害就是影响了农民种粮积极性，弃耕撂荒问题突出。面对日益加重的农民税费负担，2000 年，农村税费改革在包产到户的发源地——安徽省展开了试点。试点的主要内容是“三个取消、一个逐步、两个调整、一项改革”②，安徽农村税费试点改革，减轻了农民负担、规范了农村税费制度、创新了农村税费征管形式、促进了农村经济配套改革和农村社会稳定。试点成功为在全国范围内推行农村税费改革提供经验，2002 年 3 月中央又确定在河北、内蒙古、黑龙江、吉林等 16 个省（自治区、直辖市）扩大农村税费改革试点。2005 年年底有 28 个省（自治区、直辖市）及河北、山东、云南三省的 210 个县（市）全部免征了农业税。2006 年 1 月 1 日十届全国人大常委会宣布全面取消农业税。

由减免农业税到取消农业税为主要内容的农村税费制度改革，直接效果是减轻了农民负担，据中华人民共和国农业农村部统计，2006 年全国农民直接负担的税费总额为 282. 8 亿元，人均 30. 95 元，分别比 2000 年下降了 77. 55% 和 78. 11%（如表 3 所示）。专家估计如果没有农村税费改革，按照 20 世纪 90 年代农民负担增长速度，2006 年农民税费负担要超过 2 000 亿元③。

表 3　　2000 ~2006 年农民税费负担情况

年份	农民直接承担的税费总额（亿元）	（一）人均税费（元）	其中：1. 农业税收（亿元）	2. 村提留乡统筹（亿元）	3. 社会负担（亿元）	4. 以资代劳（亿元）	（二）劳均两工/“一事一议”筹劳（个）
2000	1 259. 60	141. 42	34. 23	66. 20	34. 68	6. 31	16. 3
2001	1 200. 90	134. 93	35. 18	60. 19	35. 06	4. 50	16. 2
2002	1 030. 50	115. 80	46. 70	41. 20	23. 70	4. 20	10. 5
2003	869. 30	96. 60	45. 60	29. 50	19. 10	2. 40	88. 3
2004	581. 70	64. 40	22. 20	23. 20	17. 602	1. 40	2. 1
2005	324. 20	35. 70	1. 30	19. 20	14. 10	1. 06	1. 3
2006	282. 80	30. 95	0. 00	15. 86	14. 09	0. 99	1. 24

资料来源：中华人民共和国农业农村部相关统计资料。

① 陈锡文：《中国农村公共财政制度》，中国发展出版社 2005 年版。

② 即取消城乡统筹、农村教育集资和屠宰税，逐步取消统一规定的劳动积累工和义务工，调整农业税政策和农业特产税政策，改革村提留征收使用办法。

③ 韩俊、张云华、江文涛：《农村税费改革的过程、成效与经验》，国研网，2016 年 10 月 27 日。

美国著名学者亨廷顿指出，农村是决定政府稳定或脆弱的关键因素，“得农村者得天下”。农村税费改革从根本上解决了农民负担过重问题，融洽了党群、干群关系，为逐步协调工农关系、加快城乡统筹发展起到了巨大作用。也从宏观收入分配制度上理顺了国家、集体和农民之间的权利义务关系，保障了农民通过土地制度改革获得的权益不再受侵犯，这是国家长治久安的重大事件。

取消农业税后，以农业为主的地区出现了财政困难，赤字不断扩大，地方政府提供“三农”公共服务能力有所下降，特别是2009～2011年，地方财政农林水事务支出占地方财政支出比重由10.5%下降至10.3%，国家财政农林水事务总支出占国家财政支出比重保持在9%左右，而同期城市市政公用设施建设固定资产投资总额占国家财政支出比重保持在13.4%左右①。公共服务投入差距直接扩大了城乡、地区公共服务供给差距。在公共品供给上，城镇供给优质、结构均衡，农村供给总量不足、质量不高。在此背景下，农民对公共服务城乡一体化的愿望日益强烈。党的十七大报告明确指出，缩小区域发展差距，必须注重实现基本公共服务均等化，引导生产要素跨区域合理流动。党的十七大以来，实现城乡公共服务均等化从以下三个层面展开：

一是建立农村基本社会保障制度，实行农村基本医疗保险、基本养老保险。2006年，中华人民共和国卫生部、国家发展和改革委员会等部门要求扩大新型农村合作医疗（以下简称“新农合”）试点。2009年，在农村合作医疗制度试点的基础上，党中央、国务院确立了新农合作为农村基本医疗保障制度的地位，并加大了对新农合的财政补助力度，2010～2017年，各级财政对新农合的人均补助标准由120元/人提高至450元/人，对于解决农民因病致贫、因病返贫问题起到了积极作用。新农合试点推出之后，国家又建立了新的农村养老保险制度，从2009年起开展新型农村社会养老保险试点，将原有的“五保”对象等农村特困群体的生活从农村集体供养转为财政供养，并探索建立“个人缴费、集体补助、政府补贴”相结合，覆盖广大农民群体的新型农村社会养老保险制度，使农村向社会化养老制度迈出重要一步②。

二是加强农业农村基础设施建设，重点解决农村路、水、电、气、网、房和生态环境建设突出问题。2008年中央1号文件聚焦“加强农业基础设施建设”，2008年底国家实施了“四万亿”投资计划，农村水、电、路、气、网、房等民生工程和基础设施成为重点投向，两年安排资金约3 700亿元③。另外，国家通过实施西部大开发、建设社会主义新农村等重大战略，不断健全农村道路、水、电、气等公共基础设施建设。除了夯实农业农村设施硬件，国家还着力提升农业农村生态环境，2013年启动了“美丽乡村”创建活动，深入推进农村人居环境整治，建设了

---

① 资料来源：《2009年中国城市建设统计年鉴》。

② 卜晓军：《我国城乡公共服务均等化的制度分析》，西北大学博士论文，2010年。

③ 资料来源：国家发展和改革委员会网站。

一批既有现代文明、又具田园风光的美丽乡村。

三是解决农村公共卫生、文化、基础教育等供给短缺问题。从2006年开始，国家全部免除西部地区农村义务教育阶段学生学杂费，2007年扩大至中部和东部地区，实现真正意义上的九年制免费义务教育。随着“工业反哺农业”“工农业协调发展”① 战略的深入实施，城乡一体化的公共服务供给制度体系初步形成。2017年，国务院发布了《“十三五”推进基本公共服务均等化规划》，要求以普惠性、保基本、均等化、可持续为方向，健全国家基本公共服务制度，完善服务项目和基本标准，强化公共资源投入保障，提高共建能力和共享水平，总体实现基本公共服务均等化。

农村公共服务体制改革，从多维视角削弱了城乡二元结构差距，对推进全面现代化建设产生了深刻影响。建立农村社会保障制度，初步实现了农村公共服务从无到有、从少到多，有效遏制了公共服务城乡二元差距的扩大趋势，将城乡公共服务均等化向前推进了一大步；加强农业农村基础设施建设，提升了农业综合生产能力，培育了农村经济新动能，改善了人居生态环境，为深入推进国家全面现代化，弥补农业农村现代化短腿创造了基础条件；建立和完善农村公共服务体系，使得农民的健康和医疗卫生水平大幅度改善，农村人口综合素质显著提高，将为中国跨越“中等收入陷阱”、迈向现代化强国提供有效的人力资本支撑。

五、精准扶贫脱贫为建立“橄榄”型社会新格局积累了条件

从低收入国家迈向中高收入国家行列，经济高速发展过程本身带来了贫困人口的大幅减少，与此同时，我国政府还利用经济发展成果进行了长期的反贫困斗争。改革开放以来，我国政府采取了一系列减少贫困的治理措施。例如，开展以工代赈和扶贫贴息贷款，加强贫困地区基础设施建设，实施产业开发扶贫，建立社会救助制度，对贫困人口实行救济，在贫困地区优先推行九年制免费义务教育，对贫困子女高中和大学就学给予补助等。通过一系列反贫困措施的实施，我国贫困人口大幅度快速减少，绝对贫困人口由1978年的7.7亿人减少至2012年的9 899万人，贫困发生率由97.5%下降至10.2%。

但是，在反贫困方面，我们遇到了两大难题。一是城乡居民绝对收入差距在扩大。尽管以农村社会保障为主的农村公共服务体制改革对消除贫困产生了积极影响，城乡居民之间相对收入差距在明显缩小，但是，由于农村地区公共服务供给总量、结构和质量与城镇相比仍然有很大差距，已有农村公共服务供给对消除绝对贫困的影响效应②有限，城乡居民绝对收入差距仍在持续扩大，如表4所示。

① 曹俊杰：《实现由工业反哺农业向工农业协调发展战略转变》，载于《中州学刊》2016年第11期。

② 刘振中、马晓河：《安徽省农村公共设施建设体制改革效应分析——一个投资规模效率比较的逻辑分析》，载于《农业经济问题》2014年第7期。

表 4　　2006～2012 年城乡居民收入增长情况

年份	城镇居民家庭人均可支配收入（元）		农村居民家庭人均纯收入（元）	
	绝对数（元）	指数（1978 年 = 100）	绝对数（元）	指数（1978 年 = 100）
2006	11 759.5	670.7	3 587	670.7
2007	13 785.8	752.5	4 140.1	734.4
2008	15 780.8	815.7	4 760.6	793.2
2009	17 174.7	895.4	5 153.2	860.6
2010	19 109.4	965.2	5 919	954.4
2011	21 809.8	1 046.3	6 977.3	1 063.2
2012	24 564.7	1 146.7	7 916.6	1 176.9

资料来源：2013 年中国住户调查年鉴。

另一个是农村内部阶层收入分化严重。从五等份分组的农村居民纯收入来看，与 2006 年相比，2012 年，20% 的农村低收入户人均纯收入增长了 1.96 倍，而 20% 的农村高收入户人均纯收入则增长了 2.24 倍。2006 年，20% 的农村低收入户与 20% 的农村高收入户人均纯收入差距为 7.17 倍，而 2012 年，低收入户与高收入户人均纯收入差距升至 8.21 倍（如图 5 所示），农村内部居民群体之间收入差距明显扩大了。按提高后的贫困标准统计①，2012 年，我国尚有 1.28 亿的贫困人口。

从世界发达国家经验看，一个国家要迈过“中等收入陷阱”，进入高收入国家行列，必须构建以中等收入群体为主的橄榄型社会格局，而要实现这个目标，关键在于最大限度地减少贫困人口。对我国而言，绝对贫困问题成为制约我国现代化的关键因素，减少绝对贫困人口的重点区域在农村，特别是老、少、边、穷地区，重点对象是农村低收入群体。再者，在城市和发达地区经济迅速发展和居民生产生活条件快速改善的情况下，农村居民特别是贫困地区居民生产生活条件相对落后，他们要求改善生产生活环境的愿望日益强烈。不断增强贫困人口对经济发展成果的获得感、走共同富裕道路，是经济发展中亟须解决的难题。在此背景下，彻底解决贫困问题摆上了议事日程。

随着贫困问题大面积的解决，剩下的贫困人口都是贫困程度深、情况复杂，解决难度大、成本高，依靠常规举措难以摆脱贫困的。为解决新时期贫困“最后一公里”问题，党中央把扶贫脱贫作为关乎党和国家政治方向、根本制度和发展道路的大事，党的十八大确定了到 2020 年全面建成小康社会的目标，定下了实现全面脱贫的决心。为实现这一目标，党和国家实施了一系列精准扶贫、精准脱贫方略，

① 2011 年 11 月 29 日，中央扶贫开发工作会议在北京召开，中央决定将农民人均纯收入 2 300 元（2010 年不变价）作为新的国家扶贫标准。

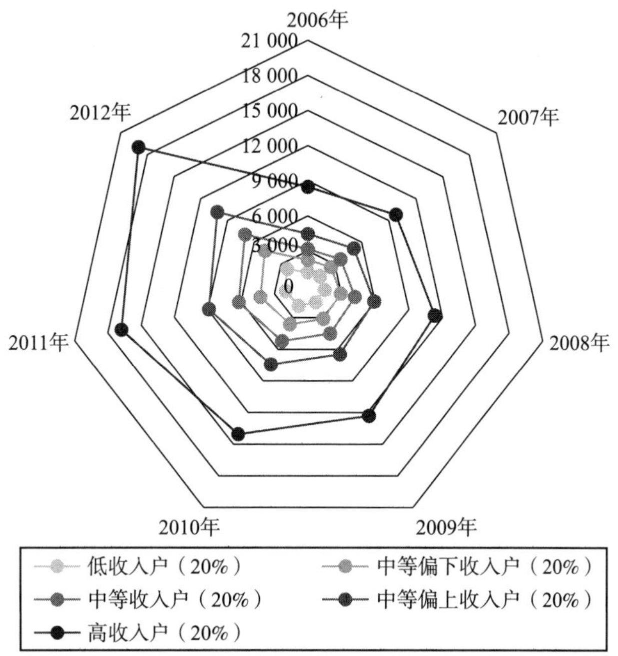

图5　2006～2012年按五等份分组的农村居民纯收入分布（单位：元/人）

资料来源：2014年中国住户调查年鉴。

攻坚扶贫上升到了国家战略层面。2013年11月，习近平总书记到湖南湘西考察时首次作出了“实事求是、因地制宜、分类指导、精准扶贫”的重要指示。为推动“精准扶贫”思想落地，2014年5月，国务院扶贫办等7部门联合发布了《建立精准扶贫工作机制实施方案》，要求对贫困户进行精准识别、精准帮扶、精准管理和精准考核，构建精准扶贫工作长效机制。同时，国家实施了坚持分类施策、因人因地施策、因贫困原因施策、因贫困类型施策“六个”精准，以及通过扶持生产和就业发展一批、通过易地搬迁安置一批、通过生态保护脱贫一批、通过教育扶贫脱贫一批、通过低保政策兜底一批“五个”一批的重大举措。面对新时代扶贫攻坚工作的新特征、新困难，党的十九大再次把扶贫提高到新的战略高度，明确提出，要坚持大扶贫格局，重点攻克深度贫困地区脱贫任务，确保到2020年我国现行标准下农村贫困人口实现脱贫，贫困县全部摘帽，解决区域性整体贫困，做到脱真贫、真脱贫。五年来，贫困人口再度减少，从2012年9 899万人减少至3 050万人，贫困发生率进一步下降，由10.2%下降至3.1%。

1978年以来，我国反贫困取得了举世瞩目的成就，为世界反贫困工作做出了卓越贡献。1981～2013年，世界贫困人口共减少10.7亿人，我国对世界减贫贡献63.8%①，直接推动了全球贫困人口下降，为全球贫困治理提供了中国智慧和中国

① 资料来源：世界银行官网。

方案。同时，新时期扶贫攻坚对我国产生了两大影响：第一，精准扶贫解决了农村居民的绝对贫困问题，遏制了农村内部收入差距不断扩大的趋势，缩小了城乡居民生存和发展差距。第二，精准扶贫拓宽了低收入人口的上升通道。精准扶贫从产业扶贫、教育扶贫、公益事业扶贫、健康扶贫、兜底保障、就业创业等方面，提高了贫困人口自我脱贫增收能力，使得一大批农村低收入居民步入中等收入行列，为扩大中等收入群体，构建以中等收入群体为主的“橄榄”型社会格局开创了新局面。

六、重塑城乡关系：促进乡村振兴的农村改革取向

40 年的改革与发展为农业农村现代化提供了物质基础，并创造了制度条件。但与建设现代化强国的目标相比，中国发展不平衡不充分的矛盾主要在农业农村方面。目前城乡融合互动的体制机制依然不畅，要素没有实现双向自由流动；城乡收入、消费差距依然存在，农村公共服务总量不足、结构性矛盾突出；乡村治理体系不完善，治理能力现代化程度有待提高；农业现代化进程相对滞后，与工业化、城镇化和信息化还有不小差距。下一步，要全面建成建设社会主义现代化强国，跨越现代化强国新门槛，必须以乡村振兴战略为总抓手，加快推进农业现代化，加强城乡公共服务均等化，积极推进新型城镇化，着力实现乡村治理体系和治理能力现代化。

一是加快推进农业现代化，为实现全面现代化补短腿。农业现代化是我国建成全面现代化强国的最大瓶颈约束。应以乡村振兴战略为契机，认真贯彻落实农业农村优先发展，建立公共财政对“三农”领域优先投入机制，切实加强农业基础设施建设，不断提高农业物质装备水平。扩大金融资本支农总量，增加农村金融供给主体，注重发挥政策性金融机构在农业支持政策体系中的基础作用，鼓励商业性金融加强农业的支持力度，放宽农业领域合作性金融的开办限制。加快提升农业自主创新能力，依靠科技抢占国际竞争制高点。健全和完善农业科技创新和推广服务体系。尽快建立一批现代农业产业科技创新中心，推进资源开放共享与服务平台基地建设。依托国家农业科技创新联盟，针对重大产业发展瓶颈和区域农业绿色技术发展需求，采取联合攻关模式协同创新、合力创新。采取更加积极的政策措施，支持工业设备、工业技术、信息技术等成果应用到农业生产，倡导机具和技术集成配套，探索农机农艺融合、农机化信息化融合。加快发展新型农业经营主体，培育现代农民，支持具有活力、富有竞争力和创新能力的新型农业经营主体的成长。建立健全现代农业服务体系，积极发展农业生产性服务业，推进农业生产性服务业市场化、产业化、社会化和网络化。构建分工协作、优势互补、链接高效的现代农业产业组织体系，以家庭经营为基础，通过合作与联合，形成立体式、复合型的现代农业经营组织。

二是加强城乡公共服务均等化，为实现城乡一体化奠定物质基础。要从根本上

改变农村公共服务供给不足或质量不高的问题，必须尽快改变公共物品供给“重城市轻农村、重市民轻农民”的倾向。加快改革城乡公共服务供给体制，大幅度增加农业农村的公共服务供给水平，将基础设施和公共服务重点向农村延伸、倾斜。对于大型农业农村基础设施、义务教育等纯公共物品，中央和省级政府要担负起完全责任。应不断提高农村基本医疗、基本养老保障水平，最终实现农村社会保证从“有”到“高”的转变。对于贫困农村地区的基本医疗、基本养老保障、农村道路建设、自来水供应等具有半公共物品属性的，在制度安排上，事权可以下放到县级政府，但必须由中央和省级政府对贫困地区的财政供给担负起完全责任；非贫困农村地区的半公共物品供给，中央和省级政府可适当与市县政府分责任担负，但要督促地方不断提高供给质量，提高共建能力和共享水平。要充分发挥公共服务在防止贫富分化、帮助穷人脱贫致富方面的作用。今后，我国要顺利进入高收入国家，需要大力培养以中产阶层为主体的“橄榄”型社会结构，因此“提低、扩中”就具有战略意义。要着力落实“八个一批”脱贫攻坚行动计划，多举措帮助低收入群体，打破阶层固化，拓宽低收入者改变身份向上流动的通道，阻断贫困代际传递，最终实现阶层结构转型。加大对农村劳动力的针对性培训和农村地区子女教育投入，提升其人力资本和技能技巧，增强其创新创业和带动致富的能力；进一步加大农村临时济困救助力度，发挥社会救助制度托底线、保稳定的功能，如发放临时救助金和实物。最终在学有所教、劳有所得、病有所医、老有所养、住有所居等方面实现全国城乡公共服务均等化。

三是积极推进新型城镇化，为建立市民化社会和实现农业适度规模经营创造条件。先行工业化国家在跨入高收入阶段时，城镇化率都超过70%，而我国属于典型的城镇化滞后型经济。当经济增长由高速转向中高速后，内需成为经济发展的根本动力，扩大内需的最大潜力在于城镇化。同时，推进农业现代化，实现农业适度规模经营，必须继续向外转移一部分农业劳动力，也亟须推进新型城镇化。除了北京、上海等特大城市外，要进一步放宽放开农民进城落户条件，全面有序放宽、放开大中城及小城镇的户籍限制，最终使农民在城乡间自由流动。农民转为市民后既能使城镇消费群体不断扩大、消费结构不断升级、消费潜力不断释放，还会进一步带来城市基础设施、公共服务和住宅建设等巨大投资需求，这将为经济发展提供新动力。推进新型城镇化，还离不开土地、资本等要素的市场化改革。对于土地制度改革，要实施以市场为原则的土地交易制度，建立国有土地和集体所有土地权利平等的建设用地市场。激活农村的土地资产，积极推进农村经营性建设用地入市交易。要进一步探索农村土地制度改革方向，在继续稳定土地集体所有权基础上，应强化和扩大农民的土地承包权限，实现土地权益的人格化。农民土地承包权作为一种资本，要进一步推进土地承包权（包括宅基地及其建筑物）的转让、租赁或出资入股、抵押，还要积极探索农民土地承包权跨区交易问题。

四是着力实现乡村治理体系和治理能力的现代化，为实现农业农村优先发展提供组织保障。乡村治理体系和治理能力的现代化是农业农村现代化的重要组成部分，也是全面建成社会主义现代化强国需要加强的重要内容。建立健全基层党组织、村委会的组织功能，充分发挥两大组织在乡村治理体系建设中的优势作用，调动党员、干部的积极性，团结带领广大群众贯彻落实乡村振兴战略各项决策部署，为农业农村优先发展贡献力量。不断完善村民代表会议制度，落实村民民主权利，学习、贯彻落实党和国家的方针政策，商议、解决农民关切的重大问题。用好激励手段，调动农村“五老”（老党员、老干部、老劳模、老退伍军人、老教师），在做好群众工作、化解矛盾问题、维护社会稳定等方面的积极作用。深入开展移风易俗专项行动，倡导积极向上的社会风气和生活方式；宣扬和奖励“文明家庭”，以良好家风汇聚成良好的村风民俗。大力弘扬以德孝礼义为核心的优秀文化传统，繁荣丰富乡村文化，厚积乡村文明土壤。用亲情以及政策吸引能人和各种资源回流农村，集中力量振兴农业农村发展。利用同乡联谊会在资源整合、联结政企等方面的独特优势，主动宣传好、推介好家乡发展成就、创业环境和投资前景，引导推介更多企业回乡参与家乡建设，使乡情联谊成为共谋发展的新动能。

以制度改革为重点推进深度城市化*

徐　林

城市化是一个国家走向现代化的必由之路。改革开放以来，随着市场化改革的深入和要素流动管制的放开，我国经历了世界历史上规模最大、速度最快的城市化进程，城市城镇发展取得了炫目的成就，这是我国持续市场化改革和对外开放的显著成果。1978～2017 年，我国城市化率年均提高 1 个多百分点，2017 年底，城市化率达 58.5%，城镇常住人口由 1.7 亿人增加至 8.1 亿人，城市数量由 193 个增加至 660 多个。

不仅如此，与城市化相关的市场化改革和管制放松降低了制度性交易成本，促进了城乡要素的自由流动和市场化配置，大大提高了资源配置效率和要素报酬水平。城市建设方兴未艾，基础设施明显改善，城市功能不断增强，人均住房水平明显改善，公共服务水平不断提高。城市化改变了我国亿万农民的命运，使他们脱离了贫困愚昧，见识了现代文明，提高了人力资本，提高了人均收入，改善了生活质量，为经济发展注入了强大动力，大大推进了国家现代化进程。

按照城市化表现出的一般规律，我国仍处于城市化率 30%～70% 的较快发展阶段，与发达国家 90% 左右的城市化水平相比，还有较大差距。随着劳动年龄人口的减少，特别是农村青壮年劳动力数量的逐渐减少，我国城市化速度将从高速向中高速转变，城市城镇发展也将由规模扩张为主转向质量提升为主转变。尽管如此，我国尚未出现城乡大格局中的逆城市化趋势，这是由城乡居民之间依然还有收入、公共服务较大差距，农业与非农产业劳动生产率之间还有较大差距的现实决定的。在差距面前，包括劳动力在内的各类生产要素依然会表现出向高报酬地区和领域转移配置的动力和趋势，这一趋势符合市场规律，有利于提高资源配置效率，不可能也不应该通过资源的逆向配置人为加以逆转。按照预测分析，我国还将持续 20 年以上的城市化进程，在 2035 年我国基本实现现代化目标时，城市化水平将稳定在 80% 以上。

值得关注的是，如果说改革开放后前 40 年的城市化主要是转移农业农村富余

---

* 本文原发表于《城市化信息与研究动态》，2018 年第 7 期。

本文得到了天津中丽基金总裁王俊沣先生的基础性研究支持，得到了南开经济学人群部分老师和同学的指点和修改建议，在此深表感谢。

劳动力，提高劳动力资源整体配置效率，那么在劳动年龄人口每年减少几百万，农村剩余劳动力数量逐年下降背景下，今后的城市化应该更加注重推进以人为核心的城市化，使更多已经进城就业的农民工和他们的家属在就业居住所在的城市和城镇市民化，让他们能够按意愿在城市和城镇安居乐业，全面提高城市化质量和可持续发展水平。我们不妨把这一城市化模式叫作深度城市化，以区别过去注重城市“面子”不注重城市“里子”的城市化模式。这样做，既可以深入推进供给侧结构性改革，进一步提高要素配置效率；又可以提高更多转移人口的收入和消费能力，带动消费、拉动投资，释放新的内需潜力，也是应对中美贸易战可能导致的不利后果的最有效力的举措。

一、城市化是供给侧结构性改革的重要内容

城市化是农业农村富余劳动力向劳动生产率更高的非农产业转移就业并在城市化地区居住、享受更高质量公共服务，以及整个社会适应这一变化的过程。适应这一变化的根本举措就是推进以市场化为取向、发挥统一市场优势、深度融入全球市场、市场主导要素配置的体制机制改革，这些改革有利于促进劳动力、土地、资本和各类创新要素在城乡之间的自由流动和市场化配置，有利于拓展市场边界，提高资源配置效率，并最终提高全要素生产率，这是过去 40 年中国城市化进程的主旋律，与供给侧结构性改革的根本目的是完全一致的。

（一）城市化有利于提高整体劳动生产率，提高人力资源配置效率

从劳动力资源配置效率看，2017 年我国全员劳动生产率为 8.74 万元/人，按市场汇率比较不到美国的 12%，甚至低于不少发展中国家。农业部门劳动生产率只相当于第二产业的 22% 和第三产业的 26% 左右，低于全世界 33% 左右的平均水平。大多数地区农民 1 年务农时间不超过两个月，农村劳动力富余总体上比较普遍，随着机械化水平的不断提高，今后还有较大的转移空间。农村富余劳动力向非农产业转移，不仅可以缩小三次产业比较劳动生产率之间的差距，还可以大幅提高经济的全员劳动生产率，提升经济发展质量和效益。从人力资本提升看，我国有 9 亿多劳动力，其中技能型人才不到 1.6 亿人，未受过培训的农民工占比达 60% 以上。农业劳动力在向非农产业转移时，一般都需要进行职业技能培训和提升才能上岗，近几年持续实施农民工职业技能提升计划，每年培训的劳动力都在千万人次以上。随着市民化的深入推进，越来越多农民工随迁子女可以平等享有受教育权利，在流入地接受更高质量的教育。农村人口离开农业到非农产业就业，离开农村进入城市生活居住，本质上是摆脱农村愚昧落后文化，认知接受城市现代文明的机会。即便是结束打工回到农村，也将在农村传播在城市浸润的现代文明和所学技能。所有这些，都将有效提升我国人口和劳动力的整体素质，增加人力资源和人力资本的

有效供给，以及基本实现现代化所需要的人力资本积累。

（二）城市化有利于集约高效利用土地，高效配置城乡建设用地并有效保护耕地

实证分析表明，城市规模越大，土地利用的集约化程度越高，城市相对于农村有更高的土地利用效率，单位空间产出密度和人口密度都大大高于乡村地区。随着大量农民进城和城市规模的不断扩大，虽然城市建设用地会继续增加，但农村建设用地也应相应减少。如果大范围实行城乡建设用地增减挂钩、占补平衡，耕地总量不但不会减少，还应该有所增加。原因在于农村居住分散，基础设施和公共服务设施配套用地多，人均建设用地相对更大。根据相关统计资料计算，目前我国农村居民点人均用地为270多平方米，城镇现有人均用地为140多平方米，两者相差130平方米。城市化水平提高特别是人口更多向大中城市聚集后，城市空间利用效率会进一步提高，会日益接近人均100平方米的用地标准水平。按计划的1亿人落户城镇计算，如果能通过城乡建设用地增减挂钩等方式完善进城落户农民的宅基地有偿退出机制，就可以盘活建设用地1万多平方千米。从地方实践看，重庆市建立在城乡建设用地增减挂钩机制上的地票制度，既通过建设用地复垦增加了农用耕地，又通过建设用地指标的交易实现了农民宅基地的有偿退出，还更好满足了城市建设所需用地。进一步完善农村土地经营权和宅基地使用权流转机制，还可以盘活更多的农村闲置土地资产，有效提高农村土地使用效率和农民财产性收入。如果在大城市郊区允许农村将现有闲置建设用地用于建设租赁性住房，还可以形成有效的农民经营性财产，扩大城市住房供给，缓解住房价格和租金上涨。从农民承包耕地情况看，我国实际经营耕地的农户户均规模约为6 000平方米，不仅不及日本户均经营规模1.8万平方米（政府计划扩大至20万平方米），更不及美国农业人均60万平方米的规模。近几年上海松江区通过土地经营权流转，户均经营耕地面积超过6.6万平方米，使农户收入大幅提高。如果松江模式可以大范围推广，不仅可以大幅提升农地产出效率，还可以使更多的农业劳动力转移出来，配置到劳动生产率更高的产业领域。

（三）城市化有利于提高公共资金使用效率和基础设施规模效益

公共服务和基础设施领域有着明显的规模经济效应，随着城市人口规模和密度的增加，新增人口所需增加的公共服务和基础设施投入呈边际递减趋势。我国城乡区域间人口密度差异很大，总体上表现出城市规模越大人口密度越高的特征。以北京市为例，根据2014年相关统计资料计算，全市人口密度为1 322人/平方千米，主城西城区人口密度达25 000多人/平方千米，但以乡村地区为主的门头沟区只有206人/平方千米。由于乡村人口分布比较分散，覆盖同等规模乡村人口所需的水、电、路、气、邮、暖和环保等基础设施投入是覆盖同等规模城市人口的10倍左右。在我国西部部分边远山村，农村电网建成后服务的人口有限，投入成本很大，输配

电成本进户后每度高达5元左右，是城市的10倍以上，如果按覆盖成本定价，西部地区山区农民根本用不起电，外出打工赚钱后返乡购买的家用电器，因为交不起电费只能沦为摆设。加快推动农村地区特别是边远山区、贫困地区农业人口向非农产业转移就业，在就业所在的城镇地区集聚居住，不仅有利于通过产业脱贫和异地搬迁脱贫，发挥城镇化对脱贫攻坚的积极效应，还可以更低的成本提供基础设施和公共服务，将有限的公共资金更多投入在效率更高的城镇地区，提高公共资金投入效率和公共设施的使用效率，减少公共资金的浪费。在今后实施乡村振兴战略中，如果不充分挖掘城市化吸纳并聚集更多农业富余劳动力和农村富余人口的潜力，不加选择地把有限的公共资金配置于过于分散的乡村公共设施建设，不仅成本高、效率低，最终也会因农村人口继续流向城市地区而形成废弃和浪费。

（四）城市化有利于创新要素集聚和知识传播扩散，增强创新驱动发展动力

城市的规模经济和开放包容特性，使城市历来都是各国创业创新的主要平台，会产生“1+1>2”的规模经济效应，这也是城市吸引各类人才和要素聚集的魅力所在。各类创新要素在城市平台聚集组合，特别是在大城市和特大城市聚集，更容易产生传播扩散知识、相互组合带动的创新创业效果，有利于新技术、新想法与各类生产要素组合成更加高效的新技术、新产品、新商业模式，推动大众创业万众创新，从供给侧形成经济增长的不竭动力。城市人口规模不断扩大形成的规模经济效应，使得城市分工日益细化，专业化效率不断提高，并在众多领域形成创新创业和扩大就业的机会。这也是为什么世界各国创新资源和创新要素主要分布在城市地区、创新成果主要产生于城市地区的主要原因。我国也不例外，我国90%以上的科研人员、90%以上的科研机构、90%以上的研发成果都分布并来自城市地区而不是乡村地区。[①] 即便是为农村和农业发展服务的研发机构和科技服务机构，也主要分布在城市地区而不是农村地区。这一创新要素的分布聚集趋势，具有其内在规律，不可能被“上山下乡”的倡议所改变，这是因为只有在城市地区，才能更高效地聚集各类创新要素并高效组合，得到城市地区产业聚集形成的配套支持，并形成新的产出效果。近年来，我国各类城市创新创业孵化平台快速增长，创新工场、创客空间等各类新型孵化器及企业孵化平台不断涌现，以每年超过20%的速度增长，这是城市发展的独特魅力和效应，也是城市发展的持续动力。任何推动城市创新创业要素向乡村逆向配置的倡导和努力，除了会浪费政策资源、降低资源配置效率外，只可能取得星星点点的成功，不可能形成燎原的成功态势。

二、城市化可以进一步释放内需潜力

新时代的深度城市化，核心是农业转移人口市民化，是内需潜力不断释放的过

① 资料来源：根据《中国统计年鉴》和有关部门统计资料计算得出。

程。我国常住人口城镇化率虽然已达 58.5%，但户籍人口城镇化率只有 43%。按照规划，到 2020 年，我国常住人口城镇化率将达 60% 左右，户籍人口城镇化率达 45% 左右，年均需转户约 1 600 万人。① 持续解决如此大规模的人口迁移、稳定就业、集聚安居等问题，意味着巨大的居民消费提升和庞大的城镇软硬件设施建设需求，会形成经济增长持久的内需动力。

（一）城市化是消费需求的"倍增器"

我国过去的城市化，更多体现为对农业和农村富余劳动力在非农产业的高效利用，使得近 3 亿农民转移到了劳动生产率和收入更高的非农产业就业，提高了他们的收入水平和消费能力。但由于他们中的大多数还不能带上自己的家属，还不能享受与城市居民同等的社会保障等公共服务，他们存钱带回农村的储蓄倾向较高，对未来的不确定性也影响了他们的消费支出比例。新生代农民工具有一些新的特点，大多数人可能是在城镇出生的"农民工二代"，农业生产技能基本缺失，也没有返回家乡的意愿。针对这些新特点，新时期城市化如果能更多促进进城就业农民市民化，将更多进城务工农民及其随迁家属落户并成为真正的城市居民，有利于扩大城镇消费群体，提高城乡居民的整体消费倾向，推动消费结构升级和新的消费潜力释放。2017 年，全国城镇居民人均可支配收入 36 396 元，消费支出 24 445 元，分别是农村居民的 2.71 倍和 2.23 倍。农民通过非农产业就业转化为市民后，不仅收入提高，消费需求也会增加 1 万多元。按年均 1 600 多万农村人口进城落户计算，新增的消费需求近 2 000 亿元，如果现有 2.7 亿农业转移人口中有更多人可以自由选择落户成为市民，还会带动消费需求数千亿元，两者合在一起近万亿元。②

（二）城市化也是投资需求的"推进器"

尽管我国经历了基础设施大发展的 40 年，但我国基础设施人均存量仅相当于西欧的 1/3、北美的 1/4 左右。考虑到未来还有 2 亿 ~3 亿人会从农村转移到城市就业及居住，即便是按现有人均基础设施存量水平配置基础设施供给，还需要巨量的基础设施投资来支撑和保障。根据对农业转移人口市民化公共成本的调查测算，1 个农业转移人口落户城镇，人均约为 8 万 ~13 万元。到 2030 年，我国城镇常住人口将达 10 亿人左右，其中农业转移人口约 4 亿人，再加上其他城市间流动的常住人口，户籍不在常住地的人口会有 5 亿人。按人均公共成本 10 万元计算，解决 5 亿人落户，未来需要公共投资支出 50 万亿元，仅各类城市和城镇住房保障和城市基础设施维护等，就需要投资约 30 万亿元。如果把城市消费需求增加牵引的产业投资算在内，还会有更大的固定资产投资需求产生。

此外，我国镇区人口超过 10 万人的特大镇有近 300 个，这些特大镇的基础设

①② 资料来源：《中国统计年鉴》和《国家新型城镇化规划（2014 ~2020 年）》。

施和公共服务设施标准与城市相比偏低。根据浙江省等地的实践和测算，如果能将这些特大镇撤镇设市，每年因公共设施标准提高带来的固定资产投资，可在现有基础上增长 25% ~30%，如能将镇区人口 10 万人以上的特大镇设市，每年新增城市基础设施投资就会达到数千亿元。①

三、以制度改革为重点推进深度城市化

在中国现行体制下，需要政府出手解决的城市化问题本质上是个制度改革问题，基本导向是进一步市场化。因此，深化新时代城市化进程，需要坚持以人为核心，深入推进相关制度改革，扫除阻碍城市化正常发展的体制障碍，使城市化能够发挥促进供需两侧有机结合、推动经济持续增长的积极作用。

（一）加快推进户籍制度改革，基于居住证推进公共服务均等化

城乡分割、地区分割的户籍制度是计划体制时期遗留的限制人口自由流动的制度，不符合现代治理体系的要求，在世界上已经不多见。户籍制度的负面影响值得高度重视，户籍制度虽然在过去降低了城市化、工业化成本，但是以牺牲农民工个人权益和家庭利益为代价的，农民工在城市辛苦工作得不到同等对待、留守儿童因缺乏父母关爱等形成的心理影响可能对整个社会和谐产生持续不利的后果。目前，各类城市对待户籍管制放开的做法各不相同，总体看城市规模越大设定的门槛更高，试图用户籍制度管制来控制城市人口规模和城市政府承担公共服务责任的人口数量。从现实看，户籍制度基本上不能左右一个城市的常住人口规模，因为城市人口规模总体上是由经济规模和产业结构决定的。经济规模越大，产业结构的劳动密集程度越高，就业劳动力规模就越大，常住人口就会越多。因此，只要一个城市的经济持续保持增长，即便是产业结构升级，就业需求导致的人口规模也会持续增长。如果要引导并调控城市常住人口，更多应该调控城市经济的空间分布、产业结构附加值，而不是直接管制人口规模。有的城市一方面提出要控制人口规模，另一方面还在不加选择地扩大经济规模，是不可能实现控制城市常住人口规模目标的。从降低城市政府公共服务财政负担看，对于已经在城市就业特别是有正规就业的非户籍常住人口，他们对当地经济发展和公共财政的贡献与当地户籍居民是一样的，很多人的贡献甚至大于本地户籍人口的贡献，他们理应有权利享受与本地居民完全同等的公共服务水平，不应该受到任何歧视性待遇，这是社会公平正义的基本要求。因此，按照新发展理念的要求，各类城市政府都应该进一步放宽落户条件、降低落户门槛，加快制定公开透明的落户标准，让那些有稳定就业和落户意愿的常住人口及其随迁家属能够在常住地落户，并享受与本地户籍居民同等的公共服务。对

① 资料来源：根据《中国统计年鉴》数据计算，以及调研和测算。

未落户的城镇常住人口，应该全面落实居住证制度，加快健全以居住证为载体的基本公共服务提供机制，并逐步延伸至所有公共服务，为最终取消户籍制度创造条件。目前一些城市发起的“抢人才”举措，虽然与过去相比降低了落户门槛，但或许带有各自独有的动机，并不是真正意义上放宽落户条件的一般性做法，依然带有歧视性和选择性，不是普惠于所有就业常住人口的做法，还需要进一步放宽和改进。当然，加快户籍制度改革的好处还不仅限于城市化方面，还可以回应美国对中国非市场经济制度评价时提出的对我国户籍制度的批评，他们认为这一制度扭曲了劳动力要素价格。

（二）深化城乡土地与房地产制度改革

城市化过程中的土地产权和住房制度问题格外敏感，不仅涉及耕地保护，还涉及复杂的利益结构调整和分享。从土地制度看，一是为了保护耕地，持续实行建设用地指标中央计划制度，每年由国家计划确定各地可以新增的建设用地指标。这一制度的最大问题是计划指标的区域分配并不能很好体现不同地区经济增长快慢导致的城市化建设用地差异性要求，也没有建立相应的跨区域额度交易来构建区域间弹性平衡的市场机制，导致一些发展快的地区建设用地过于紧张，地价上涨过快。有的地区索性大量拆除农村地区的农民住房，把农民赶进楼房“城市化”，将腾出来的农民住宅建设用地转变为城市建设用地，形成了对传统村落的不合理破坏。二是现有的征地制度为了保障城市建设特别是基础设施建设，低价从农民手里征地，对失地农民的补偿不够到位，在征地过程中农民利益受损的现象比较普遍，导致的社会矛盾和群体性事件也时有发生。三是土地计划管理制度重计划分配，轻开发密度或集约化用地管理，导致建设用地利用效率不仅没有提高，还持续下降。过去十几年我国城市建成区人口密度不仅没有提高，每平方公里人数反而从 8 000 多人下降至 7 000 多人，离每平方公里 1 万人的城市建设用地人口密度标准还有较大差距。四是进城定居农民在获得城市稳定住所后，其农村宅基地退出机制不完善。虽然实行了农村建设用地减少与城市建设用地等量增加机制，并建立了地票等市场化交易机制，但由于限定在县域范围、市域范围、省域范围的做法，与人口流动跨省域的状况不能匹配，导致吸纳外地人口就业居住较多、建设用地需求较大的地区得不到相应的建设用地指标保障，降低了增减挂钩机制的交易效率和资产配置效率。作为城市化结果，我国农村人口虽然在持续减少，进城农民数量持续增加，但农村建设用地不仅没有相应减少，甚至还在增加。五是农村土地产权制度不够完善稳定，导致大量闲置农村建设用地和耕地的高效流转和高效配置受到不利影响，耕地撂荒现象非常普遍，农民的土地财产权收益潜力难以得到有效发挥。六是城市房地产市场炒作比较严重，一些城市房价持续快速上涨，住宅空置现象比较严重，行政管制导致的价格和供求关系扭曲日益明显，一线城市因房价过高导致生活成本高企，加剧了部分城市居民的住房困难。

为了解决上述问题，应该建立建设用地指标跨区域调剂交易制度、增减挂钩腾出的农村建设用地指标全国范围内跨区域交易制度，拓宽进城拥有稳定居所农村转移人口的宅基地自愿有偿退出通道；在城郊地区允许农村建设用地入市交易或用于建设公租房，适度降低政府对建设用地一级市场的垄断；对征地导致的失地农民，除了提供一次性补偿外，还要提供与当地城市居民水平一致的养老保障，真正消除失地农民的后顾之忧。在城市住房制度改革方面，一是要改变目前行政管制房地产交易和价格的扭曲做法，让房地产市场成为正常的商品和财产市场；二是对过度炒作行为通过交易税和交易增值税调节制度等进行抑制；三是在一线城市提供更多的可以稳定长租的公租房供应，对中低收入群体提供更多货币化租金补贴，允许城郊地区集体建设用地进入公租房市场，将城市地下室改装升级后作为廉租房源，确保城市出租房的基本质量和功能。

（三）深化财税体制和地方政府融资机制改革

财税体制和政府融资机制对以非户籍常住人口市民化为核心的深度城市化、城市基础设施建设投融资行为，以及地方政府债务管理和风险控制等具有重要影响。我国现行财税体制没有解决的问题是财力与支出责任不对等，导致外来人口较多的城市财力难以保障非户籍常住人口基本公共服务均等化提供，更缺乏让更多非户籍常住人口落户并提供同等公共服务的能力和动机。以广东省为例，广东省虽然是我国财政收入总量排名第一的经济大省，但其人均财政支出水平却只能排在全国第20位左右，这说明经济转移支付制度调节后，广东省以人均财政支出水平衡量的政府公共服务能力，在全国只能排在20名以后。这在一定程度上说明了为什么那些吸纳外来人口较多的沿海发达省份和城市，没有动力让这样外来常住人口落户成为本地居民。解决这一问题，需要对现行财税制度做进一步的改革和完善，一是进一步完善均衡性财政转移支付计算办法，将外省人落户本地人数和外来常住人口数量，作为因素纳入均衡性财政转移支付的计算公式；二是进一步缩减专项转移支付的种类和规模，提高一般性转移支付或均衡性转移支付的比例；三是在“营改增”导致的地方营业税主体税种缺失后，应构建新的地方政府主体税种，适度增强地方财政的分享比例和地方财力的自主性，防止中央财政收入比重进一步上升。房地产税是地方政府的潜在主体税种，但征收房地产税的制度设计要充分考虑先行土地出让制度的特殊性以及未来可能出现的差异性，真正体现财产税特征，具有普遍覆盖性，并以稳定合理的节奏逐步推开。

从地方政府融资体制看，为了管控地方政府债务，从预算法制定和修订开始，我国就一直在限制地方政府的举债权。为了适应城市建设的巨大融资需求，地方政府作为变通，不得不采取设立投融资平台公司的模式，以企业为主体变相举债，但政府实际上承担着直接或间接的偿债义务，这使得地方政府债务的管理变得复杂和难以监控。允许地方政府举债应该作为一项制度明确下来，这一方面是因为目前的地方财政基本是吃饭财政，解决了财政供养人员的工资福利后，基本就没有太多资源可以用于基础设施建设，地方基础设施建设资金来源只能靠土地出让收入和举债收入；另一方面是因为基础设施建设一旦形成，往往会使用几代人的较长时间，通过债务融资使基础设施建设的投资成本在几代人之间进行分担，更好体现了基础设施效益和成本的代际分享分担，是合理的基础设施投融资建设机制和效益成本分享机制。因此，从制度上看，我们应该在立法上允许地方政府直接举债，通过发行地方政府债券，建立公开透明的地方政府债务决策机制、中介信用评价机制和市场化承销投资约束机制。目前我国财政部主导发行的地方政府债券，实行的是中央财政统一计划年度总量并分配各省发行额度，由各省自行发行再分配到地市的模式，这一模式看似由中央政府统一管控总量，但不利于建立发行主体的责权利对等关系，也很难真正起到对地方债务的管控作用。在当前去杠杆过程中，对待地方政府债务的处置，不能采取对不同地区“一刀切”的做法，更不能采取抽刀断水的做法。从总体看，我国地方政府债务还没有出现系统性偿债风险，政府债务主要用于基础设施建设而不是消费，设施建成后形成了大量政府资产，这些资产基本都具有社会效益，有的还具有直接或间接经济收益，只要再融资成本不急剧上升，应该通过借新还旧的再融资机制，延续债务期限和还本付息期限。对于那些债务规模过大、风险较高的地区，可以采取控制债务余额不增加、借新还旧的方式逐年消化风险，必要时可以通过出售部分政府资产用于还债。从地方政府融资工具看，目前最缺乏的是长期债务融资工具，短债长用等期限错配严重，容易形成流动性风险，需要通过增加长期债务融资工具来解决。对于具有稳定持续增加的现金流资产，还可以通过发行资产证券化、房地产信托投资基金（REITs）等金融工具进行融资。从源头上控制地方政府债务，还需要解决城市规划软约束和城市领导人权力软约束问题，改变一任领导一方开发、新城新区遍地开花、城市建设摊子过大，以及新建城区人口、产出、商业密度过低等问题，做到功成不必在我，城市新区开发成熟一片再开发一片的合理节奏。

（四）运用新技术推进城市社会治理现代化

对城市规模过大的担忧，一方面可能是出于对资源环境承载力的担忧，更多可能是出于对城市治理能力和公共服务能力不足的担忧。过去我国的城市治理更多是通过政府及其组织体系来承担，单向治理的特点比较明显，市民参与和社区自治的成分相对较少，这无疑使政府主导的城市治理缺乏合理的责任分担机制。解决的出路是更多的社区自治与市民参与，让城市市民有更多的公共意识和社会责任承担。这相应需要有组织有步骤地引入民主机制来形成社区自治的合理架构，这类实践在中国城市和乡村已经有过程度不同的尝试，完全可以在总结基础上不断完善并逐步推开。

技术进步也给了我们新的解决大城市病等问题的出路，这个出路就是智慧城市建设。信息技术、互联网、大数据、云计算、人工智能等智慧技术等领域的快速进步，特别是深度学习算法、计算能力和大数据之间的相互促进和相辅相成，使得人工智能越来越从专用技术演变为通用技术，可以与城市经济社会发展、生态环境保护、基础设施运营、能源调度和节能、社保体系运营、治安网格化监控等广泛领域深度融合，为智慧化城市管理提供强有力的技术支撑。一批类似于谷歌、阿里巴巴、华为、科大讯飞、平安集团等的公司，已经在不同城市推行其智慧城市解决方案。但要真正形成城市智慧治理的“中心大脑加四肢”的完整管理运营平台，面临的障碍更多的是制度性的，需要进行多领域的制度改革和建设，特别是要强化数据开放分享和隐私保护的立法，强化分散在不同部门的智慧管理系统的整合与互联互通。只有这样，才能大大提高城市数字化管理、服务的运营效率，使城市治理和服务真正做到亲民、便民、便企并安全可靠，实实在在地降低城市运营的制度性交易成本。这需要制定规则或立法，迫使政府不同部门主动放弃对数据和权力的垄断，使分散的数据资源更多集合成为有效公共资源，使政府的权力运行和公共管理事务通过智慧管理平台，变得更加公开透明、合规、高效并可监督。从这个角度看，智慧城市建设不单是一个技术工程问题，还是有利于提高城市运营效率、降低制度性成本的供给侧结构性改革。从需求侧看，智慧城市建设本身，也是正在加速增长的对智慧技术、产品和服务的新的强劲需求。

（五）绿色低碳城市建设和韧性城市建设

随着城市数量规模的扩大，我国城市面临的可持续发展压力更加显著，其中最突出的问题反映在绿色低碳城市建设和韧性安全城市建设方面。首先要强化以节能为重点的绿色低碳城市建设。我国城市空气污染和碳排放压力巨大，与能源消耗有密切的关系。我国人均年能源消费目前为3吨标准煤左右，与世界能效水平最高的德国和日本相比，只相当于它们一半的水平。但是，城市化水平进一步提高和居民人均收入水平进一步提高后，我们极有可能达到他们的水平。这意味着今后我国的能源消费总量还可能翻一倍，这不仅对我们改善城市空气质量和控制温室气体排放都是巨大挑战，也说明我国城市节能应该比任何国家都具有紧迫性。但从现实看，我国在城市节能方面的投入还明显不足，许多城市建筑都需要进行节能改造，新建筑需要严格按高标准进行节能设计和建设。这毫无疑问需要进行大量的投入，如果有好的政府、机构和家庭成本分摊机制，在财务上是可以做到可持续的。对于城市新建住宅，即便是每平方米增加1 000元建筑成本，对于每平方米数万元的房价来说，比例并不高，购房者自己完全可以承担。即便不能全部承担，政府也应适当降低节能建筑的土地出让价格，给予适当补贴或通过适当减税进行激励，在财务成本上形成开发商、购房者和政府三方合理分担机制，这是一本万利的事，值得为之付出努力。住房和城乡建设部门需要加大力度完善提高建筑标准并强制推行，尽快提高城市建筑的节能水平和质量。从韧性城市建设看，城市是居民高密度居住的空间，按韧性城市标准进行城市规划、设计和建设，是有效防范自然灾害和极端气候破坏、更好维护城市居民人身财产安全的重要举措，这已经在发达国家城市形成了广泛共识和通行实践。美国洛克菲勒基金等也在中国进行推广和实践并取得了一定成效。这一理念需要从城市选址、规划设计、建筑规范、质量保障等多方面加以贯彻。要特别加大小城镇垃圾污水处理系统建设，改变环保设施滞后状况。

（六）优化城市空间布局和城市规模结构

我国目前有城市数量 660 多个，其中城区人口超过 1 000 万的超大城市 7 个、人口在 500 万～1 000 万的特大城市 9 个、人口在 100 万～500 万的大城市 124 个、人口在 50 万～100 万的中等城市 138 个、人口在 50 万以下的小城市 380 个，还有 20 117 个建制小城镇，其中 300 多个是镇区人口超过 10 万人的特大镇。目前看得见的趋势是，部分城市规模会越来越大，超大城市、特大城市、大城市的数量还会进一步增加，当然也会有部分城市出现衰减，如资源枯竭型城市、失去竞争力的老工业基地城市。城市分布的空间格局主要受地理条件影响，如胡焕庸线东部目前依然聚集了我国 94% 左右的人口，这在大的格局上是难以改变的，也不应该试图改变。城市空间格局的另一个特点是呈集群化分布特征，这是各国表现出的共同现象和规律。我国粤港澳大湾区城市群、杭州湾大湾区城市群（长三角）、渤海湾大湾区城市群、成渝城市群、长江中游城市群等超大城市群正在程度不同地崛起，另外还有不少基于中心城市的都市圈在快速发展。这一趋势主要是由统一市场条件下的资源市场化配置和产业集群分工关系决定的，有更高的分工效率和更强的竞争力。目前政府在编制城市群和都市圈发展规划，但值得关注的是，城市群和都市圈本质上并不是政府规划的结果，是市场力量和技术力量共同推动的结果，不是规划形成的。但这并不意味着在城市群和都市圈形成过程中，政府就应该无所作为。政府的正确作为主要是统一规划基础设施网络、维护市场统一、消除市场壁垒、构建合理的城市间利益分享和补偿机制，构建城市群内统筹一体的社会保障体系，在此基础上让市场更好发挥作用，让企业自主决策产业布局。

城市规模结构的合理标准究竟是什么难以定论。我国过去长期实行的是限制大城市发展，鼓励发展中小城市和小城镇的城市规模结构政策。但实际结果显得事与愿违，大城市越来越大，城市人口真正分布在中小城市和小城镇的比例并不高。这与城市规模越大、就业机会越多、公共服务越好、城市文化更开放密切相关，起主导作用的是规模经济。中国的问题不同于西方市场经济国家，中国的城市有行政等级，直辖市领导是副国级，还有副省级城市、地级市和县级市。由于公共资源配置主要被行政权力主导，行政等级越高的城市往往容易得到更多公共资源，会有更好的公共服务，更强的政治和政策影响力，这会反过来增强高等级城市对各类要素的吸引力，使城市变得越来越大。这说明我国的制度体制特征与政府城市规模结构的发展导向是相左的，甚至在相当程度上强化了城市规模结构的“不平衡”。简单的逻辑推导是改革这一不合理的行政等级体制，但对现行行政权力结构进行调整显然难以做到。在这种背景下，合理的出路可能是在财税制度和预算制度方面做出新的改革尝试，让各城市之间的人均财政支出以及相应的公共服务能力逐步趋于均等，从而缩小不同规模城市间的差距，增强中小城市的吸引力。很遗憾的是，在看得见的未来，我国的城市规模结构难以发生大的结构性逆转。或许，我们可以探索让现有镇区人口超过 10 万人且发展潜力较大的特大镇，改变成具有更高行政级别的市，使它们在公共资源配置和公共设施和服务方面，有更高的标准，以增强自身的吸引力。

（七）改革城市规划管理体制

城市的复杂性和城市可持续发展面临的巨大压力，使得城市规划也面临许多新的挑战，需要创新和改革，以更好发挥引导和约束作用。中国的城市规划有四大问题需要探索：一是如何处理好城市规划的弹性和刚性，目前城市规划对人口控制的约束性目标要求，与城市经济扩张性规划的目标是矛盾的，因为经济规模扩张意味着就业增加和人口规模的扩大。但经济规模的扩展主要受市场调节，并能由政府的规划控制，这也是我国许多城市难以实现城市规划人口控制性目标的主要原因。人口控制目标一旦不切实际，围绕人口控制目标配置的土地和公共服务等，就可能难以满足要求，并使得城市运行受到影响。比较合理的做法是将受市场影响较大的城市规划目标设定为预期性目标并保持足够的弹性和可修订性，而那些涉及空间和生态管控的目标，如三生空间的划定、红线目标控制，尤其是生态空间、公园空间、步道空间、节能建筑等，保持较强的刚性约束。二是构建更加合理的城市规划体系。城市规划作为空间规划，既要根据坐标尺度要求建立精度不同的分层规划体系，还要建立经济社会、基础设施、公共服务、生态环境、历史文化、开发保护、空间利用等统筹的“多规合一”，使得各类规划要素的上下左右形成一个整体，在具体落实时又能形成各有侧重的责任分工，这需要新技术手段的支撑，更需要政府职能的重组整合来保障。三是需要优化规划编制和审批制度。城市规划是老百姓自己的事，涉及众多主体的利益协调和平衡，需要形成广泛共识，应该在程序上确保足够的公众参与，让不同利益主体有充分表达的机会，让规划编制程序成为构建目标、优化格局、协调利益、培育共识的过程。规划的审批主体对规划的实施也至关重要，目前我国实行的是城市规划由上级部门审批的制度，这一制度与城市经济社会发展规划和各类专项规划主要由当地人大和政府审批的制度之间，具有以下协调配合方面的制度障碍：由上级政府审批城市规划的制度，不利于体现地方政府在城市规划和实施中的责权利对等，也不利于城市规划与其他规划的融合协调，应该调整为由当地人大审批，使城市规划具有地方法地位，这样做也有利于强化地方人大作为立法机构对当地城市规划编制、实施、管理和修编的法律监督，减少城市党政领导对城市规划干预的随意性，改变城市规划的软约束状况。四是构建统一的城市规划信息平台，将城市规划编制、修订、实施纳入统一的信息平台监管，基于信息平台优化政府工作流程和重大城市建设项目落地审核流程，并记录城市规划和实施的完整历史。

诺贝尔经济学奖得主约瑟夫·斯蒂格利茨教授曾将中国的城市化描述为引导21世纪世界经济走势的两个重大因素之一，这一判断从今天看，无论对中国还是世界，依然是有意义的。从上面的分析我们可以看到，中国的城市化改革从供给侧看，可以推进人力资本培育和积累，大大提高劳动力资源的配置效率，持续提高经济的整体生产率，增强创新创业的聚集效应，提高城市社会和谐程度并降低制度性交易成本；从需求侧看会提高城乡居民的收入水平和消费能力，创造新的消费需求和城市基础设施和住房需求，拉动城市建设投资的持续扩大，是一个可以从供需两侧推动经济增长和提质增效的最佳抓手。

最近中美之间爆发的贸易摩擦，表面看是美国为了解决贸易不平衡问题采取的“特朗普”式举措，实际上还隐含着以美国为首的西方国家对我国现行体制冲击原有国际贸易规则的不满，或许也是中美两个超级大国在新时期“修昔底德”式博弈的表现形式。不管贸易争端的最终结果如何，只要我国现行体制不做出新的适应性调整和改革，我们与主要贸易对象国之间围绕反倾销和反补贴的贸易摩擦和官司就不可能减少。考虑到美国是我国贸易顺差的最大来源国，美国单边关税报复的做法会使得贸易对我国经济增长的拉动作用加快衰减。从贸易战可能导致的短期冲击看，能够持续对冲出口下降导致失业的主要举措和政策空间，恰恰就在深度城市化这个领域。这是因为城市规模扩大后产生的最大效应是服务业的更快发展，符合当前中国城市居民消费需求结构升级的方向，会产生大量的创业和就业机会。但这要求各类城市，特别是大城市、特大城市和超大城市，要充分挖掘城市服务业发展的创业就业机会，而不是以疏散的名义逼迫低端产业和低端人口离开城市。所有城市领导人都应该认识到，任何一个城市，不管这个城市的产业结构多么高级，也不可能是一个由同等层次居民组成的城市，城市分工效率的形成需要不同层次的产业共生、不同层次的劳动力共协、从而产生不同层次的消费需求，城市越大越是如此，产生的创业就业机会也越多。因此，对待外来人口的开放包容姿态，应该成为具有共产主义信仰的城市领导人的共同觉悟，具有社会主义核心价值观熏陶的城市既有居民的共同觉悟，具有经济学专业思维的城市管理者的共同觉悟。为了应对新的外部环境变化和外部需求衰减，保持相对稳定的经济增长和结构升级步伐，我们除了通过城市化改革稳步挖掘新的内需替代，营造更好的创新创业环境，别无他法。而真正能够释放内需潜力并同时提高创新创业活力和供给侧效率的举措，就是继续深化城市化领域的各项制度改革，消除城市化自然发展的制度性障碍，让更多的农民成为产业工人，让更多的农村居民成为城市市民。不仅如此，只有继续促进深度城市化，才能完成并巩固脱贫目标成果、顺利实施乡村振兴战略，使全面脱贫和乡村振兴得到城市化的持续拉动和支撑。没有城市化支撑的农村脱贫和乡村振兴，一方面难以实现并得到巩固；另一方面也极可能产生新的公共资源浪费，将是难以持续和维持的。

计划单列体制的改革属性、区域经济增长效应及改革突破方向

王振宇　郭艳娇*

摘要：计划单列体制是中国现行五级行政管理体制下对政府资源如何配置的一个有益尝试。这一改革的影响并没有随着时间的推移而减少，但对其研究却明显不足。本文采用历史演进主义的分析视角，首先分析了计划单列体制的改革属性。利用1978~2015年的数据，实证分析了计划单列体制的区域经济增长效应。结果表明：计划单列体制增强了中央的权力，倾向于集权而不是分权。计划单列体制对所在区域经济增长的影响主要是通过第一种机理起作用。计划单列市作为中心城市的扩散机制不明显。分地区看，现存的5个计划单列市对所在区域的经济增长均优于其他区域，在一定程度上说明了1994年我国计划单列体制调整的基本有效。未来可以将化解计划单列体制内生的地区性行政垄断作为改革突破方向。

关键词：计划单列体制　集权分权　经济增长　地区性行政垄断

一、引言

中国的经济发展奇迹与1978年开始的改革开放密切相关，核心是处理好两大关系，一是政府与市场的关系，二是政府间关系。作为中央集权体制和实行过计划经济体制的国家，两大关系的源头在于中央政府的两大放权，一方面是放权给地方政府，另一方面是放权给市场，以有效发挥地方和市场的积极性，解决信息和激励问题，构建适合中国的制度框架。被三次设立、两次取消、一次调整的计划单列体制与这两大关系、两大放权息息相关，均离不开经济发展的内在诉求。计划经济时期，计划单列体制一般在中央“收权”情况下设立，在中央“放权”

* 王振宇，辽宁大学经济学院、地方财政研究院，研究员，博士生导师，邮政编码：110036，电子邮箱：lnczwzy@126.com；郭艳娇，辽宁省财政科学研究所副研究员，硕士生导师，邮政编码：110002，电子邮箱：451703702@qq.com。

条件下取消①，增强了该时期中央的宏观调控能力，有利于整个国民经济的发展和社会的稳定（黄振奇和宋群，1991；顾国新和刘雄伟，1990），是国家对传统计划经济体制的一种有益补充和改革尝试，是对传统计划经济体制僵化管理模式的突破（张健，1999）。这也是计划单列市能在20世纪80年代由农村改革向城市改革过渡过程中被第三次大规模设立的原因。1994年起中国开始逐步建立社会主义市场经济体制，脱胎于计划经济体制的计划单列并没有被一次性取消，留下了大连、青岛、宁波、厦门、深圳和重庆五市的计划单列作为过渡。改革开放40年后的今天，社会主义市场经济体制基本完善，市场在资源配置中发挥着决定性作用，在这样一个背景下，计划单列体制何去何从，是全面深化改革过程中不可回避的重要议题。

现有关于计划单列体制的文献主要集中在1988～1992年，探讨计划经济时期计划单列体制在发展中面临的困境和进一步改革的方向（毛振华，1988；陈敏之，1988；顾国新和刘雄伟，1990；顾国新和王建平，1990；马述林和胡际全，1990；黄振奇和宋群，1991；王保畲和孙学光，1992）。实证研究计划单列体制经济绩效的文献主要有两篇，史宇鹏、周黎安（2007）从地区放权角度，证明了城市计划单列并没有使它与本省城市之间的效率拉开更大差距，或者说这种作用并不明显，但是计划单列使得单列市与省外对比城市的效率差距迅速扩大。金祥荣和赵雪娇（2017）从行政权分割②入手，证明了行政分割权抑制了计划单列城市提高经济效率。以上两篇文献分析的均是计划单列体制对所在城市经济绩效的影响。

总的来看，现有文献忽视了以下三方面的深入研究：

一是忽视了计划单列体制改革属性理论界定的研究。计划单列体制是关于政府间权力划分的一项改革尝试，与中央集权和地方分权有关。这项改革究竟是提升了中央的权力还是削弱了中央的权力，程度如何，现有文献还没有涉及。仅在研究之初假定计划单列是中央向地方分权的一种制度安排，并以此为例，证明分权对于中国经济增长的影响。这种状态不仅不利于研究分权对经济增长的研究，也不利于科学地判断计划单列体制何去何从。

二是忽视了计划单列体制对所在区域经济绩效的影响研究③。第三次计划单列体制设置的目的是希冀走出一条以大中城市为依托的经济区来组织经济的改革尝试，是发挥中心城市作用和促进区域协调发展的特殊体制（皮文斗，2009）。现有文献将研究视角集中在计划单列城市自身的效率方面，仅从计划单列城市自身效率

① 计划单列体制第一次执行时期为1954～1958年，包括沈阳市、武汉市、广州市、重庆市、西安市，此时以“中央集权，条条控制为主”。第一次取消是在1959～1962年，此时以“中央放权，块块控制为主”。第二次执行时期为1963～1966年，包括哈尔滨市、沈阳市、西安市、武汉市、重庆市、广州市，此时以“中央集权，条条控制为主”。

② 金祥荣和赵雪娇（2017）一文将计划单列市与所在省的经济管理权限和行政管理权限相分离称作行政权分割。

③ 新中国成立至今，经济区和行政区是联系在一起的（毛振华，1988），所以，可以认为计划单列体制带动经济区的经济发展等同于带动所在省的经济发展。

进行评价是不全面的，而应从是否带动所在省经济发展的视角出发进行研究。

三是忽视了计划单列体制未来走向的研究。由于对计划单列改革属性和经济绩效影响方面的研究不足，进而使得计划单列体制未来何去何从方面的研究也略显不足，实践中除了重庆市在1997年升级为直辖市，其他城市计划单列体制基本处于微调状态。同时，计划单列体制模式在社会主义市场经济条件下不断被模仿，并在不同层面被推广，例如，2005年开始试点、并在2012年全面推行的省直管县财政改革，与计划单列体制有异曲同工之妙。很显然，计划单列体制的影响和应用并没有停止。但计划单列政策实施的宏观环境却发生了历史性变化：改革开放40年来，社会主义市场经济体制基本确立，市场在资源配置中的决定性作用也在纵深发展，很多改革目标已经实现、推广和普及，互联网、大数据等技术变革不断涌现，对国家治理提出了现代化要求，社会主要矛盾也已经转化为人民日益增长的美好生活需要和不平衡不充分的发展之间的矛盾。这些变革均要求我们站在历史的新起点重新审视我们以往的改革举措，以全面推进改革来消除体制造成的不平衡、不充分发展。

综上所述，本文将在充分借鉴已有研究的基础上，力图实现以下几点改进：一是借鉴丹尼尔·特雷斯曼（Daniel Treisman，2002）一文的度量方法，以演进主义视角着重分析计划单列体制涉及的中央与地方权力分配问题，以厘清计划单列体制改革的属性。二是采用省级样本，着重评估计划单列体制的区域经济增长效应。三是在定性定量分析基础上，结合新时代的主要特征，提出计划单列体制未来改革可能实现的四个突破。

二、分权抑或集权

斯韦托扎尔·平乔维奇（1999）认为想对一项体制进行比较分析就必须对它们的起源有一个基本的了解。与现有研究计划单列体制历史演变的文献（俞荣新，2014；顾国新和刘雄伟，1990；李萍，2010）不同，本文借鉴丹尼尔·特雷斯曼（2002）一文的度量方法，以演进主义视角着重分析计划单列体制涉及的中央与地方权力分配问题①，以厘清计划单列体制改革的属性。

在单一制中国，以“条”为基础的职能部门，再加上以“块”为基础的政府是以“条”为基础的职能部门组成的，所以下级政府与上级政府之间具有行政隶属关系便理所当然。1982年宪法第110条规定，“地方各级人民政府对上一级国家行政机关负责并报告工作。全国地方各级人民政府都是国务院统一领导下的国家行政机关，都服从国务院”。在这种制度安排下，中央负责决策，各级地方政府负责

① 分权包括内外的分权，重点解决政府与市场的权力界限问题；左右的分权，重点解决同级国家机构之间职能分工的问题；上下的分权，重点解决中央和地方以及地方各级政府之间的权力分配问题。本文将着重探讨第三个维度中中央和地方之间的权力分配问题。

执行这些重大决策。但在实际运行过程中采用的是逐级代理制，即中央对省、省对市、市对县、县对乡镇的“行政逐级发包”的包干制（周黎安，2008）。从分权角度看中央与地方，省级政府应是最高的地方政权和财政层级①。如果将计划单列市也指代地方，地方的权力就有两个并列的来源：省级政府和计划单列市政府，则计划单列市等同于直辖市，这显然不符合实际情况。为避免产生歧义，本文从中央—地方这一视角入手，并假定如果中央的权力增加了，则集权趋势增强；如果中央的权力下降了，则分权趋势增强②。

（一）计划单列体制的分权安排

计划单列体制的典型特征是行政管理权限和经济管理权限相分离。其中，经济管理权限直接对接中央，类似于直辖市，行政管理权限对接省级政府，类似于省管辖市。

第一次计划单列的时间是1954～1958年。这一时期是新中国建立以国有和集体所有两种公有制为唯一经济基础的集权的社会主义计划经济体制时期。两组数字可以说明这一努力的结果：一是中央隶属的国有企业的数量从1953年的2 800个增加至1957年的9 300个，归中央计划调拨的物资由1952年的55种增加至1957年的213种③。与之相对应，计划单列市虽然接受中央和省的双重领导，但以中央和市的计划为主，主要工业企业仍然隶属于中央各部，市管一部分中小企业，所在省基本上不具体管理该市的工业。

1957年召开的中国共产党第八届三中全会作出了改善工业管理和中央与地方财政关系的三个决定，并在1958年开始贯彻实施，这是中国进行的第一次分权化浪潮：将国有企业（除少数例外）一律下放给地方政府，使中央隶属企业从1957年的9 300个减少至1 200个，它们在工业产值中占的比例也从40%缩小至14%。计划由中央计划和全国性计划转向地区性计划。固定资产投资，包括大项目的投资，由中央政府决策改为由地方政府决策；实行了财政收入分成体制，地方政府取得了增减财政税收的权力，中央财政的比重由75%下降至50%左右④。与这一分权化浪潮相适应，1958年9月24日，中共中央、国务院发布《关于改进计划管理体制的规定》，取消了计划单列体制，从1959年开始实行。

---

① 对于地方而言，省级（直辖市）属于一级行政区，直接针对中央。省级以下有市、县和乡镇。省辖市在1983年地级行政区划改革之前，其行政区划仅为市辖区，主要作为城市看待。1983年改称地级市，属于第二级行政区，所辖县（县级市）为第三级行政区。乡镇为第四级行政区。

② 丹尼尔·特雷斯曼（2002）指出目前很多研究认为一个系统既可能是集权，也可能是分权，即集权—分权更多的时候是程度问题（degree），而不是两分问题（dichotomy），所以本文并未界定是集权还是分权，而是分析分权程度。

③④ 钱颖一、B. R. Weingast：《中国特色的维护市场的经济联邦制》，载于钱颖一：《现代经济学与中国经济改革》，中国人民大学出版社2003年版。

第二次计划单列的时间是 1964 ~ 1967 年。这一时期是中央在行政和经济管理上重新集权的时期。在计划决策方面，中央管理的比重占农业总产值的 70% 左右，占工业总产值的 60% 左右，占社会商品零售总额的 70% 左右，占进出口贸易额达 85% ~ 90% 左右。中央重新控制了大中小型项目的固定资产投资，规定任何部门、任何地区都不许在计划外安排项目。所有的大中型国有企业重新划归中央隶属，1965 年全国 42% 的国有企业成了中央隶属企业。中央调拨的物资由 1958 年的 132 种上升至 1964 年的 592 种①。中央财政收入的比重也由 50% 回升至 60%。与此相对应，计划单列市的计划管理虽然以省为主，但是国家对各计划单列市的工业生产、基本建设和更新改造资金等 8 种计划实行单列，同时给予两项针对性很强的配套政策，一是市属国有企业的折旧费全部留给企业，对每个计划单列市核定一笔“固定资产更新改造专项资金”，由各计划单列市具体安排使用；二是国家对计划单列市核定了 18 个非工业部门基本建设投资总额，所需资金纳入财政支出计划，具体项目由计划单列市自主安排。

1966 ~ 1978 年是中国第二次分权化浪潮出现的时期：将中央各部委直属企业大量下放到地方，中央部属企业从 1965 年的 10 533 个减少为 1970 年的 1 600 多个，占工业生产总值的比重由 42.2% 下降至只占 6%。在固定资产投资总额中，40% 由中央掌握、30% 由地方掌握、30% 由中央和地方共同掌握。在物资管理方面，中央统配和部管物资由 1966 年的 579 种减少为 1972 年的 217 种，同时下放企业的物资分配和供应权限给地方，调整了中央与地方的财政体制②。与之相对应，1967 年取消了第二次计划单列体制。

第三次计划单列的时间是 1983 ~ 1994 年，这一时期是中国增量改革战略全面推行时期，特点包括摸着石头过河的改革哲学，双轨制的改革实践，试点、渐进、增量的改革方法。财政体制为包干制，更多的中央隶属国有企业下放到了省、市和县级政府，其中下放到市一级的最多。地区经济发展的根本责任也落到了当地政府的头上，许多改革政策的制定权也放给了地方政府。在这一期间陆续成立的第三次计划单列城市推行“三位一体”的改革：（1）国家对计划单列市视同省级计划单位，其经济与社会发展直接纳入全国计划，在国家计划中单列户头；（2）赋予计划单列市相当于省一级的经济管理权限和财税管理权限；（3）计划单列同城市综合经济体制改革同步进行（李萍，2006）。值得一提的是，各计划单列市导致的中央、省、市权力分配并不相同，特别是在财政金融领域。由表 1 可知，重庆、武汉、沈阳、大连、哈尔滨、青岛、宁波 7 个市财政、信贷、国库单列，在财政上直接与中央单独核算，广州、西安两市的财政体制与中央不挂钩，单列不单算。厦门、深圳、南京、成都 4 个市的财政、国库尚未单列，信贷单列。长春市的财政、

① 周飞舟：《以利为利——财政关系与地方政府行为》，上海三联书店 2012 年版。

② 周飞舟：《以利为利——财政关系与地方政府行为》，上海三联书店 2012 年版，第 28 ~ 30 页。

国库、信贷均未单列。

表 1　　第三次计划单列市的财政金融单列情况

序号	城市	设立时间	取消时间	单列情况（截至1990年）	是否直辖或计划单列	财政体制情况
1	重庆	1983年	1997年	财政、信贷、国库单列	1949～1954年为直辖市 20世纪60年代计划单列市	中央、省、市挂钩，1985～1987年为固定比例分成，市分成比例为37.5%；1988～1993年为收入递增包干，递增率4%，留成比例33.5%，上解省的比例为10.7%
2	武汉	1984年	1994年	财政、信贷、国库单列	1949～1954年为直辖市 20世纪60年代计划单列市	中央、省、市挂钩，1985～1987年为固定比例分成，分成比例为20%；1988～1993年为总额分成+增长分成，总额分成17%，增长分成25%，上解省的比例为4.6%
3	沈阳	1984年	1994年	财政、信贷、国库单列	1949～1954年为直辖市 20世纪60年代计划单列市	财政上与中央单独核算，1985～1987年为固定比例分成，分成比例为36.9%；1988～1993年为收入递增包干，递增率4%，留成比例30.29%
4	大连	1984年	—	财政、信贷、国库单列	1950～1954年为直辖市	财政上与中央单独核算。1985～1987年为固定比例分成，分成比例为34.14%；1988～1993年为总额分成+增长分成，总额分成37.74%，增长分成27.76%
5	广州	1984年	1994年	财政、信贷单列、国库不单列	1949～1954年为直辖市 20世纪60年代计划单列市	财政体制同中央不挂钩，单列不单算
6	西安	1984年	1994年	财政、信贷单列、国库不单列	1949～1954年为直辖市 20世纪60年代计划单列市	财政体制同中央不挂钩，单列不单算
7	哈尔滨	1984年	1994年	财政、信贷、国库单列	1949～1954年为直辖市 20世纪60年代计划单列市	财政上与中央单独核算，1985～1987年为固定比例分成，分成比例为38.12%；1988～1993年为收入递增包干，递增率5%，留成比例45%
8	青岛	1986年	—	财政、信贷、国库单列	—	财政上与中央单独核算，1988～1993年为总额分成+增长分成，总额分成16%，增长分成34%
9	宁波	1987年	—	财政、信贷、国库单列	—	财政上与中央单独核算，1988～1993年为收入递增包干，递增率5.3%，留成比例27.93%

续表

序号	城市	设立时间	取消时间	单列情况（截至1990年）	是否直辖或计划单列	财政体制情况
10	厦门	1988年	—	财政、国库尚未单列；信贷已单列	—	财政体制同中央不挂钩
11	深圳	1988年	—	财政、国库尚未单列；信贷已单列	—	财政体制同中央不挂钩
12	南京	1989年	1994年	财政、国库尚未单列；信贷已单列	1949～1952年为直辖市	财政体制同中央不挂钩
13	成都	1989年	1994年	财政、国库、信贷皆未单列	—	财政体制同中央不挂钩
14	长春	1989年	1994年	国库单列，信贷不单列	1953～1954年为直辖市	财政体制同中央不挂钩

资料来源：财政、金融单列情况来源于顾国新、刘雄伟：《我国城市计划单列的现状、问题和发展趋势》，载于《经济体制改革》1990年第6期。财政体制情况来源于周飞舟：《以利为利——财政关系与地方政府行为》，上海三联书店2012年版，第37页。

1994年之后中国转向建立和完善社会主义市场经济体制，改革的注意力由分权化转向在市场的基础上寻求分权与集权的平衡。这一期间，计划单列城市被调整为大连、青岛、宁波、厦门和深圳（重庆1997年升格为直辖市自动取消其计划单列市地位）。之后市场经济体制不断完善，计划单列市的经济管理权限逐步缩小到公共政策领域，但财政金融等体制依然保持第三次计划时期的设置，财政收入体制在2000年之后才开始出现部分调整（如表2所示）。

表2　　现存5个计划单列市与所在省的财政收入体制安排调整

城市	大连市	青岛市	宁波市	厦门市	深圳市
体制安排	从2003年开始向辽宁省专项上解财力，以2亿元为基数，按全省财政收入增速环比递增	从2012年起向山东省定额上解6亿元，从2014年起以8亿元为基数，每年环比递增5%	2005年起向浙江省上解财力，以3亿元为基数，每年环比递增5%	从1994年起，向福建省上解财力，基数为5.4亿元，每年环比递增9%	与广东省的财政收入政策“三年一定”，2013～2015年定额上解35亿元

（二）计划单列体制集权—分权程度定性判断

丹尼尔·特雷斯曼（2002）构建了6个术语来讨论政府之间的纵向结构（vertical structure of states），包括层级数量（vertical decentralization）、决策权分权（decisionmaking decentralization)、财政分权（fiscal decentralization)、任命权分权（appointment decentralization)、选举权分权（electoral decentralization）和职员数量(personnel decentralization)。考虑到中国的实际情况，丹尼尔·特雷斯曼（Daniel Treisman，2002）界定的决策权在本文仅指政府行政系统中的权力，不涉及立法、司法方面的权力。同时，用信息获取权替代选举权和职员数量。斯韦托扎尔·平乔维奇（1999）认为在集权背景下，官僚阶层成员的生存策略就是认清上级的偏好并且投其所好。本文假定直接从中央政府获取信息的下级政府数量越多，权力越集中，反之亦反之。

1. 层级数量

按照丹尼尔·特雷斯曼的界定，如果 a 的管辖权在 b 的管辖权之内，则 b 是更高层级，而 a 是较低层级。一个第 n +1 级层级是指它是第 n 层级的子集，而不是任何比第 n 层级更低的其他层级的子集。层级数量越多，纵向分权程度越高。根据这个界定，可以认为计划单列体制使中央—省—市三级经济管理权限变成了中央—市两个层级，计划单列体制的设置倾向于增强中央政府的权力。

2. 政府决策的权力

如果所有决策都由中央政府决定，这个系统就是高度集权；如果所有决策都是地方政府决定，这个系统就是高度分权。在分析决策权分权时，需要注意的是，有的时候，决策权分权并不是把某个决策权分给某个层级，而是将一个决策的不同环节，例如，制定、审批、执行和监督分给不同层级。根据这个界定，计划单列体制将审批、监督等环节的权力由省级政府上移至中央，倾向于增强集权趋势。

3. 财政分权

财政分权是指财政收入和公共支出在各层级之间的分配。计划单列市的财政收支基本上直接对接中央，只在 2000 年之后开始同所在省进行结算，但结算比例依然很低。以辽宁省经济发展水平相近的大连市和沈阳市为例，沈阳市上解省财力是大连市的 10 倍。这表明，计划单列体制增加了中央的财政收支控制能力，倾向于增强集权趋势。

4. 信息获取权

信息获取权是指信息在政府层级间的传递。如果中央政府直接传递给所有层级，这个系统就是高度集权。如果层层传递，则这个系统分权程度较高。计划单列体制下，中央各部委的计划、文件、会议、项目审批等均是同时下达到省级政府和计划单列市政府，计划单列市政府也可以向中央报送文件、参加会议和申报项目，这表明计划单列体制增强了集权趋势。

5. 任免权分权

第二层级官员由第一层级任命的情况比第二层级能够自主决定官员要相对集权。在我国，上一级政府掌握着下一级政府主要领导干部的任免权，即在中央与省、省与市、市与县、县与乡镇之间形成了一级对一级的控制与裁量对偶（刘承礼，2016）。三次计划单列均没有涉及人事单列，计划单列市的人事任免权属于省级政府，计划单列体制对该项分权没有影响。

由上述分析可知（如表3所示），与现有文献不同，本文认为计划单列体制并不是分权的一个代表，相反，这一体制增强了集权趋势。

表3　　计划单列体制的集权—分权程度

分权程度度量指标	中央	省级	集权—分权趋势
层级数量	增强	—	增强集权
决策权	增强	削弱	增强集权
财政权	增强	削弱	增强集权
信息获取权	增强	—	增强集权
任免权	—	—	—

计划单列体制增强了集权趋势，这一点可以由计划经济时期计划单列体制的设置、取消与中国集权—分权循环相吻合得到佐证（如表4所示），即一般在中央“收权”情况下设立，在中央“放权”条件下取消。这也是计划经济体制决定的。因为利用行政命令配置资源的本质性要求是权力高度集中，由中央机关统一下达指令性计划，而且做到令行禁止（吴敬琏，1999）。

表4　　计划单列市与我国行政性分权的反复试验

序号	时间	集权—放权	设置或取消	涉及的城市
1	1954～1958年	中央集权，条条控制为主	第一次设置	沈阳、武汉、广州、重庆、西安
2	1959～1962年	中央放权，块块控制为主	第一次取消	
3	1963～1966年	中央集权，条条控制为主	第二次设置	哈尔滨、沈阳、西安、武汉、重庆、广州
4	1967～1979年	中央放权，块块控制为主	第二次取消	

三、计划单列体制的区域经济增长效应：机理分析与直观判断

计划单列体制对所在区域的经济增长可能产生正负两种效应：

从正效应看，计划单列市在计划单列体制下会获得一些优势，自身经济绩效的提高会使包括计划单列市GDP在内的所在区域的经济向好，这是计划单列体制区域经济增长效应的第一种机理。在计划经济时期，计划单列体制使得这些城市在国家经济发展总体布局和生产力布局中的地位大大提高，有基数划转时的财政、资金的补助，还有外贸外汇额度、技术改造指标及物资的计划调配和指标等多方面的政

策支持，一些重点工程、重点项目也纷纷在计划单列市落户，成为国家重点投资地区。以宁波市为例，实行计划单列之后，国家投资在宁波整个固定资产投资的比重由1/10上升至1/3以上（张健，1999）。在社会主义市场经济条件下，计划单列政策的重要性和含金量虽然下降，但是相对于省辖市，计划单列市与国家各部门的联系更加密切，可以直接与国家各部门衔接，国家各部门的发展计划、工作安排及资金、政策等也直接下达给计划单列市，管理层次的缩短有利于信息的传递，也有利于快速准确地作出经济决策。更为重要的是，计划单列体制有助于强化单列市政府推动经济发展的财政激励（唐睿和刘红芹，2012），史宇鹏和周黎安（2007）的实证研究证明了这一点。从计划单列市与所在省经济发展的数据对比上看（如表5所示），计划单列市人均GDP是所在省人均GDP的1.4~2.5倍之间，人均公共预算支出在1.4~6.4倍之间，在岗职工平均工资在1.1~1.3倍之间，农村居民人均纯收入在1.3~1.7倍之间，计划单列市的发展远远高于全省平均水平。

表5　现存5个计划单列市的经济发展状况　单位：万元

年份	项目	大连市	青岛市	宁波市	厦门市	深圳市
2015年	人均GDP	11.07	10.26	13.68	9.04	15.80
	所在省人均GDP	6.52	6.09	7.30	6.35	6.35
2014年	人均公共预算支出	1.67	1.38	1.72	2.74	6.74
	所在省人均公共预算支出	1.20	0.74	1.07	0.90	1.05
2015年	在岗职工平均工资	6.94	6.95	7.50	6.70	8.10
	所在省在岗职工平均工资	5.36	5.82	6.77	5.87	6.63
2013年	农村居民人均纯收入	1.77	1.57	2.05	1.50	—
	所在省农村居民家庭人均纯收入	1.05	1.06	1.61	1.11	1.17

注：在岗职工平均工资为城镇非私营单位在岗人员就业人员平均工资。
资料来源：根据Wind数据库等整理。

从负效应看，计划单列城市与所在区域存在地区性行政壁垒，会在某种程度上制约计划单列市对周边地区扩散作用的发挥，这是计划单列体制区域经济增长效应的第二种机理。已有的经验研究多数承认受益于地理位置的空间相邻、投入与产出的行业关联等，空间溢出效应是中国地区经济发展不可忽视的重要影响因素（孙斌栋和丁嵩，2016）。从理论上看，缪尔达尔的“回波—扩散”、赫希曼的“极化—涓滴”和弗里德曼的“核心—边缘”理论，都认为大城市对周边地区有作用①。

① 这种作用有两个方面：集聚作用和扩散作用。集聚作用强调中心城市从周边地区吸纳要素，抑制周边地区的发展，这一点也得到了新经济地理学“集聚阴影”效应的支持。扩散作用则是周边地区从中心城市得到正向的溢出效应而获得更强的增长动力。一般认为，集聚作用还是扩散作用取决于发展阶段，发展初期，一般是集聚作用占主导地位，发展后期，则是扩散作用占主导地位。

该作用的发挥与发展阶段有关，与政府间关系也有关。现有研究表明，地方经济增长的一个原因是地方政府维持和实施各种形式的地区性行政垄断壁垒（于良春，2008）。由于计划管理层次与行政层次的错位、行政管理权与经济管理权的难以分离、再加上“块块”体制环境仍然存在并有强化的趋势（毛振华，1988），使得计划单列市与所在省域之间也面临地区性行政垄断壁垒，制约经济发展要素在域内的流动和使用，影响所在省的产业布局，加剧所在省的恶性竞争等现象。

从实践中看，计划单列市与所在省域之间的生产要素流动受阻，计划经济时期表现为电力、运输等生产条件指标，市场经济时期表现为土地、水资源等。如表6所示，现存的5个计划单列市行政区域土地面积基本保持不变。随着经济发展，以深圳市为例，其土地开发强度已经接近50%，远超30%的国际警戒线，成为制约其发展的最大因素①。5市的常住人口是户籍人口的1.2~3.2倍，进一步表明了要素供给增长空间的不足。与之相对应的省会城市则不然，例如，辽宁省沈阳市、抚顺市、铁岭市同城建设，浙江省大杭州建设，要素供给弹性和空间都非常充足。此外，计划单列体制某种程度上也加剧了省内的地方割据现象②，形成了域内巨大财力差异，并削弱了省级政府区域调控能力。例如，2015年5个计划单列市的财政收入规模占所在省的1/5~1/3的水平。又如大连市的人均财力是辽宁省内人均财力水平最低地区的近4倍，大连市所属的瓦房店市的人均财力是辽宁省内人均财力水平最低的西丰县的5.7倍。域内巨大财力差异的存在，不利于统筹区域经济社会协调发展。

表6　　　　现存5个计划单列市的土地、人口情况

年份	项目	大连市	青岛市	宁波市	厦门市	深圳市
1985年	行政区域土地面积（平方公里）	12 574	10 654	9 365	1 516	2 021
2014年		12 574	11 282	9 816	1 573	1 997
2015年	户籍人口（万人）	593.6	783.1	586.6	211.2	355.0
	常住人口（万人）	698.7	909.7	782.5	386.0	1 137.9
2015年	公共预算收入占所在省比重（%）	27.3	18.2	20.9	23.8	29.1

资料来源：根据Wind数据库等整理。

四、实证模型与结果分析

由前文分析可知，计划单列体制对所在区域存在正负两种效应，本文拟对此进

① 资料来源：《深圳要在江门设“经济飞地”？两地拟共建万亩工业园区》，南方网，2017年5月27日。

② 省内地方割据与省际之间的割据相比，对现有生产力的合理配置影响更大。

行实证检验。

（一）模型设定和变量选择

许多学者在研究经济增长问题时，首先设置生产函数，本文沿袭这一分析方法，借鉴史宇鹏和周黎安（2007）一文构建生产函数如下：

$$Y(K,\ A,\ L,\ P) = \alpha \ln K_{it} + \beta P_{it} + (1-\alpha-\beta)\ln L_{it} + \ln A \tag{1}$$

其中，Y 为国内生产总值（此处为省级 GDP），K 为资本存量，L 为劳动力总量。P 表示计划单列体制。A 表示除资本存量、劳动力总量和计划单列体制之外的影响 GDP 的因素。式（1）与传统的 Cobb – Douglas 生产函数有些微不同，其变化主要体现在，此处的 P 取线性形式，而不是对数形式。这种改变主要是为了让我们可以考察计划单列体制效果为零的情形。该方程中，我们关注的是系数 β。如果 β 显著大于 0，则计划单列体制会促进所在省的经济增长。如果 β 显著小于 0，则计划单列体制不利于所在省的经济增长。如果系数 β 在统计上不显著，则表示计划单列体制对所在省经济增长的影响在统计上不显著。

以该经济模型为基础，本文构建的计量模型如下：

$$\ln pgdp_{it} = \alpha + \beta P_{it} + \gamma \ln rpk_{it} + \lambda X_{it} + \mu_{it} \tag{2}$$

式（2）中，$pgdp_{it}$表示 t 年 i 省的人均 GDP，用 CPI 指数进行平减。P_{it}表示 t 年 i 省是否执行计划单列体制，如果执行，该值取 1；如果未执行，该值取 0。μ_{it}表示随机误差项。rpk_{it}表示人均资本存量。资本存量采用文献中通行的永续盘存法 $K_{t+1}=(1-\delta)K_t+I_{t+1}$来计算，其中 K_0 为基年物质资本存量，取张军等（2004）计算的 1978 年中国各省物质资本存量估计值，固定资产折旧率 $\delta=10\%$（史宇鹏和周黎安，2007；龚六堂和谢丹阳，2004），I_{t+1}为固定资本形成总额，为支出法国内生产总值中的资本形成总额—存货增加。各省 I_{t+1}的数据基本来自 Wind 数据库，辽宁、吉林、黑龙江、浙江、江苏五省 1978 ~ 1992 年的数据来自《新中国五十年统计资料汇编》。物质资本存量 K_0 和各省固定资本形成总额 I_{t+1}用投资价格指数进行平减。1990 年之后的投资价格指数采用《中国统计年鉴》公布的以 1990 为基期的固定资产投资价格指数，1990 年之前的投资价格指数采用张军等（2004）的做法，用各年固定资本形成总额（当年价格）和以 1952 年为 1 的固定资本形成总额指数（该数据来源于《中国国内生产总值核算历史资料（1952 ~ 1995）》）计算投资隐含平减指数，再折算成基期为 1990 年（如表 7 所示）。人均资本存量为资本存量除以地区人口数，为了与人均 GDP 保持一致，本文用地区 GDP/人均 GDP 计算地区人口数。

表7　　以1990年为基期的固定资产投资价格指数

年份	1978	1979	1980	1981	1982	1983	1984	1985	1986	1987
指数	54.12	55.28	56.98	58.80	60.15	61.64	64.13	68.73	73.13	76.98
年份	1988	1989	1990	1991	1992	1993	1994	1995	1996	1997
指数	87.39	94.80	100.00	109.50	126.30	159.80	176.50	186.90	194.30	197.60
年份	1998	1999	2000	2001	2002	2003	2004	2005	2006	2007
指数	197.30	196.50	198.60	199.40	199.80	204.20	215.70	219.10	222.40	231.10
年份	2008	2009	2010	2011	2012	2013	2014	2015	—	—
指数	251.80	245.80	254.60	271.40	274.40	275.20	276.60	271.60	—	—

为了得到计划单列市对所在省份经济增长的影响，关键在于从各种可能的因素中分离出计划单列市对经济增长的影响。根据张军（2002）一文，中国经济增长除了体制变化因素之外，还是“东亚发展模式”的延伸，即成功的农业工业化、外资流入和贸易导向的一揽子政策也是中国经济增长的影响因素。基于此，本文选择外贸依存度、实际利用外资水平和城镇化水平作为控制变量（即公式（2）中的 X_{it}），具体设置如下：

1. 外贸依存度（*rptra*）

在现有的研究中，外贸依存度多数是用外贸总额与GDP的比重来表示，但是由于GDP本身是我们所研究的对象。因此，本文借鉴史宇鹏和周黎安（2007）的做法，采用人均对外出口来表示。其中出口额数据来自Wind数据库，四川省和陕西省1978~1999年出口数据来自《新中国五十年统计资料汇编》。人民币兑美元汇率由以美元为单位的出口总额和以人民币为单位的出口总额计算得到。地区人口数以地区GDP/人均GDP计算得到，并用以1978年=100的CPI指数进行平减。

2. 实际利用外资水平（*fin*）

同外贸依存度一样，国内研究通常采用各省FDI总额与GDP比值表示（何枫和陈荣，2004），但是由于GDP本身是我们所研究的对象，因此，本文借鉴史宇鹏和周黎安（2007）的做法，采用实际使用外商直接投资占当年固定资产的比重来表示。汇率的计算同外贸依存度。数据来源于Wind数据库，2015年部分省的数据来自《2016年中国统计摘要》。福建省1978~1993年全社会固定资产投资的数据《新中国五十年统计资料汇编》。

3. 城镇化水平（*urb*）

史宇鹏和周黎安（2007）一文采用非农人口在城市总人口的比例①。考虑到数据可获得性，本文采用非农业人口占地区人口比重表示。数据来源于Wind数据

① 我们在搜集数据时发现，非农业人口与城镇人口在很多年份是一样的，所以本文未采用该种方法。

库，2015 年部分数据来自《2016 年中国统计年鉴》。

（二）样本区间和实证结果

为了便于考察计划单列体制的实施效果，主要选取了在历史上执行过计划单列市的省份进行分析。1978 年改革开放前后，计划单列市的功能和目的不同，而现存的 5 个计划单列市脱胎于第三次计划单列，所以样本区间选择 1978 ~ 2015 年，采用 Stata 12.0 软件进行实证分析。

经检验，模型采用双向固定效应模型，即同时考虑时间效应和地区效应。由于样本数据存在组间异方差、序列相关和截面相关等问题，采用 Stata 中的 XTSCC 命令进行回归，并加入 AR（1）控制序列相关。回归结果如表 8 所示。

表 8　　　　模型 2 固定效应估计结果

解释变量	方程（1）	方程（2）	方程（3）
Plan	0.1313432 *** (0.0364313)	-0.18183 (0.145006)	0.039272 * (0.225735)
y94_15		2.107406 *** (0.0450573)	
plan_y94_15		0.2336697 *** (0.0470828)	
plan_陕西			-0.0643492 * (0.334542)
plan_吉林			-0.0559573 (0.0363996)
plan_江苏			-0.0043486 (0.485844)
plan_黑龙江			0.024363 (0.052165)
plan_湖北			0.0393137 (0.036516)
plan_辽宁			0.3228673 *** (0.1058741)
plan_福建			0.2664963 *** (0.0676871)
plan_浙江			0.2765269 *** (0.068698)
plan_广东			0.2141908 *** (0.0503958)
plan_山东			0.160018 * (0.0796615)

续表

解释变量	方程（1）	方程（2）	方程（3）
lnrpk	0. 1305957 *** （0. 0127307）	0. 1489418 *** （0. 0133479）	0. 1365021 *** （0. 271607）
lnrptra	0. 0247987 * （0. 0139539）	0. 0123572 （0. 0108554）	0. 0422372 *** （0. 0153154）
fin	0. 6818989 *** （0. 0839018）	0. 665635 *** （0. 0798517）	0. 5314227 *** （0. 09364）
lnurb	0. 6320958 *** （0. 1039434）	0. 4668057 *** （0. 0144828）	0. 8836101 *** （0. 1731016）
常数项	4. 894624 *** （0. 0704775）	4. 826984 *** （0. 873763）	4. 779062 *** （0. 01513786）
N	407	407	407
组间 R2	0. 9918	0. 9927	0. 9942
F 值	419. 63 （prob > F = 0. 0000）	1 678. 7 （prob > F = 0. 0000）	5 506. 19 （prob > F = 0. 0000）

注：*、**、*** 分别表示在 10%、5% 和 1% 水平下显著。括号内数值为标准误。

1. 总体政策效果

表 8 中，方程（1）为计划单列体制的总体政策效果。平均来说，计划单列体制会使所在省人均收入增加 13%。

2. 分时间段的政策效果

方程（2）为计划单列市在不同时间段的表现，与方程（1）相比，方程（2）中添加了 1994 ~ 2015 年的虚拟变量（y94_15）和计划单列体制与该虚拟变量的交互项（plan_y94_15）。此时 plan 的系数表示计划单列体制在 1978 ~ 1994 年的政策效果，该系数为负，但是在统计上不显著。交互项（plan_y94_15）系数显著为正，表明 1994 年之后计划单列市体制效果要好于 1994 年之前。

3. 分地区的政策效果

方程（3）为计划单列市在不同省份的表现。与方程（1）相比，方程（3）中添加了计划单列市与省份虚拟变量的交互项（plan_各省）。此时 plan 的系数表示四川省计划单列市的政策效果，该值显著为正，表明计划单列体制有助于该省的经济表现。与四川省相比，计划单列体制对辽宁、福建、浙江、广东、山东五个省的影响更为积极，对陕西、吉林、江苏三个省的影响不如四川省；湖北、黑龙江两省计划单列体制与四川在统计上不存在显著差别。

4. 小结

1994 年之后计划单列市对所在省人均收入的影响显著高于 1994 年之前，现存的 5 个计划单列市对所在省份经济增长的影响也要好于其他已经取消计划单列的六省，表明1994年国家对计划单列市的调整基本上有效，显著改善了计划单列市这一政策的效果。但是从1994年前后经济增速对比来看，未取消计划单列市的省份表现要低于取消计划单列市的省份，可能的原因之一是计划单列体制倾向于集权的事实会对该区域的经济发展有一定的制约；原因之二可能是计划单列市与所在区域之间的地区性行政壁垒对双方的经济发展均产生了一定的制约。当然也有可能是因为现存计划单列体制的省份经济起点较高，从而增长速度趋缓。这是本文未来需要进一步实证检验的内容。

（三）对计划单列体制作用的进一步考察

一般认为，计划单列市可以发挥大城市的辐射作用，带动所在省其他地区的经济发展（毛振华，1988）。但是给定地区性行政垄断的存在，这种辐射机制可能是受阻的。为此，本文对被解释变量人均GDP做了一下调整，删除计划单列市的GDP，即排除第一种机理的影响，转而考察第二种机理。回归结果如表9所示。

表9　　模型2数据调整后的固定效应估计结果

解释变量	方程（1）	方程（2）	方程（3）
Plan	0.372188 (0.0375527)	-0.0049126 (0.0274618)	-0.1165562 ** (0.539302)
y94_15		1.529378 *** (0.0644737)	
plan_y94_15		0.0480181 (0.05652)	
plan_陕西			0.0242272 (0.07116971)
plan_吉林			0.0868556 (0.0891391)
plan_江苏			0.6642077 *** (0.09499746)
plan_黑龙江			0.170636398 * (0.0928929)
plan_湖北			0.2374488 *** (0.0617215)
plan_辽宁			0.5916041 *** (0.0965393)
plan_福建			0.5934887 *** (0.0965393)

续表

解释变量	方程（1）	方程（2）	方程（3）
plan_浙江			0. 8979693 *** （0. 118683）
plan_广东			0. 2948174 *** （0. 066800）
plan_山东			0. 4437418 *** （0. 1552181）
lnrpk	0. 1353673 *** （0. 0274374）	0. 1371363 *** （0. 0271945）	0. 1824507 *** （0. 0891391）
lnrptra	0. 0240254 （0. 0202629）	0. 0224874 （0. 0194557）	0. 0684979 * （0. 0431842）
fin	0. 9099686 *** （0. 1937398）	0. 9094283 *** （0. 1970679）	0. 6840766 *** （0. 2012153）
lnurb	1. 495896 *** （0. 2754131）	1. 493113 *** （0. 2756282）	4. 180887 *** （0. 2373829）
常数项	4. 628174 *** （0. 1518702）	4. 618626 *** （0. 151075）	4. 779062 *** （0. 01513786）
N	335	335	335
组间 R2	0. 9843	0. 9843	0. 9913
F 值	753 467. 55 （prob > F = 0. 0000）	4 904. 20 （prob > F = 0. 0000）	14 113. 77 （prob > F = 0. 0000）

注：*、**、*** 分别表示在 10%、5% 和 1% 水平下显著。括号内数值为标准误。

对比表 8 和表 9 的估计结果，有以下几点不同：一是从总体效应来看（方程（1）），plan 的系数在表 8 显著，在表 9 中不显著。由此可以认为，计划单列体制对所在省经济表现的影响主要是第一种机理在起作用，也就是说计划单列体制对所在区域的辐射作用在统计上不显著。二是从时间段来看（方程（2）），交互项（plan_y94_15）的系数在表 8 中显著，在表 9 中不显著。这表明 1994 年之前和 1994 年之后，计划单列体制对所在省经济表现的影响机理没有变化，同总体效应一致，都是通过第一种机理在起作用。三是分地区来看（方程（3）），Plan 的系数在表 8 中显著为正，在表 9 中显著为负，表明计划单列体制提高了四川省包含计划单列市 GDP 时的经济绩效，抑制了不含有计划单列市 GDP 时的经济绩效，表明计划单列体制在四川省表现出一定的掠夺效应，制约了域内其他地区的发展。现存计划单列体制的 5 个省份的表现在表 8 和表 9 中均优于四川省，这在某种程度上支持了 1994 年计划单列体制的调整政策。

（四）稳健性检验说明

稳健性检验主要是通过改变某个特定的参数，进行重复的实验，来观察实证结果是否随着参数设定的改变而发生变化，一般可以通过数据、变量和计量方法三种途经着手进行稳健性检验。从表 8 和表 9 的回归结果可以看出，人均人力资本（rpk）、外贸依存度（rptra）、实际利用外资水平（fin）和城镇化水平（urb）的系数和显著性在不同方程和不同数据下没有显著差别，表明本文的实证模型具有稳健性。

五、结语和改进建议

本文主要考察计划单列体制改革属性及其对所在省域经济绩效的影响。从改革属性看，计划单列体制增加了中央政府的权力，倾向于集权而不是分权。从实证结果看，计划单列体制对所在区域经济绩效的影响也主要是通过第一种机理起作用。计划单列市作为中心城市的扩散机制不明显，主要原因可能是因为单列市与省级政府之间存在地区性行政垄断壁垒，基本上表现为各自独自发展，抑制了扩散机制的发挥。分地区看，现存的 5 个计划单列市对所在区域的经济增长均优于其他区域，在一定程度上说明了 1994 年我国计划单列体制调整的基本有效。

党的十九大报告指出，中国特色社会主义进入了新时代，要通过进一步改革开放实现经济发展从高速增长阶段转向高质量发展阶段，积极调动和发挥人的能动性，也就是市场机制将发挥资源配置的决定性作用，政府将极大程度地从经济领域退出，转向公平和民生领域。在这种情况下，政府间的经济管理权限将会弱化，而行政管理权限的统一有助于降低省与单列市之间的地区性行政垄断程度。近期广东省深圳市与江门市共建万亩工业园区，表明了区域合作、协同发展这一趋势。当然，为了进一步降低现有省与单列市之间的地区性行政垄断程度，还应该在以下四个方面有所突破。

第一，更名为全面深化改革开放重点市，弱化经济管理权限分离。随着社会主义市场经济体制的逐步确立，计划经济赖以存在的基础条件已不复存在，继续称谓计划单列市实属不妥。党的十八届三中全会以来，全面深化改革、全方位对外开放已是当前和今后一个时期的主基调，鉴于现存的 5 个计划单列市的历史地位和区域优势等客观现实，建议将计划单列市更名为全面深化改革开放重点试点市（简称“重点市”），承接中央各项重大改革开放举措，以此积累经验，逐渐向全国复制推广。

第二，适度增加 5 个计划单列市的行政区划范围，增加要素供给弹性和空间。计划单列体制历经三次重大的历史变迁，在不断争论和博弈中保留了大连、青岛、宁波、厦门、深圳 5 市。几十年来，5 个计划单列市经济社会得以突飞猛进的发展，但其区划面积几乎未做调整，明显存在着发展空间不足、各种要素制约的种种瓶颈，仅从高房价上就可管窥这一“窘境”。为更好发挥现有5个计划单列市在区域经济中的领头羊作用，建议从国家层面进行必要的行政区划微调，适度拓展计划单列市的行政管辖空间，最大限度提高区域资源配置效率。

第三，适当调整与计划单列市的财政体制，缓和省与单列市之间的矛盾。前文仅从经济增长视角对我国计划单列体制进行了具体分析，而从行政管理、基本公共服务均等化等角度来衡量，计划单列体制的负向性矛盾和问题更加突出。就财政管理体制而言，5个市实行的是与中央结算的体制，省与计划单列市无严格意义上的财政关系。2003年以来，计划单列市所在省份相应选择了“基数+增长”模式进行体制微调，称之为“省里做贡献”，但规模不大，作用微乎其微，象征意义大于实际意义。为此，建议在计划单列体制改革过程中，要弱化中央与计划单列市、强化省与计划单列市的财政关系，充分发挥财政体制在政府财力资源配置中的基础性作用，尽量降低现行省与计划单列市的交易成本，减少不必要的体制摩擦，努力追求辖区内基本服务均等化。

第四，需要指出的“省直管县”改革试点与计划单列体制异曲同工，属于计划单列体制的拓展和延伸，但与计划单列样本不同，各省直管县的经济规模相对较小，且不少是欠发达地区，在这种情况下，各省直管县自身发展潜力受限，对所在市、所在省的积极影响更小。而省直管县体制衍生出来的地区性行政壁垒依然存在，并在某种程度上催生了“县变区”等一系列现象。这意味着总体来看，省直管县体制将不利于所在市或所在省的经济发展。几年前，安徽省部分放弃了省直管县，浙江省“十三五”规划中删除“要深化省管县的改革”，2015年河北省第二批省直管试点设立半年后取消，辽宁省更是从2016年末取消了仅有的两个试点县（绥中、昌图）。种种迹象表明，财政“省直管县”试点改革尚存许多矛盾和问题，亟待进行全面、客观地评估，以明确今后的改进完善取向。

参考文献：

1. 陈敏之：《也论计划单列》，载于《江汉论坛》1988年第11期。

2. 傅小随：《地区发展竞争背景下的地方行政管理体制改革》，载于《管理世界》2003年第2期。

3. 龚六堂、谢丹阳：《我国省份之间的要素流动和边际生产率的差异分析》，载于《经济研究》2004年第1期。

4. 顾国新、刘雄伟：《我国城市计划单列的现状、问题和发展趋势》，载于《经济体制改革》1990年第6期。

5. 顾国新、王建平：《城市计划单列的评价及政策选择》，载于《计划经济研究》1990年第S3期。

6. 何枫、陈荣：《经济开放度对中国经济效率的影响：基于跨省数据的实证分析》，载于《数量经济技术经济研究》2004年第3期。

7. 黄振奇、宋群：《我国计划单列城市的经济建设和社会发展情况》，载于《计划经济研究》1991 年第 8 期。

8. 金祥荣、赵雪娇：《行政权分割、市场分割与城市经济效率》，载于《经济理论与经济管理》2017 年第 3 期。

9. 李萍：《中国政府间财政关系图解》，中国财政经济出版社 2010 年版。

10. 刘承礼：《以政府间分权看待政府间关系：理论阐释与中国实践》，中央编译出版社 2016 年版。

11. 马述林、胡际全：《关于深化城市计划单列的思考》，载于《经济体制改革》1990 年第 4 期。

12. 毛振华：《城市计划单列的窘境与出路——兼论中心城市和行政区的关系》，载于《江汉论坛》1988 年第 1 期。

13. 王保畬、孙学光：《社会转型时期的计划单列市：功能、困境与出路》，载于《社会主义研究》1992 年第 4 期。

14. 吴敬琏：《当代中国经济改革：战略与实施》，上海远东出版社 1999 年版。

15. 斯韦托扎尔·平乔维奇：《产权经济学——一种关于比较体制的理论》，经济科学出版社 1999 年版。

16. 史宇鹏、周黎安：《地区放权与经济效率：以计划单列为例》，载于《经济研究》2007 年第 1 期。

17. 唐睿、刘红芹：《从 GDP 锦标赛到二元竞争：中国地方政府行为变迁的逻辑——基于 1998 ~ 2006 年中国省级面板数据的实证研究》，载于《公共管理学报》2012 年第 9 期。

18. 于良春、余东华：《中国地区性行政垄断程度的测度研究》，载于《经济研究》2009 年第 2 期。

19. 俞荣新：《新中国成立以来我国计划单列市的历史演进》，载于《党史文苑》2014 年第 7 期。

20. 张健：《计划单列政策对宁波的影响》，载于《宁波经济》1999 年第 4 期。

21. 张军：《增长、资本形成与技术选择：解释中国经济增长下降的长期因素》，载于《经济学（季刊）》2002 年第 1 期。

22. 张军、吴桂英、张吉鹏：《中国省际物质资本存量估算：1952 ~ 2000》，载于《经济研究》2004 年第 10 期。

23. 周黎安：《行政发包制》，载于《社会》2014 年第 6 期。

24. Daniel Trsisman, "Defining and Measuring Decentralization: A Global Perspective", UCLA Working paper, 2002.

25. Eggertsson, T., "Quick Guide to New Institutional Economics," *Journal of Comparative Economics Forthcoming*, 2013, 41 (1): 1 - 5.

建设智慧城市也是供给侧结构性改革

徐　林

我有幸去深圳参加中国平安保险（集团）有限公司（以下简称“中国平安”）召开的第一次科技大会，国内外专家们围绕智慧城市建设进行了广泛深入的探讨。会议期间，中国平安正式加入中国智慧城市联盟，这是中国平安董事长马明哲先生直接推动的结果。有了几次和中国平安的全新接触才了解到，中国平安已远不是我过去心目中的具有全牌照的金融控股集团，而一个“金融＋科技”的面向未来的金融科技综合服务集团，并在大数据、人工智能等智慧技术领域形成了自己独特的优势。到目前为止，平安集团已经持续投入了500多亿元用于科技研发，形成了由20 000多名科研人员组成的研发队伍，一些关键领域具有世界一流的研发团队，目前每年1%的营业收入用于科技研发。恰恰是基于自身强大的智慧技术实力、大数据、人工智能场景应用、综合金融等优势，中国平安形成了具有自身特点和优势的智慧城市解决方案，让人耳目一新。马明哲对智慧城市的研究和理解，远远超出了我的想象。问题是，马明哲作为一个金融家，为什么如此痴迷于智慧城市建设和发展呢？根据我和他的交流，根本原因是他本人对我国城市化发展大势的深刻把握以及作为企业家的敏感回应和积极参与。

首先从大势看，我国仍处在城市化快速发展期。目前我国常住人口城市化率为57.4%，在13.7亿总人口中，有7.9亿人生活工作在城市地区。至2020年，我国总人口将达14亿人，城市化率将达60%左右，届时会有8.5亿人生活工作在城市地区；至2030年，我国总人口将达约15亿人，会有10.5亿人生活工作在城市地区。因此，未来还会有约3亿人进入我国的城市和城镇工作生活。这些城市常住人口主要将分布在20个左右的城市群地区，主要分布在现有的7个城区人口超过1 000万的超大城市、9个人口在500万～1 000万的特大城市、124个人口在100万～500万的大城市、138个人口在50万～100万的中等城市、380个人口在50万以下的小城市和20 117个建制小城镇。目前看得见且难以改变的趋势是，城市会越来越大，超大城市、特大城市、大城市的数量还会进一步增加，城市规模也会进一步长大。不仅如此，现有300多个镇区人口超过10万人的特大镇，很多还会成长为新生中小城市。

其次是城市的增多和长大，给城市治理和管理带来了诸多挑战。城市越来越多，规模越来越大，给人类带来了美好生活，但也带来了诸多挑战。一些特大、超大城市的管理者甚至由于惧怕城市继续长大，不惜采取措施限制人口的流入，企图控制城市的进一步长大，但从世界各国的经验看，这一企图鲜有成功的。这一方面是市场规律的结果，另一方面是技术进步的支撑。实际上，18 世纪和 19 世纪带给我们的蒸汽时代和电气时代，使铁路和电力得到普遍使用，火车、汽车、电梯等工具的应用，使城市变得更大了也更高了，这方便了市民、提高了效率，但也带来了巨型城市和高密度城市需要解决的新问题。面对城市越来越大、密度越来越高带来的新挑战和新问题，特别是人们津津乐道的“城市病”，我们还有新办法吗？人类值得庆幸的是，我们的技术进步给了我们新的解决问题的出路，这个出路就是智慧城市建设，因为我们的信息技术、互联网、大数据、云计算、人工智能等智慧技术等领域的快速进步，特别是深度学习算法、计算能力和大数据之间的相互促进和相辅相成，使得人工智能越来越从专用技术演变为通用技术，可以与经济社会发展的广泛领域深度融合，这一技术进步为智慧城市建设提供了强有力的技术手段支撑。一批类似于谷歌、阿里、华为、科大讯飞的科技公司，已经在不同城市推行其智慧城市解决方案。

这或许就是马明哲先生作为一个企业家所看到的大势，他一定认为，平安集团目前的广域经营优势、智慧技术积淀和场景应用实效，已经具备在智慧城市建设领域大显身手的能力和优势，特别是作为一个大集团所具备的整合所有技术资源和手段的优势，这是一个企业家本能的判断和决策，我们难以对此做出对错的评价。

如果说平安集团对智慧城市建设的兴趣和参与，更多体现的是一个企业家的眼光的判断。从政府和制度政策层面，该如何看待并把握智慧城市建设的要义、维度和意义，并对智慧城市建设加以引导和推进呢？我认为，至少可以从以下几个方面来把握。

一是要把握以人为本的基本核心，坚持以市民为核心。智慧城市建设的根本目的是服务全体市民、方便市民，普惠、开放、包容地服务于所有市民，智慧技术在城市发展和治理中的广泛应用，不能只满足于方便政府管理和城市治理，还要为市民更包容地参与城市发展、参与城市治理、交流城市精神、讨论城市议题、分享城市体验提供支撑和服务。

二是要以解决问题为根本导向，解决城市发展面临的痛点。要针对不同规模、不同类型城市在发展和治理过程中面临的各类突出问题，影响城市居民美好生活的各类难点问题，运用智慧技术整合各类公共资源和管理资源，特别是数据资源，通过云计算和人工智能技术，形成有针对性的解决方案，使城市运行更有效率、生存环境更加友好、市民参与更加广泛、公共服务更加便利、城市经济社会发展更可持续。

三是要关注城市发展的多个维度和全面可持续发展。智慧城市建设和智慧技术的应用，应该立足于促进智慧技术与城市发展多领域的深度融合，推动城市多维度全面和可持续地发展，这至少要包括：

第一，智能化的经济产业体系。城市经济产业体系是我国经济产业体系的主体，城市经济产业体系升级的方向也是国家经济产业体系的方向，这个方向就是智能化。如果说我国国民经济和社会发展“十三五”规划纲要只看到“互联网 +”的趋势性变化，那么党的十九大报告已经看到更前瞻性的演变趋势，那就是推动互联网、大数据、人工智能与实体经济的深度融合，并正在采取措施加快数字经济发展和网络强国建设。互联网、物联网、大数据、云计算、人工智能与城市经济产业体系日益广泛和不断加深的融合，对提高供给体系效率、创新模式业态、降低运营成本、提高经济体系竞争力、更好迎合消费需求多样化、改进消费者体验等方面产生的正面影响，具有无穷的想象空间，毫无疑问将成为城市经济的持续增长动能。

第二，智慧化的社会发展模式。人们向往城市除了城市有更多的就业机会外，还因为城市有更好的社会事业特别是公共服务。随着人口不断向城市聚集，城市教育、医疗、社保、交通、住房、文化、体育、治安等社会事业和公共服务面临的压力也与日俱增，智慧化的城市社会和公共服务，有利于更好调度城市社会发展领域的公共资源，使得现有社会和公共服务资源和设施得到更高效率的利用，在很大程度上缓解城市人口增长与公共服务资源和设施方面不足的矛盾。例如，指挥交通体系的建设，可以更有效地调动公共交通资源；智慧教育系统建设可以更好配置城市的优质教育资源，缓解优质教育资源供需不足的矛盾；智慧医疗保健体系的建设可以有利于建设智慧医院和智慧诊疗、智慧健康管理和养老服务、智慧流行病预测、加快构建分级诊疗体系，更好发挥优质医疗资源的作用，提高基层医疗的精准诊断水平，提高智慧医疗保险监管能力等。

第三，智能化的公共设施网络。城市公共设施的分散化碎片化建设和运营，会大大降低城市公共设施的利用效率。最明显的就是城市不同交通设施建设运营的碎片化问题，使得城市交通网络缺乏完整性，不同交通方式的连接缺乏效率，给市民带来很大不便。应该利用智慧技术整合城市公共设施的数据资源，统一调度管理公共设施的运营，这包括智慧能源体系、智慧交通体系、智慧管网体系、智慧环保设施、智慧停车系统，等等，这不仅可以大大提高城市公共设施的利用效率，缓解供求关系紧张，还可以更好地发挥城市公共设施的网络化效应，促进地上地下设施的均衡配置，更加科学合理地利用城市空间，以及地上地下空间的一体化规划建设和运营。特别是无人驾驶技术的发展和基于这一技术的交通服务模式的改变，有可能对现有城市私人交通加公共交通的出行模式产生颠覆性的影响和改变，让人充满想象和期待。

第四，智能精细化的城市治理。随着城市规模的扩大，城市治理变得更加复杂，这不仅是要维护一个安全稳定的城市秩序，关键是不能牺牲城市的活力和城市居民的多样化合理需求。目前的智能技术已经几乎可以对人的行踪和言行进行全方位实时监控和分析，能够利用智慧技术探测并预测犯罪、利用人脸识别技术锁定犯罪嫌疑人、利用智慧技术监视执法人员的执法行为等，甚至可以做到窥探个人的隐私，但需要通过立法防止技术手段的滥用导致对居民人身权、财产权、人格权和个人隐私的侵犯。政府治理和管制的便利性要与城市居民个人的权利保护之间取得合理的平衡。智慧城市治理应该整合不同城市管理部门的数据资源，构建部门横向之间相互连通、不同层级政府直到社区单元的智能互动管理平台，优化政府的管理模式和执行程序，搭建连通政府与企业、政府与社区、政府与居民、社区与居民之间的互动响应平台，引入城市治理的社会与公众参与，促进城市社会治理体系的共建、共治与共享，降低城市运营管理的制度性交易成本。

第五，生态环境和财务的可持续。城市规模持续扩大后的两大可持续挑战就是生态环境的可持续和财务运营的可持续，智慧技术可以帮助城市强化对生态建设和环境治理的智能化管理和监测，对低碳节能建筑进行智能化管理，对环境污染点实施线上实景监测和线下实地监测的一体，增强生态环境管理与执法的有效性。当前，很多城市面临的困境是城市财务运营的不可持续，不少城市面临的债务压力与日俱增，从中国平安的智慧城市解决方案看，中国平安设计的城市智慧财务管理体系，可以全方位打理城市政府的有效资产和资金调度，并为城市建设融资提供最有效的方案，为基于可持续财务运营的城市建设合理投资规模提供建议，有效监管城市的债务风险，做到防债务危机于未然。

第六，完善智慧城市发展环境和制度。智慧城市建设是一个以城市数据为核心的集成管理平台，技术手段不是障碍，但要真正形成中心大脑加四肢的完整管理运营平台，面临的障碍更多是制度性的。因此，实现智慧城市发展的统筹，需要进行多领域的制度改革和建设，特别是要强化数据开放分享和隐私保护的立法，强化分散在不同部门的智慧管理系统的整合与互联互通。只有这样才能大大提高城市管理、服务的运营效率，是城市治理真正做到亲民便民便企，实实在在地降低城市运营的制度性交易成本，促进城市经济社会生态环境可持续发展。但所有这一切，需要政府不同部门主动放弃对数据和权力的垄断，使分散的数据资源更多集合成为公共有效资源，使政府的权力运行和公共管理事务通过智慧管理平台变得更加公开透明合规可监督。因此，从这个角度看，智慧城市建设不单是一个技术工程问题，还是有利于提高效率的地地道道的供给侧结构性改革，值得引起各方面高度关注。

改革开放 40 年以来各省级区域经济社会发展对比启示及政策建议

黄剑辉

改革开放 40 年以来，我国经济社会发展取得了举世瞩目的成就，但地区间发展水平仍然很不平衡，各省级区域在经济发展水平、经济结构优化、基础设施建设、基本公共服务水平等方面差异较大。为了更好地了解各地区的发展形势，有针对性地解决地区不平衡矛盾，我们通过一系列覆盖经济社会发展、资源环境、人民生活、科技创新等方面的指标数据，对各省级区域改革开放 40 年的发展情况进行对比分析，并据此对促进区域协调发展提出政策建议。

一、改革开放 40 年以来各省级区域经济社会发展指标对比

（一）生产力水平：各省区市经济均快速增长，地区差距仍大

1. 经济总量连上新台阶，各省区市经济总量均大幅提升

自改革开放以来，我国经济飞速发展，经济总量连上新台阶。2017 年我国 GDP 达 827 121.7 亿元，是 1978 年 GDP 的 224.8 倍，名义年复合增速高达 14.9%，目前已连续 8 年位居世界第二大经济体。

从各省级区域来看，经济总量均大幅提升，31 个省区市[①]的 1978～2017 年地区生产总值名义年化增速均在 12% 以上，2017 年地区生产总值较 1978 年的增幅均超过 90 倍。由于各地经济基础和发展政策不同，各省经济总量提升速度有所分化：一是东部[②]地区最先得益于改革开放政策，在特殊政策和灵活措施下凭借制度和市场优势实现了率先崛起。1978～2017 年，地区生产总值名义年复合增速最高的 5 个省区市为福建、广东、浙江、江苏、山东，其中福建、广东、浙江和山东

① 本文所有统计数据不包括香港、澳门特别行政区和台湾省。

② 本文对东部、中部、西部和东北地区的界定采用国家统计局的划分标准：东部地区包括北京、天津、河北、上海、江苏、浙江、福建、山东、广东、海南 10 个省（市）；中部地区包括山西、安徽、江西、河南、湖北、湖南 6 个省；西部地区包括内蒙古、广西、重庆、四川、贵州、云南、西藏、陕西、甘肃、青海、宁夏、新疆 12 个省（市、自治区）；东北地区包括辽宁、吉林、黑龙江 3 个省。

也在地区生产总值排名上升幅度最大的5个省区市之列。二是东北三省和资源大省山西由于重化工业比重大、国有经济占比高、资源环境约束日益加大等原因，经济总量排名落后。黑龙江、辽宁、甘肃、青海、山西和吉林6省在地区生产总值名义年复合增速最低的7个省区市之列，其中，黑龙江、辽宁、山西和吉林4省也在地区生产总值排名下降幅度最大的后5位。三是上海市的地区生产总值名义年复合增速与排名上升幅度在31省①中均位于后3位，由1978年的第1位滑落至2017年的第11位，主要受到工业比重下降过快的影响，其第二产业年均增速在31省中排名最后一位，工业萎缩也将制约生产性服务业发展，因此上海市同样需要寻找转型升级新路径，促进产业结构优化调整，如表1、图1和图2所示。

表1　　各省级区域1978年与2017年地区生产总值排名情况

省区市	1978年GDP（亿元）	1978年排名	2017年GDP（亿元）	2017年排名	排名上升位数	1978～2017年GDP名义年化增速（%）	增速排名
福建	66.37	23	32 298.28	10	13	17.19	1
广东	185.85	5	89 879.23	1	4	17.17	2
浙江	123.72	12	51 768.00	4	8	16.74	3
江苏	249.24	2	85 900.90	2	0	16.16	4
山东	225.45	4	72 678.18	3	1	15.96	5
贵州	46.62	26	13 540.83	25	1	15.65	6
新疆	39.07	27	10 920.09	26	1	15.54	7
内蒙古	58.04	25	16 103.17	22	3	15.52	8
河南	162.92	9	44 988.16	5	4	15.50	9
海南	16.40	28	4 462.54	28	0	15.46	10
重庆	71.70	21	19 500.27	18	3	15.46	11
陕西	81.07	19	21 898.81	15	4	15.44	12
广西	75.85	20	20 396.25	17	3	15.42	13
宁夏	13.00	30	3 453.93	29	1	15.39	14
北京	108.84	14	28 000.40	12	2	15.29	15
湖北	151.00	10	36 522.95	7	3	15.11	16

① 不包括香港、澳门特别行政区和台湾省。

续表

省区市	1978 年 GDP（亿元）	1978 年排名	2017 年 GDP（亿元）	2017 年排名	排名上升位数	1978～2017 年 GDP 名义年化增速（%）	增速排名
安徽	113.96	13	27 518.70	13	0	15.11	17
云南	69.05	22	16 531.34	20	2	15.08	18
江西	87.00	16	20 818.50	16	0	15.08	19
湖南	146.99	11	34 590.56	9	2	15.03	20
天津	82.65	17	18 595.38	19	-2	14.90	21
四川	184.61	6	36 980.20	6	0	14.56	22
西藏	6.65	31	1 310.60	31	0	14.51	23
河北	183.06	7	35 964.00	8	-1	14.50	24
吉林	81.98	18	15 288.94	23	-5	14.35	25
山西	87.99	15	14 973.51	24	-9	14.08	26
青海	15.54	29	2 642.80	30	-1	14.08	27
甘肃	64.73	24	7 677.00	27	-3	13.03	28
上海	272.81	1	30 133.86	11	-10	12.82	29
辽宁	229.20	3	23 942.00	14	-11	12.66	30
黑龙江	174.81	8	16 199.90	21	-13	12.31	31

资料来源：根据 Wind 数据整理测算。

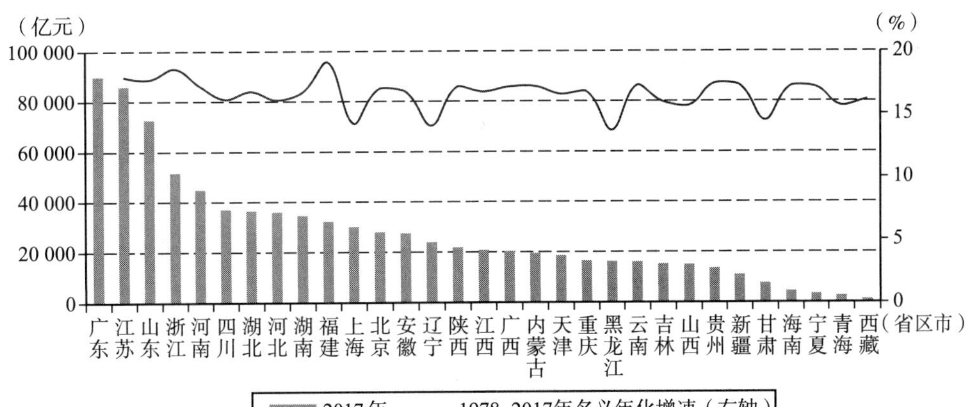

图 1 各省级区域 2017 年地区生产总值与 1978～2017 年名义年化增速

注：香港、澳门特别行政区和台湾省数据不参与地区排名和均值计算，下同。
资料来源：根据 Wind 数据整理测算。

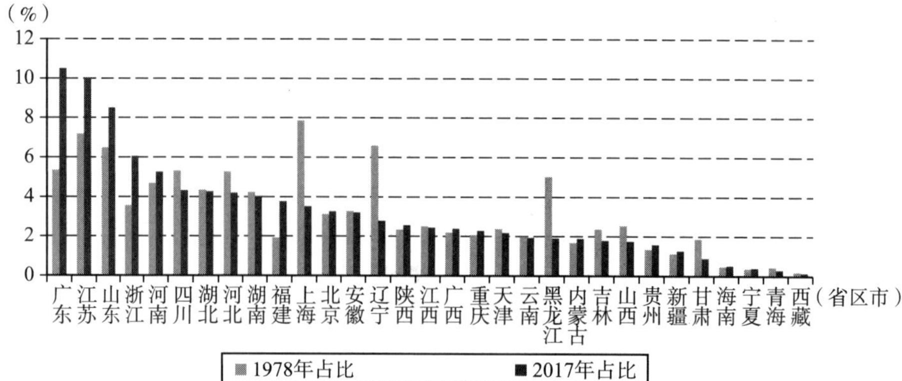

图2　各省级区域1978年与2016年GDP占各省合计的比重

资料来源：根据Wind数据整理测算。

2. 各省区市保持较高经济增速，“西高东低”格局显著

改革开放以来，我国经济保持高速增长，1978～2016年年均实际经济增速高达9.7%，比世界年均增速快6.8个百分点。

从各省级区域来看，各省地区生产总值多年来保持了较高的实际增长速度，有20个省区市的1979～2017年平均增速在10%以上，其余11省也都超过了8.5%。各省经济增长格局有以下特点：一是改革开放以来东部地区经济发展速度总体更快。平均增速最高的省份集中在东部地区，前5位为广东、福建、浙江、江苏和山东；而平均增速最低的省份以东北和西部地区为主，后5位为黑龙江、青海、辽宁、山西和甘肃。二是由于各省地区生产总值增速提升的幅度有较大差异，使相对排位格局不断变动，近年来已逐步形成“西高东低”现象，西南部与中部地区增速领跑全国，而东部地区位次出现下滑。1979～2017年，地区生产总值增速排名上升幅度最大的前8名省区市中，有7个位于西部地区，且以西南地区为主；排名下降幅度最大的前5名省区市分别为天津、内蒙古、江苏、北京和新疆，兼有东西部省份。西部地区在1999年西部大开发战略提出后，逐步获得政策和资源的倾斜，进入高速发展通道，而东部地区在前期较大的经济基数上增速逐渐放缓，如图3所示。

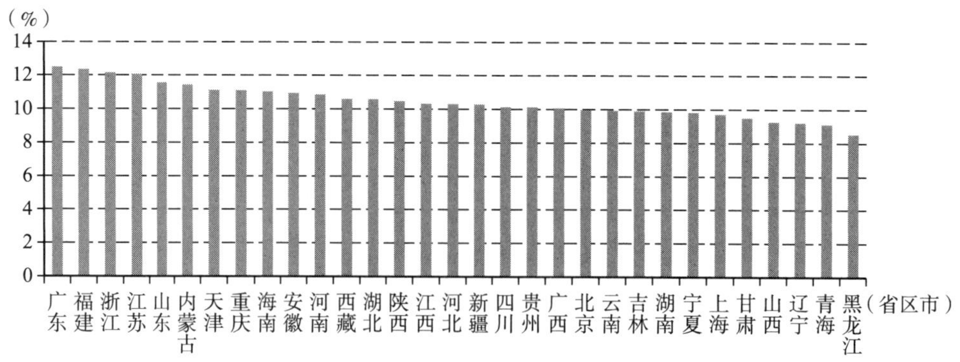

图3　各省级区域1979～2017年地区生产总值平均增速

资料来源：根据Wind数据整理测算。

3. 各省人均 GDP 跨越式提升，地区间悬殊仍大

根据世界银行 WDI 数据显示，在经济快速增长的带动下，我国人均 GDP 水平也不断提高，已从 1978 年的 156 美元增长至 2016 年的 8 123 美元，增长了约 51 倍，比中高等收入国家的平均水平高 129 美元。

从各省级区域来看，人均 GDP 不断跨越式提升，各省 1978 ~ 2016 年名义年复合增速均在 10% 以上。人均 GDP 排名呈现出以下特点：一是北京、上海和天津三座直辖市人均 GDP 已跃上 11 万元台阶，改革开放 40 年来稳居 31 省区市前三位。二是从人均 GDP 排名相对变化来看，东部省份整体表现较好，西部省份则表现出明显的两极分化，地区间悬殊仍大。1978 ~ 2016 年排名上升幅度最大的 5 个省区市是福建、重庆、浙江、内蒙古和山东，集中于东部和西部地区，这 5 个地区同时也在名义年化增速最高的前 6 名之列，人均 GDP 提升幅度超过 200 倍。福建、浙江、山东等东部省份依托较好基础和改革红利稳步上升；重庆、内蒙古、陕西等省区市也在承接沿海产业转移、加快产业结构转型升级中表现出明显的后发优势，在西部地区成为经济发展第一梯队。排名下降幅度最大的 5 个省区市是西藏、甘肃、黑龙江、山西和青海，集中于西部省份和资源型省份，其中黑龙江、甘肃和西藏也位于年化增速最低的后 5 名。西藏、甘肃、青海等西部省份在排名变化幅度和年化增速位次上都较为落后，且甘肃、云南、贵州等省多年位次垫底，表明部分西部省份经济发展程度仍较为落后；黑龙江、辽宁和吉林东北三省以及山西排名大幅下滑，这表明国有企业占主导、以投资拉动和能源消耗为主要驱动的经济增长模式已不可持续；此外，上海市虽然排名仅下滑 1 位，但年化增速为全国最低，这与其在 1978 年已有较好基础，提前进入中速发展阶段有关，如表 2 和图 4 所示。

表 2　　各省级区域 1978 年与 2016 年人均 GDP 排名情况

省区市	1978 年人均 GDP（元）	1978 年排名	2016 年人均 GDP（元）	2016 年排名	排名上升位数	1978 ~ 2016 年名义年化增速（%）	年化增速排名
福建	273.00	25	74 707.00	6	19	15.91	1
浙江	331.00	16	84 916.00	5	11	15.72	2
内蒙古	317.00	17	72 064.00	8	9	15.35	3
江苏	430.00	6	96 887.00	4	2	15.32	4
山东	317.00	18	68 733.00	9	9	15.21	5
重庆	287.00	22	58 502.00	10	12	15.02	6
广东	369.70	11	74 016.00	7	4	14.96	7
贵州	175.00	31	33 246.00	29	2	14.81	8
河南	232.00	28	42 575.00	20	8	14.70	9
陕西	291.00	21	51 015.00	13	8	14.56	10

续表

省区市	1978 年人均 GDP（元）	1978 年排名	2016 年人均 GDP（元）	2016 年排名	排名上升位数	1978～2016 年名义年化增速（%）	年化增速排名
广西	225.00	30	38 027.00	26	4	14.45	11
湖北	332.03	15	55 665.00	11	4	14.43	12
湖南	286.00	23	46 382.00	16	7	14.33	13
安徽	244.00	27	39 561.00	25	2	14.33	14
四川	261.00	26	40 003.00	24	2	14.16	15
江西	276.00	24	40 400.00	23	1	14.02	16
吉林	381.00	8	53 868.00	12	-4	13.92	17
海南	314.00	19	44 347.00	17	2	13.91	18
云南	226.00	29	31 093.00	30	-1	13.84	19
新疆	313.00	20	40 564.00	21	-1	13.66	20
宁夏	370.10	10	47 194.00	15	-5	13.61	21
河北	364.00	13	43 062.00	19	-6	13.38	22
青海	428.00	7	43 531.00	18	-11	12.93	23
天津	1 133.00	3	115 053.00	3	0	12.93	24
山西	365.00	12	35 532.00	27	-15	12.80	25
北京	1 257.00	2	118 198.00	1	1	12.70	26
西藏	375.00	9	35 184.00	28	-19	12.69	27
甘肃	348.00	14	27 643.00	31	-17	12.20	28
辽宁	680.00	4	50 791.00	14	-10	12.02	29
黑龙江	564.00	5	40 432.00	22	-17	11.90	30
上海	2 485.00	1	116 562.00	2	-1	10.66	31

资料来源：根据 Wind 数据整理测算。

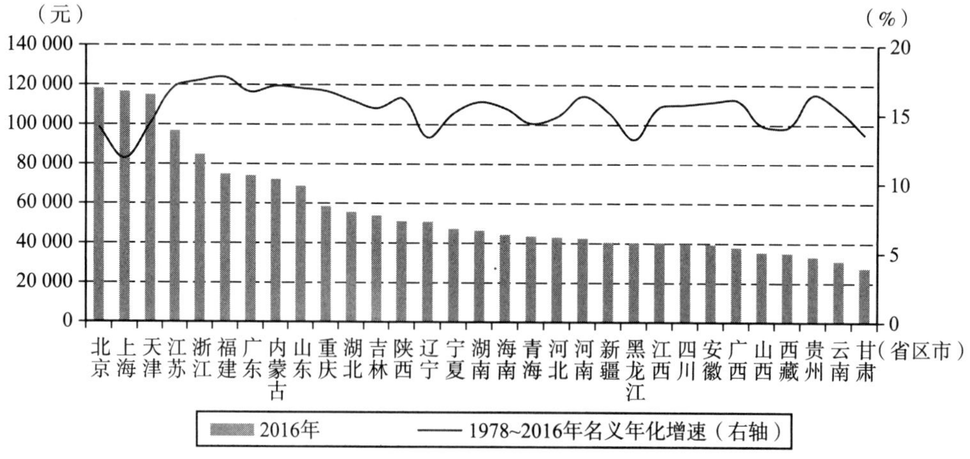

图 4　各省级区域 2016 年人均 GDP 与 1978～2016 年名义年化增速

资料来源：根据 Wind 数据整理测算。

（二）经济结构：各省区市产业结构显著优化，城镇化加速推进

1. 产业结构整体优化升级，各地区产业调整方向有所不同

改革开放以来，随着我国经济的快速发展，经济结构也显著优化。从三次产业来看，1978年第一（农林渔牧业）、第二（工业与建筑业）和第三产业（服务业）占GDP的比重分别为24.6%、47.7%和27.7%，到2017年，我国三次产业占GDP比重已变化为7.9%、40.5%和51.6%。40年来第一产业占GDP比重下降了近16.7个百分点；第二产业占比下降了约7.2个百分点；第三产业占比则上升了23.9个百分点，产业升级带来了生产力的飞速提升。

从各省级区域第三产业变化的特点来看，一是所有省级区域的第三产业占比都出现了大幅上升。1978年我国第三产业占比最高的省级区域为青海，但也仅为26.8%。到2016年，我国第三产业占比最低的省级区域为广西，也达到了39.6%。二是三个东部直辖市第三产业占比显著提升且遥遥领先。1978年北京、上海、天津3市的第三产业占比并未在全国存在显著优势，尤其是上海市，1978年第三产业仅占比18.6%，排在靠后位置，但2016年北京、上海、天津3市第三产业占比分别达80.2%、69.8%和56.4%，排在全国前三。从增幅来看，与1978年相比，北京市第三产业提升了56.5个百分点，上海市提升了51.2个百分点，可以看出，三座直辖市在我国产业向服务业转型中，扮演了最重要的角色，如表3所示。

表3　各省1978～2016年第三产业占比与增量排名

省区市	1978年（%）	1978排名	2016年（%）	2016排名	增幅（%）	增幅排名
北京	23.7	6	80.2	1	56.5	1
上海	18.6	18	69.8	2	51.2	2
天津	24.4	5	56.4	3	32.0	9
山西	20.8	12	55.5	4	34.7	5
海南	24.6	4	54.3	5	29.7	13
黑龙江	15.6	29	54.0	6	38.4	3
西藏	21.7	9	52.7	7	31.0	10
广东	23.6	7	52.0	8	28.4	15
辽宁	14.8	30	51.5	9	36.7	4
甘肃	19.3	16	51.4	10	32.1	8
浙江	18.7	17	51.0	11	32.3	7
江苏	19.8	15	50.0	12	30.2	12

续表

省区市	1978 年（%）	1978 排名	2016 年（%）	2016 排名	增幅（%）	增幅排名
重庆	17. 3	27	48. 1	13	30. 8	11
四川	20. 0	14	47. 2	14	27. 2	18
云南	17. 4	24	46. 7	15	29. 3	14
山东	13. 8	31	46. 7	16	32. 9	6
湖南	18. 6	19	46. 4	17	27. 8	17
宁夏	25. 6	2	45. 4	18	19. 8	29
新疆	17. 3	28	45. 1	19	27. 8	16
贵州	18. 2	21	44. 7	20	26. 5	20
湖北	17. 3	26	43. 9	21	26. 6	19
内蒙古	21. 9	8	43. 8	22	21. 9	25
福建	21. 5	10	42. 9	23	21. 4	27
青海	26. 8	1	42. 8	24	16. 0	30
吉林	18. 3	20	42. 5	25	24. 2	23
陕西	17. 6	23	42. 3	26	24. 7	21
江西	20. 4	13	42. 0	27	21. 6	26
河南	17. 6	22	41. 8	28	24. 2	22
河北	21. 0	11	41. 5	29	20. 5	28
安徽	17. 3	25	41. 0	30	23. 7	24
广西	25. 1	3	39. 6	31	14. 5	31

资料来源：根据 Wind 数据和各省统计年鉴整理。

从各省级区域第二产业变化的特点来看，各省级区域变化差异巨大，体现了第二产业“由北向南、由重到轻”的产业转移特点。从 1978 年来看，第二产业占比最高的区域主要为北京、上海、天津三座直辖市、东北地区、山西省、甘肃省等能源重工业地区、江苏省以及山东省，这与我国当时第二产业偏重重工业，并且主要分布在北方地区的特点相一致。到 2016 年，我国第二产业分布产生了巨大变化，南方部分省份工业得到了较快发展，最为突出的是安徽、广西、江西、福建和四川，而之前第二产业占比靠前的区域，占比下降幅度也最大，其中北京 2016 年第二产业占比下降到 19. 3%，1978 年以来降幅达 51. 8 个百分点。这其中，又包含两种类型的区域，一种是原先工业基础较好的东部沿海地区，以三座直辖市以及江苏和山东两省为代表，其动力来自产业转移与服务业的快速发展；另一种则是东北、西北区域的省份，其第二产业比重下降，主要源于我国经济结构中，重工业逐步向轻工业的升级过程，如表4、图5、图6所示。

表4 各省1978～2016年第二产业占比与增量排名

省区市	1978年（%）	1978排名	2016年（%）	2016排名	增幅（%）	增幅排名
安徽	35.5	27	48.4	4	12.9	1
广西	34.0	29	45.2	12	11.2	2
江西	38.0	26	47.7	5	9.7	3
西藏	27.7	30	37.3	26	9.6	4
福建	42.5	21	48.9	2	6.4	5
四川	35.5	28	40.8	20	5.3	6
河南	42.6	20	47.6	6	5.0	7
湖北	42.2	22	44.9	13	2.7	8
内蒙古	45.4	18	47.2	9	1.8	9
湖南	40.7	23	42.3	19	1.6	10
浙江	43.3	19	44.9	14	1.6	11
海南	22.3	31	22.4	30	0.1	12
贵州	40.2	24	39.7	21	-0.5	13
青海	49.6	14	48.6	3	-1.0	14
云南	39.9	25	38.5	24	-1.4	15
河北	50.5	13	47.6	7	-2.9	16
陕西	52.0	11	48.9	1	-3.1	17
广东	46.6	17	43.4	17	-3.2	18
重庆	48.1	15	44.5	16	-3.6	19
宁夏	50.8	12	47.0	10	-3.8	20
吉林	52.4	10	47.4	8	-5.0	21
山东	52.9	8	46.1	11	-6.8	22
江苏	52.6	9	44.7	15	-7.9	23
新疆	47.0	16	37.8	25	-9.2	24
山西	58.8	7	38.5	23	-20.3	25
甘肃	60.3	6	34.9	27	-25.4	26
天津	69.6	4	42.3	18	-27.3	27
黑龙江	61.0	5	28.6	29	-32.4	28

续表

省区市	1978 年（%）	1978 排名	2016 年（%）	2016 排名	增幅（%）	增幅排名
辽宁	71.1	3	38.7	22	-32.4	29
上海	77.4	1	29.8	28	-47.6	30
北京	71.1	2	19.3	31	-51.8	31

资料来源：根据 Wind 数据和各省统计年鉴整理。

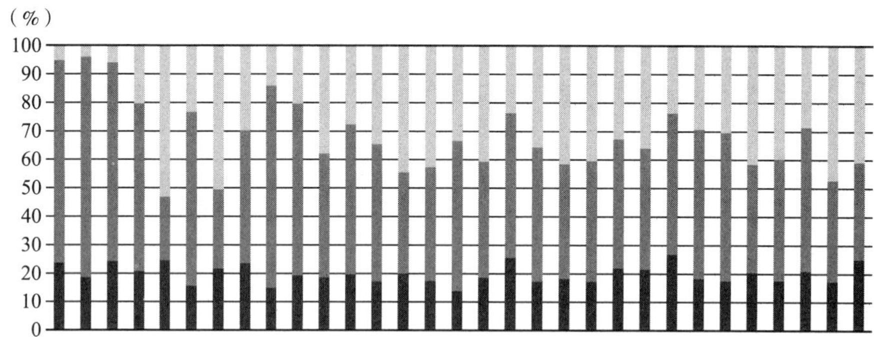

图 5 各省级区域 1978 年三次产业占比

资料来源：Wind、各省统计年鉴。

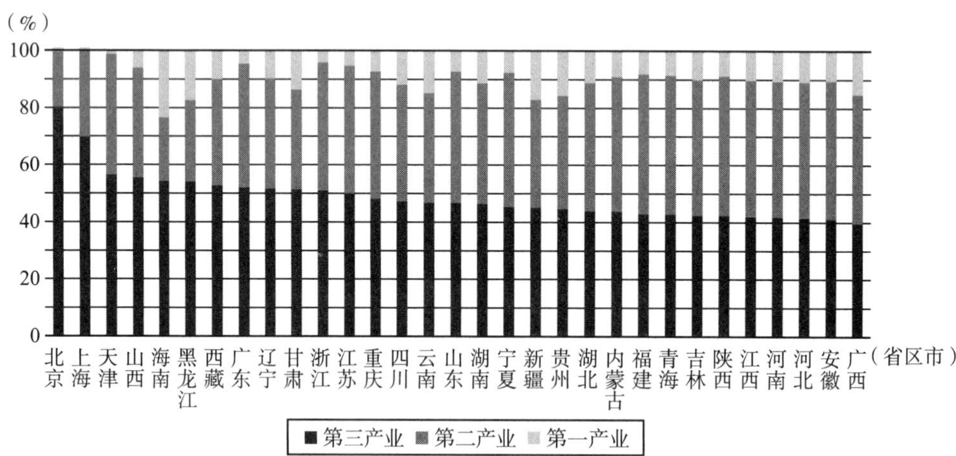

图 6 各省级区域 2016 年三次产业占比

资料来源：Wind、各省统计年鉴。

如果将 1978 ~2016 年第二产业和第三产业占比升幅分别作为纵坐标与横坐标，

我们可以将各省级区域在二维平面上绘制出散点图。在图 7 中，越靠近下方，表明第二产业占比降幅越大，反之则为第二产业升幅较大；越靠近右侧，则为第三产业升幅越大，反之则为升幅较小。由此各区域可分为以下几类：第一类以右下角的北京市与上海市最为突出，两个直辖市是自改革开放以来服务业占比升幅最大，工业占比降幅最大的地区，主要以发展金融、文化创意、科研、总部经济等服务业为核心，而原先较为成型的工业体系则逐步外迁。第二类则为天津市、辽宁省、黑龙江省、山西省与甘肃省，主要特征为处于东北与西北地区，以能源相关重工业占比的下降，以及服务业占比上升为特点，但对应幅度较上海市与北京市差距较大。第三类以广西、安徽、江西、福建、四川等省区为主，对应特点为工业占比提升较高，但服务业占比提升相对较小，这些地区在 1978 年时工业基础薄弱，因此在改革开放过程中重点发展工业，尤其是承接原先工业发达地区的产业转移，在此过程中，服务业尽管也有所发展，但相对升幅较小；第四类以西藏、四川、浙江等省区为主，它们处于右上角，离 45 度线距离最远，意味着第一产业降幅最大，主要特点为农业占比同时转移给了工业与服务业，工业与服务业发展较为均衡。第五类为其他聚集在图 7 中的中间区域，各类特征均不是非常明显的地区。

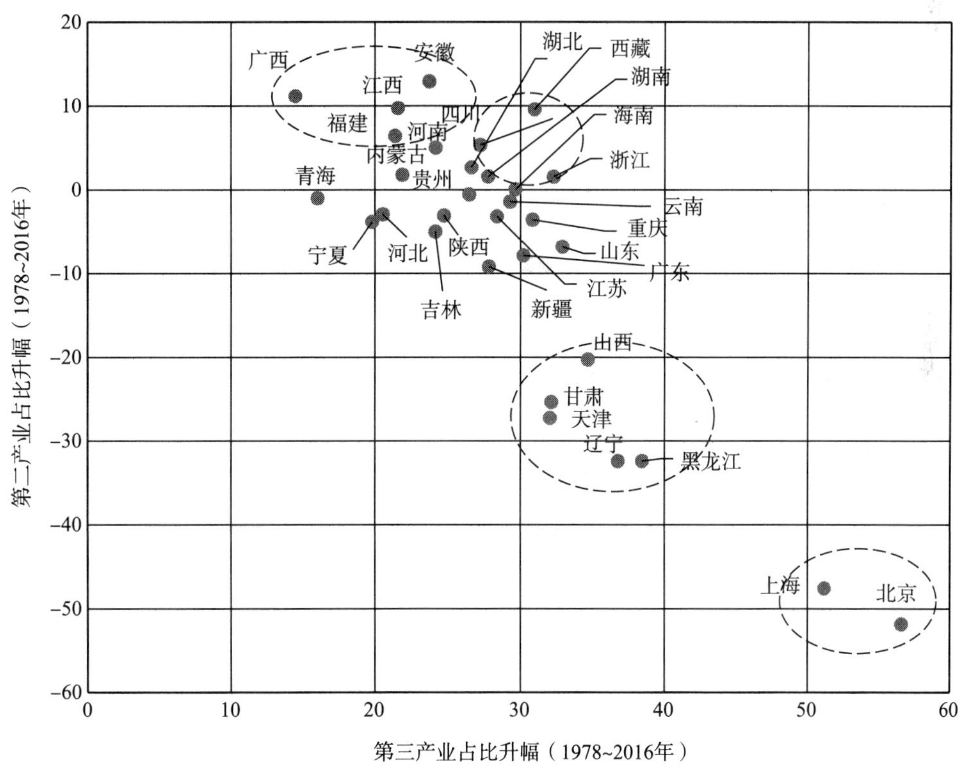

图 7　各省级区域 1978～2016 年第二、第三产业升幅归类

资料来源：根据 Wind 数据各省统计年鉴整理。

2. 整体消费率先降后升，各区域差异巨大

改革开放以来，我国消费率（国民经济核算中最终消费占整体支出法 GDP 的比重）经历了先降后升的过程。1978 年我国全国的消费率为 61.4%，随着我国经济的不断发展，由于资本的稀缺性导致投资率开始逐步上升，对应消费率有所下降，到 2010 年，我国的消费率已下降至 48.5% 的历史低点水平。不过近年来随着我国经济逐步向内需和消费转型，我国消费率开始有所提升，至 2016 年已回升至 53.6%，不过仍低于改革开放初期。

从地区层面来看，消费率的变化差异非常大。1978 年消费率最高的省级区域为海南省，达 85.1%，此外，贵州、福建、广西、安徽、宁夏、云南 7 省区消费率均达 75% 以上，相比之下，上海市和天津市的消费率仅为 21.7% 和 37.3%，辽宁、北京的消费率也低于 50%。主要原因在于，1978 年我国经济相对落后，落后地区不是不愿储蓄，而是没有储蓄，形成了“贫困型高消费”特点。相比之下，主要资本必须要由相对富裕的地区超额提供，使得上海市等地区的消费率奇低。到了 2016 年，消费率的区域分布出现了完全相反的特点，原先消费率较高的地区，出现了明显下降，如吉林、福建、内蒙古、安徽等省区消费率降幅在 30 个百分点左右，其经济发展的突出特点是依靠高投资推动发展；相反，上海市、辽宁省、北京市的消费率明显提升，经济已明显发展到消费拉动阶段。消费率的变化，反映了各地区由“贫困型高消费”到“投资型高增长”再到“富裕型高消费”的“U”型变化过程中所处的不同阶段如图 8 和表 5 所示。

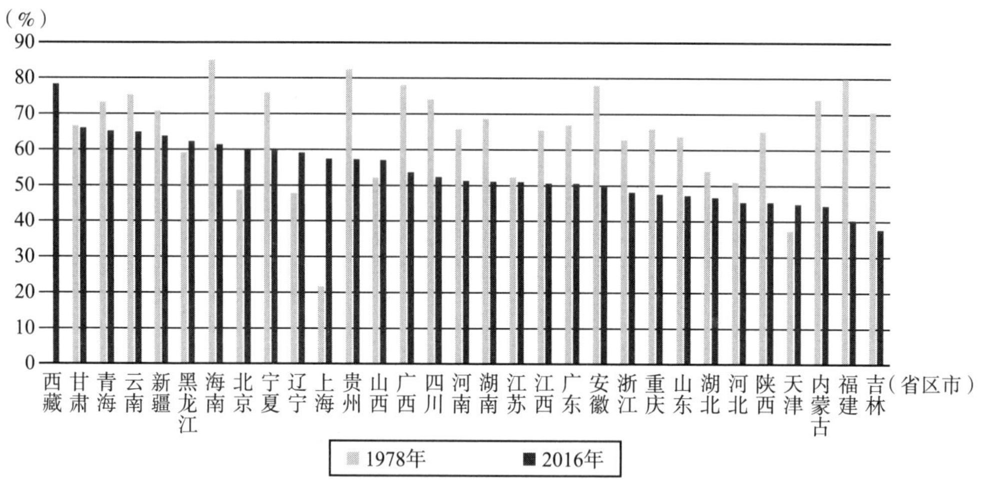

图 8 各省级区域 1978 年与 2017 年消费率

资料来源：Wind、各省统计年鉴，西藏 1978 年无数据。

表 5　　各省 1978～2016 年消费率与增幅排名

	1978 年（%）	1978 年排名	2016 年（%）	2016 年排名	增幅（%）	增幅排名
西藏	—	—	78.2	1	—	—
甘肃	66.6	15	66.0	2	-0.6	7
青海	73.2	10	65.2	3	-8.0	12
云南	75.4	7	64.9	4	-10.5	13
新疆	70.8	11	63.8	5	-7.0	10
黑龙江	59.0	22	62.3	6	3.2	6
海南	85.1	1	61.4	7	-23.7	24
北京	48.7	27	60.0	8	11.3	3
宁夏	75.9	6	59.7	9	-16.2	17
辽宁	47.7	28	59.1	10	11.4	2
上海	21.7	30	57.4	11	35.8	1
贵州	82.4	2	57.3	12	-25.1	26
山西	52.2	25	57.1	13	4.9	5
广西	78.1	4	53.7	14	-24.4	25
四川	74.0	9	52.3	15	-21.6	23
河南	65.7	17	51.3	16	-14.4	14
湖南	68.6	13	51.1	17	-17.5	20
江苏	52.4	24	51.0	18	-1.3	8
江西	65.4	18	50.6	19	-14.8	16
广东	67.0	14	50.6	20	-16.4	18
安徽	77.9	5	49.6	21	-28.2	27
浙江	62.9	21	48.2	22	-14.7	15
重庆	65.9	16	47.6	23	-18.3	21
山东	63.7	20	47.3	24	-16.5	19
湖北	54.0	23	46.7	25	-7.3	11
河北	51.0	26	45.3	26	-5.6	9
陕西	65.1	19	45.3	27	-19.7	22
天津	37.3	29	44.8	28	7.5	4
内蒙古	74.0	8	44.3	29	-29.7	28
福建	79.9	3	40.3	30	-39.6	30
吉林	70.6	12	37.7	31	-33.0	29

资料来源：Wind、各省统计年鉴，西藏 1978 年无数据。

3. 城镇化率整体大幅提升，区域有所差距

城镇化为我国经济提供了强大驱动力。改革开放以来，我国城镇化率由1978年的17.9%上升至2017年的58.5%，近40年来上升40.6个百分点，在世界上绝无仅有。同时期世界城镇化率由38.5%提升至54.3%，升幅为15.8个百分点。

从各省级区域来看，大部分地区城镇化率都得到了显著提升，除西藏等5个省级区域外，大部分省级区域城镇化率均提升30个百分点以上。从各区域主要特点来看，一是北京、上海、天津三座老牌直辖市在1978年领先的城镇化基础上继续保持快速城镇化，至2016年城镇化率均达80%以上，1978年以来提升幅度在30个百分点左右，城镇化水平领先全国，这是三座直辖市的特殊条件决定的；二是以江苏、山东、浙江、广东、福建、海南6个东南沿海省份为代表的区域，城镇化率提升幅度领先全国。这些省份在1978年城镇化水平处在全国中游或者靠后水平（山东省与海南省甚至不足10%），得益于地理位置优势，处于改革开放前沿阵地，由此迅速实现快速城镇化，1978年以来城镇化提升幅度在45个百分点以上；三是广大中部与部分西部地区，1978年城镇化率就保持在全国中游水平，至2016年时排名变动不大，大部分提升幅度在35～45个百分点，这些地区尽管不是改革开放的前沿阵地，但也享受到了由沿海不断向内陆延伸的改革红利；四是以黑龙江、新疆、吉林、青海、甘肃5省区为代表的地区，或属于老工业基地，或属于能矿资源型省份，1978年城镇化率处于上游水平，但至2016年已处于下游水平，1978年以来升幅低于30个百分点；五是以西藏为代表的特殊地区，尽管有所提升，但目前城镇化率仍较低，如图9和表6所示。

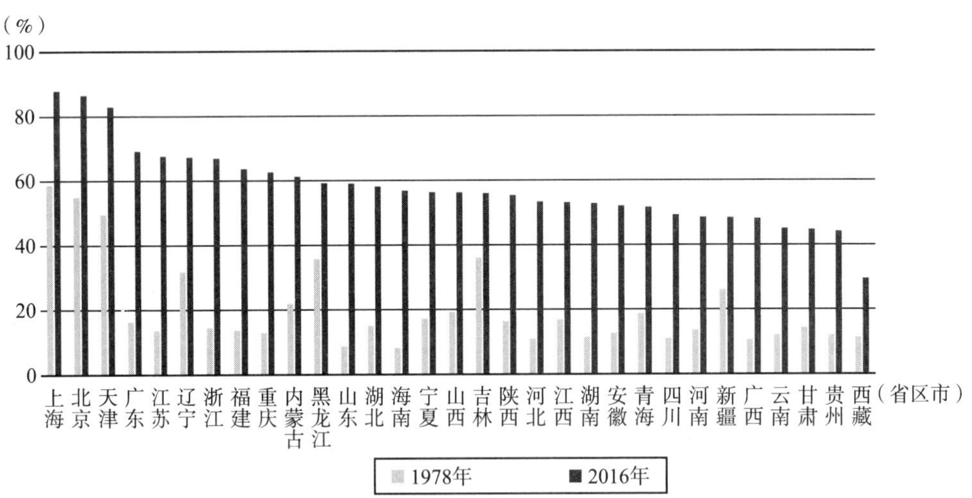

图9 各省级区域1978年与2017年城镇化率

资料来源：Wind、各省统计年鉴。

表6　　各省1978~2016年城镇化率与增幅排名

	1978年（%）	1978年排名	2016年（%）	2016年排名	增幅（%）	增幅排名	排名变动
上海	58.70	1	87.90	1	29.2	27	0
北京	54.96	2	86.50	2	31.5	25	0
天津	49.49	3	82.93	3	33.4	21	0
广东	16.26	14	69.20	4	52.9	2	10
江苏	13.73	18	67.72	5	54.0	1	13
辽宁	31.73	6	67.37	6	35.6	19	0
浙江	14.50	16	67.00	7	52.5	3	9
福建	13.70	19	63.60	8	49.9	5	11
重庆	12.90	21	62.60	9	49.7	6	12
内蒙古	21.80	8	61.19	10	39.4	11	-2
黑龙江	35.88	5	59.20	11	23.3	28	-6
山东	8.76	30	59.02	12	50.3	4	18
湖北	15.09	15	58.10	13	43.0	8	2
海南	8.23	31	56.78	14	48.6	7	17
宁夏	17.17	11	56.29	15	39.1	13	-4
山西	19.18	9	56.21	16	37.0	17	-7
吉林	36.01	4	55.97	17	20.0	30	-13
陕西	16.34	13	55.34	18	39.0	14	-5
河北	10.94	28	53.32	19	42.4	9	9
江西	16.80	12	53.10	20	36.3	18	-8
湖南	11.50	25	52.75	21	41.3	10	4
安徽	12.62	22	51.99	22	39.4	12	0
青海	18.59	10	51.63	23	33.0	22	-13
四川	11.00	27	49.21	24	38.2	15	3
河南	13.63	20	48.50	25	34.9	20	-5
新疆	26.07	7	48.35	26	22.3	29	-19
广西	10.61	29	48.08	27	37.5	16	2
云南	12.15	23	45.03	28	32.9	23	-5
甘肃	14.41	17	44.69	29	30.3	26	-12
贵州	12.06	24	44.15	30	32.1	24	-6
西藏	11.31	26	29.56	31	18.3	31	-5

资料来源：Wind、各省统计年鉴。

4. 对外开放水平不断提高，各省进出口占 GDP 比重普遍提升

改革开放以来，我国对外开放水平不断提高，进出口贸易蓬勃发展，进出口贸易占 GDP 的比重从 1978 年的 0.1% 提高至 2017 年的 33.6%。

分省级区域来看，超过 25 个省区市的进出口总额占 GDP 比重较改革开放初期出现提升。各省进出口占比变动呈现出以下特点：一是东部省份进出口占 GDP 的比重仍普遍高于中西部省份，地区差距仍较明显。上海、广东、浙江、江苏和天津 5 个东部省市 2017 年进出口占 GDP 的比重在 31 个省区市中名列前 5 位，排名较改革开放初期显著上升或保持稳定；而青海、贵州、甘肃、西藏和内蒙古 5 个西部省区市名列后 5 位，排名较改革开放初期出现显著下降或持平。二是各地区进出口占比都有明显上升。其中，东部省份对外开放起步早、开放程度高，出口长期是经济增长的重要动力。上海、广东、浙江、江苏和天津 5 个东部省市 2017 年进出口占 GDP 的比重在 31 个省区市中名列前 5 位，排名较改革开放初期显著上升或保持稳定，有 6 个东南沿海省市的进出口占比提高幅度超过 25 个百分点。随着西部大开发、中部地区崛起等区域发展战略实施以及近年来各省积极融入“一带一路”建设，中西部地区的对外开放水平也在加速上升。中西部地区中，大部分省区市的出口占比较改革开放初期提高，尤其是江西、安徽、广西、陕西、新疆、四川、河南等省区市提高比较明显，幅度在 10 个百分点以上。东北三省对外开放水平也有明显提升，自东北老工业基地振兴战略实施以来，东北亚经济联系日益密切，东北地区进出口占比进一步提升，如图 10 所示。

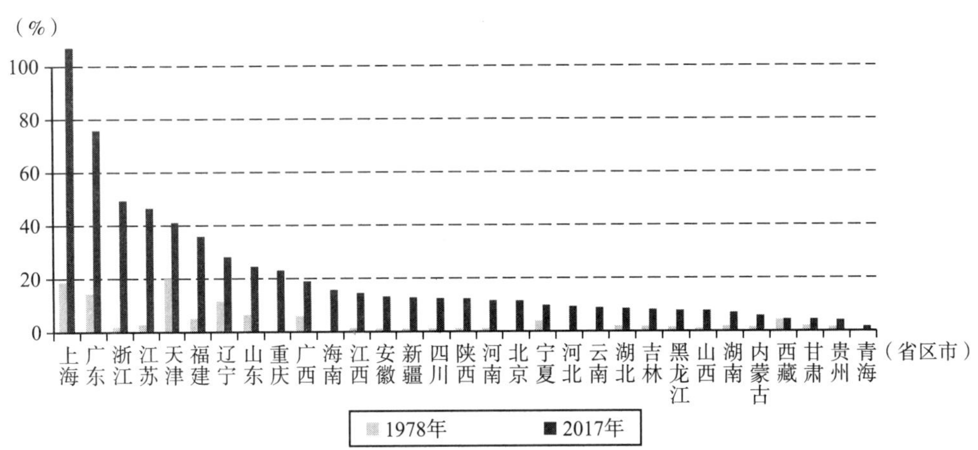

图 10 各省级区域 1978 年与 2017 年进出口总额占 GDP 的比重

注：北京、河北、海南、重庆、四川、青海 6 省市 1978 年数据缺失，云南省数据截止时间点为 2016 年。
资料来源：Wind、各省统计年鉴。

（三）基础设施：基建成绩斐然，各省区市电力交通通信设施日趋完善

1. 电力基础设施建设显著提升，电力消费空间不平衡趋于缓解

改革开放以来，我国基础设施建设取得了举世瞩目的成绩。其中能源基础设施

尤为突出，以电力为例，1978年我国人均年用电量仅为247千瓦时，至2016年已达4 280千瓦时，已超越世界平均水平（3 128千瓦时）。

从各省级区域来看，31省的人均用电量均大幅提高，有17个省区市1990～2016年人均用电量年均复合增速在8%以上，各省增长情况呈现出以下特点：一是大部分西部省份人均用电量排名显著提升，电力消费不平衡结构趋于缓解。新疆、内蒙古和贵州排名提升幅度位列各省前3位；其中新疆和内蒙古人均用电量年均复合增速位列各省前2位。西部高载能产业发展势头依然强劲，且地广人稀，已是拉动我国用电量增长的重要动力之一。二是东部省份排名趋于分散化，领先优势有所下降。海南、浙江、福建3省排名分列第3、第4和第6位；北京、上海和天津市分别排名第29、第28和第25位；广东、河北等省排名居中。东南沿海地区产业结构调整步伐不断加快，工业用电保持增长势头，新兴产业用电快速增长，对用电量仍有明显拉动作用。三是中部省份人均用电量增速总体排名中游，东北省份人均用电量增速排名落后，主要原因是产业发展相对落后，且人口基数相对较大，如图11所示。

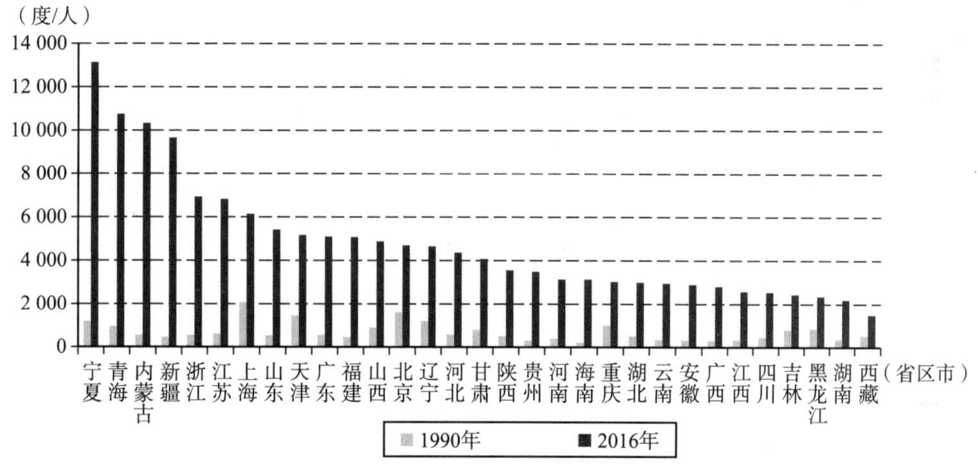

图11 各省级区域1990年与2016年人均年用电量

注：重庆市初始年份为1999年，西藏自治区初始年份为2007年。

资料来源：根据Wind数据测算整理。

2. 交通基础设施网络不断完善，公路网密度地区差距逐步缩小

改革开放以来我国交通基础设施建设进展迅速，以公路为例，1978年我国公路里程仅为89万公里左右，到2016年已达470万公里，对应的公路网密度由9.27公里/百平方公里增加至48.92公里/平方公里，增长了4.3倍。

从各省级区域来看，1978～2016年公路网密度提高幅度均在110倍以上，但不同省份的增长速度有所差异，东部与中西部省份的差距趋于缩小。一是中西部省份由于道路建设加快推进且基数较小，公路网密度高速增长。其中重庆、河南、安徽、贵州等省市中西部省份公路网密度排名均大幅提升，且年均复合增速名列前

茅，分别位列第1、第3、第4和第7位，均在5.4%以上。二是东部沿海省份公路网密度增长分化。其中海南、北京、福建和广东等省市公路网密度排名大幅下滑，年均复合增速位列最末4位，已进入平稳发展阶段；江苏、山东、浙江和上海等省市公路网密度排名则仍显著提升，年均复合增速位于第2、第6、第8、第9位。近年来长江经济带建设、长三角城市群规划等向纵深推进，长江三角洲交通一体化加速发展，交通基本建设已取得突破性进展。三是东北三省公路网密度仍较落后，增长速度也不突出，年均复合增速均位于3.5% ~3.9%。东北沿边地区公路网密度低，断头路较多，且交通统筹规划不足，还需要加快交通基建提档升级，为新一轮改革振兴打造基础，如图12所示。

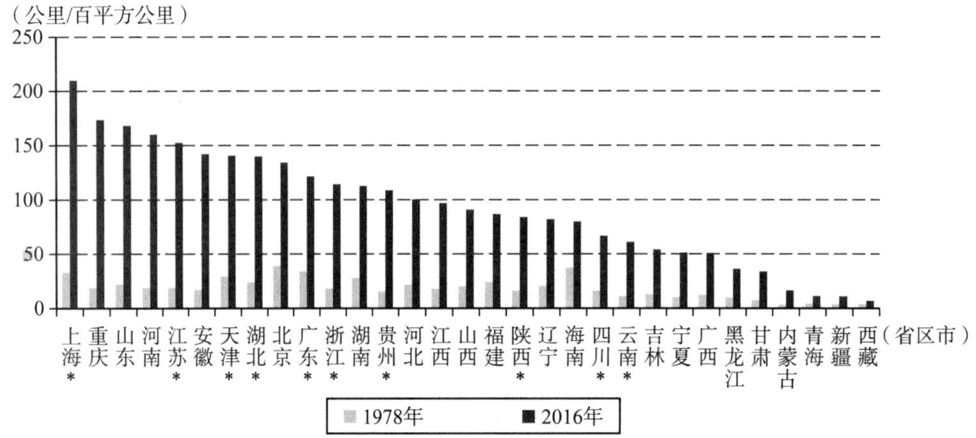

图12　各省级区域1978年与2016年公路网密度

注：标*的省份初始年份为1979年。
资料来源：根据Wind数据测算整理。

3. 通信基础设施取得巨大成就，但数字鸿沟现象依然存在

我国通信基础设施也取得了巨大成就。移动电话普及率方面，从1999年的每百人3.5部，增长至2016年的每百人102.5部；互联网普及率方面，从2002年的4.6%增长至2017年的55.8%，

分地区来看，各省级区域的移动电话普及率的提高幅度均在73部/百人以上，其中提高幅度最大的是北京、浙江、广东、上海等东部经济比较发达的省市，提高幅度最小的则是江西、安徽、湖南和湖北等人口密度大的中部省份；各省级区域的互联网普及率提高幅度均在36个百分点以上，其中提高幅度最大的是广东、福建、浙江等东部省份，提高幅度最小的则是云南、甘肃、四川、湖南和江西等中西部省份，如图13和图14所示。

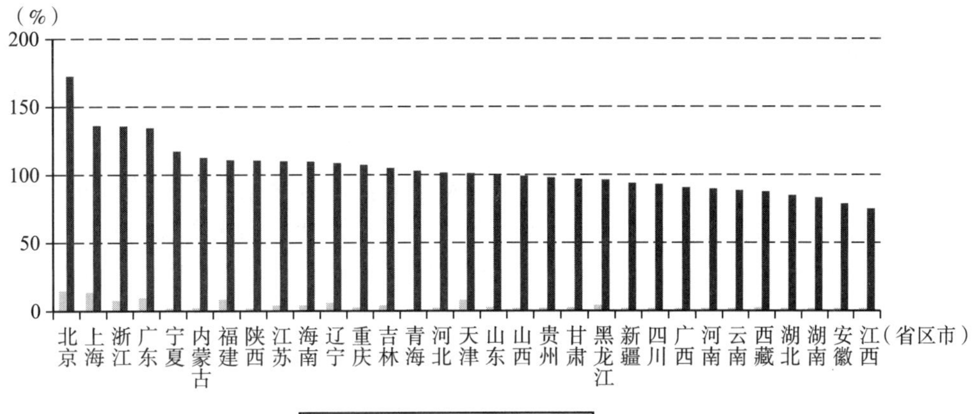

图13　各省级区域1999年与2017年移动电话普及率

资料来源：CEIC。

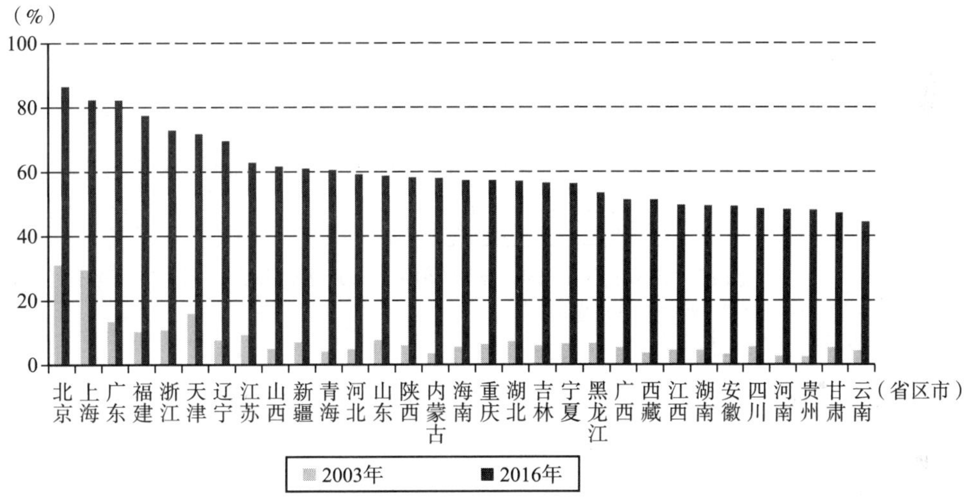

图14　各省级区域2003年与2016年互联网普及率

资料来源：CEIC。

总体来看，各地通信基础设施建设水平不一，与经济发展速度的关联度较高，数字鸿沟现象依然存在，东部省份移动电话普及率和互联网普及率总体高于中西部省份，网络信息资源的省际分布差距未明显缩小。

（四）基础资源：人均资源量形势仍然严峻，各省区市分布格局变化不大

1. 人均水资源占有量仍然匮乏，各省区市分布格局变化不大

我国水资源总量丰富，但人均占有量匮乏，人均水资源量1999年为2 250.7立方米/人，至2016年增加至2 354.9立方米/人，增幅达7.34%，仍然远低于世

界人均水资源量。

从省级区域来看，1999～2016 年，各省人均水资源量分布不均状况延续，整体格局变化不大。一方面，西藏、青海、新疆、广西、云南等西部省区，江西、湖南等中部省份和海南等沿海省份保持在前 10 名，其中，西藏自治区以远超过其他省区市的人均水资源量稳居第一，2016 年人均水资源量是第二位青海省的 13.7 倍；另一方面，天津、北京、上海、河北等东部省市虽然人均水资源量有所上升，但在全国仍然排名落后，处于极度缺水状况。同时，山东、河南、甘肃、山西等严重缺水的省份状况进一步恶化，人均水资源量显著下滑，如图 15 所示。

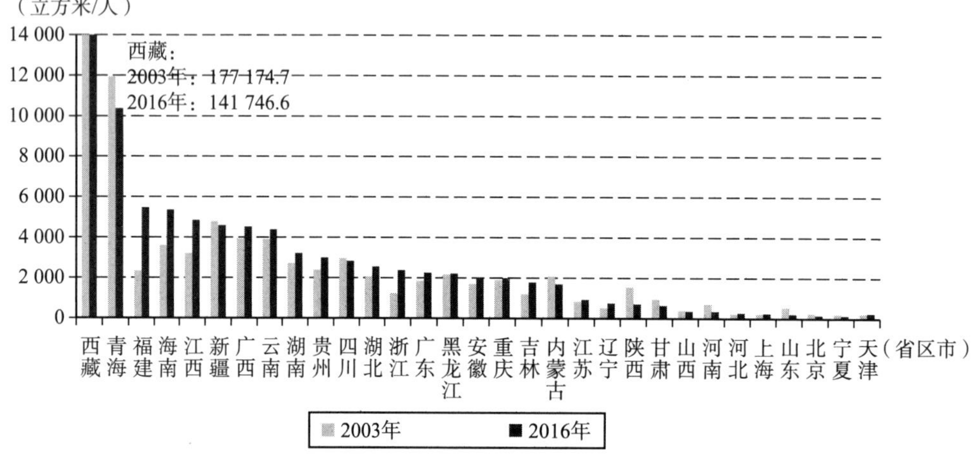

图 15　各省级区域 2003 年和 2016 年人均水资源量

注：为保证图 15 的表现，西藏数据为溢出状态。
资料来源：根据 Wind 数据测算整理。

2. 人均能源储量仍低于世界平均，西部省区市储量保持领先

我国矿产资源品种齐全、总量丰富，但人均占有量低于世界平均水平，且地理分布不均衡。以能源矿产为例，我国人均石油储量 2003 年为 1.882 吨，2016 年为 2.532 吨，增长了 34.6%；人均天然气储量 2003 年为 1 724.8 立方米，2016 年为 3 931.8 立方米，增长了 128%；人均煤炭储量 2003 年 258.6 吨，2016 年为 180.2 吨，下降了 30.3%。

从省级区域看，我国西部省区市能源储量丰富，人均石油、天然气和煤炭储量在全国稳居前列。具体来看，西北和东北地区的人均石油储量在 2003～2016 年间保持领先地位，但发展趋势出现分化。新疆、青海、黑龙江、甘肃、陕西、吉林 6 省区的人均石油储量在 2003～2016 年间均始终排名前列，但其中西北地区提升幅度最大，东北地区则开始下滑，排名也出现回落。西部地区能源矿产丰富，近年来我国加强对西部油气勘探开发和油气管道建设力度，石油探明储量稳步增长，已成为重要的能源工业接替区；而东北地区石油开采难度逐渐加大，产量开始递减，资源枯竭成为经济发展主要桎梏，如图 16 所示。

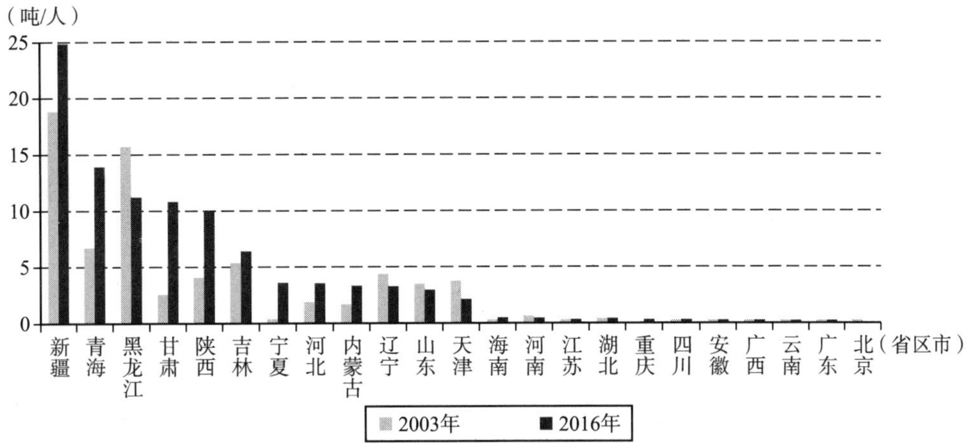

图16　各省级区域2003年和2016年人均石油储量

注：西藏、山西、上海、浙江、福建、江西、湖南、贵州等省区市石油储量为0，图16中没有展示。
资料来源：中国统计年鉴。

西部地区的人均天然气储量保持前列，这也是西气东输的基本背景。我国探明天然气储量的盆地中，以塔里木和四川盆地资源最为丰富，具体到各省区市中，新疆、内蒙古、青海、陕西、四川和重庆的人均天然气储量保持在前7位的水平，其中除青海省外各省区市人均储量均有大幅增长，如图17所示。

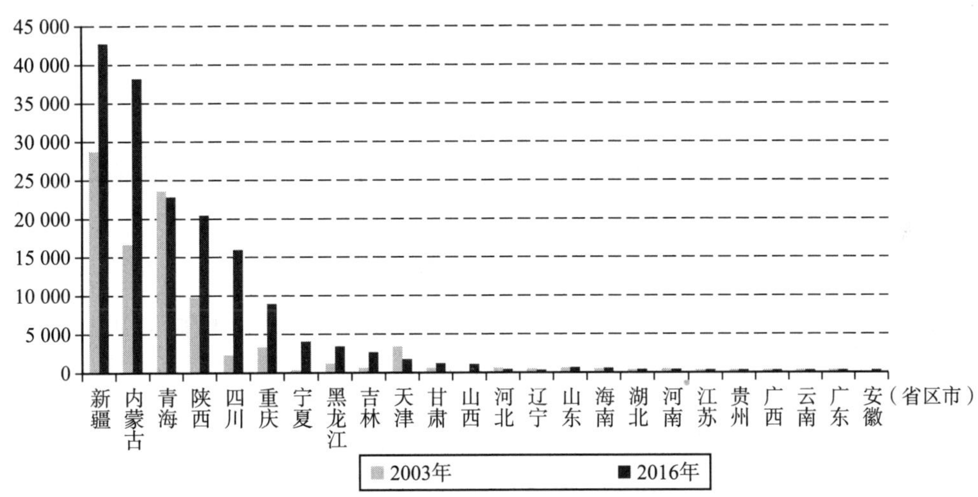

图17　各省级区域2003年和2016年人均天然气储量

注：北京、上海、浙江、福建、江西、湖南、西藏等省区市天然气储量为0，图17中没有展示。
资料来源：中国统计年鉴。

山西省与西部地区人均煤炭储量保持前列。我国煤炭资源分布面广，除上海市外，其他省区市均有不同数量的煤炭资源，分布主要呈现出“北多南少”的特点，其中山西、内蒙古、新疆、宁夏、陕西、贵州6省区的人均煤炭储量始终保持前6名。近年来，受需求减少、化解产能过剩及勘查投入资金下降等因素影响，我国煤炭储量呈下降趋势，有25个省区市2016年人均煤炭储量较2003年降低，有9个省区市降幅超过50%。仅有湖北、新疆、四川、海南和重庆5省区市2016年人均煤炭储量较2003年出现增长，而广东、广西、北京、湖南和云南下降幅度超过65%，为降幅最大的前5位，如图18所示。

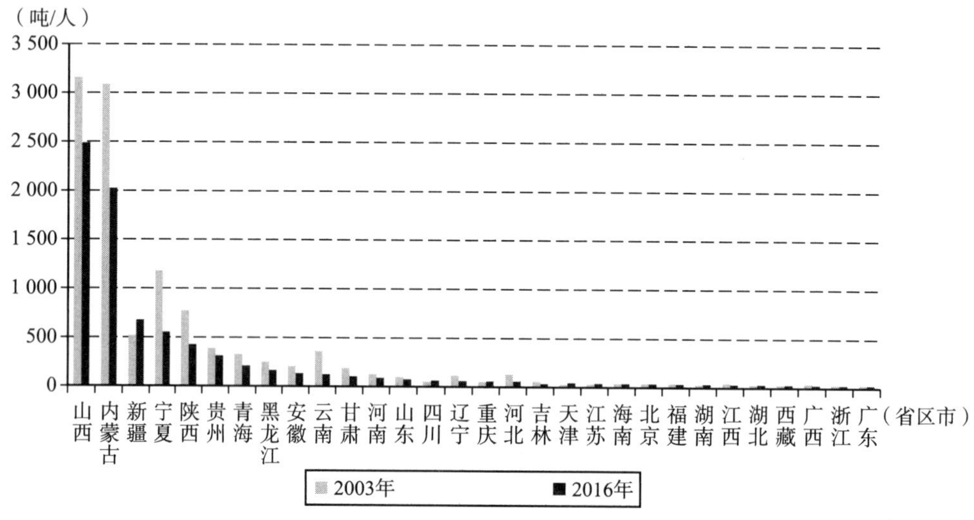

图18　各省级区域2003年和2016年人均煤炭储量

注：上海市煤炭储量为0，图18中没有展示。
资料来源：中国统计年鉴。

（五）医疗与基础教育：发展水平大幅提升，资源分布不均衡局面延续

1. 预期寿命大幅提升，东西部差异仍然巨大

改革开放以来，随着我国医疗水平的不断提升，死亡率逐年下降，人均预期寿命大幅提升，从1978年的65.8岁升至2015年的76.3岁，寿命增幅达10.5年。

从1990年和2010年全国人口普查数据来看，各省级区域的人口平均预期寿命变化表现出以下几个特点：一是各省人口平均预期寿命均较1990年有所提高，提高幅度在4~9岁；二是预期寿命提高幅度最大的省份集中在西部、东北和中部地区，新疆、青海、内蒙古、西藏、四川西部5省区，黑龙江和吉林东北两省份，以及江西、湖南和湖北3省的预期寿命提高幅度列于前10名；三是东部地区预期寿命提升幅度虽处于中游，但预期寿命排名始终保持领先优势，上海、北京、天津、浙江、江苏、广东和山东7省市的预期寿命稳居前7位，其中北京市和上海市预期寿命已超过80岁，排名第一的上海市2010年预期寿命比最后一名的西藏自治区高12.1岁，如图19所示。

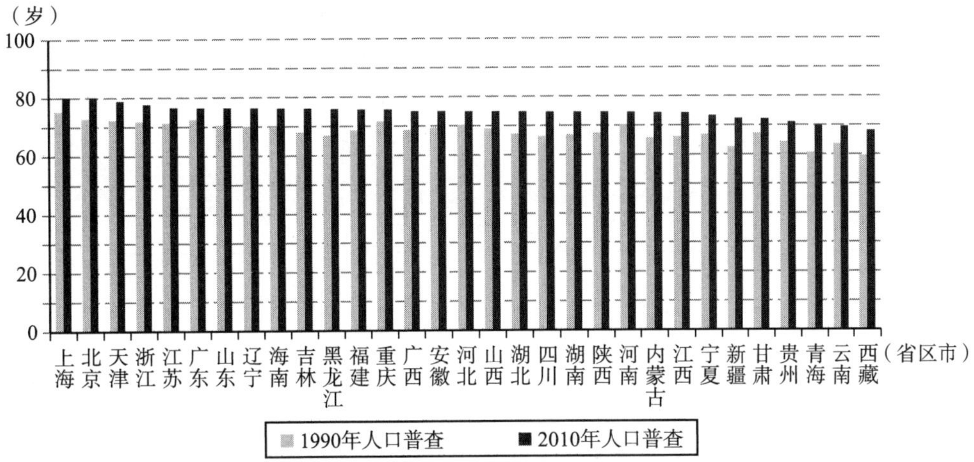

图 19　各省级区域 1990 年与 2015 年人均预期寿命

注：重庆数据初始年份为 2000 年。
资料来源：根据 Wind 数据测算整理。

2. 每万人专业医师数量大幅增加，医疗资源分布不均问题仍然存在

改革开放以来，我国基础医疗领域进步较大，专业医师数量大幅增加，每万人执业（助理）医师数量从 1978 年的 10.8 人增加至 2016 年的 23.1 人，增长超过 1 倍。

分地区来看，各省级区域每万人专业医师数量变化传递出以下信息：一是基础医疗资源仍然主要集中在东部地区，资源分布不均问题仍然存在。北京、浙江和上海等省区市每万人执业（助理）医师数保持在全国前列；而江西、云南、安徽、贵州等中西部省区市每万人长期处于落后水平。二是大部分省级区域基础医疗水平均有所提升，但提升幅度差异较大。除北京市、天津市和上海市外，其余 28 省区市 2016 年每万人执业（助理）医师数均比 2005 年显著增加，其中部分中西部地区基础医疗水平进步尤为显著，河南、湖南、重庆、四川、湖北等省区市的每万人医师数在 2005 ~ 2016 年提高幅度超过 9 人。京津沪三座直辖市人均医师数量近 10 年来出现下降，主要源于人口净流入导致基数增长更快，如图 20 所示。

3. 识字率大幅提升，但省际差距仍然悬殊

改革开放以来我国基础教育水平提高明显，识字率从 1982 年的 65.5% 上升至 2016 年的 94.7%，已接近发达国家水平。

分地区来看，各省级区域基础教育水平都取得了突出进展，识字率显著提升。从排名变化来看，东部和东北地区识字率保持领先水平，而西部地区识字率水平长期处于落后水平，差距仍然悬殊。具体来看，北京、天津、上海三座直辖市，辽宁、吉林东北两省，以及山西、广东两省在 2005 ~ 2016 年稳居前 7 名，识字率水平具有绝对优势；而西藏、青海、贵州、云南和甘肃 5 个西部省区市在 2005 ~ 2016 年持续位于最末 5 名。2016 年，识字率最高与最低的地区之差为 39.6 个百分

点，比2005年仅降低了1.3个百分点，从提高幅度来看，识字率提高最多的为中部和西部地区，提高最少的为东部和东北地区。安徽、甘肃、宁夏、云南、青海等省区由于基础较差，识字率提高幅度在10个百分点以上；上海、北京、黑龙江、天津等省市由于识字率提升空间已经不大，提高幅度低于3个百分点，如图21所示。

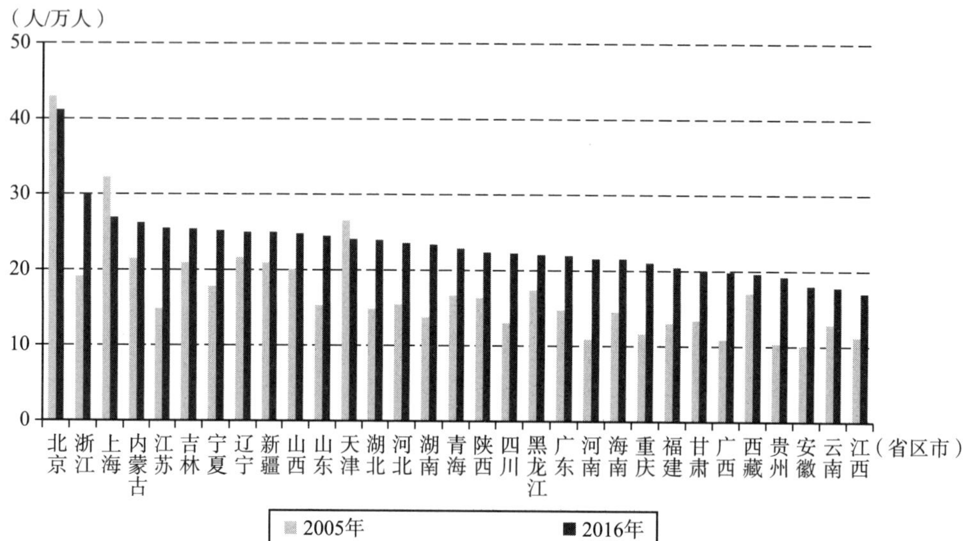

图20　各省级区域2005年与2016年每万人执业（助理）医师数量

资料来源：根据Wind数据测算整理。

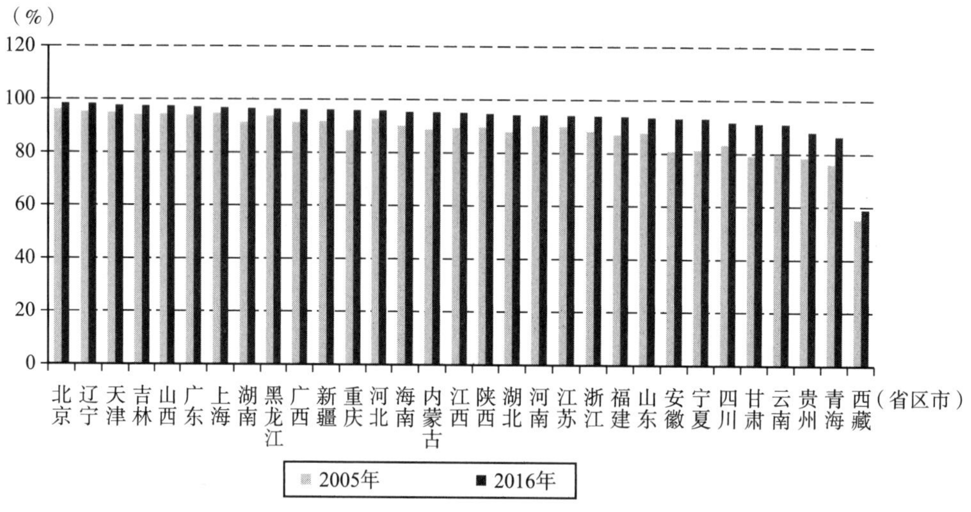

图21　各省级区域2005年与2016年识字率

资料来源：根据Wind数据测算整理。

（六）高等教育：受教育程度人口结构差距继续拉大，高等教育发展水平差异趋于缩小

1. 高等教育学历人口比重不断上升，地区间差距继续拉大

改革开放以来，我国高等教育领域取得了长足进步，高等教育学历人口比重不断上升，根据人口普查数据，每10万人拥有的大专及以上学历人口1982年为615人，到2010年已增长至8 930人；根据人口变动抽样调查数据，大专及以上学历人口占6岁及以上人口的比重①则从1990年的2%增长至2016年的12.9%。

以大专及以上学历人口占比为例，各省级区域该指标均较1990年均显著提升，但提升幅度有所差异。一是北京、天津和上海三座直辖市的大专及以上学历人口占比稳居前三位。其中北京市2016年的大专及以上学历人口占比达45.5%，较1990年提高34.6个百分点，占比绝对值与提升幅度均在31省中排名第一，比第二名的天津占比高出19.9个百分点，人口受教育程度远远领先于其他省区市。二是西部地区高等教育学历人口占比明显分化，且西北地区明显好于西南地区。西南部省份占比提高幅度普遍较小，且占比排名持续靠后，与先进省份的差距继续拉大，如西藏、贵州、广西、云南、四川等西南部省区大专及以上学历人口占比提高幅度位于末5位，且占比排名始终在20名以后。三是东北地区高等教育学历人口占比总体较高。其中辽宁省大专及以上学历人口占比最高，保持在4～5名，但吉林和黑龙江两省占比排名有所下滑，黑龙江省已退出前10名，如图22所示。

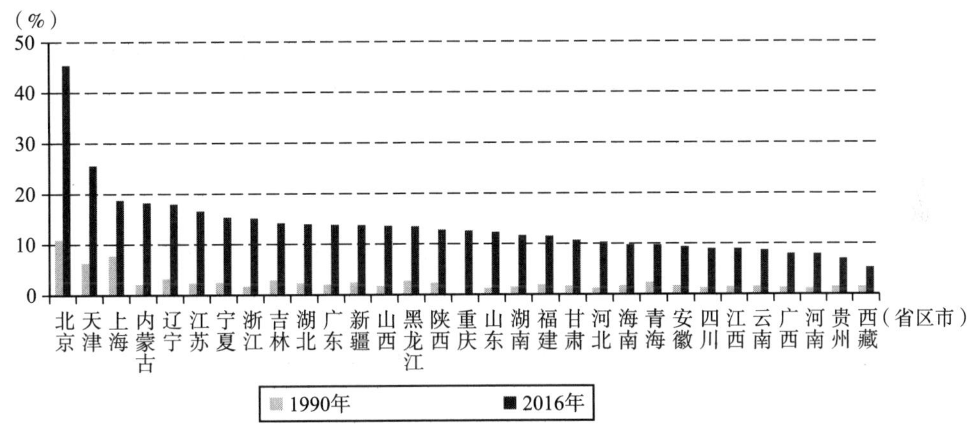

图22 各省级区域1990年和2016年大专及以上学历人口数占比

资料来源：根据中国统计年鉴的人口变动抽样调查数据测算。

2. 高等学校在校生数占比快速增长，地区间差异逐步缩小

改革开放以来，我国高等教育入学率快速增长，高等学校在校生比例大幅提

① 大专及以上学历人口占6岁及以上人口的比重，根据历年全国人口变动情况抽样调查样本数据计算而得，以下简称“大专及以上学历人口占比”。

升。其中，高等教育毛入学率[①]由 1978 年的 0.7% 增长至 2015 年的 43.4%，提升了 42.7 个百分点；每 10 万人口高等学校平均在校生数则从 1978 年的 89 人上升至 2016 年的 2 530 人，增长了 27.5 倍。

以每 10 万人口高等学校平均在校生数为例，各省级区域的该指标普遍大幅增加，主要呈现出以下特点：一是北京、上海和天津三座直辖市该指标近年来出现增长停滞迹象，其中北京市和上海市的该指标 2016 年较 2004 年显著下滑，天津市仅增长 5.5%，但三者仍在全国保持领先优势，其余 28 个省区市的该指标增幅均在 36% 以上。二是西部地区近年来该指标高速增长，排名也有所提升，增长速度最快的地区多为西部省区市，如西藏、贵州、广西、重庆、云南、四川等省区市该指标 2016 年较 2004 年的增速在全国排名前列，达 130% 以上，排名均有所提升，但西藏、贵州、云南等欠发达省区排名仍较为落后。三是东西部地区间该指标差距有所缩小。2004 年该指标排名第一位与最末位的省区市之比（北京与西藏）为 11.3，2016 年（北京与青海）则显著下降至 3.8，如图 23 所示。

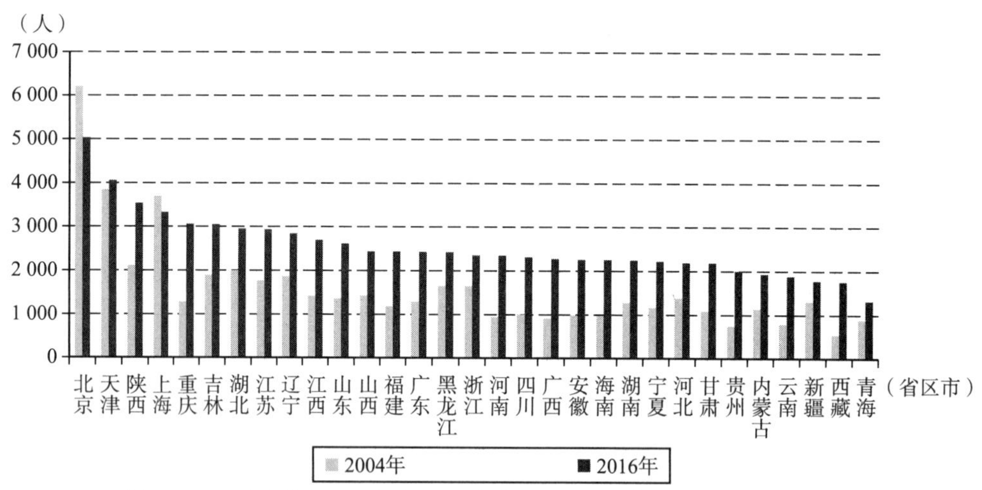

图 23　各省级区域 2004 年和 2016 年每 10 万人口高等学校平均在校生数

资料来源：根据 Wind 数据测算整理。

（七）财政：赤字率扩大但仍可控，资源型省区市税收压力较大

1. 财政赤字状况安全可控，各省区市财政赤字率多呈扩大趋势

改革开放以来，我国大部分年份公共财政收支均处于赤字状态。近年来，我国实施积极的财政政策，扩大重点领域财政支出，通过“营改增”、减税降费、简政放权等一系列改革举措扶持实体经济，导致赤字率不断扩大，但仍处于可控范围。

从各省级区域来看，财政赤字率水平普遍呈扩大趋势。1987 ~ 2017 年，除江

① 高等教育毛入学率是指“高等教育在校学生数比上 18 ~ 22 岁年龄段人口数”，反映的是适龄人口中能接受到高等教育的人口的百分比。

苏省外其余30个省区市的财政赤字占GDP水平出现提升。各省财政赤字率水平呈现出以下分布特点：一是财政赤字率基本保持了“西高东低”的格局，西藏、青海、新疆、宁夏等西部省区赤字率始终排名靠前，而江苏、上海、浙江、北京等东部省区市始终排名靠后。二是西部和东北地区财政赤字率扩大幅度更为显著，多在12个百分点以上，东部地区扩大幅度相对较小，中部地区扩大幅度位于中等水平。其中，赤字率上升幅度最大的5个省区市为西藏、青海、甘肃、上海和黑龙江；上升幅度最小的5个省区市为江苏、广东、山东、福建和内蒙古。可见，东部地区财政收支自给率长期较为稳定，中西部地区和东北地区财力较弱，且经济建设带来的刚性支出压力较大，导致了较高的赤字率，如图24所示。

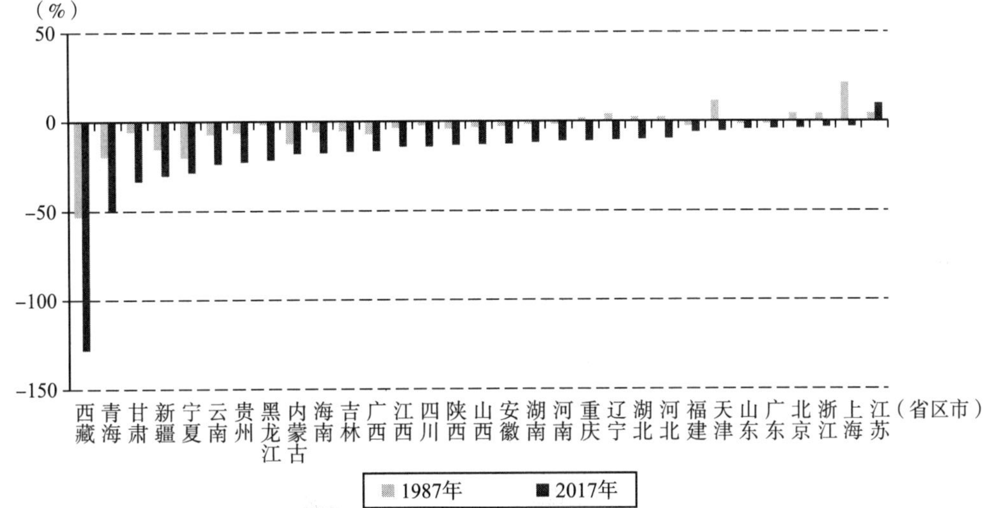

图24 各省级区域1987年与2017年赤字率

注：福建省和重庆市初始年份为1992年，海南省初始年份为1988年，天津、湖南和新疆截止时间点为2016年。

资料来源：根据Wind数据测算整理。

2. 税收收入高速增长，西南部省份增速尤其强劲

税收收入是我国财政收入中的重要组成部分。改革开放以来，我国税收收入快速增长，从1978年的519.28亿元增长到2016年的130 360.73亿元，名义年均复合增长率达到15.7%。

分地区来看，各省级区域税收收入也实现了高速增长，但增速有所差异。从1999~2016年各省区市税收收入名义年均复合增长率的排名来看，主要有以下几个特点：一是近年来经济增速引领全国的西南部地区税收收入增长亮眼，西藏、重庆、贵州等省区市的税收收入年均复合增长率排名前列；二是资源型省区市税收收入增长乏力。黑龙江、辽宁、云南、吉林、甘肃、山西、河北等省的税收收入名义年均复合增长率排名落后。此外，经济发达的江苏、浙江等东南沿海省份税收收入年均复合增速也位居前列，如图25所示。

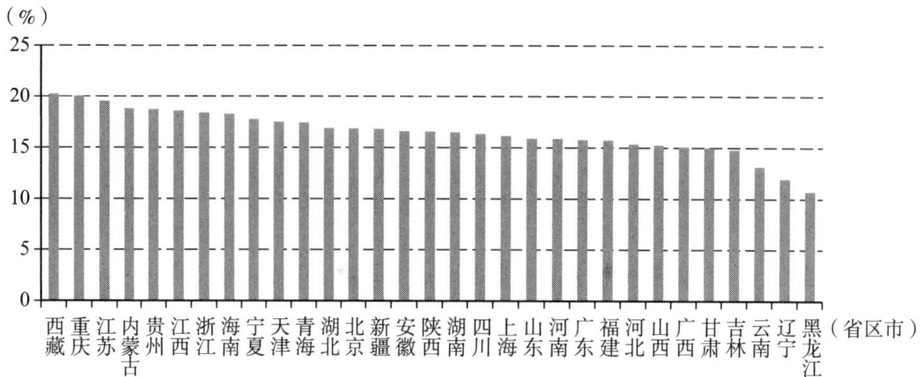

图 25　各省级区域 1999～2016 年税收收入年均复合增长率（名义）

资料来源：根据 Wind 数据测算整理。

3. 人均税收收入大幅提升，东部地区保持领先优势

改革开放以来，我国经济快速增长，财政税收能力不断提升，人均税收收入从 1978 年的 53.95 元增长至 2016 年的 9 427.92 元，增长了 170 余倍；对应的税收收入占 GDP 的比重由 14% 提升至 17.5%。

分地区来看，各省级区域人均税收收入格局变动主要表现出以下几个特点：一是东部地区保持较强财政实力，上海、北京、天津、江苏、浙江、广东等省市与东南沿海地区 1999 年至 2016 年在人均税收收入方面稳居前列，领先优势显著；二是人均税收收入排名靠后的地区始终以中西部为主，甘肃、广西、河南、湖南等省区排名持续落后；三是山西、云南以及东北省份排名下降较为严重，尤其是黑龙江省由 1999 年的第 9 位下滑至 2016 年的第 29 位，由于资源依赖度高、产业升级缓慢、经济下行压力大等原因，税收状况恶化，如图 26 所示。

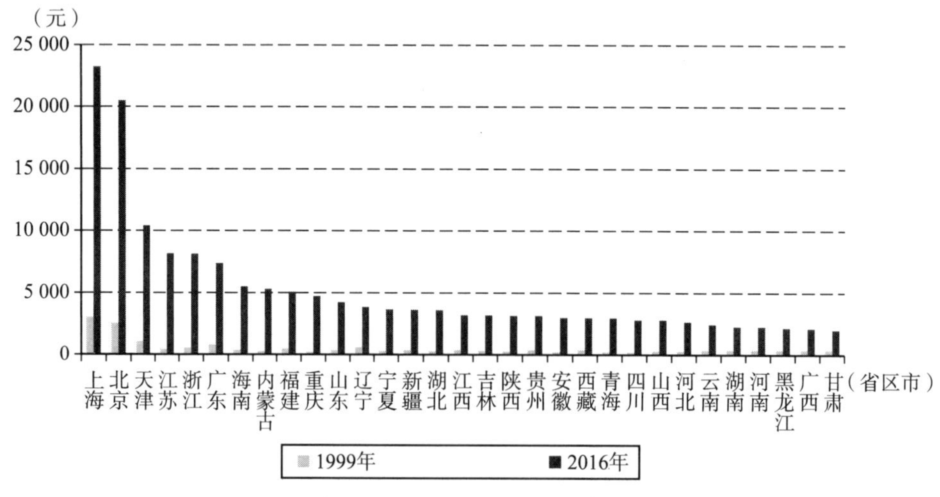

图 26　各省级区域 1999 年与 2016 年人均税收收入

资料来源：根据 CEIC 数据测算。

(八)金融市场:金融业经济增长贡献不断提高,区域金融深化程度分化

1. 金融业占 GDP 的比重不断提高,京津沪显著领先于其他省区市

改革开放以来,我国金融业发展速度不断加快,金融业增加值占 GDP 的比重由 1978 年的 2.1% 上升至 2017 年的 8.0%,已成长为国民经济的重要支柱产业。

从各省级区域来看,金融业增加值占 GDP 的比重改革开放以来普遍提升,其排名变化呈现出以下几个特点:一是上海、北京、天津三座直辖市改革开放前金融业优势并不突出,1978 年金融业占比的排名分别为第 12、第 22 和第 31 位,改革开放后在政策倾斜与区位禀赋优势下地区金融获得较快发展,金融业占比提高幅度远高于其他省区市,2016 年以超过 10% 的金融业占比在全国排名前三位;二是西藏、山西、辽宁、青海等中西部省区与东北省区市金融业体量并不大,但近年来占比提高速度较快,目前已进入全国前列,金融业占比均超过 8%,成为当地一大支柱产业;三是湖南、吉林、新疆等省区金融业占比提高幅度低于 3 个百分点,且排名显著下滑,进入较落后区间,如图 27 所示。

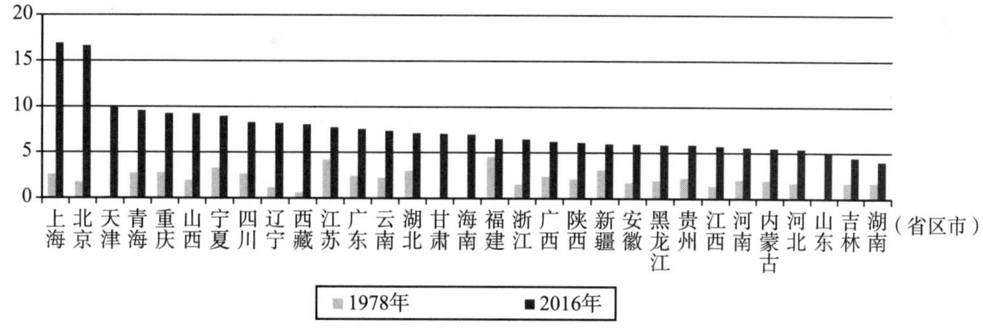

图 27 各省级区域 1978 年与 2016 年金融、保险业增加值占 GDP 比重

注:山东、甘肃和海南 3 省 1978 年数据缺失。
资料来源:根据 Wind 数据测算。

2. 信贷发放量占 GDP 的比重不断提高,信贷资金区域投放布局有所改善

改革开放以来,我国金融机构本外币贷款占 GDP 的比重不断提高,2002 年达 114.9%,到 2017 年已达 151.9%。

从各省级区域来看,大部分省份的本外币贷款余额占 GDP 的比重有不同程度的提高,2001 ~2017 年仅陕西和吉林两省该指标出现下滑。各省区市贷款占比主要呈现出以下变化趋势:一是部分西部地区本外币贷款余额增长速度拔得头筹,如西藏、甘肃和青海 3 省区在 2001 ~2017 年的本外币贷款余额占 GDP 的比重提高幅度位列前 3 位,分别达 239.1 个、114.9 个和 98.9 个百分点,其中西藏自治区本外币贷款余额占比排名由 2001 年的最末位一跃成为 2017 年的第 1 位,青海省则稳居前三位,甘肃则由第 12 位上升至第 4 位,此外宁夏回族自治区稳居第 7 位;二是

部分东部省份本外币贷款余额占 GDP 的比重稳居前列，且东部沿海地区贷款规模体量具有绝对优势，如北京市由 2001 年的第 1 位略降至第 2 位，上海市由第 4 位变为第 5 位，海南省由第 5 位变为第 6 位，而广东、北京、山东、上海、江苏、浙江 5 省市本外币贷款余额总规模稳居前 6 位；三是中部和东北地区本外币贷款余额占 GDP 比例增长相对较低，如湖南、河南、湖北 3 省排名由 2001 年的第 22、第 28 和第 17 位降至 2017 年的第 31、第 30 和第 28 位，吉林和黑龙江两省则分别从 2001 年的第3 和第 18 位降至 2017 年的第 26 和第 25 位，其中吉林省本外币贷款余额占 GDP 比例大幅下滑了 22. 8 个百分点，如图 28 所示。

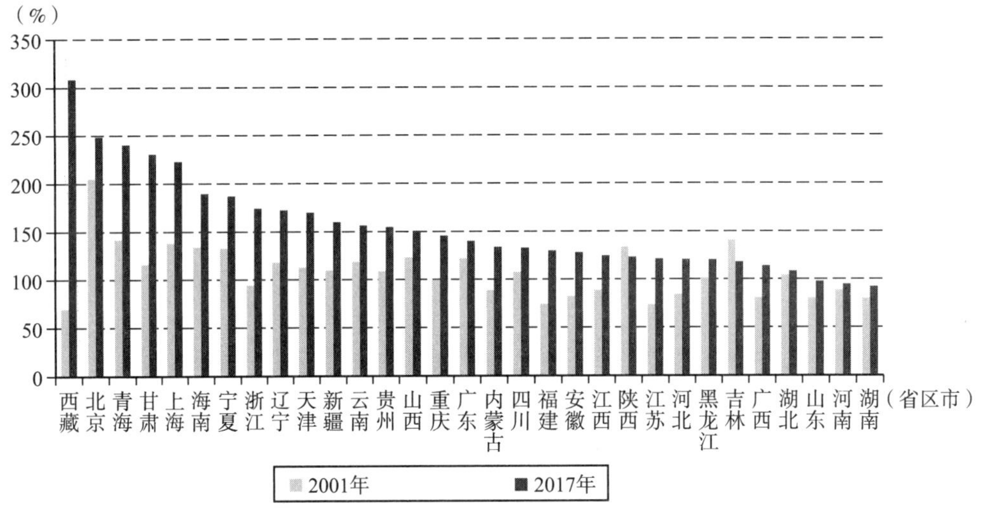

图 28　各省级区域 2001 年与 2017 年本外币贷款余额占 GDP 的比重

注：湖南、广东和陕西 3 省初始年份为 2002 年，云南省为 2003 年。

资料来源：根据 CEIC 数据测算。

（九）可持续发展：单位 GDP 废水排放与能耗大幅降低，中西部地区下降空间仍大

1. 单位 GDP 废水排放量大幅降低，中西部地区下降空间仍大

随着经济结构的优化调整以及工业领域节能减排措施的大力推进，我国单位 GDP 废水排放量下降明显。1998 年我国每产出 1 万元，需要排放 46. 4 吨废水，到 2016 年则已下降至 9. 6 吨，下降幅度达 79. 4% 。

从各省级区域来看，单位 GDP 废水排放量均有明显下降，2000 ~ 2016 年的下降幅度在 18. 9% ~68. 3% ，具体表现出以下分布特点：一是中西部地区下降幅度最大，但仍有下降空间，降幅最大的前 10 位均位于中西部地区，其中西部地区又以西南部为主，广西、重庆、湖北、四川和湖南 5 省区市名列降幅最大的前 5 位；但从单位 GDP 废水排放量绝对值来看，中西部地区仍有下降空间，云南、江西、

重庆、宁夏等省区市排放量仍然位于前列；二是东部地区降幅较小，但排放量排名并未出现明显提高，如天津、山东、北京、福建4省市降幅名列第31、第30、第27和第25位，但排放量仍位列第31、第26、第28和第23位，仍属于排放量相对较小的省区市，这表明这些地区已进入降幅边际放缓的阶段；三是东部沿海地区中的广东省虽然单位GDP废水排放量也大幅下降，但排名仍然出现了显著上升，由2000年的第17名上升至第3名，由于经济体量大、加工制造业发达，污染减排压力仍然较大，如图29所示。

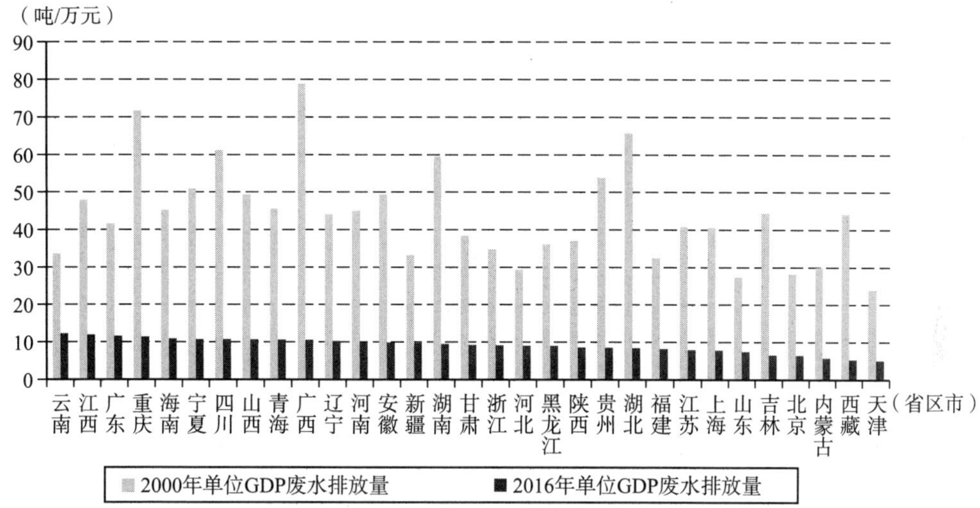

图29　各省级区域2000年和2016年单位GDP废水排放量

资料来源：根据Wind数据测算整理。

2. 单位GDP产出的能耗量大幅降低，西部地区环保能耗压力仍大

改革开放以来，我国单位GDP产出所消耗的能源也出现了明显下降，万元GDP能源消费量从1978年的286.9吨标准煤/百万元降至2017年的65.2吨标准煤/百万元（GDP按2010年可比价格计算），下降幅度达77.3%。

分地区来看，各省级区域单位GDP能耗均呈不断下降趋势，但下降幅度各有不同，以平均每万元GDP能源消费量指标的变动来衡量，主要呈现出以下趋势：一是西部、东北地区以及山西省单位GDP能耗下降幅度在全国位居前列，但指标排名仍然靠前，有较大下降空间，山西、宁夏、甘肃、吉林、贵州、黑龙江、内蒙古7省区1990～2016年的单位GDP能耗下降幅度名列前7位，除吉林省指标排名从第4位下降至第17位以外，其他6省指标排名保持在前10名以内，由于这些地区经济发展仍比较依赖重工业，面临较大的能耗和环保压力；二是东部地区单位GDP能耗指标维持在较低水平，海南、广东、福建、浙江、江苏5省1990～2016年单位GDP能耗下降幅度位于全国后7名以内，但指标排名仍保持在后9名以内；

三是北京、天津、上海三市指标排名显著下降，单位 GDP 能耗已由中等水平降至较低水平，2016 年在全国位于后 7 位，如图 30 所示。

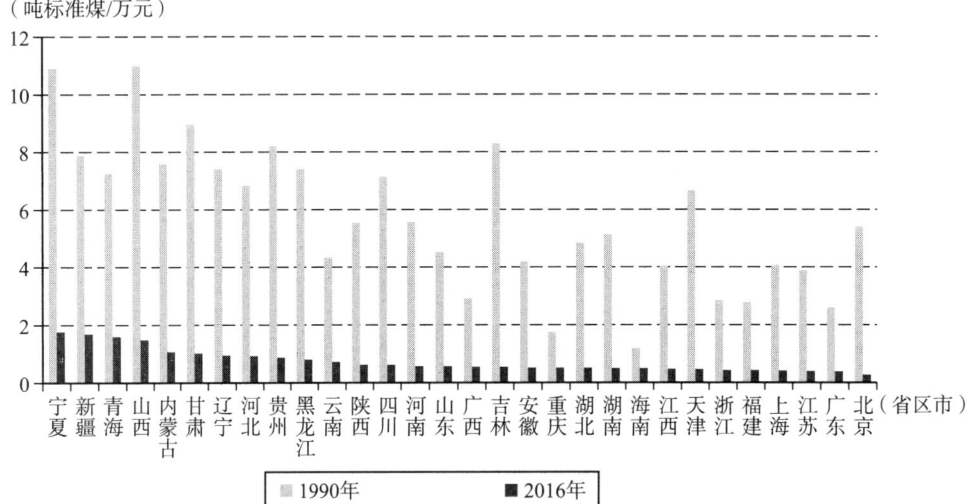

图 30　各省级区域 1990 年与 2016 年平均每万元 GDP 能源消费量

注：重庆市数据初始年份为 1997 年，西藏自治区数据缺失。

资料来源：根据 CEIC 数据测算。

（十）就业与劳动力市场：适龄劳动人口比重普遍下降，薪资高速增长

1. 各地区失业率均已降至较低水平，地区间失业率差距缩小

高速经济增长与稳定的社会发展使得中国多年来始终得以保持较低的失业率。除改革开放初期失业率水平曾超过 5% 外，此后多年来处在低于 4% 的较低水平，近年来则维持在 4% 左右，且呈现下降趋势，2017 年城镇登记失业率为 3.9%。

分地区来看，大部分省级区域改革开放至今城镇登记失业率有所下降，但不同区域的差距仍然比较明显。具体来看，一是各省区市失业率均已降至较低水平，1980 年各省最高失业率高达 13.3%，2016 年各省最高失业率仅为 4.22%。二是失业率较高的地区长期集中在西部和东北部地区，1980 年失业率排名前 10 位的省区市中，有 5 个属于东部地区，3 个为东北地区；2016 年失业率排名前 10 位的省区市中，则有 4 个为西部地区，2 个为东北地区。黑龙江、四川、宁夏、辽宁、内蒙古等省区市失业率排名一直位于前 10 名内。三是相对于其他地区，东部地区失业率一直处于较低水平，1980 年失业率后 10 名的省份中，东部省份占了 6 个；2016 年失业率后 10 名的地区中，东部占了 5 个，北京、海南、浙江、江苏等省市失业率排名一直靠后。四是西部地区失业率下降幅度高于东部地区，失业率差距已有所缩小。内蒙古、贵州、宁夏等省区失业率下降幅度高于 3 个百分点，在全国名列前茅；山东、河北、北京、江苏等省市失业率下降幅度小于 0.2 个百分点，或失业率出现上升，失业率改善状况在全国位于较低水平，如图 31 所示。

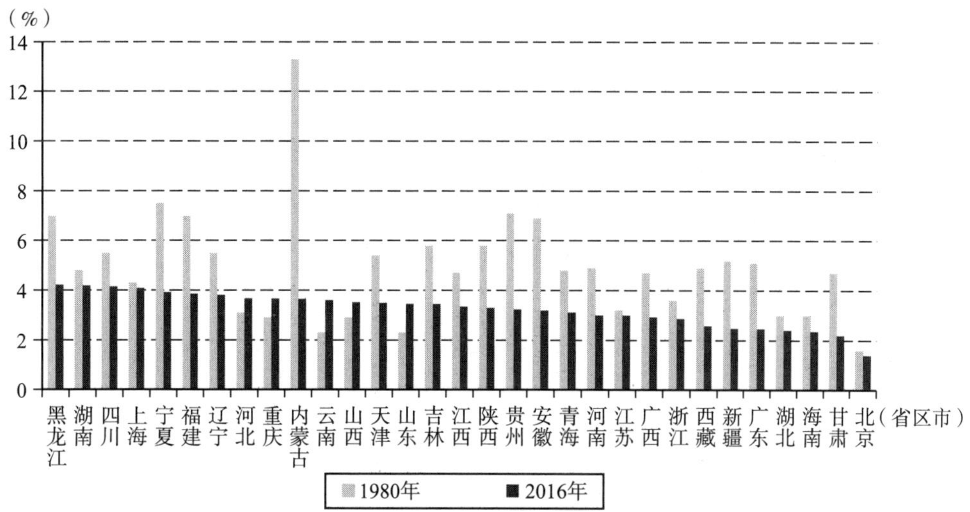

图 31　各省级区域 1980 年和 2016 年城镇登记失业率

注：海南省数据初始年份为 1990 年，重庆市数据初始年份为 1997 年。

资料来源：根据 CEIC 数据测算。

2. 适龄劳动人口比重下降明显，东部地区仍占据相对优势

改革开放以来，丰富的劳动力资源和劳动力成本优势对我国经济增长奇迹的创造发挥了至关重要的作用。然而近年来，我国生育率下降，人口老龄化加速，劳动年龄人口的绝对数量和占比均在下降。人口抽样调查数据显示，我国 15 ~ 64 岁人口比重已从 2010 年的 74.5% 下降至 2017 年的 71.82%，已连续 7 年逐年下降。

分地区来看，各省级区域适龄劳动人口比重也主要呈现下降趋势，具体表现出以下特点：一是东部和东北地区适龄劳动人口比重始终位居前列，但也开始明显下降。黑龙江、天津、北京、上海、吉林、辽宁等省区市 15 ~ 64 岁人口占比在 2004 年和 2016 年稳居全国前 10 名，但均有不同程度的下降。从适龄劳动人口数量的年均复合增速来看，天津、北京、广东、上海等东部经济发达省市 15 ~ 64 岁人口 2004 ~ 2016 年年均复合增速为全国前 4 名；而东北地区则处于落后水平，辽宁、黑龙江和吉林分别位列第 23、第 26 和第 27 位，且黑龙江和吉林 2004 ~ 2016 年年均复合增速为负，在东北地区近年来出现人口净流出的背景下，这表明外流人口中老年人多于年轻人，因而适龄劳动人口占比虽然仍相对较高，但绝对量已开始减少。二是中部和西南省份适龄劳动人口始终落后，且有进一步下降趋势。贵州、广西、河南、江西、重庆等省区市 15 ~ 64 岁人口比重 2004 年与 2016 年均在 20 名以后，且江西、河南、广西和贵州 4 省区 15 ~ 64 岁人口占比 2016 年已降至 70% 以下。三是河北、湖南、山东和吉林 4 省的适龄劳动人口占比 2004 ~ 2016 年降幅最大，超过 2 个百分点，如图 32 所示。

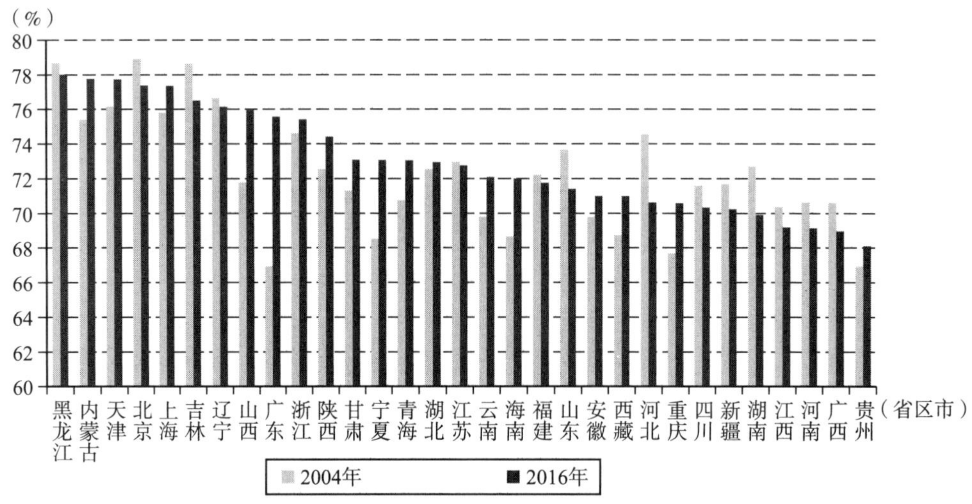

图 32　各省级区域 2004～2016 年 15～64 岁人口比重

资料来源：Wind，根据人口抽样调查数据测算。

3. 城镇就业人员平均工资快速增长，中部与东北地区工资提高空间较大

1978～2016 年，我国城镇非私营单位就业人员平均工资由 615 元增长至 67 569 元，名义年均复合增长率高达 13.2%，是世界上工资水平增速最快的国家之一。

分地区来看，各省级区域间的城镇非私营单位就业人员平均工资快速增长，1985～2016 年名义年均复合增长率均超过 12%（重庆市和海南省因缺失 1985 年数据未计算）。从平均工资水平来看，东部和西部省份高于中部和东北省份。1985 年与 2016 年平均工资排名前 10 位的省份均全部为东部和西部省份，其中上海、北京、天津、广东等东部省市平均工资在 1985 年和 2016 年均位列全国前 10 名，江苏和浙江两省也分别由 1985 年的第 24 名和第 17 名跃入 2016 年的第 7 名和第 5 名；西藏、青海、贵州、宁夏等西部省区平均工资也一直位列前 10 名。以上地区的平均工资水平 2016 年均已达 65 500 元以上。与此相反的是，所有中部和东北地区的 2016 年平均工资水平都在 6 万元以下，其中河南、黑龙江、山西、辽宁、吉林、江西等省在全国排名落后。从名义年均复合增速来看，东部地区平均工资增长速度快于其他地区，西部和东北地区则慢于其他地区。北京、上海、天津、江苏和浙江 5 个东部省市平均工资名义年均复合增长率在全国位列前 5 名；而青海、甘肃、新疆、西藏等西部省区以及东北三省位于全国后 10 位，如图 33 所示。

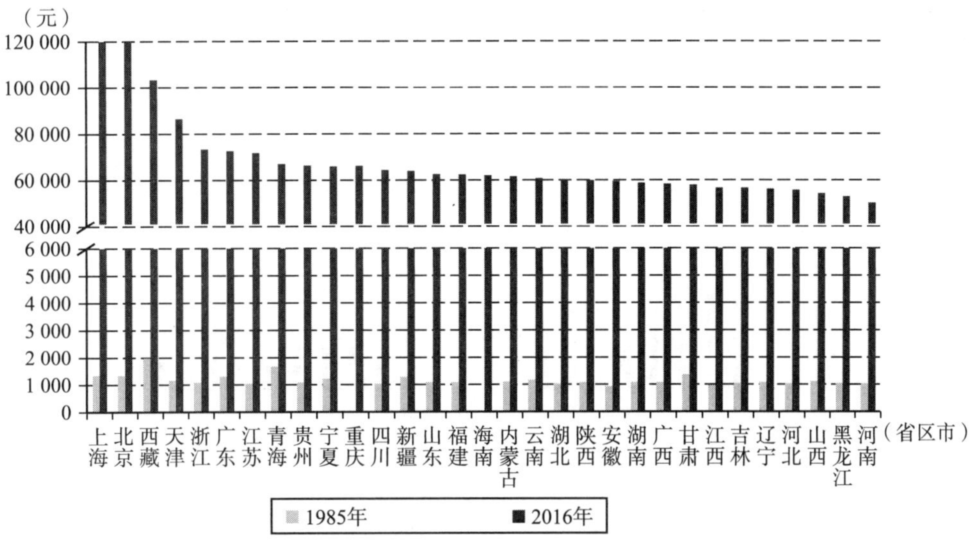

图33 各省级区域1985年和2016年城镇非私营单位就业人员平均工资

注：海南省和重庆市1985年数据缺失。

资料来源：根据CEIC数据测算。

（十一）知识经济与创新：科研规模跨越式发展，地区科技创新格局不断优化

1. 研发投入快速增长，东部地区投入强度遥遥领先

改革开放以来，我国对科技研发的重视程度不断提升，研发投入迅速增加，研发投入强度也显著上升。1996年我国研发（R&D）投入占GDP的比重仅为0.56%，到2017年已上升至2.12%，20余年来上升了1.56个百分点。

分地区来看，各省级区域研发经费投入强度均呈增加趋势，2016年研发经费投入占GDP的比重比1999年至少上升0.1个百分点，但“东高西低”特征仍然明显。从研发经费投入占GDP比重的排名来看，东部地区始终名列前茅，西部地区长期处于落后水平。北京、上海、天津、江苏、广东、山东等省市1999年和2016年均排名靠前，其中北京市处于绝对领先地位，1999年和2016年分别为4.54%和5.96%，比第2名高出2.5个和2.1个百分点；西藏、新疆、贵州、广西、内蒙古、云南等省区1999年和2016年均排名落后，其中西藏自治区始终垫底，1999年和2016年分别仅有0.09%和0.19%。从研发投入强度提升幅度来看，东部地区发达省区市也显著领先。上海、浙江、天津、江苏、山东、广东6省市1999～2016年提升幅度超过1.8个百分点，居于全国前6位；西藏、海南、青海、山西、贵州、新疆6省区提升幅度则低于0.3个百分点，居于后6位，如图34所示。

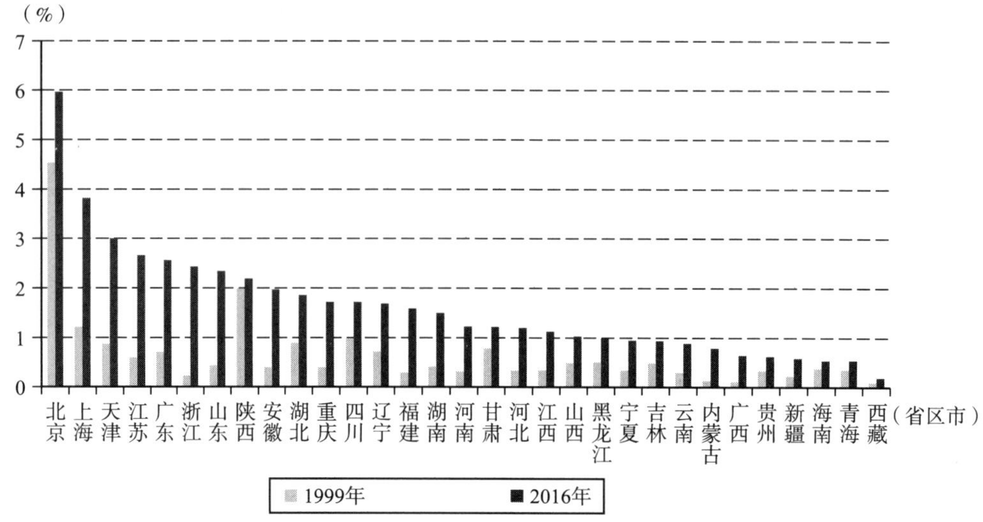

图 34　各省级区域 1999 年与 2016 年研发投入占 GDP 比重

资料来源：根据 CEIC 数据测算。

2. 研发人员全时当量不断增长，东西部地区差距显著

在研发经费投入强度不断提升的同时，我国研发人员规模不断扩大，研发人员全时当量从 1991 年的 67.05 万人年已增至 2016 年的 387.81 万人年，位居世界第一。

从各省级区域来看，研发人员全时当量也在不断提升，1999～2016 年的年均复合增速均达到 3% 以上。各省区市分布同样呈现出东部发达地区领先、西部与东北地区落后的特点：研发人员全时当量排名方面，江苏、广东、山东、北京、上海等东部省市稳居前列，2016 年均达 180 千人年以上；西藏、青海、宁夏、新疆、贵州等西部省区持续排名靠后，2016 年仍低于 25 千人年。研发人员全时当量年均复合增速方面，浙江、广东、福建、江苏、海南东部 5 省份名列前 5 位，增速在 13% 以上；甘肃、山西、辽宁、吉林、新疆、四川、黑龙江中西部和东北省区名列末 7 位，增速低于 6%，如图 35 所示。

3. 万人专利授权量高速增长，知识产权强省建设取得良好进展

我国专利授权量自改革开放以来也飞速增长，1985 年仅有 111 件，至 2016 年已增长至 162.89 万件，连续两年位居世界第一，占世界专利授权量的比重为 23%。万人专利授权量则从 1985 年的 0.001 件增长到 2016 年的 11.78 件，年均复合增长率高达 35.1%。

分地区来看，各省级区域万人专利授权量均有显著增长，年均复合增速均在 8% 以上。具体来看，各省变化特点如下：一是东部地区万人专利授权量占据绝对优势。北京、浙江、江苏、上海、天津、广东、福建 7 个东部省市 2003 年和 2016 年万人专利授权量排名稳居全国前 8 名。二是西部地区表现两极分化。大部分西部省区市持续处于相对落后的水平，西藏、青海、内蒙古、云南、贵州、甘肃等西部省区 2003 年和 2016 年万人专利授权量排名则持续位于后 10 位；但重庆、陕西和

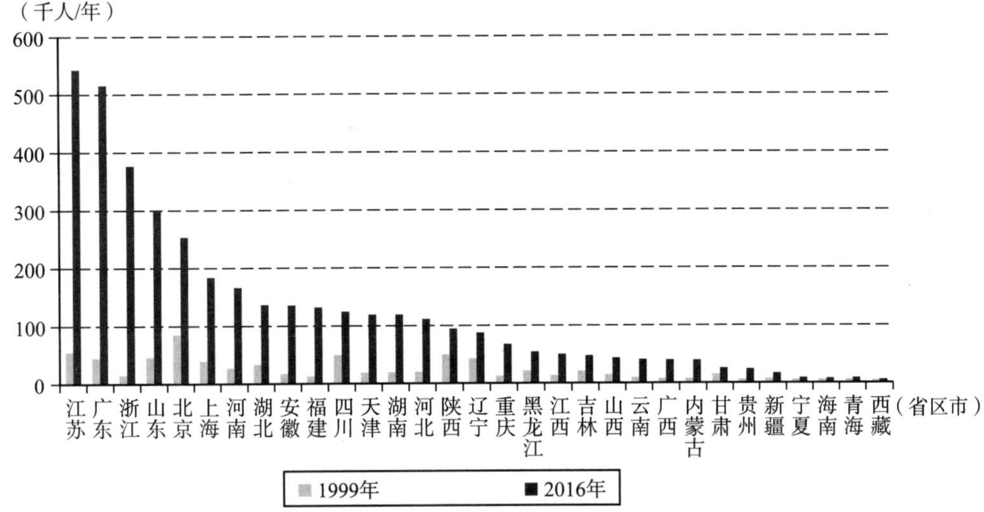

图35　各省级区域1999年与2016年研发人员全时当量

资料来源：根据CEIC数据测算。

四川3省市该指标表现较为突出，2016年排名较2003年显著上升，且重庆市和陕西省已进入前10名。三是中部和东北地区万人专利授权量处于中游水平，但中部地区年均复合增速较高，多地排名显著提高，尤其是安徽、江西和河南3省，万人专利授权量年均复合增速位于第1、第3和第5名，排名分别由2003年的第27、第24和第23名上升至2016年的第11、第14和第16名；东北三省年均复合增速落后，分别位于第30、第28和第27名，排名均显著下滑。可见，北京、上海、广东、江苏、四川、陕西、重庆、河南等省市充分发挥了知识产权强省试点省的示范引领作用，如图36所示。

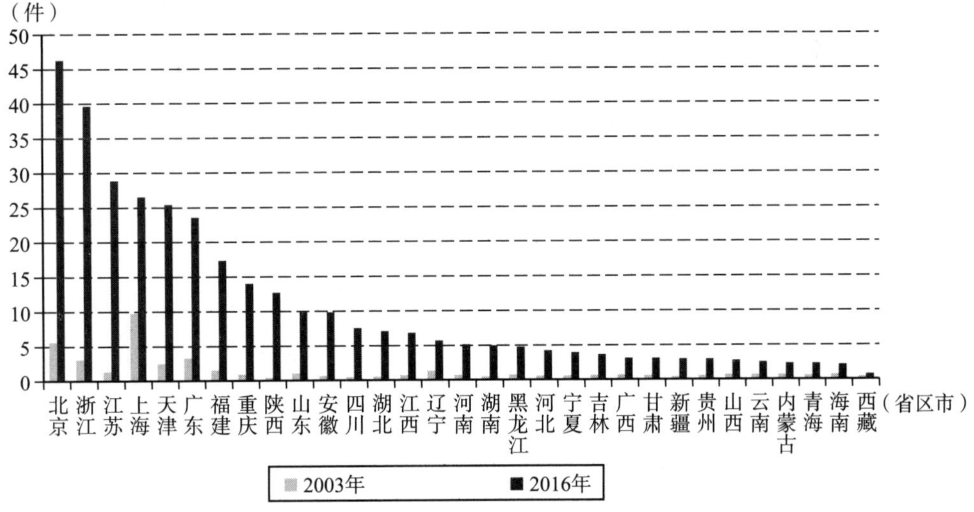

图36　各省级区域2003年与2016年万人专利授权量

资料来源：根据Wind数据测算。

二、改革开放40年以来各省级区域经济社会发展特点

（一）从优先发展沿海到区域协调发展，四大板块与重大区域发展战略构筑区域经济新格局

改革开放以来，我国区域经济发展格局随着区域发展战略与政策的调整不断变化，经历了从优先发展东部沿海区域到区域协调发展的动态演变过程。改革开放初期，我国确立了首先发展沿海地区的区域发展战略，赋予东部沿海地区特殊开放政策，充分利用其工业基础和区位优势，大力发展开放型经济，使东部沿海地区经济获得了快速发展，并带动中西部区域经济发展。随着区域经济发展差距不断拉大，我国于1995年提出了区域经济协调发展、逐步缩小地区发展差距的要求，并逐步确立了实施西部大开发、振兴东北等老工业基地、促进中部地区崛起、鼓励东部地区率先发展等区域战略，形成了“四大板块”相互促进、共同发展的区域发展总体战略。在此基础上，近年来我国重点实施“一带一路”倡议、京津冀协同发展和长江经济带两大战略，推动“四大板块”战略向纵深发展。由此，我国已形成“四大板块”与“两大战略”统筹推进的区域经济发展新布局，地区经济发展的稳定性、协调性和可持续性不断增强，各省在经济总量、经济增速和人均GDP方面都实现了快速提升。

东部地区作为改革开放的排头兵，长期对全国经济起着重要的引领支撑作用。经济总量方面，东部地区的地区生产总值自改革开放以来始终在全国占据半壁江山，广东、浙江、江苏、山东等地区生产总值稳居全国前列，已构成我国经济发展“第一阵营”，京津冀、长三角和珠三角经济圈在全国发挥引领带动作用；经济增速方面，东部地区改革开放以来的地区生产总值增长速度也在全国名列前茅，平均增速最高的省区市集中在东部地区，不过近年来由于经济基数较大与加快转型升级等原因增速有所放缓；人均GDP方面同样表现较好，依托较好基础和改革红利稳步上升，地区排名与年均增速均位于全国前列，经济发展水平相对较高。

中西部地区前期经济基础较差，但正日益成为区域新增长极，加速赶超势头强劲。中西部欠发达地区经济基础薄弱，地区生产总值仍然落后于东部地区，在全国排名靠后，但近年来把握西部大开发、“一带一路”建设等政策红利，持续优化产业结构，发展后劲不断增强，尤其是西南地区与长江中上游地区表现最为强劲，近年来承接沿海产业转移，经济结构调整成果明显，经济增速领跑全国。中西部地区人均GDP也相对落后，但近年来提升幅度同样较大，尤其是重庆、内蒙古、陕西等地表现出明显的后发优势。

东北三省和部分资源型省区市改革开放以来经济转型升级相对缓慢，经济形势仍然严峻。改革开放以来，东北三省以及西北、华北的部分资源型省区市在经济总

量与增速方面地位不断下滑，目前已处于全国落后水平。这类地区一方面对资源性产业依赖程度较大，且传统制造业产业比重过高，产业结构单一，转型升级艰难；另一方面体制机制转换滞缓，市场化程度不足。传统优势产业竞争力的逐步下降以及体制性和结构性矛盾的日益显现，导致这些地区经济活力明显弱于其他地区。不过，在近两年新一轮东北振兴战略与“一带一路”建设等相关政策着力推进下，东北省份正在加快新旧动能转换，深化体制机制改革，寻找经济发展新动力，随着积极因素的不断积累，触底回升迹象已有所呈现。

（二）经济结构转型推动动力结构优化，区域经济增长新型驱动力加快形成

在经济快速发展的同时，各地经济结构战略性调整也取得了重大进展，具体表现在以下几个方面：

一是产业结构整体“由重变轻”。一方面，产业结构由工业主导向服务业主导转变。服务业主导的经济结构是经济转型升级的战略选择。改革开放以来，我国全国省级区域的服务业占比均大幅提升，北京、上海、天津、海南等13个省区市第三产业占比已超过50%。不过，由于各地所处工业化阶段不同，服务业地区发展不平衡特征也比较显著。东部发达地区已经进入后工业化阶段，服务业为主体的经济结构已初步形成；东北和中部地区正在跨越工业化中期阶段，而西部地区刚刚进入工业化中期阶段，服务业比重相对较低。另一方面，工业结构趋向轻型化，从改革开放初期以重工业为主逐步向轻工业为主升级。工业基础较好的东部沿海地区与能源重工业比重大的东北、西北地区第二产业占比大幅下降，而南方以轻工业为主的省区市工业比重则出现提升。

二是消费率由降到升，各地区处在由“贫困型高消费”到“投资型高增长”再到“富裕型高消费”“U”型变化过程的不同阶段。改革开放以来，各省消费率变化差异巨大，北京、上海等地消费率大幅提升，目前已形成消费驱动型经济增长模式；吉林、福建、内蒙古、安徽等地消费率则较改革开放初期大幅下降，目前仍以高投资拉动经济增长为主。从近年来看各地消费率则多呈上升趋势，随着新型城镇化发展与服务业加速增长，多元化、多层次、个性化的消费新增长点不断涌现，消费对经济增长贡献在不断提升。

三是对外贸易加快发展，区域开放型经济新格局加快形成。改革开放以来，我国大多数地区对外贸易占GDP均呈长期增长态势。其中，东部地区在早期的梯度开放战略推动下，较早参与全球分工体系，始终保持了外贸领先优势，在我国外向型经济发展中占据主导地位，1978年与2017年对外依存度最高的5个省区市均位于东部沿海地区；中西部地区虽然与东部地区仍有明显差距，但近年来“一带一路”深化发展与自贸试验区向内陆拓展等开放政策大大加快了其开放步伐，国际贸易与投资快速增长，逐步从开放末梢走向前沿。总体来看，东西互济的对外开放新格局正在逐步形成。

四是城镇化水平普遍大幅提升，但各地间速度差异明显。东部地区已进入城市群带动经济发展的时代，其中京津沪三市基于直辖市的特殊条件与较高的城镇化起点，自改革开放以来城镇化率一直居全国领先，目前已达到发达国家水平；东南沿海地区城镇化水平起点不高，但鉴于经济基础及改革开放先行优势，提升速度领先全国，目前城镇化水平也在全国居于前列。而中西部地区城镇化水平较低，中心城市带动力弱。东北及西北的老工业基地与能矿资源型地区城镇化速度则远远落后于其他地区。总体来看，当前我国地区城镇化水平已形成东部高于西部、沿海高于内陆的格局。

（三）基础设施建设逐步向中西部倾斜，基建配置失衡状况有所缓解

改革开放以来，各地基础设施建设均显著加强，对经济社会的支撑能力大大提高。由于经济基础和发展条件较差，中西部地区改革开放以来基础设施建设水平长期落后于东部地区，已成为制约经济可持续发展的重要瓶颈。对此，国家始终把加强基础设施建设摆在西部大开发的优先位置，近年来还进一步明确了要将基础设施建设重点向中西部倾斜的政策导向。在此背景下，中西部地区各方面基础设施建设加快发展，近年来改善进程进一步加快。尤其是能源基础设施建设和交通基础设施建设方面，中西部地区发展水平提升较快，对经济发展的基础保障作用显著增强，人均用电量排名随着经济增速加快显著提升，已成为拉动我国用电量增长的主要引擎，电力消费空间不平衡现象趋于缓解；同时道路建设加快推进，公路网密度排名已大幅提升，中西部铁路、城际铁路、支线和干线机场等交通基建项目成为投资重点，交通基建已迈上新台阶。

不过，在通信基础设施建设方面，中西部与东部地区之间差距缩小并不明显，移动电话普及率与互联网普及率的提升速度低于东部地区，网络信息资源区域配置中的“数字鸿沟”现象仍然显著，信息通信与基础网络建设速度还需要进一步提升。

（四）中国特色基本公共服务体系初步建立，公共服务区域资源配置不断优化

由于区域经济发展水平不一、公共财政制度不够完善等原因，我国各省级区域财力不均，基本公共服务水平长期以来存在较大不均等性，制约着经济社会的全面协调可持续发展。对此，我国于 2005 年首次提出“公共服务均等化”。2006 年党的十六届六中全会进一步将“基本公共服务体系更加完善”纳入 2020 年构建和谐社会的目标。党的十七大进一步强调“推动区域协调发展，缩小地区发展差距，必须注重实现基本公共服务均等化”。

近年来，我国基本公共服务均等化进程显著加快，公共卫生、义务教育、基本养老等基本公共服务体系已初步建立，资源配置不均衡、服务水平差异大等问题仍然存在，但已在逐步改善当中。基本医疗服务方面，各省差距仍然明显，但已趋于

缩小，基础医疗卫生服务持续完善，基本健康状况明显增强，每万人专业医师数量均大幅提升，预期寿命不断延长，其中东部地区由于经济发展水平较高、地区财政实力更强，因而自身基本公共服务水平较高，保持全国领先水平，并发挥了较强辐射带动作用；中西部地区长期处于相对落后水平，但近十几年来随着基本公共服务均等化加快推进和财政投入力度不断加大进步加快，与高水平区域间的差距趋于缩小。与此相对应的是，东部地区预期寿命稳居前列，但西部、东北和中部地区预期寿命近年来加快提升，提高速度已显著大于东部地区。基础教育水平方面与基本医疗服务呈现出类似的变化趋势，各地改革开放以来在基础教育服务方面均取得了突出进展，文盲率较改革开放初期已大幅下降，其中东部和东北地区识字率保持领先水平，但中部和西部地区提升速度更快，基本公共服务资源分布不断优化。

（五）经济结构调整与积极财政政策导致赤字率扩大，地区间财力不均衡格局延续

我国财政政策的实施基本上遵循相机抉择的原则，与货币政策协调配合共同实施有力、有度、有效的宏观调控，改革开放以来保证了经济的健康稳健增长。改革开放初期，由于经济基础落后，经济建设支出占财政支出总额超过60%；随着改革开放的不断深入，财政经济建设支出不断减少，用于公共事业和民生事业的支出则加快上升。近20年来，我国多数年份实施的是积极财政政策，在重点领域财政支出扩大、财政税制改革等背景下，大部分年份财政收支处于赤字状态，且近年来赤字率有所扩大。分地区来看各省级区域财政状况呈现出以下趋势：

一是各地财政赤字率普遍呈扩大趋势，西部地区财政支出压力更为突出。西部和东北地区财政赤字率较改革开放初期的扩大幅度更为显著，西北地区始终是赤字率最高的地区；东部地区扩大幅度相对较小，且赤字率在全国始终处于较低水平；中部地区赤字率的绝对水平和扩大幅度则均居于中游。由于西部地区经济发展水平较弱，财力相对有限，而基础设施建设、医疗卫生、社会保障等财政支出负担重、刚性强，财政支出相对于财政收入增长过快，因而赤字率较为突出，财政风险相对较高。

二是地区间财力资源不均衡延续，但西南部地区增长潜力较大。财政收入水平与地区经济发展水平相关度较高。以税收收入为代表，东部地区财政实力稳居前列，税收收入总量与人均税收收入均处于全国领先，而西部和东北地区财力较弱，处于落后地位，地区间财力差距较大。不过，近年来税收收入增长格局中出现了一些新的特点，一方面，西南部地区在近年经济高增长的带动下，税收收入增长速度已步入全国领先水平；另一方面，东北三省和山西、甘肃等资源型省区市经济下行压力较大，税收收入增长也同样乏力，在全国处于落后水平，财政收入压力较大。

（六）金融服务实体经济能力不断提升，区域信贷资源配置结构优化

改革开放以来，我国金融业迅速发展，对经济增长的贡献大幅提升，各地主要

呈现出以下发展特点：

一是金融业已成为多个地区的支柱性产业之一。改革开放以来各地金融业增加值占 GDP 的比重普遍提升，截至 2016 年已有 10 个省区市的金融业比重超过 8%，高于全国水平，在促进实体经济增长中的作用日益显著。

二是各地信贷规模不断扩张，且区域间布局逐步趋于优化。西藏、甘肃、青海等西部欠发达地区的信贷规模占 GDP 比重大幅提升，已位列全国前列，表明在西部大开发战略的带动下，西部地区逐渐获得了更多政策性和国有金融资源的倾斜；与此同时，东部沿海地区信贷规模占比仍名列前茅，且规模体量仍有绝对优势；而中部和东北地区信贷规模占比增长速度偏低，由于投资放缓、产业结构深度调整等影响，信贷增速慢于其他地区。

（七）人口数量红利驱动因素渐趋消退，人口质量红利加速提升

丰富的劳动力供给和较低的劳动力成本形成的人口红利对我国改革开放前 30 年的经济发展发挥了强有力的推动作用。然而，近年来我国劳动力市场迎来“刘易斯拐点”，劳动力人口数量与占比均呈下行趋势，劳动力成本则不断提高。但与此同时，我国劳动力构成发生了根本性变化，高等教育学历人口规模不断扩大，高素质劳动力将逐渐成为新时期经济转型新动力。

一是多地适龄劳动人口比重不同程度地下降。具体来看，北京、山东、江苏等东部经济发达地区适龄劳动人口比重近年来下降幅度最为显著；宁夏、西藏、云南等西部欠发达地区适龄劳动人口比重虽然仍在上升，但在全国仍处于相对较低的水平；黑龙江、吉林等东北人口净流出省份适龄劳动人口占比仍高，但主因是外流人口中老年人占比更高，实际上适龄劳动人口绝对数量已开始下滑。劳动力人口的下降将推动劳动力供求关系发生根本改变，带动劳动力成本上升，低成本劳动力竞争优势逐渐丧失。

二是各地劳动力收入水平已在不断提升。以城镇非私营单位就业人员平均工资为代表，东部地区平均工资的绝对水平与年均在全国各区市中均名列前茅，与其他地区的差距进一步拉大；西部地区的平均工资虽然年均增速并不突出，但绝对水平不逊色于东部地区，由于劳动力供给相对短缺，加之近年来转移支付力度逐年加大改善西部地区人均财力，因而西部地区平均工资水平并不低；与东部和西部地区相反的是，中部和东北地区的平均工资水平相对较为落后。

三是人口受教育水平大幅上升，人力资源红利大大抵消了人口数量红利下降的影响。一方面，各地高等教育学历人口比重均在加速提升，人口素质的提升为新时期经济发展提供了更多人才储备，其中北京、天津、上海 3 市大专及以上学历人口占比稳居全国前三位；西部地区中，西北地区大专及以上学历人口占比指标与提高幅度显著优于西南地区；东北地区大专及以上学历人口占比在全国总体位于较高水平。另一方面，各地高等教育发展水平不断提高，高等学校在校生比例大幅提升，

且东西部地区间差距有所缩小。可见，中西部地区近年来大幅度增加高等教育投入强度，采用部省合建模式支持高校建设等，已取得显著成效，地区间高等教育发展水平差距正在逐步缩小。

（八）创新驱动发展战略融入区域经济发展布局，区域创新发展质量不断改善

我国改革开放的40年同时也是科技实力与创新能力大发展的40年，从“科学技术是第一生产力”到“实施科教兴国战略”，再到建设创新型国家和科技强国，我国科技发展已逐渐由改革开放初期的引进与模仿转向自主创新能力的重点提升，创新驱动发展战略已深度融入我国经济社会发展。各地纷纷制定了科技创新相关规划，各具特色的区域科技创新总体格局已初步形成。

一是各地科研资源投入强度与研发规模不断扩大。其中，东部经济发达地区研发投入占GDP的比重和研发人员全时当量始终名列前茅，且仍在大幅提升；中西部地区研发投入强度和研发人员规模也在不断提升，但由于基础薄弱仍然相对落后，投入水平较低也制约着科技创新水平的提升。

二是各地高度重视自主创新能力，科技成果转化能力提升。以万人专利授权量为例，东部地区处于绝对优势；西部地区表现两极分化，重庆、陕西和四川等知识产权强省试点省市的表现相对突出；中部和东北地区处于中游水平，但中部各地年均增速较高，排名已有显著提高。可见，由于东部沿海经济发达地区中高等院校、科研机构和高新企业集聚度更高，科技创新水平明显领先于其他地区。

（九）生态文明建设成效显著，部分地区节能减排压力仍大

由于我国人口众多，资源要素人均不足，生态环境承载能力较弱，改革开放以来工业化建设的推进导致经济发展与环境承载力的矛盾越发凸显，为此我国高度重视生态环境问题，持续探索推进生态文明建设，逐步取得了一定成效。

一是各地企业生产过程中的污染物排放量逐年明显下降。以单位GDP废水排放量位列，东部地区排放量总体较低，但部分地区由于经济体量大且加工制造业发达，还需要进一步加大污染减排力度，推动绿色发展；而中西部地区排放量仍然较高，但近年来降幅最大，仍有下降空间。

二是各地经济能耗水平显著降低，单位GDP能耗呈不断下降趋势。其中，西部、东北以及山西等以重工业和传统能源产业为主的省区市资源消耗程度与环境污染影响较高，单位GDP能耗在全国处于较高水平，但近年来下降幅度不断扩大，还有较大下降潜力；东部地区单位GDP能耗指标则维持在较低水平，经济能耗水平在全国领先。

三、政策建议

通过对各省级区域发展指标的对比及特点分析，可提出未来一段时期促进区域

发展的政策建议。总体来看，新时期省级区域发展应贯彻落实创新、协调、绿色、开放、共享的新发展理念，加快优化区域发展空间布局，增强区域发展协调性，推动构建生产要素有序自由流动、地区比较优势有效发挥、区域发展差距合理适度、基本公共服务均等化、经济社会发展与资源环境承载能力相适应的区域协调发展新格局。

（一）以“4+3”区域发展总体框架为核心，塑造区域协调发展新格局

一是坚持区域发展总体战略框架，深入实施重大区域发展战略，加快推进以城市群为主体形态的新型城镇化战略，推动形成统筹东中西、协调南北方的区域协同联动发展新布局。我国应以统筹协调东中西部地区和东北地区四大板块区域发展总体战略为基础，深入实施“一带一路”倡议、京津冀协同发展、长江经济带发展两大战略，着力建设沿海、沿江、沿线经济带为主的纵横向经济轴带，提速中西部城镇化进程，除京津冀、长三角及珠三角城市群外，还要加快建设山东半岛城市群、长江中游城市群、成渝城市群、中原城市群等，培育一批辐射带动力强的城市群和新的区域增长极，进一步带动区域集约、联动、互补发展。

二是以统一市场建设为基础，构建和完善区域协调发展机制。区域经济联动发展的关键在于统一市场建设。应逐步打破区域分隔和隐形藩篱，减少政府对市场的不合理行政干预，促进劳动力、资金、土地等要素资源在区域间的有序自由流动，充分发挥市场配置资源的决定性作用。在加快构建统一市场的基础上，充分发挥各区域比较优势，推动区域协同发展，推动东部地区的资金、技术和人才优势与中西部和东北地区的资源、市场等优势融合发展，加强区域间重大项目、制度和政策的合作对接，全方位提升区域合作层次和水平。

（二）持续推进产业转移与结构调整，优化区域产业空间布局

推进区域产业结构调整与区域间产业转移是解决我国区域经济发展不平衡问题的支点。为此，各省级区域应合理调整区域分工和产业布局，加快区域产业结构优化升级，引导产业有序转移，着力构建产业布局与要素禀赋基本协调的区域产业空间新布局。

东部地区应充分发挥自身在转型升级和制度创新方面的示范带动作用，优先发展具有比较优势的高新技术产业、先进制造业和现代服务业，将一部分劳动密集型产业和一般低附加值产业向中西部地区转移，专业化于技术研发、产品设计等高端环节，不断提升在全球产业链分工中的地位，进一步提高外向型经济水平和国际竞争力。

中部地区应利用自身基础和条件，积极承接东部地区加工贸易等劳动密集型产业和一部分电子信息、医药、汽车等高端产业，推进产业转移示范性基地建设。同时发挥自身比较优势建立健全综合交通运输体系，着力提高农业集约化水平，壮大

物流商贸、轻纺制造业、优质能源电力工业等传统优势产业，并推进传统产业的技术改造和升级，促进产业结构合理化发展。

西部地区应重点加强基础设施重大项目建设与生态环境建设，大力改善投资环境，重点培育能源矿产和旅游人文等有优势的资源产业，增强自我发展能力。同时提高产业配套能力，积极承接东部地区专业转移，探索与东部地区合作共建产业园区，实现共享共赢发展。

东北地区资源枯竭型城市集中，应推动资源依赖型地区转型发展，建立资源开发补偿机制和衰退产业援助机制，大力发展先进装备制造业、医药制造、新型原材料、农产品深加工等优势产业，同时要积极探索金融、物流、旅游和生产性服务业发展，拓宽资源型城市经济发展空间。

（三）坚持实施创新驱动发展战略，以科技创新为核心推动地区高质量发展

创新驱动发展战略是推动经济发展方式转变、促进区域产业结构调整和缩小区域经济发展差距的重要动力。要推动区域高质量发展，必须突出创新驱动引领。

一是大力发挥平台创新示范作用。加快国家与地方科技创新平台建设，积极推进国家级综合配套试验改革区、国家自主创新示范区等建设，鼓励地区建设区域性研发平台、创新孵化平台、产学研共建技术中心等创新平台，搭建地区科技公共服务平台、合作机制与交流平台，完善区域科技创新体系。

二是支持重点地区改革创新先行先试。支持东部地区发挥创新引领支撑作用，积极引进国际先进技术及管理经验，创造更多具有自主知识产权的核心技术和知名品牌，率先实现创新发展，并带动我国整体创新能力的提高。

三是重点提升劳动力素质和技能，促进劳动力数量红利进一步向质量红利转变。第一，打破限制人才流动的体制机制弊端，为推进创新型科技人才队伍建设营造良好的政策环境；第二，因地制宜积极发展不同类型的教育，在中西部地区着力提高劳动力平均教育水平，加快发展高等教育，大力发展职业、科技教育，促进人力资本积累；第三，加大对科技人才的引进和培育，重点引进重点发展产业急需的高层次创新型人才，使区域经济增长由依靠物质资源消耗为主转变为依靠劳动者素质提高、科技进步为主。

（四）加强基础设施和基本公共服务建设，为区域发展提供重要支撑

我国应加快完善中西部落后地区的基础设施网络，以完善交通基础设施建设为基础，加强水利、能源、通信等基础设施建设，构建现代化基础设施体系。在重点项目方面，大力支持铁路、公路、水路、民航等重大工程建设，完善中西部地区综合交通网络；加快推进油气管道和主要输电通道及联网工程，加强农村电网改造升级；进一步推进“宽带乡村”示范工程和中西部地区中小城市基础网络完善工程。同时，应加强公共服务均等化的制度保障，加大对中西部地区贫困地区和农村地区

的基本公共服务转移支付力度，完善教育文化、基本医疗、社会保障、防灾减灾等基本公共服务体系，促进落后地区公共服务水平和生活条件改善，推进基本公共服务均等化目标的总体实现。

（五）完善对外开放区域布局，形成沿海、内陆、沿边联动的全方位开放新局面

新时期，我国应深入推进开放型经济发展与区域协调发展相结合，在提升沿海地区开放质量与水平的同时，促进内陆和沿边地区进一步扩大开放，打造陆海内外联动、东西双向开放的全方位开放新格局。

一是紧抓“一带一路”倡议的战略机遇，拓展区域对外开放布局。支持各省级区域主动融入国际区域合作和对外开放新格局，加强与“一带一路”沿线国家地区的互联互通与多领域合作，共建面向亚欧的国际物流大通道。中西部和东北地区可探索内陆沿边开放新模式和新路径，充分发挥“一带一路”倡议对地区发展的带动作用，打造面向东南亚、中亚、西亚、欧洲的区域性交通运输枢纽与国际交流窗口，促进自身开放型经济水平提升。

二是利用好自贸试验区的改革创新示范作用，带动地区开放型经济新体制的构建。我国 11 个自贸试验区已形成东中西协调的发展格局。各省级区域可以自贸区建设为抓手，对标国际规则体系创新投融资、贸易、商事服务等体制机制，将自贸区建设成为高水平对外开放的门户枢纽，并逐步将改革红利辐射扩大至其他地区开放发展，促进整体国际竞争力的提升。

三是以粤港澳大湾区建设为突破点，深化内地与港澳、大陆与台湾地区合作发展。加大内地省区市对港澳开放力度，加快粤港澳大湾区规划与建设，深化粤港澳合作和泛珠三角区域合作，推进深圳前海、广州南沙、珠海横琴等重大粤港澳合作平台开发建设，推动内地与港澳关于建立更紧密经贸关系的安排升级。同时，积极推动大陆与台湾地区合作发展，促进两岸产业优势互补和融合发展，探索两岸合作新模式，共同建设两岸产业合作试验区等。

（六）坚定走生态优先绿色发展之路，增强区域可持续发展能力

各省级区域应树立绿色发展理念，加强生态文明建设，以促进经济社会的可持续发展。

一是加大资源节约保护力度，完善区域环保政策体系。建立自然资源的严格保护与集约利用制度，大力实施水生态保护和修复，强化江河湖泊和城乡水环境治理，落实耕地保护和占补平衡制度，健全草原、森林、湿地保护和占用补偿制度；推动各地区根据主体功能定位发展，加快生态安全屏障建设；实施全域国土空间用途管制，构建高效安全国土开发保护格局。

二是强化监管减少生产性污染排放，解决重点区域的突出环境问题。加强对重

点用能企业的节能监管工作，抑制对高耗能高污染产业的过度投资，引导和约束企业降低能源资源消耗，减少污染物排放，大力发展清洁生产。

三是依托地区优势大力发展循环经济和低碳产业。大力发展绿色技术创新体系，根据地区产业特色选择优先发展的绿色产业，以技术改造促进高污染高耗能产业的绿色升级改造，支持节能环保、清洁能源、污染治理等绿色产业发展，推进绿色金融能力建设，构建以资源承载力和生态环境容量为基础的区域绿色经济体系。

改革开放 40 年中国各省级区域产业结构对比分析

黄剑辉

一、中国各阶段区域经济战略及产业布局特征

（一）区域非协调发展阶段（1978~1991 年）

党的十一届三中全会开启了中国社会主义建设的历史新时期，党的十一届三中全会以后，全党全国工作转移到社会主义建设，邓小平同志提出“两个大局”的构想，即加快沿海地区对外开放，以开放促发展、促改革的战略构想。20 世纪 80 年代初，东部地区率先对外开放，陆续成立国家级经济技术开发区、高新技术开发区、出口加工区和保税区等，成为承接国际产业转移的平台以及高新技术产业化的基地。

产业布局政策开始遵从国家比较优势发展，以经济利益为主导进行布局，重大投资项目纷纷向东部地区倾斜，珠三角、长三角和环渤海地区制造业迅速崛起，中西部地区重点发展能源和原材料工业以及铁路、水运等交通基础设施建设。

（二）区域协调发展战略启动阶段（1992~1998 年）

20 世纪 80 年代非均衡发展战略的实施，带来了东部经济的高速增长，但区域发展不均衡加剧，区域发展差距日益扩大，区域经济不协调发展的矛盾冲突，影响国家经济持续发展及社会稳定。1992 年，党的十四大报告提出“在国家统一指导下，按照因地制宜、合理分工、优势互补、共同发展的原则，促进地区经济的合理布局和健康发展”。1995 年，党的十四届五中全会通过了《关于国民经济和社会发展“九五”计划和 2010 年远景目标建议》，明确提出要“坚持区域经济协调发展，逐步缩小地区发展差距”。

在此背景下，产业布局政策开始由早期的效率优先，逐渐向效率优先、兼顾公平转变，强调各区域应按照合理分工、优势互补、协调发展的基本原则扶持重点产业。引导产业向沿海、沿江、沿路、沿边地区集中，以交通枢纽城市为中心，辐射周边区域经济发展，形成点线面的区域经济带动模式。分区域来看，推动东部地区

对外开放进程，优先发展附加值高、技术含量高、能耗低的产业；发挥中西部地区的自然资源优势，充分利用沿边地区对外开放的地理优势，培育特色优势产业，加大资源性产业和基础设施建设投入力度，支持对中西部地区开发建设、乡镇企业等领域的建设，鼓励沿海较为发达的地区根据具体情况针对中西部欠发达地区，展开联合开发、技术合作、对口支援和人才交流等互动措施。

（三）区域协调发展战略全面实施阶段（1999 年至今）

进入 21 世纪后，我国区域差距问题仍然突出，东部地区快速发展，大城市迅速膨胀，而东北老工业基地地位衰落，中西部地区仍较为落后，区域经济不协调发展不利于国民经济的良性运行，不利于社会稳定。在此背景下，1999 年党中央和国务院提出西部大开发战略，2000 年“十五”纲要提出“实施西部大开发战略，促进区域协调发展”。2003 年党中央和国务院颁发了《关于实施东北地区等老工业基地振兴战略的若干意见》，2006 年颁发了《关于促进中部地区崛起的若干意见》。党的十八大以来，党中央、国务院先后提出了推进“一带一路”倡议、京津冀协同发展和长江经济带发展战略，着眼于一体联动和重点突破相统一。党的十九大强调“实施区域协调发展战略，加大力度支持革命老区、民族地区、边疆地区、贫困地区加快发展，强化举措推进西部大开发形成新格局，深化改革加快东北等老工业基地振兴，发挥优势推动中部地区崛起，创新引领率先实现东部地区优化发展，建立更加有效的区域协调发展新机制”。

在区域协调发展战略全面实施的背景下，西部大开发战略、东北振兴战略和中部崛起战略构成的区域经济总体发展战略，以及主体功能区战略共同构成产业布局政策的战略导向。四大区域板块根据各自比较优势和产业基础进行合理化的产业布局，西部地区加强基础设施建设力度，大力发展资源类产业集群区，培育特色农业、旅游等优势产业。东北地区主要发挥产业和科技基础优势，推动装备制造、原材料、汽车、农产品加工等传统优势产业改造升级。中部地区重点发挥区位优势，发展壮大优势产业，有效承接东部和国际产业转移。

二、中国各省级区域产业结构主要指标对比分析

经过近 20 年的发展，我国各区域产业结构高级化①、产业升级取得积极进展，初步形成具备自身比较优势的支柱型产业，区域产业转移有序推进，对我国各区域协调发展起到一定促进作用。但我国各区域产业结构层次差距较大，东部部分省市产业结构已达到或接近发达国家水平，高科技行业、新兴产业、现代服务业快速发

① 产业结构高级化是指一国经济发展的重点或产业结构的重心由第一产业逐渐向第二、第三产业转移的过程。

展，而中西部地区产业结构层次仍较低，服务业发展滞后、传统产业占比较高。同时，区域间产业重复建设、重复引进、产业结构趋同等问题仍较为突出。

（一）各省级区域三次产业结构对比

1. 各省级区域三次产业产出结构对比

（1）绝大多数省（区、市）实现从“二三一”到“三二一”转变。产业结构状况直接关系到资源配置效率和经济效益，而三次产业结构占比是衡量产业结构合理程度的主要指标。从国际规律来看，产业结构变动是一个不断趋于高级化的进程，三次产业结构占比顺序由“一二三”向“二一三”再向“三二一”转变。近年来，我国第三产业占比持续提高，我国第一产、第二产、第三产增加值占 GDP 比重从 2005 年的 11.6%、47.0%、41.3% 调整为 2010 年的 9.5%、46.4%、44.2%，再到 2016 年的 8.6%、39.9%、51.6%。2010 ~ 2016 年，绝大多数省（区、市）实现从“二三一”到“三二一”转变，如表 1 所示。

表 1　　各省（区、市）三次产业结构变化

类型	2005 年	2010 年	2016 年
产业结构为“二三一”的省（区、市）	天津、河北、江苏、浙江、广东、福建、山东、江西、河南、湖北、湖南、安徽、山西、陕西、甘肃、青海、宁夏、新疆、内蒙古、重庆、四川、贵州、云南、辽宁、吉林、黑龙江共 26 个	天津、河北、江苏、浙江、广东、福建、山东、江西、河南、湖北、湖南、安徽、山西、陕西、甘肃、青海、宁夏、新疆、内蒙古、广西、重庆、四川、云南、辽宁、吉林、黑龙江共 26 个	河北、福建、江西、河南、湖北、安徽、陕西、青海、宁夏、内蒙古、广西、吉林共 12 个
产业结构为“三二一”的省（区、市）	北京、上海、西藏、广西共 4 个	北京、上海、西藏、海南、贵州共 5 个	北京、天津、上海、江苏、浙江、广东、山东、海南、湖南、山西、西藏、甘肃、新疆、重庆、四川、贵州、云南、辽宁、黑龙江共 19 个

资料来源：国家统计局，中国民生银行研究院整理。

（2）部分省（区、市）已实现产业结构高级化，达到或接近发达国家水平。目前，我国不同省（区、市）之间三次产业结构占比差距较大。国家统计局数据显示，从第一产业占比来看，2016 年，我国 31 个省（区、市）中①，第一产业占比超过 13% 的省（区、市）有 7 个，主要分布在西部地区，依次是：海南省

① 不包括香港、澳门特别行政区和台湾省。

(23.4%)、黑龙江省（17.4%）、新疆维吾尔自治区（17.1%）、贵州省(15.7%)、广西壮族自治区（15.3%）、云南省（14.8%）、甘肃省（13.7%）。海南、新疆、云南、甘肃、贵州等省区工业发展相对落后，还处于工业化中期的前半段，第一产业占比相对较高。第一产业占比最低的省（区、市）主要集中在东部沿海发达地区，2016年，第一产业占比最低的6个省（区、市）分别是上海(0.4%)、北京（0.5%）、天津（1.2%）、浙江（4.2%）、广东（4.6%）、江苏(5.3%)，均位于东部发达地区，也是我国城镇化率最高的省份。

从第二产业占比来看，2016年，我国31个省（区、市）中，第二产业占比超过47%的有10个，主要分布在中部地区，依次是：陕西省（48.9%）、福建省(48.9%)、青海省（48.6%）、安徽省（48.4%）、江西省（47.7%）、河南省(47.6%)、河北省（47.6%）、吉林省（47.4%）、内蒙古自治区（47.2%）、宁夏回族自治区（47.0%），这些省份多处于工业化中期后半阶段和工业化后期前半阶段，第三产业发展相对滞后。第二产业占比低的省（区、市）有两类，一类是已步入后工业化阶段的省（区、市），主要位于东部发达地区，如北京市(19.3%)、上海市（29.8%），另一类是工业基础非常薄弱，处于工业化中期前半阶段的省区，如海南（22.4%）、甘肃（34.9%）、西藏（37.3%）、新疆(37.8%)。

从第三产业占比来看，2016年，我国31个省（区、市）中，第三产业占比超过52%的省（区、市）有北京（80.2%）、上海（69.8%）、天津（56.4%）、山西（55.5%）、海南（54.3%）、黑龙江（54.0%）、西藏（52.7%）、广东(52.0%)。其中北京、上海、天津3市已基本实现产业结构高级化，第三产业占比接近或达到发达国家水平。北京、上海等东部省市，具备信息资源、金融资源、人才资源、科技资源优势，有利于第三产业发展。值得注意的是，以黑龙江、西藏、海南等为代表的东北和西部部分省区第一产业和第三产业占比均较高，呈现出“两头大、中间小”的特点。这部分省区农业资源、旅游资源较为丰富，第一产业和第三产业有较大的天然优势，而第二产业基础较弱，缺乏成为主导产业的条件。以海南省为例，海南省农业资源相对丰富，早期以农业为主导产业，随着经济的发展，在缺乏工业资源的基础上选择优先发展服务业，服务业快速发展。西藏自治区与海南省相似，西藏自治区拥有一定的工业资源，但由于开采困难，区域自然和政治环境都不适合发展工业，同样选择优先发展服务业。

2. 各省级区域三次产业就业结构对比

（1）各省（区、市）三次产业就业结构与三次产业产出结构基本契合。2016年，我国各省城镇单位第一产业就业人口占比较高的省（区、市）有黑龙江(15.7%)、新疆（15.2%）、内蒙古（7.8%）、海南（7.5%）、辽宁（4.0%），均为农业大省；各省城镇单位第二产业就业人口占比较高的省份有江苏(65.9%)、福建（61.0%）、浙江（60.2%）、广东（58.1%）、河南（53.1%），这几大省份均有较好的工业基础，江苏、福建、浙江、广东等省也是外来务工人员流入较多的省份；各省城镇单位第三产业就业人口占比较高的省（区、市）有西藏（87.3%）、北京（81.0%）、海南（74.6%）、上海（64.8%）、贵州（63.7%），北京市、上海市第三产业发展水平较高，西藏自治区、海南省、贵州省工业基础较弱，对就业支撑较弱，如图1所示。

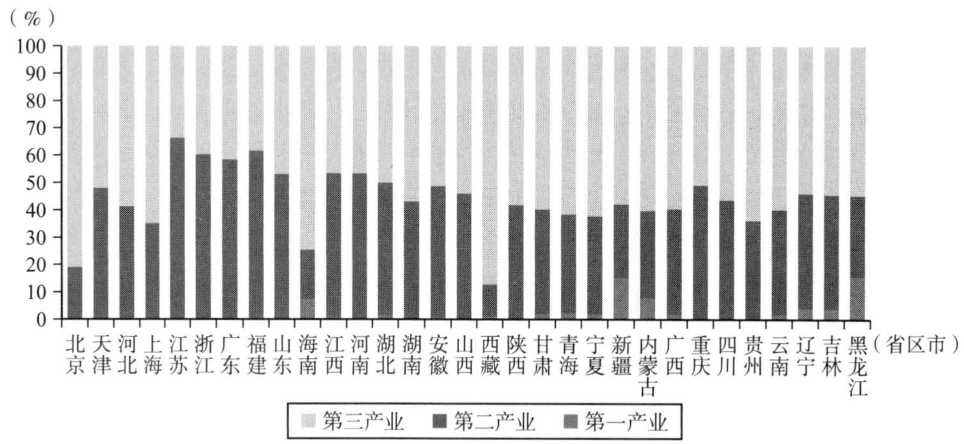

图1 2016年各省（区、市）三次产业就业结构占比

资料来源：国家统计局。

（2）东部地区制造业对第二产业就业起到重要支撑。第二产业城镇单位就业内部结构中，制造业就业人口占第二产业比重较高的省（区、市）有广东（84.4%）、上海（82.9%）、天津（72.9%）、山东（62.6%）、吉林（60.8%），主要集中在东部地区，电力、燃气及水的生产和供应业就业人口占第二产业比重较高的省（区、市）有西藏（20.1%）、内蒙古（15.5%）、黑龙江（14.0%）、宁夏（13.7%）、海南（12.9%）；采矿业就业人口占第二产业比重较高的省（区、市）有山西（46.3%）、黑龙江（22.2%）、宁夏（20.9%）、新疆（18.5%）、内蒙古（17.7%），主要集中在西部地区。建筑业就业人口占第二产业比重较高的省（区、市）有重庆（49.7%）、浙江（48.6%）、湖南（44.8%）、四川（44.3%）、云南（44.2%），集中在西南和华东地区。华东地区是传统建筑业强省，近年来不断开拓境外市场，开展境外工程承包，参与国家“一带一路”倡议，拓展沿线国家基础设施建设市场。西南地区建筑业发展主要得益于投资高速增长，2017年前三季度，西藏自治区、贵州省、云南省投资增速分别达21.2%、20.5%、17%，排在全国前五名，如图2所示。

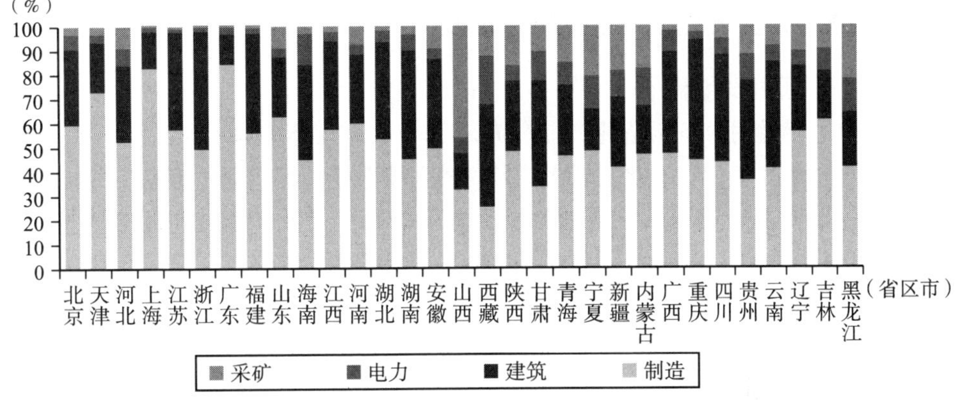

图2　2016年各省（区、市）第二产业内部就业结构占比

资料来源：国家统计局。

（3）东部地区非公共服务业对第三产业就业有较强支撑。第三产业城镇单位就业内部结构中，非公共服务业①就业人口占第三产业较高的省（区、市）有上海（80.9%）、北京（79.0%）、天津（66.5%）、广东（61.4%）、江苏（54.0%），集中在东部地区，公共服务业就业人口占第三产业较高的省（区、市）有广西（36.3%）、新疆（34.4%）、甘肃（34.2%）、贵州（32.6%）、西藏（23.6%），集中在西部地区。主要是由于东部地区金融业、信息传输、计算机服务和软件业、租赁和商务服务业等现代服务业快速发展，对就业起到较强的支撑，如图3所示。

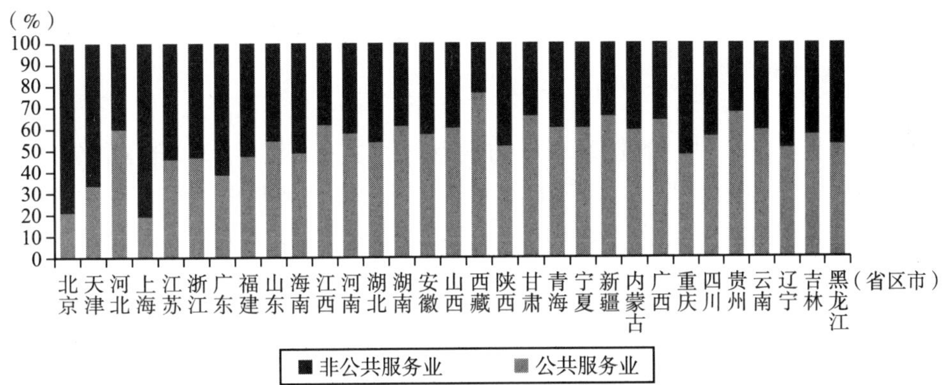

图3　2016年各省（区、市）第三产业内部就业结构占比

资料来源：国家统计局。

① 公共服务主要包括政府的公共管理服务、基础教育、公共卫生、医疗以及公益性信息服务等，本文定义的公共服务业主要包括行业为公共管理和社会组织服务业、教育业、卫生、社会保障和社会福利业、水利、环境和公共设施管理业。

（二）各省级区域重点产业主要指标对比

1. 专用、通用设备制造业

我国专用、通用设备制造业产业分布较为分散，在环渤海、长三角、珠三角、东北、中西部地区多个省（区、市）均有一定规模的产业布局，存在一定程度的重复建设。2016 年，通用设备制造业产值占规模以上工业产值比重排名靠前的省（区、市）有上海（7.9%）、浙江（6.3%）、江苏（5.8%）、辽宁（5.6%）、山东（5.6%），专用设备制造业产值占比排名靠前的省（区、市）有湖南（7.3%）、河南（5.0%）、山东（4.2%）、江苏（4.1%）、安徽（3.8%），如图 4 所示。

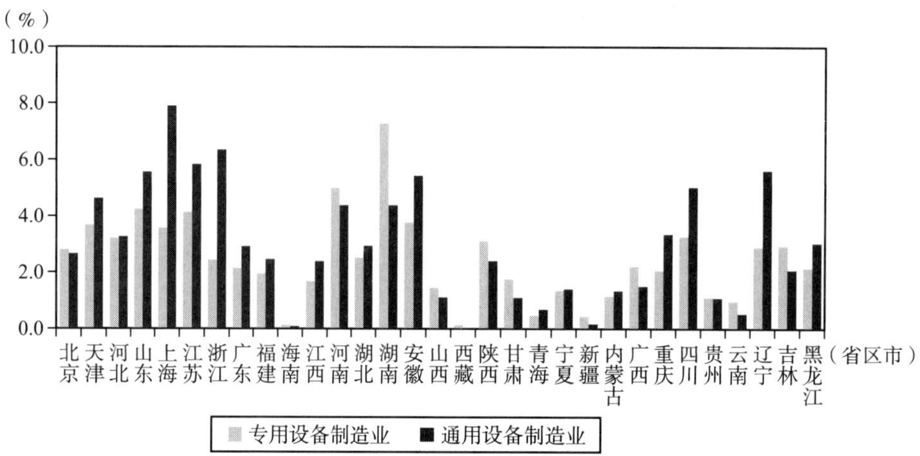

图 4　2016 年各省（区、市）专用、通用设备制造业行业销售产值占工业产值比重

资料来源：中国工业统计年鉴。

机器人行业是《中国制造 2025》的重点行业之一，近年来，全国各省（区、市）积极发展机器人产业，已有 20 多个省（区、市）将其作为重点产业进行培育，行业已显现出重复建设的苗头。从机器人行业竞争实力来看，环渤海、长三角、珠三角、东北地区竞争优势较强。长三角地区机器人产业发展较早，发展水平较高；珠三角地区控制系统占有优势；环渤海地区以北京市为代表，科研实力较强；东北沈阳市、哈尔滨市是中国最重要的工业机器人生产基地。农机装备制造行业是《中国制造 2025》另一重点行业，在山东、河南、江苏、浙江四省有较强竞争实力。

近年来，我国专用、通用设备制造业呈现由东北及东部地区向中西部地区转移的趋势。2005 ~ 2016 年，北京、上海、浙江、辽宁、黑龙江等省市行业产值占全国比重下滑，而河南、湖南、安徽、四川等中西部省份占比均有不同程度的提升，如图 5 所示。

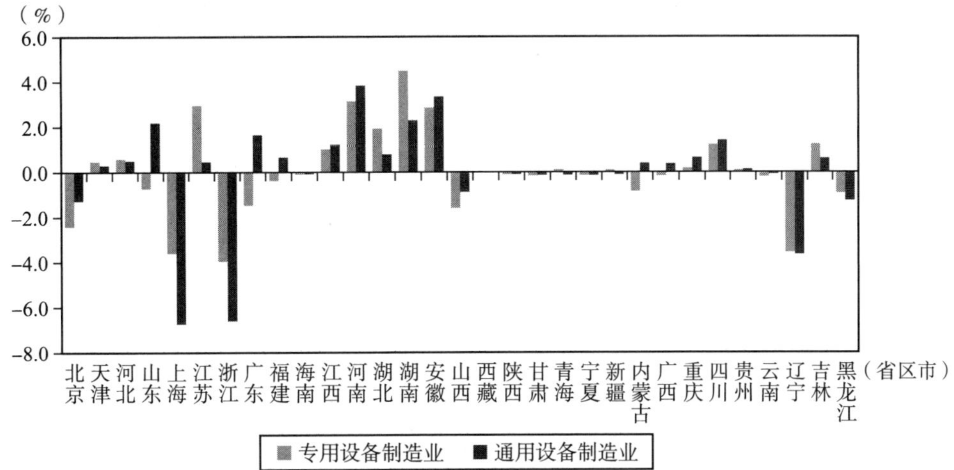

图5 各省（区、市）专用、通用设备制造业销售产值占全国比重变化

注：数据为2005～2016年各省该行业销售产值占全国比重变化。

资料来源：中国工业统计年鉴。

2. 铁路、船舶、航空航天和其他运输设备制造业

我国铁路、船舶、航空航天和其他运输设备制造业分布也较为分散，在环渤海、长三角、东北、珠三角、中西部地区均有布局，同样存在一定程度的重复建设。2016年，铁路、船舶、航空航天和其他运输设备制造业行业产值占规模以上工业产值比重排名靠前的省（区、市）有重庆（6.5%）、天津（4.9%）、辽宁（4.5%）、陕西（3.9%）、湖南（2.5%），覆盖东部、中部、西部及东北区域。重点细分行业中，航空装备制造行业依托中航工业集团等大型国有企业，形成了一批具备研发和生产能力的企业，北京市、东北三省、江苏省、陕西省、江西省、四川省、重庆市等工业基础较好的地区有较强实力。卫星的研制与发射运营部分主要在北京市，中下游的导航芯片及应用装备在北京、上海、四川、重庆、陕西、江苏、广东等省市有较强实力。海洋装备制造及配套装备制造业在上海、南通、青岛等东部沿海省市有较强优势。河北、江苏、山东、湖南、四川、重庆、山西等省市借助其自身工业基地的技术优势和资源优势，在轨道交通装备制造业上发展强劲，如图6所示。

近年来，我国铁路、船舶、航空航天和其他运输设备制造业呈现由东北三省及东部江苏、广东等省份向中部河南、湖北、湖南，西部陕西、四川以及环渤海区域山东、天津等省市转移的趋势。2012～2016年，东北三省、江苏、上海、广东等省市的铁路、船舶、航空航天和其他运输设备制造业产值占全国比重下滑，而天津、山东、河南、湖北、湖南、陕西、四川等省市占比均有不同程度的提升。其中尤其是天津市高端装备制造业发展迅速，目前已形成了天津经济技术开发区和滨海高新区高端装备制造、空港经济区航空制造与服务、临港经济区海工装备制造、塘

沽海洋高新区，以及东疆港区高端装备金融服务等一批专业化高端装备产业集群，如图7所示。

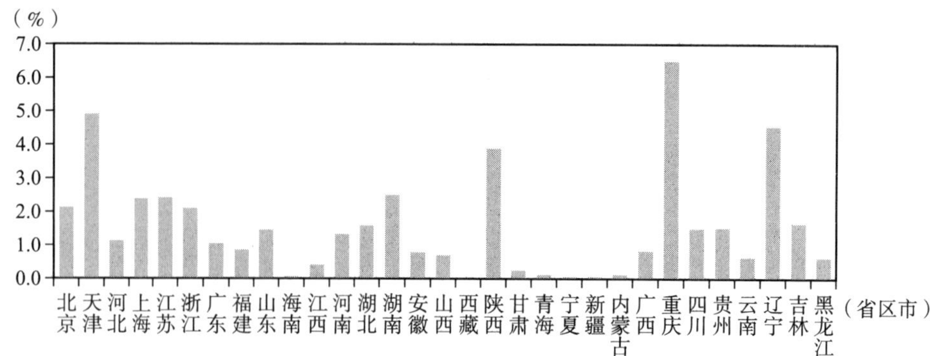

图6 2016年各省（区、市）铁路、船舶、航空航天和其他运输设备制造行业销售产值占工业产值比重

资料来源：中国工业统计年鉴。

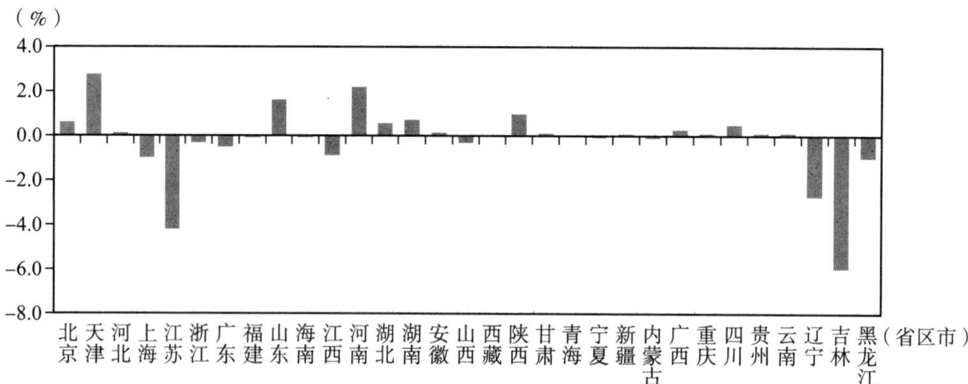

图7 各省（区、市）铁路、船舶、航空航天和其他运输设备制造业销售产值占全国比重变化

注：数据为2012～2016年各省该行业销售产值占全国比重变化。

资料来源：中国工业统计年鉴。

3. 电力设备行业

我国广东、江苏和浙江等东部沿海省份为电力设备传统强省。2016年电气机械和器材制造业行业产值占规模以上工业产值比重排名靠前的省（区、市）有安徽（12.2%）、江苏（11.0%）、广东（10.0%）、浙江（9.7%）、江西（9.1%）。其中发电设备生产主要集中于大型发电机制造企业和生产基地，四川、黑龙江和上海3省市产量较高。输配电及控制设备行业产量主要集中于东部沿海省市，江苏、浙江、广东、山东、上海产量较高。用电设备布局最为分散，全国大部分省市都有电机制造企业，浙江、江苏、广东等东部经济发达省市产量相对较高，如图8所示。

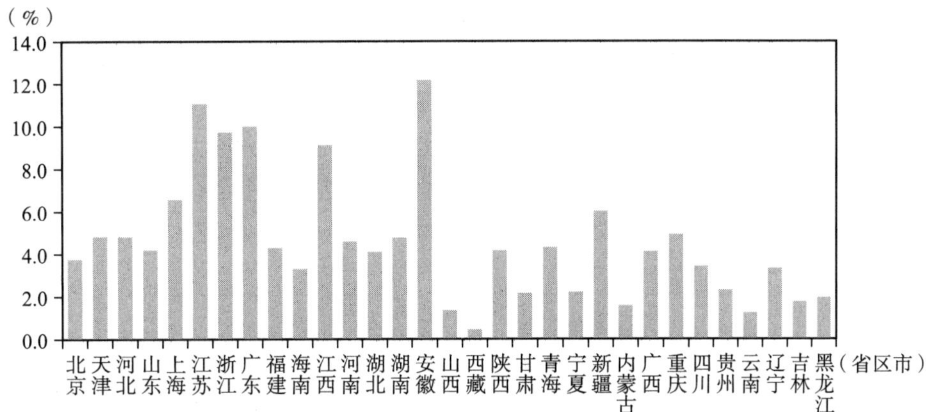

图8　2016年各省（区、市）电气机械和器材制造业销售产值占工业产值比重

资料来源：中国工业统计年鉴。

近年来，电力设备行业产业布局呈现向东部江苏以及中部安徽、江西等省份转移的趋势。2005～2016年，广东、上海、浙江三省、市电力设备行业产值占全国比重均有不同程度的下滑，而江苏省占比及行业影响力则大幅提升，如图9所示。主要原因是江苏省电力设备产业升级进展较为顺利，产业集聚发展优势显现，江苏省交流电动机、电力电缆、光缆、光伏电池等新型电力设备的产量居全国首位，而广东省以生产家电电机和低价格的微型直流电机为主，向中西部转移规模较大。

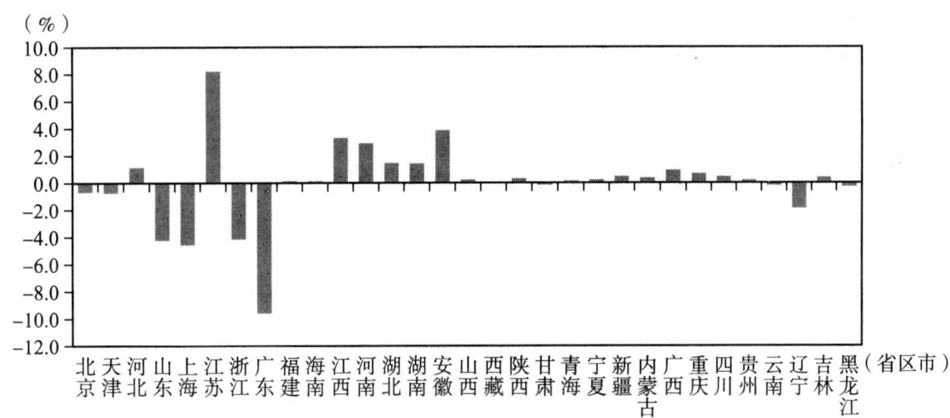

图9　各省（区、市）电气机械和器材制造业销售产值占全国比重变化

注：数据为2005～2016年各省该行业销售产值占全国比重变化。

资料来源：中国工业统计年鉴。

4. 汽车制造业

汽车制造业在京津冀、长三角、珠三角、东北、中部地区的湖北省及湖南省、西部的四川省有一定产业基础，重复建设的现象也较为突出。从2016年各省

（区、市）行业产值占规模以上工业产值比重来看，排名靠前的省（区、市）有北京（26.2%）、吉林（25.4%）、重庆（22.7%）、上海（18.7%）、湖北（14.1%）。新能源汽车整车厂、电机电控和充电桩设备制造相对集中在东部沿海地区和中部地区，西部地区重庆市和成都市也具备一定的竞争实力。上游锂电池产业主要集中分布在珠三角、长三角和京津冀地区，如图10所示。

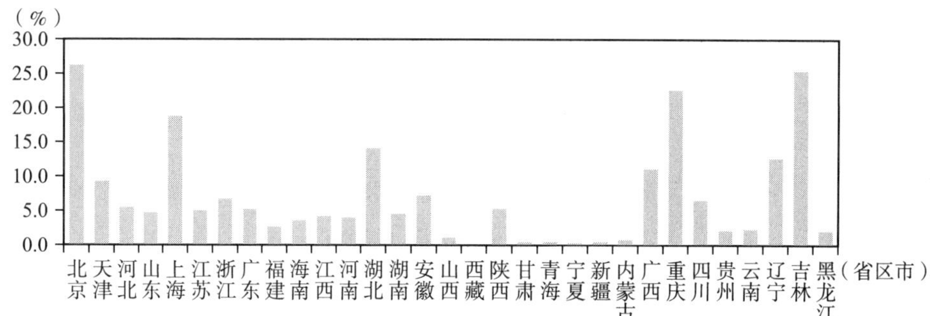

图10　2016年各省（区、市）汽车制造业行业销售产值占工业产值比重

资料来源：中国工业统计年鉴。

近年来，汽车市场继续向中西部地区下沉，汽车企业逐步调整产能布局，加快布局西部地区，汽车产销重心均呈现从东北及东部地区向中西部地区转移的趋势。2008～2016年，东北三省及东部大部分地区行业销售产值占全国比重下滑，而中西部地区河南、湖南、安徽、四川、重庆等省市占比均有不同程度的提升，如图11所示。

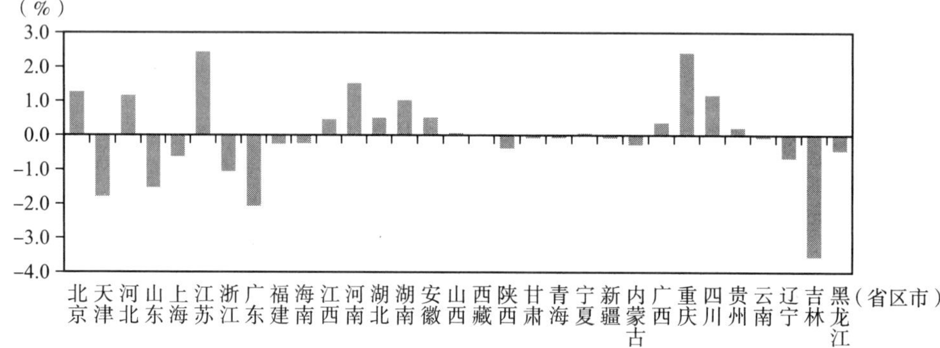

图11　各省（区、市）汽车制造业销售产值占全国比重变化

注：数据为2008～2016年各省该行业销售产值占全国比重变化。

资料来源：中国工业统计年鉴。

5. 电子信息制造业

我国电子信息制造业在珠三角地区、长三角地区有较好的产业基础，以重庆市和西安市等为代表的中西部地区快速发展。2016 年，计算机、通信和其他电子设备制造业行业产值占规模以上工业产值比重排名靠前的省（区、市）有广东（25.2%）、重庆（17.0%）、上海（16.3%）、江苏（12.1%）、北京（11.1%），仪器仪表制造业占比排名靠前的省（区、市）有江苏（2.4%）、北京（1.4%）、浙江（1.2%）、上海（1.1%）、广东（0.8%），如图 12 所示。

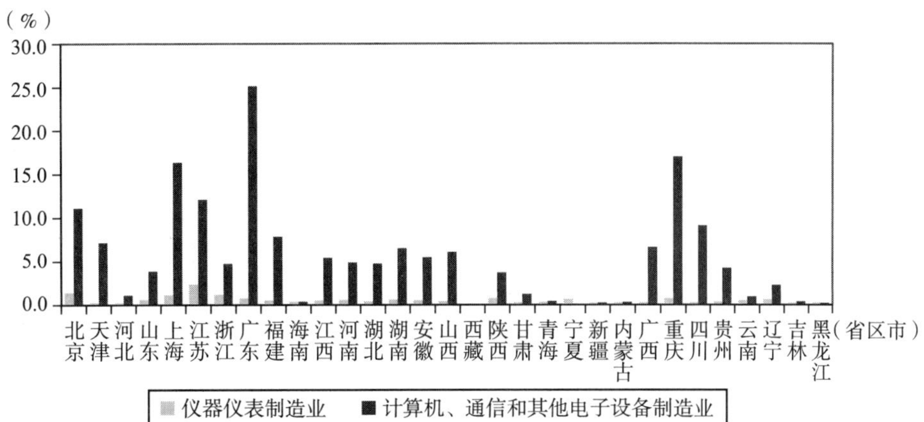

图 12　2016 年各省（区、市）电子信息制造业行业销售产值占工业产值比重

资料来源：中国工业统计年鉴。

发达国家和地区电子信息制造业多为技术、资本密集型企业，而我国的电子信息制造业并不完全具备技术密集型的特征，多从事技术含量相对较低的加工制造环节。近年来，以联想、富士康、仁宝、英特尔等为代表的内外资电子企业纷纷加大在中西部地区投资力度，带动我国电子信息制造业向中西部地区转移。2012～2016 年，北京、上海、天津、广东、福建等省市行业产值占全国比重下滑，而河南、四川、重庆、湖南、安徽等省市占比均有不同程度的提升，如图 13 所示。

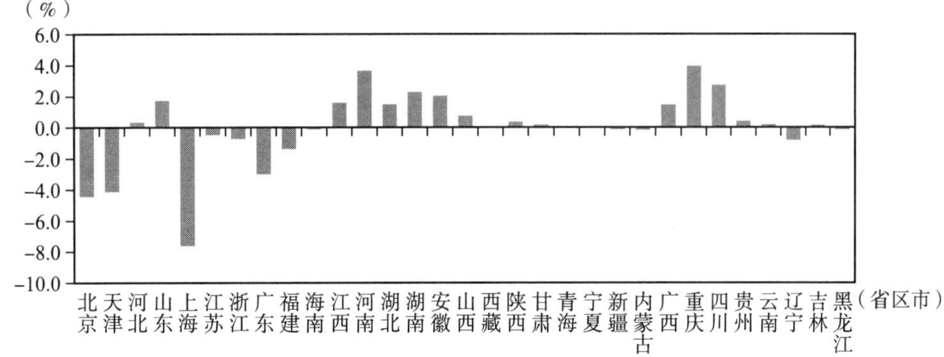

图 13　各省（区、市）计算机、通信和其他电子设备制造业销售产值占全国比重变化

注：数据为 2012～2016 年各省该行业销售产值占全国比重变化。

资料来源：中国工业统计年鉴。

6. 消费品工业

我国大部分消费品工业的主要生产地区在长三角和珠三角。东南部沿海地区经济开放较早，改革开放初期，外商直接投资带动东部的外向型加工业集群。同时，东部沿海特有的交通区位优势，有利于产品的内销和出口。分行业来看，纺织服装业行业产值占规模以上工业产值比重排名靠前的省份有福建（4.6%）、江西（4.3%）、浙江（3.6%）、广东（3.1%）、江苏（2.9%），纺织业占比排名靠前的省份有浙江（8.8%）、宁夏（6.8%）、山东（6.0%）、福建（6.0%）、湖北（5.0%），皮革制造业占比排名靠前的省份有福建（7.7%）、河北（2.9%）、浙江（2.1%）、河南（2.0%）、江西（1.9%），家具制造业占比排名靠前的省份有广东（1.6%）、浙江（1.5%）、四川（1.3%）、福建（1.1%）、江西（1.0%），文教、工美、体育和娱乐用品制造业排名靠前的省（区、市）有福建（3.7%）、广东（2.9%）、浙江（2.2%）、江西（1.9%）、天津（1.8%），如表2所示。

表2　2016年各省（区、市）消费品工业行业销售产值占工业产值比重　单位：%

省（区、市）	纺织服装、服饰业	纺织业	皮革、毛皮、羽毛及其制品和制鞋业	家具制造业	文教、工美、体育和娱乐用品制造业	木材加工和木、竹、藤、棕、草制品业	酒、饮料和精制茶制造业	农副食品加工业	食品制造业	烟草制品业
北京	0.6	0.1	0.0	0.4	0.8	0.1	0.9	2.2	1.6	0.3
天津	1.6	0.3	0.4	0.5	1.8	0.1	0.8	3.6	5.8	0.2
河北	0.9	3.7	2.9	0.7	0.9	0.6	1.1	4.9	2.4	0.3
山东	1.9	6.0	0.6	0.6	1.8	1.8	1.0	8.6	1.8	0.2
上海	1.0	0.6	0.5	1.0	1.2	0.2	0.3	1.0	1.9	2.9
江苏	2.9	4.6	0.7	0.3	1.5	1.7	0.7	3.3	0.7	0.3
浙江	3.6	8.8	2.1	1.5	2.2	0.7	0.7	1.6	0.8	0.8
广东	3.1	2.0	1.9	1.6	2.9	0.7	0.9	2.5	1.4	0.4
福建	4.6	6.0	7.7	1.1	3.7	2.4	2.1	6.8	3.2	0.5
海南		0.3	0.0	0.0	0.0	0.3	1.0	6.9	2.3	1.5
江西	4.3	3.6	1.9	1.0	1.9	1.3	1.0	6.6	1.8	0.5
河南	1.8	3.4	2.0	0.9	1.4	1.2	2.1	8.2	4.0	0.5
湖北	2.2	5.0	0.5	0.5	0.5	1.0	4.0	10.8	2.7	1.3
湖南	0.9	1.7	1.3	0.8	0.8	2.0	1.8	8.3	2.9	2.1
安徽	2.7	2.4	1.1	0.9	1.2	1.7	1.6	7.6	1.8	0.7
山西	0.2	0.3	0.0	0.0	0.1	0.1	0.9	2.6	1.0	0.3
西藏	0.1	0.7			1.2	0.3	16.3	2.7	4.3	

续表

省（区、市）	纺织服装、服饰业	纺织业	皮革、毛皮、羽毛及其制品和制鞋业	家具制造业	文教、工美、体育和娱乐用品制造业	木材加工和木、竹、藤、棕、草制品业	酒、饮料和精制茶制造业	农副食品加工业	食品制造业	烟草制品业
陕西	0.3	1.3	0.1	0.2	0.4	0.3	2.8	5.5	2.5	0.9
甘肃	0.2	0.4	0.1	0.1	0.1	0.0	2.2	6.3	1.3	2.3
青海	1.5	1.2		0.1	1.7		2.1	4.0	1.7	
宁夏	0.1	6.8	0.3	0.2	0.0	0.2	1.2	3.4	4.6	0.5
新疆	0.5	2.9	0.1	0.1	0.1	0.2	1.6	6.7	2.7	0.5
内蒙古	0.5	2.0	0.1	0.1	0.2	1.2	1.6	8.9	3.5	0.5
广西	0.6	1.1	0.5	0.5	0.5	5.1	2.3	9.7	1.8	0.9
重庆	0.5	0.8	0.9	0.4	0.5	0.4	1.0	4.5	1.1	0.5
四川	0.6	2.3	0.7	1.3	0.3	0.9	6.9	7.0	2.5	0.5
贵州	0.5	0.2	0.5	0.4	0.4	1.6	8.9	3.3	1.6	3.0
云南	0.2	0.3	0.1	0.0	1.1	0.7	3.0	7.3	2.3	15.2
辽宁	0.7	0.4	0.2	0.4	0.1	0.4	0.9	7.3	1.2	0.3
吉林	0.6	0.9	0.1	0.6	0.2	4.0	2.6	13.6	2.2	0.6
黑龙江	0.3	0.9	0.8	0.7	0.7	4.1	2.7	24.6	4.9	0.8

资料来源：中国工业统计年鉴。

其他部分消费品工业如食品制造业、医药制造业、烟酒制造业、木材加工业则带有一定的资源属性特征，产业布局与各区域资源禀赋有较强关系，食品制造业在重要的农业粮食产区或人口密集的大中型城市有一定优势。粮食产区便于企业实行集中采购，有利于降低原料和运输成本，人口密集地区大中型城市，既可以满足食品行业对劳动力的大量需求，又能接近消费市场，行业占比排名靠前的省（区、市）有天津（5.8%）、黑龙江（4.9%）、宁夏（4.6%）、西藏（4.3%）、河南（4.0%）。医药制造业的中成药制造业在药材资源丰富的中西部和东北地区占据一定优势，生物生化药品制造在科技基础雄厚的东部地区占据优势。烟草制品业在云贵地区优势明显，占比排名靠前的省市是云南（15.2%）、贵州（3.0%）、上海（2.9%）、甘肃（2.3%）、湖南（2.1%）。木材加工制造业在森林资源丰富的省份有较大优势，占比排名靠前的省份是广西（5.1%）、黑龙江（4.1%）、吉林（4.0%）、福建（2.4%）、湖南（2.0%）。

近年来，消费品工业也逐步向中西部转移。以纺织品为例，长三角和珠三角地区为产业主要转出区域，中部六省、山东及四川成为产业主要承接区域，如图14所示。

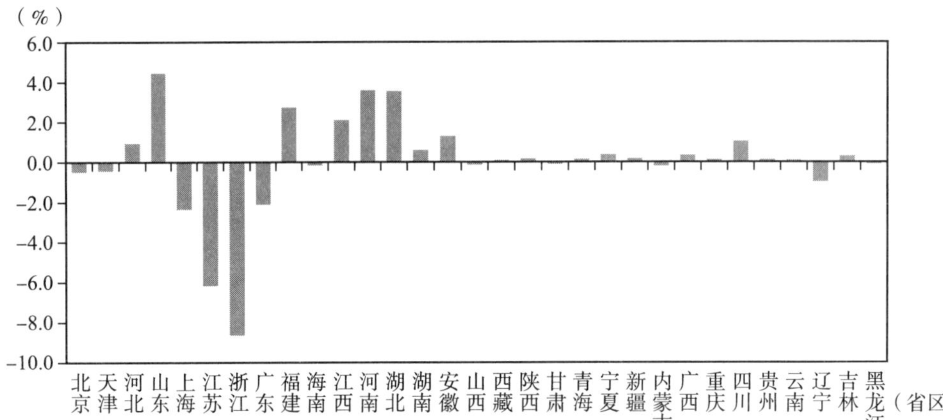

图14 各省（区、市）纺织业销售产值占全国比重变化

注：数据为2005～2016年各省该行业销售产值占全国比重变化。
资料来源：中国工业统计年鉴。

7. 高耗能产业①

我国高耗能产业经历过2000～2010年在全国范围内的无序、快速扩张。目前，在全国东、中、西部大多数省（区、市）占比均较高，全国布局较为分散，产业重复建设特征非常突出。高耗能产业作为资源加工型产业，其原料主要是矿产资源，在生产要素投入和生产过程中对自然资源的依赖性较强，属于资源密集型及劳动密集型产业，因此自然资源禀赋丰富及劳动力资源丰富的地区具备一定空间优势。2016年，我国西部地区高耗能产业占规模以上工业产值比重普遍高于中、东部地区。西北地区的高耗能产业占比高于西南地区，京津冀地区天津市和河北省高耗能产业占比高于珠三角和长三角地区。

从具体行业看，2016年，我国煤炭开采和洗选业产值占规模以上工业产值比重较高的省份有山西（32.8%）、内蒙古（16.8%）、贵州（13.6%）、宁夏（12.1%）、陕西（10.5%），均为西部省份；非金属矿物制品业占比较高的省份有西藏（25.2%）、河南（12.3%）、贵州（10.7%）、江西（9.0%）、湖南（7.7%），主要是中西部省份；黑色金属冶炼和压延加工业占比较高的省（区、市）有河北（22.1%）、天津（15.4%）、山西（13.1%）、广西（11.2%）、辽宁（9.9%），主要在华北、西部、东北地区；化学原料和化学制品制造业占比较高的省份有青海（13.5%）、山东（11.9%）、宁夏（11.4%）、江苏（11.4%）、海南（10.4%）；石油加工、炼焦和核燃料加工业占比较高的省份有海南（28.5%）、宁夏（14.2%）、辽宁（14.1%）、新疆（14.0%）、甘肃（10.5%），以西部及东北

① 高耗能产业是指在生产过程中耗费大量的能源的行业，本文高耗能产业主要包括煤炭开采和洗选业、非金属矿物制品业、黑色金属冶炼和压延加工业、化学原料和化学制品制造业、石油加工、炼焦和核燃料加工业、有色金属冶炼和压延加工业六大行业。

地区资源性省份为主；有色金属冶炼和压延加工业占比较高的省份有青海（26.7%）、甘肃（23.7%）、江西（14.1%）、云南（12.0%）、新疆（11.7%），均为中西部省份，如表3所示。

表3　2016年各省（区、市）高耗能产业行业销售产值占工业产值比重　单位：%

省（区、市）	煤炭开采和洗选业	非金属矿物制品业	黑色金属冶炼和压延加工业	化学原料和化学制品制造业	石油加工、炼焦和核燃料加工业	有色金属冶炼和压延加工业
北京	0.1	2.4	0.6	1.7	2.8	0.4
天津	0.0	1.6	15.4	5.3	4.7	3.4
河北	1.9	4.3	22.1	5.6	3.7	1.1
山东	1.1	5.5	3.3	11.9	5.4	4.8
上海		1.8	3.6	7.9	3.3	1.2
江苏	0.1	3.3	5.7	11.4	1.3	2.6
浙江	0.0	2.8	3.2	7.8	2.1	3.5
广东		3.9	1.9	4.8	1.7	2.6
福建	0.3	7.2	3.8	3.8	2.0	3.5
海南		6.5	0.6	10.4	28.5	0.2
江西	0.4	9.0	3.3	7.6	1.6	14.1
河南	1.6	12.3	4.5	5.4	1.5	6.5
湖北	0.1	7.1	3.8	9.0	1.7	2.0
湖南	1.0	7.7	3.9	7.7	1.6	7.3
安徽	1.6	6.0	4.4	5.6	0.9	5.3
山西	32.8	2.9	13.1	3.4	7.1	5.1
西藏		25.2	0.3	1.0		
陕西	10.5	6.0	4.3	5.8	5.6	6.8
甘肃	3.8	6.1	4.8	4.2	10.5	23.7
青海	0.9	6.5	5.8	13.5	0.6	26.7
宁夏	12.1	3.2	6.5	11.4	14.2	7.4
新疆	2.7	5.4	4.4	8.8	14.0	11.7
内蒙古	16.8	4.0	7.7	6.9	3.0	8.2
广西	0.2	7.7	11.2	5.2	2.7	6.0
重庆	1.1	5.3	2.5	4.0	0.3	3.4
四川	2.0	7.4	5.2	6.8	1.9	1.8
贵州	13.6	10.7	5.4	7.1	1.1	4.7

续表

省（区、市）	煤炭开采和洗选业	非金属矿物制品业	黑色金属冶炼和压延加工业	化学原料和化学制品制造业	石油加工、炼焦和核燃料加工业	有色金属冶炼和压延加工业
云南	3.3	5.5	6.0	7.8	1.4	12.0
辽宁	1.0	3.3	9.9	6.4	14.1	2.6
吉林	0.9	7.2	2.2	6.7	0.7	0.7
黑龙江	10.4	4.7	0.9	4.8	8.5	0.4

资料来源：中国工业统计年鉴。

近年来，我国资源、劳动密集型产业逐步向中西部地区转移，我国虽有相关政策限制高耗能产业向西部地区转移，但中西部地区有较为充足的资源，较低的劳动力成本和环境成本，加上地方政府对拉动经济增长的诉求，难以改变高耗能产业从东部地区向中西部地区转移的趋势。从各地高耗能产业产值占全国比重来看，2005～2016年，东部省份占比整体呈现下降趋势，下降幅度最大的省（区、市）为上海、北京、河北、浙江、广东，而中西部省份占比整体呈现上升趋势。西部省份中山西省较为特殊，受煤炭经济"断崖"式下滑影响，高耗能产业产值占全国比重大幅下降。而东北地区由于人口流失、资源枯竭、体制僵化等因素，近年来工业增速快速下滑，辽宁、黑龙江两省高耗能产业产值占全国比重也呈现出下降态势，如图15所示。

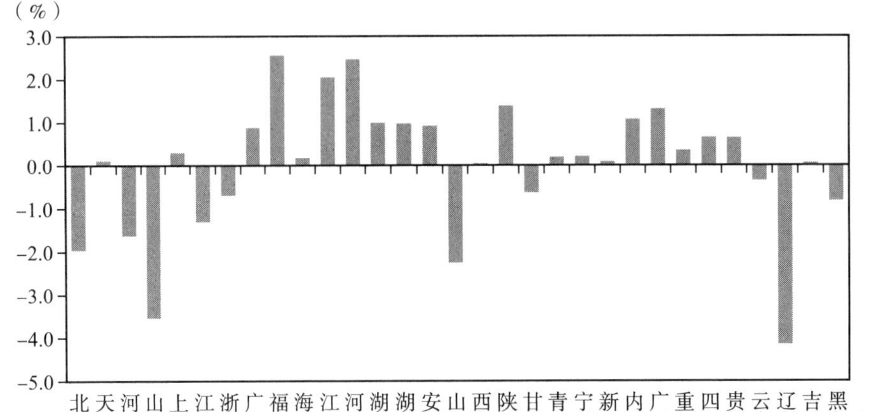

图15　各省（区、市）高耗能产业销售产值占全国比重变化

注：数据为2005～2016年各省该行业销售产值占全国比重变化。

资料来源：中国工业统计年鉴。

8. 现代服务业①

我国现代服务业各区域发展不均衡，东部地区现代服务业较为发达，处于价值链高端，京津冀、珠三角、长三角等地区形成了现代服务业的集聚区，特别是租赁与商务服务、金融、科学研究、信息传输等融入国际产业分工，是参与国际产业竞争的主力军。从各地企业占比数量来看，信息传输、软件和信息技术服务业占第三产业比重排名靠前的省（区、市）有北京（5.6%）、浙江（5.4%）、天津（5.2%）、江苏（4.8%）、上海（4.6%）。科学研究和技术服务业企业数量占第三产业比重排名靠前的省（区、市）有北京（16.7%）、天津（13.8%）、江苏（7.7%）、山东（6.6%）、上海（6.4%）。租赁和商务服务业企业数量占第三产业比重排名靠前的省（区、市）有北京（23.4%）、上海（17.4%）、广东（17.3%）、浙江（16.0%）、天津（15.8%），均在东部地区。中部地区现代服务业起到引领作用的技术型行业占比较低，且各地之间的行业分布也不平衡，中部地区的安徽、河南、湖北等省租赁和商务服务业，科学研究、技术服务业相对发达。西部地区现代服务业相对较为落后，地区之间存在一定差异，四川、重庆、陕西等省市现代服务业相对发达。值得注意的是，海南省房地产业占比为11.9%，远高于其他省，这主要是由于海南省旅游资源丰富，旅游业、旅游地产已成为其支柱产业，如图16所示。

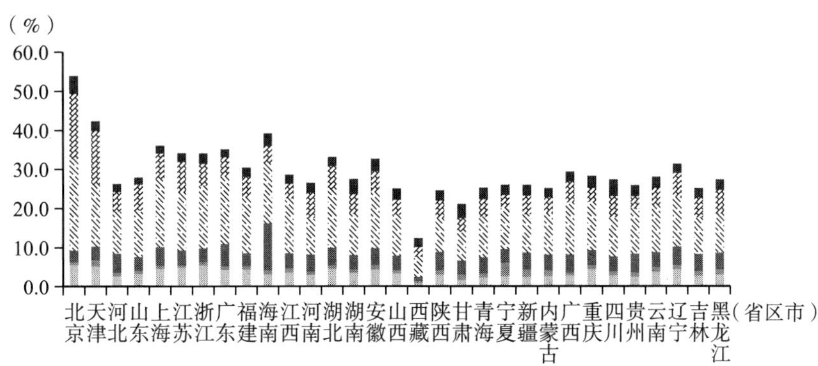

图16 2016年各省（区、市）现代服务业企业单位数占服务业比重

资料来源：中国第三产业统计年鉴。

① 根据国家科学技术部发布的第70号文件，现代服务业是指以现代科学技术特别是信息网络技术为主要支撑，建立在新的商业模式、服务方式和管理方法基础上的服务产业，它有别于商贸、住宿、餐饮、仓储、交通运输等传统服务业，以金融保险业、信息传输和计算机软件业、租赁和商务服务业、科研技术服务和地质勘查业、文化体育和娱乐业、房地产业为代表。

（三）结论

1. 各地初步形成符合自身比较优势的支柱型产业

东部地区珠三角、长三角、京津冀环渤海经济圈是我国制造业、现代服务业的主要分布带，上述区域在电子机械及器材、计算机、通信和其他电子设备制造业、交通运输设备业方面均有较强竞争实力。此外，珠三角、长三角地区在纺织服装、皮革制造、家具制造、文教、工美、体育和娱乐用品制造业等消费品制造业方面仍占有较高比重。中西部地区在农业、金属加工、非金属矿物制品加工、煤炭加工、烟草加工等资源加工行业具备竞争优势，同时，中西部的陕西、湖北、湖南、重庆、四川等省市具备一定工业基础，交通运输设备、通用/专用设备制造业等装备制造业快速发展。东北地区石油加工、黑色金属加工等资源性行业以及交通运输设备、通用/专用设备制造业等装备制造业基础较好。

2. 中西部地区产业结构层次较低

近年来，我国产业结构升级持续推进，三次产业占比结构趋于合理，但我国各省（区、市）之间产业发展水平差距较大，中西部地区产业结构层次仍较低。首先，部分中西部省（区、市）第一产业占比较高，第三产业占比较低。2016 年，仍有 18 个省（区、市）第三产业增加值占比小于 50%，有 16 个省（区、市）第一产业增加值占比大于 10%，主要位于中西部地区。其次，中西部地区仍以高耗能产业及传统产业为主，现代制造业、新兴产业发展明显滞后于东部地区。2016 年，青海、甘肃、新疆、内蒙古、山西、贵州 8 个省区六大高耗能产业产值占工业比重超过 40%。最后，中西部地区第三产业以公共服务和传统的流通贸易为主，信息、教育、现代金融发展滞后，这使第三产业无法为第二产业的升级提供有力支撑，也无法满足消费者对中高端服务产品的需求。

3. 全国范围的产业转移持续推进

随着东部地区工业用地不足、能源和资源紧缺、劳动力供应紧张、环境治理成本高涨等问题不断突出，中西部地区土地、劳动力成本等优势日益凸显，加上中西部地区政策扶持力度加大，我国区域产业逐步从东部地区向中西部地区转移。区域产业转移的主体产业是劳动密集型及能源密集型产业，2006～2015 年，东部地区工业总产值比重下降最快的行业分别是非金属矿物制品业、有色金属冶炼和压延加工业等高耗能产业以及农副食品加工业、食品制造业、纺织业等劳动密集型行业。承接资源密集型产业的主要地区包括内蒙古、宁夏、陕西、贵州等西部省区。承接劳动密集型产业的主要有河南、安徽、湖南、湖北、四川等省份。由于中部地区毗邻东部地区，经济发展水平、基础设施建设等优于西部地区，率先成为区域产业转移的承接区域。值得注意的是，东部地区内部也存在产业转移。其主要特征是从长三角地区向京津冀地区转移，呈现“北上”特点。以江苏、上海、浙江等省市向山东、河北、天津等省市转移为主。同时，在国家重点区域战略推动下，京津冀区域间产业转移、长江经济带上中下游区域产业梯度转移等稳步推进。

4. 产业园区遍地开花，产业重复布局现象突出

重复建设、重复引进、产业结构趋同是我国经济布局长期存在的问题。2000年以来，随着东部沿海快速发展、西部大开发、中部崛起等国家区域政策的实施，我国重化工业开始向全国扩散，呈现无序扩张态势。我国高耗能产业、装备制造业、汽车产业等在东、中、西部地区以及东北多数省份产能快速扩张，重复布局现象突出。除了传统制造业外，我国战略性新兴产业、现代制造业也出现重复建设的苗头。《中国制造2025》行动纲领印发后，全国各省（区、市）相继发布各自的规划，对十大战略产业领域的发展进行了积极布局。全国各省（区、市）纷纷建设机器人、大数据等项目，据不完全统计，短短几年内，全国已建成和在建的机器人产业园区超过40个，机器人企业数量已超过800个。全国东、中、西部地区都在积极发展大数据产业，贵州、天津、杭州、兰州等省市均提出打造大数据产业集聚区。此外，物流园区、文化产业园区、信息技术服务业园区都出现重复建设的现象，带来新一轮产能过剩的风险。

三、中国各省级区域产业结构发展方向

（一）持续进行产业升级，实现经济高质量发展

近年来，我国各省级区域产业升级稳步推进，但我国产业创新能力仍有待提高，中西部大部分省（区、市）高能耗、高污染、低附加值产业比重偏高，服务业发展滞后。习近平总书记在党的十九大报告中明确指出："支持传统产业优化升级，加快发展现代服务业，瞄准国际标准提高水平。促进我国产业迈向全球价值链中高端，培育若干世界级先进制造业集群。"未来，加快产业转型升级，推动经济高质量发展将成为各区域经济发展的核心目标。

1. 现代服务业将继续快速发展

从发达国家经验看，美欧日等发达国家和地区的服务业增加值占GDP比重均在70%以上。我国服务业占GDP比重从2005年的41.3%提升至2016年的51.6%，服务业正逐步成长为国民经济的主导产业。世界发达国家工业化进程历史经验表明，在工业化中后期，工业发展趋缓，而服务业发展速度将在一段时期内持续快于工业，且比重不断提高，产业结构由第二产业主导转变为第三产业主导。我国除北京、上海、天津3市已达到后工业化阶段外，其他省（区、市）均位于工业化中期或工业化后期，服务业正启动快速发展的引擎。发展现代服务业将成为各省（区、市）作为优化经济结构、转换发展动力、保障和改善民生、推动经济社会持续健康发展的战略举措。各省（区、市）"十三五"规划中，均将服务业作为未来发展重点，如表4和表5所示。

表 4　　各省级区域“十三五”规划重点发展的生活性服务业领域

省（区、市）	文化服务业	旅游业	健康养老	法律服务业	体育产业	房地产	教育培训
北京	○	○	○	○	○	—	○
天津	○	○	○	○	○	—	○
河北	○	○	○	○	○	—	○
山东	○	○	○	○	○	—	○
上海	○	○	○	○	○	○	○
江苏	○	○	○	○	○	—	○
浙江	○	○	○	○	○	—	○
广东	○	○	○	○	○	—	○
福建	○	○	○	○	○	—	○
海南	○	○	○	○	○	○	○
江西	○	○	○	○	—	○	○
河南	○	○	○	○	○	—	○
湖北	○	○	○	○	○	—	○
湖南	○	○	○	○	○	—	○
安徽	○	○	○	○	○	—	○
山西	○	○	○	○	—	—	○
陕西	○	○	○	○	○	—	○
甘肃	○	○	○	○	—	—	○
青海	○	○	○	○	○	○	○
宁夏	○	○	○	○	○	—	○
内蒙古	○	○	○	○	○	○	○
广西	○	○	○	○	○	○	○
重庆	○	○	○	○	○	○	○
四川	○	○	○	○	○	—	○
贵州	○	○	○	○	○	—	○
云南	○	○	○	○	○	○	○
辽宁	○	○	○	○	○	○	○
吉林	○	○	○	○	○	○	○
黑龙江	○	○	○	○	○	—	○

注：“○”代表“十三五”重点发展的服务业领域；“—”代表非“十三五”重点发展的服务业领域。
资料来源：和君咨询，中国民生银行研究院整理。

表5　　各省级区域“十三五”规划重点发展的生产性服务业领域

省（区、市）	金融服务业	现代物流业	信息技术服务业	科技服务业	电子商务	商务服务	会展业	人力资源服务
北京	○	○	○	○	○	○	○	—
天津	○	○	—	○	○	○	○	—
河北	○	○	○	○	—	○	—	—
山东	○	○	—	—	○	—	—	—
上海	○	—	○	○	—	○	—	—
江苏	○	○	○	○	○	○	○	○
浙江	○	○	○	—	—	—	○	—
广东	○	○	—	○	○	—	○	—
福建	○	○	—	—	—	—	—	—
海南	○	○	—	—	—	—	○	—
江西	○	○	—	—	○	—	—	—
河南	○	○	—	—	—	○	—	—
湖北	○	○	○	○	○	○	—	○
湖南	○	○	—	—	—	—	—	—
安徽	○	○	—	○	○	○	—	—
山西	—	○	—	—	—	—	—	—
陕西	○	○	○	—	○	—	—	—
甘肃	○	○	○	○	—	—	—	—
青海	○	○	—	○	○	○	—	—
宁夏	○	○	—	—	—	○	—	—
内蒙古	○	○	—	○	—	—	—	—
广西	○	○	○	○	○	—	○	○
重庆	○	○	—	—	—	○	○	—
四川	○	○	—	○	○	—	—	—
贵州	○	○	○	—	—	○	○	—
云南	○	○	—	○	○	—	○	—
辽宁	○	○	○	○	○	○	○	—
吉林	○	○	○	—	○	—	—	—
黑龙江	○	○	—	○	—	○	—	—

注：“○”代表“十三五”重点发展的服务业领域；“—”代表非“十三五”重点发展的服务业领域。
资料来源：和君咨询，中国民生银行研究院整理。

2. 科技创新带动作用将进一步增强

国际上通常以研究与试验发展（R&D）规模和强度指标反映一国的科技实力和核心竞争力。2016 年，我国研究与试验发展（R&D）经费支出 15 500 亿元，比上年增长 9.4%，国内有效发明专利拥有量突破 100 万件，每万人口发明专利拥有量达 8 件。从各省（区、市）状况来看，2016 年，我国研究与试验发展（R&D）经费占 GDP 比重为 2% 以上的省（区、市）有 5 个，占比 1% 以上的有 17 个。预计未来，我国各省（区、市）研发投入和创新成果将保持增长态势，传统产业技术改造投资快速增长，技术创新步伐将显著加快，企业创新能力进一步提升。绿色节能设备、智能化生产设备应用更为广泛。目前，各省（区、市）均将加大科技创新经费投入列入“十三五”规划，例如，云南省规划“十三五”末期科技创新经费占 GDP 比重为 1.5%，广西壮族自治区为 2%，山东省为 2.6%，江苏、浙江、广东 3 省的目标为 2.8%，上海市的目标为保持在 3.5% 以上。福建省规划“十三五”时期研发经费投入年均增长 15% 以上。

3. 产业升级模式与区域比较优势结合将更紧密

我国各区域的资源禀赋、经济水平、产业基础、金融环境差异较为显著。因此，各地将立足于自身的条件和基础，选择不同的产业升级模式。

东部地区基础设施完善，经济基础条件好，人力资源丰富，教育资源发达，市场环境及金融环境较为完善，高技术产业发展起步早、规模大、层次高。将重点发展战略性新兴产业及现代服务业，以突破基础技术和前沿技术为核心，进一步优化产业结构、提升产业层次、促进经济转型。并积极参与国际分工，在国际产业价值链的调整中逐步向更高层次攀升；中部地区尽管高技术产业发展较快，但总量仍比较小，结构相对单一。因此，中部地区将继续夯实现有产业基础，持续优化创新机制，积极吸引东部地区技术及管理经验，通过整合区域内的优势，努力打造特色、优势产业集群。中部地区对高技术产业的选择将结合现有产业优势、资源积累、市场状况等有重点地发展，以实现“以点带面”，重点突破；东北地区工业基础较好，资源条件相对丰富，将大力对传统重工业进行转换升级，建设先进的装备制造业基地，创新体制机制、提高开放水平，充分利用现有资源、产业、人才等方面的积累发展对高技术产业的支撑能力。同时，进一步发挥东北地区农业优势，加快东北地区农业发展方式转变，创新农业经营机制，完善农业市场流通体系；西部地区经济基础、技术基础相对东部、中部地区薄弱，创新环境、市场环境、金融环境等都有待完善和提升，难以支撑高技术产业实现良性发展。西部地区将立足现有产业基础，发展与其关联度较高的高端装备制造产业，形成一定领域内的高技术产业群。同时，西部地区将充分依托其棉、油料、中药材、畜产品等农副产品资源，形成一批规模化、产业化示范基地，培育一批带动力强的农副产品加工龙头企业，并发挥多变的地形地貌、丰富的人文历史资源和土地资源优势，发展现代旅游业、观光农业、休闲农业等。

4. 过剩行业去产能将持续推进

长期以来，我国形成了投资拉动经济增长的发展模式，地方政府的过多干预导致资源错配，进而导致部分行业产能过剩。目前，钢铁、水泥、电解铝、船舶等行业产能过剩现象仍较为突出，甚至一些新兴产业也面临不同程度的产能过剩问题，化解产能过剩仍将成为未来一段时间我国区域政策的重要内容。目前，各地纷纷出炉2018年去产能目标清单，涉及煤炭、钢铁、落后煤电产能等多个领域，在中央和地方政府的高度重视下，我国各省级区域过剩行业去产能将持续推进，如表6所示。

表6　各省级区域2018年去产能目标清单

省份	2018年去产能清单
甘肃	全年将退出煤炭产能456万吨
河南	淘汰落后煤电机组100万千瓦
河北	将大力推进重点行业去产能： 压减钢铁产能600万吨，力争800万吨； 淘汰落后火电产能50万千瓦； 压减煤炭产能1 062万吨； 压减水泥产能110万吨、平板玻璃500万重量箱、焦炭500万吨
山东	压减粗钢产能355万吨； 生铁产能60万吨； 煤炭产能465万吨
山西	将实施减量重组、减量重置，提高煤炭先进产能占比： 退出煤炭过剩产能2 300万吨； 钢铁过剩产能190万吨； 淘汰煤炭机组100万千瓦以上
黑龙江	淘汰煤炭落后产能，推进582处煤炭整顿关闭和企业兼并重组转型升级： 计划退出煤炭产能195万吨
辽宁	持续推进“三去一降一补”五大任务，建立健全取缔“地条钢”长效机制： 关闭年产30万吨以下煤矿25个，去产能361万吨
安徽	继续抓好“三去一降一补”； 再退出煤炭产能690万吨； 压减生铁粗钢产能228万吨
云南	坚持用市场化、法治化手段推动钢铁、煤炭等行业化解过剩产能，继续保持严厉打击“地条钢”高压态势，压减粗钢产能27万吨； 退出煤炭产能58万吨，对13类落后小煤矿，坚决做到应去尽去
贵州	更加严格执行环保、质量、安全等相关法规和标准，倒逼落后产能退出，严防死灰复燃。推动煤炭开采自动化、智能化改造，关闭煤矿70处、压减产能1 000万吨，采煤机械化程度达70%，煤层气综合利用率达到38%

（二）有序推进产业转移，助力区域协调发展

习近平总书记在党的十九大报告中明确指出："中国特色社会主义进入新时代，我国社会主要矛盾已经转化为人民日益增长的美好生活需要和不平衡不充分的发展之间的矛盾。"习近平总书记针对我国存在的发展不平衡的突出问题，提出"实施区域协调发展战略""建立更加有效的区域协调发展新机制"，区域经济协调发展内涵在于区域间共同持续发展，且个体之间差异却在逐步缩小。区域产业转移是实现区域协调发展的重要途径，是实现经济转型和产业布局优化的主要手段。当前，我国产业转移将进入全面优化产业链布局、全面协调发展的阶段，将呈现以下趋势。

1. 西部地区在承接产业转移中地位将逐步提升

我国中部地区的经济发展水平、基础设施建设、发展环境等都比西部地区发达，且毗邻东部地区，率先成为区域产业转移的承接区域。根据产业梯度转移理论，随着时间的推移和生命周期阶段的变化，生产活动会逐渐从高梯度地区向低梯度地区转移。随着西部地区经济发展水平不断提升，基础设施建设不断完善，未来有望承接更多东、中部产业转移。西部地区将通过承接东、中部以及发达国家和地区先进产业的转移，迅速提升产业发展水平，进一步缩小与东、中部地区在产业发展水平以及经济社会发展水平的差距。

2. 资金密集型和技术密集型产业仍向东部地区集中

近年来，东部沿海地区在推动低端产业转移的同时，积极吸引高端产业回归。如浙江省启动"浙商回归"工程，旨在鼓励和吸引在外浙商回乡投资创业，带动当地产业结构优化升级。"浙商回归"投资产业以信息、环保、健康、旅游、时尚、金融、高端装备制造、文化八大领域为重点。据官方数据显示，2017 年前 10 个月，浙江省浙商回归到位资金达 3 849 亿元，同比增长 32. 3%。未来，在长江经济带和京津冀一体化发展战略的推动下，东部地区将通过已形成的区位、交通、市场及技术等方面的比较优势，进一步吸引资金密集型和技术密集型产业向东部集中。

3. 合作共建产业园区将成为产业转移的重要模式

在创新、协调、绿色、开放和共享发展的理念下，区域产业转移已由早期单纯的转移承接向融和发展、合作创新转变。近年来，东部地区不断加强与周边地区的产业合作，以合作共建产业园区的方式积极推动产业转移。合作共建产业园区以东部地区出资金、出企业，产业承接地政府出土地、出政策为主，实现双方"合作共赢"。

4. 产业链条式、集群式转移的特征日趋明显

随着中西部地区基础设施建设日趋完善，人才、技术积累日趋成熟，以龙头企业为核心，进行产业链式的整体转移趋势日益明显。与以往仅转移产业链条中较为

低端的制造环节不同，企业将对产业的上、中、下游进行整个产业链的迁移，除了劳动密集型部分外，还包括研发、采购、销售、物流、售后服务等环节。由于龙头企业的社会化协作程度高，龙头企业投资将会带动产业上下游及产业配套的大量投资，进一步带动产业内其他龙头企业转移，形成“龙头”带“配套”，“配套”引“龙头”的良性发展格局。产业配套型转移将成为未来产业转移的主要趋势，当主导产业转移后，与之协作配套的研发、生产、销售等环节也将发生跟随式转移。

（三）强化区域产业协同，加快区域一体化进程

区域产业一体化不但可以避免区域内重复建设、恶性竞争的问题，同时可以优化资源配置、提升区域整体竞争力。区域产业一体化发展的重心在于促进区域资源整合、避免区域产业同构竞争、提高区域经济整体实力。未来，我国将通过“一带一路”倡议、京津冀协同发展、长江经济带战略的推进实施，进一步优化区域经济格局，形成内外统筹、南北互动、东中西协调的区域经济发展新局面，促进区域产业一体化。

1. 京津冀将成为区域产业协同发展的范本

京津冀地区作为我国经济第三极，长期以来产业同构、竞争强于合作。随着京津冀协同发展上升为国家战略，将推动三省市协同发展，为全国树立协同发展标杆。京津冀三地的产业分工定位将结合各地的资源禀赋、发展阶段等比较优势来选择。未来，京津冀三地将分别按照“知识型＋服务型区域”“加工型＋服务型区域”“资源型＋加工型＋服务型区域”的发展定位来构筑各自的现代产业体系。北京将大力发展知识经济和服务经济，加快构建“高精尖”经济结构；天津市将以商贸物流业、战略性新兴产业、现代制造业为主导，并大力推进服务型经济发展；河北省将积极承接北京市产业功能转移和科技成果转化，大力发展加工制造和服务经济，构建以现代制造业、原材料工业、现代农业、旅游休闲业为主导的现代产业体系。

2. 长江经济带将协同打造世界级产业集群

当前，长江经济带中低端产业比重仍较高，为推动长江经济带产业升级，我国将在长江经济带重点打造电子信息、高端装备、汽车、家电、纺织服装五大跨区域产业集群。产业集群建设将依托于长江经济带区内上海、江苏、浙江、安徽、江西、湖北、湖南、重庆、四川、云南、贵州等11省市中具有一定产业基础的核心城市，并利用整个长江经济带区域内的国家级、省级开发区和产业园区，形成以产业链为整体、上中下游互动协同的发展格局。

3. “一带一路”倡议将开启国际产业合作新格局

“一带一路”倡议将以开放为导向，通过加强交通、能源和网络等基础设施的互联互通建设，促进经济要素有序自由流动、资源高效配置和市场深度融合，开展更大范围、更高水平、更深层次的区域合作，在更广阔的范围内实现产业转移与产

业合作。中西部地区作为连接我国东部经济发达地区和亚洲、欧洲、非洲国家的交通枢纽，具有与国际国内交流的天然区位优势，中西部地区将持续进行产业升级，加快推进通信现代化和交通现代化建设，打破地域限制，构建通畅的物流通信网络，加强与“一带一路”沿线地区的产业合作。

四、政策建议

（一）因地制宜引导产业升级，培育区域核心竞争优势

1. 结合区域特征制定产业政策，实现资源在空间的优化配置

我国幅员辽阔，各区域发展特征差距较大，政府在制定政策时应做到“产业政策地区化”，实现产业政策和区域政策有机融合，实施差异化的区域协调发展战略。中央政府从全国范围建立合理的分工关系、优化产业空间配置，找准区域功能定位，树立全局发展一盘棋的观念，统筹安排区域发展规划。对地区的倾斜政策与地区优势结合，对重点发展地区的优势产业倾斜，促使各区域根据经济发展的要素禀赋结构和产业发展阶段而调整区域发展策略、区域产业结构和区域经济发展模式，发挥各自资源禀赋和比较优势，建立合理的产业分工。具体而言，重点支持东部地区推进产业升级与自主创新，发展新型外向型产业，提升国际竞争力；支持中部地区走新型工业化道路，发展现代服务业；支持西部地区充分发挥其地域优势及矿产资源优势，做大做强特色优势产业；支持东北地区发展现代农业、装备制造业等传统优势产业。

2. 对主导产业选择进行充分论证，防止政绩导向和盲目建设

当前，区域之间重复建设和产业结构趋同问题较为严峻，造成了对资源的极大浪费。地方政府应充分考虑区域的发展水平、资源禀赋、人才状况、技术基础等条件，合理选择、培育和发展主导产业，认真按照国家产业政策和结构调整方向确定本地区的发展规划，对于不符合本地在全国产业布局中功能定位的要及时加以修正，避免再次出现产业趋同和重复建设问题。在政绩考核方面，可适当改革政府绩效考核方式和标准，不仅考虑本地区经济及产业发展水平，还应相应增加对地方政府在区域协调发展贡献度、主题功能区建设成果、区域新建产能利用率等方面的考核。

（二）发挥市场机制作用，推进区域产业结构合理配置

1. 转变政府职能，着力维护市场经济秩序良好运行

长期以来，我国产业政策以资金支持和国家重大科技专项为主，这有利于技术来源的扩大，同时能够降低技术的引进成本，但对促进产业优化升级却存在着一定局限性，若政府不当干预，将导致企业的过度投资及不当投资行为。未来，各区域政府职能重心应适当转变，弱化政府直接微观经济干预职能，减少行政审批程序的

复杂度，把经济调控、市场监管和社会管理服务作为工作重心。同时，盘活国有资产，加快实现政企分离，消除地方保护，从制度层面构建维护有效市场竞争的法律体系，建立公开透明的市场准入制度，实现技术标准、认证标准的全国统一等措施，着力解决市场体系不完善、政府干预过多和监管不到位等问题。

2. 通过优胜劣汰的市场筛选，促进区域经济资源合理配置

企业为了生存和利润会对市场需求及投资环境进行充分研判，并做出灵敏而准确的反应，应鼓励企业根据市场结构进行生产要素的良性配置，根据已有的优势产业和资源禀赋发展具备比较优势的产业，形成差异化竞争，避免重复建设和过度竞争。通过矫正要素市场扭曲，充分发挥市场在资源配置中的决定性作用，使企业逐步成为市场经营和发展的主体，促进区域资源的合理配置，形成区域行业的合理规模，最终通过市场之手优化区域产业结构。

（三）打破地区经济分割，促进区域产业协同发展

1. 构建区域基础设施互联互通网络，促进区域间要素合理流动

当前，基础设施状况尚不能完全满足区域一体化需要，在一定程度上制约着跨区域经济合作。为消除商品要素流通的地理障碍，“一带一路”“长江经济带”“京津冀”等区域应加大基础设施投入，加快构建跨区域的公路、铁路系统，增加直航航班及通航密度，突破经济区域界限。同时，科学选址建设符合国际标准的物流仓储基地，积极发展电子商务和智慧物流，运用互联网、大数据、云计算等技术提升传统物流效率、降低物流成本，为产品和要素的跨区域流通创造便利的条件。

2. 寻求区域间利益共同点，突破经济往来限制性因素

当前，地方保护主义及市场分割阻碍了区域经济一体化发展的进程，增加了地区间贸易的交易成本。区域一体化实现的前提是各区域之间找到利益共同点，建立利益协调、分享机制，通过定期沟通，解决矛盾冲突，统筹整合各地域之间的优势与特色，加强产业政策的对接，做到取长补短，最大限度发挥各类生产要素的经济效能。针对地方保护主义，从制度层面构建维护有效市场竞争的法律体系，加大对地方保护主义行为的惩戒力度，完善维护市场有序竞争的法律体系，坚决杜绝地方政府对经济运行的不合理干预。针对行政体制造成的市场分割，要努力破除区际之间在市场、政策、体制方面存在的壁垒，加强区际之间的经济联系与合作，推动各类产品、资源、要素、信息、服务的自由流动，打破“以邻为壑”的区域经济界限，消除区际经济往来中的限制性因素，使区域市场不断得以优化，推动区域经济一体化进程。

（四）优化中西部地区产业发展环境，推动产业合理转移

1. 完善中西部地区投资环境，为承接产业转移打下良好基础

继续加强对中西部地区交通运输、通信网络、城乡电网、城市环境等基础设施

建设投入力度。加强中西部地区科技能力体系建设，注重人才培养，除积极发展高等教育、提高人才培养质量外，还应着力加强基础技能教育、积极发展与各地区优势产业相匹配的职业教育，利用现代信息技术，积极开展远程教育，提高中西部地区劳动者素质。此外，由于中西部地区体制机制相对东部地区更为封闭落后，国有资产存量占比高，经营效益差，还应积极促进西部地区进一步扩大对国内外的开放力度，优化市场环境，发展非公有制经济，推进现代企业制度建设，通过国有资产重组，提高国有工业整体竞争力，提升西部地区承接转移的软实力。

2. 以市场化为导向，推动产业合理转移

一是尊重产业转移规律有序推进产业转移，在严禁高污染、高消耗的产业向中西部转移的前提下，明确产业转移的重点领域和重点地区，引导东部地区能源、冶金、化工、纺织、农副食品加工等劳动、资源密集型产业，以及电子信息、通讯、仪器仪表等技术密集型产业向中西部地区转移。中西部承接产业转移的地区要因地制宜发展优势特色产业，立足各地比较优势，合理确定产业承接发展重点，避免产业雷同和低水平重复建设。二是积极探索“集群式”产业转移方式，引导东部地区传统产业集群中的核心企业及相关配套企业集中迁移到中西部地区。中西部地区应充分依托现有发展优势承接产业集群，以产业园区为载体，形成一批特色鲜明、产业链完整、具备核心竞争优势的现代产业集群。三是加强和完善跨区域产业合作机制，支持各区域之间展开实质性合作，以合作共建开发区或工业园区的方式，积极引进大企业对西部园区进行整体开发，实现互利共赢。

（五）提供多元化金融服务，助力区域产业升级

1. 加强区域产业形势研究，提高金融供给与区域产业发展的匹配度

我国各地区经济增长水平处于不同阶段，各地产业结构千差万别，部分区域过剩的产业或许是其他区域朝阳、主导产业，区域产业金融政策不宜采取“一刀切”的形式。各地区金融分支机构应立足区域产业政策及产业发展趋势制定区域产业投资规划，集中资源重点支持区域发展前景好、具备比较优势的特色主导行业，对政府主导、盲目建设而不符合区域比较优势的产业采取谨慎态度，坚决退出区域产能过剩行业。并根据区域宏观政策、产业形势变动进行定期更新，从而使金融供给政策更具适应性和指导性，引领区域产业升级。

2. 加强跨区域金融机构协同，形成合力支持区域一体化发展

各地政府及监管机构应加强区域之间金融资源对接整合，引导金融资源、金融要素跨区域自由高效配置，培育统一、开放、有序的区域金融市场体系，建立起区域金融业统一的组织领导机制、信息共享机制、利益协调机制和风险防范机制。推动金融机构积极开展跨行政区域的业务发展模式，推进业务协同联动发展，异地业务协同营销、协同风控，在客户准入、授信评级、审批、信贷限额、支付体系等方面制定统一区域信贷政策，实现金融服务一体化，满足区域经济一体化金融需求。

3. 创新金融服务模式，支持区域产业升级及产业转移

立足于服务区域重点产业，打造适合企业各生命周期的金融服务模式，增强专利、商标权、版权等无形资产的评估能力，通过开展投贷联动、融资租赁、贸易融资、公司债等融资业务模式，综合运用贷款、承兑、贴现、信用证、保函等产品，为不同企业的个性化融资需求提供综合化的金融服务，助力区域产业转型升级；通过基本建设贷款、工程保函、产业基金以及参与 PPP 项目等方式为“一带一路”倡议、京津冀协同发展、长江经济带建设等重点区域中的基础设施建设项目以及符合区域产业定位、前景好的产业园区提供多样化的金融支持，助力区域产业转移。

国际贸易规则约束下的中国产业政策转型

徐　林

产业政策是中国宏观经济政策的重要组成部分，这是具有中国特色的宏观经济政策构架。但产业政策模式及其政策工具的选择、政策机制的设计，会受制于特定时期的内外部环境、体制制度基础和技术手段支撑。我们在学习借鉴别国政策模式和政策工具时，特别需要把握本国与别国在发展阶段、技术支撑、政策环境等方面的差异。简单把别国过去的经验和做法作为本国政策制定的样板，不顾国际贸易规则演变的影响，采取照搬照抄的模仿，不仅难以取得成效，有时还会导致不必要的麻烦。

我国围绕产业政策的制定和争论，不仅在国内经济学家间产生了争论，甚至还成为近期中美贸易争端的一个话题。如何在此基础上更好地推动产业政策转型，需要有更智慧的思考、甄别和选择。我曾经在原国家计划委员会有过几年产业政策实践经历，参与了《九十年代国家产业政策纲要》《汽车工业产业政策》《建筑产业政策》《当前国家重点鼓励发展的产业、产品和技术目录》等重要产业政策的制定和修订，也因为涉及产业政策工作，参与了中国加入世界贸易组织的谈判，围绕产业政策的制定及其产业政策转型，也有过讨论和思考。但由于产业政策职能在部门之间多次划转，从国家发展计划委员会转移到国家经济贸易委员会、国家发展和改革委员会、工业和信息化部，过去形成的一些政策转型设想，未能有实践探索的机会。本文结合近期国内关于产业政策的讨论以及国际贸易中因产业政策引发的争议，尝试做一些新的探讨。

一、中国的产业政策实践和主要政策手段

对产业政策的定义有不同的表达。本文更倾向于如此表达产业政策：针对特定产业实施的可能改变市场发展轨迹的产业支持或限制措施，这些措施要么基于行政权力的干预，要么基于公共资源的选择性或歧视性配置。通过市场化改革改变原有资源配置扭曲导致的产业发展或结构升级加速，不能被视为产业政策。所以，从改革开放前以重工业为重点的工业化战略向基于比较优势的工业化模式改变，只是新古典框架下资源配置模式的市场化纠偏，不应该作为产业政策看待。

按照上述定义和理解，中国涉及工业化的产业政策其实在晚清时期就有过实践。例如，清政府在早期发展工商业时，不仅直接拨款创办官办的工商企业，包括轮船公司、铁路、织造公司等，甚至还与外国公司设立合资企业。清政府还通过加官晋爵等激励举措，鼓励扩大私人工商投资，投资额越大封官的级别就越高。

中华人民共和国成立后，中国政府通过中央计划体制确保对重点产业和企业的资源配置，通过城乡分割体制等手段压低工业化成本加速实施的工业化战略，以及以重工业、国防工业为重点的资金、人才、原材料等资源计划配置，也都属于加快推进工业化的产业政策。只不过在那个时期，国内学术圈和政府职能部门，并没有使用产业政策一词描述这类战略和政策。

产业政策概念的正式引用是在20世纪的1987年，当时国务院发展研究中心研究人员李泊溪、周林、刘鹤、林栋梁四人，发表了调研报告《我国产业政策的初步研究》，该论文在分析日本等国的产业政策实践及其成效基础上，提出在中国研究制定并实施产业政策的十二条建议，以尽快推动国内的产业结构升级，同时建议由当时的国家计划委员会（以下简称“国家计委”）牵头组织并制定符合中国国情的产业政策。该文建议明确以产业政策连接发展与改革的战略思想，分阶段建立中国的产业政策体系。这些建议受到了当时国家最高领导人的重视，并做出了如下批示：“此文提出了一个很重要的思路，值得认真研究，资源的合理配置，企业组织结构的合理，是决定宏观经济效益的关键所在，在我国现阶段，单靠市场的作用，单靠企业、地方、部门的自由竞争是不可能做到的，要靠国家的产业政策和企业组织结构政策进行干预，而要使干预达到预期目的，必须运用经济手段，运用一系列调控手段，以改革促进产业政策和企业组织结构政策的落实，这样就把经济发展战略同经济体制改革结合起来了，也体现了计划与市场的结合，符合有计划商品经济的要求。按照这样的思路去搞，可能会减少改革中的困难和矛盾，可能更易于显示改革促进发展的作用，而对计划的改革也就有了方向”。从批示我们可以看出，当时国家重视制定并实施产业政策，是与市场化改革密切相关的，制定并实施产业政策是针对计划体制的一项改革举措。1988年，国家计划委员会专门成立了产业政策司，周才裕是第一任司长（已退休），刘鹤、杨伟民等都是当时产业政策司的核心成员。从此，我国正式开始了以产业政策为名的产业政策实践，学术界围绕产业政策研究也变得热络起来。

国家计委产业政策司成立后出台的第一部产业政策是国务院在1989年3月发布的《关于当前产业政策要点的决定》（以下简称《决定》）。《决定》要求计划财政、金融、税务、物价、外贸、工商行政管理等部门，运用经济的、行政的、法律的、纪律的，甚至加强政治思想工作等手段，来实现产业政策提出的目标，《决定》有一个很长的附录，叫作“产业发展序列”，规定了哪些产业是重点产业，要重点扶持、加快发展，哪些产业的发展要抑制、要放慢。这一以产业序列或目录形式明确国家鼓励、限制、禁止的产业政策导向，并据此选择性配置资源的政策模式，一直延续到现在，未有实质性改变。

在经历了1989年开始的三年经济治理整顿，以及1992年国家计委的内部机构改革后，国家计委产业政策司与长期规划司合并为长期规划和产业政策司。从1994年开始，又陆续出台了《九十年代国家产业政策纲要》《汽车工业产业政策》《水利产业政策》《建筑产业政策》《当前国家重点鼓励发展的产业、技术和产品》（辅以进口设备进口环节关税和增值税免征措施配套）等产业政策。除此之外，针对能源、交通、电信、软件和集成电路、服务业等特定产业，也陆续由国务院和不同部门出台了名目不尽相同、数量可观的产业政策（包括特定领域的产业发展规划，如《中国制造2025》等），本文不再一一列举。

过去出台的各类不同的产业政策，在政策手段上可以大致归纳为以下几个方面：

一是税收减免优惠，主要包括对特定产业和企业在一定期限内的企业所得税减免、增值税减免等，企业进口设备和重要零部件进口环节关税和增值税减免等。

二是直接财政补贴，主要由中央政府和地方政府针对特定产业和企业的直接资本金注入、贷款贴息、政府出资的创业投资引导基金和产业投资基金等股权投资支持等，还包括低于市场价格的土地使用价格补贴。

三是技术改造和设备更新激励，主要是对符合国家产业政策的技术改造项目提供技改贴息贷款、缩短设备折旧年限、对国内不能生产的进口先进技术设备和零部件减免进口环节税等。

四是研究开发补贴，主要是针对特定产业和企业的新技术、新产品研发提供的直接财政补贴，以及为研发创新成果产业化提供的各类财政支持等。

五是特殊收费政策，主要是针对基础产业瓶颈制约实施的特许收费政策，如电信企业的电话初装费政策，三峡工程的每度电两分钱附加收费政策，属于针对消费者的价外加税措施，并将收入转移至特定企业和产业的变相财政补贴。收费公路政策，则是引入市场化机制的一种消费者付费制度，不属于财政补贴。

六是产业组织政策。主要是基于合理规模经济、促进合理竞争、防止垄断等考虑实施的政策举措。例如，出于对规模经济的考虑，出台了部分行业的规模经济标准，要求新设立的投资项目必须达到最低规模经济的生产规模；出于对过度竞争和重复建设的担忧，1994年颁布的《汽车工业产业政策》试图确立以“三大三小”为主的汽车产业组织结构，以及对石油化工行业国有企业实施的以“三桶油”为主体格局的集团化兼并重组；为促进合理竞争，对中国电信实施拆分等。

七是与贸易有关的投资措施。主要是与国产化比例（local content）相关的投资政策规定，如针对外资企业的采购一定比例国产设备或国产零部件的要求，针对国内地铁项目的采购设备国产化比例达75%以上的要求等，这些投资政策措施因为扭曲了贸易，一般被视为与贸易有关的投资措施。

八是出口导向和进口替代补贴。主要是为了促进出口而实施的超出出口退税

（出口环节增值税退税）的额外税收优惠或其他财政支持措施，以及以进口替代为目标的各类财税支持政策。

九是中外合资企业的技术转让要求。出于市场换技术的策略性考虑，在国内市场规模和潜力较大、技术水平较低的产业领域，在设立中外合资企业时，会把外方向中方转让技术作为设立合资企业的前提条件和合同条款。

对于那些针对特定产业领域和企业的产业政策举措，由于具有特定指向，不面向所有产业和企业，学术界一般将这类产业政策描述为歧视性（discriminative）或选择性产业政策。对那些服务于特定目标，任何产业如果都服从特定目标，并达到相同标准就能享受的政策优惠，一般被描述为功能性产业政策。从我国过去实施的产业政策手段看，绝大多数产业政策都是选择性产业政策。

值得关注的是，随着我国社会主义市场经济体制的建立和逐步完善，与 20 世纪 80 年代作为对计划手段的改革举措引用并实施产业政策不同，目前的产业政策已经被部分学者视为市场经济体制的对立面，受到学术界自由派学者的批判，同时也受到世界贸易组织主要西方成员国的批评和关注，认为产业政策导致了对市场配置资源的扭曲，不利于公平竞争和公平竞争条件下的自由贸易。一些西方国家甚至以此为由，不承认中国的市场经济国家地位，一些针对中国出口产品的反倾销反补贴案例，也经常会以此作为借口。

二、国际贸易规则对产业政策的约束

2018 年发生了引起广泛关注的中美贸易摩擦，美国特朗普政府提出要对中国采取提高进口产品关税的措施，其主要理由大致为：一是持续的中国对美贸易顺差侵害了美国国家利益并夺走了美国工人的就业机会，不仅如此，尽管中国在双边贸易中得到了大量好处，但还在一些国际问题上与美国对抗；二是 WTO 关于中美进口关税税率不对等，美国从中国进口的产品关税低于中国从美国进口的关税税率，并特别强调双方汽车产品进口关税的较大差异（汽车是中国加入世界贸易组织谈判时，以发展中国家身份争取到的工业制成品最高关税 25%），不愿意认可中国的发展中国家地位和相应的贸易优惠；三是认为《中国制造 2025》等产业政策，为中国高技术产业发展提供了包括补贴在内的各种支持，这些产业政策产生了扭曲市场和贸易的效果，使一些产业领域的美国企业在中美市场竞争时处于不利地位，甚至认为这类产业政策所产生的效果可能最终会威胁美国的经济安全和国家安全；四是中国对外资企业市场准入采取逼迫技术转让的前提性要求，侵犯美国企业的知识产权。

对美国的单边贸易保护主义做法，中国政府一方面坚决反对，准备了针锋相对的关税报复举措作为谈判筹码，并谋求通过谈判解决分歧。另一方面，中国政府通过海南博鳌论坛习近平主席的演讲，宣布了中国的主动对外开放举措，其中包括拟大幅降低汽车等工业制成品的关税，放宽金融等服务领域对外资的股比和业务限制，以及加强知识产权保护等举措，显示了进一步扩大对外开放是中国既定的方向和国策。与此同时，中美双方加大了双边贸易谈判努力，经过共同努力，虽然最终结果尚未出来，但中美双方都在努力避免短期内可能爆发的贸易战。中方为此做出的承诺是进一步降低关税、开放市场，增加从美国的农产品和能源等产品的进口，逐步降低对美的贸易顺差。但是对美国和其他西方国家一直抱怨的中国产业政策和工业补贴等问题，没有做出任何直接的回应，但这不意味着美国会放弃对中国产业政策问题的关注和抱怨。

实际上，中国的产业政策并不是一个近几年才引起国际关注的新问题。在中国加入世界贸易组织谈判过程中，就是一个世贸组织成员关注的谈判话题。1995 年，我作为国家计委产期规划和产业政策司产业结构处副处长，第一次应约与当时的美国贸易副代表德沃斯金女士在北京会见，交流了关于中国产业政策的一些问题。美方那时已经对中国产业政策进行了诸多研究，认为中国产业政策所采取的主要手段，可能对贸易产生扭曲效应，会使中国接受产业政策支持的企业特别是国有企业在国际竞争中处于相对于竞争对手来说不公平的有利地位。后来由于产业政策作为中国加入世界贸易组织谈判中的谈判议题，我开始正式作为中国代表团成员，参与中国加入世界贸易组织的谈判。经过多次磋商，由于世界贸易组织并没有专门针对产业政策的协定，而只有《补贴和反补贴协定》和《贸易有关的投资措施协定》等与产业政策手段密切相关的协定，根据我国产业政策的属性，最终围绕产业政策问题的谈判被化解为工业补贴和与贸易有关的投资措施谈判。经过谈判，一方面要我们需要按照要求履行向世界贸易组织成员的工业补贴告知（notification）义务，并解释提供各类补贴和与贸易有关的投资措施的内容和原因，这是世界贸易组织有关政策透明度的要求；另一方面，还要就与贸易有关的投资措施等进行谈判和解释。实事求是地说，由于中国政府财力的局限性，那时候用于工业补贴预算规模并不大，很多补贴并不用于对特定产业的支持和发展激励，而是用于国有企业的亏损补贴和下岗人员安置，补贴规模和影响并不显著，所以工业补贴问题最终并没有成为西方国家特别关注的话题。

中国加入世界贸易组织后，必须无条件遵守世界贸易组织《补贴与反补贴措施协定》《与贸易有关的投资措施协定》和《与贸易有关的知识产权协定》。这也意味着，国内产业政策的制定，在政策手段上不得违反上述协定的规定。世界贸易组织关于补贴和反补贴的协定，到底对我国产业政策制定具有什么样的影响呢？按照补贴协议的规定，任何政府财政对特定产业和企业的直接或间接财政支持，都属于专项补贴。在各类补贴中，直接以促进出口和进口替代为目标的补贴措施，属于禁止性的补贴措施（forbidden subsidy），一旦实施，世界贸易组织成员有权提出并实施反补贴措施；其他不以出口和进口替代为目标的各类专项补贴，则属于可诉性补贴（actionable subsidy），这类补贴虽然可以在有限的规模内实施，但也容易被世界贸易组织成员拿来作为反补贴和反倾销的把柄和借口。此外，对竞争性领域过多的财政支持和补贴，也会影响对该国是否属于市场经济国家地位的判断。

从与贸易有关的投资措施协定来看，国内有关产业政策对外资项目和国内投资项目的当地含量要求，因为产生扭曲市场和贸易的结果，被认为是违背协定规定的做法。

由此可见，作为世界贸易组织成员，国内产业政策的制定在手段选择上，毫无疑问会受到世贸组织有关规则的制约。因此，从专业角度来看，美国等西方国家对中国产业政策的抱怨，虽然有出于谋取本国战略利益、强化与中国战略竞争优势等考虑，不希望中国的高技术产业在产业政策支持下获得更快成长和更强的竞争力，不愿意丧失自己的优势地位或技术垄断地位，但在世界贸易组织规则基础上，他们的抱怨似乎也有一定的法理依据。

大多数人都会认为，如何制定一国的产业政策，推动本国的产业结构升级，是一国主权范围内的事情，不应受到他国的指责和抱怨。可能也会有人拿出当年日本、韩国甚至别的西方国家过去的做法，来证明我们效仿他们的合理性和合法性。但值得指出的是，日韩当年实施的产业政策，大都是在冷战环境下实施的，西方对这些冷战前沿国家具有一定的包容性，政策制定和实施的外部环境与我们当今有很大差异，且当年关贸总协定的有关规则，也不像当今这么完备。我国作为一个有着持续货物贸易顺差的全球性贸易大国，我们的国内政策是否符合世界贸易组织规则，世界贸易组织成员特别是西方发达国家成员，是高度关注并挑剔的，他们不希望中国的国内体制和做法，构成对国际贸易规则的破坏和对公平竞争的挑战。因此，当我们在全球金融危机后面对越来越多贸易保护主义措施而高举自由贸易旗帜时，他们的集体回答是要捍卫公平竞争下的自由贸易，也就是所谓的公平贸易。这一点已经早在去年在德国召开的二十国集团（G20）峰会宣言中得到了体现，公开发布的峰会宣言没有接受维护自由贸易的提法，而是采用了维护公平贸易的提法，这背后毫无疑问有针对中国的意味，但当时并没有受到国内有关方面的关注。2018年5月31日，美国贸易代表署（USTR）发布美日欧贸易部长联合声明，强调美日欧应共同采取行动，包括共同应对非市场导向政策，促进构建公平互惠的全球贸易体系；加快制定有关产业补贴和国有企业新规则，为工人和企业营造更公平的竞争环境；寻求有效手段解决第三国贸易扭曲政策，反对任何国家要求或迫使外国公司向本国公司转让技术；在WTO框架下深化合作以促进WTO规则全面实施。在美日欧围绕特朗普的贸易保护主义措施针锋相对时，却能达成上述贸易举措方面的共识，不能不说是有针对中国的特殊含义。

应该说，中国加入世界贸易组织后，对待国内政策制定是否会存在违背世贸组织规则的审核是认真的，各部门制定的各类产业政策，一般都要提交商务部进行是否违反世贸规则的审核，并会按商务部提出的专业意见进行调整或修改，这已经成为政策制定程序的一个必要环节。从目前来看，我国产业政策所采取的政策手段，直接违反《与贸易有关的投资措施协议》《与贸易有关的知识产权协定》的举措，已经不多见了。但即便如此，也还有很多政策手段依然会引起世界贸易组织成员的挑剔和批评。特别是在工业补贴方面，是否存在过度补贴并违反世界贸易组织《补贴与反补贴措施协定》，却存在较大的争议。在他们看来，中国政府对工业领域的补贴，不仅规模可观，对国内产业和企业竞争力产生的影也十分显著。例如，根据清科集团发布的报告，中国各级政府发起设立的产业投资基金和产业投资引导基金，目标规模已经达8万亿元人民币，单个基金规模达到数百亿元甚至超过千亿元的也不少见，而这类股权基金对特定产业和企业的投资，都会被认定为可诉性的专项补贴。好在世界主要经济体政府都有不同模式的产业政策，政策手段也都未必经得起世界贸易组织规则的严格挑剔，特别是在涉及补贴议题时，主要大国恐怕没有谁敢说自己的屁股是绝对干净的，发达国家之间围绕工业补贴的争议也时有发生。由于世界贸易组织对补贴与反补贴有着明确的规定，各国对产业补贴项目还有告知义务，因此在禁止性补贴方面都尽可能予以杜绝，在可诉性补贴方面也会在有限的范围和额度内实施，并尽可能不给别国留下太多反补贴和反倾销的把柄。总而言之，产业政策是一个涉及世界贸易组织规则的灰色地带和领域，许多国家政府都有所作为，但政策模式各不相同，怎么做是问题的关键，也就是说，要用更聪明合理的办法，科学规避世界贸易组织规则约束，更加有效地实施产业政策。

三、实施更加合理有效的产业政策

既然国际贸易规则对国家产业政策的制定，特别是政策手段的利用具有约束作用，且产业政策又受到不少国家的关注和诟病，并以此作为对我出口产品实施贸易保护措施的借口，我们的确有必要认真思考并检讨我国产业政策的不同做法。与此同时，从产业政策本身存在的对资源配置的扭曲性负面影响看，我们也有足够的理由全面思考，看看在新的国际环境下，在世界贸易组织规则空间范围内，从更充分发挥市场配置资源决定性作用、更有效利用政府公共资源的角度、进一步提高政策实效性出发，可以做哪些改进、哪些创新？

一是减少无用的产业规划和政策制定。虽然没有学者进行过严格的论证和比较，但总体上可以感觉到，我国应该是竞争性领域各类产业规划和政策最多的国家之一。为什么会有这么多产业规划和政策，主要原因有两个：一是政府强化了批投资项目必须先有规划的要求，于是原本在不断减少的各类规划又迅速多了起来；二是有那么多政府部门和部门内负责不同领域的司局存在，官员们都要做事情，规划是体现其工作业绩的重要表现，于是大家都忙于编制各类规划或产业政策。但很多产业领域编制了那么多规划和产业政策，到底有多少是有用的呢，对此并没有系统的评估和分析，大家只是年复一年、乐此不疲地照着过去的模式在重复着过去的工作。实事求是地说，竞争性领域由于市场变化难以准确判断，并不是一个适合政府进行整体规划的领域，这也是为什么市场经济国家政府很少编制竞争性领域产业规划的主要原因。我国政府编制的各类产业规划，包括一些产业政策，大多要确定一些重点发展和支持的领域，但这类指引更多只带有导向性，并不具备真正的支持手段和措施，与掌握预算资源的财政部门协调政策手段时也十分困难。所以，更多规划和政策在政策举措方面一般会写上要支持鼓励发展领域的企业上市、发债、贷款等融资手段，但这些领域的企业真正要进行股权融资、债券融资和银行贷款时，都需要符合法定的发行标准或贷款的商业标准，并不会有实质性的特殊待遇。但是，一旦这样的文字在产业规划和政策中表达出来，就容易被西方市场经济国家误解为这些重点产业领域得到了政府的支持和补贴，甚至进一步误解为中国商业银行特别是国有商业银行依然是政府的钱袋子，缺乏严格的基于市场商业标准的约束。从过去我们向很多企业了解的情况看，实际上大多数企业也并不关心政府编制的这类产业规划，企业更多是根据自己对市场和技术变动趋势的判断在进行投资决策。像这一类产业规划和政策，实际作用并不大，导致的误解反而较多，世界贸易组织每年对中国进行政策审议时，都会提出一堆问题需要澄清，但我们有关部门的解释并不具备足够的说服力，解释效果也不够好。这类规划和政策既然并无实效，而且还会带来麻烦，实际上就没有编制的必要。

二是要改变产业政策模式。早期从事产业政策的官员和专家们曾经对产业政策模式进行过检讨，认为选择性的产业政策在中国体制下容易产生较多负面影响：第一，政府官员们并非先知先觉，他们确定的产业发展和技术发展重点不见得符合市场需求结构变动趋势，极容易产生误导；第二，即便鼓励导向正确，也容易导致一哄而起，很快就可能改变市场格局，导致重复建设、过度竞争和产能过剩；第三，政府确定产业和技术重点并据此分配激励性资源的做法，会导致寻租行为和腐败。虽然没有对各类政策成效的完整全面的实证性评价，但过去国家产业政策明确的重点真正取得成功的领域可能屈指可数，在竞争型领域尤其如此。我们可以找到足够的国家政策定点企业最终成为市场失败者并在市场上销声匿迹的案例。从成功案例看，国内可能在基础设施和基础产业领域能看到更多成功的案例，如交通运输、电信、能源等基础设施领域，政策推动的显著成就是短期内摆脱瓶颈制约。但也有经济学家认为，即便是成功的产业政策，效率也未必是最高的。而在竞争性领域我们看到的成功企业，其成功可能与产业政策扶持完全没有关系。世界银行 1993 年出版的《东亚奇迹》和 2001 年出版的《东亚奇迹的反思》，就对东亚国家产业政策的作用，有着并不一致的评价。

我曾经就产业政策扶持的作用询问过包括格力电器董事长董明珠在内的部分竞争力较强的国内知名企业负责人，回答基本都是否定的。他们并不认为企业的成功和竞争力的提升得益于政府产业政策的支持，而主要得益于企业对市场需求趋势的前瞻性把握和研发投入的持续增加。他们有的甚至并不希望自己的企业得到政府的专项支持，而更希望政府能够维护公平的竞争环境，在政府采购中改进目前简单以低价竞标的模式，使得优质产品和服务能够中标，并进一步强化对市场采购环节普遍存在的“苍蝇腐败”的治理。既然如此，减少选择性产业政策的制定，以功能性产业政策逐步取代选择性产业政策的改革是值得推进的。所谓功能性产业政策，就是针对未来产业升级和提升竞争力的普遍性薄弱环节，在市场主体不愿意配置资源或难以形成合力解决的情况下，由政府发挥组织协调作用并投入资源予以扶持。在市场主体愿意配置资源的领域，政府尽可能营造好的激励政策和环境，更好地发挥竞争政策的作用，鼓励市场公平竞争下的强者胜出。

以正在实施的《国务院关于调整进口设备税收政策的通知》为例，该政策于1998 年出台实施，实施方式是对符合国家产业政策鼓励方向的内外资投资项目所需进口的自用设备和技术，提供关税和进口环节增值税全免待遇。为此，政府有关部门需要出台并修订鼓励发展的内外资项目产业目录，为了保护并维持对国内设备制造商相对公平的竞争环境，还要制定不予免税进口的产品目录，把国内能够生产的技术装备和产品纳入其中，并以此作为操作依据。在操作过程中，有关部门需要向海关提供投资项目是否符合国家产业政策鼓励方向的确认书，海关根据确认书再审核企业所需进口设备是否在不予免税进口的产品目录中，对不在目录之中的进口设备予以免税放行。这一政策模式是选择性的，目的是鼓励符合产业政策的投资项目使用最先进的技术装备，但操作环节制度性交易成本难免，政策把握的松紧也具有一定的自由裁量权，可能滋生寻租行为，而且还需要不定期修订鼓励目录。但是如果从功能性产业政策角度入手，我们可以这样思考，从产业升级和提质增效的角度看，目前所有产业都需要提高技术装备水平，传统产业更新技术装备的紧迫性更甚，这是提高整体产业竞争力的必要措施，而不只是对国家鼓励发展的产业领域有这样的要求。因此，这一进口设备免税政策激励应该面向所有产业领域，这对提高整个产业体系的技术装备和竞争力是有好处的。按照功能性产业政策的思维，进口设备免税政策应该改进为直接覆盖所有产业领域，国内所有产业领域企业进口自用先进设备，只要不在不予免税进口的产品目录中，都能够享受进口环节免税政策。这样做，不仅使政策具有了普惠性，还可以大大简化海关操作过程中的工作程序，企业无须再去有关部门办理企业投资项目是否符合产业政策鼓励目录的确认书，有利于降低制度性交易成本。这样的政策调整也不会导致贸易伙伴的抱怨，因为我们的政策免除了进口设备的关税，实质性降低了进口成本。

三是改进技术研发支持政策。我国对企业研发投入，已经具有较好的所得税加倍抵扣激励政策，这使得我国近年来企业研发投入的增长取得了较大进展，我国全年的研发投入总量已经超过了欧盟所有国家研发投入的总和，研发投入占 GDP 的比例已经达 2. 2% 左右。作为结果，我国已经成为名副其实的专利大国，连续几年成为全球第一大专利注册国，但专利的质量和转化利用率与发达国家相比还存在明显差距。从研发投入的结构看，我国政府研发投入占全部研发投入的比重只有20% 左右，与美国有 10 个百分点左右的差距，这说明我国政府在基础研究方面的研发投入力度大大弱于美国等发达国家，需要进一步加强，以增强我国技术创新的原发动力。政府分配过多的研发资源给企业，还会带来企业间的公平竞争问题，毕竟公共研发资金投入企业后形成的成果和收益，是被企业独占并所有的。考虑到企业研发投入得到了较强税收抵扣激励和市场竞争压力的推动，有必要改进未来政府科技资金的分配方向和模式，改变过于分散的同时面向科研机构和企业的撒胡椒面式的分配方式，进一步聚焦重点科学问题和与产业技术难题相关的基础研究、产业发展的共性技术难题，以及具有社会公益性质的研发项目，在必要时发挥组织协调作用，强化对重大研发难题和专题的产、学、研机构的资源组织整合和合理分工，提高政府科技研发投入的配置效率。与此同时，对所有研发机构需要进口的国内不能生产的实验设备和高科技零部件等，实施进口环节免税待遇，缩小与发达国家之间在研发设施和实验设备方面的差距。要改进科研经费使用费管理方式，按照国际惯例提高科研预算经费中研究人员工时费标准和人头费所占比例，改变科研人员为了报销费用不得不四处寻找发票甚至不得不造假沦为违规、违纪、违法的窘迫局面，使得科技人才的价值得到更充分的实现。要改进并强化知识产权保护制度，使知识产权持有人能够得到更合理的价值激励和利益分享。

四是改进金融机构的产业扶持政策。在实施选择性产业政策模式的环境下，政策本身一般都会要求金融部门在融资方面进行支持，但商业性金融机构并不见得会真正放宽标准提供融资支持。金融监管部门过去曾经独自或联合发文，要求金融机构在信贷、股权投资、企业上市等方面给予国家产业政策明确的重点更优惠的支持。考虑到政府鼓励发展的产业领域在投资项目审批方面具有更大的地方政府审批权和便利性，这样做的后果是极容易导致那些被产业政策鼓励的产业领域迅速成为过度竞争、重复建设、产能过剩的领域。如果金融机构真正响应监管部门要求提供更多融资便利性或放宽标准的要求，极容易累积潜在的金融风险，这不是金融监管部门应有的作为。解决这个问题最好的办法就是金融监管部门保持监管规则的产业政策中性，坚持按标准监管金融机构或金融行为的合规性和风险控制，让金融机构坚持按商业标准为企业提供融资服务而不是按国家政策重点提供融资服务。国家政策性金融的服务领域，主要应聚集在按市场标准难以得到融资但经济社会发展又不能或缺的重要领域，政策性金融服务需要得到的政府补偿不能被忽略，但政策性金融的服务领域不能过宽。

五是改进进口替代政策模式。中国是一个市场巨大的超大经济体，在发展过程中具备条件通过进口替代建立完备的产业体系，这是超大经济体不可比拟的优势。不仅如此，中国还是一个至今还面临西方发达国家技术封锁的国家，这是冷战时期延续下来的敌对举措。本来全球自由贸易体系需要西方国家取消针对我国在高技术领域的出口管制，但在当时特殊的政治背景下，中国加入世界贸易组织谈判并没有将这一话题作为谈判议题，也没有作为中国加入世界贸易组织的前提条件。考虑到西方国家在部分高技术领域针对中国的出口管制依然存在，这意味着在这些领域不存在自由贸易的环境，中国不仅有权利也有必要在这些领域实施进口替代，而且政府也有权利根据需要提供进口替代支持。这一点无论是在世界贸易组织框架内，还是在区域和双边贸易谈判范畴内，都应该成为我国必须据理力争的权利，放弃这一权利的前提是西方国家取消所有针对中国的高技术出口限制。尽管如此，这并不意味着我们可以随心所欲地实施进口替代补贴举措，毕竟一旦进口替代能力形成，接踵而来的就是在满足国内需求后，去竞争出口市场，依然会受到西方国家的高度关注和批判。因此，仍然需要在国际规则许可的范围内，采取可被接受的支持手段。此外，从政策的福利结构效应来看，过度支持进口替代的政策举措，可能会导致对出口部门的不公，特别是一旦进口替代政策导致贸易竞争对手采取针对出口部门的贸易保护，使出口部门利益受损，这对出口部门是不公平的，也是不必要的利益扭曲，并可能导致资源配置效率的损失。

至于如何实施进口替代补贴，中国可以更多研究借鉴西方市场经济国家的做法，通过军事装备采购、政府采购、首台套设备采购政策等，转移为对重点领域进口替代的补贴。这是一个值得深入研究、探索、模仿、借鉴，但不值得高调议论宣传的政策话题。

六是改进产业组织政策实施机制。基于市场竞争形成的产业组织结构总体上会表现出更高的市场效率和产业竞争力。在中国，由于地方政府的独特作用，中国众多产业极容易出现过度竞争的市场结构。过去在汽车产业、石油石化、电信服务等领域，政府出于维护合理竞争格局的考虑，曾经实施过产业组织结构调整的行政干预。例如，中国电信拆分、石油石化“三桶油”电力行业重组等形成的寡头垄断格局，都是行政干预后形成的市场格局。在去产能过程中政府也实施了干预，推进了钢铁、煤炭等领域一定程度的市场结构调整。政府干预推动的产业组织结构调整，虽然提高了实施过程的组织效率，但也存在“拉郎配”导致的错配效率损失，这类非市场化手段推进的组织结构调整应该尽可能少作为。还是应该更多通过市场竞争优胜劣汰、资本市场兼并重组、并购基金参与推动等市场化手段来实现。政府重点关注企业兼并重组过程中出现的下岗失业、转岗就业、债务处置、产权交易纠纷等问题，为市场化产业重组提供更好的社会环境、商业环境和法制环境。政府应该更多关注行政垄断、地方保护等阻碍全国统一市场竞争的不当行为。对市场垄断案的判案应实施更透明的决策程序和争辩程序，增强垄断判案的专业性，减少误判带来的不服抱怨和误解误导，特别要注意防范在内外资垄断案例中不当判案引起的对外资的歧视性担忧。

七是改进军民融合发展机制。倡导军民融合发展的目的是促进军用技术和民用技术的相互促进提高和相互融合使用，使得军用技术不单是用于军事国防，也能为经济社会发展服务，使得民用技术的进步有利于提高国防军事技术的水平。20 世纪 80 年代，由于军工企业军事装备生产能力过剩，利用自身技术优势生产了大量民用产品，国内很多民用机电产品的生产都来自军工企业，如电视、电扇、电冰箱、摩托车等，有着很好的市场口碑和效益。但后来大多数企业在市场竞争中都败给了民营企业和外资企业，这主要不是败在技不如人，而是败在体制机制的僵化。从美国等国家的经验看，军民融合发展更多需要的是建立有利于融合的体制机制，一是确保军工企业研发出来的可解密军用技术的民用化转移和交易能得到市场激励和法律保护，不存在任何体制性转用障碍；二是军事采购在国有军工企业和民营企业之间实行公平竞标的制度，使得民用技术企业或民营企业能够凭借自己的技术能力和优势公平参与竞争；三是军用技术研发资源在军工企业和民用企业之间实行竞争性配置。有了好的体制机制，军民融合发展就会水到渠成，不需要制定专门的军民融合规划。此外，作为一个备受关注的全球性大国，我们可能不宜对军民融合发展问题过于高调，这样会导致别国特别是我们的竞争对手不必要的战略猜疑，甚至可能会为西方国家针对我国民用部门的技术封锁找到新的借口。军民融合是一个建立好体制机制就可以少说多做、水到渠成的政策领域。

八是改进海外人才引进政策。以科技创新为核心的产业升级政策毫无疑问应该包括人才引进。我国目前的人才引进采取了政府站在前台的做法，这类人才引进计划当然会有其效果。但值得注意的是，完全由执政党和政府主导的人才引进计划也会有负面影响，那就是会引起竞争对手国家的顾虑和担忧，以及由此导致的反制措施。那些被冠以“某某计划”的学者可能很快就会受到国外有关部门的额外“关照”，甚至一些海外大学敏感专业也会限制招录中国学生等。应该更多让企业和用人机构根据其自身需要，自主招录海外人才，让用人单位站在前台，政府要做的就是为用人单位引进人才的流动就业、安家置业、入籍落户、子女就学入托等，提供更好的服务，提供更开放包容便利的研究环境。目前国内有些城市的落户门槛高得连海外留学回国就业的研究生都没有资格了，这是一种人力资源市场化配置的倒退，只会降低效率。因此，政府没有必要再通过“千人计划”“万人计划”来实施海外人才引进，而应该按照符合规律、国际通行的做法吸引海外人才，让用人单位自主选择，会减少很多不必要的麻烦。

综上所述，根据国际规则的约束来创新产业政策模式和实施机制，是我们今后不得不面对的一个问题，这是因为我们作为一个全球性大国，对全球性多边贸易规则的维护或破坏具有榜样的力量，容易受到特别关注和挑剔。如果我们认为维护现行多边贸易体制对我国未来发展和人类命运共同体建设是有利的，我们就有必要对自己的政策手段加以约束并作出创新，不能让中国产业政策的“特色”背上重商主义的恶名。这并非出于化解与美国等国家双边贸易摩擦的短期实用主义考虑，而是维护并改善国际多边贸易体制的长期需要，这是作为一个负责任的大国应该承担的国际责任和义务，值得为之付出努力和尝试。同时，这也是发挥市场对资源配置决定性作用，更好发挥政府作用的应有之义。

（注：本文所有观点均为个人思考，不代表所服务机构的官方立场。国务院发展研究中心李善同研究员为本文的形成提供了帮助，在此特表感谢）

关于转变发展方式的成绩、问题与建议*

贾 康

摘要：近年，我国在加快发展方式转变方面已取得了明显成效，拉动就业效果明显，一些领域还进入了世界前沿。但还有很多时候，行政手段的扭曲作用、对表面政绩的追求、科研经费管理的官本位化等问题，阻碍了改革与创新进程，由此产生了一些低效案例。本文在重点剖析转变发展方式过程中的突出问题之后，从七个方面提出了对策建议。

关键词：发展方式转变　供给侧结构性改革

我国在20世纪80年代初期，转变发展方式的命题就已提出，当时发起了社会主义生产目的的大讨论，时任国务院领导特别强调，我国的经济发展要转到以提高效益为中心、使人民群众得实惠的轨道上，其实这就是树立发展方式转变的主题与目标。几十年下来，学术界更加统一了认识，效益型、可持续、好字当头、人本立场这些概念，都已成为共识。决策层明确要求，发展必须“质量第一、效率优先”，所要引领的“新常态”，关键特征是“增长质量的升级版”。

一、我国在加快发展方式转变方面取得明显成效

（一）从2010年以后的我国就业情况看发展方式转变

在观察增长质量的相关指标中，就业是一个综合反映经济结构、效益情况和人民群众得实惠情况的指标。我国当下不到7%的GDP增幅，比起2010年的10.4%，已经下降了1/3以上，比起2007年最高时的14.2%更是已跌去了一大半。之前的“两位数”高速增长阶段中，每年提出城镇新增就业岗位，都在1 000万个左右，但在2011年后的经济下行过程中，却能达到每年新增1 300多万个。也就是说，现在GDP每1个新增百分点所形成的就业贡献率是翻倍的，如果说原来1

---

* 本文原发表于《财政监督》2018年第3期。

个点大概对应 100 万人，那么现在一个点差不多要对应 200 万人。

不论怎么解释这个现象，都与我国经济结构调整中商事制度改革、支持服务业发展、减税让利放权等“放管服”的种种改革努力，以及“大众创业、万众创新”中草根层面各种激励机制的进步是分不开的。这个指标是综合的，目前也是决策层对于经济运行状态可接受区间底线要参考的最主要指标，毕竟 GDP 是直观上的景气水平，而就业才是其背后的实质问题。就业这些年的情况，也使得我国调控部门在面对调控过程中的复杂情况时，有足够的底气和定力，最主要的依据就是这个关键情况可以支持社会的基本和谐稳定。

（二）从产业、产品升级的直观表现看发展方式转变

可举两个例子：

1. 部分大型装备制造能力开始进入世界前沿

现在比较明显的是，中国在高铁领域里总和的装备与基础设施供给能力，至少在现阶段已走在全世界的前沿。至于马斯克试图用 20 年左右的时间去发展的管道式高铁，其实国内现在也有谋划，不过那是后 15 ~ 25 年的竞争，至少在现阶段，对于我国高铁在复杂情况下的升级以及升级带来的正面效应，是应充分肯定的。

2. 民营企业方面亮点频出

华为现在做到了业界的全球第一，而且还在继续努力高歌猛进，在全世界布局，于全球扩大市场份额，非常值得肯定。科大讯飞、华大基因以及几个电商巨头，也都有他们非常明显的亮点。至于军工方面，虽然网上披露出来的新品消息有限，但已可对其进行充分肯定。这也为发展方式转变过程中创新能力和供给能力升级形成的成果，提供了佐证。

二、转变发展方式过程中比较突出的问题

但在转变发展方式进程中，仍存在的一些突出的问题和缺陷，决不可忽视：

（一）易形成非理性的供给侧手段调控，即以行政手段为主

以行政手段为主，在一些公共权力环节上被认为是最得心应手的，但实际上这会造成严重的扭曲，违背供给侧结构性改革的内在逻辑和改革初衷。最典型的就是多年困难的煤炭行业，其产品价格在 2016 年第三季度突然猛升，这固然被广泛地评价为是好事，但是这个大起，是否会带来大落的风险，其回升势头是否过猛？据了解，其中的不当之处是不可否定的。在前面一段时间，有关管理部门急于表现“三去一降一补”的成效，对煤炭行业是以行政手段明确规定所有的矿井 1 年开工不能超过 276 天，美其名曰“去过剩产能”，但实际上这并不是在去过剩产能，而只是在以行政手段一刀切地压产量，真实效果是把落后的产能一起保护下来了。

去过剩产能的内在逻辑，应该是去产能中落后的部分，宣传上只提去过剩产能是不够的，问题的关键是在于如何去除某类可比产能中落后的部分？一个领域里可比的产能高高低低在一起，成规模的大企业如果被认定为落后产能的代表，并且已无可救药，那么关停并转的确最便捷，但这种对象的适用性现在已基本没有了。目前全国至少 8 000 多万个市场主体里面，对于绝大多数的中小微企业，不能采取这个方式去产能，因为政府没有能力去一一甄别谁是落后产能的代表，那么只有靠市场手段、经济手段为主来促进公平竞争中的优胜劣汰。政府应做的，在于努力维护好相关的公共竞争规则。对煤炭行业以行政手段一刀切地压产量，实际上是把落后产能一起保护下来了，强制使各矿井开工不足，不仅违背了煤炭行业通过一年到头连轴转、分班下井来充分分摊固定成本的生产规律，而且后面还带有其他隐患——“连轴转”的情况下是不断抽取煤层气的，但如果长期不能生产，一线的管理者当然会通过关停通风系统来减少成本，而具体何时复工、要提前多久开始抽气，有时是不太确定的，经验不足的情况下抽取不到位，那便会增加瓦斯爆炸等危险隐患。

这些事情如果按照党中央十八届三中全会阐明的资源配置机制，对于大量中小微企业的去落后产能，一定应强调经济手段。所以，煤炭行业的例子，其实更大程度上是单纯依靠行政手段引出的教训，隐含着未来的不良因素，国务院领导已明确地说要纠正。但是要举一反三，这个问题纠正后，以后的思维逻辑和改革方面相关的推进机制，如果没有形成对这种行政手段的防御能力、免疫能力的话，类似的问题还有重现的可能。

（二）转型过程中仍过于追求表面政绩

地方官员政绩考核方面过去主导性的偏差，较长时间内是“以 GDP 论英雄”，现在不以 GDP 论英雄了，那么应以什么论英雄？现在很多地方要在环保上出政绩，掀起了“环保风暴”式的运动，许多小微企业不由分说就得关掉，没有考虑这些小微企业员工在关停后生活无着的问题，一些地方因为这个已经闹得矛盾非常激烈了。北京市也有类似的例子，一些部门以疏解首都非核心功能为由，大张旗鼓地拆违建出政绩，运动式地把商户们弄得鸡飞狗跳，原来已经有了繁荣局面的那些街面，拆完以后往往是看去惨不忍睹。后来强调消灭火灾隐患，疏解首都非核心功能、煤改气等，方向、原则都正确，但谁能想到却不讲操作常识和对相关社会成员的人文关怀，以“真刀真枪刺刀见红”的要求急于火线立功，这便带来了颇令人不安的负面社会影响。

从经济社会管理运行本身来说，官员应该有个基本的综合判断能力，但有些官员现在眼里只有跟风头式的出政绩。这种形式主义的东西有百害无一利，但成为在中国非常容易出的毛病，这不是真正的转变发展方式，往往只是激化与老百姓之间的矛盾而已。

（三）创新活动的科研经费管理违背科研规律搞官本位化和行政化

前两年有关部门按照官本位行政化的一套规则对于创新活动中的科研经费管理（包括横向课题经费）实行了越来越苛刻、繁文缛节式的管理与核查、追溯，把用于约束公务员差旅等行为的行政规则，套用到知识分子、科研人员头上。例如，如果没有行政上的司局级待遇，哪怕使用横向课题承包性质的经费出行乘高铁，白发苍苍的学术带头人也只能坐二等座而不能坐一等座；没有副部级待遇，国内所有的飞行除了经济舱外其他的舱位都不可以报销。即便之前已经报销过，也要退赔，而且退到课题的账户里后，按道理说退回去的这笔钱仍是承包性质的课题费，理论上责任人依旧有权力对其加以运用来为课题的继续运转服务，但按照有关部门的说法，这笔钱退回去就不能再动用了，那么事实上它就转变为一笔罚没收入。这在很大程度上抑制了一线科研人员创新的积极性。这个问题中央已经发文纠偏要求解决，并具体地要求有关部门在2016年底前必须推出细则，但遗憾的是这个操作层面的细则到现在都没能推出来。

三、对于转变发展方式的几点建议

为贯彻现代化战略以供给侧结构性改革为主线进一步转变发展方式，特提出以下七个方面的建议。

（一）坚持市场在资源配置中起决定性作用

呼应前文的“问题导向”，一定要坚持党的十八届三中全会的基本精神，也就是使市场在资源配置中起决定性作用，坚定不移地推行以经济手段为主和以市场机制主导的优胜劣汰为主，在全局中政府充其量担任配角。政府的产业政策确有必要，是在有效市场后面加上有为和理性、有限的政府作用，其最关键的已不在于方向——支持什么或不支持什么，这方面已有“七大战略性新兴产业”（节能环保、新兴信息产业、生物产业、新能源、新能源汽车、高端装备制造业和新材料）和其他重点如文化创意产业的明朗化，而在于它一定要跟市场兼容、以经济手段为主以及结合种种应开拓的创新机制。如产业引导基金，作为母基金，要带出一群子基金，由各个子基金的专业化团队，决定产业政策引导下具体的项目决策；这些产业引导资金，在子基金操作的时候，还会要求配上这些专业化团队的跟投，把他们的个人风险和整个项目的风险捆在一起，而母基金只是在这方面给它一种助力机制。如果成立一个由政府主体直接大包大揽的产业引导基金，是肯定要出问题的。诸如此类都是贯彻产业政策和技术经济政策必须进一步探索的机制问题。方向上支持什么相对容易判断，七大战略性新兴产业再加上文化创意产业共八大支持方向一般而言是没有异议的。关键在于，要想掌握好实施机制，必须进一步做“守正出奇”

的探索。例如，政府和社会资本合作（PPP）与政策性融资就是与产业政策、技术经济政策紧密结合的机制创新。

同时，即便经济手段为主，必需的非经济行政手段也是要有的，如以行政手段执行法定的准入标准。但操作中的理性态度仍至关重要。以环保观察，必须要控制一些标准的准入，但过程中也应该有一个拧螺丝式的理性态度。有些小微企业环保不达标，主要应是以“拧螺丝”式逼着它和引导它整改，形成一定压力是可以的，但是一下子断了人家生活的出路，绝对不合适，毕竟在老百姓实际生活中，有些底层环境的确十分艰辛，要“给出路”。这种情况下，拧螺丝式地掌握好度，也是非经济手段里应有的一种柔性掌握的要领。

（二）在创新方面给出“发展中规范”的探索空间

李克强总理提到的包容审慎，非常值得总结。我理解所谓包容审慎就是对创新活动要有包容性，审慎地处理，不是一上来就管制。他举的例子很生动：几年前微信刚兴起时就有反对意见，但秉承包容审慎的原则而并未过多管制式干涉，结果使这几年微信发展起来了。也不能说微信就没有问题、没有对政府造成困扰，但是恐怕现在大家都得承认一大半中国人在用它，其运转在世界上已经被称为成功经验了，使便捷的金融服务在中国实现惠及“草根层面”的超常规发展，这个时候，包容审慎精神的意义就凸显了。对于其他的创新事物，这种方针应该举一反三：看不准的事情先强调发展中规范，对风险点判断得八九不离十后，再强调规范中发展。包容审慎的大前提必须要保证，因为创新的时候，并不知道具体风险在哪儿，先进行规范那就什么都干不成了。创新、改革就是要在已经有的规则方面有所突破，邓小平的改革智慧更加值得我们现在重视和强调。

对于知识分子，所谓尊重科研规律，其实并不是要求政府在这方面显得多么活跃。美国硅谷就是个好例子，政府的作用是“润物细无声”的，几乎感觉不到它的存在，而且不会有政府官员以说一不二的态度去对知识分子做“官本位”的“加强管理”，这就是高下之分。我国以后对创新的鼓励，确实需要更多地注意这种符合科研规律与人文关怀的制度环境机制建设。

（三）要继续让中国的企业家特别是民营企业家吃好“定心丸”

2016 年出现了民营企业国内投资迅速下降而国外投资迅速上升的现象，中央很快意识到要做出一些调整，在下发相关文件后，2016 年中央经济工作会议上已明确要求加快编纂民法典，鼓励企业家精神，保护产权和纠正侵犯企业产权的错案冤案，2017 年的中央经济工作会议进一步强调了这方面的导向。中共中央办公厅、国务院办公厅已高规格联合发文要求保护、弘扬企业家精神。这些方针可谓具有给定企业界的方向感、安全感和希望感，以及推行基础制度建设方面的重大意义。加快编纂民法典，在历史上可比的就是法国大革命时期的《拿破仑法典》，即在所谓市场经济运行的产权基石层面，夯牢保护产权的民法基础。我国在建设现代市场体系的过程中构建这样的基础性制度，其建设意义非同小可，一定要在这个精神指导下，把相关的事情都很好地落实。

中央明显有所指的甄别纠正一批侵害企业产权的错案冤案，实际上这是使企业家有方向感、安全感与希望感的最好短期举措，是在现实生活中给市场主体、民营企业吃“定心丸”的最好示范，将有望与加快编纂民法典等法治建设相得益彰，加强中国可持续发展的基础性动力，并有效地调动最稀缺而宝贵的企业家才能，支持提升增长质量。我们现在还有必要进一步强调这方面，坚持排除以“消灭私有制”为标榜而暗喻要“跑步进入共产主义”所带来的不良干扰。对贯彻2016年中央经济工作会议以来的一系列重要精神的可用空间，应抓住不放，这样真正让民营企业界吃好“定心丸”，促进创新发展和升级换代提质增效。

（四）企业负担降低要按“全景图”来掌握，注重改革攻坚

大家都关心的企业负担降低，与激励、创新和升级有关，应特别强调看“全景图”，抓住改革的真问题和关键问题。具体怎么降低17种正税，还可以继续努力，但是在中国真正有效降低企业负担，已绝对不是“减税”两个字所能解决的，税外的负担还包括五险一金、几百项行政性收费以及隐性负担，等等，这些都要通过看“全景图”进行配套改革来解决，盲人摸象只看局部是绝对不可取的。社保负担、过多的行政性收费负担与种种实际发生的“打点费用”式隐性负担的真正减降，都会涉及“攻坚克难”的改革事项，有待我们创造条件来“动真格”“啃硬骨头”。

（五）金融要促进实体经济发展，其有效供给体系应该是全光谱的

商业性金融定位上的金融产品，需要极大地丰富起来，而且商业性金融还要与政策性金融匹配、呼应。实际上广为认同的开发性金融、普惠金融、绿色金融、草根金融，还有精准扶贫的金融支持等，都需要有政策方面可持续的健康机制进行匹配。中央在十八大以后，就已经在概念上确立了这种全光谱体系的打造，明确强调要推动政策性金融和开发性金融健康发展。具体如何落实，还需要在种种见仁见智的不同意见间进行积极互动讨论，但最终还是要落到金融改革实际深化过程中，去针对问题来求得可行的解决方案。

（六）房地产方面必须真正抓住治本之策

对牵动整个社会神经的房地产健康发展问题，中央提出的基础性制度建设已说到了关键点上，很多年前就表述了的长效机制，现在可以解释清楚：长效机制就是要依靠土地制度、双轨统筹的住房制度、相关的投融资制度、房地产税制度等这些基础性制度配套改革才能形成。之所以从中央强调开始到现在还都没有多少动静，

是因为有关部门还都是弃难就易，以治标为主。

北京市前段时间第六次提高了购房首付后贷款的利率水平，所压制的大都是刚需了，这种治标不治本的办法现在大行其道，却少有人言治本之策。按照户籍人口计算，中国现在的真实城镇化率只有41%，后面的发展空间还很大，在房地产业和建筑业合二为一的不动产开发运行中，如没有健康的长效机制来保证未来的可持续性，那便是自坏好局，是政府自己在这方面没有构造出够格的调控水平。治标方式已经沦为“打摆子周期轮回”，经历了10多年间至少三轮“过山车”式的往复循环，从紧了难受，放松了还难受，民众焦虑，政府公信力滑坡。现在一定要按中央的精神，在这方面把改革应做的事情做出来。

（七）要注重有效投资以及相关的机制构建

新供给研究群体里有一个基本共识，即并不认为简单地把投资的比重压下来就是升级发展的特征，关键是要顺应中国现在可调动的发展潜力，在投资和消费的互动中，使投资更多地优化其结构、质量和有效性。消费的上升，更多的是收入增长中顺其自然和社保等方面有效供给引领的升级过程，不能揠苗助长式、吊高胃口不可持续地提升消费。

整个现代化的提升过程中，客观地来看，中国经济社会需要不断投资来有效地发挥支持作用，不断地补短板，以“适合人群之需要”，化解党的十九大所说的中国社会的主要矛盾——就是人民日益增长的美好生活需要和不平衡不充分的发展之间的矛盾，而且必须清楚地认识到，这个不适应需求的供给方的主要问题，是不平衡的结构问题。那么解决结构问题，必须抓住供给侧结构性改革为主线，优化制度结构，带出整个供给体系质量和效率的提升。供给体系必须形成有效投资的机制，不断补短板，弥合矛盾中供给不足的缺口，才会使中国在现代化的发展路径上不断地提升发展水平。质量第一、效益优先的取向下，投资的作用非常重要，最为需要的是它的有效性：对应经济社会优化结构需要的投资，我认为从各个角度来观察，可以说有非常宏大主题的投资事项，也有看起来十分细小的投资事项，它们就在我们的身边。

例如，以北京为代表的中心区域要想缓解公共交通紧张局面，就必须尽快建成四通八达密度足够的轨道交通网，这就要将大量资金投入地铁建设上，这种有效投资支撑的是经济社会的可持续发展和实现现代化的后劲。再例如，前段时间有关部门粗略测算了全国城镇区域缺少5 000万个停车位。建造这些停车位，以保守标准估计，也会形成5万亿元以上投资的需要量——这是适应人群需要、缓和社会矛盾的建设事项，因为我们已普遍感受到了停车难。为了减少地皮的占用，可以在道旁建设便捷的立体停车位；因为过几年电动车的比重会大大提高，政府还应规划配以充电桩。这些各地停车位建设所需相关资金，可通过PPP的方式来筹集。这就是以有效投资补短板，满足人民美好生活需要，支持经济社会有后劲地发展。这类建设事项还涉及产业园区的建设，战略性新兴产业、新的增长极建设等诸多方面。所有这些可做的事情，只要政府能够构建出好的科学决策机制，在现代治理中形成政府和非政府主体间的良好互动机制，那么中国这个世界上最大发展中经济体极其可观的潜力和活力，将都会得到更充分的发挥。

参考文献：

1. 贾康、苏京春：《论供给侧改革》，载于《管理世界》2016 年第 3 期。

2. 贾康、徐林、李万寿、姚余栋、黄剑辉、刘培林、李宏瑾：《中国需要构建和发展以改革为核心的新供给经济学》，载于《财政研究》2013 年第 1 期。

3. 贾康：《再谈房产税的作用及改革方向与路径、要领》，载于《国家行政学院学报》2013 年第 4 期。

4. 贾康：《中国企业税费负担的“全景图”和改革的真问题》，载于《经济导刊》2017 年第 8 期。

5. 贾康、黄剑辉、苏京春：《以增加有效投资的“联明投资”促进稳增长，促改革、优结构、扩生态、惠民生的建议》，载于《新供给经济学：理论创新与建言》，中国经济出版社 2015 年版。

第三篇　深化财税改革

中国财政40年：从生产建设型财政、公共财政到现代财政之路

冯俏彬*

摘要：1978年以前，我国财政主要是一种“生产建设型财政”。1978年以来，这一财政模式发生了翻天覆地的巨大变化。改革开放以来，我国财政改革可分为三个阶段：一是改革开放初期的“分灶吃饭”时期；二是1994年以来的分税制和公共财政建设时期；三是2013年以来的现代财政制度建设时期。一部40年的财政改革发展史，生动折射了我国从计划经济到市场经济的转轨之路，展现了改革开放以来中国社会的巨大变迁。

关键词：生产建设型财政　公共财政　现代财政

1978年以来，中国开启了改革开放的壮美历程。经过40年的艰苦奋斗，到2017年，我国GDP总值达到82.71万亿元，折合美元约12万亿元左右，稳稳居于世界第二大经济体的地位。值此纪念改革开放40周年之际，遥想1978年我国GDP为世界倒数第几位、人均收入比今天世界上最贫穷的非洲撒哈拉沙漠以南国家还低1/3的情形，用“翻天覆地”“沧海桑田”等词语来形容这40年的变化，是一点也不为过的。就财政而言，在这40年的改革开放历程中，一方面对中国经济社会发展发挥了重大的推动和支持作用；另一方面自身也随时代大潮变迁而处于不断的演变之中，并逐渐形成了有较强中国特色的财政制度体系，十分值得回顾与总结。

一、生产建设型财政（1978~1998年）

一般认为，1978年前，与同期的经济体制与政治体制的相适应，中国财政主要模式是“生产建设型财政”，其基本特点是国家财政与企业财务合二为一，即企业收入全部上缴，支出由上级核定。对于财政而言，收入主要来自企业利润，支出

---

* 冯俏彬，中央党校（国家行政学院）经济学部教授、博士生导师，经济学博士、博士后。主要研究方向为财政与税收、新供给经济学等。

主要用于国防、生产建设以及必需的社会事业等方面。这种体制不仅严重束缚了企业的经营自主性，也同时抑制了地方政府的积极性。因此 1978 年改革开放之后，中国财政改革的主要线索就是扩大企业和地方政府自主权。

企业方面。1983 年、1984 年，我国进行了两步“利改税”改革。所谓利改税，即将所得税制度重新引入国有企业利润分配领域，把国有企业原来向国家上缴的利润改为缴纳税金，税后利润则留归企业。与此同时，改革还重建我国的税收体系，一方面将原工商税分解为产品税、增值税、营业税、盐税等，对部分工业品开征增值税；另一方面设立了资源税、城市维护建设税、房产税、城镇土地使用税、车船使用税等新税种。税收重新回到经济生活之中。

中央与地方财政体制方面。1980 年，中央政府下放财权，重点划分中央和地方的财政收支范围，实行了“划分收支、分级包干”的财政管理体制。这就是广为人知的“分灶吃饭”财政体制。1985 年，在第二步利改税基础上，“分灶吃饭”的具体形式进一步改为“划分税种，核定收支，分级包干”，即按照税种和企业隶属关系，确定中央、地方各自的固定收入（所得税、调节税等），另有共享收入（产品税等）；支出仍按隶属关系划分。1988 年，对各省市分别实行“收入递增包干”“总额分成加增长分成”等几种不同形式的包干办法，简称为“财政包干”。

“分灶吃饭”“财政包干”在一定程度上调动了地方政府的积极性，但总体而言属于一种行政性分权，并未能消除传统体制的弊端。主要存在的问题有：一是仍然束缚企业活力的发挥；二是强化了地方封锁、地区分割的“诸侯经济”倾向，客观上助长了低水平重复建设和投资膨胀；三是中央和地方的关系仍缺乏规范性和稳定性；四是国家财力分散，“两个比重”过低；地方缺少必要的设税权和稳定财源，中央缺乏必要的宏观调控主动权。总之，以行政性分权为特征的改革，没有能够跳出传统体制下对企业的禁锢，也未找到处理中央、地方关系的比较合理、稳定、规范的形式，难以适应社会主义市场经济发展的客观要求，需要进一步改革。

二、我国的公共财政建设之路（1994～2012 年）

1994 年以来，我国开启了建立社会主义市场经济体制的伟大征程。经过几年的摸索，各方逐渐形成共识，与市场经济体制相适应的财政体制，正是公共财政制度。为此，从 1998 年，我国致力于建设公共财政体系，在税收制度、财政体制、预算管理等方面进行了一系列重大改革。

（一）简并税制，改革税种

1994 年，我国税收制度进行了大幅度改革，从某种意义上讲，相当于重建了国家税收体系。当时共出台了 25 个税种，主要有增值税、消费税、营业税、企业所得税、个人所得税、资源税、城镇土地使用税、房产税、城市维护建设税、耕地占用税、土地增值税、车辆购置税、车船税、印花税、契税、烟叶税、关税、船舶吨税等（后来有一些税种逐渐停征或取消，现在还有18个税种）。简而言之，形成了以流转税为主、所得税为辅的税收体系。从相当大的程度上，1994年的税制改革是十分成功的，不仅为国家财政收入提供了丰富的税源和强大的资金支持，而且极大促进了我国经济发展和企业腾飞。一直到现在，1994年所形成的税收基本格局仍在运行之中。

（二）大力推进预算制度改革，加强财政支出管理

1998年以前，我国财政管理的主要特征是以加强收入管理为主。1998年以来，逐渐加大了支出端的管理，相继进行了一系列重大改革，形成了以部门预算、政府采购、国库集中支付制度三者为核心的支出管理体系，后来再逐渐扩大到收支两条线改革、政府收支分类科目改革、财政项目评审制度、公务卡制度、绩效评价、财政监督、财政审计等，形成了既与国际经验接轨、也极具中国特色的预算管理制度体系。

1. 部门预算制度

1998年，我国开启了部门预算改革。所谓部门预算是指以部门为预算编制的基本单位，其核心是各部门在编报预算时，要把其所掌握的所有财力，包括预算内资金和预算外资金全部编入，实现和保证预算的完整性，并要以部门为单位向人大报告。与此前的预算多是由财政部门“代编”相比，此项改革极大地强化了部门的资金管理责任，加强了对当时有所泛滥的预算外资金的规范管理。

2. 国库集中收付制度

所谓国库集中支付，是指当各部门使用财政资金购买商品或劳务时，由财政部门指定的银行直接向收款人付款的一种制度。实行国库集中支付制度的目的，主要是应对各部门分散管理下可能存在财政资金的低效、浪费和腐败行为。此项改革自2001年开始实施，到2008年已全面推行。

3. 政府采购制度改革

1998年前后，我国开始实行政府采购制度，主要目的是在采购中引入竞争机制，一方面节约财政资金，另一方面减少和防范采购活动中的腐败与浪费行为。总的来看，我国实行政府采购的效果非常突出，已成为我国政府收支管理中常规的制度规范。

（三）建立分级分税的政府间财政体制，调动中央与地方两个积极性

1994年以来，为适应市场经济体制建设的需要，我国进行了影响深远的分税制改革。分税制的核心是在中央与地方政府之间划分事权、财权，同时建立转移支付制度。这一制度对于构建中国市场经济体制，处理好中央与地方关系起到了极其重要的作用，“其功绩无论怎么说都不过分”（朱镕基语）。迄今为止，仍然是中国

财政体制的基本模式。

1. 划分中央与地方事权

根据1994年分税制的相关规定，中央财政主要承担以下支出：国防、武警经费；外交和援外支出；中央级行政管理费；中央统管的基本建设投资；中央直属企业的技术改造和新产品试制费；地质勘探费；中央安排的农业支出；中央负担的国内外债务的还本付息支出，以及中央本级负担的公检法支出和文化、教育、卫生、科学等各项事业费支出。地方财政主要承担以下支出：地方行政管理费；公检法经费；民兵事业费；地方统筹安排的基本建设投资；地方企业的改造和新产品试制经费；农业支出；城市维护和建设经费；地方文化、教育、卫生等各项事业费以及其他支出。

2. 划分中央与地方收入

根据1994年分税制的相关规定，全国的财政收入分为三个部分：一是中央政府固定收入，如关税、海关代征消费税和增值税、消费税等。二是中央与地方共享收入，包括增值税中央分享75%，地方分享25%；纳入共享范围的企业所得税和个人所得中央分享60%，地方分享40%。三是地方固定收入，主要是营业税、城镇土地使用税，城市维护建设税等。

3. 转移支付制度

在划分事权、财权的基础上，中央建立转移支付制度以调剂地区间财力差异。转移支付分为一般转移支付和专项转移支付，各地可得到的具体金额，经由事先确定且公开的转移支付公式计算而来，大大增进了财政资金分配中的透明度与公平性。经过多年的发展，我国现在已形成了庞大的转移支付体系。以2015年为例，中央对地方转移支付总额预计达50 764.71亿元，其中一般性转移支付预计为29 230亿元，占转移支付总额的57%，专项转移支付21 534亿元，占转移支付总额的43%。

1998年以来以“建设公共财政制度”为导向的一系列改革，对于加强财政管理、调动地方政府发展经济的积极性起到了重大而关键的作用，是此后中国经济进入快速发展20年的关键性制度安排，这一改革过程中所体现出的“顶层设计”“配套改革”“调动中央与地方两个积极性”等精神，至今仍然值得回味与借鉴。当然，由于历史原因，1994年分税制还是带有明显的过渡色彩，且后来由于各种因素影响，当时改革不到位所引发的问题在此后逐一显现，例如，过于强化了地方政府在经济增长中的作用，促使地方政府过度追求GDP，进而导致了诸多经济、社会方面的问题，另外，由于中央与地方财权事权不匹配，也引发地方财政行为异化等一系列问题。

三、建立现代财政制度（2013年至今）

党的十八届三中全会《关于全面深化改革若干重大问题的决定》指出，“财政是国家治理的基础和重要支柱，科学的财税体制是优化资源配置、维护市场统一、促进社会公平、实现国家长治久安的制度保障”。这就将财政上升到了国家治理的高度，从而开启了建设现代财政制度的新征程。

（一）深入推进税收制度改革，理顺政府与社会关系

税收体现的是政府与企业、居民的经济关系，是国家治理中极其重要的制度安排。根据我国的实际情况，我国税收制度改革的基本方向是从间接税为主的税收制度逐渐过渡到直接税为主。为此，这几年重点进行了以下几个方面的改革：

一是深入推进“营改增”。理论研究表明，增值税属于“中性税”，对生产经营活动的扭曲效应最小，应当大力发展。2012 年以来，我国大力实施“营改增”改革，在短短的几年间取得了为社会减负、推动服务业发展、增加就业等多方面的良好效应，是近年来社会共识度较高、推进较快的成功改革之一。到 2017 年 5 月，“营改增”已经全面实施。

二是完成了资源税改革。资源税是对各类自然资源征收的税种，是资源型产品价格中非常重要的组成部分。近年来，我国各类自然资源消耗过多、过快，已对生态和环境保护构成明显威胁。究其原因，与现行资源税制度有着极大的关系，因此要尽快推动资源税改革。改革的主要方向是将“从量计征”转向“从价计征”，同时归并税费、适度提高税率。目前，这一改革已经完成。

三是开征了环境保护税。近年来，我国环境、资源、生态方面的问题十分突出。开征环境保护税有利于环境保护，以及各类资源的集约使用，意义十分重大。经过各方面的努力，我国环保税法已自 2018 年 1 月 1 日起正式实施。

四是建立健全“分类 + 综合”的个人所得税制度。市场经济条件下，个人所得税是最重要的税种之一，担负着调节社会成员收入分配的重要职责。我国个人所得税的改革方向是由现行的分类税制转向“分类与综合”相结合。2018 年 8 月 31 日，新修订的《中华人民共和国个人所得税法》已经获得通过，并于 2019 年 1 月 1 日起全面实施。

除了以上四项改革，纳入改革日程的还有消费税和房地产税。综合而言，均有望于 2020 年前后改革到位。

五是加快了税收法定的步伐。2014 年，“税收法定”的原则进入了《中华人民共和国立法法》。今后，凡是“税种的设立、税率的确定和税收征收管理等税收基本制度”均必须事先立法，这是我国税收发展史上具有里程碑意义的事件，对依法治国、明晰政府与社会关系有着重大意义。目前，烟叶税等部分税种由条例向法律的转换已经完成，其他税种的法律化也有望于 2020 年全部完成。

（二）推进现代预算制度改革，加强财政资金管理

预算制度对于加强政府管理、提高行政绩效，特别是改善政府与公民的关系、

增强政府的正当性和合法性有着极其重要的作用。现代预算制度的精髓可概括为“完整、规范、透明、高效”八个字。围绕于此，主要推进了以下几个方面的改革：

一是推行了全口径预算。全口径预算的基本含义是所有政府收入与支出，都要纳入预算。目前，我国已经形成了由一般公共预算、国有资本经营预算、社会保障预算和政府性基金预算等“四本账”的复式预算体系，资金管理的全面性明显加强。

二是推行中期预算框架。中期预算框架是指以 3～5 年的时间长度来编制预算，其主要作用在于提高预算与政策之间的关联与协调程度，增强经济周期与财政收支之间的协调性，提高财政资金的配置效率。我国已于前两年启动了这项工作。如能进一步落实和推进，必将大大增进政府工作的计划性，提升政府绩效，当然，同时也将大大提高预算质量与财政资金效率。

三是实行全面绩效预算。绩效预算是指以结果为导向为的新型预算管理方式，目的也是提高财政资金的使用效率。通俗地讲，就是“花钱必有效，无效必问责”。党的十九大报告指出，要“全面实施绩效管理”。目前，我国已出台了全面实施绩效预算的具体方法，相关工作正在推进之中。

四是加快推进预算公开。预算公开是财政透明度建设的核心。近年来，我国预算公开从无到有、从少到多，公开范围不断扩大、公开内容不断细化，是预算改革中最突出的亮点之一。今后，还要不断完善预算公开工作机制，强化对预算公开的监督检查，加强人大对政府预算的审查监督等工作，努力向“透明政府”“责任政府”迈进。

（三）建立事权与支出责任相匹配的中央地方财政体制

中央地方财政体制历来是我国财政乃至政府运行的枢纽性制度安排，对于处理好中央地方财政关系、调动“两个积极性”有着无比重要的作用。结合现代财政制度的要求，这方面的改革重点是在“事权与支出责任相匹配”这一基本原则下，重新划分中央地方各级政府的事权范围，在此基础上匹配财力，明确支出责任，进而推进中央与地方财政关系的稳定化与制度化。

一是划分中央与地方之间的事权范围。1994 年分税制改革并未对各级政府的事权进行清楚的划分与界定。因此，现代财政制度建设的核心之一就是划清事权。综合而言，事权可划分为以下三类：一是中央事权，主要包括国防、外交、国家安全、司法等关系全国政令统一、维护统一市场、促进区域协调、确保国家各领域安全的重大事务；需要在全国范围内统一标准的基本公共服务事权；二是中央与地方共同事权，主要指具有地域管理信息优势但对其他区域影响较大的公共产品和服务，如部分社会保障、跨区域重大项目建设维护等；三是地方事权，凡地域性强、外部性弱并主要与当地居民有关的事务，无法为地方政府事权范围。目前，关于基本公共服务、医疗方面的中央地方事权划分清单已经出台，其他各个领域正在推进之中。

二是健全地方税体系。“营改增”之后，地方政府已失去了最大的主力税种，因此健全地方税体系的紧迫性已十分明显。理论上讲，凡是税基难于移动、外溢性小的税种（如房产税、资源税等），都应当划为地方税。此外，考虑到我国的现实情况，增值税、所得税的分享制度还需要继续保持，同时还可积极推动消费税由中央和地方共享。

三是“减少专项，增加一般”，构建更加规范的转移支付体系。市场经济条件下，地方政府所获得的转移支付应包括两部分，一是上级政府为平衡区域差距而下达的一般转移支付，二是上级要求下级承担某一特定任务、政策所给予的专项转移支付。结合我国目前的情况，一般转移支付应当成为今后地方政府收入的主要来源。要在促进基本公共服务均等化的指导思想下，通过理顺包括税收返还、调整分享比例、增加一般性转移支付等方式，重构我国转移支付体系，将各地区之间的财力差距控制在适当的范围之内，促进全国范围内的基本公共服务均等化。

除了以上几个方面，结合我国经济发展的需要，还需要深化财政投融资制度改革，推动我国科技创新与技术进步。构建地方债务管理体制，为新型城镇化建设提速寻求长期、稳妥的资金来源。大力推行 PPP（政府与社会资本合作），发挥有限财政资金的杠杆作用，等等。

四、未来财政的十大变革

在从公共财政向现代财政转变的过程中，可以展望未来我国财政将发生以下十个方面的重大变化。

1. 所有政府收入将纳入预算管理，部门财力成为“过去式”

由于种种原因，目前我国各级政府的一些部门还掌握着形形色色的公共资金，如行政事业性收费、罚没收入、押金、土地出让金、国有资本经营收入、国有资源转让收入、各类基金等。这些资金虽然大部分已经纳入了“收支两条线”管理，但总的来讲，其“部门”特色在一定程度上还是存在的。目前，财政已经有了“四本预算”，未来所有的政府收入都将纳入预算管理。即使不在这四本预算之内的一些特殊收入——如住房公积金——也将逐渐走向管理规范化和信息公开化。

2. 编制中长期预算将成为常态，部门工作计划性大大提升

过去和当前，我国预算管理执行的是“一年预算、预算一年”。这种管理方式不仅给年终突击花钱提供了口实，而且不利于各部门制订、实施中长期工作计划和政策目标，影响了政府部门的工作绩效。今后。各部门要制定至少 3 年期的计划与政策，并合理分解到各个年度，进而据此向财政部门提出预算申请。这对各个部门的工作方式、工作安排、资金使用管理方将产生重大影响，促使各部门相关政策研

究、趋势预测，进一步提高工作的科学性与计划性。

3. 绩效预算从局部走向全面，财政审计与问责从弱到强

跨年度预算管理之下，必然会同时赋予各部门一定的资金调剂权，在满足一定的条件下，“打酱油的钱可以用于打醋”。但与此同时，绩效预算将从局部走向全面，一方面所有的项目资金都将纳入绩效管理，另一方面绩效管理的主体将由财政部门更多地转向各部门自身，后者要提出本部门的绩效管理目标、实施路径以及绩效评估的具体方法等，管理责任较以往有所加重。另外，绩效结果将在更大范围内使用，如与下一周期的预算申请相联动，不排除在某种时期会向社会公开各政府部门的绩效信息。与此同时，财政审计也将从弱到强，各部门将面临经常性、严格的财政审计，对审计中发现的违纪、违法问题，也很难止于现在的“点到即止”，财政问责系列制度将陆续走上前台。

4. 税收增长有所放缓，但不会出现“断崖式”下降

随着我国经济进入新常态，税收的增长速度将有所下降，以往那种每年10%～20%的高增长将成为过去式。但是，综合考虑我国经济的成长韧性与税收征管方面的巨大空间，税收收入并不会出现“断崖式”下降，5%～8%的年增长率仍然是可以预期的。随着对各类费与基金的清理归并，税收收入在地方政府收入结构中的比重将明显上升。

5. 税收制度将进行结构性调整，间接税下降，直接税上升

新一轮财税改革下，税收方面的重大变化将主要出现在税制结构性调整上面。调整的方向有两个，一是降低间接税比重、增加直接税比重，二是将主要从生产经营等“前端”环节征税转向收入、消费、财富等“后端”环节征收，以此提高效率与公平分配双管齐下之功效。

6. 税收管理将更加重视个人，税收优惠受到严格管控

长期以来，我国的税收征管制度主要是针对企事业单位的，对于个人的税收管理很弱。随着《中华人民共和国税收征管法》和《中华人民共和国个人所得税法》的修订完成，未来对于个人的税收征管将从小到大、从弱到强逐渐展开。个人将有终身税号，所有的收入与纳税信息都将在此归集。个人还将形成完整的纳税记录，并成为个人信用体系的一个组成部分。个人自主申报将成为税务管理的常态。随着税收法定的完成，未来各地区的税收优惠权限必将大幅度减少，税收优惠受到严格管控。

7. 各级政府的事权范围将逐渐清晰，稳定性明显增加

政府间事权的清楚划分、相对稳定是中央与地方政府间财政体制的基石，也是现代财政制度建设的“硬骨头”。未来，事权将分为中央事权、地方事权和共同事权三类，宏观调控、国防、安全、生态保护、司法、基本公共服务将主要归于中央，地方事权主要集中在本地事务管理与公共服务上，跨区域的事权则归于共同事权。简而言之，地方政府的事权范围将有所缩小，支出责任有所减轻，相应地中央

的事权范围和支出责任资助有所扩大；同时省政府要承担起本区域内均衡财力、促进基本公共服务均等化的责任。

8. 分税制仍然是划分各级政府收入的基本制度框架

“分税制是市场经济的奠基性制度”，未来仍然是划分各级政府财政收入的基本制度框架。长远而言，增值税应当确定为中央税收，地方政府不再参与分享。消费税将调整中央地方共享税。企业所得税和地方所得税成为主要分享税种，但很可能由“分成”向“分率”，即中央确定所得税的基本税率，地方政府可在此基础上增加某个比率。资源税、房地产税是典型的地方性税种，也是未来政府最可寄望的创收主力。

9. 转移支付制度将成为分税制的有力支撑

在任何国家、任何地区、任何时期，地方政府都不可能达到收入与支出的完全对等，因此需要进一步完善转移支付制度，发挥其对分税制的重要支撑作用。改革的方向是，一般性转移支付将在“促进基本公共服务均等化”的目标下进行调整，各地获得的一般转移支付金额将趋于标准化、公开化和稳定化，并在地方政府的收入盘子中占据越来越大的比重。专项转移支付仍将存在，但额度将大大缩减，且管理也更趋规范，“跑部钱进”将得到抑制。省对下的转移支付制度将陆续建立，省级政府的辖区责任将进一步加强，财政体制渐臻合理完善。

10. 财政政策继续积极，PPP成为主流

财政政策方面，积极财政政策仍将在一个时期内保持且要加大力度，债务规模温和上升。在加强对地方政府性债务管理的同时，未来地方政府所需要的基础设施、市政设施建设的资金，部分仍将依赖债务，但大部分将转向PPP模式，即通过政府与社会资本合作来实现，由此将对地方政府的法律意识、管理模式、行为方式产生重大影响。

参考文献：

1. 吴敬琏：《当代中国经济改革》，上海远东出版社2004年版。

2. 贾康、叶青：《否定之否定：人类社会公共财政发展的历史轨迹》，载于《财政研究》2002年第8期。

3. 冯俏彬：《国家分配论、公共财政论与民主财政论——我国公共财政的回顾与发展》，载于《财政研究》2005年第4期。

4. 周飞舟：《分税制十年：制度与影响》，载于《中国社会科学》2006年第6期。

5. 项怀诚主编：《中国财政五十年》，中国财政经济出版社1999年版。

6. 财政部预算司编：《中国政府间财政关系》，中国财政经济出版社2003年版。

7. 贾康：《“十二五”时期中国的公共财政制度改革》，载于《财政研究》2011年第7期。

8. 楼继伟：《建立现代财政制度》，载于《人民日报》2013年11月6日。

9. 楼继伟：《中国政府间财政关系再思考》，中国财政经济出版社2013年版。

中国政府预算改革40年：从“国家预算”到“预算国家”的探索*

马蔡琛　苗　珊**

摘要：改革开放以来，我国预算管理制度经过40年的变迁，适应了市场经济体制的需求，并逐渐向匹配国家治理体系和治理能力现代化要求的方向转变。总体看，预算改革经历了萌芽、兴起和再出发三个阶段，内在需求和外在要求共同推动改革，预算管理制度呈现“中间扩散型”和“供给主导型”并存的特点，既有渐进式也有激进式的预算改革，并呈现不断形成又不断突破路径依赖的趋势。为建立完善的现代预算管理制度，还需要从提高预算资金的配置效率和支出效果，加强总额控制，强化预算监督等维度加以谋划，以实现财政可持续。

关键词：改革开放40年　现代财政制度　预算改革　制度创新

财政为庶政之母，预算乃邦国之基。正如南开大学的何廉与李锐两位先生在80多年前所指出的，“现代国家，必有预算，此为财政共通之原则。”① 预算对于现代国家治理的重要性可见一斑。预算改革被视为重塑公共治理结构的重要基石，往往是历史上重大经济与社会变革的切入点和突破口。1978年至今的40年来，中国预算改革与改革开放共同成长。预算日益成为各级政府的重要政策工具，在施政过程中起到支撑性作用。同时，为满足政府职能转变的需要，围绕建立现代财政预算制度，我国进行了一系列持之以恒的改革探索。特别是党的十八届三中全会以来我国进入全面深化改革阶段，预算改革成为启动最早、力度最大、成效最为显著的领域之一。总体来看，我国预算制度逐渐摆脱计划经济的影子，适应了社会主义市场经济的要求，并向匹配国家治理现代化的方向转变，推动了我国由“国家预算”迈向“预算国家”转变。在改革开放40年的时间节点上，梳理我国预算改革的演化历程，以期为政府预算制度的进一步深化改革提供参考。

---

* 本文是国家社科基金重大项目“我国预算绩效指标框架与指标库建设研究”（项目编号：12&ZD198）的成果。

** 作者简介：马蔡琛，南开大学经济学院教授、博士生导师；苗珊，南开大学经济学院博士研究生。

① 何廉、李锐：《财政学》，商务印书馆2011年版。

一、改革开放前我国政府预算的情况

改革开放前，我国资源配置主要经由计划来完成，预算仅是计划的表现与反映。预算采用单式预算形式和基数法的编制方法，强调国民经济的综合平衡，但在不同部门、单位、类别的支出上，预算管理方法又不尽相同，总体看较为粗放和随意，并将集中财力办大事、平衡财政收支作为最主要的出发点与立足点。虽然其间也曾进行适度的分权、分级管理的探索，但这一时期主要还是采取高度集中、统收统支的预算管理模式，主要体现在两个“超常”。

（一）建立在“剪刀差”和低工资基础上的收入超常

1953 年《政务院关于实行粮食的计划收购和计划供应的命令》的颁布和 1956 年国有企业、事业机关工资等级制度的建立，确定了农产品统购统销制度和城镇职工职务等级工资制度，从而降低了工业生产的原材料成本和劳务成本，为工业部门获取大量利润创造条件。在高度集中的计划经济体制下，工业部门的超额利润转变为国家的财政收入，从而保证了财政收入占国民收入的比重长期保持在 30% 以上（1978 年为 37.2%）的高水平。① 在这样特殊的财政收入汲取机制下，国家掌握了大部分社会财富，并对其进行再次分配。

（二）建立在政府职能大而宽基础上的支出超常

在计划经济条件下，计划是资源配置的主体，政府包办一切的思想导致政府职能大而宽，几乎覆盖包括政府、企业、家庭在内的全部生产、投资甚至消费领域。如国防建设、公安司法、文化教育、健康医疗等公共服务需要，道路、通信等基础设施建设及集体福利措施的补贴等。在“高度集中，统收统支”的预算管理体制下，财政囊括了大部分生产部门创造的纯收入，控制了各地方政府、各部门和单位的大部分支出。这在一定程度上限制了相关主体的积极性和创造性，最终导致国家财政运行困难。1974 ~ 1976 年连续三年出现赤字，占财政支出的比重分别为 0.9%、0.64% 和 3.67%。②

二、预算改革的萌芽阶段：基于收入一翼的改革

这一时期的预算改革可细分为两个阶段：预算制度的恢复（20 世纪 80 年代）和预算改革的萌芽（20 世纪 90 年代）。

---

① 高培勇：《论重构财政运行机制》，载于《经济理论与经济管理》1995 年第 3 期。

② 《国家数据》，中华人民共和国统计局网站，2018 年 3 月 27 日。

（一）预算制度的恢复（20 世纪 80 年代）

改革开放之初，我国正式恢复编制并向全国人民代表大会提交国家预算报告，由其审议批准后执行，预算管理制度开始恢复重建并逐渐制度化。20 世纪 80 年代我国处于计划经济向市场经济过渡的阶段，中央与地方间的分配关系并不明确。财政收入如何分配尚不可知，如何统筹安排财政支出也就无从谈起（尤其是对地方政府而言）。因此，这一时期的预算改革主要集中于财政收入一翼，如中央与地方的分配关系及收入方式的转变等，具有显著的承上启下特点，既在计划经济体制上有所突破，又为之后的以部门预算为核心的公共支出管理改革打下基础。随着经济的复苏和发展，高度集中的统收统支财政体制制约了地方发展的积极性。因此，我国先后对财政体制进行三次改革：1980 年的"划分收支、分级包干"；1985 年的"划分税种、核定收支、分级包干"；1988 年起的多种形式的包干体制。由强调中央、地方政府的分成转向强调财政收入增量的变化，在形式上逐步向分税制靠拢。①

改革开放前，国有企业将绝大部分利润上缴国家，构成了财政收入的主要来源，1978 年企业收入占财政收入的比重约为 50.52%，为最主要收入来源（如图 1 所示）。改革开放后，为增强企业活力，先后推行企业基金和利润留成制度。但随着经济体制改革的深入，利润留成制度的弊端逐渐显现。受外资企业实行所得税制度的启示，我国于 1983 年、1984 年进行两步"利改税"改革，税收收入成为财政收入的主要来源，1986 年税收收入占财政收入的比重达 98.53%（如图 2 所示）。税收收入作为一种更为稳定且规范的收入来源，更符合社会主义市场经济的内在要求。

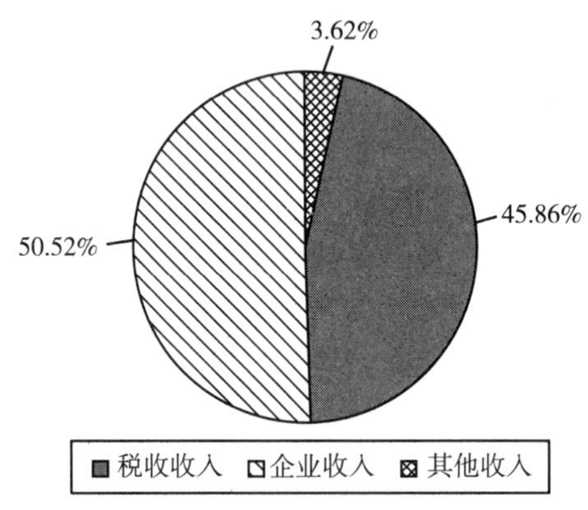

图 1　1978 年国家财政收入组成

资料来源：杨志勇、杨之刚：《中国财政制度改革 30 年》，格致出版社 2008 年版。

① 项怀诚：《中国财政 50 年》，中国财政经济出版社 1999 年版。

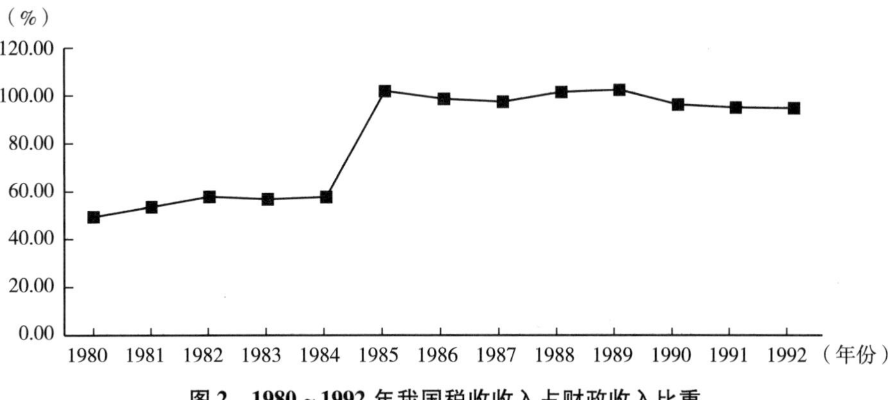

图2 1980～1992年我国税收收入占财政收入比重

注：由于存在大额的企业亏损补贴，1985年、1988年和1989年的税收收入高于财政收入。
资料来源：《中国财政年鉴2007》；谢旭人：《中国财政60年》，经济科学出版社2009年版。

20世纪80年代的改革注重放权让利，逐步摆脱计划经济的枷锁。但这种放权让利的改革也带来一些负面影响，甚至有些至今仍未解决。如财政包干制赋予地方财政较大的自主权，各地方政府纷纷采用筹集预算外资金的方式弥补财力不足，一定程度上导致预算外资金的膨胀。至1985年，预算外收入占预算收入的比重高达76.32%。[①] 为规范预算外资金，我国于1986年、1993年和1996年先后对其进行三次调整，不断缩小预算外收入口径，试图将其逐步纳入预算。此外，为弥补预算内资金的不足，还曾针对预算外资金征收“两金”，如1983～1993年共征收国家能源交通重点建设基金1 810.89亿元，1989～1996累计征收国家预算调节基金685.97亿元。[②] 即便如此，预算外资金依然屡禁不止，2001年，我国预算外资金规模高达3385亿元，相当于同期财政收入的30%。[③] 随后进行的政府收支两条线和非税收入管理改革，逐渐规范了预算外资金的管理和使用，但迄今为止，预算外资金这一历史命题仍未从根本上得到解决。

（二）预算改革的起步（20世纪90年代）

1992年，党的十四大报告正式确定改革的目标是建立社会主义市场经济体制。不同于计划经济中的预算依附于计划，在市场经济条件下，预算成为配置公共资源的重要工具，建立与市场经济相适应的预算管理制度迫在眉睫。受20世纪80年代一系列放权让利改革（特别是“分灶吃饭”的财政包干体制）和价格闯关失误的影响，这一时期的中央财政比较困难，甚至不得不向地方财政借款以解燃眉之急。为此，我国在1994年进行分税制改革，按税种划分各级政府的预算收入，一级政

① 《预算外资金的历史沿革》，中华人民共和国财政部网站，2008年9月25日。
② 谢旭人：《中国财政60年》，经济科学出版社2009年版。
③ 刘克崮、贾康：《中国财税改革三十年亲历与回顾》，经济科学出版社2008年版。

府对应一级预算主体，各级政府预算独立，自求预算平衡。可以说，预算改革是由分税制改革的新需求推动的，同时，预算改革也为分税制的有效推行提供了坚实的制度基础。当然，此后中国预算管理改革的变迁路径，同样也受到分税制向“分钱制”演化的影响。

1. 新型预算形式的探索

为满足市场经济条件下不同资金管理的需求，我国在20世纪90年代开始进行复式预算探索，将国家预算分为经常性预算和建设性预算，并在中央和省两级试编复式预算，但此时的复式预算受制于预算收支科目、预算编制程序及方法等因素影响，仅对原来的单式预算进行简单的技术处理，并不是真正意义上的复式预算。[①]随后，《中共中央关于建立社会主义市场经济体制若干问题的决定》和《中华人民共和国预算法》（以下简称《预算法》）明确规定各级政府编制复式预算，《预算法》实施条例将其细化为政府公共预算、国有资本金预算、社会保障预算和其他预算。[②] 1994年的分税制改革规范了央地关系，各级政府的预算盘子变得确定。地方政府结合本地区实际情况，在细化预算编制、加强预算管理方面做出诸多贡献。如天津市实行了标准周期预算制度，[③] 安徽省实行了综合财政预算等，河南省、湖北省、云南省等地打破“基数法”的预算编制方式，试行零基预算。[④] 但这些地方预算改革大多昙花一现。以零基预算为例，自1993年开始，零基预算在我国的一些地方财政管理中试点，并一度视为最佳的预算编制形式。但从实际情况看，并非如此。黄佩华等在调查中国地方财政问题时，发现零基预算影响范围较小。[⑤] 零基预算并没有发展成为一种基本的预算框架，而仅是运用于专项经费领域。[⑥] 其实，由于财力紧张、工作量繁重等因素，零基预算对专项经费预算的影响微乎其微。

2. 预算法制化建设

1991年《国家预算管理条例》颁布，随后的1994年和1995年《预算法》及其实施条例先后颁布，首次在法律上明确了分税制财政体制，并对预算编制、执行、监督等问题做出详细规定，表明预算立法已由行政法规上升至法律层面。此

---

① 项怀诚：《中国财政50年》，中国财政经济出版社1999年版。

② 在《中华人民共和国预算法》（2014年修正）中改为“预算包括一般公共预算、政府性基金预算、国有资本经营预算、社会保险基金预算”。“其他预算”被取消。对相关文献的检索发现，在这20年中，关于“其他预算”到底是什么，似乎从无相对明确的规定。“其他预算”从产生到消失，颇具无始无终之感。

③ 标准周期预算制度是20世纪90年代末天津市预算管理改革的一种本土化尝试。最初由时任天津市财政局局长的崔津渡同志，1998年在主持召开预算处工作会议时提出了要建立一种“30个月预算”的设想。由此奠定标准周期预算制度的雏形。后来，结合天津市预算管理的实践，提出编制阶段12个月、执行阶段12个月、决算和绩效评价阶段6个月的标准预算周期（最初叫作“标准预算周期”，而不是“标准周期预算”）。详细参见：马蔡琛：《关于标准周期预算的理论思考》，载于《中国财政》1999年第10期；崔津渡：《标准周期预算管理》，中国财政经济出版社2004年版。

④ 中华人民共和国财政部：《地方部门预算改革的简要历程》，中华人民共和国财政部网站，2008年6月30日。

⑤ 黄佩华、迪帕克：《中国：国家发展与地方财政》，中信出版社2003年版。

⑥ 《财政审计痼疾求解零基预算适度微调》，21世纪经济报道，2008年9月27日。

外，1998年全国人大常委会预算工作委员会正式成立，主要负责协助财政经济委员会承担全国人大及其常委会审查预决算方案、调整方案及监督执行。法律法规的出台和预算审查及监督的强化，推动了中国预算管理在法制化轨道上加速前行。为进一步推进预算管理改革，20世纪90年代末，财政部预算司联合世界银行驻中国代表处，先后在天津市、河北省廊坊市、辽宁省大连市、江苏省苏州市召开四次“预算编制与执行国际研讨会”，邀请来自经济合作与发展组织（OECD）、美国、澳大利亚、法国、匈牙利等国的专家，较为系统地介绍了相关国际经验，为后续部门预算改革方案的推出提供了重要技术支撑。

总体来看，这一时期的预算改革主要集中于收入一翼，建立了相对稳定的政府间财政关系，为而后的支出一翼改革奠定了基础。但随着市场经济的建设和政府职能的转变，原有的预算管理格局已难以适应现实的需要，分散的预算编报主体、粗放的编制方式（主要采用基数法）、频繁的预算调整、过短的编制时间等问题，甚至一度成为财政管理的顽疾，支出翼的预算管理改革迫在眉睫。

三、预算改革的兴起：基于支出一翼的改革

随着经济市场化的理念、规则、制度的不断叠加和财税运行格局的变化，建立与社会主义市场经济相适应的公共财政体制，成为财政体制改革的方向。1998年底召开的全国财政工作会议，明确提出构建公共财政体制基本框架的目标。政府预算是公共财政的基本制度载体，因而公共财政的建设必然推动预算制度的公共化。[①] 进入21世纪，支出翼的预算改革全面兴起。在之后的10年间，我国预算改革先后经历了以部门预算为核心的革新型改革（2000~2003年）和零敲碎打的渐进型改革（2004~2013年）[②] 两个阶段，总体呈现出控制导向的特点。

（一）革新型改革（2000~2003年）

在初步完成分税制改革后，预算改革以部门预算为核心进行改革。

部门预算，即一个部门一本预算，是市场经济国家预算管理的基本组织形式。在世纪之交，河北省在全国范围内率先启动部门预算改革。随后，河北省的改革模式得到财政部和各地财政部门的高度重视，财政部《关于改进2000年中央预算编制的意见》提出“改变预算编制方法，试编部门预算”。2000年，中央部门开始编制部门预算，部门预算改革正式启动。部门预算将传统的“基数法”改为依据基本支出和项目支出的分类，采取定员定额和项目库管理的方式推进预算决策，将传

---

① 高志立等：《政府预算公共化研究：理论、实践与路径选择》，中国财政经济出版社2012年版。

② 根据世界银行专家的观点，我国预算改革采用的是“零敲碎打”的办法，与中东欧和苏联等转型国家的改革相比略显逊色。详细参见：黄佩华、迪帕克：《中国：国家发展与地方财政》，中信出版社2003年版。

统的“自上而下”编制方式改为“两上两下”的决策流程，同时将预算编制时间延长，由1999年之前的4个月逐渐延长至2004的10个月。值得注意的是，预算编制时间的延长并没有持续很久，目前我国的预算编制时间仍仅有大约5个月（基层预算的编制时间可能更短）。2001年，我国启动了国库集中收付制度改革，[①]旨在建立以国库单一账户体系为基础，资金缴拨以国库集中支付为主要形式的现代国库管理制度。部门预算将分散的资金分配权归集于财政部门，国库集中收付制度将分散的账户和资金也集中于财政部门，从而使财政部门成为核心预算管理机构，能以统一的程序和规则来进行资金分配，并对资金的流动进行动态监控，确保资金运作的效率性和使用的合规性。

此外，政府采购在提高资金使用效益的同时，强化了财政监督，推动了廉政建设。“收支两条线”改革，规范了政府性基金和收费项目，逐步将预算外收支纳入预算管理，提高了预算的全面性。随后推进的政府收支分类改革，初步建立了一套既符合现实国情又顺应国际通行做法的收支分类体系，为预算改革的深化和预算透明度的提升创造了条件。

（二）渐进型改革（2004～2014年）

这一时期，由于所得税共享改革、出口退税分担机制等财政体制的变化，地方政府感觉又会被“动了自己的奶酪”，影响了地方政府对财政体制演变的预期，因而增加了预算改革纵深推进和后续展开的难度。[②] 总体而言，这一时期的预算改革“零敲碎打”的特征更为明显，主要是对预算管理制度进行改良和补充。

1. 设立中央预算稳定调节基金

在21世纪最初的几年中，中央财政连续多年超收，年均超收2 040亿元，暴露了收入预算编制的缺陷及超收收入使用的问题。[③] 针对这一问题，我国于2007年开始设立中央预算稳定调节基金，试图建立“以丰补歉”的机制，旨在规范财政管理，特别是超收收入的管理和使用。之后部分地方开始设立预算稳定调节基金。如截至2013年底，浙江省省级及83个市、县（区）设立了预算稳定调节基金413亿元，占2013年全省一般公共支出决算的8.7%，提高了财政的跨年度调控能力。[④] 新《中华人民共和国预算法》（以下简称“新《预算法》”）规定，各级

---

① 我国国库集中收付制度改革得到台湾地区预算专家李国鼎的鼎力相助。他曾提供了他撰写的《“国库集中支付制度”的推展及成果》，详细介绍了国库制度改革的背景、必要性、操作过程要点和难点，还附有一张作业流程图。此外，他还派台湾地区前“国库署”支付处长郭振军到北京介绍了台湾地区国库集中支付制度及其实施情况。详细参见：项怀诚、楼继伟等：《中国政府预算改革五年（1998—2003）》，中国财政经济出版社2004年版。

② 马蔡琛：《中国公共预算管理改革的制度演化与路径选择》，载于《中央财经大学学报》2007年第7期。

③ 卢凌波：《预算稳定调节基金：财政储备还是预算调节》，载于《财贸经济》2012年第12期。

④ 浙江省财政厅总预算局课题组：《创新财政中期规划编制，完善跨年度预算平衡机制》，载于《预算管理与会计》2016年第9期。

财政的一般公共预算可设置预算稳定调节基金，以弥补以后年度预算资金的不足，从而最终将预算稳定调节基金作为法条确定下来。

2. 编制国有资本经营预算

2007年，国务院颁布《国务院关于试行国有资本经营预算的意见》，决定从2007年起在中央本级实行国有资本经营预算，并选取117家中央企业作为试点，2010年中央国有资本经营预算首次提交全国人大审议。至2012年底，纳入中央国有资本经营预算实施范围的一级企业共813户，地方国有资本经营预算的实施范围已覆盖全国34个省、自治区、直辖市和计划单列市。此外，山东、湖北等16个省（区、市）的124个地市（含地市级以下）也实施了国有资本经营预算制度。①

3. 预算绩效管理崭露头角

党的十六届三中全会提出“建立预算绩效评价体系”，拉开了预算绩效管理改革的序幕。随后，财政部先后颁布了《中央部门预算支出绩效考评管理办法》《财政支出绩效评价管理暂行办法》《关于推进预算绩效管理的指导意见》《预算绩效管理工作规划（2012—2015年）》等文件。（如表1所示）2009年在财政部预算司下设预算绩效管理处，2011年成立政府绩效管理工作部际联席会议，② 不断明确预算绩效管理的目标和任务。预算管理开始突破传统的合规控制，为改革深化阶段绩效管理的全面推行奠定了基础。

4. 预算公开逐渐起步

2008年《中华人民共和国政府信息公开条例》正式实施，要求县级以上各级政府及其部门在各自职责范围内确定主动公开的政府信息的具体内容，并重点公开财政预算、决算报告，为预算公开提供制度保证。2009年，财政部首次公布了财政预算报告和中央财政收入预算表、中央财政支出预算表、中央本级支出预算表、中央对地方税收返还和转移支付预算表四张表格，财政预算公开迈出重要一步。随后，2010年报送全国人大审议预算的98个中央部门中，75个部门公开了部门预算，2011年这一数字增长至92个。③ 同时，中央各部门公开了“三公经费”。此后，预算公开以“三公经费”作为重要突破口，并将涉及面更广的部门预算公开作为一项常规性工作。预算公开的范围不断扩大，内容愈发详尽。总体来看，这一时期的预算公开大多集中于中央部门，但有些地方政府也进行有益的探索，如北京

---

① 贾康、刘薇：《构建现代治理基础——中国财税体制改革40年》，广东经济出版社2017年版。

② 政府绩效管理工作部际联席会议由监察部、中央组织部、中央机构编制委员会办公室、国家发展和改革委员会、财政部、人力资源和社会保障部（公务员局）、审计署、统计局、国务院法制办公室9个部门组成，监察部为牵头部门，联席会议办公室设在监察部。联席会议主要有五项职能：一是研究提出加强政府绩效管理的相关政策和措施；二是组织协调和综合指导国务院各部门和各省（区、市）开展政府绩效管理工作；三是组织拟订政府绩效评估指标体系、程序和具体办法；四是组织推动和监督政府绩效管理各项工作的落实；五是研究与政府绩效管理工作有关的其他重大问题，向国务院提出建议。

③ 新华社：《财政部等多家中央部门23日公开2012年部门预算》，中华人民共和国中央人民政府网站，2012年4月23日。

市、广东省等地，如表1所示。

表1 2008～2014年推动预算公开的相关政策文件

发布时间	发文机构	文件名称
2008年5月	国务院	《中华人民共和国政府信息公开条例》
2008年9月	财政部	《财政部关于进一步推进财政预算信息公开的指导意见》
2010年3月	财政部	《财政部关于进一步做好预算信息公开工作的指导意见》
2011年1月	财政部	《财政部关于深入推进基层财政专项支出预算公开的意见》
2011年5月	国务院	《国务院办公厅关于进一步做好部门预算公开工作的通知》
2012年6月	国务院	《机关事务管理条例》
2013年8月	财政部	《财政部关于推进省以下预决算公开工作的通知》

资料来源：根据中央人民政府门户网站、中华人民共和国财政部官网信息整理而得。

这一时期的预算改革重点关注合规性控制，不仅强调内部控制，更强调人大和审计的外部监督。同时，在地方预算审查监督中涌现出诸多创新形式。如河北省人大尝试将公民听证引入预算初审，武汉市和深圳市在预算审查中试行了“单项表决”模式，特别是深圳市人大曾单项否决了五洲宾馆扩建项目、市委组织部疗养院和经济培训中心三个项目。① 这种模式之后得到延续和发展，如2013年浙江省温州市首次对6个试点部门的预算草案进行分项审议表决。② 随着2006年通过《中华人民共和国各级人民代表大会常务委员会监督法》，人大在预算事务中的审查监督职能被明确细化。将我国的预算改革置于国际比较视角之下不难发现，这一阶段的中国预算改革与同期经济合作与发展组织（OECD）各国的做法颇为不同。OECD各国强调放松控制和加强绩效管理，而我国当时仍致力于加强预算控制的合规性改革，这也是时代条件使然。经历这一阶段后，我国基本建立了控制导向的预算管理制度，其中绩效管理、预算公开等制度性突破为后来的全面深化改革奠定了基调。但这一时期的预算制度仍存在诸多问题。如支出结构不合理，社会福利支出比重较低；③ 预算执行进度不均衡，年末结余结转资金过多；④ 预算决策的民主化程度有待提高；预算信息的可获得性差等。如何破解这些时代难题，也成为下一阶

① 傅新：《预算“单项表决”值得借鉴》，载于《经济研究参考》2007年第48期。

② 《温州在全国首创对部门预算进行分项审议表决》，凤凰网，2013年1月6日。

③ 2012年，我国全口径财政支出中经济建设支出的比重为38.67%，远高于OECD成员国中发达国家10%左右的水平，而医疗卫生、社会保障就业、教育等社会福利支出的比重为40.51%，较OECD成员国60%～70%的比例低了20～30个百分点。详细参见：高培勇、汪德华：《“十三五”时期的财税改革与发展》，载于《金融论坛》2016年第1期。

④ 以2012年为例，91个中央部门公布的2012年度决算信息显示，当年的结转结余资金超过了2 027亿元，平均每家的结转结余资金都在22.27亿元以上。详细参见：《91家中央部门上年度结转结余资金超2千亿元》，载于《京华时报》2013年7月23日。

段财政制度建设的重要核心议题。

四、预算改革再出发：建立现代预算制度

党的十八届三中全会将财政定位为国家治理的基础和重要支柱，并提出要建立现代财政制度的改革目标，特别提出要改进预算管理制度，实施全面规范、公开透明的预算制度。为适应国家治理现代化的需要，我国开始新一轮更加深入的预算制度改革。

（一）提高配置效率：全面推行绩效管理

预算领域中“绩效”概念的提出距今已有10余年时间，其热度并未随着时间推移而消退，形成了绩效预算改革的时代潮流。2014年，新《预算法》的出台填补了绩效预算领域的法律空白，并从多方面对预算绩效管理提出了要求。为落实新《预算法》的要求，2015年以来中央及地方各级政府出台了各类改革办法，积极探索创新模式。财政部先后出台《中央部门预算绩效目标管理办法》《中央对地方专项转移支付绩效目标管理暂行办法》，进一步规范了预算绩效目标管理。2016年，中央预算部门10.3万个支出项目全部设定了绩效目标，涉及金额7 598亿元，比上年增长255%，并依据绩效目标，细化形成了包括产出、效益、满意度在内的多维度绩效指标；[①] 同时，选取教育部等15个中央部门作为绩效监控试点，以期及时纠正预算执行过程中的偏差，并在2017年扩展至所有中央部门。[②] 相对而言，地方预算绩效管理改革在操作层面上更具灵活性和创新性，逐渐形成上海“闵行模式”[③]、广东“南海模式”[④]、河北省“部门职责——工作活动——预算项目”发展路径等极具代表性的绩效管理模式，为绩效预算的全面推行积累了经验。

尽管我国绩效预算改革起步较晚，但成果颇丰，得到一些国际组织的高度肯定。如财政部预算评审中心的研究成果《财政支出政策绩效评价研究报告》和《财政支出政策绩效评价指南》就得到世界银行的认可。[⑤] 更为重要的是，评审结果逐渐成为预算安排的重要依据。2012年和2013年，上海市嘉定区财政部门分别对36个和38个预算项目实施绩效前评价，评审后的资金节约率为15%和17%。

---

① 财政部预算司：《2016年中央预算部门绩效目标实现全覆盖》，载于《预算管理与会计》2016年第7期。

② 齐小乎：《预算绩效管理“中国经验”呼之欲出》，载于《中国财经报》2017年9月26日。

③ 上海闵行模式，即包含预算项目前期评审（前评价）、中期过程评估（中评价）和后期结果评价及结果运用（后评价）的全过程绩效管理模式。

④ 广东南海模式，即将50万元以上专项资金纳入预算绩效评价范围，进行“竞争分配、制度分钱”的绩效管理模式。

⑤ 齐小乎：《财政部预算评审中心精于实践善于总结，深入开展预算评审业务为财政预算绩效管理提供有力支撑》，载于《中国财经报》2017年8月10日。

2016 年，财政部组织 360 名行业专家和 8 家第三方机构 160 人参与中央预算的初评，已完成的 109 个中央部门中，审减额达 344 亿元，平均审减率为 38%。[①] 这预示着绩效与预算资金相连接的机制已逐渐建立，“绩效”和“预算”两张皮的状况有望发生根本性转变。

（二）改善管理效果：年度性向中期性转变

预算在传统上具有年度性的特点，但年度预算存在固有的局限性，难以在政策与预算间建立联结机制，以至于预算很难反映政策重点和公共支出的优先顺序。实践表明，除了合规性，年度预算在满足公共支出管理的其他目标，如财政纪律、优先性资源配置、营运绩效及财政风险和财政可持续方面的表现均不令人满意。[②] 基于此，自 20 世纪 90 年代以来，世界各国纷纷开展了中期预算改革，致力于建立中期预算框架，从跨年度视角重新审视公共预算。随着改革的深入，《中共中央关于全面深化改革若干重大问题的决定》《中华人民共和国预算法》修正案、《国务院关于深化预算管理制度改革的决定》《国务院关于实行中期财政规划管理的意见》等均强调建立跨年度预算平衡机制，实行中期财政规划管理。我国预算制度已逐渐具有某些中期性特征，在由年度性向中期性的转变过程中迈出一大步。

这一转变过程呈现“由易到难、由点到面”的特点，早在 2008 年，财政部便选取河北省、河南省焦作市、安徽省芜湖县作为中期滚动预算的省级、市级和县级试点单位。世界银行（2013）将中期支出框架（MTEF）划分为三个发展阶段，即中期财政框架（MTFF）、中期预算框架（MTBF）、中期绩效框架（MTPF），而中期财政框架是中期支出框架的初级发展阶段。[③] 目前，我国采用三年滚动方式编制中期财政规划。[④] 正如 2015 年《国务院关于实行中期财政规划管理的意见》中指出的“中期财政规划是中期预算的过渡形态”，目前仍属于中期支出框架的初级阶段。这是在综合考虑财政管理水平、信息化手段等因素的约束下，做出的由易到难、循序渐进的正确选择。2015 年，中央各部门和各地方政府开始编制 2016 ~ 2018 年度滚动财政规划，中期财政规划呈现出“由点到面”的发展路径。

（三）强化受托责任：阳光财政方兴未艾

我国的预算公开大体经历了“国家机密”“向特定人群（即人大代表）公开”

---

① 上海市青浦区财政局课题组：《加强预算绩效管理结果应用的实践与思考》，载于《预算管理与会计》2016 年第 6 期。

② 王雍君：《中国公共预算改革：从年度到中期基础》，经济科学出版社 2011 年版。

③ World Bank, “Beyond the Annual Budget: Global Experience with Medium - Term Expenditure Frameworks”, World Bank Publications, 2013.

④ 即第一年规划约束对应年度预算，后两年规划指引对应年度预算，年度预算执行结束后，对后两年规划及时调整，再添加一个年度规划，形成新一轮中期财政规划。详细参见：《国务院关于实行中期财政规划管理的意见》，中华人民共和国中央人民政府网站，2015 年。

“向社会公众公开”这样三个阶段。在早期预算公开探索的基础之上，党的十八届三中全会以来，预算公开不断深化，并进一步纳入法制化轨道。2015 年，新《预算法》正式实施，其中第十四条规定“经本级人民代表大会或者本级人民代表大会常务委员会批准的预算、预算调整、决算、预算执行情况的报告及报表，应当在批准后二十日内由本级政府财政部门向社会公开”。2016 年，《关于进一步推进预算公开工作的意见》对预算公开作了进一步部署，要求扩大预算公开范围，公开预决算信息，细化公开内容，加快公开进度，规范公开方式。2017 年，公开部门预算的中央部门已由 2010 年的 75 个增加至 105 个，并搭建了“中央预决算公开平台”，2017 年中央预算及各部门预算在通过原渠道公开的同时，首次在该平台上集中亮相，大大提高了信息获取的便利性。此外，公开的内容由最初的《财政拨款支出预算表》和《部门预算收支总表》增加为包括收支总表、“三公”经费支出表等在内的 8 张报表。科学技术部、教育部、环境保护部等 10 个部门首次公开了 10 个重点项目的预算，并同步公开了项目支出绩效目标。[①] 预算公开的内容更加细化，实现了由“大账”到“细账”的转变。特别是，这一时期地方政府的预算公开进程不断提速。据统计，地方 26.1 万家预算单位中，未公开部门预算和部门决算的单位大幅减少，由 2015 年的 3.7 万个和 5.6 万个降至 2016 年的 737 个和 778 个，平均降幅为 98.3%，且地方预决算信息公开的完整性、规范性和及时性等指标的达标率均超过 90%。[②] 近年来，我国财政透明度一直呈小幅稳步攀升的趋势，（如表 2 所示）为提升资金使用效率和政府公信力奠定了基础。

表 2　2009～2016 年我国省级财政透明度得分情况

年份	2009	2010	2011	2012	2013	2014	2015	2016
得分均值	21.71	21.87	23.14	25.33	31.4	32.68	36.04	42.25

资料来源：上海财经大学公共政策研究中心：《中国财政透明度报告》，上海财经大学出版社 2017 年版。

预算公开的不断推进，还为参与式预算的兴起和发展提供了良好的契机。概括来说，参与式预算是一种允许公民直接或间接参与公共资源分配使用决策的机制。参与式预算始于巴西阿雷格里港市，随后在拉丁美洲传播，并逐渐扩展至全球，如今仍然充满活力。参与式预算在我国的实践始于浙江省温岭市的“民主恳谈”，后来河南省焦作市、安徽省淮南市、江苏省无锡市、黑龙江省哈尔滨市、上海市闵行区、云南省盐津县、四川省巴中市白庙乡等地的预算过程均出现公众参与的身影。从实践看，各地的参与式预算虽然遵从了类似的运作周期，但由于实际情况的差

① 《10 部门首次公开 10 个重点项目预算，同步公开绩效目标》，新华网，2017 年 4 月 8 日。

② 《财政部发布 2016 年度地方预决算公开度排行榜》，中华人民共和国中央人民政府网站，2017 年 12 月 29 日。

异，选择的模式也不尽相同，主要包括借鉴巴西模式（如黑龙江省哈尔滨市）、“公共项目民众点菜”模式（如上海市惠南镇）、绩效参与式预算改革模式（如上海市闵行区）和本土创造模式（如浙江省温岭市）等类型。参与式预算这一星星之火，逐渐在政府财政管理中呈现燎原之势。

五、中国政府预算改革的内在演化逻辑

改革开放以来的40年间，中国预算环境发生巨大变化，预算管理制度也随之经历深刻变革，由“小步慢跑”逐渐发展到“大步向前”，由适应市场经济体制转向匹配国家治理现代化的需要。纵观我国预算管理改革的演化历程，不难发现，其在改革动力、改革主体、改革次序及改革道路方面均呈现出自身的内在演化逻辑。

（一）改革动力：内在需求和外在要求的共同推动

就改革的动力而言，我国预算制度的变迁始终是由内在需求和外在要求共同推动，因此预算改革既包含具有一定前瞻性的主动型改革，亦不乏受制于预算环境的被动型改革。政府职能和执政理念的转变，使我国预算管理制度由“统收统支”走向分级管理，由控制导向走向绩效导向，由年度预算走向中期预算，由绝密文件走向公开透明。此外，改革开放以来的三次财政困境①也倒逼预算制度改革，社会主义市场经济体制的建立不断对预算制度提出更高要求。另外，适应国际交流的需要也是预算改革的外部动力之一。如2002年我国正式加入国际货币基金组织的数据公布通用系统（SDDS），不断改进统计数据编制和发布制度，进而于2015正式采纳SDDS标准，并公布包括财政信息在内的统计数据。② 类似地，在改革的不断深化过程中，我国国民经济核算体系及金融统计指标体系均按照国际通行标准进行调整，但政府预算收支科目一度并未进行相应调整，因此每年财政部门和统计部门要做大量的口径调整和数据转换工作，但还是无法保证数据的准确性及与其他国家的可比性，为此我国启动了政府收支分类改革。③ 总体来看，内在需求和外在要求共同推动我国预算制度向现代预算制度迈进。

（二）改革主体：“中间扩散型”和“供给主导型”并存

改革开放的40年间，我国预算管理制度的变迁由中央和地方政府共同推动，

---

① 第一次财政困境发生在改革开放之初；第二次财政困境发生在20世纪80年代中期至90年代上半期；第三次财政困境发生在2000年前后，与之前两次不同，这次主要表现为县乡财政困难。

② 国家统计局、中国人民银行：《中国正式采纳国际货币基金组织数据公布特殊标准》，国家统计局网站，2015年10月8日。

③ 《实行政府收支分类改革的必要性》，中华人民共和国财政部网站，2008年6月30日。

呈现“供给主导型”和“中间扩散型”① 并存的特点。值得注意的是，在改革的不同阶段，改革的主体也有所不同。在预算改革的初期和后期深化阶段，“供给主导型”居于主体地位，即预算制度的变迁大多由中央政府推动。如初期阶段的预算法治化建设（《国家预算管理条例》和《中华人民共和国预算法》）、复式预算的编制方式改革，后期深化阶段“三公经费”的公开、绩效管理的推行、中期财政规划的实施等。相反，在预算改革的兴起阶段，“中间扩散型”特征更为明显，地方政府在预算管理方面的创新实践如雨后春笋，成为预算制度变迁的推动者。如海南、湖北、安徽等地的零基预算，浙江省温岭市的参与式预算，天津市的标准周期预算。究其原因，在于我国采用多级预算体制，有一级政府就有一级预算，本级预算的审批和审查多由本级人大负责，这就为地方政府进行预算改革提供了可能性。② 在预算改革的兴起阶段，在多方力量的倡导和推动下，地方政府更容易聚焦于预算制度，及时发现和解决问题，加之兴起阶段并没有形成既定的改革路径，地方政府更容易结合自身实际进行制度创新，出现“百花齐放”的局面。相较而言，预算改革的萌芽阶段需要指明方向和明确目标，深化阶段需要从整体出发寻找进一步的切入点，这些只有中央政府能够做到。因此，在不同时期，我国中央政府和地方政府分别承担起改革主体的重担，共同推动了向预算国家的演变。

（三）改革次序：渐进式和激进式变迁的融合

综合来看，我国预算改革既有较为温和的渐进式改革，亦有即破即立的激进式改革。③ 如我国复式预算编制方式的变革便是渐进式的，从“经常性预算和建设性预算”到“政府公共预算、国有资本金预算、社会保障预算和其他预算”，再到“一般公共预算、政府性基金预算、国有资本经营预算、社会保险基金预算”，逐渐细化和完善。类似地，我国预算外资金管理方式的变革也是渐进式的。从1986年界定预算外资金的概念和范畴，到1993年将83项行政收费项目纳入预算管理，到1996年开始对预算外资金实行“收支两条线”管理，再到如今的全口径预算管理，预算外资金的使用逐渐规范，并逐步纳入预算的范畴。相反，绩效预算打破了合规性控制，引导预算走上绩效导向的道路；权责发生制政府财务报告打破了收付

---

① 中间扩散型制度变迁方式，即当利益独立化的地方政府成为沟通权力中心的制度供给意愿与微观主体的制度创新需求的中介环节时，就有可能突破权力中心设置的制度创新进入壁垒，从而使权力中心的垄断租金最大化与保护有效率的产权结构之间达成一致，从而化解“诺斯悖论”。杨瑞龙（1998）认为，我国由中央集权型计划经济向市场经济渐进过渡的路径为：改革之初的供给主导型制度变迁方式逐步向中间扩散型制度变迁方式转变，并随着排他性产权的初步建立，最终过渡到与市场经济内在要求相一致的需求诱致型制度变迁方式。详细参见：杨瑞龙：《我国制度变迁方式转换的三阶段论——兼论地方政府的制度创新行为》，载于《经济研究》1998年第1期。

② 马蔡琛：《中国预算管理制度变迁的经济学分析》，载于《税务与经济》2002年第2期。

③ 依据制度变迁的速度，制度变迁可分为激进式和渐进式两种形式。激进式，即“破”与“立”同时进行，在进行新制度安排的同时，否认现存的组织结构和信息存量。渐进式，即采取需求累增与阶段性突破的方式，逐步推动制度升级。详细参见：卢现祥：《新制度经济学》，武汉大学出版社2011年版。

实现制作为会计核算基础的局面，转而实行能全面反映政府资产负债、收入费用、运行成本、现金流量等财务信息的权责发生制核算基础；中期财政规划打破了预算编制年度性的限制，开始了跨年度预算的编制，预算的中期性特征逐渐显现。这些改革均具有浓厚的激进式即破即立的色彩，推动了我国预算管理制度阶梯式的跳跃发展。渐进式和激进式的改革共同推动了我国建立现代预算制度的进程。

（四）改革路径：形成和突破路径依赖的交替

回顾预算改革的历程，发现预算管理制度变迁的道路，并非预算制度的全新选择，也非单纯的历史沿袭，而是一种传统与革新并存，不断形成又不断突破路径依赖的演化趋势。在预算改革前期，改革者聚焦于给原先的预算制度“打补丁”，即针对问题启动改革，在解决某一时期的特定问题后，再启动新一轮的改革解决新问题，在表现形式上往往仅是对原有路径的修正。如“统收统支”的预算管理体制限制了地方政府的积极性，为此启动了“划分收支，分级包干”的改革，而这一管理体制又导致中央财政困难，宏观调控能力减弱，便又进行了分税分级的预算管理体制改革。21世纪初，以部门预算为代表的预算改革突破了原有路径，开辟了以加强合规性控制为核心的预算管理模式。在之后较长的一段时期内，合规性控制都是我国预算改革的主线，进行了政府采购、国库集中支付、收支两条线等改革，不断加强在预算编制、执行、监督阶段的控制。绩效预算改革的兴起，再次突破原有路径，逐渐放松控制，走上了强调绩效性的道路。如今的预算改革试图从预算期间（年度向中期）、预算参与者（公民参与）等多方面突破路径依赖，重构适应经济社会发展、符合国家治理现代化要求的发展路径。

六、中国政府预算改革的展望

我国预算改革已走过40年，在经历本轮财税体制改革后，已初步搭建起现代预算制度的基本框架。预算管理也逐渐从一种国家体系内部的制度规范问题，发展成为社会各界关注的热点问题。① 站在改革开放40年的时间节点上展望未来，为建立完善的现代预算管理制度，还需要从以下几个维度加以谋划：提高预算资金的配置效率和支出效果，加强总额控制，强化预算监督，以实现财政可持续。

（一）提高配置效率和支出效果：绩效预算改革的深化

党的十九大提出“全面实施绩效管理”，并将其视为建立现代财政制度的关键一环。全面实施绩效管理将绩效理念和原则贯穿于政府各层级、各类型、各环节的工作之中，建立结果导向机制，最终形成可测量、可评价、可考核、可报告、可问

---

① 杨志勇：《我国预算管理制度的演进轨迹：1979—2014年》，载于《改革》2014年第10期。

责的现代化政府，推动国家治理体系和治理能力现代化的进程。① 绩效管理是绩效预算的前提和基础，没有绩效管理各种机制的支持，绩效预算很难成功，因此，现阶段需要全面实施绩效管理以夯实绩效预算的基础。② 一方面，完善预算绩效管理的支撑条件，如提高预算信息获取及分析能力，提升预算透明度，建立科学合理的包含绩效目标、绩效指标、评价方式、奖惩机制等信息的绩效评价体系；另一方面，宣传预算绩效管理理念，逐渐形成“花钱必问效，无效必问责”的良性机制，逐渐对现有的财政管理进行脱胎换骨的改革。需要特别注意的是，政府会计改革的滞后已大大影响了我国预算绩效管理改革的进程。除提供高质量的信息外，以权责发生制为基础的政府会计能更好地反映政府运营的绩效结果和公共受托责任的履行情况。随着财政改革的深入，以权责发生制为基础的政府会计改革已“箭在弦上”。目前，许多国家已采用权责发生制作为公共部门的会计基础，如新西兰、澳大利亚、芬兰、瑞典。我国在借鉴国际经验的基础上，必须加快推进建立以权责发生制为基础，以编制和报告政府资产负债表、收入费用表等报表为核心的政府综合财务报告制度，为预算绩效管理改革的进一步发展打下坚实基础。

（二）加强总额控制：中期财政规划的完善

引入中长期预算，加强总额控制，是实现财政可持续的重要途径之一。为实现财政可持续，我国中期财政规划还需进一步发展和完善。首先，我国中期财政规划编制存在较大的地区差异性，中央出台的相关政策法规并没有对其进行详细规定，这虽然为地方政府的探索提供了弹性空间，但也存在做表面文章、偏离政策目标等风险，容易导致中期财政规划改革难以落地。因此，中央或各省级财政部门应尽快提供具有可操作性的编制指南，以指导中央各部门和地方政府中期财政规划的编制工作。其次，在中期预算编制方面，可考虑与国民经济和社会发展五年规划纲要相衔接，建立五年期的中期财政规划框架，采用“自上而下”为主、“自下而上”为辅的集中型预算决策模式，确保预算能反映政策重点和优先次序。最后，提高经济收支预测的科学性和准确性，并在此基础上设定支出上限，建立财政风险披露制度，将财政风险评估数据和报告作为政府工作报告的一部分，以加强风险监控和管理。

（三）强化预算监督：预算公开的推进

据测算，我国预算报表公布率仅为24%，约20%的部门没有公布经济分类信息，近30%的部门没有对收入类和支出类专业术语进行解释，我国预算公开在公

---

① 曹堂哲：《国家治理新形态：全面实施绩效管理》，载于《中国社会科学报》2017年11月28日。

② 王雍君：《全面绩效管理需要“动真格”》，载于《新理财》2017年第11期。

开程度、公开形式、信息检索渠道等方面仍存在诸多问题。[①] 实现有效的预算公开应做到：首先，有效的预算公开要细致且全面。我国预算科目的层级包括“类、款、项、目”四级，细致要求预算公开不仅局限于“类、款”，而要逐渐公开至“项、目”。全面要求不仅公开全部的政府收支计划，还应具有一定的动态性。如最初编制的预算是什么样，立法部门如何进行审议，审议之后的预算有何变化，预算执行情况及预算决算和审计情况都应及时公开，从而使公众了解预算的全过程并对其进行有效监督。其次，有效的预算公开要做到易懂且易得。各类支出项目要让公众看得清、看得懂，这就要求公开预算的同时配有辅助性的解释说明材料。此外，预算公开的方式不应仅局限于政府门户网站上的一览表、明细表，还可增加图表、漫画等形式，使枯燥的预算通俗易懂，吸引公众的关注和兴趣。易懂之后便是易得。当前，我国预算公开多存在于政府门户网站，且存在不醒目、零碎公开、信息更新较慢的问题，使预算公开的效果大打折扣，这就要求各级政府开辟专门的预算信息平台，及时更新预算信息，并提供不同的检索方式以及 word、excel、pdf 等不同格式的预算文件，提高预算信息获取的便利性，建立用户友好型的预算信息平台。

展望未来，预算制度自身的发展完善固然重要，但其运行环境的变革（如财政体制、税收制度等）亦不容回避，至少不应让其成为预算改革进一步深化的阻碍。长远看，未来的预算改革不仅要完善现有的制度，还要满足现代财政制度建设的动态需求。纵观百年预算史，尽管各国的国情不尽相同，各国的改革各具特色，但在如何打理纳税人的钱财上仍旧是有规律可循的。因此，从这个意义上讲，作为国家治理现代化基础支撑的预算改革，将伴随全面深化改革的整个过程，成为国家治理体系和治理能力现代化的关键环节。

参考文献：

1. 何廉、李锐：《财政学》，商务印书馆 2011 年版。
2. 高培勇：《论重构财政运行机制》，载于《经济理论与经济管理》1995 年第 3 期。
3. 《国家数据》，中华人民共和国统计局网站，2018 年 3 月 27 日。
4. 项怀诚：《中国财政 50 年》，中国财政经济出版社 1999 年版。
5. 《预算外资金的历史沿革》，中华人民共和国财政部网站，2008 年 9 月 25 日。
6. 谢旭人：《中国财政 60 年》，经济科学出版社 2009 年版。
7. 刘克崮、贾康：《中国财税改革三十年亲历与回顾》，经济科学出版社 2008 年版。
8. 项怀诚：《中国财政 50 年》，中国财政经济出版社 1999 年版。
9. 中华人民共和国财政部：《地方部门预算改革的简要历程》，中华人民共和国财政部网站，2008 年 6 月 30 日。

---

① 郭俊华、朱符洁：《我国公共部门预算透明度研究——以中央部门预算公开数据为例》，载于《财政研究》2016 年第 1 期。

10. 黄佩华、迪帕克：《中国：国家发展与地方财政》，中信出版社2003年版。

11. 《财政审计痼疾求解零基预算适度微调》，21世纪经济报道，2008年9月27日。

12. 高志立等：《政府预算公共化研究：理论、实践与路径选择》，中国财政经济出版社2012年版。

13. 马蔡琛：《中国公共预算管理改革的制度演化与路径选择》，载于《中央财经大学学报》2007年第7期。

14. 卢凌波：《预算稳定调节基金：财政储备还是预算调节》，载于《财贸经济》2012年第12期。

15. 浙江省财政厅总预算局课题组：《创新财政中期规划编制，完善跨年度预算平衡机制》，载于《预算管理与会计》2016年第9期。

16. 贾康、刘薇：《构建现代治理基础——中国财税体制改革40年》，广东经济出版社2017年版。

17. 新华社：《财政部等多家中央部门23日公开2012年部门预算》，中华人民共和国中央人民政府网站，2012年4月23日。

18. 傅新：《预算“单项表决”值得借鉴》，载于《经济研究参考》2007年第48期。

19. 《温州在全国首创对部门预算进行分项审议表决》，凤凰网，2013年1月6日。

20. 财政部预算司：《2016年中央预算部门绩效目标实现全覆盖》，载于《预算管理与会计》2016年第7期。

21. 齐小乎：《预算绩效管理“中国经验”呼之欲出》，载于《中国财经报》2017年9月26日。

22. 齐小乎：《财政部预算评审中心精于实践善于总结，深入开展预算评审业务为财政预算绩效管理提供有力支撑》，载于《中国财经报》2017年8月10日。

23. 上海市青浦区财政局课题组：《加强预算绩效管理结果应用的实践与思考》，载于《预算管理与会计》2016年第6期。

24. 王雍君：《中国公共预算改革：从年度到中期基础》，经济科学出版社2011年版。

25. World Bank, “Beyond the Annual Budget: Global Experience with Medium - Term Expenditure Frameworks”, World Bank Publications, 2013.

26. 《10部门首次公开10个重点项目预算，同步公开绩效目标》，新华网，2017年4月8日。

27. 《财政部发布2016年度地方预决算公开度排行榜》，中华人民共和国中央人民政府网站，2017年12月29日。

28. 国家统计局、中国人民银行：《中国正式采纳国际货币基金组织数据公布特殊标准》，国家统计局网站，2015年10月8日。

29. 《实行政府收支分类改革的必要性》，中华人民共和国财政部网站，2008年6月30日。

30. 马蔡琛：《中国预算管理制度变迁的经济学分析》，载于《税务与经济》2002年第2期。

31. 杨志勇：《我国预算管理制度的演进轨迹：1979—2014年》，载于《改革》2014年第10期。

32. 曹堂哲：《国家治理新形态：全面实施绩效管理》，载于《中国社会科学报》2017年11月28日。

33. 王雍君：《全面绩效管理需要“动真格”》，载于《新理财》2017年第11期。

34. 郭俊华、朱符洁：《我国公共部门预算透明度研究——以中央部门预算公开数据为例》，载于《财政研究》2016年第1期。

党的十九大后的财税改革

贾　康

党的十九大后，理解和贯彻中央对于配套改革中非常重要的财税改革的指导精神，需要承前启后，抓住深化供给侧结构性改革的主线。财税改革在过去中央的指导方面，最权威的文件是党的十八届三中全会后政治局审批通过的财税配套改革方案，而我们现在需要结合党的十九大的报告内容，来掌握这个改革方案的动态优化。应该讲，三大领域继续深化改革的任务一向是比较清晰的。预算改革、税制改革、理顺中央地方体制关系的改革，在党的十八届三中全会审议通过的《中共中央关于全面深化改革若干重大问题的决定》（三中全会“60 条”）的指导精神之下，政治局审批通过的改革方案里，早有一系列具体化的要求。

党的十九大报告在此基础上，是进一步强调：加快建立现代财政制度，建立权责清晰、财力协调、区域均衡的中央和地方财政关系。建立规范透明、标准科学、约束有力的预算制度，全面实施绩效管理。深化税收制度改革，健全地方税体系。用语十分简洁，而这个指导意见非常值得我们进一步深入领会三层次的核心指导精神。

第一层，是财政体制的理顺成为首要任务。原来排在第三位的理顺中央地方关系现在必须摆在第一位，作攻坚克难的把握了。建立现代财政制度，首先就是要有权责清晰、财力协调、区域均衡的中央地方财政关系，这在党的十九大得到了更进一步的强调。于改革中厘清中央地方事权和支出责任，在中央下达专门文件后，2018 年初已有重要进展，即在中央、地方共同负责的基本公共服务供给领域，设定了八大项 18 类基本公共服务事项上中央、地方如何共同承担支出责任的操作方案。这是理顺各级事权和支出责任在新时期的一个良好开端。

接着是顺理成章地在第二层，要有预算的规范透明和绩效方面更高的水平。我们原来已经强调的预算的透明度、规范化，要继续努力对接到全面实施绩效管理。绩效方面已经讨论了多年，显然是一个必须紧紧抓住的发展方向，但其难度也非常明显。现在实践中间，还很难编制出比较高水平的三年滚动绩效预算。但这是一个无可怀疑的进一步提高财政管理水平的基本方向和无可回避的挑战性任务。预算的绩效管理，实际上必然引发由预算资金所推动、带动、引致的其他一些资金的运行，包括我们投融资领域里以财政预算资金来支持、来带动社会资本共同来做 PPP

方面投融资的绩效问题，等等。例如，PPP 项目的财政“可行性缺口补贴”是预算资金的支出，是一定要讲绩效的，而这个绩效并不仅仅是这个资金量本身所能体现的，它是经过可行性缺口补贴加入一般规模会大得多的社会资本、民间资本的运营中间，共同来体现在 PPP 这个概念之下，共同构成公共工程、基础设施、产业新城建设运营乃至国土连片开发等这些项目上的绩效，是这样一种通盘的绩效考虑和约束。显然，这也是我们要在投融资领域里特别注意的问题。

第三层，还有党的十九大所要求的深化税收制度改革，中央特别强调了健全地方税体系，这也正体现着问题导向。我国税制改革必须克服阻力按照客观需要继续深化。党的十八届三中全会所说的提高直接税比重，具体到当前，切入点我觉得还不能一下去想像遗产税那样的税种，因为要在中国现在的社会环境中去确立一个遗产税改革方案，必须首先考虑到中国能不能像世界上多数国家那样实行官员财产报告和公示制度，如果认为这个槛过不去，怎么好堂而皇之地要求全社会成员依法对政府报告自己的财产状况、并准备身后接受遗产税的调节呢？现在更现实的直接税制度建设，需要紧紧抓住六大税制改革任务里的房地产税和个人所得税。此外，必须考虑已经列入改革方案的和地方税体系建设息息相关的资源税，以及消费税方面有没有可能把其中可以推到后面销售环节征收的那些税源交给地方，这样形成地方税体系，使营改增之后地方政府已没有一个稍微像样一点主力税源的现实问题，能得到较好解决。

出于客观的财政压力，已经明确了一个过渡性的安排：2～3 年内，要按照营改增之后增值税由中央和地方五五开，来解决地方手上大宗稳定财力来源问题。但是这一安排的过渡性质是非常明显的，不能长此以往。因为如果把增值税一半给地方，一定会出现地方政府把这个看作长期制度安排以后，在自己的辖区之内努力来多建企业的偏向。因为这时候建成的企业无论盈利与否，它只要一开工，马上就有地方的增值税收入。原来努力把增值税压到地方只能拿 1/4，仍然觉得对地方政府职能扭曲有巨大影响，现在扩大至一半，这怎么可能是长久之计？那么问题就是后面靠什么替代现在不得不做的过渡性的安排？一定要抓紧建设地方税体系，以更合理的制度安排使地方政府职能内生地合理化。这都是我们应当理解的党的十九大以后的财税改革任务。

中央地方财力分配关系的体制逻辑与表象辨析*

——客观存在的地区间“横向不均衡”，需要合理的中央、地方间“纵向不均衡”机制加以调节

贾 康 梁 季

近年来，我国国民收入分配和政府间财力分配格局问题，是各方关注的现实重大问题与热点问题。在我国财政总收入“蛋糕切分”的分配比例中，中央政府目前拿52%左右（即地方拿其余的48%左右），而同时，在支出中，中央所占的比重不足30%，地方要占70%以上。这种情况带来了诘问之声：“地方以48%的收入负担70%以上的支出，还怎么过日子?”这其实是一个很久以来令非专业人士普遍疑惑的发问，并在不少场合，直接引出了“应提高地方收入占财政总收入的比重”的看法；而就专业人士而言，这个问题确实也是一个需要力求思绪清晰、深入浅出地把相关道理讲明白的重大现实问题。本文试对此做一番分析。

一、分税制下中央、地方间财力分配关系的内在逻辑

大道理管小道理。讨论中央、地方间财力分配关系，首先需要明确，为什么我们必须把这一关系放在“分税制”的制度框架之下。搞市场经济，就必须实行分税分级财政体制——这是世界各国在市场经济发展中不约而同形成的体制共识与基本实践模式，也是我国改革开放在经历了前面十余年探索后，以1994年财税配套改革为标志而确立的财政体制的基本框架与现实性质。其内在的逻辑要点不可不察。

（一）政府企业关系和中央地方关系需要在分税制框架下“二位一体”地得到正确处理

学术界已有不少讨论涉及以下辨析：对于财政体制，虽然不少人看到的是处理中央与地方政府分配关系的规范性制度安排，但需要十分明确地指出，财政体制绝不仅仅只是处理这一项关系——在全局意义上，财政体制首先需要处理政府与企业分

* 本文原发表于《财政研究》2011年第1期。

配关系，进而“二位一体”地处理好政府与企业、中央与地方两大基本经济关系①。我国1994年的变革，之所以具有里程碑式的意义，就是它终于突破了以往不论“集权”还是“分权”都是按照企业行政隶属关系组织财政收入的体制症结，形成了所有企业不论大小、不分行政级别，在税法面前一律平等、一视同仁，“该缴国税缴国税，该缴地方税缴地方税”的真正公平竞争环境，同时也使中央地方间告别了分成制下无休止的扯皮和包干制下“包而不干”地延续扯皮因素的“体制周期”，形成了政府对市场主体实行宏观“间接调控”的机制和中央与地方间按税种分配各自财力的比较规范、稳定的可持续体制安排。

（二）按税种划分收入，对于不同地区必然要求规范一律，但各地实际的税收丰度和公共品供给成本又必然高低不一

税种在中央、地方间的划分即税基的配置，一般认为要遵循以下一些基本原则：与国家主权和全局性宏观调控功能关系密切或税基涵盖统一市场而流动性大的税种（如关税、消费税、个人所得税、社会保障税等），应划归中央；而与区域特征关系密切、税基无流动性或流动性弱、宜于因地制宜的税种（如房地产税、资源税、耕地占用税、特定地方税等）应划归地方。关于这套税种划分的原则，在一个体制内，应是上下贯通、规范一律的，那些不宜由中央或地方专享、出于过渡性的或者甚至是长期存在的理由不得不划为中央地方共享税的税种（如我国现行税制中的增值税和所得税），也需要执行全国一律的共享比例。假如我们不能坚持最基本的“全国一律”特征，我国分税制的根基就会动摇——试想，如按有些同志听来似乎“有道理”的主张，把欠发达地区的增值税25%分享比重（或所得税40%分享比重）提高，用以“因地制宜地缓解地方困难”，那么这一个省（区市）如果调为50%，另一个省（区市）马上会摆出一大堆理由要求升为60%，最欠发达的边远省（区市）则可能会要求70%以上，而发达地区同样会忿忿不平地摆出一大串“困难”来也要求改变比例，这样体制的实际规则，就会转变为“一地一率”、讨价还价的分成制，分税制体制的框架便将随之而轰然倒塌，于是乎，原来弊病丛生、苦乐不均的“跑部钱进”“会哭的孩子有奶吃”、无休止的扯皮等问题，就都会卷土重来。总之，一句话，按税种划分中央、地方收入的基本逻辑，是要求全国保持规范一律，即使是共享税，其切分办法也必须全国一致，否则，便不成其为与统一市场、公平竞争环境及体制稳定规范性相契合的“分税制”体制了。

但由此而来，各地税种一律、分享比例一律，但实际的税收丰度（某一税种的人均可实现收入数量）却会由于地区经济发展水平的差异及其他相关因素而大相径庭。如同是25%的增值税，工商企业数量多、发展水平高、增值额规模大的沿海省（区市），与工商业还很不活跃、经济发展水平低下、增值额规模往往还很

---

① 贾康：《分税制改革与中央、地方政府间关系》，载于《改革》1990年第4期。

小的西部边远省（区市），定会有人均对比上的巨大反差；同是拿取 40% 的所得税，但企业效益水平和居民收入水平、进而人均对比的所得税数量，在不同区域往往完全不可同日而语。这就注定会产生区域间财政收入丰度显著的“横向不均衡”。与此同时，地方政府提供“基本公共服务均等化”所需的公共产品的供给成本，却又会因巨大的地区差异而产生另一个支出负担上的“横向不均衡”，使欠发达省（区市）面临更大困难：恰恰是税收丰度很低的地方，大都是地广人稀、高原山区、自然条件较严酷而提供公共产品的人均成本非常高的地方；又恰恰是税收丰度较高的地方，一般都是人口密集、城镇化水平高、自然条件和生存环境较好因而提供公共产品的人均成本比较低的地方。财政的收入丰度低而支出成本高，这就是欠发达地区普遍面对的困难处境，因此分税制框架下对这个问题的解决之道，便主要需依仗“自上而下”的中央财政（还有省级财政）对欠发达地区的转移支付制度安排（也不排除中央政府协调组织之下开展的发达地区对欠发达地区的“横向”转移支付），形成可持续的调节区域差异的通盘方案。

（三）收入与支出二者在政府间划分遵循不同原则，体制目标应是在财权与事权相顺应的基础上，力求使各级政府的财力与事权相匹配，于是中央、地方本级必不可能各自收支均衡

了解上述情况后便可知，在市场经济下，收入划分需要考虑税种与生产要素流动的影响以及中央宏观调控功能的实现，所以通常将税源易流动、税负易转嫁以及发挥宏观调控功能所需要的税种，划为中央税，将税基不易流动、不会引起地区间过度税收竞争和需要“因地制宜”的税种划为地方税。同时，还可能有一部分在中央地方之间规范地共享的税种。至于支出责任在政府间的划分，则需考虑公共产品的属性及其“外部性”的覆盖面、相关信息的复杂程度、内洽于全局利益最大化追求的激励—相容机制，和公共品提供效率等因素。属于全国性的公共产品，应由中央政府提供，地区性的公共产品，则应由地方政府提供，具体的支出责任，也应合理地分别划归中央与地方。同时，由于地方政府较中央政府更具有信息优势，更加了解本地居民的需要，因而在中央政府和地方政府均能提供某种公共品的情况下，基于效率的考虑，也应更倾向于由地方政府提供。

一个设计合理的分税制体制，目标应是在合理配置各级税基（税费收入），使财权与事权（支出责任）相顺应而不相互悖反违拗（俗语所说“不拧巴着”）的基础上，进而加上转移支付来使各级可用财力与事权相匹配。于是，主导性的体制特征，必然是要求形成“中央本级多收少支、以转移支付支持欠发达地区”的模式，换言之，从分税制之下中央地方之间“收入分配”的内在逻辑来看，全局的合理性必然是要求首先“中央本级收 > 支”，然后，再依靠中央自上而下的转移支付，实施倾斜支持，有针对性地使欠发达地区也能将其财力与其事权相匹配，得以多拿到一些可用财力来推进基本公共服务均等化（于是地方本级总计必然支 > 收）。

（四）地区间的“横向不均衡”现实，需要负责调节区域差异的中央政府设计和把握好“纵向不均衡”机制

如前所述，由于各地收入差异必然存在，支出成本负担也大不相同，并且收入种类划分与支出责任划分遵循不同的原则，因而中央、地方政府各自的本级收支规模不相一致的情形必然出现（某一地方行政区内自身达到收支平衡只能是偶然的情况）。在这种情况下，有必要运用转移支付制度手段对财政资金余缺在政府间进行适当调节，这种转移支付有效运行的基本前提，就是中央取得与其宏观调控功能相称的财力，进而去调节地区间的“横向不均衡”，因此，体制常态在分税制下必然是中央“收 > 支”（在100%的蛋糕切分中，这也就必然成为地方“收 < 支”的同义语），又形成所谓的“纵向不均衡”。地方发展水平差异和财力差异的客观存在，在我国尤为突出，所以我国中央政府的一项重要责任，就是以合理方式“抽肥补瘦”，抑制地区间差距扩大——这种中央政府针对“横向不均衡”履行区域差异调节责任的物质前提，就是形成合理设计与实施的中央、地方间“纵向不均衡”的财力分配框架。因此，在各自本级的收支账上中央政府收大于支、地方政府（合计）支大于收的格局，必然成为分税分级财政体制下的常态格局。相应地，转移支付也将主要表现为“自上而下”的财力转移即“资金向下流动”格局。这是市场经济下分税制的通行逻辑，我国在1994年改革后也不例外。

从转移支付的形式看，可分为两类，一类是旨在平衡地方基本公共服务能力的转移支付，称为一般性转移支付（我国这些年也称为财力性转移支付）、无条件转移支付或均衡补助；另一类是实现国家某些特定宏观调控目标的转移支付，称为专项转移支付或有条件转移支付，该类转移支付实行专款专用。

此外，在此值得一提的是，我国除规范的转移支付外，在中央与地方之间还存在另外两类财政资金的流动，即中央对地方的税收返还和地方对中央的上解收入，它们是1994年分税制改革为稳妥处理中央与地方利益关系而出现的一种具有过渡性质的“转移支付”。其中的上解收入，已于2009年将其与税收返还进行对冲处理，此后不再存在；随时间推移，按1∶0.3由地方所得的税收返还，对财政资金纵向流动的影响也越来越小（即数学上所说的其极值是趋向于无穷小）。

二、我国中央、地方间的财力分配现行框架与运行情况分析

（一）现行框架

我国1994年财税配套改革后的中央地方财力分配基本关系框架如图1所示。

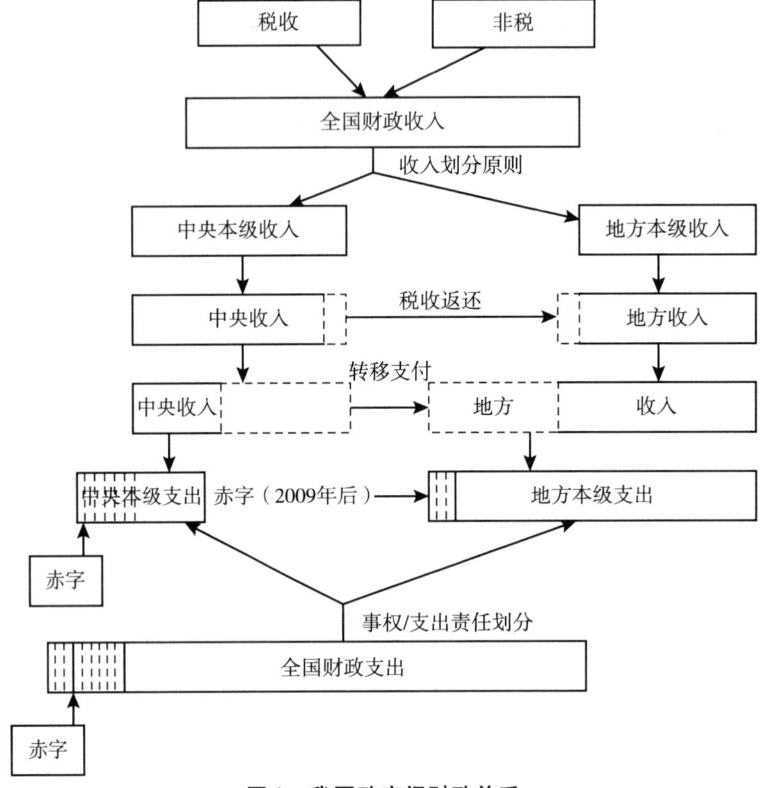

图1　我国政府间财政关系

在这个体制框架下，我国财政收入占 GDP 的比重于 1994 年后实现了符合改革者期望的恢复性增长，中央财政收入占全部财政收入的比重，也从 1993 年 22% 左右的水平，1994 年一跃而为 50% 以上，如图 2 所示。

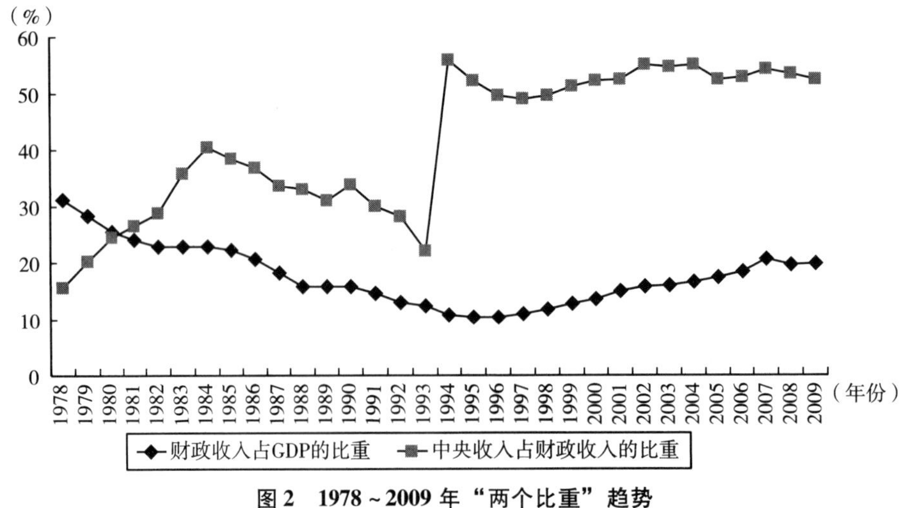

图2　1978～2009 年“两个比重”趋势

资料来源：1978～2008 年数据取自《中国财政年鉴》（2009），2009 年根据相关数据计算得到。

目前我国税收在中央、地方间的分享情况和转移支付分类情况、数据情况，分别如表1、表2和表3所示。

表1 我国税收收入分享情况

税种	类别	具体分享办法
关税	中央税	收入划归中央
增值税	共享税	进口增值税划归中央，国内增值税75%归中央，25%划归地方
消费税	中央税	收入划归中央
营业税	共享税	铁道系统、各银行总行和各保险总公司集中缴纳的营业税收入却划归中央，其余归属地方
企业所得税	共享税	60%归中央、40%归地方
个人所得税	共享税	60%归中央、40%归地方
资源税	共享税	海洋石油天然气资源税属于中央，其他属于地方
印花税	共享税	股票交易印花税的97%归中央，其他归地方
房产税	地方税	收入归地方
城镇土地使用税	地方税	收入归地方
耕地占用税	地方税	收入归地方
车船税	地方税	收入归地方
车辆购置税	地方税	收入归地方
契税	地方税	收入归地方
土地增值税	地方税	收入归地方
城建税	地方税	收入归地方
烟叶税	地方税	收入归地方
船舶吨税	地方税	收入归地方
固定投资方向调节税	地方税	暂停征收

资料来源：根据相关政策文件整理。

表2 目前我国转移支付分类

类别	具体内容
财力性转移支付	一般性转移支付
	民族地区转移支付
	农村税费改革转移支付
	调整工资转移支付
	县乡奖补转移支付
	其他财力性转移支付

续表

类别	具体内容
专项转移支付	社会保障支出
	农业支出
	科技支出
	教育支出
	医疗卫生支出
	其他

资料来源：根据李萍主编：《中国政府间财政关系图解》，中国财政出版社2006年版，第50页图2－1整理。

表3　1994～2009年转移支付情况

年度	转移支付（亿元）	财力性转移支付（亿元）	专项转移支付（亿元）	财力性转移支付占比（%）	专项转移支付占比（%）
1994	460	99	361	21.52	78.48
1995	508	133	375	26.18	73.82
1996	650	161	489	24.77	75.23
1997	717	199	518	27.75	72.25
1998	1 088	210	878	19.30	80.70
1999	1 788	364	1 424	20.36	79.64
2000	2 233	620	1 613	27.77	72.23
2001	3 376	1 176	2 200	34.83	65.17
2002	4 024	1 623	2 401	40.33	59.67
2003	4 512	1 914	2 598	42.42	57.58
2004	6 028	2 605	3 423	43.21	56.79
2005	7 341	3 812	3 529	51.93	48.07
2007	14 017	7 125	6 892	50.83	49.17
2008	18 663	8 696	9 967	46.60	53.40
2009	23 677	11 317	12 360	47.80	52.20

资料来源：1994～2005年数据取自李萍主编：《中国政府间财政关系图解》，中国财政出版社2006年版，第51页；2007～2009年数据取自各年度预算报告。

（二）我国财政体制运行情况分析

根据上述情况，我们可以清楚地知道，分税制下中央财政收入中应有一部分专门用于对地方的补助（在我国包括税收返还和转移支付，前者也可纳入广义的转移支付概念），这方面于我国分税制财政管理实践中的具体情况，如表 4 和图 3 所示。

表 4　1994～2009 年中央收入与补助情况

年度	中央收入（亿元）	中央本级收入（亿元）	对地方的补助支付（亿元）	中央补助占中央收入的比重（%）	中央补助占中央本级收入的比重（%）
1994	3 476.55	2 906.5	2 389.09	68.72	82.20
1995	3 866.63	3 256.62	2 534.06	65.54	77.81
1996	4 264.95	3 661.07	2 722.52	63.83	74.36
1997	4 830.72	4 226.92	2 856.67	59.14	67.58
1998	5 489.13	4 892	3 321.54	60.51	67.90
1999	6 447.34	5 849.21	4 086.61	63.38	69.87
2000	7 588.29	6 989.17	4 665.31	61.48	66.75
2001	9 173.7	8 582.74	6 001.95	65.43	69.93
2002	11 026.6	10 388.64	7 351.77	66.67	70.77
2003	12 483.83	11 865.27	8 261.41	66.18	69.63
2004	15 110.27	14 503.1	10 407.96	68.88	71.76
2005	17 260.49	16 548.53	11 484.02	66.53	69.40
2006	21 243.89	20 456.62	13 501.45	63.55	66.00
2007	28 611.95	27 749.16	18 137.89	63.39	65.36
2008	33 626.93	32 680.56	22 990.76	68.37	70.35
2009	35 896	35 896	28 563.79	79.58	79.58

注：（1）中央收入 = 中央本级收入 + 地方上解收入，中央本级收入是指按照收入权划分中央本级的收入，地方上解收入是指中央收到地方按照有关法律法规或财政体制规定上解的各项收入。主要包括1994 年分税制改革时保留下来的地方原体制上解收入和出口退税专项上解收入。2009 年，将地方上解与中央对地方税收返还作对冲处理，相应取消地方上解中央收入科目，因而 2009 年中央收入与中央本级收入相等。（2）中央对地方的转移支付中包括中央对地方的税收返还。

资料来源：1994～2008 年中央收入、中央本级收入以及对地方转移支付数据取自《中国财政年鉴》（2009 年）；2009 年数据取自财政部内部资料《关于财政体制运行情况的汇报》。

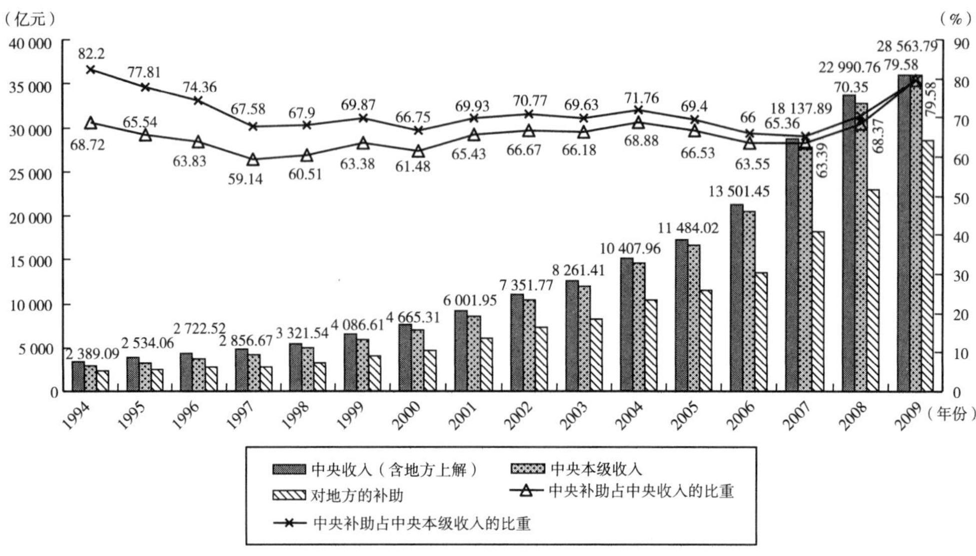

图 3 1994～2009 年中央对地方补助情况

资料来源：同表 3。

从表 4 和图 3 中我们可以看出，我国实行分税制改革后，中央对地方的补助逐年增加，已从 1994 年的 2 389.09 亿元增加至 2009 年的 28 536.79 亿元，15 年增加了约 11 倍，年均增长率为 18%。自 1994 年以来，中央财政收入半数以上用于对地方的补助，各年度中央补助收入占中央本级收入均超过 65%，近年已年高达近 80%。对地方的补助是中央收入的主要使用方向。所以，尽管运行的表象上是中央在收入比重上占大头，但其资金使用的大头，却是用于对地方的补助。

从同一过程的另一角度来说，中央收入的流出意味着地方收入的增加，支撑着地方财政支出。1994 年以来，中央补助收入占地方财政支出的比重情况如表 5 和图 4 所示。

表 5 1994～2009 年中央补助与地方财政支出情况

年度	地方本级收入（亿元）	地方财政支出（亿元）	中央补助（亿元）	中央补助占地方财政支出的比重（%）	中央补助占地方收入的比重（%）
1994	2 311.6	4 038.19	2 389.09	59.16	50.82
1995	2 985.58	4 828.33	2 534.06	52.48	45.91
1996	3 746.92	5 786.28	2 722.52	47.05	42.08
1997	4 424.22	6 701.06	2 856.67	42.63	39.24
1998	4 983.95	7 672.58	3 321.54	43.29	39.99
1999	5 594.87	9 035.34	4 086.61	45.23	42.21
2000	6 406.06	10 366.65	4 665.31	45.00	42.14

续表

年度	地方本级收入（亿元）	地方财政支出（亿元）	中央补助（亿元）	中央补助占地方财政支出的比重（%）	中央补助占地方收入的比重（%）
2001	7 803. 3	13 134. 56	6 001. 95	45. 70	43. 48
2002	8 515	15 281. 45	7 351. 77	48. 11	46. 33
2003	9 849. 98	17 229. 85	8 261. 41	47. 95	45. 61
2004	11 893. 37	20 592. 81	10 407. 96	50. 54	46. 67
2005	15 100. 76	25 154. 31	11 484. 02	45. 65	43. 20
2006	18 303. 58	30 431. 33	13 501. 45	44. 37	42. 45
2007	23 572. 62	38 339. 29	18 137. 89	47. 31	43. 49
2008	28 649. 79	49 248. 49	22 990. 76	46. 68	44. 52
2009	32 581	60 594	23679	39. 08	42. 09

注：地方财政收入 = 地方自有收入 + 转移支付。

资料来源：1994 ~ 2008 年数据取自《中国财政年鉴》（2009）；2009 年数据取自财政部内部资料《关于财政体制运行情况的汇报》。

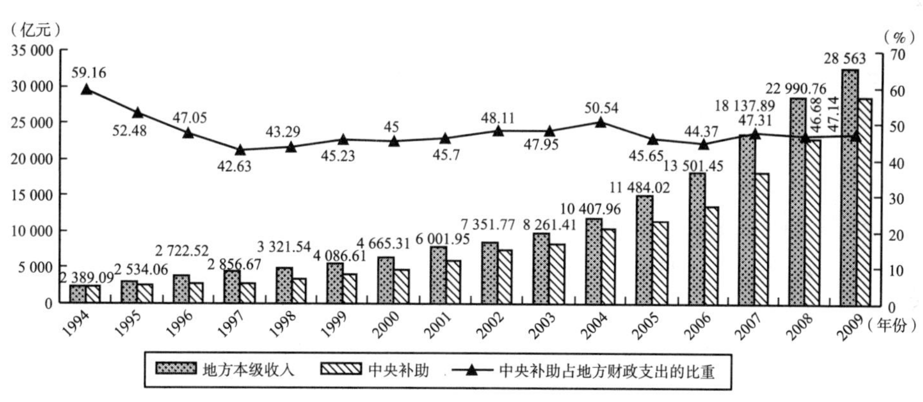

图 4　1994 ~ 2009 年中央补助占地方财政支出情况

资料来源：同表 5。

从表 5 和图 4 中可以看出，中央补助对地方财政支出的贡献较大。自 1994 年以来，除个别年度，中央补助占地方财政支出的比重均在 45% 以上，有些年度高达半数以上（如 2004 年为 50. 54%），因而已成为地方财政支出的重要支撑——当然，这些补助主要流入了我国欠发达的西部与中部地区。

在中央补助到位后，我国地方本级支出占全部财政支出的情况如图 5 所示。

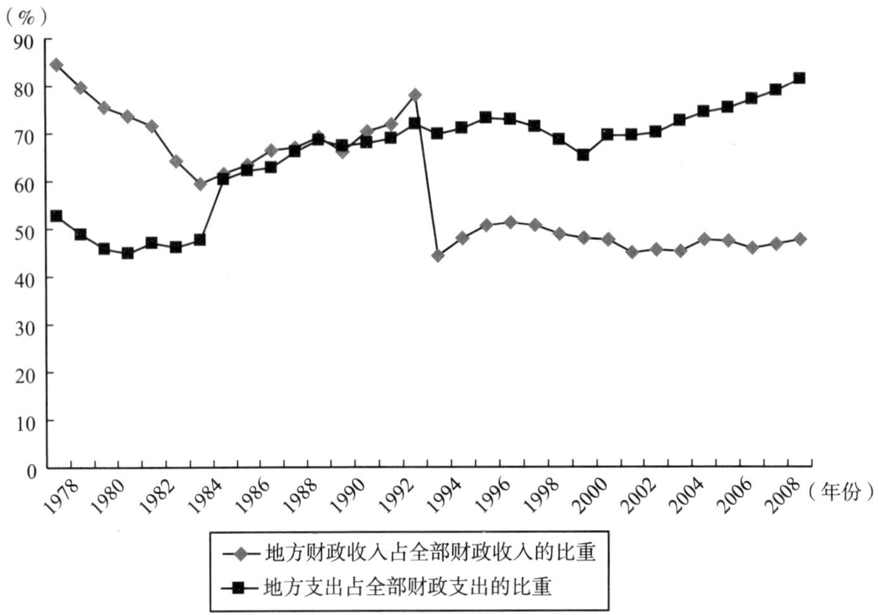

图 5 地方财政收入和支出占全国财政收入和支出的比重

资料来源：1978～2008 年数据取自《中国财政年鉴》(2009)，2009 年根据相关数据计算得到。

(三) 从国际比较来看，我国中央财政收入占比不高，地方支出对中央转移支付的依赖度目前尚处于大体合宜水平，今后可随部分事权合理划升中央而有所降低或企稳

分权财政体制在世界市场经济国家广为应用，这为评价我国分权财政体制的特点提供了一个较好的参照系。从国际实践来看，收入上移、支出下移是分税分级财政体制的普遍特点。表 6 列示了世界部分国家 1995 年中央政府税收收入占总收入的比例（包括社会保障收入），表 7 列示了我国自 1994 年以来，中央收入占比情况。

表 6 部分国家中央收入占比情况 单位：%

国家	中央政府收入占	国家	中央政府收入占比	国家	中央政府收入占比	国家	中央政府收入占比
奥地利	82	德国	71	西班牙	86	荷兰	98
比利时	71	匈牙利	94	瑞典	67	新西兰	95
捷克	87	冰岛	80	瑞士	62	挪威	81
丹麦	69	日本	76	英国	96	波兰	93
芬兰	78	墨西哥	80	葡萄牙	95	美国	58 (1990)

续表

国家	中央政府收入占	国家	中央政府收入占比	国家	中央政府收入占比	国家	中央政府收入占比
澳大利亚	71（1991）	加拿大	49（1989）	阿根廷	62（1989）	印度	68（1989）
印度尼西亚	90（1990）	—	—	—	—	—	—

注：（1）括号内数字表示年度；（2）数字后没有标注年度的都为1995年数据。

资料来源：1995年数据根据李萍主编：《中国政府间财政关系图解》，中国财政经济出版社2006年版，第240～241页图表整理得到；其他年度数据取自朱萍：《论我国现阶段政府间转移支付规模的合理界限》，载于《上海财经大学学报（哲学社会科学版）》2007年第1期。

表7　　1994～2009年我国中央收入占比情况　　单位：%

年度	中央收入占比	年度	中央收入占比	年度	中央收入占比
1994	55.7	2000	52.2	2005	52.3
1995	52.2	2001	52.4	2006	52.8
1996	49.4	2002	55	2007	54.1
1997	48.9	2003	54.6	2008	53.3
1998	49.5	2004	54.9	2009	52.4
1999	51.1	—	—	—	—

资料来源：1994～2008年数据取自《中国财政年鉴》（2009），2009年数据取自财政部内部资料《关于财政体制运行情况的汇报》。

从表6和表7可看出，许多国家中央收入占比在70%以上，即使是占比较低的国家，如加拿大和美国，也在50%左右（加拿大为49%，美国为58%）。我国自1994年分税制以来，中央收入占比在50%上下徘徊，最高年度（1994年）也仅为55.7%，不及美国；最低年度仅为48.9%，与加拿大持平。所以，从国际比较视角来看，我国中央政府收入占比还处于较低水平。

地方政府财政收支存在缺口是世界各国普遍存在的现象，因而依靠转移支付平衡地方财政收支情况也是惯例，但依赖程度却无一定“数量界限”可循。图6列示了OECD国家2005年地方政府收入中税收收入与转移支付的对比情况。从图6中可以看出，转移支付占地方政府收入的比重从10%～80%不等。荷兰、希腊等少数国家转移支付占地方政府财政收入的比重高达80%以上；卢森堡、波兰和韩国在50%以上；丹麦、挪威、葡萄牙等国在40%以上；澳大利亚和德国地方财政对联邦政府的依赖程度都不超过25%。

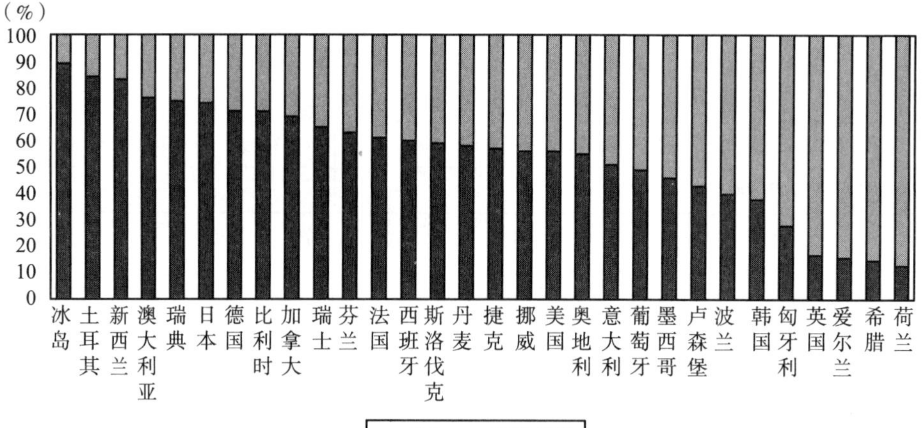

图6　2005 年 OECD 国家地方政府税收收入与转移支付对比情况

资料来源：本图摘自 Hansjorg Blochliger and Oliver Petzold, Tax and Grants: on t he Revenue Mix of Sub2central Governments. COM/CTPA/ECO/GOV/WP（2009）7，笔者对其国名和说明做了中文化处理。

我国自 1994 年分税制改革以来，转移支付占地方政府的收入比重在 40% ~ 47%之间波动（除 1994 年外），16 年平均占比为 43%，从国际比较视角来看，我国地方财政对中央补助的依赖程度处于中间水平，还比较合宜。今后随中央、地方间事权调整，如把一部分事权（如基本养老统筹、边境事务管理、跨流域协调等）合理划升中央，并对已有的一些垂直工作系统（包括缉私和证券犯罪侦察等）加以强化，则地方支出对中央转移支付的依赖程度可能有所降低，或在与中央强化对欠发达地区转移支出的效应对冲后企稳。

（四）我国东部地区为中央收入的主要贡献者，而中西部地区为中央补助的主要受益者，因而补助政策较好地发挥了“抽肥补瘦”、平衡地区发展的作用

1994 年分税制改革以规范统一的方式明确了中央与地方之间收入划分与共享办法，在以法定的税收形式作为财政收入主要来源的情况下，地方财政收入与经济发展水平直接相关，经济越发达，财政收入能力越强。在主要税种多为共享税且中央分享比例大于地方的情况下，不但地方本级财政收入受益于经济发展，而且经济发展对中央本级收入的贡献尤大。其后，中央通过税收返还与转移支付的形式，又将一部分财政资金用于地方，特别是中西部地区。这种“抽肥补瘦”的制度安排，较好地发挥了平衡地区间财力、促进区域间经济协调发展的作用。

以 2008 年为例，东中西部地区对中央税收收入的贡献度以及从中央补助的受益情况如表 8 和图 6 所示。

表8　2008年东中西部地区对中央收入的贡献及获得中央补助情况

地区	对中央收入贡献度		从中央得到的补助		受益与贡献差额（亿元）
	绝对规模（亿元）	相对比重（%）	绝对规模（亿元）	相对比重（%）	
东部	26 724.49	73.67	7 114.4	31.54	-19 610.09
中部	5 870.43	16.18	8 239.82	36.53	2 369.39
西部	3 681.51	10.15	7 203.52	31.93	3 522.01

注：表8中的东中西部地区分别为，东部地区包括北京、天津、河北、辽宁、上海、江苏、浙江、福建、山东、广东、广西、海南12个省、自治区、直辖市；中部地区包括山西、内蒙古、吉林、黑龙江、安徽、江西、河南、湖北、湖南9个省、自治区；西部地区包括重庆、四川、贵州、云南、西藏、陕西、甘肃、宁夏、青海、新疆10个省、自治区、直辖市。

资料来源：（1）对中央税收收入的贡献情况数据根据《中国税务年鉴》（2009）中相关数据整理得到。（2）从中央补助的受益情况数据根据《中国财政年鉴》（2009）中相关数据整理得到。

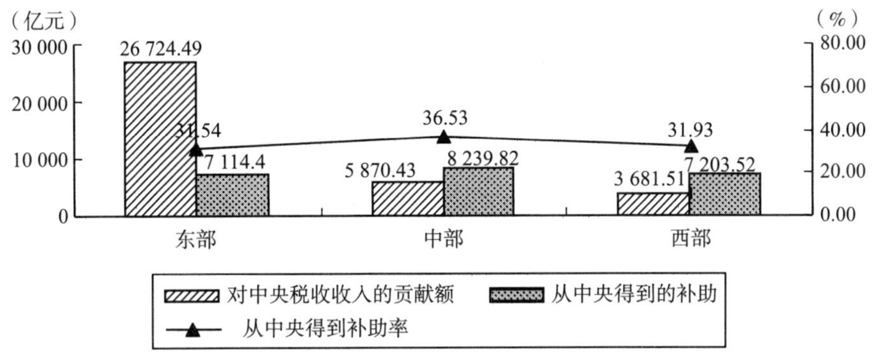

图7　2008年动中西部地区对中央收入贡献度及从中央获取补助对比情况

注：贡献度计算公式为：对中央税收贡献额/中央全部收入；补助率计算公式为：取得的中央补助/中央补助总额。

从表8和图7中可以看出，2008年东部地区是中央税收收入的重要贡献者。其贡献的绝对规模是中部地区的4.55倍、西部地区的7.26倍，中西部地区之和的2.8倍，是其获得中央补助的3.76倍，占全部中央税收收入的相对比重也高达73.67%，远远高于中西部占比之和26.33%。而中西部地区恰为中央补助的主要获益地区，两地区获得补助规模均明显高于东部，占全部中央补助的比重分别为36.53%和31.93%，均明显高于本地区对中央收入的贡献，因而是财政资金净流入的获益地区。2008年，中部9省中，有8省中央补助收入高于其一般预算收入，西部10个省直辖市中，9个省中央补助收入高于其一般预算收入，个别省（区）（如贵州、甘肃、青海和宁夏）的中央补助收入是其一般预算收入的两倍以上。显然，从转移支付的角度分析，中西部地区受益最多。由于东部税收返还基数（1993年增值税和消费税收入）大，因而其税收返还在一定阶段上还显得较多，相应增加了其中央补助收入，但这个因素是递延递减的。以2005年为例，转移支付地区分布情况如图8所示。从图8中可以看出，无论是财力性转移支付还是专项转移支付，中西部都是绝对受益者，现实情况是地方政府级次越低，受益度越大（如2009年甘肃省庆阳市正宁县从上级政府获得补助是其自有财政收入的9倍）。

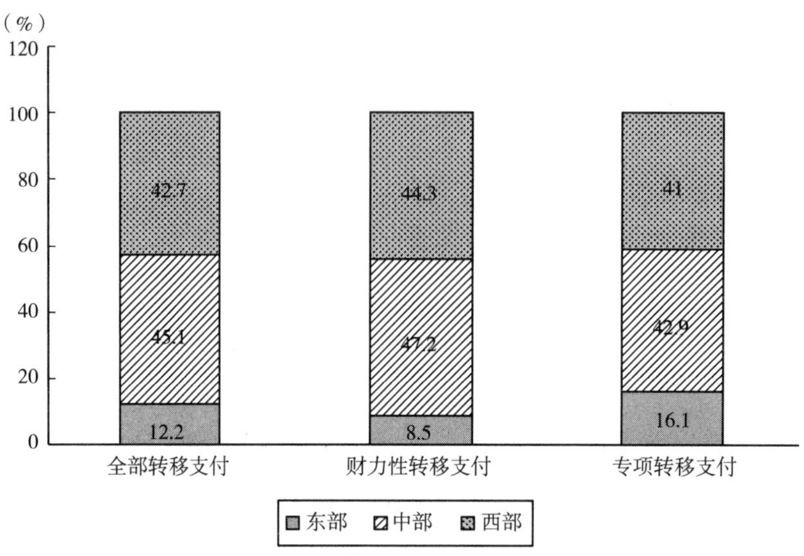

图8 2005年转移支付地区分布

资料来源：李萍主编：《中国政府间财政关系图解》，中国财政经济出版社2006年版，第94页。

（五）从转移支付的结构上看，财力性转移支付占比逐步提高，专项转移支付占比逐渐降低

相比较而言，财力性转移支付纳入地方政府的一般预算中，地方可因地制宜统筹安排和使用资金，灵活性较大，对于促进地区间公共服务均等化效果更佳，因此中央政府在财力允许的情况下，逐步调整转移支付结构，增加财力性转移支付比重。财力性转移规模从1994年的99亿元增加至2009年的11 317亿元，16年增加113倍，年均增长率为84%，占全部转移支付的比重也从1994年的21.52%提高至2009年的47.80%，具体情况见表9和图9。

表9 1994～2009年转移支付情况

年度	转移支付（亿元）	财力性转移支付（亿元）	专项转移支付（亿元）	财力性转移支付占比（%）	专项转移支付占比（%）
1994	460	99	361	21.52	78.48
1995	508	133	375	26.18	73.82
1996	650	161	489	24.77	75.23
1997	717	199	518	27.75	72.25

续表

年度	转移支付（亿元）	财力性转移支付（亿元）	专项转移支付（亿元）	财力性转移支付占比（%）	专项转移支付占比（%）
1998	1 088	210	878	19.30	80.70
1999	1 788	364	1 424	20.36	79.64
2000	2 233	620	1 613	27.77	72.23
2001	3 376	1 176	2 200	34.83	65.17
2002	4 024	1 623	2 401	40.33	59.67
2003	4 512	1 914	2 598	42.42	57.58
2004	6 028	2 605	3 423	43.21	56.79
2005	7 341	3 812	3 529	51.93	48.07
2007	14 017	7 125	6 892	50.83	49.17
2008	18 663	8 696	9 967	46.60	53.40
2009	23 677	11 317	12 360	47.80	52.20

注：2007～2009 年数据取自各年度预算报告。

资料来源：1994～2005 年数据取自李萍主编：《中国政府间财政关系图解》，中国财政出版社 2006 年版，第 51 页。

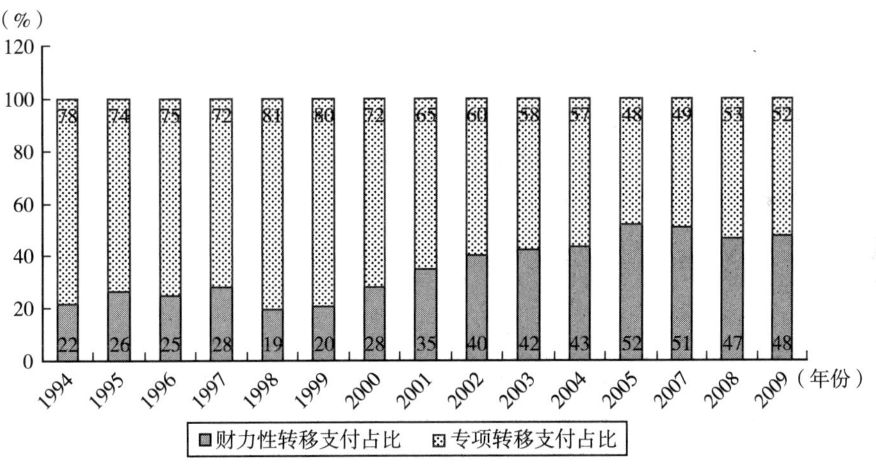

图 9　1994～2009 年各类转移支付占比情况

（六）总之，我国分税制财政体制正在运用“纵向不均衡”调节矫正“横向不均衡”，使地方财政的日子总体而言过得更好

1994 年分税制改革统一了政府间财力配置方式，初步理顺了国家与企业、中央与地方之间的分配关系。中央收入占比不断提高，从 1993 年的 22% 提高至 2009 年的 52.4%，这为中央政府发挥宏观调控职能，更有力、有效地调节区域差异，

提供了资金保障。

总结起来，逐年增加的转移支付规模对于增加中西部地区财力，提高中西部地区人均财政支出水平，促进地区间协调发展，发挥了重要作用。以2009年为例，中西部地区人均自有财政收入仅为东部地区的31%和33%，通过转移支付，使得中西部地区的人均财政支出达到东部的67%和86%，地区间的差距明显缩小。人均财政收入基尼系数是用以衡量地区间财政收入分配差异程度的统计指标。我国地区间经济发展的不均衡导致地区间自有财政收入差距很大，2005年我国各省区人均一般预算收入（与自有财政收入口径相当）的基尼系数为0.471，差异明显，实行中央补助后（包括税收返还、财力性转移支付和专项转移支付），各省区人均财政收入基尼系数下降至0.328，下降了0.14，降幅达30%。

这些都表明，我国的分税制财政体制正在运用其“纵向不均衡”的制度设计，发挥调节和矫正“横向不均衡”的体制功能，使欠发达地区共享改革开放的成果，使我国地方财政的日子，绝非如表象式疑问提出的那样“过不下去”，而是总体而言过得更好，促进了区域协调、社会和谐，维护了国家统一、民族团结，保证了改革开放所取得的成果为全体人民所共享。

三、在深化改革中，使财政体制更好保证中央宏观调控职能的发挥和促进地区间协调发展

我国中央地方关系还处于进一步走向合理化的历史进程之中。如向前作一展望，我们应特别重视研讨“十二五”期间深化财政改革、特别是省以下财政体制改革的思路和要领，力求更好地保证中央宏观调控职能的发挥和促进科学发展观所要求的地区间的共赢式协调发展。

（一）需要特别注重总体设计、配套改革思路

在未来五到十年的时间，争取从“省直管县改革”和“乡财县管与乡镇综合改革”切入，推进到使我国财政层级框架“扁平化”，进而破解省以下无法实质性贯彻落实分税制的难题，使扁平化后的中央、省、市县三级，均按照“一级政权、一级事权、一级财权、一级税基、一级预算、一级产权、一级举债权”的原则处理好体制安排，再加上中央、省两级自上而下的转移支付，建设成为上下贯通、覆盖统一市场、财权与事权相顺应，财力与事权相匹配的公共财政体系。

（二）需要充分重视地方税体系和地方债制度的构建

结合经济、社会综合转型、发展方式转变与政府职能优化，打造主要以不动产税（房地产税）和资源税为大宗、稳定收入支柱的地方税体系，使地方政府的收入激励与职能转变优化内在契合，并积极探索适当扩大地方的税种选择权、税率调

整权，乃至给予某些地方政府对于区域性小税种因地制宜的设税权。我国的地方债制度，应在2009~2010年“登堂入室”的基础上，按照“阳光融资”的导向继续规范发展，适当扩大其规模。

（三）需要积极推进转移支付体系制度的改进

在科学化、精细化管理导向下，在近中期推出并贯彻县级财力保障制度，从近期延伸至中长期的动态改进一般性转移支付因素指标与制度设计，使之更加客观、公正、有效，同时扩大其占全部转移支付财力的比重，适当减少专项转移支付的比重，归并、整合专项中的相似内容或可归并项目，提前其具体信息到达地方层面的时间，并尽可能取消其“地方配套资金”要求，以利地方预算的通盘编制与严肃执行。此外，还应积极探索优化“对口支援”和“生态补偿”等地区间的横向转移支付制度。

参考文献：

1. 李萍主编：《中国政府间财政关系图解》，中国财政出版社2006年版。

2. 贾康：《转轨时代的执著探索——贾康财经文萃》，中国财政经济出版社2003年版。

3. 预算司：《关于财政体制运行情况的汇报》，财政部内部资料。

4. 朱青：《从国际视角看我国的分税制改革》，载于《财贸经济》2009年第9期。

5. 朱萍：《论我国现阶段政府间转移支付规模的合理界限》，载于《上海财经大学学报（哲学社会科学版）》2007年第1期。

6. Hansjorg Blochliger and Oliver Petzold, Tax and Grants: on the Revenue Mix of Sub2central Governments. COM/CTPA/ECO/GOV/WP (2009) 7.

7. IMF：《政府收入统计》(2008)。

8. 财政部：《中国财政年鉴》(2006—2009)。

9. 国家税务总局：《中国税务年鉴》(2009)，中国税务出版社2009年版。

10. 美国、加拿大财政部网站。

增供与收税*

——房地产领域的改革思考

贾 康**

摘要： 提出对房地产领域的改革是从中央的“供给侧结构性改革”出发，立足于中国改革深水区有效制度供给的问题。制度供给是创新驱动的龙头，只有抓住这个“制度供给”才能够在改革深水区取得意愿中间的进步。

关键词： 房地产　供给侧结构性改革　制度供给　房地产税收

一、房地产领域的现状与问题

目前房地产市场的现状已经引起了社会的高度关注和焦虑，甚至是民众大量的不满。对此，一些城市不得不加大调控。前不久南京市又出了一大套非常严格的控制措施。10 多年来中国的房地产市场运行方面的表现是：屡次出手调节，但前 10 年间总的趋势是在成交均价方面不断往上走。可是到了 2014 年以后，开始出现明显的分化。在有明显企稳和回调的时候，有人说“这是中国房地产市场出现了一去不归的拐点”，甚至说要“崩盘”，但我们那个时候认为这个说法显然太极端化了。新情况带出来的是市场分化，而不是一去不回的向下调整。其实市场分化的格局没有变，还是“冰火两重天”，根据统计数据，700 多个城市里面，大量的中小城市、三四线城市仍然是“冰”的状况。比较热的是一线城市和在一线城市带动下的一些二线城市、“2.5 线城市”，这些城市在交易方面迅速地出现了价格上涨。

对此，大家几乎都在说“不解决不行了”。但是解决社会焦虑和问题的实际方案有什么进步吗？我还是看不出来！中央经济工作会议明确要求：房地产健康发展所需的长效机制（这个概念其实已提出了多年）需对接的是基础性制度建设。但遗憾的是，到了 2017 年“两会”之后，基础性制度建设什么都没有安排，还是原来的一套限购限贷，而且是变本加厉的行政手段，甚至有学者提出把行政手段长期

---

* 本文原发表于《兰州大学学报》2017 年第 4 期。

** 作者简介：贾康，华夏新供给经济学研究院首席经济学家，从事宏观经济及财经理论、政策研究。

化就解决问题了。我觉得这是一个完全错误的思维方式和认识框架。

社会焦虑的确存在，怎么解决？一定要有正确的符合整个现代化发展战略和社会主义市场经济内在逻辑的一套看法。

住房供给的制度框架，与房地产调控有内在的关联。经过前 10 多年的调控，至少在保障轨方面“双轨统筹”的要领，比过去有明显的进步。1998 年朱镕基同志主导应对亚洲金融危机时，发行长期建设国债来作反周期扩张，就是要解决供给侧的结构问题。那个时候他排除了长期国债资金使用的“六大重点”，那里面有一个重点就是经济适用房建设。它要解决的就是住房必须与市场对接，但完全对接市场又不能解决所有的问题，例如，较低收入的人群托底靠什么呢？当时的概念叫作“经济适用房”，形式上跟市场对接，但是有特殊的政策去处理它。以后出现了十几种五花八门的经济适用房，里面有设租寻租，乌烟瘴气。总结经验教训后这几年的进步是，终于把保障轨上主打的“保障房”，具体形式归为两个：一个叫“公租房”，另一个叫“共有产权房”。

“公租房”是把“廉租房”和“公租房”两个概念并在一起了。并在一起是有必要的，因为已经分不清什么叫廉租、什么叫公租的边界了。有学者曾提出一个观点，我认为它完全符合经济学分析。就是政府应该把廉租房的标准图纸规定为一家一户没有单独的卫生间，只有公共厕所。因为要解决社会最底层“住有所居”的问题，要靠纳税人的钱来托底供给。这个住房供给所接纳的这些人，并不意味着他们一辈子都是低收入阶层，以后收入提升了，再按照管理上的合理化要求，动员他们搬出去。按照这个设计，公租房的住户收入上升以后，就会因为忍受不了公共厕所的低下条件，自己就“用脚投票”搬走了。但是，这个建议没有得到广泛的社会认同。我所考察的各个地方政府所有的廉租房建设，没有一家敢用这样的思路来设计图纸，因而“廉租房”与“公租房”分不清了。后来在决策方面，管理部门的意见是不再区分它，“廉租房”与“公租房”就并成“公租房”。

“公租房”上面，还有一个出价高一些，但是也不能简单跟市场接轨的“共有产权房”。“共有产权房”对在低收入阶层上边的“收入夹心层”最适合。所谓的“收入夹心层”是指那些毕业不久的学生，年轻白领，他们在支付能力上比最底层要高些，但是很难一下子对接到市场里的低端去争抢。“共有产权房”在一些高校里其实早就有，出钱买这种房子比较体面，但是要想上市，对不起，第一买主是公家，你不能够随行就市。这就封杀了它的套利空间，虽然产权证很体面地给你了。这种既体面又能解决实际问题的“共有产权房”可以使“收入夹心层”相对顺利地过了购置商品房的关口，等收入上升了，房子又满意，可以再出一笔钱把房子转化成完全产权房。再住些年，收入更高了，也可以改善升级到完全市场化置换。

综上所述，我觉得针对市场轨的政策调节，这些年来下了很大的功夫，但是“治标不治本”，形成了“打摆子”“过山车”的特征。已经打了好几轮“摆子”，摆到哪一端，转到哪个位置上，人们都是不满。有人大概算了一下，从一边摆到另一边，前面这三轮大概是 15 个月，那么合在一起，30 个月走一个来回，走了 10 年出头。房地产冷也难受，热也难受。在强调限贷、限购、限价的当下，其实已有很多人难受，因为打压、误伤了很多的刚性需求和改善性需求，等到不得已再放开的时候，还是难受。很多人会说："没有达到我的意愿，政府控了这么多时间，我还是买不起房"，买得起的，在前面环节上，也错失了很多他认为应该出手的时间和应得的生活质量，等等，反正是一大堆的不满。《人民日报》2016 年下半年的那个评价我觉得是中肯的，就是治了标，但没有解决治本，这也是我们过去相当长一段时间强调的一个基本认识。光靠政策调控是明显不够的，所以当时非常认可中央政治局给出解决基础性制度问题的方针，那就是解决"治本"的问题。

现在我们的注意力似乎都在防止"泡沫"上。实际上不能只看泡沫这方面，还有去库存的问题。2016 年上半年众口一词"去库存"，到了下半年感觉突如其来一下子舆论都倒向另外一边，讲"过热"，讲"房地产市场的价位上升过猛"。其实现在已经很清楚，市场分化还会延续很长的时间，也越来越进入需更全面考虑问题的新阶段。我们观察国际上的一些市场，其经济体走过某一个阶段的"单边市"以后，必然出现市场分化。把我国 2016 年度的数据拿来看，一、二、三、四线城市在市场轨上成交价格的变化，分化还是比较明显的，销售情况经过一段起伏以后，到了 9 月依然跟着往上走。一、二、三、四线 60 个城市放在一起，走势方面有一些共性，但分化明显。"库存"是这样一个情况：2016 年虽然反复强调"去库存"，一年走下来，库存里面得到消化的部分有限，如图 1 和图 2 所示。

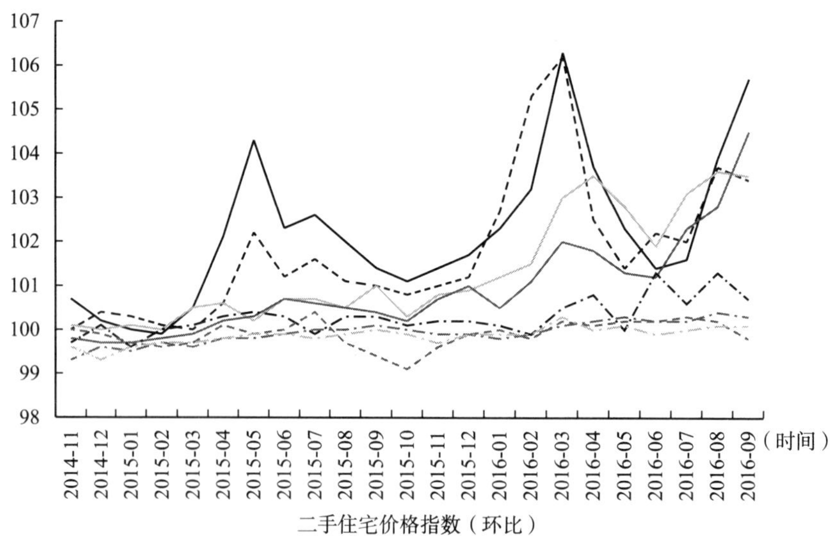

图 1　近两年来我国一、二、三、四线城市住宅销售价格指数变动情况

注：以最右边线条为准，从上到下依次为：北京市、杭州市、南京市、上海市、九江市、洛阳市、银川市、遵义市

资料来源：Wind 数据库。

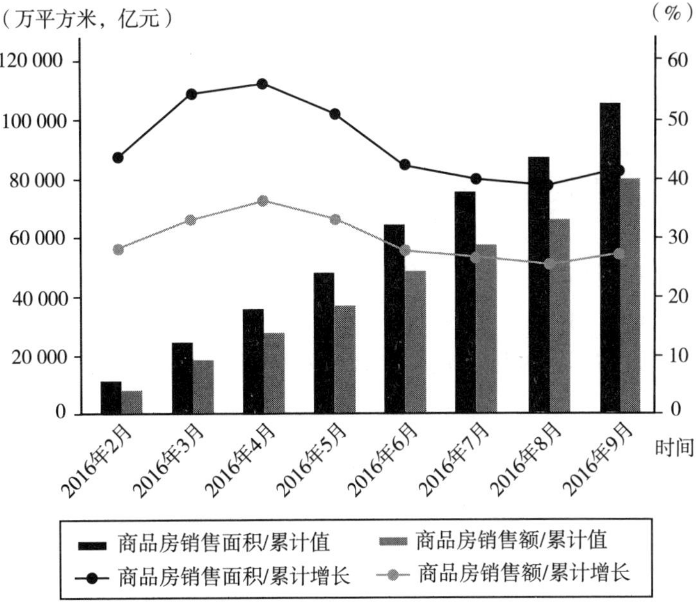

图2 全国2016年2~9月商品房销售情况

资料来源：Wind 数据库。

二、现阶段房地产市场的根本在于治本

那么怎样治本，如何“治本”？总结经验，我觉得现在应该看清楚推进房地产相关的制度建设方面的一些基本问题，提出与其相配套的一些基本措施。

（一）中国仍然有巨大的城镇化发展空间

我国的城镇化正在进行中，房地产仍然是我国国民经济的支柱产业。我是始终坚持这个观点的。最主要的指标上的表现就是，2016年底国家统计局的《统计公报》里面已经按照党的十八届五中全会精神，明确给出户籍人口的城镇化率，这一年比2015年上升1.3个百分点，达41%。从国际经验来看，中国真实的城镇化率41%的水平所处的位置，是城镇化高速发展阶段的前半段，过了30%那个关口，进入高速发展阶段走了一小段，后面还有差不多30个百分点，走完了才会转入低水平发展阶段，至70%左右的高位，才有重大的市场态势的变化。根据资料，日本房地产泡沫破灭时，它的城镇化水平是77%。如果中国现在真实的城镇化水平是41%的话，正好印证了李克强总理所说的“城镇化是中国发展的引擎和动力源”，因为整个城镇化的过程是在未来几十年内差不多还要接纳4亿人从农村到城镇定居，而且要成为市民，要成为基本公共服务均等化、一视同仁的供给对象。他们要得到这些美好的生活条件，一定要有一轮一轮的建成区的扩大；一轮一轮的基础设施的升级换代；一轮一轮的产业互动和一轮一轮人力资本培育。从现在我们所说的各种教育形式，各种培训形式；从农民工培训到所有的扩展训练，从职业教育到高等教育到终身学习制度，而且还覆盖了原来大家不太看重的从幼教到老年人的学习形式，所有这些配套要素都是在释放需求，而释放需求时中国的可能性就是在全面开放条件下得到全球有效供给要素的回应，用和平的方式、做生意的方式、经济交易的机制，我们就可以和平发展、和平崛起。这是中国按照邓小平“和平与发展”主题之下，走向人类共同体共赢之路的一个基本逻辑。

伴随城镇化过程的是房地产业和建筑业这两个行业，可看作国民经济支柱产业，它的作用是非常明显的。而使这个支柱产业健康发展的“治本”之道，我认为就是中央现在说的基础性制度建设要把它具体化：我们要解决相关的制度建设、配套改革的问题。

（二）以基础性制度建设支持房地产健康发展

我认为房地产行业的基础性制度建设至少包括四个方面的内容：土地制度、住房制度、投融资制度和税收制度。

1. 土地制度

土地制度从现在的一级开发、土地批租开始，应怎样应对着已经凸显的矛盾？如果按照老路走，这条路会越走越窄，综合成本之高已经过不去了。如北京市，几年前城乡接合部的征地拆迁补偿费是1∶5（拆1平方米旧房要补5倍面积的新商品房），最新的比例我不清楚，但现在肯定又抬高了。

实际上土地溢价升值的部分来源于中心区土地的稀缺性，它带来的是自然垄断，谁拿到开发权，谁就自然垄断，谁就有可能在这方面形成卖方市场的相对优势。而城镇化的前提条件就是原来占用土地的这些人需要征地拆迁补偿，按照原来的办法，运动式地去做工作，谈好了以后，你就拿钱走人。如果说北京市几年前那个时候拆迁比例是1∶5的话，那么现在按照1∶6算，拆100平方米，等于600平方米商品房的兑价。这一方面推高了房价，另一方面，对不是拆迁户的居民，对拆迁补偿少的人都是一种社会“不公平”，而这很难掌握好。过去孙中山，还有美国人那里，都曾讨论过土地溢价的问题，就是地块增值部分的溢价，是不是让当事人完全拿走？孙中山说“涨价归公”。周其仁和华生争论中，周其仁也承认，至少是“涨价分成”，但现在却没有分成的机制。

但是，重庆市的“地票制度”实际上就引入了“分”的可行机制。它在“占补平衡”的前提之下，把远离城乡接合部地方的农民的积极性调动起来，通过宅基地和“小田变大田”整合腾出来的土地面积复垦，认可环节上政府给它划五档（是解决土地的产出当量问题），然后进入地票市场交易，可卖个好价钱，这个价钱卖出来以后，75%分给农民受益，25%留给集体经济，这样就拉着大家一起进入了城镇化、工业化过程里面的土地溢价共享。它与土地收储等制度配合，也解决了我们现在说的征地拆迁补偿谁撞上了谁就拿一大笔钱、其他人没份的问题，以及地价形成机制中十分容易价位暴涨的问题，改变了相关的分配格局。很遗憾，重庆市“地票制度”改革这么多年，一直只许那里一地试点，成都市曾经跟进被迅速叫停，有些地方政府偷偷摸摸小打小闹在试。为什么不能够扩大试点？前两年我听说会有所松动，现在又没有动静了。当然，很明显，土地制度改革必须要全套考虑，“地票”只是一个切入点。重庆市还有“土地收储制度”按城镇化客观需要对住房建设从容供地。我认为，在城镇化过程中，中心区域或者周边地区城乡接合部的土地明显有自然垄断性质，谁拿到了谁就可形成卖方市场的优势，一定要有政府特定的、合理的、理性供给管理跟它配套。地票又得配上土地收储，重庆市就是可以相对从容地按照一个合理的国土开发顶层规划，较均匀地不断供地。在既有占补平衡和地票制度保证基本粮食安全而且把较广大的农村社会成员拉进来一起受益，又有土地收储缓冲和通盘合理供地规划的情况下，这个土地不论谁拿到以后由自然垄断带来的一些偏向情况，就会减少。

2. 住房制度

重庆市的住房制度在双轨统筹的运行方面有非常明确的指标，35%～40%的住宅必须按照保障房来供给，这就把托底和“收入夹心层”的事一起解决到“住有所居”的供给平台上。剩下的才是市场轨上大家谈的市场房价变化和资源配置问题。当然，这种大手笔的国土开发、片区的建设以及城市建设里的各种类型的小区，怎样掌握好结构视角的类型搭配，是很有讲究的，多年前李克强总理就说要“花插着建”，不能把中高端区和低端区截然分开，如果截然分开一定会出社会问题。但是，花插着建又不能硬把高端别墅区跟廉租房、公租房等低端的公益住宅硬拼在一起，所谓“花插”着建，至少应该一般商品住宅和保障房尽可能有混合特征。

3. 投融资制度

如重庆市，要依靠自己的合理顶层规划，然后把土地制度、住房制度结合在一起，再加上投融资、PPP 创新等（它是从政府“八大投资公司”开始的体系）。政府按照自己的发展战略，有清晰结构特征地去布局所有的城市建设，包括所有的住房建设。也就是说，这些是在投融资支持之下，比较快地把好事做实，实事做好。当然也不否认，如果政府的管理水平差或者把这里面的政企等关系搞得乌烟瘴气，那么一定会出很多的问题。重庆市在双轨运行（保障轨和市场轨）下处理得较好，这叫“出奇制胜”——守正以后的出奇制胜。有些官员经常振振有词地讲“我在实施政策调控”，实际上带来的是很多的扭曲。因此，任何一项政策调节的出台都是一把“双刃剑”。所以就要区别对待，区别对待处理不好就是设租寻租；处理得好，那是你在这方面真正掌握好了理性供给管理的应有水准。

4. 房地产税在基础性制度中不可或缺

我认为财产税是不可回避、不可或缺的。在住房保有环节上的税制，当然要跟整个税制协调和打通，合理地形成系统工程式的配套。但是，最需攻坚克难的地方就是怎么在中国使消费住房保有环节从无到有地施加税收调节。达到这种“治本为上”的水准当然就非常有难度了，到现在仍困难重重，很多的事情说了多年也没有多少实际进展。但前面说到的重庆市案例还是可参考的，相对而言，重庆市至少在第四个方面做得可圈可点——它在税制方面跟上海市一样“敢为天下先”，做了本土的试验。有的同志批评说房产税的试点“法理上有问题”，但是按照其框架来说它并没有问题，因为房产税早在 20 世纪 80 年代就已经由人大给出授权，国务院可以在授权之下制定具体的实施方案。国务院批准重庆、上海两地的试点就是利用这个授权，在原来只对经营性房产收税的情况下，加入对非经营性的一部分房产收税。上海方案是只动增量，重庆方案是除增量以外，还带上了一点高端的存量，就是在辖区之内的几千套独立别墅。所谓独立别墅排除了双拼、联排，有很清晰的自家院落，管理上对其一望而知好认定，这叫独立别墅、花园洋房，这几千套存量也要在规范的方式上接受税制的调节。综合在一起看，我认为可以解释为什么 2016 年下半年其他的一线城市个个都心急火燎地解决“过热”的问题，而重庆相对来说却如此稳定。当然，那里的房价也有点上升，但是上升的幅度相当低，那个时候也就是几个点。我听说黄奇帆走了以后，有投机势力想借机炒作，但似乎也没炒起来。总之，从现象来看，认识框架上要“治本”，“治本”要对接中央的基础性制度建设，至少要抓四个方面的制度。制度创新是改革中“啃硬骨头”的大事。

三、房地产税改革的必要性、可行性与推进要领

（一）房地产税改革的必要性、可行性

1. 房地产税为房地产的运行产生一种“压舱促稳”的作用

房地产税在保有环节上形成的可估量的年复一年的成本，会引导相关主体的预期和产生的效果一定是有利于抑制肆无忌惮的炒作。经济分析中涉及的无非就是利益，在这个利益方面造成制约以后，行为会往哪里去？抑制肆无忌惮的炒作的同时，会鼓励越来越多的人在购买选择上面更多考虑中小户型——特别有钱的人不会太在乎，但是更大量的人在财力上总是要掂量掂量再做选择的。原来是努力买个大户型最满意，现在考虑到以后可能要有税的调节，便会放弃这方面的要求，改为中小户型，其他的什么地段、楼层、朝向，按自己偏好还是一丝不变。还有就是会减少空置。有些人手上愿意持有几套房的，当然可以继续持有，但是很多人会考虑在持有期间把房子租出去，来对冲税负这个压力。有一部分人说有一套基本住房以后，还有第二套、第三套，这叫改善性住房。买改善性住房的时候，认为是给自己买了一个商业化的社会保险，因为自己有生之年买的第二套、第三套房，就是符合我说的城镇化过程中间不动产成交价的上扬曲线，有这个信心，就会避免买了以后就很快出手的炒房。但是，有了税以后他会考虑不再让房子空置，会把它租出去，

于是就有了租房市场的增供，而这个情况下带来的结果是什么呢？上面这些效应综合在一起，提高了土地的集约利用水平，提高了资源配置的效率。整个社会在减少空置房方面，是没有一分钱的新投入，但一下子涌出一大块有效供给，这当然是好事。这是房地产税在房地产市场方面的所谓“压舱促稳”的作用。有的同志特别强调：“从所有的案例看，上海也好、重庆也罢，收税以后没看见它们的房价回调。美国也好，日本也罢，收了房产税也没有看到房价回调，所以收房产税对抑制房价没用。”我不认同这样的分析，经济学分析中需要把所有的参数合在一起，然后尽可能看清它们的合力，这个合力中，不同因素其作用方向是不一样的。你得反过来问：为什么美国也好、日本也好，其他的经济体也好，到某个阶段上一定就得逼着推出房地产税？如果不推出房地产税，以后的房价会是怎么表现？你得问：重庆、上海两地如果没有房地产税的试点，在这一轮一线城市发展变化过程中，上海市的房价是不是会上升得更猛？重庆市是不是不会只有 5% 的上升幅度？需要这样来探究问题，不能说这个税出来以后，就可以解决所有的问题，就可以决定整个房地产的走势。房地产税不是定海神针，但它是整个方案中的优化选项，你该选而不选也是不行的。

2. 房地产税与地方政府职能合理化是内洽的，它会“内生”地促进地方政府职能转变

我们都希望地方政府专心致志地稳定和改善投资环境，提高公共服务水平，如果它的财源建设中以后培养出来一个大宗稳定的收入，是年复一年依靠在辖区住房保有环节取得税收，那么恰恰就是这样一个机制。经济学逻辑与案例经验都在证明，房地产税就是这样一个与市场经济所客观要求的政府职能合理化内洽的引导机制。一旦地方政府意识到他只要把自己该做的“优化投资环境，提升公共服务水平”的事做好了，也就会使辖区不动产进入升值的轨道，每隔一段时间做一次税基评估，就是在套现财源建设成果。尽政府应尽之责把财源建设问题基本解决了的话，他有什么必要像现在这样拼命去做其他那些他认为不做就出不了政绩、就解决不了财源建设的事呢？这样的国际经验和我们自己在现实生活中的分析都可以来做印证。这其实是与所谓转变政府职能内在相关的、一个十分值得肯定的正面效应。

3. 房地产税会给予地方政府一个稳定长久的财源，使它作为地方税主力税种之一，匹配我们搞市场经济必须建设的分税分级财政体制

分税分级财政体制所要求必须做好的是地方税体系建设，就是说，到了分税制境界，是实现经济性分权。原来我国体制有集权也有分权，在分灶吃饭的时候它只是做到了行政性分权，各级政府仍然按照自己的行政隶属关系组织财政收入，一个地方政府辖区之内的不同层级的企业，都是按照隶属关系，把自己应该交的收入交到不同层级政府那里，所以仍然是条块分割，“婆婆”对“媳妇”过多干预和过多关照，仍然不能解决使所有企业在一条起跑线上公平竞争的问题。1994 年实现的是这方面的一个重大突破，使所有企业不论大小、不看行政级别、不讲经济性质、

不问隶属关系，在税法面前一律平等，该缴国税缴国税，该缴地方税缴地方税，至于说共享税，由中央地方自己在体制内去区分，企业就认一个税法。交税以后，后面可分配的部分，按产权规范和政策环境自主分配。这样，就把所有的企业公平竞争的“一条起跑线”真正划出来了，也打通了以后包括国有企业淡化行政级别、发展混合所有制概念之下的股份制和跨地区、跨行业、跨隶属关系“兼并重组”的通道。因此，这个制度变革的意义是全局性的、意义深远的。

既然搞市场经济，必须搞分税制，而分税制要可持续运行，就必须要解决地方层级税种配置概念下的地方税体系建设问题。中国现在没有像样的地方税体系，省以下迟迟不能进入真正分税制状态，我们维持的实际上是中央和以省为代表的地方之间的这样一个以共享税为主的分税制框架。值得肯定的就是，共享税虽越搞越多，但是所有的共享都是规范地“一刀切”的。上海市和北京市按照原来的75%：25%，现在的50%：50%来分最大税种——就是增值税，西藏自治区、青海省也是这个办法，这就封杀了原来的讨价还价、“跑部钱进”、靠处关系来形成财力分配的空间，使得最基本的分税制度的公正性看起来能够得到维持。但是，这也不是长久之计，不能总是主要靠共享税过日子。应该进一步调整到中央和地方都各自有大宗、稳定的税基，不得已的部分才处理成共享税，这才是百年大计。现在省以下落实分税制方面往前推不动了，不要说欠发达地区，就是发达地区在省以下也没有真正实行“分税制”，还是“分成制”，到了一些困难的地方和基层，干脆就是“包干制”。所以，这些年说的“地方财政困难”和“土地财政”，还有“地方隐性负债”，所有这些弊病就关联一个非常重要的判断：“打板子”打在哪里？有人说这是1994年“分税制”造成的。错！我们认为这是一个大是大非的判断，它恰恰是由于1994年“分税制”在省以下不能够落实，是由于我们过去的那个毛病百出的旧体制在省以下由过渡态演变为凝固态造成的。那么这个体制怎样才能够调整过来？从技术上来看，有很多的分析，我强调大前提是扁平化，五级分税走不通，三级分税就可能走通了。而三级分税一定要有地方税体系建设。所以看起来房地产税跟财政体制还隔着好远，其实并不远。眼下哪怕你推出房地产税，也不会一下变成主体税，但从国际经验来说，以后是可以逐步把它培养成地方税收体系里面一个主力税种之一的，这是非常重要的一个制度建设。

4. 以房地产税改革贯彻中央所说的中国要逐渐提高直接税比重的大政方针

直接税是现代税制里面非常重要的税种，国际经验表明它应是主体税种。趋向现代化的国家都是直接税为主，但在中国的现状恰恰反过来了，我们没有什么像样的直接税。企业所得税一些人把它认为是直接税（但学术讨论中尚存疑），在中国它的比重稍微像样一点，但个人所得税在整个税收收入中这几年只占6%，1/20出一点头，是非常非常边缘化的一个税种。美国的个人所得税最新的数据是占联邦政府收入的47%，差不多是半壁江山了，再加上与它的社会保障相关的工薪税，美国联邦政府80%的收入就是靠这两种税过日子的，也就是说，主要靠这两个税就履行中央政府职能了。它的州一级也要在个人所得税里，按比例税率拿一小块，一般情况下要占到州财政收入的10%。现在特朗普要减税，主要减企业所得税和个人所得税，但中国要照这个学，绝对学不来，因为我们的税制跟它几乎完全不是一回事。我们在直接税方面占比低，不能起到经济的自动稳定器的作用，不得已靠间接税唱主角，而间接税恰恰不是稳定器，它还是加大我们运行矛盾的一个“顺周期”机制，以及加大收入分配矛盾的一个累退机制，间接税会进一步强化中国社会低中端收入人群的税收痛苦，因为它在最终消费品里面要占相当大的一个负担分量。如果按照建立现代税制的方向来说，逐渐提高直接税比重现在可打主意的是个人所得税，还有一个就是财产税概念之下的房地产税。当然，还有一个以后条件具备的时候才可以考虑的遗产和赠与税。遗产和赠与税现在只能研究，在官员财产报告和公示制度没有正式推出的情况下，怎么能设想政府堂而皇之地要求所有的公民自己把财产报告给政府，准备身后接受遗产和赠与税的调节呢？它更需要比房地产税在法理上面具有说得过去的约束条件与公信力的支持。至于说房地产税里面的法理问题的解决，我后面再说。

5. 房地产税主要落在地方低端，是一个培育我们社会从底层开始的法治化和民主化的公共资源配置机制、规范的公共选择机制的催化器

据说刘鹤主任他们了解到美国地方政府靠财产税过日子的基本情况后说，这不就是个“民主税”吗。我多少年前就注意到，美国政府三层级中的最低端 Local 层级，你看它的财产税（他们所称的财产税讲的就是房地产税），所占的收入比重没有低于40%的，高的则可以高到90%，虽然差异性很大，但它无疑是一个非常主力的税种。这个税种怎么征呢？一般情况下，当地的预算制定过程是阳光化的，要说清楚，年度内其他所有收入计算完了以后，按满足支出需要差多少，就可倒算出一个当年的房地产税税率，这个税率要落在法制给出的区间，一般不超过2.5%。倒算出这个税率经大家走预算决算程序认可，再往后，这个辖区之内所有的家庭、有房地产的纳税人缴了税以后，跟着就会问：“这个钱怎么用？”有知情权以后自然而然，后面就跟着质询权、建议权、监督权、参与权（就是参与公共事务），这样就形成了一个“规范的公共选择”的机制。

以上五个方面是在说实行房地产税的可行性与必要性，但是，对此也有不赞同的观点。

（二）关于征收房地产税的一些争议

第一，很多人讲境外征这个税是在土地私有的情况下征收的，而中国所有的城镇土地都是国有的，还在上面再加一道税，这不是法理上面的硬障碍吗？但我们做实证考察，境外可不是一律的土地私有。如英国是典型的工业革命发源地，老牌资本主义国家，但它不是所有的地皮都私有，既有私有土地，也有公有土地。公有土地里面还属不同层级政府所有，公共团体所有。建筑物（包括住房）和下边土地

的关系方面大的区分是两类，第一类叫作“Freehold”。我住的这个房子，下面的地皮就是我的，这就是终极产权地与房是一体化的。另一种是叫作“Leasehold”，就是持有这个房产，要签一个地皮契约，使它有合法的占有权、使用权。这个“leasehold”可以把最终所有权跟使用权极度地拉开，最长它是999年，但在法律框架上产权是清晰的，是毫无疑问的，即最终所有权在哪儿非常清晰。总之，在英国，土地跟建筑物、跟住房的关系就是这两种类型，但是被称作“Consul tax”的房地产税是全覆盖的，不区分哪种可以征，哪种不能征。再例如中国香港特别行政区（当然也是原来英国治下的既成事实），香港没有私有土地，土地全都是公有的，但是香港征了多少年的差饷，从来没断过，所称的差饷就是住房保有环节的房地产税（至于香港的物业税，是营业性的房产要缴的另外一种税）。香港差饷来由也很有意思，你要住在这儿，就得有警察来保证安全，而治安警察当差要开饷，那么钱从哪儿来呢？住在这里的住户进行分摊。所以，从国际的、地区的实践来说，并不存在只有土地产权私有了，房地产税的合法性才能够成立。再者从理论上来讲也可以印证，中国改革在20世纪80年代前期要解决的问题之一是国有企业要“利改税”，要与其他企业一样缴纳所得税。这个制度的建立过程给人一个学理启示：不要以为国有企业产权终极所有者是国家，那么国家对它征所得税，就是自己跟自己较劲。这不对，这些主体是有相对独立物质利益的商品生产经营者，必须加入市场竞争，而竞争又必须要有一个基本的公平竞争环境，所以国家可以通过立法来调节终极产权在政府手里、但是有自己相对独立物质利益的国有企业和其他企业的利益关系，合理的设计是把它们放在企业所得税一个平台上（所有的企业包括外资企业现在是一个平台），当然后面跟着的还有一个产权收益上缴制度，这就合乎了现代企业制度各个角度的审视。它实际上可以比照地引申为：现在最终国有土地上的这些住房的持有者是具有相对独立物质利益的、各自分散的主体，在最终的土地所有权归国家的情况下，通过立法可以用征税方式调节他们的物质利益关系，无非也就是这个逻辑和道理。

第二，土地批租形成的负担已经包含在房价里面，现在再来开征一个税收，这不是重复征收吗？但是，实话实说，不要说是租，这是税，就是税本身，作为现代的复合税制表现为多种税、多环节、多次征，也必然产生重复的问题，真问题是各种不同的税重复征收合理与否的问题，不可能只有一个税，其他统统去掉。而“租”和“税”，更不是两者必取其一的关系，所有的经济体都是在处理它们之间合理协调关系的问题，所以如果理性地说，这个也不可能构成硬障碍。

第三，如果按照开征房地产税来做的话，新的地皮和以后新生成的住房的供给，价格水平会与原来的有一定差异：原来没这个税收因素的时候，动不动出“地王”，以后不敢说有了这个税就不出“地王”，但最大可能是不像原来那个市场氛围和密集频率，因为各个方面预期都变了，市场更沉稳了，这就是它调节的作用。那么这个价位落差怎么处理呢？必要的情况下，“老地老办法，新地新办法”，中国早就有这些渐进改革中的办法与经验，社会保障方面老人、中人、新人不就是区别对待吗？最后老人、中人因自然规律退出历史舞台了，又回到一个轨道上了，所以这个问题也不形成硬障碍。

第四，这个税在操作方面过不去。例如说北师大的董藩教授，他在一个论坛上强调，税基评估太复杂，中国要搞这个税，要解决税基评估的问题，是150年以后的事。但实际上我国10多年前早早就有物业税模拟“空转”的试点，就是要解决税基评估的问题，开始6个城市，后来扩为10个城市，我去调查过，是把所有的不动产基本数据拿到，录入计算机系统，计算机里面早已经设计有软件，分三类（工业的不动产、商业的不动产和住宅），然后自动生成评估结果。专业人士要做的事就是这个软件怎么合理化的问题。在这里面模拟“空转”不就是要解决税率评估和对接操作的事嘛？中国早就在这方面考虑到铺垫和技术支撑，没有任何过不去的硬障碍。

操作视角还有一种说法就是：“这个事情太得罪人，你征这种税，逼着人家来跟你拼命，这个事情动不动会形成大面积的抗税，政府怎么收场?”我们可以观察重庆市，这就可以说到试点的作用——本土的试点意义的体现。上海、重庆两市敢为天下先进人试点，破冰试水，在柔性切入以后，看看动静。重庆的方案更激进一点儿，敢动存量，是最高端的独立别墅。辖区内这几千套住宅要交税了，但给出了一个第一单位的扣除，180平方米扣掉以后，才考虑该征多少税。如果你恰好是一个小户型的独立别墅，正好180平方米，照样不用交税。重庆市做了以后，没有听说产生什么暴力冲突或者对抗性矛盾，没有出现抗税事件，只是少数人迟迟不露面，找不着人在哪儿，其他的交税人一般都是没有多少摩擦就交上来了。可想而知，这些成功人士犯不着为1年交1万多元、两万多元的税跟政府去拼命。这些都是本土的试水试验给我们的启发。我一开始就直觉地认识到中国不能照搬美国普遍征收的办法，上海、重庆两市的做法让我更感受到在中国似乎就应是按照这个技术路线，首先建立框架，再相对从容地动态优化。重庆市这个180平方米的边界也在调整，最新调整是收紧了一点，无非就是让社会慢慢适应这个过程，但是一定要做第一单位的扣除。操作方面可能还会有其他一些想法。

第五，如征这个税，小产权房的问题如何解决？小产权房确实是中国特色，有这么多的小产权房，怎么办？我们调研的时候有一个想法就是：小产权房问题不能久拖不决，必须解决。我们在深圳市做了全套的调研，写了调研报告，深圳市的实践似乎使我们在这方面已经看出一个前景，就是分类处理，一次把通盘方案摆平，双层谈判（政府不在一线上去谈判，政府先跟那个小区形成一个框架，小区再向住户做工作，就好像现在我们拆迁，很多时候也靠小区的人做工作），谈妥了以后具体兑现可以分期来。小产权房分类处理是早晚要做的事，早做比晚做更主动、更积极。如果这个税能够推动，那我认为正是借势应该倒逼着把小产权房的问题解决，这是好事，不是坏事。

（三）房地产税制改革的推进要领

第一，要按照中央的要求，积极考虑加快立法。现在说“纳入人大的一类立法，今年不考虑，交下一届人大考虑”，把这个烫手的山芋交给了下一届人大，而下一届人大五年之内能否解决这个问题？当然我们希望能够解决。完成立法以后，可以根据情况分区域、分步推进。假定说明年就可以推——完全是假定，那显然不能全国700多个城市一起，一线城市，还有一些热得难受的城市，是不是可以作为第一批，先依法实施这个地方税，以后可以从容地分批走，“去库存”压力大的三四线城市慢慢考虑，不必着急。

第二，适应国情与发展阶段，在法定规则中一定要坚持做住房“第一单位”的扣除，否则社会无法接受。“第一单位”社科院方案说的是人均40平方米。我注意到内部讨论时楼继伟，还有易纲等领导，他们都认为这就是一个最好的办法。人均多少平方米我们依靠不动产登记制度可以把信息掌握得一清二楚，开始我也觉得差不多就这样，但后来，我觉得可能还有一些更复杂的事。如网上有个以假设情景的方式表达的不同意见。按照社科院方案，人均40平方米，有一个家庭父母带一个孩子三口人住120平方米，不用交税。但是，不幸的事件发生了，孩子车祸中身亡，在父母悲痛欲绝之际，“当、当、当”有人敲门，政府官员赶到说“你家情况变化，要交房地产税了”。这是以此假设情景表达了对社科院这个方案的不认同，它给我的启发是：社会生活中真的发生这种事，政府一定会很尴尬。虽从法条来说严丝合缝，但从情理来说呢？老百姓不认同，怎么办呢？还是没有万全之策，那么通过立法程序，大家可以讨论：还有什么可选的方案？放宽一点，可选的方案就是干脆不计较人均多少平方米，按家庭第一套住房来收缴，第一套多大面积都没有关系，反正这就是一个更宽松的框架。但是这个方案也会有问题，如果按第一套房扣，正如有人说的那样“一定会催生中国的离婚潮”，我觉得这也是很现实的问题，因为前面凡是在政策上有弹性空间的时候，公众为了赶上政策“末班车”，屡次出现排队离婚的“离婚潮”。如果按照现在提出的思路来解决问题的话，可能就还得放松，放到单亲家庭扣第一套房、双亲家庭扣两套房，这个事就解决了。

当然，另外一种意见就是：“那是不是差异就太大了？”但你总得寻找“最大公约数”，潘石屹过去的建议就是从第三套房开始征收，许多人听起来都觉得合情合理。无非是先建框架，寻求“最大公约数”。所以从“第一单位”扣除说到下一条，我们的立法应是一种全民参与，大家理性地表达诉求和建议，没有绝对的谁正确，谁错误，无非就是找到我们一开始框架里走得通、按照“最大公约数”社会上能接受的税制改革方案。

第三，相关的其他税费改革应一并考虑，处理好协调配套关系，这显然是一个大系统。“不动产税”这个概念广义地说包括和不动产相关的所有税收，再更广义来说，跟不动产相关的其他收费负担、地租，等等，也应该一并考虑，优化这个系统工程。再到了具体落实中央所说的“加快房地产税立法并适时推进改革”，我认为主要聚焦的是狭义的保有环节的不动产税，这个概念的不同口径在不同的语境里面要说清楚。但是从宏观指导来说，相关的税费，所有负担的改革，一定要放在一起考虑。

这方面的技术支撑条件都有，最重要的是现在中央所说的 2018 年不动产登记制度要到位，实际上在 2017 年所有城镇区域工作应该做完。当然能否如期做完那是另外一回事，但是这个事情早一点晚一点，肯定是要做完的。

党的十八届三中全会文件所说“加快”立法的房地产税是清晰的，就是中国现在已有一个正在试水的房产税，在上海、重庆两市试点以后，此税扩大到了一部分消费住房，要对这个税做进一步的“税收法定”。房地产税，广义上是与房地产相关的所有税收都可以纳入，但我们现在如果按党的十八届三中全会的精神来作集中讨论，还是聚焦保有环节的税收。征管中涉及的很多问题，我前面已经说了，其实都不会形成硬障碍。试点中房产税征收按照上海方案，现在只动增量，重庆市的则是涉及了一部分存量，以后我觉得在立法过程中它自然就要解决这个问题，不可能长久地只是涉及增量。开始的时候，增量和存量怎么处理可以借鉴重庆市的经验。一线城市和其他城市的区别就是我前面说到的，立法完成了以后，执行过程中间可区分先后。中国香港、新加坡、美国有各种各样的不同，不可能同日而语。新加坡 80% 的有效供给是它的组屋，实际上是类似于我们所说的保障轨上的共有产权房，但同时它在统计上又很有意思，新加坡 90% 的自有住房率，是把组屋也都算在自有住房里面了。确实，组屋里的很大一部分有房产证，这些细节区分出来，说清楚就行了。但实质性的问题就是，各个国家、各个经济体情况千差万别，中国一定要有自己的长远考虑、有走得通的方案设计。

还有就是立法突进的困难。突进是不可能强求的，应该是最高决策层下决心，启动一审，再争取走完立法的全过程。立法中应该充分讲道理，摆依据，尽可能阳光化地促成各个方面的共识。与其在没有立法安排的情况下并没有多少效果地这样争来争去，不如按照中央的精神加快立法，到了立法过程中间各方发声都需要慎重考虑，尽量理性地表达各自的诉求。我们应耐心地走一审、二审、三审、很可能要走到四审，一定会有社会上创造天文数字新纪录的各种意见建议，要收集、然后梳理出到底实质性的有多少条。《中华人民共和国预算法》是横跨两届政府，最后通过四审才解决了修订问题，房地产立法哪怕需要 10 年、15 年，它在历史的长河中也是一瞬，但是这个制度建设是早晚要做的，应该争取积极做起来。

从治标到治本：房地产业政策调控与房产税制度创新[*]

贾　康[**]

摘要：面对近年我国一线、二线城市相继出现的房地产市场“过热”迹象，各地政府不得不纷纷再次启动限购、限贷等行政调控措施。然而多年以来的经验总结表明，此类手段往往“治标不治本”，造成楼市冷热迅速变换的“打摆子”状况。本文以标本兼治、治本为上的原则为指导，从制度供给这一龙头因素视角，探讨了在住房保有环节开征房地产税五大方面的积极作用，并针对就关于房地产税的五种主要反对观点及意见，从学理和实践两个层次分析了推进我国房产税改革的可行性。基于此，文章提出了当前及未来一段时间，推动房地产税立法工作与相关改革的思路和要领，对开征房地产税（房产税）的方案构想和可借鉴的国际经验做了讨论。

关键词：标本兼治　房地产税　立法改革　政策调控　制度供给　国际借鉴

近日我国一批二线城市的房地产市场，继一线城市热度高升之后也进入“冰火两重天”中“火”的一侧，且热度直升，热气逼人，地方政府不得已又纷纷采取或准备采取限购、限贷等行政手段给楼市降温，但人民日报等有影响的媒体，基于多年的行政调控经验总结，已明确地对此评价为“治标不治本”之举。人们显然需要追问：什么才是治本之策？从土地制度、住房制度、投融资制度相关税收制度等方面的考虑，应当成为研讨的重点。

一、标本兼治、治本为上：大方向、大道理要管小道理与策略考量

前几年上海、重庆两地试点的“房产税”，也就是党的十八届三中全会所说的“房地产税”的问题，首先不是政策层面的，而是制度建设层面的问题，涉及的就

---

* 本文原发表于《北京工商大学学报》2017 年第 2 期。

** 作者简介：贾康（1954—），男，出生于湖北省武汉市，中国财政科学研究院研究员，华夏新供给经济学研究院首任院长、首席经济学家，研究方向为宏观经济、财经理论、政策及新供给理论等。

是房地产业长期健康发展，需要匹配一个有效的制度供给，是要解决中央特别强调需要的打造长效机制问题，以求在顺应市场经济客观规律的大方向下，掌握好一个必要的制度大框架的创新性构建。在这个大框架下，才能真正掌握好所谓政策调控与政策工具组合的问题，才能达到政策调控应该有的水准。我国前面这些年经历了对于房地产业的多轮政府调控，但实话实说，最为缺失的就是制度供给的创新，攻坚克难遇阻。

理性讨论里，基本的逻辑是大道理要管小道理。我感觉最近我接触到的两个学者观点，是把小道理放在了大道理的前面。第一个有代表性的观点是说，中国要把政治体制改革完成以后，再考虑怎么启动房地产税改革的问题，否则这个税不得人心，没法考虑推进改革。但我觉得，从中国渐进改革已经形成的路径，以及国际经验来看——如美国怎样崛起成为世界头号强国——来做一个理性的考察，这样一个“策略考虑”恰恰说反了。把“美国进步时代的启示”借鉴到中国来说，我们要考虑的，就是对于尚无法正面设计的政治体制改革，可不可以先在大家都无法拒绝的与经济相关的制度规范性和依法治国框架之下的财经制度建设层面，来实际推进涉及公众千家万户的房地产税等，如能依法形成制度性的进步，实际上有可能会像美国进步时代那样最终解决与之相关的政治体制改革的任务。对这个顺序如果不做一个务实的处理，那我们永远无法想象在中国已有的渐进改革路径依赖和具体国情制约的情况下，什么时候可以正面讨论来做个政治体制改革的方案设计——这件事遥遥无期，那我们还怎么样能够顺应实际的矛盾凸显、问题导向的压力去解决问题？那么不论是政治体制改革，还是房地产税改革，以及改革、发展与稳定的结合，就都成了空谈。

还有另外一个也是很有代表性的观点，是说如果当前在房地产“去库存”的情况下正面讨论启动房地产税的立法问题（现在实施这一改革，首先是按照中央的指导路径要解决“立法先行”的问题）那么它引出的问题会比解决的问题还多，在“去库存”未完成的大概三年或者再长一点的时间段之内，不能讨论房产税的改革问题。我觉得这也是从策略角度切入的反对意见，恰恰忽视了我们现在房地产市场上的基本事实，就是“冰火两重天”，它给我们的重要启示，是在“火”的这一边已经形成如此巨大而明显的社会压力与民众焦虑的情况下，以及火还在蔓延，二线城市纷纷跟进火的这一边，我们再像过去那样固守一套做了多少轮的“政策调控”，而在制度建设上无所作为，那还能不能适应这样的问题导向下现实生活中要解决问题的客观需要？仅因为三四线城市为主的去库存而继续拖延房地产税制度建设的立法过程，我们的大局观和综合配套思维能力是否有点问题了？

我认为，简要地说需要明确以下几个层面的认识。

第一，对于房地产税的大方向，应该坚定地按照党的十八届三中全会全面改革部署文件所表述的，在“税收法定”这样的轨道上立法先行，“加快房地产税立法并适时推进改革”。这个税改大方向其实中央在历次形成的改革权威文件里是一而再、再而三地锁定的。

第二，大方向之下接着需要讨论的就是基本框架。既然是配套改革，那么跟房地产税相关的就决不只这个税种概念下的那些具体的问题，要把税、费、地租和不动产整个制度框架，通盘考虑，这才叫一个高水平的配套改革的考虑。要处理好社会可接受的综合负担怎么样整合、和尽可能降低，包括住房的土地使用权在 70 年到期后怎样按《中华人民共和国物权法》已定原则续期的操作问题。

第三，设计思路上，为适应中国的国情和公众心理，不能照搬美国房地产税的普遍征收模式，而是要坚持借鉴日本等经济体的经验。在中国立法过程中“技术路线”的第一个大要领，就是坚持做“第一单位”的扣除，至于说第一单位是人均多少平方米还是一个家庭（父母和未成年子女合在一起算）的第一套房，这种技术上的争议其实不是根本问题，但是坚持扣除第一单位我认为应非常明确地在立法上作为一个前提。关键就是大家要有理性的态度来讨论起步时的最大公约数。

第四，立法完成之后，可以区分不同区域，按照地方税可以区别对待的原则，执行时不必“一刀切”，可以陆续推出。人大批准通过之后，显然可以考虑在那个时候仍然有明显的热度即“火”的一线城市，和另外一部分也有非常火的社会压力的二线城市区域，首先执行这个已经审批通过的房地产税的税法，而并不要求三四线的城市“一刀切”地来执行。

二、征收房产税的必要性、多重正面效应与可行性

第一，有利于房地产业健康发展发挥其国民经济支柱作用。伴随着我国城镇化进程的推进以及各方面的快速发展，房屋价格节节攀升，在客观上就要求形成长效机制、更多采取经济手段进行调节；而考虑到我国目前社会经济现实情况，以及各国的相关经验，房产税在其中应该能够发挥其积极作用。如果按照最直接的逻辑关系来说，对房屋保有环节征税是以从无到有的持房成本，直接改变了供需两侧的利益相关者各自的预期，这将促进供需两侧走向平衡而非背离，从而减少房地产市场中的泡沫因素，缓解供需两侧的矛盾。回到中国的情况，未来几十年由于仍将处于城镇化高速发展期间，中心区域的房屋价格趋于上涨的基本趋势是非常明确的，而如果对房屋保有环节征税，就有可能让这一大势更加趋于平缓而非陡峭，尤其是能够抑制房地产市场出现大幅震荡避免大起大落。与此同时，开征房地产税还能通过改变人们的行为，例如，激励人们更多选择中小户型的房屋，促进土地的集约利用，以及驱使投资者将空置的房屋自主投入房屋交易市场从而优化市场供需状态等。

第二，有利于贯彻落实市场经济所必然要求的分税制财政体制。以分税制财税体制机制匹配我国的市场经济建设，是我国社会经济转轨过程中的必选项。20 世纪 90 年代初，邓小平南方谈话后确定我国走市场经济之路目标模式后，跟着需要

解决的问题就是必须匹配一个宏观上的间接调控体系，而 1994 年的财税改革就是在这一背景下顺理成章地配套推出，其积极效应也随之显现。但当时的改革受到种种条件制约，存在一些过渡期的安排，需要通过进一步深化改革来迈向更为成熟、稳定和符合改革意愿的相关制度安排。实际上全国省级以下自 1994 年以来还没有真正进入分税制，地方税体系尚未成型，基层财政存在诸多问题和困难，包括土地财政、隐性债务问题等，都成为社会关注的重点和热点问题，同时也存在认识上的重大分歧，即问题的病根，是出在分税制改革自身，还是改革未能深化推进、滞后和受阻之上？如何解决此分歧，将决定今后我国的整个改革思路。关于这一问题，已经有大量的研究成果和分析论证来说明为什么不应当把这些问题归咎于分税制改革自身。与此同时，未来我国的市场运行也需要匹配国际上各个经济体之间的合作竞争关系，这一建设全面开放条件下竞争性统一市场的基本大势是不可逆转的，也客观要求我国在全局上，必须把整个分税制改革和地方税体系建设坚决推行到位，对此，我们别无选择。这当中，房地产税作为地方税体系建设中不可或缺的重要一员，将能够发挥其良好的功能，使地方政府职能真正向公共财政方向实质性转变，从而能够专注于优化当地投资环境和公共服务体系，且一并解决地方的主力财源建设问题。

第三，有利于推进整个中国税制结构的优化，逐步提高直接税比重，通过制度性改变来缓解以中低端消费大众为主体的社会公众的税收痛苦。总体来看，中国的社会结构仍然呈现一个金字塔形，其中的下方有相当大比例是中低收入群体，而他们对生活消费品税收负担的接纳程度实际上是很低的，这也直接影响到社会整体的和谐发展。直接税的制度建设，正是在解决我国矛盾凸显的制度建设当中，虽不能说起到决定性作用，但却是不得不做的一项重要工作。在不改变现已形成的宏观税负水准的前提下，直接税比重提高可改变社会中的税负结构，在明显降低中低收入阶层税负痛苦程度的同时，尽管会造成高收入阶层的税收痛苦程度有所提高，但这个过程相对而言并不等价——从学理分析上来看，社会总体的税负痛苦程度会降低，和谐程度与税收分担的合理性，则会呈现反向的关系，因此总体福祉会提高。这种能够从学理上得到解释说明的关系，对于我国即将跨越“中等收入陷阱”、社会现代化水平应有不断提升、同时改革压力和潜在威胁也可能最高的这一特殊时期而言，具有莫大的意义。应该看到这其实不是一个局部的事情，是一个联系到整个现代化事业的战略问题。

第四，有利于抑制社会成员收入与财产的差异扩大。中国社会进入中等收入阶段之后，矛盾开始凸显。除了“物”的视角从资源、环境方面雾霾袭击为代表的矛盾之外，“人”的视角上人际关系即收入分配、财产配置、公权体系和公民、管理当局与纳税人之间的矛盾，也变得突出起来。几乎没有人不同意当前的收入分配中，存在着诸多尤为严重的问题，这一现状也要求不得不做出改变。然而，在收入分配改革方向的种种争议之外，大部分人还是赞成要通过再分配这一工具来控制收入的两极分化。而房地产税作为再分配条件手段之一，通过“抽肥补瘦”的机制，能够通过影响相关的现金流向来改变财产配置的方向与格局，配合克服财产配置和收入分配方面存在的两极化问题，来更好地处理我国整个收入分配格局中各利益相关方面所存在的矛盾，这是它不容忽视的正面效应，因此成为再分配手段中的重要选项。

第五，有利于“自下而上”培育和催生民主化、法治化的理财机制。不论是按照我国的现实情况，还是参考国际经验比照，房产税都应当是地方税种。地方税应当首先配置在基层，在美国就是地方（Local）层面，在中国就应是覆盖县市层面。财政收支关系家家户户，在基层开征房产税这一税种，配合上基层政权履行公共服务职能，很自然就会带来老百姓的关注，要求对房产税的征收、开支方面具有知情权，必然联系整个财政改革与政府改革共性的要求，即要提升透明度。由此带来的公众知情权后面，会跟着质询权、建议权、监督权，这些都是制度建设进展的必然逻辑，是公众必然会提升的要求。而随着这一套制度建设安排不断提升档次，也就会真正向实现人民群众“当家做主”的公共资源配置决策权目标不断靠拢。因此，这种税制现代化举措也就配套促进了我们国家整体治理和社会生活的法治化、民主化、现代化。还可预知，党的十八届三中全会明确要求的加快房地产税立法工作，一旦进入人大立法过程，也就进入了一个充分透明的多方交流大框架之中，必然要征求社会各个层面的意见，产生各种不同意见的激烈争执与碰撞。而引导理性讨论，就是要在培养国民素质、提高文明程度过程中间大家一起“走向共和”、讲道理、寻求最大公约数。

关于房地产税上述五个方面的正面效应，也需要结合起来看，否则无论从哪一个单独的角度来看，都难免片面。而从整体上来看房地产税的积极意义，就更容易体会到这项制度建设的必要性。

讨论了必要性，还必须讨论可行性，可以通过对一些认为不可行观点的回应，形成我们关于为什么可行的基本认识。梳理一下，有关于这个税不可行的最主要的诘难如下。

第一种论点认为，房地产税的开征存在着法理上的“重复征收”硬障碍。代表性的相关论述认为，土地开发过程中已经缴纳了土地出让金，再在保有环节征收房地产税是重复征税。尽管这论点可能较为符合公众的心理，但从学理和实践来看它实际上都是不能被认定的。从学理上来看，土地出让金是土地所有者通过让渡经济权利得到的收入，而保有环节征收的房地产税则是国家凭借社会管理者的政治权力所征缴的收入。这两种收入的依据不同，对二者也并非是只能取其一的选择。实践当中，地租作为让渡土地使用权的收入和在房地产保有环节课征的税收，在市场经济下并行不悖，这在其他国家早就是基本事实，那么在中国也应是如此。现代社会的税制实际上是多税种、多环节的复合税制，必然存在重复纳税的问题，而真正需要关注和讨论的，是这种重复是否合理。税已如此，税与税外收入项目的关系，则更是如此。

第二种论点认为，境外都是私有土地，所以对私有土地上的不动产包括住房征税是合理的，而中国的土地全部为国有，中国老百姓买的房子只有使用权，建在国有土地上的房子待使用权到期以后如何处置还不明确，所以没有道理征收房地产税。如果土地是私有的，老百姓才会合乎情理地缴纳房地产税。这种论点也反映了很多公众的意愿，但从实践和理论两个角度来看，也是不能成立的。首先需要了解的实际情况是，境外的土地并不全是私有。如英国，土地分为两种，一种叫作“Freehold”，一种叫作“Leasehold”。其中，“Freehold”的土地就是具有终极产权和使用权的完全一体化的私有土地，但“Leasehold”就不同，必须有使用权契约，终极产权和使用权是分离的。而英国称为“Council Tax”的不动产税对上述两种土地是全覆盖的。英国的土地除了私有形式之外，还有皇家持有以及公有（包括不同政府层级的公有，还有公共团体所有），无论不动产最终产权是上述的任何一种形式，不动产税原则上全覆盖。至于我国香港特别行政区的土地产权是没有私有制，但住房保有环节却需要缴纳“差饷”，也就是房地产税。所以从其他国家和地区的实践不难看出，不能武断地认为只有对终极私有的土地上的住房，才能从法理上无障碍地开征房地产税。在学理逻辑上看亦是如此。比照国有企业改革20世纪80年代所实行的两步“利改税”，使国有企业要向政府缴纳企业所得税，也面对类似的逻辑，国有企业的终极产权属于国家，那为什么跟其他非国有企业一样要缴纳企业所得税？为什么要推出国有企业这样的改革？就是因为认清了国有企业是具有相对独立物质利益的商品生产经营者，所有权和经营权要有所分离。国有企业作为具有独立物质利益的商品生产经营者，需要加入市场公平竞争，这就要求国有企业以一种合理状态成为市场竞争主体，所以必须对国有企业征收和其他企业一样的企业所得税，否则就违背了市场公平竞争原则的客观要求。所以类比地来看，目前土地的终极所有权问题，如果认为国有土地上住房的持有者，也具有相对独立的物质利益，那么通过立法程序之后开征房地产税，对这种物质利益加以调节，就应具有学理上的合理性。房产税改革与当初国有企业的“利改税”改革，实际上存在相似的内涵逻辑与理念，并不存在所谓法理障碍。当然，房地产税改革中，需要对40～70年的土地使用权到期后土地上建成的房屋如何处置做相关立法配套。目前《中华人民共和国物权法》对此类“用益物权”已经有所规定，到期后可自动续期，有关部门应当尽早将这一法定规则落到实处，制定具体操作细则，以回应社会关切，消除民众疑虑。

第三种论点是从技术因素上来提出对开征房产税的反对意见。如有学者认为，中国人要解决房产税的税基评估问题是150年以后的事，认为中国人做不了这样复杂的事情。但从实践来看，前几年我国十个城市试点物业税模拟征税的“空转”试点，所处理的技术问题，也就是税基评估的事情。开征房产税，首先要做到位的是确权。目前正在开展的不动产登记工作，目标是到2018年对我国城乡所有不动产都要完成确权和把全部信息输入相关系统并联网，其中城市区域要先到位。根据物业税“空转”试点的设计，对不动产应当分为三类，分别是制造业用房、商业用房和住宅。在把相关信息输入计算机系统后，所需的税基评估可以通过软件运行自动来生成结果。我国早就付出了在这方面相关的固定成本，所以启动税基评估机制不是从零开始，工作的复杂性质决非难不可攀。此外，国家对相关干部的培训工作和采集数据，建设计算机系统和数据库，这都是每个国家财税体系管理当中顺理成章必须做的事情，中国人的素质也并非那样差，所以没有道理说中国人做不了这个事情。

第四种论点认为，在开征房产税的过程中会形成一些新的矛盾，能否处理好？首当其冲的是土地出让金水平在开征房产税后会下降。这一点是可以理解的，由于开发商对土地价值的预期发生了改变，不再认为地价会没有上限地迅速上涨，拿地时的出价就会相对谨慎和沉稳，炒作力量也就没有原来的势头。对于土地出让金收入水平下降而需要做出的应对调整，无非就是需要通过运用“老地老办法，新地新办法”的原则设计差别税率，来对应土地出让金在新老地块间的落差。也有人认为，房产税的开征会导致老百姓跟政府“拼命”，出现抗税的群体性事件，一发不可收拾。但是从重庆市的试点情况来看，对存量的几千套独立别墅开征房产税，并没有发生这样的事情，先富起来的这个群体完全没有必要为了这点税而极端抗税拼命。重庆市的具体方案是从最高端的独立别墅开征，排除了联排、双拼楼型，而且设置了180平方米的起征点。这虽然只是地方的试点经验，但已能够反映本土的实际情况。对于个别业主不出现、不缴纳税收的事情，也并不是没有办法解决，例如，可以在房主三年不缴纳税收的情况下，发布政府信息通告，限期内房主如果再不缴纳税收，就要对该不动产充公处理。我的这个说法曾受到很多抨击，但这只是为应对最为极端的情况，而且这种处理方式在国际上有先例可循。当然，在中国的这项改革中，还是需要让社会公众逐步接受，避免激化矛盾，但这种矛盾也并不是不可解决的硬障碍。

第五种观点是针对我国特殊复杂情况下小产权房的征税与处置问题。解决这个问题的确非常棘手。从法律的认定框架来看，小产权房实际上是无产权房，开征房地产税有必要先把此问题处理清爽。首先要看到小产权房问题迟早需要给予处理和了结。深圳市已经出现了对小产权房历史遗留问题的处置做法，是通过合理分类，逐步进行处理。这种分类分步处理的思路，在理论上曾经有框架性设想，在深圳市实践中是政府与社区、社区与房主通过两级谈判工作，形成认可方案之后，再将要摆平的利益逐渐予以兑现。房地产税改革如果能够最终付诸实施，那么实际上会倒逼解决小产权房的问题，而这也将成为房地产税改革的一个莫大的贡献。中国改革当中存在这种倒逼机制，是好事而不是坏事。把小产权房等棘手问题统一放进房产税解决方案里，通盘考虑，正体现改革的攻坚克难，应该做，也是经过努力可以做到的。

三、推进房地产税改革的思路与相关要领

澄清了关于房地产税的上述质疑和诘难之后，需考虑推进改革的思路和相关要领。实际上中央关于房地产税改革的基调和方向已经明确，在党的十八届三中全会之前的文件中，都要求推进改革试点、扩大范围，而党的十八届三中全会之后新的提法是要求加快房地产税立法并适时推进改革。这实际上表明绝非有些人所说的已否定重庆、上海两地试点经验，而是在锁定改革大方向之后，明确了立法先行的路径，并可以在借鉴国际经验的同时，也借鉴上海、重庆两地宝贵的本土经验。因此，与两地试点的“房产税”同义的房地产税改革首要任务是加快完成立法。一旦立法完成，我认为首先至少应当在一线城市率先实施，或者通过区别划线，对部分城镇区域先行适用。

因此，当下推进房产税改革的基本思路就在于积极考虑如何立法。立法过程中应充分体现公民的理性参与，力求在各方长远和根本利益取向上按“最大公约数”达成共识，在全体社会成员参与之下共同立规则，把改革向前推进。希望房地产税的立法工作能够比较顺利地推进，通过逐步化解社会上的一些抵触与不满情绪，把这件基本逻辑已非常清楚的工作切实推进到位。在立法过程当中，需要掌握一些要领，让改革能够被社会公众所普遍接受。我认为，在当前及未来一段时期内，中国不能简单地模仿美国和其他国家的普遍征收办法，而需要坚持走调节高端的路线。如果从技术细节上做一些讨论，就有许多问题，如调节高端就要让出低端，那么低端应该怎么让？是按照人均平方米数、首套房划线，还是另外用什么办法来操作？未来在有不动产登记的联网信息系统支持的前提下，部分学者倾向于按照人均平方米数来免征，可以把工作做得比较细致。如中国社科院提出的方案，按照我国目前城镇人均住房面积 33 平方米的统计情况，通过取整给出人均 40 平方米以下免征的建议，看起来应该是有一定合理性的。但我从互联网讨论中留意到一种以假设情况表达的反对意见：一家父母带孩子三口住 120 平方米的房子，按此方案正好无须课税，但假如孩子由于车祸等意外事件不幸亡故，父母正在悲痛欲绝之际，税务部门却找上门来，说由于人均房产面积发生变化，需要缴纳房地产税了。这条意见使本人得到一个重要启示，就是中国的调节高端的政策制订当中，需要切实地平衡法律的严密性与民众情理上的可接受性，不仅执行当中要细化，还需要充分考虑动态变化条件下公众可能的反应。除了规则和法条要细致和可行，还需要特别关注合情合理的社会诉求。如果对房地产税改革，采取先搭建让社会公众认同与接受的一个框架、未来再逐步动态优化与细化的思路，就会更倾向于首套房不征收，从而避开上述假设问题。总体而言我认为通过先据建框架、给出空间让公众接受，首套房免征未尝不失为改革起步阶段的可选技术路线，当然如要考虑有可能引发“离婚避税”问题，就需要政策设计上考虑更加宽松的措施，即单亲家庭首套免征、双亲家庭前

两套房免征。

对于在不同城市持有房屋如何征税的问题，首先从技术上掌握到相关信息是不难的。根据不动产登记已有全国部署和2018年完全到位的工作要求，通过信息联网就完全可以做到全国房产信息的“一网打尽”。而对于同一个房主在不同城市都有房的情况，需要地方政府之间建立好协调机制，例如，允许纳税人选择其中一套认定为首套房，而其他房屋则不能纳入免税抵扣范围。当然，具体协调细节上还需要有更多深入探讨。除此之外，各个政府层面也需要意识到，房地产税的税制建设过程中会面临激烈争议，因此政府信息披露方面需要更加开明，向社会方方面面充分提供、大家共同参与讨论，推动这个事情往前走。

在这个过程中，一些国际上好的经验，也可以借鉴。如满燕云教授介绍的美国案例，由社区公众选举入户测量员，并不是以政府官员身份，而是公众认可的志愿者身份来做每隔一段时间重评一次税基的基础工作。这种机制能够更好地让民众接受和认同，而地方政府也可专注于做好市场经济要求的优化本地公共服务提供更好的投资环境等工作，从而解决好财源建设问题。这样形成良性循环之后，辖区的不动产自然而然会进入升值通道，而每次税基重新评估就能够具体实现地方“税源建设”的目标。中国完全可以借鉴吸收这类经验，再往前推动做得更优化、细致。

参考文献：

1. 贾康：《“现代国家治理”理念下的房地产税制改革》，载于《国际税收》2014年第1期。

2. 刘克崮、贾康、梁季：《新一轮价税财配套改革的基本思路、主要任务和实施构想》，载于《财政研究》2014年第1期。

3. 贾康、李婕：《房地产税改革总体框架研究》，载于《经济研究参考》2014年第49期。

4. 贾康：《中国税制改革中的直接税问题》，载于《华中师范大学学报》（人文社会科学版）2015年第3期。

5. 贾康：《我对房地产税五个正面效应的看法》，载于《华夏时报》2016年5月22日。

6. 贾康：《我对房地产税可行性的看法》，载于《华夏时报》2016年5月9日。

7. 满燕云：《借鉴国际经验完善我国房产税制国际税收》，载于《国际税收》2011年第5期。

新时代包容性房地产经济制度构建研究*

贾　康　郭建华

摘要：房地产有效制度供给的不足，包容性基础制度建设的缺失，是造成我国房地产市场扭曲，以及长效治理机制缺位、滞后的根源。结合新时代对现代化市场经济体系建设的要求和房地产的功能定位，并参考借鉴包容性经济增长理论以及新制度经济学有关原理，本文创造性提出以“公平有序，共建共享，激励相容，多规合一，法治保障”为基本要义的包容性房地产经济制度理论。并在此基础上，结合作者多年来的有关研究成果，从构建可持续的房地产土地供给制度、“双轨统筹”的住房供应制度、“双规协同”的房地产投融资与个人住房金融制度、激励相容的房地产税收制度和公平合理、社会共享的土地增值收益分配制度五个方面着手，勾画了新时代包容性房地产经济制度的具体思路和框架要点。

关键词：包容性房地产经济制度　长效机制　共建共享　激励相容

党的十九大报告在提出“新时代”这一以建成社会主义现代化强国为战略目标的新的历史方位时，明确指出，我国社会主要矛盾已转化为人民日益增长的美好生活需要和不平衡不充分的发展之间的矛盾。人民美好生活需要离不开好的居住条件，总的取向是人人住有所居。现实生活中，我国一大批中心城市自2016年以来出现新一轮房价快速上涨，再次把房地产推向“风口浪尖”，相关矛盾更为凸显。建立房地产健康运行长效机制，让住房进一步回归居住属性，坚持“房子是用来住的、不是用来炒的”定位，让全体人民住有所居，成为满足人民群众日益增长的美好生活需要的应有之义和必然举措。在2016年中央经济工作会议强调房地产领域健康发展“长效机制”需依靠“基础性制度”建设之后，党的十九大报告又提出明确要求：“加快建立多主体供给、多渠道保障、租购并举的住房制度”，由此，使“让全体人民住有所居”的目标，更加明确地具有了以“包容性”为核心内涵的制度建设方针指导与引领机制。

---

* 本文原发表于《中共中央党校学报》2018年第2期。

本文将基于对房地产现状的深入分析，从基础性制度建设着手，探讨新时代如何构建包容性的房地产经济制度，形成其健康发展的长效机制。

一、我国房地产领域面临制度供给不足和包容性短板

20 世纪 90 年代我国启动分税制财政体制和住房制度改革以来，先后建立了住房商品化制度、个人住房消费金融制度以及土地招拍挂制度等。这些制度的建立和完善，对推动 20 多年的经济快速增长和城镇化发展，发挥了重要作用。但深化改革任务所涉及的房地产领域基础性制度建设，推进很有限，对房地产市场的种种“治标不治本”的举措，与人民日益增长的美好生活需要不相适应，产生了诸如暴力拆迁、投机炒房、房价居高不下、假离婚等社会问题。政府在强大的社会压力下，为管好楼市推出了一轮又一轮行政手段为主的调控，不同情况下，或给疯狂的楼市踩刹车，或为低迷的楼市去库存。但长期来看，“一管就死，一放就乱”的局面没有得到改观。

房地产是“热了不行，冷了也不行”，问题形成原因错综复杂，对其的解读见仁见智，人们或从管理的角度，或从城市建设的角度，还有的从货币供应的角度等方面寻找答案，或多或少为找到解决的路径提供了参考。但政府主要依仗的限购、限价、限贷或补贴、松贷等种种调节措施，带来的是几轮“打摆子”“荡秋千”“坐过山车”式的循环。如何形成健康发展长效机制的问题不仅仍旧存在，而且日趋严峻。通过对现行房地产经济制度的具体考察和对近年来宏观调控的得失分析，我们认为，我国房地产步入今日之困境，归结起来房地产有效制度供给的不足、包容性基础制度建设的缺失，是其病灶根源之所在。

1. 未形成“全光谱”包容性状态的住房供应体系，公众对住房问题的焦虑感日益增强

“全光谱”包容性状态的住房供应体系，是指商品房和保障房供应能够有效地覆盖各个群体的住房需求，确保人人住有所居。我国现实情况是，一方面商品房轨道上房价“泡沫化”严重，引起社会不安。从国际一般标准来看，房价收入比（住房价格与家庭年收入之比）的合理水平是 3 ~ 7。在我国 36 个主要城市里，2016 年只有长沙、西宁、乌鲁木齐、沈阳、呼和浩特和银川 6 个城市处于这一水平，称为一线城市的深圳、北京、上海三市均超过了 30，远高于合理水平（如图 1 所示）。近年来，由于房价持续上涨过快等因素，低收入人群购房困难日益突出。特别是那些既享受不到廉租住房保障，又买不起商品房的“夹心层”人群，现有的保障房和商品房供应体系对他们都不能覆盖，其住房问题引人关注。另一方面，我国的保障性住房供应体系远不完善。一是保障房保障面窄，包括经济适用房、廉租房、安置房等，仅能覆盖约 10% 的社会成员，解决住房问题仍高度依赖“购买”，“住房就需拥有产权”的逻辑没有有效打破；二是质量不优，配套不全，廉

租房与公租房的供给存在界限不清、位置不当、生活服务不配套等问题；三是经济适用房存在管理成本高，扭曲严重，公职人员变相福利分房等问题；四是租购同权的制度体系没有到位，房屋租赁市场、共有产权房等多层次供给、多渠道保障体系尚未建立成型。于是在高房价的现实下，住房问题成为公众持续关注和形成焦虑的热点话题。

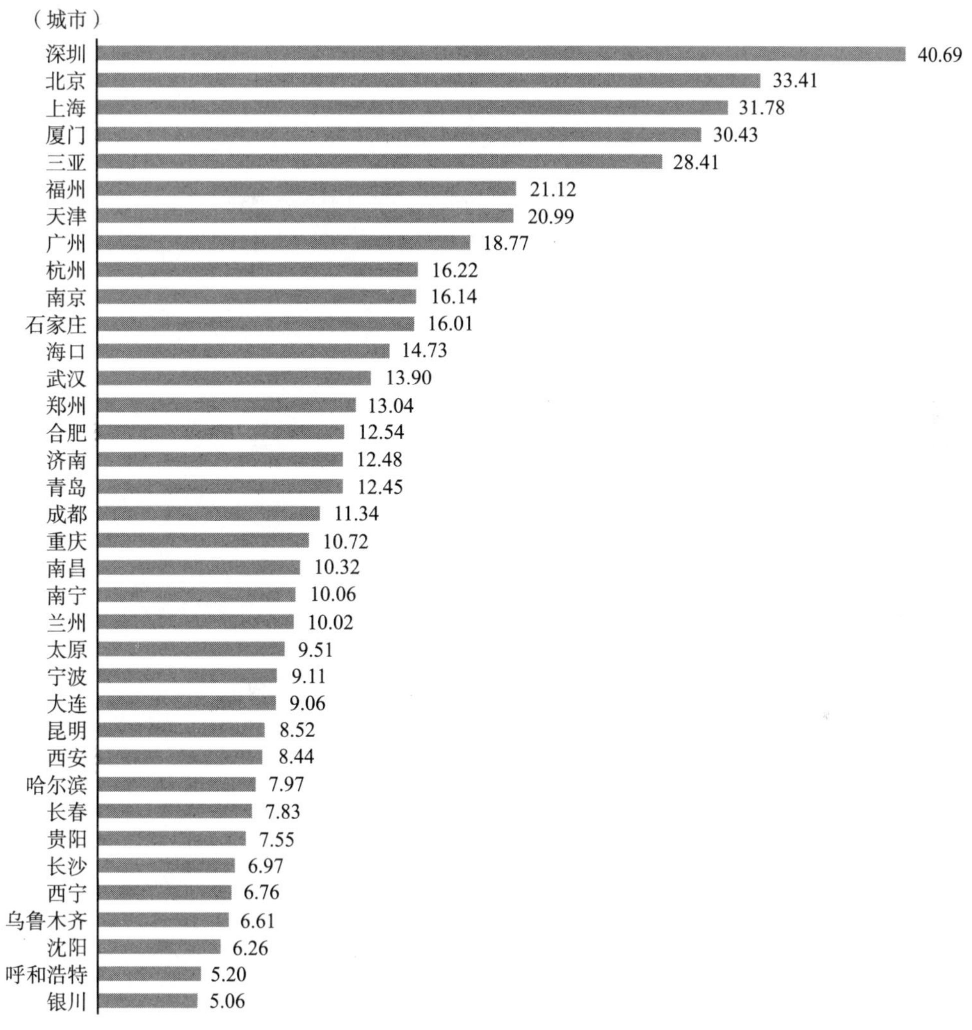

图1　2016年全国36个主要城市房价收入比排行

资料来源：《中国经营报》，2017年11月10日。

2. 土地供应伴随短期行为，助推房价上涨

我国城镇土地所有权属于国家，国家通过规划及其实施来掌握土地的开发利用，具有自然垄断的属性。为推进城镇化建设，促进经济增长，政府的国土开发、规划权力需要确定。但现行的财税制度容易促使政府将规划权与政府的收入和利益

混在一起，使得一些地方政府出于“任期政绩”等考虑，依靠“土地财政”的土地批租机制，力求“一次把钱拿足”。借土地的运作经营，募集充足建设资金并实现经济快速发展，现实中也的确证明相关制度安排对城镇化建设起到了巨大的推动作用，但在运行过程中，短期行为特征明显并暴露出地方政府与民“争利”等问题，突出表现在土地供应的控制与“抬价”上①。1998～2004 年，我国城市土地购置面积年均增长 34%，而实施招拍挂制度的 2005 年后，增速明显放缓，年均负增长 5%（如表 1 所示）。土地供应的“收紧”，反过来推动土地价格不断走高，一处处“地王”不断问世。地方政府在获取巨大土地收益的同时，客观上也在进一步推高房产价格。

表 1　　1998～2015 年城市房地产企业土地购置面积及增速

年份	土地购置面积（万平方米）	土地购置面积增速（%）
1998	10 109.3	52.2
1999	11 958.9	18.3
2000	16 905.2	41.4
2001	23 409	38.5
2002	31 356.8	34
2003	35 696.5	13.8
2004	39 784.7	11.5
2005	38 253.7	-3.8
2006	36 573.6	-4.4
2007	40 245.8	10
2008	39 353.4	-2.2
2009	31 909.5	-18.9
2010	39 953.1	25.2
2011	44 327.4	10.9
2012	35 666.8	-19.5
2013	38 814	8.8
2014	33 383	-14
2015	22 811	-37.1

资料来源：中国证券报·中证网，2016 年 2 月 15 日。

① 贾康、刘微：《“土地财政”论析——在深化财税改革中构建合理、规范、可持续的地方“土地生财”机制》，载于《经济学动态》2012 年第 1 期。

3. 多重制约下地方对房地产经济的依赖在加强，可持续性堪忧

1995 年，我国土地出让收入仅为 420 亿元，相当于一般公共预算收入的 6.7%；而到了 2014 年，收入规模达 4.29 万亿元，这一比例上升至 30.6%。房地产相关税费收入普遍占各地地方财政收入的 30% 以上，有些市县高达 60% ~70%。2016 年，房地产增加值占全国 GDP 的比例达 6.5%，成为名副其实的支柱产业。可以发现，地方无论是在财政方面还是在经济方面，对房地产已经形成了较高的依赖，并且这种依赖度还在提高。这一局面的形成，与 1994 年分税制改革建立的地方财政制度安排的演变及遇到的问题分不开。分税制改革将当时规模较小的土地收益划给了地方政府，本应在深化改革中打造以不动产税（包括住房保有环节的房地产税）为主力税种之一的地方税体系，然而这方面的改革步履维艰（仅在 2011 年推出了柔性切入的上海、重庆两地改革试点），迄今为止，地方收入的来源主要为土地出让收入和房地产交易、经营环节的相关税费。随着 1998 年住房制度改革（“城市股票上市”）和 2004 年土地招拍挂等制度（“卖方决定市场”）的推出，有条件把“地皮”的使用权卖个好价钱的地方政府从房地产开发中获取巨大的经济利益，土地收益逐渐成为发达与较发达区域地方政府最主要的财政来源。一段时间内，这种“土地财政”的发展壮大，使地方政府依靠巨量土地财政收益，促进本地经济增长和城镇化建设成效显著，然而在追求短期政绩的主导下，又易将发展重心放在房地产上面而形成了对其的过度依赖，主要会产生三个方面的不良后果：第一，不断地推高土地价格，提升土地成本，与开发商形成利益共同体，增加实体经济的经营负担，在一定临界点出现后，可能很快地表现为本地经济发展环境的恶化；第二，是地方的所谓公共利益与人民群众的现实利益产生冲突，如城镇化建设与城中村改造拆迁中征地补偿成本越抬越高，大量发生暴力拆迁，以及因利益分配不均引发的群体性事件等；第三，从趋势上看，某些中心城市不久将面临“无地可供”的“终极制约”，这种“单打一”地依靠土地批租的地方筹资模式将难以为继。

4. 商品房市场投机炒作盛行，成品房持有状态出现严重悬殊，房价“泡沫化”与“过冷局面”交替出现，房地产调控陷入“打摆子”式轮回

近些年来，不少地方房地产市场动辄出现肆无忌惮的炒作风潮（如 × × 炒房团，曾在不少区域“攻城略地”）竟致给人“房子是被用来炒的，而不是用来住的”之惑，在商品房市场炒作成风的过程中，成品房持有状况出现严重悬殊，一边是许多收入总赶不上房价上涨的买房困难户，另一边则是已屡见不鲜的手持几十套甚至几百套房产的“房叔”“房婶”“房姐”，引出百姓的严重不满、怨怒和社会生活的不和谐。市场的分化也已十分明显：一方面，一二线城市房价“泡沫化”日趋严重，北京、上海等地中心城区房价收入比已是高达三四十，一套房子的价值可相当于一家具有一定规模的实体企业；房价甚至高于同期东京核心城区。另一方面，在 2014 年后，三四线城市又普遍出现“过冷局面”，大量商品房空置卖不出去，有些地方商品房的库存可以满足未来 6 ~10 年的需求，一座座所谓的“鬼城”

接二连三在中西部城市出现。“泡沫化”与“过冷局面”交替出现，房地产调控陷入“打摆子”轮回。2016 年初，调控的基调还是“去库存”，但很快，房地产市场“风云突变”，在“杠杠助力”、定向降税等多项措施的驱动下，商品房市场“发烧”行情由一二线城市迅速蔓延至三四线城市，如湖南省长沙、株洲、常德等三四线城市房价快速上涨并很快伴随库存告急。随之而来的是一轮更加猛烈但又并不惊奇的宏观调控，即行政手段的限购、限贷、限价、摇号等极端措施也纷纷亮相，无所不用。其实 10 余年以来，人们对这种“打摆子”“过山车式”的宏观调控已经司空见惯，至少经历了三轮，一会儿限购限贷、一会儿放开限购限贷，甚至还给补贴；一会儿收紧首套、二套房贷，一会儿又恨不得实行“零首付”；一会儿五年免税，一会儿又变成两年免税。调控不仅没有治愈房地产的“冷热”病，而且似还在加剧其大起大落，市场分化中房价的“泡沫”似乎也可以越吹越大，上海市已出现 34 万元/平方米的高端公寓楼行情。调控的轮回之中，政府的公信力不断被侵蚀。

5. 房地产金融制度异质化，经济“脱实向虚”有抬头迹象

在商品房、保障房双规并行的房地产领域，依客观需要，本应也区分商品性金融和政策性金融两条轨道。我国在政策性金融支撑力不足、机制优化不尽如人意的同时，商业性的房地产金融出于逐利本性，已在多种因素综合作用下发生异质化，主要表现在两个方面：一方面，个人住房金融的高杠杆化，以及不当的人为干预和调整。2016 年以来的新一轮房地产周期中，住房按揭贷款的首付比例和利率在一些区域不断压低，有些地方在开发商和银行业务人员的勾连下，甚至出现了零首付或者“首付贷”，广义货币（M2）大量流入房地产领域，客观上配合推动了房产价格上涨。另一方面，房地产开发贷款制度缺乏“隔离墙”，高融通比带来巨大的债务风险。一般情况而言，开发贷款的资本金和社会融资（融通量）比例应为 1∶3 左右，但由于土地可以再次抵押给银行贷款，加上商品房预售后收到的按揭贷款，开发商最后的融通比可以达 1∶10，极端情况下甚至可以达“空手套白狼”的 1∶50[①]。开发商为了圈地开发建设，不惜疯狂举债，其中不仅包括“中利贷”，甚至包括高利贷，这些债务风险容易演变成债务危机。高杠杆化的住房金融推动房产价格上涨，房价上涨带来的赚钱效应，又吸附大量流通中的货币流入房地产，从而形成资金循环怪圈和资金黑洞，加剧一般实体经济与房地产经济的不平衡状态。2016 年，全国房地产贷款余额占 GDP 的比重为 26%，比 2008 年提高了 16 个百分点；金融机构新增贷款的 45% 流入了房地产，其中，工农中建四大国有银行新增个人住房贷款占比都超过了六成，中国银行这一比例甚至超过了 80%，如图 2 所示；住房贷款规模比 2015 年增长了 86%，但其他部门的贷款则同比下降。房地产在国民经济中产生的 GDP 不到 7%，“绑架”的全社会资金量却达 26%，新增资金

① 黄奇帆：《关于建立房地产基础性制度和长效机制的若干思考》，复旦大学演讲整理稿。

量更是高达45%①。

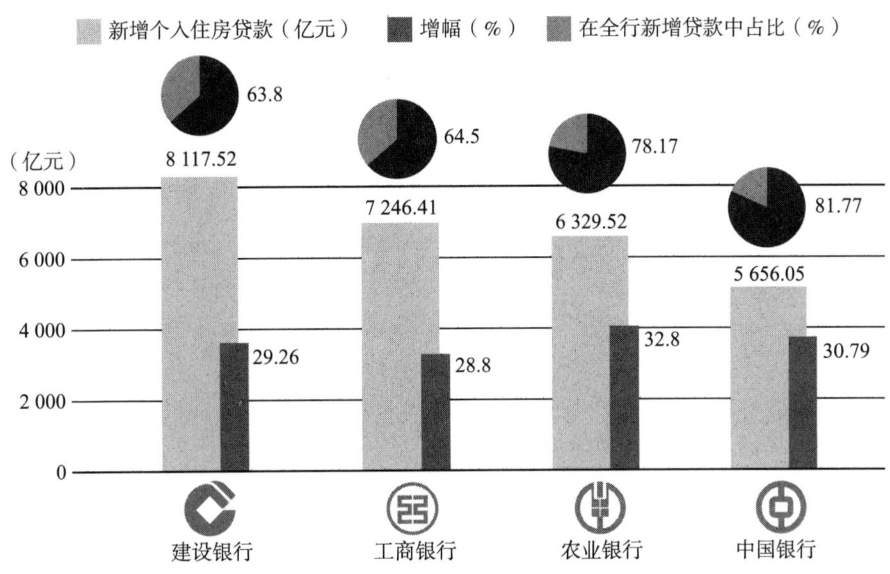

图2 2016年四大银行住房贷款情况

资料来源：四大行2016年年报，编辑制图：《中国经济周刊》采制中心。

6. 房地产税收制度改革严重滞后，直接税“稳定器”功能未得到发挥

2015年，我国全部税收收入中来自流转交易环节的税收占到接近70%，而来自所得税、财产税的收入合计占比低于30%；来自各类企业缴纳的税收占比更是高达92.06%，而来自居民缴纳的占比仅7.94%。如果再减去由企业代扣代缴的个人所得税，其他由个人所纳税金占比不过超2%，如表2所示。在房地产税收中，房地产投资开发、交易环节（流转环节）的税收占比80%以上，而保有环节的税收仅占不到20%（对个人消费住房而言，保有环节的税收基本上未开征，仅重庆、上海两地进行了试点，其他地区个人用于出租的房屋需在月收入3万元以上才征税）。这样的税收制度设计，使房地产相关税收远不能发挥应有的收入分配调节功能，土地、房产“涨价归公”的调节机制和优化收入分配的基本税制目标无从实现，反而是交易环节过重的税负，推动了资产价格的上涨，加剧了房地产价格的波动，对房价起到了“助涨助跌”的作用。长期以来，饱受诟病的“土地财政”还没有找到有效的制度替代，“税收财政”的相关制度基础还未建立，因而无从发挥其应有的“稳定器”功能。

① 黄奇帆：《关于建立房地产基础性制度和长效机制的若干思考》，复旦大学演讲整理稿。

表 2　　2015 年全国分税种税收收入规模及占比

序号	税种名称	税额（亿元）	比例（%）
1	增值税	30 191	24. 17
2	消费税	11 110	8. 90
3	营业税	19 313	15. 46
4	关税	2 555	2. 05
5	烟叶税	143	0. 11
6	资源税	1 035	0. 83
7	企业所得税	27 125	21. 72
8	个人所得税	8 618	6. 90
9	城镇土地使用税	2 142	1. 72
10	耕地占用税	2 097	1. 68
11	印花税	3 442	2. 76
12	契税	3 899	3. 12
13	城市维护建设税	3 887	3. 11
14	房产税	2 051	1. 64
15	土地增值税	3 832	3. 07
16	车船税	613	0. 49
17	车辆购置税	2 793	2. 24
18	船舶吨税	47	0. 04

资料来源：《中国税务年鉴 2016》。

总体而言，房地产包容性基础制度建设与健康发展的长效机制缺位、滞后，极不利于有效校正房地产市场的扭曲，助长了矛盾累积、隐患叠加。近年来，北上广深地区，许多人一房难求，还有众多外来人口根本不具备买房的资格，许多正当的刚需和改善性需求被行政手段“一刀切”压制，而不少三四线城市仍有大量商品房空置卖不出去，库存高企。行政手段为主，只治标不治本的房地产调控，越来越心劳日拙，捉襟见肘，几度轮回之中，多年前有关部门就已提出的“房地产健康发展长效机制”，迟迟不能构建起来。2016 年中央经济工作会议强调要推进房地产相关“基础性制度建设”，这才是打造长效机制的关键，但显然具有改革“攻坚克难”的挑战性与艰巨性。

二、新时代包容性房地产税收制度的提出

什么是房地产的“治本”良方？对此，经济学界和实务界有很多种理解，也

提出了不少观点和建议，有的主张继续强化行政主导的宏观调控，致力于精准调控来解决房地产价格不断虚高的问题；有的人主张放开土地供给，探索类似于“地票”式的改革，来从土地供应入手，解决土地价格推高房产价格的问题；有的主张改革财税制度，开征个人房产税，让税收来替代土地财政制度；还有的反对开征个人房产税，认为开征此税存在法理性障碍等。这些观点不论是否合理，其中毕竟有一些思考和建议可带来有益的启发，然而总体上尚未形成全面的、成体系的认识与对策。要系统化地解决房地产健康发展长效机制问题，决不可继续“盲人摸象”，只治标不治本。因此，结合前述分析，从系统性思维入手，必须立足于走向中国特色社会主义现代化强国的新时代建设现代化市场经济体系的背景，从制度供给的视角，来寻找房地产领域包容性经济制度建设的思路与要领。

1. 当前房地产经济制度具有较强的汲取性特征

客观而言，我国现行房地产制度的实施集聚了大量资源和财力，为我国工业化和城镇化快速发展作出了巨大的贡献。但随着经济的快速发展、环境的加速变化，20 多年前建立的房地产经济制度框架逐渐与经济社会发展形势表现出越来越多的不适应，相关制度也日渐表现出较强的汲取性特征，如土地供应垄断下的短期行为特征，行政手段主导市场资源的配置，政策环境（信贷、税收等政策）公平性不足等。具体而言，应强调以下几个方面的不良表征：一是基本农田“占补平衡”制约下城市土地的高度管制，没有形成缓解有关矛盾的有效制度创新供给。重庆市颇有积极意义的“地票制度”结合国土规划下的“土地收储制度”的改革试点，多年来没有扩大范围，总体而言与房地产相关的土地制度改革严重滞后，在较大程度上推动了土地价格的快速上涨，使“地王”“楼王”不断涌现。二是住房市场过度商品化，保障轨上的公共住房供应的量与质不到位，房屋租赁市场和“共有产权房”供给远不够发达，不能满足中低收入群体的住房需求。三是相关金融资源配置机制和投融资制度创新滞后，信贷资金大部分被流入商业房地产，不动产在中国式“土地财政”轨道上变成流动性较强和信誉高的投资品，大量资金被房地产吸引而引发其他行业“血慌”，加剧一般实体经济与房地产的不平衡。四是住房持有环节的无成本预期，助长“把房子用来炒”，使综合性制度成本高企——由于缺少房地产税制的“稳定器”和理性引导机制，在高速城镇化历史阶段的市场炒作力量如鱼得水，地价和房价推高了居民生活成本和企业的生产经营成本，土地相关的利益寻租和过度垄断则进一步提高了综合意义上的交易成本。五是社会创新动力不足，房地产的创富效应和超额投资投机收益，会在较大程度上抑制其他方面创新、创业的动力和激励。一套房子的价值相当于一个规模不小的实体企业，投资买房的收益率轻易地远远高于投资开公司，使社会资金和人才纷纷涌入房地产行业；高企的房价和租金，也提高了创新、创业的门槛和成本，将许多创业的尝试挡在了门外，使创业、创新的动力被严重抑制。六是社会福利蒙受净损失。虽然地方政府获取了可观的“土地财政”收益，部分投资、投机主体也获取了一定的超额利润，但由于对生产激励的抑制，以及伴随而来的土地拆迁、社会维稳等成本呈几何级数的增加等福利损失，远超过少部分人的“超常所获”，从而导致全社会的福利净损失。七是日益扩大的存量财富差距。未得机会投资城市不动产的居民与早期已经投资不动产的居民之间，贫富差距不断在扩大。当前中国社会贫富差距的突出表现已主要在于存量财富的差距，而房产则是最主要的存量财富。

著名制度经济学家阿西莫格鲁和罗宾逊在《国家为什么会失败》① 一书中通过对不同时代、不同国家经济发展规律的深入分析和揭示的基础上，结合大量的实际案例论证了汲取性制度不能维持经济的长期增长，缺乏生产激励的经济制度安排不是成功的制度，不可能长期促进经济的增长和发展。我国走向现代化的经济社会转轨和升级发展过程中，必须从法治、共和的制度建设，实现包容性发展②。以此看待我国具有较强汲取性色彩的现行房地产经济制度，如果不进行改革，必将会对经济和社会生活带来越来越多的困难，成为构建现代化经济体的障碍。房地产的制度建设攸关经济社会发展全局，千千万万老百姓的安居乐业，国家的长治久安。针对房地产经济制度的问题与弊病实行变革，将汲取性经济制度变革为可以长期持续发展包容性经济制度，已经刻不容缓。

2. 包容性房地产经济制度理论

包容性这一词语来源于2007年亚洲开发银行提出的“包容性增长”，它的初始意义在于：“有效的包容性增长战略需集中于能创造出生产性就业岗位的高增长、能确保机遇平等的社会包容性以及能减少风险，并能给最弱势群体带来缓冲的社会安全网。”其最终目的，是使经济发展成果最大限度地让民众受益，也就是说要使全体社会成员公平合理地分享经济增长的成果。包容性增长理念与我国奉行的科学发展观、“五大发展理念”不谋而合。科学发展观所强调的“统筹城乡发展、区域发展、经济社会发展、人与自然和谐发展、国内发展和对外开放”以达到全面、协调、可持续的发展，目标正是为了让社会大众共享经济增长和改革的成果。党的十八届五中全会提出的“创新、协调、绿色、开放、共享”五大发展理念，其归宿为共享发展，就是要以最大的包容性着力增进最广大人民群众的福祉。

新制度经济学将经济制度分为汲取性（或攫取性）经济制度和包容性经济制度。新制度经济学定义的汲取性制度，指的是经济有关制度、政策由当权者、统治者或精英人物制定，而他们通过各种垄断权、专卖权、市场控制等掠夺生产者，使得生产者只能得到所生产产品的一小部分甚至得不到，结果是生产性激励不足③。同时，阿西莫格鲁和罗宾逊定义的包容性经济制度是一种鼓励自由竞争，限制垄断，人们少有机会通过垄断、专卖或者市场控制获得超额利润，具有很高的生产性

①③ ［美］德隆·阿西莫格鲁、詹姆斯·罗宾逊：《国家为什么会失败》，湖南科学技术出版社2015年版。

② 贾康：《关于法治共和的包容性发展》，载于贾康、欧纯智：《创新制度供给：理论考察与求实探索》，商务印书馆2016年版。

激励的经济制度。德隆·阿西莫格鲁认为包容性经济制度为大多数公民提供公平的（近似相等的）竞争环境和安全的制度结构[①]。如保障产权、鼓励对新技术的投资的制度有利于经济的增长。在新制度经济学的视角上，包容性经济制度包括安全的产权保障，零壁垒的行业进入，公正的法律和良好的秩序，政府支持市场，维护合同，创造一个公平竞争的环境，使得具有不同家庭背景和能力、来自社会各阶层的公民都能公平参与经济活动。

参考借鉴包容性经济增长理论以及新制度经济学关于包容性经济制度的理解，我们认为在建设社会主义现代化强国的新时代，在我国社会主要矛盾已经转化为人民日益增长的美好生活需要和不平衡不充分的发展之间的矛盾的大背景下，为引导房地产回归居住属性和充分发挥其国民经济支柱产业的正面效应，关键要构建包容性的房地产经济制度。实践证明，以往对住房的居住属性重视不够，特别是未有效构建基础性制度和长效机制，习惯于依赖行政手段为主的宏观调控，忙于治标而难以治本，无法真正治愈房地产积重难返的“沉疴旧疾”。为避免房地产的泡沫化及其可能的大起大落硬着陆，乃至可能引发的系统性经济危机和社会危机，当务之急就是要加快在我国构建房地产基础性经济制度，提供房地产领域现代化治理的长效制度供给，促进房地产与经济社会协调可持续发展。而房地产治理长效制度供给的核心，在于建立包容性的房地产经济制度，概括起来就是要形成一套有利于促进市场充分发挥作用、资源要素可流动、产权界定清晰，制度性交易成本降低、合理扶助弱势群体、有效保障全体社会成员“住有所居”的房地产制度体系；使人民群众在公平正义的社会环境中共享改革发展成果，实现房地产充分发展和社会福利最大化。根据上述目标定位和功能要求，我们认为包容性房地产经济制度的基本内涵和特征可以归结为“公平有序，共建共享，激励相容，多规合一，法治保障”。

一是公平有序。制度设计要打破垄断特权和部门、区域的分割，对属于市场调节的商品房市场，让市场在资源配置中起真正的决定性作用；对属于居住保障和准公共产品属性的那部分住房，政府需要履行好牵头供给的责任，同时要创造公平、统一、合理的供应规则，引导供给多样化、多层次发展，以满足不同阶层群体的居住需求，确保人人住有所居。

二是共建共享。制度设计的初衷和目标导向，是为了激发创造的积极性和热情，引导大家更好地、更有效率地创造和实现价值，同时也可成功地防止出现改革发展成果由少数人占有、控制的情况，而实现的途径就是依照新供给经济学理论，对原有制度的汲取性特征加以革除，形成新的包容性的制度体系；调动各方面的共建积极性，形成房地产有效供给、住有所居的体制机制。

三是激励相容。这就要求较低的制度性交易成本，如房地产税收征纳成本相对较低，税收遵从度较高，较易赢得纳税人的认同；征收范围逐步实现全覆盖，确保

---

① ［美］德隆·阿西莫格鲁、詹姆斯·罗宾逊：《国家为什么会失败》，湖南科学技术出版社 2015 年版。

有足够的税基，以保障地方政府筹集足够的财政收入，满足公共服务的需要。

四是多规合一。要按照“规划先行，多规合一”的原则，致力于实现土地利用规划国民经济和社会发展规划、产业布局规划、环境保护规划、公用设施建设规划、教育医疗等民生改进规划等协调衔接，有机结合。

五是法治保障。对房地产领域的税收制度，要遵照税收法定原则，尽快推动房地产税、契税、增值税等立法和改革，构建严格意义上的现代化税收法律制度，以法律来保障制度的公平规范和房地产相关各方的权益。

三、新时代包容性房地产经济制度的具体构想

构建现代化经济体系，走向现代化强国的新时代，创建包容性的房地产经济制度，必须解决以基础性制度建设为支撑的健康运行长效机制问题。要加快进行制度创新，使相关制度安排从汲取性特征转变为包容性特征，增强人民群众的获得感，使全体社会成员共享改革发展成果。这主要涉及：一是激活土地市场、优化土地供应，以“地票”、土地收储制度等改革举措匹配高水平的国土开发规划和房地产建设规划；二是按照“双轨统筹”的思路，建立多主体供给、多渠道保障，租购并举，既体现效率，又维护公平的住房供应制度①；三是建立商业金融与政策金融协调呼应的房地产投融资和个人住房金融制度，“双轨”协同发挥合力助推多层次住房供给体系建立；四是构建激励相容的房地产税收制度，形成公平合理、社会共享的土地增值收益分配制度。

1. 需在基本农田“占补平衡”机制保障下，激活集体土地市场、优化城镇土地供应，构建可持续的房地产土地供给制度

土地供应难题是当前房地产困局的重要原因之一，关键是以制度创新调动土地供应潜力和市场活力，多渠道增加土地供给。一是改革土地制度，借鉴重庆市“地票”制度改革试点经验，激活集体土地市场。赋予农民长期的土地使用权（未来即明确永佃权），并以占补平衡大前提下的“地票”式市场交易形成调动远离城乡接合部农民复垦积极性和使他们共享城镇化发展的土地溢价收益，建立以土地使用权为核心的土地产权体系，弱化所有权，允许集体土地建设用地使用权在符合国家法规的前提下自由流转（包括入股）②，合理有效解决城镇化进程中扩大建成区所需的增加土地供给的来源问题。二是优化土地规划，并以土地收储制度确保土地可持续供给。应按照“规划先行，多规合一”的原则，致力于实现土地开发利用规划与城乡发展、产业布局、公共交通、公共事业环境保护等各类规划的有机结合，以建设“人的城市化”为目标，保障人人住有所居的目标落实于高水平总体规划的施行之中，动态优化调节居住、工商业和公用事业不动产的匹配关系。三是

①② 贾康、刘军民：《中国住房制度与房地产税研究》，企业管理出版社 2016 年版。

改革完善现行的土地一级开发批租制和招拍挂制度，平抑土地价格。针对 40 ~ 70 年土地批租制诱发地方政府短期行为而力求把未来若干年的土地租金“一次性拿足”，土地招拍挂单一竞价拍卖制度，在土地自然绝对垄断前提下，很容易把价格轮轮推高等问题，可考虑将一次性批租制改为年租制，并且对“招拍挂”实行“限房价竞地价”等新方式，促使土地价格沉稳化。

2. 建立保障房、商品房供给“双规统筹”、多主体供给、多渠道保障、租购并举、既体现效率又维护公平的住房供应制度

政府“更好发挥作用”在住房领域的首要任务是牵头组织好保障性住房轨道上的有效供给，在总结已有经验教训基础上，把保障房具体形式集中于对最低收入阶层的“公租房”和适合于收入“夹心层”的“共有产权房”。一是要加快优化公共住房建设发展规划，适当提高公共住房比重，根据地方辖区具体房源情况掌握好公共租房“补砖头”与“补人头”的权衡关系。二是出台切实举措发展房屋租赁市场，如允许承租人可以使用住房公积金付租金①，降低房屋租赁的增值税负担，个人基本生活需要的房屋租金可以抵扣个人所得税等。三是在教育、医疗方面落实租售同权的配套制度安排。把保障性住房托底的事情做好了，解决商品房供应问题，就应更多地依靠市场，核心思路在于双轨统筹框架下建立“多主体供给、多渠道保障、统筹兼顾”的住房供应制度体系，既体现效率，提升供应能力和质量，又能照顾公平，实现全体社会成员住有所居，在全面覆盖基本住房需求的同时，也兼顾热点城市中高收入人群的改善性需求。

3. 建立商业金融和政策金融协调呼应的房地产投融资制度，以及个人住房金融制度，“双轨”协同发挥合力助推多层次住房供给体系建立

一是要构建多层次的住房金融体系，合理发展商业性住房金融，开发夯实政策性住房金融机制，探索发展互助储蓄型金融。对于中高端收入人群对应的商业性住房金融，可以逐步放开信托公司、保险公司、财务公司等的准入，破除商业银行的过度垄断，促进竞争，放开融资形式、融资条件、利率等，允许金融机构按照市场化原则提供灵活多样的住房金融产品。对于政策性住房金融，要聚焦建立起一套针对中低收入群体、特殊困难群体的金融支持制度，如对住房公积金制度改革调整为真正的政策性金融制度体系，探索由政策性金融机构接手保障性住房的投融资（包括 PPP 项目建设中包括的保障性住房）②。可借鉴国外住房储蓄银行的经验，在大中城市建立储蓄性住房金融机构，通过互助融资，为成员间的住房需求提供支持。二是在住房金融市场发展中，积极支持发展住房贷款证券化产品，探索房地产投资信托基金（REITs）的发展，培植住房金融的二级市场，拓宽资金筹集渠道。并优化回报机制。三是在当前阶段，面对“冰火两重天”的市场分化格局，在

---

① 黄奇帆：《关于建立房地产基础性制度和长效机制的若干思考》，复旦大学演讲整理稿。

② 贾康、刘军民：《中国住房制度与房地产税研究》，企业管理出版社 2016 年版。

“火”的一二线城市看重“金融去杠杆”的同时，在“冰”的不少三四线城市还需酌情配之以“加杠杆”措施（包括商业性、政策性双规）以利“去库存”。

4. 构建激励相容的房地产税收制度，形成公平合理、社会共享的土地增值收益分配制度

关于房地产增值收益的分配，是房地产经济制度的一个核心难题所在。“土地涨价归公”的分配，现实中应处理为适当兼顾各方的“涨价分成”。关于土地增值收益的分配，理论界有两种主流观点，一个是“涨价归公”，另一个是“涨价归私”。完全的“涨价归公”“涨价归私”都不尽合理，土地的增值主要源于政府牵头对公共基础设施建设投入所带来的公共服务水平提高而产生的物业升值；但也不能否认，土地的增值与私人投资和各个微观主体相互影响所带来的软件改善也分不开。因此，土地增值收益的分配，根本的做法还是公私兼顾、社会共享①。而实现这一兼顾和共享的目标，建立现代化的房地产税收制度（成为政府与居民的激励相容制度交汇点），引导土地财政向税收财政过渡，显得尤为重要。因此，需要从以下几个方面着手，构建适应现代市场经济体系长治久安要求的房地产税收制度。

第一，降低交易环节税费，减轻交易成本，减少对房价的“助涨助跌”效应。具体考虑至少应有四个方面的措施。一是在“营改增”全覆盖之后，创造条件按时适当降低增值税税率，简并税率档次，同时尽可能减少免税、先征后退等税收优惠政策；二是降低交易环节税负，可将契税平均税率降低至1%左右，维持较低税负水平；三是简化税制结构，将土地增值税合并至增值税，将城镇土地使用税、房产税、耕地占用税等并入未来的房地产税；四是清理房地产收费，能够取消的取消，能够降低的降低。

第二，在住房保有环节实施房地产税改革，立法先行，按住房市场评估值确定税基，对地方充分授权，分步实施。这一改革关系到以利益引导各方预期的房地产市场抑制炒作机制建设，可促使土地财政顺利转换、地方政府职能合理转变与地方财源建设相内洽，以及地方治理的法治化、也与优化再分配、推进广大百姓共同富裕进程相关。根据现实生活的“问题导向”和党的十八届三中全会关于加快房地产税立法并适时推进改革、2020年前落实税收体系的税收法定工作，以及党的十九大关于加快建设地方税体系的系列指导方针，房地产税立法及改革的积极推出势在必行。建议改革过程中，借鉴上海、重庆两地试点经验，一开始可适当“柔性切入”，力求先建成制度框架，制度设计方面要充分考虑中国社会对此改革的可接受性，制定包容、开明的税基扣除和税收豁免政策，通过立法搭建制度框架后，在部分“火”的城市先行而“冰”的城市可从容等待以后的合适时机跟进。开征房地产税的同时，可明确立法规范个人房产土地使用权70年到期后可续期，即转为

① 贾康、刘军民：《中国住房制度与房地产税研究》，企业管理出版社2016年版。

永久使用权；不动产信息登记及联网、房屋价值评估机制、个人纳税申报制度建设等，均需匹配到位，确保房地产税顺利落地。

第三，改革中将土地增值税并入增值税后，将集体土地建设开发纳入征税范围，以出让、抵押、租赁、入股等方式有偿转让集体建设用地使用权的，应缴纳增值税，从而使国家以税收的方式参与集体土地收益分配。

第四，完善个人所得税制度。推动个人所得税综合与分类相结合改革，对个人及家庭购买首套或者改善型住房的抵押贷款利息，允许按照个人或家庭年度收入的一定限额在个人所得税前扣除；对有能力、有条件、有意愿的中等偏下“夹心层”家庭购买共有产权住房或租赁房屋，可规定其购房支出或租金支出，在合理的范围内允许个人所得税前予以扣除。① 集体土地准予流转后，应将个人转让集体土地使用权收入，纳入个人所得税的征税范围。

参考文献：

1. 黄奇帆：《关于建立房地产基础性制度和长效机制的若干思考》，复旦大学演讲整理。

2. 贾康、刘微：《“土地财政”论析——在深化财税改革中构建合理、规范、可持续的地方“土地生财”机制》，载于《经济学动态》2012 年第 1 期。

3. ［美］德隆·阿西莫格鲁、詹姆斯·罗宾逊：《国家为什么会失败》，湖南科学技术出版社 2015 年版。

4. 贾康、欧纯智：《创新制度供给：理论考察与求实探索》，商务印书馆 2016 年版。

5. 贾康、刘军民：《中国住房制度与房地产税研究》，企业管理出版社 2016 年版。

6. 赵燕菁：《土地财政：历史、逻辑与抉择》，载于《城市发展研究》2014 年第 1 期。

7. 朱亚鹏：《对“十三五”我国住房保障发展的政策建议》，载于《中国社会保障发展报告·2016》之中国住房保障发展报告，人民出版社 2016 年版。

---

① 朱亚鹏：《对“十三五”我国住房保障发展的政策建议》，载于《中国社会保障发展报告·2016》之中国住房保障发展报告，人民出版社 2016 年版。

破解住房市场调控困境与地方财税制度创新*

贾　康

一、中国住房市场调控与政策优化的困境分析

近些年来，中国许多大中城市的住房价格水平出现快速攀升，房价收入比走高，房地产市场秩序紊乱，越来越多的进城务工人员和不少城市“收入夹心层”人员难以从市场上获得他们支付能力“承担得起”的住房。近日人们热议的顶尖水平的科学家施一公请辞清华大学副校长而转任西湖大学校长，据报道也与“还不起房贷”的现实问题有关。而多年间一轮比一轮“严厉”的政府房地产宏观调控，却表现为“打摆子”和“越调越高”，被社会指责为“空调”，治标不治本，不仅让很多民众继续“望房兴叹”，也有损政府的公信力。这种情况下，住房市场的供求矛盾、特别是带有结构性特征的住房条件“两极分化”式的社会分层和社会成员的不动产配置状况两极悬殊，使社会矛盾问题随之加剧。而且，房地产领域投资客观的“高收益”，形成了对于资源要素的强大吸引力，使制造业等其他“实体经济”的吸引力相形见绌，进而带来的是要素流动中产业结构的失衡，以及在中心区域“留住人才”越抬越高的房价成本，等等。这些既威胁社会公正，影响社会安定和谐，也会销蚀我国经济高质量可持续发展的后劲，并且已经引起了地方政府层面有识之士的焦虑。

如具体地考察分析影响住房价格与住房不动产配置的相关因素，不仅有房地产市场供需变动的短期因素，更有影响供需力量的长期、综合因素，包括城镇化加快、社会分配差距拉大、房地产过度金融化、土地供应的约束条件收紧和不动产溢价的调节机制薄弱等。可以说，我国住房制度改革和房地产市场调控中的困境，集中而典型地映射了我国经济转型和社会变迁中的深层次、综合性、全局性的矛盾和问题，体现了改革深水区“攻坚克难”的挑战性与艰巨性。

---

* 本文主要内容原发表于《中国证券报》2018 年 5 月 26 日。

（一）城镇化因素推动住房供需互动中的“供不应求”与房价上扬

改革开放以来，根据国家统计局统计公报数据，我国城镇化率年均提高 1 个百分点以上；2000 年以来，约年均提高 1.36 个百分点，常住人口城镇化率从 1978 年的 17.9% 上升至 2012 年的 52.57%，2017 年底进一步提高至 58.52%，但户籍人口的城镇化率还仅为 42.35%。根据世界各国城市化的一般规律，可知当前我国仍处在城镇化率 30% ~70% 的快速发展期之内。新型城镇化的核心问题，是要有序推进农村转移人口的市民化。据公安部统计，2010 年以来，全国农业人口落户城镇的数量平均每年要达 900 万人以上，再加上并不落户但却在城镇常住和工作的流动人口，这一部分社会成员的住房需求十分庞大。未来 30 年，估计我国的城镇化过程中，将有 3 亿 ~4 亿农村人口要转移至城市。目前城镇人均住房面积为 35 平方米左右，假定新移民人均住房面积需求较低——平均为 30 平方米，则为满足这些新移民居住的住宅面积，将年均达 4.2 亿平方米。以住房套均面积 70 平方米估算，则每年城镇住房新增需求要达 600 万套，这还不包括原有城镇居民的改善性住房需求。上海易居研究院的研究人员曾通过定量分析，得出城镇化率变化与住房指标变化间可量化的相关关系是全国城镇化率提升 1%，相应的住房投资增长 7%，住房竣工面积增长 2.7%，人均住房面积增长 1.4% 等。

住房是附着于土地上的，而“地皮”在城镇中心区具有特别的稀缺性和自然垄断性，自然会使房与地合成的“不动产”市场价格走高。在这种背景下，中心建成区域的住房“供不应求”并使房价形成“上扬曲线”，带有长期趋势特征，仅靠住房市场商品房的供给，远远不能解决规模日益庞大的城市低中端收入人群“住有所居”的住房有效供给问题，同时由于大量低中端购买力的“房奴”式拼命挤入，房价的大幅上涨之势也更不易遏制，十分需要建立市场配置和政府保障相结合的住房制度，推动形成总量趋于基本平衡，结构基本合理，房价、房租水平与消费能力基本适应的住房供需格局，以有效保障城镇常住人口的合理住房需求。

（二）人口总量与结构变化：总规模上升、家庭“小型化”和老龄化对供需关系形成不同影响

人口是房地产需求的基础性因素。一个国家的住宅需求量主要是根据这个国家的人口数量、年龄结构和家庭分裂速度决定的。人口总量、家庭结构、地域集聚特征是影响住房需求的长期因素。所谓“刚性需求”，是指社会成员为满足自身生存需要而产生的基本需求，住宅属于生活必需品，人们为了满足生存和发展的基本需要势必会提出“住有所居”的需求，“基本住房”的落实就属于“刚性需求”。在这种“刚性需求”作用下，住宅需求量始终伴随人口数量和结构性变化而在总体上发生改变。我国仍处在总人口的上升区间，但未来会达峰值而转为相对稳定状态，估计未来中国人口总规模的峰值将在 14.4 亿人左右。根据国家统计局和有关

部门数据，伴随人口增长，我国住宅新房竣工面积已从2000年底的18 948万平方米上升至2014年的80 868万平方米，其间“翻了两番”。这个趋势与人口对住房提出的“刚性需求”密切相关，同时也与中国步入“中等收入”社会而必然产生的大基数人口对住房提出的“改善性需求”有关（而且也与市场上的“炒房”力量相当强大与活跃有关）。人口数量的逐年增加极大地刺激新增基本需求、改善性需求合成的住房总需求的上升。同时，中国的家庭人口平均数已从1990年的3.96人/户下降至2008年的2.96人/户，并在不断地下降中，国家有关部门调查结果显示，2015年中国城镇的户均人口平均规模已下降至2.63人。这种家庭向“小型化”的裂变，自然也会对住房需求的上升带来可观的影响。

当然同时也应看到，我国人口抚养比自1964年开始，就进入持续下降阶段，即进入人口红利时代，这种变化趋势持续至2013年左右而告结束，人口老龄化速度加快，中国从“人口红利期”转为“人口负债期”（如图1所示），与此相关全社会“老龄化”及储蓄率的降低，可能带来的是未来对住房需求的下降，以及对住房价格的降低影响。

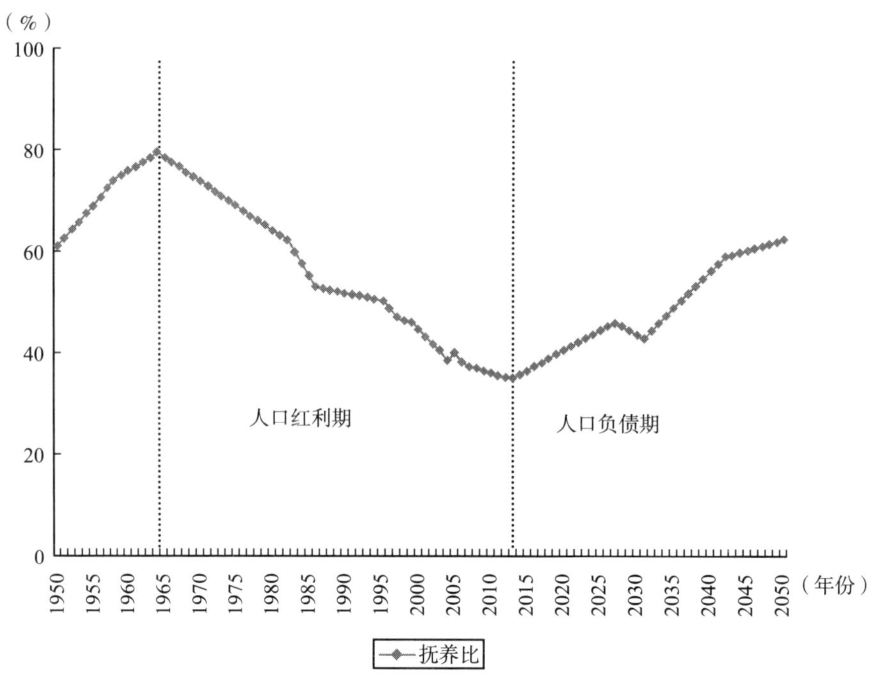

图1 “人口红利期”向“人口负债期”的转换

资料来源：根据国家统计局相关数据测算。

1991~2009年近20年，中国的购房适龄人口总数从3.45亿增长至4.65亿，增幅为34.8%，其间全国普通商品住宅价格从每平方米756元增长至4 474元，考虑通货膨胀因素的影响，增幅为392%。但从2015年之后，适龄购房人口数开始呈下降趋势。按人口老龄化进程推算，30 年后，在其他因素不变的情况下，我国城市将可能空出 1 亿套以上的商品住房。随着人口出生率下降，中国人口进入负增长时期，适龄购房人口总数将持续减少，很多城市将很难再有新增的住房需求。虽然会有一些更新、改善房产的需求，但总体上那时除少数人口聚集效应仍十分显著的大城市外，一般城市的住房将会出现普遍过剩。中国家庭规模“小型化”趋势会在未来几十年内于一定程度上抵消人口下降带来的影响，但这一因素的作用毕竟是有限的。

显然，在不同阶段，政府的相应政策有必要作出动态的优化组合，引导人口与住房供需的变化。

（三）社会收入分配和不动产配置（占有）的失衡与秩序紊乱，加剧住房矛盾，并可能形成“两极分化”式恶性循环

党的十七大报告提出“创造条件让更多群众拥有财产性收入”，对此社会上有一种误读，认为就是要让人“多多益善”地拥有资产，尤其是住房财产。其实，在收入分配差距扩大的发展过程中，如不在人们更多拥有财产性收入的同时配之以必要的“抽肥补瘦”式的再分配调节，则会助长“两极分化”，因为收入分配差距的扩大和财产在不同拥有者间配置（占有）差距的扩大，是如影随形、互相激励的，特别是在不动产由低价迅速走向高价的变化时期，后者在极大程度上决定着前者。2012 年我国居民收入的基尼系数已高达 0.474，此后有所下降，2015 年为 0.462，但仍属于一般可判断为明显“过高”的状态，高于 0.4 的国际警戒线。同时，研究发现，与其他收入形式相比，城镇居民财产性收入分布的基尼系数是最高的，而且近年来对总收入差距的影响也在迅速扩大。从国际经验来看，财富的两极分化通常也远远高于收入的分化情况。

基于中国财富分布和收入分配的严重失衡，房地产价格对于占人口 10% ~15% 的富人而言并不贵——这是相应于其房价收入比而言。但是对于另外的多数人口而言，这种房价就变得贵、太贵甚至根本不可负担。当能够负担购房支出的这些阶层只占总人口的一小部分的时候，又恰值城镇化加速、人口规模上升、改善性需求快速形成、住房总体上供不应求的发展阶段，再加上住房商品化改革不可避免地推出，使商品房在市场上通过房价上升机制在更大覆盖面上具有了投资品属性，而不止于消费品属性。此时，房价上升的驱动力更多的是部分高端收入人群的投资、资产和金融变量，包括“炒房”资金的力量，而不是总计的社会消费和收入变量。现实中，目前中国一线城市的房价收入比已远远高于一般认为的 4 ~6 倍的合理区间，这就是在社会收入分配出现两极分化、严重失衡情况下，全国富有阶层的住房购买力通过地区间转移流动而集中体现在一线城市所致。

在我国国民收入分配结构中，劳动收入（“雇员薪酬”）份额前些年曾呈下降趋势，资本收入份额相应上升。而在房地产价格持续攀升的背景下，来自短期倒手

“炒房”的房地产溢价，或不断上涨的出租收益等资本性收入，实际上又进一步恶化了国民收入分配格局，再加上不动产投资、住房交易领域存在的较为突出的秩序紊乱、设租寻租、黑色与灰色收入膨胀等问题，实际上制造了各地一批批“房叔”“房姐”式的暴发户，加之肆无忌惮的“炒房”交易无异于火上浇油，从而形成房市、楼市的某种恶性循环。经过了这些年不动产投机的多轮高涨，我国的房地产可说在不小程度上脱离了居住的基本功能而异化成投资工具和投机的热门（客观地说这些投资、投机未必全都是“不正之风”，有许多主要属于甚至纯粹属于“理财”的“技术路线”选择）。一方面，高收入者或部分中等收入者通过大量购房置业投资，在过去的房价上扬过程中进入财富增值通道，其财产迅速积累，财富效应不断放大。在这部分人的收入结构中，财产性收入占据了很大乃至绝大部分，远超工资性收入。积累的结果，一部分中等收入者迈入高收入者行列，而高收入者迈入超高收入行列。另一方面，低收入者或部分中等收入者由于无力购买、持币观望，或者花掉积蓄、贷款购房用于居住，也就没有机会进入财富上涨通道（自己居住的首套房的增值只能带来一些心理满足意义），因为这部分人群的收入结构主要是工资性收入占主体，于是在房价的上扬过程中，因货币贬值而其关联不动产财富的相对地位，会进一步受损。由于房价上涨的速度超过工资上涨的速度，结果导致低收入者依然是低收入者，一部分中等收入者也因购买高价的居住性住房而成了实质上的低收入者（以“房奴”为典型状态）。最终的结果是，在近年房地产的高涨过程中，加大了我国两极分化，“富者愈富，穷者愈穷”，马太效应凸显。这种趋势如不扭转，便形成收入分配的恶性循环。

（四）房地产属性的日益金融化助长泡沫

住房是必需的消费品，又是基础、大宗的跨期消费品，同时也可以成为资本品，当作投资、炒作的对象和取得贷款的抵押品。特别是在我国居民投资渠道有限的情况下，流动性充裕或泛滥的时候，住房更会首当其冲被作为投资或投机的对象。从静态收益率比较看，由于近年来务工人员向大中城市流动趋势进一步增加，以及每年规模庞大的大学毕业生等新增就业人口，使得大中城市的住房租赁需求持续普遍上涨，表现在住房租金收益率水平要高于主要发达国家和发展中国家，直接平均租金收益率在4.8%，而主要城市的租金收益率达7%左右，远远高于银行存款收益率。从动态看，由于在中长期趋势上中国大部分城市的房地产价格都在上涨，使房地产投资在“倒手”出售形式上更是产生了较大的资产溢价收益。利益驱动在“羊群效应”和“金融化”的共同作用下，以很快的速度表现为投资、投机交易的增长，加剧了房地产市场中的非理性需求。

与此同时，21世纪以来，我国广义货币（M2）呈现快速增长态势，金融市场流动性曾呈现持续宽松状态（如图2所示），M2与名义GDP的比值在不断上升。2003年以来，外汇占款快速增加导致货币供应量的被动释放。M2的快速增长中，流动性在利益驱动下更多流向了房地产市场，对房地产价格也客观上产生了一定的支持上涨趋势的作用。M2 的增加，使得房地产商从银行获得贷款的可能性增加，潜在购房者流动性约束下降，从而对房地产需求得更为旺盛和新项目投资决策得更为积极和扩张冲动，产生相当大的互动影响，导致房地产价格抬升。个人住房按揭贷款和住房抵押贷款再购房，也都扩张了需求，都会拉升房地产价格；而房地产开发贷款，则缓解了房地产开发建设主体的资金压力，并为房地产开发商“惜售”“囤地、囤房”等行为提供了便利。又由于房地产具有建设周期长、自然寿命和经济寿命长以及土地供给有限等特点，决定了房地产短期供给是缺乏弹性的，房地产价格的变动，主要受城镇化加快背景下其他因素加入的有支付能力的需求向上变动的影响。

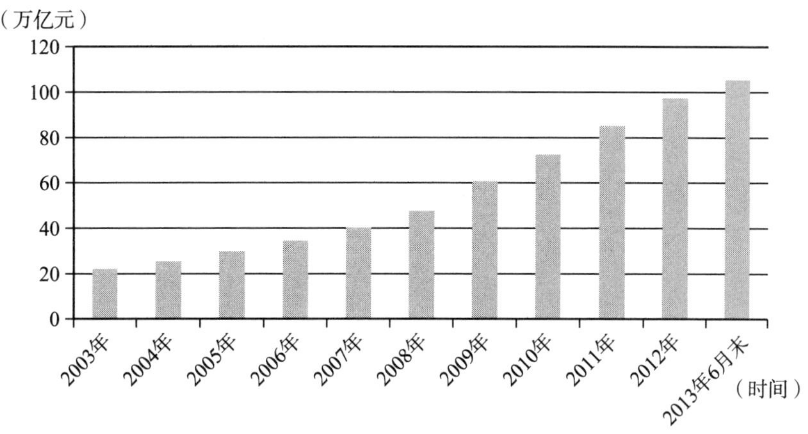

图 2　近 10 年 M2 供应量变化

总之，在中国居民投资渠道有限情况下，商品房投资成为比存款利息收入高而风险相对小、且不需要太多专业技术与管理能力的“最佳投资选择”。现实生活中房地产投资与金融的机制性结合，更以“金融化”使其能量放大，投资收益可观，同时也在积累和放大“泡沫”，即积累着不良的投机风险因素。

（五）城市发展模式带来的挑战性问题

住房商品具有典型的异质性和“宜居”评价的复杂性，其价格不仅取决于住宅本身的建筑质量、户型结构、面积、朝向等，而且与社区环境、城市布局、空间区位、设施配套等一切与人居相关的社会、经济、环境因素息息相关。这些因素可简称为“地段”因素。

城市住房问题与城市地段代表的多种构成要素有关，这是住房有别于其他商品的基本特征之一。虽然目前住房问题的主要矛盾是快速城市化等造成的供求数量失衡，但对住房供求的“空间失配”问题也亟须重视。住房供给并非单纯的数量问题，它还包含与城市功能区布局、交通联系、服务设施配套等息息相关的结构优化问题。城市住房市场客观上呈“板块化”分布，其主要原因是住房本身的高度差异化——由其地理位置、环境品质、交通便利性、社会基础设施和服务网点配套等条件而分化为次级子市场，体现为板块内部的“均质性”和外部的“异质性”并存。板块化即是一种“地段”有别的空间分割现象，是导致住房供求易出现“空间失配”的重要原因。例如，在高端地段工作的低收入群体几乎无望在较小的搜寻半径内寻觅到适当的住房，只能支付较高的通勤成本而远距离居住；而如果保障房建设完成了，但选址过于偏远，基本服务不便，且交通成本过高，也同样不能有效、合理地解决低收入群体的住房需求问题。

充分认识这种与地段因素相关的各类住房“空间黏性”特征，也就要充分重视住房市场中的价格机制失灵。从原理上说，如果土地供给充分，在长时期里，价格机制会引导住房供求总量与结构的平衡并且平抑房价；但由于存在“优势区位土地短缺与自然垄断”和“空间黏性”，短中期内乃至黄金地段在长期内，很难改善供求关系。城市中的优势区位土地总是短缺的，当房价上涨时，虽然有些城市可以扩大土地供给，但可能主要分布在城市外围，短期内很难形成对中心区优势区位土地上供给物的替代。并且，住房建造周期很长，从获得土地到最终形成住房供给往往需要好几年时间，因此虽然房地产行业的高利润率会促使大量资本集聚，但短期扩大供给殊非易事，短期游资会更青睐于在交易环节快进快出，客观上形成抬升投资和投机需求的炒作，从而进一步加剧供求矛盾。

所以，我国住房问题也集中反映着城市发展合理模式的挑战。在人口高密度的城市中心区，住房资源的稀缺和不当配置会衍生出一系列问题。当住房价格上涨快于经济增长时，住房问题表现为中低收入群体难以支付住房价格；任由价格机制发挥作用，必将导致日益明显的住房资源分配不公平；而缺乏合理和有效的规划与调节干预，则会助长住房开发的无序和混乱，并使城市公共基础设施的运行效率低下，问题丛生。政府方面的劣质规划、不作为或不当干预，会加剧中心城区过分拥堵、居住群落的社会阶层分化、环境污染等种种不良效应，困扰社会生活的方方面面。

近年来，我国不少中心区域“城市病”问题日益突出，城市服务管理水平不高。大城市往往空间无序开发、人口过度集聚，结果是交通拥堵问题严重，食品药品等公共安全事件频发，重经济发展、轻环境保护，重硬件建设、轻管理服务，大气、水、土壤等环境污染加剧，城市公共服务不少事项上供给能力不足，城中村和城乡接合部等外来人口聚集区人居环境较差。现实生活正向城市发展模式问题提出挑战，包括如何疏解特大中心城市的非核心功能，如何促进中小城镇的繁荣发展，多类住房如何合理配比供应，各种相关因素怎样成龙配套，百姓的社会和谐感、民生幸福感依靠什么样的房地产供应体系及政策得到提升？

面向未来，应探求和遵循城镇化发展规律，以多样化、合理分布的城市发展模式，提高我国城市的可持续发展能力，优化城市空间结构，统筹中心城区改造和新城新区建设，以加快转变城市发展方式，有效预防和治理“城市病”。完善城镇基础设施和公共服务设施，提升社会服务和居住服务水平，增强城市承载能力，增强城市经济、基础设施、公共服务、资源环境对人口集聚的支撑作用，其中一个“托底”的事项，就是以“因地制宜”的解决方案切实将保障性住房等基本公共服务，合理有效地覆盖城镇区域，并以中高端住房保有环节的房产税，抑制两极分化，阻遏过度投机的“炒房”，形成包容性发展模式。

（六）土地供应制度以及财税制度变革方面的考验

在土地制度方面，我国改革开放以来，尤其是近十多年暴露出的明显问题，一是城乡土地分割；二是管理体制不顺，城镇土地国有制度变成“地方政府的多部门实际占有”；三是政府垄断土地情况下的决策透明度和约束、监督、问责机制均不到位，在一级“市场”上，政府集“管地者”“用地者”“裁决者”于一身，形成“买方垄断”，往往极力压低征用补偿标准。在二级市场上，政府集唯一的土地管理者、出让方和监管者为一身，形成“卖方垄断”，加之不够完善的招拍挂制度，不利于抑制土地价格攀升及其后的房价高涨。

与此同时，地方政府对房地产领域的财税收入依赖十分严重。根据国家统计局相关资料显示：2010 年中国地方政府的税收中有 16% 来源于土地及房产相关的税收，如土地使用税、契税等，约 6 500 亿元。来自建筑业与房地产相关行业的营业税，企业和个人所得税的税收达 6 800 亿元。再加上 3 万亿元左右规模土地出让金，2010 年中央及地方各级政府从土地、房产及相关行业获得的税费达 4.4 万亿元，占 GDP 的 10.6%。此外，中国地方政府融资平台利用土地向银行抵押贷款等各种形式举借的债务超过 10 万亿元。这种情况近年来进一步加剧。

土地批租收入（出卖土地使用权收入）在部分有条件“把地皮卖个好价钱”的地方政府那里，成为最被看重的收入来源，客观上是极不均衡地形成了地区之间差距悬殊的土地出让收入。不同年度和阶段上收入规模的跳跃性，也十分严重，且极易伴随种种不规范、不公正的行为，被人们诟病为贬义的“土地财政”现象。这方面的问题又与房地产业及住房供应问题形成了千丝万缕的联系。必须通过改革和完善财税体制，健全地方税体系，消解地方政府产生“土地财政”短期行为的内在深层原因，从中长期考虑亟须以合理稳定的房地产税替代不可持续的“土地批租”收入的地方主体财源地位，形成一种由各地全面考虑多种因素基础上的正确、理性的财源建设解决方案。

二、亟须以地方财税制度创新和配套改革，构建房地产业健康发展长效机制

以上六个方面的分析虽仍不够全面，但已可使我们概括认识中国住房市场调控

与政策优化和相关改革所面临困境的成因。深入洞察问题成因，正确对策才能随之提出。客观因素的存在是制约条件，制度、政策的主观设计引导，是在客观制约下应做好的一篇系统工程式的大文章。在多年经验教训的总结之后，近两年中央经济工作会议已十分明确地指出，打造房地产业长期健康发展的长效机制，需主要依靠推进相关的基础性制度建设。那么，至少包括土地制度、住房制度、投融资制度和房地产税费制度在内的相关基础性制度体系的配套改革，便成为治本之道、当务之急。我们必须以配套改革的攻坚克难，来完成这个重大任务。

在地方财税制度创新和配套改革层面，至少需积极探索和推进与构建房地产业健康发展长效机制密切相关的以下四大方面的基础性制度建设。

（一）土地制度：完善地票、土地收储、多规合一、招拍挂

土地的开发利用是形成城镇不动产的先决条件。在与房地产业健康可持续发展相关的土地要素视界之内，需于我国基本农田“占补平衡”机制保障下，激活集体土地市场、优化城镇土地供应，构建可持续的房地产土地供给制度。土地供应难题是当前房地产困局的重要原因之一，关键是以制度创新调动土地供应潜力和市场活力，多渠道增加土地供给。一是改革土地制度，借鉴重庆市“地票”制度改革试点经验，激活集体土地市场。赋予农民长期的土地使用权（未来即明确永佃权），并以占补平衡大前提下的“地票”式市场交易形成调动远离城市接合部农民复垦积极性和使他们共享城镇化发展的土地溢价收益，建立以土地使用权为核心的土地产权体系，弱化所有权，允许集体土地建设用地使用权在符合国家法规的前提下自由流转（包括入股），合理有效解决城镇化进程中扩大建成区所需的增加土地供给的来源问题。二是优化土地规划，并以土地收储制度确保土地可持续供给。应按照“规划先行，多规合一”的原则，致力于实现土地开发利用规划与城乡发展、产业布局、公共交通、公共事业环境保护等各类规划的有机结合，以建设“人为中心的城市化”为目标，保障人人住有所居的目标落实于高水平总体规划的施行之中，动态优化调节居住、工商业和公用事业不动产的匹配关系。三是改革完善现行土地一级开发批租制和招拍挂制度，平抑土地价格。针对 40 ~ 70 年土地批租制诱发地方政府短期行为而力求把未来若干年的土地租金“一次性拿足”，土地招拍挂单一竞价拍卖制度，在土地自然绝对垄断前提下，很容易把价格轮轮推高等问题，可考虑将一次性批租制改为年租制，并且对“招拍挂”实行“限房价竞地价”等新方式，促使土地价格沉稳化。地方财政的基金预算，应当一览无遗地涵盖辖区内的一切土地批租收入，并成为对其实施规范化管理与有效多重监督的载体。

（二）住房制度：优化双轨统筹

住房制度改革经历多年实践，已有相对清晰的基本经验，各地必须建立保障房、商品房供给“双规统筹”多主体供给、多渠道保障、租购并举、既体现效率

又维护公平的住房供应制度。政府“更好发挥作用”在住房领域的首要任务是以财政资金和政策性融资机制为后盾牵头组织好保障性住房轨道上的有效供给，在总结已有经验教训基础上，把保障房具体形式集中于对最低收入阶层的“公租房”和适合于“收入夹心层”的“共有产权房”，排除其他的五花八门、极易产生扭曲和套利弊端的“经济适用房”的种种具体形式。一是要加快优化公共住房建设发展规划，适当提高公共住房比重，根据地方辖区具体房源情况掌握好公共租房供给以财政资金“补砖头”与“补人头”的选择与权衡关系。二是出台切实举措发展房屋租赁市场，如允许承租人可以使用住房公积金付租金①，降低房屋租赁的增值税负担，个人基本生活需要的房屋租金可以抵扣个人所得税等。三是在教育、医疗方面落实租售同权的配套制度安排。把保障性住房托底的事情做好了，解决商品房供应问题，就应更多地依靠市场，核心思路在于双轨统筹框架下建立“多主体供给、多渠道保障、统筹兼顾”的住房供应制度体系，既体现效率，提升供应能力和质量，又能照顾公平，实现全体社会成员住有所居，在全面覆盖基本住房需求的同时，也兼顾热点城市中高收入人群的改善性需求。

（三）投融资制度：商业性政策性协调配合、机制创新

包括住房的房地产业供给品的形成，需要国土开发和不动产投资建设的大规模资金投入，相关的投融资制度改革创新至关重要。在各地亟应建立商业金融和政策金融协调呼应的房地产投融资制度，以及个人住房金融制度，“双轨”协同发挥合力助推多层次住房供给体系建立。一是要构建多层次的住房金融体系，合理发展商业性住房金融，开发夯实政策性住房金融机制，探索发展互助储蓄型金融。对于中高端收入人群对应的商业性住房金融，可以逐步放开信托公司、保险公司、财务公司等的准入，破除商业银行的过度垄断，促进竞争，放开融资形式、融资条件、利率等，允许金融机构按照市场化原则提供灵活多样的住房金融产品。对于政策性住房金融，要聚焦建立起一套针对中低收入群体、特殊困难群体的金融支持制度，如对住房公积金制度改革调整为真正的政策性金融制度体系，探索由政策性金融机构接手保障性住房的投融资（包括 PPP 项目建设中可纳入的保障性住房）②。可借鉴国外住房储蓄银行的经验，在大中城市建立储蓄性住房金融机构，通过互助融资，为成员间的住房需求提供支持。二是在住房金融市场发展中，积极支持发展住房贷款证券化产品，探索房地产投资信托基金（REITs）的发展，培植住房金融的二级市场，拓宽资金筹集渠道。并优化回报机制。三是在当前阶段，面对“冰火两重天”的市场分化格局，在“火”的一二线城市看重“金融去杠杆”的同时，在“冰”的不少三四线城市还需酌情配之以“加杠杆”措施（包括商业性、政策性双

---

① 黄奇帆：《关于建立房地产基础性制度和长效机制的若干思考》，复旦大学演讲整理稿。

② 贾康、刘军民：《中国住房制度与房地产税研究》，企业管理出版社 2016 年版。

轨）以利“去库存”。四是在住宅项目建设、小区开发，乃至包含多类型住宅的地方辖区内连片开发项目的建设中，积极、规范地引入政府与社会资本合作（PPP）创新机制，以少量的政府付费“四两拨千斤”地拉动、引致民间资本、企业资金、商业性信贷资金进入相关投融资领域，并带来政府、企业、专业机构“1 +1 +1 >3”式的绩效提升效果。

（四）房地产税制度：健全体系，攻坚突破

广义的房地产税指与房地产相关的一切税收，狭义的房地产税特指住房保有环节的税收。构建激励相容的房地产税收制度，形成公平合理的、社会共享的土地增值收益分配制度，是事关房地产业调控具有治本水平、促使业界实现健康可持续发展长效机制的十分重要、无可回避的基础性制度建设，也是中国改革中和地方税体系建设中一块难啃的“硬骨头”。

从理论和实践的结合看，关于房地产增值收益的分配，是房地产经济制度的一个核心难题所在。“土地涨价归公”的分配，现实中应处理为适当兼顾各方的“涨价分成”。关于土地增值收益的分配，理论界有两种主流观点，一个是“涨价归公”，另一个是“涨价归私”。完全的“涨价归公”“涨价归私”都不尽合理，土地的增值主要源于政府牵头对公共基础设施建设投入所带来的公共服务水平提高而产生的物业升值；但也不能否认，土地的增值与私人投资和各个微观主体相互影响所带来的“软件”（服务等需匹配的环境、文化因素等）改善也分不开。因此，土地增值收益的分配，根本的做法还是公私兼顾、社会共享①。而实现这一兼顾和共享的目标，建立现代化的房地产税收制度（成为政府与居民的激励相容制度交汇点），引导土地财政向税收财政过渡，显得尤为重要。因此，需要从以下几个方面着手，构建适应现代市场经济体系长治久安要求的房地产税收制度。

第一，降低交易环节税费，减轻交易成本，减少对房价的“助涨助跌”效应。具体考虑至少应有四个方面的措施。一是在“营改增”全覆盖之后，创造条件按时适当降低增值税税率，简并税率档次，同时尽可能减少免税、先征后退等税收优惠政策；二是降低交易环节税负，可将契税平均税率降低至1%左右，维持较低税负水平；三是简化税制结构，将土地增值税合并至增值税，将城镇土地使用税、房产税、耕地占用税等并入未来的房地产税；四是清理房地产收费，能够取消的取消，能够降低的降低。

第二，在住房保有环节实施房地产税改革，立法先行，按照房地产评估值确定税基，对地方政府充分授权，区别不同情况，分步实施。这一改革关系到以利益引导各方预期的房地产市场抑制炒作机制建设，可促使土地财政顺利转换、地方政府职能合理转变与地方财源建设相内洽，以及地方治理的法治化、也与优化再分配、

---

① 贾康、刘军民：《中国住房制度与房地产税研究》，企业管理出版社2016年版。

推进广大百姓共同富裕进程相关。根据现实生活的“问题导向”和党的十八届三中全会关于加快房地产税立法并适时推进改革、2020年前落实税收体系的税收法定工作，以及党的十九大关于加快建设地方税体系的系列指导方针，房地产税立法及改革的积极推出势在必行。建议改革过程中，借鉴上海、重庆两地试点经验，一开始可适当“柔性切入”，力求先建成制度框架，制度设计方面要充分考虑中国社会对此改革的可接受性，制定包容、开明的税基扣除和税收豁免政策，通过立法搭建制度框架后，在部分“火”的城市先行而“冰”的城市可从容等待以后的合适时机跟进。开征房地产税的同时，可明确立法规范个人房产土地使用权70年到期后可续期，即转为永久使用权；不动产信息登记及联网、房屋价值评估机制、个人纳税申报制度建设等，均需匹配到位，确保房地产税顺利落地。

第三，改革中将土地增值税并入增值税后，将集体土地建设开发纳入征税范围，以出让、抵押、租赁、入股等方式有偿转让集体建设用地使用权的，应缴纳土地增值税，从而使国家以税收的方式参与集体土地收益分配。

第四，完善个人所得税制度。推动个人所得税综合与分类相结合改革，对个人及家庭购买首套或者改善型住房的抵押贷款利息，允许按照个人或家庭年度收入的一定限额在个人所得税前扣除；对有能力、有条件、有意愿的中等偏下“夹心层”家庭购买共有产权住房或租赁房屋，可规定其购房支出或租金支出，在合理的范围内允许个人所得税前予以扣除。① 集体土地准予流转后，应将个人转让集体土地使用权收入，纳入个人所得税的征税范围。

由未来可望稳定运行并逐步培养成为地方政府主力型支柱财源的房地产税，以及必将积极构建的完整的地方税体系为重要制度支撑条件，省以下的分税制财政体制将有望改变1994年之后迟迟不能真正贯彻落实的现状，从而在“治本”层面上改造“土地财政”概念下过多依靠一次性土地批租收入的短期行为模式，改善地方政府层面财源建设基本局面，并促使各地房地产调控困境得到“经济手段为主”机制生成后的有效破解，达成标本兼治的长效机制。

参考文献：

1. 2016年、2017年中央经济工作会议新华社通稿。

2. 贾康、刘军民等：《中国住房制度与房地产税改革》，企业管理出版社2017年版。

3. 贾康、郭建华：《新时代包容性房地产经济制度构建研究》，载于《中共中央党校学报》2018年4月（第22卷第2期）。

4. 贾康、梁季：《我国地方税体系完善构想》，载于《新供给：创构新动力》，经济科学出版社2016年版。

5. 贾康：《楼市调控要加快治本步伐》，载于《经济日报》2018年4月25日。

---

① 朱亚鹏：《对“十三五”我国住房保障发展的政策建议》，载于《中国社会保障发展报告·2016》之中国住房保障发展报告，人民出版社2016年版。

第四篇　投融资等重大现实问题

权益性金融：穿越长周期、创生新实体

王广宇*

在追求经济高质量发展过程中，权益性金融将发挥不可替代的作用。金融的天职是服务于实体经济，应以供给侧结构性改革为主线，从核心技术研发及科技创新、市场化基础建设、现代产融结合等方面深入实践，加快催生新实体经济。权益性金融的发展水平，对科技型、创新型、中小型企业融资有重要现实意义，必须针对当前面临的问题加快和深化改革。

一、权益性金融“洼地”：工具、投融资与技术视角

权益性金融并未有统一的学术定义，但在实践中，投融资各方都广泛理解和应用这一概念。本文从工具、投融资和金融科技的角度简述和分析权益性金融及其价值。

从金融工具角度看，权益性金融工具的应用较为普遍但研究有待深化。金融工具（financial instruments）多是指在金融市场中可交易的金融资产，其基本要素为支付的金额与条件，如股票、期货、黄金、外汇、保单等，也被称为金融产品、资产或有价证券。绝大多数的金融工具都有不同程度的风险。国际会计准则委员会第32号准则对金融工具定义如下：“一项金融工具是使一个企业形成金融资产，同时使另一个企业形成金融负债或权益工具的任何合约。”根据《企业会计准则第37号——金融工具列报》规定，权益工具是指能证明拥有某个企业在扣除所有负债后的资产中的剩余权益的合同，如企业发行的普通股，企业发行的、使持有者有权以固定价格购入固定数量普通股的认股权证等。简而言之，权益工具（equity instrument）即是公司融资中形成的一种股权工具，是在公司扣除债务后的资产中拥有剩余索取权的合约。权益工具的发行人，有义务根据公司的盈利状况向资产的持有者支付红利。权益工具的发行形式有公开募集和私募，前者需要具备特定交易市场的条件，如财务状况、公司治理、产业前景等，需要专业机构如投资银行来帮助

* 作者简介：王广宇，华软资本集团董事长、华夏新供给经济学研究院院长。

实施；后者则是对特定投资人或机构发行，不需要向社会公开有关信息。

从金融行为角度看，权益性金融行为就是指与权益相关的投资活动，是为了获取其他企业的净资产权利或利益的投资方式。权益性金融投资，最终形成投资方与被投资方的所有权与经营权的关系。一般情况下，对企业投资，投资者就持有了该企业的权益性证券，代表在该企业中享有所有者权益，投资者可以在今后的企业成长过程中汲取利益、行使相应的权利。换而言之，投资者进行权益性金融投资，就是为取得对另一企业的控制权、实施对该企业的重大影响，或为了其他中长期的经营目的。

从社会融资角度看，权益性金融主要与直接融资相关。市场通常将融资方式分为“直接融资”和“间接融资”，直接融资一般指企业债券、股票及私募股权融资，定义为资金盈余者与短缺者相互之间进行直接协商（而非透过银行等中介）的资金融通活动。直接融资占社会融资的比重既反映一国的金融结构，也反映不同金融组织方式对实体经济的支持和贡献程度。直接融资的优点在于，资金供需双方联系紧密，有利于资金的快速合理配置，不仅加强供给者对资金流向的关注和监督，提高货币资金的使用效率，而且有利于需求者筹集到稳定、可以长期使用的资金。但直接融资也有显而易见的局限性：首先，融资成本、难易以及融资工具的流动性，很大程度上受制于资本市场的发达程度；其次，无论在融资数量、期限还是利率（或回报要求）方面，受到的限制要多于间接融资；最后，对于资金供给者来说，无论在哪个金融体系，直接融资的风险都要高于间接融资。

另外，从金融科技（fintech）演进角度看，现代计算机、通信和互联网技术的应用普及，导致金融供给条件发生巨大变化，有力地刺激了权益性金融工具的创新。一方面，技术的进步大大降低了金融交易的成本，竞争加剧使各金融机构无法从传统业务中获得丰厚利润，只有通过工具创新来开拓新市场、寻找新客户，通过满足客户多样化的金融需求来获取更多的盈利；另一方面，为了顺应市场供应因素的变化，层出不穷、种类繁多的新金融工具的出现，提高了投资者的资产配置效率，助其规避风险、谋求盈利，更重要的是推动 Fintech 相关金融市场萌生和壮大。一些例子如众筹（crowdfunding）借助互联网平台在全球市场中由发起人、跟投人自由参与，世界银行报告预测 2025 年众筹总金额将达 960 亿美元。股权类众筹具有低门槛、多样性、注重创意的特征，灵活实现向大众募资；除以法定货币众筹资金支持发起组织（或个人）的行为外，也出现了以虚拟数字货币和区块链项目首次发行代币，募集比特币、以太坊等数字货币的行为，即首次币发行（Initial Coin Offering，ICO）。另外一例如创新企业在股票融资中，使用首次公开发行（IPO）方式之外的直接上市（Direct Listing，DL），企业不再采取首次公开募集资金，也不需要投资银行的承销，交易的股票来自存量股东（即创始人及私募融资方），摒弃了为新增股份向投资机构路演推销的传统方式。

二、大力发展“市场主导型”金融体系

权益性金融的主要作用，体现在能增加金融市场主体规避风险、获取盈利的机会，同时为各类实体企业和创新主体提供长期发展资金。通过权益工具，投资者能够有更多选择的余地，以形成自己的资产组合，进而吸引更多的投资加入金融市场中，为实体经济输血。改革开放以来，中国金融工具创新速度也在逐步加快，在货币市场、国债市场外，公司债券市场和股票市场的发展也非常迅速。但是也应当看到，正是由于金融工具、特别是权益金融和创新受到各方面条件的限制，发展还很不充分；长久以来，间接融资在我国社会融资中一直占据主导地位，直接融资力量薄弱，金融市场体系整体还不够完善。在国家提倡供给侧改革、振兴实体经济的今天，要扩展直接融资，促进权益性金融，就必须重视以“市场主导”型的金融体系改革，才能更好地服务实体经济。

事实上，学术研究中较少使用直接融资和间接融资的概念，取而代之的是“市场主导型金融体系”和“银行主导型金融体系”，两组概念略有差异。前者是指融资增量，即一段时间内企业从资本市场和银行分别融通资金的总额。而后者是指规模和存量，即一国的金融体系中资本市场和银行的规模之比。一般来说，直接融资比重较高的国家都是市场主导型，如英国和美国；而间接融资比重较高的国家都是银行主导型，如德国、日本和中国。尽管两种金融体系存在着各种功能性差异，从金融发展理论看，两种体系并无优劣之分。在经济发展之初，储蓄资源短缺，解决储蓄缺口是第一要义。另外，能够促进经济发展的投资项目往往在技术上较成熟，其收益前景也比较确定。这时，银行主导的金融体系能够充分发挥其动员储蓄、促进经济增长的功能；在适当的政府干预下，银行主导更能将少量资源集中于一些关键项目中。当经济发展到一定程度的时候，金融体系的首要任务就成为在确保风险分散和金融安全的前提下，使储蓄资源能够被充分运用到那些前景并不完全明确的投资项目中。这种情况下，市场主导型金融体系的作用就更为显著，直接融资比重提高也能够提升社会增长的效率。

主要发达国家在直接融资方面往往有一些创新做法。以 20 国集团（G20）国家为例，在 20 世纪 90 年代，G20 中发达国家的直接融资占比按照存量法计算就已经达 60%，大部分中等收入国家在同时期的直接融资比重处于 40% ~50%。总体而言，G20 整体的平均直接融资占比从 1990 年的 55.0%，上升至近年来近 70%。

美国的金融结构是最典型的市场主导型。在 20 世纪 90 年代初期，按照存量法计算，其直接融资比重已经超过 80% 并保持至今。即便是在 2008 年金融危机期间，其直接融资比重都没有发生太大变化。由于拥有发达的多层次资本市场，美国公司能够很方便地通过股票市场大量融通资金、扩张业务。美国公司债券市场也非

常发达，不仅规模庞大，交易活跃，而且债券品种丰富，可以选择场内或场外交易，是中小企业直接融资的主要渠道。更重要的是，美国还是风险投资和股权投资市场的发源地，这一体系历史悠久、业务完善，不仅能为创业者提供优质服务，也可以为各类企业的兼并收购和产业整合提供有力的金融支持。

英国作为拥有全球最早国际金融中心的国家，自 20 世纪 80 年代以来就高度重视中小企业的发展，针对企业直接融资先后设立了非挂牌证券市场（USM）、另类投资市场（AIM）以及技术板市场（TECH）。其中，另类投资市场（alternative investment market，AIM）成立于 1995 年，是现今全球瞩目的中小企业上市地之一。AIM 的小额多频融资方式、便捷的上市程序、以终身保荐人为核心的监管制度，以及全方位覆盖的政府支持帮助多家中小企业解决了融资困难，甚至帮助它们进入了主板市场。

发达国家中，拥有银行主导型金融体系最典型的国家如德国和日本，尽管被称作银行主导型体系，这两个国家在 20 世纪 90 年代直接融资的比例以存量法计算就已经在 40% ~50%，且近年来金融结构不断向“市场主导型”靠拢。德国实行全能银行制，商业银行原则上可以经营所有业务，包含债券、股票发行、项目融资、资产管理等直接融资业务。德国的债券市场也是欧洲第一大债券市场。另外，在政府的支持下，最近 20 年来德国风险资本业快速增长。受政府资助的银行向风险投资公司投入长期信贷或承担部分股份损失风险（最高可达 50%），通过与创投合作，支持科技园和企业孵化器建设，对创新型经济予以扶持。日本的情况比较特殊，自 20 世纪 50 年代起间接融资就占据着绝对的垄断地位。近 10 年来，日本逐步重视资本市场的融资作用，试图进一步提高直接融资的比重。日本政府正在推行的“结构改革”内容之一，就是要改革公共融资部门，提高 1 400 万亿日元个人金融资产的使用效率，加强资本市场在企业融资方面的作用。日本拥有大阪、名古屋等 7 家二板市场的地区性交易中心，上市条件非常宽松；场外交易市场同样活跃，是中小企业募集资金的一个重要渠道；还推出了高增长新兴公司市场，服务更小的创新企业。

三、新实体经济：持续供给动能

改革开放 40 年来，中国各行各业的现代化建设都取得了杰出的成就，但其中科技发展的重大举措尤为意义深远。从时间维度来看，实现了“从被动改到主动改、从被全球化到主动参与全球化”的转变，逐步学习和摸索如何以创新促进改革并引领新的开放。2012 年党的十八大报告再次重申，科技创新是提高社会生产力和综合国力的战略支撑，必须摆在国家发展全局的核心位置。2015 年中央发布《深化科技体制改革实施方案》，针对建立技术创新市场导向机制、推动大众创业、万众创新等提出了 143 项重大改革任务。2017 年党的十九大报告中指出，科技创新是引领发展的第一动力，是建设现代化经济体系的战略支撑。

40 年来，我国科技实力实现了突破性增长，在一些重点战略领域实现了飞跃式发展，深化并丰富了中国的工业化、信息化和城市化目标，为增强自主创新能力和建设创新型国家、全面推进小康社会建设奠定了基础。以科技要素总量和投入规模为基准，现今我国的整体科技实力已步入世界前列。我国科技研发人员数量不断提高，在 2014 年就已位居世界第一并保持至今；科技投入规模也持续提高，2017 年全社会研究开发总支出为 1.76 万亿元，占 GDP 的 2.15%，居世界第二。科技投入的增加使得我国科研基础条件从量变到质变，形成了包括国家重点实验室、大型科学仪器、行业技术平台、企业研发中心等完整的科研基础条件。大批世人瞩目的大型科学工程相继投入使用，科技创新能力也实现了大幅度的跨越。2000 ~ 2017 年底，我国国际科学论文总量从世界第 8 位提升至第 2 位，发明专利申请量和授权量则位居世界第一，基础研究取得了大批重大原创成果。一些战略技术领域如载人航天、采用自主研发芯片的超算系统、国产大飞机等也逐步取得举世瞩目的成就。借助科技创新，中国越来越多的产业领域取得突破，并涌现出一大批能运用前沿技术并引领产品创新的企业。

科技创新是真正可以跨越经济周期的长期、持久的增长动能，具有深刻的供给侧含义。从企业层面看，科技创新会增强企业市场竞争力，往往会带来巨大利润。大多数企业管理者都具有企业家精神，内心渴望追求革新，往往形成一种对创新不懈追求的内部文化。从社会层面看，经济发展中消费习惯随着生活质量不断变化，消费者会不断追求新产品和服务，因此，企业需加速科技创新以满足消费者的需求。另外，自然资源的加速匮乏、原材料运输成本的提高、人们日益增长的环保意识都对企业造成较大的压力，也促使着企业进行技术创新。但从另一个角度说，科技创新是一项复杂的系统工程，实质上其直接关联着企业的生产、市场、生存与发展，甚至间接关联着企业所在地区社会稳定和社会发展。企业是市场经济中最有效的科技创新主体，科技与经济的相互融合及相互支持，是社会快速进步的必需也是必然。在中国推进供给侧结构性改革过程中，应对“实体经济”有一个重新地定位和认识，结合时代特征和发展趋势，以引领第四次工业革命为目标，积极推进供给侧改革，坚定不移地开展科技创新，大力发展“新实体经济”。

“新实体经济”是指能够有效满足客户真实需求、科技含量高、可容纳现代人才就业、生态环保可持续发展的新型经济形态。“新实体经济”并非是实体经济从结构层面的一种分类，而是指传统实体经济在新时代背景下的升级、转型和发展。“新实体经济”跟虚拟经济也不存在对立关系，只有大力发展以互联网为代表的信息技术行业，并使之与其他产业进行有效结合，才能使我国在新一代工业革命中占得先机。换言之，“新实体经济”就是面向未来跟先进科学技术结合的新业态，就是现代工业、就是先进制造业、就是科技服务业、就是创新产业。对于我国来说，新一轮工业革命将为“新实体经济”发展创造巨大空间，要抓住这个机遇，借机拓展产业优化及升级路径，打造具有国际竞争力的“新实体经济”航母。

科技创新与权益性金融，特别是风险投资、私募股权投资以及各类直接融资工具的关系非常密切。国内这一市场相较而言起步较晚，随着中小板、创业板的设立，风险投资和私募股权产业近年才进入规模发展期。截至目前，已登记的私募基金管理人超过两万家，管理基金规模超过 10 万亿元。伴随“大众创业、万众创新”理念深入人心，本土市场近年来涌现出越来越多优秀的创业公司，权益性金融市场未来必将迎来爆发式增长，多层次资本市场的日益成熟及行业监管政策的不断完善，也成为风险资本和直接融资发展的重要推动力。

四、权益性金融市场的主要问题及改革建议

金融体系改革，应以围绕服务实体经济与供给侧结构性改革为重点，提高直接融资比重和效率是其中重要一环。习近平总书记在 2017 年中央金融工作会议中强调，要把发展直接融资放在重要位置，形成融资功能完备、基础制度扎实、市场监管有效、投资者合法权益得到有效保护的多层次资本市场结构。回顾过去，我国直接融资比重一直较低，近年这一比重呈现上升和波动趋势。金融“去杠杆”的基调之下，间接融资的主导地位某种程度上又被强化，这表明提倡权益性金融的发展不是一蹴而就能够完成的，服务于科技型、创新型和中小型企业，直接融资仍然“任重而道远”。

首先，要持续增强证券市场对直接融资的推进器功能。我国股票市场对 IPO 有严格的准入条件，有把经营不善者挡在公开市场大门外以保护投资者利益的良好初衷，但却排斥了创新型企业的融资和上市，另外大部分中小企业很难达到在股票市场上市的要求。“新三板”给一些创新型中小企业提供了融资机会，但流动性相对较差，一些市场政策的“一刀切”现象事实上阻碍了直接融资的发展。建议第一要完善证券市场的法制建设，完善基础性制度以及发行制度，加快推进自核准制向注册制发展的进程。第二，继续积极发展创业板、“新三板”，规范发展区域性股权市场；要加强“新三板”流动性，自量变向质变推进开放，促进“新三板”市场国际化。第三，重点支持符合国家产业战略发展方向、掌握核心技术、同时具有一定规模的优质境外上市中资企业参与 A 股融资，积极试点中国存托凭证（CDR）等业务。第四，加强投资者教育，继续发展长期价值型机构投资者，加强机构投资者财务管理、风险管理能力，使其更好地为个人投资者服务，在让个人投资者的资金更有效地进入资本市场的同时降低市场波动。第五，增强资本市场产品多样性，发展期货及衍生品市场，为多样化的投融资需求打造高效匹配以及能够分散风险的平台，从而增强资本市场吸引力。第六，积极审慎地推进金融全球化进程，放宽金融服务业的准入限制，鼓励中外机构的互利合作和良性竞争。

其次，应坚定推进债券市场体系的优化。近年来，我国重视国债与股票发行，

却轻视了企业债券市场，间接对企业的资本结构以及发展造成了负面影响。虽然企业债券在近10年间发展势头强劲，但中小企业债券融资的规模仍与一些发达国家有相当程度的差距。宏观上体现在，债券市场的监管效率低，且法律法规不健全，存在着各部门监管目标模糊、政策自相矛盾的问题。微观上，债券的发行条件相对严苛，导致只有大型企业能够进行债券融资的情况出现，另外，债券发行成本的波动以及发行成本太高使一些企业不愿意选择这一融资方式。此外，债券市场缺少有效的信用评级机构，当前信用评级方面目前很大程度上依靠“四大”信用评级机构以及政府部门的附属机构。对投资者而言，缺少有效的评级无法了解企业债券的风险程度，同时市场流动性较差、产品选择相对较少，无法形成吸引力。对此，我们提出以下建议：第一，参考国际发达债券市场，在企业债券的发行、定价等给予较大的灵活性，加速债券市场化进程。第二，从企业角度来说，应加强自身信用观念，维护债券信誉从而降低风险，这也直接影响债券发行利率和融资成本。第三，从市场中介和信用评级机构角度应进一步放开，通过完善法律法规以及监管政策，并适当引入国外广受认可的信用评级机构，提倡良性竞争，可以有效帮助国内机构增强自身竞争力。

最后，应鼓励风险资本和私募股权行业发展。风险资本在各种融资方式中最具灵活性，更能满足经济转型和实体经济发展的需要。这一行业发展空间巨大，但当前也面对多重监管、缺少流通市场等问题；由于发展历程尚短，相关的政策法规并不完善和统一，整个行业在募、投、管、退四个重要流程方面都面临着困境。中国风险资本的资金来源有限，只有少数金融机构获准参与投资，且大量资金不具备长期性。相比之下，美国的私募股权基金主要投资者包括了养老基金、金融投资机构、捐赠基金和高净值投资人群等，其中，机构投资人是主体。国内募资的渠道过于单一，容易受资本市场波动影响，在市场行情不好的时候经常出现行业募资困难的局面，现有资本市场规则制约了私募股权基金的退出渠道。从“投”“管”的角度来说，作为专业化要求很高的行业，大部分风险投资机构的人员缺乏实践经验，面临着专业人才短缺的问题。对此，我们提出以下建议：第一，风险资本行业应积极吸引包括银行、保险、养老金、慈善基金、上市公司等各类机构的长期资金，多渠道拓展资金来源。第二，应完善行业发展的相关法律法规，提供适度宽松的监管环境，主要针对基金投资者保护进行设定，对私募机构运作及管理的监管不易过度；必要时应给予适度优惠的政策从而鼓励吸纳民间社会资本。第三，加快多层次资本市场体系建设，开设“二手基金交易市场”以促进交易，提高流动性，为基金退出和实现收益建设平台。第四，从风险投资机构的角度，应帮助企业实现“融资”和“融智”的结合，为不同企业提供融资之外的有效增值服务，更好更快地帮助企业成长和发展。

总之，中国当前权益性金融的发展不充分，应成为下一阶段金融市场化的改革重点。为实现经济高质量增长，在国内金融去杠杆的同时，要解决中小企业融资难的问题，必须发展权益性金融，这是金融“供给侧改革”的切实有效措施，会使金融体系更好地助推新实体企业的发展。从国际上看，权益性金融的发展，也会在中国“一带一路”倡议中发挥重要作用，因为权益工具的独特地位能够发挥风险共担、利益共享的优势，用更市场化的方式配置金融资源，支持新实体企业真正“走出去”参与国际化经济交流合作。新实体经济是我国的未来，她在呼唤“权益性金融”共同打造新的增长引擎！

国际大宗商品冲击与国内货币政策选择

——基于全球流动性紧缩背景下的分析

姚余栋　刘津宇　刘维特*

摘要：中国加入 WTO 以来，国内市场与国际大宗商品的联系越来越紧密，大宗商品成了中国经济发展与世界经济互动的重要纽带，因此国际大宗商品的价格波动可能会对我国的通货膨胀，进而对我国货币政策的选择产生影响。本文先分析了国际大宗商品价格的主要变动因素以及对国内通货膨胀的影响途径，然后回顾反思了多国应对国际大宗商品价格波动的经验教训，总结认为应对国际大宗商品价格冲击的最佳政策选择应当是基于本国宏观经济总体形势的审慎的货币政策。最后，本文创新性地结合下一阶段全球流动性紧缩的趋势以及国内的形势，分析了我国可能受到的冲击，认为我国货币当局仍然应当坚持稳健中性的货币政策，服务于国家供给侧改革和经济发展大局。

关键词：国际大宗商品　流动性　货币政策　供给侧改革

一、引言

大宗商品是用于工农业生产与消费的大批量买卖的物质商品，在商品期货交易市场进行交易，分为实货交易和期货交易两种。大宗商品主要涵盖三类商品：一是黄金、原油等金融属性强、避险保值功能强的商品；二是以有色金属为代表的工业品；三是农产品。因此，大宗商品对工业生产和经济发展具有重要影响。

伴随着全球经济、贸易和金融的一体化的深入发展以及全球流动性紧缩时代的到来，国际市场上的大宗商品对国内市场的影响更加深入和复杂，它不仅对国内的经济稳定产生强烈的溢出效应，作用于物价波动以及实体经济产出，同时也作用于资本市场的流动性、货币政策导向与金融系统稳定性。因此，作为宏观调控主体的货币当局，在面对国际大宗商品价格的冲击时，有动机也有必要采取货币政策进行

---

* 作者简介：姚余栋，大成基金管理有限公司，13810191295@ 126. com；刘津宇，对外经济贸易大学金融学院，Liujy. 12@ sem. tsinghua. edu. cn；刘维特，清华大学　五道口金融学院，Liuwt. 16@ pbcsf. tsinghua. edu. cn。

反向调整。然而，来自国际市场的外生冲击与内生的国内市场环境对货币政策需求的碰撞可能影响货币政策的有效性；全球流动性总体水平的充裕与不足、汇率走势等因素也牵动着供求水平和价格波动预期，从而影响了大宗商品价格波动作用于国内货币政策的渠道。

本文追溯了国际大宗商品价格的波动情况与各国相应的货币政策经验，同时结合当前国际市场流动性趋于紧缩的现实，立足我国金融体系和货币政策的实际情况，分析国际大宗商品冲击对于我国货币政策选择的影响及其作用机理。

二、国际大宗商品价格波动趋势的历史经验

从本质属性来看，国际大宗商品是全球贸易的产物，其价格的波动主要受到两方面因素的牵制和主导：一方面是全球流动性即货币因素；另一方面是国际金融体系，即制度因素。从历史发展的脉络来看，第二次世界大战结束以来，国际市场大宗商品价格变化经历了四个主要阶段：稳定阶段、波动幅度加大阶段、单边上涨阶段与剧烈震荡阶段。

（1）布雷顿森林体系支撑下的稳定阶段。1973 年以前，在布雷顿森林体系下，货币政策受到金本位制的影响，货币发行受到严格约束，因此这一阶段国际市场大宗商品价格十分稳定，波动幅度极小。1973 年以后，随着黄金与美元正式脱钩，布雷顿森林体系崩塌，此后各国货币发行缺乏约束，货币超发频现，尤其是美元超发严重，导致国际大宗商品市场开始出现大幅上涨。

（2）牙买加体系时期的波动幅度加大阶段。取代布雷顿森林体系的牙买加体系作为一个相对松散的国际货币体系，降低了各国在货币发行上的约束，从而潜在推进了货币超发，造成大宗商品价格进入振荡阶段。该阶段涨跌互现，波动率远高于布雷顿森林体系阶段。

（3）21 世纪初的单边上涨阶段。2000 年后，由于美国长期的“大缓和”，全球主要经济体进入了以低利率为主要特征的相对宽松的货币政策阶段。尤其是以美欧、日本为代表的国家和地区超宽松的货币政策进一步加剧了全球流动性泛滥的趋势，加之新兴市场国家外汇储备增加导致基础货币发行增加，大宗商品价格再度出现单边上涨态势。此外，在供需方面，以中国为代表的新兴经济体快速发展，导致对大宗商品的需求旺盛，进一步推动这一阶段大宗商品价格的上涨。

（4）金融危机之后的大宗商品价格剧烈振荡期。2008 年金融危机爆发，全球流动性趋紧。大宗商品价格在短期内经历了大幅下跌，终结了 2003 ~ 2008 年大宗商品价格持续攀升的阶段。为了走出金融危机的阴影，各国从 2009 年开始先后推出了刺激政策，导致大宗商品价格走高，再度形成单边上涨态势。这一趋势到 2012 年走向尾声，由于各国应对金融危机所采取的刺激政策逐步释放完毕，而欧、美、日等发达经济体面临巨额债务压力，新兴经济体面临通货膨胀和结构调整压

力，因此大规模的经济刺激政策难再重现，大宗商品价格开始出现回调。

随着大宗商品的商品属性和金融属性的不断加强，供求因素和金融因素两个核心对其价格短期波动的影响更为复杂。首先，从供给层面来看，以农产品为代表的一些大宗商品具有天然的周期性，短期内供需出现失衡会引发国际大宗商品价格波动，而国际大宗商品市场存在以石油输出国组织（OPEC）为代表的垄断组织，通过对产品供给的人为操纵造成国际大宗商品的剧烈波动。其次，从需求层面来看，近 30 年来金砖国家及其他新兴经济体的飞速发展主导了大宗商品的需求面扩张。当新兴经济体工业化和城镇化快速推进时，对大宗商品尤其是金属和原油等的旺盛需求引发国际大宗商品价格出现飞涨。综合来看，供求因素本身也受制于外生环境的影响，例如，当金融危机引发市场预期逆转以及新兴经济增速下降时，供求关系的失衡推进了大宗商品价格的下降。除了供求因素自身之外，随着大宗商品的金融化程度提升，供需失衡引发的大宗商品价格波动通过金融媒介被放大，并在市场环境下出现心理预期和情绪的渲染和扩散，从而在短期内造成大宗商品价格对供求平衡关系的过度反应，最终触发价格的暴涨、暴跌。此外，由于大宗商品本身具有抗通胀的特征，当外部冲击引起市场的通货膨胀预期变高时，投资者可能会在期货市场买入大宗商品，并引起现货市场的波动，这一影响因素也在大宗商品金融化的过程中不断凸显。

三、国际大宗商品与通货膨胀的产生

中国加入 WTO 以来，国内市场与国际大宗商品的联系越来越紧密，大宗商品成了中国经济发展与世界经济互动的重要纽带，而国际大宗商品的波动，发挥着“牵一发而动全身”的关键性作用。对于一个开放型经济体来说，由于其内部供给结构的不足，或者是出于利用相对优势进行国际贸易的考虑，都会一定程度上依赖国际大宗市场来满足国内市场的需求。因此，国际大宗商品的价格波动会通过影响下游直接消费品或者上游生产资料的方式向国内传导，从而通过一系列渠道影响到国内的通货膨胀水平，被称为“输入型通货膨胀”，并以“滚雪球”的方式进一步作用于国内生产。

本质上，国际大宗商品的价格波动对开放经济体物价的影响可以用一价定律来解释。对于开放经济体而言，当商品进出口不受限制或各方面的摩擦较弱时，某一国际大宗商品价格的大幅上涨必定会牵动其他国家同类大宗商品价格的同向波动，否则，当二者价差超过套利的成本时，贸易商可以通过套利获得无风险利润，套利操作本身也可以推动国内价格与国际大宗商品的价格趋于同向变化。由于大宗商品一般来说是由消费者直接进行消费的农产品，或者是由生产者使用的原材料和能源等，那么大宗商品价格的上涨势必带来消费者价格指数（CPI）或生产者价格指数（PPI）的上涨，从而形成国内的通货膨胀。

国际大宗商品的价格波动作用于国内通货膨胀的传导机制，根据陈玉财（2011）的划分主要包括三个阶段：国际大宗商品价格波动—大宗商品进口—国内传导。其中第一个阶段是内生性的大宗商品价格波动，其受金融因素和供给因素的影响，在上一部分中已有论述，而后两个阶段则主要与其价格波动传导过程相关。从进口阶段来看，随着城镇化的推进，我国对于国际原材料市场的依赖程度有所提高，其中原油、铁矿石、铜等能源和金属的进口依存度甚至超过50%；而且大宗商品属于初级产品，需求弹性小，很难找到替代品，因此，不可避免地承受国际大宗商品价格波动带来的压力；另一方面，受大宗商品的相关行业集中度不高，对国际期货市场的参与度较低等因素的影响，我国缺乏对大宗商品的定价权和议价能力。国家大宗商品的价格波动通过直接或间接的渠道作用于国内一般商品，从而引起大面积的价格波动。直接渠道包括消费渠道与生产渠道等，前者包含一系列有最终消费品性质的大宗商品，可以直接作用于CPI的变化，如大豆、玉米等；后者则主要以生产资料的形式出现，通过影响生产成本对企业的利润率产生影响，最终沿着产业链流向消费品价格，表现为PPI和CPI的上升。间接的渠道则主要通过影响市场预期、劳动者的生活成本等方式影响通货膨胀水平，因此，大宗商品的价格上涨往往会引致成本推动型的通货膨胀。

四、国际大宗商品价格波动下各国的货币政策应对举措

既然国际大宗商品的波动能够通过直接、间接的途径作用于国内的原材料成本、消费品价格等，对通货膨胀水平产生深远的影响，那么大宗商品价格的波动势必引起政府部门的关注和重视。事实上，大宗商品价格变化本身并不是导致“输入型通货膨胀”持续出现的充分条件，在国际流动性松紧环境下国内货币政策的选择也是引发国内物价水平变动和经济波动的重要因素。

正如弗里德曼所言，“通货膨胀任何时候都是一种货币现象”。从历史经验来看，面对国际大宗商品价格的涨跌，各国都采取了积极的应对措施，通过货币政策的相应调整，以保持国内货币政策目标不受到国际大宗商品价格变动的过多干扰。历史上从布雷顿森林体系崩溃以来，国际大宗商品价格出现过两次大规模的上涨：一次是20世纪70年代持续10余年的石油危机，该次危机引起西方国家陷入了“滞涨”的困境；另一次是21世纪初至2008年金融危机爆发前的油价飞速攀升，但相对而言，该次大宗商品价格变化对通货膨胀的影响相对比较温和。

20世纪70年代石油危机（1971~1980年）造成了西方多个发达国家不同程度的通货膨胀，例如，日本和英国的通胀率高达30%，美国的通胀率保持在10%左右，而德国的通胀率则不到5%，此后，日本的通胀率逐渐下降至5%。各国通货膨胀的程度差异，并不主要源于其对石油的依赖度不同。例如，德国和日本对石油的进口依赖度是100%，美国则是50%，而英国本身更是产油大国，这与各国通

胀表现不相一致。根据相关研究，货币因素才是造成大宗商品价格作用于通货膨胀差异的重要原因，伍戈（2011）的研究考察了货币存量与经济总量的偏离程度（即货币发行超过经济增长的部分），发现能部分解释上述通胀差异。例如，英国的货币增速与经济增速偏离程度是最大的，第二是美国，第三是德国，最小的是日本。这一发现符合英国和美国通胀率相对较高，而德国和日本通胀率相对较低的事实。

相比之下，21 世纪以来国际大宗商品价格大幅上涨（2001 ~2008 年）所带来的影响要相对平稳。面对同样不断走高的大宗商品价格，各国通胀率上升较少，基本稳定在 4% ~5%，显著低于 20 世纪石油危机期间的波动。然而，各国通胀率的横向差异依然存在，并依然与石油进口依存度的影响相悖：依存度较高的德国和日本的通货膨胀率保持在较低的水平；石油依存度较低的美国和产油大国英国的通货膨胀率则较高。而从货币角度来看，货币增速与经济增速的偏离程度最大的仍旧是英国，美国次之，日本则最小，这与该时期内通货膨胀的横向差异仍相一致。时间纵向来看，尽管两次国际大宗商品价格涨幅相差不大（20 世纪 70 年代石油危机从 100 点涨至 330 点，21 世纪初到金融危机前从 200 点涨至 450 点），但是各国的通货膨胀率变动幅度都显著缩小，这也与下面将要提到的货币政策的演进相一致。

因此，可以看到，尽管国际大宗商品价格波动作用于国内的物价水平，但这种作用的强弱主要受到货币因素的影响。从这两次国际大宗商品上涨区间的国际横向比较来看，国际大宗商品的外部冲击在短期内会产生影响，但是“输入型通货膨胀”冲击的强度和持续的时间最终可能决定于国内的货币因素。因此，在国际大宗商品价格的冲击之下，调整国内的货币政策，有效地管理国内货币总量是平滑其影响的重要举措。

那么，面对国际大宗商品价格波动，政府应当如何调整货币政策以应对？魏加宁（1996）总结认为，在 20 世纪 70 年代以前，占据主流地位的传统凯恩斯主义理论认为，失业与通货膨胀之间存在着此长彼消的关系，而不会同时并存。宏观经济政策的决策要点，只在于沿着反映通货膨胀率与失业之间替换关系的“菲利普斯曲线”，寻找一个通货膨胀率和失业率都是可以承受的点。但是，这是一种基于总供给稳定，而总需求易变的短期分析，而石油危机带来的冲击实际上更多的是供给端的冲击，导致产出下降、失业率上升与通货膨胀率提高。当时的政府为了增加产出并降低失业率，尝试通过扩张的货币政策来增加总需求，这就进一步提高了预期膨胀率，进而导致了物价的螺旋上升。此后，新任美联储主席沃尔克通过推行“可信、自律的货币政策”来应对美国的通货膨胀；里根政府进一步放弃凯恩斯主义，转向货币主义和供给学派，通过加强货币管制、减税、控制财政赤字等方法，加速经济增长和提高价格的稳定性，才最终摆脱了“滞涨”的困境。沃尔克在治理通货膨胀的过程中货币政策更加稳定，为美联储赢得了广泛的可信度。面临国际大宗商品波动，他力主通过采取更加审慎的货币政策，并坚持与市场的沟通，最终避免严重的通货膨胀的出现。此后，西方发达国家在运用货币政策时开始倾向于考虑通胀因素，避免物价大幅波动对公众生产活动的影响。新西兰在1989年成为第一个采用货币政策通胀目标制的国家，以稳定公众的通胀预期。目前，全球有20多个经济体实行通货膨胀目标制，其中包括英国、欧盟等主要经济体。而在选择盯住的通货膨胀指标时，大多数国家都考虑以核心CPI为代表的核心通货膨胀率，这一指标剔除了食品和能源等季节波动较大或者容易受国际形势、国内政策影响的商品，以更好地反映代表内生经济运行状况的物价变动情况，并进行合理的调控。

因此，从这一系列国际经验来看，尽管国际大宗商品的冲击可能会带来短时间内的国内通货膨胀，但持续性的通货膨胀根源，依旧在于面对大宗商品价格波动，货币当局如何根据形势实施刺激性的货币政策，注重市场沟通形成稳定的通胀预期，避免形成成本推动与需求拉动相互强化的螺旋式价格上升。

五、全球流动性紧缩背景下大宗商品价格波动及其应对

“保持货币币值的稳定，并以此促进经济增长”是《中华人民共和国中国人民银行法》规定的我国货币政策最终目标。根据前文的分析，国际大宗商品的波动会对于我国货币政策的选择及其效果产生深远的影响，引发了学术界和政策制定者的广泛关注与重视。基于国际经验，不合理的货币政策选择以及对货币当局缺乏可信的预期是“输入型通货膨胀”的重要根源之一；此外，一般来看大宗商品的冲击短暂而且可逆，所以货币政策作为一种需求端的总量调控手段，不适宜在国际大宗商品冲击国内通货膨胀或者影响国内产出时采用货币政策来对冲。我国目前实施的是稳健中性的货币政策，这也要求货币当局把握好货币政策的节奏，保持适宜的货币金融环境，避免过度运用货币工具进行调控，维护好可信有序的货币政策。

从全球流动性走势来看，一个全球流动性趋于萎缩的长周期即将到来。尽管短期内，全球流动性总量将会处于过剩与不足交叠出现的状态，但长期维度上，尽管欧元区和日本的量化宽松政策目前仍在进行中，除美国之外其他区域的流动性下降和全球流动性结构错配将成为大概率事件。全球基础货币（美元、英镑、欧元和日元以SDR汇率加权的基础货币加总额）增速已经开始下滑，并随着全球货币乘数的下跌而上涨乏力，从而以特别提款权（SDR）计价的全球流动性（美元、英镑、欧元和日元以SDR汇率加权的M2加总额）增速未来也必然走向震荡性下降。未来，随着美元走强、美联储加息预期的增强，全球流动性将会加速向美国集聚并造成对其他地区的流动性抽离，对于欧洲、日本等发达经济体而言构成了重要的挑战，美国的低通胀、高增长态势吸引了来自欧洲、日本银行体系和大型机构投资者的投资性需求，带动全球资本流向美国。流动性抽离和结构错配无疑对于新兴市场经济体而言是雪上加霜。对于巴西、阿根廷、智利、印度尼西亚、南非、俄罗斯等大宗商品出口国而言，由于全球流动性下降和美元走强的双重影响，全球大宗商品

价格持续低迷已对其改善经常项目收支带来了阻碍，短期内难以有明显改观。另外，从国内的金融体系来看，本币贬值及其预期与全球商业银行和大型机构投资者的资金重置，一旦引致资本项目下的资金外流，将对其国际收支表的平衡及宏观经济稳健增长带来威胁。随着外汇储备走向枯竭，这些经济体很有可能走向本币贬值、资本外流的恶性循环圈套之中。

因此，与东亚那些积极参与了国际产业分工、有一定制造业基础的国家（如马来西亚、泰国、缅甸、柬埔寨、越南）相比，大宗商品出口国在全球流动性紧缩环境下受到的冲击要大得多。尽管美元升值短期内能够对这些国家带来经常项目顺差、国际收支改善的好处，但长期来看，其造成了资本项目下资金流出的威胁。随着全球范围内资金配置转向美国，资金外流与债务负担的加重会造成这些大宗商品出口国以及与大宗商品价格敏感国的重要负担，导致这些国家不得不通过调整国内的货币政策来维持其金融体系的稳定，并降低外汇储备增速下降对国内流动性增速的负面影响，从而最小化对实体经济的威胁。

因此，过去很长的一段时间内，在全球流动性宽松的环境下，大宗商品价格周期性的价格波动对国内通货膨胀和物价水平的影响基本可控，可以较为灵活地通过国内货币政策进行调节，而在全球流动性逐渐收紧、占有货币升值的新环境下，国际资本流动的格局发生改变，影响大宗商品价格波动的金融要素占据主导地位，从而对通胀水平及其预期的影响更为深入，且在未来较长时间内难以进行消化，从而对国内货币政策带来了更大的考验。从更为宏观的角度来看，国际大宗商品价格波动会引发国内对于经济增速、经济运行效率、周期的预期发生偏离，从而间接影响货币政策目标的实现。

大宗商品价格的波动对通胀目标盯住制带来了潜在的风险和威胁，当大宗商品价格发生变化时，本国通胀水平受到影响，而如果中央银行盯住本国通货膨胀率，那么货币政策的变动就会受制于大宗商品价格波动的影响。例如，多个国家的 CPI 都与大宗商品价格挂钩，这就将风险传导从全球传递至本国货币政策层面；而由于大宗商品价格频繁、大幅度波动，货币政策也“深受其扰”，而容易造成本国货币政策目标摇摆，失去独立性，最终对国民经济的发展带来负面影响。从历史角度来看，20 世纪 80 年代海湾战争导致油价暴涨对于日本盯住通胀的货币政策带来重击，从而造成日本步步加息，引发经济低迷。大宗商品价格波动对于货币政策的干扰作用不容小觑，也对于货币政策盯住通货膨胀敲响了警钟。那么，当全球流动性不足的环境下，大宗商品走势低迷导致通货膨胀预期较低。这种低通胀的环境进一步催生了货币政策走向宽松，这对于货币政策制定方带来了重要考验。过度宽松的货币政策可能导致金融风险隐患，在全球 2% 的通胀预期下，相对适度的短期利率应当维持在 3% 左右，从而保持国内稳健中性的货币政策，抑制金融风险的积累。从另一个角度来说，许多新兴国家的 CPI 的篮子当中食品类的含量较高，这就导致通胀率较大程度上受制于国际大宗商品价格波动的影响。从未来发展的角度来看，应当推进核心CPI篮子的设计，参考发达国家的实践，降低食品类的比重，降低大宗商品价格波动对货币政策的干扰和冲击。

然而，必须认识到的是，尽管政府应当加强对于大宗商品价格波动的关注，仍然应当服务于经济发展的总体目标和货币政策的大方向。我国推进实体部门和金融部门的供给侧改革过程中，如果货币政策过多地受到大宗商品价格波动的影响，在国际流动性趋于紧缩的大环境下，面对外生冲击导致的低通胀，央行如果盲目地为了降低融资成本而通过宽松的货币政策释放流动性、降低名义利率，则导致产能较低企业或者僵尸企业继续获得贷款，无法淘汰落后产能。更为严重的是，随着金融体系的复杂化，宽松的流动性极有可能无法顺利地进入实体部门而在金融体系空转，金融体系内部可能会通过不断地加杠杆实现较高的收益率，这种拉长的金融链条可能不仅不能降低实体企业的融资成本，而且会导致金融风险的积聚和扩散，不利于金融体系的“去杠杆”。因此，通过货币政策来调控国际大宗商品的冲击应当适度，“矫枉过正”则可能有悖于我国目前供给侧改革的大局。

六、总结

本文探讨了全球流动性紧缩环境下大宗商品价格波动对于国内货币政策选择的影响，首先分析了大宗商品价格波动的根源和影响因子，继而探讨了大宗商品价格波动作用于生产要素、国内物价水平和经济发展的渠道，探讨了金融因素在其中的重要角色，从而论证了根据大宗商品价格波动调整货币政策，并服务于国家供给侧改革和经济发展大局的重要意义，并提出，在全球流动性逐渐走向紧缩的大环境下，大宗商品价格变化对于国内货币政策的考验加剧了。同时，本文的研究也提出，面对国际大宗商品的冲击，货币当局应当避免过度使用货币政策来进行应对。无论输入型通胀压力大小如何，抑制国内通胀的首要手段都应当是管理好国内银根松紧程度，控制好国内货币条件，这即符合我国自身的宏观环境，也是稳健中性货币政策的应有之义。因此，在输入型通胀特征日益明显的情形下，更应努力把握好货币基础条件，避免进一步刺激总需求，结合供给侧改革维持国内物价的基本稳定，促进宏观经济的持续健康发展。

参考文献：

1. 陈玉财：《国际大宗商品价格波动与国内通货膨胀——基于中国数据的实证分析》，载于《金融评论》2011年第5期。

2. 伍戈：《输入型通胀与货币政策应对：兼议汇率的作用》，载于《国际经济评论》2011年第6期。

3. 魏加宁：《有关美国70年代发生“滞胀”与80年代“反滞胀”的经验教训》，载于《经济研究参考》1996年第19期。

中国工业化的下半程怎么走*

贾 康

人类社会自18世纪英国工业革命后进入大发展阶段，而传统中国正是在工业革命以后明显落伍，这是一个基本历史事实。1949年中华人民共和国成立以后，在发展战略上明确要求，尽快建立相对独立的工业体系，迎头赶上实现工业化，在传统体制下甚至较早提出了“超英赶美”的目标，但由于种种主客观条件的限制，那一轮以“大跃进”为代表的赶超式工业化以教训为主。但总的来说，传统体制在工业化方面还是取得了相当明显的进展，却在“十年浩劫”中又拉大了与外部世界的距离。

改革开放以后的工业化，明显进入提速和起飞阶段，超常规发展成就卓然。不少人认为，到目前为止的中国工业化进程已经进入中后期。而我认为，搬用既往用于一般经济体的工业产值比重写指标，用于情况有重大差异、属于“巨国模型”的中国，已无异于“刻舟求剑”，我个人更谨慎的判断是，从全局看中国的工业化进程仍处于中期。目前，沿海地区的确已经具备工业化中后期特征，升级换代的进程与信息化潮流汇合，在若干制高点上取得世界一流成就，但如果进一步分析，中国的中西部大部分地方，仍处于工业化中期甚至初中期。沿海已经处于中后期的地区当中，在具体领域中也仍存在很多短板。如高铁最关键的轮轴仍依赖进口；以举国之力推到取得适航证阶段的C919大飞机，在一些关键元部件，如发动机方面主要需要国外的支持，大飞机上大量需要的铆钉，也依赖进口，因为我们自己的工艺还不过关。

以上这些因素合在一起，构成我所认为的中国整体工业化只走到中期的判断。它客观上与“中国制造2025”及其衍生出的通盘战略相呼应，内在追求是继续大踏步地跟上时代，升级发展完成工业化。在中国工业化总体而言走到中期这个基本判断之上，继续发展就需要结合信息化与高科技化，把“中国制造”推向“中国智造”与“中国创造”。这是必须解决的升级换代的历史性任务。基于这样的判断，也才能恰如其分地把我们对工业化的认识与现代化战略内在契合，掌握好我们

---

* 本文主要内容发表于《环球时报》2018年3月30日。

的基本国情和自己在国际社会中作为最大发展中国家经济体的定位，实事求是地看到我们在成绩基础上仍然面临的明显不足，保持足够的前进定力与战略耐心，去走完升级换代这一相当长的发展过程。

现有的一系列指标说明，中国的制造业科技创新水平目前尚未进入全球第二阵营。从时间表上看，中央已经明确中国工业化道路下半程的轮廓，按照“中国制造2025”战略规划的设计，到2025年，中国整体制造业将提升到迈入“制造强国”阵营门槛的位置；在此基础上再奋斗10年左右时间，使整个中国的工业化再上一个台阶，到2035年使中国制造业总体水平达到世界制造强国的中等水平。届时与基本实现社会主义现代化相匹配，工业化整体进入中后期，将会有非常明显的一些亮点，使发达区域发达产业形成占领若干全球制高点的状态，与欧美先进工业化国家总体居于同一方阵。

从2035年到21世纪中叶，再奋斗15年，与我国建成社会主义现代化强国相匹配，中国的工业化水平应非常稳定地进入第一阵营，与美国在综合国力以及制造业总体发达程度方面不再存在台阶式差异。

这整个过程，可细分为好几个阶段，任务相当艰巨。中国是否能如愿从追赶到进入第一阵营，这其中有些问题很值得讨论。如怎么看待重化工业？曾经有学者提出要跨越重化工业这个发展阶段，按照我现在的观察，我们显然不可能完全地“跨越”重化工发展阶段。在总体工业化处于中期的情况下，中西部必须匹配不少重化工产能。到2035年，更多的重化工产能将有望转移到境外，境内重化工产能相对减少，高精尖产能布局比重提高。需要整体系统工程式的供给管理与供给侧改革研究，才能较细致地描述中国产业结构优化问题与解决方案，力求形成高水平的、经得起时间考验的产业部局规划和充分对接市场（包括全球市场）的实施机制。

工业化必须对接高科技化和信息化，在中国制造这个概念上，“互联网+”和信息革命的融合是非常重要的看点。到了2025年和2035年，这方面的发展将是非常重要的现代化进程标志。

美国在发展过程中，显然非常看重其老大地位，在国际合作和竞争中间采用种种手段打压中国的工业化升级进程，是可想而知的，因为人类社会各个主权国家相互之间的“争先恐后”博弈是基本现实，博弈过程中，老大绝对不会轻易让出自己的位置——任何一个主体都是在物质利益世界里生活，美国的整个战略当然要千方百计维护自己的头号强国地位所联系的巨大利益。但是事物发展必然是不平衡的，有来潮也有退潮，有追赶也有赶超，大国崛起中有如此多的先例，历史上英国追赶又赶超了荷兰，美国追赶又赶超了英国，我们中国现在和平崛起的过程中，在“共享经济”横空出世的激励和“核威慑”更加严格的制约下，有可能引发与促使各方“摒弃你输我赢的旧思维”，在追赶中凭借后发优势、消解后发劣势，以较快的速度与高质量的发展，最终争取实现和平共赢大格局下中国“后来居上”的现代化。中国应千方百计、且已很有可能避免过去大国崛起过程中种种极端的风险甚至暴烈的冲突。邓小平以伟大战略家的底气在有生之年一锤定音：我们时代的主体是和平与发展；习近平总书记高瞻远瞩提出了推动构建“人类命运共同体”的大思路——和平与发展的时代主题直接对接着人类命运共同体。供给侧的创新中，“共享经济”是创新前沿，供给创新在信息化时代可以支持大数据与云计算、万物互联，以大家的共赢来形成经济活动造福于全社会成员的新境界。因此，我们中国现代化追求中以工业化对接信息化时代的发展“硬道理”，就是应紧紧抓住仍然可以大有作为的战略机遇期，在供给侧创新进一步的升级发展中间，调动一切潜力活力，降低内外部摩擦系数，严防系统性风险，在全面开放中以改革的攻坚克难冲过“历史三峡”，争取走通和平崛起之路。

从中美贸易战看中国“后来居上”现代化战略*

贾 康

摘要：中美贸易战成为近期国内外众所瞩目的热点焦点问题。贸易战问题推衍开去，既牵涉到对中美关系的总体认识和把握，更牵涉我国现代化战略的理性认识和创新思维。本文从理论层面对中美贸易战进行了深度考察，并对贸易战的相关现实情况进行了点评。我们必须坚持大的战略方向，理性应对，防止冷战思维下最坏的结果，积极争取最好的情况。在中美对决问题上，要有创新性思维，在追求“和平崛起”过程中把握好战略思维的赶超路径与战略耐心。要在充分认识中国“初级阶段的初级阶段”国情基础上，明确和平发展时代主题下“人类命运共同体”思维是大战略的基调。

关键词：中美贸易战　中美关系　赶超路径　战略耐心　人类命运共同体

国际国内最近可说已成为一大热点的问题，是“中美贸易战”。本文意在从“贸易战”问题而展开至观察思考总体的中美关系，以及相关的中国现代化战略的理性认识及其创新思维。

一、观察思考“中美贸易战”的理论框架

首先，从理论层面看，现在各方关注的“中美贸易战”，如果从理论视角考虑，可以做什么点评？我认为首先要肯定，经济学这么多年的探讨、发展中，关于国际贸易（进出口）的互惠互利原理，可以解释大部分国际贸易的具体活动，因为基于不同资源禀赋、规模经济等的各国“互通有无”，实际上还是要落在比较优势的概念上，方可以作出比较好的理论说明。这个比较优势原理引出的基本逻辑是需要、应当和可能追求共赢，所以，这叫互惠互利。

---

* 本文原发表于《地方财政研究》2018 年第 3 期。

但是其次，我们也不能否定另一种情况，为什么总是有贸易保护措施及其“主义”？这个贸易保护主义短期的理由，就是减少冲击，以利于保护本国的“幼稚产业”。客观地讲，中国入世的时候很多人担心我们会受到进一步开放和贸易自由化以后的冲击，而在当下，似乎作为发达经济体的美国那一方，又更多地在强调中国更加开放情况下，要以征收较高关税等贸易保护措施减少对他们所形成的冲击。这方面，双方所顾虑的，至少是短期的冲击问题，这是不能否定的必然出现的问题。所以，我们中国加入世贸组织（简称“入世”）的时候，要求援引 WTO 规则中关于发展中经济体可以得到的特别条款做特殊处理，减少这个冲击，逐渐地、分步地来兑现我们关于入世以后承担义务的承诺。兑现承诺时间表的达成，是谈判博弈的问题，是力求理性地找到平衡点的问题。

接下来我还想再强调一层需在理论上加以总结的认识：比较优势、互惠互利可以解释大部分国际贸易活动，但是这个“比较优势战略”，一定会碰到“天花板”，就是会碰到低端的经济体想买的高水平供给物被对方禁售，这种低端的经济体（比如中国现在是发展中国家，对应于高端的发达经济体头号强国美国，显然处于低端）给出多高的价格，也买不来高端的供给了。在这个领域里，我们需如实承认，这种情况下是没有共赢因素的，它只会产生摩擦因素，我们现在实际生活中，不必讳言这种贸易摩擦乃至“贸易战”，一定会出现。与之相关联的理论探讨，一定会涉及后发经济体的“赶超战略”问题。

二、关于“中美贸易战”相关现实情况的点评

实际考察，中美之间的贸易本来总体而言的特点，是一高一低的互补，在互补范围之内的，是一种已经被称为“谁也离不开谁”的关系。显然在这个互补范围之内中美双方没有理由打贸易战。在中国入世的时候，承诺了我们的缓冲考虑之下，有一个时间表，我们要按照它兑现入世的承诺——现在我觉得作为研究者有没有可能做一些工作，把中国入世承诺的实现情况做成一个一览表，看是否存在没有兑现的地方——我作为研究者，觉得如果真的存在没有兑现的地方，我们可以说是理亏之处，那么要赶快兑现。同时，也应该梳理清楚其他的经济体，作为当时已经形成他们多边关系的 WTO，那个时候对于中国给出的应该兑现的承诺，是不是也有没有兑现之处，如果没有兑现，则是他们理亏，应该兑现。这似乎就是一个应该摆事实、讲道理来落实的问题。在中华人民共和国商务部的网站上，有中国入世承诺的一览表，我忙碌中因时间关系，没有仔细抠那至少好几十页的内容，但是我觉得现在在所谓贸易战的氛围下，这个相关的工作是很值得做的。

再往下说，在中国的发展中，确实不仅要有比较优势战略，我们新供给经济学研究团队特别强调，不能讳言，还必须有赶超战略。从追赶到赶超，它和“比较优势”战略的效应合在一起，确实对于更发达的经济体，比如美国，会形成一定

的竞争压力和挑战性影响，也会生成前不久中国发展高层论坛上我觉得可以称为“萨默斯悖论”的情况。网上报道的萨默斯的原话就是：“几千万美国人对就业保障、孩子未来机遇越来越没有信心，这不是中国的错，但他们却把中国的成功，视为对美国构成了负面影响……此外，中国一方面强调自己仍是发展中国家，另一方面又宣称已经走向世界舞台中心，将在各方面发挥影响力，甚至试图改变规则，鱼与熊掌都想兼得，也让美国人感到厌烦。”这些话语里面他的情绪我不加评论，这样形成的一个悖论，也还有它的客观之处。萨默斯明确地说出中国在崛起的意思，也认为这不是中国的错，但却在这个赶超战略于中国比较成功地实施之后，对美国形成了挑战性的影响。怎样中和、消化这样一个已经形成的压力，是很现实的问题。我们确实也必须清醒地把握战略思维：党的十九大明确肯定了中国仍然是世界上最大的发展中经济体，这是我们实事求是看待自己国际地位的一个来自中央最高决策层面的判断，跟它相匹配的一系列我们的战略设计和行动姿态，是不是也有值得检讨之处？这方面孙立平教授所说到的中方也有“不当言行”加剧了美方的不满，不能完全否认。如果从力求中肯的诉求，来做研究者的探讨，是有必要的。

现在可以看到的概况，我们承诺了全面开放，但开放似乎还有不足的领域。据我了解的信息，列出的至少有这样几个方面，我们看看还有没有可能，进一步继续扩大开放。如电影、艺术等文化产品，国内外都有观点认为我们现在开放是不够的；药品、汽车等高科技产品，这方面我觉得也值得探讨：外面有那么好的满足人民美好生活需要的药品，为什么中国的市场不能进一步开放？为什么不能把中国老百姓不得不通过各种非正规渠道以天价到国外购买的这些药品，转为正常渠道在中国国内较低价购买？汽车阶段性的高关税有一定道理，入世时就担心中国的汽车制造业被冲击得溃不成军，需要有一个逐渐降低关税的过程，而我们现在要检查的是我们是不是兑现了那个降低的过程，在现在这个阶段上，还可以依据建设性的意见建议做什么调整？我觉得这是可以、也需要探讨的。

另外，出于种种原因，外部世界说中国的银行、证券、保险等金融产品开放得还不够，而中央层面最近的姿态是非常明确地说我们要进一步实行金融开放，似乎中方的绝对控股可以降低为相对控股，等等，这就是建设性的因素。我们可以进一步讨论，找到新的平衡点。

再有，实话实说，中国特色发展中，我们互联网的开放程度是不够的，曾有流传的说法，特朗普访华带来的大礼，就是双方可以达到一个新的认同，把谷歌地图在中国大陆上引入，最后没有变成现实。我也知道在海外学习的一些人，他们说到了中国大陆，如果用不上“Google”，在学术资料的搜索方面，他们觉得似乎是难以容忍的一种学术环境，我们也无法回避这个现实。政协原来副主席层面的领导同志，曾经正式提出提案，适当考虑进一步放开 Google 搜索等，这方面有建设性的内容，值得我们进一步讨论。

三、坚持大方向，在美国打压下理性应对，据理力争，防止最坏，争取最好

做了这样一些现象的观察以后，我想说从大方向来讲，逐步更加放开，应该是因势利导。中国早已经承诺全面开放，全面不够到位之处，我们在大方向上不必否定，还是要进一步放开的。同时，我们应承诺在这个过程中，中国已经有明显进步的知识产权保护，我们将继续把它做好。这些似乎没有什么特别的道理，要导致跟人家去打什么贸易战。

另外，我想比较直率地说，美国方面因为感受到作为最大发展中经济体的中国，又具有规模经济体的巨大增长潜力和发展纵深，进而美国的战略思维，必然是一个打压老二的思维。这没有什么更多地需要隐讳之处，因为人类社会，各个民族国家、主权国家，现在在整个利益关系的处理方面，还不可能完全摆脱“丛林法则”，我们远没有进入“大同世界”。作为已经占据了全球第一老大地位的美国，它的老大地位跟它整体的巨大利益的关联，是一望而知的，它的这种老大利益的形成，可不光是看贸易方面的表现。头号强国国家利益与资源汲取能力的形成，一定是方方面面各种因素合成的，是在美国做出追赶英国的多年努力之后，在第二次世界大战之后才明确无疑地确立了老大地位而必定要全力维护的。在维护老大地位方面，美国自然而然要考虑，对于中国一方面要合作，另一方面要竞争，竞争中要从它的利益考虑予以压力，予以限制。说到中美之间这种限制，是不是走到了矛盾摩擦，就必定不可调和，要来个最终对决？我觉得这一定要另当别论。

我们先假设最后的对决可能出现，但至少从现在来看，首先，假设情况下它也是遥远未来的事情。在现在这个阶段上，我想援引邓小平当年的战略思维——那是在出现了中国 20 世纪 80 年代后期的特定事件，外面对中国实施制裁这种情况下，邓小平所说到的，这是小风波，我们还要继续和美国以及其他西方国家搞好关系。他提出了著名的一系列论述，其中有一个讨论起来还很热闹的“韬光养晦”之说，很遗憾，翻译成英文以后，容易让人形成一个印象，就是中国人故意装可怜、搞阴谋。所以，在以后很多场合，不再沿用这样一个邓小平的表述。但是，他表述里面战略思维的可取之处，是非常明显的：你如果现在还远远不能现实考虑双方的最后对决，剩下的空间是什么呢？对美国而言，我们要考虑的，是不是可以更多地买美国想卖给我们的东西；同时，我们还要尽力买我们国家想买的东西，无非就是妥协、权衡，斗而不破，做生意讨价还价，竞争中还有合作，而合作确有巨大的空间，因为它是基于互补为特征的中美之间做生意总体格局的基本事实。以理性态度来说，应该明确强调，双方都要在形成一定的承诺之后遵守承诺，接受现行规则，同时也得承认，有动态地优化改变规则的必要性。萨默斯说中国人试图改变规则，这也很正常，我们入世的时候服从已经形成

的规则，但其后我们要参与未来规则优化的过程，成为规则制定参加者中的一方。例如，多边关系下的政府采购，当年入世时已形成的只是非常粗线条的框架，我们进来以后，先遵守你的框架，再一步步深度参加政府采购谈判，我们便成为规则制定者群体中的一方，积极寻求动态地优化规则，这也是完全合情合理的。凡此种种，都应据理力争。

从这样一个视角来说，中美双方无非就是防止最坏情况和争取最好情况。所谓防止最坏的情况，就是防止冷战，不要动不动落入冷战思维，什么都贴个标签，“谁战胜谁”、意识形态化的东西无处不在，那就没法讨论理性的妥协和权衡关系。同时，所谓争取最好的情况，是我们应该积极争取共赢，这种可能性是明显存在的。刚刚双方剑拔弩张说开打，跟着种种口风出来，早上还说“奉陪到底”，中午就强调说我们已经在考虑金融进一步开放，傍晚又传来一个消息，对方说我们也在探索60天的窗口期等。打打停停之中，积极的建设性的东西我们也可以尽可能地推出来。

四、假设的“终极对决”需要新思维

这些讨论之后还必须说一下，上面已提到的所谓中美终极对决的前景问题，应该要有新思维。

我前面假设过最终对决，但能不能跳出这个框架？人类文明的发展毕竟是一个个台阶上升的，不同的阶段，更高的台阶上，可能有新的机遇，需要新的思维。现在看起来，中国有一个非常重要的人类文明进一步发展过程中“时间上的朋友”：中国在工业革命落伍以后，“蓄之既久其发必速”，开启改革开放新时期以来，我们超常规发展已将近40年，发展后劲儿还非常大，我观察到全球投资者，无不关注中国市场巨大的潜力，中国工业化和城镇化进程大体只走了一半，后面的纵深相当可观。这个情况下看中美贸易的摩擦，绝对不能仅限于贸易，贸易似乎在中国现代化整个战略问题中，以及要寻求的共赢发展可能的前景上，只是冰山露出水面直观可见的这一块，水下更大的部分，是人们往往不能直观看到的，需要以特别的洞察力来形成相关思维的质量。

这里我想强调一下，中国人讨论了若干年的“大国崛起”，最基本的规律首先就是人类社会在还没有走到“大同境界”的时候，各个民族主权国家，一定会“你追我赶”，“丛林法则”留下的东西可能从大趋势看，虽有望越来越减少它的残酷性，但是动不动又会出乎意料表现出它的残酷程度。撒切尔夫人当年评论一些国际事件的时候说，“人类文明的面纱是很薄的”，她执政期间对阿根廷开战，造成了马岛战争中的生命与物质损失，但是大大提高了她的声望。然而现在，我们越来越可以理性地考虑国家之间的冲突问题：大国崛起，不论相对平和或相对残酷，从“追赶”到“赶超”应该是个规律性的东西，而且文明进步已可能提供出一个残酷程度“下台阶”的转换临界点，即中国所求的“和平崛起”。那么，追求和平崛起更需要组合好、把握好战略思维的“赶超”路径（有激进色彩）与战略耐心（有保守色彩）。

先说“赶超”。新供给经济学研究群体已得出的认识，与新结构经济学的一个重要不同，就在于现代化战略路径概括上的区别。新结构经济学所说的依靠基于要素禀赋的比较优势战略，就可以形成中国现代化的基本战略框架，一路走到中国梦，我们认为这是不够的。比较优势战略碰到“天花板”的时候，一定要理性地把握和运用赶超战略。赶超就是从追赶开始，最后能够拔得头筹，至少先进入第一阵营。这种不平衡中的追赶，历史上屡见不鲜，最早荷兰追赶而超越了葡萄牙、西班牙，英国追赶而超越了荷兰，美国也是经过长期的努力，最后赶超了日不落帝国——英国。中国不必讳言，从“追赶”到“赶超”用一句老话，我们心目中一直看到了“后来居上”。

再说耐心。现实中，中国从1949年到现在，经传统体制和新的改革开放时期这两大阶段的努力，我们大致上走过了党的十九大所说的“站起来”和“富起来”的时代，现在是面临着要“强起来”、完成现代化历史飞跃的新时代，我们已经“从未如此接近伟大民族复兴的愿景”。但是总书记引用了古语“行百里者半九十”。往前看，我们还要过四道坎，第一是悬念不大的全面小康；第二是非常值得我们看重的如何保持必要的后劲跨越“中等收入陷阱”；第三要在2025年跨越“中等收入陷阱”密切相关的时点上，把中国“制造”往中国“智造”和中国“创造”提升，至2035年基本建成社会主义现代化；最后再经过大概15年的时间，2049~2050年，建成现代化强国。这些坎放在我们面前，应该明确，“全景图”上绝对不能简单只看总量，这段进程中看总量，意义其实已经不大。大家都知道，回顾历史，康雍乾的时候中国总量全球第一，但它恰恰是中国严重落伍的前夜。我们现在全球老二了，表现了、构成了改革开放之后我们超常规发展形成的新的历史起点，但是后面跟着的科技实力、综合国力、综合国力中无法回避的软实力——实际上是中国在国际生活中的感召力、影响力，何止是贸易方面的问题？贸易、制造业、通盘的经济，还有文化、金融、军事，是这些所合成的实力、影响力和辐射力全面的较量比拼。所以我的基本认识是，当下，中国远未走到“中美对决”的平台上。

迎接党的十九大的时候有的学者有一种说法，中国已经全面赶超了世界头号强国美国。但习近平总书记在党的十九大报告中说清楚了，中国是世界上最大发展中经济体的国际地位没有变，随之网上可看到工业和信息化部苗部长以一系列的指标说明，代表性的中国制造业的水平和与制造业密切相关的中国科技创新的水平，不仅没有进入世界第一阵营，连第二阵营也还没进去。我看到网上给人印象很深刻的一个多页的清单，是说日本的总量虽然被我们甩在后面，但从电子技术到现在的互联网和相关创新领域的多种技术方方面面，有多少制高点都已占领在中国前面。我们现在如果要有一个理性的实事求是的态度，就要特别看重党的十九大说到的两个没有变：一是“初级阶段的初级阶段”，即我们在远景的未来理想社会——共产主义目标这个视野之内，我们说的社会主义，是它的初级阶段，而中国实际所处于的发展阶段实际状况，是这个初级阶段的前半段。这是邓小平当年已经说清楚的“初级阶段的初级阶段”的概括，习总书记说，这是我们的“基本国情”和“最大实际”。与此同时，国际地位上，我们仍然是世界上最大的发展中经济体，何谈一下子超越了美国。牢牢地把握由此确立的党的基本路线不动摇，其重要性如党的十九大报告所说，这是党和国家的生命线，人民的幸福线。所以，在这个思维的角度下，探讨之中可形成的认识，就是我们是不是可以借助中美贸易摩擦、贸易战之说，再整体反思一下、再条理化一下——我们应该探讨的现代化大战略和高水准的战略，一定要汲取邓小平的智慧中“韬光养晦”的合理成分。当然，作为一位政治家，邓小平当时的表述，没有多少理论色彩，而我们的研究者，能不能根据情况进一步在理论联系实际方面做一些展开？

五、战略思维要点的初步探讨

我现在感觉初步看起来，战略思维中有这么几个要点是可以讨论的：

第一，淡化意识形态。我们要坚定不移地务实，没有必要处处贴意识形态的标签。邓小平当年访美路上说的是我们跟美国搞好关系，就是看到几十年间跟美国搞好关系的都富起来了。所以，要合作竞争。中美间人、物、文化多方面的交流，是中国充分学习的很好机会，我们入世以后不就是这样一个态势吗？一直到不久前，习近平总书记又强调说，我们有一千条理由把中美关系搞好，没有一条理由把中美关系搞坏。想起在中国入世当口，那时有的研究者非常激动地说，中国入世所有可能的好处都是不确定的，所有的威胁和坏处都是确定的，但是终于有了最高决策层下决心入世，而入世后的现实说明，至少有一个非常重要的正面因素、确定性的好处，是无可怀疑的，就是逼着我们“清理文件柜”、开放倒逼改革。杜润生同志说，是逼着我们“变法”，变法图存、变法图强，开放倒逼改革带来了实实在在的竞争力提升与发展的成就。

第二，我认为“韬光养晦”的内在含义仍然是正确的。邓小平以此而不扯旗、不当头，专心致志“做好自己的事情”的思想，坚牢地抓住机遇的务实态度，是我们对国际地位清醒认识以后应持有的态度。

第三，坚持全面开放不动摇。以后人类文明提升、未来社会接近人类大同的努力中，当然越来越多地会鼓励“你中有我、我中有你”，这有什么坏处呢？我们到美国投资，美国到我们这里投资，欢迎嘛，还有其他的各种交流，总体是会促使现代化之路越走越宽。

第四，循序渐进，西向为主，进一步扩大“一带一路”的效应。我们新供给群体做内部讨论的时候就特别看重黄剑辉院长表述的陆上丝绸之路和海上丝绸之路并举并重，其实战略谋划的意图是避免太平洋方向上的对撞，向西首先与一些较穷邻邦的经济体务实合作，又会进一步推演到带动很多富裕国家一起寻求共赢。中央的表述即是我们现在已看到很值得进一步积极发展的“一带一路”倡议。

第五，我们要清醒地看到，中国现代化成果的必配选项——人民币国际化，虽然有一系列积极进展，但是它要完成比较彻底的国际化，至少还要 20～30 年。因为在有周边化的特点、有了硬通货化的一些积极进展（如进入特别提款权的篮子）往下走，一般结算货币上越来越被人们觉得可以考虑之后，关于成为石油等战略资源的结算货币，中国现在刚刚实验，到底发展怎么样，可能还带有曲折；再就是储备货币概念上，全球还只有很不足道的小经济体似乎愿意把中国人民币作为储备货币里的一个考虑；再一个，到了有风吹草动、特别是一旦到了有特别大的危机可能性的情况下，避险资产、避险的储备货币，有没有人民币的份儿？特别是首选的避险资产是什么？这都是很现实的问题。成气候地被国际社会普遍接受，总得走到自拆防火墙、资本项目下可兑换，然后让全球观察，有了风波的时候，需避险的时候，这个可兑换的人民币还值得不值得持有。这个过程我们仅心急是不行的。周小川卸任之前，曾一反谨慎常态，非常明确地说人民币资本项目下可兑换基本条件已经具备，当然也有一些学者提出反对意见，实际上我国在这方面是相对谨慎处理的——但是周小川强调的方向和逻辑完全正确，只是时间表并不完全由我们的意愿所决定。

第六，还有更复杂的怎么提升中国的文化“软实力”的历史性考验，篇幅所限在此不展开。

六、和平发展时代主题下“人类命运共同体”思维是大战略的基调

再往下，我想强调新思维应关联的一个重要的哲理指导层面：总书记已经非常明确地提出“人类命运共同体”这个取向，这一取向是有深刻内涵的。如果考虑远景的话，2050 年前后，我们实现中国梦的时候，大体上比较理想的进展，是和美国大体处于一个台阶上，能够平起平坐，我认为这已是最理想的。从制造业来说，国家战略首先是“中国制造 2025”，到 2025 年，我们是力争要在“制造业强国”的概念下踏入它的门槛；到 2035 年，在制造业强国的阵营里面，我们争取能够走到中等水平。后面再经过十几年的奋斗实现中国梦的时候，我们希望能与美国没有台阶式的差异。那时候的总量是早已超过美国的，但是人均指标肯定还达不到美国和另外一些高收入经济体的水平；我们的科技，总体水平可能接近美国，但是军事方面可能更为确定的是有一个战略威慑的平衡状态而已。软实力方面，不确定性更大。我作为研究者，特别愿意强调的，就是应建设性地考虑所谓中美对决问题，关键是应该深刻地领会总书记强调的人类命运共同体的战略思维，就是“摒

弃你输我赢的旧思维”，并不一定要走到这个“最终对决”，而是要走出一个共赢的路径。

我们主观来说，必须尽全力避免“终有一战”，是不是也有可能真的避免这个“终有一战”？从供给侧研究的角度来说，我们认为，学者可解释供给侧形成的创新。从正面讲，是推到了“共享经济”前沿状态，这是人类生产力发展中供给侧创新带来的新境界，值得我们特别看重，一定要纳入战略思维：微观层面的种种共享经济，有没有可能合成各个经济体之间的共享境界呢？从反面讲，早已经清楚的宏观局面是，第二次世界大战以后，“核威慑”使第三次世界大战成为极小概率事件，我们就是要从这个角度认识和坚持邓小平的时代判断：我们现在的时代主题是和平与发展。就是因为有这个战略判断，所以才有关于再也不可错失的战略机遇期的概念，实际上否定的是过去多年间的那个基本战略判断，认为处于“战争与革命的时代”，必须解决“谁战胜谁”的问题之后才能有发展。这样大是大非的认识，如果确立到邓小平的判断上和习近平总书记说的“人类命运共同体”取向下，还是可回到前面提到的：时间是中国最好的朋友——我们处在一个大体和平的发展环境下，虽然不能避免摩擦和某些阶段的紧张局势，但是寻求共赢走向和平崛起，是“走上坡路”的中国理想的、以尽可能高水平的大战略造福中国人民与世界人民的基调和基本路径，也是我们现代化创新发展中应秉持的基本思维。

做一个结语：上面探讨性的认识表述还不一定准确，但是应努力坚持的原点，就是牢记党的十九大指出的“两个没有变”：我们处于社会主义初级阶段的基本国情没有变，作为世界上最大发展中经济体的国际地位也没有变。党的十九大的这一重要论断我认为是对于我们最好的“清醒剂”，经常使用这个“清醒剂”，对我们保持连通中国现代化“中国梦”这个战略目标的战略耐心和前进定力，去完成“行百里者半九十”的新长征，只有好处，没有坏处。多擦一点“清醒剂”，不会让我们损失什么，可能让我们做得更好，更务实。邓小平南方谈话说过非常精辟的话：警惕右，但主要是防止“左”。我们党历史上，害得我们最苦的就是“左”。脱离实际急于求成的东西，带来的往往就是对于现代化事业的严重损害。我们所讨论的现代化战略思维，如力求高水平，那么不在于它的锋芒，在于它的厚重；不在于表达得怎么绚丽夺目和一时听得特别鼓舞人心带来一片叫好声，而在于实事求是，高瞻远瞩；不看重一时的邓小平所说的“小风波”，而要看清和正确把握“顺之则昌，逆之则亡”的人类文明的主潮流。

参考文献：

1. 习近平：《决胜全面建成小康社会　夺取新时代中国特色社会主义伟大胜利》，在中国共产党第十九次全国代表大会上的报告，2017 年 10 月 18 日。

2. 贾康、苏京春：《中国的坎——如何跨越中等收入陷阱》，中信出版集团 2016 年版。

3. 贾康：《供给侧结构性改革：创新中如何运用制度和技术实现经济转型》，载于《财政监督》2017 年第 1 期。

4. 彭鹏、贾康：《从新供给视角重新梳理和解读全要素生产率》，载于《财政科学》2016 年第 3 期。

5. 贾康：《供给侧改革十讲》，东方出版中心 2016 年版。

关于 PPP 的规范化发展*

贾　康

一、法治化是“可持续”的根本保障

PPP（Public—Private—Partnership）过去直译为“公私合作伙伴关系”，近年在中国相关文件中意译为“政府与社会资本合作”，是创新发展中得到我国决策层和管理部门高度重视，企业和专业机构、中介组织、科研团队等多元主体积极参与的重要创新实践。2017 年上半年，有关统计数据显示，全国已成交的 PPP 项目达 1 357个，同比增长 31.4%，投资规模平均为 1.73 亿元，同比增长 27.8%，其中位于前列的十大项目投资金额总和高达 2 259 亿元。在公共工程、基础设施、产业新城建设与运营、地方政府辖区的国土连片开发等领域，PPP 项目建设提供了政府、企业、专业机构合作的融资与管理运营新模式，可形成“1 + 1 + 1 > 3”式的绩效提升机制，在政府尽责、企业与专业机构发展“多赢”的同时，改进民生，造福公众，而且可以对接混合所有制改革，发掘“有效投资”潜力引导经济新常态。特别是，PPP 还必然促进我国经济社会法治化的进程。

在 PPP 蓬勃发展的同时，近期有关管理部门已在防范风险的“问题导向”下，更加强调加强其规范化管理，这显然具有现实的必要性和针对性。PPP 的规范化发展，首先应强调与 PPP 相关的法治化建设。在党中央推进“全面依法治国”的过程中，其实 PPP 尤其需要得到法治化保障，迫切期待更多的法治化阳光，因为 PPP 是创新发展中政府转变职能“革自己的命”的典型案例，政府必须“放低身段”和企业一起以平等的“伙伴关系”身份签约，来从事要做很长时间段（一般需要一二十年，甚至长达三十年、五十年）的项目运营，其间必然经历多轮政府换届，而各届政府主要领导的偏好很可能会各不相同，如发生了“新官不理旧账”式的变脸，企业可怎么办？如果没有法治化制度环境的可靠保障，企业方面是很难可持

---

* 本文主要内容曾以系列谈方式发表于《经济日报》2018 年 1 月。

续地以自愿签字方式参与我国理应发展得越来越多的PPP项目的。很显然，PPP的健康、规范发展，客观上十分需要以让市场人士放心的法治环境来约束、指导和规范PPP的全流程，覆盖众多PPP项目的生命全周期，把签署协议的各方、特别是人们感觉很“强势”的政府及其部门，都放在依法守约、履约的轨道上，和衷共济求得共赢。

我国关于PPP已有的各管理部门“红头文件”，是具有“法规体系组成部分”之效力的，但毕竟这些尚属于最低立法层级的法规依据。随着实践经验积累趋于丰富和较成熟，亟应抓紧推动PPP立法工作，把相关的法规层级提升。如果由于种种原因，一时还不具备基本条件进行我国PPP法的立法工作，则应当积极考虑制定PPP条例，在其中界定PPP的关键性规则并明确应排除掉“假PPP”“伪PPP”的边界，明确PPP的全套标准和流程，并赋予国家鼓励支持PPP发展的各项政策以法规依据。未来一俟条件具备，我国的PPP法应力求及时立法到位，以保障PPP这一制度供给的伟大创新可持续地向前推进。

二、阳光化是发挥正面效应的关键机制

PPP必涉及具体的项目投融资建设。以往政府实施公共工程项目投融资时，若以信息充分披露和集体决策来评价其“阳光化”程度，往往是明显不足的。通常情况，是一个地方政府主要决策者所中意的项目，会要求相关部门提供项目的相关基本情况和“可行性研究报告”，然后领导人“大笔一挥”予以批准（俗称“可研变可批”），这个项目就可以动工建设了。这种少数人知情而专断决策的机制，启动时决策效率看起来很高，如果决策正确，当然这个机制会引出一个“好事快办”的结果，但十分遗憾，决策的失误却屡见不鲜、概率很高，项目失败形成的损失，都是由“纳税人的血汗钱”埋单，很难对决策人追究责任——称之为“付了学费”，但多年来这类学费可以一交再交。然而，以PPP创新机制从事公共项目建设投融资，却别开生面：从原理上说，PPP可以通过其“阳光化”的决策和运行机制，依靠制度性、规范化的优势，最大限度地减少失误，提高资金使用效益，使项目综合绩效显著提高。因为一个个PPP项目，是在多个备选项目均配有可行性研究报告的情况下，由政府、可能的合作伙伴及专业化团队都知情并共同参与的“阳光化”过程中，形成项目的识别与初步筛选，再使初选的项目进入同样具有“阳光化”特征的“物有所值评价”，“财政承受能力论证”程序，走完这些必经环节后，再由合作伙伴竞争性挑选专业机构与团队提供咨询给予智力支持，一起磋商起草包括全套风险分担方案的PPP协议（合同）文本，最后由各方自愿签字生效进入建设过程，竣工之后续接约定的运营期。这种“阳光化”的机制，是最好的“防腐剂”和“防错机制”，在多方知情、公众具有参与机会、客观生成了多重监督机制的新境界中，可以凭借制度

优化而防止过去极易发生、引起浪费损失的少数人专断，并封住“设租寻租”滋生腐败的空间，进而使PPP项目以规范化特征发挥其应有的政府、企业、专业机构“强强结合”引出的“1+1+1>3”的绩效提升结果，更好地以公共工程造福于人民。

制度创新的功能正是在于打开管理创新的潜力空间，PPP的“阳光化”制度特征十分关键，弥足珍贵。在各地实施中，必须坚定不移地贯彻“阳光化”要领，使PPP从项目选择、前期程序、专业咨询，到合同编制、签约执行，再到建筑商的招投标、工程监理的选定与履职、运营中的必要信息披露和公众监督，直到走完其全生命周期的最后移交，都做到制度设计所要求的“阳光化”。我国已在实际推进中的PPP项目，拜“阳光化”这一关键机制所赐，已经表现了其诸多正面效应，但毋庸讳言，也有一些PPP项目的阳光化程度不足，由于种种客观原因，偏离了规范化轨道，这是必须及时制止、坚决纠正的。不贯彻“阳光化”原则的PPP项目，我们完全有理由认定其即为“假PPP”“伪PPP”，是以PPP创新之名的违规之举，必须严防速纠。如果说规范化发展是PPP生命力的保证，那么“阳光化”就是PPP规范发展而发挥其正面效应的关键性机制。

三、专业化是规范化推进的必备要领

注重PPP的规范化发展，是为了使这一创新机制内在的潜在活力充分释放，使其相关的风险因素得到有效防控，从而产生应有的诸多正面效应。在现实生活中，以专业化力量促成PPP规范发展，被业界称为“以专业的人，做专业的事”，这应成为PPP参与各方的必备要领。

PPP所涉及的是成规模的项目投资，建设与运营周期长，相关联的因素相当复杂，不同领域、不同类型的项目建设都客观地要求以较高的专业化力量形成尽可能周全合理的定制化方案，以求把一个个项目，“不仅促成隆重的婚礼（签约），而且做成百年好合的婚姻（善始善终）”。那么如何能达到这种专业化的要求？除了有关管理部门应做关于专业化的指导之外，地方政府、企业和专业机构需共同努力。

PPP的签约伙伴，通常一方是政府（或政府指定的部门、机构），另一方是企业及相关的市场法人（即社会资本方），政府与企业内部都需有一定专业水准的人士来共同促成项目落地和健康推进。使这些人士具备专业知识和技能，需要有必要的培训与经验积累，客观上引出了对于专业人才培养的必要性与紧迫性。但具体的PPP项目变化多端，仅靠伙伴各方自己培养人才，仍是远远不够的，十分需要借助社会中介机构、专业团队的力量，如设计师事务所、会计师事务所、法律事务所和项目咨询公司，等等。这些中介机构和专业团队，以寒窗苦读、科班出身加上特定领域经验累积而成长起来的专家群体，构成有竞争力的专业化服务力量，政府和企业可以通过竞争程序挑选适合的第三方，以“购买服务”的方式获得其智力支持而达到 PPP 立项与运作较高的专业化水平。这也是一种“捷径”和“多赢机制”，是“1 +1 +1 >3”绩效提升机制不可或缺的重要组成部分。

我国已经展开的 PPP 创新发展潮流中，第三方机构和专业化团队的作用，已越来越被政府与社会资本方认知，应运而生的不少 PPP 咨询公司也日趋活跃。但在一定发展阶段上，这些以专业机构面目出现的主体，还难免良莠不齐，鱼龙混杂。如何在“购买服务”市场上形成公平竞争、优胜劣汰的良好环境，尚待各方共同努力。PPP 项目“入库”，是带有专业水平评估性质的已有管理框架，地方省级的和中央部级的项目库，似乎又代表着不同等级的专业化水平的认定，如果把入库项目管理掌握为跟踪评价、动态优化，很有必要，但是，也不应以“入库定终生”，以某一轮次是否入库，作为规范化程度的唯一标准。因为 PPP 的发展中还有巨大的探索创新空间，“入库”在管理部门的掌握上，应当定位于“引导”创新发展，而不宜定位为“审批”；应当注重充分阳光化，即充分的信息披露，切忌搞成拉关系、处关系“贴官方标签”而滑入新型“审批经济”和“设租寻租”；已入库的，并不能排除以后也有“清”退的可能性，某一轮次未能入库的，也不排除未来可能入库——这一管理框架下应追求的是专业化引导机制的一种动态优化。

在以专业化力量促使 PPP 得到规范化发展方面，我们还需有一定思想准备，走过“购买服务”市场上一个阶段的优胜劣汰过程，然后可望结合 PPP 的法治化建设，迎来由一批有市场口碑和公信力的专业化机构和团队更好发挥专业咨询、服务功能的新局面。

四、创新发展与风险防控须理性权衡、守正出奇

PPP 总体而言属于在中国创新发展中方兴未艾的新生事物，方向正确，意义重大，然而不成熟的特点也毋庸讳言，防控相关风险的问题值得高度重视。在 PPP 规范化发展中，如何把应有的创新领域的弹性试错空间掌握好，是“发展中规范”的要领，而对于试错探索中发现的问题如何及时察觉，对于能够认定的风险因素有效防控，则是“规范中发展”的要领。“发展中规范”与“规范中发展”，不可偏废，需要理性权衡，以求在创新中和在 PPP 发挥正面效应的过程中，我们能够使中国的现代化进程“守正出奇”，实现动力体系升级和延续超常规发展态势，对接“中国梦”。

基于有关创新发展的哲理认识看 PPP，首先还是应当考虑“发展中规范”问题，因为 PPP 虽然已有一些带有经验总结而技术性色彩鲜明的具体模式，如建设—经营—转让（BOT）、移交—经营—移交（TOT）、重构—运营—移交（ROT）、改造—运营—拥有（ROO）等，但这个模式丰富化、可选择操作方案多样化的进

程，并未完结，可说其操作系列可排列的选择清单，仍然是“敞口”的。例如，国际上有其雏形但并未引起特别重视的“项目打包”和“连片开发”，在中国却已很快成为特别具有吸引力和兴奋点特征的选项，今后我们理应鼓励带有“中国特色”的PPP创新而不惮在这一领域走到世界前列。再者，某些具体问题的认识，还难免见仁见智：如管理部门现在一般是把建设—移交（BT）排除在PPP概念以外的，因为其没有运营期，容易较多地形成地方政府债务压力，但我作为研究者的看法，却是认为广义的PPP应包括BT，它实为以一种“政府按揭”方式，把政府急需做而一时无力承担资金支出压力的项目，由非政府主体先做起来，再把对后者的还本付息，平滑处理为政府可承受。做得好，BT也是使老百姓得实惠的一种新机制选择，无非就是把政府一下做不成的事情让它能做成的转换机制。我们可在当下一些欠发达区域地方政府“精准扶贫”事项上“要想富，先修路”的案例中，看到BT不失为一种可选项。所以我认为，不宜把BT的可用性完全否定。这套探索，应当在“发展中规范”的过程中逐渐凝聚基本共识，待可形成相对固定的规则时，就能够纳入法治建设轨道来一一加以明确了。

跟着“发展中规范”，还应高度重视，理性掌握好“规范中发展”。在跟踪评估PPP创新领域的运行风险的过程中，管理部门一旦认定了有把握、可看准的风险点、风险因素的，就必须及时推出防范与消除风险的政策措施。例如，没有与地方政府“婆婆”切断行政隶属关系和产权纽带关系的融资平台公司，如果浑水摸鱼入场与当地地方政府合作PPP项目，所谓的“合作伙伴”关系一定会变形成为“婆媳关系”，也就一定会发生严重扭曲而酿成“非规范化”局面，由此累积使过程不可持续的风险因素，必须明确排除此类“假PPP”。“明股实债”“政府单方托底”等风险因素，管理部门近期在有所察觉之后已强调要加以防范，这都很有现实必要性，当然，在防控此类风险因素时也应注意掌握“堵不如疏”的大禹治水式哲理，从长远制度建设角度考虑，应发展规范的PPP资产交易市场平台和在政府“可行性缺口补贴”提高其预测和可确定性水准等方面，引导社会资本方积极而规范地参加PPP创新。

总之，权衡好“发展中规范”和“规范中发展”的关系，从而在创新中审慎包容，积极稳定地推进PPP的规范化发展，我国就可望在供给侧结构性改革中于投融资领域成功地“守正出奇”，支持“后来居上”的现代化进程。

五、资产负债的规范化处理与会计准则的优化

PPP的规范化发展，需要在创新的轨道上改进和完善相关的专业化管理规则，其中非常重要的方面，是关于PPP资产负债的会计准则。从国际经验看，英国是国际上运用PPP模式较成功的国家，也是最早针对PPP制定专门会计准则的

国家。虽然英国的 PPP 会计准则（FRS5A）曾被其他国家当成制定相关会计政策时的参照物，但其也有自身缺陷，即 PPP 固定资产因“漏记”而成为“孤儿资产”。后来随着国际财务报告解释委员会制定的《服务特许协议第 12 号解释》（IFRIC12）与国际公共部门会计准则委员会制定的《服务特许协议：授予方——第 32 号》（IPSAS32）的相继出台，PPP 项目资产负债才有了国际性的会计处理指南。第一，由于 IFRIC12 与 IPSAS32 之间是“镜像互补”关系，所以从设计层面堵上了 PPP“孤儿资产”的漏洞；第二，由于 IPSAS32 规定 PPP 固定资产及其负债均应计入公共部门的资产负债表，所以从制度层面封住了公共部门利用 PPP 隐藏债务的可能性，降低了公共部门利用 PPP 进行“表外”融资的冲动。鉴于我国推广运用 PPP 模式过程中出现的“明股实债、回购安排”，以及地方政府违规、违法担保等问题，已造成各方担忧，同时基于 PPP 的理论分析可引出其为政府、企业合作中共同融资负债的认知，从长效机制建设视角作战略方针层面的考虑和选择，我们建议借鉴国际经验，尽快研究出台我国的 PPP 会计准则，将 PPP 固定资产及相关负债计入公共部门的资产负债表（可首先对政府付费类 PPP 项目实行）。

从理论上说，一是 PPP 涉及该类公共工程项目建设及其运营全生命周期或合同约定的较长特定时期内的投融资问题，必然涉及负债；二是 PPP 是政府与企业、市场主体以契约关系形成伙伴关系以求共赢与绩效提升的机制创新，必然要求相关投融资、负债、资产管理机制的创新；三是 PPP 的合同契约关系需要得到法律、法规的保护和制约才具有可持续性，故 PPP 投融资中负债的规则和财务会计的规范性准则，需要对“创新发展”和“规范发展”两者如何结合，做好动态优化的权衡处理。所以就定性而言，既然 PPP 是政府和企业伙伴关系式合作建设、运营公共工程项目，其负债就不可能与政府方完全撇清干系，但此机制创新，可使政府的相关负债产生相当可观的乘数放大效应和资金使用中明显的绩效提升作用，这便是 PPP 特别值得重视与推进的原理。我国推进 PPP 工作中，出于鼓励创新考虑，曾在文件中规定，凡是由管理部门确认为 PPP 的项目，其负债不纳入地方政府债务规模的统计；但随着 PPP 的发展，其实际的负债风险压力因素又必然为政府管理主体（特别在中央管理部门层面）所感受到，故为防范风险，“加强管理”中又容易走向另一极端，作出 PPP 不能与政府购买服务（政府采购的一个特定概念）对接、不得承诺保底等口气严厉的规定，似乎 PPP 负债可以也应该与政府主体完全隔离。如作严谨分析，PPP 的负债风险必然是以某种方式由合作伙伴各方共同承担的，其资产所有权或运营权虽可以阶段性地归属一方，但并不能否定总体而言的这种负债风险共担性质，至少是存在政府方的一定程度的或有负债（未来可能承担也可能不承担、可能多承担也可能少承担的负债）。所以，关键问题实际在于：如何把各种 PPP 具体模式的负债风险共担机制尽可能合理化、可操作化，这又必然要求在其财务会计处理上的规则尽可能清晰化、力求精细化——在动态优化的创新探索过程中，要承认精细化只能是相对的，所以也必须承认工作中可能不得不留出一定的弹性——“或有负债”本身即是具有一定弹性的专业术语。当然，一旦在原则上明确 PPP 也是政府的举债渠道之一，规范地方政府的融资行为，便不再是强调防止其利用 PPP“隐匿”债务，而是应以合理的资产负债通盘安排，把 PPP 规范地纳入公共部门负债与相关风险的表内管理，以更好地使 PPP 机制兴利防弊。我国的相关法律法规，需要依此思路框架考虑未来的优化修订。

PPP 模式财政风险识别与防范

刘　薇*

摘要：PPP 项目的长期性、公共性、复杂性和不确定性，导致 PPP 在实际运行过程中蕴含了诸多风险，这些风险因素一旦暴露，极有可能形成政府的支出责任，对财政正常运行构成压力，诱发财政风险。本文从界定 PPP 模式财政风险入手，提出 PPP 财政风险矩阵，在分析 PPP 模式风险识别与合理分担基础上，系统性识别财政风险的类别，辨析财政风险的归属，并简要提出防范化解 PPP 模式财政风险的政策建议。

关键词：PPP　财政风险　财政风险识别

一、PPP 模式财政风险界定

关于财政风险的研究，较具有代表性的是世界银行高级经济学家哈娜·波拉克科娃（Hana Polackova Brixi，1998）① 提出的财政风险矩阵，从政府承担负债的不同类型的视角尝试分析显性和隐性或有负债概念，提出财政风险主要源于政府的广义负债，具体包括显性直接负债、显性或有负债、隐性直接负债、隐性或有负债四类，为辨别和评价地方政府债务风险及其规模构建了清晰框架。

PPP 是在基础设施、公共工程和公共服务领域政府与社会资本的一系列的长期合作关系，通过风险共担、利益共享，实现政府的公共服务职能，提高供给效率和服务水平。相对一般项目来说，PPP 项目的公共性、复杂性、高风险的特征，有可能会使政府部门承担的风险超出合同约定的风险分担份额，在一定条件下（如社会资本方无力承担损失）就有可能转化为政府的支出责任，形成政府债务压力，导致财政风险。

---

* 作者简介：刘薇，华夏新供给经济学研究院特邀研究员；中国财政科学研究院副研究员。

① Hana Polackova Brixi，“Contingent Government Liability：A Hidden Risk of Fiscal Stability”，World Bank Working Paper，1998.

基于此，本文认为①，PPP 模式财政风险是：在政府与社会资本合作过程中形成的或可能形成的政府支出义务或支出责任导致的财政不稳定或不确定性状态。进一步可以将 PPP 模式财政风险划分为四类，即显性直接风险和显性或有风险，隐性直接风险和隐性或有风险（如表 1 所示）。

表 1　　PPP 财政风险矩阵分析

PPP	直接风险	或有风险
显性风险	合同约定的政府承担的责任	在特定事件发生情况下需要由政府承担的责任
隐性风险	合同条款之外政府承担的责任 政府对项目的必要求助（道义责任）	社会资本方的风险转嫁

依据财政部《政府和社会资本合作项目财政承受能力论证指引》中的规定："PPP 项目全生命周期过程的财政支出责任，主要包括股权投资、运营补贴、风险承担、配套投入等。"从 PPP 财政支出责任的构成来看，股权投资、配套投入等需要在前期投资建设阶段支出，属于政府的直接支出责任。而风险承担责任支出则取决于风险事项的发生与否，当约定的未来风险事项发生时，就需要按照合同约定的风险分配方案承担相应支出责任。运营补贴则需要社会资本方依据所提供公共服务的绩效评价结果获得对价支付，是设定前提条件的承诺性支出。由此可见，单从 PPP 项目合同规定的政府支出责任来看，上述四种责任基本上属于政府的显性责任，形成政府的显性财政风险。其中，政府的股权投资、配套投入和运营补贴属于直接显性风险，而风险补贴则属于政府的显性或有风险。从权责发生制会计角度来看，这些支出责任属于政府债务性质。

在 PPP 项目合同中社会资本方承担的责任和风险相应会有着较为翔实的规定。在正常情况下，经过较为规范的程序，社会资本方正常履约是一个大概率事件，不需要政府承担这些成本。但社会资本方毕竟是市场主体，存在着经营失败的可能性，虽然可能是小概率事件，可一旦出现，社会资本方失败所导致的责任缺失极有可能直接转嫁给政府，毕竟项目所提供的是公共工程或公共服务，而政府在公共服务提供方面具有法定职责。因此，由于社会资本方的失败（部分失败或全部失败）而导致的合同规定的社会资本方的责任，将会成为政府的隐性或有责任（隐性或有负债）。不仅如此，由于公共领域项目的复杂性，一些 PPP 项目在合同签署时可能存在着考虑不周全的情况，在项目实施过程中可能出现增加合同外的支出责任。如果在合同签订前，这些支出责任本应由社会资本方按照

① 关于 PPP 财政风险界定的研究，作者特别感谢中国财政科学研究院赵全厚研究员的支持。

比较优势原则来承担，但在项目实施进程中这些不得不追加的支出责任就需要政府来承担，构成政府的直接隐性债务。也就是，按照道义责任推定应由政府负担的部分。

此外，2014 年以来，随着 PPP 模式的快速推进，实践中出现了一些不规范的行为，诸如 PPP 被泛化滥用、"明股实债""固定回报""保底承诺""政府隐性担保""以购买服务名义违规为 PPP 项目融资"等现象，都有可能增加现在或未来的政府债务负担，引发财政风险。因此，"明股实债"等违法违规行为造成的现实债务增加、通过故意夸大未来财政规模规避 10% 的红线而增加政府支出责任总量等，属虽在政府债务表外和限制性规定之外的不当融资，但是应该纳入隐性的财政风险计量和管控范围。

二、PPP 模式财政风险的识别

PPP 模式财政风险的识别，需要根据上述的界定，按照政府与社会资本合作中具体风险责任的划分来进行更为系统的识别。首先，合同中要对项目建设、运营中的风险责任在政府方和社会资本方进行合理划分；其次，按照政府与社会资本业已划定的风险责任，对合同规定的具体风险责任事项进行系统性识别；最后，对 PPP 合同之外可能涉及的项目建设、运营中出现的意外风险进行确定性责任归属认定。

（一）PPP 模式风险责任的合理分担是识别财政风险的前提

政府全资建设和运营的公共项目，其风险由政府独自承担；政府和社会资本合作建设和运营的公共项目则需要合作双方合理分担风险。这也是政府在公共领域引入社会资本的重要原因。所谓风险分担，即确定风险的归属权以及与此相对应的风险事件补偿责任。在 PPP 模式中，要针对不同的风险承担主体考虑相应的风险分担措施，建立平等的、动态的风险共担机制，由对某风险最有管控能力和最低管控成本的那方承担相应风险，达到总体风险的最小化。

1. 风险责任合理分担的原则

一般来讲，在 PPP 中，政府按照合同分担的风险责任直接体现为政府的显性的、直接的财政风险。从理论上说，政府分担的风险责任越小，政府因此而应负担的风险补偿压力就越小。但在现实中基于平等协商的原则，政府若刻意躲避应该承担的风险责任，就难以如期如愿地吸引社会资本。因此，从长期博弈来看，政府与社会资本的合作最终会按照一定的原则趋向于双方合理分担风险责任的状态。这些原则包括：（1）公平原则。PPP 项目的风险分担主要通过合同的方式来进行分配，公平原则体现在，一方面，在合同内对于风险的权利义务的平衡；另一方面，要平衡合同所衍生的风险权利义务，进而评估由风险事件引起的收益和损失情况。（2）归责原则。“归责”是为了解决PPP风险分担时责任具体应由谁承担的问题，应依风险类型分别适用于民事归责原则和行政归责原则。（3）风险收益对等原则。PPP各参与方应根据其在项目中的收益情况考虑相应承担的风险损失，各方主体承担的风险程度应是与其所得收益回报相匹配。（4）有效控制原则。PPP各参与方应遵循谁最有利控制该风险，谁就来担当管理此风险的原则，实现风险最优管理和风险最小成本管理状态。（5）风险成本最低原则。从项目全生命周期和全部参与方的视角考虑，风险成本最低原则是指风险分担应使不同生命阶段的参与方承担风险的总成本最小。（6）风险上限原则。项目各参与方能够承担风险上限应与其承担该风险的经济能力、技术能力、管理能力等匹配，量力而行，特别是社会资本方承担的风险，如果超出上限，极有可能带来所提供公共设施或服务的风险发生，风险可能直接转嫁给政府方。（7）直接损失承担原则。当风险显现，直接受损者防范、控制此类风险的内在动力和积极性高，可以提高风险承受能力和管理效率。（8）风险分担的动态原则。PPP项目周期长，运作过程复杂，对未来难以准确判断，应在合同中设计重新谈判条款来实现风险分担的动态调整。

总之，综合运用各种风险分担原则公平合理分配风险，既是保证PPP项目成功实施的关键因素，也是识别和防控财政风险的重要基础。

2. PPP模式风险识别与分担框架

目前文献研究中，关于PPP项目风险识别与分担，主要来自——案例的总结分析；问卷调查/专家访谈的统计分析；政府设计的PPP项目风险分担建议；基于理论模型和实证分析的结果；PPP项目的历史经验值等具体方式。一般来讲，PPP风险识别与分担的框架为：

政府部门更具有控制力的风险类型是：政局不稳定、主权风险、所有权风险、监管体制不完善、法律体系不完善、官僚及腐败、授权风险、项目决策失误、土地取得、投资诱因不足、规划变更、税收政策变化等风险，这类风险偏宏观，由政府部门承担比较合理。

社会资本方主要承担中观层面的风险，项目融资阶段（融资结构、融资成本、金融市场不健全、融资可获得性）、建设阶段（设计不合理、工程质量、自然条件、供应、技术、合同）和营运期（运营效率低下、服务质量缺陷、财务风险、维修成本超支）中的大部分风险由社会资本方控制更为合适。社会资本方通过组建一支有能力、有经验的项目管理团队，能够更好地控制风险。

还有一类风险，需要根据造成风险的原因，根据归责原则确定由哪一方来承担，或者共担。例如，设计变更风险，如果是因为政府在某领域的规范标准变化或者是规划变更，而引发的风险损失应该由政府部门承担；如果是因为社会资本方的设计不合理，技术水平不够而引发的设计变更风险损失则应由社会资本承担；如果是由于项目合作期间合同变更而导致的设计变更，相应的风险损失则由双方按照一定的原则共同承担。如果由于一些非双方的原因，或者双方都有过错，以及由于合同条款不严密导致的合同风险，则由双方按照一定原则分别承担风险。值得注意的是，一些微观层面的风险有可能最终转嫁给政府部门承担。

总之，通过合同约定分担机制与具体分担方案，最大可能规避风险，使各参与方实现“多赢”，从而促进 PPP 项目的顺利实施，有效控制和防范总体风险和有效减少政府承担的直接财政风险。

（二）PPP 模式财政风险识别三原则

由于政府在公共服务领域有直接面对公众负责的法定职责，因此，从理论上说，无论公共服务项目是由政府直接生产和提供，还是由政府与社会资本合作生产和提供，政府均要承担相应的法定职责。只不过是生产和提供的组织方式不同，政府实质上承担的风险有所区别而已。

在 PPP 模式中，政府承担的财政风险类别与政府直接建设和运营项目所承担的财政风险是有明显区别的，需要较为系统地识别。根据前述财政风险的划分概念，PPP 模式中财政风险的划分要基于如下原则：

1. 合同约定原则

基于 PPP 风险分担原则和分担机制，合同中所约定的政府部门承担的风险都属于显性财政风险，但需要依据具体条款厘清显性直接风险和显性或有风险。

2. 公共性原则

PPP 项目是公共性项目。因此，基于政府在公共领域的法定职责，即使在 PPP 合同中明确规定属于社会资本方的责任风险在一定条件下（社会资本方运营失败或无力承担风险补偿责任）都有可能转化为政府财政风险，构成政府的隐性或有债务。

3. 动态性原则

PPP 项目的生命周期较长，涉及相关利益主体多，当内外部条件发生变化时，合同未约定的意外风险可能会出现，需要重新确定风险分担布局，协同解决风险隐患，但是 PPP 毕竟是公共工程和服务，政府基于天然的职能，不得不在动态风险管理中居于主导地位，相应地承担更多责任，可能带来额外的政府支出，引发隐性直接的财政风险。

（三）系统性识别财政风险的类别

1. 政府承担的责任及其财政风险归属

主要有两类：一类是政府因拥有绝对资源优势所承担的风险，以项目外部风险为主，宏观风险为主。例如，政局不稳定、所有权风险、主权风险、项目审批延误、项目决策失误、征地（选址）等，这一类风险发生，政府责无旁贷；另一类是政府对该风险的控制力比较强，但并不能绝对控制，仍要受外界其他因素影响的风险。对于“政府干预”“政府违约”“政策变化”“法律风险”这些政策风险，政府显然有比较强的控制力。政府主要承担能有效抑制这些风险发生，所以，政府是此类风险主要承担者。“汇率变化风险”由政府主要分担是因为政府可以通过补贴、担保方式较有力地分担；“基础设施配套风险”是由于政府是公共资源的拥有者，在规划许可的范围内，政府能够承担该风险，在风险分担中承担主导责任。

2. 政府与社会资本共担责任及财政风险归属

政府和社会资本双方在对这一类风险的控制能力上没有特别大的差距，均有一定规避风险的途径。总体来看，通货膨胀的变化、利率变化、竞争风险均受市场大环境影响，在由社会资本方承担主要风险的同时，政府也要与其共担这类风险。同样，对于不可抗力风险，需要政府与社会资本方共同努力，通过采取措施尽量降低损失，其责任应由双方共担。而且，一般来说，这类共担的风险责任也要在合同中按照一定的原则明确各自的分担比例。政府分担的比例部分实际上也归属于政府的显性财政风险，而社会资本方分担的比例部分在其失败或失去抵御能力时也可能直接转嫁给政府承担，属于政府隐性或有财政风险范畴。

3. 社会资本方承担的责任及财政风险归属

由社会资本承担的风险责任，例如，项目融资、设计、建设、运营过程中可能出现的工程质量风险、市场风险、运营费用超支风险、违约风险等有可能在一定条件下转化为政府部门承担的责任。即一旦出现经济利益损失并且超越社会资本方承受能力时，就有可能导致政府财政承担风险，成为政府隐性或有风险。

4. PPP 合同之外的风险责任归属

以上所述的风险都是在 PPP 合同中明确规定的责任划分。然而，在 PPP 全生命周期中，由于时间跨度长和社会公众对公共服务需求的变化，可能会出现合同签订之时未曾预期到的责任，如相关配套设施的增加、环境保护公共需求的提高等。这些责任的追加大多数会直接体现为作为公共服务责任主体政府的直接成本，故而成为政府的隐性直接财政风险。

基于上述讨论，表 2 对 PPP 中存在的各种责任进行了经济学意义上的财政风险识别和归类。需要说明的是，这些财政风险，若相对于目前地方政府的债务管理口径而言，又属于“表外”的财政风险，具有隐匿的含义。

表 2 **PPP 财政风险类别**

风险指标			主要由政府部门承担	政府与社会资本共担（根据具体项目按比例分担）	社会资本承担	财政风险类别			
一级	二级	三级				显性直接债务	显性或有债务	隐性直接债务	隐性或有债务
宏观风险	政治和政府政策	政局不稳定	√				√		
		所有权风险（资产征用或国有化）	√				√		
		官僚及腐败	√						√
		主权风险	√				√		
		政府违约	√			√			
		政策变化	√				√		
		项目审批延误	√				√（合同约定）		√（合同约定之外）
	宏观经济	通货膨胀		√					√
		利率变动		√					√
		汇率变化	√						√
	法律	监管体制不完善	√				√		
		专项法律变更	√				√		
		税收政策变化	√				√		
		产品/服务标准变化	√						√
	社会	公众反对	√					√	
		信用风险		√			√（合同约定）		√（合同约定之外）

续表

风险指标			主要由政府部门承担	政府与社会资本共担（根据具体项目按比例分担）	社会资本承担	财政风险类别			
一级	二级	三级				显性直接债务	显性或有债务	隐性直接债务	隐性或有债务
宏观风险	市场风险	政府对利润和收费价格限制	√				√		
		竞争风险			√				√
		基础设施配套风险		√		√（合同约定）		√（合同约定之外）	
		原材料供给			√				√
		市场需求变化			√				√
	自然	不可抗力		√		√（合同约定）		√（合同约定之外）	
中观风险	项目选择与融资	项目决策失误	√					√	
		征地（选址）	√			√			
		项目对投资者金融吸引力			√				√
		高融资成本			√				√
		项目融资结构			√				√
		融资可获得性			√				√
	设计	设计不合理			√				√
		技术风险			√				√
	建设	工程质量风险			√			√	
		合同变更		√		√（合同约定）		√（合同约定之外）	

续表

风险指标			主要由政府部门承担	政府与社会资本共担（根据具体项目按比例分担）	社会资本承担	财政风险类别			
一级	二级	三级				显性直接债务	显性或有债务	隐性直接债务	隐性或有债务
中观风险	建设	建设成本超支			√				√
		设计变更			√				√
		工期超期			√			√	
		分包商/供应商的破产			√				√
		土地拆迁与补偿成本过高		√		√			
		环境/文物破坏			√			√（合同约定之外）	√（合同约定）
	运营	运营费用超支			√	√（合同约定）			√（合同约定之外）
		运营收入低于预期			√	√（合同约定）			√（合同约定之外）
		移交后项目/设备状况		√				√（合同约定之外）	√（合同约定）
		服务质量缺陷			√		√（合同约定）		√（合同约定之外）
		费用支付风险		√		√（合同约定）		√（合同约定之外）	

续表

风险指标			主要由政府部门承担	政府与社会资本共担（根据具体项目按比例分担）	社会资本承担	财政风险类别			
一级	二级	三级				显性直接债务	显性或有债务	隐性直接债务	隐性或有债务
中观风险	运营	运营安全			√	√ （合同约定）		√ （合同约定之外）	
		维护风险			√	√ （合同约定）		√ （合同约定之外）	
		运营效率低			√				√
		项目公司能力			√				√
微观风险	合同风险	责任和风险分配不当	√			√			
		合同中权利分配不当	√				√		
		合作者之间工作方法不同		√					√

三、防范化解 PPP 模式财政风险的政策建议

2014 年以来，虽然是由中央政府层面力推 PPP 模式，高度重视，积极发展——建机构；推培训；建项目库、推示范项目；出文件、法规，但是，随着 PPP 的迅猛发展，项目量激增，一些潜在的风险日益受到各方高度关注。2017 年以来，财政部密集出台的规范性政策，一定程度上给“PPP 热”降温，推动 PPP 向更加规范的轨道发展。基于前文风险识别的分析，简要提出以下政策建议。

（一）加快 PPP 立法，完善 PPP 制度体系建设

建议尽快填补政府和社会资本合作领域顶层立法空白，加快立法进程，推动 PPP 进入规范、有序发展的成熟阶段。目前各部门的红头文件过多，法律层次较低，急需提高 PPP 的立法层次，加快 PPP 条例（征求意见稿）出台，统一协调财政部、国家发展和改革委员会，以下简称“发改委”等部门出台的制度规范，为 PPP 创新过程中防范风险保驾护航。

（二）适当控制地方财政支出责任，防范显性财政风险

当前 PPP 项目数量和投资规模膨胀较快，其中大量累积的地方财政支出责任成为 PPP 中蕴含的财政风险源头之一。第一，要控制 PPP 项目数量增长。借鉴目前地方政府债务监管中债务限额与余额的关系，严格履行一般公共支出 10% 的比例上限，要求地方政府从控制风险的角度压减 PPP 落地项目数量，按照轻重缓急的原则分阶段、分领域统筹安排落地项目。第二，对 PPP 项目中的财政支出责任进行风险监控。将 PPP 项目中的政府财政支出责任，统一纳入地方财政风险测试的范围，并对地方财政风险测试实施较统一的指导意见。第三，要降低地方财政投资补助标准，严格控制地方政府资本金投入比例。第四，要积极防范 PPP 起步阶段的不规范项目操作引发的财政“兜底支出责任”风险。建议在地方政府层面按照辖区 PPP 项目总投资的一定比例预算安排落地项目风险金，可以考虑先从小做起，逐年累积，最终形成与兜底性责任相匹配的风险基金。

（三）有效提高社会资本方的质量，防范隐性或有财政风险

PPP 项目周期长、投入大，在全生命周期可能会面临诸多风险，提高社会资本方的质量是防范财政风险的重要环节。

第一，规范中央企业参与大型 PPP 项目的会计核算。根据股权出资比例、其他出资方的投资性质、与其他出资方关联关系、中央企业参与程度、风险分担与收益共享机制等多重因素综合衡量中央企业对项目的控制程度，并量化处理综合评判指标体系，从制度上严格规范中央企业的 PPP 投资行为。第二，完善配套制度，

吸引优质民间资本参与，发挥民间资本的运营管理经验和技术优势。进一步完善地方政府诚信体系建设、加快 PPP 资产交易体系建设，构建规范畅通的社会资本退出机制。第三，优化政府采购招标制度，采购优质社会资本方，强化社会资本方的后期运营责任。

（四）加强对 PPP 项目全过程以及各参与方的监管

财政部和发改委近年来相继出台的一系列制度规范和政策，对 PPP 规范操作和风险防控发挥了重要作用，面对 PPP 出现的新情况、新问题，需要进一步完善监管框架，建立规范、透明的监督机制，促使项目全过程信息公开，确立明晰的行业运行秩序，引导参与方理性预期，通过监管处罚提高恶意行为的违规成本。

加强 PPP 经验数据储备与分析，提高未来相关风险因素预测的精确性。对于 PPP 适用领域、项目展开过程中涉及的折现率、收益率等问题，进行详细论证分析，进而实现对相关因素未来变化的有效把握，降低潜在风险。同时，政府要考虑对或有负债相关的支出进行合理预测以及合理的相关协调安排，降低风险。此外，对于 PPP 中不可预知的风险，应保持审慎监管的态度。设立应急处置预案，构建快速响应、分类施策、协同联动、稳妥处置的风险应对机制。

参考文献：

1. 《政府和社会资本合作项目财政承受能力论证指引》，中华人民共和国财政部网站，2015 年 4 月 7 日。

2. 刘薇：《PPP 模式理论阐释及其现实例证》，载于《改革》2015 年第 1 期。

3. 张曾莲、郝佳赫：《PPP 项目风险分担方法研究》，载于《价格理论与实践》2017 年第 1 期。

4. 邓小鹏、李启明、汪文雄、李枚：《PPP 模式风险分担原则综述及运用》，载于《建筑经济》2008 年第 9 期。

5. Grant T, "Keys to successful public-private partnerships", *Canadian Business Review*, 1996, 23 (3).

6. 刘新平、王守清：《试论 PPP 项目的风险分配原则和框架》，载于《建筑经济》2006 年第 2 期。

7. 邓小鹏、华建革、李启明、李先光：《PPP 项目风险分担方式研究》，载于《建筑经济》2008 年第 12 期。

8. 温来成、刘洪芳、彭羽：《政府与社会资本合作（PPP）财政风险监管问题研究》，载于《中央财经大学学报》2015 年第 12 期。

9. 郝震冬：《公路 PPP 项目财政承受能力论证实证研究——以山西某一级公路项目为例》，载于《经济研究导刊》2016 年第 2 期。

关于 PPP 创新中一些重要认识的辨析与探讨*

贾　康

摘要： 目前，我国在 PPP 领域可说已经走到了世界主要经济体的前沿，发展速度较快而且后发优势明显，但在此过程中仍有诸多制度建设方面的不足之处。本文从风险防范的角度和“疏堵结合，堵不如疏”的哲理出发，对明股实债、BT、“保底”、财政承受能力、地方政府负债、PPP 的认定标准六个 PPP 发展过程中遇到的突出问题进行了分析和探讨，提出要注重法治化、阳光化和专业化水平的提高，积极审慎处理好风险防范和积极创新关系等问题。

关键词： 供给侧结构性改革　风险防范　PPP

在我国这几年的深化供给侧结构性改革中，PPP 的创新发展已经走在世界各个经济体的前沿。因为决策层高度重视，有关部门不断推出指导文件，所以很快形成风生水起的局面，这个大方向值得充分肯定。

中国在当下阶段引领新常态，并在新时代继续形成理性供给管理下超常规发展的现代化过程，其实存在着巨大的市场潜力空间和众多“有效投资”的一系列对象。首先可以一个大规模建设项目需求方面的例子来说明：中国中心区域有 100 多个百万人口规模以上城市，国际经验表明，在这些城市抓紧建设轨道交通网是必要的。北京市是个“起了个大早，赶了个晚集”的典型案例，其地铁建设在 20 世纪 60 年代就开始了，但到了改革开放新时期，由于地方政府追求任期内出政绩的短视行为，资金都被用在了地面交通环线这种每个任期内都能尽快“看得见摸得着”的建设上。但事实证明，即便圈到七环，也远远不足以解决公交体系拥堵危机的问题。好在现在政府已回头加快地铁建设，并在一定程度上缓解了北京市公共交通体系的压力，只是这方面的建设任务尚远未完成。北京现在机动车的拥有率远远低于纽约与东京，而纽约、东京都完全没有采取像北京这样对机动车限购、限行、限入等严格措施，道理就在于轨道交通网的有效公交供给使机动车是主要用来应急和假

* 本文原发表于《财政监督》2018 年第 5 期。

日向外的出行。所以，北京市这样的中心城市缓解公交困局的关键性不二选择，就是把中心区域建成四通八达密度足够的轨道交通网。北京市如此，其他的中国绝大多数中心城市也莫不如此，这种把天文数字的资源往地底下砸的建设过程，往往要持续几十年。

再举个“小项目”的例子：据有关部门统计，中国城镇区域现在缺少大约5 000万个停车位，一个停车位的建设，静态算账预估为10万元的话，那么全国就是5万亿元的投资。这个例子反映了一个现实生活中非常明显的强烈需要，千头万绪的事项中，看起来的“小事”却代表着未来很长时期内必须安排的巨额投资。要想提高与日益增长的“人民美好生活的需要”相适应的供给体系质量效率，必须以改革创新为龙头来带出有效供给。

与PPP相关的“守正出奇”的机制，明显对应于市场配置资源这一决定性的、必须充分发挥作用的机制，同时它又连带了政府“更好发挥作用”的创新。在这个机制中，政府和市场主体以平等伙伴关系发挥各自相对优势，风险共担、利益共享、绩效提升。例如，停车位建设这个例子，5万亿元的投资如果完全由政府出钱是不可想象的，但停车位一旦建成使用便会有现金流，那么它就完全可以对应于市场机制和社会资本的投融资行为，天然地可在政府力求高水平的规划之下，运用PPP的创新来形成有效供给。

以上两点解释了为什么中国作为有巨大发展潜力和市场潜力的经济体，在短短几年之内，就走到全球主要经济体PPP创新的前沿。总体而言，PPP在我国还属于新生事物，方向正确，意义重大，但不成熟的特点也毋庸讳言，防控相关风险值得高度重视。风险防控中也需运用大禹治水的古老智慧，在疏堵结合中掌握好“堵不如疏”、因势利导的哲理。从这个角度，本文对PPP创新中一些有关其风险点的重要认识，试作辨析与探讨。

一、关于“明股实债”

“明股实债”已引起了管理部门的关注与不安。实际情况似可大体分两类：

第一类，是PPP具有的股份制项目开发主体特殊项目公司（SPV）中的社会资本方，其股权前瞻性地安排了股权回购，即地方政府逐步出钱把其股权买回来，实际上相当于这部分钱让政府先借用几年，以解决燃眉之急。这样明确地设定回购条款，显然不是政府希望PPP所达到的规范状态，不符合PPP发展的取向，但现实案例中这种直接写入合同的情况比较少见。现在管理部门所批评的“明股实债”，往往针对了暗中的补充协议条款，或针对“潜规则”加上了主观判断的色彩。

对这种企业股权直接安排回购，是应当予以否定的。但实际上，SPV股权的可流动，按照PPP的可持续机制建设来说，又是不应当完全否定的，在一定意义上讲是需要规范的股权交易通道。因为不少企业很难在PPP项目长达20年、30年甚至50年的情况下，一直持股。笔者认为，对于这类“明股实债”问题，除了正面去防范风险的“堵”之外，还应该有伴随堵漏洞的制度建设去打开通道的“疏”。第一，在“堵”的方面，应该在条例和文件中明确规定哪些情况属于违规，不能写进合同，也不能以附加的补充的协议方式形成白纸黑字的条款。第二，在“疏”的方面，股权的流动机制是可以对接交易市场的。前一段时间在天津、上海两市，只有一天之隔，都挂牌成立了 PPP 金融资产交易平台。这是规范的交易平台，所谓类固定收益资产、资产的证券化、PPP 里的股权流动，完全可以探索对接到这样的金融资产交易中心，做阳光化公平竞争环境下的交易。笔者认为，要承认股权往往不可能从头到尾按我们意愿，一成不变以一个锁死状态持有到底，那么就必须在市场上给它一个通道，在这个通道里以公平竞争实现流动。整个市场上如果说能够这样把各种偏好的持股在交易平台里完成它们的要素流动，当然是一个公平竞争市场带出来的解决期限错配、资金掉期问题的机制，使不同阶段上，持股主体偏好改变以后，重新组合里都有一个正当的和市场对接的机制。这其实也是推进要素流动情况之下，我国现代市场体系的丰富与完善。这种市场如果能够稳定形成，将会十分有利于消除社会资本方面的疑虑。

另外一类“明股实债”，是说持股的比重非常低，似乎也可以把这种情况归纳为“明股实债”，社会资本方只持有5%～10%的股，政府方面持股还相对多一些，就违背了 PPP 一开始推动时的初衷——希望政府少持点股，社会资本方多持点股。另外，政府方面也不能太少，现在有关管理部门的态度是至少有1/4，最好为30%。如果股权的比例明显偏低，剩下都得靠银行、金融机构提供贷款等形式的资金支持。以这个视角来展开，实际是 PPP 项目投资总额中股权本金的比重高低问题。笔者认为这个问题相对容易解决，就是总结基本经验以后，可以给出一个下限，最低不能低于多少。而且政府的倾向是少花钱多办事，政府持股少一点，愿意让民间资本、企业方面持股多一点，这也应该有一个数量底线，不同条件变化中合作伙伴自愿形成的协议中，应遵守规则方面给出的区间或下限，但规则不应该规定得太死板。对这样一个股权在整个投资里所占比重高低的问题，其实不应太过计较，如果处理得好的话，相对低的股权，放大效应更强一些，未尝不是一个好事。但是这就需要定制化讨论：一个具体的项目，它的股权为15%，另外一个项目股权为30%，30%股权的项目水平未必就高于15%股权的项目水平。这确实需要具体分析。但是从管理部门来说，对特定类型的 PPP 项目组建 SPV 时，给一个伙伴各方持股底线也是必要的。应该在以后的实际工作中大体明确这样一个操作底线。

二、关于政府购买服务与 BT

虽然财政管理部门对建设—移交（BT）持否定态度，但依据相关理论分析框架，笔者认为，广义 PPP 里其实还包括 BT。有人指责部分 PPP 项目是通过政府购买服务暗度陈仓，是把政府购买服务扩大到政府购买工程，这可以说是对政府购买服务，应保证工作中名副其实的问题。然而，如果全面地讲，政府采购里不仅包括服务和设备的采购，其实也还包括工程采购，广义 PPP 里面的 BT 就是没有供应方运营期的工程采购。政府自己一下拿不出那么多钱来，但是如使这个项目仍能有希望比较快地做起来的话，就可以选择与企业合作把这个事情先做起来，企业为政府垫付数年的资金，政府以后比较从容地以按揭方式把钱逐步还清。归还本金之外，多出的那一部分资金，就是企业“在商言商”拿到的投资回报，这个投资回报应“非暴利但企业可接受”，太低则企业不会签字，太高则公众监督过不去。在具体操作中，有关部门的态度似乎是百分之百排斥 BT 的，但据笔者观察，这实际上不可能做到。举个例子说明，中央强调要在 2020 年前通过精准扶贫的方式让农村区域最后的数千万贫困人口脱贫，截至目前时间已经所剩无几了，再看一下四川省凉山州的木里藏族自治县和盐源县，那里是地广人稀少数民族聚居的山区，经济上十分欠发达，那么政府要想在这个区域实现精准脱贫，不修通交通干道是不行的，因为“要想富先修路”，但凉山州政府没有这个能力，中央政府与四川省政府也没有办法直接用专款解决这个问题。凉山州除了和太平洋建设集团合作外，没有别的办法，由太平洋建设集团这个民间资本主体出钱建设干道，其建成速度会大大加快。这种方式可以不叫 BT，但它实际上就是 BT，所谓“拉长版 BT”的变形，会使政府还本付息的年度压力更缓解一些。地方政府在具体执行 PPP 创新中，需要考虑政策的导向，可以把 BT 放在最末端考虑，但这不宜理解为 PPP 就绝对不能做 BT，否则就不能适应凉山州这样的具体情况。PPP 无非就是一个把政府一下做不成的事情转换为能做成的机制。当然要正视相关的风险，要有高水平的通盘规划，具体项目要争取让时间段长一点，政府得以更从容一些。

三、关于“保底”

现在有的 PPP 有保底条款或政府担保文书，违背了 PPP 的基本精神，就是风险共担或者对风险按照强强联合原则、以合作各方的相对优势来合理分担。PPP 的协议文本里必须有风险分担方案，几十种风险因素，应由企业承担的、政府承担的、共同承担的，以及共同承担是怎么个排序，怎样的约束条件，都尽可能写清楚。但是有的时候可能出现一种情况：政府向社会资本方允诺一定水平的回报，这就变成了保底。其逻辑上是想让企业在吃了保底的“定心丸”后，肯签字开工，这在相关规则上可以加以禁止。但同时，规范的 PPP 里可以有纳入预算执行的政府付费和可行性缺口补贴，它解决的是地方政府和企业合作时企业方面最担心的问题，即最低利润能否达到可以签字的水平，这就是风险共担框架里必须承认的临界值。企业参与进来，是有最低回报预期的，这是企业方面合理、正当的诉求。所以不必总是强调不能保底，而应强调如何提高可行性缺口补贴的合理性。在法制健全的环境下，以基于专业化测算的可行性缺口补贴安排，保障最低预期投资回报在企业接受的范围内，企业方面才能积极和政府合资做 PPP。可行性缺口补贴的合理量化，可以通过专业化团队的支持帮助，政府与企业一起来努力提高方案水平。项目在执行过程中允许作的调整，也可以有规范化的调整机制。

以北京市地铁 4 号线引进港资为例，当年知道香港特区的地铁系统业绩做得最好，全世界只有香港特区地铁可以不要政府补贴，但是到了在北京市签约建设 4 号线的时候，补贴就得事先约定好，因为起初北京市地铁票价是固定的，这就实际上碰到了一个预期保底的问题。但后来北京市地铁在种种压力之下变收费机制为根据乘车距离分段抬高，那么原来的补贴水平也要随之调整，其依据还是预期保底这样一个导向。只要政府方面还考虑企业在商言商的立场，就不可能不考虑这个问题。在这个方面想透，这个所谓保底无非就是明确规定一些条款，风险如何承担，一方面如果完全由政府一方承担风险，自然就会产生“道德风险”，企业无所顾忌，就不会真正发挥自己的内在积极性提高管理运营效率；但是另外一个角度，必须考虑到合作伙伴关系的机制下，企业是要取得投资回报的，我们无非是怎样以法治化、专业化，加上有利于形成和衷共济关系的一些制度、机制安排，使大家更认同通过伙伴关系可以把这条路走通。在原理上说，就必须承认企业预期可以保底才会进来与政府做 PPP。我们努力的方向和工作的重点，应放在法治化水平和专业化水平的提高，尤其是不确定因素出现以后解决方案水平的提高。

四、关于财政承受能力

按照指导文件要求，PPP 项目已经有了规范的财政承受能力论证所形成的约束，即不得超过地方政府本年度财政一般公共支出的 10%。这个规定的确有约束意义，但实际上测算起来比较模糊。即便知道年度财政支出规模的大概情况，但这个时间段里地方政府可能跟多少合作伙伴谈成 PPP 项目，却是逐渐演进的，年初的 PPP 项目很容易控制在 10% 以内，但是累积到了下半年、第四季度加进来的 PPP 项目，按照年度来算就有可能突破界限。不过好在 PPP 项目往往周期较长，如第一年突破测算，可弹性调低本年度相关支出而调高后几年的相关支出，这是相对容易地把年度间财政支出压力均衡化问题。所以，10% 的约束基本上只是个原则导向，量化上不可能特别较真。地方政府除了一般公共收支预算外还有基金预算，其中有一块“活钱”，这块“活钱”的使用去向没规定死，是可能用于 PPP 的政府付费的，而且目前没有任何的官方态度或意见规定说不能用于 PPP。在地方政府层面通盘合理协调的倾向下，动用一部分地方基金预算的“活钱”支持 PPP 应该是可以的，无非就是弹性空间里如何组织，审时度势、通盘协调、控制风险，积极地把应该抓住的重点项目建设按照 PPP 的方式来推出。虽然这样处理起来各种细节评价上未必能尽如人意，但也不能因为有出现偏差的可能就完全禁止，这不是对待问题应有的积极态度。可以在这方面共同探讨财政承受能力论证的弹性空间如何合理把握，如何合理匹配其他必要的机制。一旦判断某些风险点比较明显，那么有关部门就要取得基本共识去控制风险，合理的灵活并不是否定控制风险的重要意义。总之，风险控制不能按照呆板的方式，一定要允许存在一定的试错空间和有创新的弹性空间，同时亦要谨慎处理防范系统性风险。

在这样一个辩证关系的把握下，我们应当认清 PPP 的大方向，同时，积极审慎处理好风险防范和积极创新的问题。学术界应把注意力放在政府和企业怎么以伙伴关系进行合作这上面，探讨如何在一般公共支出 10% 封顶的原则约束下，促使相关主体挖掘其他来源的资金潜力并更好地控制风险，这样才能尽可能地形成“想干事、会干事、干成事、不出事”的伙伴团队，真正使 PPP 形成绩效提升而风险可控的结果。

五、关于地方政府做 PPP 的负债问题

当下很多有关部门文件给地方政府带来的印象和困惑，是似乎地方政府做 PPP 不能形成地方的负债，这个认识其实是不对的。因为 PPP 就是地方政府和企业一起以伙伴关系来做事情（而且是平等民事主体的伙伴关系，如果是不平等的关系，PPP 绝对没有以后长期发展的生命力），以平等伙伴关系来一起承担风险，那么地方政府当然不可能完全撇清投融资债务风险。关键在于，这个债务风险是运营在 20 年、30 年、50 年甚至更长时间段里的风险，未来出现“或有债务”风险的可能性较大。现在财政上已有 3 年滚动规划，3 年规划之下如果做成 3 年滚动预算，也只解决 3 年可行性缺口补贴的确定性问题，之后便会面临可能的“或有负债”。未来几十年里，政府要考虑对或有负债相关的支出尽可能高水平地作出预测以及合理的相关协调安排，如处理得当，对于 PPP 来说不是增加风险，而是降低了风险。

所以学界有必要在资产负债表的概念下探讨 PPP 会计准则，需要有可操作的依据，大框架便是应该在理论上承认，PPP 会牵涉到地方政府的负债问题。过去，地方政府负债问题曾因为没有“阳光化”途径而成为隐性负债，后来政府觉得不得不控制，地方融资平台不能再继续发挥隐性负债的作用，于是修订《中华人民共和国预算法》，一边“阳光化”开前门，另一边又锁死融资平台不能再发隐性债，那么实际上下一步需要处理的就是 PPP 产生地方或有负债的问题。一开始有文件规定，成功转化已有项目为 PPP 项目，可以不计入地方负债的规模，这在当时的确是一个有积极意义的说法，而现在则可以动态地优化相关认识了，即哪怕已规范地成为 PPP 项目，其相关的或有负债，仍然是需要并可以做出尽可能高水平的预测，进而防范风险的。

客观地讲，当下中国 PPP 的发展，在全球主要经济体里已从借鉴、跟随而走在前沿，在“后发优势”这个概念下可以看到，中国的 PPP 正体现出诸多后发优

势的特点，这是十分值得看重的。虽然这段时间政府强调防范风险，但不能认为这就是“叫停”PPP 的信号。适当的调整规范很有必要，在这之后希望我国的 PPP 能调节到一个更正常的发展节奏上。此外，有关部门还要积极调动专家的力量，通过借鉴国际经验来研究中国的实践，在 PPP 相关的资产负债会计准则这方面提出我们自己的意见。我国有可能以规则制定者之一的身份参与国际上的合作，使全球和 PPP 相关的会计准则发展得更加成熟。

六、关于 PPP 的认定标准

最近，政府管理部门在加强管理中努力纠偏，连续下发文件要求 PPP 不能一拥而上，并指责一些地方搞了假 PPP、伪 PPP，要特别注意风险防范，这当然是有必要的。但从现在可以看到的信息来进一步分析，有相关要点需要澄清：什么是假 PPP、伪 PPP？管理部门还没给出清晰的界限，实际生活中怎么掌握这个界限，哪边是真，哪边是假？按理说应该加快 PPP 的立法。现在已有的红头文件算是中国法规体系里有效力的依据，但其层次还太低，国家发展改革委和财政部两大管理部门各自有指南和项目库，各自发红头文件。为提高 PPP 的立法层次，政府一开始想出台《PPP 法》，但现在看来在一些基本概念上还无法达成共识，只好退而求其次先推《PPP 条例》，这一过程并不顺利，这当然是中国特色的实际制约了。之所以探讨这些问题，就是要更积极地考虑如何在 PPP 的创新过程中防范风险，但不能简单地将创新探索中的一些项目，由少数管理人员直接定义为伪 PPP、假 PPP。

此外，管理部门在努力促使 PPP 防范风险的过程中，不能认为审批就能解决任何问题。按照某些指导信息，所有 PPP 项目必须在省级批准入库后才能得到承认，不在库就不给予 PPP 的概念，似乎这是一个真伪的界限，但这个界限是有很大副作用的。不仅审批环节上审批人员的素质、专业水平等问题会影响结果，还会使“拉关系”“处关系”等一系列的机制弊端一拥而上地扩张。PPP 的关键是法治化取向下阳光化，在政府、企业、专业团队接受公众监督的环境下，做出尽可能专业化、规范化的真 PPP 项目。这个过程中的动态甄别不是靠各个省级审批环节上的两三个官员就能掌握好的。所以，不宜按照这样一个简单思路去推进所谓 PPP 的规范管理。不入库就不能承认，实际是增加了审批官员的无限权力，这是一个事与愿违的前景。守正出奇，还是要回到 PPP 是个“阳光化”机制这条正路上来。可以有一个具有引导功能的省级库，并像中央库一样作动态优化，这一轮未入库的，并不意味着下一轮也不能入库，入了库的项目，随动态优化过程也不排除再从库中调出的可能，入库可成为一种积极的引导形式，但不宜把它做成开展 PPP 项目百分之百的唯一途径——这可未必是一个在完善社会主义市场经济和建设现代化经济体系轨道上合理的机制。

参考文献：

1. 贾康、陈通：《PPP：制度供给创新的正面效应和政府管理构架》，载于《中国金融》2015 年第 7 期。

2. 欧纯智、贾康：《PPP 在公共利益实现机制中的挑战与创新——基于公共治理框架的视角》，载于《当代财经》2017 年第 3 期。

3. 贾康：《提升制度供给有效性　推进 PPP 创新发展》，载于《财政监督》2017 年第 13 期。

4. 贾康：《法治化是 PPP 可持续的保障》，载于《经济日报》2018 年 1 月 8 日。

5. 贾康：《阳光制度可发挥 PPP 正面效应》，载于《经济日报》2018 年 1 月 9 日。

6. 贾康：《专业化是 PPP 规范推进的条件》，载于《经济日报》2018 年 1 月 10 日。

7. 贾康：《探索创新与风险防控不可偏废》，载于《经济日报》2018 年 1 月 11 日。

第五篇　优化收入分配

中国收入分配格局基本认知和代表性问题分析*

贾 康

摘要： 本文考察现阶段中国收入分配的基本格局后分析指出：看似均颇具"主流观点"特征的"居民收入比重下降"和"存在巨额灰色收入"两种认识间存在"冰炭不能同器"的关系，应强调与制度供给有效性不足密切相关的非规范性、非公正性与差距悬殊问题，才是当代中国正确处理收入分配问题所需解决的核心与要害问题之所在，并勾画了培育壮大中产阶层所面临的特定挑战，具体讨论了与收入分配相关的企业负担的全景图及其如何降低之道、中国"减税"与"增税"必须配套改革的问题，以及如何基于财政分配"三元悖论"认识和应对"特朗普减税"冲击、如何尊重科研规律优化科研经费管理机制的问题。

中国的收入分配格局及其相关制度机制如何优化，是经济社会转轨中推进国家治理体系和治理能力现代化的重大现实问题。本文首先考察现阶段中国收入分配的基本格局及其中的关键问题，随后勾画培育壮大中产阶级所面临的特定挑战，并讨论与收入分配相关的中国企业负担、特朗普减税冲击、科研经费管理等热点案例。

一、居民收入增长中其占比走低后有所回升，部分居民"灰色收入"可观：最关键问题应聚焦于"非公平、非规范"及其制度性成因

我国改革开放以来的经济社会发展中，国民收入分配总体格局发生一系列演变。2000～2014年，居民收入与人均GDP增速之比，经历了先走低、后抬高的过程，前面8年（2000～2008年），我国人均GDP实际年均增长率为10%，城镇居民人均可支配收入的实际年均增长率为9.9%，农村居民人均纯收入的实际年均增长率为6.4%，均低于经济增长速度，但后面6年（2008～2014年），人均GDP的实际年均增长率为8.1%，而城镇居民人均可支配收入与农村居民人均纯收入的实

* 本文是社科基金重大项目"深化收入分配制度改革研究"（项目批准号：2015MZD035）阶段性研究成果之一。主要内容发表于《经济学动态》2018年第3期。

际年均增长率，分别为 8.2% 和 10%，都超过了经济增幅。可知居民家庭收入在国民收入中的占比在经历了下降过程之后，又转为上升过程。①

根据国家统计局数据，可计算出 2000～2014 年，我国政府、企业、居民三部门在国民收入初次分配与上次分配中的占比情况，如表 1 和表 2 所示。

表 1　　2000～2014 年国民收入初次分配格局

年份	初次分配（亿元）				占比（%）			
	住户	政府	非金融企业	金融机构	住户	政府	非金融企业	金融机构
2000	65 811.00	12 865.20	18 529.92	794.40	67.15	13.13	18.91	0.81
2001	71 248.72	13 697.28	21 617.68	1 504.54	65.93	12.67	20.00	1.39
2002	76 801.57	16 599.95	23 666.49	2 027.70	64.49	13.94	19.87	1.70
2003	86 512.46	18 387.52	27 132.28	2 944.75	64.09	13.62	20.10	2.18
2004	97 489.67	21 912.66	36 979.34	3 071.90	61.14	13.74	23.19	1.93
2005	112 517.06	26 073.94	41 532.18	3 494.24	61.28	14.20	22.62	1.90
2006	131 114.93	31 372.99	48 192.56	5 223.88	60.73	14.53	22.32	2.42
2007	158 805.28	39 266.86	61 525.47	6 824.39	59.61	14.74	23.09	2.56
2008	185 395.44	46 549.14	74 609.24	9 476.51	58.66	14.73	23.61	3.00
2009	206 544.03	49 606.34	73 275.18	10 894.40	60.69	14.58	21.53	3.20
2010	241 864.51	59 926.74	83 385.82	14 582.48	60.50	14.99	20.86	3.65
2011	284 282.94	72 066.93	94 853.93	17 358.58	60.67	15.38	20.24	3.70
2012	319 462.37	80 975.88	97 023.47	20 753.02	61.65	15.63	18.72	4.00
2013	353 759.88	88 745.04	120 826.03	19 865.78	60.66	15.22	20.72	3.41
2014	387 473.11	98 266.40	137 142.34	21 909.25	60.09	15.24	21.27	3.40

资料来源：2008 年、2013 年经济普查修订的资金流量表。

表 2　　2000～2014 年国民收入二次分配格局

年份	再次分配（亿元）				占比（%）			
	住户	政府	非金融企业	金融机构	住户	政府	非金融企业	金融机构
2000	66 538.67	14 314.06	17 152.68	517.59	67.90	14.61	17.50	0.53
2001	71 865.34	16 324.18	19 327.19	1 254.42	66.50	15.11	17.88	1.16
2002	77 423.32	19 505.94	21 313.62	1 927.53	65.01	16.38	17.90	1.62

① 刘伟、蔡志洲：《新世纪以来我国居民收入分配的变化》，载于《北京大学学报》2016 年第 5 期。

续表

年份	再次分配（亿元）				占比（%）			
	住户	政府	非金融企业	金融机构	住户	政府	非金融企业	金融机构
2003	87 268.45	21 946.82	24 339.09	2 866.89	64.65	16.26	18.03	2.12
2004	98 508.92	26 517.58	33 246.66	3 075.63	61.78	16.63	20.85	1.93
2005	112 910.16	32 573.69	36 987.87	3 100.65	61.49	17.74	20.14	1.69
2006	131 426.42	39 724.85	42 687.11	4 303.44	60.87	18.40	19.77	1.99
2007	158 558.63	51 192.09	54 207.96	5 284.53	59.51	19.21	20.35	1.98
2008	185 926.31	60 544.07	65 450.94	7 106.18	58.83	19.16	20.71	2.25
2009	207 302.37	62 603.34	64 171.08	8 405.70	60.91	18.40	18.86	2.47
2010	243 121.74	74 116.25	72 069.17	13 206.55	60.82	18.54	18.03	3.30
2011	285 772.58	90 203.21	78 990.47	15 179.18	60.99	19.25	16.86	3.24
2012	321 399.16	101 301.11	78 875.93	16 855.35	62.02	19.55	15.22	3.25
2013	357 113.36	110 375.99	100 204.35	14 963.20	61.23	18.93	17.18	2.57
2014	391 109.95	121 574.23	116 262.29	15 932.81	60.66	18.85	18.03	2.47

资料来源：同表1。

根据表1和表2中的情况，居民所占比重在经历下降过程后走过2008年的低点而有所回升，但总体上此期间下降了6个百分点左右。这种“蛋糕三分情况”的变化曾一度成为多方关注与讨论的热点，认为与我国消费率偏低等现象密切相关。白重恩等学者的相关研究测算了这个“比重走低”问题，具有中国学界主流观点的影响力。①

但根据王小鲁的研究，我国国民收入分配中存在巨额的“灰色收入”，未能反映在国家统计局的数据中，属于隐性收入，在2008年，约为4.6万亿元的总规模，② 后根据他的又一轮估算，基本结论是2011年，我国灰色收入总规模为6.2万亿元，相当于GDP的12.2%③，而且这种隐性收入的分布是极不均衡的：这块收入中的63%集中在前10%的高收入家庭，80%集中在前20%的高收入家庭。

根据王小鲁这一同样广泛引起关注和重视、形成主流观点影响力的研究成果，白重恩等学者根据官方统计数据的研究结论，恰恰与之是“冰炭不能同器”的观点：居民收入占比考虑了这一巨额的影响成分后，非但不是下降的，依基本逻辑关系，还应当是有所上升的。到底如何，自然会有见仁见智的讨论，但限于种种条件

① 白重恩、钱震杰：《国民收入的要素分配：统计数据背后的故事》，载于《经济研究》2009年第3期。

② 王小鲁：《灰色收入与国民收入分配的比较》，载于《比较》2007年总第31辑。

③ 王小鲁：《灰色收入与发展陷阱》，中信出版社2012年版。

制约，各种观点的量化结果均不可能十分精确。但应当看到，王小鲁这一研究结果的独特价值却是无可否认的，即把实际生活中人们早已可感受到的非规范收入问题，纳入严肃的学术研究框架，得出其规模巨大的一种量化分析结果——具体量值上的难以精确，并不能否定问题性质上的重大现实意义，即我们不应局限于统计局的官方数字认识中国收入分配问题，也不宜局限于居民部门所占比重的下降问题，特别是应深入探究"隐性灰色收入"问题背后的收入分配结构问题，即收入差距、财产差距问题，收入分配的公正性、规范性问题，以及与之相关的深层次制度性成因。

关于中国居民收入分配结构视角的"收入差距过大"问题，早已引起各方关注，以基尼系数的官方数据衡量，2008 年达历史记录最高值的 0. 491，以后逐渐走低，但 2016 年仍在 0. 46 以上，属于过高状态；而非官方研究群体对于中国基尼系数的测算结果，往往明显高于官方数值，如西南财大甘犁团队的研究结论，是高达 0. 61。与之相随，居民财产分布的基尼系数更高，北京大学中国家庭追踪调查（CFPS）形成的《中国民生发展报告 2015》基于全国 25 个省市 160 个区县 14 960 个家庭的基线样本，得出的结果是全国居民家庭财产基尼系数已从 1995 年的 0. 45 扩大为 2012 年的 0. 73. 顶端 1% 的家庭占有全国约 1/3 的财产，底端 25% 的家庭拥有总量仅在 1% 左右，如表 3 所示。

表 3　　各类来源基尼系数比较

基尼系数	国家统计局	西南财大 CHFS	北大 CFPS
2002	0. 454	—	0. 55（财产）
2003	0. 479	—	—
2004	0. 473	—	—
2005	0. 485	—	—
2006	0. 487	—	—
2007	0. 484	—	—
2008	0. 491	—	—
2009	0. 490	—	—
2010	0. 481	0. 60	—
2011	0. 477	—	—
2012	0. 474	0. 61	0. 49/0. 73（财产）
2013	0. 473	—	—
2014	0. 469	—	—
2015	0. 462	0. 60	—
2016	0. 465	—	—

资料来源：作者根据公开报道整理。

特别关键性的认识是：与居民收入、财富差距扩大形影不离的是收入分配的不规范、不公正问题。大量的隐性收入，包括“灰色”（涉及尚不宜直接认定为违法乱纪的种种不规范分配）的和其中的“黑色”（涉及腐败等犯罪行径）的收入，在分配格局中占据不容忽视、相当可观的分量。探究其成因，自然应聚焦在相关制度供给的有效性不足问题上，进而探求以改革来矫治之路。

如把王小鲁估算的5万亿~6万亿元规模的不规范灰色收入考虑在内，我国居民部门所得在这些年间并非是减少份额，而且很可能其份额还会有所增加，只是关于具体增加了多少的认定，的确成为一个棘手的难题，无法形成权威解释。然而，我们依据常识和相关指标的逻辑关系，应可知王小鲁所指称的隐性收入，一部分会是在财务与统计信息中“偷梁换柱”地从非居民部门转到居民部门内的，这一块只影响“蛋糕”的切分结构，不影响我国GDP的总量，另一部分却会是以“坐支方式”不进入财务与统计信息的，于是合乎逻辑地说，这一块应是以做“加法”的因素影响我国GDP的总量，即构成使“蛋糕”增大的贡献因子。但实际上，这个“加法”也肯定将难以为官方统计部门所接受。我们愿意在此特别强调的是，在种种制约条件下，依王小鲁的研究成果而量化地调升中国GDP的总规模，虽然可以认为不具备可操作性，但在中国GDP内部结构视角上，适当调升居民部门份额，却显然是合理的、必要的。至于调升多少，确实也难以精确论定，但至少，这个审视已显著冲淡了关注“居民所得比重下降”问题的必要性，而启示我们更多地把注意力放在中国国民收入分配的真问题——不规范、不公正、差距悬殊上，特别是应循着改革逻辑深刻认识其所关联的深层制度性成因，进而探求有效对策。

刘鹤指出：“收入分配差距是中国经济最大的不平衡”①。这种收入分配差距中内含的非规范性、非公正性，与现实生活中主要源于制度供给有效性不足而发生的不正之风、贪污腐败、权钱交易、化公为私、国资流失、巧取豪夺等实为一体，弊病性质最为严重，事关人民的基本福祉、社会的公平正义和执政党与国家的命运、前途，是当代中国正确处理收入分配所需解决的核心与要害问题之所在。

二、关于中产阶层重要意义的认识、判断和培育、壮大中产阶层面临的挑战

关联于中国收入分配基本格局的认知，还需特别注重中国中产阶层的状况及其如何使其得到培育和壮大的问题。

中国在实施现代化战略中的基本诉求，是基于人本主义立场、维护和促进内外

① 彭文生著：《渐行渐远的红利——寻求中国新平衡》，社会科学文献出版社2013年版而写的评语。

部和谐状态下的“和平崛起”。把收入分配联系于社会和谐状态的追求，有一条十分为人们所看重的基本经验，即培育和壮大中等收入阶层（“中产阶层”）是促进与实现社会稳定和谐的重要条件。一个中等收入阶层成为社会成员主体的社会之中，更高端的巨富者和更低端的贫困者都是少数，可形象地称为“橄榄型”（“两头小，中间大”形似橄榄）的社会，是最具有稳定、和谐特征的社会，因为大量有“恒产”的中产者，容易具有敬业乐群的“恒心”，中产之上的富豪阶层及之下的低产阶层均相对量较少，则客观上有利于缓解高、低两端间的矛盾，不少发达经济体的实证情况，正是这一判断的基本依据，而中国与这一类型社会的明显差异，被认为是需要努力加以改变之处。这即是“培育和壮大中等收入阶层”内在逻辑与必要性的缘由。

从传统体制下十分过度的平均主义，演变为改革开放中“一部分人、一部分地区先富起来”，中产阶层的增加应是顺理成章的情况。但在当下如何估量中国中产阶层的发育程度，还有不同的认识与不少的纠结。在此特别阐明如下两个层次上的基本认识。

首先，在相关的概念上应强调，中等收入阶层是个相对的、定性的概念。所谓相对概念，就是说不要太计较与别的经济体在绝对数值上的对比，主要应看居民于所在经济体内的上下对比关系。所谓定性概念，就是要理解中等收入阶层应该是这样的一些社会成员：他们有恒产——中国人特别看重的有房有车（特别是有房的时候，不应是以痛苦的当房奴的状态去占有它），还要有一定量的储蓄，有相匹配的教育、医疗等方面中高水平的生活服务，并与社保体系要融为一体，而且还应具备享受旅游等生活闲暇的能力，等等。对于这样的中等收入阶层，从定性上来认识它，值得进一步探究在参考现有的官方统计数据方面，要怎样消除一些假象而努力接近真实图景。

2016 年，按国家统计局数据，全国居民五等份收入分组，基本情况如表 4 和图 1 所示。

表 4　　2016 年全国居民五等份收入分组统计

	人均可支配收入（元）	占总人均可支配收入的比重（%）
低收入组	5 529	4. 23
中等偏下收入组	12 899	9. 88
中等收入组	20 924	16. 02
中等偏上收入组	31 990	24. 49
高收入组	59 259	45. 37

注：全国居民五等份收入分组是指将所有调查户按人均收入水平从低到高顺序排列，平均分为五个等份，处于最高 20% 的收入群体为高收入组，依此类推依次为中等偏上收入组、中等收入组、中等偏下收入组、低收入组。

资料来源：《中华人民共和国 2016 年国民经济和社会发展统计公报》国家统计局网站。

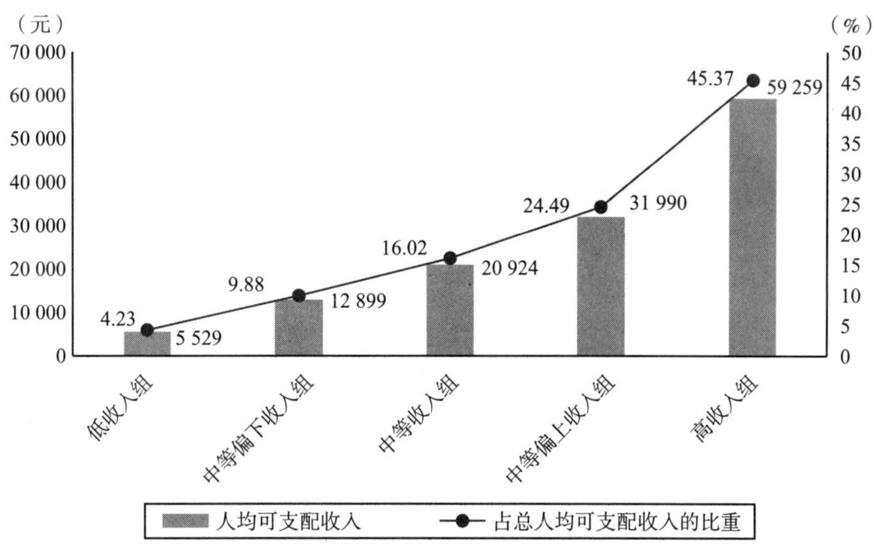

图 1　2016 年全国居民五等份收入分组统计

资料来源：同表 4。

官方统计数据表明，中国人现在的“收入五等份”，直观看上去，收入最高层级的和次高层级的这两组，合在一起占 69.86% 的总人均可支配收入，其中最高收入组占 45.37%，即按社会成员收入结构比重的分布来看，1/5 的家庭掌握了近 1/2 的总收入，其次的 1/5 家庭掌握了约 1/4 的总收入，这是从有别于基尼系数的另一个统计视角，表明中国社会收入分配的差异悬殊状况。应当指出，这一统计结果对中国社会真实收入差异的反映，仍是严重不足的，其非常重要的原因，就是这一套五等份统计数据，主要来自家计调查，而家计调查是由人们自愿填报的（抽取调查户时，不自愿，即跳过）。现实生活中间，真正的富豪没有人愿意填报。王小鲁教授做过深入研究的中国那些有“灰色收入”“黑色收入”的人们，一般也是不填报的，即使他填报的时候，也不会真正如实填报自己的“灰色收入”“黑色收入”。所以，这些家计调查数据放在一起，我们不能说它没有意义，但它跟中国社会的真相有相当大的距离。它无法充分揭示中国居民收入分配这个视角上实际的收入、财富占有倒“金字塔”形和人口比重正“金字塔”形这两个方面的结构差异特征，也会由此掩盖一些有关中等收入阶层的真实情况，使关于中国中产阶层成长的相关判断偏于乐观。

其次，中国已有的中产阶层陷于较明显的焦虑，折射着现阶段很突出的挑战性问题。应指出，在已经形成的我国“新中产”人群中，客观上的种种原因，还促成了他们主观心理状态上较高程度的“焦虑”，表现为与其他经济体中产阶级心态稳定特征的明显不同。2016 年 7 月，英国《经济学人》杂志在专题报道中称，中国中产阶级有 2.25 亿人，他们是世界上最焦虑的一群人。该报道把中国中产阶级定义为：家庭年收入在 1.15 万 ~4.3 万美元的人，约为家庭年收入 8 万 ~30 万元人民币的群体——这个数量区间、特别是未按家庭人均年收入这个更准确的指标来衡量，都还是值得商榷的，标准偏低，但数量规模应低得还不算太离谱，与之大同小异的估计，是麦肯锡和波士顿咨询的规模估计：2020 年，中国的中产阶级人数将达 3 亿或再高一些。换言之，近 14 亿人中，除了为数不太多（肯定达不到 1 亿人）的高收入阶层成员和这 3 亿人左右的中产阶层成员外，其余全部是中产阶层以下的中低收入与低收入成员。

中产阶层所焦虑者，主要是住房的价位节节升高，环境安全威胁明显，子女教育、医疗、未来养老等的负担都在趋向于愈益沉重、加班太多、个人时间被挤占所带来的紧张，等等。怎样消除这些焦虑，使他们充分体现助益社会稳定的作用，这是中国在培育、壮大中产阶级（中产阶层）方面所面临的特定挑战。

三、热点案例观察：“曹德旺议题”应引出的“全景图”考察分析——中国的企业负担如何降低与合理化

2016 年 12 月，福耀集团董事长曹德旺的一番言语“一石激起千层浪”，引出社会热议。他在谈到于美国投资办厂的同时，强调了中美对比之下的企业负担问题，实际上所讨论的是国民收入分配体系中的税、费及其他分配机制应怎样合理化的问题——从这个视角可正面表述为如下命题：“中外税、费及其他企业负担的‘全景图’和相关改革的分析认识”，相关考察可简要展述如下：

（一）曹德旺议题重要，结论还不到位

曹德旺所涉及的美国和中国对比的企业人工费、电费、天然气成本、物流中的过路费，其他开销里的厂房、土地与各种各样的融资、清关、配件的相关负担，这些其实与税没有直接关系，不是以税的概念能涵盖的。他把这些所有的项目都做了相关的考量以后，最后做的总结却是一句话：中国综合税负比美国高 35%。这就需要澄清一点：他到底说的是税，还是税和其他负担的总和？显然他实际上已在全盘考虑后者，结论却未说到位，我们作为研究者的学术探讨，更应该按后者即税内税外的所有负担，来把握“全景图”。

（二）全球发展竞争中确有用脚投票，相关的企业负担问题决不限于税，但可以先从减税开始讨论

社会热议中的“曹德旺要跑”之说使他感到十分委屈，是可以理解的。他其实早在 20 年前就在美国布局，早早就“走出去”的情况下到了新的阶段，在生产经营方面有自己进一步乘势扩大规模的意愿和感受到的现实可能性，专业化生产汽车玻璃要跟着汽车产能走，中国国内的产能和美国的产能都在发展，他两边都得跟上。

但社会关注的企业家会否“跑掉”问题，又不是空穴来风。全球发展过程中，实际上确实存在不同主体会“用脚投票”来实施要素流动、实现资源配置的竞争。在这方面曹德旺提出这样一个引起大家普遍关注的企业负担重要问题，形成社会广泛的讨论之后，应该乘势引发理性认识，更好地清晰地形成对真实情况的把握、分析，然后力求建设性地提出应该尽快采取的一些对策措施。

中国企业普遍反映“负担沉重”这种情况，与其他经济体相比，既有共性（几乎所有企业都存在“税收厌恶”，必说税负重，主张轻些更好）；又有个性（中国的企业负担与其他经济体相比名目更多更复杂），考虑在全球化背景下企业“用脚投票”的竞争中提升中国投资环境的吸引力，减轻企业负担，需考虑的绝不限于税，但可以先从减税开始讨论。

“减税”显然是回应社会诉求的“得人心”之举。中国现在设立的正税为17种，要想再减，具体减什么，这是关键的问题，如表5所示。

表5　　中国税种一览（17种）

税种类别	税种内容
流转税（3种税）	增值税、消费税、关税
所得税（2种税）	企业所得税、个人所得税
财产税类（3种税）	房产税、车船税、船舶吨税
行为目的税类（6种税）	印花税、土地增值税、耕地占用税、契税、车辆购置税、环境税
资源税类（2种税）	资源税、城镇土地使用税
农业税类（1种税）	烟叶税

注：按照全国人大常委会2016年12月审批通过的《环境保护税法》，我国于2018年1月1日起开征环境保护税，现时我国实际开征的税种总数为17种。

如果按照决策层要稳定或降低宏观税负、同时又要“逐渐提高直接税比重”的意向，那么言下之意就是要以降低间接税的税负（主要是表5中第一类）为大方向。

（三）中国降间接税的同时需考虑提高直接税比重；中美“减税”基本不可比，应防“东施效颦”

在减税的同时，必须维持整个政府系统还要安排的支出，满足一系列的社会目标要求，如要保民生改善与“社会政策托底”的很多事情，涉及一系列与7 000万贫困人口脱贫的“精准扶贫”相关的财力投入，涉及维持我们所有的社会保障事项（从住房保障到教育、医疗、就业、养老）相关的所有投入，可预计的财政支出是要不断加码的，收支缺口压力之下，我国财政赤字率2016年和2017年已抬至3%，今后这个赤字率再往上抬一些不是不行，但是需更加审慎。

虽然纳税人都不愿意加税，但是选择性加税，实际上是在努力降低可打主意降负的流转税、维持适当的宏观税负水平和优化税制结构、加强直接税再分配功能遏止两极分化这些大前提之下必须处理的配套改革问题。如要“降低宏观税负”，在以税改提高直接税比重这方面的要求可相应宽松一点儿，但要增加直接税毕竟是十分棘手的改革难题，即使行动起来，其收入的上升估计也必是一个较慢的变量，以这个很慢的变量配一个很快的向下调整的变量（就是减少间接税），必须找到短期内填补其缺口的收入来源（如增加政府举债），而这又将会面临越收越紧的约束条件。

曹德旺议题的热度与美国新任总统特朗普的减税方案有关。特朗普的减税与当年里根的减税基本在一个套路上，都是主要减降美国联邦政府的财力支柱来源——个人所得税，也包括减降州政府为主征收的公司所得税，是直接税概念下的减税。

中国的情况则是直接税中，个人所得税几乎无足轻重（近年仅占全部税收收入的6%左右），企业所得税已经减了许多（标准税率早已降为25%，高科技企业更早已优惠至15%，中小企业减半征收即为12.5%，加速折旧、研发抵扣都有匹配，许多地方政府提供“两免三减”等），继续减降空间很有限了。而且只讲减间接税，就变成了仍在“顺周期”框架里的“东施效颦”（经济偏热时会继续升温，偏冷时升温会很有限，还会刺激地方政府“正税损失非税补”的“刮地皮”扭曲行为），非但没有“自动稳定器”功能，还会对我国的一些矛盾问题（粗放发展、累退分配、价格波动等）推波助澜。

那么，在以上综合考察之下，具体考虑中国企业税收上还能减什么？应主要有两个方向：

第一，“营改增”这一“结构性减税”，已经于2016年5月1日之后在框架上做到全覆盖，细处还有一些问题，需调查研究后寻求解决，具体落实到改进措施的设计与实施。如若干年后条件具备时，不排除增值税的标准税率水平作一轮较明显的向下调整（此事近期似不具备可行性）。第二，企业所得税标准税率，还可讨论从25%进一步调低至20%左右——这至多是介乎于“微调”与“中调”之间的调整；小型企业所得税的征收上，“起征点”还可以再抬高，但抬高后，一家企业也不过一个月充其量减降一两千元的税，对企业来说未必能有多大帮助；企业研发支出得到企业所得税最高175%的抵减这一优惠政策，也可讨论能否进一步提高优惠程度，但也已非多大力度的减税措施。从这些，已经可以感受到在我国正税框架里，我们所面对的减负空间的局限性已比较明显。

（四）从国际可比宏观税负水平看，中国并不高，把各负担因素综合起来考虑，减降正税不是减轻企业负担问题的全部，甚至已不是最主要的部分

按照国际货币基金组织（IMF）标准口径作对比，中国大致和发展中国家平均

宏观税负相当：近年不到35%，明显低于发达国家宏观税负的平均值。①

但我们至少应把正税之外中国特别需要讨论的行政性收费，“五险一金”，还有一些隐性的、在政策环境中明规则之外潜规则起作用而形成的各种综合成本因素（很多是隐性的、但企业不得不承担的成本）综合在一起考虑。那么至少必须强调：

1. 减少行政收费关联大部制改革等的攻坚克难

行政性收费需要减降，关键在于怎么减？

我国对行政性收费已做了若干年间不少的整合、清理，有关部门多次表示能取消的取消、能降低的降低之后，仍然形成了这方面我国企业明显高于其他经济体的负担。根据媒体公开披露的信息，娃哈哈集团反映的高达500项以上的各种收费，经有关部门核对，可归并的归并之后，仍高达300多项，也称得上“多如牛毛”了。这后面的背景，是相关公共权力环节的各个部门，在这方面已经形成了一定的既得利益，部门的审批权，后面跟着的往往就有明的收费权和暗的“设租”权。很多的具体收费，是跟着这种公权在手的“权力行使”带出来的。

这些行政性收费里很多的负担怎么往下降，遇到一个难题，就是整个政府的架构如何完成一个“脱胎换骨”、至少“伤筋动骨”、最好是整合在一起的改造：即实施大部制、扁平化的改革。但实际上，横跨两届政府，我国的大部制改革只走了一点“小碎步”“小花步”，连一个技术性方案早无硬障碍的国地税合并也曾长期搁置（2018年才终于解决）。这是中国改革深水区要给实权部门“拆香火”的难题。

2. 降低“五险一金”水平，必须解决社保基金制度机制问题

关于“五险一金”的减降，有空间，有基本共识，但潜力空间需要改革才能打开。

如果基本养老的全社会统筹做不到位，现在所讨论的“五险一金”要往下降，有些地方支付压力大到过不去怎么办？如果真正冲破省级统筹局限做到全社会统筹，“过不去”就变成“过得去”了，因为至少三十多个（实际上为数更多）“蓄水池”（社保基金池）变成了一个，互济、共济的功能将马上大为提高，降低“五险一金”自然而然就可以跟上来了。整个蓄水池系统潜在的调节功能，可以承担降低“五险一金”的这个调整，但如没有这个蓄水池的改造，却就是总也过不去，问题就这么简单，但又属触动既得利益的“攻坚克难”改革任务。

3. 企业的隐性负担问题在中国相当严重

中国企业负担中的一大“特色”是隐性负担沉重。例如，企业开办至少要盖几十个章，需要种种“打点”，实际上必然产生一系列、合成一大块的隐性成本与

---

① 韩洁、刘红霞：《中国宏观税负低于世界水平》，载于《人民日报》（海外版）2017年1月17日；《专家：中国宏观税负水平总体较低》，中国新闻网，2016年12月21日。

综合成本；待企业运行起来了，对几十个局、委、办等公权部门的“打点”，也会常年不断。这些成本在国外不能说没有，但应该讲与中国比，可能是有天壤之别的。

所以，正税减降不是中国减轻企业负担问题的全部，甚至已不是最主要的部分。减轻企业负担的讨论，实际上需要从“减税”切入而自然而然对应现实情况扩展到必须怎样整顿、改进整个市场营商环境的讨论，特别是延伸到如何遏制种种潜规则造成的设租寻租、变相索贿，等等。近年企业反映还有另一种变相的负担：“为官不为”，这同样也是负担，拖着企业的时间，可能就把企业拖死了，这不也是负担吗？这些约束要破除，依靠什么呢？需要依靠习近平总书记说过多次的“冲破利益固化的藩篱”，实质性推进配套改革。原则有，但怎么做？这是“中国特色”概念下非常现实的问题。

（五）如何看待人工费、电费、过路费等

接下来，还需讨论更多种类的企业负担问题：

1. 人工费能不能减？

中国现在这方面对美国还有比较优势，但对东南亚等地已成劣势了。应该注意到，人工费的上升合乎这些年中国进入中等收入阶段后的阶段转换，大的趋势是未来人工成本还会继续上升，换言之，还会继续减少低廉劳动成本“比较优势”对中国经济增长的支撑力。从正面讲，这是中国经济发展到“中等收入阶段”、走过“刘易斯转换点”后劳动者、特别是低端劳动者（粗工、壮工、农民工等）随“民工荒、招工难、用工贵”而在市场环境中提高了工资的要价能力，代表着劳动者能够更好“共享改革开放成果”的新境界；从负面讲，则是在中国出现发展阶段变化后，“无可奈何花落去”，旧的比较优势和动力体系支持在滑坡，代表着产业结构“腾笼换鸟”等挑战带来了严峻的新考验，迫切需要以供给侧结构性改革增加“全要素生产率”的贡献实现动力体系转型升级来对冲下行因素。人工费的高低总体由市场决定，不是企业决策者想减就能减的。

2. 电费要借改革压低，但中国不能与美国比拼电价

曹德旺提到电费在美国是中国的一半，中国有没有可能继续降？电力部门的改革可以部分地解决这个问题，而电力改革又是攻坚克难的问题。如能在电力改革中使电回归商品定位，竞争性机制产生选择性，电的成本有可能依靠一些改革带来的潜力释放而往下压低，这是我们非常值得争取的。

但中国的基本能源禀赋与美国大不相同，今后一个很长的时间内，中国的电力供给70%左右还将是以煤烧出的火电。煤有很多实际的“外部性”，其清洁使用是最难的，烧煤发电的综合成本（特别是环境污染造成的社会成本），还没有很好地体现在中国的电价里。我国必须准备在很长的一段时间里，在其他化石能源替代空间已很有限、可再生能源发展“远水解不了近渴”，不得不以煤为主的情况下，

"不惜工本"地把煤的清洁利用这个关口突破，使煤的清洁利用在中国能够面对着自己的"胡焕庸线半壁压强型三重叠加"的"非常之局"，产生以非常之策升级支持可持续发展的与国情相匹配特点与绿色发展效应。[①] 那么，如要减少雾霾的威胁，减少环境方面的污染，中国最合理的方法，应该是实行适当的高电价政策，逼着企业千方百计地开发有利于绿色、低碳发展的节能、降耗、减排的工艺技术和产品，这才有利于在经济压力形成动力的情况下，去解决中国怎么突破这个非常之局的历史性考验问题。中国作为将近 14 亿人的"第一人口大国"，加上"胡焕庸线"这样的"半壁压强型三重叠加"的格局，造成在绿色发展方面，别的经济体都不能与中国同日而语的国情。适当高电价以经济手段引出相对少烧煤，虽不能让我国的煤炭消耗绝对量马上往下调，但可在努力控制绝对量的同时，让每个单位产出里所含的关联污染的成分、比重下降。以经济手段为主减少煤的耗费和减少这方面电力能源的耗费以治理污染，是一个中国特别国情之下必须说清楚的机制构建问题上的正确选择。

3. 中国也不宜与美国比拼过路费

在很长一段时间内，中国做不到美国那样于交通干道、高速公路上基本不收费，因为我们还不得不依靠贷款和 PPP 途径融资，然后以收过桥过路费的方式，形成在这样一个循环中加快基础设施建设的机制，这是中国现代化过程中从追赶到赶超的特色之一，虽然也引起了老百姓的一些不满，但是同时必须说清楚，老百姓在这方面总体而言是受益的。关键是要提高收费机制阳光化的程度，让社会一起监督，使这些钱滚动式地真正用到支持基础设施加快建设和升级换代方面。要承认这里面会发生一定的人工维持费与管理成本，但是不能过分，不应在透明度不高的情况下，少数人把它处理成一种既得利益的固化，然后再在其间膨胀小团体利益和私人利益，引出很多实际上不符合公共利益最大化的偏差来——这又涉及制度机制的改革。

4. 公路上对车辆滥罚款的痼疾，主要是吏治问题，已不是税费问题

在中国公路网上的货运车辆，多年来面临一种悖论：一方面由于种种过路费和罚款太高，车主不超载货运就赚不到钱；另一方面政府的公权环节正是依靠普遍的货车超载而不断形成违规罚款的依据和罚金收入的来源，从而"加强管理干劲十足"，这种恶性循环是怎么形成的？简言之，是法治不到位和阳光化监督机制不到位，而罚纳两方陷入螺旋上升的畸形博弈。要解决这一问题，显然已与税制、税改无关，关键是如何以建立相关良法、实现阳光化执法、动真格整顿吏治等措施，来处理好公路货运的一整套制度安排问题。

---

① 参见贾康、苏京春：《胡焕庸线：我国"半壁压强型"环境压力与针对性供给管理战略》，载于《中共中央党校学报》2015 年第 1 期。

（六）如何看待土地、厂房成本和融资成本

首先，土地、厂房成本降低涉及基础性制度建设和优惠政策的可实现性。企业用地这方面，取向上当然是应当尽可能地控制其成本，但一般是当一个区域的经济发达程度上去了，地价也就随之会抬起来，用地企业需要给出对价，具体的价位水平没有一定之规，是在要素流动的市场竞争环境中生成。关键是，为什么这些年中国有条件来靠土地批租把收入水平抬高的这些地方政府，它们的短期行为不能得到有效遏制呢？为什么一定要“单打一”地依靠土地批租收入呢？比照美国，那里也有相当于地租的一部分政府收入，但最主要最关键的是，美国地方政府有由土地开发形成不动产后在其保有环节早已确立的财产税收入来源，这种直接税，一年一年稳定地构成地方政府最主要的大宗收入，而使之不必一味依靠土地批租“一次把钱拿足”。机制优化了，相关的地价和地皮上形成的厂房等不动产的价格会更沉稳，不会“地王”频出，企业用地的相关负担也不会动辄提升。中国人如果说过去没有意识到这是现代社会、现代国家必然有的特征，那么现在我们别无选择，需要积极向房地产税等这些“基础性制度建设”上靠近。党的十八届三中全会要求的“加快房地产税立法并适时推进改革”，在实践中历经数年寸步难行，已表现了其异乎寻常的难度，这也唯有“攻坚克难”才能取得进步。

至于曹德旺在美国办厂发生的用地、厂房方面的费用由于得到州政府的补助而冲销，这种情况在中国不少地方（特别是中西部）也存在相对应的优惠政策规定，但如果其他配套条件跟不上，还是缺少其“可实现性”，难以迎来“招商引资”的成功，因为投资者不会只看不动产的成本这一项相关因素。

其次，如何考虑融资等方面的成本？中国企业融资的成本有高有低，但总体而言大量民营企业、小微企业融资既难且贵，是影响企业发展的一个非常重要的负担因素。

前些年的“温州跑路事件”（当地一批成规模的民营企业资金链断裂，老板们“跑路”避祸）表明：由于正规金融“低利贷”其实已边缘化，大量“灰色金融”和高利贷式高成本融资的“黑色金融”却唱了主角，潜规则强制替代明规则，待到世界金融危机发生以后，正是由这种高利贷的畸高融资成本的脆弱性，表现为引致资金链断裂，爆发局部危机形成跑路事件，随之是暴露了温州当地产业空心化、实体经济升级发展受阻问题。

也有正面案例和十分值得肯定的创新突破，如阿里巴巴公司提供的小额贷款，在没有政府特定政策配套支持情况下，主要就是依靠现代信息技术，不要求抵押，也不用见面办理，处理程序上“零人工操作”，工作中是由软件系统基于大数据、云计算掌握风控，对小额贷款的网上申请可以很快确定具体支持对象，小额贷款得以按比官方规定利率略高一点儿的水平，源源不断发放。这就是对小微企业融资实实在在的贡献了。

我国整个金融体系，应力求在改革中实现金融产品供给的多样化，形成“无缝对接”的供给体系，从而达到对需求侧的多种需求类型全覆盖，并使政策性金融（如普惠金融、绿色金融、小微金融、“精准扶贫的金融支持”等）健康地可持续运行，在充分竞争和金融深化过程中，降低融资成本，把高利贷边缘化、从市场上挤出去。这又是依靠配套改革才能得到出路的解决方案了。

（七）考虑了“减税减负”，还不得不考虑“增税负、加税种”——以直接税制度建设为例

中国在减税措施的进行中，还有客观存在的“增税负、加税种”的税制改革任务。党中央十八届三中全会改革部署中所要求的“逐步提高直接税的比重”，是属于无可回避的增税、加税的方面。

第一，个人所得税是典型的直接税，其改革中应是有减税，有加税。个人所得税的减税在中低端，加税在高端，关键是要实现“综合与分类相结合”，加上必要的“专项扣除”，以家庭为单位按年征收，这是已讨论多年的个人所得税建设发展的大方向。我国的个人所得税改革还会有较漫长的路，启动个人所得税法律下一轮的修订时，应把工薪收入与其他可归堆的收入归堆，合并在一起实行超额累进税率；直接投资产生的资本利得可另做处理（原则上是作比例税的处理），表示鼓励直接投资。还应加上另外一些符合国际惯例、顺应民众要求的考虑家庭赡养系数和住房按揭“月供”利息负担等特定调整、专项扣除。与之相匹配的个人所得税的信息系统建设运行与征收管理，也都是具有挑战性问题。

第二，房地产税需从无到有，攻坚克难。从全局、长远考虑，中国住房保有环节的房地产税，是另一项势在必行的直接税制度建设，属于有多种正面效应的基础性制度改革任务，也是我们打造房地产领域健康发展长效机制和使整个税制与整个社会走向现代化必须经受的历史性考验。房地产税改革是供给侧改革中一个“啃硬骨头”的典型。从狭义上讲，这个改革是要解决的，是我国不动产里消费性质住房持有环节上的税收，要从无到有。上海、重庆两地已经有这方面的本土改革试点，党的十八届三中全会要求“加快房地产税立法并适时推进改革”，但迄今为止一直未见“加快”。房地产税对中国现在特别重视的共享发展、收入再分配有独特意义，亦有久拖不决的高难度特点。从构建现代化经济体系的客观需要看，房地产税改革应尽快提上议事日程。其作为一个直接税，除了筹集政府收入，特别重要的是会发生按照支付能力原则在税收上“抽肥”的作用，让有豪宅、有多套房的社会成员多做一些税收贡献，而使这些资金进国库的“抽肥”之后，就能“补瘦”，即政府用此种税收收入支出于扶助弱势群体，加强保障房建设，促进社会福利。这种“抽肥”不是让先富起来的人伤筋动骨，是在他们发展、享受的层面上适当让渡一部分物质利益，本质上是一个促进社会和谐的“共赢”的税收。我国在经过了多年物业税模拟试点和实施了上海、重庆两地称为房产税的改革试点后，房地产税的改革任务，应排除阻力，争取尽快得到推进，路径是在“税收法定”轨道上，尽快落实党的十八届三中全会关于“加快房地产税立法”的指导意见，一待立法完成，可在房价上涨压力大的一二线城市率先实际开征。一是必须立法先行，最关键的要先进入一审，把有关部门在内部做了很多年的草案先公之于世，来征求全社会的意见。二是在税率的设置上，应该根据房产的价值（市场影子价格）等因素确定税基和税率。对满足生活基本需求的房屋面积可实行零税率，对超过住房标准的房屋面积实行各地标准税率，使高收入群体在享有大面积住房的同时也承担更多税负。三是要注重广义口径上和房地产相关的所有税费的整合和配套改革。四是要对地方充分授权，于立法完成后在不同区域酌情分步实施。综合地考虑，在中国强调住房保有环节征税势在必行的同时，又必须设计可行方案给出家庭住房“第一单位”的扣除，否则社会接受不了，建不起框架来。相关的立法程序，亟应争取尽快启动。

第三，展望中长期，还需研究开征遗产和赠予税。遗产税是一种税负不能转移的直接税，实践中通常要与赠与税一起设计、配套实施，据研究者统计，世界上至少有 90 余国征收此税。我国在税制体系里，其实一直有其概念和一席之地，20 世纪 80 年代后改革讨论中，也曾明确提到此税，但一直没有开征。改革开放多年后，社会变化巨大，财富的积累与增长有目共睹，社会阶层的分化和矛盾凸显也十分刺目。于是乎在近 10 年期间，遗产税问题成了一个更为敏感的问题，在官方的文件和公开场合已久不提及。而在 2012 年“研究开征”此税问题，写入了国家有关部门关于收入分配制度改革的指导文件，于是社会重开议论，如何深化相关的理性讨论，很有必要，也无法回避。从邓小平所强调的“社会主义的本质是共同富裕”的基本观点及中国现代化过程中“先富共富”的战略思维考虑问题，显然要认同开征遗产税的“价值取向”，它主要体现在调节收入与财产分配、促进慈善公益事业发展和合理协调先富共富关系三个方面，[①] 有促使收入分配机制优化的功能和在中国研究开征的必要。但还需考虑此税关联的一系列配套条件与制度建设问题，其开征所应具备的前提条件要求与房地产税相比，有过之而无不及，如居民财产的登记、报告、查验、保护制度需达到较高的水平，官员财产的报告与公示制度有必要先行，还需充分准备如何匹配对先富阶层的包容式引导和持续创业发展的激励、对中等收入阶层的培养、对“第三部门”的扶持与规范，以及一系列与社会可接受性和技术性相关的问题。因此，此项改革的排序在中国直接税体系建设事项中摆得相对靠后，应是比较理性的选择，在充分肯定其大方向后，“研究有必要，快进不现实”，需从长计议，积极稳步寻求推进。

① 贾康：《遗产税考量上的“价值取向”与其改革设计的“问题导向”》，载于《全球化》2014 年第 3 期。

（八）需要面对“全景图”在改革的攻坚克难中解决“真问题”，配套改革包括构建直接税体系的历史性任务

综上所述，我们必须把曹德旺所提到的所有企业负担问题，和其生发的积极讨论，引导到更全面看待的正税负担、非税收入负担、税外隐形负担、社会环境里的综合成本等所有相关因素的“全景图”上，切忌“盲人摸象”，各执一词。如果仅从某一个特定视角作出强调，如简单化、概念化地指责“死亡税率”，显然还无法中肯地引导共识和形成建设性的解决方案。

必须特别强调，对这些降低负担和使负担合理化的要做之事，关键点与难点在于其所匹配的改革上，敢不敢“啃硬骨头”，能不能真正通过改革攻坚克难形成有效的制度供给，构建一个高标准、法治化、低负担、公平竞争的营商环境和社会和谐环境，这是中国企业降负、减少制度性成本的真问题之所在。同时，企业税负与负担相关的改革，还“牵一发动全身”地必然关联整个社会中自然人、家庭所应有的直接税制度改革。

税负不能（或极难）转嫁的直接税，是调节社会成员收入分配、财产配置的规范化再分配工具，其比重目前在中国税收中还很低，不超过30%，作用还很弱。① 其中个人所得税已实际上严重地边缘化，在年度税收总额中仅占6%左右。但中国为完成现代化而构建现代税制的过程中，必须借鉴市场经济共性经验“顺势而为”，同时也要应对民众“税收厌恶”与渐进改革中日渐强大的既得利益阻力“逆势而行”，在配套改革“攻坚克难”中完成逐步构建和完善直接税体系的历史性任务。否则，中国收入分配调节机制的合理化，将在越来越大的程度上滞后于经济社会进步的客观需要而沦为空谈。

四、热点案例观察二：财政分配的“三元悖论”与中国怎样应对“特朗普减税”冲击

公众对于减税、增加公共福利支出和控制政府赤字与举债水平，都是持强烈呼吁和拥护支持态度的，但贾康和苏京春于2012年比照蒙代尔与克鲁格曼的“不可能三角”与“三元悖论”的直观形式，考察财政分配的内在制约，已指出可以于常规限定条件下得出财政分配的“三元悖论”：即在财政经常性支出的管理水平、政府的行政成本水平和政府举债资金融资乘数既定情况下，均很得人心、表现为公众主流诉求的在财政分配中减少税收、增加公共福利支出和控制政府债务及赤字水平三大目标，至多只能同时实现其中两项，而不可能全部实现。②

---

① 梁季：《直接税和间接税的理论探讨与实证分析》，载于《中国财经信息资料》2013年第28期。

② 贾康、苏京春：《财政分配“三元悖论”制约及其缓解路径分析》，载于《财政研究》2012年第10期。

图 2 直观地表明前述限定条件下，财政分配的“不可能三角”：任一特定时期，人们在减少税收、增加公共福利支出和控制政府债务及赤字水平这三个通常看来都“很有道理”的目标之中，其实只能进行以下三种选择：第一，若在财政分配中“减少税收”和“控制债务及赤字水平”，那么必须以减少（而不可能是增加）公共福利支出为前提；第二，若在财政分配中“减少税收”和“增加公共福利”，那么必须通过提升（而不可能是控制）债务及赤字水平来实现；第三，若在财政分配中“控制债务及赤字水平”和“增加公共福利”，那么必须通过增加（而不可能是减少）以税收代表的政府非债收入来实现。如图 3 所示。

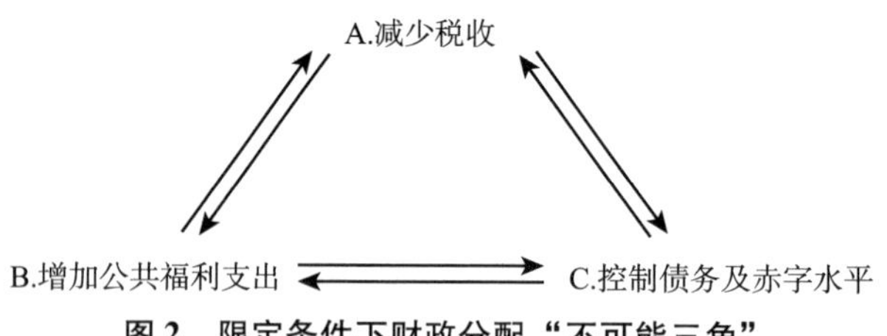

图 2　限定条件下财政分配“不可能三角”

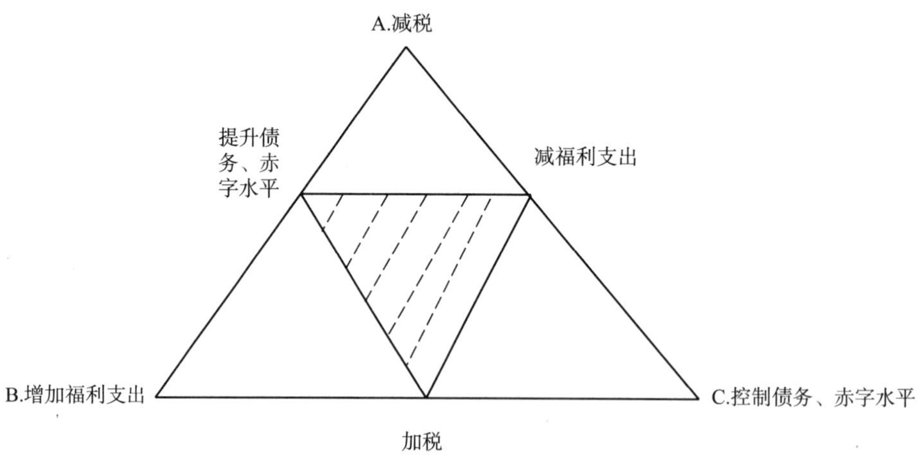

图 3　财政分配“三元悖论”

图 3 直观地表现在“三元悖论”关系下，只有三角形三条边上各自成一条线上的三个选项的组合，才是可行的。其实，这里面关键性的数量关系十分明白，因而相关的公众关切与分类取向所可能产生的内在悖谬这层“窗户纸”，也是很容易捅破的，即为：A. 减税可减少企业、居民负担，因而会受到广泛欢迎；B. 增加公共服务方面的福利性支出会增加社会成员的实惠，因而也会受到广泛欢迎；但这两者并行恰会扩大政府收支缺口，必带来 C 即增加赤字，从而提升为弥补赤字必须举借的政府债务的总水平——这便涉及“安全问题”——其实公众对这个问题也并不缺少“常识”：因为一说到“政府债台高筑”，又往往会引出公众广泛的忧虑

与不满。所以可知，“巧妇难为无米之炊”“鱼与熊掌不可兼得”的常识，在财政分配中不过是说：税为收入，福利为支出，两者必须是顺向匹配的，一般情况下，加则同加，减则同减，如果一定要顺向增加福利而逆向削减税收，那就必须找到另一个收入项——举债，来顺向地提高它以支撑原来的匹配关系。前述 A、B、C 三者中，要同时保 A、B，就必须放弃对 C 项的控制，但这又会遇到公共风险的客观制约。若想三全其美，则绝没有可能。这里体现的约束是客观规律，并一定会引申、连通到整个经济社会生活“可持续”概念下的终极约束。

以上分析可归结出一个基本认识：虽然公众福利的增进是经济社会发展的出发点与归宿，但在一个经济体发展的任一特定阶段、具体条件下，公众福利的水平（可以用公共福利支出规模为代表）却并非越高越好，高过了一定点，对于经济发展的支撑作用会迅速降低，甚至导致经济增长过程不可持续。福利支出水平带来的福利增进对于经济发展的正面效应及其转变，在直角坐标系上可简明如图 4 所示。

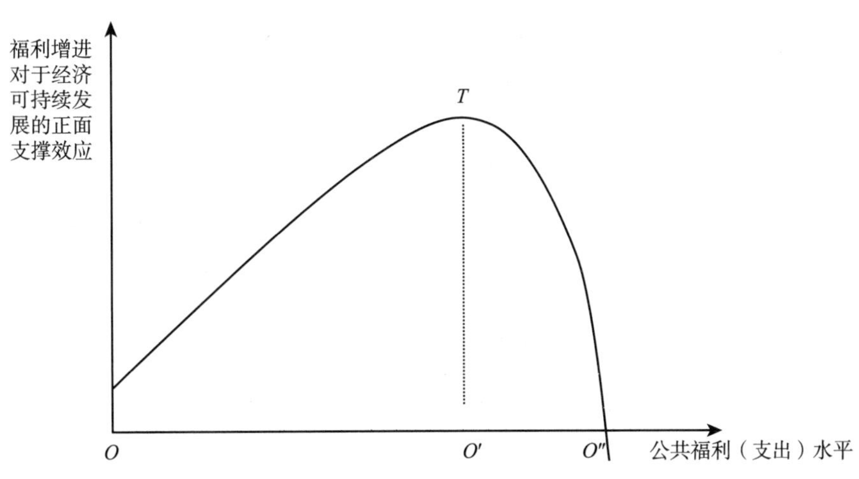

图 4　福利增进的效应转变曲线

图 4 中横轴表示公共福利水平（以公共福利支出水平为代表），纵轴表示福利增进对于经济可持续发展的正面支撑效应（亦可按一定数值单位量化），在原点 O，假设为无福利，其正面效应当然无从谈起，其右方一旦有一定的公共福利，便会随其水平上升迅速表现为对经济成长的正面支撑效应的上升（现实生活中常被称为人民群众的积极性因基于物质利益原则的激发与调动等措施而促成经济活力的上升），一直可上升至对应于横轴上“O'”点的曲线上 T 这一最高点（最佳值），但若还一味继续增进福利，其正面效应的下滑（现实生活中表现为经济体成长活力的迅速滑落）将迅速导致 O''点上正面效应丧失殆尽而进入负值区间（可与实际生活中可观察的拉美式“中等收入陷阱”案例比照），而 O'—O''的距离是相当短的。也就是说，公共福利水平一旦超出最佳值，其对一国经济可持续发展的正面支撑作用会很快转变为迅速下滑后的负面效应，所以从调控当局而言，必须精心、审

慎地把状态控制在接近或达到峰值、但不超过临界点的区间内。

这一福利增进效应转变曲线与贾康于20世纪90年代提出的国债规模正面效应变化曲线十分相似，[①] 两者的内在逻辑完全一致，在某种意义上可认为是同一演变过程的不同角度表述而已。

近日美国特朗普政府公布减税方案，有媒体称这将掀起世界范围的减税潮，人们也在关注这一举措对中国可能形成的“竞争”影响乃至“冲击”，一时众说纷纭。结合上述“财政三元悖论”认识框架和中美两国相关情况，可得出的基本看法可以简述如下。

（一）减税是美国、中国的共同选项，并都有原已积累的理性认识和经验

美国早在20世纪80年代，即有“里根经济学”指导的减税实践；中国也是从改革开放开始，就在力行“减税让利，搞活企业”的方略——均已积累了相关经验，取得了积极的成果。当下，在世界金融危机的负面影响需要继续加以消除的背景下，美国新任总统特朗普要兑现其“让美国重归伟大”与“大规模减税”的竞选承诺，中国要认识、适应和引领“新常态”而深化供给侧结构性改革，进一步简政放权减税，这是两大经济体在税收取向上的共性表现。作为共同的选项，其内含的学理支撑因素也是一致的：需要以减税进一步降低市场主体的实际负担，在供给侧激发微观层面创业、创新的潜力与活力。“拉弗曲线”运用定量研究的曲线方式，至少在原理上定性地表明了一个最佳（宏观）税负点的存在，如果越过了这一点，虽然税率设计得更高，但实际上政府的收入却会趋于下降，同时经济活动将明显趋于低迷。所以，现实生活中的政策制定者，就一定要把可能越过这一点的税负因素明智地调减下来，以优化经济运行，同时从中长期看，这也将会优化政府收入。在政府设计层面，美国已有当年供给学派政策主张之下的减税方案的经验可资借鉴，中国则已有在30余年间减税让利与税制改革基础上，近年以“营改增”为代表的“结构性减税”经验，以及将继续贯彻实施的安排。

（二）美国方面以减税取得一定成效是大概率事件

特朗普上任被称为“黑天鹅事件”是表示其胜选颇为出乎意料，他的减税承诺及上任百天即明确宣布的兑现方案，体现了他作为原长期居于市场竞争一线的企业家基于亲身感受而发的政策设计取向，以及他现作为总统回应广大市场主体诉求的鲜明态度。估计这一力度较大的减税方案在依照美国决策程序推进到具体实施的过程中，还会受到国会等方面的制约，不排除其方案会有某些调整，但以减税为特征而得到适当“打磨”之后的通过，并在实施后取得成效，应是大概率事件。

---

① 贾康：《关于我国国债适度规模的认识》，载于《财政研究》1996年第10期；贾康、赵全厚：《国债适度规模与我国国债的现实规模》，载于《经济研究》2000年第10期。

但减税作为一柄“双刃剑”，也将会加大美国的赤字与公共部门债务压力，如果再配上特朗普已明确表态要推行的大规模基础设施升级建设，这种压力就会更为可观。客观地说，由于有财政“三元悖论”原理揭示的“减税、增加公共支出和控制政府债务与赤字水平三大目标至多只能同时实现两项”的现实制约，特朗普政府还需认真捉摸和权衡，把握其减税、加大基础设施开支与控制赤字、举债风险的临界点。估计公私合作伙伴关系，即我国现称的“政府与社会资本合作”（PPP）会由此在美国引起更高程度的重视和更为有声有色的推行，以助益于其权衡中临界点的外移而力求“少花钱，多办事，办好事”；另外还要特别指出，美国在全球独一无二所掌握的“美元霸权”即世界货币主导权，也可以为特朗普上述“新政”匹配上放松其自身所受财政“三元悖论”约束的有利条件，因为其由此抬得较高的赤字和债务水平所带来的风险因素，可以在很大程度上分散到全球各经济体（包括中国）美元资产持有者身上来共同消化、共同承担——当然，这种共担机制只是扩大了“可容忍”的边界，并不能否定“三元悖论”的终极制约。

（三）中国方面自应“顺势而为”进一步减税，但最为关键的是“全景图”概念下的减负

在全球化时代，国际合作与竞争中的互动影响是客观存在、必然发生的。特朗普减税，也会以吸引包括中国在内的市场主体选择“要素流动”方向而调整预期的机制竞争压力，使中国有关部门更加注重把减税做实、做好、做充分——如把这种互动称为“减税竞争”，似乎也未尝不可。但中国并不应惧怕这种国际合作与竞争中的“税收竞争”，因为中国从自身发展战略出发，确实也有进一步减税的必要和相对应的一定弹性空间，特别是，中美之间“要素流动”的竞争绝不会仅仅由一个税收因素决定，这还广泛涉及“高标准法治化营商环境”概念下众多的其他因素，和由于国情发展阶段等而客观决定的其他“比较优势”因素。美国降低税负，客观上对于中国降税也会形成外部促进因素，但更为重要的是，中国的“降税”与“降负”的关系，比美国要复杂得多，必须确立“全景图”的视野。

以中国“正税”负担而言（即狭义的宏观税负而言），中国现不到GDP的20%，并不比美国高，但说到“税外负担”中的政府行政性收费、社保“五险一金”缴纳等负担（合成广义的宏观税负），中国已接近35%，不算低了，特别是这些众多的税外负担给市场主体实际造成的负担还涉及和包括了未统计的时间成本、讨价还价“处关系”中的精力耗费、“打点开支”等隐性成本与综合成本——这是双方明显不可比的中方弱项。中国应由此痛下决心以深化配套改革来减负——我认为必须指明，“减税”在中国决不代表减轻企业负担的全部问题，甚至已不是企业减负的最主要的问题，关键是在中国“全景图”之下如何能够“啃硬骨头”把减

轻企业负担中正税之外的负担，做实做好。①

（四）中美税制结构迥然不同，切忌东施效颦、邯郸学步

特朗普的减税主要是大幅削减企业所得税和个人所得税，中国“照猫画虎”是学不来的，因为中国的企业所得税标准税率早已下调至大企业的25%和小企业普遍的“减半征收”，还有地方政府广泛提供的“三免五减”，等等，哪里有美国从35%水平向下调为15%（初定，可能达不到）的那个空间？至于中国的个人所得税，更是与美国完全不可同日而语，美国那边是占到美国联邦政府税收收入的47%左右（同时也对州与地方政府作出10%左右的贡献），而在中国，早已边缘化地只占全部税收收入的6%左右，还有减此税的多大空间呢？中国的税收制度结构是个以间接税（增值税、消费税等）为主体的框架，要学美国的减税，在这个领域里其实不必再强调“学”，我们已把应当做的“营改增”做到了全覆盖，真正的学习任务，倒是如何借鉴美国经验（也是一般市场经济体的共性经验），把中央十八届三中全会指明的“逐渐提高直接税比重”的税制改革任务真正贯彻落实——虽然难度极大，需要“冲破利益固化的藩篱”，但中国若要走向一个现代社会而构建现代税制，这是别无选择的路径。如能真正构建、培育起具有“自动稳定器”和“抽肥补瘦”优化全社会再分配功能的直接税体系，中国也就具备了进一步考虑削减间接税负担的“本钱”与可能。这样一来，具体到中国对美国减税与税制应有的借鉴学习，哪里只是“减税”二字所能概括？在中国，实为减税、减负（税外负担）和适当增税（增直接税）的配套改革任务。

我国成语中早有“东施效颦”“邯郸学步”的典故，就是先人早已总结了“画虎不成反类犬”的教训，强调应结合自己的实际情况和“比较优势”、可能空间，制定合理正确的借鉴学习方案（当代中国特别是税制改革方案）。特朗普减税举措所应带来的中国的“学习”反应，当如是观！

（五）中国除减税、减负、税改外，还应该做好两件大事

中国税制与美国有极大不同，中国必须“量体裁衣”来应对美国减税的“冲击”。除必要的继续减税、税外的企业降负和积极的税改之外，中国至少还应抓住两件大事不放：一是以政府精简机构压低行政成本开支；二是大力推进PPP创新以融资合作提升绩效。

由财政三元悖论可知，减税会衍生一个新问题——在保证政府财政赤字可控的前提下使公共服务供给支出受限。如何在实现降低企业综合负担、不扩大政府赤字的同时，尽可能保证公共服务的供给数量和质量，是政策制定者需要深入思考的关键所在。这就需要抓住在中国使既有财政三元悖论式制约边界外推扩围或内部松动

① 参见贾康：《中国企业税费负担的“全景图”和改革的真问题》，载于《经济导刊》2017年第8期。

的创新方式：努力缩小政府规模与充分发展 PPP 的必要性，由此便更加凸显了。

1. 以“大部制”“扁平化”改革缩小政府规模

大部制（以归并和减少政府机构为代表）与扁平化（以省直管县为代表）的改革方向早已确立，但 10 余年间的推进还十分有限。政府机构、部门设置过多，由于各层级过多，引出的问题是行政成本高昂，而且企业要拜的“香火”过多，部门权力派生的，是过多的明的“收费权”和暗的“设租权”，使企业实际负担抬高，苦不堪言，也使政府开支中的行政成本（自身运转的维持费用）居高不下。显然行政收费减免等，涉及大部制改革等“拆香火”式的实质性问题，一方面要对企业降费，另一方面要精简政府机构，从而进一步降低行政开支来保障公共开支。由此看来，改革中缩小政府规模是降费、降行政成本并服务于改善民生的不二选择。所以必须这样理解：中国式减税降负绝不是单纯靠税务部门能够独立完成的任务，需要各部门、整个体系的配套改革联动。即便我们在减降正税上已空间有限，未来动作不会太大（直接税逐步替代间接税则需要税制改革的大决心、大动作），但通过优化政府规模，依然可以取得削减企业实际负担的效果，对冲特朗普“税收洼地”的吸引力。由于缩小政府规模的改革是一场“啃硬骨头”的硬仗，更需要各方凝聚共识，积极研讨可行操作方案，力求付诸实施。只有这样，才能达到更少税外负担、更少行政开支的境界，也就在财政三元悖论于中国实际制约的边界之内，形成了减税、控制赤字债务和加大公共支出的新的组合空间，优化了公共资源配置。

2. 以积极推进 PPP 这一制度供给创新，扩大融资提升绩效

众所周知，政府发挥职能是现代国家治理不可缺少的组成要素，由此看来，政府规模不可能无限小，这使得我们必须在供给机制上关注除缩小政府规模之外的一项另辟蹊径的创新，即在传统公共服务供给方面别开生面、定将有所建树的 PPP。

以公共支出形成基础设施等公共服务供给是政府的责任之一，需要持续稳定的资金支撑。传统上，我国的公共服务供给由政府独家提供，然而，许多不尽如人意的地方不容忽视：一是以税收方式筹资往往导致供给不足，而以赤字方式支付往往导致公共债务膨胀和代际负担不公。二是上下级政府之间信息不对称，权责不清晰，上级政府无法准确判断下级政府的真实需求，地方政府之间为了争夺财政资金而“创造必需”的竞争现象会加剧区域差异和若干不均，① 三是政府支出用于公共工程等项目建设，往往引发超概算、拖工期、低质量以及竣工使用后服务水平差等多年来为人所诟病的问题。千年之交后，我国进入中等收入阶段，民众的公共服务需求被进一步激活。多方压力之下，财政赤字率已于近年升高至 3%，地方财政也持续增压，截至 2015 年末，我国地方政府的债务余额已达 16 万亿元。② 可以预

① 欧纯智、贾康：《以 PPP 创新破解基本公共服务筹资融资掣肘》，载于《经济与管理研究》2017 年第 4 期。

② 全国人大常委会预算工作委员会 2015 年 12 月 15 日地方债调研报告。

见，在减税降负的过程中，至少短期内财政收入趋紧，如果其他条件不变，不增加政府财政赤字与举债规模的情况下，可用于公共服务供给的资金就会进一步减少。如果单纯靠财政资金支持公共服务供给，不但很难回应特朗普减税，而且供给能力不足与绩效难达意愿将是显而易见的，财政三元悖论制约之下的捉襟见肘更是无法得到改善，还会加剧矛盾的凸显。现阶段，面对经济社会发展对国家治理提出的更高要求，以 PPP 创新拉动政府体外业已十分雄厚的民间资本、社会资金，来与政府合作伙伴式形成有效供给来适应公共服务的多元需求，从种种公共工程相关的“托底”事项和发展事项来改善民生、增进公共福利满足民众诉求，是公共服务供给机制的有效升级，特别是这还将使政府、企业、专业机构在伙伴关系中形成“1 +1 +1 >3”的绩效提升机制，不仅使政府少花钱、多办事，而且能办好事、获好评。凭借 PPP 这一制度供给创新，可把财政三元悖论在中国的制约边界实际上形成安全的外推。这当然是在特朗普减税冲击下我们更应该做得有声有色的一件大事。其多种正面效应，还涉及政府、民众、企业受益之外，会促进混合所有制改革、引领新常态中对冲经济下行压力，和倒逼、催化法治化等方面。① 作一粗线条匡算，在今后 3 ~4 年间，中国如果把公共部门负债率同口径提高至 50% 左右（仍在安全区内），可增加的公共工程投资资金规模，至少将达 7 万亿元以上，结合 PPP，有望较好拉动民间资本跟进，以发挥乘数效应。② PPP 作为制度供给的伟大创新，在我国供给侧结构性改革当中，能够在保证减税降负以及适当控制财政赤字的同时，开启我国更多更好增加公共服务供给的新篇章。

五、热点案例观察三：加强科研经费管理与把激励—约束机制搞对——如何尊重科研规律走通“创新型国家”之路

改革开放之初，邓小平再次强调了“科学技术是第一生产力”，全国科技大会带来“科学的春天”的社会氛围，决策层逐步提炼、最终清晰表述了“科教兴国”基本国策，在 20 世纪 80 年代反复要求“尊重知识、尊重人才”“落实党的知识分子政策”之后，于问题导向下积极推进科研管理体制等相关制度机制的创新，针对“知识分子政策只是落实在《光明日报》上”和商品、市场经济发展大潮中“搞导弹的收入不如卖茶叶蛋的”之类“脑体倒挂”现象，采取了一系列政策措施和收入分配制度改革安排。至 20 世纪 90 年代后，决策层明确提出了走创新型国家发展道路的全局性指导方针，千年之交后，组织全社会专家力量编制《国家中长期科技发展规划纲要（2006 ~2020 年）》，以求我国在新技术革命时代激烈的国际竞争中抓住创新发展机遇，为加快推进社会主义现代化建设的全局服务。

---

① 贾康：《PPP：制度供给创新及其正面效应》，载于《光明日报》2015 年 5 月 27 日。

② 贾康：《PPP 制度创新打开了民间资本跟进的制度空间》，财新网，2015 年 1 月 16 日。

近些年，在我国科技创新取得多方面成绩的同时，相关的收入分配机制优化问题，仍持续成为现实生活中的热点与难点。党的十八大之后，在严格加强党员干部和行政官员廉政管理的“八项规定”和一系列有关收入分配的制度文件推出之后，我国高校、科研事业单位的“比照”式加强管理蔚为风气，科研经费管理与创新激励机制方面的弊病与问题，屡屡成为舆论关注的重点。几年间，批评的主要取向曾是“管理不严”，科研人员被认定为贪污科研经费而锒铛入狱的报道也时有所闻，然而“一种倾向掩盖另一种倾向”，“加强管理”中的偏颇已不容忽视并引起了决策层高度重视，自 2016 年以来连续发文作出实际上的纠偏指导。加强科研经费管理的思路和机制问题是关键之所在，事关如何遵循科研规律，把科研创新应有的激励—约束机制搞对，从而支持我们如愿走通创新型国家之路、实现现代化“中国梦”。

科技作为“第一生产力”，具体分析观察，它并不是对传统生产力三要素（劳动力、劳动对象、劳动工具）做加法来加个第四项，而是做乘法即产生一个乘数的放大效应，所以科技的创新成为名列前茅的“第一”，其成功可以带来颠覆性创新、革命性进步、阶跃式的变迁，但实际的推动过程中，它面临的又是具体事项上表现的巨大的不确定性。

首先，很显然科研成果产业化的突破是具有不确定性的。如现在人们主要看到的是在应用互联网现代信息技术成果方面，阿里巴巴等公司的巨大成功，其实在前些年，曾有多少公司冲进这样一个创新领域“烧钱”，而结果是失败了。20 世纪 90 年代，中国已有很多的互联网公司在不惜一切努力做创新，当时在业界引领潮流的那一家公司，现一般公众已经听不到其名字了。这些人们的大量探索，是扮演了“铺路石”的角色，而真正像“风口上的猪”一样一飞冲天的发展成功者，是侥幸的。

其次，在科技创新成果产业化突破的不确定性旁边，显然还有基础科研成果应用的不确定性，甚至成果已经看清楚了，已经被人们所接受了，仍然如此。中国科学院一位院士曾感慨地说其最主要的科研成就，是古地质学的一项论证，全世界都接受了，但苦恼的是终身最引为自豪的这个成果和现实生活的关系在哪里？很多的科研成果都具有、或一度具有这样的特点。丁肇中博士现在还在孜孜以求地努力研究暗物质，调动大量的资源，建设和运行全世界功率最大的欧洲粒子加速器，在尽其所能寻求突破。但是人们问他，你的这个成果出来以后，对人类社会的影响何在？他说我不知道。然而，人类社会的发展需要不需要这些科研呢？这些伴随巨大的不确定性的基础性科研推进过程，后来却有可能在某个时候，一下表现出特别重大的意义。与爱因斯坦的相对论公式相关，约 100 年前科学家所说的引力波，它到底跟人类社会的功利性联系在哪里？我们早已经看到了相对论公式所揭示的原子能，其影响是划时代的，并且新近引力波又已经被具体的实验观测所证实，但认识引力波对人类社会的影响，不知有无可能在未来某一时点，一下清楚地表现出来。

可知我们所需要的科技第一生产力，从基础理论上以及在实际的成果应用方面，有这样的规律性特点：在某些临界点没有达到之前，看到的只是苦苦的追寻，可能是一系列这方面的纠结，但是一旦成功以后，它的第一生产力的作用、颠覆性创新的作用，就会极为强烈地表现出来。

如果确认科技是第一生产力，那么为使这个供给侧要素里如此重要的因素发挥其作用，当然就要注意怎样能够符合科研规律地力求使科研创新者心无旁骛、甚至带有一种癫狂的投身、献身精神而去孜孜以求，持之以恒地从事面对巨大不确定性的创新活动。这旁边一定需要匹配上制度供给，即制度所给出的创新环境所内含的包容性与人文关怀，符合科研规律的持续激励、合理约束。一定要解决的，是以有效制度供给的巨大能动性，打开创新主体的潜力区间，使这种不确定性的科技创新活动能够得到长效机制的支持。政府必须在这方面提供的（由美国硅谷经验所表明）应是带有公共产品性质的看起来“无为而治”的宽松环境，实际上体现深刻的人文关怀，体现对于创新者、创新主体的好奇心、个性与人格尊严的爱护，对他们的创新弹性空间及其背后的科研规律的充分的认知，以及需由政府在这方面提供的法治保障。

这种经验在中国过去确实传递不足，一般只知道美国硅谷经验里政府有一个开明姿态，税收方面比较宽松，然后让这些科技精英在那里整天做奇思异想、胡思乱想，几个研究生可以在教授指导下于小小的车库里异想天开做白日梦，一大群天使投资、风投、创投寻找可支持的对象……听起来似乎很简单，美国的硅谷就是这样成功的，日后引领了全世界信息革命的潮流，到现在仍然是谁也无法与之争锋的最前沿的引领者。但是其中隐含的政府怎样更好发挥作用的哲理，对于一线创新者首先从人文关怀方面表现出来的尊重，以及顺应科研规律真正能够融合到深层次的创新保障，恰是在中国现实生活中明显可以看到巨大差异的一个重要视角。

考察分析近年实际生活里中国科研工作者碰到的苦恼和困扰，恰是在反证我们现在走创新型国家之路过程中制度创新的意义和作用：在基本没有人再谈知识分子政策问题的近年，碰到了令人遗憾的情况。2014 年有关领导曾特别强调，不要把八项规定出来以后用来约束官员的一些规则，包括经费管理的一些条条框框，简单地套用到知识分子科研人员身上，但这却不幸而言中；2015 ~ 2016 年这段时间，高校、科研机构及其“主管部门”管理环节手上有实权的人员，非常起劲地对知识分子的科研活动、“产学研”合作一线的课题研究等“加强管理”，而加强管理所依据的最基本的规则是官本位、行政化的一套。这些事情已引起有关领导直截了当的批评意见。国务院办公厅有关优化学术环境的文件下发后，总理在很多场合多次强调要砍掉科研管理领域里的繁文缛节。除了国务院办公厅文件里专门说到去官本位、行政化的指导方针之外，还有后来中央专门发出强调尊重人才，培养人才，让人才充分发挥作用的文件。李克强总理到北大、清华调研视察的时候，直截了当说到具体案例：教授做科研出行只能坐飞机的经济舱、高铁的二等座，这都是什么规定？

大量现实案例里，我国有关方面这种加强管理遵循的规则是什么呢？正是官本位、行政化、等级森严的一套，把知识分子、教授、研究员都按照行政级别来对号入座。一个学术带头人、教授、研究员、老科学家，哪怕白发苍苍了，但是如果没有行政上的司局级待遇，那么在国内出行坐高铁就不能坐一等座，只能坐二等座——这样的加强管理其实连天理人伦都说不过去，也就是李克强总理所责问的成为带有荒唐意味的规定。这类“繁文缛节”式约束用于科研创新人员，首先已违反了常识与良俗，但在实际生活中却可以大行其道，而且变本加厉，把一些更细的东西都施加上来，还要往前追溯。例如，研究人员所做的横向课题是承包性质、自愿参加而在创新体系中又是不可缺少的，其受到的约束是追溯前几年所有已经报销的单据，翻出来要一张一张查对，已经坐的公务舱、一等座，算出和行政规范标准的差额以后，报销了的经费要退赔；餐费发票在很多高校（包括北京著名高校），已经做的是必须一一注明和谁吃的饭（注明的意思，就是可以找这些人来对质），然后按人均 50 元封顶，超出 50 元的部分要退赔；一天的市内交通费 80 元封顶，从北京市区到首都机场 100 多元打车费里，超出 80 元的部分退出来。学术带头人前些年担任独立董事的薪酬一般不是小数目，统统要退出来。包括国内外有影响的著名“海归”教授，前几年任独立董事的薪酬明令必须都退。试想有潜在可能性走归国报效祖国之路的科研人才，他们听到标杆式海归教授受到的上述对待，会做何感想？直截了当地说，这些是创了中国历史上历朝历代没有出现过的对于知识分子经济上刻薄对待的记录。在这种情况下，普遍听到的就是高校、研究机构的研究骨干说，我以后再也不做什么横向课题了，计划课题也是能不接就不接。

从科研规律讲，要调动起创新者内生的积极性，当然要有一些物质条件的因素，但一定还要有最基本的人文关怀、人格尊重，至少时间、氛围上应有传统体制下我国科研管理上就有说法的 5/6 以上的时间投入科研的条件与心情。如果科研人员十分苦恼地整天翻账本，填表，写检查、编思想认识汇报，派自己的研究生、学生到教务处的楼道里彻夜排队解决报销的问题，等等，怎么能够有可持续的创新大潮和走创新之路意愿中的巨大成功？

总而言之，要解决好创新动力体系的可持续性的问题，使科技人员在创新中面对种种不确定性，能够内生地形成较充分的积极性。这样一个制度环境问题，即是把激励—约束机制搞对的制度供给问题，一定要在问题导向下于我国真正解决好。如果按此视角来说，制度、科技、管理三层次创新互动下，应该抓住的解决问题的要领，就是我们所有的创新者、高校研究人员，以及产学研互动一线的参加各种各样课题研究的人员，应该更多地从正面宣传科研常识，更多地向各个手上有管理实权的领导机关、领导者做积极的沟通，共同促进把相关的激励—约束机制搞对。中国到了当下这样一个只有把创新发展作为第一动力才能引领出后面的协调发展、绿色发展、开放发展、共享发展而引领新常态的新阶段，为实现现代化，针对现实问题，必须在追赶过程中走通创新型国家之路。在创新视角上，第一动力的打造构建，显然需要从学理认识出发把握好中国经济社会完成转轨过程中的制度创新这个龙头因素，落实到科研经费管理制度的合理优化，以制度创新真正打开科技创新、管理创新的空间，形成可持续的长效的创新发展机制。

（感谢彭鹏博士和杨青青硕士研究生为此文提供的数据处理支持）

参考文献：

1. 刘伟、蔡志洲：《新世纪以来我国居民收入分配的变化》，载于《北京大学学报》2016 年第 5 期。

2. 王小鲁：《灰色收入与国民收入分配的比较》，载于《比较》2007 年第 31 期。

3. 王小鲁：《灰色收入与发展陷阱》，中信出版社 2012 年版。

4. 白重恩、钱震杰：《国民收入的要素分配：统计数据背后的故事》，载于《经济研究》2009 年第 3 期。

5. 韩洁、刘红霞：《中国宏观税负低于世界水平》，载于《人民日报》（海外版）2017 年 1 月 17 日。

6. 《专家：中国宏观税负水平总体较低》，中国新闻网，2016 年 12 月 21 日。

7. 贾康、苏京春：《胡焕庸线：我国“半壁压强型”环境压力与针对性供给管理战略》，载于《中共中央党校学报》2015 年第 1 期。

8. 贾康：《中国企业税费负担的“全景图”和改革的真问题》，载于《经济导刊》2017 年第 8 期。

9. 贾康：《关于我国国债适度规模的认识》，载于《财政研究》1996 年第 10 期。

10. 贾康、赵全厚：《国债适度规模与我国国债的现实规模》，载于《经济研究》2000 年第 10 期。

11. 贾康、苏京春：《财政分配“三元悖论”制约及其缓解路径分析》，载于《财政研究》2012 年第 10 期。

12. 欧纯智、贾康：《以 PPP 创新破解基本公共服务筹资融资掣肘》，载于《经济与管理研究》2017 年第 4 期。

13. 贾康：《PPP：制度供给创新及其正面效应》，载于《光明日报》2015 年 5 月 27 日。

14. 贾康：《PPP 制度创新打开了民间资本跟进的制度空间》，财新网，2015 年 1 月 16 日。

15. 《中国社会不平等趋势扩大：1% 的家庭占全国三分之一的财产》，载于《第一财经日报》2016 年 1 月 13 日。

16. 《遗产税考量上的“价值取向”与其改革设计的“问题导向”》，载于《全球化》2014 年第 3 期。

17. 梁季：《直接税和间接税的理论探讨与实证分析》，载于《中国财经信息资料》2013 年第 28 期。

优化收入分配的激励—约束认知框架、基本思路、原则与建议*

贾 康 程 瑜 于长革

摘要：收入分配是直接关系亿万民众切身利益的重大而复杂的问题。深化收入分配制度改革，需在“激励—约束”框架下，廓清“公平与效率”关系的准确内涵，对收入差异形成原因作出正确分析，为把握好政策理性奠定认识基础。中国优化收入分配的基本思路，应是以共同富裕愿景为“目标导向”，结合“问题导向”，加快推进由“先富”向“共富”的战略转换；其基本原则需遵循：以合理的收入分配激励创业创新；承认各要素的贡献、把按劳分配与按其他要素分配相结合；在“倒U型曲线”前半段适当允许、容忍收入差距扩大的同时，即主动地施加调节遏制“两极分化”；以阳光化、鼓干劲、促和谐、扶弱者为要领，构建系统工程式分配制度体系；以改革即有效制度供给为龙头带动分配制度、政策体系动态优化。在此基础上，建立健全规则与过程公平的国民收入初次分配制度；建立健全结果适当均平的国民收入再分配制度；健全与完善国民收入第三次分配制度；推进国民收入分配的配套制度改革。

关键词：收入分配 激励—约束 共同富裕 先富共富

收入分配问题是个重大而复杂的社会问题，受诸多因素的影响，同时又是诸多社会问题的根源所在。改革开放以来，我国收入分配制度改革逐步推进，按劳分配为主体、多种分配方式并存的分配制度框架基本确立，以税收、社会保障、转移支付为主要手段的再分配调节机制框架初步形成，配合和促进了社会主义市场经济体制的建立和国民经济发展、人民生活水平显著提高。同时，也要看到收入分配领域仍存在不少亟待解决的突出问题，城乡区域发展差距和居民收入分配差距依然较大，收入分配秩序不规范，隐性（灰色）收入、非法（黑色）收入问题比较突出，

---

* 本文为国家社科基金重大项目“深化收入分配制度改革研究”（项目批准号：2015MZD035）阶段性成果之一。原文发表于《财贸经济》2018 年第 2 期。

部分底层群众生活比较困难，与宏观收入分配格局相关的一系列制度建设合理化改革任务难度很大，推进迟缓。这些问题的存在，关联于我国经济社会转轨与发展全局的“矛盾凸显”，迫切需要我们加强深化收入分配制度改革研究。

党的十八大报告指出，“实现发展成果由人民共享，必须深化收入分配制度改革”。党的十九大报告进一步指出，“坚持在经济增长的同时实现居民收入同步增长、在劳动生产率提高的同时实现劳动报酬同步提高”。可见，收入分配问题已成为解决好人民最关心的利益问题、提高人民物质文化生活水平的一个重大的、足以影响全局的基础性环节。坚持以人民为中心，把人民对美好生活的向往作为奋斗目标，保证全体人民在共建共享发展中有更多获得感，不断促进人的全面发展、全体人民共同富裕，是习近平新时代中国特色社会主义思想的精神实质，体现在新时代坚持和发展中国特色社会主义的基本方略之中，也是破解不平衡不充分的发展的关键。而解决收入分配问题，需在激励—约束的认知框架下，把握好优化收入分配的政策理性，厘清追求共同富裕愿景和做好“先富”向“共富”转换的基本思路，在遵循承认各要素的贡献、把按劳分配与按其他要素分配相结合等基本原则下，以改革即有效制度供给为龙头，带动初次分配、再分配、第三次分配及其配套政策设计和政策体系动态优化。

一、收入分配激励—约束分析认识框架

收入分配问题相关的“激励—约束”，实质上就是要处理好“做大蛋糕”与“切好蛋糕”这两个紧密关联、在社会再生产中主要的、互动的对立统一关系。

（一）“公平”的概念和“公平与效率”的关系亟须廓清

关于“公平与效率”的讨论在学术界由来已久，所涉及的现实问题是非常重要的，而且近年在中国与日俱增地引起了各方面的强烈关注。已有不少研究者指出：公平与效率的关系并非全是此消彼长的对立关系，也有相互促进、互为条件的关系，这一点十分重要，需要进一步细化分析。我们认为，如果从细致、严谨研究的角度，应该把中文的“公平”之内涵再作拆分，通常人们谈到很多公平问题，要视情况的不同再作细分定位才能较准确地表达原意。例如说现在人们越来越多地认同规则的公平、过程的公平和结果的公平这样的划分，那么规则公平和过程公平是英语“fairness”之意，强调的是汉语的“公正”“正义”，这两个公平跟效率是没有矛盾的，并且是保护、促进效率的，主要是指通过公正的待遇和处理，使大家各自发挥相对优势，使大家得到一种发展中的公平的环境。但论及结果的公平，则主要是指结果的均平状态，这种均平确实与效率有一定的此消彼长的关系，过于平均，则激励不足，影响效率；过于悬殊，则弱势、低端人群的困难与不满可能带来矛盾凸显，危害社会和谐稳定，所以调控者需要作出合理的权衡掌握。遗憾的是人

们讨论公平问题时，往往是把这两个概念混同，完全“一锅煮”了，接着带来的问题就是“捣糨糊”，无助于问题的廓清。清楚地区分汉语中“公平”在不同情形下实际分别所指的规则公正的“公平”和分配结果相近的“均平”这两个不同对象，对于正确而深入地讨论问题实属必要，有利于大家避免“鸡同鸭讲”“苹果与橘子比”。近些年收入分配方面的矛盾凸显之后，人们讨论时往往慷慨激昂，争论激烈，但是却普遍地把应当清楚区分的这两个命题混在一起说，也就带来了在同一个概念下说不同的事情、实际没有共同语言的情况，造成了中文语境中“公平与效率”问题的混乱。观察以中文翻译的西方学界关于“公平与效率”的文献，也有类似的问题，英文 fair，fairness，equity，equality 在词典上普遍是互证互解的关系，中文翻译统统一律译作“公平”，但细究词根与最基本的词意，equity 有“股本”之意，更适合于表达标准化的“均平”，而 fairness 与“标准化均平”不发生交集，更接近于正义（justice）的含义，一般应首选“公正”译法。如更多地细考这样的语义差别，讨论者陷入“捣糨糊”不良状态的危险性可望由此有所降低。

（二）“公平”与“均等化”方面的政府责任应当明晰化、合理化、动态化，把握好市场经济环境中的政策理性

如果从起点公平、过程公平（意在公正）的角度来看，政府的应尽之责是制定和维护必要、合理的法律制度和规则，保护合法的产权和公平竞争的环境（“刷出一条起跑线”）。如果从结果公平（意在均平）的角度来说，政府的作用应更多地体现为通过再分配手段抑制、缓解收入悬殊。前期的“结果”在一定场合又是后期的“起点”，于是又联系到政府的另一项应尽之责，就是努力发展和实现基本公共产品、公共服务的“均等化”，这个问题的实质是要“托一个底”，政府应该提供的诸如普及义务教育、实施社会救济与基本社会保障这类公共产品与服务，应该首先把最低限度上的供给水平托起来。同时这并不应理解为政府可以和应当大包大揽地过度着力，把在公平竞争之中和之后必然形成的差异压得十分扁平。应力求清晰地形成政府职责边界和“政策理性”的要领，促成政策的合理优化调整，以有利于社会矛盾的缓解与多元主体活力的持续释放，保障和支持现代化事业的持续发展。

例如，在“住有所居”的公共供给方面，政府首先要托的底不是“经济适用房”，一定应该是公租房（廉租房与公租房因为实际很难划清区别界限，可统称为公租房），其入住者是没有产权的，由政府甄别鉴定社会最低收入阶层，让他们入住而“住有所居”。这是关联整个社会稳定的一种“公共产品”。同时政府做这件事情的管理成本也会比较可观，必须在众多社会成员中对公众负责地认清到底谁有资格得到这种公租房待遇。入住进去以后，政府应跟踪观察，如果以后入住家庭的收入上升，到一定的程度，还应劝他们搬出去，把资源腾出来去解决届时真正的低收入阶层“住有所居”的问题。这种管理成本是必须付出的，因为这是政府非做不可的事，关系整个社会的稳定。但是如果按这个逻辑不断提升，以类似方式包揽，边界不清的“经济适用房”（现实生活中已扩展至十几种具体形式）的供给，说起来会很得民众拥护，实际上做起来却发生大量的扭曲，不少收入较高的人混在一起防不胜防地钻各种制度与政策的“空子”，大量不具备资格的较高收入者能够买这种房子，实际上是排挤掉了真正在较低层的社会成员的对应机会，不当地占据了原指望发挥其政府功能的宝贵的公共资源。于是从追求公平、公正的理念出发，造成的却是让人啼笑皆非的结果，使五花八门的“经济适用房”变成了一个“管不了，管不好”的事情，政府做了很多还要挨骂，因为把应当用来“雪中送炭”的钱，往往变成了“锦上添花”和乌烟瘴气的设租、寻租，投机取巧，前面好的动机没带来后面好的结果。

（三）为把握好收入再分配的政策理性，需以对收入差异形成原因的正确分析为政策设计的哲理性前提

结果的公平（“均平”）与效率确有一定的负相关关系，在我国的“矛盾凸显期”正确处理“均平”与效率的权衡点，既是各方都非常关注的事情，也是非常复杂、很有难度的事情，是把握好政府于再分配领域的政策理性的核心问题之一。毫无疑问，政府以必要的调节、控制、规范手段介入收入再分配，遏制收入差距悬殊、防止“两级分化”的固化并促其收敛，是政府的应尽之责，但需要以对收入差异的原因作出正确分析为前提来有针对性地实施分类的政策和协调、组合、配套的方案。概而言之，应鼓励的收入差异还需要有所鼓励；正当的收入差异应尽量容忍；不规范的收入差异要调控抑制；不正当的收入差异则应大力消除，进而才有利于把握好均平——效率的权衡。这样的认识，是从居民收入差异的具体分析而来的。

具体分析，中国改革开放以来社会成员收入差距扩大的原因，至少要作出以下七个层次或七个方面的分析、区别。

一是源于诚实劳动中努力程度和辛劳程度不同而形成的收入差别。在传统体制平均主义大锅饭环境中，“干好干坏一个样”，那是养懒人的机制和体制，收入差异小，但生产力也得不到解放，被有识之士深恶痛绝。改革开放之后，总体的“勤快”程度提高了，但“勤快人”和“懒人”的相对差异仍然存在，新的体制和机制使“懒人”和“勤快人”的收入差异明显扩大，这种源自努力程度、辛劳程度不同而形成的收入差别，或作为收入差别中的一种重要构成因素，在社会生活中必然出现。

二是源于各人禀赋和能力不同而形成的收入差别。社会成员间必然有禀赋和聪明才智方面的一定差异，在改革开放之后发展起来的竞争环境下，先天禀赋和基于其他原因在后天综合发展起来的聪明才智，结合构成各人各不相同的能力、才干。客观存在的这种差异必然带来各人收入水平上的差异。一些特殊的、稀缺的能力与

才干，如企业家才能、科技人员创新才能，也包括文体明星的特殊技能等，一旦在市场中具体化为竞争力，则相关收入差别的扩大，比“努力程度”带来的差别往往要高出许多倍。

三是源于要素占有的状态、水平不同而形成的收入差别。由于种种客观原因（如继承关系），每一个具体社会成员在资金、不动产、家族关联、社会人脉等方面（这些都可归于广义的“生产要素”范畴），必然是有所差异的，而由此带来的收入（如利息、房租，以及经营活动中的重要信息、正确指导与规劝等促成的收益）高低不同，也是客观存在的，并且有可能形成一定的传承和“自我叠加”的关系。

四是源于机遇不同而形成的收入差别。比较典型的是市场态势变动不居，不同的人做同样的事，可以纯粹由于时点不同（当然实际生活中也会伴随其他方面可能的种种不同）而结果大相径庭，“好运”的可好到一夜暴富，“坏运”的会坏到血本无归，这里面机遇的因素也是不可否认的，在市场经济的某些场合，其作用还十分明显。

五是源于现行体制、制度“明规则”因素而形成的收入差别。有些由体制造成的垄断因素和制度安排因素，在现实生活中可以强烈地影响社会成员的收入水平的高低。如一般垄断行业职工的收入明显高于非垄断行业。

六是源于现行体制、制度中已实际形成而不被追究、或暂时不被追究的“潜规则”而形成的收入差别。这大体相当于一般人们所说的“灰色收入”，现实存在，透明度很低，往往在规范渠道之外，按“心照不宣”方式或“内部掌握”方式实施其分配。如公职人员前些年相当大的一部分“工资外收入”，在没有“暗账翻明”而阳光化、规范化之前，很多可归于这种收入，其因不同条件、不同部门，等等，又往往差异很大。再如企业在法规不明不细或监管松弛环境下，因怎样“打擦边球”不同而形成的职工收入分配水平差异，也可能十分显著。

七是源于不法行为、腐败行为而形成的收入差别。这大体相当于一般人们所说的“黑色收入”，往往数额巨大，与违法偷逃税款、权钱交易、贿赂舞弊、走私贩毒等相连。

上述多个角度、不同层面的收入分配差异形成原因，在现实生活中的某一个具体案例之内，到底有多少因素介入，各起多大作用，通常都不可一概而论。从政策理性原则说，应首先在哲理层面明确对应于各个收入源头的不同针对的性政策导向。

粗线条地说：

第一，对于勤劳致富、才能致富（前述第一、第二项原因），政策都应当大力鼓励或以鼓励为主。

第二，对于要素占有和机遇不同（前述第三、第四项原因）而形成的收入差异，政策上应当适当调节，但不宜做抹平处理（否则开放条件下的要素外流将十分严重，市场经济中客观需要的首创、冒险精神也将受极大抑制）。

第三，对于体制性明规则、潜规则不周全、不合理（前述第五、第六项原因）造成的收入差异，在明确需有所调节、抑制的同时，关键是以政策和制度建设推动深化改革、机制转变（包括“花钱买机制”），追求制度合理化、规范化，再配之以必要的再分配调节（光讲调节不注重制度建设，必然流于“法不治众”或“扬汤止沸”）。

第四，对于违法乱纪的“黑色收入”（前述第七项原因），必须坚决取缔、惩处，打击其行为，罚没其收入，并注重从源头上加强法治、制度建设以抑制违法乱纪、腐败行径的滋生土壤与条件。

在上述的哲理层面的政策理性引出相关的思路和对策，是在具备正确的大方向和针对性要领之后，再作出具体的政策设计（包括政策工具选择、政策组合和有效率的实施方式与程序等，以及不同阶段政策力度的把握）的任务，方可以落实政府在收入再分配中应当具有的政策理性，正确把握均平——效率间的权衡，发挥好政策应有的功能。应当说，这是相当复杂而艰巨的任务，是“供给侧结构性改革”中应由粗到细逐步优化的系统工程。

二、优化收入分配的基本思路：共同富裕愿景及其“先富共富”实现路径

马克思主义基于对人类社会发展规律的认知，提出未来社会应是生产力高度发达状态所支持的“自由人的联合体”，其中每个人的自由发展成为一切人自由发展的前提条件（《共产党宣言》）。不言而喻，与此种追求相匹配的一定是“共同富裕”的分配状态（“各尽所能，按需分配”）。这一共同富裕的科学社会主义的理想愿景，在社会主义初级阶段中国改革开放后之“中国特色社会主义”的伟大实践中，已由邓小平明确地表述为实现现代化而奋斗的战略目标和“社会主义的本质”。邓小平所高屋建瓴而简洁地概括的“共同富裕”认识，上合中国古代早已树立的“大同”理想，下合现时亿万民众对美好生活的向往，可说是代表着人类文明发展与社会进步提升过程中的总纲，是今后优化我国收入分配明确的“目标导向”。

（一）“效率优先，兼顾公平”的分配机制与“先富”战略的确立

改革开放之初，我国的经济发展水平还相当落后，社会生产力极为低下，社会基本矛盾，即人民日益增长的物质文化生活需要与落后的社会生产力之间的矛盾尖锐。为尽快摆脱贫困落后的状况，我国及时制定了以经济增长为核心的发展战略，确定了“效率优先，兼顾公平”的分配机制和原则，以发展经济为第一要务，鼓励一部分人先富起来，以先富带后富，最终走上共同富裕之路。

邓小平在改革开放之初就指出，在共同富裕的目标下，可以鼓励一部分地区、一部分人通过诚实劳动和合法经营先富起来。1984 年，党的十二届三中全会提出，“共同富裕决不等于也不可能是完全平均，决不等于也不可能是所有社会成员在同一时间以同等速度富裕起来……只有允许和鼓励一部分地区、一部分企业和一部分人依靠勤奋劳动先富起来，才能对大多数人产生强烈的吸引和鼓舞作用，并带动越来越多的人一浪接一浪地走向富裕”。[①] 1992 年，邓小平在南方谈话中进而再次强调，“走社会主义道路，就是要逐步实现共同富裕”。[②] 党的十四大也提出，“运用包括市场在内的各种调节手段，既鼓励先进，促进效率，合理拉开收入差距，又防止两极分化，逐步实现共同富裕”。[③] 1987 年，党的十三大提出了允许合法的非劳动收入，在促进效率的前提下体现社会公平等观点。1993 年，党的十四届三中全会提出，个人收入分配要“体现效率优先、兼顾公平的原则”，1997 年党的十五大再次重申了这一原则。

“效率优先，兼顾公平”的分配机制由于崇尚效率，从而有效地刺激了经济增长，国家的经济实力显著增强，人民的生活水平得到了明显改善。1979～2006 年，国内生产总值从 3 624.1 亿元增长至 209 407 亿元，年均增长率高达 9.66%，而同期世界平均 GDP 增长速度仅在 3%～4% 之间。近年来，受国际金融危机的影响，我国经济增长速度虽然有所回落，但仍远远高于世界平均水平。与此同时，随着国民经济的快速发展，以收入分配失衡为核心的社会公平问题也在不断加剧，经济增长与社会公平之间的矛盾日益尖锐，并已成为当前经济社会发展中不容忽视的重大问题和突出矛盾。2002 年，世界银行指出：“大范围的贫困人口减少是中国 1979 年改革之后所取得的最大成就之一。……此后的深化改革并没有像之前那样让贫困人口受益。在没有解决其他国内市场扭曲问题的情况下进行这些改革反而使得中国的收入差距扩大。”

（二）下一阶段应加快推进由“先富”向“共富”的战略转换

改革开放初期，针对社会生产力低下、经济社会发展水平比较落后的国情特点，我国及时制定了以经济增长为核心、鼓励一部分人先富起来的“先富”战略。事实证明，这一决策是正确的选择，使我国尽快摆脱了贫困落后状况。当然，这一不平衡发展战略也是有代价的，随着经济社会的发展，以收入差距扩大为代表的负面后果日益凸显，不同程度的危害已经产生，经济发展战略实现由“先富”向“共富”的阶段性转换显得愈发迫切，并且转换时机和条件也已成熟。一方面，改革开放以来所取得的经济成就为调节收入分配和构建和谐社会创造了必要的物质基础，公有制为主体、多种所有制经济共同发展的基本经济制度为此提供了强有力的

① 中共中央文献研究室：《改革开放三十年重要文献选编》（上），中央文献出版社 2008 年版，第 356 页。
② 《邓小平文选》第 3 卷，人民出版社 1994 年版，第 373～374 页。
③ 中共中央文献研究室：《改革开放三十年重要文献选编》（上），中央文献出版社 2008 年版，第 660 页。

制度基础；另一方面，缩小贫富差距，避免陷入“中等收入陷阱”的客观要求已十分迫切。这就标志着我国发展战略重心由“先富”转向“共富”的时机已经成熟，既具备必要的物质条件，也具有很强的现实紧迫性。

选择恰当的时机将经济工作的重心由“先富”转向“共富”是改革初期便确立的一项既定发展战略，也是社会主义共同富裕本质的必然要求。根据世界各国经济发展规律和经验的启示，同时鉴于收入差距过大所带来的越来越多的负面影响和各种危害，在“问题导向”之下我国当前已迎来了由“先富”到“共富”阶段转变的全局性契机，特别是基于20世纪末以来陆续制定和实施的西部大开发战略、农村税费改革、东北振兴和中部崛起战略效果的逐步显现，我国地区居民之间、城乡居民之间的生活、收入水平差距在近几年已开始逐渐缩小，为共同富裕发展战略的实施奠定了坚实的基础。下一阶段，我国应以党的十九大精神为指导，针对“人民群众不断增长的美好生活需要与不平衡不充分的发展之间”形成的社会主要矛盾，把“问题导向”结合于“目标导向”，正式将“先富带后富，最终实现共同富裕”确立为未来经济发展中的工作重心之一，持续推进收入分配制度改革，从而使全社会的力量更加集中到实现共同富裕这一社会主义根本目标上。

三、追求共同富裕愿景、走通“先富共富”之路的基本原则

一部分人、一部分地区先富，固然产生了可能带动其他人、其他地区也谋求致富的示范效应、辐射效应，但也必然带来一定阶段内随收入差距扩大、社会矛盾累积而来的较低收入社会成员的不安与不满。对于这种矛盾纠结如果处理不当，必然制约经济社会健康发展，甚至出现由于收入分配领域的经济问题引致社会化、政治化问题的不良结果。邓小平在关于“先富共富”的论述中，已敏锐地、前瞻性地强调所指出了防范与克服“必然发生”的两极分化问题，“先富共富”框架中内含着、关联着我们应正确掌握的在国民收入分配领域内的若干基本原则：

（一）以合理的收入分配激励创业创新

创业创新所引发的经济发展活力，就是从根本上决定社会发展与支撑生产关系走向进步和升级的社会生产力，“发展是硬道理”，要求收入分配一定要首先从有利于发展生产力视角处理好鼓舞、激励“做大蛋糕”“创新发展”的机制功能问题。这一原则是从“生产决定分配”的历史唯物论原理出发处理根本发展动力问题。总体而言，人民群众的收入只能是在经济增长的基础上实现同步增长，劳动者的报酬只能是在劳动生产率提高的基础上实现同步提高。否则，再美好的分配愿景也将成为无源之水，无本之木。

（二）承认各要素的贡献、把按劳分配与按其他要素分配相结合

在社会主义初级阶段社会主义市场经济运行中，固然需要处理好“按劳分配”

的机制构建，同时还必须结合地、协调地处理好按照资本、土地、技术成果等要素贡献因素作出分配的机制构建，这样才能有利于解放生产力和可持续发展。这一原则主要处理的是在初次分配环节“分好蛋糕”以求不断地激励“做大蛋糕”的问题。初次分配层面上，需更多侧重市场竞争中规则的公平、过程的公平。

（三）在倒“U”型曲线前半段适当允许、容忍收入差距扩大的同时，就要主动地施加调节遏制“两极分化”

倒“U”型曲线所图示的在收入差距扩大到顶后又会转为缩小的过程，不应认为是、也不可能是一个纯自然过程。发达经济体所形成的社会福利政策及税收、社保制度等经验，都体现了制度机制设计的可塑性空间与主动作为空间。在明确追求共同富裕的社会主义中国，这种可塑性更值得被积极借鉴和进一步强调、强化。这一原则，是主要处理于再分配和第三次分配领域，针对皮凯蒂研究所揭示的资本长期强势问题形成矫正效应，来进一步“分好蛋糕”，以服务于可持续地“做大蛋糕”和谐发展的问题。于再分配、三次分配领域，需要更多侧重对市场竞争所形成结果的适当均平化调整，以及与之对接的下一轮各相关主体“起点的公平”。

（四）以阳光化、鼓干劲、促和谐、扶弱者为要领，构建系统工程式分配制度体系

分配体系的不同层次、不同环节，可以有分配功能的不同侧重，但这一原则总体而言是追求以所有分配功能的系统化协调、互补来形成“做大蛋糕”与“分好蛋糕”两者间的良性循环。

（五）以改革即有效制度供给为龙头带动分配制度、政策体系动态优化

发展必然表现为具有阶段性，制度安排与政策设计需要适应客观发生的阶段转变，做出动态优化。此原则主要处理的是“做蛋糕”与“切蛋糕”互动循环发展过程中的长效机制框架建设与阶段性动态优化的改革攻坚克难问题。在当下正处于改革深水区的中国，这一原则必然需要处理“冲破利益固化藩篱”而“啃硬骨头”的优化直接税和完善社会保障、政府间转移支付制度等一系列问题。

四、基于思路和原则的优化收入分配主要建议

（一）建立健全规则与过程公平的国民收入初次分配制度

初次分配是将国民收入直接与生产要素相联系的分配，依据是各生产要素在生产中发挥的效率，即“效率原则”，在相关制度框架下，将财富以劳动报酬和生产税的形式分配到居民部门和政府部门，因此，应使市场机制在这一阶段起到核心作

用，政府部门可通过税收杠杆和法律法规进行调节和规范。由于初次分配是国民收入分配的首要环节，它要解决的突出问题，主要是货币资本的所有者与人力资本的所有者的利益分配问题，数额大而且涉及面广，如果在此环节出现重大的社会不公正，在政府再分配中就很难加以扭转；如果在此环节居民收入的源流得到较充分的激励，同时收入的差距被较好地加以适当控制了，那么再分配环节就会减轻政府调节的压力，继而能够使政府更好地通过财税等手段进一步完善居民收入分配体系。因此，在初次分配环节如何建立规则与过程公平的分配制度，至关重要。所谓规则与过程公平，主要是指整个社会的权利结构的初始规定是正当合理的，各种资源在各地区、各部门、各企业、各群体与诸个体之间具有尽可能充分的流动性，而非向某些地区、部门、企业、群体或个体高度集中；各种机会对于各地区、各部门、各企业、各群体与诸个体普遍平等开放，而非对某些竞争主体开放，却对某些闭锁。

1. 充分发挥要素市场的资源配置作用

既然在初次分配环节市场机制应是核心，那么建立一个公平竞争、公开透明、有序运行的市场，是决定该阶段收入分配机制能否良性运行的关键。这需要提供法治化的市场运行环境，以稳定市场预期，扫清潜规则障碍；建立合理的市场准入标准，禁止设立不合理和歧视性的准入和退出条件；合理确定各种要素贡献度，建立市场化的公平用工制度和有弹性的、有序的工资增长机制；提高国土开发中不动产与资源的规划配置水平与效率，促进企业实现有效资本积累提高劳动生产率；理顺劳动收入与财产性收入的关系，充分发挥要素市场资源配置在收入分配方面的基础性作用。

2. 让市场在资源配置中起决定性作用和更好发挥政府作用相结合

在初次分配阶段，必须厘清政府与市场的作用边界，减少政府对基础性资源配置机制的干预，减少、并力求消灭寻租性收入机会。政府主要在让市场在资源配置中起决定性作用的前提下，依法建立统一的、规则清晰的要素市场，消除体制性壁垒，减少对市场主体行为的制度性交易成本，有效进行市场监管，保障以市场公平、有序运行来引导各主体、各部门对流量收入、存量财产增长的合理预期。同时，政府应当积极鼓励和引导企业形成和谐的劳资关系，提高企业竞争力和运行效率。

3. 促进分配规则的公平和机会均等

在初次分配中，我国存在分配规则不公、机会不均等的问题。为此，应当加大城乡户籍制度改革的力度，健全劳动力市场体系，减少城乡、行业和地区间的收入分配壁垒，促进实现“同工同酬”，逐步消除城乡劳动力市场和劳动力转移的制度性障碍，进一步完善劳动力市场的调节作用，以适当的最低工资制度对劳动力作适当干预，并合理引导劳工谈判，为城乡劳动力提供一个良好的竞争平台。同时，大力发展和完善各种要素市场，促进资本、技术等生产要素的自由流动公平竞争，提高市场配置的效率。打破部门和地方对要素自由流动的各种限制，缓解由此带来的收入分配不公。

4. 加强机制垄断性行业收入的改革

首先，要促进均衡市场价格的实现，抑制或消除垄断价格，使个别部门、个别行业和个别企业无法获得垄断利润，无法取得因高额垄断利润而生成的畸形高收入。其次，要促进法治社会建设，防止市场主体的不合法收入和不合理收入，使"黑色收入"和"灰色收入"大大降低，消除权力垄断所形成的收入。最后，消除人为的进入障碍，降低市场准入门槛，为市场主体提供公平的市场竞争机会，为实现收入分配公平创造必要前提。国家应通过反垄断措施，消除垄断因素，使各行业参加利润平均化过程，从而使行业的利润率接近社会平均利润率。

5. 通过基本公共服务均等化提升社会成员参与社会竞争的能力

社会成员在能力培育与获得方面具有平等的权利，将会对整个社会的收入分配产生预先的合理化调节作用。"促使经济——政治比赛公正进行的努力在事先比事后要重要得多"①。具体到措施方面，则要求政府进一步强化制度与政策的普适性与公平性，积极推进就业、教育、医疗、社会保障等基本公共服务的均等化，通过普及基本公共服务来普遍提升社会成员特别是弱势群体参与社会竞争的能力。尤其大力发展教育事业是平等地激发个人潜力、推进实质公平的最为重要也是最为有效的途径。通过向各社会阶层平等而普遍地提供教育，广大社会成员可以获得平等进入社会、进行竞争的基本能力与素质。保证全社会教育资源享用的公平性，可以为社会各阶层尤其是弱势群体开辟改变自己命运的渠道，提供实现公正、合理、开放地向上流动的机会。在这个意义上，为每一位社会成员尽可能创造平等的受教育机会和条件，是起点公平的内在要求之一。

（二）建立健全结果适当均平的国民收入再分配制度

一般认为，在国民收入两个分配层次中，初次分配倾向于效率，收入分配差别既是市场效率的源泉和动力，也是市场效率的结果。但收入分配结果如差别过大，又会有悖社会公平和社会整体、长远利益。因此，政府应通过税收和财政支出等进行国民收入再分配的有效调节，以促进实现共同富裕的愿景。初次分配注重规则与过程的公平公正，那么再分配则重点关注结果与下一轮起点的公平均等。

1. 落实税收法定原则，发挥其收入分配调节功能，实现"良法善治"

（1）于税收法定中立良法，促善治，保证收入调节效用的发挥。收入分配，从经济上看贯通着生产和消费，从法律上说连接着主体与利益。不可否认，财税问题首先是一个经济问题，但是它无法回避作为人的最基本的需要，即财富的取得与利用。唯有通过确立正义的标准来保障分配的秩序才能确保一个共同体的稳定与和

---

① ［美］布坎南：《自由、市场和国家——20世纪80年代的政治经济学》，北京经济学院出版社1988年版，第141页。

谐。党的十八届三中全会明确提出“落实税收法定原则”，这是为推动国家治理体系和治理能力现代化、全面推进依法治国而作出的重要战略部署。

立良法，不仅仅是立法技术问题，更重要的是要厘清税收制度改革的整体思路，需要系统思维，不能就各个税种或实体法与程序法分割考虑，要防止税收立法的碎片化，要建立一个有利于科学发展、社会公平、市场统一的税收制度体系。首先，要将税收制度的改革置于经济社会新常态的大背景之中来考虑，更好地发挥出税收职能作用并服务于经济社会发展。其次，税收制度应有一个整体的和长远的构想，明确税收制度整体框架，做好顶层设计，协调好税收筹集收入、调控经济运行、调节收入分配等几大职能。在此基础上，还需要明确各税种、各税目之间如何搭配，税制的要素如何组合匹配、如何施行等具体问题。最后，建立科学理性的激励考核机制，引导税务机关转变按照指标或任务征税的思维，以税收法律作为征税的唯一依据。同时，要建立和完善对税收执法的监督和问责机制，切实保障纳税人获得救济，特别是获得司法救济的权利。

（2）逐步提高直接税比重，形成有利于结构优化、社会公平的税收制度。现代市场经济所要求的税制体系，总体来说是一种“多税种、多环节、多次征”的复合税制，不可能简单地依靠一两种税就解决了征税问题，必须着眼于整个税制体系的建设，从消费支出、收入流量和收入存量各方面调节高收入阶层的收入，以期多渠道缓解和缩小收入差距。这些税种在调节范围、调节力度和广度上相互补充、相互协调，从而形成一个连续性和整体协调性的税收调节机制。在复合税制组合中，直接税的作用更多体现在为筹集政府收入的同时调节收入分配，调节经济和社会生活。直接税的这种调节作用，是按照支付能力原则“抽肥补瘦”，在社会成员收入必然有高低差异的情况下，直接税使有支付能力的、更为富裕的社会成员，对公共金库作出更多贡献。进入公共金库的资源，再通过规范的预算安排、以财政分配形式转为扶助弱势群体的支出，去增进低端社会成员的福利。直接税这种基于支付能力来遏制两极分化趋向的功效，使其在社会分配全流程里面有着不可或缺的地位。

（3）进一步完善个人所得税制度。首先，要改变个人所得税的征收模式，实行综合和分类相结合的个人所得税征收模式，结合部分按照家庭和年度以超额累进税率征收，制定更合理的税率和费用扣除标准。在统一市场框架中各地费用扣除标准的基础上，坚持实行全国统一的个人所得税费用扣除标准，同时，适当考虑纳税人、赡养家庭人口等费用扣除。其次，要改革个人所得税征管体制，将个人所得税的征管权限划归中央。个人所得税作为缩小收入差距的直接税，其征管权限划归中央不仅是增强国家调控分配能力、配合中央财政转移支付的需要，也是防止各地扣除基数不统一、征管不严、税款流失的需要。最后，要加强和改善个人所得税征管手段。强化并建立以个人自行申报为主的申报制度，建设全国税务网络征管系统，统一个人纳税编码，全国共享个人税务信息资料，堵塞征收漏洞。加大对偷逃税款等违法行为的监管查处力度，增加纳税人偷逃税款的成本与风险。

（4）推进消费税改革。对于消费税，首先应根据经济形势的变化，及时调整征税范围。在扩大消费税征税范围时，不仅要增加一些奢侈消费品项目，如高档时装、高档娱乐设施等，还可以包括一些高端消费行为，如洗浴桑拿、夜总会、游艺等。其次要调整消费税的征税环节。目前我国消费税主要实行生产环节单环节征收，容易偷逃税。如有些企业通过设立独立核算的销售公司，先以低价把产品销售给销售公司，然后由销售公司按正常价格对外销售来规避消费税削弱了消费税的收入调节作用。

（5）加快房地产税立法并适时推进改革。对于房地产税，首先要扩大征税范围，不仅对经营性房产和出租房产要征税，对自住房产也需要征税；其次在税率的设置上，应该根据房产的价值、实际用途等因素确定税基和税率。对满足生活基本需求的房屋面积实行零税率或低税率，对超过住房标准的房屋面积实行高税率，使高收入群体在享有大面积住房的同时也承担更多税负。应排除阻力，尽快落实党的十八届三中全会关于“加快房地产税立法”的指导意见，一待立法完成，可在房价上涨压力大的一二线城市率先实际开征。

（6）研究开征遗产和赠与税。遗产和赠与税都属于直接税，纳税人与负税人相统一，征税对象精准定位，是社会财富再分配的主要手段之一。此税直接面对高收入阶层，可以防止居民通过非个人努力取得的财富传承中的暴富，有利于缩小代际之间的收入差距。我国应该及早研究如何推出该类税种，以积极发挥其调节收入分配的作用遏止收入分配差距的进一步扩大，并客观上促使公益性基金会与慈善事业得到更多的资金支持。我国处于经济体制转型时期，部分收入处于“灰色”或“黑色”状态，但个人所得税一般只能作用于透明收入，对不透明收入难以发挥其调节作用。根据世界各国的经验，结合各税种的特点来看，开征遗产税可以把遗产人生前的不透明收入也纳入税收调节之中，从而有力地弥补个人所得税的不足。

2. 完善“全口径”政府预算体系，健全收益分享制度

（1）健全完善“全口径”政府预算体系规范政府收入。名目繁多的各类非税收入杂乱零散地存在于现实之中，使企业与国民承受了来源于此的沉重压力，而这部分资金的管理、监督失范更使其隐藏巨大风险因素。实际上，非税收入在辅助性筹措财政资金、缓解行政部门经费不足方面确有必要，但如若制度失范、管理不力、监督薄弱，必将引起收费混乱的负面效应，也很容易演变为寻租和贪腐的滋生地，从而加剧社会不公，恶化收入分配。所以，亟须加强对非税收入的规制，通过将其纳入全口径预算、严格审批、跟踪控制、明确权责等方式，防止非税收入的过量、无序蔓延。建立统一全面的预算，有利于将政府的权力关进笼子，防止政府行为导致的资源错配和收入分配不公。

（2）扩大国有资本收益征缴范围，提高利润上缴比例。党的十八大报告明确提出：为缓解收入分配不公，将建立公共资源出让收益合理共享机制。国有资本作

为公共资源的重要组成部分，其经营成果的全民共享具有合法性与必然性。国有资本经营预算作为规范管理国有资本经营收益的财政制度安排，应该发挥其特定的调节分配作用。合理确定国有资本收益分配比例，应依据“统筹兼顾，适度集中”的原则，兼顾企业自身积累与发展、国有经济结构调整及国民经济宏观调控的需要，实行分类收取。同时，根据企业的实际情况逐步提高纯利润的上缴比例，使之逐渐达到国际上的一般水平。

（3）构建国有企业上缴利润的全民共享机制。目前我国国有企业上缴的利润还未实现全民共享，上缴利润的九成以上是在国有企业内部循环。为改变这种倾向，应建立一套完整的利润全民共享机制，调整国有资本预算支出的使用方向，大幅度提高国有资本收益用于社会保障及民生事业的比例，真正做到“资产全民所有，收益全民共享”。为此，须对相关的法规政策进行修改和完善，明确规定国有资本收益用于民生支出的范围、方式和比例，从而为国资利润投入民生事业实现全民共享奠定制度基石。考虑到我国很长时期的社会保障资金缺口巨大，所以在国有资本收益投入民生领域时，应重点考虑社会保障的要求，可设置一个最低的支出比例，保证每年有一定数额的资金用于社会保障，从而逐步解决该领域的历史欠账问题。

3. 提高直接用于民生的支出比重，均衡城乡公共品供给

（1）改善支出结构，提高民生支出比重。以保障和改善民生为工作重点，进一步优化公共财政支出结构，切实地“把好钢用在刀刃上”，强化民生领域的财政投入、税收扶持和社会建设，为国民提供一个愈益完整、丰富、精细的社会保障制度。同时，在平等、无偏见的立场上，也要考虑不同人群的特殊需求来设计具有针对性、操作性的制度内容，对进城务工者、农村五保户等弱势群体予以特别的关怀。

（2）明确事权与支出责任划分，均衡城乡公共品供给。应按照“事权与支出责任相适应”的原则完善中央与地方的财税关系，合理界定中央与各级地方政府的事权和支出责任，并逐步通过法律形式予以明确。在明确政府和市场作用边界的前提下，按照明确事权—支出责任—划分收入—匹配财力的思路，统筹调整和规范中央与地方各级政府间的收支关系和财力配置，建立健全财权与事权相顺应、财力与事权相匹配的财税体制，均衡城乡基本公共品的供给，营造深化改革与和谐发展的大环境。

4. 改革和完善转移支付制度，促进基本公共服务均等化

在理顺政府间事权与财权配置关系的基础上，转移支付制度作为政府间财政资金的调节机制，具有财力均衡的特殊功效，是实现基本公共服务均等化的重要工具。现阶段成为促进基本公共服务均等化的重要措施。

（1）优化转移支付结构，增加一般，规范专项。第一，增加一般性转移支付的规模和比重，以利控制和缩小各地区间政府财力差距。应归并现行具有特定政策

目标的工资性转移支付等财力性转移支付项目，对年度之间变化不大、且将永久存在的项目列入体制补助，冲减地方上解。第二，严格规范专项转移支付的设置，清理整合归并中央对地方的各种补助项目。专项转移支付要突出重点，仅对涉及国计民生的重要事项设立，取消零星专项，彻底改变专项转移支付项目分散繁杂的现状。对现有地方专项进行整合、压缩，对使用方向一致、可以进行归并的项目予以归并；对到期项目、一次性项目以及根据宏观调控需要不必设立的项目予以取消或压缩。第三，将现有地方专项按政府收支分类科目的款级进行归类，与部门预算的编制协调统一起来，使地方专项分类更合理、规范、有序，也有利于人大和审计监督。执行中可再进一步细化到科目的项级，并根据项目需要，对项目资金按支出用途分别进行管理，如农村义务教育经费保障机制改革经费等。第四，不得对地方要求对于专项转移支付做资金配套。

（2）改进完善转移支付的计算公式和方法。完善规范的一般性转移支付计算公式和模型，提高转移支付的透明度，消除讨价还价的余地。在因素选择上，结合我国现阶段的区域发展国情和均衡目标，突出人口稀疏程度和各地区自然环境禀赋条件差异等主要客观因素，突出民族地区、边疆地区、革命老区等维护社会稳定和民族团结因素，突出强调将“三农”因素和重点区域援助纳入分配公式，通过反复测算使其科学化、合理化。此外，切实加强转移支付资金和专项拨款的管理。凡是适用因素法分配的专项，都要采用因素法，避免分人情钱、“撒胡椒面”和“跑部钱进”的现象；适合采用项目管理的应加强制度建设，规范操作，形成科学合理的分配依据和制度规范；对专项转移支付资金的分配要制定明确的资金使用绩效目标，并对资金使用效果做跟踪检查。

（3）探索建立中国特色的“对口支援”形式的横向转移支付机制

横向转移支付是在既定财政体制下，安排各地方政府之间财政资金的转移，以达到加强地区之间支援、缩小地区差距、均衡财力的目的。世界各国大都实行单一的纵向转移模式，即中央政府对地方政府、上级政府对下级政府的财政转移支付模式，只有德国、瑞典和比利时等少数国家实行纵向与横向混合的转移模式。就历史的路径依赖而言，我国地方政府之间虽然没有一个规范化、公式化、法制化的横向转移支付制度，但具有这种性质的“对口支援”早已存在。东部发达地区支援中西部不发达地区，有利于加快地区间的协调发展，提高国家整体经济发展水平，从而也最终有利于东部地区经济的发展。因此，可以在目前以纵向转移模式为主的同时，试行和发展“对口支援”“生态补偿”等横向转移支付。

5. 健全社会保障体系，合理提高居民转移性收入

（1）完善社会保险体系。坚持全民覆盖、保障适度、权责清晰、运行高效，稳步提高社会保障统筹层次和水平，建立健全更加公平、更可持续的社会保障制度。首先，完善社会保险体系。实施全民参保计划，基本实现法定人员全覆盖。坚持精算平衡，完善筹资机制，分清政府、企业、个人等的责任，适当降低社会保险

费率。其次，完善统账结合的城镇职工基本养老保险制度，构建包括职业年金、企业年金和商业保险的多层次养老保险体系，持续扩大覆盖面。积极实现职工基础养老金全国统筹。完善职工养老保险个人账户制度，健全参保缴费激励约束机制，建立基本养老金合理调整机制。积极发展企业年金，职业年金和商业寿险的同时，协调地推出税收递延型养老保险。更好发挥失业、工伤保险作用，增强费率确定的灵活性，优化调整适用范围。最后，建立更加便捷的社会保险转移接续机制。划转部分国有资本充实社保基金，拓宽社会保险基金投资渠道，加强风险管理，提高投资回报率。大幅提升灵活就业人员、农民工等群体参加社会保险比例。

（2）健全社会救助体系。社会救助体系是社会保障体系的重要组成部分，在统筹推进城乡社会救助体系建设中，应完善最低生活保障制度，强化政策衔接，推进制度整合，确保困难群众基本生活。加强社会救助制度与其他社会保障制度、专项救助与低保救助等的统筹衔接。构建综合救助工作格局，丰富救助服务内容，合理提高救助标准，实现社会救助“一门受理、协同办理”。建立健全社会救助家庭经济状况核对机制，努力做到应救尽救、应退尽退。开展“救急难”综合试点，加强基层的流浪乞讨人员救助服务设施建设。

（三）健全与完善国民收入第三次分配制度

第三次分配体系主要是指来自使用国内、国际的各类社会捐赠的公益慈善和社会救助活动，因此第三次分配的基础是慈善捐赠。我国慈善捐赠资金来源，包括企业、个人及社会团体组织，机制构造方面的主要问题是公益性的基金会十分欠发达，管理上的问题则是对慈善资金的使用和管理不甚规范，所以，为有效弥补初次分配和再次分配在缩小居民收入差距方面的不足，必须在现有分配体系上进一步健全第三次分配制度机制。

1. 加强现有的慈善资金管理机构的管理

近年来关于红十字会等公益性组织工作人员不当处置慈善捐款的负面新闻，使得人们对慈善事业的前途感到担忧。慈善捐款与其他资金不同，完全是社会公众自愿的行为，公众希望他们的爱心能够帮助更多有困难的人，对那些侵吞、挥霍慈善捐款的行为深恶痛绝，认为是对他们爱心的一种亵渎，因此捐款意愿就会明显降低，第三次收入分配体系就将无法较好发挥缩小居民收入差距的作用。所以需要加强慈善管理机构的管理。首先，在人员任用上，应该设置比一般任用标准更严格的标准，确保工作人员思想品质优秀。其次，提高资金收支全过程的透明度，以阳光化支撑公信力，并确保慈善资金使用环节的监管。应建立慈善捐款使用跟踪机制，全程监督捐款的使用，同时定期向社会公开捐款资金使用情况，接受社会监督。最后，加强社会慈善氛围的营造和公益性基金会的建设，推动我国慈善事业发展。从我国慈善捐款的现状来看，社会捐款救助的规模还比较小，所以要通过宣传使社会公众认识捐款的重大意义，营造一个真诚、高尚、充满爱意和互相帮助的和谐社会的氛围。另外需要通过宣传让社会公众了解慈善捐款如何使用，资金使用到了哪些项目上，让捐款者完全了解自己捐款的使用情况，做到对公众全透明，接受社会全面全程监督，这样才能让社会公众放心、高兴、可持续地自愿捐款。

2. 完善税收政策鼓励企业、社会团体组织及个人积极捐款

税收政策应考虑在企业捐款方面提高企业捐款的税前扣除标准，建议可以采用累进比例扣除标准，即企业捐款数额越大，税前扣除比例就越高，这样能够有效调动企业捐款的积极性。而对个人捐款不应设置扣除比例，应该采取全额扣除方式。

3. 鼓励和引导公益基金会，志愿者组织的发展

把慈善捐款制度化、规范化、常态化、避免突然性，突发性和短暂性，这样才能为第三次分配提供持续的资金保障。借鉴国际经验，应把国内已有一定发展基础和强烈发展意愿的公益基金会和志愿者组织更有积极地发展起来，鼓励和引导他们规范、可持续地长期从事公益慈善活动。

（四）推进国民收入分配的配套制度改革

造成居民收入差距扩大的原因是多方面的，因此除了通过对收入的初次分配、再分配和第三次分配进行调控之外，还要在问题导向下有针对性地推进收入分配制度改革，主要包括以下几方面。

1. 积极推进收入分配法律制度体系建设

收入分配领域的问题很大程度上是制度缺陷和制度漏洞所引起的。应当尽快建立比较完善、相互配套的收入分配法律法规体系，依法严厉打击各种非法谋取个人收入的行为。加强执法力度，扭转有法不依、执法不严的局面。当前应根据个人收入分配中的突出问题，先建立一些暂行条例和管理办法，再通过不断完善，逐步形成法律。应大力建立健全有关领域的人员的监督机制，充分利用社会各个方面的监督力量，控制和约束社会非法收入的蔓延趋势。

2. 改革现行工会组织

工会组织是职工利益的重要维护者，缩小居民收入差距可以考虑改革现行工会组织，发挥工会真正保障职工利益的职能。

（1）赋予工会组织独立自主的地位。当前我国的企事业单位工会组织在单位中没有独立自主地位，主要职能是节假日慰问单位职工，组织职工的文化活动以丰富职工生活等，与现代意义上的工会职能相距尚远。按照新《中华人民共和国工会法》规定，凡是企事业单位有违反劳动法相关规定侵犯职工权益时，单位工会组织可以代表职工向企事业单位进行交涉，由此来保护职工合法权益不受侵害。但实际上目前在我国还是无法执行的，因为工会组织是附属于单位的一个部门，并没有独立自主的权力，还不可能代表职工向自己所在单位提出交涉。要让工会真正承担起保障职工权利的责任，就必须赋予工会组织独立自主的地位，给予其与资方平等协商的权利。

（2）切实发挥工会组织“稳压器”的作用。工会组织的一个重要作用是劳资双方的“稳压器”。主要功能在于协调劳资双方的不和谐关。一是开展预警服务活动，及时了解和掌握职工的思想动态、心理忧虑以及面对的困难，对各方面给出预警信息。二是加大生活救助力度。对困难职工基本情况掌握之后，接下来就要对生活困难的职工加大救助力度，包括进行慰问和帮扶，对患大病或长期因病致贫的职工进行重点救助，帮助困难职工子女完成学业，等等。三是帮助困难职工再就业。如开展职工再就业技能培训、职业介绍、自主创业引导等。四是建立工会接访制度，为职工群众反映问题、咨询政策寻求帮助提供途径，解决职工困难、困惑，化解劳资关系矛盾。

3. 加快投融资体制改革，建立健全基本公共服务多元化供给模式

（1）大力推广政府、企业和社会力量合作模式（PPP）。设立 PPP 项目引导基金，规范 PPP 项目操作程序，建立健全合理投资回报机制，鼓励和引导社会资本参与公共产品和公共服务项目的投资、运营管理，重点在轨道交通、垃圾污水处理、能源、水利、保障性安居工程、医疗、养老、教育、文化、停车设施等领域推广 PPP 模式，提高公共产品和公共服务供给能力与效率。

（2）进一步推进和完善政府购买公共服务。继续扩大政府购买服务范围和规模，能由政府购买服务提供的，政府不再直接承办；能由政府与社会资本合作提供的，广泛吸引社会资本参与。完善相关政策，制发政府购买服务指导性目录，逐步扩大政府购买服务的范围和规模。制定重点公共服务领域政府购买服务实施方案，逐步加大教育、社会保障、环境保护、文化、市政市容等重点领域政府购买服务力度，推进选取社会影响力大、具有示范性和带动性、市场机制成熟的示范项目，通过购买服务的方式交由社会力量承担，并对示范项目实施情况进行后续跟踪。加强政府购买服务资金管理，提高资金使用效益和公共服务供给水平。加大对社会组织的培育扶持，重视发展服务业市场，激发和调动社会力量参与政府购买服务的积极性。

4. 深化教育、科研管理体制改革

要在问题导向下坚决贯彻落实中央关于优化科研环境、加强智力要素激励等指导方针，以实质性地深化教育改革、科研改革，形成符合人才成长规律培养创新型人才，遵循科研规律可持续激励科研创新活动的制度环境和社会氛围，正确处理人文关怀、物质鼓励和经费使用与学术规范制约的关系。

5. 探索建立收入分配预警体系

首先，确立收入分配的和谐目标，构建收入差距合理程度的测量尺度，为建立收入差距预警机制奠定基础。其次，探索建立城乡收入分配预警模型、地区间收入分配预警模型、群体间收入分配预警模型和行业间收入分配预警模型。这些预警模型之间并非完全独立，需在各分预警模型对收入差距风险测评时，可以得出收入分配的公共风险，进而工作部门可以依此做到政策制定实施的针对性，把各类风险控

制在可接受范围之内。最后，支持收入分配调控机制。收入分配差距预警机制的建立可以帮助政府及时动态掌握各类收入差距和总收入差距的变动过程。进而在改革完善收入分配制度方面加强机制的顶层设计，着力在初次分配中，建立健全职工工资与经济基本同步增长、不同行业收入分配有效调节的机制等；在再分配中，建立健全全社会而言的“抽肥补瘦”的收入与财富分配调节机制等；在三次分配中，使慈善和公益事业得到充分发展，以促进我国经济社会的持续健康发展。

参考文献：

1. 中共中央文献研究室：《改革开放三十年重要文献选编》（上），中央文献出版社 2008 年版。

2. 《邓小平文选》（第 3 卷），人民出版社 1994 年版。

3. ［美］布坎南：《自由、市场和国家——20 世纪 80 年代的政治经济学》，北京经济学院出版社 1988 年版。

4. 托马斯·皮凯蒂，《21 世纪资本论》，中信出版社 2014 年版。

5. 李稻葵、刘霖林、王红领：《GDP 中劳动份额演变的 U 型规律》，载于《经济研究》2009 年第 1 期。

6. 李实、罗楚亮：《中国收入差距究竟有多大？——对修正样本结构偏差的尝试》，载于《经济研究》2011 年第 4 期。

7. 李实、万海远：《劳动力市场培育与中等收入陷阱——评〈中国劳动力市场发展报告 2011 ~2013〉》，载于《经济研究》2014 年第 4 期。

8. 王小鲁：《我国国民收入分配现状、问题及对策》，载于《国家行政学院学报》2010 年第 6 期。

9. 贾康：《收入分配与政策优化、制度变革》，经济科学出版社 2012 年版。

10. 贾康：《收入分配与政策优化、制度变革》，经济科学出版社 2012 年版。

收入分配差距：理论与实际结合的考察及对中国的启示[*]

贾 康 苏京春[**]

摘要：本文通过以收入分配差距为视角的理论与实际结合的概略考察，得出对中国经济发展的启示。文中首先从西蒙·库兹涅茨在美国数据分析的基础上提出的"库兹涅茨曲线"着手进行分析，得出经济增长不能自动解决收入分配差距的认识；继续探讨了法国经济学家托马斯·皮凯蒂拉长时间截距对资本与收入分配进行的推进分析，得出现阶段收入分配的差距主要来自资本的认识；接着通过分析拉美地区因民粹主义基础上的福利赶超而落入"中等收入陷阱"的前车之鉴，认定收入分配差距是中等收入发展阶段必须重视解决的问题；最后，本文对中国经济增长中收入分配的抉择提出了针对性对策建议。

关键词：收入分配　库兹涅茨曲线　"中等收入陷阱"

一、经济增长能否自动解决收入分配问题：库兹涅茨曲线述评

收入分配问题一向是经济学家关注的重点研究领域，从威廉·配第、马尔萨斯、大卫·李嘉图、卡尔·马克思到后来的亨利·乔治，都非常关注贫富分化问题的考察分析。这些理论大家的关注除了基于时间节点上的横断面，也涉及时间序列的纵向维度，如结合相关的变量，马克思考察了无产阶级的贫困化趋势；马尔萨斯考察了社会财富增长及其分配与人口规模的动态制约关系，等等。

1954 年，美籍俄裔经济学家西蒙·库兹涅茨在美国经济学年会上发表了著名的《高收入阶层在收入和储蓄中占有的份额》一文，基于这篇论文所阐述的"库兹涅茨事实"提出了"库兹涅茨曲线"（Kuznets Curve），他在 1913 ~ 1948 年美国

＊ 本文为国家社科基金重大项目"深化收入分配制度改革研究"（项目批准号：2015MZD035）阶段性成果之一。

＊＊ 作者简介：贾康，华夏新供给经济学研究院首席经济学家，研究员、博士生导师；苏京春，中国财政科学研究院副研究员、硕士研究生导师，经济学博士。

数据的基础上，观察并总结了美国收入不平等随着经济增长出现的下降趋势，收入最高的10%人口的总收入占国民收入的比例从45% ~50%下降至30% ~35%，从而提出了收入分配不平等随着人均国民生产总值的增加将呈现出先增后降的假说，在图形上表现为倒“U”型曲线。(Simon Kuznets，1955）经济学研究中有许多条倒“U”型曲线，但都比不上库兹涅茨所提出的这条绝非简单的倒“U”型曲线影响之大，原因就是这条曲线引发了对一个重要问题的反思，即伴随经济增长，收入分配格局究竟会何去何从，经济增长是否能够自动解决收入分配差距过大的问题。当然，按照库兹涅茨的概括，收入分配差距虽然一开始会随着经济增长而扩大，但是随着经济继续增长，这种差距会逐渐缩小，而且这种改善是自动的，即经济增长会自行解决收入分配中的差距过大问题。

“库兹涅茨曲线”及其结论性认识在经济学界掀起的讨论浪潮可谓一波接一波，视角也呈现出多样化，但主要线索有两条，第一就是沿着库兹涅茨的研究方向继续探讨和验证是否真的存在这样一条倒“U”型曲线，第二就是何时实现以及如何实现这样一条倒“U”型曲线上关键性的拐点。值得强调的是，首先，对于库兹涅茨曲线难以自动实现的论证已经得到较广泛的认同，这是建立在学界对此曲线进行研究的热烈回应和历史继续发展的客观事实基础上。随着1948年以后数据的获得和处理水平等方面的提高，不少学者都利用模型得出了与库兹涅茨曲线相悖的结论，因而库兹涅茨曲线也一度遭学界摒弃，认为其错误的结论使之丧失了被关注的意义。但其实库兹涅茨曲线所提出的问题及其引发的关注与探讨是有重大意义的。在首先承认库兹涅茨曲线不会自动产生，即收入分配公平程度的改善不会随经济增长而自动发生的基础上，学界对库兹涅茨曲线如何实现的探讨，主要集中在库兹涅茨转折点相伴刘易斯转折点而生、政府缩小差距的意愿和政策力度至关重要、产业和技术结构以及全球化影响收入分配、单纯“分蛋糕”的民粹主义政策适得其反四个方面，是颇具参考意义的“新库兹涅茨事实”（蔡昉，2015)。

依此实证分析结果，可知：首先，在所考察的时间段内，世界视野而言的多经济体实现了整体收入水平的上升与贫困率的降低，换而言之，没有出现绝对贫困化而且可观察到总体而言的致富趋势；其次，但与此同时，多经济体总体而言可观察到相对贫困化，即高、低两端群体的收入差距有明显扩大。这项研究实际上否定了库兹涅茨的倒“U”型曲线认识框架。考虑到以上这两项研究一是用美国数据，一是用多国数据，具有不可比性，又都只覆盖30年左右的较短时间段，故均不足以给出关于收入分配格局变动长期趋势的较有把握的论断。更长时间段的考察分析，便成为很有价值的延伸研究了。

二、收入分配不平等主要缘自资本:《21世纪资本论》述评

经济学界于2014年出现了一部产生广泛影响的关于收入分配的著作，即托马

斯·皮凯蒂的《21世纪资本论》（托马斯·皮凯蒂，2014），而其中最引人注目之处，就在于皮凯蒂将库兹涅茨当年所做的研究作了推展，进一步证实，虽然在1913~1948年美国的收入分配不公平程度的确有显著下降，但是进入20世纪50~70年代后，这一程度开始趋于稳定，并没有继续下降，而进入20世纪80年代之后，这一程度重新开始扩大，以至于截至2000年，这一程度已重新回到1913年的水平。这一研究可以说是对库兹涅茨曲线最直接的颠覆。换言之，皮凯蒂的一个重要结论，就是基于实证视角的库兹涅茨曲线在美国经济实践中从近百年的视野看其实并不存在，或者我们转而从规范视角去理解，即库兹涅茨倒“U”型曲线不会自动地稳定形成，至少基于美国的实践可以得到这样的结论。虽然在诸多媒体当中，颠覆库兹涅茨曲线这一点都被当作皮凯蒂这一著作的最大亮点，但是我们认为，这一点还是应当排在“资本/收入比”这一指标认知的后面。因为在《21世纪资本论》之前，学界已陆续有许多相关研究进行了如上所述对库氏倒“U”型曲线的颠覆性证明，而皮氏的原创性贡献，在于正面解释关于收入分配差距形成机制的重要新发现。

《21世纪资本论》的最大亮点，在于使用资本（财富）与国民收入的比例这一指标来研究分析收入不平等问题。皮凯蒂认为，基尼系数将所有的不平等因素都囊括在一起进行反映，不尽科学，因为由于努力工作而导致的不平等是应当得到鼓励的，而由于继承财富以及财富的膨胀所带来的不平等扩大则是应当抑制的。基于此，与大多数情况下总是简单关注流量有所不同，皮凯蒂基于资本（财富）这样一个存量概念，构造了资本/收入比这样一个融合了存量与流量的指标，这个指标的高低能够反映资本所带来的收入究竟是不是越来越多地集中在了少部分富人手中。按照皮凯蒂的分析逻辑，这一比例越高，就说明拥有相对更高储蓄率、更多投资机会和更高回报率的富人更多地拥有了该国资本带来的收入。经过对一个相当长历史时期翔实数据的分析，得到了随着经济增长，收入分配不公平会加剧的结论。具体而言，皮凯蒂计算出19世纪和20世纪初，欧洲的资本/收入比大约为6~7，美国为4~5，也就是说，欧洲的资本总量相当于6~7年创造出来的国民收入，而美国是4~5年；到20世纪50年代，欧洲的资本/收入比降至2~3，美国也降至4以下；而后又开始一路飙升，截至2000年，欧洲的资本/收入比已上升至5~6，皮凯蒂估计这一数值会在未来进一步上升至6.5。

《21世纪资本论》的另一亮点和认识贡献，就在于提出资本的收益率虽然在经济学理论上已有（常规投资）边际递减规律存在，但是在现实运行中由于条件总在变化，资本总是相对于劳动而言有更多的投资扩张机会，并且随着技术的不断进步，越来越多的市场主体都在为了吸引资本而相互竞争，能够得到资本支持的市场主体往往能够将技术再向前继续推进，所以在经济实践当中，资本收益率呈现逐步上升的趋势。以这一认识再加上资本/收入比不断提高的事实，皮凯蒂得出资本在国民收入中所占比例将会越来越高的判断。自19世纪以来，尽管贫富差距有过不继续恶化的时期，也有过缩小差距而改善的时期，但总体来讲却是趋于恶化的，而且唯独可认定的改善时期出现在两次世界大战爆发时期，并非市场经济自发形成的结果。鉴于此，皮凯蒂主张对资本征收累进税来扭转21世纪贫富恶化的趋势。

皮凯蒂的论述在全球范围内产生广泛影响而引发的热烈讨论中，得到了一些经济学家的支持。保罗·克鲁格曼认为《21世纪资本论》是“本年度最重要的经济学著作，甚至将是21世纪10年代最重要的一本书”，也认为富人的巨额财富在现阶段已经不能那样理所当然地获得，因为越来越多的富人财富来自继承，而非创业和工作。罗伯特·索洛也认为皮凯蒂“总体来看是对的”，甚至认为其以资本在国民收入中所占份额这一指标作为衡量标准的“富者越富的动态学说”填补了经济学分析的重要空白。同时，皮凯蒂的论述也受到一些经济学家的批评。劳伦斯·萨默斯首先对皮凯蒂的论述条件提出了质疑，针对皮凯蒂所认为的资本收益率下降缓慢，萨默斯指出这一前提条件没有考虑资本贬值，认为如果将其考虑进去，资本收益率显然下降得更快，而针对资本收益全部用于再投资这一前提条件，萨默斯则以美国为例说明每增长1个单位财富居民就会增加0.5个单位的消费来进行了反驳。此外，对于不平等问题的日益加剧，萨默斯认为主要是技术创新和全球化所导致的，这种以天赋为条件的不平等是具有合理性的。其次，萨默斯还对皮凯蒂所提出的对资本征收累进税的政策建议提出了质疑，认为存在特殊资产定价难题、可能引发非理性消费，等等。曼昆认为皮凯蒂所论述的收入最高的1%的人其收入在国民总收入中的占比高达20%这一结论不科学，因为没有考虑个人税收支付和非现金收入，而如果将所有因素都综合考虑，那么收入末端20%的人其总收入上升了50%，而中间20%的人其总收入也上升了36%。阿西莫格鲁则认为收入分配不平等在长期看来与资本/收入比这个指标关系并不大，主要还是制度在起作用，而且仅用最高的1%的人的收入状况作为研究指标存在偏颇。(大卫·哈维则认为虽然贴上了“马克思主义者”的标签，但是皮凯蒂这本书与马克思关系不大，甚至认为这是一本以“资本论”为题目但却不是关于资本论述的专著。)（何帆，2015）中国学者在讨论中，李稻葵指出皮凯蒂的实证研究没有覆盖近几十年主要发展中经济体如中国的情况（李稻葵，2014），考虑到中国等国减贫等方面的成效，皮氏的舆论恐需作出重大修正（当然，如考虑到近30余年中国基尼系数的状态，李氏的观点又有可商榷之处）。秦晖在肯定皮凯蒂论述涉及的冷战时代全球化的确造成了发达国家内部分配不均平的重新扩大（主要使用“% - 倍数”指标，即顶端的n%人群之总收入占比为底端的n%人群的若干倍）的同时，强调经济高增长时期“资本优势”会上升而相反时期则下降的原因，并非皮凯蒂所说 r > g（资本收益率高于经济增长率规律），而是全球化时代资本、商品双向流动中“低人权优势”经济体与相反的高人权优势体间“畸形互动”：外向型发展中的全球市场均衡条件下使两类大相径庭的“社会市场经济”的要素配置带来收入不均年度

扩大的如此结果。(秦氏的分析确有其深刻之处，但其量化分析还需做更多的工作)。(秦晖，2017)

不论上述见仁见智的讨论如何发展与演化，皮凯蒂研究成果的贡献应得到充分肯定，其认识意义与价值至少包括：一是更长期视野的关于倒“U”型曲线的研究可以引出十分重要的发现，显著地丰富相关认识。二是关于收入分配格局的认知十分需要把资本、财富的存量与收入流量结合作出动态的关联性考察研究，以揭示更为深层的收入变动机制问题。三是延伸的研究已推进到收入分配不均平之成因的区别对待式的分析认识与区别化对策的明显必要性问题。(贾康，2006) 四是抑制收入分配结果不均平程度的制度与政策设计（涉及税制等）显然是十分必要的，推演到即使认可长期存在倒“U”型曲线，在此曲线达到其“爬坡”的峰值之前，就应积极研讨抑止收入差距扩大的“全要素”（流量 + 存量）方案。

三、民粹主义福利赶超拖垮经济升级成长：关于拉美国家落入“中等收入陷阱”的教训

拉美民粹主义基础的福利赶超最为直接的触发原因是应对 20 世纪“三十年黄金增长期”带来的社会收入差距扩大。拉美国家经历过长期殖民地生活，加之种族十分多样化，始终对平等问题非常敏感，又叠加了遗留下来的制度因素，使工业化和城市化进程举步维艰，创造就业和解决城乡一体化发展问题更加困难(社会收入差距扩大问题也与多语种、多信仰等人口结构问题有一定关联，多元民族间的差异性与歧视因素，容易催化收入差距矛盾)。外部发达国家的榜样效应本来是经济赶超的催化条件之一，落后经济体运用后发优势对发达经济体进行技术学习和制度仿效而实行赶超，是中等收入经济体赶超阶段的合理路径。然而，拉美后来的赶超路径并没有沿着学习技术和依托长久有效制度体系继续推进经济赶超的方向来进行，而是扭曲地转向了忽略本土财政约束、机械照搬发达国家福利水平和福利体制的方向。当时的发达国家已经经历了几轮的“经济迅速增长—工资福利上涨—经济继续迅速增长”，在经济发展水平到达一定高位且逐步稳定后，才进入“工资福利上涨—建立福利保障体系”的转变，又经历一定时期的福利覆盖面扩大和福利水平提高，终于建成福利国家体制。拉美国家作为经济落后的经济体，在民粹主义情绪与政治家争取选票的契合之下，过早地照搬发达经济体历经多年发展才得以推行的体制，只能是力不从心、适得其反（贾康、苏京春，2016a)。

这种福利赶超的结果不是单一因素所导致的。拉美地区在经济高速增长了 30 年之后，收入分配不平等问题日渐尖锐，这种缩小贫富差距的愿望在各个阶层都非常强烈，加之从较低的收入水平步入了中等收入水平，生活各个方面都得到了显著

提高，公民于是更加关注自身利益，尤其是自身福利与发达国家的比较，形成一种“大众情感的政治主张”即所谓“民粹主义”倾向，加之从宏观经济尤其是国家经济发展水平、国家财力水平、国民收入等发展与积累的理性角度来考虑，公民上述对福利无限的渴望本不应盲目地、一味地去迎合，但是拉美国家政治上的不稳定加上选举制度下为了迎合选民的意愿而推崇民粹主义政策的政治领袖当权，导致选民的这种非理性意愿不断地、简单地、不计后果地被政治领袖所迎合与满足。因而最终导致了拉美地区“民粹主义基础上的福利赶超”。这种福利赶超导致国民收入分配中应当用于继续推动经济赶超的经济发展成果几乎都作为福利提前分配，而没有强大的力量再支撑经济的继续增长，加上当时的“进口替代工业化”战略的错误导向，推拉美地区的宏观经济进入几近万劫不复的境地，在短短的时间中内耗掉了难能可贵的经济发展成果而落入“中等收入陷阱”一蹶不振几十年，引发各种社会矛盾和恶性循环（贾康、苏京春，2016b）。

福利本来应是随中等收入经济发展、赶超的不断推进而逐步提高的，然而，拉美的民粹主义基础上的福利赶超把福利的增长最为重要的目的而忽视了福利增长的可持续机制，掏空了经济发展的后劲和持续改进民生福利的基础。拉美地区与中国经济发展历程具有相当程度上的相似性，都经历了 30 多年的高速增长时期，都存在收入分配不平等、市场体制机制等多重问题，因此特别值得我们关注和吸取其前车覆辙之教训（苏京春，2013）。

四、世界经济增长中的收入分配实践：中等收入阶段收入差距不断扩大

作为一种划分经济发展水平的标准，中等收入阶段显然所指是经历了经济增长时期且增长到一定水平的阶段，从国际经验来看，中等收入阶段普遍存在收入差距不断扩大的问题，因此研究这一阶段的收入分配于中等收入阶段是否能够顺利晋级为高收入阶段至关重要（贾康、苏京春，2016）。

一是从国际视角分析，世界范围内的经济增长实践已经造成了以下三个结果：

第一个结果：整体收入水平提高。首先，世界范围内的经济增长实践导致的第一个结果，就是整体收入水平的提高，如图 1 和图 2 所示。其中，图 1 是世界范围内 1970 年的收入分配情况，图 2 是世界范围内 1998 年的收入分配情况，将两幅图进行仔细对比，不难发现，世界收入分布的曲线呈现出了整体的右移，而这两幅图的横轴所代表的都是收入水平，那么这种右移显然就意味着世界范围内人均 GDP 出现了显著增长，这两幅图的纵轴所代表的都是在相应人均 GDP 指标下的人口数量，那么不难看出处于峰值即最多人口所在的 GDP 区间也出现了显著右移，这也同样意味着人均 GDP 出现了显著增长。鉴于此，国际视角下经济增长的第一个结果就是使整体收入水平得以提高。

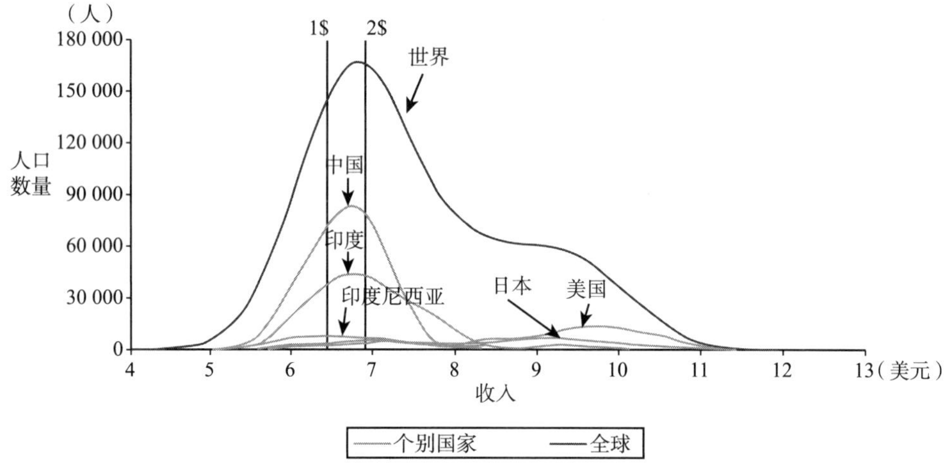

图1　1970年的世界收入分配分布

资料来源：Sala－i－Martin Xavier（2003a），*The World Distribution of Income* 1970－2000，Unpublished，Columbia，University.

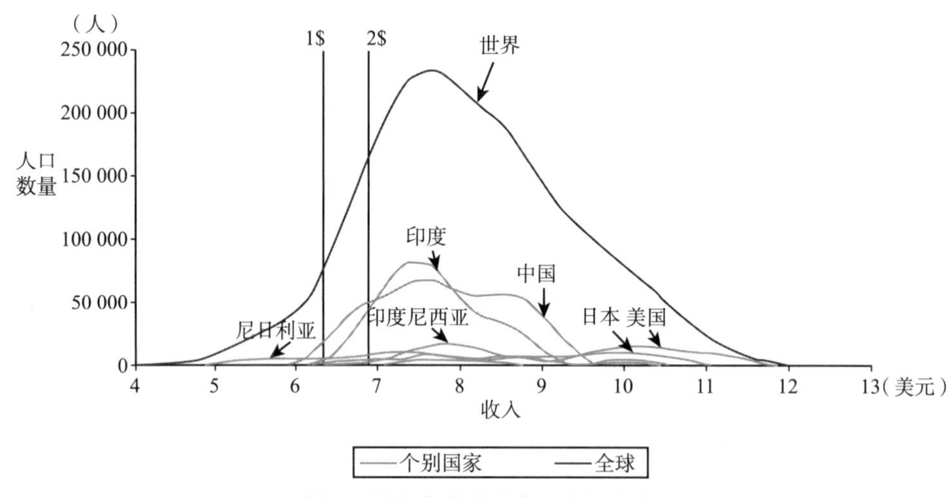

图2　1998年的世界收入分配分布

资料来源：Sala－i－Martin Xavier（2003a），*The World Distribution of Income* 1970－2000，Unpublished，Columbia University.

第二个结果：贫困显著减少。如图3所示，无论是以每天少于2美元为临界值标准（位于下图中上半部分的曲线），还是以每天少于1美元为临界值标准（位于下图中下半部分的曲线），都可以看到，自1970年以来，世界贫困率都呈现出一种不断下降的趋势，这意味着随着经济增长，世界范围内的贫困显著减少了。

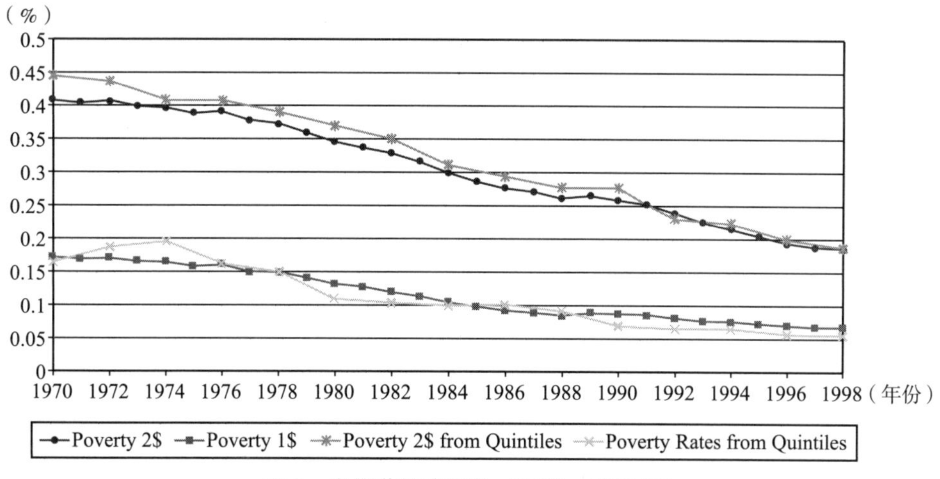

图 3　世界贫困率趋势（1970～1998 年）

资料来源：Sala－i－Martin Xavier（2003a），*The World Distribution of Income* 1970－2000，Unpublished，Columbia University.

第三个结果：贫富差距显著扩大。继续回看图 1 和图 2，不难看出，虽然世界范围内的人均 GDP 水平分布曲线呈现出了整体右移，而且世界范围内位于峰值的人均 GDP 数值也出现了显著右移，但是世界范围内的收入分配分布却发生了重大变化。在图 1 所显示的 1970 年世界收入分配分布中，世界收入分配的曲线相对是更加收敛的，而发展至图 2 所显示的 1998 年世界收入分配分布中的时候，世界收入分配的曲线相对变得更加离散了，这显然意味着世界范围内随着经济增长出现了贫富差距显著扩大的现象。

二是从中国的收入分配数据分析结果来看，中国经济增长也出现了三个结果，除了符合世界范围内经济增长所导致的结果以外，还带有自己的特点。

第一个结果：整体收入水平不断提高。如图 4 所示，中国的收入分配曲线在 1970 年、1980 年、1990 年和 1998 年呈现出整体不断右移的趋势，而且峰值也呈现不断右移的趋势，即中国随着经济增长实现了整体收入水平的不断提高。

第二个结果：贫富差距显著扩大。随着经济增长，中国整体收入水平在呈现不断提高的同时，还呈现出不断离散的特点。继续回看图 4，从左至右的四条曲线分别代表了 1970 年、1980 年、1990 年和 1998 年的中国收入分配分布曲线，不难看出，1970 年的收入分配分布曲线最为收敛，随后的 1980 年收入分配分布曲线开始呈现出离散的特点，再后的 1990 年收入分配分布曲线离散的幅度更大，至 1998 年，收入分配曲线已经呈现出非常显著的离散特点，这个动态过程揭示的就是不同收入水平的人群不断拉开距离的过程，显示了中国随着经济增长呈现的贫富差距显著扩大的特点。

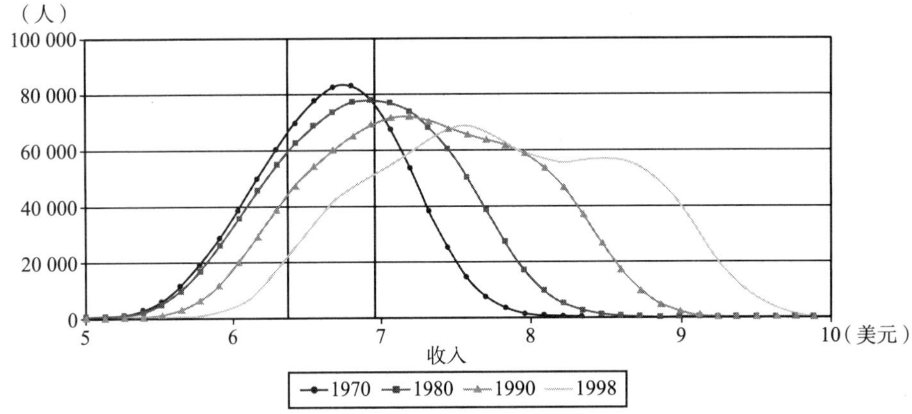

图4　中国的收入分配分布曲线（1970年、1980年、1990年、1998年）

资料来源：Sala - i - Martin Xavier（2003a），*The World Distribution of Income* 1970 - 2000，Unpublished，Columbia University.

三是一个重要结论：中等收入发展阶段贫富差距更容易扩大。

首先，中国和巴西等处于中等收入阶段的国家都出现了贫富差距扩大的问题。继续回看图4，不难发现，1990年和1998年两条曲线的离散程度更大，从数据上来看，我国恰是在经历多年改革开放之后的20世纪90年代跨入的中等收入阶段，而在这个阶段中，中国的收入分配分布曲线呈现出大幅度的离散特点，这表现出中等收入发展阶段贫富差距更容易扩大的特点。客观而论，这种发展结果总体特征上尚符合我们在经济赶超战略下的相关预期，即符合邓小平所说的"允许一部分人先富起来"，而现阶段相关问题的重中之重就落在了怎样实现"先富"带动"后富"，从而"最终实现共同富裕"。

值得注意的是，这种特点并不仅仅出现在中国，世界范围内典型的落入"中等收入陷阱"的国家巴西也呈现出这种特点，收入分配分布曲线大幅度离散，如图5所示，显示了中等收入阶段贫富差距过大的社会现实。

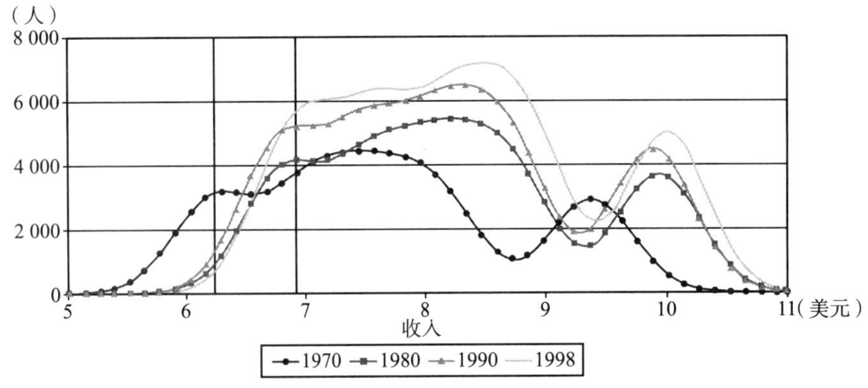

图5　巴西的收入分配分布曲线（1970年、1980年、1990年、1998年）

资料来源：Sala - i - Martin Xavier（2003a），*The World Distribution of Income* 1970 - 2000，Unpublished，Columbia University.

其次，美国等发达经济体随经济增长收入分配分布变化不显著。分析过与中国同处于中等收入发展阶段的巴西，本文认为还十分有必要看看同时期美国的收入分配曲线，如图6所示，随着经济增长，美国的收入分配分布曲线呈现出非常规则性的右移，美国作为一个一直处于世界高收入行列的国家，其收入分配分布曲线随着经济增长呈现出整体右移、峰值也右移、峰值不断飙高的三个特点，然而曲线自身的形状并没有太大变化，没有出现显著的离散，这表明其随着经济增长收入分配分布并没有发生太大的变化。

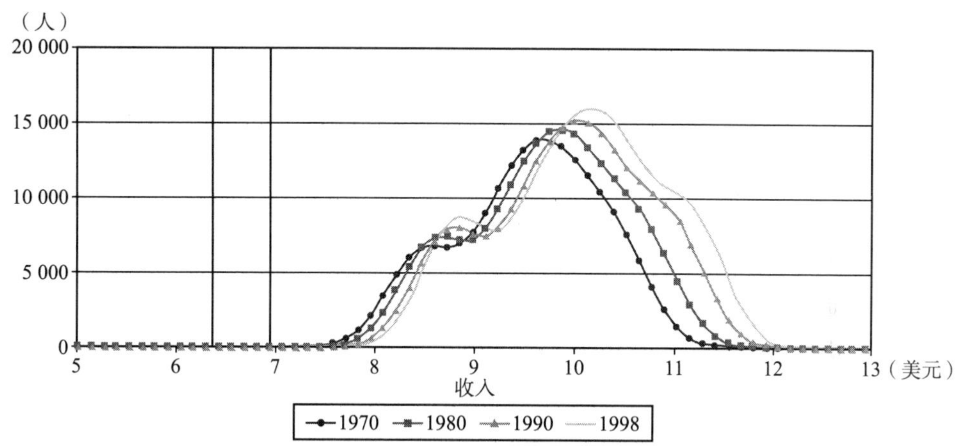

图6 美国的收入分配分布曲线（1970年、1980年、1990年、1998年）

资料来源：Sala – i – Martin Xavier（2003a），*The World Distribution of Income* 1970 – 2000，Unpublished，Columbia University.

最后，日本等成功跨越“中等收入陷阱”的国家呈现出贫富差距缩小的特点。若再看一下同时期的日本，那么更加能证明本文提出的这个重要结论。如图7所示，日本经过经济高速增长，不仅收入水平显著提高（在图7中表现为收入分配曲线的整体右移、峰值水平也显著右移），而且处于相对更高收入水平的人口数量明显增加（在图7中表现为收入分配曲线的峰值水平所对应的纵轴数值不断攀升）。此外，还有一个特别值得注意的显著趋势，那就是日本1998年的收入分配分布曲线显然比1970年的收入分配分布曲线要更加收敛，这表明日本在经济增长的过程中，尤其是在成功跨越中等收入阶段而步入高收入阶段之后，其收入分配方面呈现出贫富差距缩小而中产阶级壮大的特点。由此，我们也可以看出，中等收入群体的形成是缩小收入分配的关键所在。

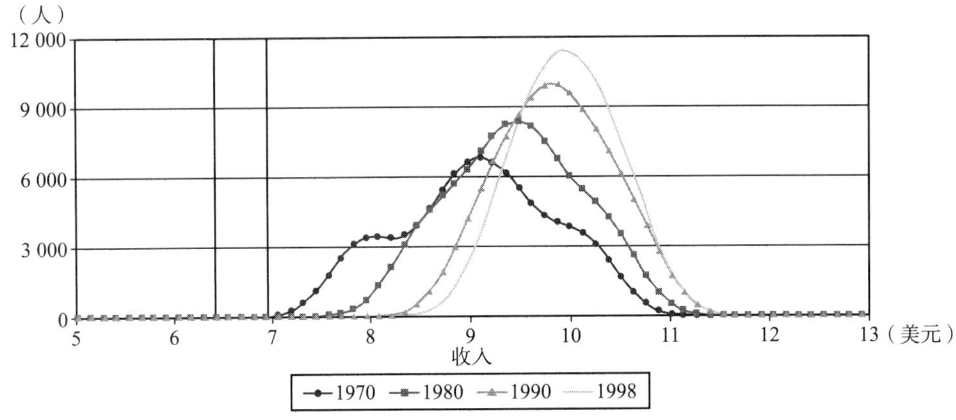

图7　日本的收入分配分布曲线（1970年、1980年、1990年、1998年）

资料来源：Sala - i - Martin Xavier（2003a），*The World Distribution of Income* 1970 - 2000，Unpublished，Columbia University.

五、中国经济增长中收入分配的抉择：重要结论及启示

以上国际视角的概略考察和理论联系实际的分析，可为中国经济增长中正确处理收入分配问题的抉择提供重要启示：

第一，收入分配差距（不平等）的"两极分化"问题不会随着经济增长而自动解决，收入分配差距先扩大再缩小的库兹涅茨曲线不会自动实现；需要通过政府"看得见的手"进行合理干预而谋求矛盾的缓解和最终得以解决，这必须作为相关制度机制和政策研究的一个重要方向。

第二，收入分配不平等的问题可能随着资本（财富）向少数人手中集中而继续扩大，并且随着技术进步和全球化而呈现新的"加码"特点。随着中国步入中等收入发展阶段，收入流量指标所产生的差距可能不再像改革开放初期那样突出，而由于资本（财富）存量指标所产生的差距可能会更加凸显，加之中国现在正逐步成为全球化的核心之一，并且日益成为全球技术创新的重要引领者之一，由于资本（财富）所导致的收入分配不平等可能会更加明显，并且呈现出更为复杂的特点，正如萨默斯所说的那样，这种收入分配不平等可能带有资本结合天赋、资本结合创业、资本结合技术、资本结合机遇等多重特点，绝非像单纯继承大笔财产而导致的收入分配不平等那样容易得到明确地对经济发展具有积极或是消极影响的判断。如何优化直接税的再分配调节，应是这一领域无可回避的制度建设重点和历史性的考验事项。

第三，已有学术研究论证表明，财政进行收入分配与再分配过程中，存在"三元悖论"（贾康、苏京春，2013），即指任一特定时期，人们在减少税收、增加公共福利支出和控制政府债务及赤字水平这三个通常看来都"很有道理"的目标之中，至多只能同时实现其中两个，而不能同时实现，且未能达成的目标会同时制

约其他两个目标实现时的水平。这一结论也在一定程度上呼应着印证了拉美地区因民粹主义基础上的“福利赶超”而导致的消极发展结果。高速经济增长所带来的贫富分化问题决不能通过简单的福利赶超即盲目提高全民福利来解决，短期行为式地内耗经济发展成果最终将因吊高民众胃口又不可持续、激发矛盾而导致经济失去发展后劲，不仅福利将从云端跌落尘埃，而且整个发展势头也随之丧失，从而落入“中等收入陷阱”。在统计现象层面归结起来1950年以来，全球100多个达到中等收入阶段的经济体中，仅有10余个国家和地区成功跨越“中等收入陷阱”而成为高收入经济体，中国在改革开放以来的经济社会发展过程中先经历了“黄金发展期”而后又遭遇“矛盾凸显期”，多种矛盾压力之下，必须正确面对经济增长所带来的收入分配差距过大等日益带有风险、隐患特征的问题，一方面须避免社会贫富分化而导致的社会失稳动荡；另一方面须避免民粹主义基础上的福利赶超即以牺牲经济赶超来饮鸩止渴或短期地平息社会矛盾而后却导致整个发展难以为继，在力求完成技术突破性进展的同时，更重要的是如何完成制度突破性进展，从而实现从计划经济传统体制向社会主义市场经济体制的成功转轨、达成弥合“二元经济”的平稳过渡，有足够的支撑力跨越“中等收入陷阱”（大概率看，2025年前后为考验期），步入世界发达经济体之林。

参考文献：

1. Simon Kuznets，“Economic Growth and Income Inequality”，*American Economic Review*，1955，45（1）：1-28.

2. 蔡昉，收入分配的新库兹涅茨事实，上海证券报，2015年9月10日。

3. Sala-i-Martin Xavier（2003a），*The World Distribution of Income 1970-2000*，Unpublished，Columbia University.

4. 托马斯·皮凯蒂：《21世纪资本论》，中信出版社2014年版。

5. 李稻葵：《理解〈21世纪资本论〉离不开中国》，观察者网，2014年7月4日。

6. 秦晖：《全球化困境：原因与出路——兼评〈21世纪资本论〉（上）》，一瓣述评，2017年10月14日。

7. 贾康、苏京春：《中国突破“瓶颈期”亟需制度创新》，载于《参考消息》，2016年3月23日。

8. 贾康、苏京春：《中国的坎：如何跨越中等收入陷阱》，中信出版社2016年版。

9. 何帆：《21世纪资本论导读本》，中信出版社2015年版。

10. 贾康：《区分“公平”与“均平”，把握好政府责任与政策理性》财政部财政科学研究所《研究报告》，2006年10月23日。

11. 苏京春：《避陷阱、求坦途：中等收入阶段的福利赶超与经济赶超》经济科学出版社2013年版。

12. 贾康、苏京春：《财政分配“三元悖论”制约及其缓解路径分析》，载于《财政研究》2012年第10期。

中国全面配套改革中的直接税改革与收入调节优化*

贾　康

当前，我国直接税改革的重点是紧紧抓住房地产税和个人所得税的改革。房地产税法应尽快启动一审，在税法草案公之于世充分征收社会各界意见建议的基础上，以公正的听证会和内部专题研讨会等形式，集思广益，寻求最大公约数。个人所得税方面，应积极准备作个人所得税法的新一轮修订。

2018 年是改革开放 40 周年。中国目前所处的全面改革，迫切需要实现以现代国家治理、现代市场体系、现代财政制度和全面依法治国四者为支撑的制度创新。在这样的大背景下，税制改革尤其是直接税改革被赋予了重要意义。直接税改革是中国改革开放新征程中要经受的历史性考验，也是高质量发展构建基础性制度不可回避的问题。

一、直接税概念

首先需要把直接税的概念再强调一下。所谓直接税，可以理解为其税负不可以或者很难转嫁、谁买了就是谁承担，有这样特征的税种，我们称它为直接税——它显然具有“区别对待”之中再分配的功能，就是对谁征这个税，纳税人是把这个税负自己承受下来了。我们生活中的流转税可不是这样，如大家现在都讨论的增值税改革，宣传的概念上是减轻企业负担，其实企业在增值税税率降低以后，竞争中间他们还要比拼，谁能更多地把这个税负转到最终消费者那里去。经济学分析说明，最后很大一部分税负的归宿，不在企业那里，而是落在了最终消费者头上。直接税，则没有这样的一个问题。

二、直接税最易引发“税收厌恶”，是中国税改的历史性考验

接着要说到第二点应该强调的，就是在中国完成经济社会转轨的过程中，直接

* 本文主要内容发表于《经济参考报》2018 年 6 月 20 日。

税在所谓“税收厌恶”上的特点，特别明显，它最容易激起社会公众的不满。前几年老百姓的税收知识和意识上升以后，有人听说，自己过日子吃的馒头里有税，过中秋节自己买来吃的月饼里也有税，已非常气愤。那么可以想象一下，如果直接跟他说，你工资里的个人所得税要缴得更多一些，或者说你所居住的自己有产权证的住房每年也要缴房地产税，他将会做何感想？这种税收厌恶，古今中外一直存在，而中国经济社会转轨过程中间，我们面临的特定的问题，就是过去中国税制结构里没有什么直接税的情况下，大家不能够直观地感受它，而现在这种情况要做改变，我们必须谈论直接税了，就必须注意到社会公众在很多场合一定会表达出的不认可，甚至在某些情况下，会跳着脚“骂娘”。但是从中国现代化的客观需要来看，我的观点一直非常鲜明：整个社会要走向现代化，那么税制必须走向现代化，中国需要推进直接税方面深刻的税制改革，而这个改革必然是中国走向现代化道路上横亘于前的一个历史性的考验。

三、中美的简要对比

我们如果对照一下美国，非常简单清楚：美国的世界头号强国地位固然有多种相关的因素促成，但是美国人 100 年前完成的“进步时代”的那些制度建设十分值得关注：它在税制上形成的框架是什么呢？就是“直接税为主”，联邦政府以两种直接税（个税和工薪税）形成它收入来源的 80% 以上，地方政府（相当于我们的市、县基层），它的本级收入来源的大部分（高可以高到 90% 以上，低也低不到 40% 以下），又是来自直接税，只有州政府这个中间层级对于直接税的依赖系数低一些。美国直接税为主制度框架的好处是什么呢？在经济运行中间，它的调控功能，是逆周期的，叫作“自动稳定器”；另外它的社会分配功能，是“抽肥补瘦”的——当然这方面并不能完全令人满意，我们看到还不断有人在抨击美国的贫富悬殊，但大家可以设想一下，如果没有美国这样联邦和地方层级的直接税，美国的贫富悬殊会变成什么样子？客观地讲，直接税为主的制度安排促进了美国的社会和谐，有利于维持美国的头号强国地位。如果没有这样的直接税体系，美国的情况要比现在糟糕得多。

中国现在最突出的问题是什么？我们改革开放 2018 年到了第 40 个年头，看看中国的个人所得税、房地产税以及遗产和赠与税这三个最有代表性的直接税：总体来说，个人所得税是打开国门以后我们首先要调节到中国来工作的外国专家的收入，是比较早地建立了制度框架的，很长一段时间与中国的一般公民无关，以后一步一步走到了现在，有了这种看起来涉及很多人的个人所得税，但实际上，上一轮个人所得税改革以后，它最典型的超额累进调节功能当时覆盖的人群，有关部门统计也就 2 000 多万人，现在再怎么样增加起来，也就是几千万人，将近 14 亿人中间，可能不超过 1/20 的人在缴纳个人所得税（当然涉及的家庭成员数会增加 1 倍以上，但充其量影响 1 亿人出头），在中国税收收入里所占的比重有多少呢？也就是 6% 出头，即 1/20 出一点头儿。个人所得税的功能是非常边缘化的。至于说房地产税，只在上海、重庆两地有试点，在两地柔性切入以后，当地的财政收入里可以说是微不足道地有一些收入增量——但是同时又已经显示了它的一些正面调节作用。总体来说，全中国这个有关住房的直接税，还基本没有。遗产和赠与税，曾经议论过，又曾经销声匿迹，现在中央的基本口径是要研究它。

四、相关的几个理论误区

在直接税制度建设必须进一步推进的改革过程中间，我们怎么样经受历史性考验攻坚克难？中央的大政方针和我们现在整个政治文明所要求的“税收法定”这一原则，已经非常明确地确立起来了：要通过立法的程序，解决这样一种非常重要的公共资源配置里的制度建设、制度创新问题。这些改革涉及的思路、框架、要领，还有细节，可以说是会在未来的几十年中间不断地被讨论的。今天我主要想从理论的视角上，指出我认为必须加以澄清的几个理论和认识误区。

第一个相关的理论误区是税收万能论。似乎税收手段一运用，就应该能够决定性地解决问题，税收能够解决一切经济社会问题，这是不对的。税收调节制度只是制度建设的一个组成部分，税收工具只是宏观调控的诸种工具里的可选项。我们在改革开放初期，注意到过去税收的作用被明显边缘化了，所以特别注意发挥它这个经济杠杆的作用，但确实也在有些事情上，走到了税收万能论的那种错误区间里。如我国曾经推出了筵席税，希望以它来遏制大吃大喝，实际执行过程中这个税并不能承担这样的使命。在 1994 年实行分税制改革的时候，允许地方政府自己选择这个筵席税开征还是不开征，当时全中国只有两个地方政府（一个省级行政区的，一个地级市行政区的）选择开征这个税，以后都无疾而终。具体的原因分析这里就不展开了。这种税收万能论的形成，有的时候也会来自一些案例引发的错觉，如 20 世纪 80 年代初管理部门曾经错误地认为中国有很丰富的地下石油资源，要赶快改烧煤的锅炉为烧油的锅炉，但当改得差不多了，当时的国家经济贸易委员会发现完全不是这么回事儿，得要把烧油的锅炉再改回烧煤的锅炉。而那时已知道说要以经济手段起作用，所以曾经推出过一个“烧油特别税”，那是个打补丁的税，当时不得已出了这样一个税种。它给人的错觉，是这种事情都可以拿税调节，那还有什么不能调节？有人提计划生育也应该拿税来调节，什么事情都以为能拿税来调节，这是不对的。

还有第二个误区，后来就越来越明显地变成了主要的倾向——就是税收无用论。包括我们一些相关管理部门的人士都在不少场合强调：税收其实起不了什么作用，不要太看重税收。在理论界、实际部门都有人举出例子：你说房地产税起调节作用，我们专门查了美国、日本等国家推出房地产税以后的情况——他们房地产市场的价格没有下降，继续上升，说明这个税是无用的。从学理上讲，这种无用论不能成立。税收不可能包打天下，税收不是万能的，但是应该建立的税收制度迟迟不建立，又是万万不能的。当说到美国和日本等国的房地产税经验，我们要反问一下：为什么这些经济体在他们走向高收入经济体、走向强国的过程中，几乎不约而同都必须解决房地产税这种直接税制度建设的问题？如果他们在那个历史阶段上不推出这种税，那么他们房地产的实际发展会变成什么样？在经济分析里，不能仅拿一个制度因素、一个参数，去和某一个结果简单地一对一形成因果关系，来论证出这个结论。我们必须注意到房地产市场价格的影响因素太多了，这些因素合在一起，是它们的合力决定房地产市场价位的走势。这样一个基本的分析态度，我认为做研究的人是都应该把握的，但是需要把这样一个方法论更多地向公众做宣传。房地产税在中国，作为直接税，它的作用不只是单一地促进房地产市场健康发展，它还有其他的目标和作用，它的作用也未必能表现为决定性的，但是不能否认它会发生对于房地产市场健康发展、包括对房地产市场价位的“压舱促稳”的这种正面效应。税收不是无用的，不能从税收万能论一下走到另外一个极端，说成是税收无用。

另有第三种认识误区：税制自然演变论，强调税制是自然演变的，不能揠苗助长。但结合实际想一下，税制是怎么来的呢？人类历史上的税制，在国家形态走到相对而言比较明朗化，特别是近代相对成熟以后，都需要有这样一个制度建设的决策和以后为我们所推崇的立法过程的，这就是说，人为的因素不可缺少。所谓税制的自然演变论，听起来好像很有道理，但实际上细想一下，这是否定了对于税制我们主动地把握它的可塑性而推进税制改革的必要性。如果是自然演变过程，那我们不用考虑税制改革，它自然演变嘛。实际生活中怎么可能是这样？我们现在所说的税收法定、加快税收立法，都是要抓住这个可塑性。这个可塑性掌握得好不好，确实有高下之分，就是我们的改革方案要落到立法先行、税收法定的情况下，也要经受历史考验，看税改方案的水平到底如何——这是要由历史过程来检验的。但我们人为的努力，当然是应该使之尽可能水平更高一些。

第四个要提到的误区，就是最近一段时间较明显的、具有一定影响与政治体制改革关系的观点——政治体制改革先行论。这些直接税的改革似乎离我们越来越近了，喊了这么多年狼来了这回是真的要来了。个人所得税拖了20多年之后，2018年两会上给出的信息，实际上包含着要把综合和专项扣除纳入改革方案这样的明确信息。房地产税有几轮热议之后，2018年两会上明确地说要启动立法过程。虽然最新的说法还有点含混：在2018年和后续年度里会进入它的立法，但无论如何，狼来了喊了这么多年，有可能真的要来了。这种情况下据有的同志说，中国的这种直接税改革应该在完成政治体制改革之后再进行，甚至有的同志说，你如果没完成政治体制改革现在就启动这种房地产税，等等的改革，会带来政权的自杀，社会的骚乱——当然这样的说法我个人认为其实也有它合理的内核，就是对这种直接税改革的风险我们要高度地重视、充分地考虑，改革方案的可操作水平需要尽可能地高，但是我不赞成以这样的说法，把完成政治体制改革作为中国实行房地产税改革的一个先决条件。中国的政治体制改革大家都心知肚明，现在可以说只有最高领导人敢于提到，各个部门的领导都无法提，最高领导人讲的是大方向，而各个部门领导人要提了的话，后面跟着就必须说所在部门怎么纳入政治体制改革的操作方案，这种操作方案现在看起来还难以正面设计。那么现阶段渐进改革路径依赖下真正的中国政治体制改革的推进，必须借鉴美国“进步时代”的启示：那时它不叫政治体制改革，但是它从税制、预算、公共事务的公众参与、政府履行为公众服务的职责而需处理的“钱从哪里来，用到哪里去”的一系列制度建设入手，让它们进步——进步就是在各方很难拒绝地从管理、运行优化的角度切入来解决相关问题，实际上最后就完成了政治体制改革的基本任务。这对于中国最大的启示，就是我们在看起来很难正面设计政治体制改革方案的制约之下，为什么不积极地通过税制改革，包括直接税的改革，让社会广泛的公众参与，一起来促成我们政治文明水平的提高？所以，我个人认为不能够落入前面所说这样一个极端化的说法。中国的政治体制改革实际上也在进行，只不过它没有在宣传上直接说出来，这也必须充分借鉴美国进步时代这种国际经验，让税改能够结合公共事务、公共选择的机制性建设的进步，得到实质性的探索和推进。我们如果从“税收法定”来看，它构造的是一个政治程序，当我们启动了个人所得税、房地产税，以后也可能有遗产和赠与税的立法程序，那么它需要的是什么？是政治生活中间“规范的公共选择机制”，这个规范的公共选择机制我认为就是“走向共和”的机制，不是简单地光讲民主，如果那样很简单，少数服从多数——咱们这十几种税现在大部分都没有法，中央说2020年都要把它上升到法，这一任务很艰巨，但你要按照少数服从多数就太简单了，咱们每一个月来一次全民公决，依少数服从多数原则解决好这个问题——那么这可行吗？各个现代国家都不可能这样简单化处理税制设计问题，实际上除了民主的因素，在这里面还需要加上各角度各种各样理性的诉求，合成高水平的专业化意见，最后寻求最大公约数。像个人所得税、房地产税等这些直接税以后在我国的立法过程中，最关键的一条是要有透明的电视、广播直播的听证会，各派意见摆自己的观点，讲自己的论据，这才是走向现代国家、走向共和的机制。这不就是一个政治生活的进步吗？不就是包含着政治体制改革所要追求的机制吗？中国自辛亥革命以后提出走向共和，但是步履维艰。我们如果能够抓住税收法定、立法先行，我们实际上就是在为政治的进步来做一些积极的推进。那么作为研究者，我觉得理应促成立法过程中的广泛讨论，大家争取在充分承认物质利益原则和不同利益集团诉求的情况下，寻求最大公约数，寻求合成出以公心的、合理的税制现代化的解决方案。

探讨经济高质量发展直面的问题*

贾　康

围绕高质量发展经济的议题，可从三个方面与同仁作探讨：第一，怎样建立社会经济发展新的指标体系；第二，如何防范系统性风险；第三，什么才是“有效投资”。

一、建立经济发展新的指标体系

如何紧扣高质量发展要求，实现经济有质量有效益的增长，特别注重研讨一个很现实的问题，那就是现在各界已有的共识——新的发展阶段不应以 GDP 论英雄。

不以 GDP 论英雄，那以什么论英雄？这是很现实的一个问题。

GDP 这个指标在宏观可用的各种指标里，还是非常简洁的一个龙头指标，它表现宏观经济运行态势、景气水平，虽然有它明显的缺陷、局限。继之而起的这个问题，就表现为已经强调了几年的不以 GDP 论英雄之后，有关的权威的评价指标体系，并没有实际确立起来。

笔者观察很多地方层面、管理部门，如何论英雄，他自己的理解显得非常重要了。例如，高层领导强调环保非常重要，在有些地方，就要以推行“环保风暴”的形式来追求它的政绩。

地方政府、管理部门追求政绩无可厚非，“为官一任造福一方”的内在道理是对的，公权在手，有社会管理者的身份，当然应该出政绩，但是要把环保搞成风暴，那是不是就靠搞运动了？或者主观上不如此、客观上非常容易陷入一个以搞运动来解决问题的方式，往往副作用就很容易产生。

二、高质量发展路在何方

再例如说风险防范现在非常重要，紧跟着高质量发展就得考虑怎么样防范风

* 本文原发表于《中国招标》2018 年第 3 期。

险，而风险控制这方面如果成为一个论英雄的指标，那现在看到的是各地又纷纷在这方面有所表现：自己的政绩要体现在如何加强管理，怎么样防范风险因素。任何一个可能有风险之处，就非常严格地给予种种限制，各种条条框框堆上去，似乎这就是政绩了。

以这样的运动式地达到某一个方面形成突出的表现而论英雄，笔者觉得这不是真正高质量发展的正路。一定要大家共同努力，推动有关管理部门牵头尽快形成一个尽量简洁可用的考核指标体系，即把 GDP 和其他一些指标，可选择的最主要指标，形成一个可操作的评价政绩的指标体系，把这样一个实际问题解决好。我觉得这是几年来反复体验到的一个重大现实问题。

三、如何防范系统性风险

防范系统性风险，而金融领域的系统性风险怎么认识呢？它一定带有系统性、全局性。可能是“风起于青萍之末”，在防患于未然的角度上，当然要高度警惕，但是不能说哪个地方有点什么风险的苗头，就不惜一切代价把它按住，“一刀切”地来严防死守。

笔者认为，“一刀切”有意无意地是违背供给侧结构性改革的内在逻辑要求。要真正防范系统性风险、包括系统性金融风险，所能奏效的不是过去驾轻就熟、做起来很顺手的“一刀切”——什么都防范、都控制、都加强管理，应区别对待、优化结构，让市场发挥资源配置决定性作用、政府更好发挥作用。

实际生活中“两难”：要去杠杆，这是一个总量指标，宏观上讲的杠杆，以广义货币供应量杆（M2）可以衡量；某一个行业，某一个企业的杠杆，具体可以看它的负债率。但去杠杆的同时还要有稳增长，如果是需要比较明显地在总量指标上把它压住，那么后面稳增长所要求的优化结构的区别对待怎么处理？

四、防控风险离不开供给侧改革

笔者感觉系统性风险的防范，还是要紧密结合供给侧改革如何深化这个命题。这也就是，处理好供给侧改革，必然是要把结构问题作为矛盾的主要方面，在需求管理处理总量问题的同时，更多地要聚焦怎么样找到合理的有效的可持续的区别对待的机制。这个区别对待的机制才是优化结构的好机制，它是配合着总量上过去已经有经验的需求管理，更多地要创新地解决供给管理的挑战型任务。

这个供给管理、优化结构，最根本的是要顺应优胜劣汰的市场规律，市场规律＋必要的产业政策、技术经济政策等。政府一定要让创新的不确定性这个弹性空间里能“自调节”，并有机制保障，而且这方面特别强调的是的政府该做的事——保护产权和方向上的引导，还有就是采取事前、事中、事后区别对待的一些鼓励措施，看不太准的东西放在事后作鼓励，这是供给侧改革里的守正出奇。

既要遵循市场规律，还要出奇制胜。政策性金融跟产业政策显然是配套的，但要想处理好它，让它真正能够达到意愿，可是个充满挑战性难题，也是供给侧改革的系统工程问题，因而不同领域、不同行业、不同企业绝不能“一刀切”地解决问题。否则，名为控风险，实际上会适得其反，不能优化结构消解风险，反而可能制造风险。

五、什么才是“有效投资”

中共中央政治局前几年曾经专门强调过“有效投资”概念，笔者所在的研究群体也特别关注“选择性的聪明投资”，如何以机制形成有效供给是最关键的。

投资空间客观存在，如中国100多个百万人口规模以上的城市，规模还在不断扩大，基础设施升级换代的需求看得很清楚：今后几十年是做不完的。北京市这些年在拼命发展地铁，在建第二机场，在做其他的很多的基础设施建设，其他很多的城市大同小异。

北京市限制购买机动车，已经在全世界闹出最荒唐的典型，最新听到的是中签率是1 900多比1。这是从较早人们说的轮盘赌的40∶1概率，又迅速抬升了好几十倍，是全世界前所未有的一个典型，其实它同时也表明发展潜力和解决问题的投资空间。

这种有效投资，怎么让它可持续地提供出来？基础设施投资的特点就是周期长，如资金链一断，形成半拉子工程，如果处理好则一气呵成，超常规创新发展。中国的文章一定要在这方面做好。

这种有效投资要说小的事情，可再举个例子：有关部门说全中国缺少大概5 000万个停车位（主要讲城镇区域），北京市缺差不多300万个，深圳缺差不多200万个，一个停车位静态算账10万元，这就是5万亿元的投资，十几年内做这5万亿元是不是该做？基本上如此，不会很精确，但这个事情肯定是要做的，那么怎么做？政府没那么多的钱，还得控制自己的负债率，但有政府和社会资本合作（PPP）。停车位、停车场还要配充电桩，还要立体化，以少用地皮，这方面企业的智慧和能力恰恰是它的相对优势，而只要这个停车位一用，就有现金流，那正好对应PPP机制。

六、PPP和地方债务

政策性金融、开发性金融、小微金融、普惠金融这些事情都需要政府更好地发挥作用，处理不好就是一塌糊涂，大家都得“拉关系”；处理得好有法治化、有规范化、有不断总结经验往前推进，高质量发展这个路就越走越宽。

所以从 PPP 来看，现在财政部在努力推进的过程中是要稳一稳，要控制风险，但是又刚刚发布了第四批入库项目，发展取向与示范仍然十分清楚，绝对不是要叫停，而是要点刹车稳一稳，继续让它健康发展。

笔者观察这方面 PPP 的当务之急，是要赶快推出更高层次的法律依据，法治化、规范化的依据，应尽快把它提供出来。PPP 必然有一个资产负债这方面处理风险的问题，笔者以为，在认识框架上不可能让地方政府与 PPP 负债完全撇清关系，地方政府是跟企业一起以合作来做这些公共工程，怎么可能所有的负债都在企业这边，完全不在政府这边呢？至少政府这边有财政的或有负债问题吧？把这个事情处理好，规范化，不全是由此在这方面阻碍 PPP 发展，恰恰是来更好地指导、引导，在大家感觉对防范风险机制更有信心的情况下，激励 PPP 长期健康可持续发展。